Hans Patze · Geschichte Niedersachsens

GESCHICHTE NIEDERSACHSENS

Herausgegeben von

Hans Patze

Erster Band

GRUNDLAGEN UND FRÜHES MITTELALTER

HILDESHEIM 1977

AUGUST LAX VERLAGSBUCHHANDLUNG

ISBN 3 7848 3421 3

© BUCHDRUCKEREI AUGUST LAX HILDESHEIM

INHALT

Vorwort VII

Einleitung

Überlieferung, Erforschung und Darstellung der Landesgeschichte in Niedersachsen. Von Manfred Hamann 1

1. Vorbemerkung (1), 2. Von den Anfängen bis zur Karolingerzeit (4), 3. Stammes- und Diözesanchronistik sowie Lebensbeschreibungen des hohen Mittelalters (8), 4. Annalen, Kloster- und Stifterchroniken sowie Überreste des hohen Mittelalters (14), 5. Weltchroniken und territoriale Historiographie im altwelfischen Raum von der Mitte des 13. Jahrhunderts bis zum Beginn des 16. Jahrhunderts (19), 6. Bürgerliche und geistliche Geschichtsschreibung im altwelfischen Raum und in Hildesheim vom 14. bis zum 16. Jahrhundert (26), 7. Territoriale, bürgerliche und geistliche Geschichtsschreibung im nördlichen und westlichen Niedersachsen vom 13. bis zum 16. Jahrhundert (34), 8. Gelehrte, höfische und ständische Historiographie von der Mitte des 16. bis ins späte 17. Jahrhundert (40), 9. Die Anfänge wissenschaftlicher Forschung im Zeitalter der Aufklärung vom späten 17. Jahrhundert bis 1820 (47), 10. Geschichtsschreibung im Zeitalter von Aufklärung und Vorromantik bis 1820 (57), 11. Organisation und Spezialisierung der landesgeschichtlichen Forschung im 19. Jahrhundert (1820–1910) (62), 12. Landesgeschichtliche Darstellungen im 19. Jahrhundert (1820–1910) (75), 13. Entwicklungstendenzen seit 1910 (83)

Erstes Kapitel

Die Natur des Landes. Von Käthe Mittelhäusser 97

1. Vorbemerkung (97), 2. Grenzen, naturräumliche Gliederung (98), 3. Erdgeschichtliche Entwicklung (102), 4. Klima und Wasserverhältnisse (107), 5. Boden und Pflanzendecke (117), 6. Die einzelnen Landschaften (128)

Zweites Kapitel

Sprachliche Grundlagen. Von Ulrich Scheuermann 167

1. Abgrenzung des „niedersächsischen" Sprachraumes (167), 2. Die vor-altniederdeutsche Zeit (171), 3. Die altniederdeutsche Zeit (174), 4. Die mittelniederdeutsche Zeit (181), 5. Die neuniederdeutsche Zeit (200), 6. Schlußüberlegungen (236), 7. Toponyme als sprachliche Gebilde (239)

Drittes Kapitel

Ländliche und städtische Siedlung. Von Käthe Mittelhäusser 259

Entwicklung der ländlichen Siedlung

1. Zur Frage der Siedlungskontinuität im ersten Jahrtausend (260), 2. Hinweise auf Siedlungsgebiete und ihre Veränderungen im ersten Jahrtausend aus den Ortsnamen (265), 3. Struktur der Siedlungslandschaft am Ende des ersten Jahrtausends n. Chr. (270), 4. Die Erweiterung des Siedlungsraumes etwa vom 11. bis 14. Jahrhundert (294), 5. Die spätmittelalterliche Wüstungsbildung (335), 6. Wiederaufbau und neuer Landesausbau im 16. bis 18. Jahrhundert (351), 7. Entwicklung der landwirtschaftlichen Siedlung von etwa 1800 bis zur Gegenwart (370)

Entwicklung der städtischen Siedlung

1. Vorformen städtischer Siedlung bis zur Jahrtausendwende (385), 2. Städtische Siedlung bis zum Ende des 12. Jahrhunderts (390), 3. Stadtbildung im 13. und 14. Jahrhundert (400), 4. Die Periode schwacher Stadtentwicklung im 15. bis 18. Jahrhundert (413), 5. Städtische Entwicklung von etwa 1800 bis zur Gegenwart (424)

Viertes Kapitel

Vor- und Frühgeschichte. Von Horst Callies, Albert Genrich, Hans-Günther Peters und Heinz Schirnig 439

1. Altsteinzeit und mittlere Steinzeit (Schirnig 441), 2. Bandkeramik (Peters 447), 3. Trichterbecherkultur (Peters 453), 4. Einzelgrabkultur (Schirnig 459), 5. Ältere Bronzezeit (Schirnig 463), 6. Jüngere Bronzezeit (Peters 469), 7. Ältere Eisenzeit (Peters und Schirnig 476), 8. Die Römische Kaiserzeit (Schirnig 487), 9. Römer und Germanen im nördlichen Deutschland (Callies 500), 10. Die Altsachsen bis zum Ende des 5. Jahrhunderts (Genrich 513)

Fünftes Kapitel

Niedersachsen in der Merowinger- und Karolingerzeit. Von Martin Last 543

1. Vorbemerkung (543), 2. Sachsen und Friesen während der Landnahmezeit (552), 3. Die Eingliederung der Sachsen und Friesen in das karolingische Reich (574), 4. Sachsen und Ostfriesen im karolingisch-ostfränkischen Reich (598), 5. Das Wirtschaftsleben bei Sachsen und Friesen in der Merowinger- und Karolingerzeit (628)

Sechstes Kapitel

Mission und Kirchenorganisation in karolingischer Zeit. Von Hans Patze 653

1. Mission (653), 2. Gründung und Geschichte der Bistümer im 9. Jahrhundert (674), 3. Niederkirchenwesen (689), 4. Klöster und Stifter (694), 5. Frömmigkeit (700)

Verzeichnis der Karten und Pläne 713
Verzeichnis der Abbildungen 717
Register 721

VORWORT

Jede Wissenschaft legt von Zeit zu Zeit in großen Zusammenfassungen Rechenschaft über den letzten Stand ihrer Erkenntnisse ab. Dies ist einmal um der Forschung willen nötig; denn der Blick des Gelehrten, der sich leicht in seinem Spezialgebiet verliert, muß immer wieder auf die gesamte Disziplin zurückgelenkt werden, der er sich verschrieben hat. Die Meisterschaft nur im Detail darf zu allerletzt Ziel des Historikers sein. Eine Verengung der Sicht auf ein schmales Interessengebiet kann die Möglichkeit zu neuen Erkenntnissen verhindern. Zusammenfassende Darstellungen des gesamten Stoffes hingegen vermögen dem Forscher manche Anregungen zu geben.

Neben der forschungsinternen hat jede Wissenschaft die höhere Aufgabe, sich all jenen mitzuteilen, die bereit sind, sie zur Kenntnis zu nehmen. Insbesondere der Historiker sollte sich immer wieder seines eigentlichen Auftrags, der Geschichtsschreibung, erinnern, will er nicht der Gefahr erliegen, über dem Reiz, der vom spekulativen Umgang mit Quellen und Methoden ausgeht, das Interesse am Menschen, der Gegenstand der Geschichte ist, zu verlieren.

Das Werk über die Geschichte Niedersachsens, dessen 1. Band wir hiermit vorlegen, ist sowohl hinsichtlich seines Gegenstandes als auch hinsichtlich seiner Darstellungsform und Methode im Zusammenhang mit anderen Werken zu sehen, auf die wir im folgenden kurz eingehen. Die deutsche Geschichtswissenschaft verfügt in Gebhardts „Handbuch der deutschen Geschichte", dessen neun Auflagen zwischen 1891/92 und 1970 neunmal den Stand des Wissens über die deutsche Geschichte aufgezeigt haben, über ein bewährtes Handbuch [1]. Ihm ist neuerdings das „Handbuch der europäischen Geschichte" [2] zur Seite gestellt worden, in dem deutsche Historiker den Verlauf der Geschichte des Kontinents auf Grund der Erkenntnisse der internationalen Wissenschaft beschreiben. Der Vorzug beider Werke besteht in ihrer identischen Konzeption und äußeren Gestaltung, die jedem Leser, nicht zuletzt dem Ausländer, die Benutzung sehr erleichtern.

---

[1] GEBHARDT, Handbuch der deutschen Geschichte, 9. neubearb. Aufl., hg. von H. GRUNDMANN, 1.–4. Bd., 1970 ff.
[2] Handbuch der europäischen Geschichte, hg. von Th. SCHIEDER, bisher Bde. 1, 1976; 3, 1971; 4, 1968; 6, 1968.

Die moderne Geschichtswissenschaft hat neben Deutschland und Europa auch kleineren historischen Einheiten Aufmerksamkeit geschenkt. Im „Gebhardt" ist der Geschichte der deutschen Territorien seit je der Platz eingeräumt worden, der ihnen auf Grund ihrer Bedeutung im Verfassungsgefüge des Reiches zukommt. Vom „Ploetz. Auszug aus der Geschichte" hat sich die zweibändige „Geschichte der deutschen Länder. Territorien-Ploetz" [3] abgespalten, die in der Breite der Darstellung ihr Vorbild, den alten „Ploetz", weit übertrifft, allerdings notwendigerweise ein Nachschlagewerk über Fakten der Geschichte bleiben muß.

Es ist allgemein anerkannt worden, daß die Landesgeschichte durch Detailforschung auf vielen Gebieten, vor allem in der Verfassungsgeschichte, das Bild der deutschen Geschichte mit umgestaltet hat. Die Forschung in den einzelnen Ländern ist nicht mehr zu überschauen, nicht einmal für diejenigen, die sich beruflich mit der Materie beschäftigen. Deshalb sind seit einigen Jahren moderne Geschichten deutscher Länder in Angriff genommen oder bereits zum Abschluß gebracht worden. Solche neuere Landesgeschichten liegen in abgeschlossener Form aus folgenden an Niedersachsen angrenzenden Landschaften vor: Westfalen [4], Mecklenburg [5], Thüringen [6] und Hessen [7]. Noch nicht vollendet sind die Geschichten von Schleswig-Holstein [8] und der Mark Brandenburg [9]. Auch für andere deutsche Landschaften sind in jüngerer Zeit Darstellungen ihrer Geschichte veröffentlicht worden. Unter diesen Werken ragt das vierbändige „Handbuch der bayerischen Geschichte" [10] hervor, das Max Spindler herausgegeben hat. So erfreulich einerseits die vielen Initiativen deutscher

---

[3] Geschichte der deutschen Länder. „Territorien-Ploetz". 1. u. 2. Bd., hg. von G. W. SANTE u. A. G. PLOETZ-VERLAG, 1964 u. 1971. – Auf die für ihre Zeit höchst beachtliche Serie der „Deutschen Landesgeschichten", die Armin Tille in der 3. Abt. der von ihm mit Hermann Oncken betreuten „Allgemeinen Staatengeschichte" herausgab und die z. T. noch nicht ersetzt ist, gehen wir nicht ein. Der Akzent dieser Bände liegt auf der politischen und der Verfassungsgeschichte.

[4] H. ROTHERT, Westfälische Geschichte I–III, 1949–1951.

[5] Mecklenburgische Geschichte. Von den Anfängen bis zur Landständischen Union von 1523. Auf der Grundlage von HANS WITTE neu bearb. von M. HAMANN (Mitteldeut. Forsch. 51), 1968.

[6] Geschichte Thüringens, hg. von H. PATZE u. W. SCHLESINGER, 5 Bde., 1967–1978, Bd. V, 1 im Druck; mit dem Halbband V, 2 wird das Werk 1979 abgeschlossen vorliegen.

[7] K. E. DEMANDT, Geschichte des Landes Hessen, 2. neubearb. u. erweiterte Aufl. 1972.

[8] Geschichte Schleswig-Holsteins, Bde. I, III, VI, sowie mehrere Lieferungen einzelner Bände, seit 1957.

[9] Geschichte von Brandenburg und Berlin, Bd. 3, hg. von H. HERZFELD, unter Mitwirkung von G. HEINRICH (Veröff. d. Hist. Komm. zu Berlin), 1968. – Im Gegensatz zu diesem seither stockenden Unternehmen hat JOHANNES SCHULTZE, Die Mark Brandenburg I–V, 1961–1969, die Geschichte der Mark bis 1815 in einem Zuge allein geschrieben.

[10] Handbuch der bayerischen Geschichte, hg. von M. SPINDLER, Bde. 1–4, 1967–1975.

Landeshistoriker sind, so bedauerlich ist es andererseits, daß sämtliche Werke ohne einen Kontakt ihrer Autoren oder Herausgeber entstanden sind. Eine Abstimmung in der Konzeption der Werke hätte den Vergleich von Epochen oder Sachgebieten in den einzelnen Landschaften erleichtert und dem allgemeinen Historiker den Zugang zur Landesgeschichte geöffnet. Betrachtet man die einzelnen Werke, so erkennt man erhebliche Unterschiede. Manche Autoren legen den Schwerpunkt auf die politische und die Verfassungsgeschichte, andere beziehen auch wichtige Bereiche der Kulturgeschichte (Literatur, Kunst, Theater) mit ein. Einige Werke sind nach der von Hermann Aubin 1922 herausgegebenen „Geschichte des Rheinlandes"[11] als Kulturraumgeschichte konzipiert. In die Reihe dieser Unternehmen gehören das mehrbändige Werk „Der Raum Westfalen"[12] und die „Geschichte Schlesiens"[13], die beide von H. Aubin begonnen worden sind.

Einen wichtigen, spezifisch landesgeschichtlichen Impuls hat die „Sächsische Geschichte"[14] von Rudolf Kötzschke und Hellmut Kretzschmar aufzuweisen. In diesen beiden Bänden konnte zwar das Problem der historisch-kulturgeschichtlichen Raumbildung durch die Begrenzung auf die wettinischen Länder außer Betracht gelassen werden, aber die von Kötzschke in Leipzig auf einen hohen Stand entwickelte Siedlungsgeschichte ist in dem Werk, das sich durch die Kunst beider Verfasser, wissenschaftliche Erkenntnis in lesbare Darstellung umzusetzen, auszeichnet, stärker eingebracht worden als in Aubins „Geschichte der Rheinlande". Absicht der „Sächsischen Geschichte" war es, das Leben des geschichtlichen Menschen in der von ihm gestalteten Kulturlandschaft durch alle frühgeschichtlichen und geschichtlichen Epochen zu verfolgen. Diese Konzeption einer Landesgeschichte in einem umfassenden siedlungs- und kulturgeschichtlichen Sinn liegt sowohl der von Walter Schlesinger, einem Schüler Rudolf Kötzschkes, 1958 in Gang gebrachten „Geschichte von Brandenburg und Berlin" als auch der von ihm und mir herausgegebenen „Geschichte Thüringens" zugrunde, und an diese wiederum schließt sich das vorliegende Werk an.

Dem Freund der Geschichte Niedersachsens stand bisher an modernen Informationsmöglichkeiten die Erweiterung des Abschnittes „Niedersachsen"

---

[11] Geschichte des Rheinlandes von den ältesten Zeiten bis zur Gegenwart. Von H. Aubin, Th. Frings, J. Hansen, J. Hashagen, F. Koepp, B. Kuske, W. Levison, W. Platzhoff, E. Renard. I. Bd.: Politische Geschichte. II. Bd.: Kulturgeschichte, 1922. – Dieses Werk wird durch eine von F. Petri u. G. Droege herausgegebene, auf drei Bände berechnete „Rheinische Geschichte" ersetzt, von der bisher Bd. 2, Neuzeit, 1976, erschienen ist.
[12] Der Raum Westfalen, hg. von H. Aubin, O. Bühler, F. Petri u. a., bisher 5 Bde., z. B. in selbständigen Teilen, 1931–1970.
[13] Geschichte Schlesiens, Bd. I, 3. Aufl. 1961, Bd. II, 1973.
[14] R. Kötzschke u. H. Kretzschmar, Sächsische Geschichte, zuerst 1935 in 2 Bänden, Neudruck in einem Band 1965.

aus dem Territorien-Ploetz zur Verfügung, die Georg Schnath 1972 zusammen mit mehreren Mitarbeitern in erweiterter Form als „Geschichte des Landes Niedersachsen" herausgebracht hat. Der Band führt in zuverlässiger Weise in die Geschichte des Landes ein und verhilft dem Unkundigen zu einem ersten Überblick über den historischen Stoff. Die letzte umfangreichere Darstellung der Geschichte Niedersachsens entstammt der Feder eines Publizisten. Es ist Erich Rosendahls „Geschichte Niedersachsens im Spiegel der Reichsgeschichte" (1928). Schon bei seinem Erscheinen hielt das Werk methodisch einem Vergleich mit entsprechenden Werken nicht stand. Es bietet rein politische Geschichte. Wer sich über den Ablauf der Geschichte in diesem Land einen detaillierteren Überblick verschaffen wollte, war auf die Werke von Havemann und von Heinemann (siehe u. S. 76f.) angewiesen[15].

Seither sind zahlreiche Einzeldarstellungen und Untersuchungen erschienen, welche die bis zum Jahre 1972 geführten „Bibliographien der niedersächsischen Geschichte" nachweisen. Letzter Sinn und Zweck von Einzeluntersuchungen und den in ihnen enthaltenen neuen Ergebnissen ist es, zur Korrektur des bisherigen Gesamtbildes der Geschichte des Landes beizutragen. Angesichts der verstreuten neuen Erkenntnisse erledigt sich der bei der 1971 eingeleiteten Planung unseres Werkes vorgebrachte Einwand von selbst, es sei noch nicht an der Zeit, eine solche Darstellung in Angriff zu nehmen, denn man müsse weitere Spezialuntersuchungen abwarten. Solche Zaghaftigkeit widerspricht einmal dem Wesen der Wissenschaft: Auch Geschichtswissenschaft ist nie am Ende ihrer Erkenntnismöglichkeiten. Wenn im Interessenfeld des einen Sachkenners die wirklich noch fehlenden Untersuchungen geleistet sind, werden an anderen Stellen noch ungelöste Fragen anstehen, wieder andere Probleme sind noch gar nicht erkannt. Man sollte sich nicht darüber täuschen, daß manche aufwendige Untersuchung und ihre Ergebnisse in unserem – trotz des Umfanges von vier starken Bänden – straff formulierten Text nur kurz, vielleicht nur in einem Satz zur Geltung kommen können.

Es ist die Frage, ob es sich vertreten läßt, eine Geschichte des Landes zu schreiben, das erst 1946 durch einen politisch-administrativen Entschluß gebildet worden ist. Kann die heutige, von politischen Zufällen abhängige topographische Einheit Niedersachsen den Rahmen für einen historischen Prozeß von sich wandelnder Erstreckung abgeben? Wir stoßen damit auch in dieser Landesgeschichte auf das Problem des historischen Raumes oder der historischen Landschaft. Diese Fragen sind vom Herausgeber im Kreise von Fachgenossen prinzipiell erörtert worden und sollen von uns in einem Schluß-

---

[15] Ein Teil des heutigen Niedersachsen, das Land Braunschweig, hat neuerdings eine von mehreren Autoren verfaßte Darstellung seiner Geschichte erhalten, die in der Konzeption etwa mit unserem Werk verglichen werden kann, da auch sie der Kulturgeschichte breiten Raum gewährt: Braunschweigische Landesgeschichte im Überblick, hg. von R. MODERHACK (Quell. u. Forsch. z. Braunschweig. Gesch. 23), 1976.

kapitel am Ende des 4. Bandes besprochen werden. Es sei vorweggenommen, daß wir von geschichtlichen Einheiten ausgehen, die dem gegenwärtigen Menschen unmittelbar verständlich sind. Eine solche Einheit, hier Niedersachsen, muß den Kern der Darstellung bilden. Die von den Verfassern jeweils behandelte Fläche muß und kann verändert werden, wenn es die kohärenten geschichtlichen Einheiten erfordern. Im Frühmittelalter wird das gesamte Gebiet des sächsischen Stammes bis zu Ruhr und Lippe, also einschließlich Westfalens, in den Blick gezogen, weil sonst die Geschichte der innerhalb der heutigen Niedersachsen gelegenen damaligen sächsischen Stammesgebiete nicht verständlich wäre. Die entscheidende Reduktion des historischen Raumes von Sachsen bringt der Sturz Heinrichs des Löwen. Es ist aber auch schon vor diesem Zeitpunkt möglich, gewisse Themen, etwa die für die frühe Mission wichtigen Kirchen Westfalens, allmählich zurücktreten zu lassen, wenn sie für das Verständnis von Vorgängen im eigentlichen Niedersachsen nicht mehr von Bedeutung sind.

Die „Geschichte Niedersachsens" ist ihrer Form nach ein Handbuch. Das Wesen eines wissenschaftlichen Handbuches liegt darin, daß es in übersichtlicher Form den Stand des Wissens wiedergibt. Ein solches Werk kann nicht der Ort neuer methodischer Experimente sein. Solche sind an anderer Stelle zu leisten. Ein Handbuch soll informieren, ohne ungeklärte Fragen zu verdecken. Der Charakter des Handbuches an sich, aber auch die große Zahl der Mitarbeiter bedingen, daß eine Trennung des gesamten Stoffes nach Sachgebieten vorgenommen werden muß. Es wird den Autoren und dem Herausgeber eines Gemeinschaftswerkes immer nur in Grenzen gelingen, eine Homogenität der Beiträge zu erreichen. Noch weniger ist es möglich, in die einzelnen Kapitel eine durch das ganze Werk gewissermaßen querlaufende Konzeption zu bringen, etwa politische, Verfassungs-, Siedlungs-, Wirtschafts-, Kirchen- und Kunstgeschichte nur als eine Evolution von sozialen Strukturveränderungen zu begreifen. Es bedarf keines Wortes, daß eine solch einseitige, wenn auch derzeit geforderte Sicht des historischen Geschehens ganze Bereiche unseres Wissens zurücktreten ließe, andere hingegen so stark beleuchten würde, wie es der Verteilung der Gewichte nicht entspricht.

Wer Wertungen des 19. oder 20. Jahrhunderts in das 11. oder 12. Jahrhundert hineinträgt, verstößt gegen den Auftrag des Historikers, jede Epoche adäquat zu sich selbst zu beschreiben, zumal wenn zeitbedingte Wertungen gar in der Auswahl des Stoffes, der der Erwähnung würdig gefunden wird, ihren Ausdruck finden. Wir sind der Auffassung, daß es das entscheidende Kennzeichen des geschichtlichen Menschen ist, daß er die Schwelle vom unreflektierten Dasein zum historischen Bewußtsein überschreitet, das in vielen Formen der schriftlichen Mitteilung seinen Niederschlag findet. Es ist kein Zufall, ob historisches Geschehen in die schriftliche Aussage drängt oder für die Nachwelt stumm bleibt. Der Historiker hat zu berücksichtigen, was die Zeitgenossen aussagen wollten oder konnten. In einem Werk wie dem vorliegenden wäre bewußte Zurückdrängung ganzer Komplexe eine Verfälschung des Geschichtsbildes. Geschichtsschreibung, die in der Fragestellung immer modern sein will, gerät in den Verdacht, unseriös zu sein. Sie kann, weil frühere Generationen von Historikern Respektables geleistet haben, wovon wir abhängen, das überlieferte Bild nur mit moderner Methode vorsichtig korrigieren. Schon der 1. Band unseres Werkes zeigt, daß seine Autoren sich aller methodischen Mittel bedienen, um auch die nichtschriftlichen Überreste menschlichen Wirkens als Erkenntnismöglichkeiten auszuschöpfen. Es versteht sich ferner, daß in dieses Werk alle Erkenntnisse eingehen, die moderne Forschung über Wandlungen in der Sozialstruktur gewonnen hat. Allerdings wäre hier noch viel zu leisten. An das Massenschriftgut der Neuzeit können Fragestellungen herangetragen werden, deren Lösung nur der Computer bewirken kann. Es ist aber unzulässig, vorschnell gesicherten Untersuchungsergebnissen vorzugreifen. Eine in den Formen eines Handbuches gefaßte Darstellung der Geschichte eines Landes muß die neuesten Kenntnisse bringen, sie kann aber nicht von einem Eifer zur Aktualität von Fragestellungen und Methoden, die in Einzeluntersuchungen ihren berechtigten und notwendigen Platz haben, diktiert werden. Darstellungen sollten immer der Ort einer wissenschaftlichen und historiographischen Abklärung sein. Dies fordert von ihren Autoren außer Urteilsvermögen über die Tragfähigkeit von Einzeluntersuchungen auch Disziplin.

In der äußeren Gestaltung lehnt sich unser Werk an die eingangs genannten Handbücher zur deutschen und zur europäischen Geschichte an. Dies ist deshalb geschehen, weil wir der Überzeugung sind, daß einer vergleichenden Forschung die Wege geebnet werden sollten, wo immer dies möglich ist. Auch optisch sollte dem Forscher, der durch die Flut der Literatur nicht mehr hindurchfindet, die Lektüre erleichtert werden. Übereinstimmend angelegte Handbücher können ihm dabei hilfreich sein.

Nicht nur an den Historiker haben wir gedacht, wenn wir die Anmerkungen nicht unter dem Text, sondern am Ende jedes Abschnittes plaziert haben. In der „Geschichte Thüringens" haben wir die Anmerkungen an den Schluß jedes Bandes gesetzt, weil wir meinten, der historisch interessierte Laie solle den Text ohne Störung durch den – für viele abschreckenden – Anmerkungsapparat lesen können. Obwohl wir uns in der „Geschichte Niedersachsens" in der Zuordnung von Text und Anmerkungen dem Vorbild der genannten Handbücher angeschlossen haben, hat uns dabei auch die Vorstellung geleitet, daß in erster Linie der Text, d. h. die Geschichte dieses Landes und nicht die Anmerkungen den Leser veranlassen sollten, die Bände zur Hand zu nehmen.

Das Werk will den Forscher informieren, aber auch dem Laien Geschichte mitteilen. Wir haben uns deshalb bemüht, lateinische Zitate möglichst aus dem

Text fortzulassen; wenn originale Quellenstellen und ihre Interpretation durch den Autor des Kapitels wichtig sind, haben wir sie in die Anmerkungen gesetzt. Auch in der Darstellung sind die Verfasser bemüht gewesen, durch möglichste Klarheit der Sprache und durch Anschaulichkeit Verständlichkeit zu erreichen und damit die Anteilnahme an der Geschichte zu wecken oder zu intensivieren.

Daß auch hier Bestrebungen des Herausgebers zu einer Egalisierung der Beiträge und der Abstimmung zwischen den Verfassern ihre Grenzen haben, liegt auf der Hand. In einem Sammelwerk von geringem Umfang, das den einzelnen Autor zu strengster Ökonomie mit dem zugebilligten Platz zwingt, ist Einheitlichkeit in der Darstellungsform und im Stil eher zu erreichen als in dem von uns vorgelegten Werk, das den Mitarbeitern immerhin eine gewisse Möglichkeit zur eigenen Bemessung des Stoffes gibt. Daß mancher Gegenstand wiederholt aufgegriffen wird, ist oft in ihm selbst begründet und nicht eine Folge der Verteilung auf mehrere Verfasser. Durch zahlreiche Verweise haben wir den Zusammenhang der einzelnen Kapitel zu verdeutlichen versucht.

Die noch ausstehenden Bände werden folgende Epochengliederung aufweisen: 2. Band. Hohes und spätes Mittelalter; 3. Band. Von der Reformation bis 1803. 4. Band. 19. und 20. Jahrhundert. Die zunehmende Differenzierung des geschichtlichen Lebens wird in der Gliederung der Sachkapitel ihren Ausdruck finden.

Mit der „Geschichte Thüringens" und der „Geschichte Niedersachsens" wird hoffentlich in absehbarer Zeit die Geschichte eines breiten Streifens Deutschlands von den Südhängen des Thüringer Waldes über den Harz bis zur Küste der Nordsee in einheitlicher Konzeption vorliegen.

Der Herausgeber dankt den Autoren dieses Bandes, die sich zu diesem Gemeinschaftswerk zusammengefunden und dafür eigene Arbeitsvorhaben zeitweise zurückgestellt haben, auf das herzlichste. Er ist ihnen für die Aufgeschlossenheit verbunden, mit der sie im gegenseitigen Ausgleich ihre und die Vorstellungen des Herausgebers über die Gestalt des Werkes verwirklicht haben. Unser Dank gilt auch den Zeichnern der Karten, Herrn Harald Ritschel und Herrn Jochen Kujath.

Der Verlag August Lax und seine Mitarbeiter, insbesondere die Herren Ahrens und Draß, sind auf unsere Wünsche für die graphische Gestaltung in bewährter Weise eingegangen.

Das Land Niedersachsen hat durch einen namhaften Druckkostenzuschuß das Erscheinen des Werkes ermöglicht.

Göttingen, im April 1977   Hans Patze

Einleitung

ÜBERLIEFERUNG, ERFORSCHUNG UND DARSTELLUNG DER LANDESGESCHICHTE IN NIEDERSACHSEN

Von Manfred Hamann

1. Vorbemerkung

Das heutige Land Niedersachsen gehört zu den jüngsten staatlichen Gebilden Deutschlands. Eine auf diesen Raum bezogene Landesgeschichtsschreibung hat sich erst in diesem Jahrhundert herausgebildet. Im folgenden wird daher nicht so sehr niedersächsische Historiographie zu behandeln sein als vielmehr Geschichtsschreibung und -forschung, die Teile dieses Raumes zum Gegenstand hat [1]. Daraus erwachsen für einen notwendig gedrängten Überblick nicht geringe Probleme, die sich in einer jedermann befriedigenden Form kaum lösen lassen. Denn der Stoff ist überwältigend.

Aus dem nüchternen, mehr dem Tatsächlichen als dem Fabulösen zugewandten Charakter der Norddeutschen hat man geradezu eine Vorliebe für Geschichte abgeleitet. „Dem entspricht die Fülle von Chroniken, Geschichtserzählungen, Biographien, kurz: Historienbüchern jeder Art, von welcher das niederdeutsche Schrifttum überquillt [2]." Diese Neigung aber ist – und man möchte dies überhaupt als bezeichnend für die Historiographie in Norddeutschland ansehen – bis in die Gegenwart stärker auf die engeren historischen Landschaften und einstigen Territorien denn auf ein größeres Ganzes ausgerichtet. Nur soweit die Politik und Geschicke des Königreichs Hannover oder der welfischen Herzöge von Braunschweig-Lüneburg den Rahmen bilden, werden weitere, an eine niedersächsische Geschichte heranführende Zusammenhänge erfaßt, wie man denn in Hannover am ehesten geneigt war, die Landesgeschichte über die nähere Heimat hinaus zu sehen und zu betreiben. So wie aber noch heute zumindest der älteren, der geschichtlich am stärksten engagierten Generation Niedersachsen als ein Land gelten mag, das es nicht gibt, so richtet sich ein über das selbstverständliche nationale Bewußtsein hinausgreifendes Geschichtsinteresse noch immer mit Vorliebe auf ältere und damit engere Räume, auf Ostfriesland, das Oldenburger, das Osnabrücker Land oder

1 Gesch. Niedersachsens

auf Bremen–Verden; wenn nicht auf noch kleinere Gebilde, wie die Grafschaft Bentheim oder das Eichsfeld.

An solche von heutigen Verwaltungseinheiten und der öffentlichen Meinung fixierte Abgrenzungen braucht sich die Forschung, insbesondere die von den Universitäten ausgehende, nicht zu halten. Gleichwohl arbeitet auch sie deren Erhaltung in die Hände, weil die älteren Territorien – und deren Archive – sich aus methodischen und arbeitstechnischen Gründen stets aufs Neue als Rahmen der unterschiedlichsten Untersuchungen anbieten. Die Wissenschaft hat gemeinhin keinen Anlaß, regionalem Engagement entgegenzutreten. Allein aus minüziöser, d. h. kleinräumiger Forschung sind Fortschritte auf unserem Gebiet zu erwarten. Nur trägt sie insofern dazu bei, die regionale Vielfältigkeit zu fördern.

Es ließen sich noch weit mehr Gründe anführen, welche die Übersicht über Geschichtsschreibung und -forschung in Niedersachsen erschweren: die Jahrhunderte währende staatliche Zersplitterung – die aber selten soweit ging, das Gefühl der zufälligen Sinnlosigkeit überwiegen zu lassen –, eine auch in und gegenüber Hannover betonte regionale Eigenständigkeit, ein fehlendes geistiges Zentrum, das Desinteresse der gefeierten Göttinger Historiker, deren Ansehen eben auf nationaler und universaler Forschung basierte. Positiv gewendet heißt das aber auch, daß man hier die mannigfaltigsten Einflüsse verarbeitete. Wie denn auch die Georgia Augusta schon deswegen die lokale Forschung beflügelte, weil sich National- und Landesgeschichte in Niedersachsen zeitweise intensiv durchdringen. Zudem ist der Glücksfall zu verzeichnen, daß in neuerer Zeit drei Persönlichkeiten von nationalem Rang direkt oder indirekt ihr Talent, jeder in anderer Weise, für die Landesgeschichte nutzbar machten: Leibniz, Möser und Pertz. In ihnen berührt sich die europäische Historiographie mit der niedersächsischen.

Es kann nicht unsere Aufgabe sein, deren Stellung in der Geistesgeschichte nachzuzeichnen, noch darf man die übrigen Landeshistoriker an ihnen messen. Ein an ideengeschichtlichen Gipfeln sich orientierender Gratwanderer würde kaum noch andere niedersächsische Historiker aus dem Nebel herausragen sehen. Doch die Masse ist nicht so gleichförmig, daß sich nicht bestimmte Gestalten und Richtungen erkennen ließen, an denen wir uns orientieren können. Dabei wird naturgemäß die Auswahl immer rigoroser werden müssen, je mehr sich die Darstellung der Gegenwart nähert. Denn die Geschichtsschreibung gleicht – auch – in Niedersachsen dem Strom, der von den Anfängen her immer breiter und voller strömt, nur wollen sich seine Zuflüsse nicht recht vereinen. Sie fließen in zahlreichen Armen nebeneinander her, ja sie verzweigen sich immer von Neuem, wenn wir die seit dem 19. Jahrhundert üppig heranwachsenden Teil- und Hilfswissenschaften, von der Geographie und Archäologie bis hin zu den unterschiedlichsten geistes- und naturwissenschaftlichen Disziplinen in diesem Bild erfassen können.

1. Vorbemerkung

Diesem Lauf und der Tatsache Rechnung tragend, daß unsere geschichtlichen Kenntnisse im wesentlichen auf den Leistungen des 19./20. Jahrhunderts ruhen, sollte die Darstellung ihr Schwergewicht in den neueren Zeiten finden. Die Aussagen des Mittelalters und der frühen Neuzeit sind von der Kritik längst soweit gesichtet, daß die Spreu vom Weizen getrennt, daß sich Neues auf beschränktem Raum kaum sagen läßt. Solchen Intentionen stellte sich indes sofort eine andere Überlegung entgegen. Die mittelalterlichen Chronisten bieten weit mehr als Rohmaterial oder geistesgeschichtliche Studienobjekte. Sie enthalten noch immer das verläßlichste Bild dieser uns so fremd gewordenen Vergangenheit. Manche Abwege und Verstiegenheiten der modernen Forscher finden ihre Erklärung darin, daß sie diesen Boden unter den Füßen verloren haben. So ist dem Mittelalter schließlich doch ein gutes Drittel des Textes zugebilligt worden.

Im Mittelpunkt wird stets die Frage nach der Bedeutung eines Historikers oder einer Institution für die heutige Landesgeschichte stehen. In Andeutungen ist also eine Quellenkunde erstrebt, die nicht systematisch, sondern in chronologischer Folge das in den Vordergrund stellt, was in dem Lande entstanden ist und bis in die Gegenwart Wert besitzt. Das bedeutet aber, daß die zusammenfassenden Darstellungen nicht das Hauptthema bilden können. Sollten sich damit gelegentlich auch die Gewichte und Urteile verschieben, so werden die Ausführungen hoffentlich über die antiquarische Bestandsaufnahme hinaus an praktischem Wert gewinnen.

[1] Bisher gibt es nur Ansätze zu historiographischen Zusammenfassungen. Erwähnung verdienen neben W. Rosien, Die Anfänge der Landeskunde und Statistik in Niedersachsen (bis 1800), in: NArchNdSachs 5, 1951/52, S. 397 ff. und D. Lent, Das Niedersachsenbewußtsein im Wandel der Jahrhunderte, in: C. Haase, Niedersachsen, 1971, S. 11 ff.. vor allem J. H. D. Möhlmann, Kritik der friesischen Geschichtsschreibung überhaupt und des Dr. Onno Klopp insbesondere, 1863; H. Reimers, Ostfriesische Geschichte. Geschichtsschreibung und Geschichtsschreiber, in: Ostfreesland. Ein Kalender für Jedermann, 7. Jg., 1929, S. 67 ff.; H. Oncken, Zur Kritik der Oldenburgischen Geschichtsquellen im Mittelalter, Diss. Berlin 1891; ders., Umschau auf dem Gebiete oldenburgischer Geschichtsforschung, in: OldenbgJb 1, 1892, S. 5 ff.; H. Lübbing, Oldenburgische Landesgeschichte in Profilen ihrer Historiker, in: Oldenburg. Heimatpflege im Wirkungsbereich der Oldenburg-Stiftung, 1963, S. 45 ff., Nachdruck in: ders., Oldenburg. Historische Konturen, 1971; H. Forst, Die Geschichtsschreibung im Bistum Osnabrück bis zum Ende des 17. Jahrh., in: DtGBll 5, 1904, S. 117 ff. – Lokale Übersichten werden später genannt. Im übrigen sind selbstverständlich die bekannten Quellenkunden zur deutschen Geschichte ausführlich heranzuziehen; vor allem W. Wattenbach, Deutschlands Geschichtsquellen im MA bis zur Mitte des 13. Jahrh., Bd. I, [7]1904, Bd. II, [6]1894 bzw. die Neubearbeitungen von Levison, Löwe, Bucher (Vorzeit u. Karolinger, 1952–1963) sowie von Holtzmann, Schmale (Die Zeit der Sachsen und Salier, T. I–III u. Nachträge 1967–1971). Diese allgemein bekannten Sammelwerke werden im folgenden nur dann nachgewiesen, wenn Spezialuntersuchungen fehlen. Daß ein großer Teil der behandelten chronikalischen Quellen als Übersetzung in den „Geschichtsschreibern der deutschen Vorzeit" vorliegt, wird als bekannt vorausgesetzt. O. Lorenz, Deutschlands Geschichtsquellen im MA. Seit der Mitte des 13. Jahrh. Bd. II, [3]1887.

K. Jacob, Quellenkunde der Dt. Geschichte im MA, Slg. Göschen, Bd. I, ⁶1959, Bd. II, ⁶1968, Bd. III, ⁵1952. Auf den Nachweis weiterer allgemeiner historiographischer Hilfsmittel muß aus Raumgründen verzichtet werden. – ² W. Stammler, Geschichte der niederdt. Literatur von den ältesten Zeiten bis auf die Gegenwart, 1920; Nachdruck 1968, S. 14.

2. Von den Anfängen bis zur Karolingerzeit

Die ältesten Zeugnisse menschlichen Lebens in Niedersachsen hat der Boden aufbewahrt und freigegeben: Werkzeuge und Gerätschaften aus Stein, Metall, Ton, Knochen und Holz, Spuren und Reste von Rastplätzen, Siedlungen und Befestigungen, gigantische Riesensteingräber, eindrucksvolle Hügelgräber wie einförmige Urnenfelder und Reihengräber, primitive wie künstlerisch vollendete Schmuck- und Gebrauchsgegenstände. Als gegenständliche Überreste sind sie zwar historische Quellen, sie können jedoch erst mit Hilfe der von der Ur- und Frühgeschichtsforschung entwickelten Methoden zur Erkenntnis geschichtlicher Zusammenhänge herangezogen und ausgewertet werden (siehe u. S. 440 f.). Nicht die einzelnen Funde, sondern die Entwicklung der Archäologie im niedersächsischen Raum sind hier zu behandeln.

Ähnliches gilt von den frühesten schriftlichen Quellen, die in den ersten nachchristlichen Jahrhunderten von germanischen Stammesgruppen zwischen Elbe und Rhein und deren Schicksalen künden. Es sind die Schriften römischer und griechischer Historiker und Geographen, vornehmlich die des Tacitus, Ptolemäus und Plinius, weiter die Berichte von römischen Feldzügen nach Innergermanien bei Velleius Paterculus, Cassius Dio, Florus sowie kurze Erwähnungen bei verschiedenen Schriftstellern seit dem letzten Viertel des dritten nachchristlichen Jahrhunderts. Allen Gelehrtenfleißes zum Trotz wollen sich die vagen und widersprüchlichen, weil oft verschiedene historische Schichten kompilierenden Angaben nicht recht verknüpfen und lokalisieren lassen. Inzwischen ist auch der anfängliche Optimismus der Archäologen zumindest gedämpft worden, mit ihren Methoden festeren Halt auf diesem schlüpfrigen Boden zu gewinnen. Sowenig diese wie unverdrossene Laien die Auseinandersetzung aufgeben wollen oder können, zu beachten bleibt, daß man heute die antiken Quellen nur noch mit kompliziertem philologisch-historischen, archäologischen und linguistischen Rüstzeug auswerten kann [3].

Nicht viel anders verhält es sich mit der Überlieferung von der Völkerwanderung bis zur Karolingerzeit. Auch nachdem Karl der Große endgültig Sachsen in den fränkisch-christlichen Kulturkreis einbezogen hatte, standen die spärlichen Anfänge literarischer Bildung, die geographische Lage am Rande des Frankenreiches sowie Normannen- und Slaweneinfälle einem Aufschwung der Historiographie entgegen. Bis zur Ottonenzeit verdanken wir daher das Gerüst unserer Kenntnisse der fränkischen Geschichtsschreibung [4].

Es war die Kirche, welche die schriftliche Kulturtradition den Sachsen vermittelte. So wird verständlich, daß die Kleriker zunächst ihr missionarisches Anliegen zum Gegenstand literarischer Übung machten und über die Theologie und Seelsorge der Geschichtsschreibung einen Spalt öffneten. Sie griffen eine über die ganze christliche Welt verbreitete Literaturgattung auf, die der Heiligenleben und Reliquienübertragungen, und stellten den Lebensgang der herausragenden, in Sachsen tätigen Missionare und die Wunder dar, welche sich mit der Überführung von Reliquien hierher verbanden. Beabsichtigt oder unbeabsichtigt ließen die besten Arbeiten landeskundlich-historisches Kolorit einfließen; und gerade diese meist kurzen Mitteilungen sind es, die hier interessieren.

Für die Missions- und Kirchengeschichte sind die Viten sämtlicher Glaubensboten von Interesse, die im Friesen- und Sachsenland predigten, doch ragen die des Liafwin – latinisiert Lebuin –, des Liudger und Willehad heraus. Am meisten Beachtung gefunden hat die Vita Lebuini, die Lebensbeschreibung eines um 770 im fränkisch-sächsischen Grenzbereich um Deventer tätigen Angelsachsen, der in jenen Jahren auf der sächsischen Stammesversammlung zu Markloh auftrat. Dieses Allthing und die eigenartige Textüberlieferung haben zu kontroversen Auseinandersetzungen geführt. Denn zunächst lag lediglich eine Fassung vor, welche zu Beginn des 10. Jahrhunderts der als Hagiograph berühmte flämische Mönch Hukbald von St. Amand zurechtgestutzt hatte. Erst in diesem Jahrhundert wurde eine ältere Version, Hukbalds Vorlage, aufgefunden und 1909 als Vita Lebuini antiqua veröffentlicht. Immer wieder vorgetragene Zweifel an deren Alter und Originalität sind von den besten Sachkennern ausgeräumt worden. Man wird damit rechnen können, daß sie um 850 wohl in Werden an der Ruhr (oder Utrecht) entstanden ist [5].

Etwas älter, vor 849 entstanden, ist die erste Fassung der Vita Liudgeri, geschrieben von oder, wie Hauck meint, im Auftrage des Münsterschen Bischofs Altfried [6]. Liudger setzte die Missionsarbeit Liafwins in Friesland fort und wurde erster Bischof von Münster. Sein Wirken führte dazu, daß fünf friesische Gaue, in denen Liudger gewirkt hatte, zum Bistum Münster geschlagen wurden. Die älteste Fassung und die erste Überarbeitung sind noch aus lebendiger Erinnerung an die Mission geschrieben und handeln von den Anfängen bis zum Aufbau der Diözesanorganisation in fränkischer Zeit.

Noch vor Liudger wirkte in Friesland der Angelsachse Willehad, der 789 als erster Bischof von Bremen starb. Die Vita Willehadi zeigt u. a. die Anfänge der Mission an der Unterweser. Widukind erscheint hier wie in der ältesten Vita des Liudger noch als Feind alles Guten. Die Lebensbeschreibung ist nach 838, vielleicht zwischen 843 und 855, in Echternach geschrieben [7]. Sie stammt jedenfalls nicht, wie Adam von Bremen angibt, von dem berühmten Ansgar. Dieser hat lediglich eine Beschreibung von der Wunderkraft seiner Reliquien beigesteuert.

An Umfang und Gestaltungskraft übertrifft alle genannten die Vita Anskarii, die Lebensgeschichte des Apostels des Nordens, der als Erzbischof der unter ihm vereinigten Diözese Hamburg–Bremen 865 starb. Bald danach, zwischen 865 und 876, schrieb sie sein Nachfolger Rimbert als eine Verteidigung der nordischen Mission und Denkmal einer bewunderungswürdigen Persönlichkeit [8]. Ansgars missionarische Tätigkeit in Schweden und Dänemark bildet das Hauptthema, doch werden auch die unglücklichen Schicksale des Erzbistums Hamburg und der Streit um die Nachfolge in Bremen aus persönlicher Kenntnis und amtlichen Unterlagen dargestellt, fallen Schlaglichter auf Land und Leute Nordsachsens. Rimbert, von 865 bis 888 Erzbischof von Hamburg–Bremen, hat in einem vermutlich Corveyer Mönch um 900 ebenfalls seinen Biographen gefunden. Freilich erschöpft sich diese Vita Rimberti in schablonenhaften Lobsprüchen und bietet so gut wie nichts zum Verständnis der historischen Gestalt und seiner Zeit [9].

Das mittlere und östliche Sachsen hat an hagiographischer Literatur – sieht man von den Anfängen Corveys und Herfords ab – nur die Vita Liutbirgae und die Vita Hathumodae aufzuweisen. Das Leben der Klausnerin Liutbirg, um 880 im Kloster Fulda oder in dessen Einflußgebiet geschrieben, führt über die Anfänge des Frauenklosters Wendhausen am Harz bis in die Sachsenkriege und in die Familientradition des Ostfalenführers Hessi zurück [10]. In der von dem Corveyer Mönch Agius – ihr Freund und Bruder – 874/75 verfaßten Prosavita der ersten Gandersheimer Äbtissin Hathumod († 874), einer Tochter des Klostergründers Graf Liudolf, will man heute zwar mehr ein literarisches denn ein historisches Denkmal sehen [11]. Gleichwohl bleibt das Werkchen auch für den Historiker reizvoll, weil es Nachrichten zur Frühgeschichte des liudolfingischen Hauses enthält.

Die Viten stehen dem großen Umbruch der Christianisierung noch zu nahe, als daß ihre Verfasser heidnisch sächsische Tradition aufzugreifen gewagt hätten. Deren Verschmelzung mit der christlich-antiken Überlieferung erfolgt dann erstmals in der Translatio S. Alexandri, die der sachkundigste Bearbeiter, Krusch, „das älteste sächsische Geschichtsdenkmal..., die Grundlage der späteren sächsischen Geschichtsschreibung des Mittelalters" genannt hat [12]. Im Jahre 850 erwarb nämlich Graf Waltbraht, ein Enkel Widukinds, in Rom die vollständigen Gebeine eines heiligen Alexander und legte sie nach ereignisreicher Reise im folgenden Jahre in dem von ihm begründeten Stift Wildeshausen nieder. Wenig später, 863, beauftragte er einen renommierten Annalisten, den Fuldaer Mönch Rudolf, diese Überführung und die Wunder, die sich auf dem Wege begaben, aufzuzeichnen. Als bei Rudolfs Tode (865) das

2. Von den Anfängen bis zur Karolingerzeit

Werk unvollendet liegen blieb, führte es sein Klosterbruder Meginhard zu Ende (vor 889; siehe Abb. 1, nach S. 16).

Rudolf legte seinen Auftrag nun so weitläufig aus, daß er mit einer sächsischen Altertumskunde begann, also zunächst die sächsische Stammessage erzählte und mit Auszügen aus des Tacitus' Germania – vielleicht die einzige mittelalterliche Benutzung dieser Schrift überhaupt – der Vorfahren heidnische Irrtümer beschrieb. Erst Karls des Großen Kriege, die Taufe Widukinds und der Eifer großer Geschlechter für den neuen Glauben überwanden sie. Über das eigentliche Anliegen hinaus wird hier erstmals sächsisches Stammesbewußtsein deutlich, wird Widukind, seines berühmten Geschlechts und Reichtums wegen, mit spürbarem Stolz herausgestellt.

Über diese doch mehr beiläufigen Anfänge führen Bedürfnis und Interesse an der Geschichte noch in der ausgehenden Karolingerzeit, am Ende des 9. Jahrhunderts, zu einer Bearbeitung der entscheidenden, aus damaliger Sicht neueren Geschichtsepoche. Hundert Jahre nach der Unterwerfung goß nämlich ein Angehöriger des Stammes, ein anonymer P o e t a   S a x o – vermutlich aus Corvey – seine Lesefrüchte in ein auf 5 Bücher verteiltes Epos über Karls des Großen Taten und Leben [13]. Da seine prosaischen Vorlagen meist erhalten sind, ist der sächsische Dichter von den Historikern recht geringschätzig beurteilt worden. In der niedersächsischen Geschichtsschreibung darf er einen Platz beanspruchen, weil seine Darstellung erkennen läßt, wie der Stamm seinen ehrenvollen Platz im Frankenreich gefunden hat. Am Tage des Jüngsten Gerichts sieht er das Sachsenvolk freudig dem großen Karl folgen.

[3] Die beste Zusammenstellung und Auswertung der landesgeschichtlich bedeutsamen antiken Quellen bringen U. KAHRSTEDT, Die politische Geschichte Niedersachsens in der Römerzeit, in: Entstehung und Verfassung des Sachsenstammes, hg. v. W. LAMMERS, 1967, S. 232 ff. sowie W. LAMMERS, Die Stammesbildung bei den Sachsen. Eine Forschungsbilanz, a.a.O., S. 263 ff. – [4] W a t t e n b a c h – L e v i s o n (wie Anm. 1); W. BRÜGGEMANN, Untersuchungen zur Vitae-Literatur der Karolingerzeit, Diss. Münster 1957, Maschschr.; Kl. HONSELMANN, Die Annahme des Christentums durch die Sachsen im Lichte sächsischer Quellen des 9. Jh.s, in: WestfZ 108, 1958, S. 201 ff.; DERS., Reliquientranslationen nach Sachsen, in: Das erste Jahrtausend. Kultur u. Kunst im werdenden Abendland an Rhein und Ruhr. Textbd. I, 1962, S. 159 ff.; R. DRÖGEREIT, Die schriftlichen Quellen zur Christianisierung der Sachsen und ihre Aussagefähigkeit, in: Vorchristlich-christliche Frühgeschichte in Niedersachsen, 1966; Nachdruck in: Die Eingliederung der Sachsen in das Frankenreich, hg. v. W. LAMMERS, 1970, S. 450 ff.; H. LÖWE, Geschichtsschreibung der ausgehenden Karolingerzeit, in: DA 23, 1967, S. 1 ff.; H. BEUMANN, Ideengeschichtliche Studien zu Einhard und anderen Geschichtsschreibern des frühen Mittelalters, ²1969. – [5] Hg. v. A. HOFMEISTER, SS XXX/2, S. 789–795; Literaturzusammenstellung in: Entstehung und Verfassung (wie Anm. 3), S. 553, zuletzt: H. LÖWE, Entstehungszeit und Quellenwert der Vita-Lebuini, in: DA 21, 1965, S. 345 ff.; K. HAUCK, Ein Utrechter Missionar auf der altsächsischen Stammesversammlung, in: Das erste Jahrtausend, Textbd. II, 1964, S. 734 ff.; DERS., Die Herkunft der Liudger-, Lebuin- u. Marklo-Überlieferung, in: Festschrift für Jost Trier, 1964, S. 211 ff.; W. LAMMERS, Formen der Mission bei Sachsen, Schweden und Abotriten, in: BllDtLdG 106,

1970, S. 23 ff., insbes. S. 28. Lintzel und Honselmann rechnen übrigens mit einer etwas späteren Überarbeitung, doch wird damit die Datierung des Markloh-Berichts nicht in Frage gestellt. - [6] Die Vitae S. Liudgeri, hg. v. W. DIEKAMP, in: Gesch.Quel. d. Bistums Münster 4, 1881, S. 3–53; deutsch von B. SEUGEV, in: Kleine Westfäl. Reihe 5/6, 1959; Literatur vgl. in Anm. 5. - [7] Hg. v. G. PERTZ, SS II, S. 378–390. Spätere Ausgaben zitiert bei G. NIEMEYER, Die Herkunft der Vita Willehadi, in: DA 12, 1956, S. 17. DRÖGEREIT (wie Anm. 4), S. 463 sowie DERS., Die Verdener Gründungsfälschung und die Bardowick-Verdener Frühgeschichte, in: Dom u. Bistum Verden a. d. Aller. Rotenburger Schriften, Sonderheft 10, 1970, S. 85, Anm. 127, hält ohne Angabe von Gründen gegen Frau Niemeyer Bremen für den wahrscheinlicheren Entstehungsort. - [8] Hg. v. G. WAITZ, SS rer.Germ. i. u. sch. 1884; Nachdruck danach mit neuer dt. Übersetzung von W. TRILLMICH, in: Quellen des 9. u. 11. Jahrh. zur Geschichte der hamburg. Kirche u. des Reiches (= Ausgewählte Quellen z. dt. Gesch. d. Mittelalters 11), 1961. Die Textüberlieferung hat geklärt W. LEVISON, Die echte und die verfälschte Gestalt von Rimberts Vita Anskarii, in: Aus rheinischer u. fränkischer Frühzeit, 1948, S. 567 ff.; DERS., Zur Würdigung von Rimberts Vita Anskarii, a.a.O., S. 610 ff. Levisons gegen Peitz begründete hohe Meinung der Vita glaubt DRÖGEREIT, Die Verdener Gründungsfälschung (wie Anm. 7), S. 64 und S. 79, Anm. 21 anzweifeln zu müssen. Nach seinen im JbGesNdSächsKG 70, 1972, S. 107 ff. ausführlich begründeten, wenngleich noch immer „vorläufigen" Ausführungen zur Frage: War Ansgar Erzbischof von Hamburg oder Bremen? ist die „Vita Ansgarii" um 892 durch verfälschte Urkunden ergänzt und damit entstellt worden. Da die Diskussion um eine sehr spezielle Einzelfrage geht, wird sich vermutlich am Gesamtbild wenig ändern. - Zu einer späteren Vita Ansgarii in Versen (um 1060) vgl. WATTENBACH-HOLTZMANN II, S. 565. - [9] Hg. v. G. WAITZ, SS II, S. 764–775; Literatur wie Anm. 8. - [10] Das Leben der Liutbirg, hg. v. O. MENZEL, MG. Dt.MA 3, 1937; weitere Literatur: LÖWE (wie Anm. 4), S. 18, Anm. 83. - [11] Hg. v. G. PERTZ, SS IV, S. 165–189; H. BEUMANN, Einhard und die karolingische Tradition im ottonischen Corvey, in: Westfalen 30, 1952, S. 172 ff.; H. GOETTING, Das reichsunmittelbare Kanonissenstift Gandersheim (= Germania sacra, NF, Bd. 7, 1) 1973, S. 289 ff. - [12] B. KRUSCH, Die Übertragung des H. Alexander von Rom nach Wildeshausen durch den Enkel Widukinds 851, in: NachrrGesWissGött, Phil.-Hist.Kl. Fachgr. 2 (1933), S. 405–436; ein Auszug aus der Translatio, und zwar die sächsische Stammessage, ist mit Übersetzung der zweisprachigen Ausgabe des Widukind von Corvey von Bauer/Rau (wie Anm. 14) vorangestellt. Literatur: HONSELMANN, Reliquientranslationen (wie Anm. 4), S. 177 f.; K. HAUCK, Haus- und sippengebundene Literatur mittelalterlicher Adelsgeschlechter, in: MÖIG 62, 1954, S. 121 ff., Neufassung in: Geschichtsdenken und Geschichtsbild im Mittelalter, hg. v. W. LAMMERS, 1965, S. 183 f. - [13] Poetae Saxonis Annales de gestis Caroli magni imperatoris, hg. v. G. PERTZ, SS I, S. 225–279; Neuausgabe von P. v. WINTERFELD, Poetae IV, S. 1 ff.

3. STAMMES- UND DIÖZESANCHRONISTIK SOWIE LEBENSBESCHREIBUNGEN DES HOHEN MITTELALTERS

Mit dem politischen und geistigen Aufschwung der Ottonenzeit blüht seit der Mitte des 10. Jahrhunderts eine (nieder)sächsische Historiographie auf. Wo hätten auch die Anregungen und weltweiten Verbindungen des Kaiserhofes stärker wirken können als in der Heimat der Dynastie, wo deren Erfolge stammesbewußte Geschichtsschreiber nachdrücklicher ermuntern können als in

Sachsen? Wie ein bunter Flor entfalten sich jetzt alle Formen, in denen das Mittelalter Geschehenes festzuhalten pflegte, entstehen neben den vertrauten Viten und Translationen nun Chroniken, Annalen, Biographien, Bistums- und Klostergeschichten, Dynasten- und Stifterchroniken, treten zu den Urkunden und Gesetzen Briefe und Streitschriften. Nicht nur die Fülle, auch die Qualität besticht.

Überblickt man, wie es die gebotene Kürze erfordert, alles was das hohe Mittelalter auf unserem Gebiet hervorgebracht hat, so springt die Andersartigkeit gegenüber Späterem in die Augen. Zunächst orientiert sich die literarisch anspruchsvolle Geschichtsschreibung an der einzelnen Persönlichkeit, am Stammes- oder Diözesanverband. Eine scharfe lokale Abgrenzung fehlt, zumal die geschichtswürdigen Gestalten und Ereignisse fast immer mit der Reichsgeschichte verknüpft sind. Dadurch aber, daß sich der historische Gesichtskreis dieser Zeit spürbar verengt, kommt den regionalen Elementen erhöhte Aufmerksamkeit zu. Erst gegen Ende dieser Epoche wird, entsprechend der Entwicklung der Landesherrschaft, eine nicht mehr auf das Königsgeschlecht, sondern auf einheimische Dynasten bezogene Note deutlich. Die geschichtliche Stellung Heinrichs des Löwen an der Grenze zwischen mittelalterlichem Herzogtum und modernem Territorialstaat kennzeichnet die Übergangsphase. Bis dahin aber empfängt die Geschichtsschreibung in Niedersachsen ihre kräftigsten Impulse aus der Verschmelzung oder Spannung von Reichs- und Lokalgeschichte.

Den Sachsen ward als einzigem deutschen Stamm beschieden, bald nach der Mitte des 10. Jahrhunderts eine als Kunstwerk nach klassischen Mustern komponierte Geschichte zu erhalten, welche den Bogen von der Landnahme bis zum Tode Ottos des Großen 973 spannte. Gemeint sind die entweder 957/58 oder (nach Beumann) erstmals 967 geschriebenen drei Bücher Sachsengeschichte des Corveyer Mönchs W i d u k i n d (Widukindi rerum gestarum Saxonicarum libri tres) [14]. Das erste Buch reicht von der sagenhaften Eroberung Nordwestdeutschlands durch die Sachsen bis zu Heinrich I., mündlich überlieferte Stammesmessagen mit ersten, freilich nicht viel zuverlässigeren literarischen Nachrichten verbindend. Buch 2 und 3 enthalten Taten Ottos des Großen, dargestellt nach Widukinds eignem Erleben und Hören, im wesentlichen bis 968. Ein Schlußkapitel hat er noch bis 973 weitergeführt. Der Streit, ob es sich hier um den Typus einer Volksgeschichte oder um ein höfisches Werk, einer Geschichte des liudolfingischen Hauses, handelt, mag sich dahin aufheben lassen, daß „Widukind die Geschichte der Ottonen aus gentiler sächsischer Perspektive, aber doch als Reichsgeschichte dieses Geschlechts geschrieben hat" [15]. Immer jedenfalls beanspruchen die Ereignisse in Sachsen, die Schicksale der königlichen Familie das Hauptaugenmerk dieses so ganz weltlich denkenden, ungemein kenntnisreichen Mönchs, dem der Stolz auf sein Volk und seine adligen Standesgenossen die Feder führte.

Etwa um die gleiche Zeit ließ sich aus ähnlichen Motiven eine Stiftsdame des liudolfingischen Hausstifts Gandersheim, Hrotsvit von Gandersheim, drängen, ihre poetische Begabung in den Dienst der Historie zu stellen. Die Anregung zu dem Carmen de gestis Ottonis I. empfing sie von ihrer Äbtissin Gerberga, einer hochgebildeten Nichte Ottos I. Und so vollendete sie im Frühjahr 967 eine mehr dynastische als sächsische Verherrlichung des Kaisers, wobei sie sich von den Ereignissen im fernen Italien und Burgund mehr angezogen fühlt als der sachlichere Corveyer Mönch. Im übrigen verharrt das Kaiserepos ebenso wie ein Lied über die Anfänge des Stifts Gandersheim, Primordia coenobii Gandeshemensis, mehr im Typischen als im Individuellen, wie denn überhaupt die Jungfrau, mag sie auch manches Eigene beigesteuert haben, mehr ein geistesgeschichtliches Exempel – als erste deutsche Dichterin und Historikerin – denn anschauliche Quellen bietet [16].

Geschichtsschreibung soll vor allem Geschehenes kritisch gesichtet festhalten. Je stärker eine Landschaft in die großen politischen Ereignisse hineingezogen wird, um so ergiebiger sprudeln die Quellen. Dies trifft für Sachsen in diesem 10. Jahrhundert zu – nur in Friesland bleibt es still. So ist denn hier zu nennen die ebenso umfang- wie materialreiche Chronik des Bischofs Thietmar von Merseburg († 1018) [17]. Als er 1012 mit der Arbeit begann, wollte er lediglich die Geschichte seiner Diözese bekannt machen. Doch die acht Bücher wuchsen sich zu einer Reichsgeschichte im Zeitalter des sächsischen Hauses aus, mit Heinrich I. beginnend und bis zu seiner Zeit so anschwellend, daß die zweite Hälfte der Chronik der Regierungszeit Heinrichs II. (bis 1018) gewidmet ist. Thietmar entstammt der Familie der Grafen von Walbeck (nö. Helmstedt), Herkunft und Lebensgang mußten das östliche Sachsen vorzüglich in seinen Gesichtskreis rücken. Nicht anders als der Corveyer Widukind fühlt er sich als Sachse, und dieses Sachsentum begründet seine Teilnahme an den Geschicken des heimischen Herrscherhauses.

Bevor der Investiturstreit Sachsen wieder in den Mittelpunkt des Geschehens rückt, wird in Hildesheim die historiographische Tradition einer neuen Höhe entgegengeführt. Sie war ohnedies nie ganz erloschen. Dies belegen die im Kloster Nordhausen verfaßten Viten der Königin Mathilde [18], aber auch der Bericht von der Ent- und Überführung der Gebeine des heiligen Epiphanius von Pavia nach Hildesheim [19]. Beide Werke entsprechen noch der herkömmlichen Gattung. Wirklich gelöst vom Heiligenkult, wenn auch nicht von erbaulicher Verbrämung, haben sich die Lebensbeschreibungen der beiden wohl bedeutendsten Hildesheimer Bischöfe, die des Bernward (993–1022) und seines Nachfolgers Godehard (1022–1038).

Die Vita Bernwardi [20] zählt zu den bedeutendsten und schönsten mittelalterlichen Werken dieser Gattung. Als ihr Verfasser bekennt sich der Hildesheimer Priester Thangmar. Allerdings war längst aufgefallen, daß die

Darstellung des Gandersheimer Streites – es ging dabei um die Sprengelgrenze mit Mainz und vor allem um die Diözesanzugehörigkeit von Gandersheim – darin einen unverhältnismäßig breiten Raum einnimmt. Die Authentizität dieser Darstellung ist nicht strittig, wohl aber sind Zweifel an der Echtheit der ersten elf Kapitel und des Schlusses begründet. Die nach den Urkundenverlusten des Zweiten Weltkrieges freilich nicht mehr genau nachprüfbare handschriftliche Überlieferung deutet auf eine jüngere Schicht, die kaum vor 1150 liegt [21]. Dann wäre gerade die reizvollste Seite, die Darstellung des täglichen Lebens eines dem Reichsdienst ergebenen, dabei als sächsischer Politiker denkenden Kirchenfürsten aufzugeben. Soweit wird man nicht zu gehen brauchen. „Dem Kompilator haben sicher . . . historisch echte Aufzeichnungen des 11. Jahrhunderts und wahre mündliche Überlieferungen vorgelegen, so daß auch die Teile der Biographie, die nach Thangmars Tode niedergeschrieben sind, in wesentlichen Teilen als der historischen Wahrheit entsprechend angesehen werden können [22]."

Eine der Quellen des unbekannten Kompilators war die Vita Godehardi. Sie liegt in einer älteren und einer jüngeren Redaktion vor. Beide sind von einem sächsischen Kleriker aus Godehards Umgebung, Wolfhere, in Kenntnis der – echten – Schriften Thangmars verfaßt, die ältere Redaktion noch zu Godehards Lebzeiten (um 1035), die jüngere nach dessen Tode (um 1065) [23]. Diese hat manches ausgelassen, anderes hinzugefügt: natürlich auch Godehards frommes Ende und eine Reihe von Wundern. Der gelehrte Wolfhere stilisiert weit stärker, zu welchem Kunstgriff Godehards mönchisches Leben stärker verführen mochte. Gleichwohl gehören beide Viten nach berufenem Urteil wegen der Fülle des Inhalts und der sorgfältigen Art der Darstellung zu unseren wertvollsten Quellen.

Ähnliches gilt von der Vita Bennonis, der Lebensbeschreibung des Osnabrücker Bischofs Benno II. (1068–1088) [24]. Der Lebenswandel dieses geschäftstüchtig-lebensklugen Kirchenfürsten und außerordentlich geschmeidigen Diplomaten – der ein königstreuer Anhänger Heinrichs IV. bleiben konnte, ohne sich mit der kurialen Gegenpartei zu überwerfen, – gab wenig Stoff für fromme Legenden. So zeichnet denn sein Biograph, der Iburger Abt Norbert, Anfang der neunziger Jahre des 11. Jahrhunderts ein lebenerfülltes ungeschminktes Bild dieses merkwürdigen Mannes, wobei die weltbewegenden Vorgänge des Investiturstreites hinter den persönlich-lokalen Anliegen eher zurücktreten. Der echte Text ist übrigens erst 1901 von H. Bresslau aufgefunden worden; die vorher bekannte Bearbeitung des Iburger Abtes Maurus Rost (1666–1706) ist dadurch überholt.

Nur wenig vorher entstand in Bremen ein Werk, das nach Umfang, Breite wie Tiefe, aber auch in seiner biographischen Darstellungskunst die genannten Viten weit hinter sich läßt, unter den mittelalterlichen Geschichtsschreibern überhaupt einen hervorragenden Platz einnimmt, des Bremer Domscholasters **Adam von Bremen** Gesta Hammaburgensis ecclesiae pontificum [25]. Adam will damit die Erinnerung an die großen Leistungen der Bremer und Hamburger (Erz)Bischöfe vor dem Vergessen bewahren; und zwar in der Weise, daß er die biographischen Elemente in den größeren Zusammenhang der Diözesangeschichte stellt. Nach gründlichen Vorstudien, fleißigem Sammeln schriftlicher und mündlicher Nachrichten beginnt er mit der germanischen Kultur- und sächsischen Stammesgeschichte, der sächsischen Mission und den Anfängen des Hamburger Bistums. Da dessen Missionsauftrag Wenden und Nordgermanen einbezog, weitet sich die Darstellung zur nordeuropäischen Frühgeschichte. Sie kulminiert in den – übersteigerten – Patriarchatsplänen des von Adam kritisch bewunderten Erzbischofs Adalbert von Bremen (1043 bis 1072). Seiner Wirksamkeit und Persönlichkeit ist das dritte und gewichtigste Buch gewidmet. Bereits die ersten drei Bände zeichnen sich durch eingestreute Zustandsbeschreibungen aus. Das vierte Buch bietet dann eine Völker- und Länderkunde von Nordeuropa und begründet Adams Ruf als den einzigen Geographen seiner Zeit.

Sicher war er kein Sachse, vielleicht stammte er aus Franken. 1066/67 hat Erzbischof Adalbert den jungen Kleriker kennengelernt und als Leiter der Bremer Domschule bei sich behalten. Um 1076 konnte er das fertiggestellte Werk Adalberts Nachfolger Liemar überreichen. Bis 1081/85 hat er dann noch Nachträge eingefügt, ohne das Ganze nochmals durcharbeiten zu können; er wird darüber gestorben sein.

Adams Interesse an Land und Leuten als dem Untergrund alles Geschehens macht ihn zum Wegbereiter der historischen Landeskunde. Auf diesem Wege sollte ihm erst wieder Helmold folgen. Zunächst ist jedoch auf eine Quellengruppe zu verweisen, die sich auf Grund der Spannungen des Investiturstreites bis zur leidenschaftlich-einseitigen Tendenzliteratur steigern kann, infolge ihrer außerordentlich farbigen Darstellung aber auf die politischen Vorgänge und sozialen Wandlungen in (Nieder)Sachsen wertvolle Schlaglichter wirft. Gemeint sind des Mönchs und späteren Hasunger Abts **Lampert von Hersfeld** Annalen, welche vor allem die Ereignisse der sechziger und siebziger Jahre des 11. Jahrhunderts mit einzigartiger Ausführlichkeit erzählen [26], Brunos Buch vom Sachsenkriege und der Sang vom Sachsenkriege. Das **Carmen de bello Saxonico** eines unbekannten Verfassers führt in 757 Hexametern die barbarische Zügellosigkeit der wilden Sachsen bei den Kämpfen von 1073 bis 1075 vor. Heinrich IV. erscheint dagegen, wie in einem Heldenliede, stets in bestem Licht [27]. Aus entgegengesetzter Tendenz, einseitig in glühender Parteinahme für die ihm gute sächsische Sache, beschreibt die gleichen Ereignisse ein sächsischer Patriot namens Bruno, vermutlich aus der Umgebung des Magdeburger bzw. später Merseburger Domhofes stammend. **Brunonis Saxonicum bellum** setzt mit der Jugend Heinrichs IV. ein und konzentriert sich mit gründlichen Kenntnissen auf die Jahre 1073 bis 1081 [28].

3. Stammes- und Diözesanchronistik des hohen Mittelalters

Auf weitere Quellen kann hier nicht eingegangen werden, wie wir auch künftig die magdeburgisch-ostsächsische Historiographie außer acht lassen müssen. Zudem ist manches verloren gegangen. Gedacht werden muß jedoch noch der Chronica Slavorum, verfaßt von Helmold, Pfarrer zu Bosau am Plöner See († nach 1177)[29]. Er will nicht anders als Adam einen Abschnitt sächsischer Missionsgeschichte, hier in den Wendenbistümern Ratzeburg, Lübeck und Schwerin, vor dem Vergessen bewahren. Gleich jenem spannt er einen gewaltigen Bogen von den ihm greifbaren Anfängen der Ostseeslawen in der Zeit Karls des Großen bis zu seiner Gegenwart; auch zeichnen seine Chronik ethnographische Exkurse aus. Der landesgeschichtliche Aspekt hat sich hier soweit durchgesetzt, daß er unter den weltlichen Herren nicht mehr den König, sondern den Sachsenherzog Heinrich den Löwen bewundert, wie denn seine westelbische Herkunft wohl die warme Anteilnahme an den innersächsischen Ereignissen – und Abneigung gegen die Holsteiner – bedingt.

Helmold hat seine Chronik zwischen 1167 und 1172 geschrieben. Sie ist in der neuen Ostseemetropole durch den ersten Abt des Johannis-Klosters, Arnold von Lübeck († 1212), fortgesetzt worden. Arnoldi Chronica Slavorum reicht von 1171 bis 1209[30]. Der gebildete Lübecker Abt faßt seine Aufgabe wesentlich weiter als der Bosauer Pfarrer und hält auch Ereignisse der großen Welt fest, von denen ihm häufig nur undeutliche und unzuverlässige Kunde geworden ist. Immerhin bleibt er die wichtigste Quelle Norddeutschlands für die letzten Jahre Heinrichs des Löwen und das Ringen um sein Erbe. Er schildert Heinrichs Wallfahrt ins Heilige Land, seinen Bruch mit dem Kaiser, Sturz und Rückkehr aus England.

[14] Die maßgebende Ausgabe von P. Hirsch in Verbindung mit E. Lohmann, SS rer. Germ. i. u. sch. [5]1935 ist inzwischen mit deutscher Übersetzung neu herausgegeben von A. Bauer und R. Rau, in: Quellen zur Geschichte der sächsischen Kaiserzeit = Ausgewählte Quellen z. dt. Gesch. d. Mittelalters Bd. 8 (1971). Die Literatur zu Widukind ist nur noch schwer zu übersehen, vgl. „Die Eingliederung der Sachsen" (wie Anm. 4), S. 534, K. Hauck, in: VerfLex IV (1955) Sp. 946 ff. und die Einleitung zur letzten Ausgabe. Die gründlichste Untersuchung ist die von H. Beumann, Widukind von Corvey, 1950; dazu ders., Historiographische Konzeption u. politische Ziele Widukinds von Corvey, jetzt in: Wissenschaft vom Mittelalter. Ausgewählte Aufsätze zu seinem 60. Geburtstag, 1972, S. 71 ff. sowie K. Hauck, Das Wissen Widukinds von Corvey von der Neubildung des sächsischen Stammes im 6. Jahrh., in: Ostwestfälisch-weserländische Forschungen zur geschichtl. Landeskunde, hg. v. H. Stoob, 1970, S. 1 ff. Vgl. auch W. von Stetten, Der Niederschlag liudolfingischer Hausüberlieferung in den ersten Werken der ottonischen Geschichtsschreibung. Diss. Erlangen 1954, Maschschr. – [15] H. Patze, Adel und Stifterchronik, in: BllDtLdG 100, 1964, S. 14. – [16] Die letzte Ausgabe von Hrotsvits Schriften auf der Grundlage der Texte P. von Winterfelds, SS rer. Germ. i. u. sch. 34, 1902 sowie K. Streckers, [2]1930, lieferte H. Homeyer, Hrotsvithae opera (1970); vollständige Übersetzung: H. Homeyer, Die Werke der Rosvith von Gandersheim, 1936, der historischen Werke auch von Th. G. Pfund und W. Wattenbach, in: Geschschr. dt. Vorzeit 32, [2]1891. Literatur: H. Bork, in: VerfLex II, 1936, Sp. 506 ff. u. V (1955)

Sp. 424 f.; WATTENBACH–HOLTZMANN I, S. 34 ff. u. III, S. 15* ff.; B. NAGEL, in: NDB 9 (1972) S. 676 ff.; zuletzt dazu H. GOETTING, Das Überlieferungsschicksal von Hrotsvits Primordia, in: Festschr. H. Heimpel 3, 1972, S. 61 ff., der dabei nicht nur ein scharfsinnig eruiertes Kapitel Textgeschichte bietet, sondern auch Belege für erstaunlich eifrige Bemühungen um Rettung der Überlieferung vom Humanismus bis zur Barockzeit. – [17] Hg. v. R. HOLTZMANN, SS rer. Germ. n. s. 9, 1935; Nachdruck mit neuer deutscher Übersetzung von W. TRILLMICH, in: Ausgewählte Quellen z. dt. Gesch. d. Mittelalters 9, 1970 (mit Literatur); H. LIPPELT, Thietmar von Merseburg. Reichsbischof und Chronist, 1973 (= Mitteldt. Forsch. 72). – [18] WATTENBACH–HOLTZMANN I, S. 38 ff. u. III, S. 17*; M. LINTZEL, in: Ausgewählte Schriften 2, 1961, S. 407 ff. – [19] WATTENBACH–HOLTZMANN I, S. 42, Am. 117. – [20] Hg. v. G. PERTZ, SS IV, S. 754–786; Nachdruck mit neuer deutscher Übersetzung von H. KALLFELZ, in: Ausgewählte Quellen z. dt. Gesch. d. Mittelalters 22, 1973 (mit Literatur); K. ALGERMISSEN, Persönlichkeit und Charakter des Bischofs Bernward von Hildesheim, in: Unsere Diözese, 2. Heft, Jg. 27, 1958, S. 1 ff.; R. DRÖGEREIT, Die Vita Bernwardi und Thangmar, in: Unsere Diözese, 2. Heft, Jg. 28, 1959, S. 2 ff. Die strittige Hildesheimer Historiographie will eine Göttinger Dissertation von H.-J. SCHUFFELS klären. Zum Gandersheimer Streit vgl. GOETTING (wie Anm. 11), S. 85 ff. – [21] DRÖGEREIT (wie Anm. 20), S. 38, kommt zu diesem terminus post, weil er, nicht ganz korrekt, die auf einer Erfurter Provinzialsynode 1150 gestattete liturgische Verehrung als Heiligsprechung bezeichnet. – [22] ALGERMISSEN (wie Anm. 20), S. 7. – [23] Hg. v. G. PERTZ, SS XI, S. 162–221. – [24] Hg. v. H. BRESSLAU, SS rer. Germ. i. u. sch. 56, 1902; Neudruck 1956; danach deutsch von M. TANGL, in: Geschschr. dt. Vorzeit 91, 1911; Neuausgabe und neue deutsche Übersetzung von H. KALLFELZ zusammen mit der Vita Bernwardi (wie Anm. 20); W. PETKE, Benno, Bischof von Osnabrück, in: Nds. Lebensbilder 8, 1973, S. 1 ff. – [25] Hg. v. B. SCHMEIDLER, SS rer. Germ. i. u. sch. 2, ³1917; danach mit einigen Vereinfachungen und deutscher Übersetzung hg. v. W. TRILLMICH, in: Quellen des 9. u. 10. Jahrh. zur Gesch. d. hamburgischen Kirche u. des Reiches (= Ausgewählte Quellen z. dt. Gesch. d. Mittelalters 11), 1961, S. 137 ff. (mit Literatur). – [26] Hg. v. O. HOLDER-EGGER, SS rer. Germ. i. u. sch. 38, 1894; danach neu hg. v. A. SCHMIDT, in: Ausgewählte Quellen z. dt. Gesch. d. Mittelalters 13, 1962 (mit Literatur). – [27] Hg. v. O. HOLDER-EGGER, SS rer. Germ. i. u. sch. 17, 1889; danach neu mit deutscher Übersetzung hg. v. F.-J. SCHMALE, in: Quellen zur Geschichte Kaiser Heinrichs IV. (= Ausgewählte Quellen z. dt. Gesch. d. Mittelalters 12), 1968, S. 143 ff. – [28] Hg. v. H.-E. LOHMANN, MG Deutsches Mittelalter 2, 1937; danach in verbesserter Form mit deutscher Übersetzung hg. v. F.-J. SCHMALE, in: (wie Anm. 27), S. 191 ff. – [29] Hg. v. B. SCHMEIDLER, SS rer. Germ. i. u. sch. 32, ³1937; danach mit deutscher Übersetzung hg. v. H. STOOB, in: Ausgewählte Quellen z. dt. Gesch. d. Mittelalters 19, 1963 (mit Literatur). – [30] Hg. v. J. M. LAPPENBERG, SS XXI, S. 100–250; neue Ausgabe sowohl in den MG als in den Ausgewählten Quellen z. dt. Gesch. d. Mittelalters als Bd. 20 mit deutscher Übersetzung vorgesehen. Literatur: Rep. font. II, 1967, S. 401.

4. ANNALEN, KLOSTER- UND STIFTERCHRONIKEN SOWIE ÜBERRESTE DES HOHEN MITTELALTERS

Gemessen an den bisher genannten, zum Teil künstlerisch vollendeten Meisterwerken bietet diese Gruppe vorwiegend schlichten Bericht. „Annalen sind Aufzeichnungen für den eignen Gebrauch der Klöster oder Domstifter, meist anonym, ohne Titel, ohne Vorwort und Widmung, ohne literarischen

Anspruch, oft von vielen Händen durch Generationen fortgeführt, aber selten durch unveränderte Abschriften über den Ursprungsort hinaus verbreitet [31]." Ihre Überlieferung ist daher so unterschiedlich wie ihr Wert, das Blickfeld der Annalisten durch lokale Verbindungen und Bedürfnisse bedingt, somit kaum oder doch erst spät landesgeschichtlich begrenzt.

Im 12. Jahrhundert lockern sich freilich die alten Formen, erweitern sich die jährlichen Notizen zur thematischen Darstellung. Die Pöhlder, Steterburger und Stader Annalen kann man ebensogut als Chroniken ansprechen, so stark lösen sich die namentlich genannten Verfasser vom Jahresschema, allein Gewohnheit reiht sie bei der Annalistik ein. Dahinter steht nicht nur ein gehobenes Bildungsniveau der Geistlichkeit, sondern auch das neue Geschichtsbewußtsein der zur Landesherrschaft aufsteigenden Fürstengeschlechter, allen voran der Welfen. Die reiferen Früchte gedeihen hier freilich erst im späten Mittelalter, erste Ansätze, Frühformen territorialer Geschichtsschreibung, tauchen bereits auf. Im allgemeinen aber bieten die Annalen doch mehr Nachrichten denn geistige Durchdringung des Zeitgeschehens, Rohstoff also für die Geschichtsschreiber aller Zeiten. Wir müssen und können uns hier mit einem Überblick begnügen.

Gleich eingangs ist von einer vorzüglich unterrichteten, leider verlorenen Quelle zu berichten, den größeren Hildesheimer Jahrbüchern. Diese A n n a l e s H i l d e s h e i m e n s e s m a i o r e s sind, an Hersfelder Annalen anschließend, von 974 bis 1043 im Domstift geführt worden [32]. Ein Widerschein ihres Glanzes ruht auf den A n n a l e s H i l d e s h e i m e n s e s , ein um 1030 in dem jungen Michaeliskloster begonnenes Geschichtswerk mit dem Vorzug erhalten zu sein [33]. Sie setzen mit der Erschaffung der Welt ein und sind mit Unterbrechungen und Überschneidungen bis 1137 fortgesetzt worden. Weiterhin begann bald nach dem Tode Bischof Hezilos (1054–1079) ein Unbekannter das C h r o n i c o n e p i s c o p o r u m H i l d e s h e i m e n s e , das mit einzelnen Nachrichten 822 einsetzt, aber erst seit Hezilo ausführlicher wird [34]. Später sind kurze Lebensbeschreibungen seiner Nachfolger bis ins 15. Jahrhundert nachgetragen, ferner verschiedene Personenlisten vorausgeschickt worden. Schließlich entstand um 1080 eine F u n d a t i o e c c l e s i a e H i l d e s h e i m e n s i s , welche die sagenhaften Anfänge des Stifts aufzeichnet [35].

Verglichen mit Hildesheim bieten die übrigen niedersächsischen Domstifte wenig. Ein bald nach 1072 geschriebenes C h r o n i c o n b r e v e B r e m e n s e ist recht unbedeutend [36], aus Verden [37] und Osnabrück [38] gibt es fast nichts. Wenigstens in dem südlich Osnabrück gelegenen Kloster Iburg sind Annalen geführt worden. Die erhaltenen Bruchstücke dieser A n n a l e s Y b u r g e n s e s lassen ein sicheres Urteil über den ursprünglichen Umfang und die Entstehungsverhältnisse nicht zu; sie mögen nach 1114 geschrieben sein [39].

Überhaupt gilt, daß die Annalistik der salischen und staufischen Zeit weniger im Original als in späteren Abschriften, Auszügen oder Überarbeitungen erhalten ist. Von der braunschweigischen Geschichtsschreibung im Hochmittelalter zeugen beispielsweise nur noch Reste. Dabei sind sowohl in dem 1115 gegründeten Aegidienkloster Jahrbücher geführt worden, die nach Ausweis der überkommenen Annalium S. Aegidii Brunsvicensium excerpta bis 1162 gereicht haben[40], als in dem jüngeren Blasiusstift. Hier muß es ein großes Annalenwerk gegeben haben, das von 815 bis 1180 berichtete[41].

Nicht ganz unbedeutend waren die Annales Rosenfeldenses (seu Harsefeldenses) aus dem Kloster Rossefeld–Harsefeld bei Stade[42], von denen wir auch nur noch Bruchstücke besitzen, die (einschließlich der Fortsetzung bis 1164) u. a. in die Pöhlder Annalen und in das Werk des Annalista Saxo geflossen sind.

Zu den wertvollsten überkommenen gehören die Annales Palidenses, schon mehr eine Chronik denn bloße Jahrbücher, die vielleicht ein Mönch namens Theodor im Kloster Pöhlde anlegte[43]. Sie sind bis 1182 geführt und bieten manches Eigne zur Katastrophe Heinrichs des Löwen. Vor allem haben sie Sagenstoff und Legenden festgehalten, darunter die, wonach Heinrich I. die Nachricht von seiner Wahl zum deutschen König am Vogelherd angezeigt worden sei.

In der zweiten Hälfte des 12. Jahrhunderts schrieb Gerhard, von 1163 bis 1209 Propst des Klosters Steterburg (bei Wolfenbüttel), eine Klosterchronik, die Annales Stederburgenses[44]. Sie beginnen mit kurzen Notizen und Urkundenabschriften bei der Klostergründung (um 1000) und reichen bis zum Tode Heinrichs des Löwen. Im Mittelpunkt stehen die Begebenheiten in Gerhards eigner Zeit. Seine enge Verbindung mit dem Sachsenherzog bedingt eine welfische Färbung der ausführlich erzählten Ereignisse nach dessen Sturz.

Erstaunlich still ist es nach den großartigen Anfängen in Gandersheim geworden. Die Erinnerung an Hrotsvits Werke verblaßte, und über die Frühgeschichte gab im hohen Mittelalter wohl lediglich eine Denkschrift aus dem ersten Jahrzehnt des 11. Jahrhunderts Kunde. Doch was man dort seit Hrotsvit immer mag geschrieben haben, wir können es lediglich in der Gandersheimer Reimchronik fassen, die ein Geistlicher des Stifts namens Eberhard um 1216 in kraftvollen, wenngleich kunstlosen niederdeutschen Versen dichtete[45]; übrigens das erste geschichtliche Werk in (mittel)niederdeutscher Sprache. Die Chronik will einem heimatlichen Kreis die große, mit dem sächsischen Kaiserhaus verknüpfte Geschichte des Stifts und seiner Äbtissinnen in einer Folge dichterisch gestalteter Szenen erzählen. Sie vereinfacht ihre Vorlagen oder malt aus, wo es dienlich erscheint – markiert also den Scheitelpunkt zu einer neuen Art der Geschichtsvermittlung. Im wesentlichen reicht sie nur bis um 1100 und ist im ganzen daher von geringem Quellenwert.

Einen eher spätmittelalterlichen Typ verkörpert auch Albert von Stade, von 1232 bis 1240 Abt des Marienklosters zu Stade, dann als Mönch im dorti-

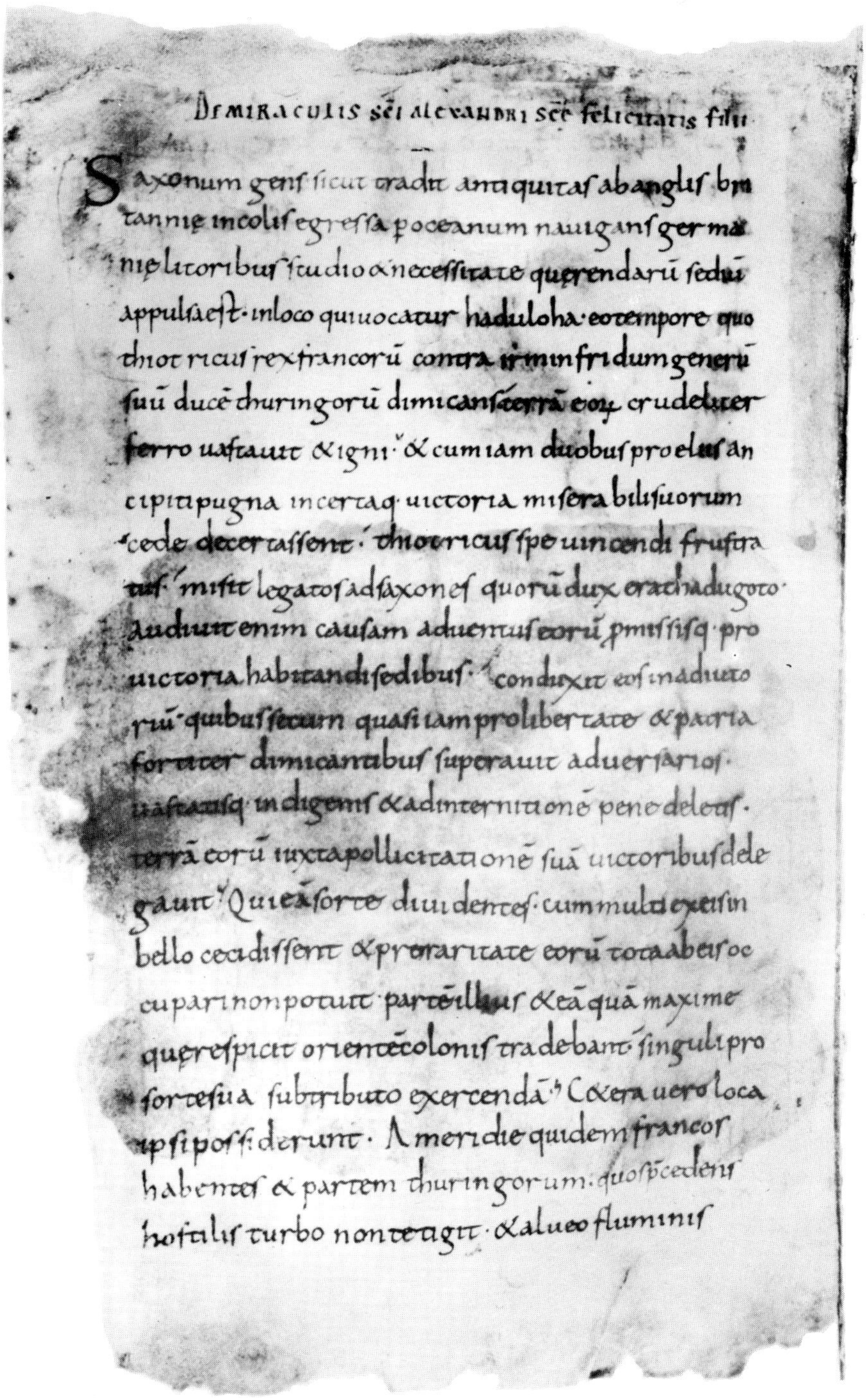

DE MIRACULIS sci alexandri sce felicitatis filii

Saxonum gens sicut tradit antiquitas ab anglis bri
tannie incolis egressa poceanum nauigans germa
nie litoribus studio & necessitate querendarū sedū
appulsa est· in loco qui uocatur haduloha· eo tempore quo
thiotricus rex francorū contra irminfridum generū
suū ducē thuringorū dimicans terrā eorū crudeliter
ferro uastauit & igni· & cum iam duobus proeliis an
cipiti pugna incertaq́ uictoria miserabili suorum
cede decertassent· thiotricus spe uincendi frustra
tus· mittit legatos ad saxones quorum dux erat hadugoto·
audiuit enim causam aduentus eorū promissisq́ pro
uictoria habitandi sedibus· conduxit eos in adiuto
riū· quibus secum quasi iam pro libertate & patria
fortiter dimicantibus superauit aduersarios·
uastatisq́ indigenis & ad internitionē pene deletis·
terrā eorū iuxta pollicitationē suā uictoribus dele
gauit· Qui eas sorte diuidentes· cum multi ex eis in
bello cecidissent & pro raritate eorū tota ab eis oc
cupari non potuit· partem illarū & eā quā maxime
que respicit orientē colonis tradebant singuli pro
sorte sua sub tributo exercendā· Cetera uero loca
ipsi possiderunt· A meridie quidem francos
habentes & partem thuringorum· quos precedens
hostilis turbo non tetigit· & alueo fluminis

Abb. 1
Translatio s. Alexandri

gen Franziskanerkloster vielleicht nach 1264 gestorben; ein sicher schwieriger Mensch, aber ein erstaunlich belesener Gelehrter, Poet und Historiker in einer Person. Seine Annales Stadenses, eine bis 1256 reichende Weltchronik, sind hier zu erwähnen, weil sie aus verlorenen Quellen des 12. Jahrhunderts wertvolle Nachrichten retten, vor allem reichhaltiger und zuverlässiger über die letzten Jahrzehnte berichten. Ein berühmter Exkurs behandelt in Dialogform die Reisewege von Stade nach Rom mit Angabe der Entfernungen zwischen den wichtigsten Stationen [46].

Mit dem Auftreten der Welfen in Sachsen wird die dynastische Orientierung der Geschichtsschreibung neu belebt. Die süddeutschen Welfen haben als erstes Adelsgeschlecht die Familientradition in ausschließlich ihrem Geschlecht gewidmeten, kritisch angelegten und weitgehend zuverlässigen Werken aufzeichnen lassen; und zwar in einer kurzen Genealogia Welforum (bald nach 1126 entstanden) [47] und in einer trefflichen Historia Welforum, die um 1170 wohl von einem im Dienste Welfs VI. stehenden Weltgeistlichen ausgearbeitet worden ist, Heinrich den Löwen aber weitgehend ausklammert [48]. Aus einem Vergleich der lateinischen und niederdeutschen Fassung der Welfengenealogie sowie aus anderen sächsischen Quellen hat man geschlossen, daß es bereits in den dreißiger Jahren des 12. Jahrhunderts eine – verlorene – sächsische Welfenquelle gegeben hat, welche die Familiengeschichte aus sächsischer Sicht dargestellt habe [49]. Wie dem auch sei, faßbar wird die Verschmelzung der sächsischen mit der welfischen Geschichtstradition erst im späten Mittelalter.

Der Typ der adligen Stifterchronik läßt sich in dieser Zeit nur ansatzweise in dem südhannoverschen Kloster Reinhausen greifen. Hier verfaßte um 1156 Abt Reinhard einen kurzen Bericht über die Gründung und Ausstattung des Klosters, wobei er auch auf die Geschichte der Stifterfamilien, der Grafen von Winzenburg und von Reinhausen, eingeht. Er kleidet seine kurze Erzählung in die – Dauer heischende – Form einer Urkunde [50].

Zu Beginn des 13. Jahrhunderts entfaltet sich im Lüneburger Michaeliskloster eine lebhafte historiographische Tätigkeit. Es lag hier nahe, die Erinnerung an die Stifterfamilie, die Billunger, zu pflegen. Davon zeugt das um 1230 geschriebene schmale Chronicon S. Michaelis Luneburgensis, das wahrscheinlich nur den Auszug aus einer älteren Fassung bietet [51]. Kurze Notizen bis 1230 gewährleisten den Anschluß an die neuen welfischen Landesherren, die Stadt tritt darin noch kaum in Erscheinung.

In diesem Zusammenhang mag, obwohl die zeitliche Grenze überschreitend, auf zwei weitere Stifterchroniken verwiesen werden, deren Inhalt noch in das 12. Jahrhundert gehört. In den äußersten Osten führt die Historia monasterii Ilfeldensis, von der leider nur der Anfang erhalten ist [52]. Sie ist von dem Stiftsherrn des Harzklosters Ilfeld Johannes Caput zwischen 1296 und 1300 geschrieben und behandelt auch die Anfänge der

Stifterfamilie, der Grafen von Ilfeld–Hohnstein. Im Nordwesten hat die Historia monasterii Rastedensis dem Oldenburger Grafengeschlecht ein weit anspruchsvolleres Denkmal gesetzt [53]. Die Klostergeschichte ist – abgesehen von späteren Zusätzen – zwischen 1276/92 verfaßt. Die ersten neun Kapitel, welche über die Gründung und die Stifter, die Grafen Huno und Friedrich, handeln, mögen um 1200 entstanden sein. Die folgenden Kapitel berichten, nach einzelnen Äbten geordnet, über die Schicksale des Klosters, des Grafengeschlechts und die Ereignisse des nordwestdeutschen Raumes bis ins ausgehende 13. Jahrhundert.

Es bleibt nur noch festzustellen, daß seit dieser Zeit die schriftlichen und sachlichen Überreste unsere Kenntnis wesentlich bereichern. Das im Frühmittelalter so lebhafte Interesse an umfassenden Rechtskodifikationen ist abgeklungen, dafür schwillt jetzt die Zahl der Urkunden an, und zwar so, daß deren exklusivste Gruppe, die Königs- und Papsturkunden, jetzt in stetig anwachsendem Maße von den (Privat)Urkunden der geistlichen und weltlichen Fürsten begleitet wird. Die neue Kunst zeitigte bedenkliche Folgen, ganze Serien von Fälschungen in Bremen [54] und Osnabrück [55] im Zeitalter des Investiturstreits. In Einzelfällen hat man auch in Verden und Hildesheim zugunsten der Kirche gesündigt. Nachdem im Bombenhagel des Zweiten Weltkrieges sowohl die Bremer wie Hildesheimer Stiftsurkunden untergegangen sind, wird man freilich die Sache auf sich beruhen lassen müssen. Bleibt lediglich ein Hinweis auf eine interessante Briefsammlung nachzutragen [56].

[31] H. Grundmann, Geschichtsschreibung im Mittelalter, in: Dt. Philologie im Aufriß 3, ²1962 = Sonderausgabe: Kl. Vandenhoeck-Reihe 209/210, 1965, S. 24 f. – [32] L. Tradelius, Die größeren Hildesheimer Jahrbücher und ihre Ableitungen, Diss. Berlin 1936. – [33] Hg. v. G. Waitz, SS rer. Germ. i. u. sch. 8, 1878. – [34] Hg. v. G. Pertz, SS VII, S. 845–873; Wattenbach–Holtzmann II, S. 575 f. mit Hinweis auf Hildesheimer Nekrologien. – [35] Hg. v. A. Hofmeister, SS XXX, 2, S. 939–946; Wattenbach–Holtzmann II, S. 576. Anmerkungsweise mag noch auf Berichte hingewiesen werden, die mit der Heiligsprechung Bernwards (1193) zusammenhängen, bei Wattenbach II, S. 360. – [36] Wattenbach–Holtzmann II, S. 566. – [37] Wattenbach–Holtzmann II, S. 574. – [38] Wattenbach–Holtzmann II, S. 582. – [39] Hg. v. G. Pertz, SS XVI, S. 434–438; neu und erweitert hg. v. H. Forst, Die Bruchstücke der sog. Annales Yburgenses, in: Osnabrücker Geschquell. 1, 1891, S. 177 ff. – [40] Hg. v. L. v. Heinemann, SS XXX, 1, S. 6–19. – [41] Annalium S. Blasii Brunsvicenses maiores, hg. v. O. Holder-Egger, SS XXX, 1, S. 17–19. – [42] Hg. v. G. Pertz, SS XVI, S. 99–104. – [43] Hg. v. G. Pertz, SS XVI, S. 48–98. – [44] Hg. v. G. Pertz, SS XVI, S. 197–231; Fortsetzung der Klostergeschichte aus dem 14. Jahrh. SS XXV, S. 719–735. – [45] Die Ausgabe von L. Weiland, in: Dt. Chroniken II, 1877, S. 385 ff. ist ersetzt durch L. Wolff, Die Gandersheimer Reimchronik des Priesters Eberhard (= Altdt. Textbibliothek 25), ²1969; Literatur: L. Wolff, in: VerfLex I (1933) Sp. 470 ff. u. V (1955) Sp. 160 f.; ders., in: NDB 4 (1959) S. 238; Wattenbach–Holtzmann I, S. 38 u. II, S. 577 f. Dazu neuerdings H. Goetting (wie Anm. 16), S. 100 ff., der die von P. Haase erschlossene (und in der Literatur verbreitete) Vermutung, um 1100 habe man in Gandersheim an einer – verlorenen – Gründungsgeschichte gearbeitet, mit guten Gründen (S. 102) verwirft. – [46] Vollständig hg. v. Reineccius, 1587; die nicht entlehnten Teile bietet J. M. Lappenberg, SS XVI, S. 283–379. Reste einer wesentlich

reichhaltigeren Fassung von Alberts Geschichtswerk will man in einem im 18. Jahrh. gedruckten Chronicon Rosenveldense sehen, vgl. R. HUCKE, Die Grafen von Stade 900–1144, 1956, S. 4 u. 205 ff. – [47] Hg. v. G. WAITZ, SS XIII, S. 733–734. – [48] Historia Welforum, hg. v. E. KÖNIG (= Schwäbische Chroniken der Stauferzeit I), 1938. Dazu und zur weiteren welfischen Hausüberlieferung vgl. Rep. font. II, 1967, S. 348; PATZE, in: BllDtLdG 101, 1965, S. 108 ff.; O. G. OEXLE, Die „sächsische Welfenquelle" als Zeugnis der welfischen Hausüberlieferung, DA 24, 1968, S. 435 ff. – [49] OEXLE (wie Anm. 48). – [50] Gedruckt: LEIBNIZ, SS I, S. 703–705; besser: E. Frhr. v. USLAR–GLEICHEN, Geschichte der Grafen von Winzenburg, 1895, S. 308; H. PATZE, Die Entstehung der Landesherrschaft in Thüringen 1, 1962, S. 582 ff.; DERS., in: BllDtLdG 100, 1964, S. 46 f. – [51] Hg. v. L. WEILAND, SS XXIII, S. 391–397; S. 397–399 folgen Notizen über die Ausstattung des Klosters; vgl. dazu W. REINECKE, ChronDtStädte 36, S. IX f. u. PATZE (wie in Anm. 15), in: BllDtLdG 101, 1965, S. 114. – [52] Hg. v. G. WAITZ, SS XV, S. 587–589; vgl. PATZE (wie Anm. 15), in: BllDtLdG 100, 1964, S. 46. – [53] Hg. v. G. WAITZ, SS XXV, S. 495–514; Literatur: H. ONCKEN, Zur Kritik der oldenburgischen Geschichtsquellen im Mittelalter, Diss. Berlin 1891, S. 18 ff.; NIEMANN, Die Klostergeschichte von Rastede und die Anfänge der Grafen von Oldenburg bis zum Ende des 13. Jahrh., 1935; die kritischen Einwände von W. HANISCH, Rastediensia, 1962, S. 85 ff. sind auf wenig Glauben gestoßen, vgl. PATZE (wie Anm. 15), in: BllDtLdG 100, 1964, S. 47 f. – [54] WATTENBACH–HOLTZMANN II, S. 571 ff. – [55] WATTENBACH–HOLTZMANN II, S. 581 u. III, S. 167*. – [56] WATTENBACH–HOLTZMANN II, S. 427 u. III, S. 133*.

5. Weltchroniken und territoriale Historiographie im altwelfischen Raum von der Mitte des 13. Jahrhunderts bis zum Beginn des 16. Jahrhunderts

„Die Geschichtsschreibung im Spätmittelalter läßt sich schwerer als in den vorangehenden Jahrhunderten sichten und gliedern [57]." Das liegt vor allem daran, daß sich als Folge von Bevölkerungsverdichtung und verbreiterten Bildungsansprüchen das historische Interesse zugleich erweitert und verengend differenziert. Jetzt sind es nicht mehr wenige Stifte und Klöster, in denen antiquarisch besessene oder begnadete Kleriker die beschränkte Überlieferung abschreibend sammeln und ergänzen oder in glücklichen Sonderfällen das Geschehene zu eindrucksvollen Geschichtsbildern gestalten. Jetzt ist das in den Klosterbibliotheken und in den Archiven vorliegende Material so angeschwollen, daß man komprimieren und damit kompilieren muß, daß zeitgeschichtlich-lebendige Darstellungen sich nur noch auf enge Ausschnitte beziehen können. Dabei steigen die Anforderungen. Die biblische Predigt, welche vorzüglich die Bettelorden pflegen, erfordert Kenntnisse der alten Geschichte, die man mit der lokalen Tradition zu verbinden sucht – daher das Bedürfnis nach Welt- und Lokalgeschichten zugleich. Nur das Reich bietet sich in Niedersachsen kaum mehr als Rahmen historischer Betrachtung und als Ansporn an.

Die Träger und Vermittler geschichtlicher Tradition sind noch immer vorwiegend Geistliche, doch das Laienelement dringt seit Eike von Repgow vor. Und vor allem, man will bewußt Geschichte fixieren für neue Kreise, denen die lateinische Kultursprache nicht mehr selbstverständliche Bildungsvoraussetzung bedeutet. Das führt seit dem 13. Jahrhundert zur Verwendung der Muttersprache und zu neuen Formen der Darstellung, wobei fehlender Durchblick und das Bemühen, die heimische Tradition an die jetzt bekannt gewordene biblische und antike Überlieferung anzuschließen, die Neigung zum Wunderlich-Sagenhaften vermehren, jedenfalls das kritische Urteilsvermögen einschränken. Allein wie sollte dem spätmittelalterlichen Historiker gelingen, was den Gelehrten der Aufklärungszeit, die doch mit handlicheren Drucken arbeiten konnten, versagt blieb: die jeweils beste Überlieferung zu erkennen und zu benutzen? Er war vollauf damit beschäftigt, die mühsam genug aufgefundenen Handschriften in zeitgemäße Form umzugießen. So sind die Chroniken mit Nachrichten belastet, die wir heute aus originelleren Quellen schöpfen können. Und was sie an Neuem bringen, wird durch die inzwischen publizierten und zugänglich gemachten urkundlichen Überreste erheblich ergänzt und korrigiert.

Nach inhaltlichen Gesichtspunkten lassen sich die Weltchroniken von den sächsischen und territorialen, auf Fürstengeschlechter oder Hochstifte bezogenen unterscheiden, die Klosterchroniken von den städtischen. Doch die Typen treten nur selten in reiner Form auf, Vermischung ist die Regel. Der kulturgeschichtliche Trend spiegelt sich darin wider, daß anspruchsvollere Historiographie nur noch in den bedeutenderen Städten oder in Verbindung mit Fürstenhöfen gedeiht, daß die alten Benediktinerklöster und Augustinerstifte zurücktreten. Zwar finden sich weiter Ordens- und Weltgeistliche, die mit und ohne Auftrag Geschichte schreiben und von denen sich eine Linie zu den humanistisch geschulten Pastoren und Professoren führen läßt, neu aber sind die politischen Praktiker, gebildete Ratsherren, fürstliche wie städtische Räte. Die formale Gestaltung klafft nun weit auseinander, nüchternen amtlichen Niederschriften und unbewältigten Stoffsammlungen stehen Reimchroniken, Lieder, ja im ausgehenden Mittelalter bebilderte Volksbücher gegenüber. Humanistischer Einfluß wird in der zweiten Hälfte des 15. Jahrhunderts in einer deutlichen Zunahme lateinischer Chroniken erkennbar, vor allem in dem Werk von Albert Krantz. Doch die lebendigsten Darstellungen bedienen sich des vertrauten Niederdeutsch.

Die Geschichtsschreibung reflektiert die wirtschaftlichen und politischen Kräfteverhältnisse im niedersächsischen Raum; östlich der Weser ist sie daher reichhaltiger und dichter als im Westen. Dabei bleibt freilich zu berücksichtigen, daß sie sich mit der Lübecker und Magdeburger nicht messen kann [58]. Vor allem fehlt es an über Generationen fortlaufend weitergeführten Reihen. Statt dessen finden wir im altwelfischen Gebiet ein buntes Nebeneinander von Welt- und Sachsenchroniken neben Darstellungen, die sich auf den neuen Herrschaftsraum der Herzöge von Braunschweig–Lüneburg beziehen. In den Hochstiften Bremen, Osnabrück, Hildesheim wie in Oldenburg und Ostfriesland ist die territoriale Ausrichtung deutlicher und einheitlicher, fehlt – Hildesheim ausgenommen – eine eigenständige städtische Historiographie [59].

Bevor eine sächsisch-welfische Geschichtsschreibung recht in Gang kam, sollte das Werk eines einzelnen Mannes den Namen des Sachsenstammes, seine Sprache und Rechtsbräuche im nördlichen und östlichen Mitteleuropa verbreiten, des ostsächsischen Ritters E i k e v o n R e p g o w († bald nach 1233) S a c h s e n s p i e g e l. Die Wirkung dieses Lehrbuches des Land- und Lehnrechts seiner anhaltinischen Heimat beruhte nicht zuletzt darauf, daß er es wagte, sein Werk in (mittel)niederdeutscher – genauer: elbostfälischer – Sprache vorzulegen. Er wurde damit zum Schöpfer einer mittelniederdeutschen Kunstprosa. Auf Grund der Sprachformen hat man in der letzten Generation ziemlich einhellig auch ein anonymes Prosawerk Eike zugeschrieben, die um 1230 oder erst kurz vor 1250 vollendete S ä c h s i s c h e W e l t c h r o n i k, auch sie dank der Verwendung der niederdeutschen Sprache ein Wurf von nicht geringer Kühnheit. Eine neueste Untersuchung der Überlieferungsgeschichte kommt zu dem Schluß, daß der Verfasser des Sachsenspiegels nicht der Verfasser der sächsischen Weltchronik sein kann. Bis zur genaueren Begründung und einer klärenden Diskussion wird damit die Frage nach dem Urheber zumindest wieder verunsichert [60].

Der Aufbau der Weltchronik folgt dem traditionellen Lehrgebäude, sie gliedert sich nach den vier Weltreichen, dem babylonischen, persischen, griechischen und römischen, welches letztere den Hauptbestandteil des Werkes bildet und für den Verfasser bis zur Mitte des 13. Jahrhunderts reicht. Dabei will er Reichs-, nicht Landesgeschichte bieten; immerhin stehen die Ereignisse in Norddeutschland im Vordergrund. Die Bedeutung der Weltchronik beruht auf ihrem Fortwirken. In ganz Deutschland war sie verbreitet, vorzüglich aber in Niederdeutschland wurde sie benutzt und ausgeschrieben, auch mehrfach fortgeführt. Als Quelle wiegt sie weit geringer, da wir die benutzten Vorlagen kennen und wenig Eignes hinzugefügt ist.

In unserem Zusammenhang sind die Weltchroniken lediglich als Beispiele historiographischen Wirkens von Interesse. Eine der erstaunlichsten Leistungen ist die in dem entlegenen Heidekloster Ebstorf bei Uelzen um 1235 angefertigte E b s t o r f e r W e l t k a r t e, eine Art Weltchronik, welche das Weltgeschehen von der Schöpfung bis zur eignen Zeit symbolisch anschaulich machen will [61].

Weit geringere Originalität besitzen Weltchroniken des 14./15. Jahrhunderts. Sie sind daher nur handschriftlich überliefert oder auszugsweise im 17./18. Jahrhundert gedruckt worden. Der bekannteste und fruchtbarste dieser Polyhistoren ist D i e t r i c h E n g e l h u s, der, um 1365 in Einbeck geboren, nach einem wechselvollen Studiengang und Lehrerleben 1434 als Priester im Stift Wittenburg bei Springe starb [62]. Seine erstaunliche Belesenheit nutzte er u. a. zwischen 1419 und 1429 zur Niederschrift eines Kompendiums der Weltgeschichte. Eine von ihm selbst gefertigte Übertragung in die niederdeutsche „modersprake" – welcher Ausdruck hier erstmals belegt ist – setzte der Minorit M a t t h i a s

Döring († 1464) fort, dessen Blick sich freilich mehr nach Obersachsen und Thüringen richtete. Dem heimatlichen genius loci hat E n g e l h u s gehuldigt durch eine Kompilation Origo Saxonum et terrae Saxoniae ex tribus poetis – mit Versen des Gottfried von Viterbo, Dietrich Lange und Heinrich Rosla, welche die Schriften des Lange und Rosla überhaupt nur erhalten hat. Ihrem Inhalt nach weniger bedeutend ist eine Weltchronik, die ein wohl braunschweigischer Dominikaner und Schulmeister J o h a n n S t a t w e c h aus dem Gericht Papenteich (n. Braunschweig) vor der Mitte des 15. Jahrhunderts zweisprachig zusammenstellte; und zwar so, daß er eine mittelniederdeutsche Reimfassung von fast 4 000 Versen (mit lateinischen Inhaltsangaben dazu) und eine deutsche Prosafassung schrieb [63]. Schließlich mag noch auf die Weltchronik hingewiesen werden, die der Braunschweiger Zollschreiber H e r m a n n B o t e zu Beginn des 16. Jahrhunderts entwarf [80].

Nach Anlage und Inhalt stehen den genannten Schriften diejenigen nahe, die sich als Chroniken der Sachsen verstehen oder einfach „Saxonia" betitelt werden: eine Schriftengattung, die sich aus dem stammesgeschichtlichen Zusammengehörigkeitsgefühl der Niederdeutschen (bis weit in die Neuzeit mit Sachsen synonym) und aus dem Versagen der welfisch-territorialen Historiographie zugleich erklärt. Dabei hatte diese, an die Zeit und Gestalt Heinrichs des Löwen anknüpfend, jedoch nach einer durch die politischen Wirren nach dessem Tode bedingten Pause, im späteren 13. Jahrhundert so verheißungsvoll in Braunschweig begonnen.

Die Verbindung der lokalen mit der welfischen und sächsischen bzw. seit 1235 auf ein Herzogtum Braunschweig–Lüneburg reduzierten Tradition dürfte im wesentlichen in dem Hausstift St. Blasien bzw. am dortigen Hof, in der Burg Dankwarderode, erfolgt sein. Sie schlägt sich – erstmals greifbar – nieder in einer zwischen 1269 und 1277 entstandenen C h r o n i c a p r i n c i p u m B r u n s v i c e n s i u m , also einer Braunschweiger Fürstenchronik [64]. Die erhaltenen Bruchstücke zeigen, daß die Braunschweiger Fürstenchronik mit der sächsischen Frühgeschichte einsetzte, sich dann auf die Braunschweiger und Northeimer Grafen konzentrierte und von hier auf die Welfen bis zu Otto dem Kinde überleitete, d. h. Dynastengeschichte auf landesgeschichtlicher Grundlage betreibt. Sie ist um 1294 noch erweitert worden. Die erweiterte Fassung schöpft bereits aus einem anderen Werk, der C h r o n i c a d u c u m d e B r u n s v i c k [65]. Diese ist kurz nach 1291 von einem Kanoniker des Blasiusstifts verfaßt und bringt in knappestem chronikalischen Stil die Geschichte der sächsischen Fürsten von Herzog Liudolf bis zum Beginn des 12. Jahrhunderts, danach sächsische Stammesgeschichte anfügend. Sie mag für den Unterricht in der Hausgeschichte, etwa für die Prinzenerziehung angelegt sein. Ihr Quellenwert ist gering, doch überliefert sie als Exzerpt verlorene Teile der Braunschweiger Fürstenchronik. In ähnlicher Form ist eine 1281/82 abgefaßte C h r o n i c a p r i n c i p u m S a x o n i a e aufgebaut [66]. Diese Sächsische

Fürstenchronik setzt mit den Billungern ein und führt über Lothar von Süpplingenburg zu den Welfen und Askaniern.

Die genannten Chroniken verblassen neben der B r a u n s c h w e i g i s c h e n R e i m c h r o n i k [67]. Ein unbekannter, zweifellos braunschweigischer Geistlicher, der dem Herzogshaus nahe stand, hat sie zwischen 1279 und 1282 gedichtet und bis zum Jahre 1298 ergänzt: knapp 10 000 Reime in einer der höfischen mittelhochdeutschen Dichtung entlehnten Sprache, in deren Vokalismus das Niederdeutsche hervortritt. Poetische Form und dichterische Ambition erschweren das Verständnis des Werkes, wenngleich der Zwang zum Reim die nüchterne Aussage nicht sonderlich behindert. Strittig bleibt die Frage, wie weit die Tendenz zu einer ritterlich-höfischen Fürstengeschichte die historische Realität verdeckt. Diese Frage ist irrelevant für die erste Hälfte, welche die Geschichte der Sachsen, vorzüglich ihrer Fürsten von Widukind bis Heinrich dem Löwen bespricht. Selbständige Bedeutung kommt der Darstellung des Thronstreits zwischen Philipp von Schwaben und Otto IV. sowie der folgenden Zeit zu. Das Epos mündet in einem idealisierten Bild Albrechts I. von Braunschweig (1252–1279), der als ritterlicher Held gefeiert wird. Der Dichter hat zweifellos Chroniken wie Urkunden benutzt und mühsam zusammengesucht; er folgt ihnen, sofern kontrollierbar, ziemlich getreu, aber auch kritisch. Die historischen Schauplätze, Gestalten und Handlungen werden nur aus ritterlichem Lebensgefühl vorgestellt und mit den Mitteln höfischer Dichtung drapiert – ein zweifellos damals bereits antiquiertes Verfahren.

Dem klassischen Arsenal entstammen die Vorbilder und Mittel, mit deren Hilfe uns eine wenig bedeutende Fehde ausgemalt und erzählt wird, die Belagerung und Zerstörung der Harliburg (bei Vienenburg) im Jahre 1291. Die Ereignisse hat ein sonst unbekannter H e i n r i c h R o s l a – vermutlich ein Walkenrieder Mönch – aus eigner Kenntnis in 477 Hexametern dargestellt in der Absicht, mit dieser Herlingsberga den Sachsen ein Heldenlied zu schenken [68]. Wozu denn weder der Anlaß recht passen will noch der Atem des Dichters reicht. Die nicht ganz leicht verständliche lateinische Sprache stand der Verbreitung dieses Liedes ebenso im Wege wie einem anderen Gedicht in leoninischem Versmaß, der Saxonia, welche D i e t r i c h L a n g e, Kanonikus zu Einbeck, in der zweiten Hälfte des 14. Jahrhunderts verfaßt hat [69]. In schwülstiger Sprache wird hier kritiklos antiquarisches Wissen zum Lobe des harten Sachsengeschlechts auf wenige Blätter zusammengepreßt, teilweise in der Form von Merkversen, die am Schulzweck keinen Zweifel lassen.

Der Braunschweiger Reimchronist hat keinen Fortsetzer gefunden. Aus den Teilungen des Welfenhauses gingen neue Fürstentümer hervor, von denen nur Lüneburg konstant genug blieb, daß hier Anfang des 15. Jahrhunderts eine territorialgeschichtlich ausgerichtete Lüneburger Chronik entstehen konnte. Im Süden zog man sich auf den alten Sachsenbegriff zurück, wie Dietrich Lange belegt. Die gelehrte Geschichtsschreibung ist ihm auf diesem

Wege gefolgt. Dies bezeugt der einzige norddeutsche Historiker, welcher die Anregungen der italienischen Humanisten des Quattrocento aufnahm und mit einem sächsischen Stammesbewußtsein hansischer Färbung verschmolz: Albert Krantz (1448–1517)[70]. Der gebürtige Hamburger ist als Studierender und Professor, als Diplomat und Syndikus der Städte Lübeck und Hamburg weit in Europa herumgekommen. Dabei blieb ihm Zeit zu ausgedehnten historischen Studien und Sammlungen. Er hat sein Material nicht mehr selbst gebändigt. Doch es war so imposant, daß es in mehreren Bänden aus seinem Nachlaß herausgegeben werden konnte. Der Kompilation fehlt daher die letzte glättende Hand, wie die unübersichtliche Überlieferung den durchaus vorhandenen kritischen Ansätzen wenig Spielraum ließ. An dieser Stelle ist zweier Bücher von ihm zu gedenken, der Saxonia und der Metropolis, die seit 1520 bzw. 1548 bis ins 17. Jahrhundert in mehreren Auflagen erschienen. Die Saxonia bietet eine politische Geschichte Sachsens von den Anfängen bis in seine Zeit, doch tritt vom Interregnum an das Interesse an der Geschichte der braunschweig-lüneburgischen Lande auffallend zurück. Die Metropolis bildet die kirchengeschichtliche Parallele. Sie rückt dabei die sächsische Metropole, das Erzstift Hamburg-Bremen, so stark in den Mittelpunkt, daß man das Werk als Fortzetzung Adams von Bremen betrachten kann. Quellenwert kommt diesen Schriften nur noch in geringem Maße und dann für das 14./15. Jahrhundert zu.

Zur gleichen Zeit, 1492, erschien bei Peter Schöffer in Mainz eine anonyme niederdeutsche ‚Croneken der Sassen', die dem Braunschweiger Bürger und – vermutlich – Goldschmied Konrad Bote zugeschrieben wird, möglicherweise aber von dem Braunschweiger Zollschreiber Hermann Bote stammt[71]. Obwohl dem Werke die Ehre einer hochdeutschen Übersetzung 1588 und eines Nachdruckes durch Leibniz zuteil wurde, ist ihr historiographischer Wert bescheiden. Man hat in dem Text sogar nichts anderes sehen wollen als phantastisch ausgeschmückte Kommentare zu den reichlich beigesteuerten unbeholfenen Holzschnitten. Doch das Buch fand viel Anklang und verdient als das erste gedruckte Chronikwerk in niederdeutscher Sprache, als Zeugnis bürgerlicher Kulturgeschichte und Geschichtsschreibung rühmender Erwähnung.

[57] GRUNDMANN (wie Anm. 31), S. 64. – [58] Die verschiedenen Lübecker und Magdeburger Chroniken sind für die (ost)niedersächsische Geschichte im Spätmittelalter daher stets zu berücksichtigen; darüber zuletzt J. B. MENKE, Geschichtsschreibung und Politik in deutschen Städten des Spätmittelalters, in: JbKölnGV 34/35, 1959/60, S. 116 ff. u. 148 ff. Für das südwestliche Niedersachsen ist außerdem die Mindener Chronistik bedeutsam, vorzüglich die zwar unkritische, aber durch reichhaltige Nachrichten bedeutsame Weltchronik des HEINRICH VON HERFORD, † 1370 (Liber de rebus memorabilius sive Chronicon [bis 1355], hg. v. POTTHAST, 1859), sowie die Bearbeitungen der Mindener Bischofschronik des HEINRICH VON HERFORD, † 1370 (Liber de rebus memorabilibus sive Chronicon K. LÖFFLER, in: Mindener Geschichtsquellen Bd. 1, 2, 1917 u. 1932. – [59] Brauchbare Übersichten bieten – von den Grundrissen und Nachschlagewerken abgesehen, vgl. Anm. 1 –

lediglich O. LORENZ, Deutschlands Geschichtsquellen im MA. Seit der Mitte des 13. Jahrh., Bd. 2, ³1887 und H. VILDHAUT, Handbuch der Quellenkunde zur deutschen Geschichte vom Falle der Staufer bis zum Auftreten des Humanismus, ²1909. – ⁶⁰ Die Literatur über den Spiegler ist sehr weitläufig; vgl. H. CONRAD, Deutsche Rechtsgeschichte, Bd. 1, ²1962, S. 360 f.; zur Person: Cl. v. SCHWERIN u. W. WEIZÄCKER, in: VerfLex I, 1933, Sp. 516 ff. u. V, 1955, Sp. 175 ff.; E. WOLF, Große Rechtsdenker..., ²1944, S. 1–28; H. THIEME, in: Die großen Deutschen, Bd. 1, 1956, S. 187 ff.; über die Ausgaben des Land- und Lehnrechts vgl. K. KROESCHELL, Deutsche Rechtsgeschichte, Bd. 1 (–1250), 1972, S. 244 f. Die allein maßgebliche Ausgabe der Sächsischen Weltchronik stammt von L. WEILAND, in: Dt. Chroniken II, S. 1 ff. Die früher bezweifelte Autorschaft – vgl. WEILANDS Einleitung und WATTENBACH II, S. 454 ff. – wird heute überwiegend anerkannt, vgl. G. CORDES, Alt- und Mittelniederdeutsche Literatur, in: Deutsche Philologie im Aufriß 2, ²1960, Sp. 2481 ff. und OEXLE (wie Anm. 48), S. 441 f., neuerdings aber wieder in Frage gestellt von H. HERKOMMER, Die Überlieferungsgeschichte der „Sächsischen Weltchronik". Ein Beitrag zur deutschen Geschichtsschreibung des Mittelalters, 1972. – ⁶¹ W. ROSIEN, Die Ebstorfer Weltkarte, ²1952; H. DUMRESE, Einführung in die Betrachtung der Ebstorfer Weltkarte, ²1972; A.-D. VON DEN BRINCKEN, Mappa mundi und Chronographia. Studien zur imago mundi des abendländischen Mittelalters, in: NA 24, 1968, S. 123. – ⁶² LORENZ II, S. 151 ff., VILDHAUT [II], S. 524 ff.; G. CORDES, Ostfälische Chroniken des ausgehenden Mittelalters, in: JbVNdDtSprForsch 60/61, 1934/35, S. 43 ff. Auf eine weitere Weltchronik aus der Mitte des 15. Jahrh., die möglicherweise aus Ostfalen stammt, verweist E. OKSAAR, in: NiederdtJb 85, 1962, S. 33 ff. – ⁶³ Statwechs gereimte Weltchronik, hg. v. A. KORLÉN, in: Uppsala Universitets Årsskrift 1907, Uppsala 1906 (ohne die lateinischen Teile); H. DEITER, Johann Stadtwechs Prosa-Chronik, in: JbVNdDtSprForsch 39, 1913, S. 33 ff. – ⁶⁴ Hg. von O. HOLDER-EGGER, SS XXX, 1, S. 21 ff., die erweiterte Fassung S. 27 ff. Die komplizierte Überlieferung der dynastischen braunschweigischen Chronistik und deren Abhängigkeiten hat erst geklärt O. HOLDER-EGGER, Über die Chronica principum Brunsvicensium und die Chronica ducum de Brunsvick, in: NA 17, 1892, S. 159 ff. – ⁶⁵ Hg. von L. WEILAND, Dt. Chroniken II, S. 574 ff. – ⁶⁶ Hg. von O. HOLDER-EGGER, SS XXV, S. 468 ff. Auf eine fragmentarisch von dem Dominikaner Heinrich von Herford († 1370) ausgeschriebene C h r o n i c a S a x o n u m sei wenigstens verwiesen. HOLDER-EGGER, NA 17, 1892, S. 177 ff. hält sie für die Kompilation eines Chorherrn von St. Blasien in Braunschweig, die nach 1294 verfaßt ist. – ⁶⁷ Hg. von L. WEILAND, Dt. Chroniken II, S. 430 ff.; Literatur bei HOLDER-EGGER (wie Anm. 64) und W. HERDERHORST, Die Braunschweigische Reimchronik als ritterlich-höfische Geschichtsdichtung, in: NdSächsJbLdG 37, 1965, S. 1 ff. – ⁶⁸ Die Herlingsberga ist nur in einer Handschrift des Dietrich Engelhus erhalten und in einem sehr frühen Druck von M e i b o m d. J., Script. I, S. 775 ff., verbreitet; zur Person LORENZ II, S. 136, und BRUNHÖLZL, VerfLex V, 1955, Sp. 992 f. – ⁶⁹ Langes Saxonia ist ebenso wie die Herlingsberga überliefert und lediglich bei M e i b o m d. J., Script. I, S. 806 ff., gedruckt; zur Person LORENZ II, S. 136 f. D. LENT, Der Weg zum Lande Niedersachsen, 1971, S. 10 f. – ⁷⁰ Literatur vgl. ¹⁰Dahlmann–Waitz 7/254; dazu M. GROBECKER, Studien zur Geschichtsschreibung des Albert Krantz, Diss. Hamburg 1964. Die Kraft der mittelniederdeutschen Schriftsprache hat nach einer Bemerkung von CORDES (JbVNdDtSprForsch 60/61, 1934/35, S. 54) nicht mehr ausgereicht, um die neue Richtung des Humanismus, d. h. den Umschwung der Geschichtsschreibung vom Universal-Römischen zum National-Deutschen, aufzunehmen und populär zu machen. – ⁷¹ Bequemer greifbar als der schon als Inkunabel wertvolle Erstdruck ist der Nachdruck bei LEIBNIZ, Script. III, S. 277 ff., der allerdings nur einen Teil der Holzschnitte wiederholt; zur Person und Werk C. SCHAER, Conrad Botes Bilderchronik, ihre Quellen und ihr historischer Wert, 1880, LORENZ II, S. 155 u. J. DEUTSCH, in: VerfLex I, 1933, Sp. 268 ff. sowie die Literatur zu Hermann Bote; vgl. Anm. 80.

6. Bürgerliche und geistliche Geschichtsschreibung im altwelfischen Raum und in Hildesheim vom 14. bis 16. Jahrhundert

Die bürgerliche Geschichtsschreibung erlebt damals in Braunschweig einen Höhepunkt [72]. Die klerikale, wie man sie zumindest noch im Ägidienkloster pflegte, tritt daneben zurück. Denn das, was ein Chronicon St. Aegidii in Brunswig an Nachrichten von 1270 bis 1474 enthält, sind kümmerliche annalistische Notizen, wahllos aus der ganzen Welt gesammelt, wenngleich das mittlere und südliche Niedersachsen bevorzugend [73]. Die städtische Historiographie beginnt freilich ebenfalls mit kurzen Gedächtnisstützen. Am Anfang stehen weniger kulturelle Bildungsabsichten als konkrete kommunale Bedürfnisse. Seit dem 13. Jahrhundert war man gewohnt und gezwungen, für das tägliche Leben bedeutsame Absprachen, also Verträge des öffentlichen und privaten Rechts wie Ratswillküren, urkundenförmig oder in kurzen Stadtbucheintragungen festzuhalten. Es lag nahe, dann in den Stadtbüchern auch bestimmte politisch bedeutsame Ereignisse erzählend einzutragen. Das geschah in Braunschweig erstmalig um 1279 aus Anlaß eines Streites des Landesherrn mit den benachbarten Bischöfen, der zu einem innerstädtischen Konflikt mit den Minoriten ausuferte. Der Rat ließ über diese Machinatio fratrum minorum einen offiziösen Bericht niederlegen, damit die Nachfahren ähnlichem Ärger besser gewappnet gegenüberstünden [74].

Erst in der zweiten Hälfte des 14. Jahrhunderts entwickeln sich daraus Ansätze offizieller Geschichtsberichte, die im Mittelalter freilich nie zu einer umfassenden Stadtgeschichte ausgebaut wurden; erst A. Schoppius schrieb 1513 eine eigentliche Stadtchronik. Wir haben keinen sonderlichen Anlaß, dies zu bedauern. Als historische Quelle sind die offiziösen und damit selbstverständlich tendenziösen Relationen weit ergiebiger. Von solcher Art ist die Hemelik rekenscop, welche sehr wahrscheinlich der mehrfach zum Bürgermeister der Gemeinen Stadt und der Altstadt gewählte Herman von Vechelde zwischen 1401/06 im Auftrage des Rates schrieb [75]. Er will und soll darin Rechenschaft ablegen, wie der nach den Gildenunruhen von 1374 regenerierte Rat bis 1401 Ruhe und Ordnung in der städtischen Verwaltung herbeiführte. Der notwendig niederdeutsche Bericht soll dem künftigen Rat stets in Erinnerung gebracht werden. Von der literarischen Historiographie trennt ihn freilich die Heimlichkeit – nicht jedermann, sondern nur die unmittelbar am Stadtregiment, an den heimlichen Sachen beteiligten Personen sollen davon erfahren. Diese offizielle Geschichtsschreibung endet mit dem Pfaffenbuch eines unbekannten Verfassers, der über Streitigkeiten der Jahre 1413 bis 1418 um Besetzung und Verwaltung der Pfarrstelle von St. Ulrich am Kohlmarkt berichtet. Die Anfang 1418 zusammengestellte Relation ist allerdings nur bis 1415 geführt [76].

Wir können hier nicht auf Ansätze privater Aufzeichnungen eingehen, wie

6. Bürgerliche und geistliche Geschichtsschreibung

sie möglicherweise bereits für den ersten Aufruhr von 1292 vorlagen, und müssen uns die Besprechung der ersten tagebuchartigen Niederschriften versagen, die der Ratmann Hans Porner für die Jahre 1417–1426 hinterließ [77]. Festzuhalten bleibt, daß die selbstverständlich niederdeutsche bürgerliche Geschichtsschreibung in Braunschweig um die Wende vom Mittelalter zur Neuzeit einen in seiner Vielfalt wohl einzigartigen Höhepunkt erreicht. Als Früchte dieser Blüte hatten wir die Sachsenchronik des Konrad Bote und die Weltchronik seines Vetters Hermann Bote kennengelernt. Jetzt wird noch einmal der Vers, werden dramaturgische Mittel, jedenfalls literarische Talente und Ambitionen bemüht, um den Bürgern Vergangenheit und Zeitgeschichte vor die Augen zu führen.

In Braunschweig verengt sich am Ende des Mittelalters der Begriff „Geschichte" eigentümlich auf die innerstädtischen Unruhen, die hier als „Schicht" bezeichnet werden. Auf sie konzentriert sich die Historiographie. Nach der chronologischen Folge ist zunächst das „Schichtspiel" des Rainer Groningen zu nennen, vermutlich eines mit dem Patriziat verbundenen Geistlichen. In über 5000 Versen erzählt er die Geschichte von dem Aufruhr der Gilden, welcher 1487 unter Führung des Kürschners Ludeken Holland die alte Ratsverfassung erschütterte [78]. Das holprige Epos reicht bis zum Jahre 1491, es wird danach entstanden sein. Der Reim hat seine Tücken, und so fertigte um 1510 ein Unbekannter, der die Ereignisse noch selbst erlebt hatte, in Prosa eine Paraphrase des Schichtspiels, die das Urbild verständlicher machen, erläutern, aber auch ergänzen will; eine durchaus selbständige Arbeit [79].

Dem Verfasser stand dazu bereits zur Verfügung das „Schichtbuch" des Braunschweiger Zollschreibers Hermann Bote († nach 1520), „die bedeutendste literarische Persönlichkeit des ausgehenden mittelniederdeutschen Schrifttums" [80]. Bote liefert damit ein Geschichtsbuch, das bewußt auf chronistische Vollständigkeit verzichtet und statt dessen sich auf die innerstädtischen Unruhen seit dem Ende des 13. Jahrhunderts konzentriert; und zwar, wie es sich gehört, nach der Gegenwart breiter werdend. Die Sorge um die Folgen der Zwietracht unter den Bürgern schärft seine Feder, nur in der Aufrechterhaltung eines gerechten Ratsregiments mag er, mißtrauisch gegen die Umtriebe der gemeinen Leute, Hoffnung finden. Doch nicht in der Tendenz, sondern in der packenden Schilderung der Wirrungen, glänzenden Charakterisierungsgabe und volkstümlichen, zugleich derb und maßvoll gebändigten Sprache liegt der – gerade heute fesselnde – Reiz.

Schließlich ist noch einer weit anspruchsloseren Erzählung der großen Braunschweiger Stadtfehde (1492–1495) zu gedenken [81]. Ein gut städtisch fühlender und wohlunterrichteter Unbekannter hat die Geschehnisse von 1492/93 nach eignem Erleben in klarer Sprache aufgezeichnet, mehr freilich auf die äußeren Ereignisse als die politischen Hintergründe eingehend.

Die Geschichte der zweiten für die welfische Landesherrschaft namengebenden Stadt, Lüneburgs, ist weit weniger bewegt. Zwar fehlte es auch hier nicht an Reibungen zwischen den vom Mauergürtel beschützten Bevölkerungsgruppen, die im sogenannten Prälatenkrieg zur zeitweisen Absetzung des alten Rates – und entsprechenden chronikalischen Niederschriften – führten. Doch sonst erforderten die Vorgänge im gleichnamigen Fürstentum und in den für den Salzabsatz so wichtigen wendischen Hansestädten nicht geringere Aufmerksamkeit.

Gegen Ende des 13. Jahrhunderts scheint das historische Interesse im altehrwürdigen Michaeliskloster auf dem Kalkberge zu erlöschen; und erst in der Mitte des 14. Jahrhunderts erwacht eine eigene städtische Geschichtsschreibung[82]. Ein Wechsel in der Landesherrschaft, in dessen Folge es unter führender Beteiligung der Stadt von 1369 bis 1388 zum Lüneburger Erbfolgekrieg kam, veranlaßte den Ratsschreiber N i c o l a u s F l o r e k e, die Ereignisse von Ende 1369 bis 1374 in schlichter niederdeutscher Sprache festzuhalten[83]. Nur über fünf Jahre erstrecken sich Florekes Berichte, aber sie eröffnen die Reihe der Lüneburger Chroniken in würdigster Weise.

Damit endet zugleich die offiziöse, ins Stadtbuch eingetragene Geschichtsschreibung. Was folgt, ist wohl von berufenen Mitgliedern des Stadtregiments geschrieben, aber, bis auf einige kleinere Beiträge, nicht in ihrer amtlichen Eigenschaft. Da ist zunächst des C h r o n i c o n L u n e b u r g i c u m zu gedenken, das die Geschichte des Fürstentums Lüneburg von den Anfängen bis etwa 1414 verfolgt und später bis ins ausgehende 15. Jahrhundert weitergeführt ist. Eine alte Tradition, die für den bis etwa 1400 reichenden Kern wohl zutrifft, nennt sie eine Arbeit des Ratsherrn D i r i k B r o m e s[84].

Seit der Mitte des 15. Jahrhunderts haben die Stürme des Prälatenkrieges das Bedürfnis nach chronikalischen Notizen erneut angefacht. Am bedeutendsten ist die C h r o n i k d e s B ü r g e r m e i s t e r s H i n r i k L a n g e[85]. 1454 ward er mit dem gesamten alten Rat entsetzt und in sein Haus eingelagert. Diese Zwangspause nutzte er zu einer Niederschrift der Ereignisse von 1452 an bis zur Entlassung aus dem Einlager; selbstverständlich aus der Sicht der patrizischen Partei, aber um Wahrheit und Sachlichkeit bemüht. Seine überlegene, anschauliche Art zu schreiben lassen seine Aufzeichnungen als eine Perle mittelniederdeutschen Sprachgutes erscheinen. Auf Lange beruht die C h r o n i k e i n e s A n o n y m u s, die, um 1476 entstanden, den Prälatenkrieg ebenfalls aus der Sicht des alten Rates bis 1455 schildert[86]. Der Unbekannte kennt sich in wichtigen Urkunden aus, muß also zum Ratsarchiv Verbindungen gehabt haben. Schließlich hat auch der Sülfmeister D i r i k D ö r i n g aus ähnlicher Tendenz eine Geschichte der Uneinigkeit zwischen dem alten und neuen Rat zu Lüneburg von 1450 bis 1456 hinterlassen[87].

Die niederdeutsche Geschichtsschreibung Lüneburgs läuft aus in der S c h o m a k e r C h r o n i k[88]. Jakob Schomaker (1499–1563), ein juristisch geschulter Geistlicher aus altem Ratsgeschlecht, der es 1546 zum Propst der Hauptpfarrkirche St. Johannis brachte und sich doch eine Vorliebe für den stilleren Bardowicker Dom bewahrte, ließ sein Werk im wesentlichen mit dem Tode Herzog Wilhelms (1369) beginnen. Ein Drittel des Raumes widmete er dem Prälatenkrieg, ein letztes der eignen Zeit von 1529 an, in welche die von ihm begrüßte Einführung der Reformation fällt.

Innerhalb des altwelfischen Raumes hat nur noch Hildesheim ansehnlichere chronikalische Quellen hervorgebracht. Der Beitrag des Stifts- und Klosterklerus läßt auch hier keinen Zweifel, daß der kulturelle Glanz des hohen Mittelalters verblichen ist, wenngleich zu berücksichtigen bleibt, daß unser Urteil möglicherweise durch eine längst fällige Spezialuntersuchung modifiziert werden könnte [89]. Jedenfalls ist die Bischofschronik, das Chronicon episcoporum Hildesmense, bis ins 15. Jahrhundert fortgesetzt worden, und zwar so, daß die wichtigsten Ereignisse und Erwerbungen innerhalb der Regierung der einzelnen Bischöfe aus zeitgenössischer Sicht nüchternzuverlässig zusammengestellt und jeweils nachgetragen wurden [90]. Außerdem hatte Leibniz noch eine gemeinsame Chronik der Bischöfe und Äbte von St. Michaelis, eine Chronica episcoporum Hildenshemensium necnon abbatum monasterii S. Michaelis, drucken lassen [91]. Die Arbeit beruht jedoch auf älteren Hildesheimer Quellen. Da Pertz wertvollere Zusätze in seiner Ausgabe der Bischofschronik anmerken ließ, gibt lediglich die Fortsetzung bis 1573 einige Anhaltspunkte. Ein ebenfalls von Leibniz ediertes Chronicon coenobii S. Michaelis ist dagegen nicht viel mehr als ein erweiterter Katalog der Äbte (bis 1706) [92]. Erst im ausgehenden Mittelalter wirkt sich die mönchische Reformbewegung anregend aus. Um 1490 verfaßte Johannes Legatius aus dem Godehardikloster ein Chronicon (coenobii) S. Godehardi [93]. Für die ältere Zeit kann er nicht viel mehr als ein Verzeichnis der Äbte und ihrer Erwerbungen bieten. Erst die Geschichte der vom Kloster Windesheim in Holland ausgehenden Reformation wird etwas breiter erzählt.

Doch auch für diese Strömung besitzen wir eine originellere Überlieferung. Denn einer der führenden Reformatoren hat sich auch als Schriftsteller betätigt, der Niederländer Johannes Busch, der von 1440 bis 1447 und von 1459 bis zu seiner Resignation 1479 als Propst das Hildesheimer Sültekloster leitete. In den Jahren 1470–1475 schrieb er ein Liber de reformatione monasteriorum diversorum ordinum, eine anekdotische Beschreibung seiner manchmal sonderbaren Erlebnisse und eine klösterliche Sittengeschichte aus dem südlichen und östlichen [Nieder]Sachsen [94]. Wertvolle kulturgeschichtliche Einblicke eröffnen auch die etwa gleichzeitigen „Annalen der Brüder des gemeinsamen Lebens im Lüchtenhofe zu Hildesheim", welche der Rektor des Hildesheimer Konvents Peter Dieppurch († 1494) mit einem Rückblick auf die Anfänge von 1440 bis 1493 lateinisch führte und die noch bis 1568 fortgesetzt wurden [95]. Sie berichten von den wechselvollen Schicksalen einer um die Verinnerlichung des Glaubens, Jugenderziehung und Buchherstellung bemühten Brüdergemeinde, deren Niederlassung in Hildesheim (um 1430) von den Bürgern keineswegs einhellig begrüßt wurde.

Offiziöse Geschichtserzählungen scheint der Hildesheimer Rat nicht veranlaßt zu haben, wie man überhaupt eine bürgerliche Chronistik vermißt. Dafür entschädigen seit der zweiten Hälfte des 15. Jahrhunderts tagebuchartige Aufzeichnungen von drei Generationen einer führenden Ratsfamilie, die unter den Chroniken ihrer Zeit durch ihre Unmittelbarkeit, Zuverlässigkeit und Anschaulichkeit hervorragen. Am Anfang steht Henning Brandis' Diarium [96]. Henning Brandis (1454–1529), Kind einer seit dem beginnenden 15. Jahrhundert in Hildesheim ansässigen und zu Reichtum gekommenen Familie, gelangte 1478 in den Ratsstuhl, wurde 1493 Bürgermeister, mußte freilich auch zweimal die Stadt verlassen. Seine Notizen halten ab 1471 familiäre Begebenheiten ebenso fest wie innerstädtische Ereignisse, vor allem aber die zahlreichen Fehden, in welche die Stadt damals verwickelt wurde. Hennings Sohn Tile (1511–1566), ebenfalls wiederholt Bürgermeister, hat an die väterlichen Notizen seit 1528 eigne Erlebnisse angefügt. Die Diarien des Henning und Tile Brandis sind nicht in ihrer ursprünglichen Gestalt erhalten, sondern in einer gelegentlich verkürzenden Abschrift und Bearbeitung von Tiles Neffen Joachim. Joachim Brandis der Jüngere (1553–1615) – auch er zwischen 1592 und 1603 mehrfach Bürgermeister – hat dann ab 1573 selbständig Aufzeichnungen gemacht (bis 1609), die zusammen mit denen seines Oheims unter dem Titel „Joachim Brandis' des Jüngeren Diarium, ergänzt aus Tilo Brandis' Annalen 1528–1609" gedruckt wurden [97]. Die Mischung von Chronik und Tagebuch verbindet ebenfalls Privates mit Politischem, so daß die Diarien in und außerhalb Hildesheims als Nachschlagewerk benutzt werden konnten.

Die Brandis'schen Diarien werden ergänzt durch zahlreiche Lieder, die aus Anlaß der Hildesheimer Stiftsfehde (1519–1523) entstanden, vor allem aber von einem jenseits der Landesgrenzen viel stärker beachteten Chronisten, dem Dechanten des Hildesheimer Kreuzstifts Johann Oldecop (1493–1574) [98]. Dieses Interesse beruht einmal darauf, daß Oldecops Gesichtskreis weit über seine Vaterstadt hinausreicht, wenngleich die Geschichte von Stadt und Stift Hildesheim im Mittelpunkt steht; zum anderen und vor allem darauf, daß er sich leidenschaftlich mit der Reformation auseinandersetzt und entschieden den katholischen Glauben verteidigt. Die Chronik, welche mit Beginn seines eignen Jahrhunderts einsetzt, wird – auf Grund älterer Notizen – seit 1560/61 konzipiert sein. Obwohl er auch amtliche Unterlagen erhielt und korrekt auswerten kann, bedürfen seine Angaben doch stets kritischer Überprüfung. Ungenauigkeiten und Irrtümer, die auf seine Parteilichkeit ebenso wie auf unzureichende Unterrichtung zurückgehen, mindern die Zuverlässigkeit gerade

6. Bürgerliche und geistliche Geschichtsschreibung

für die regionale Geschichte. Als engagiertes Zeitbild sucht die Chronik ihresgleichen.

Was aus den übrigen Städten und Klöstern im altwelfischen Raum an chronikalischen Quellen des späten Mittelalters überliefert ist, kann nur kurz aufgezählt werden. Der Inhalt ist meist recht dürftig, das Faktum selbst interessanter als das Berichtete. Am brauchbarsten sind kurze Eintragungen in den Stadtbüchern, die man im vorigen und diesen Jahrhundert meist mit oder zwischen den städtischen Urkunden gedruckt, wie in Hannover als Stadtchronik zusammengefaßt [99] oder nach einer einzelnen Handschrift – wie in Helmstedt [100] – herausgegeben hat. Erst seit der Reformationszeit fühlen sich Bürger und Prediger wenigstens der Mittelstädte herausgefordert, ihre Erlebnisse niederzuschreiben. Doch sind diese Berichte nur in Einzelfällen gesondert publiziert – ihre Fülle verbietet, sie hier einzeln aufzuzählen [101].

Selbst die Kaiserstadt Goslar macht von der Regel keine Ausnahme. Von einer wenig vor 1290 verfaßten Chronik des Stifts S. Simon und Judas liegen nur noch dürftige Reste in Latein und deutscher Übersetzung vor [102]. Für die Lokalgeschichte sind darin Mitteilungen von Kaiserbesuchen, Landschenkungen an goslarsche Stifte und Nachrichten über deren Bauten von Wert. Nach langer Pause schließt sich daran an die Goslarer Chronik des Hans Geismar [103]. Seit und bis 1563 zusammengestellt, reiht sie sich in die damals beliebten Volksbücher geschichtlichen Inhalts ein. Der Verfasser (1522 bis nach 1587) schließt sich dem Vorbild der Weltchroniken an, beginnt bei den römischen Kaisern und trägt kritiklos zusammen, was er gelesen und erlebt hat. Sobald er auf das Gedächtnis seiner Zeitgenossen zurückgreifen kann, also seit den achtziger Jahren des 15. Jahrhunderts, nehmen die Nachrichten über Goslar stark zu. Ihnen dankt die Chronik einen durchaus schätzbaren Quellenwert.

Weit verbreitet und daher seit 1700 mehrfach gedruckt worden ist die Cronica ecclesiae Hamelensis [104]. Ihr Verfasser, der Priester, zuletzt Senior der Stiftskirche St. Bonifatius Johann von Pohle, schrieb sie als betagter Mann 1384. Er erzählt darin vom Wirken des Kirchenpatrons und der Stiftsgründung; kurze Berichte mit Merkversen und Notizen aus den Stiftsurkunden führen bis an seine Zeit.

Was aus den Landesklöstern an Chroniken überliefert ist, verdient kaum diesen Namen. Es handelt sich dabei meist um nicht mehr als Kompilationen, kurze urkundenförmige Notizen oder Urkundenauszüge [105]. Immerhin hatte die Reformbewegung des späteren 15. Jahrhunderts neuen Auftrieb gegeben [106] und wenigstens im Kloster Clus bei Gandersheim Beachtliches hervorgebracht. Hier schrieb in den Jahren von 1523 bis um 1539 der Mönch Heinrich Bodo eine Chronica cenobii Clusini, die bedeutendste spätmittelalterliche Kirchengeschichte Südniedersachsens [107]. Sie beginnt mit der Klostergründung und verbreitet sich dann ausführlich über die

Einführung der Reform seit 1430 und deren Folgen. Um 1540 hat Bodo sein Werk abgebrochen, weil er zum Abt des Klosters Marienstein bei Nörten gewählt war. Im übrigen fand Bodo, der auch eine kleinere Geschichte der Gandersheimer Kirche hinterlassen hat, in dem Abt H e i n r i c h P u m m e einen Nachfolger, der in hochdeutscher Sprache die Chronik des Klosters Clus von 1541 bis 1581 fortsetzte; eine kleinere Handschrift, welche die Daseins- und Gewissensnöte spiegelt, in welche die Reformation die Anhänger der alten Lehre verwickelte [108].

[72] Die Braunschweiger Chronistik ist nicht gar so umfangreich, wie zweieinhalb Bände in der Reihe Deutscher Städtechroniken andeuten; der Herausgeber, L. HÄNSELMANN, hat sie mit selbständigen Ausführungen und Beilagen so stark aufgefüllt, daß die ersten beiden Bände (= ChronDtStädte 6, 1868 und 16, 1880) zu einer Geschichte Braunschweigs im Mittelalter ausgewachsen sind. Bd. 3, Teil 1, im wesentlichen von H. BÄSEKE bearbeitet (= ChronDtStädte 35), kam erst 1928 heraus, Teil 2 ist nicht mehr erschienen. Die ersten beiden Bände sind 1962 photomechanisch nachgedruckt. Eine Übersicht bringt MENKE (wie Anm. 58), in: JbKölnGV 33, 1958, S. 61 ff., kürzer bei H. L. REIMANN, Unruhe und Aufruhr im mittelalterlichen Braunschweig, 1962, S. 15 ff. –
[73] Der spätmittelalterliche Teil ist nur in der Ausgabe bei LEIBNIZ, Script. III, S. 558 f.; zum älteren vgl. Anm. 40; LORENZ II, S. 155; H. HERBST, Literarisches Leben im Benediktinerkloster S. Ägidien zu Braunschweig, in: NdSächsJbLdG 13, 1936, S. 174 ff. –
[74] ChronDtStädte 6, S. 1 ff. – [75] ChronDtStädte 6, S. 121 ff. – [76] ChronDtStädte 16, S. 1 ff. – [77] ChronDtStädte 6, S. 209 ff. – [78] ChronDtStädte 16, S. 83 ff.; zur Person K. SCHULTE-KEMMINGHAUSEN, in: VerfLex II, 1936, Sp. 100 ff. – [79] ChronDtStädte 35, S. 3 ff. – [80] STAMMLER (wie Anm. 2), S. 63; die Persönlichkeit Hermann Botes ist erst von der neueren Germanistik, insbesondere von CORDES, entdeckt worden, vgl. G. CORDES, Auswahl aus den Werken von Hermann Bote, 1948; DERS., Die Weltchroniken von Hermann Bote, in: BraunschwJb 33, 1952, S. 75 ff. u. DERS., Altes und Neues vom Krodo. Zu den Braunschweiger Weltchroniken des späten Mittelalters, in: Beiträge z. Gesch. d. Stadt Goslar 13, 1952, S. 6 ff. Druck des Schichtbuches: ChronDtStädte 16, S. 269 ff.; ein unvollständiger Druck der sog. Halberstädter Handschrift der Weltchronik – jetzt im Besitz der Stadt Braunschweig – bei KASPAR ABEL, Sammlung etlicher noch nicht gedruckter alten Chronicken (etc.), 1732, S. 27 ff. – [81] ChronDtStädte 35, S. 71 ff. –
[82] W. REINECKE, Lüneburgs Chronistik, in: NdSächsJbLdG 2, 1925, S. 145 ff. Die mittelalterliche Chronistik Lüneburgs liegt jetzt vor in einem von W. REINECKE 1931 herausgegebenem Band (= ChronDtStädte 36). – [83] ChronDtStädte 36, S. 1 ff.; zur Person auch W. REINECKE, in: VerfLex I, 1933, Sp. 620 ff. – [84] ChronDtStädte 36, S. 35 ff. – [85] ChronDtStädte 36, S. 149 ff.; zur Person auch W. REINECKE, in: VerfLex III, 1943, Sp. 18 ff. – [86] ChronDtStädte 36, S. 275 ff. – [87] ChronDtStädte 36, S. 337 ff.; zur Person auch W. REINECKE, in: VerfLex I, 1933, Sp. 112. – [88] Die Lüneburger Chronik des Propstes Jakob Schomaker, hg. von Th. MEYER, 1904. – [89] Daher die besonders kümmerlichen Ausführungen bei LORENZ II, S. 149 und VILDHAUT [II], S. 523 f. – [90] Vgl. Anm. 34; Pertz hat die Hildesheimische Bischofschronik ausnahmsweise vollständig bis ins 15. Jh. in die SS VII aufgenommen. Der hannoversche Patriot setzte sich hier offenbar über sonst übliche Grenzen hinweg. – [91] Hg. bei LEIBNIZ, Script. II, S. 784 ff., vgl. LORENZ II, S. 149, Anm. 5 und S. 154, Anm. 3 sowie H. ECKERT, Gottfried Wilhelm Leibniz' Scriptores rerum Brunsvicensium, 1971, S. 132. – [92] Hg. von LEIBNIZ, Script. II, S. 399 ff., LORENZ II, S. 149, ECKERT (wie Anm. 91), S. 129. – [93] Hg. bei LEIBNIZ, Script. II, S. 404 ff.; zum Zusammenhang mit der Bursfelder Kongregation vgl. H. HERBST, Das Benediktinerkloster Klus bei Gandersheim und die Bursfelder Reform, 1932, S. 11;

ECKERT (wie Anm. 91), S. 129. – [94] Chronikon Windesheimense und Liber de reformatione monasteriorum, hg. von K. GRUBE, 1886; zur Person C. MINIS, in: VerfLex V, 1955, Sp. 126 ff. und E. ISERLOH, in: NDB 3, 1957, S. 62 f. – [95] Hg. von R. DOEBNER [u. d. T.], Annalen und Akten der Brüder des gemeinsamen Lebens im Lüchtenhofe zu Hildesheim, 1903; eine zusammenfassende Bewertung bei B. MEYER-WILKENS, Hildesheimer Quellen zur Einführung der Reformation in Hildesheim, in: Die Diözese Hildesheim 40, 1972, S. 24 ff. Wenigstens anmerkungsweise mag auf Aufzeichnungen aus dem Maria-Magdalenen-Kloster hingewiesen werden, in: ZHistVNdSachs Jg. 1904, 1904, S. 199 ff. – [96] Henning Brandis' Diarium. Hildesheimsche Geschichten aus den Jahren 1471–1528, hg. von L. HÄNSELMANN, 1896; zur Person R. ZODER, in: NDB 2, 1955, S. 525 und MEYER-WILKENS (wie Anm. 95), S. 11 ff. – [97] Joachim Brandis' des Jüngeren Diarium, ergänzt aus Tilo Brandis' Annalen 1528–1609, hg. von M. BUHLERS, 1903; weit weniger bedeutsam sind: Die Aufzeichnungen des Hildesheimer Bürgermeisters Henni Arneken aus den Jahren 1564–1601, hg. von F. ARNECKE, in: HarzZ 45, 1912, S. 165 ff. – [98] Chronik des Johann Oldecop, hg. von K. EULING, 1891; darüber zuletzt G. SCHOLZ, Die Aufzeichnungen des Hildesheimer Dechanten Johann Oldecop (1493–1574), 1972; MEYER-WILKENS (wie Anm. 95), S. 5 ff. – [99] Hannoversche Chronik, hg. von O. JÜRGENS, 1907; in der Einleitung gibt Jürgens eine Übersicht über die stadt-hannoversche Chronistik; vgl. auch DERS., Die Quellen der stadthannoverschen Geschichte, in: ZHistVNdSachs Jg. 1896, 1896, S. 412 ff. – [100] Henning Hagens Chronik der Stadt Helmstedt, hg. von E. BRÜGGE und H. WISWE, in: NiederdtMitt 19/21, 1963/65, S. 113 ff.; zur Person W. STAMMLER, in: VerfLex II, 1936, Sp. 146 f. und H. WISWE, in: BraunschwJb 46, 1965, S. 145 ff. – [101] Gelegentlich sind solche Berichte auch zu Jubiläen ediert, z. B. Franz Lubecus Bericht über die Einführung der Reformation in Göttingen im Jahre 1529, hg. von H. VOLZ, 1967. – [102] Hg. von L. WEILAND, in: Dt. Chroniken II, S. 586 ff. – [103] Hg. von G. CORDES, in: Beiträge z. Gesch. d. Stadt Goslar 14, 1954; vgl. dazu DERS., in: JbVNdDtSprForsch 60/61, 1934/35, S. 56 ff. – [104] Bonifatius-Legende und Hämelsche Chronik des Johann von Pohle, hg. von O. MEINARDUS, in: ZHistVNdSachs Jg. 1882, 1882, S. 22 ff.; LORENZ II, S. 150 f., H. SPANUTH, Johann von Pohle, ein mittelalterlicher Chronist, in: Jahrbuch Heimatmuseum Hameln 1967, S. 42 ff.; ECKERT (wie Anm. 91), S. 130. – [105] Wenigstens hingewiesen sei auf eine von 551 bis 1508 reichende Chronik des Klosters Riddagshausen bei Braunschweig, vgl. LORENZ II, S. 143, Anm. 3, eine Aufzeichnung von der Gründung des Klosters Marienberg bei Helmstedt sowie Loccum, vgl. ECKERT (wie Anm. 91), S. 129 und 138, sowie auf eine Ende des 17. Jh.s fertiggestellte Chronik des Klosters Wienhausen, eingel. u. erläutert von H. APPUHN, 1956. – [106] 1481 hatte Abt Günter des Benediktinerklosters St. Peter zu Erfurt in einem Sermon an die Väter der Bursfelder Kongregation sein Erstaunen darüber zum Ausdruck gebracht, wie wenig die Prälaten doch von der Geschichte ihres Klosters wüßten. Er regte daher an, sich damit zu beschäftigen, HERBST (wie Anm. 93), S. 8. – [107] LEIBNIZ hat nur Auszüge aus Bodos Chronik des Klosters Clus gedruckt (Script. II, S. 345 ff.), aber vollständig den Syntagma ecclesiae Gandesiane (S. 330 ff), vgl. ECKERT (wie Anm. 91), S. 128. Zu Bodos Person und Werk HERBST (wie Anm. 93), S. 13 ff. (mit einer weiteren Schrift Bodos) und H. GOETTING, Eine unbekannte Fortsetzung des Henricus Bodo von Clus. Zugleich ein Beitrag zum Braunschweigischen Reformationsjubiläum, in: BraunschwJb 49, 1968, S. 5 f.; neuerdings auch DERS. (wie Anm. 16), S. 87 ff. – [108] Hg. von GOETTING (wie Anm. 107), S. 16 f..

7. Territoriale, bürgerliche und geistliche Geschichtsschreibung im nördlichen und westlichen Niedersachsen vom 13. bis 16. Jahrhundert

Nördlich des behandelten Raumes bietet, wie nicht anders zu erwarten, Bremen am meisten. Anders aber als in Hildesheim – und ähnlich wie in Osnabrück – klafft hier keine Lücke zwischen Bistums- und Stadtchroniken, geistlicher und bürgerlicher Historiographie. Beide Formen gehen vielmehr ineinander über, wie es der anspruchsvollen Tradition und konservativ-hansischer Mentalität entsprechen mochte. Freilich, einen begnadeten Historiker vom Format des Domscholasters Adam hat die Stadt nicht mehr hervorgebracht; in unserem Zusammenhang aber dürfen wir eher begrüßen, daß sich die spätmittelalterliche Bremer Chronistik weniger für die allgemeinen Reichsverhältnisse als für die Ereignisse in der Nähe interessiert.

Dies trifft zu für die Historia archiepiscoporum Bremensium, ein, wie man allzuhart geurteilt hat, roh zusammengeschweißtes Machwerk, dessen einzelne Stücke von sehr unterschiedlichem Wert sind [109]. Man kann drei Abschnitte unterscheiden. Der älteste reicht von der Zeit Karls des Großen bis 1307, mag also damals von einem Zeitgenossen in lateinischer Prosa beendet sein. Nachdem der letzte Herausgeber, Lappenberg, die Exzerpte aus bekannten Quellen weggelassen hat, sind schätzenswerte, ja wichtige Nachrichten über einzelne Bischöfe und deren Kämpfe mit den Bürgern und Friesen geblieben. Im nächsten Abschnitt preßt wieder ein Zeitgenosse die Viten der Erzbischöfe Johann Grand (1307–1327) und Burchard Grelle (1327–1344) in reimende Jamben. Es folgen prosaische Geschichtsschreiber, die Anfang des 15. Jahrhunderts ermatten.

Das gesamte Werk nimmt auf, erweitert, setzt fort – schon durch die Verwendung der mittelniederdeutschen Sprache bürgerlichen Einfluß verratend – die Bremer Chronik von Rinesberch, Schene und Hemeling [110]. Dieses in seiner Art einzigartige Beispiel für den allmählichen Übergang von der klerikal-landesherrlichen Geschichtsschreibung zur städtischen Tendenzschrift liegt erst seit 1968 vollständig gedruckt vor. Der Herausgeber hat dabei das Verhältnis der Verfasser wie folgt umrissen: Am Anfang steht die Absicht, die Chronik der Erzbischöfe von Willehad an in deutscher Sprache zugänglich zu machen. Gert Rinesberch (ca. 1315–1406), ein Bremer Kind und Domvikar in bescheidenen Lebensumständen, unterzog sich dieser Aufgabe bis etwa 1344; nicht ohne sich dem Tadel entziehen zu können, zahlreiche Übersetzungsfehler begangen zu haben. Die Fortsetzung erfolgte in Zusammenarbeit mit Herbort Schene (ca. 1340–1413/14), einem wohlhabenden und einflußreichen Domherrn, der mit den führenden Ratsfamilien verwandt und verschwägert war und an den städtischen Geschicken lebhaften Anteil genommen hat. Während Rinesberch Auszüge aus lateinischen und deutschen Vorlagen zusammentrug, steuerte Schene Nachrichten aus der Stadtgeschichte seit Beginn des

14. Jahrhunderts bei. Vom Ende dieses Jahrhunderts an arbeitete ein weiterer Freund mit, in dem die Forschung den Bürgermeister Johann Hemeling den Jüngeren (ca. 1360–1428) sehen will. Diesem engagierten Bremer – die Stadt schuldet ihm den Bau des neuen Rathauses (1405) und den steinernen Roland (1404) – verdankt die Chronik anschauliche Beiträge aus dessen Familientradition, eigenem Erleben und amtlichen Unterlagen. Er hat ihr zuletzt einen gegen die Landesherrschaft gerichteten tendenziösen Charakter aufgeprägt. Schließlich schloß ein Schreiber 1430 die Chronik ab.

Der niederdeutschen Bremer Chronik ist das erstaunliche Schicksal zuteil geworden, daß ihr Inhalt zuerst in lateinischer Rückübersetzung bekannt geworden ist; und zwar in dem um 1450 verfaßten und bis 1436 reichenden Chronicon Bremensis des späteren Bremer Kanonikus und Offizials Heinrich Wolters[111]. Es ist der einzige uns bekannt gewordene mittelalterliche Chronist mit dem Vorzug, in der Stadt Oldenburg geboren zu sein, wir werden auf ihn zurückzukommen haben. Im übrigen darf noch auf den Bremer Chronisten des 16. Jahrhunderts verwiesen werden, den weitgereisten, als Notar im Dienste des Bremer Domkapitels und – seit 1568 – des Bremer Rates tätigen Johann Renner (ca. 1525–1583/84). In der Muße des Lebensabends schrieb er eine vielbenutzte Bremer Chronik, in der das Werk Rinesberch–Schenes großenteils wörtlich rezipiert und aus eignen Kenntnissen bis 1583 fortgesetzt wurde. Die Ehre eines vollständigen Druckes ward ihm nicht zuteil, er selbst hat 1583 lediglich Merkverse zum Druck befördert[112].

Die einzige anspruchsvollere Chronik aus dem eigentlichen Stift Bremen, die Leher Chronik, ist eng mit der städtischen verbunden. Sie umfaßt die Jahre 1442 bis 1550, wird aber erst von etwa 1518 an breiter. Ihr mutmaßlicher Verfasser, Christian Empnes, ist 1547 als Prediger und Lehrer in Lehe (heute Bremerhaven) bezeugt, 1548 wurde er nach Bremen berufen.[113]

Im benachbarten Verden hat die Bürgergemeinde nur geringen politischen und gar keinen geistigen Einfluß gewonnen. So bleibt die Geschichtsschreibung auf den unvermeidlichen Bischofskatalog und eine von den Quellenkundlern als minderwertig und dürftig disqualifizierte Bischofschronik beschränkt. Wer wenig zu sagen hat, pflegt mit Ausstattung, hier mit qualitätvollen Phantasiebildnissen zu prunken. Die älteste erhaltene Rezension des Chronicon episcoporum Verdensium stammt aus der Zeit um 1332, sie ist zweimal, bis 1367 und 1480 fortgesetzt. Zahlreiche Abschriften und selbständige Relationen zeigen, daß im 15. Jahrhundert daran weitergearbeitet worden ist[114].

In engem Zusammenhang mit der bremischen Historiographie steht die oldenburgische. Ihre Anfänge führen in das Hauskloster des Grafengeschlechts nach Rastede, wo bis in das ausgehende 15. Jahrhundert annalistische Aufzeichnungen niedergeschrieben worden sind. Die ältesten Teile, die von 1059 bis 1300 reichende Klostergeschichte, sind bereits erwähnt[53]. Daran schloß sich bis 1450 eine – verlorene – rastedische Klosterchronik an, deren Inhalt wir im wesentlichen aus einer Überarbeitung des schon genannten H e i n r i c h W o l t e r s kennen. Dessen in einem schlechten älteren Druck veröffentlichtes Chronicon Rastedense reicht bis 1463, bietet also zuletzt eignes [115]. Unabhängig von ihm sind von anonymen Mönchen bis 1477 weiter in Rastede Jahrbücher geführt worden, die – ebenso wie Wolters Chronik – in die Chronica archicomitum Oldenburgensium des Augustiner-Eremiten J o h a n n e s S c h i p h o w e r eingegangen sind [116]. Mit Schiphower beginnt recht eigentlich die oldenburgische Landesgeschichtsschreibung, hat sich die Umwandlung der Klosterchronik in eine Grafenchronik vollzogen. Der 1463 in Meppen geborene und auf weiten Studienreisen humanistisch gebildete Mönch kam 1500 nach Oldenburg und gewann bald das Vertrauen des Grafen Johann, dem er 1504 seine Chronik widmete. Für seine Geschichte der – wie er höfisch schmeichelt – Erzgrafen von Oldenburg schrieb er bis 1477 ältere Chroniken aus, übrigens recht liederlich, erst für die Zeit von 1477 bis 1505 sind wir auf ihn angewiesen. Als Stoffsammlung war er so unentbehrlich, daß der Komtur J o h a n n e s v o n H a r e m 1506 davon eine niederdeutsche Übersetzung fertigte, die mit ihren Fortsetzungen weit verbreitet wurde.

Aus dem friesischen Raum ist wenig an spätmittelalterlicher Geschichtsschreibung übriggeblieben: der Mangel eines geistigen beziehungsweise die späte Herausbildung eines politischen Zentrums mag ebenso dafür die Ursache sein wie die alles ältere in den Schatten stellenden Werke des Eggerik Beninga und Ubbo Emmius. Immerhin ist aus Klöstern einiges wenige erhalten. Als ihren Ahnherrn pflegt die ostfriesische Geschichtsschreibung den Abt E m o v o n W i t t e w i e r u m zu präsentieren; auch er, traurig genug, kein Ostfriese, aber wenigstens ein Friese aus dem Groningerland, dessen Kloster unweit der Grenze lag. Doch wissen er und sein Nachfolger M e n k o wie ein unbekannter Fortsetzer in dieser C h r o n i k d e r A b t e i B l u m e n h o f z u W i t t e w i e r u m mancherlei für die Zeit von 1204 bis 1296 auch über Ostfriesland zu berichten [117]. Aus dem heute oldenburgischen Friesland, aus Rüstringen und Östringen, stammen Bruchstücke von Annalen und Chroniken, die in ganz knappen Notizen 1194 einsetzen, von der Mitte des 14. Jahrhunderts an dichter werden und besonders für die Geschichte des Jeverlandes von Wert sind [118]. In der Mitte des 15. Jahrhunderts muß die Klosterreform auch in Ostfriesland belebend auf die Historiographie gewirkt haben. Dafür zeugen Bruchstücke aus dem Kloster Marienkamp bei Esens, welche die Biographie eines für das friesische Ordenswesen hochbedeutsamen Mannes zum Gegenstand haben, die des dortigen Priors A r n o l d v o n C r e v e l d und eine Reihe schätzenswerter Nachrichten über die ostfriesischen Verhältnisse enthalten [119]. Zwischen 1445 und 1500 stellte jemand im Dominikanerkloster zu Norden eine Chronik zusammen, von der nur Auszüge, die um 1530 niedergeschriebenen N o r d e r A n n a l e n (1271–1530), erhalten

7. Geschichtsschreibung im nördlichen und westlichen Niedersachsen 37

sind [120]. Selbst der wohlwollende Herausgeber vermag ihnen als Geschichtsquelle nur einen begrenzten Wert nachzurühmen. Schließlich ist noch auf eine knappe Quelle für die Geschichte des Harlingerlandes von 1412 bis 1539 hinzuweisen, die niederdeutsche Reimchronik des Esener Superintendenten Hieronimus von Grest († 1559) [120a].

Das erste landesgeschichtliche Werk Ostfriesland erwuchs auf ganz anderem Boden. Hinter der Cronica der Fresen des Eggerik Beninga steht die Herausbildung der Landesherrschaft, das – hier naive und zugleich vom niederländischen Humanismus beeinflußte – Geschichtsverständnis der Renaissance und der Wunsch, die Geschichte seiner Zeit festzuhalten [121]. Schon die Gestalt des Verfassers ist exzeptionell. Als Sproß eines der ältesten und ansehnlichsten Häuptlingsgeschlechter Ostfrieslands erblickte er 1490 auf der väterlichen Osterburg zu Grimmersum (bei Norden) das Licht der Welt, nach einem Leben im Dienste der Landesherrschaft starb er 1562 hier. An der Politik des Landes, insbesondere an der Einführung der Reformation, nahm er lebhaften Anteil. Seine niederdeutsche Chronik, an der er in seinen letzten 30 Lebensjahren unablässig gearbeitet hat, setzt bei dem ein, was er für Anfänge der Friesen hält, in biblischer und römischer Zeit. Alles, was er vom frühen Mittelalter berichtet, ist ohne Quellenwert. Beningas Leichtgläubigkeit erreicht hier die Grenzen des Möglichen. Wertvoll aber ist die Chronik für das spätere Mittelalter durch Mitteilung vieler Urkunden, die Beninga im Archiv der eignen Familie wie in dem der Cirksena fand, namentlich aber für die Zeit von ca. 1500 bis 1560, die er selbst miterlebte.

Eine eigne friesische Landesherrschaft entwickelte sich im Jeverland. Sie konsolidierte sich in der ersten Hälfte des 16. Jahrhunderts während der Vormundschaft und Regentschaft des Fräuleins Maria († 1575). Um 1531 trat in deren Dienste als Rentmeister der damalige Seedieker Pastor Remmer (ca. 1500–1557), 1549 geadelt als Remmer von Seediek. Aus seiner Verwaltungstätigkeit erwuchs ihm das Bedürfnis nach historischen Unterlagen. Die wertvollsten Früchte seiner Sammeltätigkeit sind als „Annalen" bezeichnete Auszüge aus alten Chroniken sowie eine etwa 1555 begonnene „Jeversche Chronik". Diese haben dann jüngere Handschriften nach Remmers Tode fortgeführt [122].

In dem westfälischen Bistum Osnabrück beginnt eine zusammenhängende historiographische Tätigkeit erstaunlich spät. Außer ein paar trockenen Notizen aus dem Johannisstift und einer dürftigen und obendrein unzuverlässigen Reimchronik der Bischöfe von Osnabrück bis 1454 gab es hier nichts [123]. Diesem Mangel abzuhelfen, begann nach 1480 der Osnabrücker Bürgermeister Ertwin Ertmann (ca. 1430–1505) mit der Ausarbeitung einer lateinischen Cronica sive catalogus episcoporum Osnaburgensium [124]. Ertmann stand, darin in etwa seinem Landsmann Möser verwandt, zugleich in den Diensten des bischöflichen Landesherrn wie seiner Vaterstadt, die Archive der geistlichen

Stifte wie die des Rates waren ihm zugänglich. Aus diesen und vorwiegend westfälischen Chronisten trug er seinen Stoff so zusammen, daß ein zur Stiftschronik erweiterter Bischofskatalog entstand. Sie wächst sich vom 14. Jahrhundert an zu einer Art Landesgeschichte aus, sobald Ertmann auch einheimische Tradition und mündliche Überlieferung hineinziehen kann; mitten in der Geschichte des Jahres 1453/54 bricht er ab. Mit Ertmann begegnet uns erstmals ein im römischen Recht ausgebildeter Jurist.

Das streckenweise komplizierte Juristenlatein setzte der Benutzung des Werkes insbesondere von Seiten der Bürgerschaft enge Grenzen. So begnügte man sich, zunächst die alte Reimchronik fortzusetzen. Der sogenannte Lenetunsche Bürgeraufruhr von 1488 ist dann der erste rein stadtgeschichtliche Beitrag: ein Gedicht von 444 deutschen Versen, das einen Anhänger der Ratspartei zum Verfasser haben dürfte, der die Ereignisse selbst erlebte [125]. Dann wird es, abgesehen von kurzen Notizen und Aufzeichnungen, bis zur Mitte des 16. Jahrhunderts wieder still. Es mag mit der Annahme der Reformation und dem dabei erhöhten Selbstgefühl der Bürgerschaft zusammenhängen, lag freilich auch im Zeittrend, wenn der Rat 1550 bis 1555 die Ertmannsche Chronik durch B e r n h a r d   v o n   H o r s t übersetzen ließ, um sie auch Ungelehrten näherzubringen [126]. Der Übersetzer hielt sich stellenweise sklavisch an die Vorlage, an falschen Lesungen und Mißverständnissen fehlt es nicht.

In den meisten Handschriften reicht diese n i e d e r d e u t s c h e   B i s c h o f s c h r o n i k bis 1553. Die Fortsetzung von Ertmann floß aus der Feder des Iburger Mönchs D i e t r i c h   L i l i e , der 1548/49 eine Osnabrücker Pfarrstelle aushilfsweise verwaltete, von strenggläubigen Visitatoren aber als zu lasch, weil Luthers Lehren nicht unverschlossen, bald zurückgezogen wurde. Abweichungen in den Handschriften deuten an, daß er manches im Sinne der katholischen Partei umarbeiten mußte. Spätestens 1558 wird er verstorben sein. Die Lilie'sche Fortsetzung bildet den wertvollsten Teil der niederdeutschen Bischofschronik, zumal auch die Münstersche Täuferbewegung darin vorkommt. Meist verschollene schriftliche Quellen, mündliche Erzählungen und eignes Erleben lieferten den Stoff. Daneben verdienen lateinische Denkwürdigkeiten eines humanistisch gebildeten Edelmanns, K a s p a r   S c h e l e s , Erwähnung, welche die Jahre von 1530 bis 1549 behandeln [127]. An klösterlicher und städtischer Geschichtsschreibung finde ich nur Legenden und eine Stadtbuchchronik erwähnt [128].

Die westfälische Geschichtsschreibung hat dann noch ein für Niedersachsen interessantes Werk hinterlassen, das Chronicon comitum Schauenburgensium, das der Mindener Dominikaner und Chronist H e r m a n n   v o n   L e r b e c k († nach 1404) zwischen 1400 und 1404 verfaßte. Es enthält eine Geschichte des Schaumburger Grafenhauses, auf deren gleichnamiger Burg er verkehrte. Die Anfänge des Grafenhauses kann er bis 1030 zurückverfolgen, Sagenhaftes weiß er selbst aus karolingischer Zeit anzuführen. Die letzten 150 Jahre, für die es ihm an erzählenden Quellen gebricht, werden kurz und annalistisch abgehandelt, doch so, daß aus relativ wenigen Nachrichten ein zusammenhängendes Ganzes entstand [129].

[109] K. Koppmann, in: BremischesJb 6, 1872, S. 251. Die Chronik der Bremer Erzbischöfe hat hg. J. M. Lappenberg, in: Geschichtsquellen des Erzstifts und der Stadt Bremen, 1841 (Nachdruck 1967). Zur Bremer Chronistik auch Koppmann, in: HansGBll 1871, S. 63 ff., Lorenz II, S. 157 ff. und zuletzt K. H. Schwebel, Der Stralsunder Friede (1370) im Spiegel der historischen Literatur, in: JbWittheitBremen 14, 1970, S. 49 ff. – [110] Hg. von H. Meinert, in: ChronDtStädte 37, 1968. Zuletzt H. Schwarzwälder, Die Chronik von Rinesberch und Schene. Verfasser, Bearbeiter, Überlieferung, in: BremischesJb 52, 1972, S. 21 ff. – [111] Hg. von H. Meibom d. J., Script. II, S. 17 ff.; zur Person: Oncken (wie Anm. 53), S. 59 ff. und Lorenz II, S. 160. – [112] Zur Person: v. Bippen, in: ADB 28, 1889, S. 228 ff.; H. Schwarzwälder, Berühmte Bremer, 1972, S. 57 ff. – [113] Leher Chronik, hg. von W. Lohse, 1921. – [114] Die Verdener Bischofschronik bedarf einer die Gesamtüberlieferung berücksichtigenden Neubearbeitung; immerhin folgt hier einmal der Druck von Leibniz, Script. II, S. 213 ff. (bis 1482) der besten Handschrift. F. Wichmann, Untersuchungen zur älteren Geschichte des Bisthums Verden, in: ZHistVNdSachs Jg. 1904, 1904, S. 280 ff. – [115] Gesamtdruck bei Meibom d. J., Script. II, S. 87 ff. Für die Rasteder Überlieferung ist die gründliche Analyse von Oncken (wie Anm. 53), S. 46 ff., heranzuziehen. – [116] Hg. von Meibom d. J., Script. II, S. 121 ff.; vgl. dazu Oncken (wie Anm. 53), S. 77 ff. – [117] Hg. von L. Weiland, SS XXIII, S. 454 ff.; ein etwa gleichzeitiges Werk, Gesta abbatum horti sanctae Mariae, hg. von L. Weiland, SS XXIII, S. 573 ff., eine Geschichte der Äbte des Klosters Mariengarten nördlich von Leeuwarden, weiß weit weniger über die östlichen Friesen. – [118] Aus Handschriften des 16. Jh.s herausgeschält und zusammen mit weiteren Aufzeichnungen veröffentlicht von G. Sello, Studien zur Geschichte von Östringen und Rüstringen, 1898, S. 100 ff. Dieses Buch hat wegen seiner geringen Auflage von 100 Stück Seltenheitswert; die zweite, von Sellos Sohn besorgte Auflage: Östringen und Rüstringen, 1928, enthält die Quellentexte nicht mehr. – [119] Hg. von Sauer, Das Leben des Arnold von Creveld, Priors zu Marienkamp bei Esens, in: JbGesBildKunstEmden Bd. 2, Heft 2, 1877, S. 47 ff. – [120] Norder Annalen. Aufzeichnungen aus dem Dominikanerkloster in Norden 1271–1530. Bearb. [mit deutscher Übersetzung] von G. Möhlmann, 1959. – [120a] Vgl. G. Ohling, Die Denkwürdigkeiten des Hieronimus von Grest und die Harlingische Geschichte, 1960. – [121] Wir verfügen über eine treffliche Neuausgabe: Eggerik Beninga, Chronica der Fresen, bearb. von L. Hahn (†) und aus dem Nachlaß hg. von H. Ramm, T. I u. II, 1961 u. 1964. Die Literatur wird in der Einleitung ausgewertet. Hinzu kommt neuerdings W. Delbanco, Die Quellen der Chronica der Fresen des Eggerik Beninga, Phil. Diss. Heidelberg 1972. – [122] Über Remmer von Seediek, seine Annalen und Jeversche Chronik, handelt Sello (wie Anm. 118), S. 37 ff. Der ebenso kenntnisreiche wie schwierige Oldenburger Staatsarchivar hat zwar an den Drucken – zuletzt F. W. Riemann, Chronica Jeverensis, geschreven tho Varel dorch Eilerdt Springer Anno 1592, 1896 – eine vernichtende Kritik geübt, zu einer eignen, besseren Ausgabe ist er nicht gekommen. – [123] Lorenz II, S. 82, Vildhaut [II], S. 480 ff., Forst (wie Anm. 1), S. 122 ff.; die Reimchronik ist beschrieben und hg. von H. Forst, in: Osnabrücker Geschichtsquellen I (= Die Chroniken des Mittelalters), 1891, S. XI ff. u. S. 7 ff. – [124] Hg. von H. Forst, in: Osnabrücker Geschichtsquellen I, S. XVI ff. und S. 19 ff.; zur Person: Vildhaut [II], S. 480 f., J. Deutsch, in: VerfLex I, 1933, Sp. 586 f. sowie H. Schmidt, Über das Verständnis von der Geschichte in Ertwin Ertmanns Chronik der Bischöfe von Osnabrück, in: OsnabrMitt 69, 1960, S. 6 ff. – [125] Hg. von F. Runge

innerhalb der Niederdeutschen Bischofschronik (wie Anm. 126), S. 199 ff., vgl. S. XLVIII. – [126] Hg. von F. RUNGE, in: Osnabrücker Geschichtsquellen II (= Die niederdeutsche Bischofschronik bis 1553), 1894. – [127] FORST (wie Anm. 1), S. 125. – [128] FORST (wie Anm. 1), S. 123; R. BINDEL, Quakenbrücker Chroniken, in: OsnabrMitt 29, 1904, S. 171 ff. – [129] Hg. von MEIBOM d. J., Script. I, S. 489 ff.; eine niederdeutsche Übersetzung um 1470 hg. von FUCHS, 1872. Die Historische Kommission für Westfalen bemüht sich um eine neue Ausgabe.

8. GELEHRTE, HÖFISCHE UND STÄNDISCHE HISTORIOGRAPHIE VON DER MITTE DES 16. BIS INS SPÄTE 17. JAHRHUNDERT

Die Stichworte Humanismus und Glaubensspaltung umreißen nur unvollkommen das Wesen der niedersächsischen Geschichtsschreibung in der frühen Neuzeit. Humanistische Einflüsse werden, wie wir sahen, auch in Norddeutschland spürbar, belebten und vertieften hier das geschichtliche Interesse und Wissen; und zwar seit dem 16. Jahrhundert nicht zuletzt dadurch, daß alte Quellen wiederentdeckt und dank der Möglichkeiten der jungen Buchdruckerkunst zugänglich gemacht werden. Die Erstausgabe der Hrotsvit durch Konrad Celtis 1501 mag als Beispiel dienen. Damit öffneten sich überraschende neue Einblicke, die kritisch zu sichten die Landeshistoriker einfach überforderte. So konnte beim eklektischen Kompilieren blühender Unsinn zustande kommen. Andrerseits war man noch längst nicht imstande, auch nur die chronikalische Überlieferung vollständig zu erfassen, geschweige denn zu drucken; sie blieb noch immer in den Bibliotheken und Archiven der Stifte und Rathäuser beziehungsweise erster fürstlicher Sammlungen wenn nicht verborgen, so doch schwer zugänglich.

Am stärksten wirkt sich der Humanismus darin aus, daß die gelehrte Geschichtsschreibung stärker als je zuvor zugleich Geschichtsforschung ist, daß die volkstümlichen Gegenwartsbezüge und das persönliche Urteil zurücktreten. Die herausragenden Historiker sind zwar nicht mehr Stiftsherren oder Mönche, doch deren Nachfahren im protestantischen deutschen Norden, also lutherische und reformierte Pastoren. Und ganz in derem Stil und Sinne arbeiten sie fort. Die gelehrte Tendenz wird dadurch verstärkt, daß nunmehr im – heutigen – niedersächsischen Raum die ersten Universitäten entstehen, Helmstedt (1576)[130], Rinteln (1621)[131] und Lingen (1697). Freilich vermochte nur Helmstedt einen höheren Rang in der deutschen Gelehrtenrepublik zu erklimmen.

Als treibende Kraft steht hinter diesem Bildungsaufschwung das Landesfürstentum, das sich damals seiner kulturellen Aufgaben bewußt wurde. Charakteristisch dafür des Herzogs Julius von Braunschweig–Wolfenbüttel Lieblingsschöpfung, die Universität Helmstedt, aber auch die Tatsache, daß er eine eigne Bibliothek pflegte und deren Bestände durch Handschriften aus den umliegenden Klöstern vermehrte. Es war modern und doch nicht zeitgemäß gedacht, wenn Herzog Friedrich Ulrich 1618 die Wolfenbütteler Bibliothek der Universität Helmstedt übergab; nachdem diese 1809 aufgehoben worden war, kehrten die wertvolleren Bestände allmählich wieder zurück. Dies war möglich, weil Herzog August (1634–1666) inzwischen eine Bibliothek von mehr als 116 000 Schriften gesammelt hatte, die dann Leibniz für die Landesgeschichte auswertete [132].

Im Wissenschaftsbetrieb der jungen Helmstedter Hochschule stand die Theologie noch an erster Stelle. Neue Ansätze wurden darin konsequent ausgebaut, daß man hier der Kirchengeschichte erhöhten Wert beimaß, ja sogar die wichtigsten Ereignisse der sächsischen Geschichte zu lehren empfahl [133]. Nach 1650 verschob sich das Interesse zugunsten der Jurisprudenz und Rechtsgeschichte, für die mit der Persönlichkeit des Universalgelehrten Hermann Conring (1606–1681) ein origineller Geist zur Verfügung stand; zählt er doch zu den Begründern der deutschen Rechtsgeschichte, der Staatenkunde, der Statistik und wenigstens zu den Vorbereitern der Urkundenlehre [134].

Als erster Helmstedter Geschichtsprofessor wurde 1582 R e i n e r R e i n e c c i u s berufen; und zwar in der eigenartigen Form, daß er die historischen Studien des jungen Herzogs Heinrich Julius überwachen und durch literarische Anleitung das Fach fördern sollte. Eine Lehrtätigkeit blieb ihm erspart [135]. Daher erhielt schon ein Jahr später der – ältere – H e i n r i c h M e i b o m (1555–1625) einen Lehrstuhl für Geschichte und Poetik (siehe Abb. 2, nach S. 48). Meiboms Tätigkeit richtete sich vorwiegend auf die Geschichte, auf das Aufsuchen und Veröffentlichen niedersächsischer Geschichtsquellen. Ein freundliches Geschick wollte es, daß sein gleichfalls in Helmstedt lehrender Enkel, der jüngere H e i n r i c h M e i b o m (1638–1700), die Neigung zur niedersächsischen Geschichte und Landeskunde teilte und beider Arbeiten, erzählende Quellen und eigene Untersuchungen vorwiegend zur norddeutschen Geschichte des Mittelalters, als Rerum Germanicarum tomi tres 1688 herausgab [136]. Über ihr Werk legte sich bald der Schatten von Leibniz und der hannoverschen Hofhistoriographen. Immerhin darf der jüngere Meibom einen Ehrenplatz dafür beanspruchen, daß er 1687 mit der Introductio ad Saxoniae ad inferioris historiam das – vom Titel her – erste kurzgefaßte Lehrbuch zur niedersächsischen Geschichte vorgelegt hat.

Die Spannungen der Konfessionsspaltung haben nur ein herausragendes Werk hervorgebracht, die bereits genannte hildesheimische Chronik des Johann Oldekop. Auch für die ständische Geschichtsschreibung steht nur das freilich glanzvolle Werk des Ubbo Emmius. Im ganzen hat aber die Reformation das bürgerliche Interesse an der Geschichtsschreibung erheblich vermehrt. Die schönen Beispiele Hildesheims, die Auswirkungen in Osnabrück und Goslar sind erwähnt. Doch auch in den meisten Mittelstädten halten jetzt Ratsmitglieder, städtische Juristen und Prädikanten die Zeitereignisse fest oder bemühen sich um vollständige Stadtchroniken. Selbst Dörfer werden nun Gegenstand historischer Würdigung. Wir können aber im folgenden aus Raumgründen auf das lokale Material nicht weiter eingehen [137].

Das ist insofern bedauerlich, als die lokale Chronistik noch zeitgeschichtlichen Quellenwert besitzt. Wo die gelehrte Historiographie sich der Zeitgeschichte annimmt, bleiben ihr meist die politischen Arkana verschlossen. Diese sind uns freilich inzwischen in den Archiven zugänglich, deren Schätze von nun an die mit Abstand wichtigsten Geschichtsquellen bilden. Hinzu kommen die ersten, dank ihrer bildhaften Darstellungen so reizvollen gemalten Karten, die ersten topographischen Ansichten und Beschreibungen [138]. Malerei und Plastik führen uns endlich die Menschen realistisch vor Augen [139].

Im Laufe des 16. Jahrhunderts löst sich die Geschichtsschreibung in Niedersachsen von der mittelalterlichen Tradition; am augenfälligsten darin erkennbar, daß das volkstümliche Niederdeutsch in der historischen Literatur verklingt. Erst jetzt kann man recht eigentlich von einer landesgeschichtlichen Historiographie sprechen, die sich an jenen Territorialgebilden orientiert, die bis ins 19. Jahrhundert das geschichtliche Leben prägen. Im übrigen werden moderne Ansätze sichtbar in Quelleneditionen wie in den Anfängen von historischen Teil- und Hilfswissenschaften, vor allem der Genealogie. Doch auch deren Ergebnisse sind bald überholt worden: wir können uns also kurz fassen.

In den braunschweig-lüneburgischen Landen markieren den Übergang vom Mittelalter zur Neuzeit zeitgemäß überarbeitete Neuauflagen älterer Darstellungen [140]. Einen Schritt weiter ging der seit 1550 in Rostock lehrende David Chyträus (1531–1600). Der vielseitig tätige Gelehrte, den Herzog Julius vergeblich an der Helmstedter Universität festzuhalten suchte, lieferte mehrere Fortsetzungen der norddeutschen Kirchengeschichte des Albert Krantz. Bekunden auch verschiedene Auflagen das Interesse daran, so handelt es sich doch lediglich um Nachschlagewerke, die persönliches Urteil sorgfältig vermeiden [141].

Zukunftsträchtiger und wirksamer wurden selbständige Konzeptionen, um die sich in der zweiten Hälfte des 16. Jahrhunderts eine ganze, miteinander in Berührung stehende Gruppe bemühte. An die Öffentlichkeit drang freilich nur die Braunschweig-Lüneburgische Chronik des Heinrich Bünting, erstmals 1584 gedruckt [142]. Der Verfasser, 1545 in Hannover geboren und hier 1606 gestorben, hatte in Wittenberg studiert und war seit 1572 als Geistlicher tätig, in Gronau und Goslar. Zu seinem Privatvergnügen hatte er Historienbücher exzerpiert, aus vielen Handschriften Nachrichten gesammelt und diese zu einer hochdeutschen Chronik zusammengestellt, die vor Christi Geburt anfängt, bis in seine Zeit reicht und neben den Fürsten sich auch für Kirchen, Städte und mancherlei Kuriosa interessiert. Das Buch ist noch ganz im Stil der

Volksbücher mit phantastischen Porträts, Genealogien und Wappen geschmückt. Für die Frühzeit werden die damals grassierenden Phantastereien kritiklos kompiliert, doch das gefällige Format und der Reichtum des gebotenen Stoffes verschafften ihm Geltung bis ins 18. Jahrhundert. Der ältere Meibom hat die Chronik „verbessert" und bis zum Neudruck 1620 fortgeführt.

Büntings Zeitgenosse, der Göttinger Chronist F r a n z L ü b e c k – auch er ein streitbarer Geistlicher und an verschiedenen südhannoverschen Kirchen tätig – hat ebenfalls von 1570 bis 1594 an einer braunschweig–lüneburgischen Chronik gearbeitet [143]. Er hinterließ sie freilich nur als unfertige Handschrift, als Ganzes undruckbar, von Späteren jedoch ausgiebig benutzt. Nicht viel anders erging es dem Unermüdlichsten unter den Bearbeitern dieses schier unerschöpflichen Stoffes, dem Pastor J o h a n n e s L e t z n e r aus Hardegsen (1531–1613) [144]. Der schlichte, arme und geringe Dorfpfarrer, als der er sich selber sah, war erstaunlich belesen und hat mit geradezu besessener Leidenschaft, bis ins hohe Alter immer wieder auf Reisen, sich Zugang zu Kloster- und Adelsarchiven verschafft. Zu seinen Lebzeiten erschien nur eine Reihe von Spezialuntersuchungen, unter denen die „Dasselische und Einbeckische Chronica" von 1596 hervorragt. Sein Hauptwerk und Ziel, an dem er 36 Jahre seines Lebens arbeitete, die „Braunschweig-Lüneburgische und Göttingische Chronik", mußte ungedruckt bleiben. Das lag an der Breite, mit der Letzner sein Unternehmen anlegte, wie am Stoff. Denn er will weit mehr als eine Fürstengeschichte, er will eine rechte Landesgeschichte bieten. In 8 Büchern behandelt er, gleichsam monographisch, die niedersächsischen Erz- und Bistümer, die einzelnen Klöster, Stifte und Kirchen, die Fürstentümer und Grafschaften, einzelne Adelsgeschlechter, Städte und Flecken wie Bergwerke, Quellen und Flüsse. Letzners Abschriften und Zusammenstellungen sind nach seinem Tode immer wieder benutzt, abgeschrieben und teilweise veröffentlicht worden. Er ist ebensooft gelobt wie getadelt worden, denn über das Aneinanderreihen von Nachrichten ist er im allgemeinen nicht hinausgekommen, und seine Quellenauszüge sind zudem oft flüchtig und ungenau, bedürfen also stets der Kontrolle und Bestätigung.

Am Abend eines Lebens voller Unruhe berührt Niedersachsen eine in seiner nordthüringischen Heimat als Theologe und Historiker hochangesehene Persönlichkeit, C y r i a c u s S p a n g e n b e r g (1528–1604) [145]. Auf Anregung des Grafen (späteren Fürsten) Ernst stellte er im Straßburger Exil – im 75. Lebensjahr noch gottlob ohne Brillen – eine „Schauenburgische Chronik" zusammen, und zwar auf der Grundlage eigner Sammlungen wie der vermutlich reichhaltigeren seines – entfernten – Vetters Letzner. Er hat den Druck nicht mehr erlebt. Graf Ernst hat die Chronik erst 1614, durch seine Räte verbessert, in Stadthagen herausbringen lassen. Die in Aussicht gestellte Lokalgeschichte der Kirchen und Städte ist Spangenberg schuldig geblieben, alte Sagen schleppt er weiter. Immerhin bietet er die erste zusammenfassende

Darstellung der an der Weser regierenden Linie, und vor allem die einleitende Beschreibung der Wesergrafschaft um 1600 verdient unsere Aufmerksamkeit.

Wenig vorher hatten sich die Oldenburger Grafen von einem nicht minder renommierten Theologen und Historiker, Hermann Hamelmann (1526 bis 1595), ein Denkmal setzen lassen, das mit seltener Deutlichkeit die Grenzen und Abhängigkeiten der höfisch inspirierten Historiographie deutlich macht[146]. Beruf, Lebensgang und Charakter entsprechen dem bekannten Schema. Der geborene Osnabrücker war in verschiedenen Städten Westfalens (und Gandersheim) als Geistlicher tätig, bis er 1573 als (Landes)Superintendent nach Oldenburg berufen wurde. Der vielbeschäftigte Kirchendiener verfaßte eine Reihe historischer Schriften, vornehmlich zur Landes-, Reformations-, Adels- und Gelehrtengeschichte Westfalens und – mehr am Rande – Niedersachsens. Sein bedeutendstes Werk ist die Oldenburgische Chronik, an der er auf Wunsch seines Landesherrn 14 Jahre arbeitete. Gleichwohl verhinderte der Hof die Veröffentlichung, weil sie sich in Erbstreitigkeiten gegen den Auftraggeber auswerten ließ. Sie erschien erst 1599, nach Hamelmanns Tode, in einer nach den Wünschen des Hofes veränderten und zugleich erweiterten, mit Holzschnitten und Kupfern üppig geschmückten Form, die Urfassung endlich 1940. Den Rahmen gibt die Dynastie, nicht das Land.

Die leidenschaftlichsten Angriffe auf Hamelmann gingen von Ostfriesland aus. Auch hier hatte sich das geschichtliche Interesse im letzten Viertel des 16. Jahrhunderts erstaunlich belebt, allerdings unabhängig vom Hof, ja in bewußter Opposition zu ihm. Einflüsse aus den benachbarten Niederlanden, in denen die klassischen Studien damals ihre höchste Blüte erreichten, aber wohl auch die Problematik der Sprachgrenze wirkten dahin, daß sich die friesische Historiographie in ein lateinisches Gewand kleidete, bei Emmius in einer sprachlich vollendeten Kunstform. Vor ihm hatte der damalige Pastor in Gödens (bei Wilhelmshaven) Johannes Badius († 1630) um 1582 eine friesische Chronik kompiliert, die ein Adliger aus dem Norderland, Ernst Friedrichs von Wicht (ca. 1548–1604), abschrieb und bis 1602 fortsetzte; beides wenig mehr als annalistische Sammelwerke. Sie blieben ungedruckt, schon die lateinische Sprache stand ihrer Verbreitung entgegen[147]. Lateinisch ist also das Werk des ersten gelehrten Geschichtsschreibers Frieslands, der dank einer umfassenden humanistischen Bildung und seines scharfen kritischen Geistes die Grundlage der modernen friesischen Geschichte legte. Wir meinen die Rerum Frisicarum Historia des Ubbo Emmius (1547–1625)[148]. Der weit gereiste Pastorensohn aus Greetsiel (n. Emden) hatte nicht das Predigeramt gewählt, sondern sich für das Rektorat (in Norden und Leer) entschieden. Das hinderte ihn nicht, in den konfessionellen Streitigkeiten leidenschaftlich für die Kalvinisten Partei zu ergreifen, und das hieß in Ostfriesland f ü r die Stände und g e g e n den Landesherrn. Er setzte diese Polemik auch fort, als er 1595 zum Rektor der Groninger

Lateinschule (seit 1613 Universität) berufen wurde. Seine Geschichte Ost- und Westfrieslands von den Anfängen bis 1564 erschien in Lieferungen seit 1596, als repräsentatives Gesamtwerk 1616, jetzt mit Kupfern geschmückt, mit Karten sowie wertvollen geographisch-historischen Beschreibungen ausgestattet. In langjähriger Arbeit hat Emmius alle ihm greifbaren Unterlagen, auch Archivalien und mündliche Auskünfte zu einer echten Landesgeschichte ausgestaltet. Seine politischen Überzeugungen verführten ihn, ein – längst widerlegtes – Idealbild der alten, scheinbar demokratischen friesischen Freiheit zu malen.

Merkwürdig gering ist der historiographische Beitrag der geistlichen Staaten. Die Bischofshöfe vermochten kulturellen Glanz nicht mehr zu entfalten, die politische Krise zog die geistige nach sich. Aus den Stiften Hildesheim und Bremen [149] ist so gut wie nichts an territorialer Geschichtsschreibung zu notieren, und auch was der Osnabrücker Hans Sachs, Rudolf von Bellinckhausen (ca. 1567–1645), an Chroniken dichtete und an Bischofsreihen zusammenstellte, verdient kaum den Namen Geschichtsschreibung [150]. In dem gemeinhin von den Musen gemiedenen Bistum Verden sind damals zwei Stiftsprälaten mit der Darstellung und Fortführung der Bischofsgeschichte beschäftigt, Andreas von Mandelsloh (1519–1585) und Eilard von der Hude (1541–1606) [151]. Beide Chroniken sind erst sehr spät publiziert worden, Eilard von Hudes 1877, die Mandelsloh'sche (mit Fortsetzungen bis 1623 von Justus Johann Kelp) unter dem Namen des Cyriacus Spangenberg um 1720. Trotz zahlreicher Fehler bildete dieser mit den üblichen Phantasieporträts und Merkversen gezierte Foliant die Grundlage der Verdenschen Geschichte, nicht zuletzt wegen reicher Urkundenregesten.

---

[130] P. Baumgart, David Chyträus und die Gründung der Universität Helmstedt, in: BraunschwJb 42, 1961, S. 63 ff.; ders., und E. Pitz, Die Statuten der Universität Helmstedt (1963); ders., Die Anfänge der Universität Helmstedt im Spiegel ihrer Matrikel (1576–1600), in: BraunschwJb 50, 1969, S. 5 ff.; G. Hölk, Die Geschichtswissenschaft an der Universität Helmstedt seit der Gründung der Universität Göttingen (1737–1809), Phil. Diss. Berlin (W) 1969. – [131] E. Schröder, Die Universität Rinteln, 1927; R. Feige, Die Schaumburgische Universität Rinteln 1610–1665, in: Kunst und Kultur im Weserraum 800–1600, Ausstellung d. Landes Nordrhein-Westfalen Corvey 1966 (= Beiträge z. Gesch. u. Kunst) ²I, 1966; Universität Rinteln 1621–1810. Eine Archivalienausstellung d. Nds. Staatsarchivs in Bückeburg, 1971. – [132] Neuere Einführungen mit Hinweisen auf die wissenschaftliche Literatur: P. Raabe, Ein Schatzhaus voller Bücher. Die Herzog-August-Bibliothek in Wolfenbüttel, 1971; W. Milde, Zur Frühgeschichte der Bibliothek zu Wolfenbüttel, in: BraunschwJb 51, 1971, S. 73 ff. – [133] J. Engel, Die deutschen Universitäten und die Geschichtswissenschaft, in: HZ 189, 1959, S. 257 ff.; Baumgart-Pitz (wie Anm. 130), S. 173. – [134] Vgl. E. Döhring, in: NDB 3, 1957, S. 342 f. – [135] G. J. Rosenkranz, Reinerus Reineccius, in: ZVaterländGMünster 9, 1846, S. 3 ff.; P. Zimmermann, in: ADB 28, 1889, S. 17 ff. und Hölk (wie Anm. 130), S. 210, Anm. 18. – [136] In Ermangelung neuerer Literatur über die beiden Meibome kann nur auf die Helmstedter Universitätsgeschichten und die kurzen Artikel in der ADB 21, 1881, S. 187 f.

verwiesen werden. – [137] Die mittelstädtische Chronistik ist sehr hübsch in Hannover zu beobachten, vgl. JÜRGENS, in: ZHistVNdSachs Jg. 1896, 1896, S. 437 f.; für Lüneburg vgl. REINECKE, in: NdSächsJbLdG 2, 1925, S. 161 ff. Beispiele für dörfliche Chronistik bei ONCKEN (wie Anm. 1), S. 42, REIMERS (wie Anm. 1), S. 82, sowie: Die Lindhorster Chronik, bearb. v. H. RAUSCH (= MittVSchaumbLippG 12), 1957. – [138] Einen Zugang zur archivalischen Überlieferung in Niedersachsen eröffnen die Bestandsübersichten und -geschichten der Staatsarchive und größeren Stadtarchive, vgl. R. GRIESER, Die niedersächs. Archive als heimatkundl. Forschungsstätten, in: Method. Handb. f. Heimatforschung in Niedersachsen, hg. von H. JÄGER, 1965, S. 3 ff.; neuere Literatur in: Minerva-Handbücher. Archive im deutschsprachigen Raum, 2 Bde., ²1974. In die Entwicklung des Kartenwesens führt am besten ein G. SCHNATH, Historische Kartographie, in: Method. Handbuch, S. 396 ff. Eine neuere Einführung in die topographische Literatur bei G. MEYER, Die Schriftgattung der Topographien seit dem 18. Jh., betrachtet vornehmlich an Hand von Beispielen aus Nordwestdeutschland, in: BerrDtLdKde 40, 1968, S. 92 ff. Wir heben hervor, daß keine Landschaft im 16. Jh. so häufig Gegenstand landeskundlicher Beschreibungen und kartographischer Generalaufnahmen gewesen ist wie Ostfriesland, vgl. H. UBBIUS Beschreibung von Ostfriesland v. J. 1530, in: JbGesBildKunstEmden 18, 1913, S. 53 ff.; A. LANG, Kleine Kartengeschichte Frieslands zwischen Ems und Jade, 1962, sowie DERS., Die „Nie u. warhafftige Beschrivinge des Ostfreslandes". Eine wiederentdeckte Karte des David Fabricius von 1589, in: JbGesBildKunstEmden 43, 1963, S. 91 ff. – [139] Am schönsten sichtbar in dem Werk: Renaissanceschlösser Niedersachsens, bearb. von A. NEUKIRCH, B. NIEMEYER, H. STEINACKER, T. 1, 1914 und 1939, T. 2 (= A. NEUKIRCH, Niedersächs. Adelskultur d. Renaissance), 1939. – [140] Dazu gehört die „Chronica und Historien der Braunschweigischen Fürsten Herkommen, Stammes und Geschlechts und anderer benachbarten Fürsten Ursprungs", die 1566 ein emsig tätiger Jurist, Justinus Göbler, herausgab; über ihn ADB 9, 1879, S. 301, wobei es sich um nichts anderes handelt als um eine hochdeutsche „Verbesserung" der Braunschweigischen Reimchronik; dazu zählt aber auch eine 1589 erschienene hochdeutsche Ausgabe von Konrad Botes Sachsenchronik. – [141] Zu Chyträus vgl. E. FUETER, Geschichte der neueren Historiographie, ³1936, S. 193 f.; zuletzt E. WOLF, in: NDB 3, 1957, S. 254 und BAUMGART (wie Anm. 130). – [142] Eine eingehendere Untersuchung der Bünting'schen Chronik fehlt, wie überhaupt von den niedersächsischen Geschichtsschreibern des 16. und frühen 17. Jh.s lediglich Letzner genauer erforscht ist; so mag neben dem Artikel von H. KLINGE, in: NDB 2, 1955, S. 741 noch verwiesen werden auf H. W. ROTERMUND, Das gelehrte Hannover, Bd. 1, 1823, S. 297 f. – [143] Vgl. die Einleitung von H. VOLZ, Franz Lubecus Bericht über die Einführung der Reformation in Göttingen im Jahre 1529, 1967. – [144] Über Letzner sind wir jetzt vorzüglich unterrichtet durch G. KLINGE. Johannes Letzner. Ein niedersächsischer Chronist des 16. Jh.s. Diss. Phil. Göttingen 1951; erschöpfende Zusammenfassung vom Verf. in: NdSächsJbLdG 24, 1952, S. 36 ff. Auch aus lokaler Sicht ist Letzner nach dem Kriege mehrfach gewürdigt worden, z. B. von L. SIMON, in: Northeimer Heimatbll. Jg. 1963, Nr. 1, S. 3 ff. – [145] Über C. Spangenberg vgl. E. SCHRÖDER, in: ADB 35, 1893, S. 37 ff. u. H. PATZE, in: Geschichte Thüringens, Bd. 1, 1968, S. 23 f. Die erste kritische Auseinandersetzung mit Sp. schaumburgischer Chronik stammt von A. DOLLE, in dess. Vermischte Beiträge z. Gesch. d. Grafschaft Schaumburg St. 1, 1753, S. 5 ff. Hinzuweisen bleibt, daß eine unter Sp. Namen in Hamburg o. J. (1720?) erschienene Verdener Chronik nichts mit ihm zu tun hat. – [146] Über Hamelmann gibt es eine recht weitläufige Literatur, vgl. U. GROTEFEND, Bücherkunde zur Geschichte des Regierungsbezirks Osnabrück, in: OsnabMitt 55, 1933, Nr. 1340–1344; G. WINTERMANN, Hamelmanns Kirchenordnung im Zusammenhang Oldenburger Reformationsgeschichte, in: JbGesNdSächsKG 71, 1973, S. 9 ff. Die Oldenburger Chronik behandeln LÜBBING (wie Anm. 1), S. 46 f. und ONCKEN (wie Anm. 53), S. 134 ff. Bei Hamelmanns Osnabrücker

Chronik handelt es sich lediglich um kurz fortgeführte Exzerpte aus Krantz und Ertmann, selbständiger ist die Reformationsgeschichte, vgl. GROTEFEND, Nr. 81–85. H.'s dürftige Hildesheimer Reformationsgeschichte bespricht MEYER-WILKENS (wie Anm. 95), S. 21 ff. – [147] L. HAHN, Zwei ostfriesische Chronisten des 16. Jh.s, Johannes Bade und Ernst Friedrichs v. Wicht, 1951; dazu W. HOLLWEG, in: JbGesBildKunstEmden 36, 1956, S. 149 f. – [148] Zu U. Emmius zuletzt G. MÖHLMANN, in: NDB 4, 1959, S. 486; am ausführlichsten die Analyse von H. REIMERS, Die Quellen der Rerum Frisicarum Historia des Ubbo Emmius, 1907 (= JbGesBildKunstEmden 15), 1905, S. 1 ff. und 333 ff. sowie 16, 1907, S. 182 ff.; zur Kontroverse Hamelmann/Emmius vgl. MÖHLMANN (wie Anm. 1), S. 45 ff. – [149] Zum Stift Bremen vgl. den Hinweis auf Renners Verse in Anm. 112; sonstige kleine Veröffentlichungen in J. H. PRATJE's Vermischte historische Abhandlungen, Bd. 1, 1842, S. 112 ff. – [150] Zur Osnabrücker Chronistik vgl. FORST (wie Anm. 1), S. 125 f.; zu Bellinckhausen KRAUSE, in: ADB 2, 1875, S. 311 f.; B.'s Werke bei GROTEFEND (wie Anm. 146), Nr. 89–91; mit dem gleichen Geschäft befaßte sich wenig vor B. ein sonst unbekannter Johannes Klinckhamer, vgl. KRAUSE, in: ADB 16, 1882, S. 184 f., GROTEFEND, Nr. 93. – [151] Dazu KRAUSE, in: ADB 20, 1884, S. 170 und ADB 13, 1881, S. 277. Besprochen sind diese Chroniken von Ch. G. PFANNKUCHE, Die ältere Geschichte des vormaligen Bisthums Verden, 1830, S. X ff., WICHMANN (wie Anm. 114), S. 286 sowie O. VOIGT, Justus Johann Kelp. Ein Historiker der Herzogtümer Bremen und Verden, in: StaderJb 1970, 1970, S. 64.

9. DIE ANFÄNGE WISSENSCHAFTLICHER FORSCHUNG IM ZEITALTER DER AUFKLÄRUNG VOM SPÄTEN 17. JAHRHUNDERT BIS 1820

Die landesgeschichtliche Forschung ist ein Kind der Aufklärung, die sich hier durch das methodisch-kritische Bemühen um eine von Vorurteilen und Legenden befreite positivistische Wahrheitsfindung auswirkt. Diese Geistesbewegung erfaßt Niedersachsen deswegen ungewöhnlich früh und eindrucksvoll, weil einer der bedeutendsten Geister der frühen Aufklärung 1685 in Hannover den Auftrag erhielt, die Geschichte des Welfenhauses zu schreiben, G o t t f r i e d W i l h e l m L e i b n i z. Auf die literarische Form der Geschichtsdarstellung hat der große Gelehrte, der die lateinische Sprache für historische Hauptwerke unabweislich hielt, so gut wie keinen Einfluß gewonnen. Die Chroniken behalten daher bis zur Mitte des 18. Jahrhunderts ihre antiquarisch trockene Form. Der Durchbruch zu neuer Gestaltung erfolgt von Osnabrück aus, wo J u s t u s M ö s e r jene andere Richtung antizipiert, aus der der Geschichtsschreibung neue Kräfte zuwachsen sollten, der Romantik. Möser will nicht nur der Fachwelt – aus welcher Fakultät immer –, sondern recht vielen Menschen, und nicht bloß einzelnen Ständen unter denselben, nutzen, insbesondere aber den Bürger und Landmann belehren. Wir wollen gleichwohl hier beide Richtungen zusammenfassen, weil sich für die Entwicklung der Landesgeschichte erst nach 1820 neue Ansätze ergeben.

Neben geistesgeschichtlichen förderten politische Strömungen diesen Aufschwung der geschichtlichen Forschung. Seit etwa 1680 stellten der hannoversche und Celler Hof die Geschichte in den Dienst ihrer Politik, einmal in der Absicht, das Arsenal juristischer Waffen für die ‚bella diplomatica' besser zu bestücken, vor allem aber um in barockem Repräsentationsdrang den Glanz des Hauses Braunschweig-Lüneburg und damit seine politischen Ansprüche zu erhöhen [152]. Die Mittel zu diesem Zweck mußten am ehesten die Archive hergeben. Mit fürstlicher Förderung hatte daher der hannoversche Kammermeister und Archivar Johann Heinrich Hoffmann († 1680) aus mehr als 30 Archiven Material für die Geschichte dieses Hauses zusammengetragen: ein erstes markantes Beispiel für nicht wenige Juristen und Theologen, die jetzt mit erstaunlichem Eifer Urkunden abschreiben und – was Hoffmann versagt blieb – drucken lassen. Nach der Mitte des 18. Jahrhunderts ebbt diese Welle ab, und im gleichen Maße, mit dem sich die Geschichtsschreibung breiteren Kreisen zuwendet, verschließen sich wieder die Archive [153].

Überhaupt bilden weniger die Archive als die Bibliotheken Stützpunkte der landesgeschichtlichen Forschung. Jedenfalls gilt dies für die 1673 erstmals katalogisierte herzogliche Handbibliothek in Hannover, die seit 1690/91 geradezu zum Handapparat des Haushistoriographen Leibniz wird, dem übrigens der Wolfenbütteler Hof 1691 zugleich die Oberleitung der berühmten Augusta (Herzog-August-Bibliothek) übertrug [154]. Künftig blieb in der Regel das für Leibniz geschaffene Amt eines Historiographen für das Gesamthaus Braunschweig-Lüneburg mit dem des hannoverschen Bibliothekars verbunden – keineswegs stets zum Vorteil der Bibliotheksverwaltung. Man hat darin die Anfänge eines landeskundlichen Instituts sehen wollen, wie es der an Ideen schier unerschöpfliche Leibniz tatsächlich gefordert hat. Die Angliederung einer Münzsammlung 1745 entsprach dieser Tendenz. Das Problem, Kulturwissenschaften so zu organisieren, daß nicht nur redliche Handwerksarbeit, sondern geistige Spitzenleistungen herauskommen, war damals so unlösbar wie heute. Und so trocknet nach glänzenden Anfängen von Leibniz (bis 1716), J. G. Eckhart (1717–1720), J. D. Gruber (1729–1748) und besonders Chr. L. Scheidt (1748–1761), zu deren Zeit selbst Hilfskräfte wie D. E. Baring († 1753) Dauerhaftes beitrugen, die Gelehrsamkeit immer mehr aus. Mösers Zeitgenosse im hannoverschen Historiographat, J. H. Jung (1762–1799), brachte es fertig, eine grundgelehrte Geschichte der Grafschaft Bentheim noch in lateinischer Sprache zu veröffentlichen, sein Nachfolger L. A. Gebhardi verstummt gänzlich. Darin aber bestand ihre Chance, eine Arbeit mit Unterstützung des Landesetats zu Ende zu führen, während etwa in Lüneburg fleißige Sammler wie J. H. Büttner, J. L. L. Gebhardi und U. F. Chr. Manecke über den Druck von Spezialarbeiten nicht hinauskamen und umfangreiche Kollektaneen hinterlassen mußten.

Die von Leibniz ausgestreuten Samen aufgeklärter Gelehrsamkeit trugen ihre schönsten Früchte in der 1737 in Göttingen eröffneten kurhannoverschen Landesuniversität, die erstaunlich schnell den Ruhm nicht nur Helmstedts, son-

Abb. 2
Heinrich Meibom d. Ä.

9. Wissenschaftliche Forschung vom 17. Jahrhundert bis 1820

dern auch Leipzigs und Halles verdunkeln sollte, deren Ruf vornehmlich auf der Pflege der neuen staatswissenschaftlichen, politischen und historischen Fächer beruhte [155]. Die aus der Rezeption westeuropäischer Ideen weitergeleitete universalgeschichtliche Tendenz stand freilich landesgeschichtlicher Beschäftigung und Forschung im Wege. Nur ein einziger der Göttinger und Helmstedter Professoren hat im 18. Jahrhundert einen bedeutenderen Beitrag zur niedersächsischen Geschichte hinterlassen, Spittler [156]. Immerhin kamen indirekt der Göttinger Lehrbetrieb und die Tätigkeit der Göttinger Akademie der Landesgeschichte dadurch zugute, daß sie zu gewissenhafter wissenschaftlicher Arbeit an den Quellen erzogen [157] und wenigstens in den historischen Teil- und Hilfswissenschaften mit Eifer Neuland erschlossen. Am fruchtbarsten wirkt sich die Sicht- und Arbeitsweise A. F. Büschings, J. St. Pütters, G. Achenwalls und A. L. von Schlözers aus. Dies schlägt sich nieder in einem deutlich ansteigenden landeskundlichen Interesse und wird faßbar in einer nicht geringen Zahl utilitaristisch-populärer Veröffentlichungen, sei es in eignen, gern ‚Archiv' genannten Zeitschriften oder Reihen, sei es in Beilagen zu den Magazinen, Anzeigern und Intelligenzblättern [158].

Was immer an historischen Ideen und Plänen in Niedersachsen auftaucht und verwirklicht wird, es gibt wenig, das nicht schon irgendwo bei Leibniz vorgedacht ist. Doch davon erfuhren seine Zeitgenossen kaum etwas, ihnen sind von Leibniz' Wirken zu unserem Thema nicht viel mehr als Quellenveröffentlichungen bekannt geworden. Auch dies war an sich nichts Ungewöhnliches mehr. Sieht man von den großen ausländischen Unternehmen, vor allem der Bollandisten und Mauriner ab, so zogen auch die Editionen von E. L. Lindenbrog, H. Meibom, J. J. Mader, J. H. Heineccius, J. G. Eckhart, J. B. Mencke, K. Abel und E. J. von Westphalen vor ihm, mit und nach ihm wichtige Unterlagen zur Geschichte Nordwestdeutschlands ans Tageslicht [159]. Neu war die Konzentration auf einen freilich sehr weit gefaßten landesgeschichtlichen Bezug in den „Scriptores rerum Brunsvicensium", die als 3 dickleibige Folianten von 1707–1711 erschienen. Sie enthalten die wichtigsten erzählenden Quellen zur Geschichte Niedersachsens und des Welfenhauses von der Antike bis zum späten Mittelalter, als eine bequeme Arbeitsgrundlage, welche die landesgeschichtliche Forschung des 18. und 19. Jahrhunderts erheblich gefördert hat und auf die wir gelegentlich noch heute angewiesen sind. Ihr Aufbau ist freilich ähnlich unübersichtlich wie derjenige der berühmteren ‚Monumenta Germaniae historica'. Nur im ersten Bande sind die Schriftsteller im allgemeinen ihrem Alter nach aufgereiht, in den nächsten Bänden folgen sie wahllos aufeinander, wie der große Gelehrte eben darauf aufmerksam wurde. Eine editorische Meisterleistung sind die ‚Scriptores' selbst nach den Maßstäben ihrer Zeit nicht, übrigens auch zum Teil das Werk von Schreibern und Sekretären. Jedenfalls kommt eine neuere Textüberprüfung der Leibniz'schen Ausgaben zu einem durchaus negativen Ergebnis [160].

Die dazugehörige Darstellung hat Leibniz nicht mehr veröffentlicht, seinen Auftrag, eine Geschichte des Welfenhauses von 768 ursprünglich bis auf seine Zeit, später bis 1235 und schließlich nur bis 1024 vorzulegen, hat er trotz massiven Druckes seitens der Auftraggeber nicht erfüllt. Immerhin schloß er eine Darstellung der Karolinger- und Liudolfingerzeit (bis 1005) ab, welche zwar die Ereignisse in Niedersachsen in besonderer Ausführlichkeit behandelt, aber in den Mittelpunkt doch nicht die Territorial- und welfische Fürstengeschichte stellt, sondern die Reichsgeschichte [161]. An den von Leibniz in so überreichem Maße hinterlassenen Sammlungen arbeiteten seine Nachfolger Eckhart, Gruber und Scheidt weiter. Der Geschicklichkeit und dem Fleiße Scheidts sowie der großzügigen Unterstützung des Königs verdanken sie 1750–1753 ihr Erscheinen unter dem Titel „Origines Guelphicae"; eine Prachtausgabe von 4 dickleibigen und großformatigen Folianten von monströser Gelehrsamkeit, denen Jung 1780 als 5. Band Ergänzungen sowie ein höchst nützliches Register zufügte [162]. Die ‚Origines' bieten eine Geschichte des Welfenhauses in Italien und Deutschland von den Anfängen bis zu Otto dem Kinde (1252), nicht in fortlaufender Erzählung, sondern mehr als Einzeluntersuchungen mit beigefügten Probationes, vor allem Urkundentexten, zum Teil in Faksimile, und genealogischen Tabellen. Ihr größter Wert liegt in den abgedruckten Urkunden, wenngleich jedes Stück auf eine etwaige neue Veröffentlichung hin zu prüfen ist. Wir möchten es heute eher bedauern, daß aus Rücksicht auf die ‚Origines' Sudendorfs Urkundenpublikation zur braunschweig–lüneburgischen Geschichte im wesentlichen erst 1252 einsetzt, jedenfalls sind wir für die vorhergehende Zeit, für das frühe 13. Jahrhundert zurück bis 1195, noch immer darauf angewiesen. Dagegen sind die Untersuchungen zur Haus- und Landesgeschichte weitgehend überholt.

Diese Mischung von Untersuchung und ausführlichen Quellenbeilagen, die in Hannover so anspruchsvoll-aufwendige Form annahm, finden wir in zahlreichen Einzelwerken und Reihen jener Zeit. Nirgends freilich beherrschen sie die landesgeschichtliche Literatur in solchem Maße wie in Bremen–Verden [163]. Es ist übrigens wenig bekannt, daß die bis zum Jahre 1778 gedruckten Urkunden noch im ausgehenden 18. Jahrhundert in einem niedersächsischen Regestenwerk erfaßt, mithin relativ bequem zu finden sind [164].

Die Beschäftigung mit dem ‚Opus historicum' führte Leibniz in die Anfänge der Menschen-, und darüber hinaus bis in die Erd- und Naturgeschichte Niedersachsens zurück. Wir können die Geschichte der Geologie und Paläontologie hier unberücksichtigt lassen wie auch die ersten historischen Auswertungen der vergleichenden Sprachwissenschaft und Dialektforschung [165]. Leibniz wollte im Anschluß an die Naturgeschichte die hier ansässige Bevölkerung in vor- und frühgeschichtlicher Zeit bis zu Karl dem Großen behandeln, und zwar unter Auswertung archäologischen, linguistischen und ethnologischen Materials. Eine umfassende Landesaufnahme, Berichte der Amtmänner und Pastoren sollten die Unterlagen liefern.

Dieses Verfahren war bei den zu berichten Aufgeforderten schon damals wenig beliebt und wurde entsprechend sabotiert. Überhaupt setzt die mehr oder minder ernsthafte Urgeschichtsforschung nicht mit dem Universalgenie ein. Dessen Interesse an Urnenfeldern und Großsteingräbern spiegelt nur Zeitströmungen wider, wie wir sie vor ihm schon etwa bei Conring und J. J. Winkelmann antreffen [166]. Als erster Urgeschichtsforscher in Niedersachsen wird uns ein in Holland geschulter und gebildeter Arzt genannt, J o h a n n P i c a r d t (1600–1670) aus Bentheim, der 1660 eine Beschreibung vergessener und verborgener Altertümer, darunter auch der Großsteingräber, zwischen Nordsee, Ijssel, Ems und Lippe geliefert hat [167]. Im 18. Jahrhundert hören wir mehrfach von Funden, ja daß ganze Sammlungen heidnischer Antiquitäten verkauft werden. Intensiv war das Interesse im Osnabrückschen, wo der Rektor Z. G o e z e 1726 zwei Riesensteingräber beschrieb. Niemand aber konnte es an Eifer aufnehmen mit dem im Elb-Weser-Winkel amtierenden Pastor M a r t i n M u s h a r d (1699–1770), der seit seinem 25. Lebensjahr hier unverdrossen und methodisch nach Urnen, Steingräbern, Faustkeilen und Bronzen grub; von dessen Tun die Mitwelt nur durch kleine Aufsätze erfuhr, während sein Hauptwerk ‚Palaeo-Gentilismus Bremensis' erst 1928 gedruckt wurde [168]. Er hält die Großsteingräber schon für Menschenwerk, allerdings nicht für Grabstätten, sondern Altäre.

Als ein weiterer neuer Wissenschaftszweig entsteht in diesem Abschnitt die L a n d e s k u n d e. Die Voraussetzung – und zugleich der Hintergrund – ist eine erheblich intensivierte amtliche Erfassung von Land und Leuten. Zu den katasterartigen Beschreibungen kommen im 18. Jahrhundert großflächige Vermessungen, sei es des ganzen Landes, sei es einzelner Ämter. Diese Landesaufnahmen sollten lediglich der Militär- und Zivilverwaltung dienen, erst im 20. Jahrhundert sind die brauchbarsten veröffentlicht worden [169]. Doch auch die gedruckten Karten gewinnen jetzt an Zuverlässigkeit. Ähnliches gilt für die Anfänge der Statistik. Nur auf Umwegen gerieten ihre Ergebnisse in die Staatenkunden und Erdbeschreibungen von Büsching, Achenwall und Schlözer [170]. Gelegentlich können diese immerhin aus Zeitschriftenaufsätzen schöpfen. Eine eingehende statistisch-topographische Zusammenstellung für die kurhannoverschen Lande, also eine Art erstes (niedersächsisches) Gemeindeverzeichnis, veröffentlichte aber erst der Dannenberger Amtmann S c h a r f , 1777 in erster, 1791 in zweiter Auflage. Dazwischen, 1786, liegt die erste Flächenberechnung für das Kurfürstentum [171]. Für das Fürstentum Braunschweig veröffentlichten H a s s e l und B e g e 1802/03 eine eingehende geographische Beschreibung [172].

Daneben existiert eine historisch ausgerichtete landeskundliche Literatur, welche die Beschreibung eines Territoriums oder einer Landschaft historisch vertieft. Dabei können kultur- oder wirtschaftsgeographische Beobachtungen im Mittelpunkt stehen – beispielsweise in Münnichs Darstellung des oldenburgischen Deichwesens, Henning Calvörs Nachrichten vom Harzer Bergbau sowie Patjes Abriß von Handel und Gewerbe in Kurhannover – oder mehr historische, etwa in Barings Beschreibung der Saale, eines kleinen Nebenflüßchens der Leine im Amt Lauenstein [173]. Damit rückt freilich diese Literatur in die Nähe der Lokalgeschichte und aus unserer Sicht. Es gibt jedoch auch schon kurze Zusammenfassungen, welche die wichtigsten Daten von Ort zu Ort aufzeichnen und damit auf das heute erstrebte geschichtliche Ortsverzeichnis hinweisen. Hier bietet Ostfriesland das früheste Beispiel mit den – holländisch geschriebenen – ‚Oostvriesche Oorsprongkelykheden' (1712 und 1731) des Pastors J. H. H a r k e n r o h t (1676–1737). Der eifrigste Forscher auf diesem Gebiet, der Lüneburger Zollbeamte U. F. Chr. M a n e c k e (1745–1827), sammelte dann weit mehr, als sich je drucken ließ [174]. Im übrigen wird die geographische Literatur durch ein wenig erschlossenes Genre farbig ergänzt, die Reisebeschreibungen [175].

Entsprechend der starken Beteiligung der Pastoren nimmt die Kirchengeschichte einen breiten Raum in der Literatur ein. Soweit die Arbeiten in die Gegenwart nachwirken, betreffen sie die Geschichte einzelner bedeutender Stifte. Daher ist heute so gut wie gänzlich überholt ein zu seiner Zeit berühmtes Werk, die ‚Saxonia inferior antiqua, das ist das alte heydnische und christliche Niedersachsen', 1714, des auf dem Harz vielseitig tätigen Generalsuperintendenten K a s p a r C a l v ö r (1650–1725). Das Werk ist in seiner Vollständigkeit erst 1828–1832 durch Schlegels materialreiche, heute ebenso vergessene Kirchengeschichte ersetzt worden [176]. Im übrigen mußte in den konfessionell gespaltenen Territorien der Anreiz, sich mit der Kirchen- und Reformationsgeschichte zu beschäftigen, besonders groß sein. In Ostfriesland entstanden daher gleich zwei Darstellungen. Aus reformierter Sicht schrieb E. M e i n e r s , Pastor zu Emden, in holländischer Sprache eine Ostfriesische Kirchengeschichte (1738/39) – übrigens das grundlegende Werk –, dem der Auricher Konsistorialrat J. F. B e r t r a m , ein emsiger Brotgeber der friesischen Drucker, 1738 eine Reformations- und Kirchengeschichte aus lutherischer Sicht entgegenstellte [177].

Im allgemeinen ließ sich exorbitante Gelehrsamkeit doch nur an begrenzten Objekten demonstrieren. Glanzstücke sind S c h l ö p k e s Chronik von Stadt und Stift Bardewick (1704) und R e h t m e y e r s braunschweigische Kirchengeschichte (1707–1720) [178]. Hier zu nennen ist auch J. Chr. H a r e n b e r g s voluminöse Historia ecclesiae Gandershemensis, 1734, ein erst im Jahre 1973 entbehrlich gewordenes Werk, dessen Ruf freilich durch den Umstand verdüstert wird, daß Harenberg nicht nur manche mittelalterlichen Urkundenfälschungen nicht erkannte, sondern zusätzlich seine Quellensammlung durch einige eigne Fälschungen vermehrte [179]. Mehr in die Breite als in die Tiefe ging der Gröninger Pastor J. G. Leuckfeld (1668–1726), der 15 Bände Beschreibungen – Antiquitäten – von süd- und ostsächsischen Stiften und Klöstern hinterlassen hat, meist wenige Bogen mit Urkundenbeilagen, die aber noch heute brauchbar sind [180]. Merkwürdig zurückhaltend sind die Katholiken; nur die ‚Iburger Annalen' des Abts Maurus Rost sind hier zu erwähnen [181].

Eine rechtsgeschichtliche Literatur im strengen Sinne gibt es noch nicht, für die wissenschaftlich tätigen Juristen verschmelzen historische Kenntnisse mit praktischem Berufsbedarf. In Hannover und Celle aber fallen einige etwa gleichaltrige Männer auf, die man etwas abschätzig als die germanistischen Antiquitätenforscher des 18. Jahrhunderts bezeichnet hat: Christian Ulrich Grupen (1692–1767), David Georg Strube (1694–1776) und Friedrich Esajas Pufendorf (1707–1785) [182]. In ihren zahlreichen Publikationen, Observationen, Bedenken und Nebenstunden haben sie – aus der praktischen Tätigkeit als höhere Richter heraus – eine solche Fülle von gemeinrechtlichem Stoff zusammengetragen, daß ihre Bücher Quellenwert besitzen. Ausgiebigste Belesenheit in den Geschichtsschreibern und Urkunden zeichnen sie aus. Eine weitläufig-geschmacklos vorgetragene Gelehrsamkeit und ermüdende Polemik standen jedoch jeder breiteren literarischen Wirkung entgegen. In Fachkreisen trugen sie dazu bei, daß die hannoversche Jurisprudenz im 18. Jahrhundert in die Stelle der kursächsischen einrückte und tonangebend für das gemeine Recht wurde. Der Schatten dieser anspruchsvollen Wissenschaftlichkeit reicht bis in die niedersächsische Literatur, die Kodifikationen, Sammlungen von Verordnungen, Landtagsabschieden, die staats-, stände- und privatrechtliche Literatur.

Wir übergehen die historischen Hilfswissenschaften, obwohl in Niedersachsen nicht nur auf dem vertrauten Gebiet der Genealogie, jetzt zunehmend die großen Familien des Landadels einbeziehend, sondern auch für Heraldik, Sphragistik, Numismatik sowie Paläographie und Diplomatik Beachtliches geleistet worden ist. Jedenfalls ist die Literatur bereits so unübersichtlich geworden, daß auch der Fachgelehrte einer Gedächtnishilfe bedarf. Damit schlägt die Stunde der Bibliographen. Schon 1729 legte der mehrgenannte Baring die erste, noch recht unvollkommene Zusammenstellung der Schriftsteller, Deduktionen und Leichenpredigten zur braunschweig–lüneburgischen Geschichte vor. 1744 erschien anonym in Wolfenbüttel eine weit bessere aus der Feder G. S. A. von Prauns, und 1745 schickte A. U. Erath seiner Einführung in die braunschweig–lüneburgische Geschichte 115 Seiten Literatur voraus [183]. Dann freilich setzt erst 1807 eine neue Welle ein.

Diese Sachkataloge werden ergänzt durch die „Kürschner" des 18. Jahrhunderts, also gleichsam die Verfasserkataloge. Noch vor den berühmten Gelehrtenlexika von Jöcher und Meusel gab der in Diepholz und Nienburg tätige Pfarrer und Superintendent E. L. Rathlef eine Geschichte jetztlebender

Gelehrter heraus (1740–1744, fortgesetzt 1745–1748) [184]. Wird darin noch alles aufgenommen, was Rathlef erreichte, so folgen bald regionale Sammlungen. Am Anfang steht wie selbstverständlich P ü t t e r s Versuch einer akademischen Gelehrtengeschichte der Universität Göttingen (1765–1788). Es schließen sich an des Auricher Kriminalrats E. J. T j a d e n Gelehrtes Ostfriesland (1785–1790) und schließlich des Bremer Dompastors H. W. R o t e r m u n d Lexikon der gelehrten Bremer (1818), Hannoveraner (1823 – freilich nur bis K) sowie der entsprechenden Männer aus den Herzogtümern Bremen–Verden (1831) [185].

[152] Vgl. A. Reese, Die Rolle der Historie beim Aufstieg des Welfenhauses 1680–1714, 1967. – [153] Zur Geschichte des hannoverschen Archivs vgl. M. Bär, Geschichte des kgl. Staatsarchivs zu Hannover, 1900, zur wolfenbüttelschen H. Kleinau, Geschichte des Niedersächs. Staatsarchivs in Wolfenbüttel, 1953; zum Kammermeister Hoffmann vgl. Waitz, in: ArchGesÄltdtGeschkde 11, 1853, S. 460 ff. und zuletzt W. Ohnsorge, 200 Jahre Geschichte der Kgl. Bibliothek zu Hannover (1665–1866), 1962, S. 24. – [154] May, Zur Geschichte der vormals Königlichen und Provinzial-Bibliothek, in: Sechzig Jahre Hannoversche Provinzialverwaltung, 1928, S. 327 ff.; Ohnsorge (wie Anm. 153); K.-H. Weimann, Die Niedersächsische Landesbibliothek Hannover, ²1969, und G. Scheel, Leibniz' Beziehungen zur Bibliotheca Augusta in Wolfenbüttel (1678–1716), in: BraunschwJb 54, 1973, S. 172 ff.; zu den einzelnen Bibliothekaren vgl. außerdem die ADB-Artikel, über Baring auch: NdSächsJbLdG 17, 1940, S. 98 und 114. – [155] Über G. v. Selle, Die Georg-August-Universität zu Göttingen, 1737–1937, 1937, hinaus ist hier zu verweisen auf K. Hunger, Die Bedeutung der Universität Göttingen für die Geschichtsforschung am Ausgang des 18. Jh.s, in: HistStudEbering 2, 1933 und Ders., Die Göttinger Historiker, in: ArchKultur 28, 1938, S. 107 ff.; A. Kraus, Vernunft und Geschichte. Die Bedeutung der deutschen Akademien für die Entwicklung der Geschichtswissenschaft im späten 18. Jh., 1963 (betr. Göttingen, S. 241 ff); H. Goetting, Geschichte des Diplomatischen Apparates der Universität Göttingen, in: ArchivalZ 65, 1969, S. 11 ff.; Hölk (wie Anm. 130). – [156] Anmerkungsweise sei festgehalten, daß der von 1787 bis 1803 in Helmstedt lehrende Universal- und Verfassungshistoriker J. A. Renner eine unveröffentlichte Geschichte des Hauses Braunschweig–Lüneburg hinterließ, vgl. Hölk (wie Anm. 155), S. 64 ff.; zu Spittler vgl. Anm. 192. – [157] Kraus (wie Anm. 155), S. 525, weist darauf hin, daß u. a. in der Göttinger Akademie die historische Forschung um so reiner betrieben werden konnte, weil man hier der Geschichte des eignen Landes und Herrscherhauses keinen Platz einräumte, mithin zu patriotischen Zugeständnissen nicht verpflichtet war. – [158] Vgl. H. W. Rotermund, Übersicht der vorzüglichsten seit 100 Jahren in den Hannoverschen Landen erschienenen periodischen Blätter mit Literaturnotizen, in: NVaterlArch 5, 1824, I, S. 297 ff. und 6, 1824, II, S. 55 ff., zuletzt J. Asch, Ein Hildesheimer Intelligenzblatt aus dem ausgehenden 18. Jh., in: Alt-Hildesheim 43, 1972, S. 36 ff. – [159] Den meist unter sehr umständlichen Titeln zusammengefaßten Editionen erzählender Quellen des Mittelalters kommt heute in der Regel praktischer Wert nicht mehr zu; man kann sich darüber orientieren bei F. X. v. Wegele, Geschichte des deutschen Historismus seit dem Auftreten des Humanismus, 1885 (Nachdruck 1965), S. 563 ff. – [160] H. Eckert, Gottfried Wilhelm Leibniz' Scriptores Rerum Brunsvicensium. Entstehung und historiographische Bedeutung, 1971. Aus der weitläufigen Leibniz-Literatur (vgl. ¹⁰D–W 7/304–306 und K. Müller, Leibniz-Bibliographie. Die Literatur über Leibniz, 1967) seien hier nur genannt G. Scheel, Leibniz als Historiker des Welfenhauses, in: W. Totok / C. Haase, Leibniz. Sein Leben – Sein Wirken – Seine Welt, 1966, S. 227 ff.; Ders., Leibniz und die geschichtliche Landes-

kunde Niedersachsens, in: NdSächsJbLdG 38, 1966, S. 61 ff. und DERS., Leibniz' Pläne für das ‚Opus historicum' und ihre Ausführung, in: Akten des Internationalen Leibniz-Kongresses Hannover, 14.–19. Nov. 1966, 1966, S. 134 ff. – [161] Diese Annales imperii occidentis Brunsvicenses a Carolo Magno et Wittekindo ad Henricum Sanctum ultimum ex stirpe Brunsvicensi Imperatorem hat erst PERTZ 1843–1846 ans Licht gezogen. – [162] Eine Untersuchung der Origines Guelphicae bereitet Frl. M. Leimkühler im Rahmen einer Göttinger Phil. Diss. vor. Bis dahin sind wir für die Mitarbeiter auf die ADB- bzw. NDB-Artikel und Bibliotheksgeschichten (wie Anm. 154) angewiesen sowie H. LESKIEN, Johann Georg Eckhart (1674–1730). Das Werk eines Vorläufers der Germanistik, Phil. Diss. Würzburg 1965. – [163] Da im 19./20. Jh. im Regierungsbezirk Stade eine territoriale Urkundenedition nicht zustande kam, haben diese Sammlungen ihre Bedeutung behalten; hier ist vorzüglich zu verweisen auf J. VOIGT, Monumenta inedita rerum Germanicarum praecipue Bremensium, 2 Bde., 1740/63, J. Ph. CASSEL, Bremensia, Bremische historische Nachrichten u. Urkunden, 2 Bde., 1766/67 sowie H. SCHLICHTHORST, Beyträge zur Erläuterung d. älteren u. neueren Geschichte der Herzogthümer Bremen u. Verden, 4 Bde., 1796–1806 sowie PRATJE (wie Anm. 203). – [164] P. G. HEMPEL, Verzeichnis derer Urkunden der Historie von Nieder-Sachsen und aller Chur- und Fürstlich-Braunschweig-Lüneburgischen Staaten, 1785 (das Exemplar in der hannoverschen Landesbibliothek mit Nachträgen). – [165] In Niedersachsen ist auf diesem Gebiet neben Leibniz selbst vorzüglich durch dessen Mitarbeiter und Rivalen Eckhart Bahnbrechendes geleistet worden; weniger bekannt sind die erstmals über den üblichen Dilettantismus hinausführenden germanistischen Studien des Stader Konsistorialsekretärs Dietrich von Stade (1637–1718), vgl. E. SCHRÖDER, in: ADB 35, 1893, S. 353 ff., sowie die lexikalischen Bemühungen des Bremer Predigers Gerhard Meier und das Glossar des Ottersberger Amtmanns J. J. Kelp. – [166] In der Urgeschichtsforschung kann Niedersachsen nicht in Anspruch nehmen, besonders früh und originell aufgetreten zu sein, vgl. H. GUMMEL, Die Urgeschichtsforschung und ihre historische Entwicklung in den Kulturstaaten der Erde. Bd. 1: Forschungs-Geschichte in Deutschland, 1938; für Niedersachsen vgl. S. 25, 56 ff., 70 f., 101 f. Danach fand die erste „niedersächsische" Ausgrabung 1613 auf dem Hümmling statt. – [167] K.-H. JACOB-FRIESEN, Johan Picardt, der erste Urgeschichtsforscher Niedersachsens, in: NachrrNdSachsUrgeschichte 23, 1954, S. 3 ff.; 1669 beschrieb der Hildesheimer Arzt F. Lachmund die ersten Steinwerkzeuge, vgl. U. HORST, in: Die Kunde NF 16, 1965, S. 37 ff. – [168] Über M. Mushard, der auch als Chronist und Heimatforscher hervorgetreten ist, vgl. GUMMEL (wie Anm. 166), S. 41 f., Anm. 3 und B. E. SIEBS, in: Lebensbilder von der Elb- und Wesermündung, 1960, S. 33 ff. – [169] Es sind dies die von der Historischen Kommission u. a. herausgegebene Kurhannoversche Landesaufnahme von 1764–1786 und deren Ergänzungen von Gauß, die Braunschweigische Generallandesvermessung von 1746 bis 1784, die Du Plat'sche Landesvermessung des Fürstentums Osnabrück von 1784 bis 1790, die Oldenburger Vogteikarte von 1782–1799 und die Bremer Landesvermessung von 1790–1798; vgl. SCHNATH (wie Anm. 138), S. 399 ff. – [170] Einen guten Überblick über die Landeskunde und Statistik im 17./18. Jh. gibt ROSIEN (wie Anm. 1), S. 406 ff. – [171] Chr. B. SCHARF, Der politische Staat des Churfürstentums Braunschweig–Lüneburg, 1777; die 2. Aufl. u. d. T. Statistisch-topographische Sammlung zur genaueren Kenntnis aller das Churfürstentum Braunschweig–Lüneburg ausmachenden Provinzen, 1791; vgl. auch MEYER (wie Anm. 138), S. 96 ff.; zu Hagemanns Flächenberechnung H. WAGNER, in: NdSächsJbLdG 1, 1924, S. 198 ff. – [172] G. HASSEL und K. BEGE, Geographisch-statistische Beschreibung der Fürstentümer Wolfenbüttel und Blankenburg, 2 Bde., zu den Verf. ADB 2, 1875, S. 270 und 10, 1879, S. 760. – [173] Über Münnich vgl. ONCKEN (wie Anm. 1), S. 33 f.; über H. Calvör vgl. H. WÖHLBIER, in: NDB 3, 1957, S. 101; über Patje vgl. FRENSDORFF, in: ADB 25, 1887, S. 222 ff.; für Ostfriesland ist noch auf J. C. Freese zu verweisen, vgl. MÖHLMANN (wie Anm. 1), S. 152 f. – [174] Über die Brüder

Harkenroht vgl. J. Fr. DE VRIES, Die Gebrüder Harkenroht, in: JbGesBildKunstEmden VI, 2, 1885; eine ähnliche, um 1684 begonnene Übersicht über die Herzogtümer Bremen–Verden wurde erst im ArchdVerfGeschAlttdHerzogtümerBremenuVerden 6, 1877, S. 12 ff., gedruckt; über Manecke vgl. KRAUSE, in: ADB 20, 1884, S. 182. Eine vollständige Aufzählung dieser Literatur, die vor allem seit dem ausgehenden 18. Jh. breiter fließt, ist hier nicht möglich. – [175] Vgl. für Hannover – außer den Bibliographien – OHNSORGE (wie Anm. 153), S. 6, Anm. 3–5; H. LÜBBING, Stadt und Land Oldenburg im Spiegelbild von älteren Reiseberichten, in: OldenbJb 51, 1951, S. 5 ff.; U. STILLE, Hannover in Reisebeschreibungen des 18. und 19. Jh.s, in: HannGBll NF 10, 1957, S. 237 ff. Selbstverständlich erregte keine Landschaft soviel Aufsehen wie der Harz; über Reisen dorthin berichten zahlreiche Aufsätze in der „Harz-Zeitschrift", vgl. auch F. DENNERT, Geschichte des Brockens und der Brockenreisen, 1954 (= HarzZ, Beih. 1) sowie neuerdings H. LOMMATZSCH, Gelehrte Beziehungen zwischen Göttingen und dem Harz im 17. und 18. Jh., in: GöttJb 18, 1970, S. 109 ff. – [176] Über K. Calvör vgl. R. STEINMETZ, Die Generalsuperintendenten von Grubenhagen und auf dem Harz, in: ZGesNdSächsKG 41, 1936, S. 119 ff. und H. BUROSE, Caspar und Henning Calvör in ihrer Bedeutung für den Oberharz, in: Heimatland Jg. 1969, S. 135 ff.; über J. K. F. Schlegel vgl. WAGENMANN, in: ADB 31, 1890, S. 388 f. – [177] Über Meiners vgl. P. Fr. REERSHEMIUS, Ostfriesl. Prediger-Denkmal, 1796, S. 518; über J. F. Bertram vgl. FRIEDLÄNDER, in: ADB 2, 1875, S. 551. Auf die weitere Literatur kann hier nicht eingegangen werden, erlaubt sei aber der Hinweis, daß die allgemeinen sozialgeschichtlichen und theologischen Hintergründe für das lokale Interesse an der Reformation einer eingehenden Untersuchung würdig wären. – [178] Über Rehtmeyer vgl. Anm. 187; über Schlöpke vgl. KRAUSE, in: ADB 31, 1890, S. 528 f. – [179] Über Harenberg zuletzt H. GOETTING, Johann Christoph Harenberg – Fälscher und Denunziant, in: BraunschwJb 42, 1961, S. 125 ff. – [180] Über Leuckfeld zuletzt H. HEINE, in: Mitteldeutsche Lebensbilder, Bd. 5, 1930, S. 37 ff. – [181] Über Maurus Rost und dessen ‚Annales monasterii S. Clementis in Iburg' vgl. FORST (wie Anm. 1), S. 127. Anmerkungsweise sei hier noch auf die Chronik des Gertrudenbergklosters verwiesen, verfaßt 1759 von dem Amtmann Johann Itel Sandhoff, die aber erst 1939 von H.-H. BREUER hg. wurde in: Beiträge zur Geschichte und Kulturgeschichte des Bistums Osnabrück, T. II, 1939. – [182] Über Grupen, Strube (den bedeutendsten) und Pufendorf unterrichten die vortrefflichen Artikel FRENSDORFFS, in: ADB 10, 1879, S. 60 ff., 36, 1893, S. 635 ff. und 26, 1888, S. 699 ff., dazu die Einleitung bei W. EBEL, F. E. Pufendorfs Entwurf eines hannoverschen Landrechts (vom Jahre 1772), 1970, sowie D. HOPPENSTEDT, Christian Ulrich Grupen als Jurist und Rechtshistoriker, in: HannGBll NF 25, 1971, S. 1 ff. Unter den privatrechtlichen Materien erregte keine mehr Aufsehen als das Meierrecht, das K. G. Gesenius (1746–1829) in ein System brachte, vgl. SPEHR, in: ADB 9, 1879, S. 88 f. Die staats- und verfassungsrechtliche Literatur schwillt, sieht man von Brenneysen in Ostfriesland und Moser ab, erst im ausgehenden 18. Jh. an. – [183] Zusammengestellt bei V. LOEWE, Bibliographie der hannoverschen und braunschweigischen Geschichte, 1908, S. 1. Über v. Praun vgl. P. ZIMMERMANN, in: ADB 26, 1888, S. 536 ff., über Erath vgl. GÖTZE, in: ADB 6, 1877, S. 182 f. Anmerkungsweise sei auf die erste landeskundliche Bibliographie hingewiesen, die Wiarda herausbrachte unter dem Titel: ‚Ostfriesische Bibliothek' in den ‚Ostfriesischen Mannigfaltigkeiten', Jg. 2, 1785. – [184] Über Rathlef vgl. P. ZIMMERMANN, in: ADB 27, 1888, S. 355. – [185] Über Tjaden vgl. BARTELS, Über Tjadens ‚Gelehrtes Ostfriesland' und die literarischen Arbeiten von Joh. Conrad Freese, in: JbGesBildKunstEmden VII, 1, 1886, S. 131 ff. sowie P. WAGNER, in: ADB 38, 1894, S. 240; über Rotermund vgl. IKEN, in: ADB 29, 1889, S. 303 sowie in: Bremische Biographie, 1912, S. 420. Bei der Benutzung des ‚Gelehrten Hannover' werden übrigens leicht die Nachträge übersehen.

10. Geschichtsschreibung im Zeitalter von Aufklärung und Vorromantik bis 1820

Am Anfang der territorialen Gesamtdarstellungen steht die – lateinische – kurze Einführung in die Geschichte Niedersachsens des jüngeren H e i n r i c h M e i b o m von 1687 [136]. Man spürt das Vorlesungsmanuskript durch, die Auseinandersetzung mit der Literatur überwiegt die Darbietung der Fakten.

Das aber unternahm der unermüdlich fleißige Braunschweiger Pastor P h i l i p p J u l i u s R e h t m e y e r (1678–1742) [186]. Nachdem er sich mit einer braunschweigischen Kirchengeschichte als Quellenforscher ausgewiesen und eingearbeitet hatte, legte er 1722 mit 3 gewichtigen Folianten eine „Braunschweig-Lüneburgische Chronica" vor. In sympathischer Bescheidenheit nennt er auf dem Titelblatt die beiden Geburtshelfer, auf denen seine Arbeit fußt, Büntings und Letzners Chronik, die er mit Hilfe von (für ihn) neueren Quelleneditionen (vorzüglich der Leibniz'schen) verbessert, in die er aber auch Originaldokumente eingearbeitet hat. Eine literarische Verarbeitung des Stoffes hat er erst gar nicht erstrebt, die Gliederung ergibt sich allein aus der genealogischen Folge der Fürstenhäuser.

Bezeichnenderweise dachte noch niemand daran, die kurhannoversche von der braunschweigischen Landesgeschichte zu trennen. Wer indessen sich an eine Geschichte des Gesamthauses wagte, vermochte sich aus Rehtmeyers Schatten nicht zu lösen. Am deutlichsten wird dies bei J. F. P f e f f i n g e r , „Historie des Braunschweig-Lüneburgischen Hauses" etc., 3 Bde., 1731–1734. Es handelt sich dabei freilich um ein posthumes Werk. Der herausgebende Neffe hatte es aus dem umfangreichen Nachlaß des vielseitig gebildeten Professors an der Lüneburger Ritterakademie († 1730) und auf der Grundlage von Rehtmeyer in gedankenloser Weise zusammengeflickt und dabei dem Ruhme seines Oheims einen schlechten Dienst erwiesen [187]. Weit besser ist der Grundriß eines Wolfenbütteler Archivars, H. A. K o c h , Versuch einer pragmatischen Geschichte des Hauses Braunschweig-Lüneburg, 1764, in dem – selbst nach dem strengen Urteil des späten 19. Jahrhunderts – für die wissenschaftliche Behandlung der braunschweigischen Geschichte zuerst ein sicherer Grund gelegt worden ist [188].

So blieb eine handliche, den Leser ansprechende Übersicht ein literarisches Desiderat. Ihm genügte erstmals des Celler Rektors J. H. S t e f f e n s (1711–1784) „Auszug aus der Geschichte des ... Gesamthauses Braunschweig-Lüneburg", 1777 und (als unveränderter Nachdruck) 1785 [189]. Der gelehrte Schulmann, Historiker und wenig talentierte Versemacher stellte sein Handbuch auf ein Publikum ab, „dessen Hauptsache die Geschichtskunde eben nicht ist", das sich aber von der Geschichte des Vaterlandes einen deutlichen Begriff machen will. Obwohl um flüssige Darstellung bemüht, ist das Ergebnis noch immer trocken genug, weit mehr Dynastie- denn Landesgeschichte.

Diese Mängel hat eine jüngere Arbeit abgestreift: Karl Venturinis (1768–1849)[190] „Handbuch der vaterländischen Geschichte für alle Stände Braunschweig–Lüneburgischer Landbewohner", 4 Teile, 1805–1809, trägt in der Zweckbestimmung deutlich Mösers Stempel. Die frische Keckheit der Spätaufklärung macht die Lektüre noch immer angenehm, zumal er zeitgemäß ganze Kapitel der Landesverfassung (für ihn die Summe von Rechts-, Stände-, Geistes- und Sittengeschichte) widmet. Der unermüdliche Mann hat 1823 noch eine populäre Kurzfassung drucken lassen[191].

Für eine Quellenarbeit war dieser Rahmen viel zu weit gespannt. Daher hat ein anderes Werk, dessen Verfasser sich mit dem literarisch überlieferten Stoff nicht beruhigte, sondern durch archivalische Studien umsichtig-kritisch ergänzte, zudem die Landesgeschichte aus glänzender Beherrschung der europäischen bereicherte, weit mehr Aufsehen erregt und Spuren hinterlassen: Ludwig Timotheus Spittler (1752–1810), „Geschichte des Fürstentums Calenberg seit den Zeiten der Reformation bis zum Ende des 17. Jahrhunderts", 2 Teile, 1786[192]. Nach Mösers Vorbild löst er sich vom chronikalisch-genealogischen Schema. Im Fluß des Geschehens richtet sich sein Blick auf die allmähliche Entwicklung von Verfassung und Verwaltung, die Auseinandersetzung zwischen Landesherrschaft und Ständen, Finanzen und Wirtschaft bis zum Wandel der Sitten und täglichen Gewohnheiten.

Keinem der hier aufzuzählenden neueren Historiker hat die deutsche Geistesgeschichte soviel Aufmerksamkeit zugewandt wie dem Osnabrücker Justus Möser (1720–1794)[193]. Diese Beachtung verdankt er freilich nicht so sehr historisch-kritischer Gelehrsamkeit als seinem literarischen Talent und der Originalität seiner Geschichtstheorie. Anders als Leibniz, den nicht Neigung, sondern der Zufall des Lebensweges und amtlicher Auftrag zur welfisch-hannoverschen Geschichte führten, stieß der Staatsmann Möser von der genauen Kenntnis seines heimatlich-beschränkten Wirkungskreises zur deutschen Geschichte vor. Das Hochstift Osnabrück, in dem sich zahlreiche Reste älterer Verfassungsstrukturen bis ins 18. Jahrhundert erhalten hatten, mußte dem leitenden Beamten, der sich zugleich schriftstellerisch um wirtschaftliche und soziale Verbesserungen bemühte, ein geradezu ideales Arbeitsfeld bieten. Für die niedersächsische Historiographie ist Mösers Werk in doppelter Hinsicht von Bedeutung. Mit den „Patriotischen Phantasien", in denen er die Zustände und Sitten seiner Zeit und Umgebung kritisch-nachsichtig durchleuchtet, hat er gewissermaßen einen zeitgeschichtlichen Beitrag hinterlassen. In der „Osnabrücker Geschichte" eröffnet er im Rahmen einer selbständig erarbeiteten und interpretierten Landesgeschichte eine neue Sicht der Reichs- und Volksgeschichte. Die Haupt- und Staatsaktionen der (Landes)Fürsten treten darin zurück hinter dem Bemühen, die gesellschaftlichen Zusammenhänge und Bedingtheiten mit klaren juristischen Begriffen freizulegen und zu schildern. Verfassungs-, wirtschafts- und sozialgeschichtliche Fragestellungen stehen im Vordergrund.

Wir können Mösers Stellung in der deutschen Geistesgeschichte hier nicht würdigen, brauchen auch auf die Einzelheiten seiner Forschungen nicht einzugehen; sie sind längst überholt wie auch die Grundkonzeption, die Sicht vom wehrhaften gemanischen Erbhofbauern her, sich als zeitbedingt falsch erwiesen hat. Nicht ohne Grund finden wir die programmatischen Vorreden weit häufiger zitiert und ausgewertet als den Inhalt. Auch hat er gar keine vollständige Osnabrücker Landesgeschichte geliefert, die beiden ersten, von ihm selbst redigierten Bände (¹1768, ²1780) enden 1192; erst Stüve hat aus dem Nachlaß den 3. Band (– 1250) 1824 herausgegeben. Die Darstellung ist im einzelnen mit dem üblichen gelehrten Apparat und Urkundenanhang wohl versehen. Eine geplante Urkundenbeilage scheiterte freilich aus drucktechnischen Schwierigkeiten. Nur im Stil erhebt sie sich weit über das Gewohnte. So bot Möser lediglich einen kleinen Ausschnitt aus der Osnabrücker Geschichte. Wer sich für die Zeit interessierte, in der überhaupt erst von einer Territorialgeschichte die Rede sein kann, mußte auf die kurzgefaßte „Geschichte des Hochstifts und Fürstentums Osnabrück" (bis 1698) zurückgreifen, die J. E. S t ü v e seit 1761 in Lieferungen erscheinen ließ [194].

In Oldenburg hat die höfische Tradition noch bei einem Werk Pate gestanden, das in der Beschränkung auf das 17. Jahrhundert seinesgleichen in Niedersachsen sucht, die sogenannte Winkelmann-Chronik von 1671 (²1721), genauer: „Oldenburgische Friedens- und der benachbarten Örter Kriegshandlungen" [195]. Mit J o h a n n J u s t W i n k e l m a n n aus Gießen (1620–1699) tritt uns ein Berufshistoriker entgegen, der nach theologischen, philosophischen und juristischen Studien als hessischer Hofhistoriograph ein bescheidenes Salär erhielt und zusätzlich 1653 in oldenburgische Dienste trat. Innerhalb von drei Jahren legte er ein Manuskript vor, das 1671 gedruckt wurde.

Mit dem Absterben des Hofes schwindet in Oldenburg die geistige Potenz, bis 1773 mit der Residenz auch der Patriotismus sich wieder einstellte. Jetzt fand sich in einem geistig und wissenschaftlich interessierten, konservativ-aufgeklärten Kreis ein neuer Geschichtsschreiber, G e r h a r d A n t o n v o n H a l e m (1752–1819); als Jurist, Schriftsteller und Dichter gleich fruchtbar und vielseitig, an Originalität Möser weit nachstehend [196]. Wie dieser stellte er seine gewandte Feder lokalen Zeitschriften zur Verfügung, unter anderem für historische Einzelstudien. Er faßte sie zusammen zu einer „Geschichte des Herzogtums Oldenburg", die in 3 Oktavbänden von 1794–1796 erschien. Sie hat Halems Ruf weit nachhaltiger begründet als alles, was er sonst schrieb, denn sie bot eine ausführliche Geschichte des Oldenburger Stammlandes von der Germanenzeit bis 1731. Die Schicksale des Grafenhauses bilden weiter den Mittelpunkt, jetzt freilich ohne Liebedienerei erzählt, im ganzen ein verdienstvoller Wurf, freilich von der Forschung des 19. Jahrhunderts weitgehend überholt.

Im übrigen bestand auch in Oldenburg Bedarf an einer bequemeren und zugleich zuverlässigen Übersicht. Ihn befriedigte Christian Ludwig Runde's „Kurz gefaßte Oldenburgische Chronik", 1823[197]. Sie führt die – auf die wesentlichen Fakten beschränkte – Darstellung an die eigne Zeit heran; die 3. Auflage (von 1862) reicht bis 1853.

Nicht allein höfische Impulse, noch stärker befruchten die Auseinandersetzungen zwischen Fürst und Ständen in Ostfriesland die Geschichtsschreibung. Es konnte gar nicht ausbleiben, daß sich hier jemand fand, der die Geschichte und Verfassung aus landesherrlicher Sicht verteidigen und begründen würde. Dieses wird die Lebensaufgabe des ostfriesischen Kanzlers Enno Rudolf Brenneysen (1669–1734), der von 1708 bis zu seinem Tode die ostfriesische Politik weitgehend – und wenig glücklich – prägte[198]. Die Druckerpresse vermochte seine zahlreichen Geschichtsentwürfe nicht zu verkraften, macht doch sein Hauptwerk, die „Ostfriesische Historie und Landesverfassung", 1720, zwei dicke Folianten aus. Sie begründet die fürstliche Verfassungspraxis vor und für die Rechtswissenschaft in einer weit über das berechtigte Maß hinausschießenden kritischen Auseinandersetzung mit Emmius. Den meisten Platz erfordern darin zahlreiche Aktenanlagen, vorzüglich Landesverträge, welche dem Werk noch heute einen gewissen Wert sichern.

Um die gleiche Zeit arbeitete der Auricher Pastor Christian Funk († 1729) an einer Auricher Chronik, die er so breit anlegte, daß sie ein halbes Jahrhundert nach seinem Tode, 1784–1788, in 8 kleinen Teilen als „Ostfriesische Chronik" gedruckt wurde; übrigens die erste ostfriesische Geschichte in hochdeutscher Sprache. So nützlich die bis 1721 geführte chronikalische Übersicht sein mochte, der Wunsch nach einer ausführlichen und gründlichen Landesgeschichte blieb. Diese auszuarbeiten, beauftragten die ostfriesischen Landstände 1787 ihren Sekretär (späteren Landsyndikus) Tilemann Dothias Wiarda (1746–1826), der sich damals bereits als hervorragender Jurist, Verwaltungsbeamter und Heimatforscher hervorgetan hatte[199]. Die Wahl erwies sich als glücklich. Dem ständischen Beamten öffneten Behörden und Korporationen ihre Archive, und seinen Arbeitseifer bezeugten von 1791–1798 neun Bände „Ostfriesische Geschichte" (– 1786), denen sich 1817 ein zehnter (– 1813) anschloß[200]. In den ältesten Teilen folgt Wiarda den Spuren des Emmius, der 1. Band (– 1439) ist daher überholt, ebenso Teile des 2. und 3. Sobald er sich aber aus den Akten Sicherheit verschaffen kann, bleibt er bei aller inneren Parteinahme für die friesischen Stände ein zuverlässiger Gewährsmann. Die vollständige Lektüre überforderte freilich schon die Zeitgenossen. So haben denn spätere das von Wiarda Erarbeitete mehrfach in kleine Münze umarbeiten können[201].

10. Aufklärung und Vorromantik bis 1820

Damit sind die großen Darstellungen erschöpft. Die kleineren, nur noch als ständische Korporation oder historische Landschaft weiterlebenden Territorialgebilde wie das Stift Hildesheim, das Fürstentum Schaumburg-Lippe, die Grafschaften Bentheim, Hoya und Diepholz, ja selbst das Eichsfeld fanden im 18. Jahrhundert ihre eignen Geschichtsschreiber [202]. Nur kamen dabei meist nicht mehr als – wenngleich zum Teil beachtliche – Sammlungen antiquarischen Fleißes, keine durchgearbeiteten Darstellungen zustande.

Eine eigenartige Sonderstellung nimmt Bremen–Verden ein, wo – von einer verspäteten Ausgabe der Verdener Chronik abgesehen – jeder zusammenfassende Versuch fehlt. Dafür ist hier um so eifriger gesammelt, sind in der Form kleiner Beiträge zahlreiche Untersuchungen meist lokalen Zuschnitts und Quellensammlungen ans Licht der Öffentlichkeit gezogen worden. Keiner dieser unermüdlichen Rektoren und Pastoren vermochte es an publizistischer Leidenschaft und editorischer Geschicklichkeit aufzunehmen mit dem Stader Generalsuperintendenten J o h a n n   H e i n r i c h   P r a t j e (1710–1791) [203]. Seine Sammlungen – „Die Herzogtümer Bremen und Verden", 1757–1762 sowie „Altes und Neues aus den Herzogtümern Bremen und Verden", 1769–1781 – nehmen sowohl eigne Aufsätze wie fremde, meist ältere Abhandlungen auf.

---

[186] Über Rehtmeyer vgl. P. ZIMMERMANN, in: ADB 27, 1888, S. 604 ff. – [187] Über Pfeffinger vgl. P. ZIMMERMANN, in: ADB 25, 1887, S. 630 f. – [188] Über Koch vgl. P. ZIMMERMANN, in: ADB 16, 1882, S. 379 f.; amtlich ward angeregt, das Buch einer Vorlesung F. D. Häberlins zugrunde zu legen, vgl. HÖLK (wie Anm. 155), S. 38. – [189] Über Steffens vgl. F. BRANDES, in: ADB 35, 1893, S. 558 f. und P. ALPERS, Geschichte des Celler Gymnasiums, 1928, S. 64 ff. – [190] Über Venturini vgl. P. ZIMMERMANN, in: ADB 39, 1895, S. 607 ff. – [191] K. VENTURINI, Umriß der Hannöverisch-Braunschweigischen Volks- und Fürstengeschichte. Für Lehrvorträge in Bürger- und Landschulen, 1823. – [192] Literatur über Spittler bei [10]D-W 7/410; zuletzt J. GROLLE, Landesgeschichte in der Zeit der deutschen Aufklärung. Ludwig Timotheus Spittler (1752–1810), 1963. – [193] Die ‚Osnabrückische Geschichte' ist inzwischen im Rahmen der von der Akademie der Wissenschaften zu Göttingen herausgegebenen historisch-kritischen (Gesamt-)Ausgabe vollständig erschienen, und zwar als Bd. 12, 1: Allgemeine Einleitung von 1768 (1964), als Bd. 12, 2: T. 1 von 1780 (1965), als Bd. 13: T. 2 von 1780 und T. 3 (1971). Die Literatur über Möser führt weit über den landesgeschichtlichen Rahmen hinaus; hier mag der Hinweis genügen auf [10]D-W 7/313–348, GROTEFEND (wie Anm. 146), Nr. 1345 ff. und zuletzt W. F. SHELDON, The intellectual development of Justus Möser, 1969. – [194] Vgl. GROTEFEND (wie Anm. 146), Nr. 225. – [195] Über J. J. Winkelmann vgl. J. PISTOR, in: ADB 43, 1898, S. 363 f., ONCKEN (wie Anm. 53), S. 143 ff. und LÜBBING (wie Anm. 1), S. 47. Gleichsam im Vorbeigehen verfaßte Winkelmann einen ‚Braunschweig Lüneburgischen Stamm- und Regentenbaum' (zuerst 1658). – [196] Über G. A. v. Halem vgl. MUTZENBECHER, in: ADB 10, 1879, S. 407 ff., LÜBBING (wie Anm. 1), S. 47 f.; zu den politischen Strömungen in Oldenburg zuletzt E. CRUSIUS, Konservative Kräfte in Oldenburg am Ende des 18. Jh., in: NdSächsJbLdG 34, 1962, S. 224 ff. – [197] Vgl. LÜBBING (wie Anm. 1), S. 49. – [198] Über Brenneysen vgl. MÖHLMANN (wie Anm. 1), S. 93 ff.; I. JOSTER, Enno Rudolf Brenneysen (1669–1734) und die ostfriesische Territorialgeschichtsschreibung. Phil. Diss. Münster, 1963. – [199] Über Funk und Wiarda vgl. MÖHLMANN (wie Anm. 1), S. 144 ff., REIMERS (wie Anm. 1), S. 83 ff.; zu Wiarda jetzt G. MÖHLMANN, Tilemann Dothias Wiarda, in: Nds. Lebensbilder 7, 1971, S. 345 ff. –

[200] Bibliographische Widersprüche um den von Wiarda selbst als 10. Band bezeichneten Nachtrag erklären sich dadurch, daß dieser in 2 Abteilungen gebunden ist, von denen jede die Stärke eines normalen Bandes hat. – [201] REIMERS (wie Anm. 1), S. 87. – [202] Hier müssen Hinweise genügen auf J. B. LAUENSTEIN, Diplomatische Historie des Bistums Hildesheim, 1740; K. A. DOLLE, Kurzgefaßte Geschichte der Grafschaft Schaumburg, 1756; J. H. JUNG[IUS], Historiae . . . comitatus Benthemiensis libri tres, 1773; E. L. RATHLEF, Geschichte der Grafschaften Hoya und Diepholz, 1766/67 und J. WOLF, Politische Geschichte des Eichsfeldes, 1792/93; über Wolf vgl. PATZE (wie Anm. 145), S. 37. – [203] Über Pratje vgl. KRAUSE, in: ADB 26, 1888, S. 510 ff. Ein hübsches Bild von dem Eifer, mit dem auch weniger bekannte Lokalhistoriker in Bremen–Verden sich um die Geschichte bemühten, bringt O. VOIGT (wie Anm. 151).

11. ORGANISATION UND SPEZIALISIERUNG DER LANDESGESCHICHTLICHEN FORSCHUNG IM 19. JAHRHUNDERT (1820–1910)

Überprüft man heute den Anmerkungsapparat einer beliebigen geschichtswissenschaftlichen Arbeit, findet man immer seltener Literatur des 19. Jahrhunderts genannt. Als Bildungsgut, zur Orientierung über geschichtliche Zusammenhänge ist sie weitgehend entbehrlich geworden; und auch der Spezialist macht sich immer seltener die Mühe, den Spuren oft lebenslangen Fleißes umständlich nachzugehen. Diese Entwicklung verdunkelt allmählich die Tatsache, daß weite Bereiche unseres Wissens auf dem damals Erforschten beruhen, daß ganze Epochen damals so gründlich aufgearbeitet wurden, daß sie der späteren Forschung reizlos erscheinen mußten.

Viele Gründe haben den in diesem Ausmaß wohl einmaligen Aufschwung der Landesgeschichte bewirkt: vermehrte und erleichterte Druckmöglichkeiten, die allmähliche Öffnung der Archive, die Abkehr vom kosmopolitischen und Hinwendung zum nationalen Denken, das Drängen des Bürgertums in die Politik und die Reaktion der konservativ-föderalistischen Gegenkräfte – das alles vermischt mit dem uralten, jetzt von der Romantik geförderten antiquarischen Interesse. Damit dringt erstmals in breitere Kreise die inzwischen beängstigend gewachsene Problematik, daß Forschung zum Spezialistenbetrieb wird, daß der Einzelbeitrag ein Wissen um Zusammenhänge voraussetzt, das eben nicht vorhanden ist. Immerhin waren damals die Begeisterung und Selbstdisziplin groß genug, der zu erschließende Stoff unberührt genug, daß die Verbindung zwischen selbständiger Forschung und zusammenfassender Darstellung noch Werke von erstaunlicher Dauerhaftigkeit hervorbringen konnte. Darauf beruht die Tatsache, daß man eine kleine Zahl von Arbeiten doch heute noch mit Nutzen heranziehen und lesen kann.

Im ganzen aber ist es die strenge Forschung und hier vor allem das Gebiet der mittelalterlichen Quelleneditionen, womit das 19. Jahrhundert die Fundamente unseres Wissens gelegt hat. Die philologische Methode und kritische Sorgfalt, mit der jetzt die mittelalterlichen Chronisten neu bearbeitet werden, ist in Göttingen von Heyne, Mitscherlich und Heeren entwickelt worden; einem ihrer Schüler aus Hannover, G e o r g H e i n r i c h P e r t z (1795–1876) verdankt die Mediaevistik, daß sie in die Tat umgesetzt wurde [204]. Wie einst Leibniz hat das hannoversche Ministerium den jungen Gelehrten entscheidend gefördert, indem es ihn mit einer Anstellung an Archiv und Bibliothek (seit 1821) versorgte und in der großzügigsten Weise für ausgedehnte Forschungsreisen freistellte. Diesmal vermochte die Leinestadt ihren Sohn nicht zu halten; die mit dem Regierungsantritt Ernst Augusts (1837) herausgekehrte restaurative Politik und die in Preußen gebotenen Möglichkeiten ließen ihn 1842 nach Berlin übersiedeln.

Pertz fühlte sich niemals als Landeshistoriker und begnügte sich auf diesem Gebiet mit Pflichtübungen. Sein wissenschaftlicher Auftraggeber war und blieb die 1819 vom Freiherrn vom Stein ins Leben gerufene „Gesellschaft für ältere deutsche Geschichtskunde". Im Rahmen der „Monumenta Germaniae historica" sind daher auch alle wesentlichen erzählenden Geschichtsquellen Niedersachsens (bis zum ausgehenden 13. Jahrhundert) erschienen. Wir haben letztlich keinen Anlaß, dies zu beklagen, denn die von der deutschen Bundesversammlung beziehungsweise vom Bismarck-Reich getragenen „Monumenta" boten weit günstigere Arbeitsbedingungen, als sie jemals in Niedersachsen hätten geschaffen werden können; und zwar nicht nur in den Anfängen, sondern auch später, als der Fortschritt der Forschung Neubearbeitungen der wichtigsten Chronisten erheischte. Neben Pertz und dem Hamburger Archivar J o h a n n M a r t i n L a p p e n b e r g (1794–1864) [205] verdankt die niedersächsische Landesgeschichte daher auch den späteren Monumentisten Entscheidendes, nur G e o r g W a i t z , L u d w i g W e i l a n d , O t t o H o l d e r - E g g e r und B e r n h a r d S c h m e i d l e r seien hier genannt [206].

Als weitere auswärtige Institution hat die (1858 gestiftete) „Historische Kommission" bei der bayerischen Akademie die Landesgeschichte befruchtet durch die Herausgabe der – spätmittelalterlichen – S t ä d t e c h r o n i k e n. Anders als bei den „Monumenta" lag hier die eigentliche Arbeit im Lande, vornehmlich bei den Stadtarchiven. Mit der bedeutendsten mittelalterlichen Stadt dieses Raumes, Braunschweig, eröffnete L u d w i g H ä n s e l m a n n 1868 – übrigens recht eigenwillig – den Reigen; weitere Bände folgten zögernd und in großem Abstand, für Lüneburg 1931 und für Bremen 1968. Die Osnabrücker bedienten sich einer eignen Reihe (1891), der Rest erschien verstreut, meist in lokalen Publikationen [207].

Die Bearbeitung eines niedersächsischen Urkundenbuches ist 1960 erstmals verlangt worden [208], späte Folgerung aus der Tatsache, daß man im 19. Jahrhundert in Niedersachsen ganz allgemein, vor allem aber im Wolfenbütteler Archiv mit diesem Problem nicht fertiggeworden ist. An gutem Willen und besten Absichten, freilich auch nicht an dem stets hinderlichen Perfektionsdrang hatte es nicht gefehlt, allein die Fülle überstieg die Kräfte. Die Editionen der Kaiser-, Königs- und Papsturkunden in den „Monumenta" wie die großen Regestenunternehmen haben auch hier fruchtbar und anregend gewirkt und sind, sieht man von den nordwestlichen Teilen ab, für die Landesgeschichte des hohen Mittelalters nicht zu entbehren; zumal Karl Jordan 1941/49 noch die Urkunden Heinrichs des Löwen hinzugefügt hat. Daran bestand aber von Anfang an kein Zweifel, daß sich die urkundliche Überlieferung nur im territorialen Rahmen erfassen lassen konnte [209]. – Doch wie? Der Dornröschenschlaf, in den das kgl. Archiv zu Hannover in der ersten Hälfte des vorigen Jahrhunderts zurückgefallen war, verhinderte zunächst jedes größere Unternehmen. Und als diesem endlich in der Ära Stüve 1849 der offizielle Auftrag zuteil wurde, ein Urkundenbuch für das Königreich Hannover und Herzogtum Braunschweig (bis 1300) vorzubereiten, erwies sich dieser Plan als Sackgasse, aus der bis zur Gegenwart niemand herausgefunden hat. Auch die guten Vorsätze des 1835 gegründeten Historischen Vereins für Niedersachsen zeitigten zunächst keine und erst dann einige Früchte, als man die **Sammlungen** auf engumrissene Gegenstände (Städte, Klöster) beschränkt hatte.

Weit geschickter faßte die gleiche Sache der Freiherr Wilhelm von Hodenberg (1786–1861) an, der über die nötigen politischen Verbindungen verfügte, die ihm und seinen Hilfskräften den Zutritt zum Archiv sowie zu Geldquellen eröffneten, selbst dabei übrigens auch sein Vermögen opferte [210]. So kamen die ersten Fondseditionen zustande, das Diepholzer, Hoyer, später das Calenberger und Lüneburger Urkundenbuch. Über Hodenbergs Unternehmen gelangte auch der Mann in das Archiv, der auf diesem Gebiet mehr als jeder andere geleistet hat, Hans Sudendorf (1812–1879) [211]. Ohne offizielle Förderung, ja gegen den Einspruch seines Chefs hat der kränkelnde und gewiß schwierige Mann mit bewundernswerter Zähigkeit 10 Bände „Urkundenbuch der Herzöge von Braunschweig und Lüneburg und ihrer Lande" (von 1252–1406) zusammengetragen und veröffentlicht; editionstechnisch schon bei Erscheinen veraltet, aber bis heute so unentbehrlich wie unersetzt.

Seit der Mitte des 19. Jahrhunderts, besonders seit 1866, als endgültig der Grundsatz überwunden war, lediglich aus der Zeit vor 1600 Archivmaterial uneingeschränkt vorzulegen, werden in zunehmendem Maße auch Quellen zur neueren Geschichte veröffentlicht. Sie konzentrieren sich freilich einseitig auf Hannovers barocke Glanzzeit. Wie bei den „Monumenta" vermischten sich auch hier allgemeine und landesgeschichtliche Anstöße. Hatte man im 18. Jahrhundert das Werk des G. W. Leibniz der europäischen Geisteswelt, vor allem den Franzosen, überlassen, schalteten sich jetzt hannoversche Gelehrte ein, indem sie zunächst auf die Schätze des ungedruckten Nachlasses hinwiesen (erstmals G. H. Feder 1810). Bezeichnenderweise war es wieder Pertz, der sich um die hinterlassenen historischen Schriften bemühte und den Mut aufbrachte, eine Gesamtausgabe des Werkes zu beginnen (seit 1843). Ihm folgte Onno

Klopp mit der ersten umfassenden Veröffentlichung der politischen Schriften und Briefe. Im letzten Drittel des vorigen Jahrhunderts haben dann Eduard Bodemann, Adolf Köcher, Richard Doebner u. a. Briefe und Memoiren des Philosophen wie vornehmlich der fürstlichen Damen zugänglich gemacht [212]. Das landesgeschichtliche Interesse an neueren Quellen hat 1908 noch eine dickleibige Sammlung von Urkunden und Akten zur Hildesheimer Stiftsfehde von 1519–1523 zutage gefördert, deren Ausführlichkeit leider jede Fortsetzung dieses Weges ausschloß [213].

Schließlich taucht auch eine politische Publizistik und Memoirenliteratur auf, gleichsam als zeitgeschichtliche Quelle. Ihre Geburtsstunde sind die Erschütterungen der Französischen Revolution und Napoleonischen Kriege. Politische Kontroversen werden jetzt an die Öffentlichkeit getragen, kritische Stellungnahmen zum Zeitgeschehen, persönliche Erinnerungen an angeblich große Zeiten gedruckt und verkauft. Die Umbrüche von 1848 und 1866 gaben neue Anstöße [214].

Auch im 19. Jahrhundert beruhen die Fortschritte der Landesgeschichte auf harter, zielstrebiger Arbeit einzelner. Neu ist die Verbindung mit tagespolitischen Motiven, wobei die Mitwirkung führender mehr oder minder liberaler Reformer wie Johann Carl Bertram Stüve, Hermann Lüntzel und Heinrich August Oppermann ein Ruhmesblatt der Landesgeschichtsschreibung ausmacht. Mit den gesellschaftlichen Veränderungen wandelt sich jedoch der Mitarbeiterkreis. Überwiegen bis zur Jahrhundertmitte noch die Juristen, Richter wie Verwaltungsbeamte, Theologen und Privatgelehrte verschiedenster Provenienz – neben den genannten mögen hier die Namen stehen des Meienburger Oberappellationsgerichtsrats und Gutsbesitzers August von Wersebe (1751–1831), des Lüneburger Amtmanns und Mäzens Anton Christian Wedekind (1763–1845), des Mindener Kaufmanns Ernst Friedrich Mooyer (1798–1861) und des streitbaren Emder Privatgelehrten J. H. D. Möhlmann (1813–1861) [215] –, so treten allmählich die Juristen und Pastoren zurück und die Philologen in den Vordergrund. Das ausgehende 19. und frühe 20. Jahrhundert bilden wohl die Glanzzeit der historisch forschenden Gymnasialoberlehrer und -direktoren – Wilhelm Volger in Lüneburg (1794–1879), Hermann Dürre in Braunschweig (1819–1893), Gustav Schmidt in Göttingen/Halberstadt (1829–1892) und Adolf Köcher in Hannover (1848–1917) seien als Beispiele genannt [216].

Je länger, um so stärker werden sie jedoch von denjenigen zurückgedrängt, denen eine Anstellung an einer Bibliothek, einem Archiv und schließlich auch an einem Museum weit günstigere Arbeitsmöglichkeiten bot. Diese Professionierung wird im hannoverschen historischen Verein 1901 tragisch deutlich, als anstelle des langjährigen Sekretärs, Prof. Köcher, der Direktor des Staatsarchivs Doebner zum Vorsitzenden gewählt wurde, weil das Archiv inzwischen in einem Maße zum Mittelpunkt der landesgeschichtlichen Forschung geworden war, „wie es kaum jemals vorgekommen war und so leicht nicht wieder vorkommen wird" – so Thimme 1917 mit einem Seitenhieb auf Doebners so gelehrten wie skuril-eigenwilligen Nachfolger Krusch [217]. Freilich klammern die Fachgelehrten infolge ihrer Abhängigkeit von Staat und Kommunen jene Gebiete aus, in denen sich die Geschichtsforschung mit den politischen Auseinandersetzungen ihrer Gegenwart berührt, also die Zeit nach 1815.

Solcher Zurückhaltung wollten und brauchten sich die Göttinger Ordinarien nicht zu befleißigen. Doch hat sich deren Verhältnis zur Landesgeschichte gegenüber dem 18. Jahrhundert kaum geändert. Nur ist es jetzt das nationalgeschichtliche Engagement, die Mitarbeit der berühmtesten Namen an den „Monumenta", die indirekt für Niedersachsen fruchtbar wird. Derjenige aber, der hier am nachhaltigsten für die Landesgeschichte eintrat, Wilhelm Havemann, vermochte aus dem Schatten von Dahlmann, Gervinus und Waitz nie herauszutreten. Weniger bekannt ist das Wirken des Juristen Ferdinand Frensdorff (1833–1931), der vor allem durch seine ausführlichen Artikel in der „Allgemeinen deutschen Biographie" Beiträge zur hannoverschen Geschichte des 19. Jahrhunderts lieferte und zur kritischen Instanz der neueren Geschichtsschreibung wurde [218]. Ihn löste in dieser Funktion der Bibliothekar Friedrich Thimme (1868–1938) ab. Thimme, der als Kunsthistoriker berühmt gewordene Ludwig Dehio und der Nationalökonom Werner Wittich lieferten übrigens die einzigen Universitätsarbeiten, die bis heute ihren Wert nicht eingebüßt haben, während die Dissertationen jener Zeit mit wenigen Ausnahmen überholt sind [219].

Noch bevor die landesgeschichtliche Forschung sich um die staatlichen und städtischen Archive, Bibliotheken und Museen konzentriert, bilden sich die Geschichtsvereine. Sie verbinden, jedenfalls in ihren Anfängen, stets gelehrte und populäre Ziele, wollen Geschichte vertiefend erforschen und pflegend erweitern. Der hannoversche Geschichtsverein konstituierte sich 1835 daher auch als Lesezirkel (mit eigner Vereinsbibliothek) und als Abonnentenkreis für eine bereits vorhandene Zeitschrift, das [Neue] Vaterländische Archiv. Der auslösende Anstoß ging aber doch von Männern aus, die sich zwar nicht berufsmäßig mit Landesgeschichte befaßten, deren Arbeiten aber durchaus wissenschaftliches Format aufweisen. Dieser Kreis durfte sich von der modischen Vereinsgründung in der Tat eine Förderung seiner Sache versprechen. Die Privatinitiative, die hinter den Vereinen stand, ist vor allem solchen Gebieten förderlich gewesen, die damals noch um Anerkennung rangen: Vorgeschichte, Kunstgeschichte und Museumswesen, Kunst- und Bodendenkmalpflege; die vorgeschichtlichen und volkskundlichen Museen sind in Hannover wie andernorts aus Vereinen herausgewachsen.

Die hannoverschen Stifter nannten ihre Gründung „Historischer Verein für Niedersachsen", womit ein von vornherein unerfüllbarer Anspruch verbunden war. Im Grunde wollte man damit auch nur altertümlich den Raum der Lande Braunschweig–Lüneburg umschreiben, jedoch für Mitwirkung aus dem übrigen Königreich offen bleiben. Doch die Entwicklung verlief in umgekehrter Richtung, zur räumlichen Verengung hin. Wie Pilze schossen – mit teilweise wechselnden Namen und veränderter Ausrichtung – neue Vereine aus dem Boden, zuerst im westfälisch–friesischen Westen und im Norden, schließlich auch im altwelfischen Bereich: der Osnabrücker Geschichtsverein 1847, der Oldenburger Altertumsverein 1850, der Stader Geschichtsverein 1856, die Historische Gesellschaft in Bremen 1863, der Museumsverein für das Fürstentum Lüneburg 1878, der Braunschweiger Geschichtsverein 1901, um nur die renommiertesten zu nennen [220]. Ältere Vereinigungen wie die Emder Kunst wandten sich seit der Reichsgründung stärker der Geschichte zu. Die seit dem ausgehenden 19. Jahrhundert sich neu bildenden Vereine erfaßten dann immer kleinere Bezirke.

Angesichts der zunehmenden wissenschaftlichen Produktion wurde der Mangel einer landesgeschichtlichen Bibliographie bezeichnenderweise im altwelfischen Raum zuerst spürbar. Ein hannoverscher Archivar, Victor Loewe, suchte ihm 1908 abzuhelfen [221]. Sollte Loewes Werk alle – berechtigte – Kritik bis heute überdauern, so konnte die dreibändige „Allgemeine hannoversche Biographie" (1912–1916) des Superintendenten Hermann Rothert (1842–1915) aus dem Schatten der „Allgemeinen deutschen Biographie" nie recht heraustreten. Im übrigen entfalteten die Bremer auf dem biographischen Gebiet eine weit glücklichere Tätigkeit als die Hannoveraner [222].

Eng mit dem Entstehen und Wirken der historischen Vereine verbunden ist die Vorgeschichte. Wer sich jetzt intensiv mit der Heimatgeschichte beschäftigte, mußte unweigerlich von den Denkmalen einer dunklen Frühzeit angezogen werden; der Marschendichter Hermann Allmers (1821–1902) ist dafür ein schönes Beispiel. Mit nachhaltigerer Wirkung betreiben das Ausgraben und Sammeln aber noch immer einzelne Liebhaber, die jetzt in den landesgeschichtlichen Vereinen jenes Verständnis und die Anerkennung fanden, die ihnen die Universitätswissenschaft versagte (siehe S. 440f.). Sie sind daher an den Vereinsgründungen maßgeblich beteiligt [223].

Vom vermehrten Interesse an den „heidnischen Altertümern" zeugen seit der Wende vom 18. zum 19. Jahrhundert nicht wenige Einzelbeiträge in den landeskundlichen und verwandten Zeitschriften. Man verbreitet jetzt methodische Anweisungen, „Wegweiser für alterthümliche Forschungen" – so der Titel einer Schrift des hannoverschen Geheimen Regierungsrats G. H. W. Blumenbach – und konzentriert die privaten Sammlungen unter der Obhut der Vereine; in Hannover wie Oldenburg übrigens mit bemerkenswerter Unterstützung durch Ministerium und Hof. Aus ihnen sind später die urgeschichtlichen Museen erwachsen. In den 1850er und 1860er Jahren erlebt die

Prähistorie dank der Ausgrabungen des Forstrats J. K. A. Wächter (1773 bis 1846), des Engländers J. M. Kemble (1807–1857), des Kammerherrn G. O. K. v. Estorff (1811–1877), des Studienrats J. H. Müller (1828–1886) sowie des Celler Privatgelehrten Chr. Hostmann (1829–1889) einen ersten Höhepunkt. Wächter und v. Estorff legten die ersten vorgeschichtlichen Landesaufnahmen vor.

In der Person des Studienrats Müller begegnen wir dem ersten hauptamtlichen Konservator (des 1861 gegründeten Welfenmuseums), der 1864 zusätzlich – freilich ohne Gehalt – mit den Geschäften eines Konservators der Altertümer im Königreich Hannover beauftragt wurde. Damit wird allmählich die staatliche Kunst- wie Bodendenkmalpflege institutionalisiert. Müllers Neigungen galten in erster Linie der Vorgeschichte. Sein Werk im wesentlichen ist die von seinem Nachfolger J. Reimers (1850–1914) herausgegebene erste wissenschaftlich brauchbare Übersicht über den urgeschichtlichen Denkmalbestand des Landes: Vor- und frühgeschichtliche Altertümer der Provinz Hannover, 1893. Etwa gleichzeitig, 1862, waren übrigens die Oldenburger naturwissenschaftlichen Museen dem Kammerherrn Fr. v. Alten (1822–1894) übertragen worden, der zum Begründer der oldenburgischen Vorgeschichtsforschung werden sollte, die sich besonders der Funde in Mooren und Marschen und deren Problematik annahm. Das in unserem Zusammenhang bedeutendste frühgeschichtliche Unternehmen aber umreißt das Stichwort Burgenforschung[223a]. Seit etwa 1870 berichteten Müller und Hostmann mehrfach über „alte Umwallungen und Schanzen". 1883 beschloß der Historische Verein für Niedersachsen eine groß angelegte Aufnahme, den „Atlas der vorgeschichtlichen Befestigungen in Niedersachsen", deren Leitung zunächst ein im Festungskrieg erfahrener hannoverscher Pionieroffizier übernahm, der General a. D. A. v. Oppermann, dann von 1890 an ein archäologisch geschulter Fachmann, Karl Schuchhardt (1859–1943), der von 1888 bis 1908 als Direktor des Kestner-Museums in Hannover wirkte. Es war weithin ein Verdienst dieser überragenden Persönlichkeit, wenn die Geländeaufnahmen und Ortsuntersuchungen beendet, veröffentlicht (bis 1916) und weithin als vorbildlich anerkannt wurden.

Eine niedersächsisch orientierte Kunstbetrachtung wird im 19. Jahrhundert nur in ersten Ansätzen erstrebt, wohl aber sind wesentliche Vorarbeiten dafür geleistet worden, vor allem durch die Kunstdenkmalpflege und Kunstinventarisation[224]. Ausgangspunkt ist hier das denkmalpflegerisch-antiquarische Interesse, das in Hannover einerseits vom Historischen Verein getragen und gefördert wird, andrerseits vom 1851 endgültig konstituierten „Architecten- und Ingenieur-Verein für das Königreich Hannover", hinter dem als treibende Kraft K. W. Hase (1818–1902) stand, also der beste Kopf der historisierenden hannoverschen Bauschule. Der literarischen Mitwirkung der Laien wie der praktisch tätigen Architekten waren freilich

enge Grenzen gesetzt, und so ist hier vor allem der Name des Baurats H e c t o r
W i l h e l m H e i n r i c h M i t h o f f (1811–1886) herauszustellen, der sich mit
nimmermüdem Eifer seit den vierziger Jahren der Beschreibung und Veröffentlichung mittelalterlicher Kunstwerke zuwandte. So war es Mithoff, der
die „Kunstdenkmale und Altertümer im Hannoverschen", 7 Teile, 1871–1880
vorlegte. Selbstverständlich haben sich später die Maßstäbe verändert, stiegen
die Ansprüche, so daß 1897 der hannoversche Provinzialausschuß ein völlig
neues Denkmalverzeichnis bewilligte, von dem 1899 der erste Band erschien.
Seitdem sind über 30 Bände herausgebracht worden, die zusammen aber nicht
einmal die Hälfte der vormaligen Provinz umfassen. Weitergekommen ist man
in Oldenburg, Braunschweig und im Schaumburgischen. Für diese Gebiete
liegen (von 1896 an) vollständige Inventare vor, die in ausführlicher Weise
die Lokalgeschichte berücksichtigen.

Ein eignes Stück Forschungsgeschichte umschließt der Aufbau der verschiedenen m u s e a l e n S a m m l u n g e n , die seit der zweiten Hälfte des
vorigen Jahrhunderts immer häufiger werden und die bedrohten Altertümer
zu retten versuchen. Dahinter steht überall ein hohes Maß privater Initiative.
Für andere mag hier der Name des Celler Fabrikanten W i l h e l m B o m a n n
(1848–1926) stehen, der sich mit besonderem Eifer und Erfolg der bäuerlichen
Überlieferung der Lüneburger Heide annahm [225]. Damit dämmert die große
Zeit der Volkskunde und Volkstumspflege herauf. Bleibt auf eine ältere, von
den Brüdern Grimm ausgehende Linie hinzuweisen, die Sammlungen des
niedersächsischen Wort- und Märchenschatzes; genannt sei nur der Einbecker
Rektor G e o r g S c h a m b a c h (1811–1879) [226].

Während sich überall neue Kräfte regen, tritt die Kirchengeschichte auffallend zurück [227]. Der Elan der jungen Vereine und ihrer Organe zog die
Pastoren zunächst völlig in ihren Bann, machte damit aber schwer zugänglich,
was immer auf diesem Gebiet entstand. Das Lebenswerk eines so gelehrten
Forschers wie glänzenden Erzählers, des Auricher Generalsuperintendenten
P e t r u s B a r t e l s (1832–1907), ist beispielsweise über zahlreiche Bände
des Emder Jahrbuchs verstreut [228]. Um dieser Zersplitterung vorzubeugen,
regten 1895 der Loccumer Abt und Oberkonsistorialrat G. U h l h o r n , der
Göttinger Kirchenhistoriker G. T s c h a c k e r t und der Göttinger Superintendent K. K a y s e r die Gründung einer „Gesellschaft für niedersächsische
Kirchengeschichte" mit eignen Mitteilungen an, die der Vorstand des Historischen Vereins für Niedersachsen übrigens vergeblich zu verhindern trachtete. Diese seit 1896 erscheinende Zeitschrift hat die kirchengeschichtliche
Forschung in der Tat außerordentlich belebt und gefördert.

Zu einer ähnlichen regionalen Konzentration ist die Rechts-, Verfassungs-
und Verwaltungsgeschichte nicht vorgedrungen. Allerdings liegen die Dinge
hier insofern anders, als der praktische Bedarf der Juristen stets Zusammenfassungen der Partikularrechte erforderte. Diese Handbücher kamen ohne

Darstellung der historischen Hintergründe nicht aus, wollen aber selbstverständlich nicht das Recht der Vergangenheit erhellen [229]. Für historische Betrachtungen untergegangener Institutionen aber boten die landesgeschichtlichen Zeitschriften genug Raum, grundlegende Untersuchungen erheischten ohnedies Monographien, wie etwa K. v. Richthofen, Untersuchungen über friesische Rechtsgeschichte, 1880–1882. Vor allem aber sind, weil heute noch zu benutzen, zwei Werke zu nennen: Ernst v. Meier, Hannoversche Verfassungs- und Verwaltungsgeschichte 1680–1866, 1898/99 sowie Werner Wittich, Die Grundherrschaft in Nordwestdeutschland, 1896 [230].

Eine hannoversche Eigentümlichkeit stellt die intensive Pflege der Militärgeschichte dar, gefördert durch das hohe Niveau im Offizierkorps, aber wohl auch durch das Glück, daß die hannoverschen Truppen fast immer auf der siegreichen Seite standen. Die Verfasser dieser Literatur, die bereits im 18. Jahrhundert einsetzt, sind fast ausnahmslos hochgebildete, sachkundige Offiziere – als letzter Nachfahre ragt Bernhard Schwertfeger (1868–1952) noch in unsere Zeit. Die umfassendste und gründlichste, in dieser Form sicher nie wiederholte Darstellung stammt von dem hannoverschen Generalstabschef Louis von Sichart, die erst seine Söhne mit einem 5. Band bis zum bitteren Ende von 1866 führten, gemeint „Die Geschichte der kgl.-hannoverschen Armee, 1866–1898". Das Parallelwerk für die braunschweigischen Truppen von O. Elster steht nicht auf der gleichen Höhe [231].

Auf dem Gebiet der Genealogie, Heraldik, Sphragistik und vor allem der Numismatik sind in diesem Zeitraum zahlreiche Einzelschriften und Zusammenfassungen erschienen. Hier müssen Hinweise genügen auf den hannoverschen Privatgelehrten und militanten Royalisten Hermann Grote (1802 bis 1895), einem vortrefflichen Numismatiker und Heraldiker, auf das Siegelwerk des Wolfenbütteler Archivars K. v. Schmidt-Phiseldeck (1835 bis 1895), das Standardwerk von Eduard Filia (Münzen und Medaillen der welfischen Lande) sowie die zahlreichen Schriften des Generals Max v. Bahrfeld zur Münzgeschichte [232].

Was zu den übrigen Gebieten des geschichtlichen Lebens beigetragen wird, gruppiert sich noch nicht zu Arbeitskomplexen. Als ein solcher läßt sich nur noch die geographisch-heimatkundliche und historisch-topographische Literatur zusammenfassen, wobei die Gattung der Topographien in diesem 19. Jahrhundert in bezug auf Umfang wie Genauigkeit zugleich ihren Höhepunkt wie ihr Ende erreicht [233].

Sie verdankt diesen Aufschwung dem belebenden Einfluß der jungen Staatenkunde und Geographie, deren Methoden oder zumindest Anregungen für immer kleinere Räume angewendet werden. Als seit der Mitte des 19. Jahrhunderts die statistischen Ämter zuverlässigere Unterlagen publizieren [234], die Geographie ihre eigne, genetische Fragestellung entwickelt hat, unter den Historikern der Faktenhunger erst einmal gestillt ist, andrerseits die Lehrerschaft eine genießbare Stoffaufbereitung verlangt, da verschwinden die Topographien, bildet sich ein neuer Typ heraus, der geographische und historische Betrachtungsweise als Heimatkunde lesbar zusammenfaßt.

Anders als die Historiker stellen die Geographen ihre Arbeit sofort auf die staatliche Ordnung ab, wie sie der Wiener Kongreß in Nordwestdeutschland geschaffen hatte. Sie können sich das leisten, weil die geographischen Handbücher, etwa von Gaspari, Hassel, Stein, stets größere Räume zusammenfassen. Die erste eingehende – und damals berühmte – Landeskunde von Hermann Guthe (1825–1874), Professor an der Polytechnischen Schule zu Hannover, folgt ihnen darin, daß sie „die Lande Braunschweig und Hannover mit Rücksicht auf die Nachbargebiete" geographisch darstellt (¹1867, ²1888)[235]. Das Ende des Königreichs Hannover hat die landeskundliche Arbeit dann recht negativ beeinflußt; für die Provinz fehlten eben der offiziöse Impetus und die behördlichen Vorarbeiten, wie sie hinter so vorzüglichen Werken wie der statistischen Beschreibung durch F. v. Reden (1839) oder der Untersuchung des Staatshaushalts durch W. v. Lehzen (1853/56) standen[236].

Für die historisch-topographische Literatur erwies sich der Rahmen des Königreichs Hannover aber als viel zu weit. Dies zeigte sich, als der Ilfelder Rektor Heinrich Daniel Andreas Sonne (1780–1832) seinen ersten, in dem damals üblichen Schema konzipierten Versuch einer Erdbeschreibung des Königreichs Hannover (1817) zu einer vierbändigen „Beschreibung des Königreichs Hannover" (1829–1834) ausbaute[237]. Das Werk ist heute – als landesgeschichtliche Leistung sicher zu Unrecht – vergessen, da die historischen Teile überholt, die topographischen aber weder originell noch ausführlich genug sind, um noch herangezogen zu werden. Auch den Zeitgenossen waren diese Mängel deutlich, weswegen die Lüneburger Landschaft die Sammlung des emsigen Manecke für ihren Raum noch drei Jahrzehnte nach dessen Tode herausbrachte. Für entsprechende Manuskripte betreffend Bremen–Verden und Calenberg fand sich leider kein Mäzen; für den Elbe-Weser-Winkel bietet aber von Kobbes Geschichte und Landesbeschreibung, 1824, einen gewissen Ersatz.

So blieb denn die historische Topographie eine Angelegenheit kleinerer historischer Landschaften und Territorien. Sie blühte in Ostfriesland, wo Fridrich Arends in zwei Werken, 1818–1820 und 1824, seine Heimat beschrieb und Otto G. Houtrouw dem Zustand des Landes um 1744 eine zweibändige Monographie widmete. Bezeichnenderweise lebt diese Literatur am längsten in den kleineren Staaten. Für das Herzogtum Braunschweig legten Hassel/Bege (1802/03), Venturini (1826) und Knoll/Bode (¹1881, ²1891) Landeskunden mit topographischem Teil vor, in Oldenburg Ludwig Kohli (¹1824, ²1844) in drei Bänden, K. G. Böse (1863) und Paul

Kollmann (1897). Ein später Ausläufer ist H. Gades Beschreibung der Grafschaften Hoya und Diepholz [238].

Im übrigen wird in den altwelfischen Landen die historische Geographie in zahlreichen Einzelarbeiten vertieft. Mit wahrer Leidenschaft stürzt man sich auf die Erforschung der mittelalterlichen Gaue und Diözesen in der – irrigen – Annahme, darin uralte festumrissene Verwaltungssprengel zu fassen. Die Arbeiten von Lüntzel, v. Hodenberg, v. Hammerstein-Loxten, Böttger und Günther mögen hier hervorgehoben werden [239]. Eine Ausnahme aber blieb es, wenn der Clausthaler Schulinspektor F. Günther bis zu einer vollständigen historischen Landeskunde vordrang, worin er von der Geologie über Siedlungs- und Verkehrsgeschichte alle wesentlichen historischen Fakten und Stätten des Harzes und des Ambergaues erfaßte [240].

Knoll/Bodes und Kollmanns Werke lassen spüren, daß sie auch, wenngleich nicht ausschließlich, den heimatkundlichen Anforderungen, wie sie für Schulzwecke gebraucht wurden, dienen wollen. Solche stehen im Mittelpunkt von Johannes Meyer (Hg.), „Die Provinz Hannover in Geschichts-, Kultur- und Landschaftsbildern", ¹1882, ²1888. In gefälliger Form wird hier Wissenswertes und Interessantes aus Geschichte und Gegenwart, ohne wissenschaftlichen Ballast und im Stil der Zeit illustriert, von acht Mitarbeitern erzählt; mit einer Ausnahme sämtlich sachkundige Schulmänner.

Als Vorbild konnten populäre Werke dienen, welche die Geschichte von anschaulichen Überresten her oder anekdotenhaft, stets stimmungsvoll einem Leserkreis nahebrachten, dem eigene wissenschaftliche Mitarbeit fernlag. Ein frühes und schönes Beispiel bieten die „Vaterländischen Geschichten und Denkwürdigkeiten... der Lande Braunschweig und Hannover", die Wilhelm Görges „im Verein braunschweigischer und hannoverscher Geschichtskundiger" herausgab (3 Bde., ¹1843–1845, ²1881). Die wissenschaftliche Leistung der Mitarbeiter, insbesondere des zweiten Herausgebers Ferdinand Spehr, kann nicht leicht überschätzt werden, wie überhaupt der Erfolg des Buches – 3. Auflage 1925/1929 – beweist, daß die dezentralistische Betrachtung der niedersächsischen Geschichte ein unbedingtes Korrelat der zusammenfassenden gegenüber bleiben muß [241].

[204] Über Pertz' Wirken und die Monumenta vgl. H. Bresslau, Geschichte der Monumenta Germaniae historica, in: NA 42, 1921, S. 91 ff. sowie W. Ohnsorge, Georg Heinrich Pertz und die Landesgeschichte, in: HJb 74, 1955, S. 447 ff.; weitere Literatur ¹⁰D–W 7/772 und NdSächsJbLdG 40, 1968, S. 3, Anm. 9. – [205] R. Postel, Johann Martin Lappenberg. Ein Beitrag zur Geschichte der Geschichtswissenschaft im 19. Jh. HistStud H. 423, 1972. – [206] Vgl. dazu Bresslau (wie Anm. 204), ¹⁰D–W 7/658; 7/1015–1026; 7/1485 sowie ADB 41, 1896, S. 490 ff. – [207] Über Hänselmann (1834–1904) vgl. H. Mack, in: Nds. Lebensbilder 1, 1939, S. 180 ff.; zugleich sei auf ein Lebensbild des Herausgebers der Lüneburger Städtechroniken, Wilhelm Reinecke (1866–1952), verwiesen von G. Körner, in: Nds. Lebensbilder 2, 1954, S. 294 ff. – [208] E. Pitz, Über die Aufgaben der geschichtlichen Landesforschung in Südost-Niedersachsen, in: BraunschwJb 41, 1960,

11. Landesgeschichtliche Forschung im 19. Jahrhundert

S. 14. – [209] Die Urkundenbücher des niedersächsischen Raumes im einzelnen zu verfolgen, verbietet hier der Raum. Statt dessen muß ein Verweis genügen auf M. HAMANN, Übersicht über die wichtigsten Veröffentlichungen mittelalterlicher Urkunden zur niedersächsischen Geschichte, in: NdSächsJbLdG 39, 1967, S. 45 ff. sowie DERS., Die Herausgabe eines Göttingen–Grubenhagener Urkundenbuchs, in: NdSächsJbLdG 40, 1968, S. 1 ff. – [210] Über v. Hodenberg vgl. den Artikel seines Sohnes in: ADB 12, 1880, S. 537 ff. – [211] Über Sudendorf vgl. HAMANN, in: NdSächsJbLdG 40, 1968, S. 1 ff. – [212] Zur Literatur betr. Leibniz vgl. Anm. 160, insbesondere MÜLLER, Leibniz-Bibliographie, S. XIII ff. Die landesgeschichtlich wichtigsten Teile und Briefeditionen nennt LOEWE (wie Anm. 183), S. 76 ff. (vor allem Nr. 919, 920, 949, 952, 955, 961); zu Klopp vgl. Anm. 259; über Bodemann vgl. R. DOEBNER, in: ZsHistVNdSachs 1906, 1906, S. 295 ff.; über Köcher vgl. F. THIMME, in: ZsHistVNdSachs 82, 1917, S. 296 ff.; über Doebner vgl. B. KRUSCH, in: ZsHistVNdSachs 77, 1912, S. 104 ff. – [213] W. ROSSMANN, Die Hildesheimer Stiftsfehde (1519–1523). Hg. und erg. von R. D o e b n e r , 1908. Außerhalb Hannovers gab natürlich die Persönlichkeit Mösers Anlaß zu Briefeditionen in der Gesamtausgabe von 1842/43. Sonst ist im Osnabrückschen nur zu verweisen auf H. FORST, Politische Korrespondenz des Grafen Franz Wilhelm v. Wartenberg, Bischof von Osnabrück 1621–1631, 1897. – [214] Ein frühes Muster ist die von Rehberg verfaßte, aber anonym 1826 erschienene Schrift: Zur Geschichte des Königreichs Hannover (etc.) = LOEWE (wie Anm. 183), Nr. 1774; weitere Beispiele LOEWE Nr. 1155, 1174, 1346, 5229, 5348, 5455; BUSCH I (= Bibliographie der niedersächs. Geschichte von 1908–1932, 1938 = 1962) Nr. 726. Über Rehberg jetzt U. VOGEL, Konservative Kritik an der bürgerlichen Revolution – A. W. Rehberg, 1972. – [215] Über v. Wersebe vgl. F. FRENSDORFF, in: ADB 42, 1897, S. 101 f.; über Wedekind vgl. DERS., in: ADB 41, 1896, S. 392 ff.; über Mooyer vgl. WIPPERMANN, in: ADB 22, 1885, S. 210; über Möhlmann vgl. K. BORCHLING, Die landesgeschichtl. Literatur Ostfrieslands im 19. Jh., in: DtGBll 8, 1907, S. 124 sowie U. CREMER, in: BlldVereinsfHeimatschutzuHeimatgeschLeer Nr. 8, 1927, S. 155 ff. – [216] Über Volger vgl. RATZEL, in: ADB 40, 1896, S. 404; über Dürre vgl. P. ZIMMERMANN, in: ADB 48, 1904, S. 212 f.; über Köcher vgl. Anm. 212; über Schmidt vgl. F. FRENSDORFF, in: HansGBll 20, 1892, S. 159 ff. – [217] ZsHistVNdSachs 82, 1917, S. 297; über Krusch vgl. 10D–W 7/1307. – [218] Eine eingehende Würdigung Frensdorffs steht noch aus; vgl. K. S. BADER, in: NDB 5, 1961, S. 402. – [219] Über Thimme vgl. G. SCHNATH, in: NdSächsJbLdG 15, 1938, S. 214 ff. und FRAUENDIENST, in: Berliner Monatshefte 16, 1938. – [220] Einen kurzen Überblick über die Entwicklung der Geschichtsvereine in Niedersachsen gibt G. SCHNATH, Die Landesgeschichtsforschung in Niedersachsen und ihre Organisation, in: Methodisches Handbuch, S. 219 ff. Da jedes Vereinsjubiläum Anlaß zu einem Rückblick gibt, ist die Literatur recht weitläufig. Hier sei erwähnt G. SCHNATH, Der Historische Verein für Niedersachsen 1935–1960, in: HannGBll NF 14, 1960, S. 4 ff.; H. SCHMIDT, Landesgeschichte und Gegenwart bei Johann Carl Bertram Stüve, in: Geschichtswissenschaft und Vereinswesen im 19. Jh., 1972, S. 74 ff.; F. DIEKMANN, Vom Wachsen und Werden der Heimatbewegung in Nord-Oldenburg, in: Oldenburgische Heimatpflege, 1963, S. 22 ff.; H. WOHLTMANN, 100 Jahre Stader Geschichts- und Heimatverein, in: MittStaderGeschHeimatverein 32, 1957, 1, S. 1 ff.; F. PRÜSER, 40 Jahre Historische Gesellschaft [Bremen] 1822–1962, in: BremischesJb 48, 1962, S. 1 ff.; U. SCHESCHKEWITZ, 150 Jahre „Emder Kunst", in: JbGesBildKunstEmden 50, 1970, S. 109 ff.; Aufsätze von W. LENZ und E. v. LEHE zur Geschichte der Männer vom Morgenstern, in: JbMännervMorgenstern 38, 1957, S. 31 ff., 104 ff. – Zur allgemeinen Entwicklung vgl. H. HEIMPEL, Über Organisationsformen historischer Forschung in Deutschland, in: HZ 189, 1959, S. 189 ff.; DERS., Geschichtsvereine einst und jetzt, 1963 sowie DERS., Geschichtswissenschaft und Vereinswesen im 19. Jh. = Veröff. d. Max-Planck-Instit. f. Gesch. I, 1972, S. 45 ff. – [221] V. LOEWE, Bibliographie der hannoverschen und braunschweigischen Geschichte, 1908. Der Historische Verein hatte den Druck wegen nicht unerheblicher, dem mit der Materie genau vertrauten Fachmann durchaus noch erkennbarer Mängel abgelehnt – vgl. ZsHistVNdSachs 1909, 1909, S. 146 ff. –, so daß L. auf eigne Kosten drucken ließ. Wir können dafür nur dankbar sein, denn das Buch ist noch heute unentbehrlich. Ein Nachruf auf Loewe (✝ 1933) in: ZVSchles 167, 1933, S. 273. – [222] Nachrufe auf Rothert vgl. Busch I, Nr. 10 103. Vor Rothert hatte der Schriftsteller Rudolf Eckart ein nicht unbrauchbares „Lexikon der niedersächsischen Schriftsteller von den ältesten Zeiten bis zur Gegenwart", 1891, herausgegeben. Der von F. Busch entwickelte Plan einer niedersächsischen Biographie (NdSächsJbLdG 2, 1925, S. 208 ff.) ist nicht zur Ausführung gekommen, die „Niedersächsischen Lebensbilder" (seit 1939) bieten keinen rechten Ersatz. Für Bremen erschien: Bremische Biographie des 19. Jh., 1912, und Bremische Biographie 1912–1962, 1969. – [223] Der gebotene Raum läßt eine ausführliche Darstellung der Vorgeschichtsforschung so wenig zu wie Vollständigkeit in den Literaturhinweisen. So mag neben GUMMEL (wie Anm. 166) genügen DERS., Hermann Allmers und die Altertumsforschung, Festschr. zur Wiedereröffnung des Morgensternmuseums, 1961; G. SCHNATH, Der Historische Verein f. Niedersachsen und die Urgeschichte, in: Festschr. z. 70. Geb. von K. H. Jacob-Friesen, 1956; W. D. ASMUS, Die Urgeschichtsabteilung als Erbe und Träger prähistorischer Forschung, in: Hundert Jahre Landesmuseum zu Hannover 1852–1952, 1952, S. 78 ff.; F. C. BATH, Kammerherr v. Estorff, Wirken und Werk, 1959; W. HARTUNG, Vorgeschichte, Moor- und Marschenforschung in Oldenburg, in: Oldenburg. Heimatpflege, 1963, S. 59 ff. – [223a] Zur Burgenforschung in Niedersachsen vgl. M. LAST, in: VortrrForsch XIX, 1, 1976, S. 383 ff. – [224] J. REIMERS, Handb. f. d. Denkmalpflege, [1]1899, [2]1911, [3]o. J.; H. ENGEL, Die Kunstdenkmalpflege Niedersachsens. Zur Bedeutung und Geschichte der niedersächsischen Kunstdenkmalverzeichnisse, in: Niedersachsen 66, 1966, S. 58 ff. (mit Bibliographie der Inventare); DERS., Zur Geschichte der Denkmalpflege in Niedersachsen, in: NArchNdSachs 18, 1969, S. 338 ff; J. BÜHRING, Bibliographie der niedersächsischen Inventarwerke, in: Nds. Denkmalpflege 6, 1965–1970, 1970, S. 17 ff. Literatur zu Hase bei H. REUTHER, in: NDB 8, 1969, S. 22; zu Mithoff in: Niedersachsen 66, 1966, S. 70, Anm. 11; zu den beiden Braunschweiger Bearbeitern, P. J. Meier und K. Steinacker vgl. A. FINK, Paul Jonas Meier 1857–1946, in: Nds. Lebensbilder 2, 1954, S. 190 ff. sowie K. H. MÖLLER und R HAGEN, Karl Steinacker zum 100. Geburtstag am 2. 9. 1972, in: BraunschwJb 53, 1972, S. 343 ff. – [225] Zu Bomann vgl. C. MEYER-RASCH, Celler Persönlichkeiten, 8 Lebensbilder, 1957, S. 101 ff.; über das Museumswesen orientiert: Museen und Sammlungen in Niedersachsen und Bremen, hg. v. W. RÖHRBEIN, 1974. – [226] Über Schambach vgl. E. PLÜMER, in: Nds. Lebensbilder 3, 1957, S. 265 ff. – Wäre mehr Platz, müßte hier auf das Wörterbuch der ostfriesischen Sprache (von J. Ten Doornkaat Koolmann, 1879–84), das Lüneburger Wörterbuch (von E. Kück, 1942–67), die zahlreichen Sagensammlungen sowie die Schriftstellerpersönlichkeiten Hermann Allmers, die Brüder Freudenthal und Heinrich Sohnrey eingegangen werden. Die erste regionale Zusammenfassung bietet, soweit ich sehe, R. ANDREE, Braunschweigische Volkskunde, [1]1896, [2]1901. – [227] Zum Beweise vgl. man die Zitate bei J. MEYER, Literatur zur Einführung in die Kirchengeschichte Niedersachsens, in: ZGesNdSächsKG 41, 1936, S. 262 ff. und den Bericht über die Gründung der Gesellschaft für niedersächsische Kirchengeschichte, a.a.O. 1, 1896, S. 259 ff. – [228] Über Bartels vgl. W. HOLLWEG, in: Nds. Lebensbilder 3, 1957, S. 1 ff. und A. SAATHOFF, in: JbGesBildKunstEmden 37, 1957, S. 113 ff. – [229] Aufgeführt bei LOEWE (wie Anm. 221), S. 166 ff. – [230] Über v. Richthofen (1811–1888) vgl. C. BORCHLING, in: ADB 53, 1907, S. 346 ff; über den Göttinger Kurator v. Meier (1832–1911) vgl. BUSCH I (wie Anm. 214), Nr. 9775. – [231] Literatur zur Militärgeschichte bei LOEWE (wie Anm. 221), S. 195 ff.; Nekrolog auf L. v. Sichart: Nr. 189; über Schwertfeger vgl. G. SCHNATH, in: NdSächsJbLdG 25, 1953, S. 297 f. und H. WOHLTMANN, in: Nds. Lebensbilder 2, 1954, S. 324 ff. – [232] Literatur bei LOEWE (wie Anm. 221), S. 158 ff. und 203 ff.; über Grote vgl. DANNENBERG, in: ADB 49, 1904, S. 562;

über Schmidt-Phiseldeck vgl. P. ZIMMERMANN, in: ADB 54, 1908, S. 110 ff.; über v. Bahrfeld (1856–1936) vgl. GOSSEL, in: StaderArch NF 27, 1937, S. 30 ff. – [233] Die historisch-topographische Literatur behandelt G. MEYER (wie Anm. 138), der auch die wichtigsten Werke beschreibt. Für die geographisch-heimatkundliche Literatur wäre eine Parallelarbeit erwünscht. – [234] Einen Überblick über die Statistik in Niedersachsen bringen mehrere Beiträge im NArchNdSachs 5, 1951/52; vgl. HAMANN, in: NdSächsJbLdG 43, 1971, S. 3 f. – [235] Über Guthe vgl. H. WAGNER, Zur Erinnerung an Hermann Guthe, in: Festschr. zur 50-Jahr-Feier der Geographischen Gesellschaft zu Hannover, 1928. Neben der großen Ausgabe gab es eine verkürzte als „Lesebuch für Schule und Haus", [1]1871, [4]1890. – [236] LOEWE (wie Anm. 221), Nr. 258 und 2561. – [237] Über Sonne vgl. E. JÖRNS, Heinrich Daniel Andreas Sonne, zu seinem 125. Todestage am 18. Juli, in: Northeimer HeimatBll 1957, S. 50 ff. – [238] Bibliographische Angaben bei MEYER (wie Anm. 138), S. 114 ff. bzw. LOEWE (wie Anm. 221), Nr. 253, 254, 271, 274, 286, 292; die ostfriesischen und oldenburgischen Beiträge faßt man am bequemsten im Methodischen Handbuch (wie Anm. 138), S. 508 f. u. 536. – [239] Vgl. LOEWE (wie Anm. 221), S. 23 ff. – [240] F. GÜNTHER, Der Harz in Geschichts-, Kultur- und Landschaftsbildern, 1888; DERS., Der Ambergau, 1887; über Günther (1843–1912) vgl. ZHarzV 45, 1912, S. 318 ff. – [241] Über Görges und Spehr vgl. die Würdigung des letzten Herausgebers F. FUHSE in der 3. Auflage, Bd. 3, S. 444 ff.; zu Spehr vgl. auch P. ZIMMERMANN, in: ADB 35, 1893, S. 94 ff.

12. LANDESGESCHICHTLICHE DARSTELLUNGEN IM 19. JAHRHUNDERT
(1820–1910)

Die politische Ausstrahlung und prägende Kraft des jungen Königreichs Hannover – vom preußischen Provinzialverband ganz zu schweigen – reichte nicht aus, um die westfälischen und friesischen Neuhannoveraner unter dem Dach eines gemeinsamen Geschichtsbildes zu vereinen; nicht einmal die schon seit 1720 hannoverschen Herzogtümer Bremen und Verden ließen sich integrieren. Wer wollte da gar eine Einbeziehung des Herzogtums Oldenburg erwarten? Auf der anderen Seite vermochte der Partikularismus des 19. Jahrhunderts eine eigenständige Historiographie für das Herzogtum Braunschweig nicht hervorzubringen, allzu eng waren eben die geschichtlichen Verbindungen zwischen der hannoverschen und braunschweigischen Linie des Welfenhauses. Schließlich verbot das Duodezformat des Fürstentums Schaumburg-Lippe von selbst jedes anspruchsvolle Geschichtsbild. So stehen denn die Darstellungen der braunschweig–lüneburgischen oder, wie man jetzt meist zeitgemäßer sagt, der hannover–braunschweigischen Geschichte recht zusammenhanglos neben solchen der osnabrückischen, ostfriesischen und oldenburgischen Geschichte.

Es sind eben andere, von der Politik des Welfenhauses unabhängige Kräfte, welche die geschichtliche Entwicklung im westlichen Niedersachsen prägten. Sie lassen sich mit einiger Vollständigkeit nur im engeren Rahmen fassen. Die dadurch gebotene Begrenzung wird zweifellos gefördert durch das in diesem Raum stark ausgeprägte regionale Bewußtsein. Im ganzen aber stand hier die historische Zersplitterung doch der Darstellung größerer Zusammenhänge im

Wege, so daß die westniedersächsische Geschichtsschreibung – Ostfriesland ausgenommen – in die Nähe der vorwiegend gelehrten Lokalgeschichtsforschung rückt. Zwei Ausnahmen bestätigen die Regel. Dort, wo es um die politische Geschichte des 19. Jahrhunderts geht, stecken notwendig die Grenzen des Königreichs Hannover den Rahmen der Darstellung ab. Wo aber die Frühgeschichte bis zum hohen Mittelalter den Gegenstand bildet, bot der Sachsenstamm einen gemeinsamen, übergreifenden Nenner. Hier wenigstens konnte über die einzelnen Dynasten und Hochstifte hinaus so etwas wie eine niedersächsische Geschichtsschreibung aufkeimen, beispielsweise bei A. Schaumann, Geschichte des niedersächsischen Volkes von dessen ersten Hervortreten auf deutschem Boden an bis zum Jahre 1180, 1839. Doch sind solche Ansätze zunächst nicht weiter verfolgt worden, bilden die einzelnen Linien der Landesherrschaft im 19. Jahrhundert noch immer das wichtigste Gliederungsprinzip.

Das jetzt so stark gestiegene historische Interesse verlangte nach übersichtlich-zusammenfassenden, allgemeinverständlichen Darstellungen. Dieser Bedarf wurde dadurch vermehrt, daß die Landesgeschichte in Hannover in die Lehrpläne der Schulen aufgenommen werden sollte, in der Absicht, Thron und Vaterland durch welfische Tradition zu untermauern. Methodisch-didaktische Gesichtspunkte spielten in diesen Werken freilich nur eine geringe Rolle, im Grunde wandten sie sich mehr oder weniger an alle interessierten Laien. Auf die Anfänge dieser Literatur bei Steffens und Venturini wurde hingewiesen. In die gleiche Richtung zielen die Darstellungen der hannoverschen und braunschweigischen Geschichte von P. von K o b b e, (1822), A. H ü n e (1824, 30), die erste Auflage von H a v e m a n n (1838), C. G. H. L e n t z (1840), W. V o l g e r (1859), H. B ö t t g e r (1859), S c h a u m a n n (1864) sowie eine anonyme Geschichte des hannoverschen Landes (^{3}1844)[242].

Aus dieser Gruppe ragt heraus A. S c h a u m a n n, Handbuch der Geschichte der Lande Hannover und Braunschweig. Zum Gebrauch beim Unterricht in den oberen Klassen der höheren vaterländischen Lehranstalten, 1864. Adolf Schaumann (1809–1882) durfte sich wie kein anderer für diese von Georg V. angeregte Arbeit berufen fühlen: als Verfasser eines preisgekrönten Werkes zur mittelalterlichen Geschichte Niedersachsens, langjähriger Hochschullehrer und seit 1851 Leiter von Archiv und Bibliothek zu Hannover[243]. Als Folge des Schicksalsjahres 1866 dauerte es fast ein halbes Jahrhundert, bis die Heimatforscher und Seminarlehrer A. T e c k l e n b u r g und K. D a g e f ö r d e ein neues Schulbuch für die nunmehrige Provinz Hannover vorlegten, das, obwohl einem heutigen Interessenten mehr zu empfehlen als Schaumann, doch dessen Niveau nicht erreicht[244]. Etwa gleichzeitig erschien übrigens eine erste, der braunschweigischen Landesgeschichte vorbehaltene umfangreiche Monographie des Oberlehrers O. H o h n s t e i n, Geschichte des Herzogtums Braunschweig, 1908; ein anspruchslos-populäres Geschichtsbuch. Mangelnde wissenschaftliche Originalität wie ungenügende Berücksichtigung des Schulbedarfs ließen das Buch rasch in den Hintergrund treten gegenüber einem zugleich knappen wie vielseitigen Leitfaden des Oberlehrers F. Beckurts, Grundriß der braunschweigischen Geschichte, ¹1905 [245].

Auf die Dauer mußte sich die Arbeit durchsetzen, welche bis zur Gegenwart die Grundlage der Landesgeschichte zwischen Weser und mittlerer Elbe geblieben ist, W. Havemann, Geschichte der Lande Braunschweig und Lüneburg, 3 Bde., 1853–1857 [246]. Auch sie ist zunächst vom Schulbedarf angeregt. Als Subkonrektor in Ilfeld hatte Wilhelm Havemann (1800–1869) schon 1838 ein – bereits erwähntes – landesgeschichtliches Handbuch für Schule und Haus verfaßt, das, obwohl ohne besondere Meriten, wesentlich zu seiner Berufung an die Universität Göttingen (1838) beitrug. Die tragische Verstrickung seines Lebensganges, seine von der Schule geprägte pathetische Art, schließlich auch die bewußte Distanz zu den Problemen seiner Zeit verhinderten jede größere Entfaltung und Nachwirkung. Studentische Aktivität im burschenschaftlichen Vereinswesen hatten ihm von 1824 bis 1828 bittere Jahre der Haft eingetragen. Dann nahm er die Berufung nach Göttingen an, als nach dem Protest der berühmten sieben Professoren namhafte Gelehrte sich der Georgia Augusta versagten – übrigens ohne dafür seine moralische Integrität zu opfern. Nur von der Politik hielt er sich künftig fern. Seine dreibändige Landesgeschichte (bis 1815) hat bis zur Gegenwart ihren Rang behauptet, weil sie in der hannoverschen Landesgeschichtsschreibung den Geist des 19. Jahrhunderts am reinsten verkörpert. Sämtliche Vorgänger ließ sie hinter sich durch Materialfülle und Zuverlässigkeit auf der Grundlage umfassender Quellenstudien, die leider im Anmerkungsapparat nicht kontrollierbar nachgewiesen werden.

So lagert sich das Werk einem mächtigen Schatten gleich über den nächsten Versuch einer Gesamtdarstellung, für welchen verlegerischer Scharfblick eine Marktlücke entdeckt hatte. Doch die Fortschritte der Forschung, die Wandlungen der gesellschaftspolitischen Vorstellungen und Begriffe waren nicht so stürmisch, als daß eine völlig neue Konzeption erforderlich oder möglich geworden wäre. Man muß dies berücksichtigen, will man O. v. Heinemann, Geschichte von Braunschweig und Hannover, 3 Bde., 1882–1892, gerecht werden. Otto von Heinemann (1824–1904) mangelte es gewiß nicht an wissenschaftlichem Format und der Fähigkeit des formvollendeten Vortrags [247]. Der gebürtige Helmstedter verfügte über ausgezeichnete Kenntnisse, hatte sich in Westeuropa umgesehen und als Gymnasiallehrer in Bernburg Beachtliches zur anhaltinischen Geschichte beigetragen. 1868 übertrug ihm die braunschweigische Regierung die Leitung der altehrwürdigen Wolfenbütteler Bibliothek, in welcher Stellung er eifrig für Pflege und Verbreitung der Landesgeschichte eintrat. „Für weitere Kreise" ist auch seine Landesgeschichte bestimmt, daher ohne Anmerkungen und Register. Sie weicht von Havemann dadurch ab, daß sie einerseits die Stoffülle zugunsten einer größeren, doch stets betont niedersächsischen Sicht einschränkt, andrerseits der braunschweigischen Geschichte mehr Platz einräumt, Kultur- und Wirtschaftsgeschichte stärker berücksichtigt und bis 1866 bzw. (für Braunschweig) bis 1884 reicht (siehe Abb. 3, nach S. 80).

Die bewußt um Darstellung bemühte Geschichtsschreibung beschränkt sich auf engere Kreise, zeitlich wie regional, für die der einzelne das Quellenmaterial noch übersehen und Neuland erschließen konnte. Das mußte vor allem für die hannoversche Geschichte des 19. Jahrhunderts gelten, mit deren Bearbeitung endlich eine parteipolitisch engagierte Historiographie auftaucht, die bewußt vom obrigkeitlichen und wissenschaftlichen Konsensus abweicht. Sie schließt sich bei H. A. O p p e r m a n n , Zur Geschichte des Königreichs Hannover von 1832 bis 1860, 2 Bde., 1860, 62, den zeitgeschichtlichen Betrachtungen Rehbergs an, nur lieferte ihm nicht die Mitwirkung an den administrativen Interna den Stoff, sondern die Allgemeine Ständeversammlung, der Heinrich Albert Oppermann (1812–1870) seit 1849 (mit Unterbrechungen) angehörte [248]. Als liberaler Politiker, Anwalt und politischer Schriftsteller entwickelte er eine immense Geschäftigkeit. Die genannten Beiträge „zur hannoverschen Geschichte" bieten, wie er selbst sagt, „nur einen rohen Bau, von teilweise unbehauenen Bausteinen höchst ungleichmäßig ausgeführt", für uns dank ihrer Verknüpfung von mündlicher Überlieferung, persönlicher Erfahrung und weitläufigen aktenmäßigen Beilagen als Fundgrube so wichtig wie leuchtendes Beispiel unabhängiger Gesinnung.

Der Einblick in die Papiere der Regierung blieb ihm ebenso versagt wie demjenigen, der den Stoff von 1813 bis 1866 zu einer geschlossenen Darstellung zu verarbeiten suchte, W. v. H a s s e l l , Geschichte des Königreichs Hannover, 3 Bde., 1898–1901. Darin blickt nicht mehr der mit den geschilderten Problemen selbst konfrontierte Politiker zurück, erzählt auch nicht der geschulte Fachhistoriker, sondern der überzeugte Deutsch-Hannoveraner. William von Hassell (1833–1915) gehörte zu den hannoverschen Offizieren, die aus Prinzipientreue (und dank materieller Unabhängigkeit) nach der Schlacht von Langensalza in sächsische Dienste traten. Nach der Verabschiedung zog er sich auf sein Rittergut Clüversborstel (Kr. Rotenburg/Wümme) zurück und wandte sich zunächst militärhistorischen Studien, in den neunziger Jahren der Geschichte des Königreichs Hannover zu. Die Kritik konnte ihm unzureichende und fahrlässige Benutzung der Literatur, belletristische Effekthascherei, ja Verzeichnung einzelner Ereignisse und Charaktere nachweisen. Sie war damit sicher im Recht, auch wenn sie sich weniger an der antidemokratischen als an der antipreußischen Haltung stieß. Freilich stand von Hassell ein einzigartiger Sachkenner gegenüber, Friedrich Thimme, der 1897 dank tatkräftiger Verwendung des Oberpräsidenten von Bennigsen mit der gleichen Arbeit beauftragt war und dem sich selbstverständlich das Archiv öffnete. Der zweifellos Berufenere ist mit diesem Thema nie fertig geworden [249].

Der Umfang des altwelfischen Raumes mußte an sich eine regional enger gefaßte Landesgeschichtsschreibung geradezu herausfordern; erstaunlicherweise ist jedoch wenig in dieser Richtung geschehen. Als erfreuliche Ausnahme ragt heraus G. Max, Geschichte des Fürstentums Grubenhagen, 2 Bde., 1862/63 [250/251]. Der Osteröder Pastor Georg Max (1802–1879) zeichnet darin einmal die politische Geschichte des Fürstentums und ihrer Herzöge auf (bis 1665), zum anderen gibt er einen Überblick über die inneren Verhältnisse, wobei der Kirchengeschichte breiter Raum gelassen wird.

Jahrhundertelange Selbständigkeit, wenngleich immer im Schatten des Welfenhauses, wirkte darin fort, daß sich im Stift Hildesheim eine eigene Historiographie behauptete. Sie fand in dem Justizrat Hermann Lüntzel (1799–1850) einen eifrigen Vertreter altliberaler Haltung, dessen gewissenhafter Rückgriff auf die Originalquellen alle älteren Werke verdrängte [252]. Von seinen zahlreichen Arbeiten ist die Geschichte der Diözese und Stadt Hildesheim (bis zum Ausgang des Mittelalters), 2 Bde., 1858, nicht die bedeutendste; nicht zuletzt, weil sie in seinem Nachlaß unvollendet vorgefunden und erst druckreif gemacht werden mußte. Die Konkurrenz zwischen den protestantischen und katholischen Geschichtsfreunden führte hier dazu, daß sich am Ausgang des Jahrhunderts ein durch außergewöhnliche Arbeitsenergie und Gelehrsamkeit herausragender Vertreter des Stiftsklerus des gleichen Gegenstandes annahm, Adolf Bertram (1859–1945) [253]. Seine dreibändige „Geschichte des Bistums Hildesheim", 1898–1925, übertrifft an darstellerischer Qualität Lüntzel bei weitem. Er verzichtet auf viele lokale Details, vertieft sich dafür in bislang unberührte kunst- und kirchengeschichtliche Fragen. Vom Zeitalter der Reformation an tritt die Territorialgeschichte zurück und die Diözesangeschichte in den Vordergrund. Vermehrte dienstliche Aufgaben als Generalvikar (1905) und Bischof von Hildesheim (1906), vor allem seine Berufung auf den Breslauer Bischofsstuhl (1914) zogen den bald zum Kardinal aufgestiegenen Kirchenfürsten von seiner Lieblingsarbeit ab. Dem dritten Band (17. bis 19. Jahrhundert) fehlen daher die gründlichen Vorarbeiten und die Ausführlichkeit der ersten beiden. Ersetzt oder gar übertroffen hat ihn jedoch niemand mehr.

Die große Zahl kleiner Beiträge und verstreuter Quellen zur Geschichte des nunmehrigen Landdrosteibezirkes Stade mußte eine zusammenfassende Darstellung herausfordern. In der ersten Hälfte des 19. Jahrhunderts fehlt es auch nicht an entsprechenden Versuchen; allein niemand brachte die notwendige Geduld und wissenschaftliche Integrität auf, um nachhaltig zu wirken beziehungsweise die nationalgeschichtliche Literatur zu ersetzen. Am Anfang steht P. v. Kobbe, Geschichte und Landesbeschreibung der Herzogtümer Bremen und Verden, 2 Teile, 1824 [254]. Peter von Kobbe (1793–1844), ein vielgewandter Jurist und historischer Schriftsteller, orientiert sein Werk noch an den Topographien, und so ist denn der erste Teil, die Landesbeschreibung, heute lesenswerter als der zweite, der eine knappe, bis zum 18. Jahrhundert geführte geschichtliche Übersicht enthält. Das Stift Verden kommt darin nur kurz weg. Dieses fand seinen Geschichtsschreiber in dem Verdener Bürgermeister Christoph Gottlieb Pfannkuche (1785–1860), einem mit der Geschichte seiner Heimat von Jugend an intim vertrauten Juristen [255]. Seine „Ältere [und] Neuere Geschichte des vormaligen Bistums ... Verden", 1830 bis 1834, erfaßt die Stiftsgeschichte und die historische Literatur mit großer Gründlichkeit, leidet nur darunter, daß erst nach Abschluß der Arbeit die Urkundenpublikationen des 19. Jahrhunderts einsetzen. Die als Parallele gemeinte „Ältere [und] Neuere Geschichte des Herzogtums Bremen", 1864 und 1866, des Pastors Wilhelm Wiedemann (1817–1900) bleibt dahinter schon infolge mangelhafter Quellenkenntnis weit zurück [256]. Die vernichtende Kritik des überlegenen Syndikus der bremischen Handelskammer, H. A. Schumacher, hat Wiedemann zum Schweigen gebracht. So sind wir für die Geschichte dieses Raumes, von heimatkundlichen Überblicken abgesehen, auf akademische Einzelstudien angewiesen, die sich nur ausnahmsweise, wie bei Dehio, zu darstellerischer Qualität erheben. Lediglich für einzelne historische Landschaften wie Wursten und Hadeln entwickelte sich eine anspruchsvollere, Forschung und Darstellung verbindende Geschichtsschreibung [257].

Anders liegen die Dinge in Osnabrück, Ostfriesland und Oldenburg. Hier lebte ein kräftiges, in der geschichtlichen Entwicklung wurzelndes Selbstbewußtsein. Form und Umfang der Geschichtsschreibung des 19. Jahrhunderts werden selbstverständlich auch hier von der vorhandenen Literatur vorgeprägt; was bedeutete, daß auch der eifrigste Historiker in Ostfriesland schwerlich ein Werk vom Ausmaß des Wiarda'schen wiederholen konnte. Nur im Osnabrückschen und für kleinere Bezirke wie die Grafschaften Lingen, Bentheim und das Niederstift Münster ließ sich wenig berührtes Neuland erschließen.

Darin lag die Chance des Mannes, der im 19. Jahrhundert wohl am deutlichsten in Niedersachsen die Aufgaben und Ziele der Landesgeschichte gespürt und in die Tat umgesetzt, die Unvereinbarkeit von wissenschaftlichen Ansprüchen und populären Ambitionen am schmerzlichsten durchlitten hat, Johann Carl Bertram Stüve (1798–1872) [258]. Seine Leistung als Geschichtsforscher und -denker ist von der deutschen Historiographie kaum, jedenfalls weit weniger beachtet worden als diejenige Mösers, auf dessen Schultern er doch steht. Das mag einmal daran liegen, daß der langjährige Osnabrücker Bürgermeister zunächst ein politischer Kopf war. Wichtiger ist wohl, daß er seine Wege abseits von der auf Quellenkritik und nationale Geschichtsbetrachtung zielenden Zunftwissenschaft ging, auf diese also keinen Einfluß ausüben konnte. Dabei ist es seiner Begabung als Geschichtsforscher zu verdanken, daß die „Geschichte des Hochstifts Osnabrück", 3 Bde., 1853–1882, bis zur Gegenwart die Grundlage der Regionalgeschichte geblieben ist. Auf einer

Abb. 3
Otto von Heinemann

umfassenden Quellen- und Literaturbasis bauend, hat er darin mit unendlichem Fleiß und größter Sorgfalt eine solche Fülle von Einzelheiten (bis 1648) erfaßt, daß die Darstellung auf große Strecken ermüden muß und sich nur gelegentlich zu packenden Schilderungen erheben konnte.

In Ostfriesland dagegen durfte, wer immer die Vergangenheit lebendig erhalten wollte, seine ganze Kraft auf die formale Darbietung, auf Lesbarkeit konzentrieren. Damit brilliert O. K l o p p , Geschichte Ostfrieslands, 3 Bde., 1854–1858 [259]. In bezeichnendem Gegensatz zu Stüve ist das Andenken an Onno Klopp (1822–1903) in Niedersachsen eher verblaßt, dafür von der allgemeinen deutschen Geschichtswissenschaft aufgefrischt worden; nicht zuletzt weil Klopp durch „das ihm innewohnende, beinahe diabolische Widerspruchsbedürfnis" wie durch seine Lebenshaltung sich der preußisch-kleindeutschen und protestantischen Geschichtsauffassung leidenschaftlich widersetzte. In der ostfriesischen Geschichte (–1815) hat der damals in Osnabrück als Oberlehrer tätige scharf gegen Friedrich den Großen und für die hannoverschen Ansprüche auf Ostfriesland Stellung genommen. Seine eigenwillig-subjektive Darstellung stieß auf lautstarke Kritik; allerdings auch wegen allzu gutgläubiger Übernahme der älteren Geschichtstradition. Neben ihm verblaßte das bis 1866 reichende Werk von W. P e r i z o n i u s , Ostfriesische Geschichte, 4 Bde., 1868/69. Rückblickend erscheint Klopps Geschichte als Abschluß der älteren friesischen Geschichtsschreibung überhaupt.

In dem doch so viel größeren (Groß)Herzogtum Oldenburg begnügte man sich im gesamten 19. Jahrhundert mit einem fortgeführten einbändigen Konzentrat aus von Halems oldenburgischer Geschichte, mit Chr. L. R u n d e ' s kurz gefaßter oldenburgischer Chronik, zuerst 1823 [197]. Die weiteren Auflagen von 1831 und 1862 – letztere von seinem Sohn Justus Friedrich besorgt – beließen dem Buch den Charakter einer knappen, durchsichtig gegliederten Summe der politischen und Verwaltungsgeschichte. Bezeichnenderweise ging der Anstoß zu einer neuen breiten Darstellung von dem Bremer Verleger Otto von Halem aus, der eine Neubearbeitung der oldenburgischen Geschichte seines Urgroßvaters wünschte und damit den Oberlehrer G u s t a v R ü t h n i n g (1854–1944) beauftragte [260]. Über der Arbeit entstand ein ganz neues, an Stoffülle über die Vorlage weit hinausgehendes Werk in der trockenen Art des 19. Jahrhunderts, „Oldenburgische Geschichte", 2 Bde., 1911. Im hohen Alter, 1937, hat Rüthning daraus noch eine Volksausgabe auf 696 Seiten komprimiert. Die Grenzen liegen sowohl im Stil wie in der allzu konservativen Gliederung nach Regenten.

Daneben gibt es auch im westlichen Niedersachsen eingehende Darstellungen kleinerer Räume. Als Beispiele seien lediglich die dreibändige „Geschichte des ehemaligen Niederstifts Münster", 1846–1852, aus der Feder des oldenburgischen Gemeinheitsteilungskommissars K a r l H e i n r i c h N i e b e r d i n g sowie die Neubearbeitung von Goldschmidts „Geschichte der Grafschaft

Lingen" etc. (1850) durch den Osnabrücker Domkapitular L u d w i g S c h r i e -
v e r genannt [261].

[242] P. v. KOBBE, Abriß einer Geschichte des Königreichs Hannover und des Herzogthums Braunschweig, 1822; A. HÜNE, Geschichte des Königreichs Hannover und Herzogthums Braunschweig, 2 Tle., 1824, 30; W. HAVEMANN, Handbuch der Geschichte der Lande Braunschweig und Lüneburg, 1838; C. G. H. LENTZ, Bücher der Geschichten der Lande Braunschweig und Hannover, [1]1837, [2]1840; W. VOLGER, Leitfaden zum Unterricht in der hannoverisch–lüneburgischen Landesgeschichte, 1859 (über Volger vgl. Anm. 216); H. BÖTTGER, Die allmähliche Entstehung der jetzigen welfischen Lande des Königreichs Hannover und des Herzogthums Braunschweig, 1859; A. SCHAUMANN, Handbuch der Geschichte der Lande Hannover und Braunschweig, 1864; GESCHICHTE des Hannoverschen Landes von den ältesten Zeiten bis auf unsere Tage, [3]1844. – [243] Über Schaumann vgl. das scharfe Urteil von F. FRENSDORFF, in: ADB 30, 1890, S. 638 ff.; aus der Sicht der Hilfswissenschaft kommt zu einem positiveren Urteil H. GOETTING, Geschichte des Diplomatischen Apparates der Universität Göttingen, in: ArchivalZ 65, 1969, S. 33 ff. Schaumann war zweifellos ein talentierter Opportunist, der seine gewandte Feder sowohl der strengen Wissenschaft wie politischen Wünschen dienstbar machen konnte. Auch der von Frensdorff zugestandene Wert seiner letzten Abhandlungen (nach der Pensionierung 1867) hält genauerer Prüfung nicht stand. – [244] A. TECKLENBURG und K. DAGEFÖRDE, Geschichte der Provinz Hannover für Lehrer, Lehrerbildungs- u. andere Lehranstalten der Provinz sowie für Volkshochschulen u. Volksbibliotheken, [1, 2]1909, [3]1921; dazu ein: Quellenbuch zur Geschichte der Provinz Hannover, 1907. – [245] Selbst der knappe Beckurts'sche Grundriß ([2]1914, [3]1931) geht auf das welfische Gesamthaus ein, konzentriert sich aber auf die Wolfenbüttel/Braunschweiger Linie. – [246] Über Havemann unterrichtet das schöne Lebensbild von W. RÖHRBEIN, in: Nds. Lebensbilder 6, 1969, S. 201 ff. – [247] Über v. Heinemann zuletzt H. BUTZMANN, in: NDB 8, 1969, S. 300 f. – [248] Über Oppermann vgl. FRENSDORFF, in: ADB 24, 1887, S. 400 ff. und Th. SONNEMANN, H. A. Oppermann und der hannoversche Liberalismus, Diss. Phil. Rostock 1922 (masch.-schriftl.). – [249] Über Thimmes Auftrag vgl. D. BROSIUS, Rudolf v. Bennigsen als Oberpräsident der Provinz Hannover 1888–1897, 1964, S. 100 ff.; zu Thimme vgl. Anm. 219. – [250/251] Über Max zuletzt M. GRANZIN, Georg Max, der Geschichtschreiber von Grubenhagen, in: HeimatbllfdSüdWestlHarzrand H. 3, 1957, S. 25 ff. – [252] Über Lüntzel vgl. K. JANICKE, in: ADB 19, 1884, S. 643 f. – [253] Über Bertram vgl. H. JEDIN, in: NDB 2, 1955, S. 170. – [254] Über v. Kobbe vgl. KRAUSE, in: ADB 16, 1882, S. 344. – [255] Über Pfannkuche vgl. KRAUSE, in: ADB 25, 1887, S. 605 f.; genaues Zitat: LOEWE (wie Anm. 221), Nr. 485 u. 486. – [256] Die Kritik Schumachers in: BremischesJb 2, 1865, S. 519 ff. – [257] Über Gustav von der Osten, den Verfasser einer zweibändigen Geschichte des Landes Wursten, [1]1900, [2]1932, vgl. H. RÜTHER, in: Nds. Lebensbilder 1, 1939, S. 326 ff. – [258] Die Literatur über Stüve ist sehr weitläufig, vgl. GROTEFEND (wie Anm. 146), Nr. 1393 f. u. H. SCHMIDT (wie Anm. 220). – [259] Über Klopp vgl. [10]D–W Nr. 7/667. – [260] Über Rüthning vgl. die Würdigung von H. LÜBBING, in: OldenbJb 37, 1933, S. 1 ff. und DERS. (wie Anm. 1), S. 51 f. – [261] Über Nieberding, dessen „Geschichte" 1967 nachgedruckt wurde, vgl. H. LÜBBING (wie Anm. 1), S. 53; zur Grafschaft Lingen die genauen Titel bei GROTEFEND (wie Anm. 146), Nr. 242 u. 244.

13. Entwicklungstendenzen seit 1910

Die landesgeschichtliche Forschung und Darstellung in der bisherigen Weise weiterzuverfolgen, verbieten Raum und Zweck dieser Übersicht. Schon die Abgrenzung stößt auf Schwierigkeiten. Wahrscheinlich wird man später einmal die Zeit zwischen 1965 und 1970 für Niedersachsen als Einschnitt empfinden. Jedenfalls erlahmt jetzt der Impetus, der von Bemühungen um die staatliche Neuordnung Nordwestdeutschlands, von der Gründung des Landes Niedersachsen ausstrahlte, treten die föderalistisch-eigenständigen Ideen zurück, versiegen die von Brüning und Schnath ausgehenden Anregungen. Auch hat die Mediävistik eine ermüdende, kaum zu überbietende Perfektion erreicht. Diesen vorwiegend niedersächsischen Problemen entsprechen einschneidende allgemeine Wandlungen. Seit den sechziger Jahren sind die zu gewaltigen Lehrerbildungsanstalten angeschwollenen philosophischen Fakultäten mehr um ein neues Geschichtsbild denn um die Erforschung einzelner Probleme bemüht, tritt eine Generation in den Vordergrund, welche die Umbrüche der beiden Weltkriege und die deutsche Teilung als selbstverständliche Denkvoraussetzung akzeptiert hat, folgt die Landesgeschichte dem Trend zur neueren Geschichte, sozialwissenschaftlichen Methodik und Zusammenfassung.

Mit vorsichtigen Vorbehalten ließen sich, meine ich, die für die ersten beiden Drittel des 20. Jahrhunderts charakteristischen Grundlinien bereits umreißen, herausragende Leistungen einzelner würdigen. Daneben wäre aber eine Fülle von Einzelarbeiten zu besprechen; denn noch sind wir verpflichtet, die verschiedenen Bausteine, aus denen sich das heutige Gebäude der Landesgeschichte zusammensetzt, einzeln kritisch zu mustern, noch sind die vielen Dissertationen, Aufsätze und Vorträge nicht in einem Gesamtwerk aufgegangen. In den Anmerkungen des hier begonnenen Handbuches werden sie erscheinen; wer und was endgültig Gegenstand historiographischen Rückblickes wird, bleibt in vielen Fällen offen.

Bezeichnend für das 20. Jahrhundert ist zweifellos eine bis dahin unbekannte Fülle und Breite, die Spezialisierung, ja schon Zersplitterung der Forschung. Die materiellen Einschränkungen des Ersten Weltkrieges und der folgenden Inflationszeit, ideologische Rücksichten und Papierknappheit der NS- und ersten Nachkriegszeit haben den anschwellenden Strom nur zeitweise einzuschränken vermocht. Sobald die Folgen der Währungsreform überwunden waren, erwachten nicht nur sämtliche alten Vereine und deren Organe zu neuem Leben, ihre Zahl vergrößerte sich sogar, bescheidene Mitteilungsblätter wuchsen zu anspruchsvollen Jahrbüchern, neue Reihen wurden begründet [262]. Dabei kanalisierte sich der Stoffzufluß in zwei Richtungen. Einmal entstanden neue, mehr oder minder periodisch erscheinende Fachmitteilungen mit landesgeschichtlicher Tendenz, vor allem im Bereich der Landeskunde, Ur- und Frühgeschichte wie Kunstgeschichte. Selbst Veröffentlichungen von Fachverwaltungen enthalten landesgeschichtlich wertvolles Material, beispielsweise die wenig bekannte Reihe „Aus dem Walde". Auf der anderen Seite wächst im lokalen Bereich die Geschichtspflege in die Geschichtsforschung hinein. Über die traditionellen Geschichtsvereine hinaus tragen jetzt auch die Heimatvereine und örtliche Arbeitsgemeinschaften den Stoff zusammen, publizieren in eignen Organen, in Kalendern oder in den Heimatbeilagen der Lokalpresse, geben gelegentlich Monographien von wissenschaftlichem Format heraus [263]. Das lokale Interesse hat freilich auch dazu geführt, daß über größere Forschungen (oder was man dafür hält) an den verschiedensten Stellen referiert und informiert wird. So ist der Zustand eingetreten, daß zumindest der Anfänger nicht mehr von den eigentlichen Bibliographien ausgehen kann, sondern auf Auswahlbibliographien angewiesen ist [264].

Überblickt man die rein wissenschaftlich ausgerichtete Arbeit dieses Zeitraumes, so fällt auf, wie die auf einzelne Probleme ausgerichtete Forschung dominiert, daß Quelleneditionen und anspruchsvolle Darstellungen bedauerlich zurücktreten [265]. Der Rückgang der Quellenveröffentlichungen hängt zweifellos mit dem geschwundenen Wohlstand zusammen, es fehlte und fehlt an hauptamtlichen Bearbeitern wie Geld für kostspielige Drucke. Methodische Schwierigkeiten im Umgang mit der jüngeren Überlieferung kommen hinzu. Die Zurückhaltung der besten Kenner gegenüber umfassenden Darstellungen mag zum Teil vor 1945 sich aus der Abneigung erklären, gegenüber liberalen, welfischen, völkischen und marxistischen Strömungen sich zu exponieren, nach 1945 aus der Unsicherheit, den rechten Platz in einem noch nicht erkennbaren neuen Geschichtsbild zu finden. Gleichzeitig half aber gerade diese wissenschaftsbezogene Haltung über die NS-Zeit hinweg. Nach 1933 ließen es die meisten Landeshistoriker gewiß nicht an Zeichen der Zustimmung fehlen, an der Bereitschaft mitzuarbeiten. Doch sie bemühten sich, von einzelnen Ausnahmen abgesehen, mit Erfolg, die Substanz ihrer wissenschaftlichen Arbeiten zu wahren [266]. Sie setzten sich dabei den Angriffen aktiver jüngerer Mitarbeiter aus, die Partei- und SS-Dienststellen anstößiges „liberales" Gedankengut ihrer Vorgesetzten anzeigten, freilich ohne nachhaltigen Erfolg [267].

Diese internen Auseinandersetzungen und die Tatsache, daß sich die gröberen ideologischen Verstiegenheiten von den wissenschaftlichen Gremien fernhalten ließen, erklären, warum nach 1945 die Arbeit ohne eingreifende Veränderungen fortgesetzt und intensiviert werden konnte. Die personelle Kontinuität erklärt zugleich, warum die regionale Verankerung der Darstellungen nicht überwunden wurde. Eine den ganzen Raum des Landes überblickende Betrachtung war eigentlich nur in Hannover selbstverständlich, und sie beschränkt sich selbst hier, wenn man schon über den altwelfischen Raum hinausging, auf die vormalige Provinz, möglichst ohne Ostfriesland. Es sind daher vorzüglich populäre, auf allgemeine Bildungszwecke zugeschnittene Schriften oder Sammelbände, in denen eine niedersächsische Geschichtsschreibung auftritt.

Lassen wir dahingestellt, wie weit eine auf die heutigen Landesgrenzen fixierte Historiographie überhaupt mehr als eine zeitbedingte Aufgabe sein kann, so steht außer Zweifel, daß die Koordinierung der landesgeschichtlichen Forschung in diesem Rahmen sich als außerordentlich fruchtbar erwiesen hat. Tendenzen in dieser Richtung waren bereits mit der Gründung des Historischen Vereins für Niedersachsen verknüpft und lebten hier fort. Greifbare Erfolge aber ergaben sich erst, als 1910 eine „Historische Kommission für die Provinz Hannover, das Großherzogtum Oldenburg, das Herzogtum Braunschweig, das Fürstentum Schaumburg-Lippe und die Freie Hansestadt Bremen" ins Leben gerufen wurde; 1947 neu konstituiert als „Historische Kommission für Niedersachsen (Bremen und die ehemaligen Länder Hannover, Oldenburg, Braunschweig und Schaumburg-Lippe)" beziehungsweise (1972) für „Niedersachsen und Bremen"[268].

Damit taucht in Niedersachsen jener Typ einer wissenschaftlichen Gesellschaft auf, der sich seit dem letzten Viertel des 19. Jahrhunderts durchsetzt; Antwort auf populäre Verflachung, allzuenge regionale Abgrenzung und Geldmangel der alten Geschichtsvereine wie Nachahmung entsprechender Einrichtungen in anderen Ländern. Um mehrere Reichsländer ohne politische Implikationen ebenso wie private Geldgeber beteiligen zu können – wenngleich die Kommission finanziell im wesentlichen von der hannoverschen Provinzialverwaltung beziehungsweise vom Lande Niedersachsen getragen wurde und wird –, wählte man die Rechtsform eines Vereins. Die Folge war zwar einerseits eine – verglichen mit anderen Ländern – bescheidenere finanzielle Ausstattung, andrerseits eine gewisse Unabhängigkeit. Eine weitere Eigenart besteht darin, daß die 1924 ins Leben gerufene Zeitschrift, das „Niedersächsische Jahrbuch für Landesgeschichte" an die Stelle der eingegangenen „Zeitschrift des Historischen Vereins für Niedersachsen" – vorübergehend übrigens auch anderer – trat, jedenfalls stets Vereinsorgan blieb. Diese Verbindung sorgte für Verbreitung und bewahrte zugleich das Blatt vor gelehrter wie lokaler Austrocknung.

In den ersten Jahrzehnten trug die Historische Kommission noch den Charakter eines kleinen Kreises von Fachgelehrten, also Universitätsprofessoren, Archivaren, Bibliothekaren, Museumsleitern und einzelnen herausragenden Forschern, nach dem Zweiten Weltkriege wuchs die Mitgliederzahl ins Vereinsmäßige. Diese von der Satzung geförderte, bedenkliche Tendenz wirkte sich jedoch kaum aus, weil die Leitung stets im kleinen Kreis von Vorstand und Ausschuß lag, vor allem aber, weil sich der seltene Glücksfall einer ungewöhnlichen Kontinuität im Vorsitz ergab: von 1910 bis 1938 Brandi, von 1938 bis 1971 Schnath. Die Aktivität des Göttinger Historikers K a r l B r a n d i (1868–1946)[269] stand hinter Vorbereitung wie Durchführung des

Gründungsakts. Er war nicht nur der große Anreger, seine Autorität bestimmte und verfolgte auch den Fortgang der Arbeiten. Die Verwaltung lag in Hannover, zunächst bei der Landesbibliothek. Sie verlagerte sich ins Staatsarchiv, seit der damalige Archivrat G e o r g S c h n a t h (geb. 1898) bald nach seiner Rückkehr nach Hannover in den Ausschuß eintrat (1929) und in die Geschäftsführung hineinwuchs. Der Vorstandswechsel von 1938 machte dann nur noch nach außen sichtbar, daß Schnath inzwischen die Seele der Kommission geworden war. Seine Berufung zum Honorarprofessor (1942) und seine hauptamtliche Tätigkeit als Landeshistoriker in Göttingen (1959–1967) bekräftigten die herkömmliche Verbindung zwischen Universität und den landesgeschichtlich bedeutsamen Einrichtungen des Landes.

Die Arbeit der Historischen Kommission schlägt sich in mehreren Veröffentlichungsreihen nieder. Die schönste Frucht der Zusammenarbeit ist der „Historische Handatlas Niedersachsens" (1939), wie überhaupt die historisch-geographische Seite, der Plan dieses wie des Städteatlasses, die begleitenden Studien und Vorarbeiten und die Veröffentlichung historischer Kartenwerke ein Ruhmesblatt der Kommission bilden [270]. Alle übrigen Publikationen sind doch mehr von der Kommission geförderte Einzelleistungen, darunter darstellerische Glanzstücke wie A. N e u k i r c h, „Niedersächsische Adelskultur der Renaissance" (1939) und G. S c h n a t h, „Geschichte Hannovers im Zeitalter der neunten Kur und der englischen Sukzession" (1938); Handbücher von bleibendem Wert wie H. K l e i n a u, Geschichtliches Ortsverzeichnis des Landes Braunschweig (1967/68) und die längst unentbehrlichen Bibliographien von F. B u s c h (fortgeführt von R. O b e r s c h e l p) [271/272]. Weiterhin kam und kommt der Historischen Kommission das Verdienst zu, mit ihren jährlichen Tagungen an wechselnden Orten eine wichtige Kommunikationsplattform der niedersächsischen Landeshistoriker zu bilden.

Unter den sich jetzt herausbildenden Teilwissenschaften ist am engsten mit der Historischen Kommission – und so mit der Landesgeschichte – verbunden die historisch-(kultur)geographische Forschung. Sie verdankt diesen Aufschwung – neben Brandi selbst – einerseits den Göttinger Geographen A u g u s t W o l k e n h a u e r (gef. 1915), H e r m a n n W a g n e r († 1929) und H a n s D ö r r i e s († 1945), später H a n s M o r t e n s e n († 1964), andrerseits Archivaren und Vermessungsingenieuren wie W e r n e r K o s t. Dörries bahnbrechende Arbeiten der späten zwanziger Jahre haben sich insofern fast negativ ausgewirkt, als der Landeskundler aus dem Bereich der Stadtentwicklung wichtige Themen aufnahm, die der Historiker weit eingehender behandelt hätte. Im übrigen setzt sich erst in den fünfziger Jahren an den Universitäten eine methodisch fundierte historische Siedlungskunde durch [273].

Ein gewisser Stillstand der historischen Geographie in den vierziger und fünfziger Jahren wird mehr als wettgemacht durch eine emsige Tätigkeit in gegenwartsbezogenen geographischen Bereichen und hängt wohl zusammen mit dem Aufstieg des Geographen K u r t B r ü n i n g (1897–1961), ein früher Typ des politisch talentierten Wissenschaftsmanagers von rastloser Aktivität, nicht so sehr an der Universität als in Verbindung mit der hannoverschen Verwaltung und Wirtschaft [274]. Er erstrebte eine wissenschaftlich vertiefte Kunde von Land, Volk und Wirtschaft Niedersachsens als Grundlage der Landesplanung und Raumordnung.

Am nachhaltigsten mag sich Brünings Organisationstalent einmal auswirken in den „K r e i s b e s c h r e i b u n g e n", dem anspruchsvollsten Ausläufer der in Gestalt von Sammelbänden noch immer blühenden topographischen Literatur [275]. Inzwischen steht fest, daß dieses geographische Inventarwerk ein Torso bleiben wird: von der Verwaltung (als Forschungsaufgabe) abgestoßen, von der Universität nicht zu bewältigen. Die Grenzen des akademischen Betriebes waren im Grunde bereits sichtbar geworden in dem 1937 gegründeten „Provinzialinstitut für niedersächsische Landes- und Volkskunde", seit 1959 „Niedersächsisches Institut für Landeskunde" in Göttingen. Über die – allerdings vorzügliche – Redaktion des „Neuen Archivs für Niedersachsen" und einzelner Arbeiten ist es nicht hinausgekommen. Liegt hier der Mangel in der Entfernung von der Verwaltung einerseits und einer eher zu lockeren Verbindung zur Universität andrerseits, so leidet das 1958 gegründete „Institut für Historische Landesforschung" an einer zu intensiven Integration im Göttinger Universitätsbetrieb. Es sollte die Vertreter der historischen Spezialwissenschaften zur Arbeit an der niedersächsischen Landesgeschichte zusammenführen. Sein bemerkenswertestes Ergebnis ist ein „Methodisches Handbuch für Heimatforschung in Niedersachsen" (1965), in welchem aus der Sicht des Historikers allerdings den Geographen ungebührlich breiter Raum eingeräumt ist. Jedenfalls können sich beide Stellen bisher nicht messen mit den Erfolgen der 1938 gegründeten „Niedersächsischen Landesstelle für Marschen- und Wurtenforschung" zunächst in Hannover, später in Wilhelmshaven [276].

Dessen Ruf ist nicht zu trennen von dem Einsatz seines ersten Leiters W e r n e r H a a r n a g e l, hängt aber auch mit dem Aufschwung und der finanziellen Förderung der U r - u n d F r ü h g e s c h i c h t e zusammen. In Hannover hatte Schuchhardts Fortgang (1908) zwar zunächst eine Lücke gerissen, dann aber dadurch die weitere Entwicklung freigegeben, daß sich von nun an die Urgeschichte mit dem 1901 eingeweihten Provinzialmuseum (seit 1933 Landesmuseum) und der dort aufgestellten urgeschichtlichen Sammlung verband. Eigene Vorträge, mehrere Schriftenreihen und Zeitschriften verselbständigten das Fach immer stärker. Die Gründung eines eignen Vereins, zunächst kurzlebig als „Hannoverscher Landesverein für Vorgeschichte" (ca. 1908 bis 1919), dann 1950 als „Niedersächsischer Landesverein für Urgeschichte" endgültig vom „Historischen Verein" abgetrennt, spezieller Arbeitsgemeinschaften und schließlich 1970 einer eigenen „Archäologischen Kommission für

Niedersachsen" lösten schließlich die traditionellen organisatorischen Verbindungen der Archäologen mit den Landeshistorikern. Geblieben sind die persönlichen Kontakte, wie sie K a r l H e r m a n n J a c o b - F r i e s e n (1886– bis 1960) gepflegt hatte [277].

Jacob-Friesen trat 1913 in die Dienste des Landesmuseums und schied 1953 als dessen erster Direktor (seit 1924) aus dem Dienst, blieb aber weiterhin anerkannte Autorität (neben G u s t a v S c h w a n t e s 1881–1960 und E r n s t S p r o c k h o f f 1892–1967). Sein Lebenswerk schlägt sich im Aufbau der urgeschichtlichen Museumsabteilung, in der Organisation einer Bodendenkmalpflege, in Ausgrabungen und methodischen Beiträgen nieder. Im Lande hat er den nachhaltigsten Eindruck hinterlassen durch eine „Einführung in Niedersachsens Urgeschichte" [1]1931, [2]1934, [3]1939, [4] seit 1960. Wissenschaft und Volksbildung, Universitätslehre wie Laienkurse lagen ihm stets gleich am Herzen. Nach seinem Ausscheiden wurden in Hannover Museum und Bodendenkmalpflege organisatorisch getrennt, was praktisch auf Personalvermehrung und damit intensivierte Arbeit hinauslief. Zusätzlich ist die urgeschichtliche Arbeit dann noch von Göttingen aus angekurbelt worden. Als hauptamtlicher Nachfolger Jacob-Friesens, der seit 1928 über Urgeschichte las, wurde hier 1956 H e r b e r t J a n k u h n (geb. 1905) berufen. Jankuhn hat persönlich vornehmlich die frühgeschichtliche Forschung vorangetrieben, der Pfalzenforschung in Niedersachsen zu führender Stelle verholfen; seine Schüler sind inzwischen über das ganze Land verstreut. Dabei wird um neue Organisationsformen gerungen, vor allem die Inventarisation der Bodendenkmäler vorangetrieben, sowohl in Verbindung mit den Kreisen als mit den örtlichen Heimatmuseen [278].

Wie die Ur- und Frühgeschichte formiert sich auch die V o l k s k u n d e erst im 20. Jahrhundert als wissenschaftliche Disziplin. Der gewöhnliche Trend zur Verwissenschaftlichung hat allerdings an den Universitäten und wenigen herausragenden Museen haltgemacht, während die Heimatmuseen ein geradezu ideales Betätigungsfeld des Laienelements sind (und bleiben sollten). Die Herausbildung einer eignen Fachwissenschaft in Niedersachsen läßt sich an der seit 1923 erscheinenden „Niederdeutschen Zeitschrift für Volkskunde" verfolgen, noch deutlicher an der Entwicklung des 1922 ins Leben gerufenen „Niederdeutschen Verbandes für Volks- und Heimatkunde" beziehungsweise (seit 1953) „für Volks- und Altertumskunde"; zunächst ein lockerer Zusammenschluß von Instituten, vorwiegend Museen, die sich der Erforschung und Darstellung der Heimatkunde in Niederdeutschland widmeten, seit 1953 ein eingetragener Verein [279].

Die Anregung dazu war ausgegangen von Wilhelm Bomann, dem Gründer des Celler Museums, Franz Fuhse (1865–1937), Direktor des städtischen Museums in Braunschweig, und O t t o L a u f f e r (1874–1949), seit 1908 Direktor des Museums für Hamburger Geschichte und (zusätzlich) seit 1919 Ordinarius für deutsche Altertums- und Volkskunde in Hamburg. Lauffer war und blieb die Seele des Verbandes, bis zum Tode sein Vorsitzender, so daß der Name „Laufferkreis" jahrzehntelang im Umlauf war. Als Teilnehmer und Redner begegnen bei den Tagungen alle bekannten Namen aus dem Bereich der historischen Museen Niedersachsens, am seltensten freilich Wilhelm Peßler (1880–1962), seit 1909 tätig am Vaterländischen Museum seiner Heimatstadt Hannover, von 1928 bis 1945 Museumsdirektor. Die Jugendfreunde Lauffer und Peßler bearbeiteten mit gleichem Eifer denselben Gegenstand und waren darüber zu Antipoden geworden. Lauffer arbeitete als Historiker mit riesigen Zettelkästen. Peßler war Geograph und Systematiker aus Leidenschaft, den die Erfassung der materiellen und kulturellen Überlieferung im weiten Lande mehr anzog als die historische Auswertung.

Es wäre jetzt auf die verschiedenen volkskundlichen Arbeitsgebiete und Arbeitsstätten einzugehen wie auf die Entwicklung der niederdeutschen Philologie (mit einem Lehrstuhl in Göttingen seit 1954) und Mundartforschung [280]. Der Rahmen dieser Einführung läßt dies nicht zu. Doch mag festgehalten werden, daß der damalige Studienrat Heinrich Ottenjann († 1961) im Jahre 1934 in Cloppenburg ein Freilichtmuseum aufzubauen begann, das heute zu den bedeutendsten in Deutschland gehört.

Das Verhältnis der Kunstmuseen in den ehemaligen Residenzen Hannover, Braunschweig und Oldenburg zur Landesgeschichte ist, durch ihre Aufgabe bedingt, stets ein recht lockeres gewesen. Immerhin leisten sie darin einen Beitrag, daß ihre Sammlungen und Kataloge das Kunstverständnis im Lande sowie mehr oder weniger die Entwicklung des Kunstschaffens repräsentieren. Darüber hinaus hat nach dem Kriege die kunsthistorische Forschung einen solchen Umfang angenommen, daß die hannoversche Landesgalerie dafür seit 1961 eine Art Zeitschrift herausgeben kann, die „Niederdeutschen Beiträge zur Kunstgeschichte". Die darin veröffentlichten Abhandlungen reichen hinein in die Kunstdenkmalpflege, die selbstverständlich stets landesbezogen arbeitet. Deren Mitteilungen, „Niedersächsische Denkmalpflege" (Bd. 1, 1953/54) haben inzwischen ebenfalls ein gewichtiges Format erreicht. Die – in unserem Zusammenhang – bedeutendste Arbeit des Landeskonservators, die Veröffentlichung der Kunstdenkmale, hat eine früher unbekannte Perfektion erreicht, geht aber leider nur langsam voran. Eine Zusammenfassung der Kunstgeschichte Niedersachsens besitzen wir aus der Feder des hannoverschen Kunsthistorikers Victor Kurt Habicht (1883–1945), Der niedersächsische Kunstkreis, 1930 [281].

Im Bereich der Kirchen-, Wirtschafts- und Rechtsgeschichte hat die Forschung den landesgeschichtlichen Stoff erheblich vermehrt, die Kenntnisse intensiviert, ist sie auf moderne Fragestellungen eingegangen. Am weitesten in Neuland vorgestoßen ist dabei die Wirtschaftsgeschichte. Dies ist wesentlich ein Verdienst von Wilhelm Abel (geb. 1904), der nach 1945 als Direktor des Göttinger Universitätsinstituts für Wirtschafts- und Sozialgeschichte zahlreiche Arbeiten zur niedersächsischen Agrar- und Sozialgeschichte angeregt und betreut hat. Sie haben für diesen Bereich unser Geschichtsbild wesentlich umgestaltet. Um die industrielle Entwicklung der jüngeren Zeit hat sich vor allem Wilhelm Treue (geb. 1909) bemüht. Neben der akademischen Arbeit laufen nicht wenige historische Darstellungen ganzer Wirtschaftszweige, Festschriften von Industrie- und Handelskammern, Landwirtschafts- und Handwerkskammern und nicht zuletzt Firmengeschichten. Ihr Beitrag zur Geschichte ist freilich begrenzt, teils wegen des allzu engen Blickwinkels, teils wegen bewußter oder unbewußter Rücksichten auf die Auftraggeber.

Der Aufschwung der rechtshistorischen Forschung ist mit dem Namen des Göttinger Rechtshistorikers Wilhelm Ebel (geb. 1908) verbunden. Hier fehlt naturgemäß jede populäre Variante. Dies gilt – eigentlich erstaunlicherweise – auch für die Kirchengeschichte. Im Bereich der Mittelalterforschung unterscheidet sich Arbeitsweise und Sicht von Historikern und Theologen nur wenig. Im ganzen wären wohl zusammenfassende Darstellungen und erschöpfende Handbücher als wichtigster Beitrag zu nennen [282].

Werfen wir einen abschließenden Blick auf die Darstellungen. Dabei ergibt sich, daß das Blut noch immer am lebhaftesten in den alten historischen Landschaften pulsiert. Nirgendwo aber scheint das Bedürfnis nach gemeinverständlichen Übersichten größer zu sein als in Ostfriesland, nirgendwo sind derartig regelmäßig neue Darstellungen erschienen, so von Heinrich Reimers 1925 (Nachdruck 1968), von Carl Woebcken 1949 sowie eine für Schulzwecke bestimmte Gemeinschaftsarbeit „Ostfriesische Geschichte" 1951 [283]. Die Zahl ließe sich vermehren, rechnet man den „Ploetz" und landeskundliche (Bild)Werke hinzu, an denen, auch das ist bezeichnend, in der Regel zuverlässige Sachkenner mitgearbeitet haben. Im übrigen hat hier nach dem Zweiten Weltkriege der Oberdeichrichter Jannes Ohling fertiggebracht, was bis dahin keinem akademischen Gremium gelungen war: die maßgeblichen Fachleute zu einer eingehenden Zusammenschau von Landeskunde und Landesgeschichte zu vereinen und vier Bände „Ostfriesland im Schutze des Deiches" (1969) herauszubringen. Eine „Politische Geschichte Ostfrieslands" aus der Feder von Heinrich Schmidt schloß sich 1975 an.

Überhaupt blüht diese Form um so lebhafter, je weiter eine Landschaft von Hannover und Göttingen entfernt ist. So legte der Oldenburger Archivdirektor Hermann Lübbing nur 16 Jahre nach Rüthnings sogenannter Volksausgabe eine weit handlichere, durch reiche Schrifttumshinweise weiterführende „Oldenburgische Landesgeschichte", 1953, vor. Für den südwestlichen Raum lieferte der Osnabrücker Oberstudienrat Ludwig Schirmeyer eine „Geschichte Osnabrücks und des Osnabrücker Landes", 1948 [284], aus dem

Nordosten stammt das jüngste Beispiel, E r i c h v o n L e h e (mit W. Haarnagel), Geschichte des Landes Wursten, 1973.

Im altwelfischen Raum fehlen entsprechende Darstellungen alter historischer Landschaften, vor allem wohl, weil der geschichtliche Raum hier im wesentlichen durch die hannoverschen beziehungsweise braunschweigischen Landesgrenzen abgesteckt ist. Die Zustandsgeschichte läßt sich aber auch in kleineren, noch heute lebendigen Einheiten erfassen, also in Kreis- und Stadtgeschichten. Könnte auf diese wie sämtliche heimatkundlich orientierten Darstellungen eingegangen werden, die in der Zwischenkriegszeit und nach dem Zweiten Weltkriege herausgekommen sind, wäre eine reiche Ernte einzubringen. Die Lokalgeschichte ist sogar in einem solchen Maße attraktiv geworden, daß jetzt für einzelne Dörfer erarbeitete Chroniken einen Umfang annehmen, der früher nur bedeutenderen Städten zugebilligt worden wäre.

Die Spannung zwischen Lokal- und Landesgeschichte wird im Raum östlich der Weser dadurch vergrößert, daß der dynastisch geprägte Raumbegriff der Lande Braunschweig–Lüneburg beziehungsweise der Länder Hannover und Braunschweig seine politische Kraft im 20. Jahrhundert weitgehend verliert zugunsten eines neuen Niedersachsenbewußtseins. Niedersachsen bürgert sich ein und setzt sich durch sowohl als Umschreibung für die altwelfischen Gebiete als für den gesamten nordwestdeutschen Raum (regelmäßig ohne Westfalen und den Niederrhein, häufig ohne Ostfriesland). Wie die Geschichte der Mark Brandenburg in der preußischen, scheint die Geschichte des Herzogtums Braunschweig–Lüneburg in einer niedersächsischen aufzugehen.

Ein früher Beleg ist die kurze Übersicht der politischen Territorialgeschichte aus der Feder des hannoverschen Stadtarchivars und -bibliothekars O t t o J ü r g e n s (1862–1929), in der von Niedersachsen weit häufiger die Rede ist als von Hannover [285]. Sie ist aus Vorträgen erwachsen und in loser Folge in den Hannoverschen Geschichtsblättern veröffentlicht; Beleg für ein Bedürfnis nach derartigen Zusammenfassungen wie der Unfähigkeit, damit fertigzuwerden. Weit glücklicher geraten ist E r n s t B ü t t n e r, Geschichte Niedersachsens ⟨besonders Hannovers und Braunschweigs⟩ 1931 [286]. Es handelt sich dabei um einen kurzen heimatkundlichen Anhang zu einem Schulbuch, der dank einprägsamer Gliederung und Stoffauswahl für drei Jahrzehnte als beste Einführung gelten durfte. Für eine Landesgeschichte ist das Heft allzu schmal, also in allem das Gegenteil zu den 936 Seiten von E. R o s e n d a h l, Geschichte Niedersachsens im Spiegel der Reichsgeschichte, 1927 [287]. Der bisher letzte Verfasser einer breiten Darstellung, Erich Rosendahl (1866 bis 1952), war Dilettant, ein vor allem als Musik- und Theaterkritiker in Hannover tätiger Journalist, der sich ungemein reiche landesgeschichtliche Kenntnisse angelesen hatte, sein Wissen also durchweg aus zweiter und dritter Hand schöpfte. Den Text durchzieht ein welfisch-monarchistischer Grundzug, der sich bis zur Penetranz steigern kann. In seinen Schwächen wie

Vorzügen ist das Buch ein anspruchsvolles Denkmal für das föderalistisch-großdeutsche Geschichtsbild der deutsch-hannoverschen Partei, weit mehr hannoversche denn niedersächsische Geschichte.

Die Zeit scheint vorbei, in der jemand wagen könnte, die ungeheure und so komplizierte Materie der niedersächsischen Geschichte zuverlässig zusammenzufassen. Zum Beleg mag auf die dritte Auflage der „Vaterländischen Geschichten und Denkwürdigkeiten" von Görges/Spehr verwiesen werden, die der Braunschweiger Museumsdirektor F u h s e 1925–1929 herausgab. Sie vereint eindrucksvolle Einzelbilder aus der Feder der damals renommierten Landeshistoriker. Eine Landesgeschichte erwächst aus dem Buch nicht. Diese Entwicklung vermag nicht recht froh zu stimmen, denn schließlich kann niemand nur an einzelnen Ausschnitten interessiert sein, müßte der von Berufs wegen mit der Landesgeschichte befaßte Wissenschaftler in der Lage sein, ein faßliches und zugleich richtiges Bild von der Vergangenheit des Landes zu entwerfen und weiterzugeben.

In der letzten Generation hat sich dieser Aufgabe der Mann gestellt, der seit den dreißiger Jahren in weiten Kreisen als der niedersächsische Landeshistoriker schlechthin gilt, G e o r g S c h n a t h. Seine Begabung als Organisator und Forscher ist erwähnt. Sie war stets mit der Fähigkeit und Bereitschaft verbunden, die Landesgeschichte zu erzählen, in gemeinverständlichen Übersichten aufzubereiten. Der Diskussion um die Reichsreform der Weimarer Zeit entstammen die ersten Darstellungen der staatlichen Gebietsentwicklung Niedersachsens[288]. Schnath lieferte 1939 einen repräsentativen landesgeschichtlichen Aufsatz[289], nach 1945 hat er mehrfach seine Feder in den Dienst der Landeszentrale für Heimatdienst beziehungsweise für politische Bildung in Niedersachsen gestellt[290]. Am nachhaltigsten dürfte sein Beitrag für den „Territorienploetz" wirken, der die einseitige Betonung der politischen Geschichte zu überwinden sucht und in knappester Form die wichtigsten Erscheinungen festhält[291].

Diese letzte „Geschichte des Landes Niedersachsen", ³1973, trennt noch immer die ostfriesische und oldenburgische, ja selbst die schaumburgische Geschichte von derjenigen der übrigen Landesteile, als ob die geschichtlichen Landschaften sich mit den im 19. Jahrhundert konservierten Resten der deutschen Kleinstaaterei deckten. So sehr die kleinräumige Geschichtsbetrachtung innerhalb Niedersachsens ihr Recht hat und behalten wird, so erfordert doch zumindest die Geschichte der neueren Zeit andere Maßstäbe. Eine zusammenfassende Darstellung der Geschichte des heutigen Landes, welche alle Seiten und Probleme des gesellschaftlichen Lebens erfaßt, die Ereignisse, politischen Strömungen und wirtschaftlichen Entwicklungen des 19. und 20. Jahrhunderts überhaupt erst vollständig erarbeitet, steht als wissenschaftliche, literarische und politische Aufgabe noch vor uns, als Aufgabe des hier begonnenen Handbuches. Denn „Historie ist", nach einem schönen Wort C. F. von Weizäckers,

„in der abendländischen Kultur wie wohl in allen Kulturen, in denen es sie gibt, zunächst und eigentlich Geschichtserzählung" [292].

[262] Am deutlichsten ist diese Tendenz in Ostfriesland zu beobachten, vgl. H. RAMM, Die ⟨Ostfriesische Landschaft⟩ und die Landesgeschichtsforschung, in: NdSächsJbLdG 32, 1960, S. 372 ff. und H. WIEMANN, Die geschichtliche Landesforschung in Ostfriesland, in: Methodisches Handbuch, S. 56 ff. 1973 wurde in Aurich noch ein eignes „Forschungsinstitut für den friesischen Küstenraum" gegründet. Über entsprechende, wissenschaftlich allerdings weniger tiefgehende Bestrebungen im Bereich der Oldenburg-Stiftung unterrichtet der Sammelband: Oldenburgische Heimatpflege im Wirkungskreis der Oldenburg-Stiftung, 1963. – [263] Auf die Entwicklung der zahlreichen Heimatvereine kann nicht eingegangen werden, vgl. D. STEILEN, Werden und Wachsen des Heimatgedankens in Niedersachsen, ²1958. – [264] Gute Auswahlbibliographien enthalten: GÖRGES / SPEHR / FUHSE, Vaterländische Geschichten und Denkwürdigkeiten, Bd. 3, ³1929, S. 448 ff. (von R. BORCH); Methodisches Handbuch, S. 501 ff. (von F. BUSCH u. a.) sowie Handbuch der historischen Stätten Deutschlands Bd. 2, ³1969, S. 520 ff. (von R. DRÖGEREIT). – [265] Auf die Belange der Forschung konzentrieren sich die beiden einzigen theoretischen Auseinandersetzungen der Nachkriegszeit: H. SCHMIDT, Geschichtliche Kräfte und Wirkungen im westlichen Niedersachsen im Spiegel landesgeschichtlicher Forschung, in: OsnabMitt 73, 1960, S. 13 ff. und E. PITZ, Über die Aufgaben der geschichtlichen Landesforschung in Südost-Niedersachsen, in: BraunschwJb 41, 1961, S. 5 ff. – [266] Als extremes Beispiel für die Mischung von völkisch-nationalistischer Ideologie mit einem Niedersachsenkult sei auf den Braunschweiger Geographen und Schriftsteller Ewald Banse (1883–1953) verwiesen. Im NdSächsJbLdG fanden dagegen die verstiegenen Formen der Widukind- und Sachsenverehrung keine Aufnahme. Und wo die unvermeidlichen Schlagwörter vom nordischen Stammeserbe (in Niedersachsen am reinsten verkörpert) und kämpferischen Niedersachsentum zu Papier gebracht werden, finden sich auch differenziertere Urteile, freilich möglichst als Zitate verpackt. Im übrigen mag auch das Beispiel des Lüneburger Stadtarchivars Wilhelm Reinecke festgehalten werden, dem kritische Formulierungen im 2. Band seiner „Geschichte der Stadt Lüneburg", 1933, eine vorübergehende Amtsenthebung und die Auflage eintrugen, sein – ausgedrucktes – Werk dem Geist des Regimes anzupassen, vgl. G. KÖRNER, in: Nds. Lebensbilder 2, 1954, S. 300. – [267] Als Beispiel sei auf den hannoverschen Archäologen H. Schroller verwiesen, der in den dreißiger Jahren seinen Vorgesetzten, den Museumsdirektor Jacob-Friesen, auffallend in den Hintergrund drängte, indem er ihn u. a. als Schüler Schuchhardts disqualifizierte (dafür selbst nach 1945 nicht wieder hereinkam). Jacob-Friesen hatte freilich in den „Grundfragen der Urgeschichtsforschung", 1928, S. 35 geschrieben: „Die Rassenphilosophie ist in unseren Tagen zum Rassenfanatismus ausgeartet und sogar in die Politik hineingetragen worden", vgl. H. GUMMEL, in: Die Kunde NF 12, 1961, S. IX. Über Querelen in der „Emder Kunst", die 1933 zum Rücktritt des freilich schon sehr alten Vorsitzenden, Prof. Ritter, führten, berichtet SCHESCHKEWITZ (wie Anm. 220), S. 129 ff. – [268] K. BRANDI, Denkschrift über eine Historische Kommission für Hannover, Braunschweig, Oldenburg und Schaumburg-Lippe, in: ZsHistVNdSachs 1909, 1909, S. 316 ff.; DERS., Die historische Kommission, in: 60 Jahre hannoversche Provinzialverwaltung, 1928, S. 302 ff.; DERS., 25 Jahre Historische Kommission, in: NdSächsJbLdG 12, 1935, S. 25 ff.; G. SCHNATH, Die Historische Kommission für Niedersachsen 1935 bis 1960, in: NdSächsJbLdG 32, 1960, S. 1 ff.; DERS., Karl Brandi, in: Nds. Lebensbilder 6, 1969, S. 20 ff. – [269] Über Brandi vgl. ¹⁰D-W 7/1097–1104; zuletzt das Lebensbild von SCHNATH (wie Anm. 268). – [270] Vgl. F. ENGEL, Die Kurhannoversche Landesaufnahme des 18. Jh.s, in: NdSächsJbLdG 31, 1959, S. 1 ff.; G. WREDE, Der Historische Atlas von Niedersachsen. Zur kartographischen Darstellung landesgeschichtlicher Probleme, in: BllDtLdG 97,

1961, S. 42 ff. sowie SCHNATH (wie Anm. 138). – [271/272] Bibliographie der niedersächsischen Geschichte für die Jahre 1908–1932 (von F. BUSCH), 1938, ²1962; desgl. für die Jahre 1933–1955 (von F. BUSCH und R. OBERSCHELP), Bd. 1–5, 1973–1976; desgl. für die Jahre 1956–1957 (von F. BUSCH), 1959; desgl. für die Jahre 1958–1960 (von F. BUSCH), 1971 – mit Register für 1956–1960; desgl. für die Jahre 1961–1965 (von F. BUSCH und R. OBERSCHELP), 1972. Weitere Bände in Vorbereitung. Hinzu kommen Bibliographien für Sachgebiete wie engere Bezirke (Kreise). Daneben läuft noch von 1945 bis 1970 die landeskundliche Bibliographie von OTTO WILHELM. – [273] Zur Entwicklung der Landeskunde vgl. H. DÖRRIES, Stand und Aufgaben wissenschaftlicher Landeskunde in Nordwestdeutschland, in: MittGeogrGesHamburg 40, 1929, S. 240 ff. – [274] Nachrufe und Würdigungen für Brüning in: NArchNdSachs 10, 1961/62, S. 161 f.; von O. WILHELM, in KartographNachrr 11, 1961, H. 6, S. 191 ff.; von G. SCHNATH, in: NdSächsJbLdG 33, 1961, S. 342 ff.. – [275] MEYER (wie Anm. 138), S. 110 ff.; O. WILHELM, Das Werk der Kreisbeschreibungen, insbesondere in Niedersachsen, in: NArchNdSachs 12, 1963, S. 75 ff.; DERS., Über das Werk der Kreisbeschreibungen, in: Niedersachsen 69, 1969, H. 1/2, S. 376 ff. – [276] W. HAARNAGEL, Die niedersächsische Landesstelle für Marschen- und Wurtenforschung in Wilhelmshaven, in: NachrrNdSachsUrgeschichte 32, 1963, S. 3 ff. sowie R. SCHNEIDER, Zur Geschichte des Niedersächsischen Landesinstituts für Marschen- und Wurtenforschung, in: Neue Ausgrab. u. Forsch. in Nds. 7, 1972, S. 1 ff. – [277] Über Jacob-Friesen vgl. P. ZYLMANN, in: Zur Ur- und Frühgeschichte Nordwestdeutschlands (= Festschrift zum 70. Geburtstag von K. H. Jacob-Friesen), 1956, S. 2 ff.; H. GUMMEL, in: Die Kunde NF 7, 1956, S. 1 ff. – [278] Auf Einzelheiten einzugehen, hieße, über die Tätigkeit sämtlicher Vorgeschichtsmuseen und ihrer Mitarbeiter, der Bodendenkmalpfleger und besondere, von der deutschen Forschungsgemeinschaft finanzierter Unternehmen zu berichten; es muß daher unterbleiben. – [279] H. FREUDENTHAL, Der Niederdeutsche Verband für Volks- und Altertumskunde 1922–1972 = Arbeitsberichte aus dem Städt. Museum Braunschweig 19, 1972, hier auch Hinweise auf Nachrufe; vgl. dazu die Besprechung von H. PLATH, in: ZsfVolkskde 1, 1973, S. 87 f. – [280] Vgl. H. WESCHE, Niederdeutsch an der Georg-August-Universität in Göttingen, in: NArchNdSachs 8, 1955/56, S. 357 ff. – [281] Zur Entwicklung von Kunstdenkmalpflege und -inventarisation vgl. die Aufsätze von ENGEL (wie Anm. 224). Als Beispiele kunstgeschichtlicher Veröffentlichungen seien erwähnt: RECLAMS Kunstführer, Bd. 4, 1960; H. BESELER / H. ROGGENKAMP, Die Michaeliskirche in Hildesheim, 1954 und J. SOMMER, Das Deckenbild der Michaeliskirche zu Hildesheim, 1966 (als Beispiele für die Verbindung von Restaurierung und Forschung); G. HOELTJE, G. L. F. Laves, 1964 (Paradestück einer Monographie); H. THÜMMLER / H. KREFT, Weserbaukunst im Mittelalter, 1970 (besonders gelungene Kombination wissenschaftlicher Erläuterungen mit Meisteraufnahmen). Die Beispiele ließen sich erheblich vermehren. – [282] Als Beispiele seien erwähnt J. MEYER, Kirchengeschichte Niedersachsens, 1939; E. ROLFFS, Evangelische Kirchenkunde Niedersachsens, ²1938; P. BERLAGE, Handbuch des Bistums Osnabrück, 1968; die Pastorenverzeichnisse der verschiedenen Landeskirchen und E. HENNECKE / H.-W. KRUMWIEDE, Die mittelalterlichen Kirchen- und Altarpatrozinien Niedersachsens, 1960. – [283] Über Reimers und dessen Werk: „Ostfriesland bis zum Aussterben seines Fürstenhauses" vgl. P. ZYLMANN, in: Nds. Lebensbilder 2 (1954) S. 281 ff.; C. WOEBCKEN, Kurze Geschichte Ostfrieslands, 1949 – über Woebcken vgl. Bibliographie 1961–1965, Nr. 9771–9774; A. KOOLMANN, H. WIEMANN [u. a.], Ostfriesische Geschichte, T. 1–4, 1951. – [284] Über Schirmeyer vgl. G. WREDE, in: OsnabMitt 69, 1960, S. 1 ff. und J. KÖNIG, in: NdSächsJbLdG 32, 1960, S. 489 f. – [285] O. JÜRGENS, Übersicht über die ältere Geschichte Niedersachsens, HannGBll 15, 1912, S. 1–77; Das Herzogtum Niedersachsen, a.a.O. 19, 1916, S. 1–100; Die Lande Braunschweig und Lüneburg, a.a.O. 22, 1919, S. 1–90. – [286] Über den Oberstudienrat Büttner (1881–1955) vgl. den Nachruf von G.

SCHNATH, in: NdSächsJbLdG 28, 1956, S. 343 ff. – [287] Rosendahl repräsentiert eine ganze Richtung der hannoverschen Historiographie, die eine eingehendere Würdigung verdiente. Sie schlägt sich weit stärker in der populären und politischen Schriftstellerei nieder als in der wissenschaftlichen. In der Weimarer Zeit und nach dem 2. Weltkriege nimmt auch die Fachwissenschaft auf sie Rücksicht. Dies zeigt sich etwa in der viel zu positiven Besprechung im NdSächsJbLdG 4, 1927, S. 186 ff., so daß der unerschütterliche Thimme zwei Jahre später (NdSächsJbLdG 6, 1929, S. 320) eine freilich versteckte Kritik nachschob, oder darin, daß man R. zwar möglichst das Jahrbuch verschloß, ihm dafür aber das „Hannoversche Magazin", ein kurzlebiges populär-sein-sollendes Mitteilungsblatt des „Historischen Vereins für Niedersachsen", öffnete. Im übrigen hat R. lebhafte Schriftstellerei wie die Tätigkeit als Herausgeber einer „Niedersächsischen Hausbücherei" zweifellos landesgeschichtliches Interesse wachgehalten. – [288] G. SCHNATH, Die Gebietsentwicklung Niedersachsens, 1929; DERS., Hannover und Westfalen in der Raumgeschichte Nordwestdeutschlands, 1932. – [289] G. SCHNATH, Geschichte und Schicksal der Niedersachsen und Friesen, in: Das Werden des deutschen Volkes, 1939. – [290] G. SCHNATH, Niedersachsen und Hannover. Vom Werden unseres Landes und seiner Hauptstadt, [1]1955, [4]1964; DERS., Vom Sachsenstamm zum Lande Niedersachsen. Grundzüge der staatlichen Gebietsentwicklung im niedersächsischen Raum, 1966; DERS., Das Sachsenroß. Entstehung und Bedeutung des niedersächsischen Landeswappens, [1]1958, [2]1961. – [291] Geschichte der deutschen Länder – Territorien-Ploetz, Bd. 1 (1964), Bd. 2 (1971). Der Niedersachsen betreffende Teil erschien als „Geschichte des Landes Niedersachsen", [1]1962, [2]1973, von G. SCHNATH, H. LÜBBING, G. MÖHLMANN, F. ENGEL, D. BROSIUS, W. RÖHRBEIN. – Im übrigen sei auf die Aufsatzsammlung verwiesen: G. SCHNATH, Ausgewählte Beiträge zur Landesgeschichte Niedersachsens, 1968 (mit einer Personalbibliographie) und DERS., Streifzüge durch Niedersachsens Vergangenheit, 1968. – [292] Zitiert nach „Die Zeit", 1973, Nr. 38, S. 32.

Erstes Kapitel

DIE NATUR DES LANDES

Von Käthe Mittelhäusser

1. Vorbemerkung

Wenn im Rahmen einer Landesgeschichte die Natur des Landes dargestellt wird, so hat das notwendigerweise unter dem Gesichtspunkt zu erfolgen, welche naturgegebenen Züge des Raumes sich für das menschliche Geschehen in eben diesem Raum als wesentlich erweisen, als richtunggebend, als begrenzend, als mehr oder weniger überwindbare Hindernisse, als Eröffnung von Möglichkeiten menschlichen Wirkens. Man neigt dazu, diese Fragestellung kurz zu fassen: Welche natürlichen Grundlagen bietet der Raum dem menschlichen Wirken? Bei dieser Formulierung bleibt aber ein sehr wesentlicher Sachverhalt außer Acht: Die Natur des Raumes ist nicht etwas Konstantes, ein für allemal Gegebenes, mit dem sich der Mensch in den verschiedenen Perioden seiner Geschichte immer wieder auseinanderzusetzen hat, sondern sie ist selbst mit der Zeit wandelbar, und zwar ist sie sowohl solchen Änderungen ausgesetzt, die vom Menschen unbeeinflußt und unbeeinflußbar sind wie etwa langfristigen Klimawandlungen, als auch den meist kürzerfristigen Veränderungen, die in Wechselwirkung mit der menschlichen Einflußnahme stehen, wie etwa Bodenveränderungen infolge Entwaldung oder Veränderungen des Wasserhaushalts durch Entwässerungen. Landnehmende Ackerbauer des Neolithikums fanden andere „natürliche Grundlagen" ihrer Tätigkeit vor als rodende Bauern des Mittelalters oder als Verkehrs- und Industrieplaner der Neuzeit.

Um diesem Sachverhalt Rechnung zu tragen, wurde der Titel „Natürliche Grundlagen" für die vorliegende Skizzierung der Natur des Raumes Niedersachsen vermieden. Es sollen die Veränderungen von Klima und Boden, Wasserverhältnissen und Pflanzenbedeckung, von Bodenformen und Küstenverlauf in die Betrachtung einbezogen sein. Die Natur des Landes soll als ein – zwar mit andern Zeitmaßstäben als die menschliche Geschichte ablaufendes – Geschehen, das sich mit menschlicher Geschichte gleichsam verzahnt, gesehen werden, nicht als gleichbleibender statischer „Hintergrund der Geschichte".

2. Grenzen, naturräumliche Gliederung

Der „Raum Niedersachsen", wie er hier behandelt werden soll, deckt sich in der Hauptsache mit dem jetzigen Land Niedersachsen einschließlich des Landes Bremen [1]. Über diese Landesgrenzen muß jedoch die naturräumliche Abgrenzung ebenso wie die Abgrenzung der behandelten Gebiete in den verschiedenen Geschichtsepochen hinausgreifen.

Die naturräumliche Abgrenzung ist im Norden am eindeutigsten: Die jetzt durch Deiche bezeichnete Küstenlinie, der vorgelagerte Streifen von Außendeichsland und Watt sowie die Inselkette bilden den Grenzsaum Niedersachsens gegen das Meer. So eindeutig eine Küstengrenze scheint, so wenig war sie in diesem Falle im Lauf der Jahrhunderte örtlich fixiert, vielmehr veränderten sich durch Verlagerung der Inseln und Fahrwasserrinnen, durch Meereseinbrüche und Landgewinnungsarbeiten die Abgrenzungen im einzelnen sehr stark.

Ein deutlicher natürlicher Grenzstreifen war ursprünglich auch das Elbtal von Cuxhaven zum Hannoverschen Wendland hin durch die sumpfige Niederung mit den vielen oft den Verlauf ändernden Flußarmen. Für die Neuzeit jedoch lassen die in Kultur genommenen Niederungen, die ausgebauten Stromrinnen und die immer weiter sich ausdehnenden Siedlungsflächen von Hamburg die Abgrenzung hier problematisch werden. Der „Raum Hamburg" ist zwar dem südlich angrenzenden niedersächsischen Geestrand von Natur aus nachbarlich verbunden, und die Ausstrahlung Hamburgs wird immer wieder in die historische Darstellung einbezogen werden müssen, doch soll Hamburg mit seiner eigenständigen Entwicklung außerhalb der Darstellung bleiben.

Natürliche Grenzsäume im Osten des Raumes Niedersachsen zu suchen, ist wenig erfolgversprechend. Die hügelige Geest und die feuchten Niederungen gehen von der östlichen Lüneburger Heide und dem Hannoverschen Wendland ohne wesentliche Änderung in die altmärkische Landschaft über. Anmoorige Niederungen wie im Bereich der Jeetzel und der Ohre zeichnen allerdings lokale Abgrenzungen vor. Die überörtlichen Grenzen sind hier menschlich-historisch bestimmt. – Das gilt auch für den südlich anschließenden Grenzabschnitt, quer durch den Streifen der Lößbörden, die sich am niedersächsischen Mittelgebirgssaum entlang nach Osten ziehen, sich immer mehr verbreiternd, bis zur Magdeburger Börde. Ein Zug von flachen Endmoränenhügeln parallel zur unteren Fuhne ist hier nur ein ganz schwacher Anhaltspunkt für eine natürliche Abgrenzung gegen die Köthener Ebene.

Im Südosten bildet der Harz eine natürliche Eckbastion des niedersächsischen Raumes. Weil er von Natur aus wie auch in seiner Erschließung weitgehend eine Einheit bildet, sei er als Ganzes in die Darstellung einbezogen, ausschließlich jedoch der allmählichen Abdachung zur Mansfelder Mulde, wo der Gebirgscharakter verloren geht. Die Grenzlandschaft des Eichsfeldes im Süden sei als ein in vielem zu Thüringen tendierender Raum nur randlich in die Betrachtung einbezogen.

Im Südwesten umfaßt das heutige Land Niedersachsen das Weserbergland nur zum Teil. Hier sei jedoch das Bergland als natürliche Einheit ganz in die Darstellung einbezogen, einschließlich Reinhardswald, Umgebung des Diemeltals, Eggegebirge, zum Teutoburger Wald, der eine scharfe Grenze gegen die Münstersche Bucht bezeichnet. Die südwestliche Gebirgsgrenze findet noch eine Fortsetzung in den Sandsteinrücken der Grafschaft Bentheim.

Die westliche Abgrenzung gegen die Niederlande wird vom Bourtanger Moor getragen. Die großen Moorflächen waren von je natürliche Grenzsäume, doch ist ihre abgrenzende Wirkung mit zunehmender Kultivierung schwächer geworden. Außerdem bestehen an der Küste und über die Inselreihe Verbindungen zwischen den von Natur gleichartigen Landschaften West- und Ostfrieslands.

Im ganzen ist der niedersächsische Raum durch einigermaßen deutliche natürliche Grenzen im Nordwesten und Norden, zum Teil auch im Süden umrissen, während die Grenzen im Osten fließend sind und innerhalb des Berglandes wie auch im Westen zahlreiche Durchgangsmöglichkeiten vorgezeichnet sind. Das hängt zusammen mit der Einbettung des niedersächsischen Raumes in die west-ost sich erstreckenden Großlandschaften Mitteleuropas: Der Küstenstreifen und die Geest- und Moorlandschaften Niedersachsens gehören zu dem großen Flachlandgürtel, der, durch eiszeitliche und jüngere Aufschüttungen geprägt, von den Niederlanden über Norddeutschland bis ins Innere Rußlands zieht. Das niedersächsische Bergland mit dem Harz ist ein Teil des Mittelgebirgsgürtels, der sich von Frankreich und Südbelgien über die deutschen Mittelgebirge bis Südpolen erstreckt, in sich vielgestaltig und aus Teilen des verschiedensten Alters zusammengesetzt, aber als Einheit deutlich abgehoben gegen die Flachlandzone im Norden einerseits, den Hochgebirgsbogen der Alpen, Karpaten usw. im Süden andererseits. So zieht quer durch den niedersächsischen Raum in West-Ostrichtung eine bedeutende europäische Landschaftsgrenze. Sie wird begleitet von dem sich von Westen nach Osten verbreiternden Streifen der vom Löß geprägten Bördelandschaften, der über Magdeburg und den Raum von Leipzig zieht, in Schlesien um Breslau, in Polen östlich Krakau wieder breit ausgeweitet ist und schließlich an die südrussischen Steppengebiete Anschluß hat. Auch dieser Streifen von Lößbörden im Gebirgsvorland ist also ein Landschaftsgürtel von weiter Ausdehnung, wiederum in West-Ostrichtung. Aus dieser Lage in den Großlandschaften ergeben sich für Niedersachsen natürliche Verbindungen nach Osten wie nach Westen.

Zwischen den verschiedenen Teillandschaften des Mittelgebirges sind Abgrenzungen deutlicher als innerhalb des Flachlandes vorgezeichnet. So fällt es leichter, den niedersächsischen Raum im Bergland abzugrenzen. Allerdings vermitteln Pfortenlandschaften zwischen den einzelnen Teilen des Mittelgebirges, und in diesen haben alle Abgrenzungen einen willkürlichen Charakter. Beispielsweise im Diemelgebiet als einer Verbindung zwischen Rheinischem Schiefergebirge und Weserbergland sowie im Umkreis der Egge fallen Grenzziehungen schwer, und der Gebirgsvorsprung des Teutoburger Waldes–Wiehengebirges hat wegen wichtiger Pässe und der Durchgängigkeit von der Weser gegen Osnabrück hin zum Teil mehr Pforten- als Grenzcharakter. Im ganzen ist es für den niedersächsischen Raum kennzeichnend, daß seine natürliche Abgrenzung an sehr vielen Stellen durchlässig ist und erheblich weniger Gewicht hat als die den niedersächsischen Raum selbst durchziehenden und aufteilenden Landschaftsgrenzen.

Durch diese quer durch Niedersachsen verlaufenden Landschaftsgrenzen hoher Ordnung ergibt sich für den doch engen Raum (das Land Niedersachsen und das Land Bremen zusammen zählen knapp 48 000 qkm) eine bemerkenswerte landschaftliche Vielgestaltigkeit. Als deutlich unterschiedene natürliche Landschaften heben sich ab[2] (vgl. Karte 1, nach S. 112):

1. Die Küstenlandschaft mit der dünenbesetzten Inselreihe, dem Watt und dem Marschengürtel, einer im natürlichen Gezeitenbereich liegenden, jetzt durch Deiche geschützten ebenen jungen Aufschlickungsfläche, heute nahezu ausschließlich offenes Kulturland, größtenteils Grünland.

2. Die Geestlandschaft als überwiegend von eiszeitlichen Aufschüttungen geprägte ebene bis flachwellige Landschaft, größtenteils in Meereshöhen von 20–60 m, in sich deutlich gegliedert in nahezu ebene, trockenere Geestplatten, feuchte, zum großen Teil moorerfüllte Niederungen und flachhügelige „hohe Geest". Geestplatten und Niederungen bestimmen die Landschaft westlich der Weser sowie die Stader Geest; die hohe Geest beherrscht die Lüneburger Heide. Heute sind die Niederungen und der größte Teil der Geestplatten von Grünland und Acker eingenommen, der überwiegende Teil der hohen Geest und trockenere Teile der Geestplatten tragen Wald, meist Kiefernforsten.

3. Das Gebirgsvorland mit den nahezu ebenen Lößflächen, meist in Höhen von 40–100 m, jetzt fast ausschließlich in Ackernutzung, mit kleinen Resten von Laubwald, überwiegend auf den Hügelkuppen.

4. Das Bergland, im nördlichen Teil ein Mosaik von meist nur kurzen Höhenzügen verschiedener Richtung, von Höhen bis etwa 400 m, mit relativ steilem Relief und Waldbedeckung, dazwischen mit flachen, jetzt als Acker oder Grünland genutzten Becken und breiten Talungen in 150–200 m ü. NN, im südlichen Teil mit breitgewölbten, teils bis 500 m ansteigenden waldbedeckten Rücken und mit Hochflächen, die jetzt ebenso wie die Täler Acker und Grünland tragen.

5. Der Harz, die steil um 300–400 m über das Vorland emporragende, durch Hochflächen und tief eingeschnittene Täler gekennzeichnete, in über 1100 m

ü. NN kulminierende Gebirgsbastion, jetzt ganz überwiegend mit Fichtenwald bedeckt.

Der Marschengürtel greift tief in das Binnenland am Unterlauf von Ems, Weser und Elbe ein, andererseits stößt stellenweise der Geestrand weit nach Norden vor. So ist der Marschengürtel von sehr unterschiedlicher Breite.

Bei der Untergliederung des Geestlandes treten als große Einheiten hervor: Die niedrige, von großen Mooren durchzogene ostfriesische Geest; die von der Ems und der Leda–Jümme zur Hunte und Weser ziehende moorerfüllte Niederungszone; die vom Hümmling bis Nienburg reichende Reihe von Geestplatten; eine südlich daran anschließende, mehrfach unterbrochene Kette von Niederungen und Mooren von der nördlichen Grafschaft Bentheim über das Artland und die Moore am Dümmer zum Uchter Moor; ein bewegterer Südrand mit den Höhen von Lingen, Ankum, den Dammer Bergen und Kellenberghöhen sowie den Stemmer Bergen, mit Fortsetzung jenseits der Weser in den Rehburger Bergen. – Rechts der Weser gliedert sich die Geest in die von Mooren umfaßte und durchzogene Stader Geest im Norden und die jenseits von Wümme und Este mit stärkerem Relief sich heraushebende Lüneburger Heide, die im Süden von der breiten Niederung des Aller-Urstromtals begrenzt wird.

Scharf und eindeutig ist die Scheidelinie zwischen der Geestlandschaft und dem Gebirgsvorland durch die Lößgrenze vorgezeichnet. Der lößbedeckte Vorlandstreifen umfaßt die schmale Fußzone des östlichen Wiehengebirges, die Schaumburger Mulde, das Kalenberger Land, die Hildesheimer Börde, die Umgebung von Braunschweig, die Schöppenstedter Börde. Seine Südgrenze gegen das Bergland ist wegen des weiten Eingreifens der Lößbörden nach Süden und der Flachheit der nach Norden weisenden Gebirgslehnen mehr ein Grenzsaum als eine scharfe Linie. Vorgeschobene einzelne Höhenzüge wie Asse, Elm oder Lappwald, die als Vorposten des Berglandes in der Bördenzone liegen, kann man dieser zugliedern. Das Große Bruch bildet eine feuchte Grenzzone zwischen dem Bördestreifen und der bergigen Vorharzmulde mit Fallstein und Huy.

Innerhalb des Berglandes sind deutlich unterschiedene Landschaftseinheiten: Der hügelige Nordwestteil vom Osnabrücker Hügelland bis zum Lippischen Bergland; das Weserbergland und das Leinebergland, beide mit einem mehr kleinkammerigen Teil im Norden und großräumigeren Schichtstufen und Gewölben im Süden (Grenze zwischen diesen Teilen etwa nördlich des Solling), endlich das Harzvorland. – Die Grenze zwischen dem Harz und seinem Vorland ist durch seine steile Stirnseite im Nordosten und die Ausräumung einer Randfurche im Südwesten eine der am schärfsten ausgeprägten Landschaftsgrenzen in Niedersachsen.

Aus der Gliederung des niedersächsischen Raumes in west-östlich streichende Landschaftszonen ergibt sich eine Spannung in Nord-Süd-Richtung, wie sie zwischen Landschaften zu entstehen pflegt, die von Natur aus verschieden ausgestattet sind, aber durch bequeme Einfallstore miteinander in Verbindung stehen. Solche Übergangsstellen bieten sich in den großen Flußtälern an – Elbe, Weser mit Aller und Leine, Ems – die in Südost-Nordwest-Richtung gegen die Küste ziehen und einerseits zwischen Mittelgebirge und Flachland vermitteln, andererseits mit ihren tiefen Mündungstrichtern Vermittler zwischen Flachland und Meer werden. Diese Nord-Süd-Spannungen zwischen Bergland und Flachland, zwischen Land und See sind ein wichtiger Zug des niedersächsischen Raumgefüges. Die naturgegebenen Ausgleichsstellen dieser Spannungen, die Kreuzungspunkte zwischen West-Ost-Landschaftsgrenzen und Nord-Süd-Leitlinien der Täler, der Flüsse, der Scharten im Bergland sind prädestiniert für besonders dynamische kulturlandschaftliche Entwicklung (Städtebildung, Häfen, Verkehrsbündelung).

[1] Kartenmäßige Orientierung über dies Gebiet geben K. BRÜNING, Atlas Niedersachsen, 1934 und 1950; Deutscher Planungsatlas Bd. II Niedersachsen und Bremen, hg. v. Akademie f. Raumforsch. u. Landesplanung, 1961; E. SCHRADER, Die Landschaften Niedersachsens, in: Topographischer Atlas, 3. Auflage 1965 (mit zahlreichen Literaturangaben); W. GROTELÜSCHEN und U. MUUSS, Luftbildatlas Niedersachsen 1967 (mit zahlreichen Literaturangaben). Einige zusammenfassende, kurz orientierende landeskundliche Übersichten über Niedersachsen sind: H. SCHREPFER, Der Nordwesten, Landeskunde v. Deutschl. Bd. I, 1935; Das Land Niedersachsen, Gegenwart und Tradition, hg. v. Nds. Zentrale f. Heimatdienst, 1955; E. SCHRADER, Niedersachsen, Biographie einer Landschaft, 1958; K. BRÜNING, Niedersachsen; Land, Volk, Wirtschaft, 1956. – [2] Vgl. auch Handbuch der naturräumlichen Gliederung Deutschlands, hg. v. E. MEYNEN, 1953–1962; J. HÖVERMANN, Die natürlichen Landschaften Niedersachsens, in: Geogr. Rundschau 9, 1957.

3. ERDGESCHICHTLICHE ENTWICKLUNG

Die Entstehung dieser Landschaftsgliederung ist weitgehend in der geologisch-tektonischen Geschichte des niedersächsischen Raumes begründet[3]. Die ältesten Schichten, aus dem Erdaltertum – Silur, weitflächig Devon und Unterkarbon, in geringem Maße Rotliegendes – treten im Harz an die Oberfläche. Sie wurden gefaltet, überschoben, gequetscht und verschuppt durch eine schon im Devon beginnende, in der Hauptsache im Oberkarbon wirksame v a r i s t i s c h e   G e b i r g s b i l d u n g. Im Verlauf dieser Gebirgsbildung drangen magmatische Massen in die Höhe (zum Beispiel Brockenpluton) und erstarrten unter den Deckschichten, die durch die Einwirkung der ungeheuren Drucke und Hitze umgewandelt wurden. In Risse und Spalten, die sich in den benachbarten und den Deckschichten bildeten, drangen aus dem Magma stammende Lösungen ein, deren Mineralgehalt beim Erkalten auskristallisierte; so entstanden die wertvollen Ganglagerstätten, E r z g ä n g e u. a. Beim Ausklingen der Gebirgsbildung kam es im Rotliegenden zu vulkanischen Ergüssen

(Porphyre von Ilfeld). Die von der Gebirgsbildung betroffenen Schichten wurden noch im Erdaltertum von den abtragenden Kräften abgeschliffen, so daß nur ein „Gebirgsrumpf" übrigblieb.

Durch weitgespannte Senkungen gerieten der Harz und der ganze niedersächsische Raum in der Folgezeit unter Meeresbedeckung. Das flache Z e c h - s t e i n m e e r wurde wiederholt in verschiedenen Meeresbecken bei dem damals herrschenden heißen Klima „eingedampft", die im Wasser gelösten Salze schieden sich dabei aus und bildeten mächtige Salzschichten, die den ganzen niedersächsischen Raum bis etwa zu einer Linie vom Wiehengebirge bis westlich Cloppenburg, dem damaligen Uferrand, unterlagern, beziehungsweise unterlagert haben. Diesen Schichten gehören die zahlreichen Kalivorkommen, die weitaus meisten der Steinsalzlagerstätten, Anhydrit- und Gipsvorkommen von Niedersachsen an.

In den folgenden Zeiten der T r i a s (Buntsandstein, Muschelkalk, Keuper) und des Jura blieb der niedersächsische Raum im großen ganzen Ablagerungsgebiet, teils flacher, teils tieferer Meere. In Meeren des Unteren Jura (Lias) und Mittleren Jura (Dogger), zum Teil auch des Oberen Jura wurden in Verbindung mit sandigen und tonigen Schichten, im Oberen Jura auch mit Kalken, Eisenverbindungen abgelagert; es entstanden Rot- und Brauneisenerzlager.

Im Oberen Jura wurde die lange Zeit tektonischer Ruhe durch neuerliche Gebirgsbildung abgelöst. In mehreren Phasen, über die Kreidezeit bis ins jüngste Tertiär, war die sogenannte s a x o n i s c h e G e b i r g s b i l d u n g wirksam. Durch sie wurden die viele 1000 m mächtigen Schichten des großen Ablagerungstroges, der zwischen den alten, schon varistisch gefalteten und verfestigten Massen des Harzes und des Rheinischen Schiefergebirges lag, bewegt, zu Falten und Sätteln zusammengeschoben, gehoben und vielfach zerbrochen. Dadurch, daß der Harz und das Rheinische Schiefergebirge als Widerlager bei diesen Bewegungen wirkten, bildeten sich vorwiegend Sättel in Südost-Nordwest-Richtung streichend heraus. Diese Streichrichtung bestimmt noch jetzt großenteils die Struktur des Berglandes und bewirkt eine gewisse Öffnung und Durchgängigkeit der Berglandschaften gegen Nordwesten hin, was sich beispielsweise klimatisch, aber auch im Gewässernetz, sogar in Verkehrsführungen bemerkbar macht.

Die saxonische Gebirgsbildung bewirkte auch die Heraushebung der H a r z - s c h o l l e , deren alte verfestigte Masse längs einer Südost-Nordwest streichenden Störungslinie herausgehoben und nach Nordosten überschoben wurde; am Südrand stieg sie in geringerem Maße und stark zerstückelt empor. Schon an der Wende Jura/Kreide angelegt, aber hauptsächlich im Tertiär ausgebildet und noch bis ins jüngste Tertiär in Bewegung war der Graben des oberen L e i n e t a l s , eine Einbruchsregion von gleicher Streichrichtung wie der Oberrheintalgraben. Parallel zum Leinetalgraben verliefen Brüche am Nordwestrand der steigenden Harzscholle. Mit diesen tektonischen Bewegungen am Harz und oberen Leinetal formten sich Leitlinien des Berglandes von erheblicher Verkehrsbedeutung.

Durch die Aufsattelungen und Bruchbildungen bei der saxonischen Gebirgsbildung wurde das in der Tiefe lagernde Zechsteinsalz mobilisiert. Unter den Druck- und Temperaturverhältnissen der Tiefe wurden, namentlich in den Gebirgsbildungsphasen, die Salzschichten plastisch, und an Schwächezonen – Brüchen, Rändern gegeneinander verschobener Schollen und Firsten von Aufsattelungen – drangen die Salze nach oben, während sie aus den Flankenzonen abwanderten. Sie wurden dabei zusammengepreßt, die einzelnen Salzlager verknetet und verquetscht; gleichzeitig schleppten sie die umgebenden und ursprünglich überlagernden Schichten in die Höhe und richteten sie oft steil auf. So kamen Salzsättel und Salzstöcke zustande, die relativ dicht unter die Oberfläche gelangten – damit als Lagerstätten der menschlichen Nutzung zugänglich.

Bei den einzelnen Phasen der saxonischen Gebirgsbildung wechselte der Küstenverlauf im niedersächsischen Raum, der Rand des Niedersächsischen Beckens mehrfach. Im ältesten Abschnitt der Kreidezeit lag der Küstenbereich nicht weit vom jetzigen Berglandrand beim Deister, den Bückebergen. In dem damaligen großen Brackwassergebiet dieses Raumes bildeten sich Sümpfe, aus deren Pflanzendecke die Steinkohlenlager des Wealden entstanden. In einem andern Abschnitt der Kreidezeit (Neokom), als die Küstenlinie durch das Vorharzland verlief, arbeiteten die von Süden herkommenden Flüsse und das Flachmeer die der Jurazeit entstammenden Erzlager auf, und als „Trümmererze", auch als fischrogenähnliche „oolithische" Erze wurden die Eisenverbindungen von neuem abgelagert. So entstanden beispielsweise die Salzgitterer Erzlager. Auch in einem jüngeren Abschnitt der Kreidezeit kam es im gleichen Raum noch einmal zu ähnlichen Trümmererzbildungen eines küstennahen Meeres: Die Eisenerzlager von Groß Ilsede.

Die Tertiärzeit brachte starke Zerstückelung und Bruchbildung in dem saxonisch gefalteten und gehobenen Bergland mit sich. Im Zusammenhang mit der Bruchbildung drangen magmatische Massen auf. Im Gebiet der Dransfelder Hochfläche bildeten sich vulkanische Ergüsse, deren Zeugnisse die Basaltkegel (Grefenburg, Bramburg u. a.) sind. Manche dieser Massen blieben in der Tiefe stecken, beeinflußten aber die darüberliegenden Schichten durch Bruchbildungen, an denen Gasaushauchungen und Mineralwässer nach oben drangen; so ist die Entstehung mancher Heilquellen zu erklären (zum Beispiel Pyrmont).

Seit dem jüngsten Tertiär blieb der Bereich des niedersächsischen Berglandes von Meeresüberflutungen verschont. Die Schichten wurden nun durch die abtragenden Kräfte des Festlandes weitgehend verebnet. Der nordniedersächsische Raum blieb dagegen während der ganzen Tertiärzeit Ablagerungsraum und Senke, ebenso wie der Nordseeraum. In der zentralen Nordsee wurden im Tertiär mehrere 1000 m mächtige Schichten abgelagert, die jetzt durch die Erdölbohrungen im Meer Interesse gewinnen.

Mit dem Pleistozän trat der Umschwung des Klimas zur Kaltzeit ein, von Skandinavien her schoben sich allmählich die Inlandeismassen über den norddeutschen Raum. Von den drei, durch lange wärmere Interglazialzeiten getrennten Vereisungen bedeckten die ältere Elster- und die folgende Saalevereisung den ganzen Nordteil Niedersachsens und den nördlichen Teil des Berglandes. Dabei stieß die Elstervereisung an der Weser bis etwa Holzminden vor. Die Saalevereisung verhielt bei ihrem Vorstoßen in einer Stillstandslage im südlichen Teil der niedersächsischen Geest – Moränen des sogenannten Rehburger Stadiums. Ihr weitester Ausgriff nach Süden erreichte die Weser bei Hameln und bedeckte weiter westlich noch die ganze Münstersche Bucht. Ein jüngeres Stadium der Saalevereisung – vielleicht auch eine selbständige „Warthe-Vereisung" – bedeckte gerade noch den Raum der Lüneburger Heide.

Der letzte große Eisvorstoß, die Weichselvereisung, erreichte den Raum Niedersachsen nicht mehr; der Eisrand verlief etwa im Raum Hamburg. Die vom Inlandeis überfahrenen Gebiete wurden von den mitgeschleppten, zum Teil auch aufgewühlten und umgelagerten Schutt-, Sand- und Lehmmassen überdeckt, an jeweiligen Stillstandslagen des Eises bildeten sich Moränen, meist Stauchmoränen. Schmelzwasserströme schütteten gewaltige Sandflächen auf. Im angrenzenden eisfreien Gebiet wirkte sich das Kaltklima mit Frostböden und Bodenfließen aus, das die Formen der Landschaft vielerorts abflachte, ferner mit verminderter Wasserführung und somit Schuttablagerung der Flüsse, endlich mit Ablagerungen des Windes, der im vegetationsfreien Vorfeld des Eises Feinmaterial ausblies, um es in den etwas weiter südlichen Gebieten wieder abzulagern. So entstanden die Flottsandablagerungen in der Geest und vor allem die Lößablagerungen am Gebirgsfuß und im Gebirge selbst. Dem Pleistozän entstammen also nahezu das gesamte Material, das das Geestland aufbaut, und die Grundzüge seiner Formung, ferner die wirtschaftlich wichtigen Lößablagerungen, endlich die wesentlichen Züge der jetzigen Gestalt des Berglandes, wo die Verwitterung in der Kaltzeit aus der tertiären Verebnung die heutigen Höhenzüge gleichsam herauspräparierte (vgl. S. 153).

Etwa 8000 v. Chr. wurden die Kaltzeiten endgültig durch milderes Klima abgelöst; die folgenden Perioden der geologischen Jetztzeit, des Holozän, brachten dem größten Teil des niedersächsischen Raumes nur geringe Ausformung und Umgestaltung, im Geestgebiet jedoch ließen sie mit dem Wachstum der Moore, das sich seit etwa 5500 v. Chr. stark ausbreitete, ein wesentliches Landschaftselement entstehen. Ferner gestaltete sich in dieser Zeit erst die Küste. Am Ende der Eiszeiten lag die Nordseeküste weit im Norden, bei der Doggerbank, und erst allmählich verschob sie sich nach Süden, hauptsächlich durch Ansteigen des Meeresspiegels, zum geringeren

Teil auch wohl infolge einer weitgespannten Senkung des nordniedersächsischen Raumes, wie sie schon im Tertiär und früher stattgehabt hatte. Durch den Einbruch und die allmähliche Ausgestaltung des Ärmelkanals entstand die Verbindung der weit nach Süden vorgedrungenen Nordsee nach Südwesten zum Atlantik hin, und das jetzige System der Gezeitenwellen und Strömungsverhältnisse konnte sich ausbilden.

Aus der skizzierten erdgeschichtlichen Entwicklung des niedersächsischen Raumes ergibt sich, daß die eingangs gekennzeichnete Landschaftsgliederung zugleich eine Altersgliederung ist: Von der aus paläozoischen Gesteinen aufgebauten, schon in der varistischen Gebirgsbildung verfestigten Harzscholle über das hauptsächlich aus mesozoischen Gesteinen bestehende, in der saxonischen Gebirgsbildung in seinen Grundzügen gestaltete Bergland zu dem im Pleistozän aufgeschütteten Geestgebiet und endlich zu der im Holozän geformten Küstenlandschaft gelangt man von Süden nach Norden in erdgeschichtlich immer jüngere Zonen. Dabei greifen die jüngeren Zonen gewissermaßen von Norden nach Süden zu über die älteren hinweg: Unter der jungen Marsch sind in der Tiefe Geestablagerungen mit relativ lebhaftem Relief erbohrt; unter den mächtigen Eisablagerungen der Geest machten moderne Tiefbohrungen über 1000 m Tiefe mesozoische Schichten in Mulden und Sätteln erkennbar, die an den Bau des Berglandes gemahnen und für die Auffindung von Lagerstätten – Erdöl, Erdgas, Erze – bedeutsam sind. Auch Vorkommen aufgedrungener Zechsteinsalze, ähnlich wie im Bergland, sind in großer Zahl unter den Aufschüttungen der Geest bekannt – insgesamt sind in Niedersachsen über 200 solcher Salzstrukturen festgestellt.

Durch die Heraushebung des südlichen Teils von Niedersachsen und die Absenkung des nördlichen Teiles mit seinen mächtigen jungen Deckschichten ist die Erreichbarkeit der nutzbaren L a g e r s t ä t t e n in den beiden Regionen unterschiedlich. Im allgemeinen liegen die Erz-, Kohle- und Salzlagerstätten des Berglandes relativ oberflächennahe, teilweise streichen die Erz- und Kohlelager sogar an der Oberfläche aus. Sie waren daher schon in frühen Zeiten für den Menschen erkennbar und mit relativ einfachen Mitteln nutzbar zu machen. Die Bodenschätze im Geestgebiet liegen, abgesehen von manchen sehr weit emporgedrungenen Salzstöcken, ungleich tiefer, großenteils in Teufen von über 1000 m. Sie waren daher im großen ganzen erst modernen Forschungsmethoden erkennbar und sind erst recht nur mit modernen technischen Mitteln nutzbar zu machen. Die reiche Ausstattung des niedersächsischen Raumes mit Lagerstätten konnte somit im Bergland und Harz sehr viel früher wirtschaftlich wirksam werden als im Geestgebiet und im Küstenraum.

Die Gliederung in herausgehobenes Bergland im Süden und Senkungsraum, jetzt Flachland, im Norden, beziehungsweise Nordwesten hat eine für die ganze Natur des Landes wesentliche Folge: Der niedersächsische Raum dacht sich im ganzen von Südosten nach Nordwesten ab, seine großen Flüsse bevorzugen die Nordwestrichtung, nach Nordwesten zu breiten sich wenig gegliederte Ebenheiten aus und öffnen den ganzen Raum weitflächig gegen das Meer. Die Öffnung zum Meer hin bestimmt das niedersächsische Klima, gibt damit den Böden und der Pflanzendecke wesentliche Kennzeichen; die Öffnung gegen das Meer prägt auch der Siedlungs-, Wirtschafts- und Verkehrsgestaltung des Landes eine von den andern deutschen Teilräumen vergleichbaren Umfangs abweichende Eigenart auf. (Weitere Angaben zu Geologie, Tektonik und Lagerstätten siehe die Abschnitte über die einzelnen Landschaften.)

[3] A. Bentz, H. Martini, P. Woldstedt und H. R. Gaertner, Geologische Übersichtskarte von Nordwestdeutschland 1 : 300 000, hg. v. Amt f. Bodenforsch. Hannover, 1951; Karte der nutzbaren Lagerstätten und Gesteine Niedersachsens 1 : 100 000, Veröff. Nds. Amt f. Landesplanung u. Statist. R.K Bd. I, 1952; zur ersten Orientierung F. Hamm, Niedersachsens Erdgeschichte, 1954. Zusammenfassende Darstellungen: Geologie und Lagerstätten Niedersachsens (Veröff. Nds. Amt f. Landesplan. u. Statist.), darin A. Stahl und A. Ebert, Das Paläozoikum in Niedersachsen (Bd. 1, Teil 1) 1952; A. Kumm, Trias und Lias (Bd. 2, Abt. 1) 1941; A. Kumm, Der Dogger (Bd. 2, Abt. 2) 1952; F. Dewers, K. Gripp, F. Overbeck, Das Känozoikum in Niedersachsen (Bd. 3) 1941; O. Sickenberg, Steine und Erden (Bd. 5, Abt. 1) 1951; K. Fricke, Die unterirdischen Lagerstätten (Bd. 5, Abt. 3) 1954.

4. Klima und Wasserverhältnisse

Nach Ausklingen der Eiszeit herrschte im niedersächsischen Raum ein subarktisches Klima, in dem Tundren mit Zwergbirke und Polarweide, mit Flechten und Moosen sich auf den von Eis und Schmelzwässern freigegebenen Flächen ausbreiteten [4]. Allmählich wanderte die Birke, dann die Kiefer ein. Sie bildeten zunächst eine Parktundra, dann wurde das spätglaziale Klima wärmer, es konnte ein Birken-Kiefern-Wald entstehen. Aber ein letzter Kälterückfall ließ den Wald wieder einer nur von Birken und Kiefern durchsetzten Tundra weichen. Dann milderte sich in einer Vorwärmezeit das Klima so weit, daß die Birke weite Flächen bedecken konnte. Die frühe Wärmezeit ist durch die Ausbreitung der Kiefernwälder, zusammen mit der wärmebedürftigen Hasel, gekennzeichnet. Der niedersächsische Raum wurde seit etwa 8000 v. Chr. zum Waldgebiet. In dieser frühen Wärmezeit, dem Boreal, war das Klima noch weitgehend kontinental, entsprechend der weitab im Norden liegenden Küste.

Das Meer rückte aber langsam nach Süden vor und gewann in der mittleren Wärmezeit (Atlantikum) stärkeren klimatischen Einfluß, das heißt das Klima wurde feuchter und im Temperaturgang ausgeglichener. In dieser Zeit, etwa vom 6. vorchristlichen Jahrtausend an, konnten sich Eiche, Ulme und Linde ausbreiten. Eichenmischwälder verdrängten mehr und mehr die an kontinentaleres Klima gebundenen Kiefernwälder, die sich wohl nur noch in der Lüneburger Heide in stärkeren Beständen erhielten. Auf das

Zunehmen der Niederschläge und der Luftfeuchtigkeit deutet auch die Ausbreitung der Hochmoore in jener Zeit. Auf großen Flächen versumpfte der Boden früherer Kiefern- und anderer Wälder, und Hochmoore wuchsen darauf empor. Der Höhepunkt der nacheiszeitlichen Erwärmung – ein Klima, das bedeutend wärmer als das jetzige war – wurde etwa um 4000 v. Chr. erreicht. In der späten Wärmezeit (Subboreal) trat dann erstmals die Buche, ein Baum mit hohen Feuchtigkeitsansprüchen, im niedersächsischen Raum auf (etwa von 2500 v. Chr. an) und bildete einen langsam zunehmenden Bestandteil der Eichenmischwälder. Gleichzeitig gingen die Hasel, die Wärme und trockeneres Klima braucht, Ulme und Linde zurück. Diese Veränderungen deuten auf wiederum zunehmenden maritimen Einfluß und ein Kühlerwerden des Klimas.

Feucht-kühles Klima erlangte um 800–600 v. Chr. die Herrschaft (Nachwärmezeit, Subatlantikum). In den Laubmischwäldern, die den niedersächsischen Raum bedeckten, gewann nunmehr die Buche das Übergewicht und drängte die Eiche zurück. Das Hochmoorwachstum beschleunigte sich. Niedersachsen gehörte nun endgültig zum atlantisch-maritim geprägten Klimabereich. Später traten allerdings auch noch kleinere Klimaschwankungen ein. Beispielsweise läßt sich aus den Hochmooren des Oberharzes feststellen, daß zwischen dem 9. und 16. Jahrhundert n. Chr. das Klima für weiteres Torfwachstum zu trocken war. Erst um die Mitte des 16. Jahrhunderts wurde das Klima des Harzes wieder so feucht und kühl, wie es jetzt ist, wo die Moore kräftig weiterwachsen. Mooruntersuchungen im Solling deuten ebenfalls auf eine Klimaschwankung um etwa 1200 n. Chr. hin. Demnach scheint Niedersachsen im Hoch- und Spätmittelalter ein günstigeres, trocken-wärmeres Klima gehabt zu haben als im Frühmittelalter und als in der Neuzeit.

Das jetzige Klima[5], wie es sich im Durchschnittsbild aus den Beobachtungen seit rund 100 Jahren darstellt, zeigt sich im größten Teil des Landes maritim geprägt, aber im östlichen Teil der Lüneburger Heide und im östlichen Gebirgsvorland kommen auch schon kontinentale Züge zur Geltung.

Niedersachsen gehört insgesamt zur Zone vorherrschender Südwest- und West- wie auch Nordwestwinde. Die letzteren sind etwas weniger häufig; sie kommen besonders im Juni–Juli zur Entwicklung, wenn infolge relativ starker Erwärmung des Landes und Kühle des Meeres ein monsunartiger Wind von Nordwesten ins Land weht; ferner auch beim Rückseitenwetter der für die ganze Klimazone kennzeichnenden wandernden Tiefs. Nordwestwinde können für die Küste wegen der Öffnung der großen Flußmündungen in dieser Richtung zur Gefahr werden, weil die Kräfte der auflaufenden Flut, des gestauten Flußwassers und des hineindrückenden Sturmes unter Umständen zu gefährlicher Bedrohung der Deiche zusammenwirken. Die Windgeschwindigkeiten sind auf den Inseln und an der Küste besonders hoch (im Jahresmittel 6 m/s gegen nur 2 m/s im Binnenland, allerdings 9 m/s am Brocken). Die höchsten

Windgeschwindigkeiten werden im Januar beobachtet, die geringste Luftbewegung herrscht im August. Alle Winde mit westlicher Richtungskomponente können wegen der allgemeinen Nordwestabdachung tief ins Land dringen, ohne auf wesentliche Hindernisse zu stoßen. Erst am Rand des Berglandes werden die Luftmassen zu stärkerem Anstieg gezwungen. Dabei stoßen die häufigen Südwestwinde zuerst auf die weit ausgreifende Barriere des Teutoburger Waldes, überhaupt des ganzen Weserberglandes, später noch auf die Bastion des Harzes. Nach Überwindung dieser Hindernisse steigen die von Südwesten kommenden Luftmassen im Gebirgsvorland, namentlich nordöstlich vom Harz wieder ab, wobei sie als föhnartige warm-trockene Fallwinde auftreten. Wesentlich auf diese Föhnwirkungen geht die thermische Begünstigung des Gebirgsvorlandes zurück. Auch die Entwicklung einer Starkwindzone am nördlichen Harzrand erklärt sich daraus. – Ost- und Südostwinde sind im niedersächsischen Raum relativ selten und in der Hauptsache auf den Hochwinter und den Hoch- und Spätsommer beschränkt.

Die von Westen kommenden Luftmassen sind im wesentlichen maritimen Ursprungs und feucht. Sie sind die Bringer der Stau- und Steigungsregen: Wenn sie durch die Reibung der Landoberfläche gestaut werden, kommt es zur Abgabe von Niederschlägen – die stärkste Stauwirkung liegt von der Küste etwa 10–20 km landeinwärts. Wenn sie an den Geesthöhen oder noch mehr an den Rändern und Höhen des Berglandes zum Aufsteigen gezwungen werden, fallen Steigungsregen. So liegt eine Zone hoher Niederschläge in Küstennähe (über 750 mm im Jahresmittel); ähnliche Niederschlagsmengen empfängt die hohe Geest auf ihren höchsten Kuppen. Im Bergland fallen ebenfalls hohe Niederschläge (über 750 mm, auch über 800 mm und in größeren Höhen über 1000 mm Niederschlag) dort, wo die Hänge gegen Nordwesten, Westen oder Südwesten exponiert sind. Der Zug des Teutoburger Waldes und der Winkel des Eggegebirges erhalten besonders viel Niederschläge, weil hier sowohl West- als auch Südwestwinde aufsteigen, ferner sind der breite Sollingrücken und vor allem der Harz Regenfänger. Die Lage des Harzes ist besonders exponiert, nirgends sonst im deutschen Raum ragt ein Gebirge in solcher Meeresnähe zu Höhen über 1000 m auf, noch dazu über einem relativ schwach reliefierten Vorland. So sind die Jahresniederschläge auf dem Harz mit über 1400 mm sehr hoch, und sie nehmen mit der Höhe dort sehr schnell zu (zum Beispiel von Bad Harzburg zum Brocken auf einer Entfernung von 15 km steigt der Jahresniederschlag von weniger als 900 mm auf über 1600 mm).

Die in Lee der westlichen Windrichtungen liegenden Niederungen, Hänge und Beckenlandschaften erhalten meist weniger als 700 mm Jahresniederschlag. Das gilt für die weitflächigen Niederungen der Geest, die Ostabdachung der Lüneburger Heide wie für die Becken und Täler des Berglandes. Durch relative Trockenheit (weniger als 600 mm) zeichnet sich in Nordniedersachsen die Gegend von Bremen–Verden (hinter der Küstenstauzone), der Osten der Heide von Lüneburg und dem Wendland bis zum Bördenstreifen hin sowie schließlich das Gebirgsvorland selbst aus; im letzteren führt die Leelage zum Harz im Verein mit den Föhnwirkungen zu Niederschlagshöhen unter 550 mm, im Osten sogar unter 500 mm (Übergang zur Magdeburger Börde). Auch die Hildesheimer Börde ist relativ trocken, ferner das obere Leinetal und das östlich von Göttingen liegende südliche Harzvorland. Die Gegensätze im Bergland zwischen stark beregneten Höhen und trockenen Becken- und Tallandschaften sind scharf und wesentlich engräumiger, als es bei groben Übersichten darstellbar ist.

Die Niederschläge verteilen sich über das ganze Jahr ohne ausgesprochene Trockenmonate; Maxima liegen im Juli/August und im Dezember/Januar. Im größten Teil von Niedersachsen überwiegen die Sommerniederschläge; an der Küste und auf den Inseln verschieben sich die Hauptniederschläge zum Herbst und Winter hin, ebenfalls dominieren im Harz die Winterniederschläge. Die Niederschlagshäufigkeit ist in Niedersachsen allgemein hoch: Im Durchschnitt fallen im Jahr an 180 Tagen Niederschläge von mindestens 0,1 mm Höhe, darunter an 125 Tagen ergiebigere (mindestens 1,0 mm). Starkregen – durch ihre abspülende Wirkung ungünstig – sind nicht häufig (etwa 1–3 Starkregen mit mindestens 5 mm Regenhöhe in 5 min werden jährlich an jeder Beobachtungsstation gemessen); meist sind sie mit Gewittern verbunden. Die Gewitterhäufigkeit bleibt im größten Teil Niedersachsens unter 22 Tagen im Jahr, an der Küste noch unter 18 Tagen. Ein Gebiet mit relativ häufigen Gewittern zieht sich über die Geest, vom Emsland nach Bremen; auch am mittleren Weserlauf und in der Lüneburger Heide sind Gewitter nicht so selten.

Die Niederschläge fallen im Flachland an 20–40 Tagen im Jahr als Schnee. Im Bergland nimmt die Häufigkeit des Schneefalls mit der Höhe schnell zu, auf dem Brocken ist an mehr als 100 Tagen im Jahr mit Schneefall zu rechnen. Der erste Schnee fällt im Harz und auch im Solling durchschnittlich schon im Oktober, im Flachland erst Mitte November; im Frühjahr treten letzte Schneefälle im Harz noch Anfang Mai (auf dem Brocken sogar Anfang Juni) ein, im Flachland immerhin noch im April. Die mittlere schneefallfreie Zeit, die in der Fußregion des Harzes etwa 200 Tage ausmacht, verringert sich bis auf 118 Tage auf dem Brocken. Eine Schneedecke hält sich im Harz über 100 Tage im Jahr; im südlichen, höheren Bergland ist mit 50–70 Tagen Schneedecke zu rechnen, im nördlichen, niederen Bergland mit etwa 30–40 Tagen. Die gleiche mittlere Dauer der Schneedecke ist in der Lüneburger Heide zu verzeichnen. Auf den Geestplatten liegt dagegen nur etwa 20–30 Tage im Jahr eine Schneedecke, in der Küstenregion ist die Schneelage von noch kürzerer Dauer (auf den Inseln nur 12 Tage).

Die gegen Nordwesten exponierte Harzbastion, gegen die die regenbringenden Luftmassen treiben, ist so oft von Wolken eingehüllt, daß hier die weitaus größte Nebelhäufigkeit des Landes zu verzeichnen ist (der Brocken hat an 270 Tagen im Jahr Nebel, die Harzhochfläche in einer Höhe um 600 m ü. NN an 75 Tagen). Im Bergland führen weniger die tiefhängenden Wolken als vielmehr Strahlungsnebel zur Zählung von Nebeltagen (durchschnittlich 50 Tage im Jahr); sie kommen besonders in den Flußtälern und Beckenlandschaften vor. Relativ nebelreich sind die Moorniederungen des Flachlandes (um 60 Tage), weniger dagegen die Küste. – Die Bewölkung oder – als entgegengesetzte Aussage – die S o n n e n s c h e i n d a u e r – läßt sich in ihren regionalen Unterschieden nicht ohne weiteres aus den Niederschlagsverhältnissen folgern: So ist der ganze Küstenbereich durch lange Sonnenscheindauer ausgezeichnet; sonnenscheinreich ist ferner der östliche Rand der Lüneburger Heide und vor allem das ganze östliche Gebirgsvorland, wo sich die föhnigen Auflockerungen bemerkbar machen. Der Harz ist trotz seiner hohen Niederschläge relativ sonnenscheinreich (vor allem im Winter), dagegen empfängt das nordwestliche Weserbergland, Teutoburger Wald und Eggegebirge, wenig Sonnenschein, ebenso der westliche Teil der Geest (Emsland, Oldenburg).

Dem maritimen Grundcharakter des Klimas entspricht die ausgeglichene T e m p e r a t u r, kühl, mit geringer Jahresschwankung. Die mittlere Lufttemperatur im Jahr liegt in fast ganz Niedersachsen zwischen 8° und 9° C; niedriger ist sie nur im Harz und den höheren Teilen des Berglands. Die Julimittel bewegen sich zwischen 16° und 18° C, die mittlere Januartemperatur bleibt größtenteils über 0° und beträgt nur im Bergland und in der Lüneburger Heide unter –1°, im Harz unter –2°, auf dem Brocken unter –4° C. Die Minderung der Sommertemperaturen durch den Einfluß des Meeres ist am stärksten an der Küste ausgeprägt und klingt nach Südosten zu ab; das föhnbegünstigte östliche Gebirgsvorland und zum Teil auch die Beckenlandschaften im Bergland haben relativ warme, schon mehr kontinental beeinflußte Sommer. Dementsprechend ist die mittlere Jahresschwankung der Temperatur im Nordwestteil Niedersachsens besonders gering (unter 16°) und nimmt gegen Südosten zu; auf den Höhen des Berglandes, vor allem im Harz, ist sie aber wieder geringer (zwar kalte Winter, aber auch sehr kühle Sommer). Auch die in längeren Beobachtungszeiten gemessenen Extremtemperaturen unterstreichen die Kennzeichnung Ostniedersachsens als schon etwas kontinentaler: In der östlichen Lüneburger Heide und im Gebirgsvorland lagen die höchsten gemessenen Sommertemperaturen zwischen 37° und 38°, die tiefsten Wintertemperaturen zwischen –26° und –28°; ähnliche Werte zeigten auch die Becken und Talungen des Berglandes (bei Göttingen in dem „Kältesee" der Leinetalung wurden die überhaupt tiefsten Winterextreme verzeichnet). Dagegen wurden im Küstenbereich positive Extreme nicht über +33° und negative von nicht einmal –20° gemessen.

Bei der Zeit des Frosteintritts und bei der F r o s t d a u e r macht sich wiederum im Nordwesten der mildernde Meereseinfluß bemerkbar. Er nimmt nach Südosten und mit der Höhe ab, aber auch die Bodenverhältnisse spielen beim Frost eine Rolle. Im Mittel kann man in Niedersachsen mit einer dauernd frostfreien Zeit von 170–180 Tagen im Jahr rechnen. Auf den Inseln sind 230 Tage frostfrei; im Gebirgsvorland von Hannover und Braunschweig 190 Tage, im Solling etwa 170 Tage, im Oberharz 140 Tage. Aber auch die Lüneburger Heide hat nur eine frostfreie Periode von im Mittel 140 Tagen zu erwarten. Alle Sandgebiete der Geest sind relativ frostgefährdet, noch mehr aber leiden die großen Moorgebiete unter sehr späten Frösten im **Frühjahr** (im Bourtanger Moor zum Beispiel noch im Juni) und sehr frühen Herbstfrösten (sogar im August wurden in extremen Jahren Fröste beobachtet). So sind in den Mooren kaum zwei Monate sicher frostfrei – wenn auch die Mittelwerte (150 frostfreie Tage) erheblich günstiger liegen –, und die Frostgefährdung ist stärker als im Oberharz. Entscheidend für diese Verhältnisse ist die schnelle starke Wärmeabgabe der Moor- und Sandböden der Geest.

Außer den Frostterminen spielt für das Pflanzenleben das **Tagesmittel der Lufttemperatur** von mindestens 5°C eine besondere Rolle für ein stärkeres Wachstum (Hauptvegetationsperiode). Im größten Teil Niedersachsens beträgt diese Periode 210–230 Tage im Jahr. Sie dauert länger als 230 Tage in der Küstenregion, im südlichen Emsland und am nördlichen Fuß des Berglandes einschließlich des Wesertals bis Nienburg und der Gegend von Hannover und Hildesheim. (Das östliche Gebirgsvorland weist wegen der kalten Winter keine besonders lange Hauptvegetationsperiode auf.) Im Bergland nimmt die Dauer dieser Temperaturperiode mit der Höhe ab (im Solling schon weniger als 210 Tage) und sinkt im Harz unter 200, am Brocken unter 170 Tage. Im Bergland ist wie bei den meisten Temperaturwerten auch hierbei der Wechsel zwischen Höhen und begünstigten geschützten Becken kleinräumiger, als die Durchschnittswerte erkennen lassen; Exposition und Bodenverhältnisse machen sich dabei stark bemerkbar. – Hinsichtlich der Fröste sind übrigens die geschlossenen Becken benachteiligt, weil die Kaltluft an den Hängen abfließt und sich in Kälteseen dort sammelt.

Die Grenztemperatur von +5° Tagesmittel wird im größten Teil Niedersachsens zwischen dem 25. und 30. 3. erreicht. Früher beginnt diese Vegetationsperiode im Gebirgsvorland und den Becken des Berglandes, später selbstverständlich auf den Höhen (im Oberharz nach dem 15. 4.), aber auch relativ spät in der Lüneburger Heide und der Stader Geest (31. 3. – 10. 4.). Der Frühlingseinzug, gemessen am Beginn der Apfelblüte, fällt im größten Teil Niedersachsens in die Zeit zwischen 6. und 12. 5., ist an der Küste durch die abkühlende Wirkung des Meeres etwas verzögert, liegt in geschützten Beckenlandschaften aber noch vor dem 6. 5.

Die Grundzüge des Klimas, die für den ganzen niedersächsischen Raum gelten – die maritime Prägung, die reichlichen, recht gleichmäßig über das Jahr verteilten Niederschläge, die milden, ausgeglichenen Temperaturen mit

1. Relief von Niedersachsen

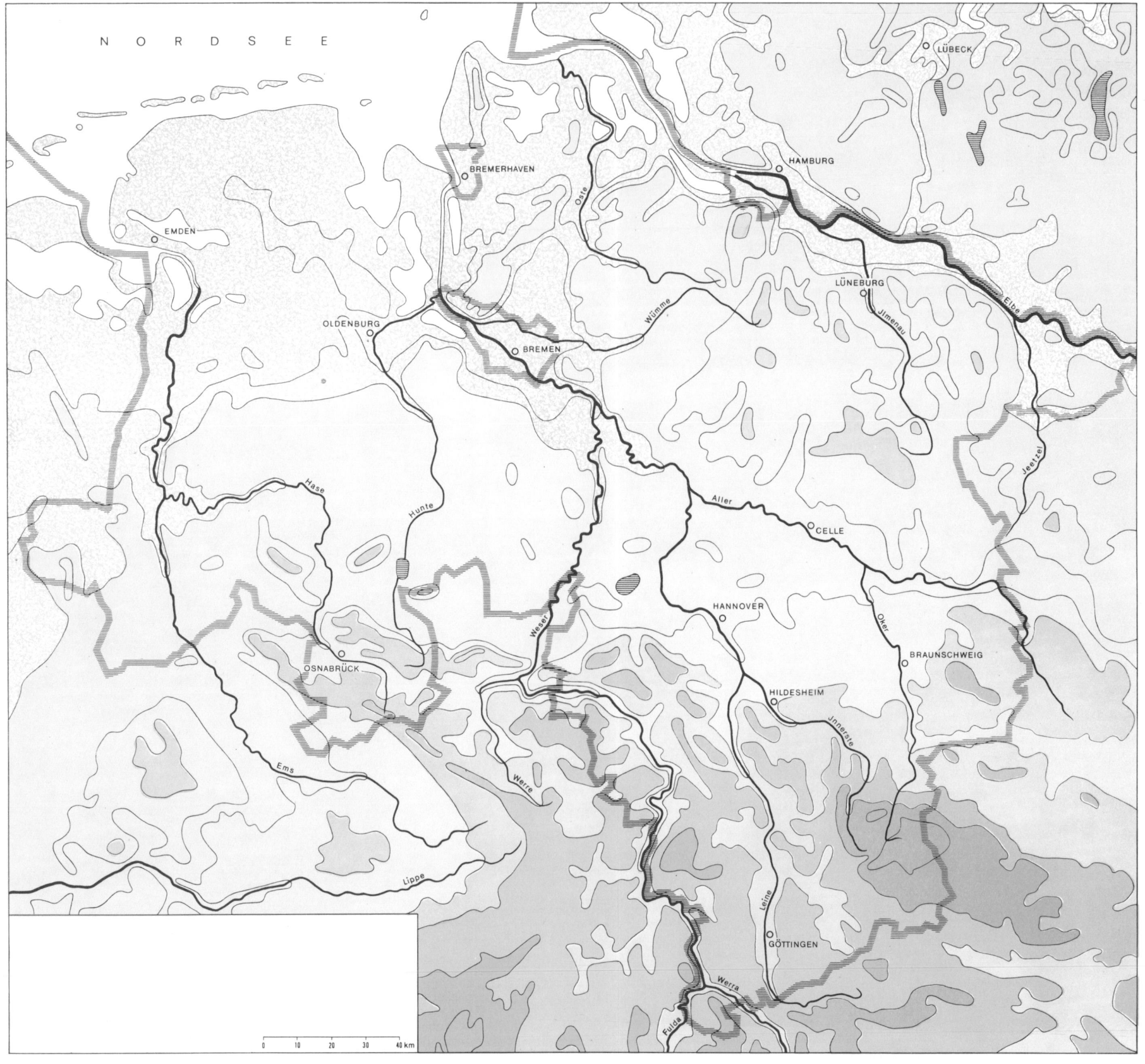

4. Klima und Wasserverhältnisse

Sommerkühle, Wintermilde und langen Vegetationszeiten – diese Grundzüge sind in den einzelnen Teillandschaften doch soweit abgewandelt, daß abschließend die Charakteristik der „Klimakreise" Niedersachsens nach Hoffmeister[6] zitiert sei:

1. Die Ostfriesischen Inseln mit „sommerkühlem Klima mit geringer Temperaturschwankung und geringer Frostgefährdung, geringen Niederschlägen, hoher Luftfeuchtigkeit und starker Luftbewegung vorwiegend aus südwestlicher Richtung".

2. Der Nordseeküstenkreis mit „starkem Einfluß des Meeres. Die Sommer sind kühl, Sommer und Jahr regenreich. Boden und Vegetation rufen zum Teil eine stärkere Frostgefährdung hervor. Die Windbewegung ist noch bedeutend... Die Luftfeuchtigkeit ist groß..."

3. Der Emskreis „... noch ein maritimes Klima, das sich... durch die bodenbedingten ungünstigen Frostverhältnisse unterscheidet. Der Sommer ist kühl und regenreich, die jährliche Temperaturschwankung gering, dagegen sind Fröste häufig, treten sehr spät noch im Frühjahr, aber auch schon sehr früh im Herbst auf."

4. Der Weserkreis (um die Mittelweser, gegen das Gebirgsvorland zu) „Übergangsgebiet von dem maritimen Nordseekreis zu der kontinentalen Börde. Die Jahresschwankung der Temperatur hält sich in mäßigen Grenzen... Die Sommer- und Jahrestemperaturen erreichen mäßige Höhen, die Niederschläge sind verhältnismäßig gering. Die... Mittelstellung, die der Weserkreis im Herzen Niedersachsens zwischen dem Emskreis und dem Kreis der Lüneburger Heide hat, ist nicht so deutlich ausgeprägt. Er steht hier als trockeneres Gebiet zwischen zwei überwiegend regenreichen, die außerdem beide durch niedrigere Temperaturen und ungünstigere Fröste ausgezeichnet sind..."

5. Der Kreis der Lüneburger Heide mit im Rahmen Niedersachsens „... kontinentalen Zügen... (Er) neigt zu extremen Temperaturverhältnissen, die... wie insbesondere die ungünstigen Frostverhältnisse ihre Ursache in der Bodenunterlage und in den Vegetationsverhältnissen haben. Die Niederschläge sind überwiegend reichlicher, als sie einem ausgesprochenen kontinentalen Gebiet zukommen..."

6. Der Weserberglandkreis „hat durch seine Temperaturverhältnisse mit mäßigen Extremen und meist reichlichen Niederschlägen starke maritime Züge, doch fehlen, besonders in den Senken des östlichen Teils, nicht stärkere kontinentale Einschläge, die sich... besonders in der hohen Sommertemperatur und der höheren jährlichen Schwankung der Temperatur äußern".

7. Der Bördekreis „hat innerhalb Niedersachsens einen deutlich kontinentalen Charakter, der sich besonders in einer hohen Sommertemperatur, einer hohen Jahresschwankung der Temperatur und Niederschlagsarmut ausdrückt.

Die Frostverhältnisse sind trotz des kontinentalen Charakters nicht als ungünstig anzusehen."

8. Der Harzkreis „ ... ist besonders gekennzeichnet durch niedrigere Sommer- und Jahrestemperaturen, durch eine geringere jährliche Schwankung der Temperatur, durch überwiegend größere und häufigere Niederschläge und größeren Schneereichtum".

Die jetzigen Regionalunterschiede des Klimas wird man in etwa gleichem Maß auch für die zurückliegenden Jahrhunderte annehmen dürfen. Nicht jedoch lassen sich die heute gemessenen lokalen Unterschiede, die Lokalklimate, in frühere Zeit zurückprojizieren. Beispielsweise die Frostgefährdung und Neigung zu Nebelbildung in Moorsenken kann durch die Entwässerung der Moore in den letzten Jahrhunderten durchaus verändert worden sein. Für die Nebelbildung in den Ästuaren der Weser und Elbe, die jetzt relativ häufig ist, spielen wahrscheinlich auch die dortigen großen Städte mit ihrer Erzeugung von Kondensationskernen eine Rolle – früher mag die Nebelbildung dort geringer gewesen sein. Zweifellos sind durch die Entwaldung großer Flächen für die Ackerkultur die Ausstrahlungsverhältnisse, Windgefährdung und Luftfeuchtigkeit – zum Beispiel im Gebirgsvorland – in historischer Zeit lokal, vielleicht sogar großflächig geändert worden. Bei der Überlegung, unter welchem Klima historische Vorgänge, etwa Landnahmen, sich vollzogen haben, muß man sich jedenfalls davor hüten, die jetzigen Klimawerte vollständig zu übernehmen, sondern muß sowohl langfristige Klimaschwankungen als auch menschlich bedingte Änderungen des Lokalklimas zumindest als möglich in Rechnung setzen – so wenig darüber auch bisher bekannt ist.

Die reichlichen und einigermaßen gleichmäßig über das Jahr verteilten Niederschläge gewährleisten im niedersächsischen Raum im allgemeinen eine günstige Wasserversorgung[7]. Ständige Wassermangelgebiete von nennenswertem Umfang fehlen. Das Gewässernetz ist dicht, besonders im Bergland. Weitmaschiger ist es nur in den sandigen Hügelgebieten der Lüneburger Heide; dort sind an der Wasserscheide zwischen Aller und Elbe sowie in der Göhrde oberflächliche Wasseradern relativ spärlich; die reichlichen Niederschläge versickern tief in mächtigen Sanden. Extreme Dichte des Gewässernetzes kennzeichnet den Küstenbereich; jetzt ist es das vom Menschen geschaffene äußerst dichte Graben- und Sieltiefsystem zur Entwässerung des eingedeichten Marschlandes – vor der Eindeichung dürfte in dem immer wieder überfluteten Gebiet ebenfalls ein dichtes Netz ständig sich verlagernder Wasserrinnen, die zu den großen Prielen führten, bestanden haben. Ein dichtes künstliches Gewässernetz – Abzugsgräben und Kanäle – überzieht seit der Kultivierung auch die Moorgebiete. Solange sie nicht entwässert waren, muß das natürliche Gewässernetz hier weitmaschig gewesen sein. Die im größten Teil Niedersachsens natürliche Dichte des Gewässernetzes ist wegen der Wasserabhängigkeit jeder Siedlung eine wesentliche Siedlungsbegünstigung –

abgesehen vom Küstenbereich mit seiner Überfülle an Wasser und dem Stau des natürlichen Abflusses durch die Wirkung der Gezeiten.

Die Wasserläufe führen vom Niederschlagswasser denjenigen Teil, der nicht verdunstet, von der Pflanzendecke verbraucht wird oder das Grundwasser speist, zum Meer ab. Im Jahresmittel werden etwa zwei Drittel des Niederschlags durch Verdunstung und Pflanzen aufgezehrt, im Sommer liegt der Anteil erheblich höher, und die Wasserläufe erhalten dann hauptsächlich aus den Grundwasservorräten ihr Wasser, durch Quellen wie durch Einsickern ins Flußbett. So führen die niedersächsischen Flüsse im Sommer, wenn die Hauptniederschläge fallen, am wenigsten Wasser, das Minimum des Abflusses liegt bei den meisten Flüssen im September. Das Sommerniedrigwasser ist am stärksten bei den Geestflüssen, vor allem im Emsgebiet, ausgeprägt; es ist auch für den ganzen Weserlauf bezeichnend, ebenfalls für die Weserzuflüsse, allerdings bei den Harzflüssen in geringerem Maße. Die Harzflüsse zeigen meist eine recht unregelmäßige Wasserführung; starke Niederschläge wirken sich hier auch im Sommer schnell aus, zum Beispiel bei Gewittern, und es kommt nicht selten zu Sommerhochwässern. Im allgemeinen sind die Sommerhochwässer im Bergland von den Starkregen der Gewitter abhängig. Da letztere auf enge Bezirke beschränkt sind, betreffen die Hochwasserwellen meist nur das eine oder andere Nebental, beeinflussen aber den Wasserstand der großen Flüsse, zum Beispiel der Weser, wenig.

Im Winter steigt die Wasserführung der niedersächsischen Flüsse schnell an, dank dem zweiten, winterlichen Niederschlagsmaximum und der relativ geringen Festlegung der Wassermengen durch Frostperioden. Der Februar bringt im Mittel die größten Abflußmengen, etwas geringere der März und stark abnehmende dann der April. In den Spätwinter bis März fallen die meisten Hochwässer. Sie sind im allgemeinen dadurch abgemildert, daß die Hochwasserwellen wegen der verschiedenen Länge und Steilheit der Zuflüsse aus dem Bergland, zumal aus dem Harz, nacheinander kommen und sich auch mit den Hochwasserwellen der Weser aus Werra und Fulda sowie auch der Aller aus ihrem Oberlauf zeitlich nicht überlagern und in der Wirkung addieren. So sind katastrophale Hochwässer selten. Sie treten am ehesten im Februar ein bei plötzlichen starken Niederschlägen auf noch gefrorenem Boden, wo der gesamte Niederschlag oberflächlich abfließt. In den Mittel- und Unterläufen der niedersächsischen Flüsse sind längere Ausuferungen im Winter und Frühjahr die Regel und wegen der Schlammführung der Flüsse als Düngung des Grünlandes nicht unerwünscht. Die Ablagerungen, die namentlich in der Nähe der Hauptrinnen stark sind, lassen die Überschwemmungen allmählich weiter ausgreifen; so werden Siedlungen, die ursprünglich hochwassersicher angelegt waren, jetzt zum Teil hochwassergefährdet. Im Flachland waren vor dem Deichbau und den Regulierungen an der mittleren Weser und ihren Zubringern, an der unteren Ems und an der Elbe bei dem geringen

Gefälle der Flüsse und der Weite der Talauen die regelmäßigen Überschwemmungen im allgemeinen bis an die Ränder der Geestplatten ausgedehnt, also sehr weitflächig, und dauerten lange bis ins Frühjahr. Da die Hochwässer in den breiten im Tidebereich liegenden Unterläufen gestaut und am Abfluß gehindert werden, und da zur Hochwasserzeit häufig auch Weststurm oder Nordwest das Öffnen der Sieltore im Deich unmöglich macht, kommt es im Marschenbereich auch jetzt regelmäßig zu langdauernden Wasserüberstauungen.

Im Jahresdurchschnitt schafft die W e s e r, zu der reichlich die Hälfte des niedersächsischen Raumes entwässert, etwa 360 cbm Wasser je sec ins Meer (Mittelwasser, gemessen am Beginn des Unterlaufs nach Einmündung der Hunte). Diese Abflußmenge ist etwa halb so groß wie die der Elbe, aber viermal so groß wie die der Ems. Bereits an der Porta Westfalica führt die Weser 176 cbm/sec zu Tal, aus dem ganzen Bereich der Aller nimmt sie an der Allermündung 119 cbm/sec auf, die zur knappen Hälfte aus dem Bereich der Leine stammen (50 cbm/sec). Damit seien die Größenverhältnisse des Abflusses als wesentlich für die Schiffahrt wenigstens angedeutet. Im niedersächsischen Bereich ist, vom tangierenden Elblauf abgesehen, die Weser die wichtigste natürliche Wasserstraße – freilich in ihrem Wert durch die Neigung zu sommerlichen Wasserklemmen gemindert und durch starke Aufschüttungen, Versandung des Unterlaufs und Laufspaltungen mindestens bis ins 19. Jahrhundert (Weserkorrektion!) problematisch. Schnellen und Engstellen beeinträchtigen namentlich bei Niedrigwasser ihre Schiffbarkeit im Bergland. Die Aller war bis Celle, die Leine etwa bis Hannover schiffbar, wobei die starke Ablagerung im Flußbett freilich eine ständige Schwierigkeit darstellte (zum Beispiel Zuschüttung der Allerwehre). Auch die Schiffbarkeit der Ems war durch Versandung und Flußverlagerungen bis in jüngere Zeit stark beeinträchtigt.

Von mindestens so großer Bedeutung für den Menschen wie die Oberflächengewässer sind die G r u n d w a s s e r v e r h ä l t n i s s e , die außer von den Niederschlägen auch von den Gesteinen, ihrer Art und Lagerung, abhängen und in enger Wechselbeziehung zu Boden und Pflanzendecke stehen. Die Grundwasservorräte sind im niedersächsischen Flachland im allgemeinen reich, weil die ergiebigen Niederschläge in den mächtigen Sanden und Kiesen der pleistozänen Ablagerungen gespeichert werden können. Über eingeschalteten dichten, das Wasser schlecht leitenden Schichten, zum Beispiel lehmigen Grundmoränenablagerungen, Tonen oder Schlickschichten, entwickeln sich in den porenreichen Sand- und Kiesablagerungen Grundwasserstockwerke, manchmal mehrere übereinander. In den Niederungen des Flachlandes ist das Grundwasser überall oberflächennah, auf den Geestplatten liegen dagegen die Grundwasserhorizonte oft tief, enthalten aber reichliche und gute Vorräte weichen Wassers. In der Nähe von Mooren ist die Wasserqualität allerdings durch Beimengung organischer Substanz und von Eisenverbindungen gemindert. In den Marschen ist das Grundwasser in Küstennähe oft versalzen, so daß trotz der Überfülle von Wasser in diesem Bereich gutes Trinkwasser selten ist.

Im Bergland sind die Grundwasserverhältnisse wegen des vielfachen Wechsels der Gesteine örtlich sehr unterschiedlich. Wasserspeichernde Schichten, wie zum Beispiel poröse und klüftige Sandsteine, grenzen oft auf kurze Entfernung an Schichten, in denen das Wasser versinkt, zum Beispiel die zum Teil löslichen Kalke; Sande und Kiese sind auf Täler und Becken beschränkt; wasserführende Spalten und Kluftsysteme werden durch Hänge angeschnitten usw. — jedenfalls sind im allgemeinen keine so weitflächig zusammenhängenden reichen Grundwasservorräte wie in der Geest vorhanden. Örtlich sind allerdings auch hier große Grundwasserreservoire festgestellt, zum Beispiel in den Schotterfeldern am nördlichen Harzfuß. In ausgedehnteren Kalkgebieten wie im Südharzvorland haben sich Karstwasserverhältnisse entwickelt, ein ziemlich zusammenhängender Grundwasserspiegel in Lösungshohlräumen, unterirdische Ableitung des Wassers vom Harz gegen Südwesten und Austritt in starken Karstquellen (Rhumequelle). — Im Harz ist wegen der dichten Gesteine der unterirdische Wasservorrat spärlich und zumeist auf Wasserführung der Spalten und Klüfte beschränkt. So kann es hier trotz der hohen Niederschläge zu sommerlichen Wasserklemmen kommen; andererseits neigen die sehr schnell das Wasser abführenden Harzflüsse zu starken Hochwässern. Erst der Talsperrenbau hat diese für den Harz wie für das Vorland ungünstigen Verhältnisse geändert.

[4] Zur Entwicklung des Klimas vgl. F. FIRBAS, Waldgeschichte Mitteleuropas nördlich der Alpen Bd. 2, 1952; F. OVERBECK, Die Moore (Geol. u. Lagerstätten) (wie Anm. 3) Bd. 4, 2. Auflage 1950. — [5] J. HOFFMEISTER und F. SCHNELLE, Klima-Atlas von Niedersachsen (Veröff. Nds. Amt f. Landesplan. u. Statist. R. K, Bd. 4) 1946; Klima-Atlas von Niedersachsen, hg. v. Deutsch. Wetterdienst, 1964. — [6] J. HOFFMEISTER, Die Klimakreise Niedersachsens (Veröff. Wirtsch.-wiss. Ges. R. B, Bd. 16) 1937. — [7] Wasserwirtschaftsatlas von Niedersachsen, Teil I Wasserwirtschaftskarte 1 : 100 000 (Veröff. Nds. Amt f. Landesplan. u. Statist. R. K, Bd. 6) 1950; Teil II Hydrographische Karte 1 : 100 000 (Veröff. Inst. f. Landesplan. u. Nds. Landeskunde Göttingen) 1961; Deutsches gewässerkundliches Jahrbuch (ab 1946, vorher Jb. f. Gewässerkunde d. Dt. Reiches); W. GROTH, Die Wasserwirtschaft Niedersachsens, 1944.

5. BODEN UND PFLANZENDECKE

Unter B o d e n ist hier die obere Verwitterungsschicht der oberflächlich anstehenden Gesteine verstanden; sie ist außer von der Beschaffenheit der Gesteine (beziehungsweise Lockersedimente wie Sande, Löß usw.) vor allem abhängig vom Klima, von den Grund- und Bodenwasserverhältnissen und auch vom Einfluß der Pflanzendecke, des tierischen Lebens und nicht zuletzt des

Menschen. Umgekehrt übt der Boden entscheidenden Einfluß auf die Lebensmöglichkeiten der Pflanzen und somit auf die Land- und Forstwirtschaft des Menschen aus. Diese Wechselbeziehung zwischen Bodenbeschaffenheit und menschlichem Wirtschaften bringt es mit sich, daß die Bodenbildung stärkeren und schnelleren Änderungen unterworfen ist, als wenn sie allein von dem weitgehend unveränderlich vorgegebenen Gesteinsuntergrund und dem sich nur langfristig verändernden Klima abhängig wäre. So ist der Boden variabler als die bisher für den niedersächsischen Raum angesprochenen Naturfaktoren. Das augenblickliche Bild des Bodens ist ein Mosaik von Ergebnissen längerer und kürzerer, vom Menschen gestörter oder ungestörter Entwicklungen; es ist ein Augenblicksbild aus vielfach sich überkreuzenden Bodenbildungsprozessen und zeigt somit eine Fülle von Übergängen von der einen Bodenart und dem einen Bodentyp zur andern Art, zum andern Typ [8].

Für die Entwicklung der Böden in Niedersachsen sind zwei Faktoren von hervorragender Bedeutung: Die reichlichen und gleichmäßigen Niederschläge, und das auf weiten Flächen stets oder mindestens jahreszeitlich hochstehende Grundwasser. Die Niederschläge bewirken „Auswaschung" des Bodens: Aus den Vegetationsresten bildet sich bei der Durchfeuchtung eine Rohhumusdecke, in der Säuren produziert werden, die die obere Bodenschicht intensiv zersetzen (bleichen) und eine Wanderung von Tonerde, Eisenverbindungen und andern Stoffen in die tieferen Bodenschichten veranlassen. Dort werden die aus dem verarmenden Oberboden ausgewaschenen Substanzen zum Teil ausgeschieden (zum Beispiel Ausfällung von Eisenverbindungen), und es bilden sich mehr oder weniger verfestigte Ausfällungshorizonte (zum Beispiel der Ortstein in den Heideböden). Die Auswaschung der Eisenverbindungen kann sogar noch tiefer gehen und das Grundwasser mit Eisen anreichern (zum Teil bei den Grundwässern der Geest). Dieser Auswaschungsprozeß, die sogenannte Podsolierung, ist in jeder Hinsicht ein Verarmungsprozeß; die Pflanzennährstoffe gehen den oberen Bodenhorizonten verloren, Kalkgehalt ist überhaupt nicht mehr vorhanden; die Ausfällungshorizonte können bei stärkerer Verfestigung und relativ hoher Lage die Pflanzenwurzeln behindern; der Gehalt des oberen Bodens an Feinmaterial wird immer geringer, bis schließlich auch aus ehemals leicht anlehmigen oder mergeligen Böden – etwa der Grundmoräne auf der Geest – reine Sandböden entstehen können.

Dieser Prozeß der Auswaschung betrifft klimabedingt einen sehr großen Teil der niedersächsischen Böden. Besonders anfällig dafür sind wegen ihrer natürlichen Durchlässigkeit, Kalk- und Nährstoffarmut die Sandablagerungen des Pleistozäns auf der Geest. Dabei scheint westlich der Weser im Altmoränengebiet, wo der Bodenbildungsprozeß schon sehr lange andauert, auch ein Teil ursprünglich lehmig-mergeliger Ablagerungen zu Sandböden geworden zu sein. In der Lüneburger Heide hingegen, wo die Ablagerungen aus dem Warthestadium ja jünger sind und die Bodenbildung erst kürzere

Zeit im Gange ist, treten Böden mit mehr feinen Bestandteilen auf. – Dichte lehmige und tonige Ablagerungen neigen allgemein weniger zur Podsolierung, und so spielen auf vielen Böden des Berglandes trotz der reichlichen Niederschläge solche Auswaschungsprozesse eine viel geringere Rolle als in der Geest. Dazu kommt hier, daß der Auswaschungsprozeß auf stärker hängigen Böden gar nicht voll zur Entwicklung kommen kann; der Oberboden wird hier teils abgespült und rutscht ab, auf den unteren, noch weniger verarmten Bodenschichten beginnt das Kräftespiel von neuem. So ist im Bergland der Grad der Podsolierung auch eine Frage der Hangneigung.

Weitgehend unempfindlich gegen diese Auswaschungsprozesse sind die Böden auf Löß. Die feinschluffige Struktur und der Kalkreichtum der Lößablagerungen wirken dieser Art Bodenbildung entgegen. Es bildet sich ein anderer Humus, nicht der saure, Verarmung bewirkende Humus der Podsole. Auf dem lößhaltigen Ausgangsmaterial entstehen zumeist Braunerden oder die ähnlichen sogenannten Parabraunerden, sehr weit verbreitete Bodentypen im Bergland und Gebirgsvorland Niedersachsens. Beide sind durch die Verwitterung im feuchten Klima entkalkt. Für die Braunerde – einen in Mitteleuropa sehr häufig vertretenen Bodentyp – ist ein unterer, humusarmer, brauner Horizont als Zone intensiver Verwitterung, Tonbildung und Verlehmung mit Reichtum an Eisenverbindungen (daher die Farbe) kennzeichnend, der obere, wenig mächtige humose Horizont ist kaum ausgelaugt, nur entkalkt. Tonsubstanz und Eisenverbindungen werden hierbei nicht vertikal verfrachtet. Bei den sonst ähnlichen Parabraunerden wandert dagegen die Tonsubstanz, es bildet sich ein kennzeichnender Tonanreicherungshorizont in der Tiefe. Beide Bodentypen werden als unter Laubwald entstanden angesehen, sind nährstoffreich und in ihrer Struktur für Pflanzenwuchs günstig. Besonders wertvoll sind im allgemeinen die Parabraunerden, der Wert der Braunerden kann sehr unterschiedlich sein. Sie sind beide nicht an Löß gebunden, wenn sie auch in Niedersachsen besonders häufig darauf entwickelt sind. Eine gewisse Versauerung und Bleichung kann auch bei diesen Böden in der obersten Bodenschicht auftreten und bewirkt dann allmähliche Übergänge in Richtung podsolierter Böden.

Das feuchte Klima Niedersachsens wirkt sich in der Bodenbildung einerseits durch die weite Verbreitung von mehr oder weniger ausgeprägten Podsolierungsprozessen aus, andererseits beeinflußt es die Böden indirekt durch die Wirkung von Boden- und Grundwasser. In den Böden, die dauernd oder zeitweise in den Bereich des Grundwassers geraten, laufen die Zersetzungsvorgänge ganz oder teilweise unter Luftabschluß ab. Die organische Substanz wird dann nicht durch Vermoderung, sondern durch Fäulnis abgebaut, oder, wenn Luftzutritt und Luftabschluß wechseln, durch einen Wechsel der beiden Zersetzungsarten, das ist Vertorfung. Solche Vorgänge sind kennzeichnend für die Entstehung der Moorböden, der anmoorigen Böden und

Moorerden, die im Flachland in den Niederungen weit verbreitet sind. Diesen fast ganz aus organischer Substanz aufgebauten Böden stehen die mineralischen Naßböden gegenüber, bei denen sich zum Beispiel auf Lehmen und Tonen in den Flußniederungen, auf Marschenschlick in der Küstenzone eine Zersetzung der mineralischen Substanzen ebenfalls unter Grundwassereinfluß vollzieht. Der obere Bodenhorizont, der dauernd über der Wassereinwirkung liegt, zeigt die Verwitterung und Auswaschung – Entkalkung vor allem – ähnlich wie andere Böden; in der unbelüfteten Zone der Wassereinwirkung aber scheiden sich Eisenverbindungen anderer Art ab, die durch bläulich-grünliche Flecken auffallen. Diese Böden sind durchschlämmt und dicht, ihr Porenvolumen sehr gering. Man bezeichnet diese Durchschlämmungs- und Zersetzungsvorgänge unter längerem oder kürzerem Luftabschluß als Vergleyung, die Böden als Gleyböden. Bei steigendem Grundwasser, auch bei Stauung von Bodenwasser, bei langen Überschwemmungseinwirkungen können Böden ursprünglich andern Typs gleyartig verändert werden. Entsprechend können Böden mit Gleyhorizonten, sofern sie dauernd dem Wassereinfluß entzogen werden, sich zu andern Bodentypen, etwa zu Braunerden hin entwickeln. Dabei sind an sich dichte Böden eher zu Vergleyungen geneigt als Böden mit großem Porenvolumen, zum Beispiel Sandböden, aber auch die gleyartige Veränderung von Podsolen auf Sand ist in den feuchten Geesttälern und -mulden nicht selten.

Von der Bedeutung der podsoligen Böden und der organischen wie der mineralischen Naßböden für den niedersächsischen Raum gibt folgende grobe Schätzung einen Eindruck: Nach einer Kartierung der niedersächsischen Böden von 1937–1940, die zwar in manchem überholt ist, aber doch einen Überblick vermittelt, entfällt ein Drittel der Fläche des Landes Niedersachsen auf die Naßböden, ein weiteres Drittel auf die „stark gebleichten Waldböden bis Heideböden" (das heißt Böden mit starken Podsolierungsmerkmalen); alle übrigen Böden, unter denen auch noch viele mit Bleichungs- und Auswaschungsmerkmalen geringeren Ausmaßes sind, machen das letzte Drittel aus.

Daraus ergibt sich, daß mindestens zwei Drittel der Böden Niedersachsens für die wirtschaftliche Nutzung Probleme bieten: Die stärker podsoligen Böden sind nährstoffarm und halten das Wasser schlecht; die organischen Naßböden sind ohne Entwässerung keiner wirtschaftlichen Nutzung zuzuführen, nach Entwässerung von unterschiedlichem Wert – sofern sie aus Niederungsmooren, aus verlandenden Seen gebildet sind, ist ihr Nährstoffgehalt relativ hoch; die mineralischen Naßböden sind zumeist nährstoffreich und für Grünlandnutzung möglich, bedürfen aber zu einer vielseitigeren Nutzung ebenfalls der Entwässerung. Bei allen diesen Böden führt die jetzt laufende Entwicklung bei dem herrschenden Klima zu Entwertungserscheinungen, wenn der Mensch nicht durch Kulturmaßnahmen dem entgegenwirkt. Es sind in jedem Falle Böden, die zur Nutzung relativ hohen Aufwand erfordern. Weniger problematisch sind für den wirtschaftenden Menschen die Braunerden und

Parabraunerden. Sie sind vorzügliche Waldstandorte und zu Grünland und Ackernutzung gut geeignet und verlangen zur Erhaltung ihres Wertes keine besonders aufwendigen Maßnahmen, im Gegenteil fördert die Ackernutzung zum Teil ihre Qualität. (Über die in Niedersachsen weniger weitflächig vertretenen Böden siehe die Abschnitte über die einzelnen Landschaften.)

In enger Wechselbeziehung zu den Böden steht die Pflanzendecke[9]. An allen wesentlichen Änderungen der Böden hat sie teil, Änderungen des Wasserhaushalts und Eingriffe des Menschen spiegelt sie noch schneller und unmittelbarer wider. So ist sie der Landschaftsfaktor, der wohl am stärksten und augenfälligsten zeitlichen Wandlungen unterworfen ist. Die großen Veränderungen der Pflanzendecke in der Nacheiszeit, das allmähliche Einwandern der Waldbäume in den niedersächsischen Raum mit der Milderung des Klimas und die für die Klimaveränderungen kennzeichnende Folge verschiedener Waldgesellschaften sind schon im Zusammenhang mit dem Klima kurz angedeutet. Mit diesen großen durch das Klima bedingten Verschiebungen überlagerten sich aber sehr früh schon menschliche Einflüsse: Die Pollendiagramme der Moore, aus denen die Geschichte der Pflanzendecke erschlossen ist, zeigen bereits im Subboreal, in der Zeit des Haselrückgangs und des langsam zunehmenden Vorkommens der Buche in den Eichenmischwäldern, ein regelmäßiges Auftreten von Getreidepollen, das heißt Anzeichen von Ackerbautätigkeit, die die natürliche Pflanzendecke zumindest stellenweise gründlich verändert haben muß. Die Wälder müssen schon zurückgedrängt, aber auch durch Holzentnahme, Beweidung usw. verändert worden sein. Auch der früh einsetzende Rückgang der Erle, der sich in vielen niedersächsischen Pollendiagrammen zeigt, hängt mit menschlichem Einfluß zusammen: Die großen Erlenbestände, die die Flußauen, allgemein viele feuchte Niederungen bedeckten, wurden offenbar aufgelichtet und wohl durch Weidegang zurückgedrängt. An Stelle der dichten Erlenwälder trat dann wohl eine von offenen Grasflächen durchsetzte Landschaft. Aus diesen wenigen Andeutungen ergibt sich schon, daß die Pflanzendecke des niedersächsischen Raumes bereits v o r der Buchenzeit, vor Erreichen der Zusammensetzung, die dem heutigen maritim geprägten Klima entspricht, durch menschliche Eingriffe verändert wurde. Die „natürliche" Pflanzendecke, das heißt die unter den jetzt wirksamen Naturfaktoren, aber ohne den Einfluß des Menschen gebildete, hat also niemals den ganzen Raum bedeckt, sondern höchstens stellenweise, wo der Mensch später hingelangte, bestanden. Dennoch ist ihr Bild – beziehungsweise ihre Konstruktion aus Anzeichen der Pflanzen und des Bodens – wichtig zur Erkenntnis des im Raum wirkenden Kräftespiels, außerdem ein Hilfsmittel für die Rekonstruktion früherer Landschaftszustände.

Die natürliche Pflanzendecke wäre in ganz Niedersachsen Wald, allein mit Ausnahme der – allerdings ausgedehnten – Hochmoorflächen und des schmalen Streifens neu aufgeschlickten Landes an der Küste, der von Salzwiesen eingenommen wird, sowie der Dünen-Pflanzengesellschaften, die kleinflächig und verstreut im Geestland, ferner auf den Ostfriesischen Inseln den Sand besiedeln. Selbst das Marschland, das heute so extrem baumarm ist, würde ohne die Kulturmaßnahmen des Menschen möglicherweise auf den über den Flutbereich hinausragenden Stellen Bestände von Erlen, Weiden und Pappeln tragen, sofern die starken Winde den Baumwuchs nicht unterdrückten. Bei der vollständigen Veränderung der Pflanzendecke der Marsch durch den Menschen ist die Frage nach der natürlichen Bewaldung hier kaum schlüssig zu beantworten.

Dagegen ist die sandige Geest von Natur aus ein Waldland, und zwar ist hier die Region der Eichen-Birkenwälder, die je nach den Feuchtigkeitsverhältnissen des Bodens unterschiedlich ausgebildet sind. Auf den trockenen podsoligen Sandböden würde von Natur aus der typische Eichen-Birkenwald stocken (mit Stieleiche, Weißbirke, Eberesche), auf feuchten Böden – meist Grundwasser-Gleyböden – seine feuchte Abart (= Subassoziation) mit Moorbirke und viel Pfeifengras, an sehr stark vernäßten Stellen Birkenbrücher. Auf bindigeren Böden, die eine höhere wasserhaltende Kraft als die reinen Sandböden besitzen, aber auch noch sauer wie alle podsoligen Böden reagieren, ist der natürliche Wald ein reicherer Traubeneichen-Birkenwald, in dem Zitterpappel und Buche stärker vertreten sind. Alle Eichen-Birkenwälder sind mit podsoligen Böden verbunden; unter diesen Wäldern bilden sich charakteristische Bodenprofile mit feinen rostbraunen Bändern der Eisenausscheidung im Ausfällungshorizont.

Die relativ schwachwüchsigen und auf armen Böden stockenden Eichen-Birkenwälder sind empfindlich gegen menschliche Eingriffe, Übernutzung, Beweidung, Entfernung der Streu usw. Solche Eingriffe haben diese Wälder aber Jahrhunderte und Jahrtausende lang betroffen. Sie wurden dadurch aufgelichtet, und die von Natur aus in ihnen vertretene lichtbedürftige Besenheide konnte sich außerordentlich ausbreiten. Sie drängte allmählich die Eichen-Birkenwälder zurück, zumal der Mensch durch Plaggenhieb und Beweidung für die Regeneration der Heide sorgte und den natürlichen Birkenanflug hintanhielt. Unter dem Heidebewuchs ging die Podsolierung der einstigen Waldböden in verstärktem Maße weiter, die oberen gebleichten Schichten verarmten extrem, der Bleichhorizont bestand nunmehr aus reinem Quarzkörnern, dagegen wurde durch zunehmende Eisenausscheidung der Ausfällungshorizont dicht verbacken, und es entwickelte sich Orterde bis fester Ortstein. Damit hatte der Boden eine Wertminderung erlitten, die eine Wiederbewaldung mit den natürlichen Eichen-Birkenwäldern erschwerte. Da Acker- und Grünlandnutzung auf den äußerst minderwertigen Heideböden unrentabel ist, bot sich als Nutzungsmöglichkeit anspruchsloser Waldbau an, und so wurden denn die Heiden etwa vom 18. Jahrhundert ab durch den Forstmann zunehmend in Kiefernwälder umgewandelt. Diese Kiefernforsten lassen in ihrer Krautschicht die natürlichen Eichen-Birkenwaldstandorte noch teilweise erkennen – menschlich bedingte „Folgegesellschaften" der Eichen-Birkenwälder auf dem Umweg über die Heide. Teilweise versauern sie den Boden noch mehr, jedenfalls verbessern sie ihn nicht. Standortgemäß ist die Kiefer höchstens im östlichen Teil der Lüneburger Heide mit ihrem kontinentalen Klima als Begleiter der natürlichen Laubmischwälder, nicht aber als Reinbestand. Die offene Heidelandschaft, die Zwergstrauchgesellschaft mit ihren Wacholdern und ihrem Ginster, die oft für die niedersächsische Geest als charakteristische natürliche Landschaft angesehen wurde, ist also nur auf menschlichen Einfluß zurückzuführen und bildete einen Übergangszustand zwischen den natürlichen Laubwäldern und den menschlich bedingten Kiefernforsten. Wie große Flächen von diesem mehrmaligen Wechsel der Pflanzendecke betroffen sind, veranschaulicht die Karte 2 (nach S. 128). Sie zeigt die Heideausbreitung etwa auf ihrem Höhepunkt und deutet die Verdrängung durch Kiefernforst mit einem Stand von etwa 1955 an, der inzwischen bereits durch weitere Aufforstungen noch mehr zugunsten der Waldflächen verändert ist.

Auf sandigen podsoligen Böden kommen auch im Hügel- und Bergland Eichen-Birkenwälder in der Form der Berg-Traubeneichen-Birkenwälder vor, ferner ihnen nahestehende Eichen-Buchenwälder. Auch bei ihnen ist stellenweise, zum Beispiel am Osning und Umgebung, am Hils u. a. mit zeitweiliger Verheidung zu rechnen. Auf diese folgte dann ebenfalls Aufforstung mit Kiefer oder häufiger noch mit Fichte.

Auf den wenig oder gar nicht podsolierten Braunerden, wie sie auf Geschiebelehmen und -mergeln und Flottsanden des Flachlandes, auf Lößlehmen des Gebirgsvorlandes und der Becken und Tallandschaften im Bergland verbreitet sind, bilden E i c h e n - H a i n b u c h e n w ä l d e r die natürliche Pflanzendecke, artenreiche Wälder (mit Stieleiche, Hainbuche, mit Rotbuche in mehr oder minder starker Beimischung, mit Vogelkirsche, Spitzahorn, Feldahorn, Esche und Linde, stets mit reicher Strauch- und Krautschicht). Der Eichen-Hainbuchenwald kommt in einer Reihe von Subassoziationen vor, die sich hauptsächlich durch die Feuchtigkeitsansprüche unterscheiden: In relativ trockenen, oft etwas höheren Lagen der Primelreiche, in Mittellagen der Typische Eichen-Hainbuchenwald, auf feuchten Böden der besonders artenreiche und starkwüchsige, sehr regenerationsfähige Feuchte Eichen-Hainbuchenwald, der für Hude besonders gut geeignet war; ebenfalls auf feuchten Böden, die schon Übergang zum Gley zeigen können, der Frische Buchenwald, der neben Eiche besonders viel Rotbuche enthält. Nasse Eichen-Hainbuchenwälder auf staunassen Böden und Grundwassergleyen bilden den Übergang zu Erlenbrüchern.

Die Eichen-Hainbuchenwälder wurden vom wirtschaftenden Menschen zum größten Teil vernichtet. Die wertvollen Böden, deren natürliche Pflanzendecke sie bilden, lockten zur Rodung, aber auch die Wälder selbst waren wegen ihrer

Eignung zur Hude ein Objekt übermäßiger Nutzung und wurden heruntergewirtschaftet. Der Typische Eichen-Hainbuchenwald hat bis auf kleine Reste dem Acker Platz machen müssen; oft kann man nur aus den charakteristischen Unkrautgesellschaften seine natürlichen Standorte erschließen. In größeren Flächen sind die Frischen Buchenwälder und sonstigen feuchten Subassoziationen erhalten. Freilich wurden sie vielfach in der Zusammensetzung verändert, teilweise traten Buchenreinbestände an ihre Stelle. Wurden sie gerodet, so war im allgemeinen Grünland, vorwiegend mit wertvollen Glatthaferwiesen, ihr Nachfolger. Nur auf den Standorten des Nassen Eichen-Hainbuchenwaldes sind weniger wertvolle Wiesen (zum Beispiel die feuchten Kohldistelwiesen) verbreitet. Der trockene Primelreiche Eichen-Hainbuchenwald ist nach völliger Herunterwirtschaftung stellenweise, namentlich auf Kalkhöhen des Berglandes, durch Halbtrockenrasen ersetzt.

Die Eichen-Hainbuchenwälder gehen über Höhen von etwa 250–300 m NN im Bergland nicht hinaus. In größerer Höhe ist das Gebiet der Buchenwälder. Auch bei ihnen handelt es sich um Laubmischwälder, nur daß die Buche starkes Übergewicht besitzt und die an tiefere Regionen gebundene Eiche ganz zurücktritt. Buchenwälder kommen auf Braunerden, auch den mehr oder weniger podsolierten, ebenso vor wie auf verschiedenen Gesteinsböden, vor allem auf Kalken; sie sind aber auf den sauren Böden in anderer Artenzusammensetzung entwickelt wie auf den kalkreichen. Auf mehr sauren Böden steht der grasreiche Hainsimsen-Buchenwald mit einer recht artenarmen Krautschicht; auf kalkreichem Untergrund stockt der durch eine reichere Krautschicht ausgezeichnete Perlgras-Buchenwald. Die Exposition der Hänge spielt für diese Buchenwaldgesellschaften eine große Rolle: Die starkwüchsigsten mit reicher Krautschicht wachsen auf den nordgerichteten Hängen. Die sogenannten subherzynen Buchenwälder haben ihr optimales Wuchsgebiet im Leine- und Weserbergland. – Die Buchenwälder des Harzes nehmen jetzt nur die niederen Lagen ein – über 200 m, wo das Eichen-Hainbuchengebiet des Vorlandes endet, bis unter 350 m, wo die Herrschaft der Fichte beginnt. Am Südostharz lassen sie den Übergang zu den kümmerlicheren Karstbuchenwäldern am Rand des trockeneren mitteldeutschen Gebiets erkennen. Im Früh- und Hochmittelalter reichten die Buchenwälder im Harz bis in wesentlich höhere Lagen, wenn auch wohl mit Fichten durchsetzt; erst bei etwa 1000 m ü. NN begann das natürliche Gebiet des reinen Fichtenwaldes. Ob im Zusammenhang mit der Klimaverschlechterung im Harz etwa seit dem 15. Jahrhundert, ob nur infolge menschlichen Einflusses – der Buchenwald hat im Harz erheblich an Fläche verloren (siehe auch Abschnitt „Harz").

Das natürliche Buchenwaldgebiet im Bergland außerhalb des Harzes ist großenteils noch jetzt von Buchenwald bedeckt. Für eine andere als Forstnutzung sind hier die Hänge vielfach zu steil, die Böden ungünstig, in größerer Höhe auch das Klima nicht einladend. Doch ist der jetzige Buchenwald als Reinbestand gegenüber dem ursprünglichen verarmt. Stellenweise sind auch die völlig standortfremden Fichten aus Wirtschaftsgründen vom Forstmann eingebracht. Immerhin ist die Abwandlung der natürlichen Pflanzendecke durch den Menschen im Bereich der Buchenwälder geringer als im Bereich der Eichen-Birkenwälder und der Eichen-Hainbuchenwälder.

In die Bereiche dieser regional verbreiteten Waldgesellschaften Niedersachsens sind die natürlichen Standorte **azonal vorkommender Pflanzengesellschaften** mit besonderen Lebensbedingungen eingestreut. Wegen der relativ großen eingenommenen Flächen und der Bedeutung für die menschliche Nutzung sind vor allem die Pflanzengesellschaften im Bereich hochwassergefährdeter Flußauen zu nennen. Die Lebensbedingungen sind hier durch die zeitweilige Überflutung, mehr oder weniger lange andauernde Überstauung, aber auch durch die Ablagerung immer neuer Sinkstoffe gekennzeichnet. In den größeren Talungen des Berglandes, ferner im Flachland an den aus dem Bergland kommenden Gewässern (auf den Aueböden, die viel herabgeschwemmten Lößlehm und anderes Material aus dem Bergland enthalten) stehen zunächst am Wasser Schilfröhrichte, an der Mittelwasserlinie der Mandelweidenbusch. Beide sind für die Uferbefestigung wichtig. Weiter entfernt vom Fluß schließt von Natur aus der lichte Silberweidenwald an; an besonders vernäßten Stellen mit anmoorigen Böden ist er mit Erlen durchsetzt. Auf höheren, weniger stark von der Überflutung betroffenen Stellen der Aue, auf braunen Aueböden, ist das Wuchsgebiet des Eschen-Ulmenwaldes. Der letztere und der Silberweidenwald haben so gut wie überall dem Grünland weichen müssen; wertvolle Wiesen wie verschiedene Glatthafergesellschaften und Weiden sind an ihre Stelle getreten.

An Flüssen, die ausschließlich im Bereich der Geest, der armen sandigen Böden und des Eichen-Birkenwaldes ihren Lauf nehmen, bildet den Saum der Niedrigwasserlinie ein Pfeilkraut-Röhricht, nach oben hin folgt Birken-Erlenbruch, an seinen Rändern Bestände von Grau- und Öhrchenweide, die höheren Flächen sind Wuchsgebiet des Eichen-Birkenwaldes. An solchen Flüssen (zum Beispiel Ems, mittlere Aller) haben also wegen der Nährstoffarmut durchaus andere Gesellschaften ihren Standort als in den reichen Auen etwa der mittleren Weser oder der Leine. Auch die nährstoffarmen Talauen sind jetzt im wesentlichen von Grünland eingenommen; weniger wertvolle Wiesen (Pfeifengraswiesen, Kleinseggen-Wassergreiskrautwiesen) sind den Wäldern hier gefolgt.

In den Altwasserarmen der Flußauen, in den Weihern in flachen Geestmulden, in den Wasserflächen, die sich in der niedrig gelegenen Zone zwischen Marsch und Geestrand langhin aneinanderreihen, aber auch in kleinen Seeflächen des Berglandes – in weiter Verbreitung über den niedersächsischen Raum finden sich relativ gleichartig ausgebildet die Verlandungsgesellschaften. Dazu gehören im offenen Wasser die Seerosengesellschaften, dann die

Krebsscherengesellschaft, das Teich-Schilfröhricht, Wasserschwadenröhricht, Großseggenrieder und als Endglied der Verlandung der Erlenbruchwald. Die namentlich im Flachland zahlreichen offenen Wasserflächen werden beziehungsweise wurden so von der Vegetation für das Areal der feuchten Wälder erobert, oder sie schlagen die Entwicklung zum Niederungsmoor ein.

Die Entwicklung zum N i e d e r u n g s m o o r setzt voraus, daß bei dem Höherwachsen der Vegetation über den Wasserspiegel der natürliche Endzustand des Bruchwaldes nicht erreicht wird, weil ein Steigen des Wasserspiegels eben dies Höherwachsen immer wieder kompensiert. Solch ein ständiges oder wiederholtes Steigen des Grundwasserspiegels kann verschiedene Gründe haben – vermehrter Wasserzufluß, Senkung oder Sackung des Gebiets, allgemeine Anhebung des Grundwasserniveaus zum Beispiel im Küstengebiet –, bewirkt aber stets, daß sich auf Dauer keine Pflanzen ansiedeln können, die auf Durchlüftung des Bodens angewiesen sind. Die abgestorbene Pflanzenmasse, auf der das Röhricht, die Seggen u. a. weiterwachsen, bleibt fast ständig unter Wassereinfluß und ist der Fäulnis oder der Vertorfung ausgesetzt. Die Torfe des Niederungsmoores bilden sich, und zwar um so mächtiger, je länger die Senkung oder der Wasserzufluß dauert, unter Umständen unterbrochen durch Perioden, wo der Prozeß sich verlangsamt und Bruchwald aufkommen läßt.

Nicht in jedem Fall muß die Entwicklung eines Niederungsmoores mit der Verlandung einer offenen Wasserfläche beginnen. Auch in dauernd vernäßten Mulden kann Niederungsmoor wachsen; die ersten Glieder der Verlandungsreihe, das heißt die Pflanzengesellschaften, die noch im offenen Wasser leben, fehlen dann. Unter den in Niedersachsen weit verbreiteten Niederungsmooren sind sogar die meisten in nassen Talmulden und in den vernäßten Mulden am Rand zwischen Seemarsch und Geestanstieg emporgewachsen, ohne daß eine offene Wasserfläche dort bestanden hat (im Moorprofil fehlt dann an der Basis die Mudde als Ablagerung des offenen Wassers). Der Hauptgrund für die ausgedehnte Verbreitung der Niederungsmoore im Flachland, vor allem in Küstennähe, sind relative Senkungsvorgänge, die den Grundwasserspiegel immer wieder steigen ließen und die Vernässung der Zone ständig erhielten (vgl. Abschnitt „Küstengebiet", S. 129 ff. u. Karte 3, nach S. 144).

In den Niederungsmooren erhalten die Pflanzen aus dem nährstoffreichen Grundwasser immer wieder neue Nährstoff-, gerade auch Kalkzufuhr. Reißt durch Höherwachsen der Pflanzenmasse der Kontakt mit dem Grundwasser ab, können die anspruchsvollen Pflanzengesellschaften nicht mehr bestehen. Dann können die äußerst anspruchslosen Torfmoose, die allein von Niederschlagswasser zu existieren vermögen, die andern Pflanzen zurückdrängen; sie wachsen ständig empor, die unteren Teile der Moose sterben ab, es bildet sich über dem Niederungsmoor ein Hochmoor. Dank der reichlichen Niederschläge im maritim geprägten Klima sind die Wuchsbedingungen für Hochmoore in

Niedersachsen besonders günstig. So sind, beziehungsweise waren sehr große Flächen im nördlichen Niedersachsen von Hochmooren bedeckt. Viele von ihnen sind nicht auf Niederungsmooren emporgewachsen, sondern haben sich primär gebildet, als die Steigerung der Niederschläge und der Luftfeuchtigkeit im Atlantikum den Wuchs der Torfmoose zunehmend begünstigte. Die auch vorher schon vorhandenen, aber wenig wuchsfreudigen Torfmoose in den Wäldern der weitgespannten relativ feuchten Mulden und Talniederungen des Geestgebiets bekamen durch die Klimaänderung besonders günstige Wachstumsbedingungen, dagegen verschlechterten sich die Lebensverhältnisse beispielsweise für die Kiefernwälder so sehr, daß sich auf dem Areal einstiger Wälder nunmehr Hochmoore entwickelten (an der Basis des älteren Moostorfs zeugen Stubbenhorizonte oft von dieser Entwicklung; bei der andern Entwicklung über Niederungsmoor liegen unter dem Moostorf der Erlenbruchwaldtorf, Seggen- und Schilftorf der Niedermoorentwicklung).

Da das Wachstum der Hochmoore im wesentlichen vom Niederschlag, nicht aber von Bodenverhältnissen abhängt, muß es Klimaschwankungen widerspiegeln. So sind die „Rekurrenzflächen" in den Moorprofilen – deutliche Schichtgrenzen im Torf – als Zeichen von trockeneren Perioden mit unterbrochenem Moorwachstum gedeutet worden. Besonders deutlich ist eine Grenze ausgebildet, die den dichten schwarzen älteren Moostorf von dem lockerer strukturierten, helleren, weniger zersetzten jüngeren Moostorf scheidet. Diese früher als Grenzhorizont bezeichnete Fläche tritt in vielen, wenn auch keineswegs allen Hochmooren Niedersachsens auf. Sie ist zeitlich ganz verschieden zu datieren (nach Absolutdatierungen mit der C^{14}-Methode wie nach ihrer Lage im Pollendiagramm), sowohl zwischen verschiedenen Mooren als sogar innerhalb ein und desselben Moores. Demnach kann sie nicht allein von Klimaveränderungen bedingt sein, sondern muß auch lokale Veränderungen, wahrscheinlich in den Wasserzuflußverhältnissen beziehungsweise im Abfluß widerspiegeln. Der Wandel in der Torfbildung zwischen älterem und jüngerem Moostorf ist als allmähliche Änderung in der Art des Moorwachstums zu deuten, als Beschleunigung des Wachstums und geringere Zersetzung, die allgemein mit dem Feuchterwerden und der Abkühlung des Klimas im letzten vorchristlichen Jahrtausend zusammenhängen, örtlich aber zu verschiedenen Zeiten einsetzten.

Die in Karte 3 (nach S. 144) skizzierten großen Hochmoorflächen sind jetzt nirgends mehr lebende Hochmoore, also baumlose, in der Mitte flachemporgewölbte Flächen mit einem Mosaik von Bülten und nassen Schlenken. Vielmehr sind sie durch die menschlichen Kulturmaßnahmen, vor allem die Entwässerung abgestorben, ihre Oberfläche ist verheidet, Birken- und Kiefernanflug hat sich ausgebreitet und so das Bild selbst dort, wo keine Abtorfung und Kultivierung stattgefunden hat, gründlich verändert. Lebende Hochmoore gibt es in Niedersachsen im Flachland nur auf ganz kleinen Flächen, ferner im Oberharz und im Solling in der Nähe der Birkenbrücher. Wo die Hochmoore in Kultur genommen sind, kann man heute eigentlich nur dann noch von – freilich verwandelten – Moorflächen sprechen, wenn der Torf größerenteils erhalten ist, wie etwa bei der Deutschen Hochmoorkultur, wo die Flächen noch Moorböden aufweisen. Wo wie bei der Fehnkultur eine mehr oder weniger vollständige Abtorfung erfolgt ist und nun der Untergrund des Moores bewirtschaftet wird, ist das Moor aus der Landschaft wirklich verschwunden, von historischem Interesse, aber ohne unmittelbaren Einfluß auf die jetzigen Boden- und Kulturverhältnisse. Die Torflagerstätte ist dann eben abgebaut, die Landschaft gleicht der übrigen sandigen Geest. Hier ist die gründlichste Umwandlung einer großflächig in Niedersachsen verbreiteten Pflanzenformation durch den Menschen erfolgt; vergleichbar in der Intensität der Umwandlung ist allenfalls die Pflanzendecke des Marschlandes. Alle andern natürlichen Pflanzengesellschaften haben doch wenigstens noch Reste in kleinen Beständen, bestimmte Folgegesellschaften und auf sie hinweisende Eigenheiten des Bodens hinterlassen. (Hochmoorkultivierung siehe „Siedlungsgeschichte".)

[8] Bodenkundlicher Atlas von Niedersachsen 1 : 100 000, Abt. A: Bodenkarte, Abt. B: Wirtschafts-(Nutzungs)karte, Abt. C: Wasserkarte (Veröff. Wirtsch.-wiss. Ges. R. C, Bde. 16–18) 1937–1940; P. v. HOYNINGEN-HUENE, Die niedersächsischen Böden (Veröff. Wirtsch.-wiss. Ges. R. B, Bd. 17) 1939; W. LAATSCH, Dynamik der mitteleuropäischen Mineralböden, 1957; E. MÜCKENHAUSEN, Entstehung, Eigenschaften und Systematik der Böden der Bundesrepublik Deutschland, 1962; Karten des Naturraumpotentials v. Niedersachsen und Bremen, T. A: Bodenkundliche Standortkarte 1 : 200 000, hg. Nds. Landesamt für Bodenforschung 1974. – [9] Zusammenfassende Übersicht bei R. TÜXEN, Die Pflanzengesellschaften Nordwestdeutschlands, in: Mitt. d. Florist.-Soz. Arb.Gem. Nds. H. 3, 1937; DERS., Die Pflanzendecke Nordwestdeutschlands in ihren Beziehungen zu Klima, Gesteinen, Böden und Mensch, in: Dt. Geogr. Bll. 42, 1939; DERS., Das System der nordwestdeutschen Pflanzengesellschaften, in: Mitt. d. Florist.-Soz. Arb.Gem. NF 5, 1955; Übersichten über einige für Niedersachsen wichtige Pflanzengesellschaften bei E. PREISING, Übersicht über die wichtigen Acker- und Grünlandgesellschaften Nordwestdeutschlands unter Berücksichtigung ihrer Abhängigkeit vom Wasser und ihres Wirtschaftswertes, in: Angewandte Pflanzensoziologie H. 8, 1954; S. MEISEL-JAHN, Die Kiefern-Forstgesellschaften des nordwestdeutschen Flachlandes (Angewandte Pflanzensoziologie 11) 1955; W. LÖTSCHERT, Beiträge zur Ökologie der subatlantischen Zwergstrauchheide Nordwestdeutschlands, in: Beitr. z. Biologie d. Pflanzen 37, 1962.

6. Die einzelnen Landschaften

Der kurze Überblick über einige wichtige Züge des Gesamtraumes Niedersachsen sei im folgenden ergänzt durch eine Skizzierung der einzelnen großen Landschaftseinheiten mit ihren besonderen, nicht den ganzen Raum Niedersachsen betreffenden Problemen der Naturausstattung, mit ihrer natürlichen Eigenart und ihren von der Natur vorgezeichneten Verbindungen untereinander. Die natürliche Raumgliederung soll damit, wenn auch nur zusammenfassend in groben Zügen, verdeutlicht werden [10].

HEIDEFLÄCHE

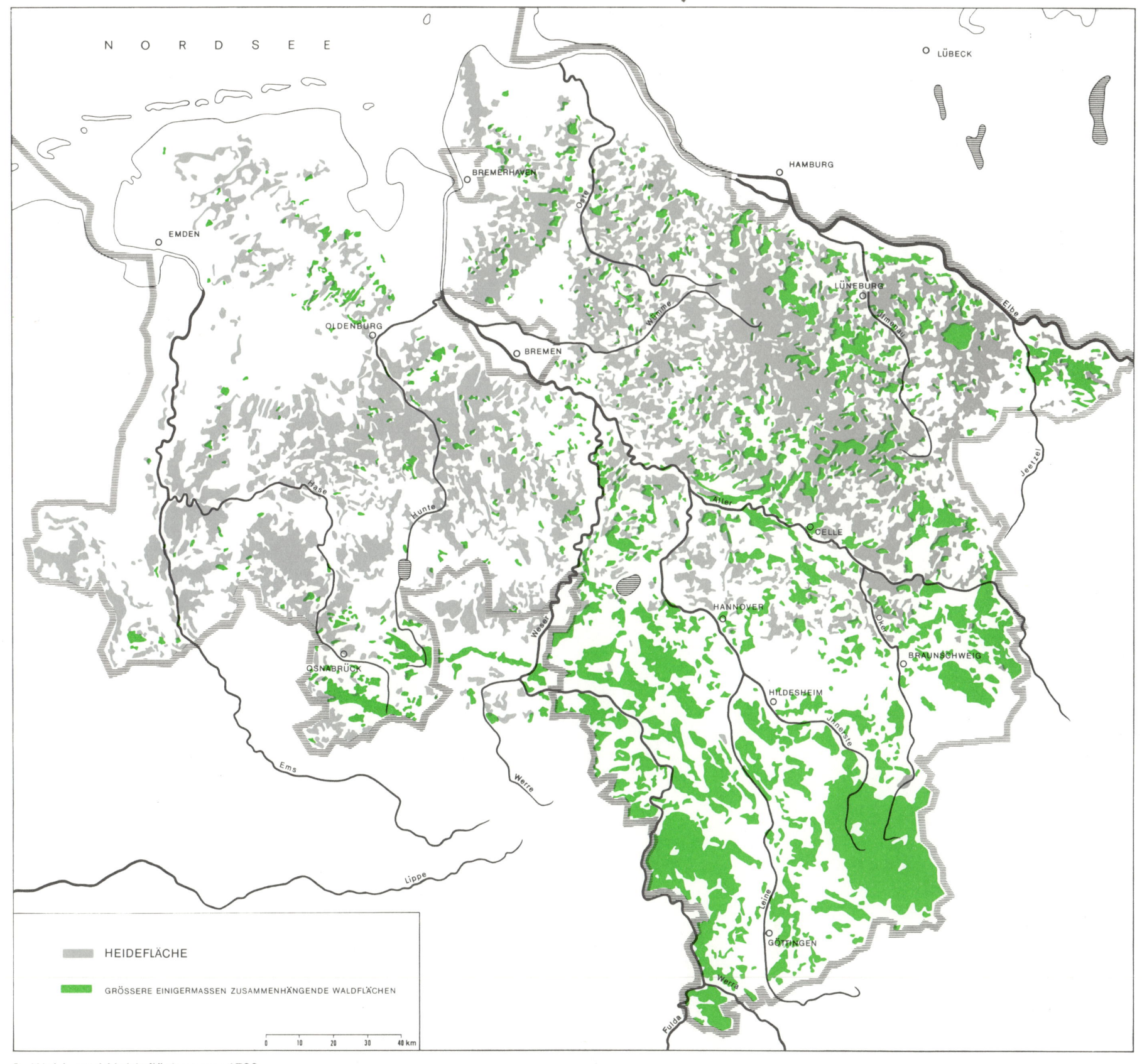

GRÖSSERE EINIGERMASSEN ZUSAMMENHÄNGENDE WALDFLÄCHEN

2. Wald- und Heideflächen um 1780

6. Einzelne Landschaften

Das Küstengebiet

Die Inselreihe, das Watt und das im wesentlichen aus Marsch und Moor aufgebaute Küstengebiet sind der geologisch jüngste Teil des niedersächsischen Raumes, der sich noch in historischer Zeit in seinem Aufbau und der Verteilung von Land und Wasser erheblich gewandelt hat. Die weiten Ebenen der Marsch, die wenig über, stellenweise auch unter dem Meeresspiegel im Schutz der Deiche liegen, sind erst im Holozän aufgeschüttet worden, und außerhalb der Deiche ist vielerorts die weitere Aufschlickung über die Flutwassergrenze, also die Landbildung, und im Watt die Aufspülung neuer Sandbänke und Schaffung neuer Inseln noch im Gange [11].

Der ältere Untergrund von mächtigen mesozoischen und tertiären Ablagerungen in der Nordsee – in jüngster Zeit durch die Erdöl- und Erdgashöffigkeit für den Menschen interessant geworden – ist von glazialen und fluvioglazialen Aufschüttungen der Eiszeiten und Meeresablagerungen der Zwischeneiszeiten überdeckt. Die eiszeitlichen Aufschüttungen im Untergrund der Marsch zeigten ein lebhaftes Relief, „Urjade", „Urweser" u. a. waren, wie Bohrungen ergaben, tief eingeschnitten. Die Küste lag etwa bis 6000 v. Chr. weit im Norden, an der Doggerbank. Von dort schob sich das Meer allmählich nach Süden vor. Nach dem Zurückweichen des Inlandeises ging diese „Transgression" zunächst schnell, dann wurde sie langsamer, durch Stillstände, wohl auch durch geringe Regressionen unterbrochen. Solche Unterbrechungen lagen beispielsweise im 2. und 1. vorchristlichen Jahrtausend. Aber die Transgression ging doch weiter, und sie dauert noch an.

Dieser für das Küstengebiet eminent wichtige Vorgang wurde am Anfang dieses Jahrhunderts zuerst erkannt (Schütte) [12] und als Landsenkung angesprochen, eine im Ausmaß sehr erhebliche Landsenkung (in der Jetztzeit auf 37 cm je Jahrhundert berechnet), die durch 3 Hebungsperioden unterbrochen worden wäre. Nach den jüngeren Forschungsergebnissen stellt sich das Vordringen des Meeres etwas anders dar, eben eine fortschreitende, wenn auch nicht gleichmäßige Transgression, mit einem durchschnittlichen Steigen des Meeres um 20 cm / Jahrhundert. Die Transgression ist das Ergebnis vieler verschiedener Faktoren, die zusammenwirken, ihrerseits wohl auch zeitlichen Schwankungen unterliegen und sich daher manchmal zu verstärktem Vordringen, manchmal zum Stillstand der Veränderungen addieren. Zu diesen Faktoren gehört einmal die Landsenkung, wohl in Form einer weitgespannten Einbiegung der Landoberfläche; sie hat jetzt einen Betrag von durchschnittlich 2–4 cm / Jahrhundert, wie durch den Vergleich zweier Feinnivellements (von 1928–1931 und 1949–1959) festgestellt wurde. Diese Feinnivellements ergaben übrigens auch ein – freilich sehr geringes – Absinken des Geestlandes, nicht nur des Küstengebiets; der ganze nordniedersächsische Raum scheint noch seiner geologischen Geschichte entsprechend allgemein sinkende Tendenz zu haben – eine Erkenntnis, die u. a. wegen der Wasserverhältnisse von großer Bedeutung für den Menschen ist. Neben dieser offenbar weitgespannten Absenkung können im Sinne einer Landsenkung auch mehr lokale Ursachen wirken, vor allem die Salztektonik. Abwanderung des in der Tiefe vorhandenen Zechsteinsalzes, eventuell auch Auslaugungen können Senkungen hervorgerufen haben und auch jetzt noch veranlassen.

Wichtiger als die Landsenkungen sind die weltweiten Änderungen des Meeresspiegels. Als das Skandinavien bedeckende Inlandeis abschmolz, als die pleistozänen Eismassen auch sonst zurückgingen, stieg der Meeresspiegel durch das freiwerdende Wasser erheblich. Es sind Berechnungen angestellt, nach denen allein der Eisrückgang seit Ende der Weichselvereisung ein Ansteigen des Weltmeeres um 90 m bewirkt haben kann. In diesem Zusammenhang wird von Geologen besonders vermerkt, daß die Stillstandsperioden der Nordseetransgression zeitlich mit verstärkten Vereisungen in Alaska und Kanada, also neuerlicher Bindung großer Wassermassen, zusammenfallen. Das schnelle Vordringen der Transgression im älteren Holozän und die allmähliche Verlangsamung wird durch diesen Faktor verständlich. Auch jetzt kann zum Beispiel durch die Erwärmung des Nordpolarbeckens ein langsames Anheben des Meeresspiegels andauern. Von dem Verschiebungsbetrag zwischen Land und Meer von etwa 20 cm / Jahrhundert werden jetzt etwa 11 cm / Jahrhundert auf die Einwirkung abschmelzenden Eises beziehungsweise des gehobenen Meeresspiegels zurückgeführt.

Ist schon das Abschmelzen des Eises im Grunde ein klimatischer Faktor, so sind möglicherweise auch noch andere direkte klimatische Einflüsse bei der Nordseetransgression im Spiel: Die vorherrschenden Westwinde haben sich offenbar verstärkt, die Zahl der Sturmfluten hat zeitweise zugenommen. Das Nordseewasser könnte dadurch in der Deutschen Bucht besonders gestaut werden. Vielleicht steht damit in Zusammenhang die durch Messungen ermittelte Vergrößerung des Tidenhubs (beispielsweise stieg das Mittelhochwasser in Wilhelmshaven in den letzten 100 Jahren um rund 25 cm, das Mittelniedrigwasser nur um 16 cm, der Tidenhub vergrößerte sich also im Jahrhundert um 9 cm). Solche klimatischen Einflüsse auf die Transgression werden auf eine Beteiligung von weniger als 4 cm / Jahrhundert an der positiven Strandverschiebung veranschlagt. – Bei der Veränderung des Tidenhubs liegt es bereits sehr nahe, an den Einfluß der Deiche, Buhnenbauten, Inselschutzbauten, im ganzen an den Einfluß des menschlichen Wirkens zu denken. Sicherlich spielt bei den Transgressionserscheinungen auch die Eindeichung der ganzen Küste eine Rolle.

Wie sich die Transgression im einzelnen vollzog, läßt die Aufeinanderfolge der Schichten erkennen, die Meeresablagerungen – Schlicksande und Schlicktone – über oder im Wechsel mit den auf Festland gebildeten Torfen zeigt. Dabei drang das Meer zuerst in die Rinnen (zum Beispiel um 5500 v. Chr. in

Zeitangaben zur Transgression an der ostfriesischen Küste

Nach Sindowski, K. H.: Die Julianen-Flut vom 16./17. Februar 1962 und ihre Ursachen
In: 106. Bericht der Naturhistorischen Gesellschaft zu Hannover
Hannover 1962

Vorstoßphase	Stillstandsphase	Ereignisse
1700 bis jetzt		Katastrophenfluten 1717, 1825, 1962 Stark fortschreitende Eindeichung
1350 bis etwa 1700		Katastrophenfluten 1362, 1377, 1509, 1532, 1570, 1634 Erweiterung von Leybucht u. Jadebusen Einbruch des Dollarts
1000 bis etwa 1350		Katastrophenfluten 1164, 1219 Einbruch des Jadebusens Beginn des Deichbaues
zwischen 500 u. 900		Einbruch der Harlebucht Anlage der Leybucht Erhöhung der Wurten
0 bis 350 n. Chr.		Beginn des Wurtenbaues
	700 bis 0 v. Chr.	Marschbildung Flachsiedlungen
1100 bis 700 v. Chr.		
	1400 bis 1100	Torfbildung spätsubboreal
1600 bis 1400		
	2500 bis 1600	Torfbildung frühsubboreal
2900 bis 2500		Meer erreicht heutigen Geestrand
	3400 bis 2900	Torfbildung spätatlantisch
3900 bis 3400		Meer überflutet heutiges Marschgebiet
	4300 bis 3900	Torfbildung mittelatlantisch
5500 bis 4300		Meer erreicht heutige ostfriesische Küste

(Die Zeitübersicht beginnt mit der Festlandszeit vor 5500 v. Chr., in der der boreal-frühatlantische Basistorf gebildet wurde, und ist von unten nach oben zu lesen. Jede der angeführten Vorstoßphasen ist durch deckenförmige, schlickige Wattablagerungen gekennzeichnet.)

die Urweser und Urjade) ein, erst wesentlich später gerieten die umgebenden Moore unter Meerwasser. Moorflächen waren bei dem Vordringen der See stets besonders verletzlich, weil sie gehoben und in Teilen gelöst werden konnten. Bei der Ausspülung des Dollart in historischer Zeit hat das eine Rolle gespielt; auch im Jadebusen boten wohl Moore dem Meer wenig Widerstand. Außer den Moorflächen waren im Küstenbereich auch die Tiefenzonen zu beiden Seiten von größeren Flüssen gefährdet, beispielsweise an den alten Weserläufen, die westlich vom heutigen durch Butjadingen zogen. Da sich im und am Flußlauf das gröbere Sandmaterial absetzte, in Flußferne aber nur feine Tontrübe, die obendrein sackte, bildete sich am Fluß ein „Hochland", in den ferneren Zonen ein besonders tief gelegenes „Sietland", in das die Fluten leichter eindringen konnten. Das Stadland, das den großen Hochwassern widerstand, ist das „Hochland" solch eines alten Weserlaufs.

Ein wesentlicher Faktor im natürlichen Kräftespiel an der Küste wurde seit etwa 1000 n. Chr. der Mensch. Die L a n d n a h m e um Chr. Geb. auf dem flachen Marschboden, der damals wegen des Transgressionsstillstandes nicht bedroht war, bedeutete noch keinen Eingriff des Menschen in den natürlichen Kampf zwischen Meer und Land, ebensowenig die Wurten und die niedrigen Sommerdeiche um kleine Feldareale. Als aber um 1000 n. Chr. die Eindeichung größerer Gebiete begann, weil der siedelnde Mensch sonst der Transgression hätte weichen müssen, wurden die Deiche als geschlossene Widerstandslinie ebenso zum Faktor des Naturgeschehens, wie es die Flußläufe und die Moore waren. Hinter dem Deich sackte das Land; wenn der Deich nicht hielt, kam es zu gefährlichen, weiten Einbrüchen. Gefährdet waren auch die Grenzen zwischen den einzelnen ostfriesischen Landschaften, weil zunächst der Deichring landschaftsweise geschaffen und erst allmählich verbunden wurde. Gefährdet waren die Austrittstellen der Wasserläufe durch den Deichring, solange man sich über die Führung der Sieltiefs nicht einigte oder an ihnen arbeitete.

Zahlreich sind die katastrophalen M e e r e s e i n b r ü c h e in der ersten Hälfte dieses Jahrtausends: Im Jadegebiet begann die Kette der Landverluste, die zur Bildung des Jadebusens führte, mit der Julianenflut 1164, die auch das Unterelbegebiet schwer betraf; die Marcellusflut 1362 leitete die bis ins 16. Jahrhundert dauernden Landverluste am Dollart ein, wo bis 1506 wohl über 40 Siedlungen mit ihrem Land Opfer des Meeres wurden, und betraf die ganze friesische Küste bis zur Elbmündung; die Allerheiligenflut 1570 brachte im Jadegebiet und in Kehdingen schwere Verluste; berüchtigt an der ganzen ostfriesischen Küste war die als Männertränke bezeichnete Weihnachtsflut 1717. Zwischen diesen beispielhaft herausgegriffenen, besonders katastrophalen Überflutungen lagen viele andere große Meereseinbrüche, alle mit Sturmfluten verbunden, zumeist im Winter bei Nordweststurm. Die letzten großen Landverluste waren im Februar 1825 zu verzeichnen. Danach geboten die immer verbesserten Deiche dem Vordringen des Meeres vorerst Halt (obwohl

Sturmfluten wie 1962 das Wort „vorerst" unterstreichen). Beim jetzigen Deichbau werden die 20 cm / Jahrhundert Strandverschiebung eingeplant.

Den großen Landverlusten standen seit etwa der Mitte des 16. Jahrhunderts zunehmend L a n d g e w i n n e gegenüber, wo natürliche Anlandungen durch Sommer- und später durch starke Winterdeiche eingepoldert wurden und der Mensch verloren gegangenes Land schrittweise wiedergewann (zum Beispiel Harlebucht). Das vordringende Meer drang ja nicht nur ins Festland ein, sondern es lagerte auch ab, beziehungsweise es lagerte das losgespülte Material um, so daß Abbruch und Anlandung oft räumlich eng benachbart waren und sind. (Landgewinnung im einzelnen siehe Abschnitt „Siedlungsgeschichte".)

Für die Umlagerungen im Küstenbereich spielen die M e e r e s s t r ö m u n g e n eine entscheidende Rolle, vor allem die Versetzung der Meeresablagerungen von Westen nach Osten. Sie hängt mit dem schrägen Auflaufen der vom Kanal her eindringenden Gezeitenwelle auf die ostfriesische Küste zusammen, ferner mit der Westwinddrift, auch mit der an der Nordseite der Inseln stehenden Brandung. Sandmassen, die im Westen an der Küste oder im Wattbereich weggespült werden, wandern mit dem Gezeitenstrom im Watt und an den Inseln im großen ganzen nach Osten und lagern sich dort ab. So versinken ganze Inseln, wie zum Beispiel die noch im 16. Jahrhundert intakte, im 18. Jahrhundert völlig zerstörte Insel Bant südlich von Juist an der Osterems, neue werden gebildet, wie etwa im 19. Jahrhundert die Insel Mellum. So wandern die Ostfriesischen Inseln – eine reine Aufschüttungsform, die zum Teil über tiefe Rinnen im Geestuntergrund hinweggreift – mehr oder weniger schnell nach Osten, das heißt sie erleiden in ihren Westdünen Abbruch, wenn sie nicht durch schwere Befestigung geschützt werden, und erhalten im Osten an den Haken Aufschlickung. Diese Verschiebung geht verschieden schnell: Die Insel Juist wanderte seit der Mitte des 16. Jahrhunderts um etwa 5 km nach Osten, davon 2,5 km in den letzten 140 Jahren; Spiekeroog verlor seit 1650 im Westen 1,4 km und wuchs im Osten um 6 km; Wangeroog hatte in der gleichen Zeit 2 km Verlust im Westen und 4,2 km Anwachs im Osten. – Im einzelnen sind die Strömungen unterschiedlich und kompliziert, je nach der Gestalt der Küste und Inseln und nach den austretenden Gewässern beziehungsweise Ebbströmen. So wachsen unter Umständen auch Inseln oder Sandplaten aufeinander zu, zum Beispiel waren die Insel Lütje Hörn an der Osterems und die Königsplate 1642 noch 4,8 km voneinander entfernt, wanderten aufeinander zu und verschmolzen 1812. Entsprechend schnell verlagern sich im Watt die Entwässerungsrinnen, die flußähnlichen Priele, was eine ständige Veränderung der Fahrrinnen zwischen den Inseln und der Zufahrt zu Häfen mit sich bringt. Beispielsweise zeigen Nessmersieler und Westbalje eine Pendelbewegung, mit einem Schwenken der Westbalje nach Südosten um 300 m in einer Zeit von etwa 20 Jahren. So wurde auch das Fahrwasser in die Jadebucht periodisch durch wandernde Sände blockiert, bis die Jadekorrektion

(1936 beendet) die Sandmassen durch gewaltige Buhnenbauten östlich von Wangeroog ablenkte.

Für das Kräftespiel im ständig sich wandelnden Küstenbereich ist auch der Wechsel der G e z e i t e n wesentlich. Die Gezeitenwelle, die aus dem Kanal in die Deutsche Bucht eindringt, schreitet von Westen nach Osten fort; so wird die Scheitelhöhe der Flut in Borkum rund 2½ Stunden früher erreicht als in Bremerhaven. Mit einer Geschwindigkeit von etwa 25 km/h bewegt sich die Flutwelle über die Wattflächen; in den Flußmündungen nimmt die Geschwindigkeit schnell ab. Der Unterschied zwischen Hoch- und Niedrigwasser, der Tidenhub, macht auf den Ostfriesischen Inseln fast 2½ m aus, bei Bremerhaven rund 3¾ m. Bei Sturmflut kann das Wasser bis etwa 2,50 m jeweils höher auflaufen. Landeinwärts wird der Tidenhub geringer, macht aber bei Hamburg noch 2¼ m, bei Bremen über 3 m und an der Hunte bei Oldenburg sogar noch über 2¼ m aus. Diese weit ins Binnenland greifende Wirkung der Gezeiten, die für Ablagerung und Ausspülung (durch den Ebbstrom vor allem) von entscheidender Bedeutung ist, geht zum großen Teil auf menschliche Einwirkung zurück. Die Unterweserkorrektion und die Fahrrinnenausbauten an der Unterelbe haben das Eindringen der Gezeiten erleichtert. So stieg der Tidenhub bei Elsfleth von 2,30 m im Jahre 1850 auf 3,23 m im Jahre 1950, bei Oldenburg in der gleichen Zeit von 0,25 m auf 2,37 m, bei Bremen von 0,20 m 1880 auf 3,17 m 1950. Die Einwirkung des Menschen auf die Tideverhältnisse ist mindestens im Bereich der Häfen offenbar erheblich stärker als die erwähnten natürlichen Veränderungen im Tidenhub. Welche Bedeutung die Gezeiten für den Bereich der großen Flußmündungen haben, wird allein schon daraus deutlich, daß die aus dem Binnenland stammenden Abflußmengen hier bei Ebbe nur einen Bruchteil (bei Bremerhaven etwa 30 %) der ganzen aus der Flußmündung strömenden Wassermasse ausmachen. Besonders der Sog des Ebbestroms gestaltet die Fahrwasserrinnen, die Priele und Sände des Wattbereichs.

Die A u f l a n d u n g – sei sie natürlich oder vom Menschen künstlich gefördert – steht in Wechselbeziehung zur Pflanzenbedeckung, die Sand und vor allem Schlick festhalten und so eine Aufhöhung über das Mittelhochwasser bewirken kann. Im Salzwasserbereich ist der Queller der Pionier der Vegetation; zu den Quellergesellschaften gehören auch die Schlickgrasbestände. Wächst die Aufschlickung über das Hochwasserniveau hinaus, können Salzwiesen Fuß fassen, Andelrasen und Strandnelkenwiesen. Sie bieten die ersten Weidemöglichkeiten im Außendeichsland. Bei Eindeichung weichen die Salzwiesen bald höherwertigen Wiesen mit Süßgräsern. Bei natürlicher Weiterentwicklung würden sich wohl bald Weiden, Pappeln und Erlen einstellen. – Im Süßwasser-Gezeitengebiet verläuft die Besiedlung des frischen Schlicks an den Flüssen über ein Binsen- und Kräuterstadium und ein Schilfstadium zu einem zunächst noch niedrigen Gezeiten-Auewald mit verschiedenen Weidenarten, bei zunehmender Reifung und Verfestigung des neugebildeten Bodens zu einem hohen Gezeiten-Auewald mit Eschen. Diese Entwicklung läuft jetzt wegen der menschlichen Kulturmaßnahmen nicht mehr ab, dürfte aber früher die Landschaft an den Wasserläufen bestimmt haben. Von der weitflächigen Ablagerung des Schlicks im Schilf (im Süßwasser und im Brackwasser) legt der vielfache Wechsel von Schilftorf-, Darg- und Kleischichten in der Marsch Zeugnis ab.

Für die Pflanzendecke wie auch für die Wasserverhältnisse im Küstengebiet ist die Gliederung der Landschaft in Hoch- und S i e t l a n d wichtig. Die natürlichen Wälle aus etwas gröberen Sedimenten in Ufernähe liegen um 1 m, sogar über 2 m höher als das Hinterland. Das Sietland ist, vor allem wegen der Sackungserscheinungen, streckenweise unter NN geraten. Daher ist hier eine natürliche Entwässerung unmöglich. In den Sietlandstreifen, die den Fuß der Geest begleiten, bekommt das ohnehin hochstehende Grundwasser noch Zufluß vom Geestrand. So hat sich hier eine extrem nasse Zone mit verlandenden Wasserflächen und Niederungsmooren gebildet. Eine Nutzung ist nur nach Entwässerung möglich; erst die Schöpfmühlen und später die Pumpwerke konnten hier eine Grünlandzone schaffen, als Mähwiese und in trockenerem Zustand als Weide nutzbar (ostfriesische „Mehden"). Auf dem Hochland dagegen steht das Grundwasser weniger hoch, für natürliche Entwässerung ist gesorgt, der Boden ist besser durchlüftet, dabei als frisch abgelagertes Sediment mineralreich, auch noch kalkhaltig. So bieten sich hier gute Möglichkeiten für Ackerbau.

Die Sietländereien sind ein Teil der schwerwiegenden Wasserprobleme des Küstengebiets. Nicht nur der Schutz gegen das andringende Meerwasser ist hier lebenswichtig, sondern ebenso die Bezwingung des sehr hohen G r u n d w a s s e r s, die Fortschaffung des von der Geest abfließenden sowie des eigenen oberflächlich abrinnenden N i e d e r s c h l a g s w a s s e r s und endlich die Versorgung mit brauchbarem T r i n k w a s s e r. Die ganze Marsch muß von einem engen Netz von Entwässerungsgräben durchzogen sein, die zu den wenigen großen Sammeladern führen, für die ein Sieldurchlaß im Deich geschaffen ist. Der Abfluß aus dem Hinterland durch das Siel ist nur bei Ebbe, also nur stundenweise, bei Sturmflut und Windstau manchmal tagelang gar nicht möglich. So sind Überschwemmungen der Wiesen und Äcker oft, namentlich im Winter, unvermeidlich. Ein besonderes Problem bildet die starke Verschlickung der Sieltore und ihrer Ausflüsse; hier ist, genau wie bei den großen Flüssen, immer wieder eine Räumung nötig. Während auf der einen Seite die Abführung der Wassermengen eine Schwierigkeit darstellt, herrscht auf der andern Seite Mangel an brauchbarem Trinkwasser (siehe S. 116). Bis in dieses Jahrhundert war die Bevölkerung großenteils auf Regenwasserzisternen angewiesen, auch für die Viehversorgung. Erst Trinkwasserleitungen von der Geest herunter ins Marschgebiet konnten Abhilfe schaffen.

Je nach dem Alter der Auflandungen und Eindeichungen setzt sich der Marschgürtel aus einem Mosaik verschieden alter Böden zusammen, die sich wegen des hohen Grundwasserstandes alle zu Naßböden hin entwickeln. Sowie die neu aufgeschlickten Rohböden der täglichen Überflutung entzogen sind, setzt Bodenbildung unter Einfluß der Bodenbakterien, Pflanzendecke, Tiere, des Niederschlagswassers ein. Gute Durchlüftung, krümelige Struktur, hoher Mineralgehalt machen den Wert der jung eingedeichten Bodenflächen aus, die sehr gut nutzbar sowohl als Acker wie als Grünland sind. Dann führt zunehmende Durchspülung zu weitgehender Entkalkung und Verdichtung, damit zu Wertminderung. Nach dem Grade der Entkalkung kann man die Jungmarsch – etwa in den seit dem 16. Jahrhundert eingedeichten Gebieten – von der Altmarsch unterscheiden [13]. Die dichten alten Marschböden haben keine gute Krümelung mehr, sind kalt, schwer zu bearbeiten und vorwiegend für Grünland geeignet. Bei weiterer Alterung des Marschbodens entwickelt sich ein Gley, der eine besonders verhärtete Verdichtungszone, den sogenannten Knick aufweisen kann. Der für das Pflanzenwachstum hinderliche Knick kann durch Umgraben und Heraufbringen von „Wühlerde" beseitigt werden. Zwischen diesen mineralischen Naßböden der Marsch und den weit verbreiteten Niedermoorböden vermitteln viele Übergänge – alle gute Grünlandböden.

Durch die hervorragende Eignung der Jungmarsch für Ackerbau – diese Marschen gehören zu den ertraghöchsten Gebieten in Niedersachsen – wie durch die sehr guten Voraussetzungen der Grünlandwirtschaft in der Altmarsch und auf den anmoorigen und Moorböden bietet das Küstengebiet für die landwirtschaftliche Nutzung wertvolle Grundlagen. Freilich setzt die Nutzung jetzt wie ehemals hohen Aufwand voraus – vor allem Deichen und Entwässern. Diese beiden Aufgaben stellen sich wegen der transgredierenden Tendenz des Meeres und der entsprechend steigenden Tendenz des Grundwassers immer neu. Hier hat der Mensch das einmal gewonnene Kulturland nicht nur durch Pflege zu erhalten, sondern unablässig neu zu erkämpfen.

Diese für das Küstengebiet kennzeichnende Kampfsituation betrifft nicht nur die landwirtschaftliche Nutzung und Siedlung, sondern ebenso Häfen und Schiffahrt. Die überaus flache Küste mit ihren wandernden Sandmassen, immer wieder verschlickten Fahrrinnen, ständig sich verändernden Prielen ist für Schiffahrt mit größeren Schiffen ungünstig. Von Vorteil ist nur der Schutz der Inselkette und vor allem das tiefe Eingreifen der Mündungen von Ems, Weser und Elbe, wo Seeschiffe tief ins Binnenland gelangen, geschützte Häfen finden und günstigen Anschluß an den Landverkehr bekommen können – sei es früher Anschluß an die Binnenschiffahrt, sei es in jüngerer Zeit Anschluß an das Eisenbahnnetz (Eisenbahnhafen Bremen) sowie an kombinierte Kanal- und Flußwasserstraßen (Emden mit Dortmund-Ems- sowie Ems-Jade-Kanal; auch Hamburg). Neben diesen natürlichen Ästuaren bietet der

Jadebusen dank der Landverluste ebenfalls gutes Fahrwasser bis tief ins Binnenland.

Die Eignung der großen Flußmündungen für H ä f e n muß aber mit hohem Aufwand für Freihaltung der Fahrrinnen bezahlt werden. Mindestens bis ins 18. Jahrhundert wurden die Fahrwasser immer wieder verlegt; beispielsweise Emden wurde im 15. und 16. Jahrhundert durch die Westerems, im 17. und 18. Jahrhundert durch die Osterems, dann wieder durch die Westerems angelaufen, war zeitweilig ganz vom Fahrwasser abgedrängt und verlor durch Versandung der Ems den Anschluß an das Hinterland (Besserung erst durch Dortmund-Ems-Kanal und Hafenausbau 1901). Die U n t e r w e s e r drohte im 18. Jahrhundert ganz zu versanden, Bremen konnte von tiefgehenden Schiffen nicht mehr angelaufen werden. Die stromab gelegenen Häfen Brake und Nordenham und zahlreiche Liegeplätze konnten sich daher im 19. Jahrhundert entwickeln, Bremerhaven mußte an der Außenweser entstehen – bis dann 1887 die U n t e r w e s e r k o r r e k t i o n mit ihren verschiedenen Strombauwerken, Verbauungen von Nebenrinnen, Korrektur von Mündungen der Nebenflüsse und schließlich die immer wiederholten Ausbaggerungen der Fahrrinne den Zugang der großen Seeschiffe nach Bremen sicherten. An der Unterelbe waren ebenfalls umfangreiche Arbeiten, gerade auch an den Seitenarmen, den Süderelben und Nebenflüssen mit ihren vielen Liege- und Ladeplätzen notwendig, dazu ständige Baggerarbeiten in der Hauptrinne. Deren Vertiefung wie auch die Weserkorrektion führten zu dem erwähnten tieferen Eingriff der Gezeitenwirkung ins Binnenland, der man wieder eine Grenze mit Stauwerken (Geesthacht, Hemelingen) setzen mußte. Die großen Bauten von Minsener Oldeoog östlich Wangeroog, die das Jadefahrwasser freihalten, wurden als „Jadekorrektion" schon erwähnt. So sind die großen Flußmündungen und ihre Häfen ständig umkämpft.

Außer diesen natürlichen Schwierigkeiten mehr lokaler Natur erwächst der S e e s c h i f f a h r t aus diesen Häfen aber auch dadurch ein naturgegebenes Problem, daß die niedersächsische Küste im innersten Winkel der Deutschen Bucht, etwas abseits vom Atlantik und damit vom Weltverkehr liegt, zumindest im Vergleich mit der niederländischen Küste. Für den engeren Bereich allerdings, für die Nordseeschiffahrt nach den Britischen Inseln und nach Skandinavien, liegen die Mündungen von Ems, Weser und Elbe günstig. So ist die Verkehrseignung der niedersächsischen Küste für verschiedene Epochen, je nachdem, welche Schiffahrtverbindungen von besonderer Bedeutung waren, unterschiedlich zu beurteilen.

Im ganzen ist der niedersächsische Küstenbereich eine Landschaft, die den siedelnden und wirtschaftenden Menschen ständig vor zahlreiche natürliche Schwierigkeiten stellt, eine Landschaft augenfälliger Dynamik und schneller Wandlungen. Die Impulse dieser Wandlungen gehen im wesentlichen vom natürlichen Kräftespiel aus, dem Menschen ist mehr die Rolle des Verteidigens und Bewahrens, des Beharrens und Wiedergewinnens zugefallen. Dies Kräfteverhältnis zwischen Mensch und Naturbedingungen hebt das Küstengebiet von den andern niedersächsischen Landschaften ab, wo die wesentlichen Impulse der Veränderung zumeist vom Menschen ausgegangen sind.

Das Geestgebiet

Der Rand der Geest gegen die Marschen und Moore des Küstenbereichs ist oft eine deutliche Kante wie zum Beispiel bei dem Abfall der Stader Geest gegen die Elbniederung, aber es kommt auch ganz allmählicher Anstieg der niederen Geestplatten aus den Randmooren wie in Ostfriesland vor. In jedem Fall ist die Grenze zwischen Küstengebiet und Geest scharf ausgeprägt als Wechsel von übermäßig feuchten zu trockenen Böden.

Die niedersächsische Geest [14] gliedert sich in ein Altmoränengebiet, das den ganzen links der Weser und südlich der Aller liegenden Bereich sowie die Stader Geest umfaßt, einerseits und ein „Jungmoränengebiet", dem die Lüneburger Heide mit ihren östlichen Ausläufern (Göhrde, Rand der Jeetzelniederung) angehört. Im Altmoränenland herrschen die nahezu ebenen und ganz schwachwelligen Platten, zumeist 20–50 m, höchstens 60 m über NN gelegen, großflächig gegliedert durch weite Flußniederungen – Ems, Leda–Hunte, Weser–Aller, Wümme u. a. – In dies Gebiet gelangten nur die älteren Vorstöße der pleistozänen Vereisung, zunächst die Elstervereisung. Von ihren Ablagerungen sind erkennbar vor allem die Lauenburger Tone, eine teils 30–50 m mächtige Stauwasserbildung, erhalten; der größte Teil der elstereiszeitlichen Aufschüttungen wurde später umgelagert und mit saaleeiszeitlichem Schuttmaterial vermengt. Die Saalevereisung bestimmte mit ihren älteren Ablagerungen recht eigentlich das Bild der niedersächsischen Geestplatten, mit den mächtigen Unteren Sanden (zum Teil vielleicht noch von der zurückweichenden Elstervereisung abgelagert), den Grundmoränen, die als Geschiebesande und -lehme weite Flächen bedecken – meist Ausgangsmaterial der besseren Böden –, endlich den Oberen Sanden, die beim Eisrückgang aufgeschüttet wurden. Die Mächtigkeit dieser Schichten wechselt stark, denn der vom Eis überfahrene Untergrund war keineswegs eben (beispielsweise am Rand des schon tertiär eingesenkten Bremer Beckens sind bei Brinkum 140 m Pleistozän erbohrt, nicht weit davon in der Gemeinde Stuhr an einer Stelle 40 m, an anderer 85 m). Kennzeichnend für das Geestgebiet ist bei diesen Ablagerungen das Übergewicht der Sande.

Die Gletscher der Saalevereisung erreichten im südlichen Teil des Altmoränengebiets eine Stillstandslage – Rehburger Stadium –, die durch weithin zu verfolgende Moränen-Hügelzüge bezeichnet wird: Von den Ulsener Höhen (Grafschaft Bentheim) über Lingen, Ankum, Fürstenau, die Kellenberghöhen und die Dammer Berge, Schneerener Berge, Böhrde und Heisterberge (Kr.

Nienburg) ziehen sie nach Rehburg, dann ostnordöstlich Hannover nach Braunschweig (zwischen Wendeburg und Meerdorf) und Helmstedt (Saalsdorfer Höhen), im östlichen Teil nur schwach als kiesige Hügel ausgeprägt. Diese Höhen bestehen aus Grundmoränenmaterial des Saalegletschers und hochgestauchtem und verkneteten Material der Elstereiszeit sowie aufgearbeiteten Tertiärschollen aus dem tieferen Untergrund und haben zumeist den Charakter der Stauchmoräne. Wegen ihres hohen Alters sind die Formen verwaschen; möglicherweise sind sie auch noch einmal von dem weitest ausgreifenden Vorstoß der Saalevereisung (Drenthe-Stadium) überfahren worden.

Nachdem das Eis wieder weit nach Norden zurückgewichen war – in einer relativ warmen Zeit, deren Charakter als Interglazial aber umstritten ist –, stieß es neuerlich vor, bedeckte nunmehr aber nur etwa die Lüneburger Heide. Diese sog. W a r t h e v e r e i s u n g prägt mit ihren Grund- und Endmoränenablagerungen, den Sandfächern der Schmelzwässer, die vor den Endmoränen aufgeschüttet wurden, und der südlich anschließenden Abflußrinne des Allerurstromtales das Bild dieses jüngsten Teiles der niedersächsischen Geest. Die Formen sind hier frischer, weil eben jünger, das Relief ist kuppig, es werden Höhen über 100 m NN erreicht. Die zahlreichen Höhenrücken lassen sich zu einer ganzen Anzahl bogenförmiger Moränenzüge zusammenordnen, die man verschiedenen Stadien und Staffeln der Eisrandlagen und zwei oder sogar drei Gletschern verschiedener Vorstoßrichtung zugeschrieben hat: Göhrde und osthannoversche Kiesmoräne, Wierener und Sprakensehler Berge u. a. im Osten, in der Mitte der Haupthöhenzug der Harburger Berge und des Wilseder Bergs (vielleicht an der Nahtstelle zweier Gletscher besonders hoch aufgeschüttet), Höhen von Visselhövede, Falkenberg u. a. westlich – die Zuordnung ist im einzelnen umstritten.

In einer langdauernden Warmzeit schmolz das Eis nun auch aus diesem „Jungmoränengebiet" der Lüneburger Heide zurück; der nächste große Eisvorstoß der W e i c h s e l - K a l t z e i t erreichte Niedersachsen nicht mehr. Jetzt wurde auch der Nordostteil der niedersächsischen Geest vom gleichen Kräftespiel beherrscht, wie es seit langem das Altmoränengebiet umgeformt hatte: Mächtige Schmelzwasserablagerungen – die oft über 20 m mächtigen Talsande – überschütteten große Flächen (sie sind beherrschend zum Beispiel in der Hunte-Leda-Niederung, von Elsfleth bis Friesoyte, im Emsland, an der Aller, im Wümmegebiet). Die Schmelzwässer strömten darüber mit uneinheitlichem und zeitlich wechselndem Gefälle ab. In großen Rinnen, die oft schon präglazial vorgezeichnet waren, sammelten sich die Wassermengen (Urstromtäler zum Beispiel der Weser–Aller, der Elbe) und flossen zu der damals weit im Norden liegenden Nordsee ab. In Trockenzeiten bemächtigte sich der Wind der Sandmassen, es entstanden Flugsandfelder und ausgedehnte Dünengebiete (zum Beispiel in Südoldenburg, im Verdener Raum, an der Aller, ganz besonders an den Rändern der großen Flußniederungen).

Das Kaltklima bewirkte im vegetationslosen Gebiet durch Auftauen und Wiedergefrieren der oberen Bodenschichten ein Bodenfließen, das die Geländeunterschiede weiterhin ausglich und maßgeblich die monotonen Ebenen des Altmoränengebiets gestaltete. Die Abtragung war sehr stark; sie wird auf über 10, sogar 20 m berechnet (zum Beispiel Uelzener Becken). Bei Trockenheit wurde aus den vegetationsfreien Gebieten auch das Feinmaterial vom Winde ausgeblasen und als feiner schluffiger Flottsand an manchen Stellen der Geest wieder abgesetzt (zum Beispiel Uelzener Becken, Hoya-Nienburger Geest) – Ausgangsmaterial für die wertvollsten Böden der Geest. Aber auch Hohlformen schuf der Wind: Die großen flachen Mulden, die zum Teil jetzt noch von Seen ausgefüllt sind wie der Dümmer und das Steinhuder Meer, sowie auch die kleinen Hohlformen der vielen Flats und Schlatts werden auf Ausblasung zurückgeführt [15]. Andererseits wird der Dümmer auch als Rest eines Stausees im Urstromtal gedeutet. Manche Hohlformen gehen auch auf Toteismassen, die unter Schutt begraben langsam abtauten, zurück.

Die Bildung der weiten Flugsand- und Dünenfelder, namentlich der Dünenreihen am Rand der Ems, Weser, Hunte, Aller u. a. reicht noch in das H o l o z ä n. Zwei Perioden starker Dünenbildung im älteren Holozän lassen sich von einer jüngeren unterscheiden, die in historischer Zeit vom Menschen durch Entwaldung verursacht ist. Im ganzen kam nun aber das Kräftespiel der Kaltzeit durch die einwandernde Vegetation zum Erliegen. – Die Neubildungen – Moore, Auelehm an den Flüssen – beschränkten sich auf die Tiefenzonen der Geest. Diese wurden in gleichem Maße feuchter, wie das Grundwasserniveau entsprechend dem Vordringen des Meeres angehoben wurde. So dehnte sich das Moorwachstum außerordentlich aus und überzog weite Flächen der Geest, wobei oft frühere Schmelzwasserrinnen zu Leitlinien der Moorausbreitung wurden. Mit dem Heranrücken des Meeres änderten sich auch die Ablagerungsverhältnisse an den Flüssen, Auelehme und -tone von erheblicher Mächtigkeit wurden abgesetzt (zum Beispiel bei Langwedel an der Weser 7–8 m Auetone wohl in den letzten 1800 Jahren gebildet). Diese Auetone – wegen ihres Nährstoffreichtums wichtig – wurden hauptsächlich im Subboreal und im Mittelalter gebildet; bei den mittelalterlichen Auetonen dürfte die vermehrte Abspülung im Oberlauf der Flüsse wegen großflächiger Rodungen zu dieser verstärkten Ablagerung geführt haben. Jetzt sind die jährlichen Überschwemmungen der Aue und die damit verbundenen Ablagerungen merkbar verringert durch den Ausbau der Mittelweser.

Hier zeigt sich der E i n f l u ß   d e s   M e n s c h e n auf das natürliche Kräftespiel in der Geest [16]. Dieser Einfluß ist noch stärker im Bereich der Moore; überall sind die Moore entwässert und zum Absterben gebracht, die Niedermoorstreifen an den Bachauen sind in Grünland umgewandelt, die Hochmoore zum Teil abgetorft und von Ackerland, Siedlung oder ebenfalls von Grünland eingenommen – kaum daß die Böden und manche lokalklimatische Besonderheiten (Frostgefährdung, Nebelhäufigkeit) die alten großen Moorgebiete noch von den umgebenden trockenen Geestflächen unterscheiden.

Wie in den vermoorten Niederungen der Wasserhaushalt, die Böden und die Pflanzendecke durch den Menschen grundlegend geändert sind, so sind auch auf den sandigen Geestplatten und -höhen die ursprünglichen Naturgegebenheiten durch den menschlichen Einfluß weitgehend umgestaltet. Hier ist die Vernichtung der ursprünglichen Eichen-Birkenwälder, das Vordringen der Heide, die zunehmende Podsolierung der armen Sandböden und schließlich der Ersatz der einstigen Laubwälder und der ihnen folgenden Zwergstrauchheiden durch Kiefernwälder das Werk des Menschen – eine über Jahrtausende dauernde Umwandlung der Landschaft (seit der Bronzezeit nachweisbar).

Ist schon der indirekte Einfluß des Menschen auf die Böden der Geest durch die Verheidung und Förderung der Podsolierung erheblich, so zeigt sich auch ein jahrhundertealter direkter Eingriff in die Bodenbildung bei den Eschböden. Auf die Ackerländereien wurden nachweisbar seit dem 7. Jahrhundert n. Chr., vielleicht auch schon früher, mit Schafdung vermengte Heideplaggen aufgebracht, um die Ertragsfähigkeit zu bessern. So entstand über dem ursprünglichen Boden eine mehr oder weniger mächtige graue feinsandige Humusschicht. Die Eschböden treten inselhaft verstreut in der Geest, hauptsächlich im Gebiet der Podsolböden auf.

Nicht ganz so augenfällig wie in den moorigen und sandigen Gebieten der Geest sind die Eingriffe des Menschen in den lehmigen und mergeligen Grundmoränenbereichen und den Flottsandinseln, also in denjenigen Geestbezirken, wo sich Braunerden entwickelt haben. Diese Gebiete tragen von Natur aus besonders reiche Stieleichen-Birkenwälder, Buchen-Traubeneichenwälder und Eichen-Buchenmischwälder, die zum Verband der Eichen-Hainbuchenwälder gehören. Von diesen Wäldern sind zwar nur noch geringe Reste vorhanden – sie sind die einzigen nennenswerten Laubwälder der Geestplatten, in der Zusammensetzung meist zugunsten der Buche verändert – und meist haben sie dem Ackerland Platz machen müssen; aber ihre Böden sind dadurch nicht wesentlich verändert. Diese Braunerden sind die wertvollsten Böden des Geestlandes. Durch mannigfache Übergänge sind sie mit podsoligen Böden auf trockenen sandigen Stellen, andererseits auch mit vergleyten Böden auf feuchterem Untergrund verbunden.

Die Böden der Geestplatten und -höhen sind selten über größere Flächen hin einheitlich entwickelt (eins der wenigen Beispiele sind die großen Flächen von Heidepodsolen im Hümmling); meist wechseln sie vielfach auf engem Raum. Hauptsächlich maßgebend für die wechselvolle Ausbildung ist die Wasserhaltung des Untergrundes: Sind beispielsweise die oberflächennahen Sande von schlecht wasserleitenden Lehmen oder Tonen unterlagert, kann Stauwasser auftreten, es bilden sich vergleyte Podsole oder Braunerden; in flachen Senken über solchen Stauschichten steht dann schon das Grundwasser im Bodenbereich, es entstehen Gleyböden; bei mächtigen Sanden ohne Stauschicht im Untergrund bilden sich trockene Podsole; bei dichtem lehmigen Substrat in Oberflächennähe mit Sanden darunter können sich Braunerden mit gutem Wasserabzug entwickeln. Das Mosaik der Böden geht also auf den Wechsel der Lockerschichten im Untergrund, letzten Endes auf die kleinräumig wechselnden Ablagerungsverhältnisse bei Moränen und Schmelzwässern der Eiszeit zurück. Der Wechsel der Böden, der Wechsel zwischen Trocken und Feucht ist maßgeblich für Pflanzenwuchs und Nutzungsmöglichkeiten, er führt naturnotwendig zu einer kleinzelligen Siedlungsstruktur, zu Siedlungs- und Ackerinseln im Ödland. Eine kleinzellige Siedlungsstruktur muß solange für das Geestland kennzeichnend sein, wie der Mensch nicht durch Entwässerung, Dränung und Beregnung in den Wasserhaushalt des Bodens entscheidend eingreift.

Der Wechsel von Feucht und Trocken ist noch in einem andern Sinn für das Geestgebiet maßgebend: Der großräumige Wechsel zwischen breiten feuchten Flußniederungen und Moorflächen einerseits, den im ganzen trockeneren Geestplatten andererseits bestimmt die Verkehrsmöglichkeiten. Die breiten Flußniederungen mit ihren regelmäßigen Überschwemmungen, den dichten nassen Auewäldern, den pendelnden, in viele und wechselnde Arme aufgespaltenen Wasserläufen und verlandenden Altwässern waren stets ein schwer zu bewältigendes Verkehrshindernis. Der Abstieg der Wege von den Geestplatten zu ihnen herab wurde noch erschwert durch die Niedermoorstreifen, die die flußferne, besonders tiefliegende Zone am Geestfuß erfüllen. So sind Terrassenreste, Geestvorsprünge und Dünengebiete, die die nasse Niederung einengen und den Übergang von einer Geestplatte zur andern erleichtern (zum Beispiel bei Bremen, Achim–Verden, an der Ems bei Lingen), von der Natur vorgezeichnete Knotenpunkte des Verkehrsnetzes. – Erhebliche Verkehrshindernisse waren ferner die Hochmoore, für deren Querung der aufwendige Bau von Bohlwegen notwendig war. Günstige Übergangsstellen über Hochmoore hatten dementsprechend die Bedeutung von Pässen (zum Beispiel die Eingangsstellen in die Moore am Dümmer bei Damme und Lohne), hier mußten die Wege der Geestplatten zusammenlaufen. – Die Geestplatten selbst waren von je wegen des ausgeglichenen Reliefs, des vorwiegend sandigtrockenen Untergrundes und der lichten schwachwüchsigen Wälder beziehungsweise der ihnen folgenden offenen Zwergstrauchheiden durchgängig und verkehrsgünstig, ganz besonders die Lüneburger Heide, wo nur selten feuchte Senken zu Umwegen zwangen. Die dortigen Steigungen der Moränenhöhen bedeuteten für die älteren Straßen keinen Nachteil, wenn sie auch für Eisenbahnführungen schon hinderlich sind. Natürliche Verkehrsleitlinien fehlen hier weitgehend, die Lüneburger Heide ist in West-Ostrichtung wie in Süd-Nordrichtung durchgängig, was für den nach Hamburg und zur Unterelbe strebenden Verkehr wie für die Erreichbarkeit des Salzzentrums Lüneburg eine Rolle spielte. Der für die Verkehrsverhältnisse des Geestgebiets wesentliche Gegensatz zwischen feuchten und trockenen Gebieten wurde durch menschliche Maßnahmen, vor allem die Entwässerung der Moore, aber auch Bedeichung und Ausbau der Wasserläufe, gemindert.

Im ganzen sind die Wirtschaftsgrundlagen im Geestgebiet durch Boden und Vegetation nicht günstig: Die weit verbreiteten sandigen Podsole waren zwar mit primitiven Mitteln leicht zu nutzen, bieten aber für die meisten Ackerfrüchte eine sehr dürftige Grundlage. Die Moor- und Anmoorböden bedurften erst aufwendiger Kulturmaßnahmen, um überhaupt nutzbar zu werden. Nur die flächenmäßig zurücktretenden Braunerden sowie in den Niederungen die Aueböden sind für Acker und Grünland gut nutzbar. Die schwachwüchsige natürliche Bewaldung der trockenen Geest vertrug keine Holznutzung in großem Umfang. Das Klima ist in den Moorgebieten durch die Frostgefährdung ein Unsicherheitsfaktor für die Landwirtschaft. Endlich sind die Verkehrsverhältnisse von Natur aus schwierig.

Auch die Ausstattung mit Lagerstätten war bis in die jüngste Zeit bescheiden zu nennen. An Vorkommen von nutzbaren Steinen und Erden sind vor allem Ziegeltone vorhanden (Lauenburger Ton u. a.); erst in jüngerer Zeit wurden die Kieselgurlager der Lüneburger Heide (eine Interglazialbildung in Rinnenseen) wirtschaftlich interessant. Festes Gestein fehlt bis auf die erratischen Blöcke und ganz vereinzelte Durchragungen des älteren Untergrundes (zum Beispiel bei Hemmoor, Lüneburg, Bentheim). Das Geestland ist mit seinem Bedarf an Bau- und Nutzgestein auf das Bergland im Süden angewiesen.

An unterirdischen Lagerstätten ist seit vorgeschichtlicher Zeit das Raseneisenerz bekannt, knollige, schlackige oder bankartige Eisenanreicherungen in den Mooren und Naßböden der Niederungen. Sie entstehen als Ausscheidung eisenhaltigen Grundwassers in sandigen Böden, auch als Absätze langsam fließenden eisenreichen Oberflächenwassers, sind überall im Geestgebiet verbreitet und stets oberflächennahe, also auch mit primitiven Mitteln gewinnbar. Aber die Vorkommen sind geringmächtig und eisenarm, für heutige Wirtschaftsanforderungen bedeutungslos. Manchmal sind unter dem Raseneisenerz Vorkommen von Weißeisenerz vorhanden, im Torf in größeren Wasseransammlungen ausgeschieden (zum Beispiel im Bourtanger Moor).

Ebenfalls seit früher Zeit bekannt ist der Salzreichtum von Lüneburg. Dort ist ein Zechsteinsalzstock so hoch emporgedrungen, daß seine abgelaugte Oberfläche mit ihrem „Gipshut" zutagetritt und die Steinsalzgewinnung aus den Solequellen leicht ist, wenn auch das ständige Nachsacken über dem abgelaugten Salz zur Gefährdung der ganzen Umgebung führt. Sonst sind die zahlreichen Salzstrukturen im Untergrund des Geestgebiets nicht so weit emporgestiegen und wurden erst für die modernen seismischen Untersuchungen erkennbar. – Außer den dürftigen Erzvorkommen und den lediglich in

Lüneburg bekannten Salzlagern hatte das Geestgebiet bis in jüngste Zeit nur noch den Torf als Lagerstätte aufzuweisen, den leichter gewinnbaren, aber als Heizmaterial kaum brauchbaren Weißtorf und den kompakteren, stärker zersetzten, mit seinem geringen Heizwert aber auch nur beschränkt nutzbaren Schwarztorf.

In der zweiten Hälfte des vorigen und vor allem in diesem Jahrhundert änderte sich diese Bewertung des Geestgebiets hinsichtlich der Lagerstätten dann grundlegend durch die Auffindung von E r d ö l und E r d g a s [17] sowie der in großer Tiefe vorhandenen Erzlager. An den Flanken der Salzstrukturen tritt in den hochgeschleppten mesozoischen Schichten nicht selten Erdöl auf, das in porösen Gesteinen, zum Beispiel Sandsteinen aus Jura und Kreide, aber auch klüftigen Dolomiten des Zechstein gespeichert ist. Es stammt im allgemeinen nicht aus diesen Schichten, die nur „Speichergestein" sind, sondern großenteils wohl aus Meeresablagerungen der Jurazeit (Dogger und Lias), aus denen es als bewegliche und nach oben steigende Substanz auswanderte, um sich in höheren porösen oder feinklüftigen Schichten in abgedichteter Lage unter Tonen anzureichern. Weil das aufdringende Zechsteinsalz die erdölführenden Gesteine in abbauwürdige Lage brachte, erscheinen Salz- und Erdöllagerstätten vielfach vergesellschaftet. In der Lüneburger Heide ist dieser Zusammenhang regelmäßig zu erkennen, auch im ersten bekanntgewordenen Erdölfeld Wietze. Die Erdölvorkommen des Geestgebiets sind aber nicht alle an Salzstrukturen gebunden. Vielmehr kommen sie auch in den seit den 1940er Jahren bekannten „Antiklinallagern" vor, wo die ölführenden Schichten in weitgespannten Aufwölbungen des Untergrundes sich am Sattelscheitel in bauwürdiger Tiefe finden. Um solche Felder handelt es sich bei den ausgedehnten Öllagerstätten des Emslandes. Die Ölfelder im Ostteil der Geest, die am Nordwestrand des sogenannten Gifhorner Troges aufgereiht sind, gehören auch zum Teil zu den Antiklinalfeldern, zum Teil aber auch zu andern komplizierter gebauten Feldtypen. Die Vorräte der Antiklinalfelder haben sich bisher als besonders ergiebig erwiesen.

Zum Teil mit dem Erdöl zusammen, zum Teil gesondert wurden seit den 1940er Jahren an verschiedenen Stellen der Geest Erdgasfelder gefunden, zuerst in der Grafschaft Bentheim. Die erdgasführenden Schichten liegen in Tiefen zwischen 1000 und mehr als 3000 m; meist sind es Kalke und Dolomite des Zechstein, aber auch die älteren Rotliegendschichten sowie der jüngere Buntsandstein sind als Träger von Erdgas bekannt. Aus dem Rotliegenden kommt das Gas des gewaltigen Feldes von Groningen, das an der Emsmündung nach Niedersachsen herübergreift. Ein besonders großes niedersächsisches Vorkommen ist das von Rheden (Kr. Diepholz).

Mit der Untersuchung des tiefen mesozoischen und sogar des jungpaläozoischen Untergrundes der Geest waren auch Erzfunde verbunden. Im Gifhorner Trog, diesem unter der Heide bis Hamburg hinziehenden Juratrog,

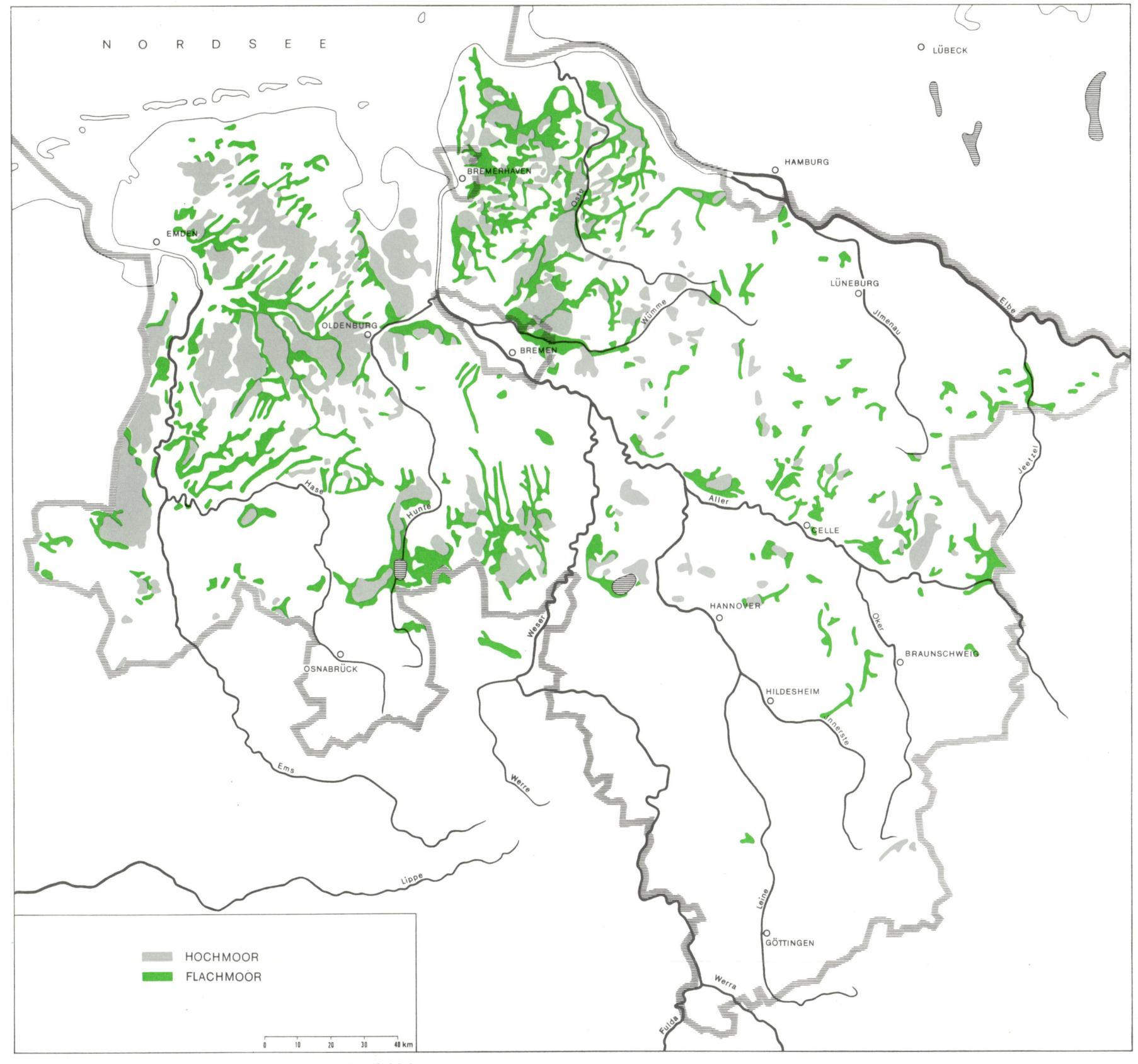

3. Verbreitung von Hoch- und Flachmooren vor der Kultivierung

wurden in über 600 m, meist über 1000 m Tiefe die mächtigen Brauneisenerzlager gefunden. Eisenerzlager wurden auch in der Gegend von Damme bekannt; es sind Trümmererze der Oberkreide, ähnlich wie bei Ilsede.

Alle diese in jüngster Zeit entdeckten Lagerstätten des Geestgebiets liegen in so großen Tiefen, daß sie nicht nur der Erkennung, sondern erst recht der Erschließung große Schwierigkeiten bieten und ihre Nutzung unter Umständen nicht wirtschaftlich ist. Immerhin ist durch ihr Bekanntwerden das Bild von der mit Wirtschaftsgütern stiefmütterlich bedachten Geest wesentlich geändert. Natürliche Voraussetzungen für gewerbliche Entwicklung – bis zu diesem Jahrhundert im Geestgebiet nur sehr karg gegeben – sind nun durchaus vorhanden, beispielsweise im lang benachteiligt gewesenen Emsland. So stellt sich dann das Geestgebiet als diejenige Landschaft Niedersachsens dar, die seit vorgeschichtlicher Zeit die wohl intensivste Umwertung ihrer natürlichen Gegebenheiten erfahren hat: Die ausgedehnten Moore, einst siedlungs- und verkehrsfeindlich, haben durch Entwässerung und Kultivierung ihre landschaftliche Sonderheit verloren und sind für den Menschen aufgewertet worden; die Geestplatten wurden in ihren trockenen Teilen, die mit ihren Sandböden einfach zu bewirtschaften waren, vom Menschen in Boden und Pflanzendecke heruntergewirtschaftet und entwertet; die Ausstattung mit Lagerstätten kam vorgeschichtlichen Erfordernissen entgegen, mußte dann aber als dürftig angesehen werden und hat sich nun zu einem Bild günstiger Möglichkeiten gewandelt.

Das Gebirgsvorland

Zwischen Geest und Bergland schaltet sich die schmale Zone des Gebirgsvorlandes, im Norden scharf durch die Lößgrenze umrissen, im Süden weniger deutlich durch die ersten Rücken des Berglandes begrenzt. Die Übergänge sind hier so allmählich, daß jede Abgrenzung willkürlich sein muß; das Salzgitterer Becken und der Raum von Wolfenbüttel bis Schöningen sind hier mit einbezogen [18] (vgl. Karte 4, nach S. 160).

Die wesentlichen Züge dieser Zone sind die Durchgängigkeit – ein unterscheidendes Merkmal gegenüber dem Bergland – und die hochwertigen Böden auf Löß – Unterscheidung gegenüber der Geest. Die Durchgängigkeit und besondere V e r k e h r s g u n s t ergibt sich aus Relief und Bodenverhältnissen. Die Flächen, meist in 50–100 m ü. NN, sind nahezu eben; die daraus aufragenden einzelnen Höhen – meist nicht höher als 150 m ü. NN, außer dem 300 m erreichenden Elm – sind flachgeböscht; die Flußniederungen werden von breit entwickelten Terrassenflächen begleitet, die mit sanftem Abfall gegen die Aue absetzen. Diese extreme Ausgeglichenheit aller Formen ist vorgezeichnet durch die pleistozänen und älteren Aufschüttungen am Gebirgsrand, der mehrfach vom Eis überfahren wurde; sie wurde weiter ausgebildet, ähnlich wie auch in den andern niedersächsischen Landschaften, durch die Bodenfließbewegungen im Kaltklima der Eiszeiten, wenn das Gebiet eisfrei war; sie wurde weiter geglättet durch die Lößaufwehungen, die mit mehreren Meter Mächtigkeit abgelagert wurden und die Hohlformen wie auch die einzelnen Höhen überzogen; sie wurde endlich noch mehr nivelliert durch die holozänen Abschwemmungen des Lößmaterials in die noch vorhandenen Tiefenlinien. Dieses Ausgleichen ist im Löß noch bei fast ebener Lage möglich, bei 2° Hangneigung erfolgt noch Abschwemmung.

Das Resultat dieser Entwicklung sind Ebenen fast ohne Relief- oder Flußhindernisse und mit überwiegend trockenen Böden. (Mit trockenen Böden sind in diesem Zusammenhang alle Böden gemeint, die auf dem durch günstige Wasserhaltung ausgezeichneten Löß entstanden sind, denn auch wenn sie verlehmt oder staunaß sind, bilden sie keine Erschwerung des Verkehrs wie die Marsch oder die Moorböden.) Die Flußniederungen stellen in dieser Vorlandzone relativ geringe Hindernisse dar, weil das Gefälle noch etwas stärker als im Geest- und erst recht als im Küstenbereich ist und daher der Fluß nicht so zum Pendeln und Aufspalten neigt, weil die Terrassen deutlich ausgeprägt sind und die überweiten Niederungen der Urstromtäler fehlen. Immerhin bedeuteten die Flußniederungen mit der nassen, teilweise versumpften Aue vor den wasserbaulichen Maßnahmen der Neuzeit das einzige nennenswerte Hindernis in der sonst weitflächig durchgängigen Zone, und günstige Übergangsstellen (Terrassenvorsprünge, Einengung der Aue) waren stets verkehrswichtig (zum Beispiel Minden, Hannover).

Mit der Durchgängigkeit unterschied sich das Gebirgsvorland ebenso von der Geest, wo der Verkehr durch große Moore und breite vermoorte und sumpfige Flußniederungen immer wieder behindert war, wie vom Bergland, wo alle Verkehrsverbindungen sich durch ein Gewirr von Tal- und Beckenlandschaften, über Pässe und an Sperrpforten vorbei mühen müssen. Durch diese unterschiedlichen natürlichen Vorbedingungen wird der Verkehr von Westdeutschland nach Osten zwangsläufig in die Vorlandzone des Gebirges gedrängt. Die schwachen Steigungen dort waren für die mittelalterlichen Heer- und Handelsstraßen ebenso günstig wie später für Eisenbahn und Kanalführung. Der weitgehend trockene Untergrund war ein Vorzug für alte Wege wie für die späteren befestigten Straßen, und das Vorkommen von Nutzgesteinen am nahen Berglandrand und an den einzelnen Erhebungen ist auch eine günstige Vorbedingung für den Straßenbau.

Die verschiedenen möglichen Führungen von West-Ostwegen am Mittelgebirsrand bündeln sich im Raum Hannover, genauer zwischen den Bückebergen und dem Deister bei Nenndorf, am „Nordkap des deutschen Mittelgebirges", wo der verkehrsgünstige Streifen des Gebirgsfußes zwischen Deister und Steinhuder Meer besonders eingeengt wird. Hierher führen Linien vom Niederrhein und vom Ruhrgebiet sowohl am Wiehengebirge entlang als im Süden am Rand der Münsterschen Bucht; weiter östlich verzweigen sie sich nach Osten in Richtung auf Braunschweig, nach Südosten durch die Hildesheimer Börde.

Wo dieses West-Ost-Verkehrsband auf Linien des N o r d - S ü d - V e r k e h r s , die aus dem Bergland herausführen, stößt, liegen Pfortenlandschaften und Kreuzungspunkte von besonderer Bedeutung. Die wichtigste ist die h a n n o v e r s c h e B u c h t , weil sich an die weit nach Süden greifende ebene Lößbucht die besonders durchgängige Leinetalfurche als Vermittler zum hessischen und Rhein-Main-Raum wie auch zum thüringischen Raum anschließt. Eine andere Pfortenstelle liegt an der Porta Westfalica, wo einerseits der Querweg durch den Teutoburger Wald und das Wiehengebirge vom Bielefelder Paß herankommt, andererseits das Wesertal den Weg nach Süden – freilich nicht so günstig wie das Leinetal – erschließt. Neben diesen Pfortenlandschaften ist im Zuge des West-Ost-Verkehrsbandes das Sammelbecken der von Südosten und vom Harz her kommenden Wege im Raum Braunschweig von Bedeutung.

Das Gebirgsvorland hat als weiteres Kennzeichen die Ausstattung mit besonders w e r t v o l l e n B ö d e n . Ausgangsmaterial ist weitflächig der Löß, von Natur aus kalkreich, schichtungsfrei, von günstiger Porenstruktur und Wasserhaltung, feinschluffig, arm an Teilchen kolloidaler Größenordnung, die den Boden zu schwer machen. Auf diesen Eigenschaften begründet sich in der Hauptsache sein Wert für das Pflanzenwachstum; der Gehalt an mineralischen Nährstoffen ist dagegen nicht besonders hoch. Der in trocken-kaltem Klima im wesentlichen während der Weichseleiszeit abgelagerte Löß unterliegt bei dem herrschenden niederschlagsreichen Klima der Entkalkung und Verlehmung und damit einer Wertminderung (Lößlehm). Entkalkung und Verdichtung, Verlust der schichtungsfreien Struktur kennzeichnet auch den vom Wasser umgelagerten Schwemmlöß, der Talniederungen und Senken erfüllt.

Auf den Lößflächen setzte wohl schon im Spätglazial die Bodenbildung ein, die zu den wertvollsten Böden in Niedersachsen führte: Es entstanden Schwarzerden, wie sie wenig degradiert in der Hildesheimer Börde, im Borsumer Kaspel und bei Jerxstedt auftreten. Sie sind durch einen mächtigen schwarzen Humushorizont (mindestens 60–80 cm) in der für Pflanzen besonders günstigen Humusform des Mull ausgezeichnet. Sie werden meist als eine Bildung unter steppenähnlicher Vegetation angesehen, ihre Entwicklung soll ihren Höhepunkt zu Beginn der Wärmezeit (etwa 7000 v. Chr.) erreicht haben; danach trat allmähliche Entkalkung, „Degradierung", Annäherung an die Braunerden ein. Häufig scheinen die oberen schwarzen Humusschichten nachträglich abgetragen und verschwemmt zu sein, so daß gleichsam Teile dieses wertvollen Bodens als obere Schicht auf den feuchten Böden, Gleyen u. ä. der Niederungen vorkommen. Alle Übergänge zwischen degradierten Schwarzerden, Parabraunerden und Braunerden sowie Gleyböden sind im Gebirgsvorland vertreten. Besonders weitflächig sind Parabraunerden entwickelt. Die degradierten Schwarzerden sind auf den relativ kontinentalen Osten dieser Zone beschränkt; je weiter nach Westen in die niederschlagsreicheren und im Temperaturgang ausgeglichenen Gebiete, desto stärker erhalten im großen ganzen die Braunerden das Übergewicht. Insgesamt ist das Gebirgsvorland also durch die wertvollsten und am besten für Ackerbau geeigneten Böden in Niedersachsen ausgezeichnet.

Alle diese Böden würden ohne den Einfluß des Menschen Wald tragen, und zwar Eichen-Hainbuchenwälder in ihren je nach Feuchtigkeit unterschiedlichen Arten, sämtlich anspruchsvolle artenreiche Waldgesellschaften mit reicher Kraut- und Strauchschicht. Nahezu alle diese Wälder sind vom wirtschaftenden Menschen beseitigt, nur an feuchteren Orten sind noch kleine Reste des Frischen Buchenmischwaldes (Eichen mit viel Rotbuchen), der Feuchten Eichen-Hainbuchenwälder, auch wohl von Erlenbruch erhalten. Die außerordentlich gute Eignung der Böden für Ackernutzung rief die frühe und intensive Zurückdrängung der Wälder, bis zur jetzigen baumarmen Kultursteppe, hervor. Dabei entstand aber im Gegensatz zum Eichen-Birkenwaldgebiet der Geest kein merkbarer Schaden für den Boden. Parabraunerden bilden unter Acker zwar eine tonige Pflugsohle aus, diese beeinträchtigt den Bodenwert aber nicht. Allerdings neigen die Lößböden, die als Acker ja zeitweise ohne Vegetationsschutz liegen, zu Auswehungen und auch bei sehr geringen Hangneigungen zu Abspülung. Die vielfach festgestellte Abschwemmung der obersten Schichten der Schwarzerden und auch der Parabraunerden mag zum Teil auch mit der sehr alten Ackernutzung zusammenhängen. Das Grünland – fast stets hochwertige Glatthaferwiesen – ist auf schmale Streifen an den Wasserläufen, wo von Natur aus Erlenbruch oder feuchte Eichen-Hainbuchenwälder stehen würden, beschränkt. Im ganzen ist das Gebirgsvorland durch seine Böden mehr als alle andern Landschaften Niedersachsens zur weitflächigen, nahezu ausschließlichen Ackernutzung prädestiniert.

Zum hohen Wirtschaftswert des Bodens gesellt sich als weiterer Vorzug dieser Zone der Reichtum an unterirdischen Lagerstätten, vor allem Kohle, Salz und Erz, auch Erdöl, dazu an wertvollen Vorkommen von Steinen und Erden. Beispielsweise bieten die Tone der Unterkreide, die weitflächig unter relativ dünnen pleistozänen Deckschichten liegen, gutes Rohmaterial für Ziegeleien; Kalkmergel der Oberkreide sind wertvolles Ausgangsmaterial für Zementherstellung (zum Beispiel östlich Hannover); die einzelnen Höhen wie auch der Rand des Berglandes sind reich an Bau- und sonstigen Nutzgesteinen (zum Beispiel „Obernkirchener Sandstein" aus der Untersten Kreide der Bückeberge, der ähnliche Deistersandstein, „Elmkalk" aus dem Muschelkalk u. v. a.). – Die Steinkohlenvorkommen aus der Untersten Kreide liegen schon an der Grenze zum Bergland (Bückeberge, Deister, Osterwald), ihr Abbau wanderte aber ins Gebirgsvorland hinein und empfing eigentlich auch von dort seine Bedeutung durch den Absatz im dichtbevölkerten Vorland. Es handelt sich um Kohle von geringem Heizwert, eine ganze Reihe geringmächtiger Flöze, die teils an gestörter Lagerung und Wasserzudrang, also schwierigen Abbauverhältnissen leiden, zum Teil aber im Stollenbau zugänglich waren. – Braunkohle kommt in der Helmstedter Mulde vor, in zwei Flözgruppen, die aus dem unteren Tertiär (Eozän) stammen. Die unterste Flözgruppe erforderte Stollen- und dann Schachtbau; die obere ist, zumindest bei modernen technischen Mitteln, durch Tagebau zu gewinnen. Sie ist bis 40 m mächtig.

Im Raum Hannover und weiter östlich im ganzen Gebirgsvorland sind zahlreiche Salzlagerstätten vorhanden. Bei fast allen handelt es sich um Zechsteinsalze – im ganzen eine 300–400 m mächtige Folge von Steinsalzen, Kalisalzen und zwischengelagerten Tonen und Anhydriten. Von den vier Ablagerungsserien des Zechsteinmeeres sind im Raum Hannover gerade die jüngeren mit den besonders wertvollen Kaliflözen Ronnenberg und Riedel vertreten, aber auch das ältere Flöz Staßfurt wird im östlichen Gebirgsvorland an verschiedenen Stellen abgebaut. Die Salze sind an Schollenrändern und sonstigen Schwächezonen des Untergrundes als Salzstöcke emporgedrungen; ihre dementsprechend verknetete und verquetschte Lagerung bietet manche Abbauschwierigkeiten. Die Vorräte des Gebirgsvorlandes an Kalisalzen und den sehr reinen Steinsalzen des Zechstein sind praktisch unbeschränkt. Vereinzelt kommen auch Steinsalzlager jüngerer Schichten im Untergrund vor; so stammt die Sole von Schöningen aus dem Unteren Buntsandstein.

Die Salzstöcke sind auch dort, wo ihre Salze nicht abgebaut werden, von bergbaulicher Bedeutung wegen ihrer Verbindung mit Erdölvorkommen – entsprechend wie im Geestgebiet –, ferner dadurch, daß die Salztektonik mitgewirkt hat, die erzführenden Schichten im weiteren Harzvorland in bauwürdige Höhe zu bringen. Die Erdölvorkommen des Gebirgsvorlandes sind häufig Salzstock-Flankenfelder (zum Beispiel bei Sarstedt–Lehrte, Mölme, Ölsheim), aber sie treten auch als Antiklinalfelder auf (zum Beispiel am Gifhorner Trog) sowie bei komplizierten Schollenverschiebungen. Die ölführenden Schichten gehören meist dem Unteren und Mittleren Jura an, aber auch Kalke des Weißjura und Sandsteine aus dem Oberen Keuper sowie aus der Untersten Kreide sind Ölspeichergesteine. Öllager sind im Gebirgsvorland an vielen Stellen erbohrt, waren aber oft nach kurzer Zeit erschöpft oder doch in ihrer Förderung stark gesunken.

Im östlichen Gebirgsvorland finden sich ausgedehnte Eisenerzlager, die weit nach Norden in den Geestbereich (Gifhorn) und auch weit nach Süden in das schon zum Bergland rechnende Harzvorland um Salzgitter ausgreifen, deren Schwerpunkt hinsichtlich Aufschließung und Förderung aber – vorläufig – im Vorland liegt. Zum Teil handelt es sich um primäre Ablagerungen, Eisenausscheidungen in Jurameeren, so bei dem kleinen Vorkommen bei

Rottorf, Kr. Helmstedt, aus dem Lias, vor allem aber bei den riesigen Erzvorräten, die sich nordwestlich Braunschweig gegen die Lüneburger Heide erstrecken. Sie liegen in Tiefen über 600 m als ein Erztrog von mindestens 55 km Länge und 13 km Breite, der sich in der Zeit des Oberen Jura (Korallenoolith) gebildet hat. Der Eisengehalt ist, gemessen an der allgemeinen Armut der niedersächsischen Erze, mit über 30 % Fe nicht ungünstig, ebenfalls der Kalkgehalt. Die Vorräte werden bis 1000 m Tiefe auf 250 Millionen Tonnen, in größerer Tiefe auf mehr als 1000 Millionen Tonnen Erz geschätzt.

Neben den in großen Tiefen liegenden primären Erzlagerstätten der Jurazeit stehen – wirtschaftlich zunächst bedeutsamer – die Vorkommen von Trümmererzen und oolithischen Erzen, die in den küstennahen Meeren der Kreidezeit abgelagert wurden, wie die Lager von Salzgitter und um Ilsede. Der Erzgehalt der in der Unterkreidezeit entstandenen Trümmererze von Salzgitter stammt von primären Lagerstätten aus der Jurazeit, die inzwischen durch die Gebirgsbildungen gehoben und der Abtragung preisgegeben waren. Die Trümmererze wurden in mehreren schmalen Meeresarmen und -buchten, auch in tiefen Kolken des küstennahen Meeres angehäuft; daher wechselt die Mächtigkeit der Salzgitterer Lager auf engem Raum sehr schnell, von wenigen m bis über 100 m. Diese Brauneisenerze haben nur einen Gehalt von etwa 30 % Fe und sind kieselsäurereich. Dadurch boten sie bis zur Erfindung besonderer Schmelzverfahren Schwierigkeiten bei der Verhüttung. Doch handelt es sich um große Vorräte (knapp 1000 Millionen Tonnen abbauwürdiger Erze, noch einmal soviel „schwer schätzbare Vorräte"). Im gleichen Raum wurden später, vom randlichen Meer der Oberkreidezeit, noch einmal Trümmererzlager gebildet. Die Oberkreideerze haben bei etwa gleichem Eisengehalt relativ hohen Kalkgehalt und sind daher für die Verhüttung günstiger als die Salzgitter-Erze. Sie sind in den Lagern von Lengede-Broistedt und Bülten-Adenstedt aufgeschlossen, zum Teil in Tagebau gewinnbar. Die Erzvorräte sind hier wesentlich geringer als bei Salzgitter. Nordwestlich schließen sich aber noch weitere und ausgedehntere Lager ähnlicher Oberkreide-Erze bei Peine-Stederdorf an, mit Erzen von zwar sehr niedrigem Eisen-, aber günstigem Kalk- und vor allem Mangangehalt.

Der Reichtum des Gebirgsvorlandes an großen Vorkommen von Salz und Eisenerz wiegt schwerer durch die ausgezeichnete Verkehrslage dieser Lagerstätten in dem für Schienen-, Wasser- und Straßenverkehr bestgeeigneten Teile Niedersachsens, mit vorzüglichen Verbindungen gerade nach Westen (Ruhrgebiet). Selbst die nicht so bedeutenden Öl- und Kohlevorkommen erfahren bzw. erfuhren durch die Absatznähe eine besondere Aufwertung. Allgemein ist für die Struktur des Gebirgsvorlandes die Verbindung mehrerer natürlicher Vorzüge in ein und demselben engen Raum kennzeichnend. Hervorragende Bodenqualität, ausgedehnte Lagerstätten und dichtgescharte Verkehrslinien bilden durch ihre Konzentration in jüngster Zeit mit ihren jeweilig verschiedenen Raumansprüchen schon Probleme (zum Beispiel im Raum Hannover und Salzgitter). — Bei dieser Häufung von natürlichen Vorzügen für die Wirtschaft und Siedlung im Gebirgsvorland ist noch besonders bemerkenswert, wie relativ beständig die Vorzugsstellung gegenüber zeitlichen Veränderungen war. Schon für prähistorische Zeit gilt die natürliche Begünstigung des Ackerbaus, aber die Böden sind noch vergleichsweise wenig heruntergewirtschaftet; seit dem 14. Jahrhundert ist fast fortlaufend Bergbau betrieben worden (zuerst auf Steinkohle in der Schaumburger Mulde), aber der Lagerstättenreichtum ist nicht erschöpft, vielmehr boten sich den wechselnden Wirtschaftsinteressen immer neue Lagerstätten an. Auch die Verkehrsvorzüge dieser Zone machten sich zu allen Zeiten, unter verschiedensten technischen Bedingungen geltend. Insofern bildet das Gebirgsvorland dank seiner natürlichen Ausstattung recht zeitbeständig einen Schwerpunkt im niedersächsischen Raumgefüge.

Das Bergland

Der Übergang vom Gebirgsvorland zum Bergland ist durch die flachen Lehnen der nördlichsten Höhenzüge und die weit nach Süden ausgreifenden ebenen Lößbuchten recht allmählich, aber er wird doch im Landschaftsbild deutlich als Übergang von Weiträumigkeit zu Kleinkammerung, von Großzügigkeit zu Vielfalt im Kleinen. Kleinkammerung und Vielfalt sind wohl die wichtigsten Wesenszüge des niedersächsischen Berglandes. Wegen der Vielgliedrigkeit ist es schwer, ein Gesamtbild des Berglandes zu entwerfen, und so seien zunächst die wichtigsten Teillandschaften genannt [19]:

Im Westen ist der durch Teutoburger Wald und Wiehengebirge abgegrenzte Bereich des Osnabrücker Hügellandes und der Ravensberger Mulde im ganzen ein Hügelland, unruhiger im Nordwesten, ausgeglichener im Osten gestaltet, von kompliziertem geologischen Bau, dem eine Fülle von Lagerstätten zu danken ist, mit einer mächtigen Löß-Schicht überkleidet, von der Talung Hase–Werre als Achse durchzogen. Das unruhig hügelige kleingegliederte, aber doch schon mehr Berglandcharakter tragende Lippische Keuperbergland bildet den Übergang zum Weserbergland.

Zwischen Egge und Weserlauf erstreckt sich das Weserbergland, im Süden durch Hochflächen mit steilrandigen Tälern, meist im Muschelkalk, gekennzeichnet, weiter im Norden durch schmalere Bergzüge, überwiegend in Keupergesteinen, aber auch in Jura und Kreide, mit breiten Becken und Mulden dazwischen aufgebaut. Das Hamelner Becken im Keuperausraum vermittelt Verbindung zum östlich anschließenden Leinebergland.

Das Leinebergland zeigt ebenfalls im Süden großräumigere Gliederung als im Norden; im Süden breite Aufwölbungen im Buntsandstein (Solling, Gebiet östlich des Göttinger Waldes) mit einer Muschelkalkmulde, darin der Achse des Leinetalgrabens, dazwischen; weiter nördlich ein Mosaik von schmalen Bergrippen, meist in Südost-Nordwest-Richtung, vorwiegend in verschiedenen Jura- und Kreideschichten, und lößüberkleideten Becken und Tiefenzonen.

Im Umkreis des Harzes schließt sich ein wechselvolles Bergland an: Mit Schichtstufen südwestlich vom Harz, Platten, Becken und Höhenzügen unterschiedlicher Richtung rings um den nördlichen Teil der Harzbastion; kurzen Höhenzügen annähernder Nord-Süd-Richtung im Harzvorland etwa von Goslar bis Salzgitter und schließlich mit länger erstreckten Rücken parallel zum Harzrand weiter im Osten. Vom Zechstein bis zur Kreide kommen die verschiedensten Schichten als Höhenträger vor.

Die Vielgliedrigkeit und überaus wechselvolle Anordnung von Bergzügen, Hügelland, Becken und Talungen ergibt sich zum Teil aus der geologisch-tektonischen Geschichte des Berglandes: In den verschiedenen Phasen der saxonischen Gebirgsbildung wurden im Nordteil des Berglandes vorwiegend Nordwest-Südost streichende langgestreckte Aufsattelungen gebildet wie die Piesberg-Pyrmonter Achse, die Osning-Achse, die Elfas-Achse (zu der Vogler, Homburg, Elfas gehören), die Leinetalachse, in deren First das Leinetal bei Freden–Alfeld verläuft, Aufsattelungen parallel zum Harzrand, zum Beispiel am Harli, Fallstein, Huy, weiter nördlich Asse und Elm u. a. Teilweise sind die Aufsattelungen schmal, mit stark verstellten, steil aufgerichteten Schichten (zum Beispiel Asse, Dorm), teils sind sie breit gewölbt, die Schichtenneigung ist dementsprechend geringer (zum Beispiel Elm). Alle diese Aufsattelungen wurden gleichzeitig oder bei jüngeren Gebirgsbildungsphasen, vielfach auch in Verbindung mit Aufdringen von Salzkörpern, durch Brüche gestört, manchmal in ein Schollenmosaik zerbrochen. Damit wurde die regelmäßige Anordnung der Schichten – älteste in der Sattelmitte, jüngere an den Sattelflanken aufeinander folgend – oftmals verändert. (So „spießt" zum Beispiel im Bereich der Piesbergachse im Hüggel bei Osnabrück ein Horst von Karbonschichten mit seinen Lagerstätten durch viel jüngere Schichten hindurch.)

Diesem im nördlichen Bergland kennzeichnenden B a u t y p stehen im Süden des Berglands weitgespannte flache Aufwölbungen der Schichten gegenüber, wie in den Buntsandsteingewölben von Solling, Bramwald, Reinhardswald u. a. In ihrem Umkreis sind die Schichten nur ganz wenig aus ihrer ursprünglichen flachen Lagerung aufgerichtet und konnten die ausgedehnten Hochflächen und Platten bilden wie zum Beispiel der Muschelkalk in der Höxterschen Hochfläche oder der Hochfläche von Ottenstein. Auch diese großflächigen Gewölbe wurden allerdings später von Störungen betroffen, wie etwa von dem staffelförmigen Einsinken des Leinetalgrabens, von den kleinen Bruchgräben im Solling u. a.

An den Aufsattelungen, herausgehobenen Schollen und flachen Gewölben griffen die atmosphärischen Kräfte abtragend und einebnend an und schufen, nachdem das Bergland im jüngsten Tertiär endgültig landfest geworden war, eine Verflächung, die über die verschiedenen Gesteine ohne wesentliche Unterschiede hinübergriff. Später dann, unter den veränderten Klimaverhältnissen des Pleistozän, wurde aus der tertiären Fläche allmählich das Bergland in seiner jetzigen Gestalt herausmodelliert [20]. Dabei wurde die Widerständigkeit der Gesteine maßgebend: Relativ widerständige Schichten wie etwa harte Kalke und quarzitische Sandsteine wurden zu Höhen herauspräpariert; wenig widerständige Tone, Mergel, Schiefer u. ä. wurden zu Becken ausgeräumt oder bildeten sanftgeneigte Verflächungen an den Hängen. Wenn wenig widerständige Gesteine am First einer Aufwölbung lagen, wurden gerade an dieser Stelle höchster Aufsattelung durch die Abtragung Tiefenzonen gebildet (zum Beispiel der Pyrmonter Kessel im First der Pyrmonter Achse, das Leinetal im First des Leinetalsattels). Umgekehrt wurden muldenförmig eingebogene Schichten, sofern sie hart waren, zu Höhenrücken herausmodelliert (solche „Reliefumkehr" zum Beispiel am Hils). An den Flanken der Aufsattelungen wurden die härteren Schichten als lange, mit steiler Stirn zum Sattelfirst hinweisende „Schichtrippen" herausgeformt (zum Beispiel Wesergebirge, Wiehengebirge sind Juraschichtrippen an den Flanken der Piesberg-Pyrmonter Achse). Aus einem Bruchschollenmosaik unterschiedlich harter Gesteine wie um Osnabrück oder im Lippischen Bergland wurden unruhige Hügelländer gebildet. Im Bereich der flachlagernden Schichten im Süden des Berglandes wurden weite Schichtflächen, mit steilen Kanten und zum Gewölbezentrum hinweisenden Schichtstirnen herausgearbeitet (zum Beispiel das Schichtstufenland um den Solling oder zwischen Göttinger Wald und Südwestrand des Harzes, wo das Zentrum der Buntsandsteinaufwölbung durch Ablaugung des darunter liegenden Zechsteinsalzes eingesunken ist).

Alle diese A b t r a g u n g s v o r g ä n g e , die das Bergland als solches herausformten, vollzogen sich in der Hauptsache im Kaltklima der Eiszeiten, bei vegetationsfreier Oberfläche, unter maßgeblicher Beteiligung des Bodenfließens. In der Jetztzeit werden die Formen nur noch wenig verändert – hauptsächlich in den Tälern (Aufschüttung, vor allem bei den aus dem Harz austretenden Flüssen, aber auch Vertiefen von Bachkerben u. ä.), auf vom Menschen geschaffenen Freiflächen (Runsen- und Tälchenbildung auf Acker- und Grünland), durch Senkungen über Salzauslaugung u. ä.

Die Formen des Berglands sind wesentlich für die V e r k e h r s e i g n u n g des Gebiets. Die Hügelländer im Westen sind leicht durchgängig, die Schichtrippen des Teutoburger Waldes und Weser-Wiehengebirges durch eine Reihe von Pässen erschlossen; durch die Öffnung nach Nordwesten wirkt der Osnabrücker Raum als Pfortenlandschaft. – Das Weserbergland ist im Südteil mit den Platten und den nach Südwesten weisenden Tälern, vor allem dem Diemeltal, gut zugänglich von Westfalen her. Sein Nordteil ist durch die vielen kleinen Höhenzüge unübersichtlicher und weniger durchgängig, aber der Raum Hameln hebt sich hier als ein natürliches Verkehrszentrum heraus (außer durch das Wesertal auch durch das Humme- und Emmertal erschlossen und Vermittler – durch die Deisterpforte – zum Leinebergland und zur Pfortenlandschaft von Hannover). Der Nordteil des Leineberglandes ist bei der Kleingliederung durch die kurzen, oft steilen Höhenzüge und die kleinen Tal- und Beckenlandschaften nicht verkehrsgünstig, nur das Leinetal selbst ist eine bedeutende Leitlinie des Verkehrs. Sein südlicher Abschnitt ist der nahezu nordsüdlich streichende tektonische Graben, eben und breit, früher zwar teilweise versumpft, aber eine für jedes Verkehrsmittel durchgängige Furche aus dem hessischen Bergland gegen Norden. Bei Northeim stellt das Rhumetal Verbindung zu der verkehrswichtigen Harzrandfurche her, die aus dem thüringischen Raum über Nordhausen ins Oder-Rhumetal leitet. Dann quert die Leine allerdings Engstrecken (bei Kreiensen–Greene), erreicht aber bald den ausgeräumten First des Leinetalsattels und wenig später bei Elze die Lößbucht des Raums Hannover. Neben dieser günstigsten Verkehrsleitlinie im Bergland tritt das Wesertal zurück, denn es besteht aus einer Kette von Talengen und Talweitungen (von Münden bis Karlshafen Einschnitt im Buntsandsteingewölbe, bis Holzminden Talweitung in ausgeräumten Rötschichten, bei Ottenstein enger Durchbruch durch das Muschelkalkplateau, bei Grohnde Eintritt in das Hamelner Becken, dann breites Ost-Westtal bis zur Einengung bei Vlotho, endlich der Bogen zum Porta-Durchbruch). Dieser für durchgehende Verkehrslinien ungünstige Wechsel erklärt sich aus der schon tertiären Anlage des Tals und der Vererbung seines Verlaufs in spätere Zeit mit andern Höhenverhältnissen. So wurde das Wesertal nie zum Träger großer durchgehender Verkehrsverbindungen; nur wegen der Schiffbarkeit kommt der Weser eine gewisse Bedeutung zu. – Im östlichen Bergland, das dem Harz vorgelagert ist, erleichtert das annähernd nordsüdliche Streichen einer Reihe von Höhenzügen den Verkehrsanschluß des Harzrandes an das große Verkehrsband im Gebirgsvorland und an den Raum Braunschweig. – Im Bergland, namentlich im nördlichen Teil, spielen die Lücken zwischen den kurzen Höhenzügen, die den Durchgang von einer der Beckenlandschaften zur andern ermöglichen, eine Rolle als lokale Pforten-, aber auch Sperrstellen (zum Beispiel am Hainberg und Wohldenberg zum Becken von Bockenem, in den Lichtenbergen zum Raum Salzgitter, bei Greene an der Leine u. v. a.).

Wie der Gesteinscharakter maßgeblich für das Relief ist, so bestimmt er auch weitgehend die siedlungswichtigen Wasserverhältnisse. Sandsteine führen wegen ihres Porenvolumens und wegen häufig vorhandener Klüftung meist reichlich Wasser. Werden die Klüfte und Spalten an den Hängen angeschnitten, tritt das Wasser als Spaltquelle aus. So haben die Sandsteinhöhen meist genügend Quellen und Wasserläufe. In Kalksteinen kann das Niederschlagswasser durch Lösung des Kalkes tief versinken. Es kann dann dort wieder austreten, wo die Kalke einer schlecht wasserleitenden

Schicht, wie Tonen, auflagern, und bildet da unter Umständen ganze Reihen von Schichtquellen. Diese liegen oft an den Rändern von Becken und Talungen, so daß diese gut mit Wasser versorgt, die Höhen aber wasserarm sind. Das Wasser im Kalk kann sich aber auch in Spalten, die durch Lösung erweitert werden, in Hohlräumen und schließlich ganzen unterirdischen Wasserläufen sammeln, die unter Umständen erst in weiter Entfernung als Karstquellen austreten. Solch ein Karstwassersystem hat sich in den Kalk-, Gips- und Anhydritschichten des Zechstein im südwestlichen Harzvorland gebildet, wo das Wasser unterirdisch, der Schichtabdachung folgend nach Südwesten, zu der schon erwähnten Rhumequelle, abfließt.

Es ist auch für die Wasserversorgung im Bergland von Bedeutung, daß das Wasser innerhalb der wasserführenden Gesteinsschicht sich langsam hangab bewegt, dem Einfallen folgend, und daß es so am Fuß der sanfteren Abhänge der Schichttrippen reichlich zur Verfügung steht, während an den steilen Schichtstirnen höchstens schwache Quellen austreten. Im ganzen sind die Becken, Talungen und der Fuß der flachen Lehnen meist gut mit Wasser versorgt; sie haben auch oft in den pleistozänen Kiesen und Sanden Grundwasservorräte. Besonders große Grundwasseransammlungen finden sich in den Schotterfeldern, die die Harzflüsse bei ihrem Austritt aus dem Gebirge aufgeschüttet haben (zum Beispiel das „Steinfeld" der Oker).

Gesteinsbeschaffenheit und Relief bestimmen im Bergland auch die Entwicklung der B ö d e n. Auf den Höhen und an den steileren Hängen bilden die verschiedensten Gesteine, oft mit einer dünnen Lößauflage, den Ausgangspunkt der Bodenentwicklung. Diese kann nur auf Hochflächen und sanft geneigten Rücken zu einem tiefgründigen Boden führen; bei steilerem Gehänge wird die obere Bodenschicht immer wieder abgetragen. Der Boden ist dort zwar relativ mineralreich, weil er immer wieder Mineralnachschub aus dem Ausgangsgestein erhält, er kann auch nicht langfristig ausgespült werden, aber er kann auch nicht reifen. Auf Kalkgestein bilden sich je nach der Hängigkeit äußerst flachgründige bis tiefgründigere sogenannte Rendzinaböden mit schwarzem durchwurzelten Mullhumus-Horizont über dem unveränderten Gestein. Flachgründig eignen sich diese Rendzinen nur für Waldwuchs, sie würden ohne Waldbedeckung schnell aushagern und dann nur noch Trockenrasen tragen. Tiefgründig enthalten sie viel Tonminerale als Verwitterungsrückstand, sind dann schwerer und feuchter und bilden gute Waldböden. Ist das Ausgangsgestein an den Hängen ein Sandstein, so entstehen ebenfalls flachgründige Böden mit einem dünnen, oft steindurchsetzten braunen Humushorizont (sogenannte Ranker), die bei längerer Entwicklung auf flacheren Hängen in Braunerden übergehen. Auch sie sind gute Waldböden. – Auf tonigem Ausgangsgestein, wie es relativ häufig auf Juraschichten des nördlichen Berglands auftritt, entstehen wegen der geringen Wasserdurchlässigkeit staunasse Böden mit einem schlecht durchlüfteten, schwer bearbeitbaren Humushorizont über dem Tonschiefer o. ä. (sogenannte Pelosole). Sie neigen zu starkem Quellen und Schrumpfen und geben einen Standort im wesentlichen nur für feuchte Wälder ab. Im ganzen sind also die hängigen Böden des Berglandes – auch dann, wenn sie sich infolge Lößauflage mehr den Braunerden nähern – ausgesprochene Waldstandorte und kommen für Acker kaum und für Grünland beschränkt in Betracht.

Wo die Höhen flach gebäscht sind, so daß die Abspülung des oberen Bodens keine Rolle spielt, haben sich auf Sandsteinen bei den hohen Niederschlägen, zum Beispiel auf dem Solling, podsolierte Böden gebildet. Tritt wegen toniger Einlagerungen Staunässe auf, sind vergleyte Podsole entstanden, mit allen Übergängen zum Gley (Molkenböden des hohen Solling). – Die Kalkplateaus, wo ebenfalls tiefgründige Böden entwickelt werden können, tragen meist Braunerden, in allen Übergangsformen zum Rendzinaboden.

In den Becken und Talungen des Berglandes bildet Lockermaterial den Ausgangspunkt der Bodenbildung; Löß als primäre Ablagerung, Löß als verschwemmtes, von den Hängen herabgespültes Material, Auelehm, verschiedenes abgespültes Material von den Hängen. Hierauf entwickelten sich in der Hauptsache Braunerden. Bei Staunässe, zum Beispiel bei relativ hochliegenden Tonschichten im Untergrund, zeigen sie Vergleyungen. Bei hohem Grundwasserstand in den breiten und von regelmäßigen Winterhochwässern betroffenen Tälern, zum Beispiel der Weser und Leine, kommen auch Gleyböden vor; diese können bei Beackerung, überhaupt bei Durchlüftung der oberen Schichten in Richtung auf Braunerden verändert werden. In trockeneren Gebieten in den Becken, wo etwa Löß über Kalk am Fuß der Hänge liegt, finden sich Parabraunerden. So bieten die Becken und Talungen überwiegend gute Voraussetzungen des Bodens für Ackerbau und – hauptsächlich in den feuchteren Tälern – für wertvolles Grünland.

Für die natürliche Waldbedeckung des Berglandes spielen neben den Böden auch die Meereshöhe und die Exposition eine wesentliche Rolle. In Becken und Talungen und auf den Kalkhochflächen zum Beispiel des südlichen Weserberglandes bilden in den Lagen bis etwa 250 m ü. NN Eichen-Hainbuchenwälder den natürlichen Bewuchs von Braunerden und Parabraunerden. Auf feuchten Böden der Täler würden meist eschenreiche Auewälder stocken. In größerer Höhe ist das Gebiet des subherzynen Buchenwaldes, der die flachgründigen Gesteinsböden ebenso wie die Braunerden und Parabraunerden bedeckt. Je nach Ausgangsgestein, Säuregrad des Bodens, Exposition, Feuchtigkeit und Besonnung der Hänge sind verschiedene Arten des Buchenwaldes ausgebildet, die sich durch die Krautschicht unterscheiden. In engen Schluchttälern stehen hier Eschen-Ahornwälder. Auf exponierten Kalkhängen ist stellenweise der vom Menschen heruntergewirtschaftete Buchenwald durch Halbtrockenrasen – meist Schafweide – ersetzt. Solche Halbtrockenrasen auf Kalk sind teilweise auch an die Stelle von trockenen Primelreichen

Eichen-Hainbuchenwäldern getreten. Sandige podsolierte Böden des Berglandes tragen von Natur aus Berg-Traubeneichen-Birkenwälder und Eichen-Buchenwälder, die von der Höhenlage ziemlich unabhängig sind. Sie wurden besonders stark heruntergewirtschaftet und verheideten großenteils, zum Beispiel an Osning und Egge und im angrenzenden Hügelland. In jüngerer Zeit traten im allgemeinen Fichtenforsten an ihre Stelle, auf besonders trockenen verarmten Böden auch Kiefernforst.

Von den natürlichen Wäldern des Berglandes sind nur die Buchenwälder weitflächig und in relativ wenig veränderter Zusammensetzung erhalten. An die Stelle der Auewälder ist Grünland getreten; die Eichen-Hainbuchenwälder haben bis auf geringe Reste von stark veränderter Zusammensetzung (oft Buchenreinbestände) dem Ackerland weichen müssen, Feuchte Eichen-Hainbuchenwälder auch dem Grünland. Die Eichen-Buchenwälder und Eichen-Birkenwälder sind in den niedrigen Lagen zum Teil durch Acker oder Grünland ersetzt, vor allem aber durch Nadelwälder [21].

Die gutwüchsigen Buchenwälder bilden eine der Wirtschaftsgrundlagen der Höhenzüge. Für die Holzbearbeitung – Sägemühlen u. a. – waren von je in den höher gelegenen Tälern auch Bachläufe mit ausreichender Wasserkraft vorhanden, allerdings oft mit ungleichmäßiger Wasserführung. Holz und Holzkohle konnte zum Handelsgut werden (Belieferung des Harzbergbaus vom Solling). Die großen Buchenholzvorräte waren für wichtige Gewerbezweige wie Glasherstellung und Eisenhütten die Voraussetzung. Die Ausstattung der Höhengebiete mit Holz, Lagerstätten und Wasserkraft prädestinierte diese Gebiete zu gewerblicher Entwicklung. Andererseits eignen sich die Becken und Talungen mit ihren guten tiefgründigen Böden für landwirtschaftliche Nutzung, ebenso die Hügellandschaften. Das Mosaik von Beckenlandschaften und Höhenzügen, Hügelland und Hochfläche, das für das Bergland kennzeichnend ist, spiegelt sich somit in einer kleinräumig wechselnden Vielfalt der wirtschaftlichen Möglichkeiten wider.

Die Lagerstätten sind vielfältig und im ganzen Bergland verbreitet: von den zahlreichen Salzvorkommen – Steinsalz und Kali aus dem Zechstein, Steinsalz allein aus verschiedenen mesozoischen Schichten – seien nur die in Betrieb befindlichen Kaliwerke am Hildesheimer Wald, bei Reyershausen (Kr. Göttingen), bei Volpriehausen und Vogelbeck (Kr. Northeim) erwähnt. Mit den Salzvorkommen im Untergrund hängt die Vielzahl salzhaltiger Quellen [22] zusammen, die ihren Chloridgehalt aus dem Zechstein, aber auch aus Salzlagern des Muschelkalk, der Mündener Mergel des Jura, verschiedenen Keuperschichten u. a. beziehen. Zum Teil nehmen sie aus den Schichten, durch die sie aufsteigen, auch Schwefelverbindungen auf (Salzquellen zum Beispiel in Salzderhelden, Salzhemmendorf, Salzdetfurth, Salzgitter, Gandersheim u. v. a.; Chlorid- und Schwefel- beziehungsweise Sulfatwässer zum Beispiel in Karlshafen, Nenndorf, Eilsen u. a., gerade auch in vielen Quellen im Bereich der Piesbergachse). Bei zahlreichen und gerade als Heilquellen besonders wichtigen Quellen treten neben Salzgehalt auch gelöste Gase (Kohlensäure, Stickstoff) auf, und zum Teil handelt es sich um Thermalquellen (zum Beispiel Oeynhausen, Salzuflen, Pyrmont, Driburg, Meinberg u. a.). Der Gas- und teilweise auch Eisengehalt der Quellen sowie die Temperatur rührt hier von Magmakörpern her, die in der Tertiärzeit an Störungslinien (Pyrmonter Achse, Achsen im Eggegebirge) emporgedrungen sind; an Spalten finden die Wässer zu ihren Gasaushauchungen, ihrem Wärmespeicher und ihrem Mineralbestand Verbindung. So besteht ein enger Zusammenhang zwischen den Heilquellen des Berglands und den tektonischen Achsen und Störungslinien, an denen sich die Quellen geradezu aufreihen. Die überaus zahlreichen Vorkommen von Salz- und Schwefelquellen, Säuerlingen und sonstigen Mineralwässern stellen einen bedeutsamen Reichtum des Berglands dar, dem insgesamt keinerlei Erschöpfung zu drohen scheint, wenn auch einzelne früher bekannte Quellen verschwunden und in Vergessenheit geraten sind.

Kohlenlager waren an vielen Stellen vorhanden, sind aber jetzt zumeist erschöpft. Steinkohle aus dem Karbon tritt westlich von Osnabrück auf (Schafberg) und wurde auch am Piesberg gewonnen. Steinkohle aus der Untersten Kreide kommt in der Übergangszone zum Gebirgsvorland an den Bückebergen, Deister, Osterwald vor. Braunkohle wurde im Tertiär bei Wallensen (Kr. Hameln-Pyrmont) in einem Senkungsbecken über abgelaugten Zechsteinsalzen gebildet; sie war im Tagebau gewinnbar und brikettierfähig. Vereinzelte kleine Braunkohlenvorkommen finden sich in tertiären Einbruchsgräben im Solling, ferner im Bramwald, Kaufunger Wald sowie in einem kleinen Tertiärbecken bei Seesen. Die Kohlevorkommen des Berglandes sind räumlich meist eng begrenzt und geringmächtig.

Eisenerze sind im Harzvorland an verschiedenen Stellen vorhanden (Salzgittererze siehe Abschnitt „Gebirgsvorland"), meist als Jura-Ablagerungen. So finden sich bei Harzburg Brauneisenerze aus dem Unteren Jura sowie ein kalkreiches Erz aus dem Oberen Jura (Eisengehalt um 25 %) so dicht unter der Oberfläche, daß sie auch in früherer Zeit dem Tagebau zugänglich waren. Am Kahleberg bei Echte (Kr. Osterode) führt ebenfalls der Untere Jura ein Brauneisenerzlager entsprechenden Eisengehalts als linsenförmige feste Erzeinlagerung. Ein etwas reicheres Roteisenerz, gleichfalls aus dem Unteren Jura, ist bei Lenglern (Kr. Göttingen) für den Tagebau erreichbar. Ebenfalls im Tagebau können eisenhaltige unterjurassische Mergelkalke bei Markoldendorf (Kr. Einbeck) gewonnen werden. Größere Erzlager (Fe-Gehalt über 30 %) enthält das Weser-Wiehengebirge im Umkreis der Porta Westfalica. Hier sind den Sandsteinschichten des Mittleren Jura tonige Eisenflöze eingelagert, und der Korallenoolith des Oberen Jura enthält mehrere linsenförmige Roteisenerzlager. – Eine Besonderheit des Berglandes sind die Asphaltlager von

Holzen (Kr. Holzminden), bitumengetränkte Kalke des Oberen Jura, die am Westrand der Hilsmulde ausstreichen und im Tagebau zugänglich sind.

Bei sehr vielen der unterirdischen Lagerstätten ermöglicht das Ausstreichen der Schichten zu Tage eine relativ leichte Gewinnung und auch ein frühes Bekanntwerden der Bodenschätze. Dadurch wirkte sich die Vielzahl der Lagerstätten im Bergland besonders in früheren Zeiten als wirtschaftlicher Vorzug aus; für die Wirtschaftsansprüche der Jetztzeit ist der geringe Umfang der meisten Lagerstätten und eine weniger günstige Verkehrslage ein bedeutsamer Nachteil, beispielsweise im Vergleich zu den Erz- und Salzschätzen des Gebirgsvorlandes.

Ein Wirtschaftsgut, das die Höhenzüge des Berglandes in praktisch unerschöpflicher Fülle bieten, sind die Nutzgesteine. Aus der langen Reihe wertvoller Gesteine seien nur einige herausgegriffen: Die Basalte der Tertiärvulkane der Dransfelder Hochfläche, die karbonen Quarzitsandsteine vom Piesberg, die aus dem Buntsandstein stammenden sogenannten Sollingplatten und Bänke des Bausandstein sowie auch die „Rogensteine" und die große Zahl wertvoller Kalke, Dolomite und Gipse. Glassande kommen im Tertiär der Sollinggräben, im Hils bei Wallensen und bei Duingen vor, tertiäre Töpfertone am Sollingrand (Fredelsloh) und Töpfertone aus der Unterkreide wiederum bei Duingen. Ziegeltone sind in den Becken und Flußtälern reichlich vorhanden, ebenso Kies und Sand für Bauzwecke.

Im ganzen ist für die natürliche Ausstattung des Berglandes gerade auch hinsichtlich der wirtschaftlichen Möglichkeiten die Vielfalt und der Wechsel auf engem Raum bezeichnend. Nirgendwo zeichnet sich eine überragend gut ausgestattete Zentrallandschaft, ein natürlicher Wirtschaftsschwerpunkt, ab, auch nicht hinsichtlich einer Bevorzugung in den Verkehrsverbindungen. Die Natur des Raumes ist so beschaffen, daß sich viele kleine Siedlungsgebiete, viele kleine Zentren nebeneinander entwickeln können, ohne einem großen zentralen Raumbezug zu unterliegen.

Der Harz

Unter den großen Landschaftseinheiten Niedersachsens ist der Harz die am schärfsten begrenzte und von den andern abgehobene Landschaft[23]. Die Begrenzung der aus paläozoischen Gesteinen aufgebauten Gebirgsbastion ist durch tektonische Linien gegeben: Nach Nordosten zu ist der Harz an einer „herzynisch" (NW-SO) streichenden Linie im Verlauf der kreidezeitlichen Gebirgsbildungsphasen gehoben und auf sein Vorland aufgeschoben, so daß die Randschichten überkippt wurden. Die Überschiebungsstirn zeichnet sich als steiler Gebirgsrand ab. Im Norden und Nordwesten (etwa bei Seesen) begrenzen Störungen in „rheinischer" Richtung (parallel zum oberen Leinetal und Oberrheingraben) die Harzscholle, wahrscheinlich zeitlich mit der Anlage des Leinetalgrabens zu parallelisieren. Nach Südwesten zu tauchen die Harzschichten des Erdaltertums vielfach gestört unter die jüngeren flachlagernden Schichten des Zechstein unter, denen sich weiter im Westen der Buntsandstein auflagert. Der Harzabfall ist in dieser Richtung nicht ganz so schroff; die Tiefenfurche, die zum Teil durch Auslaugung der Zechsteinschichten entstanden ist, begleitet den Harzrand, nach Westen zu von der steilen Schichtstufe des Zechsteingipses und -dolomits überragt. Ein allmählicher Übergang vermittelt nur zwischen dem Unterharz und der Mansfelder Mulde.

Die Begrenzung der Harzscholle ist für die Verkehrsverhältnisse wichtig: Am nördlichen Steilrand vermitteln nur eng und tief eingeschnittene kurze Täler mit starkem Gefälle, erheblicher Schotterführung, schnellem und ungleichmäßigem Wasserabfluß als wenig einladende Pforten den Eintritt ins Gebirge. Die Schuttfächer, die diese Flüsse beim Austritt ins Vorland aufschütten, sind allerdings für Pfortensiedlungen ein geeigneter Ansatzpunkt (zum Beispiel Goslar). West- und Südhang des Harzes bieten geringere Verkehrsschwierigkeiten; vor allem ist die Tiefenfurche am Harzrand von hoher Verkehrsbedeutung als Vermittler zwischen der Goldenen Aue und dem Leinetal sowie am Harz entlang zur Hildesheimer Börde.

Der mehr oder weniger steile Rand des Harzes mit seinen scharf eingeschnittenen Tälern geht im Oberharz etwa 600 m ü. NN in die Harzhochfläche über, die den ganzen Ober- und Mittelharz in etwa dieser Höhe überspannt und sich allmählich zu geringeren Höhen (400–500 m) im Unterharz herabbiegt. Der Formenwechsel vom steil zerschnittenen Harzrand zum Gebirgsinnern ist schroff: Hier herrschen weite Verflächungen, sanfte Talmulden, abgerundete Formen der einzelnen Kuppen, Hangknicke und weitere Flächen in höheren Niveaus (zum Beispiel um 800 m), schließlich die sehr flach gewölbten höchsten Gipfel (Brocken 1142 m). Klippen markieren oft Absätze zwischen den verschiedenen Verflächungen. Die Erklärungsversuche und Datierungen für die Flächenbildung sind mannigfach (verschiedenaltrige Rumpfflächen, Abtragungsflächen in einem aufsteigenden Gebirgskörper, im einmaligen oder im ruckweisen Aufstiegsprozeß u. a.), ebenfalls für die Höhen (auf Gesteinshärte, auf Ferne von der Abtragungsbasis zurückgeführt u. a.). Jedenfalls handelt es sich um Verflächungen, die über die verschiedensten Gesteine hinweggreifen, in tieferem Niveau angelegt, bei Hebung des Harzes höher geschaltet und der randlichen Zerschneidung preisgegeben. Für den Menschen sind die Verflächungen insofern belangvoll, als sie das Innere des Gebirges verkehrsdurchgängig machen. Außerdem erleichtern die geringen Reliefunterschiede die wasserbaulichen Anlagen, Stauteiche, Pochgräben usw., wie sie für den alten Bergbau betriebsnotwendig waren.

Die Flächen und sanften Höhen des Harzes verraten nur wenig von dem bunten Mosaik der Gesteine und den ungemein komplizierten tektonischen Verhältnissen des Untergrundes. Doch sind diese für die wesentlichste Wirt-

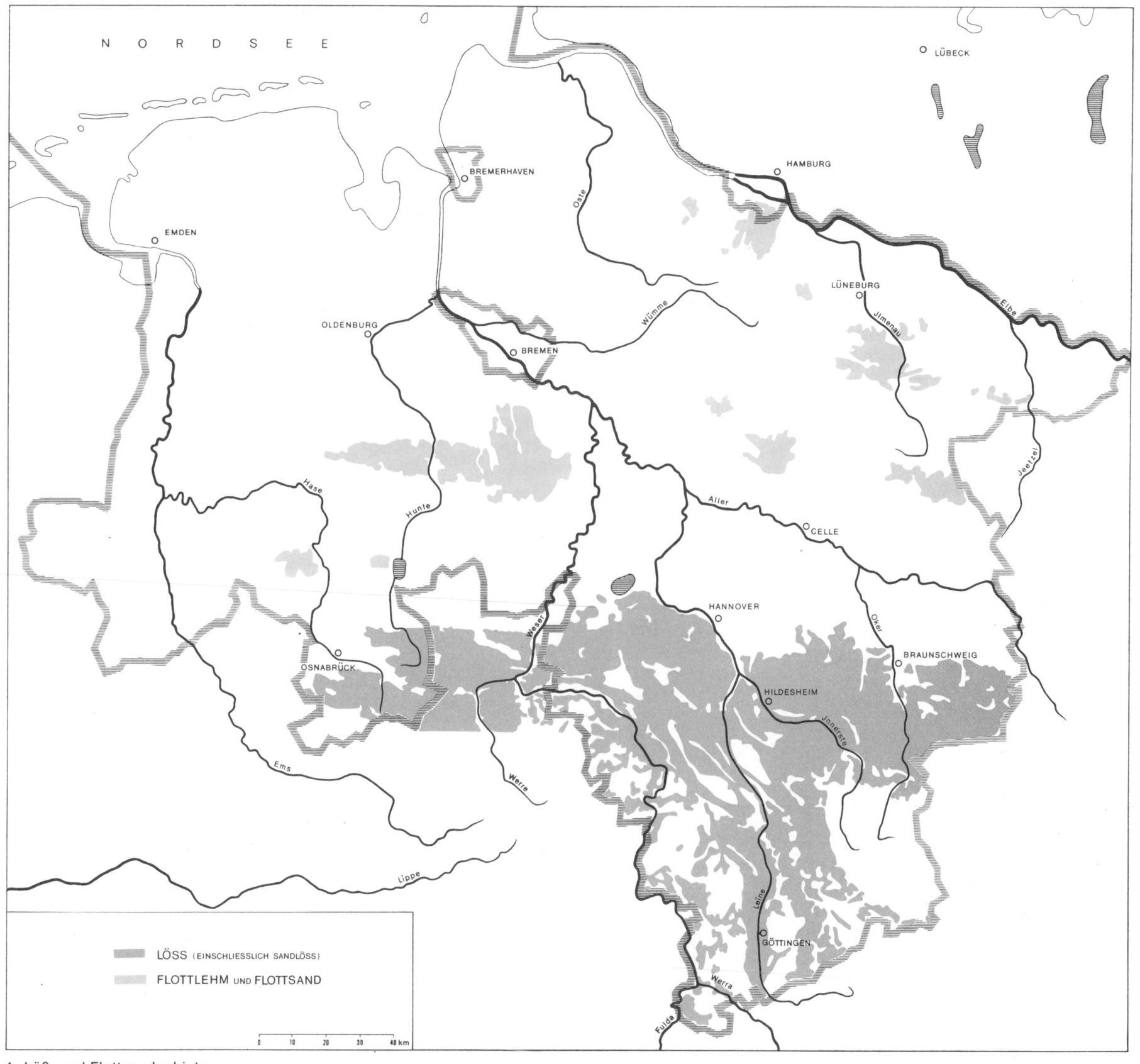

4. Löß- und Flottsandgebiete

LÖSS (EINSCHLIESSLICH SANDLÖSS)
FLOTTLEHM UND FLOTTSAND

schaftsgrundlage des Harzes, für die Lagerstätten, von entscheidender Bedeutung. Das ganze Gebirge läßt sich in einige große geologisch-tektonische Einheiten gliedern, die bei der varistischen Gebirgsbildung („sudetische" Hauptphase) im Karbon angelegt wurden und für die Grundzüge der jetzigen oberflächlichen Anordnung der Schichten maßgeblich sind: Im Norden, zwischen Langelsheim und Oker, ein Sattel devonischer Schichten, mit dem Kern des harten Kahlebergsandstein, mit verbreitetem Auftreten der Wissenbacher Schiefer, in denen auch die große Erzlagerstätte des Rammelsberges liegt. – Im Nordwesten einschließlich der Clausthal-Zellerfelder Hochfläche ein großes Gebiet von Kulmschichten (Unteres Karbon), gefaltete Serien von Grauwacken und Tonschiefern, von großen Verwerfungen mit reicher Erzführung durchzogen. – Als kleiner Horst gegen diese Hochfläche des Kulm abgesetzt die unterdevonischen Riffkalke (als Korallenriffe im Devonmeer gebildet) des Ibergs und Winterbergs, wertvoll als Nutzgestein, aber auch durch die Einschaltung einer Eisenerzlagerstätte. – Von etwa der Linie Osterode–Altenau nach Südosten aufeinander folgend eine Reihe von südwest–nordost streichenden Sätteln und Mulden verschiedener Devon- und Kulmschichten, im einzelnen mit äußerst kompliziertem Bau, zum Teil mit eruptiven Mitteldevonschichten (Oberharzer Diabaszug), im Mittelharz mit Aufbrüchen der ältesten großflächig auftretenden Formation des Harzes, dem Silur.

In diesen Bau verfalteter, verschuppter und gestörter Sättel und Mulden ist im Gebiet des Brockens der Magmakörper eingedrungen. Zu diesem in der Tiefe steckengebliebenen „Pluton" gehören der Brockengranit, der Ilsesteingranit und der Okergranit sowie der Gabbrokörper an der Radau. Das umgebende Gestein wurde durch Druck und Hitze bei diesem Aufdringen des Magmas grundlegend verändert, umgeschmolzen und meist sehr gehärtet („Hornfelse" des sogenannten Kontakthofes). Von dem erkaltenden Magma gingen Lösungen aus, die die Risse und Spalten der umgebenden Gesteine weithin durchsetzten und dort auskristallisierten. Je nach Temperatur der Lösungen, meist also je nach der Entfernung von dem Magmakörper, setzten sich die verschiedenen gelösten Minerale nacheinander ab (zum Beispiel in Magmanähe Flußspat, ferner Blei-, Zink- und Antimonverbindungen). Die von dem Pluton ausgehende Füllung der Spalten, die „Gänge", sind die Quelle des Harzer Metallreichtums.

Ein kleines Gegenstück zum Brockenpluton ist der Magmakörper des Rambergmassivs. Auch von ihm geht die Füllung einer großen Zahl von Spalten mit Erzgängen aus. – Zwischen dem Ramberg und dem Brockenmassiv liegt die Elbingeröder Mulde, mit mittel- und oberdevonischen sowie Kulmschichten; dazu gehören auch mitteldevonische Gesteine vulkanischen Ursprungs (untermeerischer Vulkanismus), die verschiedene Eisenerze führen. – Südlich des Rambergbereichs zieht in West-Ost-Richtung ein Gebiet von devonischer

Grauwacke (Tanner Grauwackenmulde), an das sich nach Osten und Südosten die Ostharzer Silursättel anschließen, der nach dem Schichtenalter gemessen „älteste" Teil des Harzes. – Den südlichen Unterharz nimmt ein weites Unterdevongebiet ein. Bei Ilfeld tritt neben den jüngeren Rotliegendschichten des Harzrandes, die Kohlenflöze enthalten, noch einmal mit dem Porphyrgebiet des Auerberges eine magmatische Masse auf (im Gegensatz zum Brocken- und Rambergmassiv jedoch kein Tiefengestein, sondern ein Erguß), die Ausgangspunkt von Lagerstättenbildung war.

In fast allen Teilen des Harzes sind also Lagerstätten vertreten, und die meisten, wenn auch nicht alle hängen mit den großen Plutonen zusammen. Älter als das Aufdringen des Brockenplutons sind die Lagerstätten vom Rammelsberg und im Elbingeröder Gebiet. Der Rammelsberg enthält in den mitteldevonischen Wissenbacher Schiefern eine der größten deutschen Metallerzlagerstätten, aus zwei dickplattigen sulfidischen Erzmassen zusammengesetzt. Das innig verwachsene Erz enthält Schwefelkies, Zinkblende, Bleiglanz, Kupferkies, die seit dem 10. Jahrhundert vor allem auf ihren Silber- und Kupfergehalt ausgebeutet wurden. Beide Lager, von denen das „Alte Lager" zutage ausstreicht, sind im Durchschnitt 15 m mächtig und fallen steil ein. Die Art der Erzbildung ist im einzelnen umstritten, hängt aber wohl mit dem mitteldevonischen untermeerischen Vulkanismus zusammen, dessen Thermalwässer den Meeresablagerungen den Schwermetallgehalt zuführten. – Ebenfalls im Schichtverband mitteldevonischer Schichten liegen die Roteisensteinlager im Elbingeröder Gebiet, auch sie mit untermeerischem Vulkanismus in Zusammenhang. Entsprechend kleinere Roteisensteinlager kommen im Oberharzer Diabaszug (siehe oben) sowie in den sogenannten Stieger Schichten im Südharz vor.

Zum Brockenpluton gehören die Gangbezirke des Oberharzes (genauer: zum Magma des Okergranits). Die Gänge füllen zahlreiche WNW-OSO-streichende Verwerfungen, sind mehrere Meter, auch Zehner von Metern mächtig, ziehen sich bis zu 20 km lang hin, allerdings nicht immer in gleicher Weise erzführend und auch von „Faulen Ruscheln" (erzlosen Störungssystemen) unterbrochen und abgeschnitten. Sie führen überwiegend Bleierze, oft mit Silber, und Zinkerze. Die wichtigsten Gangzüge sind die von Lautenthal, Bockswiese/Festenburg/Schulenberg, Hütschental/Spiegeltal/Haus Herzberg, Burgstadt, Rosenhof, Silbernaal und Laubhütte.

Ferner sind vom Brockenpluton her gespeist die Gangbezirke von Hasserode und Drei-Annen, wo neben Bleiglanz, Zinkblende und Kupferkies auch Kobalt-, Nickel- und Arsenerze auftreten; die Gänge von St. Andreasberg, die sich dicht zu einem Dreieck zusammenscharen, von zwei großen Faulen Ruscheln abgeschnitten werden und einen außerordentlichen Reichtum an Silbererzen auswiesen; die in weiterer Umgebung von St. Andreasberg liegenden Erzgänge des Odertales mit Blei-, Kupfer-, Arsen-

und Kobalterzen und die Roteisenstein-Quarz-Gänge sowie die heute noch wirtschaftlich wertvollen Schwerspatgänge; endlich die weniger reichen Gänge der Gegend vor B r a u n l a g e , hauptsächlich mit Blei-, Zink- und Kupfererzen.

Der Lauterberger Gangbezirk wird in Verbindung mit Magmen gebracht, die dem Brockenpluton verwandt sind, aber eine Ergußform des Magmas darstellen. Die Erzführung ist ähnlich wie in den genannten Revieren, nur treten Blei- und Zinkerze gegenüber den Kupfererzen mehr zurück, und die Gangausfüllung durch ein leicht zerreibliches sandartiges Material ist eine Besonderheit. Es treten auch viele Schwerspatgänge auf. Nahe beim Lauterberger Revier liegen die Roteisensteingänge von Zorge.

In der Umgebung des Rambergmassivs liegen die Gangbezirke von Harzgerode mit Blei-Silbererzen (Gernröder Gang), Kupfer- und Eisenerzen, Flußspat und Schwefelkies, ferner Zinkerzen (vor allem im Lindenberger Gangzug); ferner der bedeutendste Gangzug des Ostharzes, der nach Straßberg und Neudorf benannt wird, von 15 km Länge, mit reichen Bleierzen in 10–20 m Mächtigkeit, sowie mit Wolframerzen, aber auch mit Eisen- und Kupfererzen. Die Vielfalt der Gangmineralien und das Auftreten von Arsen-, Wolfram-, Nickel- und Antimonerzen sind für die Lagerstätten des Ostharzes kennzeichnend, sie fehlen dem Oberharzer Gangbezirk.

Die Gänge im Umkreis des Auerberges sind in ihrer Ausfüllung denen ähnlich, die mit dem Rambergmassiv in Verbindung stehen. Es finden sich Spateisenstein, auch mit Mangangehalt, und Flußspat, Bleiglanz, zum Teil mit Silbergehalt, Kupferkies und Zinkblende sowie Antimonerze.

Allein schon diese Aufzählung der Lagerstätten deutet den Reichtum des Harzes vor allem an Blei, Zink, Kupfer und Eisen sowie auch Silber an. Über die einmal vorhanden gewesenen Erzvorräte sind Aussagen wegen des jahrhundertealten Bergbaus schwer möglich. Jetzt gelten die meisten Lager als erschöpft, oder die Ausbeutung der Restvorkommen ist unwirtschaftlich geworden. Mit dem Erzreichtum war für das Harzgebiet eine Wirtschaftsgrundlage von so überragender Bedeutung gegeben, daß alle andern Nutzungsmöglichkeiten dagegen zurücktraten und vernachlässigt wurden. Das Resultat war eine in den niedersächsischen Landschaften einzig dastehende wirtschaftliche Einseitigkeit.

Nutzungsmöglichkeiten außer dem Bergbau boten sich von je durch den Reichtum an Nutzgesteinen und durch den Wald. Die Vorräte an Nutzgestein sind praktisch unerschöpflich: Kalkvorkommen am Iberg, Winterberg, im Elbingeröder Gebiet; zahllose widerstandsfähige Gesteine für Hoch- und Straßenbau wie Grauwacken, Quarzite, Granite, Gabbro usw. Über die Nutzung dieses Reichtums entscheidet praktisch die Verkehrslage.

Die W ä l d e r des Harzes sind die größte zusammenhängende Waldfläche in Niedersachsen, aber sie sind keineswegs ein Rest der ursprünglichen Waldbedeckung des gesamten Berglands, sondern haben mehrere Wandlungen durchgemacht. Die natürliche Waldbedeckung des Harzes war wohl mindestens bis 600 m Höhe ein Buchenwald. In größerer Höhe war die Fichte zwar eingemischt, aber die Region des reinen natürlichen Fichtenwaldes begann erst etwa bei 1000 m ü. NN. Seit etwa dem 13. Jahrhundert vergrößerte sich das Fichtenareal ständig, und die Buche wurde auf die tieferen Standorte zurückgedrängt. Die Gründe dafür sind teilweise bei der Klimaverschlechterung, vor allem aber im menschlichen Einfluß zu suchen. Der Bergbau brachte gewaltige Einschläge in den Wäldern mit sich, war doch sein Bedarf an Bauholz für Schachtanlagen, Wasserhaltungen, Pochwerke, vor allem aber der Holzkohlebedarf der Hütten ungeheuer. Die Buchenwälder wurden weitgehend vernichtet, zumal das Hartholz noch mehr gesucht war als das Fichtenholz. Bei der Naturverjüngung auf den Kahlflächen war die Fichte gegenüber der Buche im Vorteil. So drang sie schon in der Zeit der Waldzerstörung in die tieferen Lagen vor. Um 1700 war der Harz größtenteils kahl. Die dann einsetzenden Bemühungen um Wiederaufforstung beschränkten sich meist auf die Saat von Fichte, weil die schnellwüchsige Fichte am ehesten wieder eine Deckung des hohen Holzbedarfs versprach. Damit wurden der Ober- und Mittelharz endgültig zum Fichtenwaldgebiet, bis herunter auf etwa 350 m ü. NN; unterhalb dieser Höhengrenze haben die natürlichen Buchenwälder, namentlich am Südrand des Harzes und im Unterharz, die Herrschaft; tiefer als 200 m werden sie von Buchen-Eichen-Mischwäldern abgelöst.

Die Fichtenwälder sind auf feuchtkühlen Standorten mit langer Schneelage als Bleichmoos-Fichtenwälder ausgebildet, an wärmeren niedrigeren Hängen als Sauerklee-reiche Fichtenwälder mit reicherer Krautschicht und gelegentlicher Beimischung von Rotbuche und Eberesche, in trockeneren höheren Lagen als grasreicher lichterer Fichtenwald ohne Laubbäume. Die Baumgrenze liegt wenig über 1000 m; der Brockengipfel ist von Natur aus waldlos. Damit liegt die natürliche Baumgrenze im Harz ungewöhnlich tief (zum Beispiel Sudeten 1300 m, Alpen etwa 1700 m). Ständig waldfrei sind auch die Hochmoorflächen im Umkreis des Brockens. Das Wachstum dieser leicht eingemuldeten Moore begann im 3. Jahrtausend v. Chr., erfuhr im späten Mittelalter eine klimabedingte Unterbrechung, ist aber trotz Entwässerungsversuchen im 18. Jahrhundert jetzt noch lebhaft im Gange. – Als menschlich bedingte, vom Wald nicht mehr besiedelbare Kahlflächen fallen die alten Erzhalden auf; der mit Schwermetallen angereicherte Boden ganzer Hänge kann nur noch von einigen wenigen unempfindlichen Pflanzen in einem lockeren Rasen besetzt werden.

Nur auf geringen Flächen ist der Wald von Kulturland verdrängt worden. Dabei handelt es sich fast nur um Bergwiesen und -weiden. Waldweide war früher weit verbreitet und trug das ihre zur Waldvernichtung bei. Ackerland fehlt im Ober- und Mittelharz bis auf geringfügigen Kartoffelanbau fast ganz. Bei 600 m hat er seine äußerste Höhengrenze erreicht. Damit liegt auch die

Anbaugrenze im Harz ungewöhnlich niedrig; in andern deutschen Mittelgebirgen liegt sie über 800 m oder sogar über 1000 m. Das Fehlen des Ackerbaus ist nicht etwa durch den Boden bedingt. Die Hochfläche und die sanfteren Hänge tragen vielfach tiefgründige braune Böden, die zwar gewisse Podsolierungsmerkmale zeigen, aber nur mäßig versauert und ohne Verdichtungshorizonte ausgebildet, dazu je nach Ausgangsgestein mehr oder weniger nährstoffreich sind. Offenbar ist das sehr sommerkühle, niederschlagsreiche und durch kurze Vegetationsperioden benachteiligte Klima der wesentliche Grund, warum der Ackerbau kaum hat Fuß fassen können und warum die Höhengrenzen des Anbaus und des Waldes so niedrig liegen. Dazu kommt die einseitige Ausrichtung der Erschließung auf den Bergbau, damit ein Desinteresse an der Landwirtschaft, als menschlicher Faktor. So ist der Harz die einzige der großen Landschaftseinheiten Niedersachsens, in der die Landwirtschaft nie eine Rolle spielte, die eigentlich nur als Viehhaltung und nebenher betrieben wurde. Der Harz ist die einzige von vornherein auf einseitige Wirtschaft, und zwar gewerbliche Ausrichtung, festgelegte Großlandschaft des niedersächsischen Raumes.

[10] Die Literaturangaben zu den einzelnen Landschaften müssen sich darauf beschränken, neben wenigen zusammenfassenden länderkundlichen Übersichten nur einige jüngere Arbeiten oder auch Veröffentlichungsreihen zu den besonders kennzeichnenden Wesenzügen der jeweils behandelten Landschaft zu nennen. – [11] Probleme der Küstenforschung. Schr.-Reihe d. Nds. Landesstelle f. Marschen- u. Wurtenforsch. Hg. v. W. HAARNAGEL. Ab 1940; Jahresberichte d. Forschungsstelle Norderney, Norderney ab 1948; W. HARTUNG, Das Problem der sogenannten Küstensenkung, in: OldenbJb 63, 1964; W. DECHEND und W. GRONWOLD, Krustenbewegungen und Meeresspiegelschwankungen im Küstenbereich der südlichen Nordsee, in: GeolJb 79, 1962; J. KRAMER, Zur Frage der Wanderung der ostfriesischen Inseln auf Grund neuerer geologischer Befunde, in: ZDtGeolGes 112, 1960; K. H. SINDOWSKI, Nordseevorstöße und Sturmfluten an der ostfriesischen Küste seit 7000 Jahren, in: GeogrRdsch 14, 1962; K. H. SINDOWSKI, Die geologische Entwicklung des ostfriesischen Wattgebiets und der Inseln im Laufe des Quartärs, in: ZDtGeolGes 112, 1960. Länderkundlich zusammenfassend: Ostfriesland im Schutze des Deiches, hg. v. J. OHLING, 4 Bde., ab 1969; Amtliche Kreisbeschreibungen Norden 1951, Stade 1951, Wesermarsch 1954, Wesermünde 1968. – [12] Vgl. etwa H. SCHÜTTE, Sinkendes Land an der Nordsee? 1939. – [13] Die Kalkarmut der Altmarsch scheint zum Teil allerdings auch mit den Ablagerungsbedingungen, nicht nur mit der Bodenbildung zusammenzuhängen. – [14] P. WOLDSTEDT, Saaleeiszeit, Warthestadium und Weichseleiszeit in Norddeutschland, in: Eiszeitalter und Gegenwart 1954; K. H. KAISER, Eiszeitforschung in Deutschland. Ber. über d. Tagung d. dt. Quartärvereinigung 1965 in Lüneburg, in: Zschr. f. Geomorphologie NF 9, 1965; K. RICHTER, Geschiebegrenzen und Eisrandlagen in Niedersachsen, in: GeolJb 76, 1959; J. HÖVERMANN, Beiträge zum Problem der saaleeiszeitlichen Randlagen in der Lüneburger Heide, in: Abh. d. Braunschw. Wiss. Ges. 8, 1956 (mit reicher Literaturangabe). – [15] Die Entstehung von Dümmer und Steinhuder Meer sind noch umstritten und sicher nicht monokausal erklärbar. – [16] Der menschliche Einfluß auf das Kräftespiel in der Geestlandschaft tritt in zusammenfassenden, mehr länderkundlich ausgerichteten Darstellungen stark hervor: H. WAGNER, Die Lüneburger Heide, 1952; R. TÜXEN, Die Lüneburger Heide (Rotenburger Schr. 26) 1967 (betr. vor allem Vegetation); R. HUGLE, Das Hannoversche

Emsland, 1950; Fr. Heide, Das westliche Emsland (Marburger Geogr. Schr. 22) 1965; F. Kühlken, Zwischen Niederweser und Niederelbe, 2. Auflage 1965; Amtliche Kreisbeschreibungen Uelzen 1949, Bentheim 1953, Lingen 1954, Oldenburg 1956, Nienburg 1959, Burgdorf 1961, Verden 1962, Gifhorn 1972. – [17] F. Hamm, Die Entstehung des Erdöls und sein Vorkommen in Niedersachsen, in: Beitr. z. Naturkunde Nieders. 6, 1953; A. Bentz, Ergebnisse der erdölgeologischen Erforschung Nordwestdeutschlands 1932–1947, in: Erdöl und Tektonik, 1949. – [18] Th. Müller, Ostfälische Landeskunde, 1953; Amtliche Kreisbeschreibungen Hannover 1948, Springe 1951, Schaumburg-Lippe 1955, Helmstedt 1957, Peine 1958, Wittlage 1961, Hildesheim-Marienburg 1964, Braunschweig 1965, Goslar 1970. Zu Bodenschätzen und Böden: Beyschlag – Krusch – Vogt, Die Lagerstätten der nutzbaren Mineralien und Gesteine III, 2. Teil: Steinsalz und Kalisalze, v. E. Fulda, 1938; A. Roll, Die strukturelle Entwicklung und Geschichte der Salzstockbildung im Hannoverschen Becken, in: Erdöl und Tektonik, 1949; H. Kolbe, Die Erzablagerungen im Salzgitter-Gebiet, in: Geogr. Rundschau 1958; K. H. Schulz, Bodenkundlicher Beitrag zur quantitativen Naturraumgliederung für die Landesplanung, dargestellt am Regionalraum Braunschweig, Diss. Braunschweig 1972. – [19] Über die Teillandschaften vgl. vor allem Handbuch der naturräumlichen Gliederung (wie Anm. 2); Führer zu vor- und frühgeschichtlichen Denkmälern 16, Göttingen und Göttinger Becken, 1970, ferner Bd. 4, Hameln, Deister, Rinteln, Minden, 1966; Historischlandeskundliche Exkursionskarte von Niedersachsen 1 : 50 000 (Veröff. Inst. f. Hist. Landesforsch. Göttingen) Bl. Duderstadt 1964, Bl. Osterode 1970, Bl. Göttingen 1972; F. D. Miotke, Die Landschaft an der Porta Westfalica (Jb. Geogr. Ges. Hannover f. 1968) 1971; W. Brünger, Länderkundliche Gliederung der Oberweserlandschaft (Schr. Wirtschaftswiss. Ges. NF R. A, Bd. 100) 1973; Amtliche Kreisbeschreibungen Holzminden 1951, Hameln-Pyrmont 1952, Northeim 1952, Alfeld 1957. – [20] Aus der reichen morphologischen Literatur über das Bergland seien einige Arbeiten über typische Probleme (zugleich mit reicher Literaturangabe) herausgegriffen: H. Mensching, Schotterfluren und Talauen im Niedersächsischen Bergland (Göttinger Geogr. Abh. 4) 1950; P. Möller, Morphologie der Tallandschaften im Einzugsgebiet der Weser zwischen Holzminden und Hameln, Diss. Hamburg 1953; L. Hempel, Struktur- und Skulpturformen im Raum zwischen Leine und Harz (Gött. Geogr. Abh. 7) 1951; K. U. Brosche, Struktur- und Skulpturformen im nördlichen und nordwestlichen Harzvorland (Gött. Geogr. Abh. 45) 1968; G. Lüttig, Alt- und mittelpleistozäne Eisrandlagen zwischen Harz und Weser, in: GeolJb 70, 1955; R. Herrmann, Die Schlüsselstellung des Malm-Schichtkammes der Hilsmulde in der Morphologie des nordwestdeutschen Berglandes, in: Geol. Rundschau 58 (1), 1968; E. Schunke, Die Schichtstufenhänge im Leine-Weser-Bergland in Abhängigkeit vom geologischen Bau und Klima (Gött. Geogr. Abh. 43) 1968. – [21] Ein beispielhafter Ausschnitt aus der jetzigen Pflanzendecke des Berglands ist dargestellt bei S. Jahn, Die Wald- und Forstgesellschaften des Hils-Berglandes (Angewandte Pflanzensoz. 5) 1952. Zusammenfassend: A. Ruehl, Waldvegetationsgeographie des Weser-Leine-Berglandes (Veröff. Inst. f. Landeskunde und Landesentwickl. Göttingen R. A 1, 101) 1974. – [22] W. Dienemann und K. Fricke, Mineral- und Heilwässer, Peloide und Heilbäder in Niedersachsen und seinen Nachbargebieten (Veröff. Wirtsch.-wiss. Ges. R. A I, Bd. 5, 5) 1961 – [23] W. Schriel, Die Geologie des Harzes (Veröff. Wirtsch.-wiss. Ges. NF Bd. 49) 1954; R. Herrmann, Erdgeschichtliche Voraussetzungen der Oberflächengestaltung im Harz, in: Jb. d. Reichsamts f. Bodenforsch. 1940; J. Hövermann, Morphologische Untersuchungen im Mittelharz (Göttinger Geogr. Abh. 2) 1949; F. Firbas, H. Losert und F. Broihan, Untersuchungen zur jüngeren Vegetationsgeschichte im Oberharz, in: Planta 30, H. 3, 1939; W. Meyer, Das Pflanzenkleid des Harzes, 1967; H. Willutzki, Zur Waldgeschichte und Vermoorung sowie über Rekurrenzflächen im Oberharz, in: Nova Acta Leopoldina NF 25, Nr. 160, 1962; Amtliche Kreisbeschreibung Blankenburg 1971.

Zweites Kapitel

SPRACHLICHE GRUNDLAGEN

Von Ulrich Scheuermann

1. Abgrenzung des „niedersächsischen" Sprachraumes

In Übereinstimmung mit dem Anliegen des Gesamtwerkes wird dieses Kapitel im wesentlichen ein Gebiet behandeln, das durch die politischen Grenzen des Landes Niedersachsen der Bundesrepublik Deutschland umrissen ist, wie sie 1946 festgelegt wurden. ‚Niedersächsisch' bezieht sich also auf das Bundesland Niedersachsen, sein Inhalt ist n i c h t identisch mit dem der *Saxonia Inferior.* Lediglich bei der zu Anfang vorzunehmenden Einbettung des Raumes in einen größeren Rahmen werden die heutigen Grenzen überschritten. In die Darstellung einbezogen wird allerdings – ohne gesonderte Erwähnung – das Land Bremen, für das entsprechende sprachliche Bedingungen und Entwicklungen gelten wie für die umliegenden niedersächsischen Gebiete.

Es bedarf keiner Begründung, daß für die Beschreibung sprachlicher Verhältnisse eine Abgrenzung des Untersuchungsgebietes aufgrund politischer Grenzen unbefriedigend ist. Das wird in diesem Falle besonders deutlich, wenn man bedenkt, daß Niedersachsen mit Ausnahme des Südens und Südostens an Räume grenzt, deren Bevölkerung ursprünglich ebenfalls niederdeutsch sprach und heute noch vielfach spricht: Westfalen, die „Sassischen Streken" der östlichen Niederlande mit ihren sächsischen, nicht fränkischen Dialekten, Schleswig-Holstein, Hamburg, Mecklenburg, die Altmark; auf dialektaler Ebene sind die Übergänge zu diesen Nachbargebieten so fließend, daß eine Grenzziehung anhand politischer Kriterien willkürlich ist, anhand sprachlicher Kriterien oft völlig andere Verläufe ergeben müßte.

Innerhalb der Grenzen des Bundeslandes Niedersachsen liegt im Nordwesten ein Gebiet, das bis in das 15. Jahrhundert friesischsprachig war – die letzten friesischen Sprachzeugnisse stammen, abgesehen von dem im Saterland bis heute lebendigen Friesischen, aus der Zeit unmittelbar vor dem zweiten Weltkrieg –, im Osten eines, in dem vereinzelt noch bis in das

18. Jahrhundert wendisch gesprochen wurde; beide Landschaften, Ostfriesland und das Hannoversche Wendland, sind in die Untersuchung einzubeziehen.

Lediglich im Süden (gegen Hessen) und Südosten (gegen Thüringen) decken sich politische und sprachliche Grenze heute bis zu einem gewissen Grade[1]. Wie sehr auch diese bis dahin als starr geltende Scheide aufgefasert ist, von nördlichen Erscheinungen nach Süden, von südlichen nach Norden überschritten wird, hat ihre detaillierte Untersuchung in der jüngeren Vergangenheit erwiesen[2]. Gemeint ist jene imaginäre Linie, bis zu der die tief in die Struktur der Sprache eingreifenden, systemverändernden Erscheinungen der zweiten oder hochdeutschen Lautverschiebung am weitesten nach Norden vorgedrungen sind, die sogenannte Uerdinger Linie oder *ik/ich*-Linie, die in ihrem hier interessierenden Abschnitt gemeinsam mit anderen wichtigen Isoglossen – u. a. denen des sogenannten Rheinischen Fächers[3] – ein ausgeprägtes Linienbündel bildet, das die Grenzzone zwischen niederdeutschen und mitteldeutschen Dialekten veranschaulicht[4]. Im Südosten Niedersachsens ist diese Grenze das Ergebnis nordwärts gerichteter Sprachbewegungen des 14. bis 20. Jahrhunderts[5].

Die wichtigsten der Veränderungen, die die seit dem 6. Jahrhundert vom Süden des deutschen Sprachgebietes nach Norden sich ausbreitende hochdeutsche Lautverschiebung bewirkte, betreffen die germanischen stimmlosen Verschlußlaute *k, p* und *t*, die, je nach ihrer Stellung im Wort, zu *ch; pf, f, ff; z, ss, s, ß* entwickelt wurden, wie die neuniederdeutsch-neuhochdeutschen Beispielpaare *maken – machen, ik – ich; Perd – Pferd, lôpen – laufen, drepen – treffen, Schâp – Schaf; tô – zu, Water – Wasser, dat – das, grôt – groß, swart – schwarz* zeigen. Zu ihnen kommen weitere konsonantische und auch vokalische Veränderungen, die hier aber unberücksichtigt bleiben können. Die zweite Lautverschiebung bewirkte eine junge Weiterentwicklung des aus dem Westgermanischen überkommenen Konsonantengefüges, ihr Fehlen im Niederdeutschen macht dieses im Vergleich zum Hochdeutschen zu einem älteren Repräsentanten des Westgermanischen, der dessen Lautstand weitgehend unverändert bewahrt hat.

Innerhalb der politischen Grenzen des Bundeslandes Niedersachsen liegen im äußersten Süden im Kreis Hann. Münden und im Südosten in den Kreisen Blankenburg und Osterode mehrere Orte südlich der *ik/ich*-Linie; in ihnen werden also mitteldeutsche Dialekte gesprochen. Im einzelnen handelt es sich um die Dörfer Benterode, Dahlheim, Escherode, Landwehrhagen, Nienhagen, Sichelnstein, Speele, Spiekershausen, Uschlag; Hohegeiß, Walkenried, Wieda, Zorge; Bad Lauterberg, Bad Sachsa, Steina und Trettenborn. Von ihnen zu unterscheiden ist die mitteldeutsche Sprachinsel des Oberharzes (vgl. dazu u. S. 218). Umgekehrt aber finden sich jenseits der Landesgrenzen in den hessischen bzw. thüringischen Kreisen Hofgeismar, Kassel, Witzen-

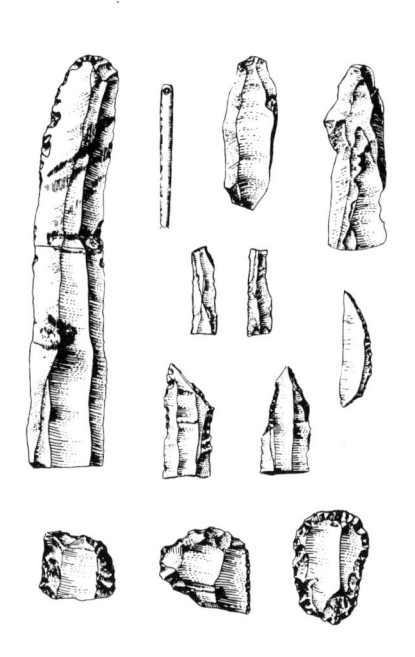

Abb. 4
Die „Steinkirche" bei Scharzfeld am Harz und Geräte von dem Rastplatz steinzeitlicher Rentierjäger im Höhleneingang

hausen; Heiligenstadt, Worbis und Wernigerode auch Orte mit niederdeutschen Dialekten.

Unter ‚Sprache' versteht der über dieses Phänomen nicht Reflektierende in der Bundesrepublik Deutschland wie in den anderen deutschsprachigen Ländern zunächst einmal die neuhochdeutsche Schriftsprache, jenen „von den bodenständigen Gestaltungen sich unterscheidende[n] Sprachtyp künstlicheren Gepräges" (A. BACH, Geschichte der deutschen Sprache, 7. Aufl., 1961, S. 19), als der jede Gemeinsprache uns entgegentritt, jene durch einen jahrhundertelangen Integrationsprozeß aus der Vielfalt der ursprünglichen germanischen Dialekte im späteren ‚Deutschland' entstandene Einheitssprache, die heute die Kommunikationsmedien beherrscht und das allgemein verbindliche Verständigungsmittel im gesamten deutschen Sprachgebiet und damit auch in Niedersachsen ist.

Ein solcher Inhalt des Begriffes ‚Sprache' jedoch ist nicht primär Gegenstand der folgenden Darstellung. Diese hat sich vielmehr mit den sprachlichen Verhältnissen zu beschäftigen, die vor der Ausprägung jener Einheitssprache in Niedersachsen herrschten und die auch in der Gegenwart durch die Hochsprache nicht völlig abgelöst worden sind, wenn sie auch sprachliche Kommunikation nur noch in bestimmten Sprechsituationen kennzeichnen. Es geht hier um die Darstellung der wichtigsten Probleme des Niederdeutschen, das als Summe aller in Niedersachsen gesprochenen Dialekte verstanden wird, wobei hier unerörtert bleiben darf, ob diese Summe zu irgendeinem Zeitpunkt den Charakter eines in sich geschlossenen Systems, einer Sprache, gehabt hat, wie ihn zuletzt J. Goossens diskutiert hat (Niederdeutsche Sprache – Versuch einer Definition, in: J. GOOSSENS, Niederdeutsch. Sprache und Literatur. Eine Einführung. Bd. 1: Sprache, 1973, S. 9–27. Das folgende Zitat ebd. S. 10). Damit muß u. a. zwar die Verdrängung des Niederdeutschen durch das Hochdeutsche, nicht aber die Geschichte des Hochdeutschen angesprochen werden.

„Eine Sprache ist ein menschliches Kommunikationssystem mit einer bestimmten Struktur." Ihr Geltungsbereich ist der einer regional und/oder soziologisch mehr oder minder stark begrenzten Verkehrsgemeinschaft, wie sie heute zum Beispiel die Familie, das Dorf, das Kirchspiel oder aber der Berufsstand sein können, wie sie im frühen Mittelalter etwa der Stamm oder in ihm existierende kleinere Gruppen waren. Neben anderen hat A. Bach diesen Problemkreis schon früh angesprochen (zu den Begriffen *Verkehr* und *Verkehrsgemeinschaft* in der Mundartforschung, in: NiederdtMitt 6, 1950, S. 5–27).

Sprache ist primär ein durch akustische Vorgänge sich konstituierendes Kommunikationssystem, erst sekundär ein solches, das sich a u c h schriftlicher Aufzeichnungen bedienen k a n n. Beide Formen von Sprache, die gesprochene und die geschriebene, unterliegen jeweils gänzlich anderen Bedingungen, da sie unterschiedlichen kommunikativen Zwecken dienen. Schon H. Paul wies nachdrücklich darauf hin, daß es für jeden Sprachforscher wichtig sei, „niemals aus den augen zu verlieren, dass das geschriebene nicht die sprache selbst ist, dass die in schrift umgesetzte sprache immer erst einer rückumsetzung bedarf, ehe man mit ihr rechnen kann", daß diese „rückumsetzung [. . .] nur in unvollkommener weise möglich" ist (Principien der Sprachgeschichte, 2. Aufl., 1886, S. 320). Bis in das 20. Jahrhundert hinein wird Sprache jedoch ausschließlich im sekundären System der Schrift greifbar, „haben wir keinerlei kunde" von sprachlichen Veränderungen, „die uns nicht durch das medium der schrift zugekommen wäre" (H. PAUL ebd.). Erst in jüngster Zeit ist der Sprachforschung durch entsprechende technische Geräte die Möglichkeit gegeben worden, Sprache in der ihr genuinen Form akustischer Äußerungen zu dokumentieren und anschließend zu untersuchen.

Bei allen Bemühungen um die Klärung sprachlicher Gegebenheiten früherer Jahrhunderte muß also zunächst versucht werden, hinter dem sekundären System der Orthographie, das an eine begrenzte Anzahl durch Konvention und Tradition festgelegter Zeichen gebunden ist, das primäre der wirklich gesprochenen Laute, Wörter und Sätze erkennbar zu machen. Dabei kommt erschwerend hinzu, daß das lateinische Alphabet, nicht primär für die Wiedergabe der Phoneme germanischer Sprachen bestimmt, letztlich ein unzureichendes Medium für diese Aufgabe war. In der Frühzeit von Schriftlichkeit in deutscher Sprache klagte Otfrid von Weißenburg über die dadurch entstehenden Schwierigkeiten in der Designatio seines Evangelienbuches an den Mainzer Erzbischof Liutbert (Zeile 58 ff.). Der geschriebene Buchstabe ist nicht identisch mit dem gesprochenen Laut, den er repräsentiert, vielmehr kann zwischen beiden eine erhebliche Diskrepanz bestehen; das Beispiel des Neuenglischen macht besonders gut deutlich, wie groß diese sein kann. Ferner gilt es zu bedenken, daß ein Wandel der Aussprache nicht immer einen Wandel der Schrift zur Folge hat und umgekehrt Veränderungen in der Orthographie nicht unbedingt die Folge voraufgegangener phonetischer oder phonologischer Entwicklungen zu sein brauchen. Auch bleibt zu beachten, daß sich, wenn überhaupt, lautliche Veränderungen erst mit kürzerer oder längerer zeitlicher Verzögerung in einer gewandelten Schrift manifestieren. Aber selbst wenn eine eindeutige Zuordnung schriftliches Zeichen → gesprochener Laut gelingt, bleibt die Tatsache bestehen, daß für die älteren Sprachstufen der Sprachstand nur einer kleinen, gebildeten, der Schrift mächtigen Schicht erkannt ist, der zudem überregional ausgeglichen sein kann, nicht aber der der Masse der Bevölkerung, die ihren angestammten, im allgemeinen auf einen Ort beschränkten lokalen Dialekt sprach. Die Dialektologie hat in zahlreichen Fällen nachgewiesen, „wieviel Uraltes in den Mundarten treu bewahrt ist, ohne jemals schriftlich aufgezeichnet zu sein" (H. Eggers, Deutsche Sprachgeschichte. I: Das Althochdeutsche, 1963, S. 105).

Die Darstellung der sprachlichen Grundlagen des niedersächsischen Raumes muß sich auf recht verschiedenartige und unterschiedlich aussagekräftige Quellen stützen: Für die früheste Zeit sind allein Eigennamen überliefert, später dann literarische Zeugnisse und solche der Gebrauchssprache wie Urbare, Urkunden und Rechtstexte. Für die vormittelniederdeutsche Zeit ist der Umfang des Materials gering, eine – erforderliche – eindeutige Lokalisierung nur selten möglich.

Viele Aussagen, die im folgenden über Niedersachsen gemacht werden, haben auch für die anderen niederdeutschen Sprachgebiete Gültigkeit, auch wenn dieses nicht ausdrücklich gesagt wird; ihr Bezug nur auf Niedersachsen ist durch die Themenstellung bedingt.

[1] Zur „Sachsengrenze" vgl. zusammenfassend Th. Frings, Stamm, Territorium, Sprache im Spiegel neuerer Forschung, in: Th. Frings, Sprache u. Geschichte, I, 1956, S. 73–103. –
[2] Vgl. vor allem D. Möhn, Die Struktur der niederdeutsch-mitteldeutschen Sprachgrenze zwischen Siegerland und Eichsfeld, 1962. – [3] Vgl. dazu vor allem Th. Frings, Grundlegung einer Geschichte der deutschen Sprache, 3. Aufl., 1957, S. 14 f. mit Karten 2, 2 a. –
[4] G. Cordes, Von den drei Grenzen des Niederdeutschen, in: Heimat und Volkstum (BremerBeitrrNiederdtVolkskde), 1964/65, S. 105–125, stellt S. 108 fest, man habe „allein die Unterschiede zwischen Südniedersachsen und Thüringen auf 50–70 berechnet". –
[5] Vgl. vor allem K. Bischoff, Elbostfälische Studien, 1954. – Ders., Sprache und Geschichte an der mittleren Elbe und der unteren Saale, 1967. – Eine wichtige Erkenntnis Bischoffs war ferner, daß eine „Südgrenze unverschobener [...] Laute nicht Südgrenze des Sächsischen" war; sie „mußte sich erst im Grenzzuge anderer sächsischer Merkmale fangen, ehe sie das werden konnte. Nichtdurchgeführte Lautverschiebung ist ein sekundäres, junges Merkmal des Sächsisch-Niederdeutschen" (K. Bischoff, Zur Geschichte des Niederdeutschen südlich der ik/ich-Linie zwischen Harz und Saale

[BerrAkad. Leipzig, Phil.-Hist. Kl., Bd. 102, Heft 6], 1957, S. 21). – Nach E. ROOTH, Saxonica. Beiträge zur niedersächsischen Sprachgeschichte, Lund 1949, S. 14, verläuft die Lautverschiebungslinie an der Südostgrenze Niedersachsens heute etwa 60 km weiter nördlich als um 1300.

2. Die vor-altniederdeutsche Zeit [6]

Die Aspekte, die in diesem Kapitel gestreift werden sollen, gehören bei strenger Systematisierung in die Zeit der Sprachvorgeschichte. Zu einer solchen Periodisierung zwingen die Auffassung von Sprache als einem System sinnvoll aufeinander bezogener, in sich wiederum geordneter Teilbereiche sowie die Überlieferungssituation sprachlicher Zeugnisse dieser Zeit, aus der eben lediglich Einzelwörter auf uns gekommen sind, nicht aber aus Satzeinheiten bestehende umfangreichere Denkmäler, die allein den Systemcharakter einer Sprache würden erkennen lassen. Wenn auch die Erforschung unzusammenhängender Einzelerscheinungen und die Beschreibung ihrer Ergebnisse schwerlich als Teil einer sprachgeschichtlichen Darstellung verstanden werden können, so bieten sie dennoch punktuelle Einblicke in Entwicklungen, deren jeweiliger Platz im System bei der Untersuchung der Einzelsprachen sichtbar wird, so daß eine Skizzierung hier gerechtfertigt erscheint.

Die Sprachforschung ist für diese Periode in der Hauptsache auf Toponyme, also **Fluß- und Ortsnamen**, angewiesen. Seit H. Krahe ist ein System alteuropäischer Hydronymie aufgezeigt und immer weiter verfeinert worden, dem z. B. die niedersächsischen Flußnamen *Aller, Elbe, Ems, Innerste, Leine* und *Weser* zuzuordnen sind[7]. Es erlaubt zwar Rückschlüsse z. B. auf Wortschatz und Lautentwicklungen jener Sprachen, die im Geltungsbereich dieses Systems gesprochen wurden, gewährt aber keine tieferen Einblicke in deren Strukturen.

H. Kuhn hat u. a. anhand zahlreicher mit *P* anlautender Toponyme (*Pader[born], Peine* u. a. m.) wahrscheinlich gemacht, daß die Germanisierung eines von den vordringenden Germanen zunächst im Norden und Osten umgangenen ‚Nordwestblockes', zu dem auch große Teile Niedersachsens gehören, erst in verhältnismäßig junger Zeit erfolgte, als die erste oder germanische Lautverschiebung bereits abgeschlossen war, das *P* im Anlaut der bei der Germanisierung dieser Räume von den Germanen vorgefundenen Namen also nicht mehr zu *F* verschoben werden konnte[8]. Auch zahlreiche Appellative mit anlautendem *p, P* (z. B. *Palten* ‚Fetzen, Lumpen', *Peddik* ‚das Mark', *picken* ‚picken') müßten demnach der Sprache dieser vorgermanischen Bevölkerung zugeordnet werden[9], und nicht nur in ihnen dürften Spuren der sprachlichen Hinterlassenschaft dieser zwar indogermanischen, aber nicht germanischen Bewohner Niedersachsens zu sehen sein. Auffällig ist, daß solche Wörter zumeist „einer ausgesprochen tiefen Sprachschicht" angehören, „der alltäglichen, häuslichen, unpoetischen und auch der groben Sprache".

Die Gesamtheit der germanischen Sprachen, wie sie seit dem Beginn ihrer Schriftlichkeit erkennbar werden, läßt sich in die drei großen Gruppen des West-, Nord- und Ostgermanischen gliedern, von denen hier allein die erste von Interesse ist, die die späteren Einzelsprachen Deutsch, Englisch, Friesisch und Niederländisch umfaßt. Die heutige, durch die zweite Lautverschiebung verursachte Gruppierung der deutschen Dialekte in die ober- und mitteldeutschen im Süden und die niederdeutschen im Norden wiederholt einen älteren Nord-Süd-Gegensatz, der durch die Herausbildung der nordseegermanischen oder auch ingwäonischen Sprachgruppe innerhalb des Westgermanischen entstanden war. Die an der Nordseeküste einschließlich der Britischen Inseln gewachsene Verkehrsgemeinschaft überlagerte die Einzelstämme und führte „etwa in der Zeit vom 3. bis zum 8. Jahrhundert zu den gemeinsamen Neuerungen der Küstensprachen"[10].

Die Forschung kann für die Klärung dieses Prozesses auf reichhaltigeres Sprachmaterial als nur Toponyme zurückgreifen, da die wichtigsten Charakteristika großenteils an den späteren Einzelsprachen noch heute ablesbar sind:

(1) Das mit *h* anlautende Personalpronomen der 3. Person Singular maskulinum *her*, das durch Schwund des auslautenden *r* bei Dehnung des vorhergehenden Kurzvokals zu *hē* wurde.

(2) Der Ausfall eines Nasals nach Kurzvokal vor (ehemals) stimmloser Spirans bei gleichzeitiger Dehnung (und z. T. auch qualitativer Veränderung) des Vokals, wofür die Beispiele ahd. *fimf* – and. *fîf* ‚fünf', ahd. *gans* – ae. *gôs* ‚Gans', ahd. *mund* – and. *mûth* ‚Mund' stehen mögen.

(3) Der Übergang des palatalen Verschlußlautes *k* zu einem Sibilanten[11]; als Beispiele seien genannt nhd. *Kinn* – ne. *chin* sowie die niedersächsischen Ortsnamen *Celle*, a. 985 *Kiellu*, und *Zeven*, a. 986 *Kiuinana*.

(4) Die Vereinfachung eines morphologischen Systems, nämlich des der Verbalflexion, bei der die ursprünglich drei unterschiedlichen Personalendungen im Plural zu jeweils nur einer vereinheitlicht wurden, im Präsens z. B. im And. zu *-ad*, im Prät. z. B. im And. zu *-un*, im Ae. zu *-on*.

(5) Die Beseitigung des morphologischen Unterschiedes zwischen dem Dativ und dem Akkusativ des Personalpronomens der 1. und 2. Person Singular, die zur Folge hatte, daß die Entsprechungen von nhd. *mir* und *mich*, *dir* und *dich* formal nicht mehr unterschieden wurden.

Selbstverständlich konstituieren die fünf hier als Beispiele genannten Charakteristika im Westgermanischen keinen einheitlichen Sprachraum, innerhalb dessen sie sich gleich weit durchgesetzt hätten. Eine maximale Verbrei-

2. Die vor-altniederdeutsche Zeit

tung weist die mit *h* anlautende Form des Personalpronomens der dritten Person Singular maskulinum auf, die bis in die Maingegend herrscht und auf eine breite Übergangszone zwischen den nordseegermanischen Dialekten und den Vorläufern der späteren mittel- und oberdeutschen Dialekte schließen läßt. Der Einheitskasus für die Entsprechungen von nhd. *mir* und *mich*, *dir* und *dich* breitete sich nach Süden so weit aus, daß die heutige *ik/ich*-Linie geringfügig überschritten wurde, und auch die modernen Südgrenzen der unter (2) und (4) genannten Kriterien entsprechen ungefähr dieser Linie. Hier bündeln sich also die Grenzlinien der relevantesten Charakteristika des Nordseegermanischen in auffälliger Weise.

Die geographische Lagerung der nordseegermanischen oder ingwäonischen Spracherscheinungen – abnehmende Intensität mit zunehmender Entfernung von der Nordseeküste – ist einerseits dadurch erklärt worden, daß der Nordseeküstenbereich als Ausstrahlungszentrum interpretiert wurde[12], andererseits dadurch, daß in ihm umgekehrt ein Rückzugsgebiet gesehen wurde[13]. Die Tendenz, die Sprachbewegungen im Raum während der letzten beiden Jahrhunderte erkennen lassen, spricht eher für die zweite Auffassung.

---

[6] Zur Terminologie vgl. Anm. 14. – [7] H. Krahe, Sprache und Vorzeit, 1954; Ders., Die Struktur der alteuropäischen Hydronymie (Akad. Mainz, Abhh. d. Geistes- u. sozialwiss. Kl., Jg. 1962, Nr. 5). – [8] H. Kuhn, Vor- und frühgermanische Ortsnamen in Norddeutschland und den Niederlanden, in: WestfForsch 12, 1959, S. 5–44. – [9] Vgl. dazu H. Kuhn, Anlautend *P-* im Germanischen, in: ZMundartforsch 28, 1961, S. 1–31. Das folgende Zitat ebd. S. 14. – [10] H. Eggers, Deutsche Sprachgeschichte. I: Das Althochdeutsche, 1963, S. 61. Vgl. vor allem auch H. Kuhn, Zur Gliederung der germanischen Sprachen, in: ZDtAltDtLit 86, 1955, S. 1–47, insbesondere S. 23–44. – [11] Vgl. dazu u. a. W. Seelmann, Der Zetacismus und seine Verbreitung in Niedersachsen, in: NiederdtJb 12, 1886, S. 64–74. Agathe Lasch, Palatales *k* im Altniederdeutschen, in: NeuphilolMitt 40, 1939, S. 241–318 und S. 387–423. E. Rooth, Über Palatalisierung des *k* im Nordseegermanischen, in: E. Rooth, Nordseegermanische Beiträge, Lund 1957, S. 1–18. Speziell für niedersächs. Flurnamen: H. Wesche, Zetazismus in niedersächsischen Flurnamen, in: Indogermanica. Festschr. f. Wolfgang Krause zum 65. Geburtstage, 1960, S. 230–248. Eine vergleichbare Entwicklung erfaßte auch geminiertes *g* vor Palatalvokalen; vgl. etwa die Beispiele nhd. *Egge* – neuengl. *edge* oder nnd. *Brügge* ‚Brücke' – neuengl. *bridge*. Speziell das Altfriesische zeigt eine entsprechende Assibilierung auch des einfachen *g* vor Palatalvokal oder *j*, wie etwa die Beispiele *brenza* ‚bringen', *ledsa* ‚legen', *lentze* ‚Länge' oder *lidsa* ‚liegen' zeigen (alle nach K. v. Richthofen, Altfriesisches Wörterbuch, 1840). – [12] So etwa Th. Frings und G. Lerchner, Niederländisch und Niederdeutsch. Aufbau und Gliederung des Niederdeutschen (SitzBerrAkad. Leipzig, Phil.-Hist. Kl., Bd. 110, Heft 6), 1966. Ferner Kuhn (wie Anm. 10). – [13] Vgl. vor allem K. Heeroma, Zur Problematik des Ingwäonischen, in: FrühmittelalterlStud 4, 1970, S. 231–243. Er nimmt an, daß ingwäonisch „ursprünglich keine echte, komplette Sprache" gewesen sei, sondern „eine unterschichtliche Sprechtendenz" (S. 239). Dieser soziologische Ansatz scheint für eine Deutung jener Spracherscheinungen und ihrer geographischen Verbreitung besonders fruchtbar zu sein.

3. Die altniederdeutsche Zeit [14]

Mit dem Begriff ‚Altniederdeutsch' gehen einher der Beginn einer zusammenhängenden – schriftlichen! – Überlieferung sprachlicher Zeugnisse und die in diesen erkennbare Manifestation eines individuellen germanischen Dialektes, der zwar auf nordseegermanischer Grundlage ruht, aber „autochthone Bindungen auch zum Fränkisch-Hochdt." aufweist[15], sich insgesamt jedoch deutlich von dem binnendeutschen Süden abhebt. Wie weit in ihm spezielle nordseegermanische Erscheinungen „sowohl zeitlich wie landschaftlich und auch ständisch wie nach dem Grade ihrer Verwurzelung" verbreitet waren[16], ist bisher nicht geklärt; festzuhalten bleibt jedoch, daß sie ungeregelt auftreten und vielfach wieder geschwunden sind[17].

Die Abgrenzung des altniederdeutschen Sprachraumes

Als konstituierendes Kriterium für den and. Sprachraum gilt die morphologische Vereinfachung der Formen der drei Personen des Plural Präsens Indikativ in der Verbalflexion, die Einheitsendung auf Vokal + d. Es trägt gegenüber dem Altfriesischen jedoch nicht, da auch dieses dieselbe Kategorienvereinfachung zeigt; hier hat als Unterschied die Endung -ar im Nominativ, Akkusativ Plural der maskulinen -a-Stämme zu gelten gegenüber and. -os, -as (dagar gegenüber dagos, dagas ‚Tage').

Exakte Grenzen können für den hier zu betrachtenden Zeitraum des 9. bis 12. Jahrhunderts nicht festgesetzt werden, auch wenn Karten in Handbüchern diesen Eindruck erwecken[18]. Diese resultieren aus dem Versuch, anhand zwar zeitgenössischer, aber außersprachlicher Informationen, besonders dem Geltungsbereich des sächsischen Stammesrechtes, sowie aus späteren historischen Nachrichten etwa über die deutsche Ostkolonisation seit dem 12. Jahrhundert, vor allem aber aus jungen Dialektgrenzen des ausgehenden 19. Jahrhunderts auf ältere Gegebenheiten zurückzuschließen, ohne daß die Problematik dieses Vorgehens deutlich würde. Die überlieferten Sprachzeugnisse selber, soweit sie überhaupt lokalisierbar sind, bieten nur punktuelle Hinweise, wobei zudem vorausgesetzt wird, daß sie tatsächlich am Ort gesprochene Sprache repräsentieren.

Als einigermaßen sicher können lediglich gelten die Eidergrenze gegen das Dänische, die Elbe-Saale-Grenze etwa ab Lauenburg, wobei hier im Osten mit einer breiten Zone sächsisch-slawischer Mischsiedlung und deren Folgen für die Sprachverhältnisse gerechnet werden muß, ferner die Zugehörigkeit der Stifte Essen und Werden zum and. Sprachraum. Nicht gesichert ist der Verlauf der Südgrenze, als deren Westabschnitt im allgemeinen die Lautverschiebungslinie angesehen wird, welche sich in ihrem Ostabschnitt aber in einer Zeit, die durch Quellen erhellt wird, weit nach Norden verlagert hat, so daß der Versuch, einen Verlauf für das 9. Jahrhundert zu rekonstruieren, reine Spekulation bleiben muß. Auch der Verlauf der Westgrenze ist höchst ungewiß[19], zumal hier quantitativ und qualitativ hinreichende Quellen auch von jenseits der postulierten Grenze, d. h. aus dem niederfränkischen Sprachraum, fehlen; für die Frühzeit können lediglich die altniederfränkischen Psalmen herangezogen werden, deren Aussagewert für die hier interessierenden Fragen jedoch gering ist[20]. Die Grenze gegen das friesische Siedlungs- und Sprachgebiet soll nach G. Cordes „durch die Geestgrenze und die Südgrenze Ostfrieslands und der Groninger Ommelande recht gut gesichert" sein[21], doch trifft hier in noch stärkerem Maße zu, daß zeitgenössische Quellen weder von der sächsischen noch von der friesischen Seite der Sprachgrenze vorliegen.

Aus diesen Gründen wird hier auf eine kartographische Darstellung der Grenzen des and. Sprachraumes verzichtet. Statt dessen wird lediglich kartiert, in welchen Orten auf uns gekommene and. Sprachzeugnisse entstanden sind, wobei eine zeitliche Begrenzung oder Differenzierung nicht erfolgt; allgemein gilt, daß Schriftlichkeit im Norden eine jüngere Erscheinung ist als im Süden[22] (vgl. Karte 5, nach S. 176).

Wohl zu Recht wird der politische Gegensatz zwischen Sachsen und Franken, „die große, aber indirekt wirksame sprachraumbildende Kraft des Sachsentums"[23], für die Bewahrung auch des sprachlichen verantwortlich gemacht, denn zu auffällig ist die Übereinstimmung zwischen dem politischen Einflußgebiet der Sachsen, wie es die historische Überlieferung sichtbar werden läßt, und dem Raum, der aufgrund des Auftretens einer Reihe von sprachlichen Merkmalen als and. Sprachgebiet zu gelten hat; dabei können allerdings auch die historischen Grenzen nicht genau fixiert werden. Andererseits reicht der Widerstreit zwischen Sachsen und Franken als Erklärung für das Ausbleiben der zweiten Lautverschiebung im and. Sprachraum nicht aus, da auch das Niederfränkische von ihr nicht erfaßt wurde. H. Eggers macht die nordseegermanische Herkunft der Sachsen und auch der „Franken des Rheinmündungsgebietes" für „ihre Nichtbeteiligung an der Lautverschiebung" verantwortlich[24]. Die Tatsache, daß auch das Friesische sowie das nördliche Thüringen bis ins 13. Jahrhundert nicht an ihr teilhaben bzw. hatten, unterstützt diesen Erklärungsversuch.

Die altniederdeutsche Sprache

Über die Frühform des And. geben uns nur Eigennamen Aufschluß; sie erlauben kaum weitergehende Aussagen als die, daß ihre Sprache dem Nordseegermanischen zuzuordnen ist[26]. Die sogenannten Weserrunen, von Agathe Lasch[27] als echt anerkannt und in ihrem Sprachstand als voraltsächsisch klassifiziert, müssen heute wohl endgültig als Fälschung betrachtet werden und scheiden daher auch für eine sprachliche Untersuchung aus[28].

Die Quellen fließen reichlicher seit dem 9. Jahrhundert. Bei ihnen muß zwischen den beiden großen Dichtungen Heliand und Genesis (vgl. auch Bd. II) einerseits sowie geistlicher Gebrauchsliteratur sehr geringen Umfangs und profanen Sprachdenkmälern wie der Freckenhorster Heberolle oder den Werdener Urbaren andererseits unterschieden werden[29]. Erstere, in streng formaler Dichtersprache abgefaßt, in teilweise fränkisch beeinflußter Orthographie niedergeschrieben[30], im Zusammenhang der christlichen Mission für eine überregionale Verbreitung bestimmt, erlauben nur schwerlich Rückschlüsse auf die tatsächlich gesprochene Sprache. Die Texte der zweiten Gruppe sind stärker lokal gebunden, gestatten aber dennoch nicht viel mehr als die allgemeine Charakterisierung des And. als einer deutlich nordseegermanisch geprägten Sprache. Die aus den einzelnen Denkmälern deutlich werdenden Sprachdivergenzen innerhalb des And. erklären sich am einleuchtendsten dadurch, daß man für „die gesprochene sächs. Sprache der frühen Jahrhunderte [...] ebensosehr mit ethnisch bedingten wie sprachsoziologischen und dialektgeographischen Differenzierungen" wird rechnen müssen, „die sich gelegentlich im geschriebenen As. niederschlagen konnten"[31].

Mit dem eben Zitierten klingt die Frage an, wie der sächsische Stammesstaat entstanden ist, ob durch Eroberung der cisalbingischen Gebiete durch den bei seiner Ersterwähnung nördlich der Elbe lokalisierten Stamm der Sachsen oder durch Bündnispolitik.

Wichtig erscheint für unseren Zusammenhang, daß der Sachsen n a m e eine Vielzahl ethnischer Gruppen übergreift, als deren wichtigste Chauken, Langobarden, Angrivaren und Cherusker zu nennen wären. Für seinen gesamten Geltungsbereich eine einheitliche Sprache zu postulieren, wird niemandem in den Sinn kommen. Umgekehrt ist es aber auch noch nicht möglich, Differenzierungen innerhalb des And. oder gar der heutigen niedersächsischen Dialekte mit Bestimmtheit als Nachwirkungen bodenständiger Substrate zu erklären, die durch ein sächsisches Superstrat überlagert worden seien. Dem And. seinen „ingväonischen" Charakter abzusprechen, weil es „eben auf erminonischem und istväonischem Boden erwachsen" sei, widerspricht den tatsächlichen sprachlichen Gegebenheiten[32].

Das And. zeigt aber auch deutliche ‚binnendeutsche' Züge, wobei dahingestellt bleiben mag, ob diese als Beeinflussung aus dem Süden zu erklären sind oder, vor allem im Südosten, als Zeugnisse von nach Süden orientierten bodenständigen Dialekten, die nicht verdrängt wurden und, vielleicht im Wechselspiel mit südlicher Einflußnahme durch die Franken, wieder an die Oberfläche traten. Auffällige Übereinstimmungen zwischen heutigem Ostfälisch und Thüringisch etwa im Bereich landwirtschaftlicher Termini[33] oder die Tatsache, daß über die Lautverschiebungsgrenze hinweg die Form des Akkusativ bei der 1. und 2. Person Singular des Personalpronomens auch den Dativ vertritt (nd. *mik, dik*, md. *mich, dich*), können durchaus auf

nach G. Cordes (wie Anm. 26), Karte,
mit Ergänzungen nach W. Sanders (wie Anm. 20), Karte
und H. Tiefenbach (wie in Anm. 27), Seite 66 f.

5. Altniederdeutsche Schreiborte

alte Gemeinsamkeiten zurückgehen und brauchen nicht in allen Fällen Entlehnungen zu sein. Zweifellos hat das And., wie es seit dem 9. Jahrhundert überliefert ist – L. Wolff charakterisiert es als „neue Einheit, die aus der sprachlichen Überschichtung verschiedener Stämme hervorgewachsen ist"[34] – ein wesentlich anderes Aussehen als die Sprache der Sachsen des 5. Jahrhunderts nördlich der Elbe, was ein Vergleich mit dem Altenglischen deutlich macht. Es ist auf allen Ebenen von sog. ‚binnendeutschen' Erscheinungen durchsetzt, die den übrigen nordseegermanischen Einzelsprachen fehlen[35]. Unter ‚Altniederdeutsch', wie es in den Quellen des 9.–12. Jahrhunderts auf uns gekommen ist, wird im folgenden denn auch das **Produkt der Verschmelzung der Sprache der transalbingischen Sachsen mit der der cisalbingischen Stämme** verstanden zuzüglich der binnendeutschen Komponenten.

Im Vergleich zu südlichen Einflüssen im Wortschatz, die u. a. durch ein kulturelles Übergewicht des Südens gegenüber dem Norden, durch Christianisierung und oktroyierte fränkische Gerichtsverfassung erklärt werden können, sind für die and. Sprache als System wichtiger die ihm und dem Binnendeutschen gemeinsamen Entwicklungen im Bereich der Phonologie und der Morphologie wie z. B. die wohl vom And. ausgehende Monophthongierung von westgerm. /ai/ und /au/ zu /e:/ bzw. /o:/, die das Ahd. nur in bestimmten Positionen erfaßt (and., ahd. *snêo* ‚Schnee', aber and. *stên*, ahd. *stein* ‚Stein'; and. *brôd*, ahd. *brôt* ‚Brot', aber and. *bôm*, ahd. *boum* ‚Baum'), die Einheitsform der Endung -*un* aus -*ûn* in allen obliquen Kasus des Singular der femininen -*n*-Stämme (and. *tungun*, ahd. *zungun* ‚der, der, die Zunge') oder der Ersatz der Endungen -*u* des Nominativ Singular der -*ô*-Stämme durch -*a* des Akkusativ Singular bzw. -*e* des Dativ Singular durch -*u* des Instrumental Singular (and. *beda*, ahd. *beta* ‚die Bitte', and. *bedu*, ahd. *betu* ‚der Bitte').

„Von einer den ganzen Stamm [der Sachsen] erfassenden Verkehrsgemeinschaft kann hier kaum die Rede sein, und so konnte es auch nicht zur Ausbildung einer umfassenden Stammesmundart kommen."[36] Tatsächlich ergibt sich aus den Quellen eine, wenn auch nur unter Schwierigkeiten greifbare, **Binnendifferenzierung des And.** Die naheliegende Schlußfolgerung allerdings, aus der erstmals im Jahre 775 überlieferten politischen Einteilung Sachsens (vgl. u. S. 586 f.) in *Angarii* (zu beiden Seiten der Weser), *Westfalai* (westlich anschließend) und *Ostfalai* (östlich anschließend) – denen jenseits der Elbe die erstmals im Jahre 780 genannten *Northalbingi* oder *Northliuidi* hinzuzufügen sind – eine sprachliche Gliederung herleiten zu wollen, birgt die Gefahr in sich, daß das jüngere Ergebnis fränkischen Ordnungssinnes, der sich in der Orientierung nach Himmelsrichtungen manifestiert, zur Grundlage für die Beurteilung älterer sprachlicher Zustände gemacht wird. Zwar führt M. Lintzel[37] gute Gründe für „ein hohes Alter der Provinzen" an, und auch R. Wenskus verlegt ihre Entstehung „mindestens in das 7. Jahrhundert"[38], aber man wird annehmen dürfen, daß jene schematische Namengebung erst karolingerzeitlich und damit jünger ist als die sprachliche Differenzierung. Auf jeden Fall lassen die deutlichen Unterschiede zwischen den modernen nordniedersächsischen, westfälischen und ostfälischen Dialekten auf alte Sprachunterschiede auch zwischen dem Norden und dem Süden schließen, ohne daß diese jedoch in den Namen der drei cisalbingischen Teilgebiete Sachsens sichtbar würden, die keinerlei Begrenzung nach Norden erkennen lassen, sondern den Eindruck dreier homogener, das gesamte Stammesgebiet von Süden nach Norden durchziehender Streifen vermitteln[39].

In diesem Zusammenhang gewinnt für sprachliche Aspekte die These von A. Jenkis erhebliches Gewicht, die besagt, daß das Gebiet zwischen Unterweser und -elbe „im Verlauf der [Sachsen-]Kriege noch zum Gebiet der *Nordliudi* gehört haben muß"[40]. Angesichts der klaren Aussagen der Annales Mettenses und anderer Quellen jedoch, die lediglich von drei Provinzen sprechen, glaubt Lintzel nicht, daß Nordalbingien der Charakter einer selbständigen Stammesprovinz zugekommen sei; er ordnet diesen Raum politisch vielmehr Ostfalen zu, das „von den sächsischen Provinzen zweifellos die uneinheitlichste" war[41], auch und gerade hinsichtlich ihrer ethnischen Zusammensetzung. Auch wenn man kaum an eine vierte sächsische Stammesprovinz Wigmodien-Nordalbingien wird denken dürfen, wie sie Jenkis vorzuschweben scheint, so sind damit engere Beziehungen über die Unterelbe hinweg vor allem auf sprachlichem Gebiet, wie sie die heutigen Dialekte dieses Raumes erkennen lassen, keineswegs auszuschließen. Dieses hatte schon Agathe Lasch gesehen, deren Begriff von Nordalbingisch auch „das Lüneburgische" umfaßte[42].

In den Termini ‚westfälisch' und ‚ostfälisch' der nd. Dialektologie lebt die politische Gliederung Sachsens teilweise fort, wie sie erstmals 775 überliefert ist. Für das heutige cisalbingische ‚Nordniedersächsisch' findet sich keine Entsprechung, während umgekehrt das ehemalige ‚Engrische' keine moderne Parallele hat; frühere Versuche, es nachzuweisen, sind lediglich von wissenschaftsgeschichtlichem Interesse[43]. Schon für die späte and. Zeit ist nur noch mit einer Zweiteilung des sächsischen Südens in West- und Ostfalen zu rechnen[44], die durch die Zuordnung des größten Teiles des Gebietes westlich der Weser unter die Erzdiözese Köln, des östlich der Weser unter die Erzdiözese Mainz gefördert wurde; die ehemals trennende Mitte wurde dabei überlagert und aufgehoben. Die Weser wurde somit in ihrem Ober- und Mittellauf zu einer Sprachgrenze, die insbesondere wortgeographische Bedeutung erlangte, während bis heute lautliche Erscheinungen auf beiden Seiten parallel zu ihr gestaffelt sind[45].

Klar zutage tretende Unterschiede zwischen westfälischem And., das „in gewissen Zügen" stärkere Verwandtschaft „zum Rhein- und Mittelfränkischen" erkennen läßt[46], und dem Dialekt des Helianddichters hat W. Foerste auf-

3. Die Altniederdeutsche Zeit

gezeigt, dabei besonderes Gewicht auf „Gegensätze in der Morphologie" legend[46]; er stellt etwa die westfäl. Form *thena* des Akk. Sing. Mask. des bestimmten Artikels dem *thana* des Helianddichters gegenüber, die westfäl. Endung *-emo, -emu* des Dat. Sing. Mask. der starken Adjektivflexion dem *-on* des Helianddichters (*aldemo, aldemu* gegenüber *aldon* zu *ald* ‚alt'). Eine west-östliche Binnengliederung wiederum des Westfäl. des 9. Jahrhunderts hatte er schon 1950 aufgezeigt[47].

Eine grobe West-Ost-Gliederung des And. zeichnete sich auch anhand eines Gliederungsversuchs ab, der auf der Basis von Schreibsystemen unternommen worden ist[40]. Dieser methodisch neue, auf das gesamte überlieferte Material zurückgreifende Ansatz führt bei Berücksichtigung der Grapheme für westgerm. /o:/ bzw. /au/ zu einem ⟨a⟩-System, in dem für westgerm. /o:/ fast ausschließlich ⟨o⟩ steht, für westgerm. /au/ sowohl ⟨a⟩ als auch ⟨o⟩, und einem ⟨o⟩-System, in dem für westgerm. /o:/ fast ausschließlich ⟨uo⟩ steht, für westgerm. /au/ überwiegend ⟨o⟩. Das ⟨a⟩-System bildete sich vermutlich im nördlichen Westfäl. aus, findet sich aber z. B. auch in den älteren Werdener Urbaren, bei Thietmar von Merseburg, im Halberstädter und Lüneburger Totenbuch; das ⟨o⟩-System gilt vor allem für die Heliandsprache, beherrscht aber auch das Elbostfälische[48].

Der cisalbingische Norden bleibt wegen des erst spät einsetzenden, zudem wenig umfangreichen Untersuchungsmaterials vorerst noch in Dunkel gehüllt; alle Einteilungsversuche müssen sich für die frühe Zeit notgedrungen auf den Süden des nd. Sprachgebietes beschränken.

---

[14] Für den vorliegenden Beitrag wird aus Gründen einer exakten Systematik statt des vorherrschenden Begriffes ‚Altsächsisch' für die Benennung der durch überlieferte Texte erkennbaren Sprachstufe vor dem Mnd. der Terminus ‚Altniederdeutsch' verwendet, der sich schon früh in der niederdt. Philologie findet – vgl. etwa H. Collitz in der Einleitung zu K. Bauer, Waldeckisches Wörterbuch nebst Dialektproben, 1902, S. 72*, Anm. 3 –, sich aber bis heute nicht hat durchsetzen können, obwohl er schon J. Grimm, Deutsche Grammatik, Erster Theil, Zweite Ausgabe, 1822, S. 202 „schicklicher" zu sein schien, er es dann aber doch „bei dem hergebrachten altsächsisch" beließ, „weil zum altniederdeutsch ebenwohl das angelsächsische und friesische gehören". Zwar hat sich für ‚And.' in jüngster Zeit G. Cordes bei der Neubearbeitung von F. Holthausen, Altsächsisches Elementarbuch, 1899, ²1921, entschieden, das er jetzt ‚Altniederdeutsches Elementarbuch' nennt, aber da von demselben Verf. im selben Jahr (1973) im ‚Lexikon der Germanistischen Linguistik' ein Artikel ‚Altsächsisch' erschien, scheinen ihm beide Begriffe austauschbar zu sein. ‚Altniederdeutsch' ordnet sich ohne Bruch in eine Systematik and. – mnd. – nnd. ein, wie sie etwa im hochdeutschen Bereich mit ahd. – mhd. – nhd. Verwendung findet, und es ist vor allem auch frei von jeglichen politisch-ethnischen Assoziationen, die mit ‚Altsächsisch' verbunden sind (vgl. etwa H. Kuhn, Altsächsische Sprache, in: J. Hoops, Reallexikon der Germanischen Altertumskunde, I, 2. Aufl., 1973, S. 239–241); schon H. Collitz (wie oben, S. 75*) sprach von dem „üblichen Vorurteil, dass die altniederdeutsche Vorstufe der heutigen Dialekte sich genau mit der Sprache des Heliand und der übrigen ‚altsächsischen' Litteraturdenkmäler decke". Daß die and. Sprache, wie sie uns in den Quellen

des 9.–12. Jahrhunderts entgegentritt, in einen geographischen Raum zu lokalisieren ist, der weitgehend mit dem Herrschaftsbereich der Sachsen identisch ist, bleibt von diesen Überlegungen unberührt. Vgl. zu diesem Problemkreis jetzt W. SANDERS, Deutsch, Niederdeutsch, Niederländisch. Zu J. GOOSSENS: Was ist Deutsch – und wie verhält es sich zum Niederländischen?, in: NiederdtWort 14, 1974, S. 1–22. – [15] W. SANDERS, Altsächsische Sprache, in: J. GOOSSENS, Niederdeutsch. Sprache und Literatur. Eine Einführung. Bd. 1: Sprache, 1973, S. 28–65. Zitat ebd. S. 29. – [16] KUHN (wie Anm. 14), S. 240. – [17] Die „wichtigsten Positionen" der Forschung „unter dem Gesichtspunkt des nordseegermanischen Anteils im Altsächsischen" skizziert G. LERCHNER, Studien zum nordwestgermanischen Wortschatz, 1965, S. 310–312. – [18] W. FOERSTE, Geschichte der niederdeutschen Mundarten, in: W. STAMMLER, Deutsche Philologie im Aufriß, I, 2. Aufl., 1957, Sp. 1729–1898, hier Karte 1, Sp. 1739 f. SANDERS (wie Anm. 15), Karte 1 des Kartenanhanges. – [19] SANDERS kennzeichnet ihn entsprechend durch eine leicht abweichende Signatur, was gegenüber FOERSTE eine wichtige Korrektur ist. – [20] Vgl. zu ihnen zusammenfassend W. SANDERS, Zu den altniederfränkischen Psalmen, in: ZDtAltDtLit 97, 1968, S. 81–107. A. QUAK, Studien zu den altmittel- und altniederfränkischen Psalmen und Glossen, Amsterdam 1973. – [21] G. CORDES, Altniederdeutsches Elementarbuch, 1973, S. 15. – [22] Quellen für diese Karte sind CORDES (wie Anm. 21), Karte; SANDERS (wie Anm. 15), Karte 1; H. TIEFENBACH, Anmerkungen zu einem altniederdeutschen Elementarbuch, in: BeitrrNamenforsch, NF 10, 1975, S. 64–75, hier S. 66 f. – [23] W. FOERSTE, Der wortgeographische Aufbau des Westfälischen, in: H. AUBIN, F. PETRI, H. SCHLENGER, Der Raum Westfalen, IV, 1, 1958, S. 1–117. Zitat ebd. S. 100. – [24] EGGERS (wie Anm. 10), S. 68. – [25] Hierzu K. BISCHOFF, Rezension von W. FOERSTE, Geschichte der niederdeutschen Mundarten, in: AnzDtAltDtLit 69, 1956/57, S. 122–130. – [26] Vgl. zum Beispiel E. SCHRÖDER, Altpaderbörnisches, in: NiederdtStud, Festschr. f. Conrad Borchling, 1932, S. 14–23. E. ROOTH, Die Sprachform der Merseburger Quellen, in: ebd. S. 24–54. W. SCHLAUG, Die altsächsischen Personennamen vor dem Jahre 1000, Lund–Kopenhagen 1962. – [27] AGATHE LASCH, Voraltsächsische Runeninschriften, in: NiederdtJb 57, 1931, S. 163–179. Zum Schrifttum über die Weserrunen vgl. W. KRAUSE, Bibliographie der Runeninschriften nach Fundorten, 2. Teil: Die Runeninschriften des europäischen Kontinents, von U. SCHNALL (AbhhAkad. Göttingen, 3. Folge, Nr. 80), 1973, S. 83. – [28] K. DÜWEL, Runenkunde, 1968, S. 115 f. So auch schon W. KRAUSE, Zur Frage der Echtheit der Weserrunen, in: Die Kunde 6, 1938, S. 28 f. – [29] Eine übersichtliche Zusammenstellung der and. Denkmäler gibt jetzt CORDES (wie Anm. 21), S. 18–21; ihre „ungefähre chronologische Abfolge" beschreibt er ebd. S. 257. Dazu kritisch jetzt TIEFENBACH (wie Anm. 22), S. 64–67. Vgl. ferner B. BISCHOFF, Paläographische Fragen deutscher Denkmäler der Karolingerzeit, in: FrühmittelalterlStud 5, 1971, S. 101–134. Speziell zu den. Glossen s. R. BERGMANN, Verzeichnis der althochdeutschen und altsächsischen Glossenhandschriften, 1973. – [30] Vgl. E. ROOTH, Über die Heliandsprache, in: Fragen und Forschungen im Bereich und Umkreis der germanischen Philologie. Festg. f. Theodor Frings, 1956, S. 40–76. – [31] SANDERS (wie Anm. 15), S. 34. – [32] So E. SCHRÖDER, Sachsen und Cherusker, in: NdSächsJbLdG 10, 1933, S. 5–28. Zitat ebd. S. 14. – [33] Vgl. dazu H. ROSENKRANZ, Die sprachlichen Grundlagen des thüringischen Raumes, in: H. PATZE, W. SCHLESINGER, Geschichte Thüringens, I, 1968, S. 113–173, hier S. 146 f. – [34] L. WOLFF, Die Stellung des Altsächsischen, in: ZDtAltDtLit 71, 1934, S. 129–154. Zitat ebd. S. 153. – [35] INGERID DAL, Zur Stellung des Altsächsischen u. d. Heliandsprache, in: J. EICHHOFF und INGEBORG RAUCH, Der Heliand, 1973, S. 177–190, hat zum Beispiel für das Kasussystem hd. Einfluß sehr überzeugend nachgewiesen. – [36] EGGERS (wie Anm. 10), S. 36. – [37] M. LINTZEL, Gau, Provinz und Stammesverband in der altsächsischen Verfassung, in: M. LINTZEL, Ausgewählte Schriften, I, 1961, S. 263–292. Zitat ebd. S. 273. – [38] R. WENSKUS, Sachsen – Angelsachsen – Thüringer, in: Entstehung und Verfassung des Sachsenstammes, hg. v. W. LAMMERS, 1967, S. 483–545. Zitat S. 542. –

[39] So zum Beispiel auch die Karte „Engern bis zum 12. Jahrhundert" bei J. Prinz, Der Zerfall Engerns und die Schlacht am Welfesholz (1115), in: H. Stoob, Ostwestfälisch-weserländische Forschungen zur geschichtlichen Landeskunde, 1970, S. 75–112, hier nach S. 112. – [40] Nach G. Cordes, Zur Frage der altsächsischen Mundarten, in: ZMundartforsch 24, 1956, S. 1–51 und S. 65–78. Zitat ebd. S. 72. Auch R. Drögereit, Wigmodien. Der „Stader Raum" und seine Eroberung durch Karl den Großen, in: Rotenburger Schrr. 38/39, 1973, S. 34–131, hält S. 53 diese These für „sicherlich zutreffend". Vgl. auch Lintzel (wie Anm. 37), S. 268: „Sowohl Wigmodia wie Nordalbingien aber sehen wir ums Jahr 800 wiederholt eine selbständige Politik treiben." – [41] M. Lintzel, Die Zahl der sächsischen Provinzen, in: Lintzel (wie Anm. 37), S. 303. – [42] Agathe Lasch, Mittelniederdeutsche Grammatik, 1914, S. 17 f. – [43] Es sei hier nur an Namen wie O. Bremer, H. Jellinghaus, P. Piper, H. Tümpel oder F. Wrede erinnert, deren einschlägige Untersuchungen fast alle aus der Zeit vor 1900 stammen. – [44] Vgl. Sanders (wie Anm. 15), S. 32 f. Zu den historischen Ereignissen jetzt auch Prinz (wie Anm. 39). Daß sich die Differenzierung nach Himmelsrichtungen auf das engrische Gebiet bezogen habe, wie u. a. Foerste (wie Anm. 23), S. 100 annimmt, und daß auch diese Tatsache auf die besondere stammespolitische Bedeutung Engerns hinweise, ist nicht zwingend; Ost- und Westfalen können sehr wohl einfach deshalb so benannt worden sein, weil, von wo auch immer betrachtet, der eine Landesteil im Osten, der andere im Westen des Stammesgebietes lag. – [45] Vgl. hierzu von historischer Seite u. a. R. Wenskus, Die deutschen Stämme im Reiche Karls des Großen, in: H. Beumann, Karl der Große. Persönlichkeit und Geschichte, 1965, S. 201: „So erscheint Sachsen etwa in zwei solche Bereiche aufgeteilt, wobei die alte Gliederung [...] aufgegeben und die Weser als neue Grenze erkennbar ist." – [46] Foerste (wie Anm. 18), Sp. 1750–1752. Zitate ebd. Sp. 1752 bzw. 1751. – [47] W. Foerste, Untersuchungen zur westfälischen Sprache des 9. Jahrhunderts, 1950. – [48] Um die Aufhellung der Sprachverhältnisse im Südosten hat sich vor allem K. Bischoff immer wieder bemüht; vgl. Anm. 5. Siehe ferner F. Jülicher, Zur Charakteristik des Elbostfälischen, in: NiederdtJb 52, 1926, S. 1–30. Auf den starken nordseegerm. Einschlag der Merseburger Quellen, der „dieser frühen Sprache des südöstlichen und östlichen Sachsens das Gepräge" gibt (Bischoff [wie Anm. 5], Studien, S. 52), hatte schon 1932 Rooth (wie Anm. 26) aufmerksam gemacht.

4. Die mittelniederdeutsche Zeit

„Als drei Jahrhunderte später [d. h. nach dem Heliand] die Quellen wieder zu fließen beginnen, hat sich die Sprache entscheidend gewandelt [...], der deutsche Charakter ihres Wort- und Ausdrucksschatzes tritt nun viel auffälliger hervor."[49] Wenn in diesen Worten auch eine Unterschätzung des binnendeutschen Anteiles schon am And. zum Ausdruck kommt, so kennzeichnen sie doch im ganzen treffend die Auswirkungen der Eingliederung Sachsens in die große Verkehrsgemeinschaft des mittelalterlichen deutschen Reiches seit der Zeit Karls des Großen. Sie hatte eine weitere Angleichung der Sprache in Sachsen an die im übrigen Reich zur Folge, doch blieb das Hauptcharakteristikum, die Nichtdurchführung der zweiten Lautverschiebung, bewahrt. Insbesondere zahlreiche nordseegermanische oder ingwäonische Elemente des And. sind in der mnd. Schriftsprache weitgehend geschwunden, Ergebnis der „sprachlichen Erneuerungsbewegungen", die sich im Nd. „seit dem frühen

Mittelalter immer von Süd nach Nord" vollzogen haben[50]; es bleibt allerdings die Möglichkeit zu beachten, daß im Zuge dieser Entwicklung bodenständige Merkmale wieder an die Oberfläche traten, die während der Überlagerung durch das frühe Altsächsisch aus dem Raum nördlich der Elbe zunächst zurückgedrängt worden waren.

Kennzeichnend für diese Epoche ist die Herausbildung einer Schriftsprache, die in Lübeck, der Führerin der Hanse, entstand[51] und deren räumlicher und zeitlicher Geltungsbereich weitgehend mit dem politischen der Hanse identisch ist. Die Abhängigkeit dieses einst für den gesamten europäischen Norden verbindlichen Kommunikationssystems von letztlich machtpolitischen Faktoren ist unbestritten.

Insbesondere Agathe Lasch hat immer wieder betont, daß der Terminus ‚Schriftsprache' für die Frühzeit nicht an modernen Verhältnissen gemessen werden darf, sondern daß er im Mittelalter schon dann berechtigt ist, wenn man ein „deutliche[s] streben erfüllt sieht, gewisse stark abweichende züge der lokalsprache zu vermeiden"[52], wenn „das bewusste deutliche Streben nach gewissen ausgleichenden Formen" zu beobachten ist, „die nicht nur allzu grob Dialektisches vermieden, sondern dies auch positiv durch dialektfremde Mittel ersetzten", „das Streben ferner, das dem Wesen der Schriftsprache entspricht, abgeschliffene Sprachformen durch Vollformen zu ersetzen"[53].

Bei der mnd. Schriftsprache handelt es sich, wie bei jeder überregional zu allgemeiner Gültigkeit gelangten Sprachform, um eine Ausgleichssprache, ein sprachliches Novum – in diesem Falle eines Kolonialgebietes –, „das es so im Altland nicht gegeben hat". „Keine der Heimatlandschaften der Siedler hat sprachlich die Oberhand gewinnen können, alle haben ihren Beitrag geleistet."[54] Gründe dafür, warum gerade diese oder jene Lautform, dieses oder jenes Wort der Sprechsprache schriftsprachlichen Status erhalten konnte, liegen außerhalb der Ebene der Sprache selbst, etwa im ökonomischen oder soziologischen Bereich, doch sind hierüber gegenwärtig kaum exakte Aussagen möglich.

Im Unterschied zum klassischen Mittelhochdeutsch der höfischen Dichtersprache, das Gegenstand der historischen Grammatiken dieser Epoche ist, stellt das Mittelniederdt. eher eine Verkehrssprache dar, die unter ganz anderen sozialen Voraussetzungen enstand als ihre süddeutsche Parallele. Zwar konnte in dieser Sprache auch gedichtet werden, aber sie blieb in ihrer schriftlichen Ausprägung im wesentlichen doch die Sprache des Fernhandelskaufmanns.

Wichtigste Kennzeichen dieser mittelalterlichen Verkehrssprache Nordeuropas sind die Einheitsendung -en im Plural Indikativ Präsens der Verbalflexion (wi, ji, se lopen ‚wir laufen, ihr lauft, sie laufen'), für die vielleicht der sprachliche Einfluß niederländischer Ostsiedler verantwortich ist[55] – die

Sprechsprache des niederdt. Altlandes hat einheitlich -(e)t -, die Pronominalform *uns* gegenüber nasallosem *ûs* ‚uns' insbesondere in den ostfäl. und nordnieders. Dialekten sowie der Einheitskasus *mî, dî* für Dativ u n d Akkusativ Singular des ungeschlechtigen Personalpronomens. Sie überlagern und verdecken vielfach die Eigenheiten der nach wie vor bestehenden kleinräumigen Dialekte, die aber dennoch aus Material lokal gebundener Provenienz wie Kladden oder nur für den Innendienst der Kanzleien bestimmten Schriftstücken herausgearbeitet werden können; so ist z. B. in zahlreichen Urkunden des 14./15. Jahrhunderts die Form des Einheitsplurals beim Verb durchaus noch -(e)t, das von der Norm -(e)n abweicht und die Sprechsprache erkennen läßt.

Die schriftliche Überlieferung in der Muttersprache, die in Nds. die in Latein ablöst, setzt in größerem Umfange nach einer Lücke von etwa 200 Jahren am Ende des ersten Viertels des 13. Jahrhunderts wieder ein, und zwar – abgesehen von einem singulären Vorläufer in Form einiger nd. Sätze in einer lat. Urkunde aus Meschede von 1207[56] – im Elbostfäl., wo Magdeburg eine führende Rolle spielt. Bereits in dieser Frühzeit wird „die enge Verbindung des Mittelniederdeutschen mit der mittelalterlichen Stadt" sichtbar[57], was später auch für Lübeck gilt. Beide Städte gewinnen zudem auch durch ihre Rechtserteilungen starken sprachlichen Einfluß.

Zwar werden D i c h t u n g e n wie die Eilharts von Oberg oder Bertholds von Holle, selbst die gereimte Vorrede des Sachsenspiegels Eikes von Repgow, unter dem Einfluß der mhd. höfischen Dichtersprache zunächst noch in Hd. verfaßt, aber schon die Reimchronik des Gandersheimer Priesters Eberhard von 1216 – überliefert nur in einer Handschrift des späten 15. Jahrhunderts – bedient sich des Mnd., wandte sie sich doch als Propagandaschrift zur Unterstützung der Interessen der Äbtissin an ein Publikum, das nur in seinem ihm angestammten Dialekt angesprochen werden konnte. Ohne Vorbild, seinerseits vielmehr selbst vielfach nachgeahmt in jüngeren Rechtsaufzeichnungen auch Süddeutschlands, ist dagegen der ursprünglich in Latein verfaßte, dann vom Autor selber in elbostfäl. Dialekt übertragene Sachsenspiegel (1221–1224) Eikes von Repgow. Wenige Jahre später entsteht mit dem Jus Ottonianum (wohl 1227) für die Stadt Braunschweig das erste deutsche Stadtrecht in deutscher, mittelniederdeutscher, Sprache. Mit der Sächsischen Weltchronik (1230/31) tritt das Nd. als Wegbereiter einer neuen literarischen Form in deutscher Sprache in Erscheinung, der Prosachronik, für die es im Mhd. keine Vorbilder gab.

Im folgenden soll die Sprache der mnd. Dichtung, eine Literatursprache, hinter der der ortsgebundene Dialekt nur selten sichtbar wird, unberücksichtigt bleiben, da der Dichtung ein gesondertes Kapitel gewidmet ist[58].

Seit dem 13. Jahrhundert wird zuerst in den fürstlichen, dann auch in den städtischen Kanzleien das L a t e i n a l s U r k u n d e n - u n d S c h r i f t -

sprache aufgegeben und in der „lingua layca" geurkundet, wie 1279 und 1318 Urkunden der Bischöfe von Halberstadt die Volkssprache nennen[59]; die älteste Urkunde in nd. Sprache stammt aus Hildesheim aus dem Jahre 1272[60], die älteste deutschsprachige Aufzeichnung eines Gilderechtes, das Goslarer Kramerrecht von 1281[61], sprachlich wie das Jus Ottonianum stark elbostfäl. beeinflußt, ebenfalls aus dem ostfäl. Raum. Dieser Sprachwechsel wird mit Recht auf drei „historisch-gesellschaftliche Prozesse" zurückgeführt, den „Aufstieg des niederen Adels [...], das Erstarken des Territorialfürstentums und [...] das Aufkommen des städtischen Bürgertums"[62].

Auffällig ist das lange Festhalten der Hansestädte am Latein; bis 1370/80 schließen sie Bündnisse untereinander in lat. Sprache, bis etwa 1380 schreiben sie selbst an niederländische Empfänger noch in Latein, obwohl diese ihrerseits seit etwa 1330 an die Hansestädte in Niederländisch schreiben. Der Grund hierfür dürfte darin zu suchen sein, daß „der hansische Fernhandel schriftlich organisiert"[63] und damit auf „ein gut ausgebautes Kanzleiwesen"[64] angewiesen war, das ihm ja zur Verfügung stand und das aufzugeben erst „das Bedürfnis des wirtschaftlichen und politischen Verkehrs mit Adligen und Fürsten" verlangte[64]. Eine Ablösung des Latein konnte aus Rentabilitätsgründen aber nur durch eine andere überregionale Schriftsprache erfolgen. Diese entwickelte sich in Lübeck und erlangte etwa seit Mitte des 14. Jahrhunderts Geltung im gesamten Hansebereich. Daß auch die S p r e c h sprache aller Schichten der Hansestädte durch die mnd. S c h r i f t sprache beeinflußt worden ist, während die der bäuerlichen Bevölkerung sich von ihr wohl weitgehend hat frei halten können, darf als sicher gelten. Die Aufdeckung der nach wie vor vorhandenen regionalen Eigentümlichkeiten wird aber dadurch stark erschwert, daß man auch über den Hanseraum hinaus bemüht war, sich der Lübecker Norm anzupassen.

Die Ablösung des Latein durch das Mnd. z. B. in den s t ä d t i s c h e n K a n z l e i e n erfolgte keineswegs abrupt[65]; die Stadtschreiber und ihre Herkunft und Ausbildung spielten dabei ebenso eine Rolle wie etwa die Empfänger ausgehender Dokumente oder der Zweck, zu dem eine schriftliche Aufzeichnung angefertigt wurde. Die Texte gleicher Kanzleiprovenienz lassen mitunter sogar verschiedene Stilebenen erkennen: Die auswärtige Korrespondenz ist stärker an der schriftsprachlichen Norm orientiert als für den engsten Lokalbereich bestimmte Schriftstücke wie Verordnungen oder Privatverträge.

Der erste nd. Eintrag im L ü n e b u r g e r S t a d t b u c h, die Gilden der Krämer bzw. Schneider betreffend, stammt aus der Zeit um 1350. Es folgen vereinzelt weitere: Ein Testament (1356), ein Schuldvertrag (1363), eine Verfügung des Rates an einen Bürger, zwei Ratsverordnungen (alle 1364), eine Eheverschreibung (1365), die „Verleihung einer *bode in den Schranghen*" (1371), chronikalische Aufzeichnungen (1369, 1370, 1371, 1373, 1374). „Die

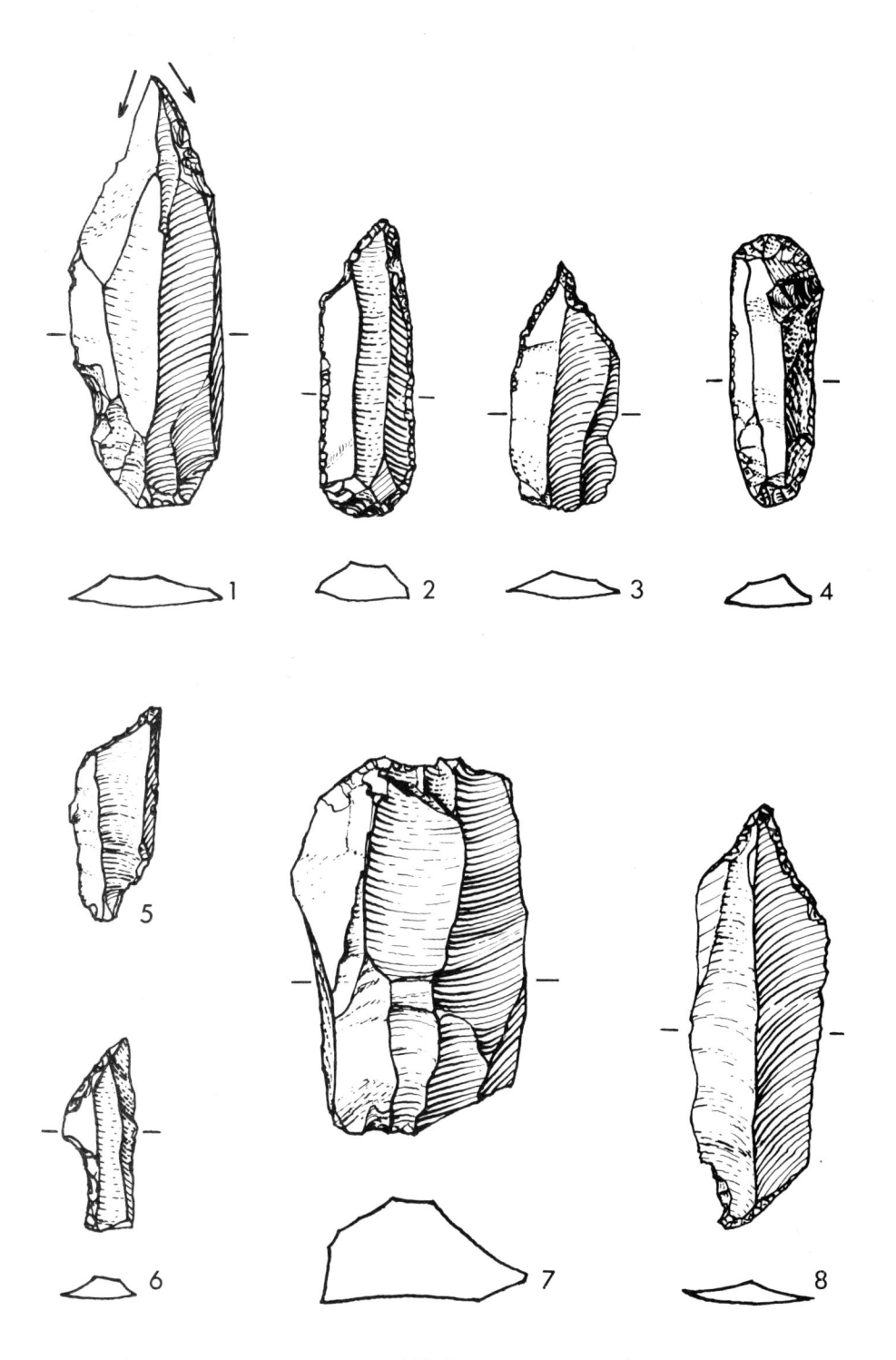

Abb. 5
Geräte von einem Rastplatz späteiszeitlicher Jäger bei Heber, Kr. Soltau
1 Stichel 2 kombiniertes Gerät 3 Bohrer 4 Schaber 5 Zinken
6 Kerbspitze 7 Kernstein 8 Doppelzinken

urkundlichen Eintragungen der folgenden Jahre [1371–1382] zeigen ein buntes Durcheinander der beiden Sprachen [...]. Der letzte lat. Urkundeneintrag fällt in das Jahr 1382." Später halten sich nur noch „erstarrte formelhafte Wendungen".

Die kopiale Überlieferung der Lüneburger Urkunden – „die erste sicher in Lüneburg ausgestellte nd. Urkunde", ein Testament, stammt aus 1340 –, auf die wegen der fehlenden Originale im wesentlichen zurückgegriffen werden muß, zeigt das ganze 14., 15. und 16. Jahrhundert hindurch ein deutliches Überwiegen des Latein, während sich aus den erhaltenen Originalen z. B. zwischen 1370 und 1380 ein leichtes, gegen Ende zunehmendes Übergewicht des Nd. ablesen läßt. Unter letzteren finden sich vor allem „Ratsschuldverschreibungen und Ratsrentenbriefe", die „schon früh in heimischer Sprache abgefaßt", aber nicht immer auch in die Kopialbücher eingetragen wurden. Der Inhalt der Kopialbücher dagegen besteht zu einem großen Teil aus „Grundstücks-, Haus-, auch Sülzgutübertragungen"; diese aber sind fast immer in Latein abgefaßt worden.

Ausgehende Briefe schließlich wurden seit den 1350er Jahren vereinzelt in Nd. geschrieben, das sich etwa 30 Jahre später durchgesetzt hatte. Am längsten hielt sich das Latein außerhalb der städtischen Kanzlei, und zwar in den von Ratsherren geführten Rechnungsbüchern, in denen, unbeeinflußt von außen, kameralistischer Fachwortschatz lange nachwirkte; erst um die Wende vom 14. zum 15. Jahrhundert, dann allerdings abrupt, ersetzte das Nd. auch hier das Latein.

Früher als im Norden gewann das Nd. im Süden die Oberhand über das Lateinische; auf das schon 1281 in Goslar nd. aufgezeichnete Recht der Kramergilde wurde bereits hingewiesen. Die wohl erste nd. Urkunde dieser Stadt stammt aus der Zeit um 1300, weitere folgten 1317, 1320, 1322, 1323. „Seit 1330 nimmt dann das Deutsche in den ausgehenden Urkunden des Rates schnell zu"; ab 1340 ist es mit wenigen Ausnahmen allein vertreten. „Etwas später erfolgt der Übergang bei den Ratsrentebriefen", in denen das Deutsche seit Ende 1335 vordrang, ab 1350 allein vertreten ist, während die „Vogt-Urkunden" seit 1322 sehr schnell deutschsprachig wurden, es ab 1335 völlig sind. Wie in Lüneburg blieb die „Sprache des inneren Kanzleibetriebes" auch in Goslar noch lange das Lateinische, das sich auch im Kopialbuch weiterhin findet. Zwischen 1330 und 1350 ging also das Schriftwesen der Stadt Goslar vom Lateinischen zum Nd. über, volle 50 Jahre früher als das Lüneburgs.

Diese von Süden nach Norden gerichtete zeitliche Staffelung der Ablösung des Lat. durch das Mnd., hier dargestellt am Beispiel der Städte Goslar und Lüneburg, gilt auch sonst. Die Entwicklung setzte in Magdeburg ein, ergriff die Städte am Ostharz, Braunschweig, Goslar, Hildesheim, dann das westfälische Gebiet, schließlich auch den Norden.

Trotz der Schwierigkeiten, die sich aus den Realbezügen der meisten überlieferten Quellen ergeben, läßt sich hinter dem Schirm der Schriftsprache, die in ihnen dominiert, doch auch der gesprochene Regionaldialekt sichtbar machen. Sprachliche Untersuchungen der nichtliterarischen mittelniederdt. Texte wie Urkunden, Stadtbücher oder Stadtrechte liegen in großer Anzahl vor[66]. Von der Frage nach der „Entstehung der dt. Urkundensprache" ausgehend[67], kommt G. Cordes anhand regional differenzierter Formen z. B. der Publicatio (Promulgatio) zu interessanten Erkenntnissen, die die Ergebnisse der mnd. Dialektgeographie bestätigen.

Eine dialektale Gliederung des Mnd. anhand derartiger Texte erfolgt im wesentlichen nach Kriterien, die Agathe Lasch[68] zusammengestellt hat, wobei sie „nur solche merkmale" heranzog, „die die schriftsprache erkennen lässt". Danach werden, wie schon im And., auch in mnd. Zeit jene drei großen Dialektgebiete erkennbar, die bis heute unterschieden werden, das Ostfälische – mit dem seit je unter starkem md. Einfluß stehenden Elbostfälischen –, das Westfälische und das Nordniedersächsische.

Die Scheide zwischen dem West- und dem Ostfälischen dürfte weitgehend mit dem Lauf der oberen und mittleren Weser identisch gewesen sein. In mnd. Zeit machen auf dem Teilgebiet der Wortgeographie zahlreiche Handwerkerbezeichnungen diese Funktion der Weser als Wortgrenze deutlich[69]. Mnd. *löer* und *gerwer*, die wichtigsten Synonyme für ‚Gerber', sind durch die Weser ganz klar in ein westfäl. *löer*- und ein ostfäl. *gerwer*-Gebiet geschieden; lediglich aus Göttingen sind beide Termini bezeugt. Ähnlich verhält es sich mit mnd. *holscher* (westfäl.) und *holtschômaker* (ostfäl.) ‚Pantoffelmacher', *lapper, lepper* (westfäl.) und *böter* (ostfäl.) ‚Altflicker' oder *ledersnîder* (westfäl.) und *rêmensnîder* (ostfäl.) ‚Riemenschneider'. Noch wichtiger aber sind Unterschiede in der Wortbildung solcher Bezeichnungen, da sie das System und nicht nur Einzelwörter betreffen. So bevorzugt das Westfäl. Komposita mit *-maker, -meker* ‚-macher' (z. B. *ledermaker, -meker* ‚Gerber', *patînenmaker, -meker, trippenmaker, -meker* ‚Pantoffelmacher', *sadelmaker, -meker* ‚Sattler'), während das Ostfäl. als das Hauptgebiet für solche mit *-werchte* ‚-arbeiter' (zu and. *wur(u)hteo, wurhtio*) zu gelten hat (z. B. *schôwerchte* ‚Schuhmacher', *körsenwerchte* ‚Kürschner').

Die Stellung des nordniaders. Sprachgebietes ist nicht einheitlich. Im allgemeinen geht es mit dem ostfäl. zusammen, somit einen Gegensatz konstituierend, der als der zwischen einem Sächsisch im engeren Sinne (Ostfäl. + Nordnieders.) und dem Westfäl. durchaus empfunden wurde und den ein westfäl. Kleriker um 1513 verglich „mit dem sprachlichen Zustand Palästinas: *Eyn cleyne schelede galilens sprake unde Iherusalemes (alse westfeles unde sassesch)*"[70]. Aber auch gleiche Konstellationen des Nordnieders. zumindest westlich der Weser mit dem Westfäl. sind zu beobachten, die als frühe Zeugnisse für eine in späterer Zeit besser nachweisbare starke Ausstrahlungskraft Westfalens nach Norden und Nordwesten zu werten sind.

Hauptorte des Ostfälischen sind Hannover, Hildesheim, Braunschweig, Goslar und Göttingen, des Elbostfäl. Magdeburg und Halle. Die wichtigsten Charakteristika: Der Akkusativ *mik, dik* mit den Varianten *mek, dek* als Einheitskasus für den Dativ und Akkusativ Singular des ungeschlechtigen Personalpronomens scheint trotz der Tendenz zur schriftsprachlichen Norm, die den Dativ *mî, dî* verlangt, immer wieder durch. Kurzes /o/ in offener Tonsilbe erscheint häufig noch als ⟨o⟩ und gerät erst spät unter den Einfluß des schriftsprachlichen ⟨a⟩ *(boven* statt *baven* ‚oben', *godes* statt *gades* ‚Gottes', *komen* statt *kamen* ‚kommen' usw.). Es ist eine starke Tendenz zur Kürzung langer Vokale vor unbetonten Endsilben zu beobachten *(eddel* statt *edel* ‚edel', *better* statt *beter* ‚besser', *hemmel* statt *hemel* ‚Himmel', *leddich* statt *ledich* ‚leer' usw.). Das Abstraktsuffix nhd. -*schaft* erscheint durchweg als ⟨schup⟩ statt ⟨schop⟩ *(graveschup* ‚Grafschaft', *selschup* ‚Gesellschaft' usw.). Das Demonstrativpronomen lautet im Nom. Sing. für das Mask. und Fem. überwiegend *düsse* gegenüber sonstigen *desse, disse, dese,* im Neutr. überwiegend *düt* gegenüber sonst *dit;* das Reflexivum heißt entsprechend zumeist *sülf* gegenüber sonst üblichem *self;* im Dat. des Personalpronomens der dritten Person Sing. herrschen *öme* ‚ihm' und *öre* ‚ihr' gegenüber sonst üblichen *eme* und *ere* vor.

Von Anfang an unterliegt das Ostfälische – nicht nur das hier unberücksichtigt bleibende Elbostfälische – starken mitteldeutschen Einflüssen vor allem aus dem thüringischen Raum. Belege finden sich für die Frühzeit im Jus Ottonianum samt der Bestätigung durch die Herzöge Albrecht und Johann 1265, dem auf ihm beruhenden Duderstädter Stadtrecht von 1279 und dem Stadtrecht des Braunschweiger Sackes (Ende 13. Jh.), im Goslarer Kramerrecht von 1281 und in den Urkunden dieses Gebietes.

Hauptorte des Westfälischen sind Münster, Paderborn, Dortmund, Bielefeld, in Nds. Osnabrück. Die wichtigsten Charakteristika: Kurzes /o/ erscheint vor /r/-Verbindungen häufig als ⟨a⟩ *(darp* ‚Dorf', *karn* ‚Korn', *wart* ‚Wort' usw.); ähnlich *wal* statt *wol* ‚wohl'. Anlautendes /sk/, das sonst als ⟨sc, sk, sch⟩ erscheint, ist zu ⟨s⟩ geworden in *sal* ‚soll', *sölen* ‚sollen', *solde(n)* ‚sollte(n)'. Sonst übliches *vrünt* ‚Freund' erscheint als *vrent,* auch *vrönt, unde* ‚und' als *ande.* Die Endung der zweiten Person Sing. Ind. Präs. des Verbs ist häufig ⟨s⟩ gegenüber sonst üblichem ⟨st⟩ *(biddes* statt *biddest* ‚bittest', *geves* statt *gifst* ‚gibst', *werdes* statt *werdest* ‚wirst' usw.).

Auch das Westfäl., besonders sein Südteil, unterliegt seit je md. Einflüssen, die insbesondere aus dem Kölner Raum vordringen. Belege finden sich für die Frühzeit etwa in der Dortmunder Fassung des sog. fränkischen Landfriedens von 1281[71] oder in der westfäl. Psalmenübersetzung von etwa 1300[72].

Von dem verbleibenden mnd. Sprachgebiet sollen hier nur die cisalbingischen Teile berücksichtigt werden. Hauptorte dieses N o r d n i e d e r s ä c h s i s c h e n sind Bremen, Hamburg, Stade und Lüneburg. Eine Untergliederung erfolgt in den ostfriesisch-oldenburgischen Teil westlich der Weser und das von Agathe Lasch so genannte „Nordalbingisch, zwischen Weser- und Elbmündung im S. das Lüneburgische umschliessend"[73]. Die wichtigsten Charakteristika: /a/ erscheint vor /ld, lt/ konsequent als ⟨o⟩ *(old* ‚alt', *solt* ‚Salz'), /e/ vor /r/-Verbindungen von Anfang an als ⟨a⟩ *(barg* ‚Berg', *marken* ‚merken', *harte* ‚Herz' usw.). Neben üblichem *we* ‚wer' taucht häufig *wol* auf. Der Dativ Plural der dritten Person des Personalpronomens ist *jüm* gegenüber schriftsprachlichem *em,* ostfäl. *öm.*

Hd. Einfluß ist nicht festzustellen, dafür in den westlichen Randzonen niederländischer, wie etwa die ostfriesischen Urkunden deutlich erweisen.

Als wichtigstes Ereignis dieser Epoche ist die A u s w e i t u n g d e s G e l t u n g s b e r e i c h e s d e s N i e d e r d e u t s c h e n zu nennen, die einerseits von der Expansionskraft dieser Sprache in ihrer Blütezeit zeugt, andererseits die schwache Stellung der unter äußerem Druck stehenden ‚fremdsprachigen' Idiome in den Randgebieten Niedersachsens dokumentiert. Bis auf geringe Reste wurden dabei im Nordwesten das Friesische, im äußersten Osten das Wendische durch das Nd. abgelöst. Die Entwicklungen im Zuge der deutschen Ostkolonisation jenseits der Elbe seit dem 12. Jahrhundert können hier unberücksichtigt bleiben.

Die ‚E n t f r i e s u n g' O s t f r i e s l a n d s muß im größeren Rahmen der Sprachentwicklung an der südlichen Nordseeküste gesehen werden, d. h., es ist vor allem der entsprechende Vorgang in der westlich angrenzenden niederländischen Provinz Groningen im Auge zu behalten[74].

Darauf, daß Benennungen wie ‚friesisch' oder ‚sächsisch' erst greifen, wenn sie für den jeweiligen Einzelfall definiert worden sind, hat K. Heeroma schon 1939 hingewiesen, als er pointiert feststellte, daß nach den damals neuesten archäologischen Funden „juist het Fries een Sassisch dialect" genannt werden müsse[75]. Für die folgenden Überlegungen soll unter ‚Friesisch' die Sprache verstanden werden, in der die auf uns gekommenen altfries. Rechtstexte abgefaßt wurden, deren für die Friesistik wichtigster der sog. Brokmerbrief ist. Damit bleibt vorerst offen, ob diese Sprache in dieser Form auch allgemeine Sprechsprache gewesen ist, oder ob nicht mit einer friesisch-nichtfriesischen Mischsprache zu rechnen ist, vielleicht sogar mit einer sozial und/oder regional gegliederten Mehrsprachigkeit. Der Begriff ‚sächsisch' ist für die hier zu beschreibenden Vorgänge überflüssig, da sie sich in einer Zeit ereigneten, in der mit einer solchen Stammessprache nicht mehr argumentiert werden kann.

Ostfriesland ist kein alter Siedlungsraum der Friesen. Diese sind vielmehr erst in nach-tacitäischer Zeit – wohl seit dem 7. Jahrhundert – in ihn eingedrungen[76]; Ptolemäus und Tacitus kennen in diesem Gebiet nur Chauken. Unter sprachlichen Aspekten ergeben sich somit ähnliche Probleme wie bei der Entstehung des Sachsenstammes.

Nach den Runeninschriften des 5.–9. Jahrhunderts[77] tritt uns das Friesische erst wieder im 13. Jahrhundert in den schriftlich aufgezeichneten Volksrechten der einzelnen Stammesprovinzen entgegen. Urkunden in fries. Sprache sind zwar aus der niederländischen Provinz Friesland überliefert – aus der Zeit zwischen 1329 und 1573 sind insgesamt 925 veröffentlicht[78] –, nicht aber aus Ostfriesland. Die erste volkssprachige Urkunde im Ostfriesischen Urkundenbuch nach 58 lateinischen Stücken ist eine nd. von 1346[79]; bis 1400 sind es insgesamt 22 Stücke, davon allein 12 aus diesem Jahr. Sowohl in den lat. als auch in den nd. Urkunden Ostfrieslands stehen jedoch zahlreiche fries. Einzelwörter, vor allem Rechtstermini (âsegabôk ‚Rechtsbuch', blôdelse ‚blutige Wunde', rêdgeva, rêdga ‚Richter') und Maßbezeichnungen (deimêd, dêmêd ‚so viel man an einem Tag mähen kann', sêt ‚ein Längenmaß', vêrdup ‚¼ Tonne') sowie zahlreiche Flurnamen[80] und ihnen zugrunde liegende Apellative (grêde, grêt ‚Wiesenwuchs', ham ‚eingegrenztes Stück Weideland', hammerik ‚Wiesen- und Weideland eines Dorfes', swette ‚Grenze')[81]. Manche dieser Wörter haben sich bis heute in den ostfriesischen und z. T. auch in den östlich angrenzenden oldenburgischen Dialekten gehalten, woraus man wird schließen dürfen, daß sie nicht nur einer Schriftsprache – dem Fries. – angehörten, die durch eine andere – das Nd. – abgelöst wurde, sondern daß sie in der Tat auch Bestandteile der Sprechsprache waren.

Für das mittelalterliche Friesisch in der Provinz Groningen und in Ostfriesland ist dieser Charakter einer Sprechsprache immer wieder bestritten worden; es soll lediglich Schreibsprache gewesen sein, in seiner Funktion etwa vergleichbar mit dem Latein[82]. Da aus den betreffenden Landschaften Schriftzeugnisse auch aus vor-altfriesischer Zeit überliefert sind, die natürlich alle in Latein abgefaßt wurden, wäre demnach hier der in Nds. einmalige Vorgang zu beobachten, daß eine Schriftsprache durch eine andere abgelöst wurde, ohne daß die regionale Sprechsprache, die von beiden abwich, in irgendeiner Weise dokumentiert wäre. Es fällt schwer, sich eine derartige Entwicklung vorzustellen, die zudem impliziert, daß das Friesische die Sprache einer zahlenmäßig doch wohl geringen Eroberer- und Herrscherschicht gewesen sein müßte, die eine bodenständige fremdstämmige Bevölkerung und deren Sprache völlig dominierte[83].

Nicht unter dem Aspekt einer solchen sozialen Schichtung, sondern mit der in die Besiedlungsgeschichte zurückgreifenden Behauptung, nur die Marsch sei von Friesen bewohnt gewesen, die Geest jedoch von Chauken, späteren Sachsen, ist von anderer Seite die Möglichkeit autochthoner nichtfriesischer Sprache in Ostfriesland erwogen worden[84]. Obwohl dieser Ansatz einer postulierten topographischen Differenzierung sicher nicht haltbar ist, wird man dem Ergebnis solcher Überlegungen zustimmen müssen: Für Ostfriesland ist mit einer, wie auch immer historisch zu erklärenden, Prädisposition für den spätmittelalterlichen Siegeszug des Nd. zu rechnen [85].

Die sprachliche Entfriesung Ostfrieslands setzte im späten 13./frühen 14. Jahrhundert ein, in der Zeit, da die schriftliche Fixierung der fries. Rechte begann. Wenn man unterstellt, die Kodifizierung eines bis dahin nur mündlich tradierten Rechtes geschehe in der Sprechsprache des jeweiligen Gebietes [86], die damit eine feste Form von Schriftlichkeit erlangt, dann ist auch diese Feststellung ein Argument dafür, daß das Fries. obiger Definition als diese Sprechsprache zu gelten hat. Für seine Verdrängung wurde in der älteren Forschung vor allem eine spätmittelalterliche Zuwanderung nichtfriesischer Bevölkerung in die Nordseeküstengebiete verantwortlich gemacht [87]. So ist für Emden, das als erste Hauptstadt der 1464 gegründeten Grafschaft, später dann auch als reiche Handelsstadt [88], sicher ein kultureller Strahlungsherd war, auf starke sächsische Einwanderung seit Beginn des 15. Jahrhunderts hingewiesen worden [89].

Entscheidend dürften aber allgemein gültige dialektgeographische Ursachen gewesen sein. „Er is eenvoudig gebeurd, wat in een passief taallandschap aan de kust behoorde te gebeuren" [90]: Eine Sprache, die keine Ausstrahlungskraft (mehr) besaß, deren Geltungsbereich immer stärker eingeengt wurde und die von immer weniger Menschen gesprochen wurde, mußte schließlich ganz weichen und einer vordringenden fremden Platz machen, die von politisch, wirtschaftlich und kulturell wesentlich potenteren Kräften getragen wurde. Die erstaunliche Tatsache, daß – im Gegensatz zu Groningen und Ostfriesland – „Westerlauwers Friesland zich aan de voor de hand liggende ontfriesing heeft kunnen onttrekken" [90], ist vermutlich auf die „verkeersen cultuurgeografische situatie" zurückzuführen [91], in der sich diese Landschaft im Mittelalter befand.

Seit der zweiten Hälfte des 15. Jahrhunderts wurden die altfries. Rechtstexte in das Nd. übertragen, ein deutlicher Beweis dafür, daß selbst im Gerichtswesen mit seinem langen Verharren bei traditionellen Sprachformen die Verwendung des Friesischen sinnlos geworden war. Der Beginn der friesischen Rechtsaufzeichnungen im späten 13./frühen 14. Jahrhundert und deren Übertragung in das Nd. im späten 15. Jahrhundert könnten so Anfangs- und Endpunkt des Verdrängungsprozesses markieren. Wie das Emder Stadtrecht von 1465, so ist auch das erste gemeinostfriesische Landrecht, das des Grafen Edzard I., 1515 von vornherein nd. abgefaßt worden; das gleiche gilt für die erste landesherrliche protestantische Kirchenordnung für die gesamte Grafschaft aus dem Jahre 1529 [92].

Die mnd. Schriftsprache gilt als die Sprachform, die, bis auf geringe Reste, in Schrift und Wort das Fries. aus Ostfriesland verdrängt hat. Sie wird zunächst nur Schriftsprache gewesen sein, über den Dialekten stehend, die vorerst noch friesisch blieben; als Sprechsprache erfaßte sie erst die Oberschicht – 1530 ist die Sprache „bei Rittern und Städtern ein Plattdeutsch"[93] –, später dann auch andere soziale Schichten[94]. Wichtigstes Argument dafür, daß die Hansesprache es war, die das Fries. ablöste, ist der Einheitsplural auf -(e)n im Präsens Indikativ der Verbalflexion, der nicht durch Zuwanderer aus den benachbarten nd. Stammlanden in dieses Gebiet gelangt sein kann; sie hätten heimisches -(e)t mitbringen müssen. Bis heute unterscheiden sich die ostfries Dialekte von den angrenzenden nd. grundsätzlich durch dieses Kriterium.

Öffnung der bis dahin nicht nur geographisch am Rande liegenden ostfries. Provinzen hin zu dem von der Hanse wirtschaftlich und kulturell beherrschten Norddeutschland, ja dem gesamten Nord- und Ostseeraum, damit verbunden das Eindringen hansischer Kultur und eben auch deren Verkehrssprache, sind die entscheidenden Gründe, die zum Untergang des Fries. führten. Hier spielte sich etwas ab, das nur wenige Jahrhunderte später dem eben noch siegreichen Nd. seinerseits widerfahren sollte, als es vom Hd. verdrängt wurde. Daß später durch obrigkeitliche und auch kirchliche Maßnahmen diese Entwicklung beschleunigt wurde, ist für die Frühzeit noch nicht von Belang.

Kein Zweifel kann jedoch daran bestehen, daß das Fries. vereinzelt auch als Sprechsprache weiterlebte. 1530 heißt es in der „Descriptio Frisiae" des Henricus Ubbius: „Die Bauern haben aber ihre Eigensprache [...] Sie ist so fremdartig, daß der Lateiner besser einen Hebräer, der Grieche einen Araber verstehen kann als ein Deutscher den Friesen [...] Selbst ich verstehe diese Sprache nicht, obwohl ich dort groß geworden bin"[93]. Eines der letzten zusammenhängenden Zeugnisse ist das Wörterverzeichnis im „Memoriale linguae Frisicae" des Stedesdorfer Pastors Johannes Cadovius Müller von 1691, in dessen „Gemeiner Vorrede" davon gesprochen wird, daß „die alten Oistfriesen [...] niehmals fröliger [sind], als wan sie vnter sich, ihre alte oistfrisische Sprache reden vnd gebrauchen mögen"[95]; ob diese allerdings ein reines Friesisch war, muß um so mehr bezweifelt werden, als Müller selber ihre Verdrängung durch das Hd. erwähnt, das aber doch erst das Nd. ablöste, nicht direkt das Fries. Um 1930 war das Fries. auf Wangerooge, einer seiner letzten Bastionen, ausgestorben, wenig später auch auf dem gegenüberliegenden Festland in Neu-Wangerooge bei Varel[96]. Bis heute gehalten hat es sich, allerdings stark vom Nd. und auch vom Hd. beeinflußt, als Sprechsprache der Älteren im Saterland (vgl. u. S. 229 ff.).

Noch nicht hinreichend geklärt ist der historische Hintergrund, vor dem sich die sprachliche Entwicklung im Hannoverschen Wendland (s. o. S. 226 ff.) vollzog, dem östlichsten Teil des Landes Niedersachsen; nach den jüngsten Erkenntnissen lassen sich Reste des Dravänopolabischen im Raum Lüchow–Wustrow bis in die erste Hälfte des 18. Jahrhunderts nachweisen[97].

Der Beginn des Vordringens ostseeslawischer Gruppen in den heutigen Landkreis Lüchow-Dannenberg, der während der Völkerwanderungszeit von Germanen zwar weitgehend geräumt worden war, für den eine Siedlungskontinuität in historischer Zeit jedoch gesichert ist[98], wird anhand archäologischer Funde jetzt in die Zeit um 800 datiert, was ein früheres Einsickern jedoch nicht ausschließt[99]. In dieser ersten Phase slawischer Landnahme wurden praktisch nur die Flußniederungen von Elbe und Jeetzel besiedelt (vgl. u. S. 311).

In einer von Süden nach Norden gerichteten Bewegung scheint seit dem 13. Jahrhundert aus der schon früh eingedeutschten Altmark heraus die Durchdringung von Teilen des Hann. Wendlandes mit deutschen Kolonisten erfolgt zu sein, was nicht ohne tiefgreifende Veränderungen der Sprachverhältnisse bleiben konnte. Die Siedlungs- und Volkstumsgrenze gegen die nd. Stammlande der heutigen Landkreise Lüneburg, Uelzen und Gifhorn ist dagegen offensichtlich sehr fest gewesen, so daß sie von Westen her nur in unbedeutendem Umfang überschritten wurde; dabei dürften schon damals psychologische Gründe eine Rolle gespielt haben, die in den westlich an das Hann. Wendland angrenzenden Gebieten bis in die jüngste Vergangenheit wirksam waren.

Primär also als Folge eines Kolonisationsvorganges, dessen sprachliche Auswirkungen später allerdings durch die Schriftsprache unterstützt und verstärkt wurden, sind die slawischen Dialekte im östlichen Nds. durch das Nd. auch im mündlichen Gebrauch in der Familie oder der engen Verkehrsgemeinschaft des Dorfes verdrängt worden, den Bereichen, auf die sie seit je beschränkt waren. Diese Interpretation wird dadurch gestützt, daß die heutigen nd. Dialekte des Hann. Wendlandes das typische Zeichen aller nd. Kolonialdialekte zeigen, den Einheitsplural auf -(e)n im Präsens Plural Indikativ der Verbalflexion gegenüber -(e)t der Dialekte der Stammlande. Ihn wird man hier genau so wenig auf den direkten Einfluß der mnd. Schriftsprache zurückführen können wie in den ostelbischen Gebieten. Der Weg zur Schriftnorm führte ja gerade umgekehrt von den dort durch gegenseitige Beeinflussung entstandenen neuen Formen nd. Dialekte zur Schriftsprache Lübecks und von da zur mnd. Schriftsprache.

Der Untergang des Dravänopolabischen ist dadurch begünstigt worden, daß es nie die Stufe der Schriftlichkeit erreicht hatte. Unser Wissen um diese Sprache verdanken wir nur „einigen mehr oder minder künstlichen Aufzeichnungen von Wörtern und kurzen Texten [...], die kurz vor dem Aussterben bzw. der völligen Assimilation des slavischen Elementes im Wendland zu Ende des 17., Anfang des 18. Jahrhunderts auf Anregung von Leibniz oder durch eigene Initiative vorgenommen wurden, und zwar mit einer Ausnahme [...] nur von Deutschen"[100]. Ihre Untersuchung war und ist die Aufgabe der Slawistik, sie muß hier unberücksichtigt bleiben; zu beant-

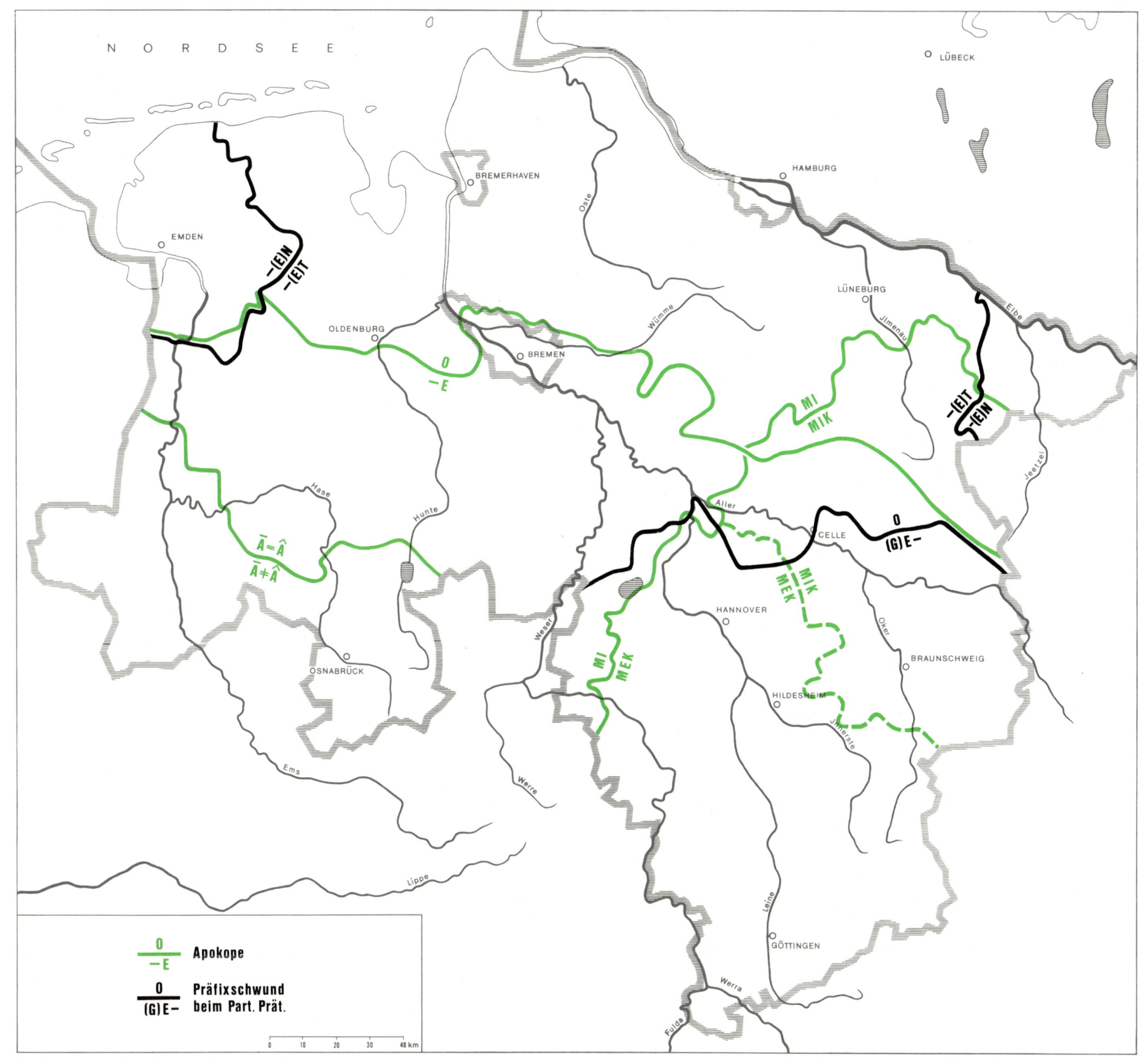

6. Gliederung der niedersächsischen Dialekte

worten ist jedoch die Frage nach möglichen Spuren slawischen Einflusses auf die modernen nd. Dialekte jenes Gebietes (vgl. unten S. 226).

Etwa seit der Mitte des 16. Jahrhunderts drängte dann das Hd. das Dravänopolabische aus seinen letzten Bastionen zurück, gleichzeitig auch das Nd. bekämpfend. Aus Klagen von Geistlichen darüber, daß ihre seelsorgerische Arbeit durch Kommunikationsschwierigkeiten behindert werde, muß nicht unbedingt auf Reste wendischsprachiger Bevölkerung geschlossen werden; derartige Äußerungen sind auch aus anderen nd. Gebieten überliefert, als dort das Hd. Kirchensprache wurde.

Um die Mitte des 18. Jahrhunderts sind die letzten Einwohner des Hann. Wendlandes gestorben, die des Dravänopolabischen mächtig waren; mehrere Hundert machten zwar noch bei der Volkszählung von 1890 die Angaben, sie seien Wenden, ihre Sprache sei das Wendische, doch erklärt sich dieser Sachverhalt daraus, daß zahlreiche Wendländer bis heute in ihrem Selbstverständnis „wendisch" sprechen, obwohl ihre Sprache ein nd. Dialekt ist. Der „Index defunctorum" der Kirche zu Wustrow enthält anläßlich des Todes einer 67jährigen Frau aus Dolgow im Jahre 1750 den Vermerk: „Sie hat die Gnade gehabt mit Ihrer Maj. unserem Landesherrn in der alten Wendischen-Sprache zu reden, da Sie nach der Görde gerufen worden anno 1727"[101]; einen ähnlichen Eintrag enthält derselbe Index sechs Jahre später beim Tode einer anderen Frau ebenfalls aus Dolgow. Hier ist ein „cüriöses" Relikt überliefert, das offensichtlich schon von Zeitgenossen als solches empfunden und daher für merk-würdig erachtet wurde[102].

Seit dem 16. Jahrhundert mußte das Mnd. seinerseits ein ähnliches Schicksal erleiden wie in seinem Geltungsbereich zuvor das Lateinische, das Friesische und – mit der Einschränkung, daß es nie Schriftsprache war – das Dravänopolabische: Es wurde in allen Texten durch eine andere Sprache, das Hd., verdrängt und lebt heute nur noch in gesprochener Form als Dialekt weiter, der zwar noch dichterisches Schaffen ermöglicht, trotz eines Klaus Groth, Fritz Reuter oder John Brinckman aber den Rang einer allgemein verbindlichen Schriftsprache nicht hat wiedergewinnen können.

Die Ablösung des Niederdeutschen durch das Hochdeutsche geschah ebensowenig abrupt wie Jahrhunderte vorher sein Sieg z. B. über das Latein. Wieder setzte die Entwicklung im Südosten ein, im Elbostfälischen, wo schon seit dem 14. Jahrhundert das Nd. auch als gesprochene Sprache bis auf den gegenwärtigen Verlauf der nd.-md. Sprachgrenze zurückgeworfen wurde; der enge Kontakt zu den angrenzenden, kulturell überlegenen md. Gebieten führte hier zum völligen Aussterben des Nd., dessen Spuren sich aber bis heute z. B. in einem Ortsnamen wie *Wittenberg* (statt *Weißenberg) finden[103]. Ebenfalls in Parallele zu den Vorgängen bei der Ablösung des Latein durch das Mnd. steht die Beobachtung, daß das eingespielte Kanzleiwesen der Hansestädte sich der Einführung einer neuen

Schriftsprache besonders lange widersetzte; wenn allerdings in Lübeck das offizielle Stadtbuch bis 1809 nur in nd. Sprache geführt wurde, so ist darin wohl lediglich „ein leeres Festhalten an einer Tradition" zu sehen[104]. Die Duplizität der Ereignisse zeigt sich auch darin, daß die Kanzleien der Landesfürsten eher zur neuen Schriftsprache übergingen als die der Städte und daß der Süden generell das Hd. eher übernahm als der Norden.

In den nördlichen nd. Sprachgebieten fand zunächst lediglich die Überlagerung einer Schriftsprache durch eine andere statt, während das Nd. als gesprochene Sprache bis heute weitgehend erhalten blieb. Erst später kam es, zunächst im öffentlichen Gebrauch und im Sprachgebrauch der Gebildeten in den Städten, auch hier zur Durchdringung der angestammten Sprechsprache mit dem Hd.

Die Gründe für die Ablösung des Mnd. durch das Hd. sind wiederum außersprachliche. Mit dem Zerfall der Hanse waren der Niedergang der mittelalterlichen Stadt als der Trägerin des Mnd. und das Erstarken der Territorialfürsten auch in Norddeutschland verbunden; die politische, wirtschaftliche und nicht zuletzt auch kulturelle Vormachtstellung des hochdeutschsprachigen Südens, auf dessen Boden sich in der ostmitteldeutschen Verkehrsgemeinschaft des Meißnischen die Grundlagen der künftigen Hochsprache entwickelten, übte ihren Druck auf das im Norden entstandene Vakuum aus. Notgedrungen mußte sich der Norden nach Süden orientieren, etwa in Rechtsfragen, für die nach der Einführung des im gesamten Reich verbindlichen römischen Rechtes in zunehmendem Maße auch für Norddeutschland das 1495 auf dem Reichstag zu Würzburg gegründete Reichskammergericht in Frankfurt, nach einigen Zwischenstationen seit 1693 in Wetzlar, zuständig wurde, oder im Schriftverkehr mit der Reichskanzlei, der selbstverständlich hd. zu führen war. Aber auch Handelsbeziehungen wurden in immer größerem Umfang nach Süden und Südosten geknüpft, nach Leipzig, Frankfurt, Nürnberg, Augsburg, Breslau usw., und für die Abwicklung der Geschäfte hatte man sich des Hd. zu bedienen. Nicht verkannt werden darf auch der Einfluß des Humanismus Wittenberger Prägung, für den und durch den „das Hochdeutsche neben dem Latein zur Sprache der Bildung" wurde[104].

Keine allgemein wirksame Bedeutung kam dagegen zunächst der Reformation zu, die ja gerade „im niederdeutschen Gewand nach Norddeutschland" kam[104], wie die Bugenhagensche Übertragung der Lutherbibel sowie die nd. Gesangbücher – bis 1600 wurden 55 aufgelegt – und Katechismen beweisen. Schließlich mußte und wollte sich der protestantische Geistliche gerade in der Muttersprache an seine Gemeinden wenden, und die war zu jener Zeit zunächst noch unbestritten das Nd. Die „gewaltige Zunahme" der Anzahl gedruckter mnd. Bücher „in der Zeit von 1521 bis 1530" ist „auf die Vielzahl reformatorischer und gegenreformatorischer Schriften zurückzuführen"[105], und noch 1623 ist immerhin eine nd. Bibel gedruckt worden, wie denn überhaupt zwischen etwa 1550 und 1650 eine „Fülle an religiöser Literatur in nd. Sprache" im Druck erschien[106]. „Die Aufnahme des Hochdeutschen im kirchlichen Bereich fand erheblich später statt als in den anderen Institutionen des öffentlichen Lebens, und zwar erst dann, als breite Schichten der Bevölkerung das Hochdeutsche zumindest passiv beherrschten"[106]. Unbestritten aber bleibt, daß die protestantische Kirche seit dem ausgehenden 16. Jahrhundert das Nd. bekämpft hat, was um so wirkungsvoller war, als sie auch die Schulaufsicht ausübte[107].

Wie am Beispiel der Städte Lübeck, Hamburg, Lüneburg und Bremen nachgewiesen worden ist, schloß sich das Eindringen des Hd. in die Schule „der allgemeinen Rezeption der nhd. Schriftsprache" an, setzte also im Süden schon bald nach der Reformation ein, war „aber im äußersten Nordwesten erst etwa um 1680 vollzogen"[108]. Anfangs blieb das Nd. dabei noch die Unterrichtssprache, das Hd. war noch Lehrfach, doch ging systematisch ein Fach nach dem anderen zum Hd. als Unterrichtssprache über. Zu Beginn des 17. Jahrhunderts erschienen in Norddeutschland die ersten hd. Schulbücher; ihre Einführung geschah in der gleichen räumlichen und zeitlichen Staffelung wie vorher die Ausbreitung der neuen Sprache selbst. Daß diese nicht die Sprechsprache des Volkes war, zeigt das Beispiel eines Lübecker Schülers, der die hochdeutsche Glossierung ‚feilschen' des *licitus sum, liceri* seiner lat. Schulgrammatik von 1609 in das nd. ‚kop beden' übertrug, das ihm das Erlernen der lat. Vokabel erleichtern sollte[109].

Für Nds. soll die Entwicklung hier wieder am Beispiel der Städte Lüneburg und Goslar näher dargestellt werden[110]. Hd. Schriftstücke tauchen in der Lüneburger Kanzlei erstmals 1531, 1533, 1534 und 1538 auf; die beiden ersten stammen von Schreibern aus dem hd. Sprachgebiet. Während für die Rechtssprache der Übergang zum Hd. anhand von Urteilen, Protokollen, Urkunden und Bestallungen schon für die Jahrzehnte zwischen 1549 und 1575 nachweisbar ist, bleiben die Zunfturkunden bis 1590, die Schriftstücke der Bürgermeister und Ratmannen bis 1592, die Ratsrentebriefe sogar bis 1600 durchweg nd., obwohl bei letzteren das Hd. vereinzelt schon um 1560 begegnet.

Etwa eine Generation früher tauchen seit 1507 die ersten hd. Sprachformen in der Goslarer Überlieferung auf, und zwar in den Tafelamtsbüchern, „den von einem Ratsherrn geführten Stadtrechnungen"; sie stammen jedoch nicht von einem Einheimischen, sondern von einem einige Jahrzehnte zuvor aus dem md. Sprachraum zugewanderten Neubürger, so „daß man dieses erste Auftauchen des Hochdeutschen ganz persönlich nennen darf". Die ersten hd. Briefe, an Herzog Heinrich gerichtet, gingen im Februar 1527 aus. Während die herzoglichen Kanzleien bereits zum Hd. übergegangen waren, blieb die Sprache der Goslarer Kanzlei noch das Nd. Das massive Vordringen des Hd. setzte bei den Briefen 1536 ein, bereits 1544 hatte es sich völlig durchgesetzt. Das Buch der Urteilssprüche zeigt 1529 und 1531 erste hd. Einträge und ist seit 1536 vollständig hd.; in diesem Jahr trat ein neuer Syndikus seinen Dienst an, auf den dieser rasche Wechsel zurückzuführen sein wird. Die Urkunden blieben bis 1547 durchweg nd.; im Rentenbuch „tauchen die ersten hd. Urkunden 1548 auf", seit 1565 kann auch hier das Hd. als vorherrschend angesehen werden 1568 ist es auch im Grundbuch durchgedrungen[111].

Mit dem Untergang der mnd. Schriftsprache endete das Nd. nun aber keineswegs. Es blieb Sprechsprache, aufgesplittert in eine Fülle regionaler Dialekte, die es auch unter dem Dach der Schriftsprache immer gegeben hatte, trotz späterer Bestrebungen aber bis heute nicht wieder zu allgemein verbindlicher Form zurückfindend. Vom Weiterleben zeugen außer den modernen Dialekten zum einen zahlreiche amtliche Bekanntmachungen und Verordnungen, die der gemeine Mann verstehen mußte und die deshalb in seiner Sprache abzufassen waren – z. B. die Emder Fuhrleuteverordnung von 1656, die Bremer Wachtordnung von 1694 oder der Hamburger Bürgereid von ca. 1700[112] –, zum anderen aber auch die vielen nd. Drucke, die auch nach 1600 noch erschienen, wenn dieses Jahr einmal grob das Ende der mnd. Schriftsprache markieren soll.

Der Charakter dessen, was jetzt noch in nd. Sprache gedruckt wurde, hatte sich jedoch entscheidend gewandelt. Wenn man einmal von den religiösen Schriften absieht, die ihre Entstehung zwar einem „Rückgriff auf eine alte Tradition"[112] verdanken, dennoch aber vom Weiterleben des Nd. Zeugnis geben und ein ‚Bedürfnis des Marktes' dokumentieren, dann handelt es sich bei diesen spätmnd. und ersten frühnnd. Drucken vor allem um Gelegenheitsdichtungen, insbesondere Hochzeitsgedichte u. ä., die zudem oft in Texte oder Sammlungen in hd. oder lat. Sprache eingebettet sind, also nicht aus eigener Kraft heraus leben; zwischen 1721 und 1730 z. B. sind mehr als die Hälfte der in der ‚Niederdeutschen Bibliographie' von C. Borchling und B. Claussen verzeichneten nd. Drucke Hochzeitsgedichte. Diese „deutliche Verarmung der ursprünglich vorhandenen Vielfältigkeit des in mnd. Sprache behandelten Stoffes im Buchdruck [...] spiegelt [...] die Einstellung der gebildeten Schichten einer Sprache gegenüber, der nach ihrem Untergang als Schriftsprache nunmehr nur noch die Rolle einer Mundart zukam"[112]. Unabhängig aber davon, wie hoch oder wie niedrig man den literarischen Wert solcher Texte einschätzen mag, wird man sie als beweiskräftige Zeugnisse für eine fortlebende nd. S p r e c h sprache anerkennen müssen, auch wenn diese, und das zeigen die Texte mit der Zeit immer deutlicher, „nur noch" als Dialekt gelten kann; immerhin sind im 17. Jahrhundert noch 1206, im 18. noch 1149 nd. Drucke nachweislich erschienen[113].

[49] EGGERS (wie Anm. 10), S. 54. – [50] HEEROMA (wie Anm. 13), S. 235. – [51] Dazu vor allem AGATHE LASCH, Vom Werden und Wesen des Mittelniederdeutschen, in: NiederdtJb 51,

4. Die Mittelniederdeutsche Zeit

1925, S. 55–76. K. BISCHOFF, Über die Grundlagen der mittelniederdeutschen Schriftsprache, in: NiederdtJb 85, 1962, S. 9–31. H. J. GERNENTZ, Niederdeutsch – gestern und heute, 1964, S. 47–51. – [52] AGATHE LASCH (wie Anm. 42), S. 6. – [53] AGATHE LASCH (wie Anm. 51), S. 66 f. – [54] BISCHOFF (wie Anm. 51), S. 30. – [55] Dazu BISCHOFF (wie Anm. 51), S. 20. – [56] Dazu G. KORLÉN, Die mittelniederdeutschen Texte des 13. Jahrhunderts, Lund–Kopenhagen 1945, S. 92–94. – [57] GERNENTZ (wie Anm. 51), S. 44. Ähnlich schon AGATHE LASCH (wie Anm. 51), S. 56. Vgl. jetzt auch D. MÖHN, Deutsche Stadt und Niederdeutsche Sprache, in: NiederdtJb 96, 1973, S. 111–126. – [58] Dazu Bd. II, Kap. 5. – [59] Nach G. CORDES, Studien zu den ältesten ostfälischen Urkunden, in: NiederdtJb 71/73, 1948/50, S. 90–133, und NiederdtJb 74, 1951, S. 11–26. Zitat NiederdtJb 71/73, S. 95. – [60] Dazu E. SCHRÖDER, Die älteste Urkunde in niederdeutscher Sprache, in: NiederdtJb 62, 1936, S. 1–4. CORDES (wie Anm. 59), NiederdtJb 74, S. 22 f. – [61] Dazu G. CORDES, Schriftwesen und Schriftsprache in Goslar, 1934, S. 25–27. – [62] R. PETERS, Mittelniederdeutsche Sprache, in: GOOSSENS (wie Anm. 15), S. 66–129. Zitate ebd. S. 73, 74. Vgl. auch GERNENTZ (wie Anm. 51), S. 45 f. CORDES (wie Anm. 59), NiederdtJb 71/73, S. 96 sieht „die mündliche Rechtssprache als Quelle der Urkundensprache" an. – [63] GERNENTZ (wie Anm. 51), S. 48. – [64] PETERS (wie Anm. 62), S. 75. – [65] Für NdSachs. soll sie hier in Anlehnung an die Untersuchungen von H. TESKE, Das Eindringen der neuhochdeutschen Schriftsprache in Lüneburg, 1927, bzw. CORDES (wie Anm. 61) skizziert werden. Die folgenden Zitate ebd. S. 18, 19, 20, 22, 24 bzw. S. 29, 30. – [66] Vgl. dazu etwa AGATHE LASCH, Geschichte der Schriftsprache in Berlin bis zur Mitte des 16. Jahrhunderts, 1910. DIES., Aus alten niederdeutschen Stadtbüchern, 1925. H. KOPPERSCHMIDT, Die Sprache der Hildesheimer Urkunden in der ersten Hälfte des 14. Jahrhunderts (Diss. phil. Marburg), 1914. F. MERKEL, Das Aufkommen der deutschen Sprache in den städtischen Kanzleien des ausgehenden Mittelalters, 1930. KORLÉN (wie Anm. 56). T. DAHLBERG, Zur Urkundensprache in Göttingen und Duderstadt, in: NiederdtMitt 5, 1949, S. 55–73. L.-E. AHLSSON, Die Urkundensprache Hamelns, in: NiederdtMitt 23, 1967, S. 63–97. – [67] CORDES (wie Anm. 59), NiederdtJb 71/73, S. 90. Zum folgenden vgl. vor allem ebd. S. 110–113. – [68] AGATHE LASCH (wie Anm. 42), S. 12–20. – [69] Dazu MÄRTA ÅSDAHL HOLMBERG, Studien zu den niederdeutschen Handwerkerbezeichnungen des Mittelalters, Lund 1950. – [70] Zitiert nach PETERS (wie Anm. 62), S. 106. – [71] Dazu KORLÉN (wie Anm. 56), S. 94–103. – [72] Dazu E. ROOTH, Eine westfälische Psalmenübersetzung aus der ersten Hälfte des 14. Jahrhunderts (Diss. Uppsala), 1919. – [73] AGATHE LASCH (wie Anm. 42), S. 17 f. – [74] Vgl. dazu insbesondere J. HUIZINGA, Hoe verloren de Groningsche Ommelanden hun oorspronkelijk Friesch karakter?, in: Driemaandelijksche Bladen 14, 1914, S. 1–77. L.-E. SCHMITT, Die Stadt Groningen und die Mundarten zwischen Laubach und Weser, in: ZMundartforsch 18, 1942, S. 143–170. K. HEEROMA und J. NAARDING, De ontfriesing van Groningen, Zuidlaren 1961. – [75] Zitiert nach K. HEEROMA, Oostnederlandse Taalproblemen (MededAkad. Amsterdam, Afd. Letterkunde, N. R. 14, 8), Amsterdam 1951, S. 4. – [76] Darauf, „daß das ostfriesische Küstengebiet im Verlauf seiner Besiedlung [...] in enger Beziehung zu den westlich benachbarten Niederlanden gestanden hat", wies W. HAARNAGEL, Neue Ergebnisse der Vor- und Frühgeschichtsforschung in Ostfriesland, in: Philologia Frisica Anno 1959, Groningen 1960, S. 20–26, Zitat S. 25, hin. Für die Niederlande aber konnte H. T. WATERBOLK, Hauptzüge der eisenzeitlichen Besiedlung der nördlichen Niederlande, in: Offa 19, 1962, S. 9–46, sowie DERS., The Occupation of Friesland in the Prehistoric Period, in: Berichten van de Rijksdienst voor het Oudheidkundig Bodemonderzoek 15/16, 1965/66, S. 13–35, nachweisen, daß die friesische Marsch seit etwa a. 600 A. D. von Trägern einer Kultur besiedelt wurde, deren Vorstufen auf der Drenter Geest beheimatet waren; auf eine protofriesische Zwischenstufe (etwa a. 400 A. D. – etwa a. 200 A. D.) läßt WATERBOLK seit etwa a. 200 A. D. dann die friesische Kultur der Streepband-Keramik folgen. – [77] Dazu K. DÜWEL und W.-D. TEMPEL, Knochenkämme mit Runeninschriften aus Friesland, in: Palaeohistoria 14, 1968 (1970), S. 353–391. – [78] P. SIPMA, Oudfriesche Oorkonden, I, II, 's Gravenhage 1927, 1933. – [79] E. FRIEDLAENDER, Ostfriesisches Urkundenbuch, I, II, 1878, 1881. Hier Nr. 59, S. 62. Da diese Urkunde offensichtlich in Münster ausgestellt worden ist, kann sie nur bedingt für eine Beurteilung der Sprachverhältnisse in Ostfriesland herangezogen werden. Die nächsten niederdt. Stücke stammen von 1359 (Nr. 86), ausgestellt in Utende im Saterland, und von 1379 (Nr. 107), ausgestellt in Osterhusen im heutigen Landkreis Norden. – [80] Diese stammen großenteils aus nur einer Quelle, einem Kopialbuch aus dem Anfang des 16. Jahrhunderts des um diese Zeit im Dollart versunkenen Klosters Langen; vgl. dazu C. L. GROTEFEND, Notae Langenses, aus einem Copialbuche des Klosters Langen, in: ZHistVNdSachs 1862, S. 262–273. – [81] Eine zusammenfassende Darstellung bietet L.-E. AHLSSON, Studien zum ostfriesischen Mittelniederdeutsch, Uppsala 1964. – [82] Vgl. zu diesem Problem etwa HEEROMA (wie Anm. 75). K. TER LAAN, Nieuw Groninger Woordenboek, Groningen–Djakarta ²1952. P. J. VAN LEEUWEN, Fries en Gronings, in: Driemaandelijkse Bladen 25, 1973, S. 191–205. – [83] Jüngere Zeugnisse wie die ‚Descriptio Frisiae' von 1530 des HENRICUS UBBIUS (benutzt in der Übersetzung von G. OHLING, in: Feriae Auricanae, 1933, S. 1–16), die ‚Landesbeschreibung vom Harlingerland' von 1684 des BALTHASAR AREND (hg. von H. REIMERS, 1930) oder das ‚Memoriale linguae Frisicae' von 1691 des JOHANNES CADOVIUS MÜLLER (hg. von E. KÖNIG, 1911) sprechen dem Friesischen zudem ganz eindeutig den Charakter einer Sprechsprache zu, die in „grosse vnd viele Dialectus" aufgesplittert gewesen sei, so daß „fast ein Nachbahr den andern hat kauhm verstehen können" (MÜLLER S. 30). Vielleicht ist gerade auch diese Vielfalt der Regionaldialekte mitverantwortlich für die rasche und gründliche Verdrängung des Fries. durch das Niederdt., das ihm in der Gestalt einer überregional anerkannten Schriftsprache von Anfang an überlegen sein mußte. – [84] So H. JANSSEN, Die Stammesgrenze zwischen Sachsen und Friesen in ihren sprachlichen Nachwirkungen, in: H. SCHROLLER, S. LEHMANN, 5000 Jahre Niedersächsische Stammeskunde, 1936, S. 233–254. In bezug auf die Besiedlung Ostfrieslands argumentiert CORDES (wie Anm. 21), S. 15 noch jetzt ebenso. – [85] Schon HUIZINGA (wie Anm. 74), S. 65 f. hatte den Gedanken geäußert, Reste der Chauken könnten ein Grund dafür sein, daß „de Oostfriesche bevolking [...] veel later gemakkelijker toegankelijk was voor de invloeden van den Saksischen stam, die [...] met de oorspronkelijke Chauken nauw verwant moet zijn geweest". – [86] So NAARDING (wie Anm. 74), S. 46. – [87] So sprach C. BORCHLING, Die westfälischen Einflüsse in der niederdeutschen Sprache Ostfrieslands, in: NiederdtJb 54, 1928, S. 122–135, auf S. 134 f. von einem „reichlichen Zustrom westfälischer Kolonisten" in die niederl. Provinzen Drente und Overijsel, die auf diesem Umweg „an der Formung seiner [der südwest-ostfriesischen] niederdeutschen Mundarten mitgewirkt" haben. SCHMITT (wie Anm. 74), S. 145 bzw. 153 verstand die Entfriesung pauschal als das Ergebnis „in erster Linie [...] der Siedlung, der Wanderung und Mischung l ä n d l i c h e r Siedler" bzw. als die „Verdrängung alter Stammesmundarten durch junge Siedlersprache". – [88] Vgl. ‚The Tragical History of Doctor Faustus' von CHR. MARLOWE, wo Faustus auf den Versuch des „Evil Angel", ihn mit der Aussicht auf „honour" und „wealth" auf seine Seite zu ziehen, verächtlich antwortet: „Of wealth! Why, the signiory of Embden shall be mine." – [89] W. FOERSTE, Der Einfluß des Niederländischen auf den Wortschatz der jüngeren niederdeutschen Mundarten Ostfrieslands, 1938, S. 8. – [90] HEEROMA (wie Anm. 74), S. 14. – [91] K. HEEROMA, Het voortbestaan van het Fries, in: Philologia Frisica Anno 1969, Groningen 1970, S. 11–20. Zitat ebd. S. 13. – [92] Als sichere Beweise für den Rückgang des Fries. sind auch die – allerdings nur sporadischen – urkundlichen Belege anzusehen, bei denen in einem mnd. Kontext fries. Termini oder Toponyme stehen, die sogleich ins Niederdt. übertragen werden; beide Glieder einer solchen Übersetzungsdoublette sind dabei durch ‚oder' verbunden. Beispiele sind a. 1420 (Transsumpt einer Urkunde [von 1391?],

4. Die mittelniederdeutsche Zeit

Kop. 1. Hälfte 16. Jahrhundert) *ellick in sin clûfft offt in sin recht; alle olde tiammingen offte wateringe* (beide bei FRIEDLAENDER [wie Anm. 79], I, Nr. 270, S. 230); *de Letze oifft de Sipe* (ebd. S. 231); a. 1426 *uppe den werven offt huessteden* (ebd. Nr. 340, S. 306); a. 1497 *eyn gras inna tzurck- yfft kerckfen* (ebd. II, Nr. 1524, S. 528). Ein weiteres wichtiges Indiz ist die Ablösung von Friesismen in den Flurnamen, die fries. Sprachgut ja besonders lange tradieren, seit der 2. Hälfte des 15. Jahrhunderts; so werden *ecker* ‚Acker', *komp* ‚Kamp', *lond* ‚Land', *wey* ‚Weg' allmählich durch *acker*, *kamp*, *land* und *wech* verdrängt. – [93] HENRICUS UBBIUS (wie Anm. 83), S. 15. – [94] Das gleiche gilt später für die Verdrängung des eben noch siegreichen Niederdt. durch das Hd.: Die neue Sprache wird zuerst vom Grafenhaus und den gehobenen Schichten vor allem in den Städten akzeptiert, während auf dem Lande das Niederdt. bis heute allgemeine Sprechsprache geblieben ist. Auch das Niederl. ist unter den Reformierten nur von deren Geistlichen und in einem kleinen Kreis der Städter gesprochen worden. – [95] MÜLLER (wie Anm. 83), S. 31 f. – [96] Nach Th. SIEBS, Die Friesen und ihre Sprache, in: C. BORCHLING, R. MUUSS, Die Friesen, 1931, S. 56–76; hier S. 70. Vgl. ferner Th. SIEBS, Vom aussterbenden Friesisch der Insel Wangeroog, in: ZDtMundarten 18, 1923, S. 237–253. H. G. EHRENTRAUT, Mittheilungen aus der Sprache der Wangeroger, in: DERS., Friesisches Archiv, I, 1849, S. 3–109, S. 338–416, II, 1854, S. 1–84. – [97] Vgl. R. OLESCH, Zur geographischen Verbreitung des Dravänopolabischen, 1971, S. 126–137; hier S. 129. – [98] Dazu BRUNHILT LESEMANN, Pollenanalytische Untersuchungen zur Vegetationsgeschichte des Hannoverschen Wendlandes, in: Flora, Abt. B, 158, 1969, S. 480–509. – [99] Hierzu u. a. H. JANKUHN, Die slawische Besiedlung des Hannoverschen Wendlandes im frühen Mittelalter, in: Slovenská Archeológia XVIII-1, 1970, S. 69–77. B. WACHTER, Deutsche und Slawen im hannoverschen Wendland – ein Beitrag der Archäologie, in: NdSächsJbLdG 44, 1972, S. 9–26; hier S. 16 mit Anm. 35. ANNELIESE KRENZLIN, Die Kulturlandschaft des hannöverschen Wendlands (Forschungen zur deutschen Landes- und Volkskunde, 28, 4, 1931) glaubt, daß die Slawen „um die Wende des 6. und 7. Jahrhunderts" in das weitgehend siedlungsleere Hann. Wendland eindrangen. – [100] ELEONORE KAISER, Untersuchungen zur Geschichte des Stammsilbenvokalismus im Dravänopolabischen, 1968, S. 2. Die Sprachdenkmäler sind zuletzt publiziert worden von R. OLESCH, der auch die umfassendste ‚Bibliographie zum Dravänopolabischen', 1968, zusammengestellt hat. – [101] Nach OLESCH (wie Anm. 97), S. 126. – [102] Als Parallele sei angemerkt, daß Enno III. der letzte ostfriesische Landesherr war, der sich, rund 100 Jahre früher, „mit Vorliebe mit seinen Harlingerländern im Harlinger Friesisch unterhielt" (G. AGENA, Kleiner Leitfaden durch die ostfriesische Geschichte, in: NArchNdSachs 4, 1950, S. 227–269; Zitat S. 250); das Harlingerland ist für das Ostfriesische ein ähnliches Reliktgebiet wie die Gegend um Wustrow für das Slawische im Hann. Wendland. – [103] Weitere Nachweise vor allem bei BISCHOFF (wie Anm. 5). – [104] GERNENTZ (wie Anm. 51), S. 59, 65, 60. – [105] T. SODMANN, Der Untergang des Mittelniederdeutschen als Schriftsprache, in: GOOSSENS (wie Anm. 15), S. 116–129. Zitat ebd. S. 122. – [106] SODMANN (wie Anm. 105), S. 122 bzw. S. 125. Zu den einzelnen Titeln vgl. C. BORCHLING und B. CLAUSSEN, Niederdeutsche Bibliographie, I, II, 1931–1936. Speziell für NdSachs. bis 1600 ferner W. BRANDES, Bibliographie der niedersächsischen Frühdrucke bis zum Jahre 1600 (Bibliotheca Bibliographica Aureliana IV), 1960. – [107] Vgl. zu diesem Komplex zum Beispiel M. LINDOW, Niederdeutsch als evangelische Kirchensprache im 16. und 17. Jahrhundert (Diss. Greifswald), 1926. – [108] A. GABRIELSSON, Das Eindringen der hochdeutschen Sprache in die Schulen Niederdeutschlands im 16. und 17. Jahrhundert, in: NiederdtJb 58/59, 1932/33, S. 1–79. Zitat ebd. S. 78. – [109] W. HEINSOHN, Das Eindringen der neuhochdeutschen Schriftsprache in Lübeck während des 16. und 17. Jahrhunderts, 1933, S. 169. – [110] TESKE (wie Anm. 65), vor allem S. 41, 46, 154. CORDES (wie Anm. 61), Zitate S. 41, 45, 71–78. Zu den Verhältnissen im niederdt. Sprachgebiet insgesamt vgl. K. BÖTTCHER, Das Vordringen der hochdeutschen Sprache in den

Urkunden des niederdeutschen Gebietes vom 13. bis 16. Jahrhundert (Diss. Berlin 1916); Teilabdruck in: ZDtMundarten 16, 1921, S. 62–67 und 17, 1922, S. 97–108. – [111] In Bremen vollzog sich die Ablösung des Niederdt. als Schriftsprache durch das Hd. in den 100 Jahren zwischen 1530 und 1630 (A. Heuser, Die neuhochdeutsche Schriftsprache während des XVI. und XVII. Jahrhunderts zu Bremen, 1912). – [112] Sodmann (wie Anm. 105), S. 118, 122, 123. – [113] Nach B. Claussen, Niederdeutsche Bibliographie. Gesamtverzeichnis der niederdeutschen Drucke bis zum Jahre 1800. Bd. 3, Teil 1: Nachträge, Ergänzungen, Verbesserungen zu Bd. 1 und 2 [von Borchling – Claussen (wie Anm. 106)], 1957, S. 48. Zwar gewinnen diese Werte erst durch einen Vergleich mit den zur selben Zeit im selben Raum erschienenen hd. Drucken volle Aussagekraft, aber auch ohne einen solchen sind sie von großer Bedeutung als Belege für das Fortleben des Niederdt.

5. Die neuniederdeutsche Zeit

Die Geschichte des Nd. in den letzten Jahrhunderten ist die des ‚Herabsinkens' einer lange Zeit zu allgemein verbindlicher schriftsprachlicher Norm fähig gewesenen Sprache auf die Ebene zahlreicher regionaler Dialekte, deren wesentliches Merkmal die nur mehr mündliche Kommunikation der Sprachträger innerhalb verhältnismäßig kleiner Verkehrsgemeinschaften ist[114]. Die Darstellung nnd. Sprachverhältnisse in Nds. beschäftigt sich dementsprechend de facto mit einem anderen Gegenstand, als er bisher zur Diskussion stand, nämlich mit Sprechsprache, mit Teilaspekten effektiv so gesprochener, nicht geschriebener Einzeldialekte, die sich jedoch anhand grundlegender Gemeinsamkeiten zu größeren Gruppen zusammenfassen lassen.

Das ausgehende 19. Jahrhundert hatte in der Person G. Wenkers (1852–1911) die Wichtigkeit einer systematischen Aufnahme gesprochener Dialekte erkannt. Die Auswertungsmöglichkeiten solcher Aufnahmen weiteten sich immer mehr aus; der Deutsche Sprachatlas (DSA) und der Deutsche Wortatlas (DWA) sind heute die bedeutendsten großräumigen Forschungsunternehmen in Deutschland, für die Regionalforschung ergänzt durch eine Fülle ähnlich angelegter, aber auf kleinräumige Gebiete beschränkter Arbeitsstellen, für Nds. vor allem um die des Niedersächsischen Wörterbuches der Universität Göttingen. Erst die systematische Erfassung und Untersuchung modernen Dialektmaterials mit Hilfe der dialektgeographischen Methode erlaubt Rückschlüsse auf ältere Sprachverhältnisse, die lückenlos zu erkennen nicht möglich war, solange nur zufällig überkommene schriftliche Aufzeichnungen als Forschungsobjekt zur Verfügung standen; diese bieten allenfalls punktuelle Hinweise für eine Datierung von Entwicklungen. Viele der Ereignisse, die zu den erst in diesem Jahrhundert erkannten dialektalen Differenzierungen führten, haben sich in vornnd. Zeit ereignet, finden ihre Darstellung aber am besten, da systematischsten, in diesem Kapitel, da erst hier auf die erforderliche breite und sichere Materialbasis zurückgegriffen werden kann.

Die Problematik einer Gliederung der niedersächsischen Dialekte

Obwohl innerhalb der Dialektologie ein beträchtliches Interesse der **Abgrenzung verschiedener Regionaldialekte** gegeneinander gilt[115], ist es ihr bis heute nicht gelungen, eine Dialektgrenze exakt zu definieren, d. h., objektiv festzulegen, welchem Kriterium aus einer Reihe möglicher Erscheinungen eine größere linguistische Relevanz beizumessen ist als anderen. Dennoch werden, zu Recht, Dialekteinteilungen vorgenommen, da die Alternative gegenwärtig nur das Eingeständnis der Unfähigkeit zu Aussagen über diatopische Differenzierungen überhaupt sein könnte. Allerdings ist es erforderlich, sich dieser Schwäche bewußt zu sein und mögliche andere Gliederungen neben der jeweils vorgenommenen nicht von vornherein abzulehnen.

Die Gliederung eines größeren Dialektgebietes, hier des nieders., sollte anhand systemimmanenter Kriterien erfolgen, d. h., nach lautlichen und/oder grammatischen[116]. Eine Einteilung lediglich anhand wortgeographischer Erscheinungen ist weniger gut geeignet, da die Verbreitung eines bestimmten dialektalen Lexems für einen hochsprachlichen Begriff grundsätzlich an andere, häufig außersprachliche, Bedingungen geknüpft ist, die sich nur selten an Dialektgrenzen orientieren oder sie gar setzen; daß eine lautgeographische Erscheinung mit einer wortgeographischen zusammenfallen **kann**, widerspricht dieser Auffassung nicht.

Der Forschungsstand zwingt dazu, trotz Bedenken die Einteilung der nieders. Dialekte anhand von Kriterien vorzunehmen, die nur Einzelerscheinungen betreffen, nicht aber das gesamte System oder doch wenigstens geschlossene Teile von ihm. Diese Situation ist um so unbefriedigender, als zudem Kriterien herangezogen werden müssen, die jeweils nur für ein Teilgebiet gelten, den anderen Regionen aber gemeinsam sind.

In jüngster Zeit wird sich die Dialektologie immer stärker dessen bewußt, daß auch der Dialekt **eines** Dorfes nicht **die** homogene Einheit ist, als die er lange unreflektiert angesehen wurde, wenn man bei – direkten oder indirekten – Dialektaufnahmen davon ausging, der Idiolekt **einer** Gewährsperson repräsentiere den Dialekt des ganzen Dorfes. Die Erkenntnis, daß z. B. alters-, geschlechts- und sozialbedingte Schichtungen unterschiedliche Aktualisierung des Dialektes hervorbringen können, daß ferner der Anlaß einer mündlichen Äußerung, Redekonstellation u. a. m. zu beachten sind, dringt auch in die Methodendiskussion der Dialektologie ein und zwingt zu neuen Verfahrensweisen. Selbst Ansätze zu ersten Ergebnissen in dieser Richtung liegen für Nds. aber noch nicht vor, so daß auch für die folgenden Ausführungen die Materialbasis auf jene „zu einem festen Zeitpunkt gesprochene Sprache eines bestimmten, meist ausgewählten Individuums" zurückgeht, „in der sich die Verwendung eines überindividuellen Sprachsystems manifestiert hat"[117]. Dieses ist u. a. auch deshalb statthaft, weil, im Gegensatz zu den dialektalen Merkmalen, die „individuellen Varianten [...] im täglichen Verkehr innerhalb der Sprachgemeinschaft immer wieder ausgeglichen" werden.

Die schon in alt- und mittelnd. Zeit zutage tretende Dreiteilung des nd. Sprachgebietes westlich und nördlich der Elbe in einen westfäl., einen ostfäl. und einen nordnieders. Bereich kennzeichnet die Situation auch in nnd. Zeit. Nds. hat an allen drei Sprachräumen Anteil. Schon ohne tiefgreifende Spezialuntersuchungen feststellbare positive Abgrenzungskriterien können jedoch nur für den westfäl. und den ostfäl. Teilbereich beigebracht werden; der nordnieders. ist zunächst nur ex negativo definiert als der, der keinem der beiden südlichen angehört.

Diese Ausgangssituation zwingt im folgenden zu einer Darstellungsform, die von der Tatsache auszugehen hat, daß anhand der geläufigen Einteilungskriterien eigentlich nur Oppositionspaare gebildet werden können, aus denen die genannte Dreiteilung erst in einem zweiten Schritt gefolgert werden kann. Dieses Vorgehen macht zum einen die Schwierigkeiten deutlich, die die gegebenen Sprachverhältnisse in jedem größeren Dialektgebiet einer sinnvollen Gliederung bereiten – sofern nicht Prämissen in diese eingehen, über die nicht explizit Rechenschaft abgelegt wird –, es eröffnet zum anderen aber auch die Möglichkeit, ein einmal gewähltes Beschreibungssystem beizubehalten, wenn Isoglossen zu behandeln sind, die die herkömmliche Dreigliederung überlagern.

Auch wenn die Feststellung einer Grenze anhand jeweils nur eines Kriteriums erfolgt, so ist durch sie dennoch ein Raum umschlossen, der sich durch zahlreiche nur für ihn charakteristische Spracherscheinungen von den anderen unterscheidet. Zwar decken diese Erscheinungen keine geographisch identischen Räume ab, aber kartierte Grenzverläufe mehrerer von ihnen zeigen doch immer ein etwa gleiches Bild von mehr oder minder parallel laufenden Isoglossen, die innerhalb des durch das Kriterium mit maximaler Ausbreitung konstituierten Raumes den Eindruck einer Staffelung vermitteln.

Der im folgenden zu beschreibenden Einteilung sind einige einschränkende Bemerkungen vorauszuschicken. Zum einen hätte die Heranziehung anderer Kriterien andere Grenzlinien ergeben[118]. Das Wissen um diese hinlänglich bekannte Tatsache führt zu der wichtigen Aufgabe des Dialektologen, aus der Fülle möglicher Unterscheidungskriterien die stringenten herauszuarbeiten und anzuwenden.

Zweitens muß betont werden, daß die Gliederung Grenzlinien ergibt, die natürlich nicht als schroffe Trennungsmarkierungen verstanden werden dürfen. Zu beiden Seiten solcher ‚Grenzen' sind tief gestaffelte Übergangszonen festzustellen, die bei einer Kartierung mehrerer Kriterien Linienbündel ergeben, so im südlichen Oldenburg zwischen Nordnieders. und Westfäl., in der nördlichen Lüneburger Heide zwischen Nordnieders. und Ostfäl. und entlang der oberen und mittleren Weser zwischen Westfäl. und Ostfäl. Auch dieses sollte immer im Auge behalten werden, wenn von Dialekt‚grenzen' die Rede ist.

Drittens gilt, daß die drei großen Dialektgebiete Niedersachsens in sich keineswegs einheitlich sind, sondern in mehr oder minder scharf gegeneinander abgesetzte kleinerräumige Quartiere zerfallen, die sich durch nur ihnen gemeinsame Erscheinungen gegen die benachbarten abheben. Hinlänglich bekannt ist die Tatsache, die Dialektsprechern selber auch sehr bewußt ist, daß letztlich der Dialekt jedes Dorfes sich, wenn auch oft nur in Nuancen, von dem des Nachbarortes unterscheidet; sie ist die Grundlage für die zahlreichen Ortsneckereien, die auf solche sprachlichen Differenzen anspielen, ja von ihnen leben. Aus dem Archiv des Nieders. Wörterbuches seien hier als Beispiele angeführt: *„Dei Lanseberger ätet dat Äten mit dän Läpel ut'n Kätel"* sagt man in Leese über den Dialekt von Landesbergen (beide Kr. Nienburg), um dessen breite Aussprache des /e/ in offener Tonsilbe zu charakterisieren, der eine geschlossene im eigenen Dorf gegenübersteht; *„Ick sien van Löcken, hew äine Keäo un säm Mörgen Land dateäo"* sagt man ebenfalls in Leese, und zwar über die Einwohner von Loccum; eine Eigenheit des Dialektes von Heinsen (Kr. Hameln), die Aussprache des /sch/ als [sk], wird in der Umgebung glossiert mit der Bezeichnung *„Heinske Fiske"* und dem Versehen *„Heste Fiske fräten, kannste grägen skieten"*; der im Ostfäl. weit verbreitete Übergang eines /ai/ zu [a:] gilt auch für Peine, von dem es heißt, *„Pane moket de taschen rane (‚rein, leer')"*; die sehr offene Aussprache eines tonlangen /o/ büßen die Einwohner von Blumenau (Kr. Neustadt a. R.) mit dem Neckvers *„daa baaben in Aaben staat Knaaken, dä willt wäi kaaken"*.

Die Gliederung der niedersächsischen Dialekte

Die folgenden Karten beruhen auf Erhebungen der Arbeitsstelle des Niedersächsischen Wörterbuches der Universität Göttingen aus den Jahren 1936–1938, die Begrenzung des westfäl. Sprachgebietes erfolgt anhand von Unterlagen der Arbeitsstelle des Westfälischen Wörterbuches an der Universität Münster[119]. Abweichungen gegenüber dem DSA und auf ihn zurückgreifenden Arbeiten liegen vor allem in dem zeitlichen Unterschied von rund 50 Jahren begründet, der zwischen beiden Enqueten liegt. In ihnen wird zugleich sichtbar, daß noch in der Gegenwart Verschiebungen von Dialektgrenzen zu beobachten sind, was zur Vorsicht gemahnen sollte bei Versuchen, aus rezenten Grenzverläufen auf solche der Vergangenheit rückzuschließen.

Der Geltungsbereich des westfälischen Sprachgebietes wird durch eine Linie umgrenzt, die auf einem Kriterium aus dem Teilsystem Phonologie des Gesamtsystems Sprache basiert und eines der erwähnten regionalen Oppositionspaare konstituiert. Dafür werden die heutigen Repräsentanten von and. /a/ in offener Tonsilbe bzw. and. /a:/ herangezogen. In den meisten niders. Dialekten sind beide in e i n e m Phonem zusammengefallen, so in denen am Jadebusen und an der Niederweser[120] oder dem von Salzgitter-Lesse[121] in /o̩:/. Im Südwesten des niders. Sprachgebietes jedoch entsprechen den zwei and. Phonemen zwei voneinander unterschiedene nnd.; hier ist also die Struktur des ursprünglichen Sprachzustandes bis heute erhalten geblieben. Die Grenze, die das Gebiet bewahrter Differenzierung einerseits von dem des Zusammenfalls andererseits trennt, gilt als die, bis zu der sich die westfäl. Spracheigentümlichkeiten am weitesten nach Norden und Osten ausgebreitet haben; sie umschließt also den maximalen Geltungsbereich der nnd. westfäl. Dialekte. In Nds. werden diese im wesentlichen im Regierungsbezirk Osnabrück gesprochen.

Ein zweites wichtiges Oppositionspaar konstituiert anhand eines Kriteriums aus dem sprachlichen Teilsystem Morphologie das o s t f ä l i s c h e S p r a c h g e b i e t. Für das gesamte nd. Sprachgebiet gilt, daß beim Personalpronomen der Dativ und der Akkusativ formal zusammengefallen sind, an ihren Endungen also nicht mehr voneinander unterschieden werden können; eine Differenzierung im Sinne der herkömmlichen lat. Schulgrammatik kann nur mit Hilfe des jeweiligen Syntagmas erfolgen, in dem eine solche Form steht.

Bei übereinstimmender Tendenz ist das Ergebnis dieser Entwicklung jedoch ein zweifaches: Der Südosten des niders. Sprachgebietes zeigt Zusammenfall in der Form des Akkusativ, die a u c h für den Dativ gilt – *mik*, *dik*, *öne*, *se* und ihre Varianten stehen sowohl für nhd. ‚mich', ‚dich', ‚ihn', ‚sie', als auch für nhd. ‚mir', ‚dir', ‚ihm', ‚ihr' –, in allen übrigen nd. Dialekten aber stehen die Formen des Dativ a u c h für den Akkusativ. Nds. zerfällt bei Heranziehung dieses Kriteriums hinsichtlich der ersten Person Singular demnach sprachlich in ein – kleineres – *mik*-Gebiet im Südosten und ein – größeres – *mi*-Gebiet. Das *mik*-Gebiet wird, in Anlehnung an den politischen Begriff des 8. Jahrhunderts, als ostfälisch bezeichnet. „Doch der brave Bauersmann / Dachte: ‚Wat geiht meck dat an!' " am Schluß von ‚Max und Moritz' weist z. B. Wilhelm Busch sprachlich als Ostfalen aus. Ostfäl. Dialekte im engeren Sinne werden nur in Nds. gesprochen, und zwar insbesondere in den Regierungsbezirken Hildesheim, Hannover (östlich der Weser) und Lüneburg (Süden und Südosten) sowie im Verwaltungsbezirk Braunschweig[122].

Der verbleibende Rest des niders. Dialektgebietes wird als n o r d n i e d e r s ä c h s i s c h e r S p r a c h r a u m bezeichnet; er umfaßt im wesentlichen die Regierungsbezirke Aurich und Stade sowie den Verwaltungsbezirk Oldenburg. Die hier gesprochenen Dialekte teilen mit den westfäl. die Form des Dativ als Einheitskasus beim Personalpronomen, unterscheiden sich von ihnen aber durch den Zusammenfall der heutigen Repräsentanten von and.

/a/ in offener Tonsilbe und and. /a:/; mit den ostfäl. Dialekten teilen sie umgekehrt diesen Zusammenfall, unterscheiden sich von ihnen aber durch die Form des Dativs als Einheitskasus gegenüber dem ostfäl. Akkusativ.

Die Bestätigung der Dreiteilung durch die Wortgeographie

Anhand einiger besonders eindrucksvoller wortgeographischer Beispiele soll die oben beschriebene Dreiteilung der niders. Dialekte bestätigt werden (vgl. Karte 7, nach S. 224; H. Janßen um 1938). Sie zeigen, daß die geographische Lagerung des dialektalen Wortschatzes durchaus konform gehen kann mit Ergebnissen, die aus stärker systembezogenen Gliederungskriterien gewonnen wurden. Andererseits ließen sich aber auch genügend Beispiele dafür beibringen, daß Laut-, Formen- und Wortgeographie voneinander abweichende Ergebnisse liefern können.

Die Synonymik von nhd. ‚Erpel' zeigt die beschriebene Dreigliederung besonders deutlich. Der für das Nordnieders. repräsentative Typ *Wart* – auf die Varianten kann hier wie im folgenden verzichtet werden – reicht nach Süden bis etwa zu einer Linie Papenburg–Hoya–Lüneburg, das für das westfäl. Sprachgebiet repräsentative *Week* umfaßt den Regierungsbezirk Osnabrück und das südliche Oldenburg, der ostfäl. Typ *Drake*, der von Südosten her durch das md. *Erpel* bedrängt wird, ganz Südhannover, Kalenberg und die südöstliche Lüneburger Heide; das Hann. Wendland und der Osten des Kreises Gifhorn haben das mit der Altmark übereinstimmende *Wänak*. Neben diesen gebietsbildenden Bezeichnungen kommen hier wie bei den anderen Beispielen jeweils Streubelege vor, die aber unberücksichtigt bleiben können.

Ein ähnliches Verbreitungsbild zeigen die dialektalen Benennungen der ‚Sensenangel'. Die Südgrenze des nordnieders. *Arn, Narn* läuft zunächst wiederum von Papenburg auf Hoya zu, biegt in ihrem mittleren Abschnitt aber nach Süden aus und umfaßt auch die Kreise Grafschaft Diepholz und Nienburg bis an die Weser, zieht sich östlich des Flusses von Nienburg nach Verden und dann wieder über Lüneburg an die Elbe. Das westfäl. *Hamm(e)* reicht im Westen nur bis in den Kreis Bersenbrück und den Südzipfel des Kreises Vechta hinein, erfaßt dafür aber im Osten einen Streifen jenseits der Oberweser, dessen Grenze südlich von Nienburg beginnt und etwa über Neustadt–Springe–Uslar nach Hann. Münden verläuft. Das südwestl. Nds., also der Kreis Grafschaft Bentheim, das Emsland und das Oldenburger Münsterland, fällt mit *Heckel* als Leitform aus dem üblichen Rahmen heraus. Ganz Ostfalen wird von *Angel* eingenommen, das in diesem Falle auch für das Hann. Wendland gilt.

Wiederum etwas anders gelagert sind die nieders. Synonyme für nhd. ‚Sahne' (nicht kartiert). Das nordnieders. *Rǭm* reicht, unter Einschluß des

Kreises Grafschaft Bentheim, im Westen bis etwa an die Südgrenze von *Arn, Narn* ‚Sensenangel' heran, bleibt dann aber, nur bis in die Höhe von Sulingen gehend, deutlich westlich der Weser; diese wird erst nördlich von Hoya erreicht. Von dort läuft die Grenze wieder auf Lüneburg zu, knickt aber nördlich von Soltau nach Südosten ab und folgt ungefähr der Nordgrenze der Kreise Celle und Gifhorn bis an die Altmark heran. Das Hann. Wendland stellt sich in diesem Falle also zum Nordnieders. Das westfäl. *S(ch)mand* gilt westlich der Weser etwas weniger weit als *Week* ‚Erpel', greift dafür aber in einem Streifen etwa von Stolzenau über Springe, an Süntel und Ith entlang zurück an den Fluß auf dessen Ostseite hinüber und hat auch in ganz Südhannover etwa bis zu einer Linie Bodenwerder–Bad Gandersheim–Bad Harzburg das ostfäl. *Flott* stark durchsetzt. Dieses reicht umgekehrt im Nordwesten seines Geltungsbereiches, etwa zwischen Stolzenau und Hoya, nach Westen über die mittlere Weser hinüber.

Die drei Beispiele sollen zeigen, daß verschiedene Kriterien, anhand derer eine Dialektgliederung vorgenommen wird, zu wenigstens annähernd gleichen Ergebnissen führen können, daß aber im Detail doch, von Fall zu Fall anders strukturierte, Abweichungen zu beobachten sind (vgl. z. B. die wechselnde Stellung des Hann. Wendlandes). Bewußt außer acht gelassen wurde dabei der Aspekt der Diachronie, der die Frage einschließt, auf welche, teilweise sehr komplizierte, Weise die heute sich darstellende Wortlandschaft entstanden ist. Entsprechend war bei dem als wichtiger herangezogenen Einteilungskriterium aus dem sprachlichen Teilbereich der Phonologie verfahren worden; diese Fragen verlangen eine Antwort bei gezielten Spezialuntersuchungen, die beispielsweise die dialektale Synonymik eines hochsprachlichen Begriffes zum Gegenstand haben[123].

Versuche strukturbezogener Gliederungen der niedersächsischen Dialekte

W. Foerste war der erste, der, im Jahre 1960, versuchte, zu einer Einteilung der nd. Dialekte der Stammlande zu gelangen, die nicht auf Einzelerscheinungen beruhte. Er zielte dabei auf die „ältesten und wichtigsten strukturellen Unterschiede" ab, diejenigen, die sich „bei der historischen Entwicklung der langen $\bar{e}$- und $\bar{o}$-Laute ergeben" haben[124]. Das Phoneminventar des And. umfaßte vier unterschiedlich weit geöffnete $\bar{e}$-*Laute* – im Mnd. als $ê^{1, 2, 3, 4}$ bezeichnet –, denen als Velare nur zwei $\bar{o}$-Laute gegenüberstanden – im Mnd. als $ô^{1, 2}$ bezeichnet. Das System drängte auf einen Ausgleich dieser Differenz, der sich in den heutigen großen Dialektgebieten in unterschiedlichen Ergebnissen zeigt.

Der oben beschriebenen Dreigliederung der nd. Dialekte der Stammlande in westfälische, ostfälische und nordniedersächsische entspricht bei Anwendung des Foersteschen Kriteriums eine stärker gegliederte Struktur, die allerdings doch auch die oben (S. 203 ff.) genannten Grenzlinien im wesentlichen bestätigt. So ähnelt Foerstes Grenze, die etwa von Lingen über Diepholz und Minden nach Duderstadt verläuft, außer in ihrem Abschnitt zwischen Rinteln und Duderstadt durchaus der Scheide zwischen dem Westfäl. auf der einen sowie dem Nordnieders. und dem Ostfäl. auf der anderen Seite, während seine Grenze etwa zwischen dem Dümmer und Lüneburg der zwischen dem Nordnieders. und dem Ostfäl. korrespondiert.

Das westfäl. Sprachgebiet ist nach Foerste in vier Dialektgruppen zu unterteilen, von denen hier im folgenden nur die nordöstliche interessiert, die politisch zu Nds. gehört. Die Abgrenzung des ostfäl. Sprachgebietes anhand der *mi/mik*-Linie wiederholt sich im großen und ganzen, doch ist der Südwesten Niedersachsens nach Foerstes Einteilungskriterium dem Ostwestfäl. zuzurechnen, während das Gebiet zwischen Uelzen und Lüneburg vom Nordnieders. an das Ostfäl. fällt. Das Nordnieders. schließlich, das sich in diesem Zusammenhang dadurch auszeichnet, daß nur in ihm mnd. $ê^3$ mit keinem anderen ē-Laut zusammengefallen ist, zerfällt in Nds. in drei Teilgebiete, deren westliches durch eine Linie, die etwa von Norden nach Diepholz verläuft, vom größeren Rest getrennt wird, in den wiederum zwischen Soltau, Hamburg und Lüneburg ein weiteres eingebettet ist.

Die beiden kleineren Teilgebiete des Nordnieders. haben bezüglich der hier behandelten langen Monophthonge ein System entwickelt, in dem die ē-Laute in drei, die ō-Laute in zwei Stufen gegliedert sind. Damit setzen sie sich strukturell deutlich gegen alle anderen nd. Dialekte in Nds. ab, die, wie im Rest des Nordnieders., entweder ein zweistufiges System der ē- und ein einstufiges der ō-Laute aufweisen oder, im West- und Ostfäl., ein jeweils zweistufiges der ē- und ō-Laute. Eine tabellarische Übersicht ergibt folgendes Bild:

Nordnieders. I	$ê^3$	: $ê^{2,4}$	$– ô^1$	: $ê^1$	$– ô^2$
Nordnieders. II	$ê^3$	: $ê^{1,2,4}$	$– ô^{1,2}$		
Nordnieders. III	$ê^3$	: $ê^{2b,4}$	$– ô^1$	: $ê^{1,2a}$	$– ô^2$
Westfälisch	$ê^{2b,3,4}$		$– ô^1$	: $ê^{1,2a}$	$– ô^2$
Ostfälisch	$ê^{2b,3,4}$		$– ô^1$	: $ê^{1,2a}$	$– ô^2$

Dabei gilt:
Nordnieders. I = Nordnieders. westlich einer Linie Norden–Diepholz
Nordnieders. II = Hauptteil des Nordnieders.
Nordnieders. III = Nordnieders. im Dreieck Soltau–Hamburg–Lüneburg
Westfälisch = politischer Anteil Niedersachsens am westfäl. Sprachgebiet
$ê^{2a}$ = Stammvokal in Wörtern wie *ên* ‚ein', *Rêp* ‚Seil'
$ê^{2b}$ = Stammvokal in Wörtern wie *Bên* ‚Bein', *hêt* ‚heiß' [125].

Diese Tabelle macht besonders gut die Verquickung von synchronischer und diachronischer Sprachbeschreibung deutlich. Unter synchronischem, nur auf die gegenwärtige Struktur zielendem Aspekt bietet sich keine Möglichkeit, West- und Ostfäl. voneinander zu unterscheiden; „strukturell ist das ganze Binnenland heute einheitlich"[126]. Eine Differenzierung wird nur durch die Einbeziehung der Diachronie möglich; erst sie läßt erkennen, daß sich „Ostfalen [...] ohne Göttingen-Grubenhagen durch Entwicklung breiter Zwielaute aus den g e s c h l o s s e n e n Längen" unterscheidet von „Osnabrück, Ostwestfalen und Göttingen-Grubenhagen durch Entwicklung breiter Zwielaute aus den o f f e n e n Längen"[126]. Synchronische, strukturbezogene Sicht, der ursprüngliche methodische Ansatz Foerstes, ergibt also lediglich ein Oppositionspaar Nord gegen Süd bei undifferenziertem Süden; erst die Gegenüberstellung von Ausgangs- und Endstufe der Entwicklung des einzelnen Lautes, die diachronische Komponente also, ermöglicht eine Gliederung des gleichartig strukturierten Südens.

Am Beispiel je eines repräsentativen Dialektes der zuvor herausgearbeiteten drei Gruppen soll ein weiterer Weg angedeutet werden, auf dem die Forschung zu einer befriedigenderen Gliederung kommen könnte, einer solchen, die Sprache stärker als System versteht, das als ganzes oder doch wenigstens in seinen in sich geschlossenen Teilsystemen beschrieben werden muß. Ein solches Teilsystem ist das der Phonologie, seinerseits zu gliedern in weitere Untersysteme, das der Vokal- und das der Konsonantenphoneme.

Im S y s t e m d e r V o k a l p h o n e m e nun beansprucht innerhalb der nd. Dialektologie der Bereich der ehemaligen Kurzvokale in offener Tonsilbe besonderes Interesse[127]. Sie unterlagen, regional unterschiedlich, sowohl quantitativen als teilweise auch qualitativen Veränderungen bzw. wurden zu Kurzdiphthongen ‚gebrochen'. Auf den dabei auftretenden diatopischen Unterschieden könnte die angestrebte Gliederung basieren.

Für die hier beabsichtigte Darstellung genügt es, die Anfangs- und die Endstufe der Entwicklung dieser ‚Tonlängen' einander gegenüberzustellen, um die regionalen Differenzierungen innerhalb des Nnd. sichtbar zu machen. Als Bezugssystem dient das Vormnd., ein theoretisches Konstrukt, das zeitlich in die Überlieferungslücke zwischen dem And. und dem Mnd. anzusetzen ist[128]. Sein Gesamtinventar umfaßt im Bereich der Kurzvokale die Phoneme /a, ę, e, i, o, ö, u, ü/, von denen im folgenden auszugehen ist.

In den Dialekten am Jadebusen und an der Niederweser steht ihm in offener Tonsilbe das nnd. /ę:, ǫ:, ö:/ gegenüber[129]. Im Verlauf der Entwicklung fielen hier zusammen:
vormnd. /a, o, u/ in nnd. /ǫ:/
vormnd. /ę, e i/ in nnd. /ę:/
vormnd. /ö, ü/ in nnd. offenem /ö:/

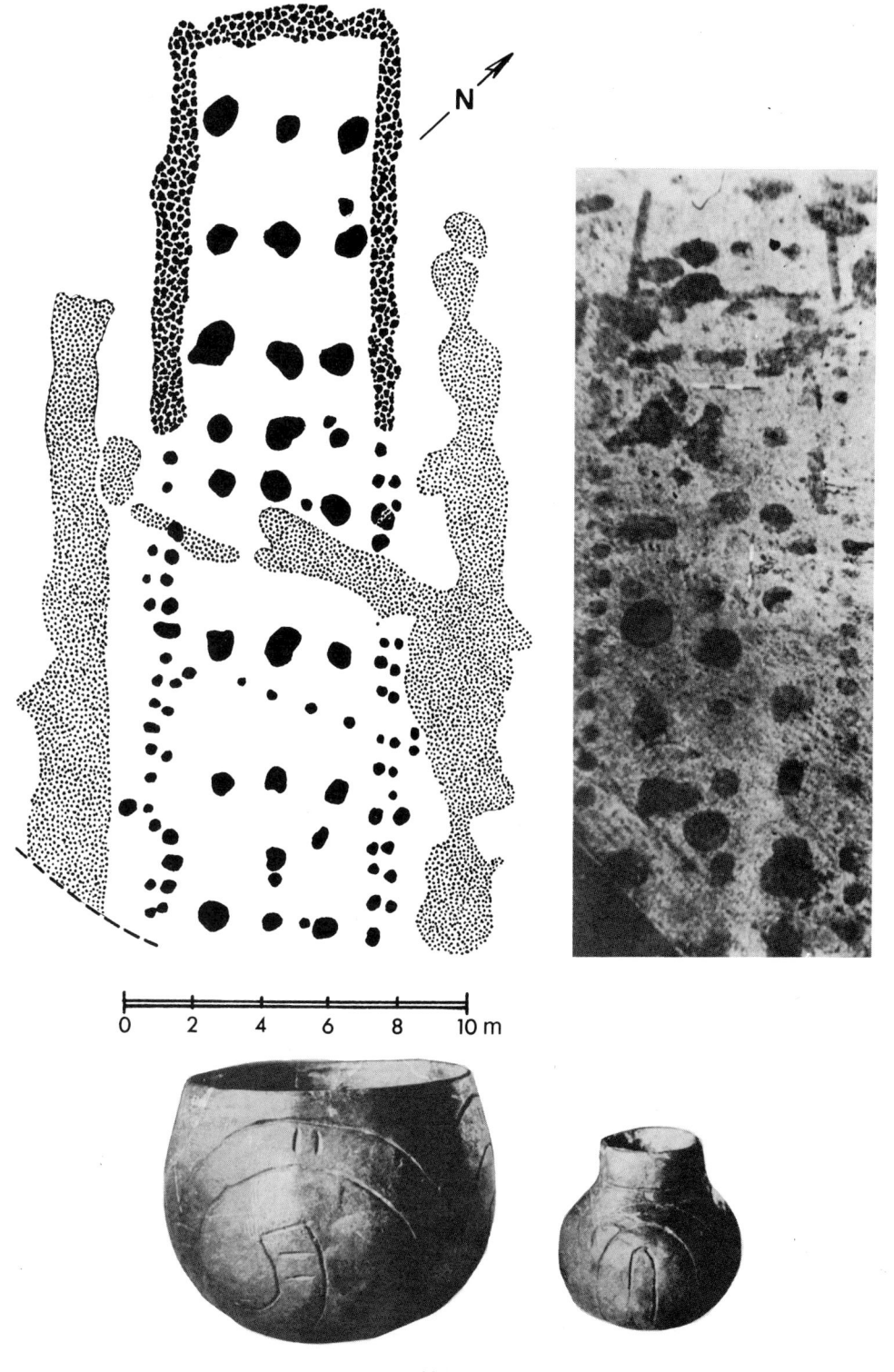

Abb. 6
Hausgrundriß der bandkeramischen Siedlung von Rosdorf, Kr. Göttingen
und typische Gefäße dieser Kultur

5. Die Neuniederdeutsche Zeit

Als Beispiele seien genannt die Wörter *Hǫmer* ‚Hammer' (vormnd. /a/), *kǫken* ‚kochen' (vormnd. /o/), *kǫmen* ‚kommen' (vormnd. /u/); *brẹken* ‚brechen' (vormnd. /ẹ/), *Blẹer* ‚Blätter' (vormnd. /e/), *krẹgen* ‚gekriegt' (vormnd. /i/); *Kǫ̈k* ‚Küche' (vormnd. /ö/), *Schlǫ̈del* ‚Schlüssel' (vormnd. /ü/).

In Osnabrück stehen den vormnd. Phonemen /a, ẹ e, i, o, ö, u, ü/ in offener Tonsilbe die nnd. /a:, eᵃ, iᵉ, oᵃ, öᵃ, uᵉ, üᵉ/ gegenüber[129]. Im Laufe der Entwicklung fielen hier lediglich zusammen:
vormnd. /e, i/ in nnd. /iᵉ/

Alle übrigen vormnd. Phoneme sind bis heute unterschieden geblieben, so daß der Osnabrücker Dialekt von den ursprünglichen acht kurzvokalischen Phonemen in offener Tonsilbe noch sieben verschiedene bewahrt hat.

Als Beispiele seien genannt die Wörter *Hāmer* ‚Hammer' (/a/); *breᵃken* ‚brechen' (/ẹ/); *Biᵉke* ‚Bach' (/e/), *kriᵉgen* ‚gekriegt' (/i/); *koᵃken* ‚kochen' (/o/); *Köᵃke* ‚Küche' (/ö/); *kuᵉmen* ‚kommen' (/u/); *Slüᵉtel* ‚Schlüssel' (/ü/).

In Salzgitter-Lesse schließlich stehen dem vormnd. Bezugssystem in offener Tonsilbe die nnd. Phoneme /ẹ:, e:, ǫ:, o:, ö:/ gegenüber[121]. Im Laufe der Entwicklung fielen hier zusammen:
vormnd. /e, i/ in nnd. /e:/
vormnd. /o, u/ in nnd. /o:/
vormnd. /ö, ü/ in nnd. /ö:/

Als Beispiele seien genannt die Wörter *Hǫmer* ‚Hammer' (/a/); *brẹken* ‚brechen' (/ẹ/); *Bēke* ‚Bach' (/e/), *krēgen* ‚gekriegt' (/i/); *kōken* ‚kochen' (/o/), *kōmen* ‚kommen' (/u/); *Kȫke* ‚Küche' (/ö/), *Slȫtel* ‚Schlüssel' (/ü/).

Die drei genannten Dialekte gehören je einer der großen nieders. Dialektlandschaften an, wie sie zuvor definiert wurden, die am Jadebusen und an der Niederweser der nordnieders., der Dialekt von Osnabrück der westfäl. und der von Salzgitter-Lesse der ostfäl. Es ist allerdings darauf hinzuweisen, daß nicht in allen Einzeldialekten je eines dieser Gebiete, für die die hier aufgeführten repräsentativ sein sollen, das Ergebnis der Entwicklung von den vormnd. zu den nnd. Phonemen dasselbe ist. Entscheidend ist vielmehr – und darauf würde sich eine Gliederung zu stützen haben –, daß aus der ursprünglichen Anzahl von Phonemen des Archetyps unterschiedlich viele nnd. Entsprechungen entstanden, diese aber sich in regional geschlossenen Gruppen jeweils gleicher Anzahl zusammenfassen lassen. Es gibt z. B. durchaus nordnieders. Dialekte wie den von Grambkermoor bei Bremen, in denen vormnd. /a, ẹ, e, i, o, ö, u, ü/ nicht in /ẹ:, ǫ:, ö:/ zusammengefallen sind, sondern als deren geschlossene Entsprechungen /e:, o:, ö:/ erscheinen[130], wobei es in diesem Zusammenhang nebensächlich ist, ob jüngere Entwicklung zur Schließung ehemals offener Längen führte oder ob eventuell sofort geschlossene Längen entstanden. Auch für solche Dialekte gilt: Ursprünglich acht verschiedenen Phonemen stehen heute nur noch drei gegenüber[131].

Das Fehlen von Voruntersuchungen, die in dem erforderlichen Umfang wohl auch nur schwer durchgeführt werden können, erlaubt es gegenwärtig nicht, die sich hier bietende Möglichkeit für eine Gliederung der nieders. Dialekte anhand eines Kriteriums zu nutzen, das dem Systemcharakter von Sprache stärker Rechnung trüge und zudem auf alle Einzeldialekte gleichermaßen anwendbar wäre, also auch wirklich kompatible Ergebnisse zeitigte.

Weitere Gliederungsmöglichkeiten

Daß die so herausgearbeitete Dreiteilung der nieders. Dialekte nur eine von mehreren möglichen Gliederungen ist, zeigen die Beispiele der Apokope eines auslautenden e und des Abfalles des Präfixes *ge-*. Anhand dieser Merkmale ergeben sich Zweiteilungen über die zuvor genannten Grenzen hinweg.

In der älteren Forschung ist gerade diesen Grenzen, vor allem der Apokopelinie, eine große Bedeutung beigemessen worden [132]. In der Tat läßt sich für beide jeweils eine ungleich größere Menge an Beispielen beibringen als für jede andere Erscheinung, wird doch im Deutschen das Part. Prät. fast aller Verben mit dem Präfix *ge-* gebildet, das dann im Nd. abfallen, zu *e-* abgeschwächt werden oder voll erhalten bleiben kann, und kommen ferner doch u. a. a l l e Substantive als Belege in Betracht, die in irgendeinem Kasus auf *-e* ausgehen, das dann abfallen oder erhalten bleiben kann. Aufgrund dieser starken numerischen Repräsentation sind diese Spracherscheinungen den Sprechern auch in besonderem Maße bewußt. Dem gerade in jüngster Zeit aufgestellten methodischen Axiom, sprachliche Einteilungskriterien seien um so aussagekräftiger, je mehr Einzelbelege identischer Struktur ihnen zugrunde lägen, genügen Apokope und Präfixschwund also in hohem Maße. Dennoch handelt es sich bei ihnen letztlich nur um zwei Einzelphänomene ohne tiefgreifende Einflüsse, die die traditionelle Dreiteilung der nd. Stammlande nicht herzuleiten erlauben, sie vielmehr überlagern und daher heute nur eine verhältnismäßig geringe Beachtung finden.

Mit dem Terminus A p o k o p e wird das Ergebnis einer Entwicklung bezeichnet, die, vermutlich bedingt durch eine besonders starke Akzentuierung der Stammsilbe eines jeden Wortes, u. a. bei Substantiven zum Abfall eines auslautenden *e* als Flexionszeichen etwa des Nominativ Singular, des Dativ Singular oder des Nominativ/Akkusativ Plural führte, und zwar in den nieders. Dialekten nördlich einer Linie, die etwa von der Emsmündung bis Bremen verläuft, dann weseraufwärts bis zur Aller und in einigem Abstand nördlich von dieser bis an die nieders. Ostgrenze (Beispiele: nördl. *Sünn* gegenüber südl. *Sonne* ‚Sonne', nördl. *in'n Hūs* gegenüber südl. *in'n Hiuse* ‚im Haus(e)', nördl. *Gȫs* gegenüber südl. *Gäuse* ‚Gänse'). Erneut haben wir es hier mit einem Oppositionspaar zu tun, dem Apokopierungsgebiet im Norden und dem Gebiet ohne Apokope im Süden. Der hier skizzierte Grenzverlauf, der auf der Karte 6 am Beispiel von hd. ‚Peitsche' eingetragen ist, stellt einmal mehr keine krasse Scheide dar, sondern gibt sich bei Heranziehung anderer Beispielwörter, die evtl. auch noch andere grammatische Kategorien vertreten, wiederum als breit gefächertes Linienbündel zu erkennen, dessen Grundstruktur jedoch durch die Linie in Karte 6 am besten repräsentiert wird.

Der **Abfall des Präfixes** *ge-* im Partizip Präteriti der Verben, der als zweite Erscheinung hier zu behandeln ist, dürfte auf ähnlichen Voraussetzungen beruhen wie die Apokope eines auslautenden *e*. Der Ostabschnitt der Grenzzone zwischen dem Norden, der präfixlose Formen hat, und dem Süden ist etwa bis Celle weitgehend identisch mit der Apokope-‚Linie'; von Celle aus nach Westen verläuft diese Grenze allerdings anders, nämlich in südwestlicher Richtung über das Steinhuder Meer an die Weser, diese dann stromauf bis zur Lautverschiebungsgrenze, wobei etwa zwischen Bückeburg im Norden und Holzminden im Süden der Fluß verschiedentlich von den präfixlosen Formen geringfügig in west-östlicher Richtung überschritten wird. Der genaue Verlauf ist am Beispiel von hd. ‚gekriegt' auf Karte 6 (nach S. 192) eingetragen. Wiederum liegt ein regionales Oppositionspaar vor, ein Nord- und Westteil mit präfixlosen Formen und ein Südostteil mit Formen, die einen Rest des Präfixes oder – selten – dieses ganz bewahrt haben.

Die neuniederdeutschen Dialektgebiete in Niedersachsen

Nachdem in den vorhergehenden Kapiteln mögliche Gliederungen des nieders. Dialektraumes dargestellt wurden, folgt hier eine detailliertere Beschreibung der einzelnen Teilgebiete, die oben zunächst nur gegeneinander abgegrenzt wurden, ohne daß sie dort näher charakterisiert worden wären.

Von den vier Abteilungen, in die das **westfälische Sprachgebiet**[133] anhand der „strukturellen Entwicklung der [...] mnd. ê- und ô-Laute" gegliedert werden kann[134], interessiert in unserem Zusammenhang nur der Nordteil des Ostwestfäl., also der nieders. Anteil. Für ihn gilt, daß in den ihm zugehörigen Ortsdialekten mnd. $ê^{2b, 3, 4}$ z. B. in *bên* ‚Bein', *bêde, beide* ‚beide', *dêp* ‚tief' in heutigem /eⁱ/ zusammengefallen sind, mnd. $ê^{1, 2a}$ z. B. in *kêse* ‚Käse', *ên* ‚ein' in heutigem /ai/; diesen beiden Stufen der Palatalreihe korrelieren /oᵘ/ – mit dem Umlaut /öⁱ/ – aus mnd. $ô^1, ö^1$ z. B. in *dôn* ‚tun', *plögen* ‚pflügen' und /au/ – mit dem Umlaut /oi/ – aus mnd. $ô^2, ö^2$ z. B. in *brôt* ‚Brot', *drömen* ‚träumen' der velaren Reihe.

Innerhalb des oben (mit Karte 6, nach S. 192) beschriebenen Raumes maximaler Geltung des Westfäl. staffeln sich eine Reihe von laut- und wortgeographischen Grenzen, deren wichtigste im folgenden dargestellt werden sollen.

14*

Das auffälligste lautliche Kennzeichen aller westfäl. Dialekte sind die Kurzdiphthonge, die aus den ehemaligen Kurzvokalen in offener Tonsilbe entstanden sind. Aus dem Fragebogenmaterial der Arbeitsstelle des Nieders. Wörterbuches seien hierfür Beispiele genannt wie *Niagel* ‚Nagel' (mnd. /a/), *driägen* ‚tragen' (mnd. /e/ aus umgelautetem /a/), *Niëwel* ‚Nebel' (mnd. /e/ aus and. /e/), *Huose* ‚Hose' (mnd. /o/ aus and. /o/), *Üöfken* ‚Ölchen' (mnd. /ö/ aus and. /o/ + *i*-Umlaut), *Vuagel* ‚Vogel' (mnd. /o/ aus and. /u/), *Küoning* ‚König' (mnd. /ö/ aus and. /u/ + *i*-Umlaut). Die maximale Verbreitung dieser sog. Brechung zeigt Karte 8 (nach S. 240) anhand der Beispiele **Niëttelküoning* ‚Zaunkönig' und **Quiëckstert* ‚Bachstelze'; der Geltungsbereich von *bliëken* ‚bellen' reicht bis in den Süden des Kreises Nienburg hinein und erfaßt auch große Teile der Kreise Schaumburg-Lippe und Grafschaft Schaumburg.

Ein ähnliches Erscheinungsbild zeigt eine andere lautliche Eigenheit des Westfäl., die Brechung von Kurzvokalen in geschlossener Silbe vor /l/- oder /r/-Verbindungen. Als Beispiele aus derselben Quellengruppe seien genannt *aftiällen* ‚abzählen', *Miälke* ‚Milch', *Irlk, Ürlk* ‚Iltis', *twiälf, twüälf* ‚zwölf'; *Buort* ‚Bart', *Piärd* ‚Pferd', *Kiärke* ‚Kirche', *Duorp* ‚Dorf', *Stüörke* ‚Störche', *Wuorm* ‚Wurm'. Die Verbreitung dieser Erscheinung zeigt dieselbe Karte anhand der Beispiele **Miälk, *twiälf* und **Duorp*.

Ebenfalls in den Bereich der Phonologie gehört die Eigenheit westfäl. Dialekte, bei Wörtern, in denen im Nhd. die Silbengrenze zwischen zwei Vokalen liegt, einen Gleitkonsonanten in diese Silbengrenze einzufügen; diese auch in anderen Sprachen zu beobachtende Erscheinung ist bekannt unter dem Namen Hiatfüllung. Beispiele aus obiger Quellengruppe sind u. a. *Egger* ‚Eier', *nigge* ‚neue', *schreggen* ‚schreien', das Suffix *-igge* ‚-ei' etwa in *Kiöterigge,* ‚kleine Bauernstelle', *Buerigge* ‚große Bauernstelle', *Bower, Böwwer* ‚Bauer', *fröwwen* ‚freuen', *Mowwe* ‚Ärmel'. Die Verbreitung dieser Hiatfüllung zeigt dieselbe Karte anhand des Beispieles *fröwwen* in ‚er freut sich'.

Als Besonderheit aus dem Teilsystem des Konsonantismus ist in erster Linie die [sk]-Aussprache für jene Lautgruppe zu nennen, die im Ndh. und in fast allen anderen nnd. Dialekten als [sch] gesprochen wird. Beispiele dafür sind *Holsken* ‚Holzschuh', *Kiërske* ‚Kirsche', *updisken* ‚auftischen', Adjektive auf nhd. *-isch* wie *luunsk* ‚launisch', *närsk* ‚närrisch', *bücksk* ‚brünstig (von der Ziege)'.

Vor allem im Auslaut, seltener auch inlautend nach einem Kurzvokal, ist die [sk]-Aussprache weit über das Westfäl. hinaus verbreitet; *Esk* ‚Esch', *Disk* ‚Tisch' bilden ein geschlossenes Gebiet im gesamten nieders. Westen. Sie zeugen aber nicht von westfäl. Spracheinflüssen, sondern sind die letzten Spuren einer im And. allgemein gültigen Aussprache dieser Lautgruppe; lediglich im Westfäl. hat sie sich auch inlautend nach langen Vokalen, Diphthongen und Konsonanten halten können, stellt dort also ein besonders dauerhaftes Relikt dar.

Ein Vergleich aller bisher für das westfäl. Sprachgebiet in Nds. aufgezeigten Isoglossen ergibt folgendes Bild: Die oben (S. 204) und Karte 6 (nach S. 192) anhand des Kriteriums ‚Zusammenfall bzw. bewahrte Trennung von and. tonlangem /a/ und and. /a:/' angegebene größte Ausdehnung des Westfäl. wiederholt sich bei keiner anderen Spracherscheinung; diese Isoglosse reicht am weitesten nach Norden und Osten und erfüllt damit die Bedingung, die J. Goossens an die Grenzlinie eines dialektologischen Problemgebietes stellt [135]. Abweichungen ergeben sich vor allem im Norden, wo keine der anderen typisch westfäl. Besonderheiten die Maximalverbreitung erreicht; die Grafschaft Bentheim, der Landkreis Lingen und das Emsland liegen außerhalb der Geltungsbereiche der westfäl. Brechung, der Hiatfüllung und der [sk]-Aussprache. Deren Isoglossen verlaufen, mit mehr oder minder großen Abweichungen voneinander, in zunächst west-östlicher Richtung und biegen dann nach Süden ab, insgesamt das Bild einer Staffelung vermittelnd. Wie das Beispiel *bliëken* ‚bellen' zeigt, kann im Einzelfall eine für das Westfäl. kennzeichnende Erscheinung weit über die Weser hinweg nach Osten ausgreifen. Die genannten Entwicklungen dürften ihren Ursprung in innerwestfäl. Dialekten gehabt haben, von denen aus sie sich nach Norden und Osten bis zu den beschriebenen Linien ausbreiten konnten [136].

Die moderne Wortlandschaft Westfalens ist, wie die anderer Dialektgebiete, das Ergebnis vielfältiger historischer Zusammenhänge und Prozesse. Sie weist alte Verbindungen zum Niederfränkischen auf sowie jüngere Einflüsse vom Niederrhein, aus dem Elbe-Weser-Raum, dem Mitteldeutschen und den Niederlanden; schließlich ist die Reliktlage des Westfäl. infolge östlicher Neuerungen hervorzuheben.

Wie bei den zuvor beschriebenen lautlichen Erscheinungen die jeweiligen Isoglossen voneinander abwichen, im ganzen aber doch einen allen gemeinsamen Kern umrissen, so sind, wie nicht anders zu erwarten, auch die wortgeographischen Grenzen nicht miteinander identisch. Aus dieser Tatsache allerdings die Schlußfolgerung herzuleiten, es gebe „in wortgeographischer Hinsicht keinen Raum, der als typisch westfälisches Problemgebiet für eine Reihe von Erscheinungen betrachtet werden könnte"[137], würde bei konsequenter Durchführung bedeuten, daß ein dialektgeographisches „Problemgebiet" kaum je definiert werden könnte, da sich bei Heranziehung von jeweils mehr als einer laut- oder wortgeographischen Isoglosse Divergenzen zeigen; nur die immer wieder geforderte Strukturgeographie kann hier Abhilfe schaffen[138].

Wenn, wie hier, die synchronische Beschreibung moderner niedersächs. Dialekte im Mittelpunkt steht, gilt es vor allem, Beispiele für die Diatopik des dialektalen Wortschatzes anzuführen, die die bisher erkannten Grenzen des Westfäl. bestätigen, ohne daß verkannt werden darf, daß diese Grenzen lediglich auf Einzelphänomenen beruhen. Aus Foerstes Material ist *schrâve, schrêve, schröve ‚Griebe'* zu nennen, das „wohl [...] einprägsamste Beispiel"[137]. Auch bei den wortgeographischen Beispielen wiederholt sich das Bild einer Staffellandschaft, wie es die lautgeographischen Isoglossen im westfäl. Sprachgebiet zeigten.

Auch das oben (mit Karte 6, nach S. 192) herausgearbeitete *mik*-Gebiet, das ostfälische Sprachgebiet, ist keine homogene Einheit, sondern läßt sich innerhalb Niedersachsens in verschiedene Abteilungen untergliedern wie das Göttingisch-Grubenhagensche an der oberen Leine, das Kalenbergische etwa zwischen Neustadt am Rübenberge und Elze oder das Heideostfälische. Es ist in besonders starkem Maße md. Einflüssen ausgesetzt, durch die zwar der Eindruck erweckt wird, als verdränge hier die Hochsprache den Dialekt besonders nachhaltig, die aber in Wahrheit auf dialektaler Ebene nach Norden vordringen, wenn auch gestützt durch die Hochsprache; diese Einwirkungen werden besonders deutlich beim Wortschatz.

Über das für alle ostfäl. Dialekte gültige *mik* ‚mir, mich' hinaus finden sich nur wenige Gemeinsamkeiten für das Gesamtgebiet, sieht man einmal davon ab, daß die Masse der ostfäl. Dialekte weder Apokope eines auslautenden e noch Schwund des Präfixes ge- zeigt (vgl. dazu S. 210f.); am ehesten lassen sich noch Beispiele aus der Wortgeographie beibringen (vgl. etwa S. 205). Im allgemeinen aber verlaufen die laut- und wortgeographischen Isoglossen im Ostfäl. in zu unregelmäßiger Weise, als daß sie den Gesamtraum in ähnlicher Weise umschlössen, wie das beim Westfäl. der Fall ist. Daraus ergibt sich, daß hier eher das Trennende als das Gemeinsame darzustellen ist.

Schon d a s Charakteristikum des Ostfäl., *mik, dik,* ist nicht nur in dieser Form gültig, sondern zeigt eine weit verbreitete, im Südwesten ein geschlossenes Gebiet bildende Variante, in der das /i/ zu /e/ gesenkt wurde; das *mek*-Gebiet ist auf Karte 6 kenntlich gemacht.

In einem Raum, der sich etwa zwischen Hannover im Norden und Göttingen im Süden, in west-östlicher Richtung bis etwa an die Oker erstreckt, sind die mnd. langen Monophthonge /i:, ü:, u:/ zu Diphthongen geworden, während sie im nieders. Nd. sonst durchweg Monophthonge geblieben sind. Beispiele sind etwa mnd. *wîn* ‚Wein', das in Ahstedt, Kr. Hildesheim, heute *Wöin* heißt, in Adersheim, Kr. Wolfenbüttel, *Wäin*, mnd. *tûg,* ‚Zeug', in Ahstedt und Adersheim heute *Tuig*, und mnd. *mûs* ‚Maus', in Ahstedt heute *Mius,* in Adersheim *Mous.* Die Weser ist bei dieser verhältnismäßig jungen Erscheinung, die tief in das phonologische System der betroffenen Dialekte eingreift[139], keine Dialektscheide, die Diphthongierung reicht über das *mik/mek*-Gebiet hinaus und erfaßt auch das östliche Westfäl.

Als Charakteristikum des Zentralostfäl. gilt die unterbliebene Dehnung kurzer Vokale in (ehemals) offener Tonsilbe besonders vor *-el, -er* der Folgesilbe; sie wird „schon im Mittelalter durch doppelte Konsonanz bezeichnet, jedoch noch nicht in den ältesten Quellen"[140]. Diese Quellenlage läßt vermuten, daß die Tondehnung in Teilen des ostfäl. Sprachgebietes nie durchgeführt war, doch ist nicht auszuschließen, daß sie zunächst erfolgt ist, aber noch vor dem Einsetzen einer umfangreicheren schriftlichen Überlieferung wieder rückgängig gemacht wurde. Heute gilt Kürze vor allem in einem Gebiet, dessen Hauptorte Hildesheim, Peine, Gifhorn, Braunschweig und Helmstedt sind. Aus Salzgitter-Gebhardshagen seien hier als Beispiele genannt *Voggel* ‚Vogel', *Könnig* ‚König', *snöckern* ‚naschen', *betten* ‚bißchen', *Fedder* ‚Feder', *Vorscheller* ‚Vorschäler (Teil des Pfluges)', *schellen* ‚schälen', *stakkeln* ‚stochern', *Sommer* ‚Sommer'; ein handschriftliches Wörterverzeichnis von etwa 1890 aus Adersheim, Kr. Wolfenbüttel, hat Belege wie *Baggl* ‚Bügel', *Stäwwl* ‚Stiefel', *snattrn* ‚schnattern', *Äsl* ‚Esel', *Fădere* ‚Feder', *Wădr* ‚Wetter'. Wie unregelmäßig diese Erscheinung über Ostfalen verbreitet ist, wie sehr die Grenzen von Wort zu Wort schwanken, zeigen einige Beispiele aus dem südhannoverschen Raum[141]; *better* ‚besser' z. B. füllt diesen zwischen Alfeld und Hann. Münden ganz aus, *Ledder* ‚Leder' gilt zwischen Alfeld und Nörten-Hardenberg, die Südgrenze von *Leppel* ‚Löffel', *Scheppel* ‚Scheffel' liegt etwa auf der Höhe von Göttingen, während *midde* ‚mit', *sewwen* ‚sieben', *wedder* ‚wieder' auf das Harzvorland und das nördlich anschließende Gebiet des Zentralostfäl. beschränkt sind.

Südhannover, die Dialektlandschaft an der oberen Leine, ist ein Gebiet, „wo das Westfälische, Ostfälische und Mitteldeutsche zusammentreffen", woraus sich ergibt, „daß wir es hier mit einem in mundartlicher Hinsicht stark zersplitterten, wenig übersichtlichen und für Einwirkungen von verschiedenen Seiten her empfänglichen Gebiet zu tun haben". Als Beispiele für md. Einfluß sind Lauterscheinungen wie südliches *nejen* gegenüber nördlichem *neien* ‚nähen' zu nennen, entsprechend *mejen – meien* ‚mähen', *sejen – seien* ‚säen', *Kreje – Kreie* ‚Krähe'; südl. *ebrannt, ekannt* – nördl. *ebrennt, ekennt* ‚gebrannt, gekannt'; südl. *hinger* – nördl. *hinner, hinder, hinre* ‚hinter'; aus dem Bereich des dialektalen Wortschatzes u. a. *Depsel* ‚schirmlose Männermütze', *Erpel, Arpel* ‚männliche Ente', *Omâden* ‚Grummet', *Stulle* ‚Butterbrot'[142].

Die Beziehungen der Dialekte im oberen Leinegebiet zu den westfäl. sind schon oben (S. 207) angeklungen. Heutige Gemeinsamkeiten beiderseits der sonst im allgemeinen als Grenze fungierenden Weser[143] können entweder auf Verbindungen schon in and. Zeit beruhen[144] oder auf jüngeren gegenseitigen Beeinflussungen; eine zeitliche Differenzierung ist nur schwer möglich, wie sich auch die Richtung wechselseitiger Enflußnahme nicht immer feststellen läßt. Beispiele für wortgeographische Übereinstimmungen sind u. a. *Brāme* ‚Bremsfliege', *flaum* ‚trübe (vom Wasser)', *lucht* ‚links', *Rüe* ‚Hund'; sie werden auf den „starken Einfluss von Westen her" zurückgeführt[145].

Trotz dieser und anderer Gemeinsamkeiten, die die südhannoverschen Dialekte mit den angrenzenden md. einerseits und den westfäl. andererseits teilen, ist mit der Realität eines göttingisch-grubenhagenschen Sprachgebietes zu rechnen, das in seinen Grundzügen eindeutig ostfäl. geprägt und daher dieser Dialektlandschaft zuzuordnen ist. Seine Westgrenze – die Weser –, Ostgrenze – der Harz – und Südgrenze – die Lautverschiebungslinie – sind nicht strittig, wohl aber die Nordgrenze. Sie glaubt T. Dahlberg in einem Linienbündel erkannt zu haben, in dem „die Nordgrenze Südhannovers und die Diozösengrenze einbegriffen" sind[146], wobei erstere „mit der Nordgrenze der Fürstentümer Göttingen und Grubenhagen teilweise zusammenfällt", letztere etwa einer Linie Polle–Bad Gandersheim–Ildehausen entsprechen soll.

Weiter nördlich ist die Existenz einer so genannten ‚Hannoverschen Schranke' nachgewiesen worden[147], eines Isoglossenbündels, das, um eine Linie Bückeburg–Hannover–Peine–Braunschweig pendelnd, das Ostfäl. in einen Süd- und einen Nordteil trennt; vor allem wortgeographische Grenzen konstituieren diese Schranke, während enventuelle lautgeographische nicht in die Untersuchung einbezogen wurden. Die Hannoversche Schranke fällt danach zusammen mit der Südgrenze des nieders. Bauernhauses, d. h. des Vierständerhauses, woraus jedoch keine Schlüsse auf die Besiedlungsgeschichte gezogen werden sollten.

Das erwähnte Isoglossenbündel riegelt „das Leineostfäl. bei Hannover mit einer deutlichen Schranke gegen das Nordniedersächsische" ab. Diese Formulierung suggeriert, daß es zugleich die Nordgrenze des ostfäl. Dialektgebietes ist, jenseits derer der Geltungsbereich der unten (S. 219 ff.) darzustellenden nordniders. Dialekte beginnt. Daß dieser Eindruck nicht richtig ist, lehrt ein Blick auf Karte 6 (nach S. 192), die ausweist, daß das *mik*-Gebiet bis in die Uelzener Gegend nach Norden hinaufreicht.

Der im wesentlichen nördlich der Aller gelegene Teil des ostfäl. Sprachgebietes wird als Heideostfälisch bezeichnet. Dieser Raum stellt sprachlich eine Übergangslandschaft dar, d. h., er trägt charakteristische Züge sowohl der einen – der kernostfäl. – als auch der anderen – der nordniders. – an ihn grenzenden Dialektgruppe. In erster Linie aufgrund des akkusativischen Einheitskasus *mik* ist er eindeutig dem Ostfäl. zuzurechnen, doch reicht z. B. auch die oben vor allem für das Zentralostfäl. geltend gemachte unterbliebene Tondehnung kurzer Vokale in offener Silbe in einer Reihe von Wörtern hier in einer breiten Ausstülpung bis über Uelzen hinaus nach Norden. Andererseits verlaufen die Apokopelinie und die Südgrenze des *ge*-Präfixschwundes etwas nördlich der Aller ungefähr parallel zu ihr (vgl. oben S. 210 f.), beides Erscheinungen, die im wesentlichen dem Nordniders. zuzurechnen sind, und auch die Präteritalform *ik, he wer* ‚ich, er war' teilt das Heideostfäl. mit dem Nordniders.; das südliche Ostfalen hat *ik, he was*. Diese

Abb. 7
Steingrab in Hüven, Kr. Meppen und typische Keramik aus Steingräbern

und zahlreiche andere Isoglossen, die das Heideostfäl. mit dem Nordnieders. verbinden, bilden ein breit gefächertes, den Charakter dieses Raumes als Übergangsgebiet illustrierendes Bündel. Der Versuch, in Teilen dieser Grenze alte Gaugrenzen wiederzufinden[148], dürfte schon deshalb fragwürdig sein, weil auch deren Verlauf ja keineswegs gesichert ist; es kommt hinzu, daß fast alle ostfäl. Binnengrenzen verhältnismäßig jung, erst frühneuzeitlich, sind und es daher nicht statthaft ist, sie als Argument für die Interpretation früh- und hochmittelalterlicher Verhältnisse heranzuziehen.

Charakteristisch für das Heideostfäl. als sprachliches Übergangsgebiet sind Überlagerungen im dialektalen Wortschatz; ein solcher Raum hat Anteil sowohl an dem einen als auch an dem anderen angrenzenden Kerngebiet. Typisch ostfäl. Wörter im Heideostfäl. sind u. a. *Brieten* ‚Wasserdampf in der Küche', *Flott* ‚Sahne', *Gramm, Grammer(t)* ‚der zweite Grasschnitt', *hinder, hinner* ‚hinter'; umgekehrt weist es nordnieders. Charakteristika auf wie *Deern* ‚Mädchen', *Pogge* ‚Frosch', *Sott* ‚Ruß'.

Gerade das Ostfäl. ist jungen Spracheinwirkungen aus den südöstlich und östlich angrenzenden Dialektlandschaften ausgesetzt, die teilweise bis heute nicht zur Ruhe gekommen sind. Vor allem dringen solche Wörter immer weiter nach Westen vor, bei denen es sich zwar um Dialektausdrücke handelt, diese der Hochsprache aber näher stehen als die autochthonen und daher einen sprachlichen ‚Mehrwert' besitzen, der ihnen eine gewisse Überlegenheit verleiht. Sie zeigen, daß in vielen Fällen das Bild der heutigen Wortlandschaft ganz jungen Ursprungs ist, und mahnen zu prinzipieller Vorsicht bei dem Versuch, von gegenwärtigen auf mittelalterliche Sprachverhältnisse zurückzuschließen. Als besonders illustratives Beispiel sei das sich aus dem Brandenburgischen ausbreitende *Erpel, Arpel* ‚männliche Ente' genannt, das bereits bis in die Gegend von Peine und Hildesheim gilt, ferner in Hannover – dort neben dem bodenständigen *Drake* –, und das weiter nach Westen vordringt. Ähnliches gilt für *Sahne* ‚Fettschicht auf der ungekochten Milch', das, auf Kosten von *Flott*, in breiter Front über die Elbe vorgedrungen ist und bis etwa nach Braunschweig reicht, oder für *Stellmaker* ‚Stellmacher', das bodenständiges *Rademaker* wiederum bis in die Gegend von Peine und Hildesheim zurückgedrängt hat. Aber auch lautliche Erscheinungen sind in diesem Zusammenhang zu nennen, so z. B. die Form *Schwester*, die ein älteres *Swester* verdrängt, das seinerseits, im Zentralostfäl. schon seit dem Ende des 15. Jahrhunderts nachweisbar, das echt nd. *Süster* abgelöst hatte; hier ist also eine zweifache Überlagerung einer nd. Lautform des Altlandes durch von Südosten und Osten andrängende, der Hochsprache näherstehende oder gar mit ihr identische Entsprechungen zu beobachten. Eine ähnliche Dreistufung bietet das Adverb ‚immer'; die ursprüngliche Form *jümmer* wurde zunächst durch *ümmer* nach Westen abgedrängt, und zwar bis etwa zu einer heutigen Linie Hannover–Göttingen, worauf eine jüngere Welle *immer* herantrug, das heute bis etwa zur Aller-Ohre-Linie im Norden, der Oker im Westen und der Bode im Süden allein gilt[149].

Im ostfäl. Dialektgebiet liegt eine **mitteldeutsche Sprachinsel**, gebildet durch die sieben ehemaligen **Oberharzer Bergstädte** Altenau, St. Andreasberg, Clausthal, Hahnenklee, Lautenthal, Wildemann und Zellerfeld. Die historischen Hintergründe sind deutlich greifbar und lassen die Besiedlungsgeschichte als Ursache erkennen. Der Oberharz ist „ungefähr von 1520 bis 1620 zum überwiegenden Teil aus dem Erzgebirge, vor allem Westerzgebirge, besiedelt worden"[150]. Der Anlaß für eine Einwanderung fremder Siedler war die Entdeckung reicher Erzvorkommen, für deren Ausbeutung bergbauerfahrene Arbeiter benötigt wurden; sie lockte die Zusage besonderer Vergünstigungen, der sogenannten Bergfreiheiten. In großem Umfange aber konnte nur das Erzgebirge „mit seinem hervorragend ausgebildeten Bergbau, seinen geschickten Berg- und Hüttenleuten" die für den Neuaufbau auf dem Oberharz erforderlichen Facharbeiter entbehren. Sie brachten in die neue Heimat natürlich ihre alte Sprache mit, die zum Md. gehörigen Dialekte des (westlichen) Erzgebirges, die bis heute die Sprechsprache der Nachkommen dieser Siedler geblieben ist.

Der wichtigste Unterschied der md. Dialekte des Oberharzes zu denen ihrer nd. Umgebung liegt naturgemäß in der Durchführung der zweiten Lautverschiebung begründet. Aus dem Fragebogen 1 von Clausthal-Zellerfeld seien als Beispiele für diese Erscheinung genannt die Wörter *Stichbeer* ‚Stachelbeere'; *pfatsch naß* ‚völlig durchnäßt', *Pfuhl* ‚Pfütze', *Kneif* ‚stumpfes Taschenmesser'; *Zaunkenig* ‚Zaunkönig'; *Puchstalz* ‚Bachstelze', *Sitzstang* ‚Sitzstange der Hühner'.

Ebenfalls der phonologischen Ebene gehört die Erscheinung an, daß bestimmte Vokale in den md. Oberharzer Dialekten entrundet wurden, während sie in den benachbarten nd. ihre hintere Position beibehielten; Beispiele sind *Zaunkenig* und *drehg* ‚trocken' für mhd., mnd. /ö/ in offener Tonsilbe, *Mick* ‚Mücke' und *trippelt* für mhd., mnd. /ü/ in geschlossener Silbe und *Brummkiesel* ‚Kreisel' für mhd. /üe/, mnd. /ü:/.

Ein weiterer wichtiger Unterschied wird durch die Apokopierung eines auslautenden unbetonten *e* konstituiert, das in den angrenzenden nd. Dialekten erhalten blieb; Beispiele sind die teilweise unter anderen Aspekten schon erwähnten *Kaulquapp, Mick, Ameis* ‚Ameise', *Puchstalz, Sitzstang* und *Peitsch*. Im Herkunftsgebiet der ehemaligen Oberharzer Siedler trennt der Abfall eines auslautenden *e* die erzgebirgischen Dialekte von den angrenzenden obersächsischen.

Auch im Wortschatz unterscheidet sich die md. Sprachinsel des Oberharzes von ihrer nd. Umgebung. Als Beispiele für dieses Kriterium seien etwa md. *Maulworf* gegenüber nd. *Multworm*, md. *Zaunkenig* gegen nd. *Tuhnköttel*, md. *Sens* gegen nd. *Seiße* ‚Sense', md. *rieselt* gegen nd. *miesket* ‚(es) nieselt', md. *Buff* gegen nd. *Kartuffel* ‚Kartoffel', md. *Pfuhl* gegen nd. *Sump* oder md. *Mädel* gegen nd. *Mäken* ‚Mädchen' genannt [151].

Ein Teilergebnis der Untersuchungen J. Göschels ermöglicht es, noch einmal deutlich zu machen, wie eine Gliederung von Dialektgebieten durchgeführt werden könnte, wenn sie dem Systemcharakter von Sprache stärker Rechnung tragen soll als frühere Versuche. Bei dem gegenwärtigen Stand der Forschung bietet sich hierfür in erster Linie die phonologische Ebene der Sprache an. Nach der Inventarisierung der Phoneme der einzelnen Ortsdialekte seines Untersuchungsgebietes stellt Göschel die zugehörigen Phonem s y s t e m e auf und gruppiert sie dann. Dabei kommt er zu folgendem Resultat: Die Systeme der kurzen Monophthonge zeigen bei graphischer Darstellung für die md.-erzgebirgischen Dialekte des Oberharzes das Bild eines vierstufigen zweiklassigen Dreiecks, für die nd. Dialekte der Umgebung dagegen das eines dreistufigen dreiklassigen Dreiecks. Bei den langen Monophthongen entsteht für die md.-erzgebirgischen Dialekte das Bild eines vierstufigen zweiklassigen Dreiecks, für die nd. Dialekte der Umgebung ergeben sich dagegen „sehr unregelmäßige Muster", die „auf tiefere Umbrüche auf diachronischer Ebene schließen" lassen [152]. Hier sind den Dialekten inhärente Strukturen mit Systemcharakter offengelegt worden, die eine befriedigendere Gliederung ermöglichen als die Anwendung letztlich doch atomistischer Kriterien. Daß sich in diesem Falle die Ergebnisse beider Verfahrensweisen decken, ist eine erfreuliche Tatsache, die aber nicht immer zu beobachten ist.

Mit diesen wenigen Beispielen, deren zahlenmäßige Begrenzung darauf beruht, daß eine einheitliche Quelle, also nur e i n Fragebogen aus e i n e m repräsentativen Ort, ausgewertet wurde, sind eine erschöpfende Aufzählung oder gar Beschreibung der Unterschiede zwischen beiden Dialektgebieten keineswegs gegeben; sie konnten auch nicht das Ziel sein. Es sollte lediglich angedeutet werden, daß auf allen Ebenen der Sprache tief in das System eingreifende Divergenzen zwischen dem ostfäl. Nd. auf der einen und dem erzgebirgischen Md. auf der anderen Seite bestehen.

Der n i e d e r d e u t s c h e N o r d e n (zur Abgrenzung vgl. o. S. 204 f.[153] und Karte 6 nach S. 192) ist im Bereich der Phonologie der am weitesten fortgeschrittene der drei großen niders. Dialekträume. Die Reduktion der ursprünglichen Vielfalt der Phoneme ist hier besonders stark, d. h. in keinem anderen Gebiet Niedersachsens vollzog sich ein so weitgehender Zusammenfall verschiedener historischer Phoneme in jeweils einem nnd.

Umgekehrt haben sich im Norden zahlreiche früher erheblich weiter verbreitete Wörter bis heute erhalten, die im übrigen Nds. unter dem Druck von Südosten und Süden vorstoßender Neuerungen – unterschiedlich weit – zurückgedrängt wurden, so daß der Norden auf dem Gebiet der Wortgeographie als konservativ und als Reliktgebiet zu gelten hat. Eine Synopse mehrerer Isoglossen vermittelt auch hier den Eindruck einer Staffellandschaft, wofür die Karten des DWA eine Fülle von Beispielen bieten. Obwohl bei den natürlich auch hier stattfindenden Veränderungen nicht etwa nd. Wörter durch hd. verdrängt werden, sondern importierte **niederdeutsche** Synonyme, die dem Hd. näherstehen als die autochthonen, über letztere siegen, ist dieser Prozeß doch nur im größeren Rahmen der „ständig fortschreitenden Annäherung des Nd. an die hd. Gemeinsprache" zu verstehen[154].

Den nordniders. Dialekten ist u. a. gemeinsam, daß sie die verschiedenen mnd. langen e-Laute sowie die langen o und deren Umlaute, die als $ê^{1, 2, 4}$, $ô^{1, 2}$, $ö^{1, 2}$ bezeichnet werden, durchweg als lange Monophthonge bewahrt haben, während diese Laute in den west- und ostfäl. Dialekten im allgemeinen diphthongiert wurden. Als Beispiele seien hier genannt[155] *Schêper* ‚Schäfer', *kêm* ‚kam' für mnd. $ê^1$; *Bên* ‚Bein', *hêl* ‚heil' für mnd. $ê^2$; *Brêf*, Brief', *lêt* ‚ließ' für mnd. $ê^4$; *Bôk* ‚Buch', *dôn* ‚tun' für mnd. $ô^1$; *Brôt* ‚Brot', *lôpen* ‚laufen' für mnd. $ô^2$; *Röve* ‚Rübe', *plögen* ‚pflügen' für mnd. $ö^1$; *Döpe* ‚Taufe', *drömen* ‚träumen' für mnd. $ö^2$. Auch and., mnd. /i:, u:, ü:/ sind in den nordniders. Dialekten ausnahmslos Monophthonge geblieben, in zahlreichen west- und ostfäl. dagegen wiederum diphthongiert worden (vgl. oben). Im übrigen haftet der Definition dieses Dialektraumes als eines einheitlichen Sprachgebietes doch ein wenig der Charakter einer Verlegenheitslösung an, die nötig wurde, nachdem sich im Unterschied zum West- und Ostfälischen kein positives Kriterium fand, anhand dessen der Norden hätte abgegrenzt werden können. So fehlen denn auch Darstellungen des Gesamtraumes, während Teilgebiete durchaus erforscht sind[156]. Die folgenden Ausführungen beschränken sich daher ebenfalls auf einzelne Räume, und zwar auf Ostfriesland, das Hann. Wendland und die friesische Sprachinsel des Saterlandes; ferner wird der niederländ. Einfluß auf die niederdt. Dialekte behandelt.

Auf S. 190 ff. war kurz dargelegt worden, daß in O s t f r i e s l a n d , dessen sprachliche Grenzen sich etwa mit den politischen des Regierungsbezirkes Aurich decken, im 14. und 15. Jahrhundert das Friesische auch als Sprechsprache schnell und praktisch vollständig durch das Mnd. hansischer Prägung verdrängt wurde. Noch heute gilt dessen Einheitsplural auf *-(e)n* im Präsens Indikativ des Verbs *(wi, ji se lopen* gegenüber *wi, ji, se lopt)* als der klassische Unterschied zwischen den ostfriesischen und den übrigen nordniders. Dialekten; den genauen Grenzverlauf zeigt Karte 6 anhand der Fragen 112 ‚ihr bummelt', 192 ‚sie gehen' und 386 ‚wir brauchen'. Die – nicht kartierten – vereinzelten *-(e)t*-Belege westlich der Grenze dürften auf den (jüngeren) Einfluß der Sprechsprache Oldenburgs zurückzuführen sein und zeugen von der Macht des gesprochenen Nd. in diesem Gebiet auch nach dem Untergang der mnd. Schriftsprache; mitunter werden *-(e)n* und *-(e)t* im Grenzraum sogar von derselben Gewährsperson unterschiedslos nebeneinander gebraucht[157]. Im westlichen Ostfriesland ist diese Erscheinung nicht zu beobachten, da die angrenzenden niederländischen Dialekte ebenfalls nur -(e)n als Einheitsplural kennen; von hier erfolgt wohl umgekehrt eine Stärkung des ostfr. -(e)n gegenüber dem oldenburgischen -(e)t.

Aus dem Bereich der Morphologie sind als Kennzeichen des ostfriesischen Nd. zu nennen die mit *h* anlautenden Personalpronomina *hum* ‚ihm, ihn' und *hör* ‚ihr, sie', das auch als Dativ/Akkusativ in der höflichen Anrede benutzt wird (‚Ihnen, Sie'), sowie das Possessivpronomen *hör* ‚ihr, ihre, Ihr, Ihre'. Die Parallelen zu nl. *hem* und *haar*, ne. *him* und *her* liegen auf der Hand und deuten auf die oben (vgl. S. 172) erwähnten alten Gemeinsamkeiten im Nordseeküstenbereich hin, die sich bis heute erhalten haben [158].

Andere Besonderheiten, die Ostfriesland gegen seine nd. Umgebung abheben, sind etwa das Zahlwort ‚zwölf', für das im ganzen Regierungsbezirk Aurich mit Ausnahme des Kreises Wittmund die Form *twalf* gilt [159] – so auch niederländisch –, die auch das nördliche Emsland bis nach Papenburg kennt, sonst aber in Nieders. *twölf,* oder der Gegensatz zwischen ostfriesischem *west* und oldenburgischem *wēsen* ‚gewesen'; ein schmaler Streifen entlang der Ostgrenze hat hier ebenfalls die oldenburgische Form, während umgekehrt das nördliche Emsland die ostfriesische zeigt, die erneut durch das Nl. gestützt wird [159]. Die gegenüber dem von Foerste zugrundegelegten DSA etwa 40 Jahre jüngere direkte Materialaufnahme H. Janßens [160] zeigt hier allerdings im Norden bereits einen starken Einbruch der oldenburgischen Form, die nahezu den gesamten Kreis Wittmund und einen Nordostteil des Kreises Aurich erfaßt hat.

Praktisch identisch mit dieser Lagerung ist die einer der „auffallendsten Eigenarten des ostfriesischen Niederdeutsch", der nicht umgelauteten, schwach flektierten Pluralformen bei Substantiven, die in den angrenzenden nieders. Dialekten stark flektiert werden und, sofern die Voraussetzungen dafür gegeben sind, Umlaut zeigen. Ostfries. *Blōden* ‚Blätter', *Boumen* ‚Bäume', *Draden* ‚Drähte', *Hūsen* ‚Häuser', *Wieven* ‚Weiber' usw. stehen etwa ammerländisch *Blöer, Böm, Drö, Hüs* bzw. *Hüser, Wiever* gegenüber. Diese Erscheinung wird sowohl wegen ihrer geographischen Verbreitung als auch wegen der Tatsache, daß das Nl. in Hochsprache und Dialekt Umlautlosigkeit hat, groningischem Einfluß zugeschrieben [161].

Alle diese für das ostfries. Nd. charakteristischen Eigenheiten grenzen den Regierungsbezirk Aurich – bei nur geringen Abweichungen von der politischen Grenze – gegenüber den benachbarten nieders. Stammlanden sprachlich ab und konstituieren damit einen einheitlichen Bereich, der aber andererseits auch entscheidende Gemeinsamkeiten mit den Nachbargebieten aufweist, aufgrund derer er mit Recht dem nordnieders. Sprachraum zugeordnet wird.

Seinerseits ist das ostfriesische Sprachgebiet nun aber keineswegs so einheitlich, wie es bisher scheinen mag. Seine Binnendifferenzierung betrifft zunächst eine Gliederung in einen Südwest- und einen Nordostteil; die Grenze folgt einem ehemaligen breiten Moor- und Sumpfgürtel, der sich etwa zwischen der Leybucht im Nordwesten und der Leda im Südosten erstreckte. Sprachlich zeigt sie sich heute z. B. als die zwischen nordöstlichem [o:u] und südwestlichem [au, eau, öau][162] für den westgerm., and. Monophthong /o:/ *(Mōuder, dōu mi dat Bōuk, ik mut na de Schgōul tōu gegenüber Meauder, deau mi dut Beauk, ik mut na de Schgeaul teau)*. Sie trennt ferner nordöstliches [ǫ:] von südwestlichem [o:u] für westgerm., and /o/ in offener Tonsilbe. Mit diesen beiden Erscheinungen sind aus dem Bereich der Phonologie die wichtigsten Beispiele für diese Grenze genannt, die zugleich diejenige ist, bis zu der nl. Wortgut in der Regel vordrang, wofür neben den topographischen auch konfessionelle Gründe verantwortlich sind.

Das ostfriesische Grafenhaus war früh zum lutherischen Glauben übergetreten; selber dem Hd. als der Sprache Luthers aufgeschlossen, zog es nur Prediger an den Hof zu Emden, seit 1561 zu Aurich, die entweder aus hd. Gebieten stammten oder dort, d. h. vor allem in Wittenberg, studiert hatten. Von Aurich aus wurden seit dem ausgehenden 16. Jahrhundert auch die umliegenden, ebenfalls lutherischen Landgemeinden mit dem Hd. als Kanzelsprache überzogen; gegen 1650, im Harlingerland erst am Ende des 17. Jahrhunderts, wurde im gesamten Nordosten der Grafschaft hd. gepredigt[163]. Auf die gesprochene Sprache hatte das trotz der Tatsache, daß hd. natürlich auch Unterrichtssprache in den Schulen der lutherischen Gebiete war, so gut wie keinen Einfluß; die Bevölkerung blieb bei ihrem nd., vereinzelt sogar noch bei ihrem fries. Dialekt. Von Bedeutung war diese Entwicklung allerdings insofern, als an der sich so herausbildenden Grenze lutherischen = hd. Geltungsbereiches, die zugleich die des wirtschaftlich ärmeren Landesteiles gegenüber dem reicheren war, die aus dem Südwesten mit der reformierten Konfession vordringenden niederländischen Spracheinflüsse aufgehalten wurden, so daß sich Konfessions- und Dialektgrenze nahezu deckten. Mit dem beginnenden 18. Jahrhundert war „die schriftsprachliche Zweiteilung der Grafschaft in einen südwestlichen nl. Teil und einen östlichen hd. [...] abgeschlossen"[164]. Das während der preußischen Herrschaft seit 1744 langsam erfolgende Einsickern des Hd. in die Sprache der Verwaltung auch des Südwestens änderte hieran zunächst kaum etwas; noch um 1800 waren etwa zwei Drittel der in Ostfriesland erlassenen Verordnungen in niederl. Sprache abgefaßt, das restliche Drittel in hd[165]. Aus der nnd. Dialektgeographie Ostfrieslands sind es vor allem die beiden Beispiele *Kôrs* ‚Fieber' und *Pottlôt* ‚Bleistift', die die Zone jahrhundertelanger besonders intensiver niederländischer Einflußnahme anschaulich machen[166].

Auf „eine politische, wirtschaftliche und kulturelle Erweiterung des westlichen Kraftfeldes nach Osten"[167] geht eine innerostfriesische Grenze zurück, deren südlicher Abschnitt mit der vorher besprochenen identisch ist, deren

5. Die neuniederdeutsche Zeit 223

nördlicher aber, nach Osten abbiegend, so verläuft, daß der gesamte heutige Landkreis Norden mit dem Südwesten zusammengeht, so daß jetzt ziemlich exakt eine West-Ost-Gliederung vorliegt. An lautlichen Kriterien sind zu nennen etwa westliches *Pēr* gegenüber östlichem *Bēr* ‚Birne', westl. *Kopke* gegenüber östl. *Köpke* ‚Täßchen' oder westl. *um* gegenüber östl. *üm* ‚um'. Wortgeographisch zeigt sich diese Grenze z. B. bei westl. *hêl* gegenüber östl. *ganz* ‚ganz' oder westl. *Sprǫden* gegenüber östl. *Sprēen* ‚Stare'. Da der Nordabschnitt dieser Grenze mit der der 1464 gegründeten Reichsgrafschaft zusammenfällt, wird man deren Geltungsbereich als konstituierend auch für die Sprachgrenze ansehen dürfen. Das Gebiet des heutigen Landkreises Wittmund sah sich starkem östlichem Einfluß aus dem nördlichen Oldenburg – das ehemals ebenfalls friesische Jeverland kam 1575 auch politisch zu Oldenburg – ausgesetzt, was vor allem an den zahlreichen *-(e)t*-Belegen für den Einheitsplural des Präsens Indikativ des Verbs in diesem Gebiet deutlich wird; augenscheinlich hat die politische Grenze „den niederdeutschen Formen oldenburgischer Lautung den weiteren Vorstoß nach Westen" verwehrt, da für jene Zeit eine sprachliche Konsolidierung unter dem Einfluß des wirtschaftlich und kulturell überlegenen Westens für die gesamte Grafschaft vorausgesetzt werden darf.

Historische Nachweise für eine hochmittelalterliche niederl. Siedlung in den Küstenräumen der nieders. Stammlande liegen seit dem Beginn des 12. Jahrhunderts vor: 1106 beginnt die Urbarmachung des später so genannten Hollerlandes östlich von Bremen. Als Hauptkennzeichen dieses frühen n i e d e r l . E i n f l u s s e s gilt in den modernen Dialekten an der Wesermündung die Umlautlosigkeit in Wörtern wie *Borger* ‚Bürger', *Potte* (statt *Pötte) ‚Töpfe', *twolf* ‚zwölf', *Brugge* ‚Brücke', *Frund* (statt *Fründ) ‚Freund', *Gluck* ‚Glück'[168]; weitgehend decken sich hier „der Bereich des fehlenden Umlauts und der urkundlich belegten [niederl.] Siedlungsgrenze"[169].

Ebenfalls in das 12. Jahrhundert zu datieren ist der Beginn der Urbarmachung der nieders. Elbmarschen durch Kolonisten aus dem niederl. Raum. Hier wie an der Unterweser zeugen zahlreiche Lehnwörter insbesondere aus dem Bereich des Wasserbaues von diesem Vorgang; genannt seien hier nur *Sitwende* ‚Seitendeich, senkrecht zum Hauptdeich stehend', *Slüse* ‚Schleuse', *Wäteringe* ‚Abzugsgraben' und *Waterlöse, -lose* ‚Schleusen-, Sielgraben'.

Diesen frühen Einwirkungen des Niederl., hervorgerufen durch bäuerliche Siedlung, soll im folgenden nicht weiter nachgegangen werden. Hier sollen vielmehr die (früh)neuzeitlichen Entwicklungen am Westrand Niedersachsens an einigen Beispielen aufgezeigt werden.

Ostfriesland, das südlich angrenzende Emsland und die Grafschaft Bentheim waren jahrhundertelang starken Einflüssen aus den östlichen Niederlanden ausgesetzt, die im gesamten Westen Niedersachsens deutliche Spuren in den

Dialekten hinterlassen haben. Daß die deutsche Hochsprache nur wenige niederl. Lehnwörter enthält, ist darauf zurückzuführen, daß der deutsche Nordwesten, die deutsch-niederl. Kontaktzone, „aus kulturellen, politischen und geographischen Gründen in nur geringem Maße zum Entstehen der neuhochdeutschen Schriftsprache" beitrug[170].

Den historischen Hintergrund für den Einfluß des Niederl. bilden im wesentlichen drei Tatsachen, die sich zu unterschiedlichen Zeiten auswirkten: Die Unterdrückung der Reformierten in den Niederlanden etwa zwischen 1530 und 1580, die zeitweilig zu einer Massenflucht über die Grenzen führte, da z. B. in Ostfriesland das Grafenhaus sich jeglichen Eingriffs in religiöse Angelegenheiten enthielt; enge politische und wirtschaftliche Bindungen an den westlichen Nachbarn, die seit dem Ende des 16. Jahrhunderts zu einer vorübergehenden politischen Abhängigkeit von den Niederlanden führten; die Ausbreitung der reformierten Konfession über die Staatsgrenze hinweg[171].

Die Einwirkungen des Niederl. erfolgten auf zwei Ebenen, der der Hochsprache in Wort und Schrift, die als System jedoch nur die oberste Sprachschicht im niedersächs. Westen erfaßte, und der der Dialekte im mündlichen Verkehr, der bis heute die Staatsgrenze aufgrund persönlicher Bindungen vielfach quert. Nicht vergessen werden dürfen auch die zahlreichen ‚Hollandgänger', deutsche Saisonarbeiter, die aus wirtschaftlicher Notlage heraus als Mäher oder Torfgräber in die Niederlande strömten und dort in ihren heimischen nd. Dialekt, der eine grundsätzliche Verständigung in der Fremde ermöglichte, niederl. Wörter aufnahmen[172]; allein über Lingen „strömten in den Zeiten der stärksten Hollandgängerei 20 000–25 000 Menschen" pro Saison in die Niederlande.

Die Wege, auf denen niederl. Sprachgut, vorwiegend Wortgut, in die nd. Dialekte des Westens eingedrungen ist, lassen sich im Einzelfall nur schwer nachweisen, zumal gerade beim Wortschatz nicht immer zu entscheiden ist, ob das jeweilige Einzelwort nur der Hochsprache oder nur einem Dialekt oder beiden Sprachschichten angehört; Übereinstimmungen zwischen Hochsprache und Dialekt sind gerade im Bereich des Wortschatzes sehr häufig. Allenfalls die außersprachlichen Realia, die bezeichnet werden, können zu einer Klassifizierung beitragen; Wörter, die das bäuerliche Hauswesen und Tagewerk oder das Handwerk betreffen (z. B. *Hauweel* ‚Spitzhacke', *Pottlôt* ‚Zimmermannsbleistift' oder *üren* ‚anschwellen (vom Euter vor dem Kalben)'), Tiernamen wie *Kickert* ‚Frosch' oder *Patrise* ‚Rebhuhn' werden eher durch direkten mündlichen Kontakt entlehnt worden sein als solche, die etwa der Sprache der Verwaltung oder der Kirche angehören (z. B. *Baantje* ‚Pöstchen', *Bestüür* ‚Regierung' oder *Dômenee* ‚Geistlicher')[173]. Wie stark jedoch auch auf diesem Weg die Einflüsse sein konnten, zeigt das Beispiel der Grafschaft Bentheim; hier sollte 1804 eine hd. Zeitung gegründet werden, was aber unterblieb, da die meisten Einwohner „nur holländisch lesen und schreiben

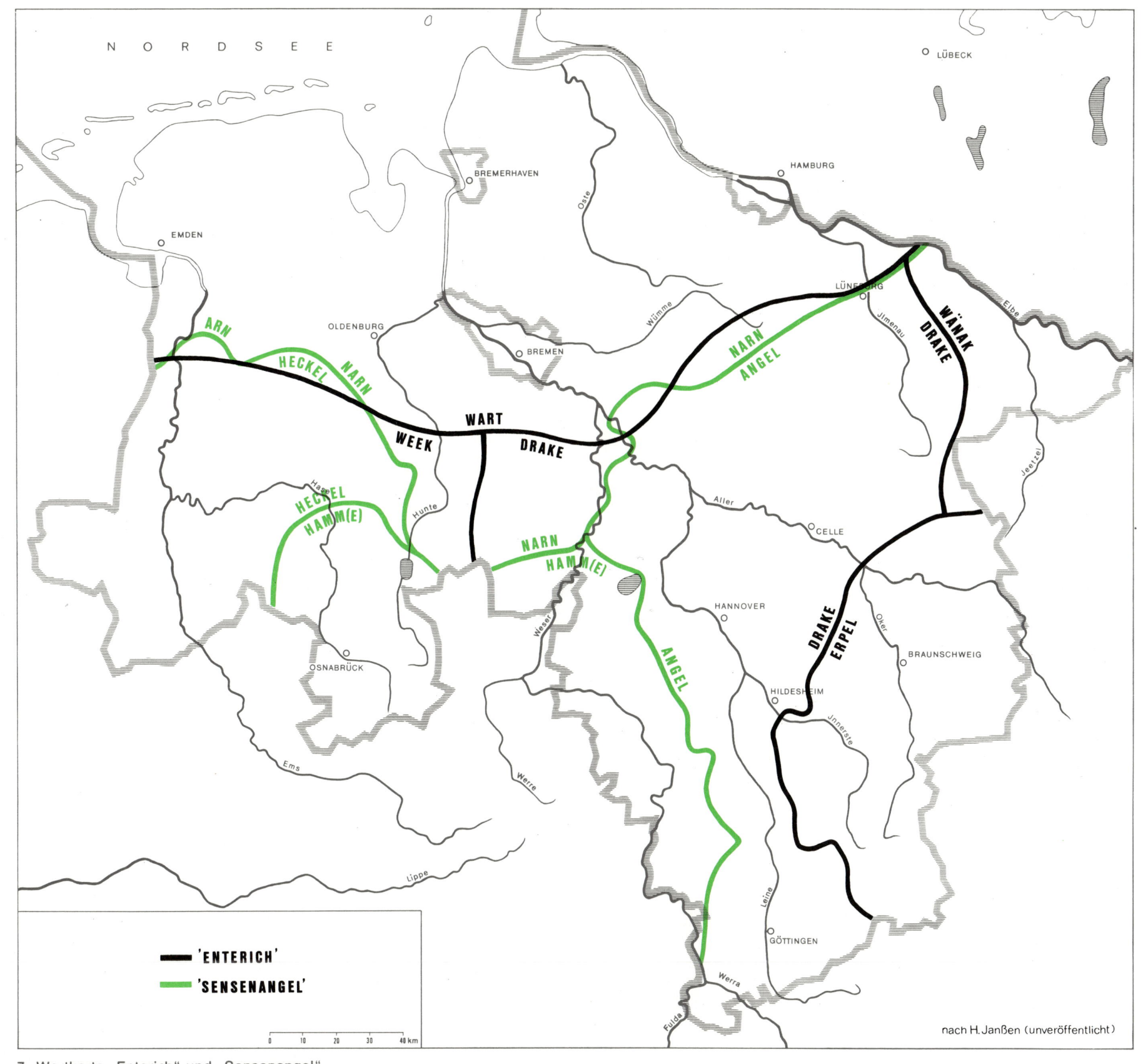

7. Wortkarte „Enterich" und „Sensenangel"

konnten", nicht aber hd.[174]. Sprechsprache dürfte allerdings das Nd. geblieben sein, in das aber wohl manches angelesene niederl. Wort eindrang[175].

Für Ostfriesland sind über 500 Einzelwörter oder kurze Syntagmen nachgewiesen worden, die aus dem Nl. entlehnt sind; von den noch allgemein gebräuchlichen Wörtern seien hier *bęsich* ‚beschäftigt, betriebsam', *Elfüürtje* ‚Schluck Schnaps, Tee oder Kaffee um 11 Uhr vormittags', *Jannęver* ‚Genever', *Krant* ‚Zeitung' und *Mallmǭlen* ‚Karussell' angeführt[176]. Die Ursache für das langsame, aber sichere Aussterben des niederl. Wortschatzes im nieders. Westen ist in der „Zurückdrängung der nl. Sprache und Kultur seit der Mitte des vorigen Jahrhunderts" zu sehen; lediglich geringe Spuren werden bleiben, insbesondere in einigen berufsständischen Fachsprachen[177].

Eine kartographische Darstellung des Einflusses der ostniederl. Dialekte auf die westnieders.[178] würde eine Staffelung der niederl. Lehnwörter erkennen lassen. In Ostfriesland umfassen sie entweder den gesamten Regierungsbezirk Aurich mit Ausnahme des Harlingerlandes (so etwa bei *Schelf* ‚Strohmiete' oder *Drüppel* ‚Schwelle in der großen Einfahrtstür des Bauernhauses') oder nur das Oberledinger- und das Reiderland einschließlich Emden, also den reformierten Südwesten (so z. B. bei *Müske* ‚Sperling', *Angel* ‚Granne', *Kickert* ‚Frosch', das auch in der Krummhörn gilt, *Fröite* ‚Maulwurf' oder *Schōlapper* ‚Schmetterling'). Es darf als sicher gelten, daß diese Wörter aus den groningischen Dialekten über die Reichsgrenze hinweg nach Osten vorgedrungen sind. Soweit sie, wie *Müske* oder *Kickert*, auch für die Grafschaft Bentheim gelten, zeugen sie von einem größeren Verbreitungsgebiet an der niederl. Ostgrenze.

Wie das Beispiel *Kûper* ‚Böttcher' zeigt, kann nl. Wortgut den gesamten Westen und Norden Niedersachsens erobert haben, und zwar dann, wenn es nicht nur auf dem Landwege, sondern zugleich über See, d. h. über die Hafenstädte Bremen und Hamburg, eindringen konnte; *Kûper*, seit dem späten 15. Jahrhundert in Norddeutschland nachweisbar, gilt heute auch im größten Teil Holsteins. Ohne die Unterstützung durch die Einfallstore Bremen und Hamburg drangen niederl. Wörter im allgemeinen höchstens bis zur Weser vor, die allerdings bei dem Beispiel *drock* ‚eilig' im Raum nördlich von Bremen einmal überschritten wird. Die Masse des niederl. Lehngutes beschränkt sich jedoch auf die westlichen Randgebiete Niedersachsens; das Beispiel *enten* ‚Bäume veredeln' repräsentiert diesen Verbreitungstyp[179].

Einen sicheren Beweis für die Übernahme eines niederl. Wortes auf der Ebene der gesprochenen Dialekte liefern die Lautvarianten von *Flieder* ‚Holunder'; ihre Verbreitung im nd. Westen entspricht der von *enten* ‚Bäume veredeln'. Ostfries. *Fledder* ist identisch mit groningisch *fledder*, emsländisch *Flēr* entspricht drentisch *flär*, westfäl. *Flieder* schließlich gelderschoverijselschem *vlierte*. Das Eindringen des niederl. Lehnwortes kann in

15 Gesch. Niedersachsens

diesem Fall nur „durch direkten sprachlichen Kontakt" über die Grenze hinweg nach Osten erklärt werden.

Der Vermittlung durch die oben erwähnten Hollandgänger ist das inselartige Vorkommen von *Unger* und Varianten sowie *Hērmôs* und Varianten ‚Schachtelhalm' zuzuschreiben. Beide beschränken sich in Nds. auf Gebiete, aus denen nachweislich besonders viele Hollandgänger kamen; sie fehlen sonst im gesamten nieders. Westen, können also nicht durch direkten Kontakt übernommen worden sein. In den Niederlanden gilt der Typ *Unger* im wesentlichen in der Provinz Noordholland, der Typ *Hērmôs* vor allem in den Provinzen Zuidholland und Utrecht. Diese beiden Verbreitungsgebiete haben keine gemeinsame Grenze mit dem nd. Sprachraum, so daß auch die geographische Lagerung gegen eine direkte Übernahme spricht, die für die früheren Beispiele angenommen werden konnte.

Im Osten Niedersachsens nimmt das **Hannoversche Wendland** eine ähnliche Grenzposition ein wie Ostfriesland im Westen; Spuren außerniedersächsischer Dialekte, die auf diesen Ostzipfel Einfluß ausgeübt haben, führen vor allem in die Altmark [180]. Aus ihr dürfte das *-en* als Einheitsplural im Präsens Indikativ der Verbalflexion stammen, vor allem aber die dativische Form *mi, di* als Einheitskasus für die im Nhd. differenzierten Dativ/Akkusativ *mir/mich, dir/dich* [181]. Diese Form teilt das wendländische Nd. mit den nordniedes. Dialekten, zu denen es auch sonst in vielfacher Hinsicht zu rechnen ist; so hat es mit ihnen z. B. auch die Apokope eines auslautenden *e* gemein.

Neben diesen beiden besonders wichtigen Erscheinungen aus der Morphologie machen vor allem viele Gemeinsamkeiten im Wortschatz die engen Verflechtungen zwischen dem Hann. Wendland und der Altmark deutlich, die bis 1945 nicht zuletzt in zahlreichen persönlich-privaten Beziehungen ihren Ausdruck fanden. Die Hauptfrage bei der Beurteilung dieser Übereinstimmungen ist, ob sie bis in die Zeit der Besiedlung zurückreichen – was mit Sicherheit nicht immer der Fall ist –, oder ob sie das Ergebnis jüngerer Wanderbewegungen von Wörtern sind. Sie wird sich nur selten eindeutig beantworten lassen, so daß einige der folgenden Beispiele nur unter Vorbehalt als Beweise für eine eventuell aus der Altmark heraus erfolgte Besiedlung von Teilen des Hann. Wendlandes herangezogen werden können. Das gilt insbesondere für einige nl. Wörter, die in der westl. Altmark junge Eindringlinge aus dem Osten sein sollen und z. T. auch bis in das nd. Altland vorstoßen konnten.

Anhand einiger Beispiele sollen die Übereinstimmungen im dialektalen Wortschatz beider Landschaften illustriert werden. Es wurden dabei nur solche Belege herangezogen, die das Hann. Wendland **nicht** mit den westlich angrenzenden nd. Gebieten gemein hat; Quelle für die altmärkischen Belege ist das Wörterbuch von J. F. Danneil [182].

Ohne daß Vollständigkeit angestrebt würde, seien hier genannt *Achel* ‚Granne', altm. *Ach'l, Hach'l; Anodder, Hanodder* ‚Storch', altm. *Hannott'r; Bese* ‚Beere', altm. *Bäsen; Flees, Fläis* ‚Haut auf der Milch', altm. *Flês'; Gräwer* ‚Spaten', altm. *Gräw'r; Leis, Wagenleis* ‚Wagenspur', altm. *Leis'; Nasöög* ‚große Schleppharke', altm. *Naosäög; Parr* ‚Kröte', altm. *Padd'; Pier-* als Bestimmungswort in Bezeichnungen für ‚Regenwurm', altm. *Pîr, Pîrmaod; Scheid* ‚Grenze zwischen zwei Ackerstücken', alm. *Scheit; Uder* ‚Euter', altm. *Uder; Wänack* ‚Erpel', altm. *Wänack; wätern, wädern* ‚Vieh tränken', altm. *wätern.*

Unter ihnen fallen verschiedene Dialektwörter dadurch auf, daß sie Entsprechungen am Westrand Niedersachsens haben. Diese Kongruenz ist in der Forschung bisher kaum beachtet worden, da das Interesse der Untersuchungen zum wendländischen Nd. naturgemäß mehr den slawischen Relikten galt[183]; lediglich E. W. Selmer erwägt niederl. Kolonisation für den „östl. Teil des Kr. Lüchow, jenseits der Gartower Forst", und H. Teuchert erwähnt in einer Fußnote einmal eine Auskunft H. Janßens, des ersten Leiters der Arbeitsstelle des Nieders. Wörterbuches, nach der „im Hannoverschen Wendland östlich der Jeetze mehrfach *Parr*" für ‚Frosch' auftrete, und sieht in ihr „ein Zeichen der Abhängigkeit vom Osten"[184].

Als Beispiele für diese Übereinstimmungen seien hier genannt das Grundwort *-bese* in Bezeichnungen für verschiedene Beerensorten, das mit der Form der Grafschaft Bentheim identisch ist; *Flees, Fläis*, das als *Fläi* im Bentheimischen gilt; *Parr*, als *Parre* in der Grafschaft Bentheim, als *Parre, Pärre* im Oldenburger Münsterland wieder begegnend; *Pier-* als Bestimmungswort in Bezeichnungen für ‚Regenwurm', das sonst nur in Ostfriesland und der Grafschaft Bentheim – hier nur als Simplex *Pier* – belegt ist; *Scheid*, mit emsländisch *Scheid* identisch, mit emsländisch *Scheidege(n)*, bentheimisch *Scheiding* verwandt; *wätern, wädern*, das als *wättern* ebenfalls im Bentheimischen bezeugt ist.

Bei all diesen Wörtern darf niederl. Herkunft als gesichert gelten[185]. Eine direkte Besiedlung des Hann. Wendlandes durch Niederländer lassen die historischen Quellen nicht erkennen[186]. Für die Altmark jedoch gilt sie als gesichert[187]. Hier ist mit einem alten, eigenen Bestand niederl. Lehngutes zu rechnen, zu dem die oben beigebrachten altm. Parallelen zu wendländischen Dialektwörtern gehören.

Die heutige sprachliche Situation der Wendländer ist der der Ostfriesen insofern vergleichbar, als in beiden Landschaften das Nd. eine vorher dort gesprochene andere Sprache verdrängte, in diesem Fall das Wendische oder Dravänopolabische. So, wie im Westen das Friesische Spuren vor allem im Wortschatz des heutigen ostfriesischen Nd. hinterlassen hat, finden sich hier im Osten solche der ehemals gesprochenen slawischen Dialekte, die „wol freilich niemand unter die Teutschen Mund=Arten zehlen" kann[188]. Sie haben schon seit G. W. Leibniz wissenschaftliches Interesse gefunden, das aber lange

Zeit mehr einem exotischen Kuriosum galt als einem ernsthaft zu untersuchenden Forschungsgegenstand.

Verhältnismäßig gering sind slawische Reste im heutigen dialektalen Wortschatz; offensichtlich ist der Systemunterschied zwischen slawischen und germanischen Sprachen eine zu hohe Barriere für ein umfangreiches Fortleben slawischen Lehngutes gewesen[189]. Speziell für unser Gebiet gilt, daß, wo „die Anlehnung an einen Bezirk mit lebender slawischer Sprache fehlt, wie im Lüneburger Wendland, [...] der Bestand an slawischem Wortgut" dahinschwindet[190]. Eine kritische Bestandsaufnahme, die auf Erhebungen während des ersten Weltkrieges beruht[191], verzeichnet an damals noch im Hann. Wendland bekannten, im allgemeinen allerdings nur noch der Generation der über 50jährigen geläufigen slawischen Wörtern z. B. *Dadschei* ‚Schlagbaum, Pforte', *Güsch* ‚Semmel, Gebäck in Rautenform, aus Roggen- und Weizenmehl', *Schiggel* ‚Tannennadel', – „überall im eigentlichen Wendland bekannt" –, *Moleitken* ‚Himbeeren', *Pamöhs* ‚erhöhter Boden über einem Raum'; hinzu kommen einige germ. Wörter, die mit dem slaw. Suffix *-ica* weitergebildet sind, wie etwa *Brummneitz* ‚Brummküsel', *Pinkelneitz* ‚Schaukel', *Wigeleitz* ‚Weideknüppel'.

Das auffallendste Charakteristikum des wendländischen Nd. gehört in den Bereich der Phonologie: Es ist der Abfall eines anlautenden /h/[192], der seit dem Einsetzen schriftlicher Aufzeichnungen im 17. Jahrhundert zu beobachten ist. Aus dem Glossar der sog. Kopenhagener Handschrift (um 1720 entstanden, aber auf Vorlagen des 17. Jahrhunderts beruhend) seien hier zitiert die als dravänopolabisch verstandenen nd. Lehnwörter *Omel* ‚Der Hamel', *Ansa dan* ‚Johannis Tag' und *Omâr* ‚Der Hammer'[193].

Der Grund für diese Erscheinung ist das Fehlen eines /h/ in dieser Position in fast allen westslawischen Sprachen. Dieses Merkmal heute exakt und objektiv nachzuweisen, wird allerdings dadurch erschwert, daß Dialektsprecher, die als Gewährsleute vor ein Mikrofon gebeten werden, natürlich wissen, was der Interviewer erwartet, und sich daher vielfach um ein von H. Wesche einmal so bezeichnetes ‚Sonntagsplatt' bemühen, das dann *h*-Schwund und *h*-Prothese enthält[194]. Mit noch größerer Zurückhaltung sind moderne schriftliche Aufzeichnungen zu bewerten, da sie der Gewährsperson die volle Konzentration auf ihre Dialekteigentümlichkeiten erlauben. Mit diesen Einschränkungen seien im folgenden einige jüngere Belege für den *h*-Schwund im Hann. Wendland angeführt. Tonbandaufnahmen aus den Jahren 1958–1965 entstammen *af-'öln* ‚abholen', *'üüser* ‚Häuser', *'öiger* ‚höher' oder *'öödn* ‚hüten'[195]. Das Zettelarchiv der Arbeitsstelle des Nieders. Wörterbuches bietet Fälle wie *Elf* ‚Axtstiel', *Oost* ‚Husten', *'Up* ‚Haufen', *üt* ‚heute' oder *datt is nich eel, nich alf* ‚das ist nicht heil, nicht halb' = nichts Halbes und nichts Ganzes, *oll di an Tuhn, Immel is öch* ‚halt dich an den Zaun, der Himmel ist hoch' = bleib auf dem Boden der Tatsachen (alle aus Plate, 1936–1938).

Aus dem Fragebogenarchiv stammen Belege wie *Askater* (statt **Haskater*) ‚Ameise' aus Prepow, *Uhs, Ūs, 'Us, Us* ‚Haus' aus Ranzau, Plate, Dolgow, Schmarsau, *Au* ‚Heu' aus Ranzau, Schmarsau, *Ingst, 'Ingst, Ingst* ‚Hengst' aus Plate, Dolgow, Schmarsau, *Ohn* ‚Huhn', *Und* ‚Hund', *Of* ‚Hof' aus Ranzau, *Önerwiem* ‚Sitzstange der Hühner' aus Schmarsau (alle aus Fragebogen 1, 1935).

Anhand dieses schriftlichen Materials läßt sich – bei aller Skepsis, mit der es zu interpretieren ist – hinsichtlich einer geographischen Verbreitung des *h*-Schwundes Ende der 30er Jahre doch einigermaßen sicher feststellen, daß der Altkreis Dannenberg, also der Norden des Hann. Wendlandes, frei von ihm ist. Die Belege konzentrieren sich auf den Süden um Lüchow–Wustrow, jenes Gebiet, das nach Ausweis auch anderer Quellen am nachhaltigsten slawisch beeinflußt war und aus dem auch die letzten nachweisbaren Spuren dravänopolabischer Sprache stammen.

Eine weitere auffällige Erscheinung des wendländischen Nd. ist der Ausfall eines bestimmten Artikels vor allem in präpositionalen Fügungen. Auch auf sie hat schon 1691 G. F. Mithoff hingewiesen: „Jmgleichen gebrauchen sie selten die worte Ein, der, die, daß: alß wen man saget *ich geh vff den boden*, so sagen sie *Gah sick hup böhne*, pro *in der Kirche* sagen sie *hin Karcke* etc."[196]. Wie beim *h*-Schwund, so handelt es sich auch hier um eine letzte Spur des slawischen Substrates; die slawischen Sprachen kennen keinen bestimmten Artikel. Aus Wesches Tonbandaufnahmen sind zu nennen *dörch Is* ‚durch das Eis', *up Feld* ‚auf dem Felde' oder *in Dörp* ‚in das Dorf', auch wohl *denn ward hūūs sauber mōkt* ‚dann wird das Haus saubergemacht'[197]; sie zeigen, daß diese Eigentümlichkeit durchaus noch zu beobachten ist. Ein handschriftliches Verzeichnis von Redensarten aus Plate (1935) enthält Belege wie *God Frühstück is beter, as ganzen Dag gornicks; För Ei un Botterbrot; De ebb'n nix in Melk to bröck'n; De fritt em noch Ohrn von Kopp aff; Mit Worst na Sii Speck smiet'n.* Zwar gelten hier ähnliche Einschränkungen wie bei den Belegen für den *h*-Schwund, aber grundsätzlich ändern diese nichts an der Tatsache, daß Reste slawischen Substrates sich auch in diesen Beispielen zeigen[198].

Besondere Aufmerksamkeit gilt innerhalb des nordnieders. Dialektgebietes der S p r a c h e d e s S a t e r l a n d e s, eines schmalen, von Moor eingeschlossenen Geeststreifens im Landkreis Cloppenburg, der, unmittelbar an das südöstliche Ostfriesland grenzend, die drei Kirchspiele Ramsloh, Scharrel und Strücklingen umfaßt. Dieser Geeststreifen ist, wohl im 13. Jahrhundert, von Norden her über den ehemals einzigen Zugang von Friesen besiedelt worden, die Kolonie dann aufgrund ihrer geographischen Lage für Jahrhunderte von der übrigen Welt abgeschnitten gewesen[199]. Diese Abgeschiedenheit hatte zur Folge, daß sich in den genannten drei Kirchspielen bis heute ein (ost)friesischer Dialekt als funktionierendes Kommunikationssystem wenigstens der älteren Generation hat halten können, also nicht nur Relikte in Form von Einzelwörtern in einer sonst nd. Sprechsprache bewahrt blieben[200]. Heute ist hier Dreisprachigkeit zu beobachten, die bereits 1854 so beschrieben wurde: „schon von frühester Jugend an unterhalten sich die Kinder in dieser Sprache [dem Saterfriesischen] und werden nicht im Mindesten dadurch gestört, daß sie oft mit Nichtsaterländern Plattdeutsch reden, in der Schule Hochdeutsch sprechen müssen und in der Kirche die Predigt in hochdeutscher Sprache hören"[201]. Zu berücksichtigen ist heute allerdings, daß das Friesische quantitativ immer mehr zurückgeht und qualitativ immer stärker vom Nd. und Hd. durchsetzt wird; eingehendere Untersuchungen über diese in Nds. einmalige Form von Mehrsprachigkeit liegen jedoch noch nicht vor.

Unterschiede zwischen dem oldenburgischen Nd., wie es im Saterland gesprochen wird, und dem Saterfriesischen sollen hier an Beispielen aus dem Archiv des Nieders. Wörterbuches illustriert werden; sie betreffen vorwiegend die phonologische Ebene und beschränken sich im übrigen aufgrund der Art der Quelle (Fragebogen) auf den Bereich des Wortschatzes, doch sind auch einige morphologische Differenzen wie etwa die Form des Infinitiv beim Verb oder die Pluralbildung beim Substantiv aus den Zitaten ablesbar. Der Gewährsmann für Strücklingen hat den Fragebogen 1 sowohl in saterfriesischer als auch in nd. Sprache ausgefüllt, was eine besonders gute Basis für Vergleiche bietet.

Lautliche Differenzen finden sich z. B. bei *Stittpoge* (saterl.) gegenüber *Stertpoge* (nd.) ‚Kaulquappe', *Medd* (sl.) gegen *Madd* (nd.) ‚Reihe gemähtes Gras', *det* (sl.) gegen *dat* (nd.) ‚das', *Rien* (sl.) gegen *Rägen* (nd.) ‚Regen', *Serße* (sl.) gegen *Karße* (nd.) ‚Kirsche', *Wucht* (sl.) gegen *Wicht* (nd.) ‚Mädchen', *Sunndei* (sl.) gegen *Sönndag* (nd.) ‚Sonntag'. Eine Klassifizierung ergibt für diesen Bereich folgendes Bild:

Wgerm.	Saterfries.	Niederdt.
/e/ in geschlossener Silbe vor /r/ + Dental	/i/	/e/
/a/ in einsilbigen Wörtern vor Dental	/e/	/a/
/e/ in offener Silbe + /g/	/i:/	/ę:/+/g/
/k/ im Anlaut vor palatalem Vokal	/s/	/k/
/i/ in geschl. Silbe nach /w/	/u/	/i/
/a/ in geschl. Silbe + /g/	/ai/	/a/+/g/

In den Bereich unterschiedlichen Wortschatzes beider Dialekte gehören die Beispiele *Packbent* (sl.) gegen *Packgorn* (nd.) ‚Bindfaden', *Saks* (sl.) gegen *Messt* (nd.) ‚das Messer', *Krüßbeie* (sl.) gegen *Stachelbeere* (nd.) ‚Stachelbeere', *Jere* (sl.) gegen *Jauche* (nd.) ‚Jauche', *Tun* (sl.) gegen *Gor'n* (nd.) ‚Garten', *Sod* (sl.) gegen *Pütte* (nd.) ‚Brunnen', *truggeljen* (sl.) gegen *drängeln* (nd.) ‚unaufhörlich drängen', *verluke* (sl.) gegen *vertrecken* (nd.) ‚verziehen', *Jedden* (sl.) gegen *Wähnen* (nd.) ‚Korbweide'.

Morphologische Differenzen zwischen Saterfriesisch und Nd. zeigen sich u. a. in der Bildung des Infinitiv, wo sich *schlickerjen* (sl.) und *schlickern* (nd.) ‚naschen' oder *schlickjen* (sl.) und *schlicken* (nd.) ‚naschen' gegenüberstehen; beim Einheitsplural im Präsens Indikativ, für den sich das Beispiel *felle* (sl.) gegenüber *fallt* (nd.) ‚sie fallen' findet; in der Pluralbildung der Substantive mit den Beispielen *Tuffele* (sl.) gegenüber *Tuffels* (nd.) ‚Kartoffeln' und *Knickere* (sl.) gegenüber *Knickers* (nd.) ‚Spielkugeln der Kinder'; in der Form des bestimmten Artikels im Femininum Singular mit *ju* (sl.) gegenüber *dei* (nd.) ‚die'.

Diese Listen, zusammengestellt aus nur etwa fünfzig Wortbelegen, können keinesfalls einen systematischen Überblick über die Besonderheiten des Saterfriesischen ermöglichen; sie sollen vielmehr illustrieren, daß die von der älteren Generation des Saterlandes gesprochene Sprache eine friesische ist, die drei genannten Kirchspiele also eine nicht-nd. Sprachinsel in einer autochthon nd. Sprachlandschaft bilden.

---

[114] Vor diesem Hintergrund dürfte sich auch die große Popularität niederdt. Hörfunksendungen erklären, während das gedruckte niederdt. Wort eine nur verhältnismäßig geringe Verbreitung findet. – [115] Die meisten Einteilungen der neuniederdt. Dialekte beruhen auf der von F. WREDE stammenden Karte 56 des DSA. – [116] Der Versuch von B. PANZER und W. THÜMMEL, Die Einteilung der niederdeutschen Mundarten auf Grund der strukturellen Entwicklung des Vokalismus, 1971, weist zwar einen möglichen Weg in eine richtige Richtung, ist aber wegen fehlender Vorarbeiten und eines dadurch bedingten viel zu lückenhaften Belegnetzes als letztlich doch unbefriedigend zu bezeichnen. Zur Auseinandersetzung mit diesem Versuch s. jetzt RENATE SCHOPHAUS, Strukturelle Dialekteinteilung per Bruchrechnung?, in: NiederdtWort 13, 1973, S. 103–115. In jüngster Zeit hat B. PANZER, Morphologische Systeme niederdeutscher und niederländischer Dialekte, in: NiederdtWort 12, 1972, S. 144–169, Vorstudien zu einer Gliederung anhand solcher Kriterien vorgelegt, aufgrund der geringen Materialbasis aber weitgehend auf eine regionale Interpretation verzichtet. Zu diesem Problemkreis sind vor allem zu vergleichen: J. GOOSSENS, Die Begrenzung dialektologischer Problemgebiete, in: ZDialektologieLing 38, 1971, S. 129–144. DERS., Strukturelle Sprachgeographie, 1969. – [117] J. GÖSCHEL, Strukturelle und instrumentalphonetische Untersuchungen zur gesprochenen Sprache, 1973. Zitate ebd. S. 13 bzw. S. 47. Zum Problemkreis Idiolekt–Dialekt–Sprache vgl. auch L. LEVINE, W. ARNDT, Grundzüge moderner Sprachbeschreibung (Phonai, Deutsche Reihe Band I), 1969, S. 36. – [118] Besonders eindrucksvolle Beispiele dafür finden sich bei FOERSTE (wie Anm. 18), Karten 8 und 13 auf den Spalten 1835 f. und 1849 f. – [119] Herr Dr. H. Niebaum stellte mir freundlicherweise den Entwurf einer entsprechenden Karte zur Verfügung. – [120] W. SCHMIDT-BROCKHOFF, Die Gliederung der Marschenmundarten am Jadebusen und an der Niederweser, 1943, §§ 11 und 78. – [121] E. LÖFSTEDT, Ostfälische Studien. I. Grammatik der Mundart von Lesse im Kreise Wolfenbüttel (Braunschweig), Lund 1933. – [122] Von forschungsgeschichtlichem Interesse ist es, daß gerade gegen diesen „vereinzelt dastehenden Formenwandel auf dem Gebiete der Flexion" (COLLITZ [wie Anm. 14], S. 5*) als entscheidendes Einteilungskriterium schon früh Bedenken erhoben worden sind, die um so schwerer wiegen, als diese Struktur des Einheitskasus als *mich*, *dich* über die

Lautverschiebungsgrenze hinweg in den mitteldt. Südzipfel Niedersachsens und in einen angrenzenden hessisch-thüringischen Randstreifen hineinragt. – [123] Als Beispiele seien hier die zahlreichen wortgeographischen Arbeiten insbesondere der Marburger Schule genannt; vgl. dazu jetzt E. BARTH, Deutscher Wortatlas 1939–1971. Eine Bibliographie, in: Germ. Linguistik 1/72, S. 125–156. Wichtigstes Arbeitsinstrument dieses Zweiges der Dialektgeographie sind die Wortatlanten, von denen hier vor allem der Deutsche Wortatlas zu nennen ist; vgl. dazu jetzt H. E. WIEGAND und GISELA HARRAS, Zur wissenschaftsgeschichtlichen Einordnung und linguistischen Beurteilung des Deutschen Wortatlas, in: Germ. Linguistik 1–2/71. Erwähnt seien für NdSachs. ferner der in Münster geplante ‚Niederdeutsche Wortatlas', für den Raum westlich der Weser K. HEEROMA, Taalatlas van Oostnederland en aangrenzende gebieden (mitsamt den zugehörigen Kommentarheften). – [124] W. FOERSTE, Einheit und Vielfalt der niederdeutschen Mundarten (Schriften zur Heimatkunde und Heimatpflege. Hg. vom Westfäl. Heimatbund, Münster/Westf. Heft 4), 1960. Zitat ebd. S. 8. Siehe auch F. WORTMANN, Zur Geschichte der langen ê- und ô-Laute in Niederdeutschland, besonders in Westfalen, in: Münstersche Beiträge zur niederdt. Philologie, 1960, S. 1–23. Vgl. zuletzt H. NIEBAUM, Zur synchronischen und historischen Phonologie des Westfälischen. Die Mundart von Laer (Landkreis Osnabrück), 1974, S. 354–362 und S. 379–384. – [125] Zur Spaltung von mnd. ê² in den nnd. Dialekten vgl. vor allem WORTMANN (wie Anm. 124), S. 15–22. – [126] FOERSTE (wie Anm. 124), S. 10. – [127] Zusammenfassend zuletzt F. WORTMANN, Zur Geschichte der kurzen Vokale in offener Silbe, in: Gedenkschrift für William Foerste, 1970, S. 327–353. Siehe auch P. TEPE, Zur Lautgeographie [der neuniederdt. Mundarten], in: GOOSSENS (wie Anm. 15), S. 138–157, vor allem S. 140–145. – [128] Insbesondere die Göteborger Germanisten um T. DAHLBERG operieren mit diesem Bezugssystem. – [129] F. WORTMANN, Die Osnabrücker Mundart, in: NiederdtWort 5, 1965, S. 21–50; hier S. 21. – [130] Vgl. H. BOLLMANN, Mundarten auf der Stader Geest, 1942. – [131] Die hier anhand dreier neuniederdt. Beispiele dargestellten Ergebnisse wurden durch moderne Untersuchungen der g e s p r o c h e n e n Sprache gewonnen. In Ansätzen lassen sie sich aber auch schon für die mnd. Zeit erkennen. Das wichtigste Kriterium, das bei nur schriftlichem Untersuchungsmaterial den Zusammenfall zweier oder mehrerer Phoneme anzeigt, ist die Schreibung mit demselben Graphem für historisch unterschiedliche Phoneme. So wird für tongedehntes vormnd. /a/ im Mnd. nur ⟨a⟩ geschrieben. In der ersten Hälfte des 15. Jahrhunderts setzt sich im Nordniedersächs. rasch die Schreibung ⟨a⟩ auch für tongedehntes vormnd. /o/ durch, was beweist, daß beide zu e i n e m Phonem zusammengefallen sein müssen. Über dessen phonetische Qualität lassen sich aufgrund dieses Befundes jedoch noch keine eindeutigen Aussagen machen. Erst aus den heutigen Verhältnissen kann rückgeschlossen werden, daß nicht etwa tongedehntes vormnd. /o/ zu mnd. /a/ aufgehellt wurde, sondern daß umgekehrt „die heutige o-färbung [...] dem a schon in mnd. zeit beizulegen" ist (AGATHE LASCH [wie Anm. 42], S. 64). Im westfäl. Mnd. tauchen ebenfalls ⟨a⟩-Schreibungen für vormnd. tongedehntes /o/ auf, doch bleibt ⟨o⟩ hier das allgemein übliche, so daß hier von einem Zusammenfall nicht gesprochen werden kann. Das gleiche gilt für das ostfäl. Mnd., wo nach AGATHE LASCH (wie Anm. 42), S. 65 „a für o [...] nur unter schriftsprachlichem einfluss zu finden" ist. – [132] Vgl. die sprachliche Untersuchung, die A. KORLÉN seiner Ausgabe von ‚Statwechs gereimte Weltchronik', Ms. No. 777 Hannover, Uppsala 1906, folgen läßt, besonders die Seiten 142–148. – [133] Eine teilweise sehr in Details gehende Abgrenzung des Westfäl. nahm E. NÖRRENBERG, Die Grenzen der westfälischen Mundart, in: WestfForsch 7, 1953/54, S. 114–129, vor; der befremdende Singular „Mundart" in der Überschrift wird zurückgenommen, wenn NÖRRENBERG feststellt, es gebe „keine westfälische Mundart", wohl aber „westfälische M u n d a r t e n" (ebd. S. 117). – [134] So, in Anlehnung an FOERSTE (wie Anm. 124), H. NIEBAUM, Westniederdeutsch, in: H. P. ALTHAUS, H. HENNE, H. E. WIEGAND, Lexikon der Germanistischen Linguistik, 1973,

S. 327–332. Zitat ebd. S. 329 (Kartenlegende). NIEBAUMS Ergebnis, am einfachsten aus der Karte S. 329 abzulesen, zeigt erneut, daß früher aus Einzelkriterien gewonnene Isoglossen sich nicht immer mit den heutigen decken. – [135] GOOSSENS (wie Anm. 116), ZDialektologieLing 38, S. 138. – [136] Hinsichtlich der westfäl. Wortgeographie hat FOERSTE (wie Anm. 23), S. 105 „den Eindruck, daß von einem Kraftzentrum der westfälischen Mitte, etwa des Münsterlandes, wellenartig nach allen Seiten Impulse ausgestrahlt wurden". – [137] GOOSSENS (wie Anm. 116), ZDialektologieLing 38, S. 134. – [138] Gerade GOOSSENS (wie Anm. 116), Sprachgeographie, hat diese junge Teildisziplin der Dialektologie wesentlich geprägt. – [139] Zu einem Versuch, die folgenreiche Strukturveränderung der phonologischen Systeme der jeweiligen Ortsdialekte zu erklären, vgl. U. SCHEUERMANN, Schriftlich aufgezeichnete Mundarten und strukturelle Phonologie. Ein Versuch anhand des ‚Adersheimer Wörterbuches' von Theodor Reiche, in: Niederdt Wort 12, 1972, S. 107–123. – [140] CHR. SARAUW, Niederdeutsche Forschungen, I, København 1921, S. 73 f. – [141] T. DAHLBERG, Studien über den Wortschatz Südhannovers, Lund, Leipzig 1941. Vgl. ferner DERS., Die Mundart von Dorste. Teil I. Die Vokale, Lund, Kopenhagen 1934. DERS., Göttingisch-Grubenhagensche Studien, Lund 1937. Das folgende Zitat in ‚Wortschatz' S. 108. Die nächsten Angaben in ‚Dorste' S. 189 und ‚Wortschatz' S. 109. – [142] Dieser mitteldt. Einfluß gerade im Wortschatz ist auch aus dem Fragebogenmaterial des NdSächs. Wörterbuches immer wieder abzulesen. Er reicht nach Norden über das sogenannte Südniedersachsen hinaus; die „nördliche Flanke der md. Vorbrüche bildet in der Regel die Ohre" (P. SEIDENSTICKER, Schichten und Bewegungen in der Wortlandschaft von Südniedersachsen, 1964, S. 16), die Grenze zur Altmark. – [143] P. SEIDENSTICKER, Das Ostfälische, in: Festschr. f. Friedrich von Zahn, II, 1971, S. 59–76. Zitat ebd. S. 67. Vgl. dazu auch die instruktiven Kartenskizzen bei BISCHOFF (wie Anm. 5), Sprache und Geschichte, S. 233 und S. 234. – [144] Als solche deutet SEIDENSTICKER (wie Anm. 142), S. 16 sie wohl zu pauschal. – [145] DAHLBERG (wie Anm. 141), Wortschatz, S. 110. – [146] DAHLBERG (wie Anm. 141), Wortschatz, S. 113. Damit erweitert er den Begriff, wie ihn die Forschung vor ihm verstanden hatte, um die Dialekte des Eichsfeldes – vgl. zu ihnen MONIKA SCHÜTZE, Dialektgeographie der Goldenen Mark des Eichsfeldes, 1953 –, wie er denn auch von dem „Göttingisch-Niedereichsfeldischen" als einer einheitlichen Dialektlandschaft spricht. Das folgende Zitat ebd. S. 104 mit Anm. 1. Hier werden also, der damaligen Zeit konform, neuzeitliche Dialektgrenzen durch mittelalterliche Territorialgrenzen erklärt. – [147] SEIDENSTICKER (wie Anm. 142). Das folgende Zitat ebd. S. 45. – [148] So noch R. MEHLEM, Zur Grenzlage der Mundart um Celle, in: NiederdtJb 85, 1962, S. 141–150. – [149] Alle Beispiele im wesentlichen nach BISCHOFF (wie Anm. 5), Sprache und Geschichte, S. 229–233 und S. 289–294. – [150] E. BORCHERS, Sprach- und Gründungsgeschichte der erzgebirgischen Kolonie im Oberharz, 1927. Zitate ebd. S. 29 und S. 6. Die grundlegende moderne Untersuchung der Sprachverhältnisse auf dem Oberharz ist die von GÖSCHEL (wie Anm. 117). – [151] BORCHERS (wie Anm. 150) macht darauf aufmerksam, daß in den ursprünglichen erzgebirgischen Wortschatz dieses Gebietes im Laufe der Zeit viele Wörter einerseits aus der niederdt. Umgebung, dann aber auch, besonders über das am südlichsten gelegene und nach dort orientierte St. Andreasberg, aus dem nicht weit entfernten thüringischen Sprachraum eingedrungen sind; diesem Problem konnte in der vorstehenden knappen Übersicht naturgemäß nicht nachgegangen werden. – [152] GÖSCHEL (wie Anm. 117), S. 240 f., S. 264 f., S. 278. Zitat ebd. S. 240. – [153] Die dort erfolgte Definition des nordniedersächs. Sprachgebietes muß für dessen Süden letztlich unbefriedigend bleiben; insbesondere der Keil zwischen dem Westfäl. und dem Ostfäl., der etwa die Landkreise Schaumburg-Lippe und Grafschaft Schaumburg umfaßt, ist ein ausgesprochenes Übergangsgebiet, das Züge aller angrenzenden Kerngebiete aufweist. Bei strikter Anwendung der obigen Einteilungskriterien muß es jedoch dem Nordniedersächs. zugerechnet werden. – [154] FOERSTE (wie Anm. 18), Sp. 1859. – [155] Nach BOLLMANN (wie Anm. 130). – [156] Vgl.

für Nieders. etwa BOLLMANN (wie Anm. 130), JANSSEN (wie Anm. 157), MEWS (wie Anm. 278), SCHMIDT-BROCKHOFF (wie Anm. 120), H. SCHÖNHOFF, Emsländische Grammatik, 1908, R. WARNECKE, Haus und Hof in der niederdeutschen Sprache zwischen Weser und Hunte, 1939. – [157] Vgl. zu dieser Erscheinung auch H. JANSSEN, Die Gliederung der Mundarten Ostfrieslands und der angrenzenden Gebiete, 1937, S. 59–62. – [158] Ob *hum* und *hör* als fries. Relikte anzusprechen sind, läßt sich trotz des saterfries. *him* und *hier* nicht mit Sicherheit entscheiden. – [159] FOERSTE (wie Anm. 89), Karten 9 bzw. 8. – [160] JANSSEN (wie Anm. 157), Karte 15. Das folgende Zitat ebd. S. 53. – [161] BORCHLING (wie Anm. 87), S. 132. – [162] So JANSSEN (wie Anm. 157), S. 35–38 und Karte 9. FOERSTE (wie Anm. 89), Karte 3 notiert hier, phonetisch weniger genau, mit ⟨oo⟩ und ⟨au⟩ die Angaben des DSA. Die folgende Angabe nach JANSSEN (wie Anm. 157), S. 38–40 und Karte 10. – [163] Dazu L. HAHN, Die Ausbreitung der neuhochdeutschen Schriftsprache in Ostfriesland, 1912. – [164] FOERSTE (wie Anm. 89), S. 22. – [165] SODMANN (wie Anm. 105), S. 118 f., Anm. 6. – [166] Nach FOERSTE (wie Anm. 89), Karten 13 und 15. – [167] JANSSEN (wie Anm. 157), S. 48. Die folgenden Beispiele ebd. S. 49–57 und Karten 13, 14. Das abschließende Zitat ebd. S. 50 f. – [168] Vgl. dazu H. BUNNING, Studien zur Geschichte der Bremischen Mundart, in: NiederdtJb 60/61, 1934/35, S. 63–147, speziell S. 91–94. – [169] H. TEUCHERT, Die Sprachreste der niederländischen Siedlungen des 12. Jahrhunderts, ²1972. Zitat ebd. S. 9. Vgl. ferner die Kartenskizze *torugg(e)* ‚zurück' ebd. S. 88. Zum folgenden im einzelnen ebd. S. 37–81. – [170] J. P. PONTEN, Deutsch-niederländischer Lehnwortaustausch, in: Wortgeographie und Gesellschaft. Festg. f. Ludwig Erich Schmitt, 1968, S. 561–606. Zitat ebd. S. 590. – [171] Außer acht bleiben kann in diesem Zusammenhang der Einfluß, den das Niederländ. über Berufs- und Fachsprachen wie die des Kaufmanns oder des Seemanns auf das Deutsche genommen hat; vgl. dazu u. a. W. MITZKA, Das Niederländische in Deutschland, in: NiederdtStud, Festschr. f. Conrad Borchling, 1932, S. 207–228. In unserem Zusammenhang wichtig ist vor allem die Untersuchung von J. W. MULLER, De uitbreiding van het Nederlandsch taalgebied, vooral in de zeventiende eeuw, den Haag 1939, die am Beispiel der Stadt Emden den Umfang des niederländ. Einflusses im niederdt. Westen aufzeigt. – [172] Hierzu zusammenfassend W. KLEEBERG, Hollandgänger und Heringsfänger. Ein Stück niedersächsischer Wirtschaftsgeschichte, in: NArchLduVolkskdeNdSachs 2, 1948, S. 193–232. Über Hollandgänger besonders ebd. S. 216. Das folgende Zitat ebd. S. 205. – [173] Alle Beispiele nach FOERSTE (wie Anm. 89). – [174] MITZKA (wie Anm. 171), S. 219. – [175] Zu weiteren Einzelheiten vgl. MULLER (wie Anm. 171) und MITZKA (wie Anm. 171), letzteren vor allem S. 219–223. – [176] Nach FOERSTE (wie Anm. 89). Das folgende Zitat ebd. S. 188. – [177] Niederländ. Einfluß in den Dialekten der Grafschaft Bentheim ist vor allem A. RAKERS in mehreren Untersuchungen nachgegangen, von denen hier ‚Auf dem westfälischen Mundartwege nach Holland durch die Grafschaft Bentheim', in: Westf Forsch 2, 1939, S. 188–213, zu nennen ist, vor allem aber ‚Die Mundarten der alten Grafschaft Bentheim und ihrer reichsdeutschen und niederländischen Umgebung', 1944. Im großen und ganzen bestätigt RAKERS die Ergebnisse, die FOERSTE für das weiter nördlich gelegene Ostfriesland erarbeitet hatte; seine Beispielwörter sind häufig mit denen FOERSTEs identisch. Allerdings wird bei ihm deutlich, daß aufgrund historischer Verhältnisse die sprachlichen Bindungen der Grafschaft an die Niederlande noch stärker waren als die Ostfrieslands und daß daher hier noch Wörter begegnen, die dort unbekannt sind (so zum Beispiel *sîsô* ‚sieh da', *îder* ‚jeder' oder *îts* ‚etwas'). Bedeutsam ist in diesem Zusammenhang auch die aus der niederländ. Provinz Overijsel importierte Form *-tîn* des Deminutivsuffixes hd. *-chen*, das im Niederdt. sonst *-ken* lautet. RAKERS weist ferner auf die wichtige Tatsache hin, daß in volkstümlichen Sprichwörtern und Redensarten der Grafschaft eine Fülle niederländ., und zwar hochsprachlichen, Sprachgutes lebendig ist. – [178] Dazu U. SCHEUERMAN, Niederländische und friesische Relikte im ostfriesischen Niederdeutsch, in: NiederdtJb 93,

1970, S. 100–109, vor allem S. 104 f. – ¹⁷⁹ Die drei Beispiele sind nach den Karten 24 und 25 bei FOERSTE (wie Anm. 23) für Nieders. auf Karte 9 (nach S. 256) wiedergegeben. Ebd. S. 75 f. bzw. S. 84 f. auch die folgenden Angaben. Zitat ebd. S. 76. – ¹⁸⁰ An eine „altmärkische Welle" wenigstens in der Elbmarsch des Hann. Wendlandes denkt E. W. SELMER, Zur Mundart des Lüneburger Wendlandes, in: NiederdtJb 50, 1924, S. 1–29. Zitat ebd. S. 9. – ¹⁸¹ SELMER (wie Anm. 180) bezeichnet S. 7 die *mi/mik*-Linie im Hann. Wendland als „die wichtigste von allen Linien" und setzt das *mi*-Gebiet geradezu mit dem Wendland gleich (ebd. S. 8). – ¹⁸² J. F. DANNEIL, Wörterbuch der altmärkisch-plattdeutschen Mundart, 1859. Vgl. dazu K. BISCHOFF, Zu Danneils altmärkischem Wörterbuch, in: Gedenkschrift für William Foerste, 1970, S. 305–318. – ¹⁸³ Vgl. zum Beispiel die einschlägigen Arbeiten von J. KOBLISCHKE, P. KÜHNEL, A. LESKIEN, E. MUCKE oder A. SCHLEICHER. An neueren Untersuchungen sind hier in erster Linie zu nennen E. W. SELMER, Sprachstudien im Lüneburger Wendland, Kristiania 1918. Das folgende Zitat ebd. S. 18. DERS. (wie Anm. 180). H. TEUCHERT, Slawische Lehnwörter in ostdeutschen Mundarten, in: ZMundartforsch 26, 1958, S. 13–31. – ¹⁸⁴ TEUCHERT (wie Anm. 169), S. 342, Anm. 2. – ¹⁸⁵ Vgl. dazu vor allem TEUCHERT (wie Anm. 169), passim. – ¹⁸⁶ Man könnte allenfalls daran denken, daß im Zuge der Besiedlung der Altmark auch Teile des nördlich angrenzenden Hann. Wendlandes mit Siedlern durchsetzt wurden, die teilweise aus dem Bereich der späteren Niederlande stammten; die Westgrenzen von *Piermade, -atz, pütten* und *wättern* könnten eine solche Vermutung nahelegen. Dann wäre mit einer Gleichzeitigkeit des Importes niederländ. Wortgutes in beide Landschaften zu rechnen. – ¹⁸⁷ Hierauf hat, in Anlehnung an K. BISCHOFF, TEUCHERT (wie Anm. 169), S. 7, 144, 342, 352 hingewiesen, der sogar von einem „altmärkischen [...] Kern" niederländ. Siedlung spricht (ebd. S. 12). – ¹⁸⁸ So M. RICHEY, Idioticon Hambvrgense oder Wörter=Buch, Zur Erklärung der eigenen, in und üm Hamburg gebräuchlichen, Nieder=Sächsischen Mund=Art. Jetzo vielfältig vermehret, Hamburg 1755, S. XXIV der Vorrede. – ¹⁸⁹ Orts- und Flurnamen, die sich in großem Umfang finden und, wenn eindeutig als slawisch gesichert, die maximale Ausbreitung der Slawen nach Westen anzeigen, sind sprachliche Gebilde, die anderen Bedingungen unterliegen als der appellativische Wortschatz, um den allein es hier gehen kann. – ¹⁹⁰ TEUCHERT (wie Anm. 169), S. 31. – ¹⁹¹ SELMER (wie Anm. 180). Das folgende Zitat ebd. S. 14. – ¹⁹² Vgl. dazu insbesondere SELMER (wie Anm. 183), Sprachstudien, S. 60–67. – ¹⁹³ Umgekehrt taucht in historischen Quellen, „im frischen Gespräch" (H. WESCHE, ‚Wendisches' im Wendland, in: Slawisch-deutsche Wechselbeziehungen in Sprache, Literatur und Kultur, Festschr. f. Hans Holm Bielfeldt, 1969, S. 262–271, Zitat S. 267) aber auch noch heute, ein hyperkorrektes /h/ vor einem mit Vokal beginnenden Wort auf. 1691 beschreibt der Lüchower Amtmann G. F. MITHOFF in einem Bericht an den Hofrat C. SCHRADER in Celle diese Erscheinung, „worin nemlich die wenden, wen sie teütsch sprechen, von unserer pronunciation abgehen", es sei „bey ihnen manirlich, daß bey allen worten, welche cum aspiratione sonsten außgesprochen werden, sie den *h* zu rücke laßen, vndt hergegen da keine aspiration, sie allemahl den *h* davor setzen, e. g. pro *aller augen* sagen sie *haller haugen*, pro *Herre = Ehre, ambtman = hamman* etc." (zitiert nach R. OLESCH, Fontes Lingvae Dravaenopolabicae Minores et Chronica Venedica J. P. Schvltzii, 1967, S. 53). – ¹⁹⁴ Auch der immer wieder zitierte, zuerst 1817 von GRAVENHORST im Hannoverschen Magazin mitgeteilte Satz „Er hammtman von Arling his ihr" ‚Herr Amtmann von Harling ist hier' (zitiert nach SELMER [wie Anm. 183], Sprachstudien, S. 61) dürfte auf ein ähnliches Bemühen zurückzuführen sein. – ¹⁹⁵ WESCHE (wie Anm. 193), S. 266 f. – ¹⁹⁶ Vgl. S. 228 mit Anm. 193. Zitat ebenfalls nach OLESCH (wie Anm. 193), S. 53. – ¹⁹⁷ WESCHE (wie Anm. 193), S. 268. – ¹⁹⁸ Nach SELMER (wie Anm. 180), S. 7 ist das Verbreitungsgebiet des Artikelausfalles praktisch identisch mit dem des *h*-Schwundes. Diese beiden Eigentümlichkeiten mögen hier genügen, um die slawischen Einflüsse auf das wendländische Niederdt. anzudeuten; für weitere

Einzelheiten vgl. vor allem die Untersuchungen von SELMER. – [199] J. F. MINSSEN, Mittheilungen aus dem Saterlande, in: EHRENTRAUT (wie Anm. 96), II, 1854, S. 135–227, beschreibt dieses ‚Wunderland' als „einen etwa 5 Stunden langen und [...] bald schmaleren, bald breiteren" Sandrücken, „der von S.S.W. nach N.N.O. läuft, wo er durch einen fast zwei Stunden breiten Moorstreifen von den südlichen Theilen Ostfrieslands getrennt ist" (S. 137). – [200] Vgl. dazu vor allem Th. SIEBS, Das Saterland, in: ZVVolkskde 3, 1893, S. 239–278 und S. 373–410. Eine neuere grammatische Beschreibung des Saterfriesischen ist die Untersuchung von H. MATUSZAK, Die saterfriesischen Mundarten von Ramsloh, Strücklingen und Scharrel inmitten des niederdeutschen Sprachraums (Diss. phil. Bonn), 1951. Ein „Saterfriesisches Wörterbuch" hat P. KRAMER zusammengestellt (Ljouwert 1961). – [201] MINSSEN (wie Anm. 199), S. 149.

6. SCHLUSSÜBERLEGUNGEN

Die Geschichte des Nd. ist in einer Kurve verlaufen, deren Höhepunkt die mnd. Schriftsprache bildet. In ihr fanden die Lokal- und Regionaldialekte eine sie alle übergreifende verbindliche Norm, unter deren Dach sie gleichzeitig in ihrer reichen Mannigfaltigkeit als Sprechsprache weiterlebten. Mit dem Siegeszug des Hd. begann der Abstieg des Nd.; es lebt heute nur noch als regional stark differenzierte Sprechsprache.

Die Gründe für den Aufstieg und den Niedergang des Nd. sind im wesentlichen außersprachliche. Während der Blütezeit der Hanse, die große Teile Nordeuropas wirtschaftlich, politisch und kulturell zusammenschloß, fand es als allgemein verbindliche Verkehrssprache zu seiner Blüte, teilte ihr Schicksal aber auch, als sich das Schwergewicht des zu einer festeren Einheit zusammengewachsenen Reiches auf allen Ebenen des öffentlichen Lebens in den Süden verlagerte. Als von dort die entscheidenden Impulse ausgingen, mußte zwangsläufig auch eine Sprachform des Südens, das Meißnische, zur Norm werden, die alle anderen Varianten gesprochener deutscher Sprache – nicht nur die nd.! – auf die Ebene von Dialekten verwies.

Die gegenwärtige Situation des Nd. in Nds. ist durch große regionale Unterschiede gekennzeichnet; allgemein gilt, daß es im Norden wesentlich stärker lebt als im Süden. Unbestritten ist aber, daß auch dort die hd. Einheitssprache das einzige verbindliche Kommunikationsmittel ist, sobald regional und/oder sozial der engste alltägliche Lebensbereich überschritten wird. Die Norddeutschen sehen „das Hochdeutsche als ‚ihre' Sprache" an, die nirgends „so als Norm akzeptiert [wird] wie in Norddeutschland"[202]. Die Gründe hierfür dürften zum einen in der besonders großen Diskrepanz zwischen nd. Dialekt und hd. Einheitssprache liegen, die die dialektalen Abweichungen von der hochsprachlichen Norm auch dem nicht über Sprache und sprachliches Verhalten reflektierenden Sprecher sofort augenfällig macht, zum anderen in dem Minderwertigkeitsgefühl, das der Dialektsprecher dem Sprecher der ihm ja durchaus bekannten hochsprachlichen Norm gegenüber empfindet und von dem er sich befreien möchte. Es gibt heute wohl keinen Dialektsprecher in Nds., der nicht wenigstens eine passive oder auditive Kompetenz des Hd. hat. Selbstverständlich kann auch der, der so gut wie ausschließlich nd. s p r i c h t, die in der Schriftsprache verfaßte Zeitung lesen, den Radio- und Fernsehsendungen ohne weiteres folgen. Ein Gefälle Stadt–Land, das auf durch den Dialekt bedingte Sprachbarrieren zurückzuführen wäre, existiert in dieser vereinfachten Form kaum. Eine viel wichtigere Rolle, die aber noch nicht recht in den methodischen Ansatz entsprechender Untersuchungen einbezogen worden ist, spielt in diesem Zusammenhang die regionale Umgangssprache, die Kommunikation über den Familien-, Freundes- und engeren Bekanntenkreis hinaus ermöglicht; sie basiert durchaus auf dialektaler Grundlage, deren Einflüsse immer wieder durchschimmern, wird aber von den Sprechern zu Recht als h o c h d e u t s c h klassifiziert.

Der Linguist, der sich mit nd. Dialekten befaßt, wird in die Begriffsbestimmung seines Forschungsgegenstandes in verstärktem Maße einbeziehen müssen, ob sein Informant eine Sprachform als nd. ansieht oder nicht. Das bisher ausschlaggebende Kriterium der unterbliebenen zweiten Lautverschiebung reicht dann nicht mehr aus, wenn über die Untersuchung einzelner Lauterscheinungen hinaus auch syntaktische Analysen vorgenommen werden sollen, für die es erst einmal erforderlich ist, den zu analysierenden Text als nd. oder nicht zu definieren. Wie soll aber eine Entscheidung hierüber aussehen bei Texten, in denen folgende Sätze stehen[203]: *Ik kam na di und hol mir das Buch ab. Das weiß ich auch nicht, wat mit em los is. Willst du auch Melk hebben? Ich war schon bei Ihrem Mann, und dor hemm wie allens besproken, ob wir 'n weißen oder 'n grünen Badeofen haben wollen, aber wir nehmen leiwer 'n witten, wi hemm alls in witt, aber Ihr Mann weiß Bescheid.* Wenn der kompetente Sprecher solche Sätze als nd. versteht, dann wird der Linguist das zunächst einmal hinnehmen und in seine Überlegungen einbeziehen müssen. Er wird dabei u. a. zu erforschen haben, ob sich für den Wechsel zwischen nd. und hd. Lautformen eine Systematik erkennen läßt; H. J. Gernentz bezweifelt das, vielleicht zu Recht[203]. Es darf in diese Definition des Objektbereiches – die eventuell heute zu anderen Ergebnissen führt als in 10 oder 20 Jahren! – keine Wertung eingehen, aus der dann sprachpflegerische Konsequenzen zu ziehen wären. Das Dilemma, ob ein „plattdeutsch gedachter Satz mit hochdeutschen Eindringlingen [...] plattdeutscher [ist] als Platt [...], wo der Satzbau hochdeutsch ist und nur die Wörter plattdeutsch sind"[204], ist im Grunde noch schärfer zu formulieren: Ist eine dieser Varianten oder sind beide oder ist eventuell keine überhaupt nd.?

Der ständige Wandel, dem die nd. Dialekte unterliegen, ist von H. Wesche als Argument gegen die Ansicht ins Feld geführt worden, das Nd. sei vom Untergang bedroht. Es ist nur natürlich, daß es in einem Gebiet, in dem es in Konkurrenz mit anderen Sprachformen lebt, von diesen beeinflußt wird. Ein solcher Einfluß geht ja nicht nur – wenn auch am nachhaltigsten – vom Hd. aus, sondern auch z. B. von der niederl. Hochsprache oder deren Dialekten. Umgekehrt hat das Nd. aber auch auf die deutsche Hochsprache eingewirkt und diese vor allem im Wortschatz erheblich bereichert[205], wie auch andere deutsche Dialekte ihre Spuren in ihr hinterlassen haben. Die Aufnahme und Einbeziehung etwa von Lehnwörtern in das System einer Sprache ist ein ganz normaler Vorgang, der frei von Emotionen gesehen und gewertet werden sollte; er führt nicht zum Untergang einer Sprache oder eines Dialektes, wohl aber verändert er ihren Charakter.

Die Problematik um das Verhältnis von – genormter – Hochsprache zu – nicht genormtem – Dialekt ist wesentlich vielschichtiger, als sie noch bis vor kurzem gesehen wurde. Sie ist weder pauschal durch den Gegensatz Stadt–Land noch durch den Oberschicht–Unterschicht zu greifen, wobei beide korrelieren können. H. H. Munske versuchte kürzlich in einem Vortrag, sie in den Satz „Wer spricht wann wo mit wem warum worüber nd.?" zusammenzufassen. In der Tat zielt dieser Satz auf die wesentlichen Begleitumstände, die den Gebrauch des Nd. bedingen: Zeitpunkt und Ort oder Gelegenheit eines Gespräches oder einer Rede, Gesprächspartner, -anlaß, -gegenstand, kurz die jeweilige Redekonstellation[206]. Unter bestimmten Bedingungen, deren Vielfalt hier auch nur anzudeuten unmöglich ist, ist jeder des Nd. aktiv oder oral mächtige kompetente Sprecher in der Lage, von dieser seiner Kompetenz Gebrauch zu machen, und er tut das auch. Diese Grundsituation wird sich auf absehbare Zeit nicht ändern, auch wenn vielleicht quantitative Einbußen hinzunehmen sein werden oder der Charakter dessen, was Nd. ist, sich ändert. Hierbei spielen tiefgreifende Phänomene eine Rolle, die auch andere Sprachschichten einschließlich der Hochsprache beeinträchtigen: Der zunehmende Mangel an außersprachlichen Eindrücken, die eine sprachliche Bewältigung verlangen, und, daraus in einer Art Teufelskreis resultierend, ein Nachlassen der oralen sprachlichen Kompetenz, da diese immer weniger gefordert wird.

[202] B. PANZER, Zum Thema: Niederdeutsche Sprache, in: KorrBlVNiederdtSprachforsch 79, 1972, S. 7–11. Zitat ebd. S. 8. Im Jahre 1920 beschwerte sich ein bayerischer Gymnasialprofessor darüber, daß die Süddeutschen „phonetisch am Gängelband der norddeutschen Stammesbrüder hängen" (zitiert nach K. SCHULTE KEMMINGHAUSEN, Mundart und Hochsprache in Norddeutschland, 1939, S. 111, Anm.). – [203] Nach GERNENTZ (wie Anm. 51), S. 142. Vgl. jetzt auch DERS., Die kommunikative Funktion der niederdeutschen Mundart und hochdeutschen Umgangssprache im Norden der Deutschen Demokratischen Republik, unter besonderer Berücksichtigung der Interferenz und der Alternanz zwischen diesen beiden sprachl. Existenzformen, in: Studia Germ. Gandensia 15, 1974, S. 209–244. – [204] H. WESCHE, Die plattdeutsche Sprache in der veränderten Welt, in: Ber. der 21. Bevensen-Tagung, 13.–15. September 1968, S. 12–33. Zitat ebd. S. 31. – [205] Vgl. dazu vor allem die Zusammenstellung im Anhang von F. KLUGE, Etymologisches Wörterbuch der deutschen Sprache, [20]1967, S. 908. M. S. KIRCH, Der Einfluß des

Niederdeutschen auf die Hochdeutsche Schriftsprache, 1952. Auch auf die umfangreichen Beeinflussungen der skandinavischen Sprachen durch das Niederdt. ist in diesem Zusammenhang hinzuweisen. – [206] Siehe hierzu jetzt K.-H. DEUTRICH, Redekonstellation und Sprechsituation. Versuch zur Beschreibung eines Kommunikationsaktes, in: IdS-Forschungsberichte 7, 1973, S. 111–192.

7. Toponyme als sprachliche Gebilde [207]

Namenforschung im nd. Sprachgebiet und damit auch in Nds. hat sich in den Gesamtrahmen der deutschen Onomastik und deren Methodologie einzuordnen. Die folgenden Ausführungen können daher keine erschöpfende ‚nieders.' Namenkunde mit allen erforderlichen Implikationen bieten.

Primäre Aufgabe der Namenforschung kann es nicht sein, als Hilfsdisziplin für andere Wissenschaftszweige zu dienen, etwa die Siedlungsgeschichte, Siedlungsgeographie, Archäologie oder – besonders im Bereich der Personen- und Familiennamen – die Soziologie[208]; die Zusammenarbeit mit ihnen ist jedoch stets zu suchen. Die Onomastik ist vielmehr in erster Linie eine philologische Wissenschaft, d. h., sie hat sich mit Eigennamen als sprachlichen Gebilden zu befassen, sie zu analysieren und zu systematisieren, ihren Stellenwert im System einer natürlichen Sprache zu bestimmen. Erst wenn dieser Schritt erfolgt ist, sind Nachbardisziplinen berechtigt, aber auch aufgerufen, sich der Ergebnisse der philologischen Erforschung von Namen zu bedienen, auf die sie vielfach nicht verzichten können.

Wer Sprache als ein S y s t e m sinnvoll aufeinander bezogener Teilsysteme versteht, das zunächst einmal die mündliche Kommunikation der Sprachträger zu ermöglichen hat, mag bezweifeln, daß den Eigennamen eine Sonderstellung in der Beschreibung der sprachlichen Grundlagen des nieders. Raumes zukommt. Namen scheint aber etwas Besonderes anzuhaften, das sie vom übrigen Wortgut einer Sprache abhebt[209]: Nur ein sehr begrenzter Ausschnitt alles Gegenständlichen, im allgemeinen nämlich Personen und Örtlichkeiten, ist der Träger eines Eigennamens. Zahlreiche Familien- und Personennamen, dann aber auch viele Siedlungsnamengrundwörter, sind – oder waren auf einer älteren Sprachstufe – mit Appellativen identisch; die betreffenden Wortformen erfüllen als Eigennamen also eine sekundäre Funktion. Das nomen proprium gehört im allgemeinen der Wortklasse ‚Substantiv' an, hat im Sprachsystem aber eine schwächere Stellung als die substantivischen Appellative. In einem bestimmten Sprechakt verwendet, meint es jeweils nur einen und nur diesen Gegenstand, auch wenn insgesamt z. B. Tausende von Menschen denselben Vornamen tragen mögen; diese „beschränkte Gebrauchsbelastung schwächt die oppositionelle und identifikatorische Funktion der in der Eigennamensform vorhandenen phonischen Elemente ab, so daß eine Umgestaltung sich [...] leichter als bei Appellativen" durchführen läßt[210].

Eigennamen können sich gesetzmäßigen Entwicklungen der zugehörigen Appellative entziehen, indem sie im Vergleich zu diesen z. B. einen älteren Lautstand oder eine Flexionsform bewahren, die im appellativischen Bereich durch eine andere ersetzt wurde; bei Entlehnungen aus einer fremden Sprache können sich in ihnen Phoneme halten, die im Phoneminventar der aufnehmenden Sprache sonst nicht vorkommen; sie können Wortgut tradieren, das im appellativischen Bereich verlorengegangen ist. Vor allem Personennamen können Modeströmungen unterliegen, von denen der appellativische Wortschatz im allgemeinen frei ist.

Diese und andere Kennzeichen, die den Eigennamen im Vergleich zu den Appellativen eine gewisse Sonderstellung innerhalb des Systems einer Sprache verleihen, dann aber auch die Notwendigkeit, an ausgewählten Beispielen den Primat einer sorgfältigen philologischen Erforschung nachzuweisen, mögen es rechtfertigen, daß anhangsweise wenigstens topographische Namen hier in einer sehr begrenzten Auswahl behandelt werden.

Unter Toponymen sind zunächst alle die Namen zu verstehen, die Lokalitäten im Gelände bezeichnen, unabhängig davon, ob diese bewohnt sind/waren oder nicht. Nach diesen Kriterien wiederum werden Orts- oder besser Siedlungsnamen und Flurnamen unterschieden, wobei letzteren auch die Flußnamen zugeordnet werden können, deren Bedeutung für die Erschließung einer Gruppe verwandter alteuropäischer Sprachen mit Hilfe der Rekonstruktion eines Systems ihrer Flußnamengebung oben (S. 171) gestreift wurde. Die folgenden Bemerkungen werden sich im wesentlichen mit Siedlungsnamen (SN) befassen, zu denen aus Gründen einer exakten Systematik grundsätzlich zunächst auch jene Namen zu zählen sind, die ursprünglich an einem unbewohnten Geländeteil hafteten, also Flurnamen waren, bei der Anlage eines Wohnplatzes dort beibehalten wurden und jetzt die menschliche Ansiedlung bezeichnen, damit also zu SN geworden und häufig auch nur als solche bezeugt sind. Im Vordergrund allerdings werden die Namen stehen, deren äußere Form sie bereits als SN ausweist, solche also auf *-dorf, -hausen, -heim, -hof, -stedt* usw. Sie in ein System – absoluter oder relativer – zeitlicher Aufeinanderfolge im Hinblick auf die mutmaßliche Gründung der jeweils zugehörigen Orte einzupassen, soll hier nicht versucht werden, ist auch für den Gesamtraum derzeit noch nicht durchführbar[208].

Grundvoraussetzung für die wissenschaftliche Beschäftigung mit SN ist eine möglichst weit in die Vergangenheit zurückreichende, möglichst umfassende schriftliche Überlieferung jedes einzelnen Namens. Dabei kommt es nicht nur darauf an, daß Anfangs- und Endglied einer Belegreihe einander gegenübergestellt werden können, sondern es müssen auch die Formen vorliegen, die sichere Aufschlüsse über die sprachliche Entwicklung auf den einzelnen Stufen zwischen diesen beiden Polen ermöglichen. Daß alle Belege einer sorgfältigen Quellenkritik zu unterziehen sind, die insbesondere zwi-

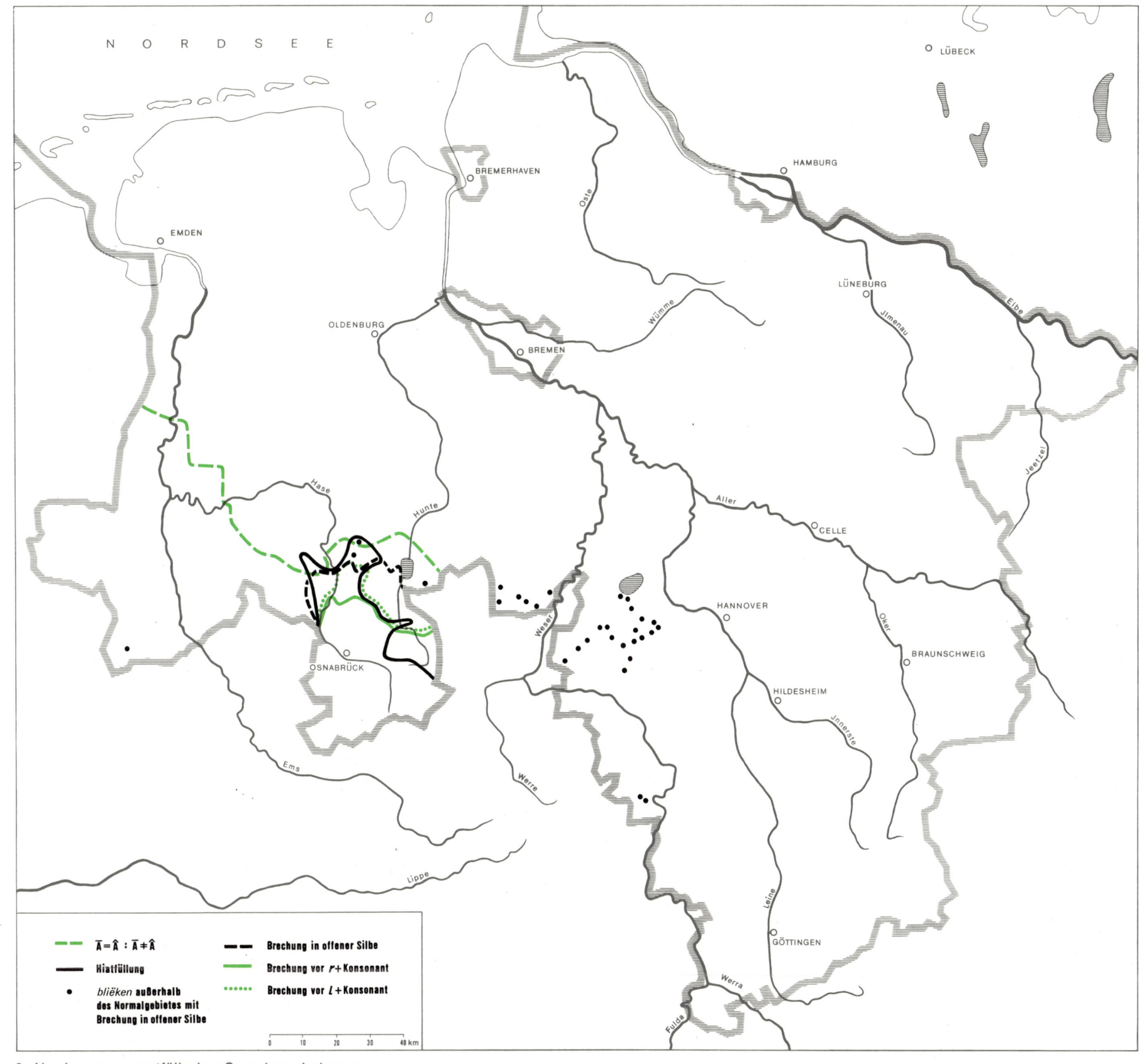

8. Nordgrenzen westfälischer Spracherscheinungen

schen originaler und kopialer Überlieferung scharf zu trennen hat, sollte dabei eine Selbstverständlichkeit sein. Ohne solche Belegreihen führen die bei vielen noch immer im Mittelpunkt des Interesses stehenden D e u t u n g s - versuche oft in die Irre, man gelangt zu falschen Interpretationen, häufig auch zu falschen Identifikationen historischer Belege mit noch existierenden oder wüsten Orten. Absolut unzulässig ist es, nur mit der heutigen Namensform zu operieren und aus ihr Erkenntnisse gerade für die obengenannten Nachbardisziplinen gewinnen zu wollen.

Die folgenden Ausführungen verstehen sich in erster Linie als Sammlung von Beispielen, die vor einem leichtfertigen Umgang mit SN warnen sollen; das Schwergewicht liegt also auf sprachlichen Aspekten. So entsteht keine Systematik der nieders. SN, sondern es werden Einzelphänomene aufgezeigt[211]. Die Kreisangaben richten sich nach dem Gebietsstand am 1. Januar 1964.

Siedlungsnamen mit dem Grundwort *-hausen*, and. *-hûsun*

Auf die Wichtigkeit einer einwandfreien historischen Überlieferung für jede wissenschaftliche Beschäftigung mit Namen sei zunächst anhand einiger Beispiele von SN mit dem GW *-hausen* hingewiesen[212] (vgl. u. S. 267). Die Belegreihe für den SN *Dinkelhausen* (Kr. Northeim) beginnt bei E. Kühlhorn mit a. 1385 *Dinkeldeshusen*; spätere Belege erwecken dann den Eindruck, „als sei dieser Ortsname erst im 16. Jahrhundert, und auch dann nur vorübergehend, dem im südlichen Niedersachsen verbreiteten *-ingehusen*-Typ angeglichen worden". Wie die ältesten Formen a. 1286 *Dinkellingenhusen*, a. 1296 *Dinckelingeh[use]n* und a. 1303 *Dinckelingehusen* zeigen, liegen die Verhältnisse aber gerade umgekehrt: *Dinkelhausen* ist in der Tat ein SN, der u r - s p r ü n g l i c h auf *-ingehusen* ausging, in dem das Suffix *-inge* aber im Laufe der Zeit ausfiel; er gehört damit in eine Gruppe mit *Eddigehausen* oder *Elliehausen*, beide im Kr. Göttingen, in denen *-inge* resthaft als *-ige* bzw. *-ie* bis heute bewahrt blieb[213].

Eine tatsächliche Angleichung an die südnieders. *-ingehausen*-Namen liegt dagegen bei *Volpriehausen* (Kr. Northeim) vor, das a. 1248 (Kop. 2. Hälfte 13. Jahrhundert) als *Volporgehusen* erstmals bezeugt ist, a. 1366 dann schon als *Volpringehusen, Volpringhusen, Wolperinghusen, Wolpringhusen*, a. 1453 als *Volpringhusen*, a. 1519/20 (Kop. 16. Jahrhundert) als *Volpringehusen*, a. 1537 als *Wolprihusenn*, a. 1542 und a. 1603 aber noch einmal als *Volbugeshusen* bzw. *Volpershusen*[214].

Gesicherte Belegreihen sind als Basis noch weniger verzichtbar, wenn es gilt, mehrere auf engerem Raum heute gleichlautende SN in ihrer sprachlichen Entwicklung zu verfolgen. Eine eindeutige Zuordnung der einzelnen Belege hat in solchen Fällen auch außersprachliche Kriterien heranzuziehen, insbesondere den weiteren Kontext, in dem der Name auftaucht und der Bezug nehmen kann z. B. auf Besitzverhältnisse oder auf topographische Gegebenheiten. Sowohl im Kr. Münden als auch im Kr. Einbeck gibt es heute ein *Hilwartshausen*, in letzterem zudem eine Wüstung *Hilwardessen*. Die Identifikation der historischen Belege ergibt folgendes Bild: *Hilwartshausen* (Kr. Münden) ist seit dem 10. Jahrhundert bezeugt, und zwar als a. 960 *Hildiuuardeshusun*, a. 990 *Hildiuuardeshuson*, a. 1209 *Hildewardeshusen*, a. 1318 *Hilwardeshusen* usw. Der Name gehört zu dem in Südnds. weit verbreiteten Typ ‚stark flektierter Personenname (PN) im Genitiv Singular als Bestimmungswort (BW) + Dativ Plural von and. *hûs* ‚Haus' als Grundwort (GW)'; sein BW ist der männl. PN *Hild(i)ward*. Für den heute gleichnamigen Ort im Kr. Einbeck liegen die ältesten Formen a. 1055 (Kop. 16. Jahrhundert), a. 1256 *Hildolueshusen*, a. 1257 *Hilwoldeshusen* und a. 1293 *Hildolueshusen*, *Hyldolueshusen* vor. Er gehört demselben Typ an, doch ist sein BW der männl. PN *Hildolf* aus *Hildiwolf*; erstmals a. 1257 ist dessen GW zu -*wold* aus *-*wald* umgestaltet worden, das BW des SN lautete jetzt also *Hild(i)wald*[215]. Die weitere Entwicklung zeigt erstmals a. 1458 (Kop. 16. Jahrhundert) mit *Hilverßhusen* einen erneuten, wiederum durch sprachliche Abschleifungsprozesse bedingten, scheinbaren Wechsel im GW des PN, das jetzt -*ward* zu sein scheint; über *Hiluarshusen* aus dem 17. Jahrhundert führt der Weg schließlich auch hier zu *Hilwartshausen*. Diese junge Namengleichung sowie die Unkenntnis der alten Namensformen und ihrer Entwicklung haben dann auch dazu geführt, das a. 960 durch Otto I. errichtete Reichskloster Hilwartshausen im Solling (sw. Einbeck) zu suchen[216]. Hier liegt ein konkretes Beispiel für einen leichtfertigen Umgang mit SN ohne vorherige gründliche philologische Aufbereitung vor, der verhängnisvolle Konsequenzen nach sich zog.

Ähnlich liegen die Verhältnisse bei den drei Orten *Sievershausen* in den Krr. Burgdorf, Gandersheim und Einbeck sowie einer Wüstung gleichen Namens im Kr. Einbeck[217]. Unter keinen Umständen kann die Rede sein von einer Wanderung des Namens von einem Ausgangspunkt zu den anderen Stellen, an denen er heute begegnet[218]. Die historischen Belege für die jeweiligen SN zeigen vielmehr folgendes ganz klar: *Sievershausen* (Kr. Burgdorf) ist erstmals a. 1234 als *Sifrideshusen* überliefert, sein BW ist der männl. PN *Sigifrid*; *Sievershausen* (Kr. Gandersheim) taucht erstmals a. 1141 (Kop. 18. Jahrhundert) auf, und zwar als *Siegehardishusen*, sein BW ist der männl. PN *Sigihard*; *Sievershausen* (Kr. Einbeck) ist erstmals a. 1356 (Kop. 15. Jahrhundert) bezeugt, und zwar als *Sydageshusen*, sein BW ist der männl. PN *Sigidag*; die Wüstung im Kr. Einbeck schließlich begegnet a. 1210 als *Siburgehusen*, dessen BW der weibl. PN *Sigiburg* ist. Die heute für vier verschiedene Orte identische Namensform, die zu weitreichenden außersprachlichen, d. h. vor allem wohl siedlungsgeschichtlichen, Vermutungen Anlaß geben könnte, ist also „das Ergebnis relativ junger Entwicklungsgänge". Um diese aufzuzeigen und um mit ihnen falsche Schlußfolgerungen zu vermeiden, bedarf es einer sorgfältigen philologischen Analyse jedes Einzelfalles, die sich ihrerseits auf eine einwandfreie Überlieferungsreihe muß stützen können. Selbst die Tatsache, daß die BW aller vier *Sievershausen* PN mit *Sigi-* als BW sind, vermag nicht darüber hinwegzutäuschen, daß zwischen allen erhebliche sprachliche Unterschiede bestehen und daher von einer gegenseitigen Abhängigkeit welcher Art auch immer keine Rede sein kann.

Siedlungsnamen auf -*sen*

Die bisher angeführten Beispiele betrafen SN mit dem GW -*hausen*, das hier als schwach flektierter Dativ Plural relikthaft bewahrt blieb, während im appellativischen Bereich dieser Kasus von *Haus* heute nur stark flektiert als *Häusern* gebraucht wird. Das GW ist in vielen Teilen Niedersachsens unter bestimmten Bedingungen zu -*sen* abgeschwächt worden[219], wie etwa die Beispiele *Dassensen, Holtensen, Immensen* oder *Mackensen* im Kr. Einbeck zeigen. Aber nicht in allen Fällen geht heutiges -*sen* auf -*hausen* zurück, und nur eine hinreichende historische Überlieferung jedes einzelnen Namens kann hier Klarheit verschaffen[220]. Schon H. Wesche hat darauf aufmerksam gemacht, daß im Kr. Gifhorn einige solcher SN ursprünglich mit dem GW -*heim* gebildet waren, das bei einem auf -*s* ausgehenden BW – zumeist ein stark flektierter männl. PN – unter Überspringung der Silbengrenze schließlich zu -*sen* abgeschwächt werden konnte[221]. Aus dem südlichen Nds. lassen sich hier Beispiele anführen wie *Garlebsen* (Kr. Gandersheim), a. 1231 *Jerleveshem*, *Lüerdissen* (Kr. Holzminden), a. 1197 *Ludershem* oder *Vardeilsen* (Kr. Einbeck), a. 1205 *Verdeleseim*. Aus dem Kr. Rotenburg (Hannover) gehört in diesen Zusammenhang *Heelsen*, a. 1258 *Heldessen*, a. 1296 aber *Heldissem*, mundartlich heute *Hälßen*; nicht ganz sicher sind *Bötersen*, um 1320 (Kop. 16. Jahrhundert) *Buterßen, Botersen*, mundartlich heute *Beutzen*, das mit der Dialektform von *Bötersheim* (Kr. Harburg) identisch ist; *Eversen*, 14. oder 15. Jahrhundert schon *Eversen*, mundartlich heute *Æberßen*; *Schwitschen*, um 1320 (Kop. 16. Jahrhundert) *Swidekessen*, mundartlich heute *Switschen*; *Waffensen*, um 1320 (Kop. 16. Jahrhundert) *Waffenscen*, mundartlich heute *Wåschen, Wåßen*; *Wehnsen*, um 1320 (Kop. 16. Jahrhundert) *Wedenßen, Wedensen*, mundartlich heute *Wähnßen*[222]. Da in Nordhannover die schriftliche Überlieferung von SN im allgemeinen so spät einsetzt, daß die erforderliche Differenzierung von heutigem -*sen* in -*hausen* bzw. -*heim* durch sie nur selten möglich ist, kommt der dialektalen Aussprache der amtlichen Namensform hier entscheidende Bedeutung zu. In zahlreichen überprüfbaren Fällen hat sich nämlich herausgestellt, daß -*sen* aus -*hausen* im Dialekt mit stimmhaftem, -*sen* aus -*s-heim* dagegen mit stimmlosem [s] gesprochen wird, und zwar auch in stimmhafter Umgebung.

Eine Übertragung dieses Ergebnisses auf Namen, bei denen eine hinreichende schriftliche Überlieferung fehlt, kann diesen Mangel ausgleichen helfen.

Aber nicht nur die gerade auch für die Siedlungsgeschichte notwendige Unterscheidung von -sen in -hausen- bzw. -heim-Namen wird bei fehlenden frühen Belegen erschwert oder gar unmöglich gemacht, sondern es besteht auch die Gefahr, daß -sen völlig falsch interpretiert, ihm eine Art Suffixcharakter zugesprochen wird und die betreffenden Namen so aus ihrem genetischen Zusammenhang herausgerissen werden. So wurde eine Gruppe von SN wie *Edemissen* (Kr. Einbeck), a. 1135 *Ettemissun*, *Erbsen* (Kr. Northeim), a. 1015–1036 (Kop. 12. Jahrhundert) *Erpessun*, *Güntersen* (Kr. Northeim), a. 1059 (Kop. 13. Jahrhundert) *Gunteresu*, oder *Hardegsen* (Kr. Northeim), a. 1015–1036 (Kop. 12. Jahrhundert) *Hiridechessun* als „mit ursprünglicher Bildungssilbe -sun" gebildet interpretiert[223], doch stellte sich dann heraus, „daß in Ostwestfalen sowie vereinzelt auch östlich der Weser -hūsun nach genetivischem -s bereits nach 1000 zu -essun kontrahiert wurde und bei fehlender Frühüberlieferung auch die gegenwärtige Forschung kontrahierte -hausen-Namen nicht immer als solche erkannt hat"[224]. Den Wert einer möglichst weit zurückreichenden Bezeugung von SN illustriert dieses Beispiel besonders gut; erst sie ermöglicht eindeutige Ergebnisse der philologischen Untersuchung, auf denen als gesicherter Basis dann Nachbardisziplinen aufbauen können.

Siedlungsnamen mit dem Grundwort *-heim*, and. *-hêm*

Ein weiteres wichtiges SN-Grundwort ist das bereits erwähnte *-heim*, in der Nachfolge von W. Arnold vielfach als typisch fränkisch apostrophiert[225]. Für Bezugsgruppen vom Typ „*Nordheim – Mittelheim – Südheim*" trifft dieses insofern sicher zu, als sie großenteils auf planmäßige Anlage im Zuge nachgewiesener fränkischer Kolonisierung zurückgehen, wobei allerdings nicht immer Franken als Siedler angesetzt worden sein müssen; auch *-heim*-Namen mit BW wie *Tal-* oder *Stock-* sollen auf fränkische Siedlung hindeuten[226]. Im übrigen aber ist dieses Namen-GW viel zu weit über die Germania verbreitet, als daß man es – ebenso wie andere – nur einem einzigen Stamm zuschreiben könnte.

Zentren nieders. *-heim*-Orte sind Ostfriesland und der Raum um Hildesheim (vgl. u. S. 266). In beiden Landschaften ist das GW häufig zu *-um* abgeschwächt worden – vgl. z. B. *Jarßum* (Kr. Leer), a. 900 *Gerzhem*, oder *Ochtersum* (Kr. Hildesheim), a. 1132 *Ochteresheim* –, ein Vorgang, der in Parallele zu der Reduktion von *-hausen* zu *-sen* zu sehen ist und wie dort hauptsächlich durch die Änderung ursprünglicher Betonungsverhältnisse und deren Folgen für die unbetonten Endsilben zu erklären sein wird. Beispiele für die oben erwähnten „fränkischen" Bezugsgruppen unter den *-heim*-Namen sind außer den durchsichtigen *Northeim* und *Sudheim* mit der Wüstung *Medenheim* (Kr. Northeim) noch *Northum* – *Midlum* – *Sorthum* (Kr. Wesermünde) und *Nartum* (Kr. Bremervörde) – *Sottrum*, Kr. Rotenburg (Hannover).

Von besonderem sprachlichem Interesse sind unter ihnen die Namen, die die südlich gelegene Siedlung bezeichnen, wobei nicht immer ein **Nordheim* als Pendant vorhanden ist. Sie zerfallen in zwei Gruppen, in deren erster das BW der Wortstamm **Sud-* ist – *Sudheim* (Kr. Northeim) ist in Nds. ihr einziger Vertreter –, in deren zweiter dagegen das Adverb and. *sûthar,* mnd. *sûder, sûder* ‚südlich, in südlicher Richtung'. Am Beispiel der dieser zweiten Gruppe zugehörigen Namen soll im folgenden gezeigt werden, wie – im Gegensatz zu den bisher vorgeführten Fällen – e i n e m Ausgangspunkt sprachlicher Entwicklung unterschiedliche Endstufen gegenüberstehen können. **Sûtherhêm* ‚Suderheim' ist der Ansatz, von dem hier auszugehen ist; es ist für die acht (neun) verschiedenen Endversionen, die sich auf zehn (elf) noch bestehende Orte und einen Ortsteil beziehen, im allgemeinen als *Sutherhem, Sutherem* in den ältesten Erwähnungen gut und gesichert bezeugt [227].

Das nördlichste ‚Suderheim' in Nds. ist das heutige *Sorthum* (Kr. Wesermünde), a. 1280 *Suttherim,* vor a. 1282 *Sutherem,* a. 1312 *Sotterem,* a. 1313 *Sottherem, Sotterem,* a. 1338 *Sottrem, Sottrom,* a. 1392 *Sotterme* [228], mundartlich heute *Sortum.* Der Name zeigt die oben erwähnte Abschwächung des GW zu *-um.* Seine heutige amtliche Gestalt verdankt er ohne Zweifel dem Einfluß des Partners *Northum,* a. 1287 *Northem,* das sich normal zu seiner heutigen Form entwickelt hat, deren Ausstrahlung dazu führte, daß in *Sorthum* das *r* aus *Suther-* heute v o r dem *t* steht.

Das nächst südlich gelegene ‚Suderheim' ist *Sottrum,* Kr. Rotenburg (Hannover), das eine Parallele in *Sottrum* (Kr. Hildesheim) hat; beide werden daher gemeinsam behandelt. Belege für das erstere sind um a. 1205 *Suthrem,* a. 1219 *Sutherhem,* a. 1226 *Sutherem,* um a. 1230 *Sutherem,* a. 1231 *Sutherum,* um a. 1260 *Suterem,* a. 1318 *Sutherum,* a. 1335 *Sutterum,* a. 1350 *Sottrum* [229]; mundartlich heute *Söttmer, Sottmer. Sottrum* (Kr. Hildesheim) ist für die Frühzeit bezeugt als a. 1149 *Sutherem,* a. 1162 *Sutherem,* a. 1216 *Sudherem* [230], a. 1246 *Suththerem* [231], a. 1266 *Sutherem,* a. 1268 *Sutherem,* a. 1271 *Sutherem,* a. 1281 *Sutherum,* a. 1283 (Kop. 15. Jahrhundert) *Sotterem,* a. 1284 (Kop. 18. Jahrhundert) *Sutherem,* a. 1286 *Sudherem, Sutherem, Sothzerem* [232], a. 1314 *Suttherem, Sothere[m],* a. 1317 *Soscerem, Socerem,* a. 1318 (Kop. 16. Jahrhundert) *Sotterem,* a. 1318 (Kop. 14. Jahrhundert) *Sutherum,* a. 1323 *Socerem,* a. 1326 *Socerem, Zoserem, Sozzerum,* a. 1337 (Kop. 18. Jahrhundert) *Sosserum,* a. 1338 *Sotterum* [233], mundartlich heute *Sottern.* Die Reduktion des GW zu *-um* hat auch hier stattgefunden, das *r* ist in seiner ursprünglichen Position hinter dem *t* geblieben [234].

Ebenfalls im Kreis Hildesheim, dazu in den Kreisen Springe und Hannover, findet sich der Name *Sorsum. Sorsum* (Kr. Hildesheim) ist erstmals a. 1125 belegt, und zwar als *Sutherem;* die weiteren urkundlichen Bezeugungen für die Frühzeit: a. 1131 *Sutherem,* a. 1146 *Sutherre[m],* a. 1189 (Kop.) *Sutherem,* Ende 12. Jahrhundert *Sutherem,* a.1203 *Sutherem,* a.1204 *Sutherem,* a.1211 (Kop. a. 1718) *Suderem,* a. 1212 *Sutherem,* a. 1215 *Suttherem,* a. 1219 *Suderem,* a. 1221 *Suthrem, Sutherem*[235], mundartlich heute *Sossen,* identisch mit *Sossen* in Bückeburg (s. u.). – Für *Sorsum* (Kr. Springe) liegen mir nur verhältnismäßig junge Belege vor, nämlich a. 1300 *Socerum,* a. 1302 *Sozerum,* a. 1304 *Socerum* und a. 1318 *Sozserum*[236]; sie lassen ihre Herkunft aus *Sutherhem* nicht mehr erkennen, entsprechen aber gleichzeitigen Formen für ‚Suderheim' so völlig, daß ein Analogieschluß zulässig erscheint. – Für *Sorsum* (Kr. Hannover) kann ich lediglich zwei ebenfalls junge Belege beibringen, a. 1369–1371 *Sosserom*[237], um a. 1424 *Sosserum,* mundartlich heute ebenfalls *Sossen;* auch dieser SN kann als ‚Suderheim' angesprochen werden.

Ein weiterer SN dieser Gruppe ist das im heutigen Bückeburg gelegene *Sossen,* a. 1256 *Sutherem,* a. 1268 *Suthrem*[238]; die heutige Form *Sossen* ist identisch mit mundartlichem *Sossen* für Sorsum (Krr. Hildesheim und Hannover).

Wieder im Gebiet des Kernostfälischen liegt *Sottmar* (Kr. Wolfenbüttel). Die ältesten Belege: a. 965 (Fälschung 12. Jahrhundert) *Sutthereim,* a. 1146 *Sutherheim,* a. 1150 *Svetherem,* a. 1160 *Suthere[m],* a. 1179 *Suthrem,* a. 1198 *Sutherum,* a. 1206 (Druck 18. Jahrhundert) *Suttherum,* a. 1242 *Sudtherem,* a. 1275 (Kop. 15. Jahrhundert) *Sudtherum,* a. 1305 (?) *Sodherem,* a. 1317 *Sothzerum,* a. 1318 *Sotterum,* a. 1320 *Sutzerem,* a. 1328 *Zotherum,* a. 1336 *Zotterum,* a. 1338 *Sotterem,* a. 1349 *Sottrum,* a. 1400 (Kop. 15. Jahrhundert) *Zot(t)mer,* a. 1418 *Sotmere,* a. 1476 (Kop. 15. Jahrhundert) *Sothmer,* a. 1588 *Sottmar,* mundartlich heute *Settmer*[239]. Bei diesem SN findet sich ein Übergang des abgeschwächten und damit unverständlich gewordenen GW zu *-mar*[240], der auch im letzten Namen dieser Gruppe zu beobachten sein wird und der interessanterweise auch in der Überlieferungsreihe und in der heutigen Dialektform von *Sottrum,* Kr. Rotenburg (Hannover) begegnet, was bisher zurückgestellt wurde; die entsprechenden Belege dort tauchen erstmals 1437 mit *Sottmar* auf, das danach in ständigem Wechsel mit *Sottrum* erscheint und sich mundartlich bis heute gehalten hat. Dieses *-mar* wird in der Tat, wie J. Hartig[240] annimmt, durch einen sprachlichen Abschleifungsprozeß, nicht aber durch den Einfluß benachbarter echter *-mar*-Namen zustande gekommen sein[241].

Mit diesem scheinbar neuen GW nun geraten *Sottmar* (Kr. Hildesheim), das mundartliche *Söttmer, Sottmer* für *Sottrum,* Kr. Rotenburg (Hannover) und auch das folgende *Soßmar* (Kr. Peine) in den Problemkreis falscher Schlüsse, die aus heutigen Namensformen gezogen werden können. Das GW *-mar* in SN gilt seit E. Schröder als „der ältesten Siedlungsschicht" zugehörig[242]; ein Versuch, alte Kulturlandschaften u. a. auch mit Hilfe von SN zu rekonstruieren, der hiervon ausgeht und unkritisch die modernen SN-Formen zugrundelegt, muß in den hier aufgezeigten Fällen zwangsläufig zu Fehlschlüssen führen.

Als nächstes ‚Suderheim' ist hier *Soßmar* (Kr. Peine) zu nennen, a. 1146 *Sutherem*, a. 1232 *Svtherem*, a. 1265 *Suttherem*, a. 1313 *Sottherum*, a. 1317 *Sozerem*, a. 1320 *Socerum*, um a. 1320 (Kop. 14. Jahrhundert) *Sothzerem*, a. 1321 (Kop. 15. Jahrhundert) *Sosserem*, a. 1324 *Sozcerem*, a. 1326 *Socerum*, *Sosserem*, a. 1328 *Zoserem*, *Zocerem*, a. 1329 *Socerum*, a. 1341 *Soczerem*, a. 1342 *Zosserem*, a. 1360 *Sostorem*, a. 1361 (Kop. 15. Jahrhundert) *Sotzerum*, mundartlich heute *Soßmer*[243]. Bei dieser Belegreihe fallen, ähnlich wie z. B. bei *Sottrum* (Kr. Hildesheim und *Sottmar* (Kr. Wolfenbüttel), jene Formen besonders auf, die im BW statt der üblichen Graphien für ein stimmhaftes spirantisches Dentalphonem solche für einen stimmlosen Alveolar zeigen[244], der sich, anders als dort, schließlich durchgesetzt hat. Der ungewöhnliche, aber vereinzelt auch sonst zu beobachtende Lautwandel fällt etwa in die Zeit um 1300; er führte, zusammen mit der Umwandlung des GW, zu jener Endstufe der Entwicklung, die sich im Vergleich zu anderen am weitesten vom Ausgangspunkt entfernt hat.

Auch die beiden westlichsten ‚Suderheime', *Sussum* (Kr. Bersenbrück) und *Sustrum* (Kr. Aschendorf-Hümmling), zeigen den eben beschriebenen Lautwandel. *Sussum* ist erstmals a. 1188 (Kop. letztes Viertel 13. Jahrhundert) bezeugt, und zwar als *Sutheren*[245]; weitere Belege sind um a. 1240 *Sutterheim*[246], a. 1350 (Hs. a. 1361) *Sussere*, für das die Handschrift von ca. a. 1480 *Susserem* hat[247], a. 1350 (Hs. a. 1361) *Susseren*, a. 1402–1404 (Hs. Mitte 15. Jahrhundert) *Zusseram*, *Susseram*, a. 1412 (Hs. ca. a. 1480) *Zusserem*, a. 1442 (Hs. Mitte 15. Jahrhundert) *Susserm*, *Sussurem*, *Susserem*, a. 1473 *Susseram*, a. 1508–1532 (Hs. Mitte 16. Jahrhundert) *Susseram*, Mitte 16. Jahrhundert *Susten*[246], a. 1628/1629 *Susserumb*, a. 1667, a. 1718 *Sußumb*, a. 1723 *Sussum*, mundartlich heute *Sußum*. – *Sustrum* begegnet zuerst im 11. Jahrhundert (Kop. 1479), und zwar als *Suhtram*[248]; weitere Belege sind a. 1350 (Hs. a. 1361) *Susgeham*, das in der Handschrift von a. 1365 als *Susseram* erscheint[247], a. 1358 *Zutzeren*[246], a. 1402–1404 (Hs. Mitte 15. Jahrhundert) *Zusseram*, a. 1412 (Hs. ca. a. 1480) *Susserem*, a. 1424–1437 (Hs. ca. a. 1480) *Zusseren*, a. 1442 (Hs. Mitte 15. Jahrhundert) *Susseren*, *Susserme*, a. 1466 *Zusserl*[246], a. 1473 *Susserem*, *Susseram*, a. 1508–1532 (Hs. Mitte 16. Jahrhundert) *Susseren*, *Sussen*, a. 1571 *Susstrum*[246], mundartlich heute *Sustrum*.

Die Identifikation der vorstehend aufgeschlüsselten Belege, die ihrer Schreibung nach teilweise identisch sind, mit dem einen oder dem anderen heutigen Ort, war nur anhand außersprachlicher Kriterien möglich. Das *Zusseram* der ersten Reihe z. B. wird als „in parr. Anchem" (= Ankum) liegend gekennzeichnet[249], woraus sich ergibt, daß damit nur *Sussum* (Kr. Bersenbrück) gemeint sein kann, während die für das sicher verderbte *Susgeham* der Handschrift A stehende korrekte Form *Susseram* der Handschrift B derselben Vorlage als

„in parr. Stenebille" (= Steinbild) liegend näher bestimmt wird[249], die Form sich also nur auf Sustrum (Kr. Aschendorf-Hümmling) beziehen kann. Entweder solche Zuordnungen zu einem Kirchspiel oder der Zusammenhang mit anderen, sicher lokalisierbaren Dörfern sind Hilfen bei dem Versuch, historische SN-Formen in heutigen SN wiederzufinden.

Es mag gestattet sein, die politischen Grenzen Niedersachsens auch hier noch einmal zu überschreiten, um auf wenigstens ein weiteres ‚Suderheim' aufmerksam zu machen[250], das eine neue Variante der modernen Entsprechungen zeigt: *Sutrum*[251] bei Rheine im Münsterland ist a. 1022–1032 (Kop. 14./15. Jahrhundert) als *Sutherem* überliefert[252], im Anfang des 12. Jahrhunderts als *Suthram*[253], am Ende desselben als *Suthrem*[254]; die heutige Form ähnelt stark *Sottrum*, Krr. Rotenburg (Hannover) und Hildesheim.

E i n e ursprüngliche SN-Form des 10.–12. Jahrhunderts, *Sûtherhêm ‚Suderheim', hat sich also zu a c h t (neun) verschiedenen heutigen Namen entfaltet, *Sorthum* (Kr. Wesermünde), *Sottrum*, Krr. Rotenburg (Hannover), Hildesheim, *(Sutrum* bei Rheine), *Sorsum* (Krr. Hildesheim, Hannover, Springe), *Sossen* in Bückeburg, *Sottmar* (Kr. Wolfenbüttel), *Soßmar* (Kr. Peine), *Sussum* (Kr. Bersenbrück) und *Sustrum* (Kr. Aschendorf-Hümmling). Dieses Spektrum mag zur Vorsicht gemahnen bei dem Umgang mit modernen amtlichen Formen von SN.

Anknüpfungspunkte für eine weitere interessante Entwicklung, die -heim-Namen genommen haben, sind die Belege *Susseram*, *Zusseram* für *Sussum* (Kr. Bersenbrück), *Suthram (aus Suhtram), Susgeham, Susseram, Zusseram* für Sustrum (Kr. Aschendorf-Hümmling) und *Suthram* für Sutrum (Kr. Münster). In ihnen deutet sich für den Westen des niederdt. Sprachgebietes während des Abschwächungsprozesses des GW -hêm zu heutigem -um eine Zwischenstufe an, die durch ⟨a⟩-Schreibungen gekennzeichnet ist, in denen man eine ähnliche Kanzleiform wird sehen dürfen wie in den ⟨um⟩-Schreibungen, die schließlich kanonisiert wurden. Zahlreiche weitere -heim-Namen aus dem fraglichen Raum bestätigen diesen Eindruck[255].

Auch im westlichen Nieders. gehört eine Reihe von SN zur Gruppe der (ursprünglichen) -ingheim-Namen; ihre grundsätzliche Problematik kann hier unberücksichtigt bleiben. Wichtig ist unter dem in diesem Anhang betrachteten Aspekt, daß in dem angedeuteten Gebiet der -(h)am-Formen für ursprüngliches -hêm in der Zeit, da die ⟨a⟩-Schreibung galt, das *-ing(h)am geschriebene -inghêm zu *-ingkamp umgedeutet wurde, das aufgrund der auch sonst zu beobachtenden Abschleifung des Suffixes -ing(en) zu -en schließlich zu -enkamp wurde. Aus der Wredeschen Sammlung nenne ich als Beispiele *Brecklenkamp* (Kr. Grafschaft Bentheim), a. 890 *Brakkinghem*, *Düenkamp* (Kr. Cloppenburg), a. 1189/1207 *Dudinchem*, *Evenkamp* (Kr. Cloppenburg), a. 968/978 *Evinchem* und *Hinnenkamp* (Kr. Vechta), 11. Jahrhundert *Hennincheim*. Das heutige GW -kamp, das diese Namen als recht jung er-

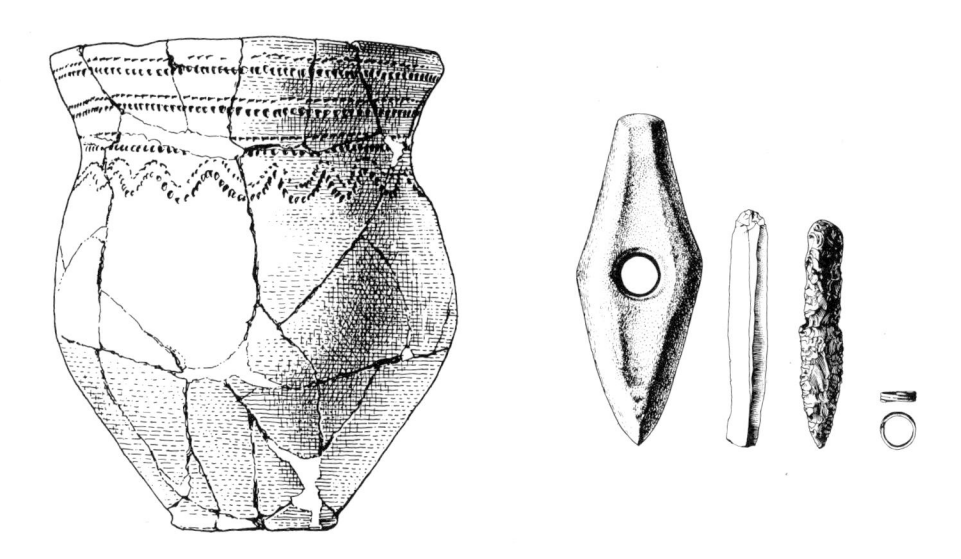

Abb. 8
Hügelgrab der Einzelgrabkultur bei Goldbeck, Kr. Stade
und Beigaben einer Bestattung (Becher, Axt, Flintklinge und Bronzering)

scheinen läßt, ist das Ergebnis einer etwa im 15. Jahrhundert einsetzenden sprachlichen Entwicklung, das dazu verleiten kann, daß diese Namen bei unkritischer, nur auf die heutigen Formen zurückgreifender Zuhilfenahme für Beweisführungen außerhalb der Onomastik aus ihren genetischen Zusammenhängen herausgerissen und falsch interpretiert werden.

Siedlungsnamen auf -*um*

Das aus -*heim* abgeschwächte -*um*, das in den voranstehenden Belegreihen häufig auftauchte, ließ seinen ursprünglichen Bedeutungsinhalt nicht mehr erkennen und konnte offensichtlich als eine Ableitungssilbe aufgefaßt werden, mit deren Hilfe altertümliche, nicht mehr verstandene Namen verändert und an einen den SN-Bestand einer Landschaft prägenden Typ angepaßt wurden. Solche modernen -*um*-Namen sind also keine echten -*heim*-Namen! Vielfach gehen den -*um*-Formen solche auf -*en* voraus, in denen ein „inhaltlich leeres"[256] Endprodukt eines sprachlichen Abschleifungsprozesses zu sehen ist, der die verschiedensten GW und Suffixe erfassen und nivellieren konnte; dieses -*en* herrscht in den heutigen Dialektformen amtlicher -*um*-Namen wieder eindeutig vor, und zwar auch bei den echten -*heim*-Namen.

Sottrum, Kr. Rotenburg (Hannover) war als Sitz eines Archidiakons, Zentrum einer Villikation, Hauptort der späteren Amtsvogtei und bis heute des Kirchspiels seit je von besonderer Bedeutung für den nordwestlichen Kr. Rotenburg. Nur zwei Kilometer entfernt liegt Reeßum, um a. 1320 (Kop. 16. Jahrhundert) als *Resmere* bezeugt, a. 1428 als *Ressmar*, noch a. 1594 als *Reßmär*; erst um a. 1605 taucht mit *Reißem* ein der heutigen Form entsprechender Beleg auf, und von da ab sind keine -*mar*-Formen mehr überliefert; mundartlich heute *Räißen*[257]. Diesen Übergang von ursprünglichem -*mar* zu heutigem -*um* wird man hier nur durch den Einfluß des benachbarten *Sottrum* erklären können, der so stark war, daß auch die Dialektform erfaßt wurde.

Weitere Beispiele für dieses sekundäre -*um* sind u. a. *Filsum* (Kr. Leer), a. 900 *Fillisni*, *Logum*(er Vorwerk) (Kr. Norden), a. 900 *Longana*, *Twixlum* (Kr. Norden), a. 1124 *Tvislon*, *Esklum* (Kr. Leer), a. 900 *Ascla*, *Baltrum* (Kr. Norden), 11. Jahrhundert *Baldratinge*, *Ammersum* (Kr. Leer), a. 900 *Ambriki*[258].

Siedlungsnamen auf -*ingen*, -*ens*

Die mit dem Suffix -*ingen* und seiner Ablautvariante -*ungen* (vgl. u. S. 269) gebildeten SN konzentrieren sich in Nds. vor allem auf die Lüneburger Heide, daneben – auf den ersten flüchtigen Blick nicht zu erkennen – auf die Nordseeküste westlich der Weser; Streuvorkommen reichen bis in den Süden hinab *(Göttingen)*. Ihrer Bildung nach zerfallen sie im wesentlichen in zwei Gruppen, deren erste Ableitungen von einem PN umfaßt *(Hiddingen, Ottingen,* beide Kr. Rotenburg (Hannover), während in der zweiten das Suffix vor allem an ein Geländeappellativ herangetreten ist *(Roringen,* Kr. Göttingen)[259].

In einer ganzen Reihe heutiger SN auf *-ingen* taucht das Suffix erst in junger Zeit in der Überlieferung auf; diese Erscheinung müssen Nachbardisziplinen der Namenkunde zur Kenntnis nehmen, bevor sie diese Namen für ihre Zwecke heranziehen, wenn sie vor Fehlurteilen bewahrt bleiben wollen. Im allgemeinen wird man mit einer Angleichung der jungen, unechten *-ingen*-Namen an die ihrer Nachbarschaft rechnen müssen. Die verhältnismäßig dicht beieinander liegenden *Eicklingen, Langlingen, Sandlingen* und *Wathlingen,* alle Kr. Celle, sind Beispiele für eine solche Umwandlung ursprünglich anders lautender SN. *Eklaghe, Ekelege, Langlaghe, Langeleghe, Santhlege, Sandleghe* und *Waditlagun, Wadleghe* als alte Formen dieser vier Namen weisen auf ursprüngliche Komposita mit dem GW *-lage* hin[260] und verbieten eine Zuordnung zur Gruppe der *-ingen*-Namen, zu der sie u. a. auch aufgrund der Lage dieser vier Dörfer gezählt werden könnten, indem letztere den südlichen Ausläufern der *-ingen* der Lüneburger Heide zugerechnet und so in dort erzielte Ergebnisse etwa der Siedlungsgeschichte einbezogen werden.

Ähnliches gilt für *Lüdingen,* Kr. Rotenburg (Hannover), a. 1374 *Luden,* a. 1394 *Luden,* noch a. 1664 *Lüden,* a. 1684 aber erstmals *Lühding,* a. 1718 *Ludingen,* mundartlich heute *Lüürken, Lüürgen*[261]; erst im späten 17. Jahrhundert ist *-ingen* unter dem Einfluß der am Süd- und Ostrand des Kreises liegenden echten *Hemslingen, Hiddingen, Jeddingen, Ottingen* und *Söhlingen,* die die nordwestlichen Ausläufer der *-ingen*-Orte der Lüneburger Heide darstellen, an einen schon bestehenden Namen herangetreten und hat diesen seiner Nachbarschaft angepaßt. Die heutige Dialektform des SN weist den Weg zu seiner Interpretation und Deutung; sie ist identisch mit der für den westlich an Lüdingen vorbeifließenden Hasselbach, der in Riekenbostel *de Lüürken* heißt und an dessen Ufer in der Hasseler Feldmark 1695 einige Wiesen den Namen *auf(f) der Lüdinge* tragen[262], für den die modernen Dialektformen *in der Lührken* bzw. *in der Lührkenwisch* belegt sind[263]. Der heutige SN *Lüdingen,* alt *Luden,* ist also ursprünglich eine Stellenbezeichnung, die den zugehörigen Wohnplatz lediglich als an der Luden gelegen charakterisierte, nicht aber ein Insassenname oder eine Stellenbezeichnung, die mit dem Suffix *-ingen* gebildet worden wären. Er gehört damit in die Kategorie von SN des ursprünglichen Typs ‚Präposition *to* + bestimmter Artikel im Dativ Singular + Flußname', der in Nds. weit verbreitet ist und zu dem z. B. *Lehrden,* Kr. Rotenburg (Hannover) an der *Lehrde,* a. 1427 *to der Lerne*[264]; *Veerse,* Kr. Rotenburg (Hannover) an der *Veerse,* a. 1556 *zur Ferse*[264]; *Espol* (Kr. Northeim) an der *Espolde,* a. 1409 *to der Espeln*[265] zählen.

Daß heutiges -ingen im Einzelfall sogar auf das GW mnd. gô ‚Gau' zurückgehen kann, beweisen der Bergname *Solling* und der zugehörige SN *Sohlingen* (Kr. Northeim)[266].

Zu den -ingen-Orten in Nds. gehören aber auch jene an der Nordseeküste, die heute auf -ens ausgehen, wie *Ellens* (Kr. Friesland), a. 1124 (Kop.) *Anaclingun*, a. 1158 (Kop.) *Enelinghe*, a. 1190 (Kop.) *Enelingen*, a. 1423 *Alanze*, a. 1538 *Ellense*; *Gödens* (Kr. Wittmund), a. 1158 (Kop.) *Godinge*, a. 1268 *Godense*; *Schortens* (Kr. Friesland), a. 1158 (Kop.) *Scrothinh*, a. 1190 (Kop.) *Scrotinghe*, a. 1400 *Schortinse*[267]. Im Harlingerland, Jeverland und in Butjadingen gibt bzw. gab es rund 80 solcher -ens-Namen, im übrigen Ostfriesland etwa zehn[268]. Es liegt auf der Hand, wie eminent wichtig es für die Nachbardisziplinen der Namenforschung ist, diesen gesetzmäßigen Wandel des Suffixes im niders. Nordwesten zu kennen, der eine nordseegerm. oder ingwäonische Lauterscheinung ist, vergleichbar dem Zetazismus des k (vgl. o. S. 172)[269]. Dieser Lautwandel tritt nur dann ein, wenn auf das g ursprünglich ein i, î oder j folgte; die heutigen -ens-Namen müssen also auf Ausgangsformen zurückgeführt werden, die das Suffix nicht im sonst üblichen Dativ Plural -ingen enthalten, sondern im Nominativ Plural -ingi oder -ingja, wobei auch letzteres später zu -ingi wurde. *Tettens* (Kr. Friesland) etwa, enstanden aus *Tettingi*, bedeutet also ‚die Leute des Tette' und unterscheidet sich damit seiner Bildung nach von einem – wie *Appingen* (Kr. Norden) oder *Baltrum*, 11. Jahrhundert *Baldratinge*, beweisen – in diesem Raum ebenfalls denkbaren *Tettingen ‚bei den Leuten des Tette'. Die Entwicklung von -ingi zu -ens gilt zwar zu Recht als speziell friesisch, liegt aber zeitlich so spät (nach a. 1200), daß aus ihr allein weder darauf geschlossen werden könnte, die heutigen -ens-Orte seien auch friesische Siedlungen, noch darauf, sie seien erst nach a. 1200 unter friesischen Einfluß geraten.

Siedlungsnamen mit dem ursprünglichen Grundwort mnd. -*wede*, and. -*widu* ‚Wald'

In Nds. findet sich eine Reihe von SN, in denen das GW ursprünglich die Bedeutung ‚Wald' hatte, die aus seiner heutigen Form allerdings nicht mehr erkennbar ist. Es handelt sich bei ihnen um eine Gruppe mit dem GW -*wede* komponierter Namen, das heute einmal als -*wedel* erscheint, zum anderen als -*wege(n)*. In beiden Fällen ist die schwache Position des intervokalischen /d/ für die Umformung des GW verantwortlich; in zahlreichen Appellativen fällt dieses /d/ ganz aus oder wird, wie hier in der zweiten Gruppe, durch einen anderen Gleitkonsonanten ersetzt[270].

Die -*wedel*-Orte spielen in der namenkundlichen Literatur vor allem durch die Autorität Edward Schröders eine wichtige Rolle[271]. Sie sollen durch skandinavische Einwanderer in ihr deutsches Verbreitungsgebiet getragen worden sein, wofür u. a. ihre Vergesellschaftung mit den ebenfalls nordischer Herkunft zugeschriebenen -büttel-Orten sprechen soll[272]; die Relevanz, die -wedel auch für die Siedlungsgeschichte und Landesforschung hat, liegt damit auf der Hand.

H. Wesche hat E. Schröders allzu einfache Sicht insofern zurechtgerückt, als er auf zweierlei Herkunft von heutigem -wedel verwies, das einmal in der Tat aus dem im Altnordischen gut bezeugten vathil ‚Furt' entstanden sein kann – das ist mit Sicherheit z. B. bei Salzwedel der Fall –, zum anderen aber aus, wie er glaubt, -wede-loh, einer tautologischen Bildung, deren Bestandteile bedeutungsmäßig weitgehend identisch sind[273]. Das von ihm „auch im Gebiet der echten -wedel-Namen" durchaus gesehene „Schwanken zwischen -wede und -wedel" wäre aber gerade für diese nur schwer vorstellbar. Tatsächlich handelt es sich auch gar nicht um ein unregelmäßiges Hin und Her beider Formen des GW, sondern, wie bei dem Vorliegen längerer Überlieferungsreihen für jeden dieser SN deutlich erkennbar ist, um den Befund, daß die ältere Zeit geschlossen nur Belege auf -wede zeigt, das erst spät durch das heutige -wedel ersetzt wird. Daß dieses, wie Wesche meint, aus *-wede-loh abgeschwächt sei, scheint zweifelhaft, da Belege für die vorauszusetzende Vollform völlig fehlen; man müßte zudem annehmen, daß im Bewußtsein der Bevölkerung die Herkunft eines -el etwa in Bokel aus *Bōklō ‚Buchenwald' und seine Bedeutung gegenwärtig gewesen sein müssen, als -wede zu -wedel umgestaltet wurde, und daß in voller Kenntnis der Entwicklung -loh zu -el ein bewußter Ersatz von -wede durch -wedel erfolgte, durch den die ursprüngliche Bedeutung des Namens weiterhin ohne Schwierigkeiten erkennbar bleiben sollte. Dieses sich vorzustellen fällt schwer; eher ist eine Angleichung an die echten -wedel-Namen denkbar, wenn man nicht besser die Entwicklung von -wede zu -wedel als phonetisch bedingt ansehen will.

Als Beispiele für diese Erscheinung seien hier angeführt die SN Bleckwedel, Kr. Rotenburg (Hannover), um a. 1320 (Kop. 16. Jahrhundert) Bleckwede, um a. 1520 Bleckwede, a. 1538 erstmals Bleck wedell, mundartlich heute Bleckwäel[274]; Marwedel (Kr. Lüchow-Dannenberg), a. 1392, a. 1422, a. 1450 Merwede, a. 1562 Marwede, erst seit dem 17. Jh. Marwedel[275]; Barwedel (Kr. Gifhorn), a. 1609 Barwede, a. 1625 Barwedell, mundartlich heute Barwee; Blickwedel (Kr. Gifhorn), a. 1450 Blickwede, mundartlich heute Blickwee; Wiswedel (Kr. Gifhorn), mundartlich heute Wiswee[276].

Intervokalisches /d/ kann in nd. Dialekten nicht nur ausfallen, es kann auch durch einen anderen Konsonanten ersetzt werden[277]. Bei einer Reihe nieders. SN auf -wede ist dieser Gleitlaut ein spirantisch gesprochenes /g/, die amtlichen Namensformen gehen dann auf -wege aus. Aus dem Ammerland gehören in diesen Zusammenhang Aschwege, a. 1335 Asgwede, Hollwege, a. 1274

Holwede, Ipwege, a. 1504 *Ypwede, Linswege,* a. 1468 *Lynswede,* und *Ohrwege*[278]. *Esterwegen* (Kr. Aschendorf-Hümmling) ist a. 1223 als *Hesterwede* überliefert, um a. 1254 als *Esterwede*[279]. Der Kreis Rotenburg (Hannover) bietet zunächst *Hetzwege,* a. 1144 *Etthewide,* a. 1257 *Heczwede,* um a. 1320 (Kop. 16. Jahrhundert) *Hetzwede,* a. 1498 *Etzewede,* um a. 1540 *Heitzwede,* a. 1657 *Hetzwege,* mundartlich heute *Heezwäich*[280]. Von besonderem Interesse ist aber *Hellwege,* Kr. Rotenburg (Hannover), das aufgrund seiner modernen amtlichen Form an einen Hellweg denken läßt. K. Kersten und in seiner Nachfolge W. D. Asmus interpretieren diesen SN denn auch entsprechend und führen ihn als wichtigen Beleg dafür ins Feld, daß an dieser Stelle ein – von letzterem immerhin bis in die späte Jungsteinzeit zurückdatierter – Weg von großer überregionaler Bedeutung die Wümme überquert habe[281]. Bei Kenntnis der historischen Belege für den SN hätte sich dieser Bezug von selbst verboten: a. 1273 *Hellewede,* so o. ä. bis a. 1567 *Helwede,* um a. 1650 erstmals *Hellwegenne,* von da ab ausschließlich Formen mit ⟨g⟩, mundartlich heute *Hellwäich*[280]; auch das wüst gewordene **Hellwegehude,* um a. 1320 (Kop. 16. Jahrhundert) *Helwedehuda,* ist hier heranzuziehen[282], ferner der Flurname *Helweder Dyck* aus a. 1557. Sie alle beweisen, daß der SN *Hellwege* k e i n e n Hinweis auf einen Hellweg enthält. Wenn Kersten und Asmus anhand eindeutiger Spuren im Gelände dennoch eine alte Heerstraße haben nachweisen können, deren Rückdatierung bis in die Zeit um 2000 A. D. aber wohl sehr fragwürdig ist, so ist dieses Ergebnis ihrer durch den SN initiierten Nachforschungen einem glücklichen Zusammenfall zu danken, der über einen zunächst fehlerhaften Ansatz wohl hinwegtrösten kann, für ähnliche Unternehmen aber, die sich auf moderne SN-Formen stützen, keine akzeptable Ausgangsbasis sein kann.

---

[207] Vgl. zu diesem Kap. insbes. den jüngst erschienenen Aufsatz v. R. MÖLLER, Reduktion und Namenwandel bei Ortsnamen in Niedersachsen, in: BeitrrNamenforsch, NF 10, 1975, S. 121–156. – [208] Zu diesem Problemkreis sind u. a. zu vergleichen L. FIESEL, Ortsnamenforschung und frühmittelalterliche Siedlung in Niedersachsen, 1934. H.-H. KRETSCHMANN, Die -heim-Ortsnamen und ihre Bedeutung für die Siedlungsgeschichte des Landes östlich der oberen und mittleren Weser, 1938. A. K. HÖMBERG, Ortsnamenkunde und Siedlungsgeschichte, in: WestfForsch 8, 1955, S. 24–64. W. FLECHSIG, Ortsnamen als Quellen für die Siedlungsgeschichte des Leinetales, in: DtKönigspfalzen 2, 1965, S. 83–113. L. FIESEL, Franken im Ausbau altsächsischen Landes, in: NdSächsJbLdG 44, 1972, S. 74–158. – [209] Als wichtige Untersuchungen zu diesem Problem seien hier genannt O. LEYS, De eigennaam als linguistisch teken, Leuven 1965. R. WIMMER, Der Eigenname im Deutschen. Ein Beitrag zu seiner linguistischen Beschreibung, 1973. – [210] O. LEYS, Der Eigenname in seinem formalen Verhältnis zum Appellativ, in: BeitrrNamenforsch, NF 1, 1966, S. 113–123. Zitat ebd. S. 118. – [211] Das Standardwerk deutscher namenkundlicher Literatur ist A. BACH, Deutsche Namenkunde, ²1952–1956. Neben ihm ist als hervorragende systematische Einführung eigentlich nur noch das umfangreiche Kap. 6 „Deutsche Namenkunde" in ‚Kleine Enzyklopädie: Die deutsche Sprache', II, 1970, S. 639–751 zu nennen. – [212] Vgl. dazu die Auseinandersetzung W. KRAMERS, Zu den Orts- und Wüstungsnamen in Südniedersachsen, in: BeitrrNamenforsch, NF 3, 1968,

S. 125–140, mit E. Kühlhorn, Orts- und Wüstungsnamen in Südniedersachsen, 1964. Das folgende Zitat bei Kramer S. 129. – [213] Nach W. Nolte, Die Flurnamen der alten Ämter Uslar, Lauenförde und Nienover (Diss. phil. Göttingen), 1963, S. 11 zeigt *Dinkelhausen* resthaftes *-i* aus *-inge* noch in a. 1589 *Dinklihausen*. Zur Entwicklung des Suffixes vgl. u. a. H. Wesche, Das Suffix -ing(en) in niedersächsischen Orts- und Flurnamen, in: JbFränkLdForsch 20, 1960, S. 257–281. – [214] Alle Belege nach W. Kramer, Zur Abschwächung von -hūsen zu -sen in Ortsnamen des Kreises Einbeck und angrenzender Gebiete, in: NiederdtJb 90, 1967, S. 7–43, hier S. 39. Die beiden letzten Belege von Kramer mündlich. – [215] Alle Belege nach Kramer (wie Anm. 212), S. 133 f. Die folgenden jüngeren Belege von Kramer mündlich. Es läßt sich nicht entscheiden, ob dieser Wechsel im GW des PN bewußt erfolgte oder lediglich ein Schreibfehler war, dessen Ergebnis sich allerdings im Laufe der Zeit durchsetzte. Für beide Erklärungsmöglichkeiten gilt, daß die heute selbstverständliche amtliche Fixierung und die durch sie bedingte Allgemeinverbindlichkeit offizieller Namensformen eine sehr junge Erscheinung ist, die dem Mittelalter unbekannt war. Vgl. dazu auch Hömberg (wie Anm. 208), S. 55 mit Anm. 107, der darauf aufmerksam macht, daß auch die weitgehend synonymen GW *-dorf, -hausen, -heim, -hof* in der Überlieferungsreihe d e s s e l b e n SN durchaus wechseln können. – [216] Irmgard Dietrich, Die Konradiner im fränkisch-sächsischen Grenzraum von Thüringen und Hessen, in: HessJbLdG 3, 1953, S. 57–95. Dazu bereits K. A. Kroeschell, Zur älteren Geschichte des Reichsklosters Hilwartshausen und des Reichsguts an der oberen Weser, in: NdSächsJbLdG 29, 1957, S. 1–23, der S. 3 zu Recht anmerkt, daß dieser Irrtum „schon mehr als nur ein Schönheitsfehler" ist. – [217] Vgl. dazu W. Kramer, Scheinmigration und ‚verdeckte' Migration, aufgezeigt am Beispiel von Namenfeldern in Ostfalen, in: NiederdtJb 94, 1971, S. 17–29. Die Belege ebd. S. 26 f., wo auch die jüngeren Zeugnisse, die die jeweilige Weiterentwicklung bis hin zur gleichlautenden Endstufe zeigen. Zitat ebd. S. 21. – [218] Dazu H. Wesche, Unsere niedersächsischen Ortsnamen, 1957, S. 26 f., der vor allem aufgrund der Häufung von modernen Namensparallelen in „der Gegend der unteren Oker" auf der einen und „in der Landschaft um Einbeck und Northeim" auf der anderen Seite an Übertragung „durch Binnenwanderungen" auch des SN *Sievershausen* dachte. – [219] Hierzu an jüngeren Untersuchungen vor allem Kramer (wie Anm. 214). Die folgenden Belege aus dem südlichen NdSachs. ebd. S. 39 f. R. Möller, Zu den -sen-Namen in Niedersachsen, in: BeitrrNamenforsch, NF 4, 1969, S. 356–375. G. Müller, Das Problem der fränkischen Einflüsse auf die westfälische Toponymie, in: FrühmittelalterlStud 4, 1970, S. 244–270, speziell S. 249–253. – [220] Möller (wie Anm. 206), S. 134 bezeichnet *-sen* als „eine Reduktionsstufe", die „wegen Verkümmerung der farbigen Endgliedvokale bei Anfangsbetonung des Namens [...] erreicht wird" und in der „die verschiedenen Morpheme zusammenfallen". – [221] Dazu Wesche (wie Anm. 218), S. 31. Auch W. Flechsig, Beiträge zur Ortsnamenforschung in den ehem. Fürstentümern Göttingen-Grubenhagen, in: NortheimHeimatbll 1953, S. 3–62, hatte S. 46 für einige südniedersächs. -sen-Namen Herkunft aus *-heim* für wahrscheinlich gehalten. – [222] Alle Belege nach U. Scheuermann, Die Ortsnamen des Kreises Rotenburg/Hann., in: Rotenburger Schrr. 24, 1966, S. 34–67; hier S. 41 f. – [223] Kramer (wie Anm. 214), S. 40 f. Gegen eine solche Interpretation hatte Möller (wie Anm. 219), S. 361–363 zwar Bedenken erhoben, konnte diese aber nicht konkretisieren, da er über kein anderes Material verfügte als Kramer; die Lösung des Problems erwartete er „von westfälischer Seite" (S. 363), da dort die Reduktion von *-hausen* bzw. *-heim* eher einsetzte als östlich der Weser. – [224] Müller (wie Anm. 219), S. 249. Vgl. dazu jetzt auch Kramer (wie Anm. 217), S. 19, Anm. 17, wo er die Möglichkeit einer Suffixableitung auf *-sun* verwirft, im Gegensatz zu Müller aber auch *-s-hēm* als Ausgangspunkt für *-s-sun* erwägt, nicht nur *-s-hūsun*. Schon Hömberg (wie Anm. 208), S. 53 mit Anm. 96 hatte allerdings bereits darauf aufmerksam gemacht, daß „im Diemel- und Oberweserraum schon um die Jahrtausendwende

7. Toponyme als sprachliche Gebilde

massenhaft abgeschliffene Formen, wie etwa Thietwardessun für Thietwardeshusun" bezeugt sind. MÖLLER (wie Anm. 206), S. 135 sieht jetzt mit Recht den „Ausstrahlungskern" für diese in NdSachs. frühe Reduktion von -hausen zu -sun, -son, -sen im angrenzenden Westfälischen. – [225] W. ARNOLD, Ansiedelungen und Wanderungen deutscher Stämme, zumeist nach hessischen Ortsnamen, ²1881. Vgl. auch MÜLLER (wie Anm. 219), S. 265. – [226] Vgl. dazu O. BETHGE, Fränkische Siedelungen in Deutschland, auf Grund von Ortsnamen festgestellt, in: Wörter und Sachen 6, 1914, S. 58–89. In NdSachs. gehören außer *Stöckheim* auch die zahlreichen *Stöcken* in diesen Zusammenhang. – [227] Schon KRETSCHMANN (wie Anm. 208) hatte die im folgenden zu behandelnden *Sottrum* (Kr. Hildesheim-Marienburg), *Sorsum* (Krr. Hildesheim-Marienburg, Springe, Hannover), *Sossen* in Bückeburg, *Sottmar* (Kr. Wolfenbüttel) und *Soßmar* (Kr. Peine) richtig als *Suderheim* erkannt. – [228] Alle Belege nach H. RÜTHER, Urkundenbuch des Klosters Neuenwalde, 1905, Nrr. 5, 4, 20, 23, 26, 56, 58, 125. Der Beleg für *Northum* ebd. Nr. 80. – [229] Alle Belege außer a. 1318 nach SCHEUERMANN (wie Anm. 222), S. 41; Beleg a. 1318 nach H. HOOGEWEG, Urkundenbuch des Hochstifts Hildesheim und seiner Bischöfe, IV, 1905, Nr. 424. Eine Entsprechung der heutigen Dialektform taucht schon a. 1437 mit *Sottmar* auf; vgl. dazu *Sottmar* (Kr. Wolfenbüttel). – [230] Belege nach K. JANICKE, Urkundenbuch des Hochstifts Hildesheim und seiner Bischöfe, I, 1896, Nrr. 253, 333, 685. – [231] HOOGEWEG (wie Anm. 229), II, 1901, Nr. 756. – [232] HOOGEWEG (wie Anm. 229), III, 1903, Nrr. 120, 214, 281, 560, 665, 683, 746, 756, 757. – [233] HOOGEWEG (wie Anm. 229), IV, 1905, Nrr. 256, 257, 391, 394, 429, 432, 750, 893, 900, 923, 1422, 1455. – [234] Zu den Schreibungen mit ⟨thz, sc, c, s, zz, ss⟩ im Wortinnern vgl. *Soßmar* (Kr. Peine). – [235] JANICKE (wie Anm. 230), Nrr. 183, 195, 241, 474, 550, 577, 592, 646, 654, 678, 726, 766. – [236] Die drei ersten Belege nach HOOGEWEG (wie Anm. 229), III, 1903, Nrr. 1267, 1406, 1506, der letzte ebd. IV, 1905, Nr. 456. – [237] H. SUDENDORF, Urkundenbuch zur Geschichte der Herzöge von Braunschweig und Lüneburg und ihrer Lande, VIII, 1876, Nr. 253, S. 347. Nach H. MUNDHENKE, Ein unbekanntes Kornregister, in: HannGBll, NF 28, 1974, S. 1–50, ist dieser Beleg exakt in die Zeit zwischen 1369 und 1371 zu datieren, nicht nur vage in das 14. Jahrhundert, wie bei SUDENDORF angegeben. Der folgende Beleg bei MUNDHENKE S. 9. Vermutlich ist das zugehörige *Nordheim der Ort Northen H, der nach MUNDHENKE S. 12 als *Northun* mit der ebd. S. 45, Anm. 39 verzeichneten Lesart *Northum* zu um a. 1424 überliefert ist. Beide Namen scheinen aber nicht direkt zu korrespondieren, sondern das in der Mitte zwischen ihnen liegende Gehrden als Bezugspunkt zu haben. Northen liegt an der Nordgrenze des Goes Gehrden, Sorsum an seiner Südgrenze. – [238] H. HOOGEWEG, Westfälisches Urkunden-Buch, VI, 1898, Nrr. 642 und 643 bzw. 899 und 900. – [239] Alle Belege nach H. KLEINAU, Geschichtliches Ortsverzeichnis des Landes Braunschweig, 1968, S. 587. Zu den Schreibungen mit ⟨thz, tz⟩ im Wortinnern vgl. *Soßmar* (Kr. Peine). – [240] J. HARTIG, Zum Ortsnamen Rössing. Ein Beitrag zur mittelniederdeutschen Grammatik, in: NiederdtJb 96, 1973, S. 86–97, verweist im Zusammenhang mit dem im folgenden zu behandelnden *Soßmar* darauf, daß „die Entwicklung von -rem ⟩ -mar [...] noch häufiger bei Namen" erscheine, „deren zweiter Bestandteil nicht mehr verständlich war" (ebd. S. 94, Anm. 50). – [241] Für *Sottmar* (Kr. Wolfenbüttel) vermuteten KRETSCHMANN (wie Anm. 208), S. 82, und FLECHSIG (wie Anm. 208), S. 87 Angleichung an den Namen des benachbarten Wittmar. SCHEUERMANN (wie Anm. 222), S. 42 hatte für mundartliches *Söttmer, Sottmer* für amtliches *Sottrum* (Kr. Rotenburg [Hannover]) Einfluß des benachbarten *Reeßum*, alt *Resmere*, erwogen. – [242] E. SCHRÖDER, Die Ortsnamen Hessens und seine Besiedelung, in: DERS., Deutsche Namenkunde, ²1944, S. 179–199. Zitat ebd. S. 184. – [243] Alle Belege nach HARTIG (wie Anm. 240), S. 95. Dort S. 94–97 auch zu dem im folgenden erwähnten Lautwandel Beispiele aus dem appellativischen Wortschatz. – [244] HARTIG (wie Anm. 240), S. 94 ist in bezug auf dieses Phänomen der Meinung, daß

„neben die ein Dentalphonem bezeichnenden Graphien [...] Schreibungen treten, die deutlich auf einen Reibelaut bzw. eine Spiranz hinweisen", was die Verhältnisse jedoch nicht richtig beschreibt. – [245] F. PHILIPPI, W. A. F. BANNIER, Das Güterverzeichnis Graf Heinrichs von Dale (1188), in: BijdrMededHistGenootschap Utrecht 25, 1904, S. 365–443. Beleg ebd. S. 389. Bei E. FÖRSTEMANN, Altdeutsches Namenbuch, II, 2. Hälfte, [3]1916, Sp. 940 wird der Beleg nach der vorstehenden Quelle fälschlich als *Sutherem* zitiert; auch fehlt ein Hinweis darauf, daß aus 1188 n i c h t das Original vorliegt. – [246] Nach freundlicher Mitteilung (brieflich) von Herrn Dr. G. Wrede, Osnabrück. Ihm verdanke ich auch die jüngeren Belege seit der Mitte des 16. Jahrhunderts sowie für Sustrum die drei dort kenntlich gemachten Bezeugungen. – [247] H. ROTHERT, Die mittelalterlichen Lehnbücher der Bischöfe von Osnabrück, 1932, S. 41. Die folgenden Belege ebd. S. 44, 61, 74, 92, 158, 189, 237. Die Belege für *Sustrum* (Kr. Aschendorf-Hümmling) ebd. S. 34, 67, 98, 148, 164, 195, 207, 240, 271. – [248] K. A. ECKHARDT, Studia Corbeiensia, II, 1970, S. 442. Vermutlich ist dieser Beleg fehlerhaft für *Suthram; vgl. dazu Anfang 12. Jahrhundert *Suthram* für Sutrum bei Rheine. – [249] ROTHERT (wie Anm. 247), S. 61 bzw. S. 34. – [250] Nach Ausweis von ‚Müllers großes deutsches Ortsbuch', [15]1965, ist der SN-Typ *Suderheim auf das niederdt. Sprachgebiet beschränkt – im hochdt. ist *Sunder- statt *Suder- zu erwarten –, ja scheint sich in den hier vorgeführten Beispielen zu erschöpfen. Bei dem Fehlen historischer Belege für andere evtl. infrage kommende Namen ist die letzte Feststellung jedoch nur mit Vorbehalten statthaft, zumal es Wüstungen dieses Namens geben kann. – [251] FÖRSTEMANN (wie Anm. 245), Sp. 938 zitiert nach H. A. ERHARD, Regesta Historiae Westfaliae, 1847, S. 82 die auf einem Lesefehler der ERHARDschen Vorlage beruhende Form *Suthreni*, die unter „Zusammensetzungen mit anderen o–n." (Sp. 937) gruppiert ist, also als GW das heutige *Rheine* haben soll. Auch G. NIEMEIER, Die Ortsnamen des Münsterlandes, 1953, S. 43 folgt unkritisch dieser Lesung und scheidet *Sutrum* ausdrücklich aus der Reihe der *-heim*-Namen aus. Zur Klärung der Probleme um die Überlieferung dieser Urkunde vgl. jetzt G. MÜLLER, Altsächsisch *ledscipi* ‚Bauerschaft', in: NiederdtWort 11, 1971, S. 25–36, speziell S. 25 f. – [252] Diesen Beleg verdanke ich Herrn Dr. G. Müller, Münster (brieflich). – [253] F. DARPE, Die Heberegister des Klosters Ueberwasser und des Stiftes St. Mauritz, 1888, S. 14. Zur Datierung ebd. S. 5. – [254] F. DARPE, Einkünfte- und Lehns-Register der Fürstabtei Herford sowie Heberollen des Stifts auf dem Berge bei Herford, 1892, S. 40. – [255] Vgl. etwa die Materialsammlung bei G. WREDE, Die Ortsnamen auf -heim im Osnabrücker Land, in: OsnabrMitt 67, 1956, S. 13–55, hier S. 18–42. – [256] MÖLLER (wie Anm. 206), S. 121. – [257] Belege nach SCHEUERMANN (wie Anm. 222), S. 50. – [258] Nach R. MÖLLER, Zum Alter der ostfriesischen Ortsnamen, in: BeitrrNamenforsch, NF 3, 1968, S. 335–372; hier S. 351–353. – [259] Speziell für NdSachs vgl dazu R. H. CARSTEN, Die -ingen-Namen der südlichen Nordseeküste, 1937. Der Forschungsansatz, *-ingen* bestimmten germ. Stämmen zuzuweisen, ist inzwischen endgültig überwunden. – [260] Belege nach WESCHE (wie Anm. 218), S. 20 und 64, bzw. nach P. ALPERS, F. BARENSCHEER, Celler Flurnamenbuch, 1952. WESCHES Interpretation der heutigen Dialektformen *Eikeln, Langeln, Santeln* und *Wateln* als Fortsetzungen der Formen mit dem ursprünglichen GW dürfte kaum zutreffen; es handelt sich bei ihnen vielmehr um die Ergebnisse einer von ihm selbst an anderer Stelle beschriebenen Abschleifung des Suffixes *-ingen*, verbunden mit einem Umsprung des *l* (vgl. WESCHE [wie Anm. 213]). MÖLLER (wie Anm. 206), S. 141 f. glaubt dagegen, „daß die Mundart eine alte Reduktionsform festgehalten hat, die mit der von *-(l)ingen* zusammengefallen sein wird". Zu dieser Gruppe vgl. auch K. WAGNER, Echte und unechte Ortsnamen (Akad. Mainz, Abhh. d. Geistes- u. sozialwiss. Kl., Jg. 1967, Nr. 3), S. 161 ff. – [261] Belege nach SCHEUERMANN (wie Anm. 222), S. 63. – [262] H. MIESNER, Die Jordebücher des Kreises Rotenburg 1692/94, 1938, S. 49, 50. – [263] Nach P. HESSMANN, Die Flurnamen des nördlichen und östlichen Kreises Rotenburg

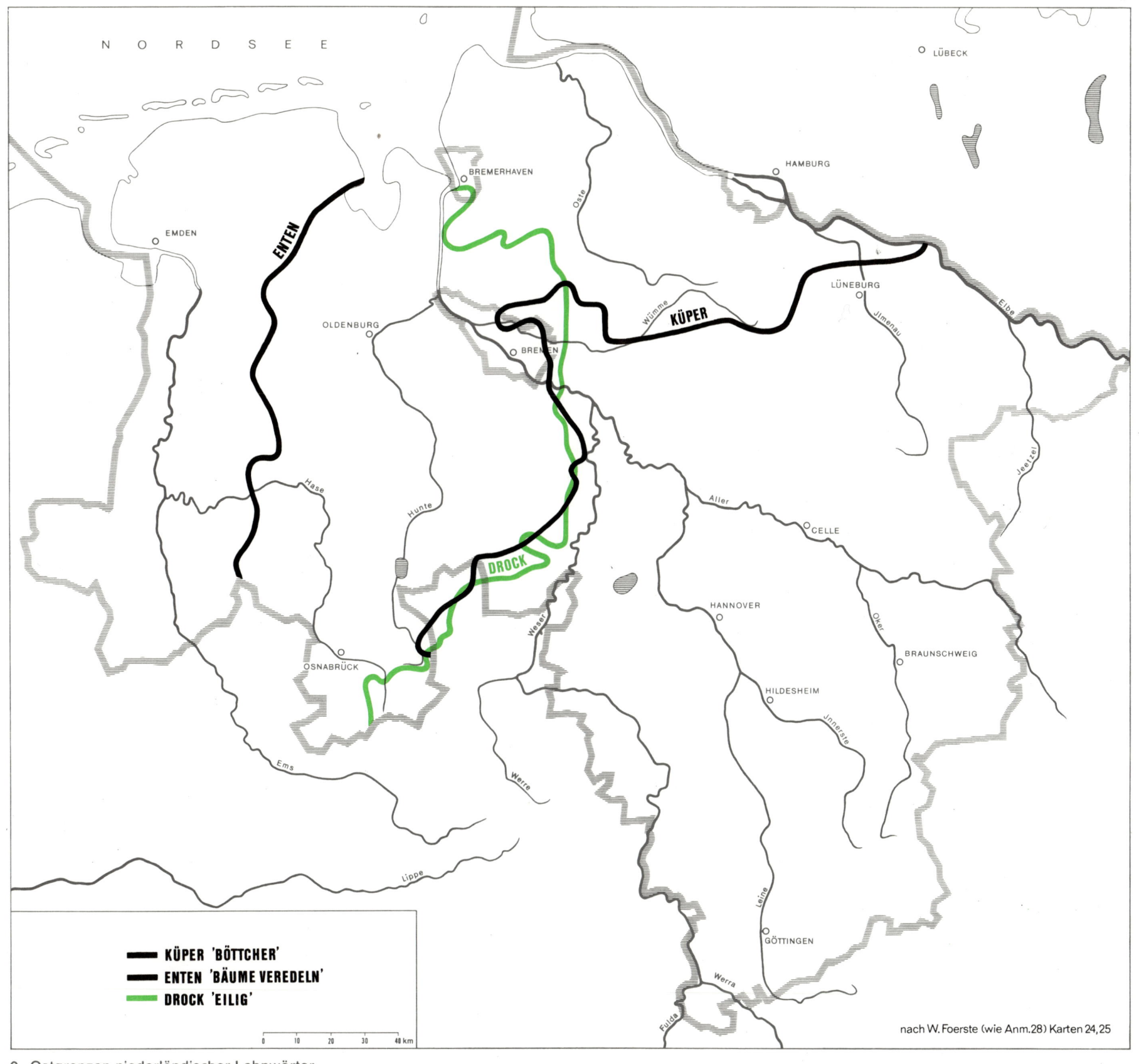

9. Ostgrenzen niederländischer Lehnwörter

(Wümme), 1972, S. 329. Flurnamen vom Typ ‚Präposition *to* + bestimmter Artikel im Dativ Singular + Flußname' dienen im Kr. Rotenburg (Hannover) häufig zur Benennung unmittelbar an dem betreffenden Wasserlauf gelegener Fluren. — [264] Belege nach Scheuermann (wie Anm. 222), S. 62, 63. — [265] Beleg nach B.-U. Kettner, Flußnamen im Stromgebiet der oberen und mittleren Leine, 1972, S. 62. — [266] Vgl. dazu ausführlich W. Kramer, Der Name Solling. Mit einer Bemerkung zu den südniedersächsischen *-ingen*-Namen, in: BeitrrNamenforsch, NF 6, 1971, S. 130–150. — [267] Belege nach Möller (wie Anm. 258), S. 354. Vgl. auch Carsten (wie Anm. 259), S. 12–14. Siehe ferner G. Lohse, Geschichte der Ortsnamen im östlichen Friesland zwischen Weser und Ems, 1939. — [268] Nach Tafel 1 bei Carsten (wie Anm. 259). Bei zahlreichen dieser Namen, die häufig nur an Höfen haften, fehlt allerdings eine alte Überlieferung, die sie eindeutig als echte *-ingi*-Namen ausweisen könnte, so daß die Zuordnung nur durch Analogieschluß zu den früh bezeugten erfolgt sein kann. Bach (wie Anm. 211), § 199 weist darauf hin, daß „*-ens* in fries. Mdaa. auch Genitivendung ist", was zur Vorsicht gemahnen sollte. Auch ist bei dem einen oder anderen dieser Namen sicher mit einer fehlerhaften Herleitung zu rechnen, so etwa bei dem Flurnamen *Wersterns*, a. 1447 *by der Wersterns, by der Westernisse wey* (Carsten S. 68, Nr. 206), in dem *-erns* — nicht *-ens!* — nur durch Kontraktion aus *-ernisse* entstanden sein kann. — [269] Das Altostfriesische bietet zahlreiche Belege für diesen als Assibilierung bezeichneten Übergang des *g* vor folgendem *i, j* zu einem Laut, der in der Schrift u. a. als ⟨ds, dz, dsz, ts, tz⟩, dann aber auch als einfaches ⟨s⟩ erscheint; vgl. die Beispiele am Ende von Anm. 11. — [270] Hierzu vor allem R. Möller, Zur Entwicklung der altsächsischen kurzen Vokale in offener Silbe vor intervokalisch ausgefallenem *d* in westfälischen Mundarten, in: Münstersche Beitrr. z. niederdt. Philologie, 1960, S. 24–46. — [271] E. Schröder, Frankfurt und Salzwedel, in: Ders. (wie Anm. 242), S. 299–314, speziell S. 310 ff. Siehe ferner J. Luther, Salzwedel und die übrigen Ortsnamen auf *-wedel*, in: NiederdtJb 16, 1890, S. 150–161. — [272] Dazu Schröder (wie Anm. 271), S. 313 f. Zu *-büttel* vgl. insbesondere J. U. Volkers, Die Herkunft der Ortsnamen auf *-büttel*, in: ZGesSchleswHolstG 62, 1934, S. 1–84. Fiesel (wie Anm. 208), 1934, S. 12–15. W. Seelmann, Das Herkunftsgebiet der Ortsnamenendung *-büttel* und anderes, in: NiederdtJb 65/66, 1939/40, S. 35–39. H. Wesche, Die Ortsnamen auf *-büttel* im Papenteich, in: NiederdtJb 82, 1959, S. 17–28. — [273] Wesche (wie Anm. 218), S. 53–55. Das folgende Zitat ebd. S. 54. Schon A. Lübben, Über Flurnamen, in: Germanistische Studien. Supplement zur Germania, 2, 1875, S. 259–273, hatte S. 268 *wedel* als tautologische Bildung aus *wede-lô* interpretiert. — [274] Belege nach Scheuermann (wie Anm. 222), S. 53. — [275] Belege nach S. A. Wolf, Einiges zur historischen Auswertung der Ortsnamen-Forschung, in: BeitrrNamenforsch 8, 1957, S. 183–189; hier S. 184 f. — [276] Die drei letzten Beispiele nach Wesche (wie Anm. 218), S. 54. Gerade die zu ihnen gehörigen heutigen Dialektformen machen deutlich, daß die Umwandlung von *-wede* zu *-wedel* nur die amtlichen Formen ergriffen hat, die mundartlichen dagegen den auch im appellativischen Bereich häufigen Ausfall des intervokalischen *d* zeigen. Bei *Bleckwedel* (Kr. Rotenburg [Hannover]) wurde dagegen auch die Dialektform von der Umbildung erfaßt. — [277] Die Entwicklung ging vermutlich über den *d*-Ausfall als Zwischenstufe hinaus, da nach diesem zunächst die zweisilbige Form *-wëë* des GW entstand, in der in einem weiteren Schritt die jetzt zwischen zwei Vokalen liegende Silbengrenze durch einen Gleitlaut erneut gefüllt wurde. — [278] Alle Belege nach H.-J. Mews, Die Mundart des Oldenburger Ammerlandes. Historische Grammatik, Laut- und Wortgeographie (Diss. phil. Göttingen), 1967, S. 53; für *Ohrwege* fehlt versehentlich ein *-wede*-Beleg. — [279] Belege nach F. Philippi, Osnabrücker Urkundenbuch, II, 1896, Nr. 165 bzw. III, 1899, Nr. 96. — [280] Belege nach Scheuermann (wie Anm. 222), S. 54. — [281] K. Kersten, Frühgeschichtliche Heerwege um Stade, in: StaderArch., NF 30, 1940, S. 55–72. Vgl. vor allem S. 59. W. D. Asmus, Ein urgeschichtlicher Weg von Nordjütland nach Niedersachsen, sein Verlauf zwischen Oste und Wümme und seine Datierung durch die Ausgrabung von Helvesiek Kr. Rotenburg, in: Die Kunde, NF 4, 1953, S. 28–43. Vgl. vor allem S. 33. Nach ASMUS S. 33 soll „die im südlich benachbarten Wesergebiet übliche Bezeichnung ‚Hellweg'" sogar „in dem Ortsnamen Helvesiek zu Tage" treten! – [282] Näheres dazu bei U. SCHEUERMANN, Die Flurnamen des westlichen und südlichen Kreises Rotenburg (Wümme), 1971, S. 348. Ebd. S. 116 auch der folgende Beleg.

Corrigendum: Auf Karte 5, nach S. 176, lies „Anm. 23".

Drittes Kapitel

LÄNDLICHE UND STÄDTISCHE SIEDLUNG

Von Käthe Mittelhäusser

ENTWICKLUNG DER LÄNDLICHEN SIEDLUNG

Die Siedlungsentwicklung in ihrer Raumbezogenheit, also in geographischer Sicht, zu verfolgen und gleichsam als Hintergrund oder in Wechselbeziehung zu anderem historischen Geschehen in Niedersachsen deutlich zu machen, ist für das erste nachchristliche Jahrtausend durch die Forschungsergebnisse der letzten Jahrzehnte immer problematischer geworden. Konnte früher die Fragestellung am Anfang solcher Betrachtung etwa lauten: „Wann und wie sind die jetzt bestehenden Siedlungen entstanden?", so ist jetzt diese Frage als vieldeutig, unklar und somit nicht beantwortbar erkannt. Denn nach den jüngsten Grabungsergebnissen, vor allem in der niedersächsischen Geest, stellt sich mehr und mehr heraus, daß die Vorläufer einer jetzt durch Name und topographische Lage wohldefinierten Siedlung auf engem Raum mehrfach hin- und herverlegt worden sind, daß sie mit ihren Häusern und Kulturflächen wanderten, daß Einzelhöfe mit Hofgruppen abwechselten, daß die Besiedlung einer bestimmten Stelle zum Teil jahrhundertelang verschwand, um dann an genau der gleichen Stelle oder in der Nähe wieder zu beginnen. Unter solchen Umständen ist es schwierig, von „der Entstehung der jetzigen Siedlung" überhaupt zu sprechen.

Beispielsweise im Falle von Gristede im Oldenburger Ammerland besetzten nach Zollers Grabungsergebnissen [1] die bis in jüngste Zeit lückenlos verfolgbaren Höfe etwa im 9. Jahrhundert ihren Platz, aber auf ihrem zugehörigen Kulturland sind in den ersten nachchristlichen Jahrhunderten immer wieder Höfe nachweisbar, bis zum 5. Jahrhundert hin. Dann ist keine Siedlung bis eben um 900 aufzufinden. – Bei einer wörtlichen Auslegung der obigen Frage nach dem Siedlungsbeginn müßte die Antwort hier lauten: Die Siedlung stammt aus dem 9. oder 10. Jahrhundert. Aber wird das der Siedlungsqualität dieses Geestrückens von Gristede gerecht? Gibt das die Siedlungsverteilung als Hintergrund der Gesamtentwicklung in Niedersachsen im 1. Jahrtausend richtig wieder? Wie ist auch der nach den Auffassungen der Namenforscher in eine der ältesten Namenschichten einzuordnende Ortsname Gristede zu bewerten – hat er schon den älteren Siedlungen angehangen und sich über eine Wüstungszeit hinüber erhalten, wie später in der beginnenden Neuzeit solche Vorgänge oft nachweisbar sind, oder hing er nicht an den bestimmten Höfen, sondern an der Siedlungskammer und vererbte sich so?

Das Beispiel sollte zeigen, wie außerordentlich schwierig schon der Frageansatz bei der Betrachtung der Siedlungsentwicklung ist, seit – hauptsächlich durch archäologische Forschung – zwei Grundtatsachen für die Siedlung im ersten Jahrtausend sich abzuzeichnen beginnen: 1. Die Siedlung war vielerorts nicht so bodenfest wie in späterer Zeit, sondern wurde engräumig verlegt. 2. Abbrüche der Besiedlung, zeitliche Lücken in der Besetzung nicht nur einer bestimmten Stelle, sondern auch einer ganzen kleinen Siedlungskammer sind verschiedentlich nachweisbar oder wahrscheinlich. Das bedeutet, daß weder räumlich noch zeitlich kontinuierliche Siedlungen vorausgesetzt werden können – wenngleich in vielen Fällen eine Kontinuität vorliegen mag. Es bedeutet, daß die „Siedlungslandschaft" (besser die Durchsetzung der Landschaft mit Siedlung) einem ständigen und keineswegs immer in gleicher Richtung verlaufenden Wandel unterworfen war. Wie für das Spätmittelalter und die beginnende Neuzeit schon lange mit der Vorstellung einer kontinuierlichen Rückdrängung des Waldes durch den Menschen (wie sie Schlüter [2] noch 1952 vertrat) gebrochen werden mußte, so ist jetzt auch für die frühgeschichtliche Zeit mit einem mehrfachen Wechsel zwischen Kulturlandgewinnung und Kulturlandaufgabe zu rechnen.

[1] D. Zoller, Die Ergebnisse der Grabung Gristede 1962, in: Nachr. Nds. Urgesch. 33, 1964, darin auch ältere Grabungsberichte zitiert. – [2] O. Schlüter, Die Siedlungsräume Mitteleuropas in frühgeschichtlicher Zeit, in: ForschDtLdkde 63, 1952.

1. Zur Frage der Siedlungskontinuität im ersten Jahrtausend

Die Verfolgung der geschichtlichen Besiedlung des niedersächsischen Raumes beginnt mit einer Frage, die viel diskutiert [3] und noch nicht entschieden ist, vielleicht allgemein auch gar nicht entschieden werden kann: Die Frage nach der Siedlungskontinuität während der Wanderungszeit. Nach den archäologischen Erkenntnissen über das häufige Abbrechen oder Verlegen der einzelnen Siedlung, über die Fluktuation innerhalb der Siedlungskammern, muß diese Frage nach „der Siedlungskontinuität" eines großen Gebiets vorsichtig und weit gefaßt werden. Keinesfalls läßt sich aus den bekannten Beispielen für einen Siedlungsabbruch in den fraglichen Jahrhunderten – wie etwa beim Beispiel Gristede – allgemein auf Diskontinuität der Besiedlung und auf einen späten völligen Neuanfang aller historischen Siedlungen schließen. Ebensowenig läßt sich ein Ergebnis verallgemeinern wie bei den Grabungen in Schladen im Harzvorland, wo kontinuierliche Besiedlung sogar der gleichen Stelle von bandkeramischer Zeit bis in die Zeit des Pfalzenbaus und weiter erfaßt wurde [4]. Für den ganzen niedersächsischen Raum kann bisher höchstens festgestellt werden: Es gibt Siedlungsabbrüche, es gibt durchgehende Besiedlung in der Wanderungszeit – wie aber die Gewichtsverteilung zwischen örtlicher Diskontinuität und örtlicher Kontinuität im ganzen betrachteten Gebiet ist, läßt sich vorerst nicht beurteilen.

Für die Bewertung der siedlungsgeographischen Auswirkung von Siedlungsabbruch spielt es eine Rolle, ob nach der Aufgabe der Niederlassung und der mit ihr verbundenen Kulturflächen (Feld, Wechselland, genutzter Laubhain, durchweideter Wald) bis zu einer neuen Landnahme und Siedlungsgründung viel oder wenig Zeit verstrichen ist. Bei längerer Zeitspanne kann die Landschaft sich wieder zu einem „natürlichen" Zustand entwickeln, die offenen Flächen verwalden, die durchlichteten Wälder gewinnen die Zusammensetzung, die sie vor der Weidenutzung aufwiesen, zurück. Ein Neusiedler, der hier Fuß fassen will, findet in etwa gleiche oder doch ähnliche Zustände vor wie der Schöpfer der früheren, dann aufgegebenen Siedlung. Anders bei relativ kurzer Zeitspanne des „Wüstliegens" der alten Siedlung: Hierbei kann der Neusiedler leichter Fuß fassen in erst mäßig verwaldeten oder verbuschten Flächen, er findet vorgezeichnete Ansatzpunkte. Es ist eine offene Frage, wie weit man in solchen Fällen vom siedlungsgeographischen Standpunkt aus noch von einer wirklichen Diskontinuität der Siedlung sprechen darf – eine Frage, die sich ebenso für die Siedlungsabbrüche der Wanderungszeit im ersten Jahrtausend stellt wie auch für die spätmittelalterliche Wüstungsperiode und die ihr folgende Wiederaufsiedlung.

Sicherlich ist es berechtigt, für die Wanderungszeit des ersten Jahrtausends im niedersächsischen Raum eine Wüstungszeit anzunehmen, mit Ausdünnung der Bevölkerung und Aufgabe vieler Siedlungen. Sehr wahrscheinlich hat diese Wüstungszeit sich in den einzelnen niedersächsischen Landschaften verschieden stark und in verschiedener Art (z. B. als Abwanderung oder als Strukturwandlung) ausgeprägt. Diese landschaftliche Verschiedenheit sei kurz umrissen.

Im Küstengebiet wird der Wechsel von Siedlungsvorstoß und Siedlungsrückzug im wesentlichen von den Meerestransgressionen bestimmt. Die Wurtengrabungen haben starke Besiedlung vom 1. vorchristlichen Jahrhundert bis ins 5. nachchristliche Jahrhundert für den Marschensaum und wohl auch für den unmittelbar angrenzenden Geestrand (z. B. an der Hohen Lieth) ergeben [5]. Die Marschsiedlung bricht dann um 500 n. Chr. ab; die in den ersten nachchristlichen Jahrhunderten immer mehr aufgehöhten Wurten werden verlassen. Das Meer dringt vor. Erst um das 7./8. Jahrhundert läßt die Transgression nach. Der Mensch kann auf Strandwällen (z. B. im Land Wursten) und auf sonst höher aufgeschlickten Streifen, die über das Flutniveau gewachsen sind, von neuem Fuß fassen. Auch in den wohl nicht völlig an das Meer verloren gewesenen Teilen des alten Siedlungsraumes, z. B. auf der Krummhörn, dringt der Mensch nun auf die jüngeren Anschüttungen siedelnd vor [6]. Die Neubesiedlung der Marsch um diese Zeit scheint allgemein von der See her zu kommen und benutzt die erhöhten Prielränder, das „Hochland" am Ufer der Wasserläufe als Leitlinie und Ansatzpunkt. Hier im Küstengebiet hat also ein im wesentlichen naturbedingter Siedlungsabbruch im 6./7. Jahrhundert und danach vom 8. Jahrhundert ab eine Neubesiedlung von durchaus eigenem Gepräge stattgefunden. Nur in kleinen Bezirken der Krummhörn ist vielleicht mit Überdauern von Siedlungen zu rechnen, und zwar von den mit großem Aufwand geschaffenen Dorfwurten [7].

Im Geestgebiet stellt sich die Frage nach der Siedlungskontinuität schon deswegen anders, weil derart einschneidende Wandlungen der natürlichen Siedlungsbedingungen wie in der Marsch fehlen. Zwar dürfte die Transgression vom 5. Jahrhundert ab eine Hebung des Grundwasserspiegels, Stauung von Wasserläufen, Vernässung tiefliegender Regionen und Ausdehnung von Niederungsmoor mit sich gebracht haben. Damit müßte eine gewisse Umwertung der Siedlungsräume verbunden gewesen sein, Verlust mancher – früher etwa beweideter – Niederungen für die Nutzung, andererseits möglicherweise Verbesserung allzu trockener Böden. Wieweit und wo solche Wandlungen sich für die Siedlung ausgewirkt haben, ist noch nicht zu übersehen, doch spricht die mehrfache Feststellung des Höherwanderns der Siedlung [8] für diese Überlegungen. Eine wesentliche Einengung des von Natur siedlungsgeeigneten Raums und ein dadurch gegebener Zwang zu örtlicher Abwanderung ist jedoch bisher nicht nachzuweisen.

Die natürliche Gliederung des Geestgebiets in vielfach nur kleine trockene und somit siedlungsfähige Rücken oder Platten und umgebende siedlungsfeindliche Moore oder nasse Niederungen bringt zwangsläufig einen entsprechenden relativ kleinräumigen Wechsel von Siedlungskammern und siedlungsleeren Bereichen mit sich. Bei der natürlichen Isolierung vieler Siedlungskammern kann man hinsichtlich der Siedlungskontinuität nur mit großer Vorsicht von einer auf die andere Kammer schließen. Zweifellos ist für einige solcher kleinen Bereiche ein Siedlungsabbruch im 5. Jahrhundert erwiesen (z. B. Grabungen von Gristede, von Mulsum an der Hohen Lieth, von Flögeln auf der Bremervörder Geest). Am Nordrand der Lüneburger Heide deutet das Abbrechen vieler großer eisenzeitlicher Friedhöfe ebenfalls auf Siedlungsabbrüche.

Am Rande der großen Urstromtäler, wo sich in günstiger Terrassen- und Geestrandlage zahlreiche prähistorische Siedlungen reihten, spricht dagegen vieles für Siedlungskontinuität bis in historische Zeit. Beispielsweise bei Liebenau läßt sich von den sächsischen Friedhöfen des 4. Jahrhunderts bis in fränkische Zeit eine kontinuierliche Besiedlung – wenn auch mit örtlicher Verlegung und Umstrukturierung – wahrscheinlich machen [9]. Für den Unterelberaum macht Wegewitz [10] darauf aufmerksam, daß der heftige und langdauernde Widerstand dieses Gebiets gegen Karl d. Gr. wohl eine relativ dichte Bevölkerung voraussetzt, die man sich nach einer völligen Entleerung des Gebiets im 6./7. Jahrhundert schwerlich vorstellen könne. Ähnliche Überlegungen ließen sich für die engere Umgebung des Emslaufes anstellen, wo so viele Siedlungen mit relativ viel Kulturland bereits im 9. Jahrhundert beurkundet sind, daß eine damals dichte Besiedlung wahrscheinlich ist und mancherorts Siedlungskontinuität mindestens eine naheliegende Annahme bildet.

Wie weit auch außerhalb der Urstromtalbereiche auf der Geest in den einzelnen Siedlungskammern kontinuierliche Siedlung wahrscheinlich gemacht werden kann, bleibt abzuwarten. Vereinzelte Hinweise in dieser Richtung sind gegeben, z. B. in der Südheide für die Umgebung von Bleckmar durch von Bothmer [11]. Im ganzen ist nach der bisherigen Kenntnis für die niedersächsische Geest wohl mit starken örtlichen Unterschieden hinsichtlich des Abbrechens oder Weiterbestehens der Siedlung zu rechnen. Eine Ausdünnung der Besiedlung in relativ großen Bereichen wird zumeist für die Lüneburger Heide, in Verbindung mit der Abwanderung aus dem Bardengau, angenommen.

Das Gebirgsvorland mit seinen siedlungsgünstigen weiten trockenen Lößflächen scheint von Natur aus am ehesten als Träger ständiger Besiedlung und relativ dichter Bevölkerung prädestiniert. Dafür sprechen am meisten die Böden, die ihren ursprünglichen Schwarzerdecharakter durch lange Beackerung relativ gut erhalten und ihren hohen Wert somit bewahren; wird die Beackerung unterbrochen und bewalden die Kulturflächen wieder, kommt es dagegen zu Bodenveränderung mit Wertminderung [12]. Hier sind also die natürlichen Voraussetzungen für langdauernde Besiedlung der gleichen oder etwa der gleichen Stellen sowie für schnelle Wiederbesetzung aufgegebener Niederlassungen besonders günstig. Sie liegen durchaus anders als auf der Geest, auf deren sandigen podsoligen Böden relativ bald Bodenverarmung eintritt und schon deswegen die Siedlung mehr zum Fluktuieren neigen wird. Tatsächlich ist jedoch noch wenig Sicheres über die Siedlungskontinuität des Gebirgsvorlandes in frühgeschichtlicher Zeit bekannt. Daß punkthaft die Siedlung im ganzen ersten Jahrtausend an einer Stelle blieb, ist von dem schon erwähnten Schladen bei Goslar bekannt; in Empelde bei Hannover war die Siedlungsstelle fortlaufend seit dem 2./3. Jahrhundert besetzt [13]; für die Stelle der Pfalz Werla sind zwar die datierten Siedlungsfunde zwischen der jüngeren römischen Kaiserzeit und etwa dem 9. Jahrhundert unterbrochen, doch wird diese Lücke auf mangelnde Kenntnis der Keramik der Zwischenzeit zurückgeführt [14] (ein auch sonst zu berücksichtigender Punkt). In der Bördelandschaft um Elze südlich Hannover sind Friedhöfe aus dem 5. und 6. Jahrhundert festgestellt, also gerade aus der fraglichen Abwanderungszeit [15]. Neben Autoren, die auf Grund der Naturbegünstigung beinahe selbstverständlich Siedlungskontinuität annehmen [16], gibt es Stimmen, die auch für das Gebirgsvorland, freilich in seinen weniger begünstigten westlichen Teilen, mit einer ausgeprägten Siedlungslücke rechnen, wie Engel für Schaumburg-Lippe [17].

Im Bergland sind durch Funde und andere Kriterien die breiten Flußtäler mit ihren siedlungsgünstigen Terrassen an nicht wenig Stellen als Träger kontinuierlicher Besiedlung wahrscheinlich gemacht. So ist im oberen Leinetal wohl mit einer Ausdünnung der Siedlung nach der römischen Kaiserzeit, nicht aber mit völliger Siedlungsleere zu rechnen, und im 7. Jahrhundert setzt eine vor allem an Friedhöfen nachweisbare stärkere Besiedlung ein, die offenbar Anschluß an die historische Siedlung findet (z. B. Rosdorf, Grone, Göttingen, Bovenden, Elvese [18]). Ähnliches gilt für die Weitungen des Wesertals, das Becken von Hameln, das Rintelner Becken, wo sogar in der Flußaue auf einem Werder – um so mehr auf den Terrassen – auf Dauerbesiedlung geschlossen worden ist [19].

Die lößerfüllten Becken zwischen den einzelnen Höhenzügen scheinen z. T. ebenfalls kontinuierlich besiedelt geblieben zu sein. Dabei ist eine Feststellung Barners [20] nach Grabungen in Deilmissen in einem kleinen Becken westlich des Leinetals vielleicht von einer über das Bergland hinausgreifenden Bedeutung: Die Siedlung in Form von Einzelhöfen dauert dort bis etwa 400 n. Chr., bricht dann ab, und anschließend ist die Stelle des historischen Dorfes besiedelt. Dort ist also mit dem Rückgang der Siedelplätze eine Konzentration und Strukturwandlung, offenbar aber kein echter Siedlungsverlust verbunden. Ob diese Wandlungen auf die Unruhe und Bedrohungen der Wanderungszeit (gerade in der Nähe des großen Leinetalweges) zurückzuführen sind, muß dahingestellt bleiben – ebenso, ob der festgestellte Vorgang typisch oder, nach Asmus Meinung [21], ein Einzelfall ist. Immerhin sind auch im Gebirgsvorland vereinzelt ähnliche Feststellungen gemacht [22]. Es ist offenbar nicht ganz unmöglich, daß sich örtliche Siedlungslücken und -abbrüche im größeren räumlichen Rahmen gesehen als Strukturwandlungen einer gutenteils erhalten gebliebenen Besiedlung herausstellen. Andererseits ist von der punkthaften Kenntnis von Siedlungsabbruch und Siedlungskontinuität in Niedersachsen bisher noch kein Bild zu gewinnen, wie sich großräumig beides zueinander verhält.

---

[3] Vgl. beispielsweise P. SCHÖLLER, Kurzprotokoll d. Nds.-westf. Tagung über frühmittelalterliche Siedlungsgeschichte vom 12.–14. 10. 1953 in Georgsmarienhütte/Osnabrück, in: WestfForsch 7, 1953/54. – [4] H. A. SCHULTZ, Wo lagen curtis und castrum SCLadheim?, in: Dt. Königspfalzen II, Veröff. Max-Plank-Inst. f. Gesch. 11, 1965. – [5] W. HAARNAGEL, Die Grabung Feddersen-Wierde und ihre Bedeutung für die Erkenntnisse der bäuerlichen Besiedlung im Küstengebiet in dem Zeitraum vom 1. Jahrhundert vor bis 5. Jahrhundert nach Chr., in: ZAgrargAgrarsoziol 10, 1962; DERS., Die spätlatène- und kaiserzeitlichen Siedlungen am westlichen Geestrande der Hohen Lieth zwischen

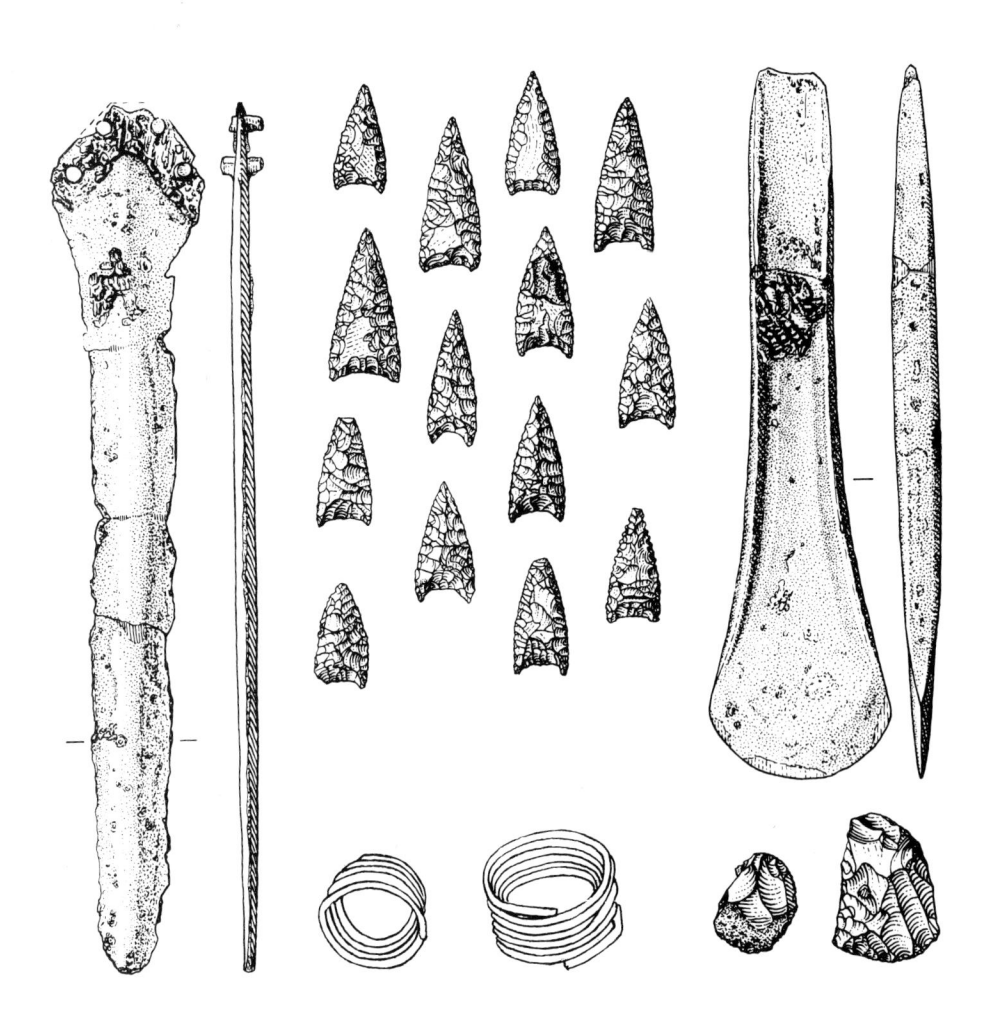

Abb. 9
Funde aus einem Hügelgrab der älteren Bronzezeit bei Stübeckshorn, Kr. Soltau
(Dolchklinge und Beil aus Bronze, Goldringe, Pfeilspitzen und andere Steingeräte)

den Ortschaften Midlum und Langen, in: JbMännerMorgenstern 45, 1964. – [6] W. REINHARDT, Die Orts- und Flurformen Ostfrieslands in ihrer siedlungsgeschichtlichen Entwicklung, in: Ostfriesland im Schutze des Deiches, hg. v. I. OHLING, Bd. I, 1969; W. REINHARDT, Studien zur Entwicklung des ländlichen Siedlungsbildes in den Seemarschen der ostfriesischen Westküste, in: Probleme d. Küstenforsch. im südlichen Nordseegebiet, Bd. 8, 1965. – [7] W. REINHARDT, Orts- und Flurformen (wie Anm. 6), S. 221. – [8] Zum Beispiel Gristede von D. ZOLLER (wie Anm. 1) festgestellt. – [9] H. v. BOTHMER, Das Gräberfeld auf den Reeser Bergen bei Liebenau, in: Die Kunde NF 11, 1960; A. GENRICH, Der Friedhof Liebenau und seine Bedeutung für die Besiedlungs- und Kulturgeschichte des Mittelwesergebietes, ebd. – [10] W. WEGEWITZ, Stand der Sachsenforschung im Kreis Harburg, in: Die Kunde NF 11, 1960, nimmt jedoch wegen der langobardischen Abwanderungen im 6. Jahrhundert eine Verringerung der Anzahl der Siedlungen an. Diese seien näher an die Wasserläufe gerückt (S. 32); hinsichtlich des „Höherwanderns" der Siedlung ist also wohl mit regionalen Unterschieden zu rechnen. – In der ostfriesischen Geest schließt P. SCHMID, Die vor- und frühgeschichtlichen Grundlagen der Besiedlung Ostfrieslands nach der Zeitenwende, in: Ostfriesland im Schutze des Deiches (wie Anm. 6), S. 169, sicher auf Abnahme der Bevölkerung, läßt aber die Frage der Siedlungskontinuität offen. – [11] H. v. BOTHMER, Das Langstreifenfeld von Hetendorf, Kr. Celle, in: Die Kunde NF 16, Jg. 1965. – [12] F. SCHEFFER und Br. MEYER, Bodenkundliche Untersuchungen im Leinetalgraben und ihre Beziehungen zur Siedlungsgeschichte und Archäologie, in: Dt. Königspfalzen (wie Anm. 4), 1965, S. 76. – [13] F. ENGEL, Th. ULRICH, H. MOHRHOFF, W. LÜCKE, Geschichte des Dorfes Empelde, Landkr. Hannover. HannGbll. NF 6, 1952, S. 100. – [14] H. SCHROLLER, Die Ausgrabung der Pfalz Werla und ihre Probleme, in: Dt. Königspfalzen (wie Anm. 4), 1965, S. 149. – [15] W. BARNER, Ein völkerwanderungszeitliches Gräberfeld am Sonnenberg bei Esbeck, Kr. Alfeld (Leine), in: Die Kunde NF 14, 1963. – [16] W. EVERS, Grundfragen der Siedlungsgeographie und Kulturlandschaftsforschung im Hildesheimer Land (Schr. Wirtsch.-wiss. Ges. NF Bd. 64), 1957. – [17] F. ENGEL, Die ländlichen Siedlungen und ihre Geschichte, in: Engel, Ehmke, Mittelhäusser, Schaumburg-lippische Siedlungsgeschichte (Sonderdr. aus Kreisbeschreib. Schaumburg-Lippe) 1955, S. 7. – [18] W. NOWOTHNIG, Funde der Merowingerzeit aus dem südlichen Niedersachsen, in: Führer zu vor- und frühgeschichtl. Denkmälern Bd. 16, 1970. – M. LAST, Südniedersachsen zwischen Merowinger- und Stauferzeit, ebd. – J. DRIEHAUS und M. LAST, Der Burgwall im Leineholz bei Nörten-Hardenberg, in: Göttinger Jb. 1969, S. 32. – [19] W. MAACK, Dörfer und Fluren des Rintelner Beckens (Schaumb. Stud. 5), 1964, S. 324 f. – [20] W. BARNER, Die St.-Laurentius-Kirche zu Freden (Leine), in: Die Kunde NF 13, 1962, S. 138. – [21] P. SCHÖLLER, Kurzprotokoll (wie Anm. 3), darin Diskussionsbeitrag von W. ASMUS, S. 268. – [22] Beispielsweise im Kreis Peine nach R. DEHNKE, Siedlung und Wohnen, in: Kreisbeschr. Peine, 1958, S. 111 f.; für das Geestland macht A. GENRICH, Zur Geschichte der Altsachsen auf dem Kontinent, in: Die Kunde NF 16, 1965, S. 117, darauf aufmerksam, daß im 4./5. Jh. die früheren relativ zahlreichen Friedhöfe mit nur wenigen Bestattungen abgelöst werden durch wenige Friedhöfe mit zahlreichen Bestattungen – was möglicherweise ebenfalls auf eine Siedlungskonzentration hindeuten könnte.

2. Hinweise auf Siedlungsgebiete und ihre Veränderungen im ersten Jahrtausend aus den Ortsnamen

Bei der nur punkthaften Aufhellung der frühen Siedlungsverhältnisse durch archäologische Untersuchung ist es verständlich, daß gerade von siedlungsgeographischer Seite bei der Betrachtung von größeren Siedlungsräumen immer wieder auf das Kriterium der Ortsnamen zurückgegriffen wird, um älter und jünger besiedelte Räume zu scheiden. Hinsichtlich der Problematik der Heranziehung der Ortsnamen – Feststellung der Altformen, evtl. der Mundartform, Berücksichtigung von Umbenennungen, Änderungen des Grundworts bzw. des Suffixes, Angleichungserscheinungen, sprachliche Entwicklung des Namens, Namensübertragungen usw. – wird auf S. 239 ff. verwiesen. Hier interessieren nur die sich aus der Namenverbreitung andeutenden räumlichen Bezüge.

Die von der Ortsnamenforschung als „alt" angesehenen Namen auf -ithi, -lar, -mar, sowie die auf -ingen, die allgemein der ersten Hälfte des ersten Jahrtausends zugewiesen werden, treten relativ häufig im Gebirgsvorland, namentlich ostwärts der Leine auf [23]. Sie mischen sich hier mit Namen auf -stedt und -heim; letztere sind besonders in der Hildesheimer Börde häufig. Wenn auch das Alter der -heim-Namen umstritten ist, so ergibt im Gebirgsvorland der Namenbestand im ganzen das Bild einer alten, sicher vorfränkischen, nach Auffassung der meisten Namenforscher überwiegend aus der Zeit vor etwa 500 n. Chr. stammenden Besiedlung. Auch der Ausbau scheint hier relativ früh anzusetzen zu sein: So die fraglichen -heim, die selbst bei jüngster Datierung (Fiesel) immer noch ins 9. Jahrhundert zu setzen wären und meist etwas randlich zu den ältesten Ortsnamengruppen liegen; die im Osten des Gebirgsvorlandes gehäuften -leben, die noch in die späte Völkerwanderungszeit gesetzt werden [24]; die im Papenteich – einer relativ feuchten Ausbaulandschaft mit schweren Böden – gehäuften Namen auf -büttel, im Alter ebenfalls umstritten [25], aber doch jedenfalls jünger als die erstgenannte Gruppe und wahrscheinlich noch vor etwa 900 n. Chr. entstanden. Namen auf -hausen fehlen im östlichen Gebirgsvorland, der Bördenzone, fast ganz; Namen auf -dorf sind recht selten – das heißt, die Ortsnamengruppen, die in Niedersachsen die häufigsten Vertreter einer noch vor der Jahrtausendwende liegenden Ausbauperiode darstellen, erscheinen in der Bördenzone nur vereinzelt.

Nirgends sonst in Niedersachsen ist ein derart ausgedehntes zusammenhängendes Gebiet ganz überwiegend alten Namenbestandes zu finden. Dagegen treten „Nester" und Reihungen als alt angesehener Namen vielfach auf [26]: In Beckenlandschaften des Berglandes, z. B. westlich Einbeck, am südlichen Solling bei Uslar, zwischen Göttingen und dem Bramwald, vor allem aber längs des Leinetales sowie südwestlich des Harzes, an dem alten Weg nach Thüringen, sind abgeleitete Namen, z. B. auf -ithi, -ingen sowie Namen auf -stedt und -heim stark vertreten. Der räumliche Zusammenhang zwischen den Orten mit alten Namen im Leinetal und den entsprechenden Namenbereichen im östlichen Bördenstreifen veranlaßt Flechsig [27], an eine Besiedlung des Berglandes längs dieser Linie von Norden her zu denken. Ob man bei der Gründung von Orten mit diesen alten Namen durch etwa von Norden kommende Siedler an eine neue

Landnahme im menschenleeren Gebiet denken muß – oder ob es sich um eine Neubesetzung schon älter besiedelter Stellen durch neue Menschengruppen handelt, ist bei allen diesen Feststellungen zur Ortsnamenverbreitung offen. Man wird sich gewöhnen müssen, für die frühgeschichtlichen Zeiten das Entstehen des Ortsnamens – d. h. doch die Namengebung durch eine bestimmte Menschengruppe – zeitlich getrennt zu sehen von der Rodung und Erstbesetzung der Siedlungsstelle.

Die Streifen und Nester alter Namen im Bergland sind eingebettet in große Gebiete, in denen die -hausen-Namen herrschen: Es sind die Hänge der Höhenzüge, z. T. die Hochflächen, Gebiete in zwar noch bodengünstiger, aber doch nicht mehr so von der Natur bevorzugter Lage, vor allem auch nicht mehr in so günstiger Lage zu den größeren Wasserläufen[28]. Nach der kranzförmigen Anordnung der -hausen-Orte um die Nester alter Namen drängt sich ihre Deutung als Ausbauorte auf. Die zeitliche Einordnung ist aber nicht unumstritten. Während Flechsig aus dem häufigen Vorkommen von -hausen-Namen des Berglandes in den Trad. Corb. schließt, daß die Hauptmasse dieser Orte vor dem 9. Jahrhundert entstanden ist[29], sieht Fiesel in den -hausen einen fränkischen Ausbau, frühestens also im 9. Jahrhundert, vor allem auf Grund der als Bestimmungswort auftretenden Personennamen, die er als fast ausschließlich fränkisch erkennen will[30]. In jedem Falle wird aber der Landesausbau, für den die -hausen-Orte bezeichnend sind, in das letzte Drittel des ersten Jahrtausends zu setzen sein[31].

Fraglich bliebe nur die Trägerschaft dieses Ausbaus. Wären es, wie Fiesel will, praktisch nur reichsfränkische Edle „auf Grund königlicher Verleihung aus dem durch Eroberung Karls des Großen als Königsgut angefallenen altsächsischen Lande"[32], so müßte man den Franken zumindest in Südniedersachsen eine außerordentliche Kolonisationstätigkeit in relativ sehr kurzer Zeit zusprechen. Treffen die Datierungen der -hausen durch ältere Autoren[33] und in jüngster Zeit eben durch Flechsig auf wenigstens z. T. vorfränkische Zeit zu, erschiene der Siedlungsausbau über größere Zeitspannen verteilt, kontinuierlicher und nicht ausschließlich als organisierte Herrensiedlung (worauf die Personennamen als Bestimmungswort deuten würden), sondern auch als allmähliches Vorschieben vom Mutterdorf zur Tochtersiedlung, also im weitesten Sinne Siedlung vom Hof aus.

Daß grundherrliche organisierte Gründungen unter den -hausen-Orten eine beträchtliche Rolle spielen, ist allerdings wohl außer Zweifel. Dafür sprechen die Personennamen in den Ortsnamen, die oft gruppenweise zusammengehörig (alliterierend; wohl der gleichen Familie angehörend) auftreten und sich z. T. bestimmten edlen Familien zuordnen lassen, wie etwa in der Nähe von Kloster Hilwartshausen[34]. Es sprechen auch solche Siedlungsgruppen dafür, wie z. B. Flechsig sie um Seesen festgestellt hat[35], wo die -hausen-Namen einen alten und in der Nähe nachweisbaren Ortsnamen als Bestimmungswort haben

(Bornhausen zu Bornum, Hachenhausen zu Hachum, Ildehausen zu Ilde u. ä.) und somit der Gedanke naheliegt, daß zur Besiedlung hier Leute aus den umgebenden älteren Ortschaften zusammengeholt wurden und die Benennung jeder Niederlassung nach der Herkunft der Siedler gegeben wurde. Daß solche Gebiete einheitlich mit -hausen-Orten besetzt wurden, spricht allein schon für eine geplante Besiedlung und damit für grundherrliche und nicht bäuerliche Initiative.

Selbstverständlich sind nicht alle Ausbausiedlungen bis zur Jahrtausendwende im Bergland mit der -hausen-Namengruppe erfaßt. Auch die -dorf-Namen werden einem Ausbau, vielleicht schon einem älteren, zugerechnet [36]. Sie sind im Bergland selten. Dagegen bilden sie im Gebirgsvorland, wo sie etwas häufiger sind, deutlich eine Ausbauschicht.

Der Namenbestand im westlichen, osnabrückisch-lippischen Teil des Berglandes zeigt in manchem abweichende Züge, soweit dies ohne so eingehende Untersuchung wie im ostfälischen Bergland übersehbar ist. Die sehr engräumige Mischung von alten Namen sowie solchen auf -heim mit Namen auf -dorf und -hausen läßt eine Häufung alter Namen kaum erkennen. Gleichermaßen fehlen so große -hausen- und -dorf-Areale. Entsprechend der natürlichen Kleingliederung der Landschaft zwischen Wiehengebirge und Teutoburger Wald wie auch im lippischen Keuperbergland scheinen sich hier – von den Namen aus gesehen – Altsiedlung und Ausbau engräumiger zu verzahnen [37]. Am Rand des Wiehengebirges begegnet relativ häufig die auch im östlichen Bergland vertretene Gruppe auf -inghausen. Sie wird in die Karolingerzeit datiert und liegt regelmäßig hart am Rand großer Gebirgswälder. Nach Flechsig [38] sollen in den -inghausen-Namen ältere -ingen-Ortsnamen als Bestimmungswörter auftreten. Da er zum Teil mit Namen weit entlegener Siedlungen als Grundlage dieser -inghausen-Namen operiert, hält er einen Zusammenhang mit Zwangsumsiedlungen durch Karl den Großen für denkbar. Jedenfalls deutet die Lage und das gehäufte Vorkommen wohl auf planmäßige Siedleransetzung. Daß fränkischer Einfluß auf die Siedlung gerade in diesem westlichsten Ausläufer des Berglandes, dem verkehrswichtigen Grenzgebiet gegen Westfalen, von Bedeutung ist, wird noch in anderm Zusammenhang zu erörtern sein.

In den Geestgebieten zeichnet, soweit bisher nach Einzeluntersuchungen übersehbar, der Ortsnamenbestand die natürlichen Grenzen von Trocken- und Feuchtgebieten, Geestrücken und -platten und moorigen Niederungen genau nach. Die Trockengebiete westlich der Weser sind ausnahmslos Träger alter Namen, wenngleich nicht von ihnen ausgefüllt. -stedt- und -heim-Namen kommen zwischen den alten Namen vor, in randlichen Lagen -hausen und -dorf. Wohl wegen der natürlichen Enge der Geestinseln ist eine Zonierung des Namenbestandes wie im Bergland nicht sichtbar. In der Geest zwischen Unterweser und Unterelbe fällt häufiges Auftreten der -stedt-Namen auf; alle älteren Namenformen sind dort sehr selten. Namen auf -lo als eine vermutlich auch relativ alte Form [39] und solche auf -dorf mischen sich mit den -stedt. Nach der Unterelbe zu und in der ganzen Nordheide bekommen die -dorf-Namen das Übergewicht, örtlich in dichten Gruppen auftretend. Dazwischen liegen mehr vereinzelt -stedt-, -ingen-, -heim-Namen. Randlich um die -dorf-Namen erscheinen -hausen-Orte. In der Zentralheide werden die -ingen-Namen herrschend, wobei freilich nicht alle ursprünglich sind, sondern zum Beispiel auch Angleichungsformen umfassen[40]. In der Südheide sind -dorf- und -hausen-Namen wieder mehr verbreitet. Überall in der Heide kommen Namen auf -lo und -bostel bzw. -borstel vor, vereinzelt erscheint -büttel. Die -bostel und -büttel werden als etwa gleichzeitige Namengruppen einer Ausbausiedlung angesehen, von Wesche relativ früh[41], von Fiesel erst in die Zeit des 9. und 10. Jahrhunderts angesetzt.

Es muß mangels eingehender sprachlicher Untersuchung dahingestellt bleiben, inwieweit der skizzierte Ortsnamenbestand der Geest, vor allem östlich der Weser, beitragen kann zur Erkenntnis älter und jünger besiedelter Gebiete. Die -ingen der Heide als Kriterium älterer Besiedlung zu nehmen, ist sicher falsch (auch abgesehen von Umwandlungs- und Angleichungserscheinungen), weil -ingen hier offenbar lange als Suffix produktiv blieb. Ähnliches scheint für das häufige -lo zu gelten. Es scheinen für die Heide nur sehr wenige punkthaft verstreute Altnamen Hinweise auf mögliche alte Siedlungskammern zu geben.

Im Küstengebiet zwischen Ems und Weser[42] sind als älteste Namengruppen die auf -ingen und -heim sowie auf -wurt (-warf, -wurp) anzunehmen, die nach Lohse nicht vor dem 6./7. Jahrhundert entstanden sein können. Die -heim sind besonders im Emsgebiet gehäuft, die -ing, bzw. die aus ihnen fortentwickelte Form auf -ens dagegen weiter östlich, im Raum von Jade und Weser (doch schließen sie sich nicht aus, haben auch vielfach Grundwort bzw. Suffix gewechselt). Die alten Namen erscheinen gehäuft auf der Krummhörn und im Jeverland. – An Namen, die auf Ausbausiedlung deuten, kommt -dorf im Küstenraum überall verstreut vor, eine ältere Gruppe von -hausen vornehmlich im Emsraum (die -hausen im Weser-Jadegebiet sind nach Lohse[43] jünger); kennzeichnend für Ausbauten etwa seit dem 10. Jahrhundert sind dort aber vor allem Namen auf -wehr.

[23] Vgl. etwa H. Wesche, Unsre niedersächsischen Ortsnamen (Schr. Zentr. f. Heimatdienst), 1957; E. Schwarz, Deutsche Namenforschung II, Orts- und Flurnamen, 1950; E. Schwarz, Ortsnamenforschung und Sachsenfrage, in: WestfForsch 6, 1953; W. Flechsig, Beiträge zur Ortsnamenforschung in den ehemaligen Fürstentümern Göttingen–Grubenhagen, in: Northeimer Heimatbll, 1953; W. Flechsig, Was kann die Namenforschung zur Altersbestimmung mittelalterlicher Siedlungen beitragen?, in: Braunschw. Heimat 40, 1954; L. Fiesel, Ortsnamenforschung und frühmittelalterliche Siedlung in Niedersachsen, in: ForschFortschr 9, 1933. – [24] Wegen des scharf begrenzten Verbrei-

tungsgebiets von Schonen über Ostniedersachsen bis Thüringen allgemein mit einem bestimmten Stamm, den Warnen, in Verbindung gebracht. – [25] Von Wesche, Nds. Ortsnamen (wie Anm. 23), S. 55, noch in die Zeit um 600 gesetzt, von L. Fiesel, Frühmittelalterliche Siedlungen mit dem GW -büttel, in: ZOrtsnamenforsch 9, 1933, und 10, 1934, nach dem 9. Jh. datiert, von G. Oberbeck, Die mittelalterliche Kulturlandschaft des Gebiets um Gifhorn (Schr. Wirtsch.-wiss. Ges. NF Bd. 66), 1957, ins 7./8. Jh. gesetzt – in jedem Fall also relativ früher Ausbau. – [26] W. Flechsig, Ortsnamen als Quellen für die Siedlungsgeschichte des Leinetals, in: Dt. Königspfalzen (wie Anm. 4), 1965, S. 89. – [27] W. Flechsig, Siedlungsgeschichte des Leinetals (wie Anm. 26), S. 90; in diese Nord-Süd-Wanderung bezieht Flechsig (S. 91) auch die Gründer der -heim-Orte bis etwa Northeim ein, während er die fränkisch-fiskalischen Bezeichnungen um Northeim selbst als jüngere Gruppe anspricht. – [28] Die Gemarkungen der -hausen-Orte des Berglandes liegen überwiegend noch auf Braunerden, aber vielfach schon an der Grenze zu Gebirgsböden auf Sandstein und zu Rendzinen. Nur selten haben sie noch an den schwarzerde-ähnlichen Böden auf mächtigem Löß teil, die von älteren Namen in besonderem Maße besetzt sind. – [29] W. Flechsig, Ortsnamenforschung in Göttingen–Grubenhagen (wie Anm. 23), S. 93. – [30] L. Fiesel, Franken im Ausbau altsächsischen Landes, in: NdSächsJbLdG 44, 1972. – [31] W. Flechsig, Siedlungsgeschichte des Leinetals (wie Anm. 26), S. 85, hält die ältesten -hausen-Namen des ostfälischen Berglandes als im 6. Jh. entstanden „für möglich". – [32] L. Fiesel, Ausbau altsächs. Landes (wie Anm. 30), S. 118. – [33] Namentlich in der älteren siedlungsgeographischen Literatur. – [34] K. A. Kroeschell, Zur älteren Geschichte des Reichsklosters Hilwartshausen und des Reichsguts an der oberen Weser, in: NdSächsJbLdG 29, 1957, S. 6. – [35] W. Flechsig, Siedlungsgeschichte des Leinetals (wie Anm. 26), S. 93/94. – [36] Die -dorf-Namen werden vereinzelt noch eng an die ältere Namensschicht mit -ingen und -stedt angeschlossen, so von E. Engel, Ländliche Siedlungen in Schaumburg-Lippe (wie Anm. 17), S. 8; W. Flechsig, Siedlungsgeschichte (wie Anm. 26), S. 48/49, stellt sie für das Bergland zwischen das 8. und 10. Jh. – Wesche (wie Anm. 23), S. 58, will sie für ganz Niedersachsen kaum über das 7. Jh. hinaufrücken. – [37] G. Wrede, Die Langstreifenflur im Osnabrücker Lande, in: OsnabMitt 66, 1954, S. 86, stellt auf Grund der Flurunter-suchungen die -ithi-, -ingen-, -fort-Namen zur ältesten Gruppe, die -dorf-Namen zu einer nächstjüngeren Gruppe und trennt als Ausbauschicht die -hausen-, -heim-, -loh-, -leghe-Namen (S. 97) ab; das Kriterium der Langstreifenflurkerne erscheint aber neuestens nicht unproblematisch. – Nach G. Wrede, Die Ortsnamen auf -heim im Osnabrücker Land, in: OsnabMitt 67, 1956, sind die -heim-Orte fränkische Plangründungen, die z. T. ältere Ortsnamen verdrängten (S. 53–55). – [38] W. Flechsig, Siedlungsgeschichte des Leinetals (wie Anm. 26), S. 95. – [39] H. Wesche (wie Anm. 23), S. 65. – [40] So sind die -lingen-Namen bei Celle ursprüngliche -lage-Namen. – [41] H. Wesche (wie Anm. 23), S. 55 f. Dagegen L. Fiesel, Die Borstel südlich der Niederelbe, in: NdSächsJbLdG 26, 1954. – [42] G. Lohse, Geschichte der Ortsnamen im östlichen Friesland zwischen Weser und Ems (OldenbForsch 5) 1939. – [43] G. Lohse (wie Anm. 42), S. 194.

3. Struktur der Siedlungslandschaft
am Ende des ersten Jahrtausends n. Chr.

Wald- und Siedlungsfläche – großräumige Verteilung und Verschiebungen

Bereits die Überschau über die Ortsnamen gibt zwei allgemeine Hinweise über die Verteilung von Wald und Siedlungsflächen etwa im mittleren Drittel des Jahrtausends: 1. Die ältere Siedlung ist punkthaft verteilt auf den Geestrücken, etwas dichter gelagert im Gebirgsvorland und den Becken des Berglandes, enger gereiht auch auf den Terrassen und günstigen Hangstellen der großen Flußtäler. Siedlungsleer sind die Moore und sumpfigen Niederungen, die – meist ebenfalls feuchten – besonders schweren Böden, die stärker geneigten Hänge sowie Höhenrücken und Hochflächen des Berglandes. Die Siedlungskammern sind als Inseln in weitflächigen Wäldern zu denken. Selbst an den Flußläufen erscheinen die ältesten Siedlungskernräume nicht miteinander verbunden, sondern nur locker nebeneinander aufgereiht.

Alle Einzeluntersuchungen deuten darauf hin, daß die S i e d l u n g s i n s e l n bevorzugt relativ leichte Böden einnahmen, anlehmige Sande, Flottlehme und -sande sowie noch nicht zu sehr entkalkten und verdichteten Löß. Im Bergland spricht vieles für frühe Besiedlung der natürlichen Standorte typischen Eichen-Hainbuchenwaldes, weil sie besonders günstige Ackerböden abgaben. Feuchte Eichen-Buchenwälder verschiedener Zusammensetzung dürften wegen ihrer guten Eignung für Beweidung auf die Siedler anziehend gewirkt haben [44].

Diese inselhaft verstreuten kleinen Ansatzpunkte der Siedlung werden im letzten Drittel des Jahrtausends durch einen gewaltigen Siedlungsvorstoß vermehrt und vergrößert. Im Vordergrund scheint die N e u g r ü n d u n g v o n – auch wieder k l e i n e n – S i e d l u n g e n zu stehen; die Vergrößerung der bestehenden Niederlassungen mit entsprechender Ausweitung ihrer Kulturfläche scheint dagegen zurückzutreten. Das Flächenverhältnis von Wald- und Siedelland wird durch die Neugründungen erheblich zugunsten des letzteren verschoben. Vor allem steigt die Siedlung an den Hängen des Berglandes empor, so daß ganze Kränze von Neusiedlungen um die einzelnen Bergzüge entstehen [45]. Auf den kleinen Geestinseln kommt es zur Erweiterung der vorher wohl sehr geringflächigen Siedlungskammern, soweit der trockene Boden reicht (stellenweise auch wohl noch nicht bis zu dieser Grenze). Die feuchten und schweren Böden sowie die sumpfigen Talauen und anmoorigen Niederungen bleiben im wesentlichen auch jetzt noch außerhalb des Siedelraumes, wenngleich örtlich Vorstöße auch in diesem Bereich nachweisbar sind [46].

Von dem V o r d r i n g e n d e r S i e d l u n g g e g e n d e n W a l d sind wohl in erster Linie trockenere Waldgesellschaften betroffen, Eichen-Buchenwälder verschiedener Zusammensetzung im Bergland sowie auf die Grundmoränenböden der Geest, Eichen-Birkenwälder auf sandig-kiesigen Böden der Geest (Talsandflächen, End- und Stauchmoränenhöhen, Dünengebiete). Die feuchten Auewälder, Erlen- und Birkenbrücher, die sehr feuchten Subassoziationen der Eichen-Hainbuchen- bzw. Eichen-Buchenwaldgesellschaften tragen kaum erst Siedlung, wenn sie auch in den Nutzungsbereich einbezogen werden. Auch die Buchen- und Buchenmischwälder der steileren Kalkhöhen des Berglandes bleiben großflächig noch siedlungsfrei, wegen der Steilheit des Geländes wie aus Höhen- und Klimagründen wohl mehr als wegen der Bodenverhältnisse.

Obwohl die Siedlungsinseln im Wald immer noch kleinräumig bleiben, wird der Wald doch im ganzen auf erheblichen Flächen zurückgedrängt – sei es durch Schaffung von Offenstellen (Daueracker, Hofflächen), sei es durch Auflichtung des Waldes infolge Beweidung oder Wechselwirtschaft. Auf ein großes Ausmaß dieser Flächenveränderung kann man u. a. aus der sehr verstärkten Abspülung und Abschwemmung des Lößschleiers und auch tieferer Gesteinsschichten von den Hängen im Bergland schließen. Das von den nunmehr nicht mehr waldgeschützten Flächen abgespülte Material wurde in den Tälern als oft mehrere Meter mächtiger Auelehm abgelagert [47].

Für die genauere Kenntnis dieser Rodungsvorgänge, die das Bild der Siedlungslandschaft am Ende des Jahrtausends entscheidend prägen, sind zwei Fragen bedeutsam: 1. Ist die Anlage von neuen Rodungsflächen nur oder doch vorwiegend am R a n d e der großen Waldgebiete, in räumlichem Zusammenhang mit den bereits vorhandenen Siedlungsinseln erfolgt? Oder wurden auch Rodesiedlungen „mitten im Wald" geschaffen (wobei ältere Wegeverbindungen als Leitlinien bestanden haben können [48], aber nicht unbedingte Voraussetzung sind)? Waren also – zugespitzt gefragt – die Wachstumszellen dieses Landesausbaus mehr oder ausschließlich die alten Siedlungsgebiete oder auch die Waldungen selbst? 2. Wie weit ging neben der Siedlungsneugründung ein Ausbau der bereits bestehenden Niederlassungen einher, der sowohl Vergrößerung des Hoflandes als Vermehrung der Höfe beinhaltete? Zu der ersten Frage seien anschließend einige Bemerkungen gemacht, während die zweite Frage so eng mit den Vorstellungen über Flur- und Ortsformen gegen Ende des Jahrtausends verbunden ist, daß erst später auf sie zurückzugreifen ist (s. S. 284).

Daß von älteren Siedlungskernen T o c h t e r s i e d l u n g e n g e g e n d e n W a l d vorgeschoben wurden, ist in nicht wenigen Fällen wahrscheinlich zu machen. Beispielsweise deuten die Namenpaare, die jetzt durch „Groß-" und „Klein-", „Hoch-" und „Nieder-", „Alt-" und „Neu-" unterschieden werden, u. U. auf solche frühen Tochtersiedlungen [49], ferner der häufige Ortsname Oldendorf in alten Siedlungskammern, der an Stelle eines älteren Namens getreten und von einer Tochtersiedlung aus gegeben sein dürfte. Auch aus der Art der Verzahnung der Fluren, ihren Formen und urkundlich erschlossenen Besitzverhältnissen kann gelegentlich auf Tochtersiedlungen geschlossen werden [50]. An Tochtersiedlungen möchte man auch bei den einzelnen zwischen Altsiedlungen verstreuten Trägern jüngerer Ortsnamen auf den kleinen Geestinseln denken. Hier läßt die räumliche Enge der Geestinsel, die Trennung von andern Altsiedelkernen durch Moore und sumpfige Niederung einen von den Altsiedlungen ausgehenden kleinräumigen Ausbau als „naturgegebene" Siedlungsentwicklung erscheinen.

Allerdings ist der Begriff „Tochtersiedlung", also Schaffung einer neuen Siedlungseinheit, von dem Begriff „Erweiterung der bestehenden Siedlung" oft nicht leicht zu trennen wegen der Lockerheit der alten Siedlungsformen, des starken Gewichts der Einzelhöfe bei den Tochtersiedlungen und wegen der wohl selten aneinander grenzenden Ackerflächen von Alt- und Neusiedlung. Daß die Ackerflächen allgemein bei benachbarten Siedlungen, also auch bei Tochter- und Muttersiedlung, durch einen Wald- bzw. einen Waldweidestreifen getrennt waren, muß vorausgesetzt werden [51]; denn Wald, Laubhaine, Weide- und wohl auch Wechselland spielten eine so wesentliche Rolle für die Wirtschaft (s. S. 275 f.), daß bei weiträumigen Möglichkeiten der Landnahme keine Niederlassung auf solche Flächen in ihrer unmittelbaren Nähe verzichtet haben wird, daß also mit einer Zellenstruktur nach Art der skandinavischen Gliederung einer jeden einzelnen Siedlungsfläche in eine „innmark" und eine „utmark" zu rechnen ist.

Wie aber hat man sich die Gründung von Neusiedlungen bei den großflächigen Rodungen vor allem im Bergland, bei den großen zusammenhängenden Komplexen von -hausen-Orten oder -inghausen-Orten und ähnlichen Gruppen zu denken? Hier ist schon angesichts der flächenhaften Ausdehnung kaum mehr die Vorstellung einer mehr oder weniger planlosen, von den Altsiedlungen ausgehenden Schaffung von einzelnen Tochter- oder Ausbausiedlungen wahrscheinlich. Für geplante oder mindestens gelenkte Ansetzung von Siedlern in größeren Gruppen sprechen auch nicht selten die Ortsnamen, etwa die erwähnten Gruppen, in denen Ortsnamen als Bestimmungswort (Herkunft der Siedler) auftreten, oder die Namen, deren Zusammensetzung mit Personennamen auf Adelsfamilien als Grundherren und Siedlungsgründer deuten. In solchen Fällen scheint der Landesausbau nicht den Stempel allmählich planlosen Wachstums von alten Siedlungskammern aus zu tragen, sondern das Gepräge gelenkter Landnahme in größeren Schüben, wohl in kürzeren Zeitabschnitten über große bisher unerschlossene Gebiete hin, praktisch überall in Waldgebieten.

Die Vorstellung von der Landnahme in großen Waldgebieten, unabhängig von den Altsiedlungskammern, wird gestützt durch die besitzrechtliche Situation, die sich in den großen Waldungen in der Frankenzeit entwickelt hatte: Dem König stand das Verfügungsrecht über alles herrenlose Wildland, Wald, Ödland, Gewässer, auch Bodenschätze, zu, und auf Grund dieses Rechtes kann „der König bestimmte, wenig besiedelte Einöden, Waldlandschaften oder auch einzelne Gewässer zur ‚forestis nostra' (erklären), d. h. zu einem Rechtsbezirk, in dem die gesamte dort mögliche wirtschaftliche Nutzung, Holzschlag, Eichelmast, Jagd, Fischfang, Rodung, Besiedlung sowie alle sonstigen Wildlanderträgnisse einschließlich der Bodenschätze, soweit sie nicht bereits anderweitig beansprucht wird, unmittelbar der königlichen Verfügungsgewalt unterworfen ist." [52]

Als in diesem Sinne im 9. Jahrhundert **inforestierte Bezirke** in Niedersachsen sind beispielsweise Bramwald und Kaufunger Wald bekannt; dort sind Rodungsbezirke, „Bifänge", bezeugt, und der Rodungsunternehmer bedurfte der königlichen Genehmigung bzw. Schenkung [53]. Im 9. und 10. Jahrhundert sind offenbar große Teile der Waldungen im niedersächsischen Bergland inforestiert worden. Sicher war der Harz forestis, sicher auch der Reinhardswald [54], wohl auch der Solling und zahlreiche kleinere Bergwaldgebiete zwischen Weser und Leine [55]. Im Vorharzgebiet sind ebenfalls kleinere Inforestierungen aus den Besitzverhältnissen zu erschließen [56]. Für das Gebiet der südlichen Lüneburger Heide und der Geest um Sulingen sind auf Grund späterer Siedlungsverhältnisse Inforestierungen erschlossen [57]. Im Osnabrücker Land weist Wrede [58] besonders auf mögliche Zusammenhänge zwischen dem um 960 verliehenen Forstbann und der Entstehung zahlreicher -heim-Siedlungen hin. Die Wälder zwischen Minden und dem Steinhuder Meer waren forestis-Gebiete, die erst Jahrhunderte später zu Siedlungszwecken angetastet wurden [59]. Das riesige Königsgut im Emsland, das Metz nachweist [60], wird auch zahlreiche Forestisbezirke umfaßt haben. Wenn auch die Feststellung der Inforestierungen für viele Gebiete Niedersachsens noch offen ist – als das für die Siedlungsentwicklung Wesentliche zeichnet sich klar der mehr oder weniger vollständige Übergang der größeren noch unbesiedelten Gebiete in die königliche Verfügungsgewalt ab.

Daraus ergab sich je länger je mehr eine Verfügungsgewalt zahlreicher großer Grundherren über das mögliche Siedland, denn der König verlehnte die forestis-Bezirke weitgehend an die Großen, und von diesen bzw. unmittelbar vom König kamen sie gutenteils durch Schenkung an Klöster und Kirchen sowie an die Bistümer. Die einst großen fiskalischen Waldgebiete zersplitterten mit der Zeit an eine Unzahl von Grundherren, die nun sowohl die Jagd wie die Holz- und sonstige Wirtschaftsnutzung innehatten wie auch die Forstgerichtsbarkeit und das Recht zur Ansetzung von Siedlern und Einziehung der sich aus Rodung und Siedlung ergebenden Einkünfte.

Mit dieser Entwicklung wurden praktisch die großen und später auch die kleineren **Grundherrn** maßgebend für den Landesausbau, zumindest in den einmal inforestierten Bereichen [61]. Sie werden im allgemeinen an der Ansetzung von Siedlern interessiert gewesen sein, zunächst schon aus wirtschaftlichen Gründen wegen der zu erwartenden Einnahmen aus den neuen Höfen. Aber man muß wohl auch machtpolitische Interessen annehmen, denn mit den neuen, mehr oder weniger geschlossenen Rodungsgebieten ließen sich Lücken im Streubesitz schließen und kleine, aber doch einigermaßen abgerundete Einflußgebiete schaffen [62]. Damit wurden aber die Forsten selbst zum Ausgangspunkt der Siedlungsausbreitung, die Entwicklung basierte auf ihnen und dem grundherrlichen Interesse an ihnen und war nicht an die Altsiedelgebiete gebunden und von einem evtl. darin herrschenden Bevölkerungsdruck durchaus nicht abhängig. Unter diesen Umständen konnten die Siedler durch den lenkenden Grundherren von weiterher herangezogen werden – wie Flechsig es für das Neusiedlungsgebiet um Seesen wahrscheinlich macht [63] –, vielleicht auch als seine Hörigen aus andern ihm gehörigen Dörfern. So kam der Neusiedler nicht immer aus unmittelbarer Nachbarschaft. Dieser Punkt ist ein wesentliches Unterscheidungsmerkmal gegenüber der an Altsiedelgebiete anschließenden Schaffung von Tochtersiedlungen.

Im Hinblick auf die eingangs gestellte Frage, ob die Altsiedelgebiete oder die Waldungen Ausgangspunkte des Landesausbaus zu Ende des ersten Jahrtausends waren, läßt sich also bisher nur antworten: Offenbar haben sowohl Altsiedelinseln als auch Waldgebiete diese Funktion gehabt, aber es ist noch unklar, ob und wo der eine – sagen wir sehr vereinfachend „bäuerliche" [64] – oder der andere – der „grundherrliche" – Typ des Landesausbaus überwog und das Siedlungsbild somit bestimmte. Diese Klärung hängt zusammen mit der Aufhellung der Forestisentwicklung in Niedersachsen. Zugleich muß man sich darüber klar sein, daß zwischen beiden Arten des Landausbaus ein zeitlicher Unterschied liegen kann, wenn auch nicht liegen muß. Die „bäuerlichen" Neugründungen können auch vor dem 9. Jahrhundert entstanden sein, in dem die grundherrliche Einflußnahme fränkischer Prägung erst beginnt.

Die Kulturflächen, ihre Form und Bewirtschaftung

Die Siedlungsinseln gegen Ende des ersten Jahrtausends sind in einer Waldumgebung eingebettet zu denken, die der Bau- und Brennholzentnahme, Viehweide, Laubgewinnung für Streu- und vielleicht Futterzwecke diente und somit ein unentbehrlicher Bestandteil der Wirtschaft war (die ursprünglich damit verbundene Fischerei und Jagdnutzung ging als Herrenrecht dem Bauern verloren). Im Geestland kam zum Wald noch die Heidefläche, die für Weide, Plaggenhieb und Honiggewinnung genutzt wurde, und endlich die Moorfläche, die randlichen Torfstich und auf Niederungsmoor Grasgewinnung gestattete und wohl auch in dieser frühen Zeit bei unmittelbar dem Moor benachbarten Siedlungen in die extensive Nutzung der „Außenzone" einbezogen sein wird. Die Waldungen in Siedlungsnähe waren durch die Beweidung bereits durchlichtet und wahrscheinlich in ihrer Zusammensetzung zum Teil verändert; die Heide – schon durch prähistorische Besiedlung gegenüber der natürlichen Bewaldung stellenweise durchgesetzt – wurde durch die Plaggenentnahme und den Viehverbiß regeneriert und in ihrem Vordringen gegen den lichter werdenden Wald begünstigt. In den Feuchtwäldern am Rande der Niederungsmoore sowie in den sumpfigen Flußniederungen, vor allem in den Erlenwäldern, wurde durch Beweidung eine weitere Waldentwicklung verhindert und waren wohl schon Offenflächen mit Graswuchs entstanden oder die natürlichen, in der Sukzession der Verlandungsvorgänge gebildeten Wiesen auf kleinen Flächen offengehalten [65].

Dieser vom Menschen genutzte und umgestaltete, aber der natürlichen Vegetation immer noch nahestehende Außenbezirk, der Umkreis des offenen Kulturlandes, scheint um die Jahrtausendwende noch nicht im Sinne der späteren Marken abgegrenzt und organisiert gewesen zu sein. Die noch recht dünne Besiedlung machte vorläufig offenbar eine Fixierung der Rechte der einzelnen Siedlung an bestimmte Waldareale und erst recht der einzelnen Siedler an die eine oder andere Nutzung überflüssig [66].

Zäune oder Umwallungen, jedenfalls deutliche, gegen das Weidevieh schützende und wohl auch Rechte markierende Abgrenzungen umgaben jedoch das K u l t u r l a n d [67]. Hierbei ist zwischen Dauerackerland und W e c h s e l l a n d zu unterscheiden. Zu der zum Beispiel von Niemeier [68] vertretenen Annahme eines Wechsels zwischen einigen Ackerbaujahren und einer längeren Brachzeit, in der das Feld beweidet wurde oder sogar verwaldete, führt deduktiv die Überlegung, daß die mageren Geestböden ohne intensive Düngung keinesfalls viele Jahre hintereinander Erträge liefern konnten, ferner aber auch induktiv die Beobachtung der wechselwirtschaftlich genutzten „Vöden" – zuerst von Niemeier im Münsterland festgestellt [69] – die noch in der Neuzeit als extensiv genutzte Außenländereien auf mageren Böden auftraten. Mit solchen Wechselnutzungen werden auch die vielfach im Geestland beobachteten wüsten Hochäcker in Zusammenhang gebracht [70]; diese Flächen sind oft zu ausgedehnt, um als wüstes Dauerackerland gedeutet zu werden. (Freilich ist bei solchen fossilen Fluren bisher meist ungeklärt, wann sie genutzt und wann sie aufgegeben wurden. Im allgemeinen sind die in der Geest festgestellten wüsten Hochackerflächen sicher erheblich jünger, was aber nichts gegen die Ausübung einer Wechselwirtschaft auch – und gerade – in den Zeiten um die Jahrtausendwende sagt.) – Auf häufige Verlegung von Äckern – abgesehen von einer möglichen Wechselwirtschaft – deuten in der Geest übrigens auch Grabungsbefunde, die Acker- und Siedlungsspuren im Wechsel übereinander zutage förderten, etwa in Gristede oder Mulsum. Ob auch im Bergland Wechselwirtschaft eine Rolle spielte, steht dahin; für die folgenden Jahrhunderte wird sie dort zum Beispiel von Jäger für unwahrscheinlich gehalten.

Neben den in Wechselsystemen genutzten Flächen gab es am Ende des ersten Jahrtausends sicher D a u e r a c k e r l a n d , auch auf den armen Geestböden. Die D ü n g u n g dieser intensiv genutzten Kerne der Flur war und blieb auch viele Jahrhunderte später noch ein wichtiges Problem der Siedlung: Der Anfall von tierischem Dünger war durch den Weidegang im Walde selbst bei relativ großem Viehstapel nicht groß; außerdem fand die Aufstockung des Viehbestandes ihre Grenzen in den natürlichen Weidemöglichkeiten und vor allem in der Beschaffung von Winterfutter. So wurde auf den düngerbedürftigen Geestböden der Viehdung durch Heide- oder Grasplaggen gestreckt oder es wurden auch ohne Mischung mit Dung die P l a g -

g e n, vor allem auch Moorplaggen auf den Acker gefahren, um diesen durch die organische Substanz der Pflanzen anzureichern. Je nach der Art der Plaggen, der Intensität der Düngung und der Dauer dieser Bewirtschaftungsart wurde der Acker aufgehöht. In den niedersächsischen Geestgebieten liegt die Mächtigkeit der Plaggenschichten zwischen durchschnittlich 40 und 100 cm, kann aber sehr stark variieren und ist für Altersbestimmungen kaum geeignet. Die Plaggendüngung erforderte erhebliche Flächen zum Plaggenmähen, da die einmal abgeplaggte Fläche eine ganze Reihe von Jahren zur Regeneration brauchte [71] und für jeden Acker somit ein Vielfaches an Heidefläche zur Verfügung stehen mußte [72]. Die Größe des Ackers stand daher nicht nur in bestimmter Relation zur Weidefläche, sondern war auch von der Fläche für Plaggenmahd abhängig.

Im ganzen Geestgebiet wurde Plaggendüngung betrieben; sie war nicht nur an die ärmsten podsolierten Sandböden gebunden, sondern kam auch auf anlehmigen Böden von Braunerdecharakter, auf vergleyten Braunerden und vereinzelt sogar auf Löß (im Osnabrücker Raum und westfälischen Grenzgebiet) vor [73], zumindest in jüngerer Zeit. Das Gebirgsvorland und die Becken des Berglandes mit ihren wertvolleren und nachhaltigeren Böden kannten die Düngerprobleme der Geestsiedlungen nicht. Die Viehhaltung sorgte hier wohl für genügend Dünger; dazu kam vermutlich auch begünstigend, daß die Verschwemmung und Umlagerung von Lößlehm und anderem Lockermaterial an schwach geneigten Hängen Bodenverjüngungen und verstärktes Mineralangebot bewirkte.

Wann die Plaggendüngung der Geestgebiete aufgekommen ist, läßt sich noch nicht mit Sicherheit sagen. Messungen nach der Radiokarbon-Methode veranlaßten Niemeier [74] zu Datierungen bereits an den Anfang des Jahrtausends; spätere Messungen [75] ergaben die Zeit etwa des 8. Jahrhunderts, mit der auch schon ältere Autoren gerechnet hatten [76], und die sich in die Vorstellungen von der damals dichter werdenden Besiedlung gut einfügen würde. Um die Jahrtausendwende dürfte die Plaggendüngung im Geestgebiet allgemein bekannt gewesen sein. Ob erst diese Bewirtschaftungsmethode den Dauerfeldbau ermöglichte, wie Niemeier vermutete, ob also die Datierung der Plaggendüngung für das betreffende Gebiet zugleich die Feststellung des Übergangs von Feld-Weide-Wechselwirtschaft zum Dauerfeldbau bedeutete, ist unsicher. Dauerfeldbau auf kleinen Flächen kann auf der Geest nach Grabungsergebnissen offenbar wesentlich älter sein [77].

Die G r ö ß e d e r D a u e r f e l d e r im ersten Jahrtausend ist bisher kaum zu schätzen. Was an fossilen kaiserzeitlichen Ackerfluren, die bis etwa ins 5. und 6. Jahrhundert reichen, mit archäologischen Methoden in Nachbargebieten (Holstein, Niederlande) und an einzelnen Stellen auch in Nordniedersachsen [78] festgestellt wurde, sind kleine blockförmige Flächen („celtic fields"), bei denen Größenschätzungen in die Nähe von 3–4 ha je Hof geführt haben.

Für die nordwestdeutsche Geest im ganzen hält Müller-Wille [79] für die Zeit um 500 n. Chr. einen Dauerackeranteil von knapp 1 % der Gesamtfläche für möglich [80]. Die Größenordnung für den Acker des einzelnen Hofes dürfte im Bergland kaum anders gewesen sein.

Gegen Ende des Jahrtausends muß der Anteil von Dauerackerland an der Fläche gestiegen sein, da die Zahl der Siedlungen zugenommen hatte; doch ist es fraglich, ob der Acker je Hof größer war als in früheren Jahrhunderten. So kommt Warnecke [81] für Höfe im Hochstift Osnabrück im 11. Jahrhundert auf eine Durchschnittsgröße von knapp 3 ha. So schätzt auch Engel [82] für das schaumburg-lippische Gebiet die H o f g r ö ß e n um 1000 n. Chr. auf 2,5–4 ha, was alles der von Abel angenommenen durchschnittlichen Ackergröße eines Hofes im Frühmittelalter entspräche. Allerdings hält Knoke auf Grund von Untersuchungen im Süntelntal die Werte für Schaumburg-Lippe für zu niedrig. Ihr Hinweis, daß durchschnittliche Ackergrößen für diese Zeit wenig aussagekräftig seien, da die vielen neugegründeten Höfe naturgemäß noch klein, die Althöfe aber bereits ausgebaut seien [83], ist zweifellos berechtigt. Daß – abgesehen von der einzelnen Hofgröße – das Ackerland im ganzen um die Jahrtausendwende erheblich vermehrt war, sei an zwei Beispielen verdeutlicht: Rings um den Süntel, im Untersuchungsgebiet von Knoke, wurde durch Neugründung und Erweiterung von Höfen das Ackerland etwa verdreifacht gegenüber dem Stand vor dem Ausbau [84]. Für das Geestland kommt man am Beispiel der von Brandt [85] untersuchten Siedlungen an den Dammer Bergen bei Abschätzung der Flächen auf seinen Strukturkarten auf entsprechende Größenordnung der Erweiterung auf das Dreifache.

Welche F o r m e n wies um die Jahrtausendwende das Dauerackerland auf? In der ersten Jahrtausendhälfte waren c e l t i c f i e l d s offenbar die herrschende Form. Darauf weisen Grabungen etwa bei Flögeln und Midlum, vor allem in den benachbarten Gebieten in Holland (Drenthe) und Holstein für das Geestland hin [86]. Für das niedersächsische Bergland sind die entsprechenden Altformen der Dauerfelder noch unklar – es sei denn, man ziehe Rückschlüsse aus der Untersuchung ähnlicher hessischer Landschaften [87] mit „Zellen"- und „Kammer"-Fluren. Im Gegensatz zu den frühen Kleinblockfluren scheinen am Ende des Jahrtausends Streifenfluren vorzukommen [88]. Wenn sie auch keineswegs allein herrschen, sondern Blockformen noch mehr oder weniger verbreitet neben ihnen auftreten [89], so stellen sie doch ein neues Formelement der Siedlungslandschaft dar, dessen Aufkommen Probleme aufgibt, zumal es für die Flurgestalt bis ins 19. Jahrhundert hinein von entscheidender Bedeutung ist.

Ob und wie weit die früheren kleinen Blockfelder in den späteren größeren S t r e i f e n f l u r e n aufgegangen sind, ist nicht klar und wohl auch örtlich unterschiedlich. Die meisten Vorgeschichtsfluren der Geest liegen fern von dem späteren streifig aufgeteilten Flurkern, dem Esch [90]. Die Eschschichten mit

Plaggen liegen zum Teil über anders genutzten Flächen auf, zum Beispiel bei Drantum auf merowingerzeitlichen Gräbern, bei Dunum auf Siedlungen des 8./9. Jahrhunderts, wurden also offenbar neu angelegt. Ein Weiterleben der vorgeschichtlichen Blockfelder in den dorfnahen kleinen Blöcken („Worth") hält Müller-Wille, M.[91] für möglich; diese sind von den Streifenfeldern aber deutlich unterschieden, wie auch die von Brandt[92] untersuchten Beispiele aus den Dammer Bergen zeigen. Andererseits hat man bei den hessischen Kammerfluren eine direkte Entwicklung zur Streifenflur verfolgen wollen[93].

Bei den streifigen Einteilungen des Dauerackers kann es sich um Besitz-, aber auch um Betriebsparzellen handeln. Beide Funktionen sind für jüngere Zeiten nachgewiesen[94]. Für die frühen Streifenfelder weist Jäger[95] im Bergland darauf hin, daß die Streifen mit den Wölbäckerrücken und den Gräben dazwischen der Entwässerung dienlich sind; er sieht sie insofern als Betriebsparzellen an und hält ihre Anlage bereits bei der Kultivierung des Ackers für gegeben; später hätten die einmal vorhandenen Wölbäckerstreifen der Aufteilung in streifenförmige Besitzparzellen Vorschub geleistet[96]. Auch für das Geestland wird in Einzeluntersuchungen immer wieder betont, daß die Streifenaufteilung der Felder mit Wölbrücken und Grenzgräbchen der – dort ja besonders notwendigen – Entwässerung gedient habe[97]. Die Vorstellung, daß streifig aufgeteilte Parzellen durch das Streben nach Entwässerung mindestens mitbedingt sind, vereint sich gut mit der Tatsache, daß die Streifenflur in einer Zeit auftrat, als die Rodung bereits in die etwas weniger günstigen Lagen vorstieß, im Bergland Hanglagen und im Geestland zum Teil schon feuchtere Randlagen zu erobern begann und größere zusammenhängende Flächen für das Ackerland bloßlegte. Für Zusammenhänge mit Entwässerungsproblemen spricht auch die Streifenanordnung an stärker geneigten Hängen mit Ackerstreifen parallel zur Höhenlinie, gleichsam terrassenförmig.

Die Geländeanpassung mag streifigen B e t r i e b s parzellen Vorschub geleistet haben – wie aber sind die streifigen B e s i t z parzellen zu verstehen, die mit der Gemengelage der Streifen gegenüber den alten kleinen Blockfluren nicht nur eine wirtschaftliche, sondern auch eine soziale Umstrukturierung bedeuteten? Setzt doch die Gemengelage das Zusammenwirtschaften einer Mehrzahl von Höfen voraus, Absprachen über Einzäunung, Zuwegung, evtl. Brache und Beweidung u. a., also irgendwelche genossenschaftlichen Bindungen; die Blockflur kann dagegen vom Nachbarn völlig unabhängig bewirtschaftet werden. Brandt bringt das Problem der Entstehung von Block- oder Streifenfluren auf die einfache Formel: Streifenfluren entstehen immer dann, „wenn mehrere Höfe gleichzeitig daran interessiert waren, auf einer Fläche Land urbar zu machen"[98], bei Einzelrodung bildeten sich dagegen Blockformen. Dabei wäre dann zu fragen: Unter welchen sozialen und wirtschaftlichen Voraussetzungen bildet sich so eine Gruppe von rodungsinteressierten Höfen, die zusammenwirken wollen oder müssen?

Zunächst ist bei bereits bestehenden Gruppensiedlungen der Fall gemeinsamer Rodung anzunehmen, wenn das Rodungsvorhaben die Kräfte des einzelnen Hofes übersteigt. Der Zusammenschluß der Höfe ist hier freiwillig, auf Grund der technischen Notwendigkeiten des Unternehmens. Am häufigsten ist dieser Fall beim Dorfausbau gegeben. Bei der Gründung von Neusiedlungen von einer Muttersiedlung aus scheint in vielen Fällen tropfenweise Hof nach Hof entstanden zu sein, so daß sich erst Flurblöcke bildeten, in späterem Stadium die Neusiedler dann zu gemeinsamer Urbarmachung von Streifenfeldern schritten (zahlreiche Beispiele bei Brandt aus den Dammer Bergen, bei Maack aus dem Rintelner Becken [99]). Allerdings k a n n die bäuerliche Gründung von Tochtersiedlungen auch von vornherein gruppenweise erfolgt sein.

Dagegen wird bei gelenkter, vom Grundherrn bestimmter Neusiedlung im Regelfall eine Siedlergruppe angesetzt worden sein. Dort waren dann von vornherein die Bedingungen für Streifenfluren gegeben, u. U. sogar für mehr oder weniger regelmäßige Streifen. Die von Nitz [100] untersuchten fränkischen „Staatskolonien" im Rheinland mit ihren planmäßigen Breitstreifenfluren stellen solche Gruppensiedlungen dar, die in Niedersachsen möglicherweise ähnlich im Umkreis des fränkischen Fiskalzentrums Medenheim (wüst s. Northeim) zu finden waren. Auf frankenzeitliche planmäßige Gruppensiedlung deuten beispielsweise auch Langstreifenfluren und planmäßige Dorfformen bei Delmsen (Kr. Soltau) [101]; die von Flechsig auf Grund von Ortsnamen bei Seesen wahrscheinlich gemachte grundherrlich gelenkte Siedlung zeigt ebenfalls Langstreifenfluren [102]. Kleine Hofgruppen, die planmäßig angesetzt sind – auch etwa im 9. Jahrhundert – glaubt Brandt in den Dammer Bergen zu finden, hier zunächst wohl nur mit sehr kleinen blockförmigen Feldern ausgestattet, dann aber gemeinsam rodend und so an einer Streifenflur beteiligt [103]. In allen solchen Fällen hätte man sich gemeinsame Rodung durch die angesetzte Siedlergruppe vorzustellen, anschließend eine Streifenaufteilung des Landes, um alle Höfe der Gruppe möglichst gleichmäßig und gerecht auszustatten. Dabei kann eine Direktive des Grundherrn vielleicht mitgewirkt haben, ist aber nicht allgemein vorauszusetzen [104].

Daß bei Aufteilung des gemeinsam gerodeten Landes Streifen- und nicht Blockeinteilung – etwa in Analogie zu älteren Feldern – gewählt wurde, hängt wohl, vor allem nach Auffassung nordischer Forscher [105], auch mit der Gewohnheit der germanischen Breitenmessung bei der Landaufteilung zusammen. Ferner wurde der Streifen aber auch durch eine Wandlung in der Pflugtechnik begünstigt: Von dem nur ritzenden und nicht schollenwendenden Pflug, mit dem die celtic fields bearbeitet wurden, ging man in der zweiten Jahrtausendhälfte zum schweren Wendepflug über. Zwar hat sich der langsame Übergang zu dieser neuen Pflugtechnik wohl schon teilweise auf Blockfeldern vollzogen [106], doch ist es einleuchtend, daß die Entwicklung des schweren und nur schwerfällig zu wendenden Scharpfluges dazu drängte, vom blockförmigen Feld zum langen Streifen überzugehen, damit möglichst lange in einer Richtung gepflügt werden konnte.

Auch eine andere, gewissermaßen sekundäre Entstehung von Streifenfluren ist denkbar: Ältere blockförmige Großfelder können nachträglich in Besitzstreifen aufgeteilt sein – ähnlich wie man in späterer Zeit immer wieder solche streifenförmigen Aufsplitterungen größerer Feldeinheiten unter mehrere Besitzer nachweisen kann. Solche sekundäre Entstehung der frühen Streifenfluren hält Mortensen für wahrscheinlich. Auf Grund analoger – späterer – Verhältnisse im altpreußischen und litauischen Raum denkt er daran, daß ursprünglich blockförmige Großfelder von Sippen einheitlich bewirtschaftet, dann aber bei Zerfall der Sippenverfassung in Streifen unter die Einzelfamilien aufgeteilt wurden [107]. So seien die Feldformen entstanden, die als „Langstreifenkerne" [108] in zahlreichen Siedlungen der niedersächsischen Geest (= Kerne der Eschflur) und des Berglandes die ältesten Äcker in günstigster Lage, auf bevorzugten Böden darstellen. Dieser Arbeitshypothese folgt eine große Zahl siedlungsgeographischer Einzeluntersuchungen in Niedersachsen; doch ein Beweis für die Hypothese hat sich bisher nicht ergeben, ebensowenig wie ein Gegenbeweis [109].

Nur eines wird mit fortschreitenden Untersuchungen und in Verbindung mit archäologischen Ergebnissen klarer: Nicht alle alten Flurkerne haben Langstreifenform; nicht alle Langstreifenfluren sind alt, also etwa bis zur Jahrtausendwende entstanden; die ausgeprägte Langstreifenform ist wohl überhaupt meist erst durch spätere Aufteilung in der Breite und Zuordnung in der Länge entstanden. Ebenfalls wird klarer, daß vielerorts die bereits um die Jahrtausendwende als Gruppensiedlung mit Streifenflur bestehende Niederlassung sich weiter zurückverfolgen läßt auf einen oder zwei Urhöfe mit Blockflur (zahlreiche Beispiele bei Brandt und Maack [110]). In diesen Fällen bliebe für die Vorstellung eines ursprünglichen Sippengroßfeldes kein Raum – wenn man nicht den oder die beiden „Urhöfe" als Entsprechung für die „Sippensiedlung" nehmen will und ihre allmähliche Aufteilung im Erbgang über eine Reihe von Generationen als Entsprechung für den Aufteilungsvorgang beim „Zerfall der Sippenverfassung". Hinsichtlich der Siedlungsgestaltung kommen beide Vorgänge etwa auf das Gleiche heraus, wesentlich unterschiedlich wäre aber der Zeitansatz.

Streifenfluren waren in Niedersachsen um die Jahrtausendwende offenbar weit verbreitet. Im Osnabrückschen treten Langstreifen nach Wrede [111] regelmäßig bei den Siedlungen mit Ortsnamen der ältesten Schichten als Kern der Flur auf, relativ häufig auch bei Orten mit -heim-Namen; sie fehlen aber bei Siedlungen mit -hausen-Namen. Im Gebiet der Dammer Berge kommen Langstreifen vereinzelt vor, treten aber neben alten Block- und Breitstreifen zurück [112]. In Diepholz und auf der oldenburgischen Geest ist nach älteren

Arbeiten von Roshop[113] und Ostermann[114] sowie nach Clemens[115] ein Vorwiegen von Langstreifen auf den alten Eschfluren der Geestrücken anzunehmen. Auf der Hoyaer Geest, im Gebiet um das Verdener Becken, stellt Jorzick[116] Langstreifen hohen Alters in günstigen trockenen Lagen bei Dörfern alter Ortsnamenschichten fest; bei -hausen-Orten fehlen sie. In der Lüneburger Heide kommen vereinzelt Langstreifen vor[117] in Verbindung mit um die Jahrtausendwende bestehenden Siedlungen. Doch sind Blockfluren und Breitstreifen als Flurkerne auch bei wahrscheinlich alten Niederlassungen verbreitet. Die besonders stark umgeformten Fluren des Lößgebiets im Gebirgsvorland lassen teilweise Langstreifenkerne erkennen[118], zumeist auf günstigen, nicht zu schweren Böden, aber doch auch als vorherrschende Form der Flurkerne im Papenteich mit seinen -büttel-Orten auf schwerem Boden (Oberbeck[119]). Im Bergland werden um den Süntel und rings um das Rintelner Becken lang-, aber auch kurz- und breitstreifige Flurkerne von Knoke und Maack[120] festgestellt. In der Ith-Hilsmulde sind viele Flurkerne langstreifig[121]. Das Göttinger Leinetal mit seinen Randhöhen zeigt nach verschiedenen Untersuchungen, auch der Wüstungen[122], Langstreifenkerne regelmäßig bei den Dörfern der älteren Namenschichten und auch der -hausen-Orte. Im westlichen Harzvorland weist Rippel[123] Langstreifen mit regelhafter Besitzerreihenfolge bei den -hausen-Orten nach. Jäger[124] findet im Kreis Hofgeismar Langstreifenkerne bei älteren, aber auch bei -hausen-Orten.

Im ganzen scheinen nach diesen Untersuchungen Langstreifen am weitesten verbreitet, daneben kamen aber auch Block- und Breitstreifen vor. Die Breitstreifen werden teilweise mit besonderen Besitzverhältnissen (Herrenland)[125] in Verbindung gebracht. Auch schmale Kurzstreifen sollen bereits vorhanden gewesen sein (zum Beispiel am Süntel nach Knoke[126]), die im allgemeinen als Hauptbestandteil der Gewannflur angesehen werden. Ob um die Jahrtausendwende in Niedersachsen bereits der Ansatz einer Entwicklung zur Gewannflur wie in Süddeutschland anzunehmen ist, erscheint zweifelhaft; am ehesten ist sie im Gebirgsvorland mit seiner relativ großflächigen und alten Besiedlung zu erwarten[127].

Das räumliche Nebeneinander bzw. auch das zeitliche Nacheinander der Langstreifen-, Block- und Gewannfluren könnte nach Krenzlin[128] auch mit Wirtschaftssystemen in Zusammenhang gebracht werden in der Weise, daß Wechselwirtschaft zur Blockflur tendiere, Dauerackerbau auf kleiner Fläche bei sonst viehzuchtbetonter Wirtschaft zur Langstreifenflur und zunehmender Getreidebau zur Gewannflur.

Form und funktionelle Differenzierung der Siedlung

Die bäuerlichen Siedlungen waren zumeist kleine Hofgruppen von etwa 3 bis höchstens 7 Höfen, aber auch Einzel- und Doppelhöfe waren offenbar zahlreich vertreten. Vor allem die vielen in der Rodeperiode gegen das Ende des Jahrtausends neu gegründeten Niederlassungen waren wohl erst selten über 3–4 Höfe hinausgewachsen [129]. Selbst noch in der Neuzeit waren die aus jener Ausbauzeit stammenden Orte mit -büttel- und -borstel-Namen klein, und man nimmt an, daß sie als Einzelhöfe gegründet wurden [130]. Die älteren Siedlungen hatten zum Teil durch Ausbau schon stattlichere Größe erreicht, vereinzelt sind 10 und mehr Höfe nachweisbar [131].

Die stattlichere Größe älterer Dörfer scheint vielfach eine Folge früher H o f t e i l u n g e n zu sein. Dabei stattete der Ursprungshof den Tochterhof mit einem Teil des Altlandes aus, und beide Höfe brachen dann Neuland um, damit sie wieder den Umfang einer vollen Bauernstelle erreichten. Diese Rodungen führten im Geestland wohl oft zu einer Erweiterung der streifenförmigen Kernflur durch Verlängerung der Streifen oder auch durch Anfügen weiterer Parallelstreifen. Im Bergland scheint die Erweiterung durch Kurzstreifen in verschiedener Richtung, vielleicht in Abhängigkeit vom Gelände, der häufigere Fall zu sein. Reine Aufteilungen eines alten Hofes ohne ergänzende Neurodung dürfte bei dem allgemein geringen Umfang des Dauerackerlandes kaum möglich gewesen sein. Die abgeteilten Höfe erhielten wohl noch volle Rechte an Weide, Holzung, Heidefläche usw., da eine Beschränkung der Marken erst später begann, und hatten somit von vorn herein volle Möglichkeit zur Viehhaltung.

Ein Zusammenhang zwischen diesen frühen Teilungen und der im 14. Jahrhundert und später auftretenden Hofklasse der „Halberben", „Halbspänner", „Halbhöfe" u. ä. besteht grundsätzlich nicht. Diese späteren steuerlichen Einstufungen der Höfe können höchstens insoweit einen Hinweis auf das Alter der Stelle vermitteln, als die Voll- und Halbhöfe als die größten Höfe des Dorfes oft auch diejenigen sind, die ihren Landbesitz wegen ihres hohen Alters am meisten erweitern und ausbauen konnten. Aber es gibt auch zahllose Beispiele für große Voll- oder Halbhöfe relativ jungen Alters und umgekehrt für nachweislich alte Stellen, die ihren Besitz nicht hinlänglich vergrößern konnten und somit später nur als Kötner eingestuft wurden.

Bei den frühen Teilungen von Höfen ist übrigens zu berücksichtigen, daß vor und um die Jahrtausendwende die grundherrliche Bindung des Hoflandes nicht so starr wie später gewesen sein dürfte und freies Eigen, zum Beispiel bei den neu angesiedelten Königsfreien, wesentlich verbreiteter war. Damit war die Teilung der Stellen und Absplitterung oder Aufstockung von Hofland wesentlich leichter als in späteren Jahrhunderten [132].

Der Ausbau der älteren Siedlungen vollzog sich außer durch Hofteilungen aber auch durch Z u s i e d l u n g v o n a u ß e n. Die Ansetzung von Siedlern durch Grundherren knüpfte zum Teil an ältere Einzelhöfe und kleine Hofgruppen an, wofür Brandt aus den Dammer Bergen und Maack aus dem

Weserbergland Beispiele beibringen[133]. Allerdings waren die Siedlungsteile zunächst deutlich getrennt.

Wenn eingangs bei der Struktur der Siedlungslandschaft um die Jahrtausendwende gefragt wurde, ob und wieweit neben der starken Neugründung von Niederlassungen auch ein Ausbau der älteren Siedlungen stattfand, so ist nunmehr die Antwort gegeben: Die älteren Siedlungen erfuhren einen Ausbau durch Hofteilung wie auch durch Zusiedlung. Eine offenbar große Zahl alter Einzelhöfe wurde durch diese Vorgänge zu Gruppensiedlungen umgestaltet. Der Daueracker wurde erweitert. Die streifenförmige Feldaufteilung wurde verstärkt, da die Hofteilung streifige Aufsplitterung früherer gröberer Einteilungen (Blöcke, Breitstreifen) bewirkte, da andererseits die Zusiedlung gemeinsam gerodete Streifenfluren erbrachte und da endlich die „Ergänzungsrodung" der Teilhöfe offenbar nicht selten Felder in Form von Kurzstreifen schuf. So wurde die Feldflur differenzierter, die Niederlassung größer. Sie scheint jedoch nicht dichter geworden zu sein, jedenfalls fanden bei den untersuchten Beispielen abgeteilte Höfe geräumig am Siedlungsrande Platz.

Die Geländelage der Siedlung war im Geestgebiet überwiegend eine Mittellage zwischen den Feldfluren, die relativ hoch und trocken auf flachen Rücken und Riedeln lagen, und den feuchteren, als Weide dienenden Niederungen. Ganze Hofkränze umgaben daher die höheren Feldflächen des Esch. Am Rand der breiten Flußniederungen begnügten sich die Höfe manchmal mit Niederungslage und mußten bei verstärkten Überschwemmungen dann durch Wurten gesichert werden, wie etwa in der Weseraue bei Verden[134], hatten ihre Felder aber regelmäßig in trockener Lage, am Geesthang, auf den Talsandaufschüttungen u. ä. Stets suchten die Niederlassungen möglichst die unmittelbare Nähe fließenden Wassers. – Im Bergland wurden Terrassenlagen bevorzugt, wo das Feld die Terrassenfläche, das Dorf die Terrassenkante einnahm. Auch höhere Werder in der Talaue waren um die Jahrtausendwende schon besiedelt[135]. An den höheren Hängen wurden flache Taleinschnitte besetzt, die zugehörigen Felder lagen auf den Riedeln dazwischen und wurden hangauf erweitert. Jedenfalls suchten auch im Bergland Hof und Dorf die Lage zwischen Daueracker und Weidefläche.

Über die Anordnung der Höfe in den Gruppensiedlungen sind für diese frühen Zeiten, wegen der möglichen Verlegungen in den folgenden Jahrhunderten, eigentlich nur auf Grund von Grabungen sichere Aussagen zu machen. Auch die herkömmlichen Flur- und Ortsanalysen lassen kaum Formprinzipien der Gruppensiedlungen erkennen. Aufreihungen der ältesten Höfe sind zwar nicht selten festgestellt, lassen sich aber meist zwanglos aus dem Gelände (Terrassenkanten u. ä.) erklären und haben mit geplanter Form wahrscheinlich nichts zu tun. Verkehrsorientierte Reihungen sind bei fränkischen Plangründungen wohl nicht ganz auszuschließen[136]. In den großen Dörfern der Hildesheimer Börde und des weiter östlichen Harzvorlandes sind

Sackgassenformen beobachtet[137], die in ihrer zeitlichen Einordnung aber viele Probleme bieten. (Die sehr regelhaften und alten Formen der Wurtendörfer sollen in anderm Zusammenhang erörtert werden.)

Zu den bisher betrachteten bäuerlichen Siedlungen gesellten sich in der Siedlungslandschaft um die Jahrtausendwende bereits andere Siedlungselemente mit deutlich andern Funktionen und dementsprechend andern Lagegesetzlichkeiten. Eine beträchtliche Rolle müssen die G r o ß h ö f e gespielt haben – wohl schon zu sächsischen Zeiten als Edelingshöfe, vor allem aber im 9. und 10. Jahrhundert als Königshöfe und Großhöfe der edlen Geschlechter, als Forsthöfe, als Villikationshaupthöfe der großen, gerade auch der geistlichen Grundherren. In jedem Fall war der Großhof ein Schwerpunkt in der Siedlungslandschaft, mit militärischer, politischer und vor allem Verwaltungs- und zentraler Wirtschaftsfunktion. Für die Lage der Großhöfe, die Königsgut waren oder darauf zurückgingen, war eine häufige Bindung an Straßen und Flußübergänge bezeichnend, an militärisch-politisch wichtige Linien und Punkte – ob sie nun als Etappenstationen, Straßensicherungen, militärische Stützpunkte im eben gewonnenen Sachsengebiet oder auch als Sicherungsanlagen in den östlichen Grenzgebieten gegen die Slawen zu dienen hatten. Die Verwaltungsfunktion von Großhöfen erforderte eine gewisse Zentrallage in relativ dicht besetzten Siedelgebieten. So häufen sich denn Großhöfe im Osnabrücker Raum, längs des Verkehrsstranges am Fuß des Mittelgebirges, am Helweg; so erscheinen sie im ganzen Leinetal von Poppenburg und Elze nach Süden zu, an dem wichtigen Nordsüdweg; so treten sie zahlreich rings um den Harz auf, am Südwestrand, wo die Verbindung nach Thüringen verläuft, ebenso am Nordrand in der „Königslandschaft" um die Werla. In einer betonter zentralen Lage, als Verwaltungsmittelpunkte großer Güterballungen, sind zahlreiche Großhöfe im Emsland und auf den Geestplatten um die Mittelweser bekannt, während zwischen Weser und Elbe ihre Streuung aufgelockerter erscheint.

Die lokale Lage der Großhöfe war offenbar überwiegend von den älteren Siedlungskernen unabhängig. Auch wo ein älteres Dorf in der Nähe lag, schloß der Großhof wohl nicht an dieses an, sondern entstand in gewisser Distanz als selbständiges Gebilde. Zumindest für das Osnabrücker Land stellt Wrede[138] derartig selbständige Lagen der Großhöfe fest. Oft wurde dort das ältere Dorf von dem neuen, mit wichtigen Funktionen ausgestatteten Großhof gleichsam zurückgedrängt, der Großhof wurde namengebend, Flur- und Siedlungserweiterung schloß sich an ihn an, nicht an die Altsiedlung. Zumindest nahmen die Großhöfe gegenüber evtl. bestehenden Altsiedlungen ausgeprägte Randlage ein[139].

Unabhängig von der Altsiedlung müssen schon von der Funktion her die Forsthöfe gewesen sein. Für Forestisgebiete beispielsweise in der Sulinger Geest und in der Südheide leitet v. Bothmer[140] Großhöfe des 9. und 10. Jahrhunderts aus „Forsthöfen" ab, die den mit inforestierten Bezirken begabten edlen Herren als Verwaltungsmittelpunkt dieser Bezirke dienten. Diese Großhöfe waren an Forestisbezirke und nicht an Altsiedlung gebunden, wurden aber ihrerseits zu bald erweiterten Siedlungskernen.

Die Rolle des Großhofs in der Siedlungsstruktur wird daraus deutlich, daß er außer dem Salland, das, wie erwähnt, sich oft in Breitstreifenformen von den dörflichen Fluren abhob, auch Hufenländereien verschiedenen Umfangs umfaßte, „meist als Besitztum der Liten als einer halbfreien Bevölkerungsschicht"[141]. Insofern war der Großhof Bezugszentrum von Höfen. Im Bild der Niederlassung muß er sich durch seine Weiträumigkeit und seinen vielfältigen Gebäudebestand von der bäuerlichen Siedlung unterschieden haben. Für karolingische Zeit wird als zu einem Großhof gehörig aufgeführt[142]: Wohnbau, „Arbeitshäuser für Frauen wie Webhütten, Koch-, Back- und Badehäuser, Ställe für Groß- und Kleinvieh, geschlossene Scheunen und offene Speicher, Bienenhäuser und andere Kleinbauten", dazu oft eine Wassermühle. Bei den bedeutenderen Königshöfen kamen wohl noch die Halle und vielleicht eine Kapelle dazu. Der Großhof selbst war nicht befestigt, sondern lediglich umzäunt[143]. Daß der Herrenhof als ganzer Siedlungskomplex, mit verschiedenen Siedlungsteilen zu denken ist, betont v. Bothmer, wenn er die „Doppelheit von Wirtschaftshof (Meierhof) und eigentlichem Herrenhof (Salhof)" als kennzeichnend für die Herrenhofsiedlung des 9. Jahrhunderts nachweisen will[144] und dann auch die gesonderte Entwicklung der einzelnen Siedlungsteile verfolgt.

Vielfach standen Großhöfe des 9. und 10. Jahrhunderts mit B e f e s t i g u n g e n in Zusammenhang. Nach Herbert Jankuhn[145] war die für diese Zeit bezeichnende Form der Befestigungsanlage der Rundwall. Die Rundwallanlagen hielten sich im Bergland an günstige Geländestellen, die Sicherung boten, zugleich aber nahe bei Verkehrslinien lagen, wie Bergsporne und steile Rücken über verkehrstragenden Talungen; Rundburgen fehlten – mit Grabensicherung – auch im Flachland nicht. Sie waren relativ klein und nicht zur Aufnahme einer großen Zahl von Menschen und Vieh – wie etwa die älteren Fluchtburgen – geeignet; sie waren aber auch nicht dauernd bewohnt (erst im 2. Drittel des 10. Jahrhunderts kamen dauernd besetzte Befestigungen wohl im Zusammenhang mit Heinrichs I. Burgensicherung auf[146]). Daher hält Jankuhn[147] für möglich, daß die Rundbefestigungen als Sicherungsanlage einem Großhof zugeordnet waren. Die Verbindung von Großhof und Wallanlage stellt ein neues Strukturelement in der Siedlungslandschaft dar, eine Schwerpunktbildung für alle auf Großhof und Burg bezogenen Höfe. Baaken[148] stellt die Bedeutung des Burgennetzes im Rahmen der Siedlungslandschaft des 9. Jahrhunderts klar heraus: „Diese Burgen liegen nicht isoliert im Lande, jede von ihnen bildet vielmehr den Mittelpunkt eines Burgbezirks samt zugehörigen Höfen und Weilern . . . In diesen Höfen sitzt die Besatzung der

Burgen ... Diese Leute sind ... Königsfreie, vom fränkischen König zur Sicherung des unterworfenen Landes und zur Verteidigung gegen äußere Feinde hier angesiedelt. Die einzelnen Burgen und Burgbezirke sind nun ihrerseits wieder Teile eines großzügigen Verteidigungssystems." Diese Sicht des Burgennetzes als Siedlungselement ist zu ergänzen durch den Hinweis von Krüger [149] auf die topographische Verbindung von Rundburgen und geschlossenen Besitzgebieten sächsischer Adelsfamilien, wodurch sich Zusammenhänge dieser Siedlungselemente mit der machtpolitischen Raumstruktur andeuten, wie auch Last [150] sie verfolgt.

Zu einer weiteren Differenzierung der Siedlungslandschaft trug im 9. und 10. Jahrhundert die Entstehung kirchlicher Schwerpunkte bei (s. Kap. 6). Sie war namentlich in der ersten Zeit eng an das Königsgut gebunden. „Die ältesten Kirchen Sachsens sind an den frühen Verkehrswegen des Landes entstanden, welche die Franken für ihre Kriegszüge benutzt haben" [151], denn zu karolingischer Zeit war „... in Anlehnung an das zur militärischen Sicherung der Heerstraßen zusammengebrachte Königsgut die rasche Gründung zahlreicher Gotteshäuser möglich [152]." Zu diesen Kirchengründungen kamen die Missionsklöster, die sich „mit Vorliebe an strategisch wichtigen Punkten, wie Flußübergängen, Straßengabelungen u. ä." festsetzten [153], wie etwa die Fuldaer Missionsstützpunkte Hameln und Brunshausen, das auf Königsgut gegründete Kloster Corvey, das Missionszentrum Elze, der Werdener Stützpunkt Helmstedt u. a. Wie dicht das Netz der frühen kirchlichen Gründungen in Gebieten mit starker Häufung von Königsgut war, zeigt beispielsweise Metz [154] für das Osnabrücker und das Emsland.

Zu den ältesten Kirchengründungen auf Königsland traten sehr bald die Adelsgründungen. Ihre Lage wurde von den Machtzentren und Besitzanhäufungen der edlen Geschlechter bestimmt. Beispiele sind etwa das von der Hessi-Sippe gegründete Kloster Wendhausen [155], das liudolfingische Hausstift Gandersheim, das Kanonissenstift Gernrode als Gründung Geros u. a. Später nahm die Zahl der Eigenkirchen des Adels, in enger Verbindung mit Herrenhöfen, schnell zu.

Als eine spätere Gruppe von Kirchengründungen werden die Gründungen von Bistümern aus angesehen. Diese gestalteten in bisher noch kirchenlosen Gebieten das Netz der kirchlichen Versorgung gleichmäßiger, doch kam es offenbar auch zu „Konkurrenzgründungen" neben den älteren Kirchen, zum Beispiel im relativ dicht besiedelten östlichen Harzvorland, wodurch dort eine beträchtliche Dichte alter Kirchen erreicht wurde [156].

In ihrer lokalen Lage schlossen die älteren Kirchen und die mit ihnen verbundenen Hofstellen meist eng an einen königlichen oder adeligen Großhof an, aus dessen Land die zur Kirche gelegten Hufen herausgeschnitten waren. Für das Osnabrücker Land hat Wrede [157] diese Beziehungen zwischen Kirche und Großhof im einzelnen untersucht; beide liegen meist abseits des Altdorfes. Im Harzvorland scheint andererseits der räumliche Zusammenhang zwischen dem Herrenhof und seiner Eigenkirche mit dem Dorf enger zu sein [158]. Möglicherweise bestehen dabei regionale Unterschiede, je nach Gestalt der Altsiedlung und Werdegang der Großhöfe.

Bei den von den Bistümern aus gegründeten Gemeindekirchen ist die örtliche Lage nicht einheitlich. Die Kirche hat teils randlich zu den Höfen, teils zwischen ihnen Platz gefunden [159]. Die Mittellage der Kirche im Dorf scheint allerdings bei den alten Dörfern des Gebirgsvorlandes selten [160]. Möglicherweise war die Siedlung hier zur Zeit der Kirchengründung schon soweit verdichtet, daß die Kirche am besten am Rande Platz fand. Auch im Bergland überwiegen randliche Lagen weitaus. Wieweit man Befestigungsanlagen, die oft bei Kirchen festgestellt wurden, schon in die Zeit um die Jahrtausendwende datieren kann, steht dahin. Wallbefestigungen um die Kirche, in Zusammenhang mit dem Dorfplatz, dem Tie, wurden beispielsweise in der Gegend von Münden, von Alfeld, am Süntel genauer betrachtet [161]. Vom Osnabrücker Land ausgehend möchte Klocke [162] vom 10. Jahrhundert an „Gestalt und Entwicklung der Wehreinrichtungen an den deutschen Kirchen deutlicher erkennen", wenn auch die Wehrtürme später entstanden sind.

Im ganzen fügte sich das Siedlungsbild um die Jahrtausendwende schon differenziert aus funktionsverschiedenen Elementen zusammen: Bäuerliche Einzelhöfe und Gruppensiedlungen unterschiedlicher Größe, königliche und adelige Großhöfe verschiedener Funktion, Kirchen, vereinzelt klösterliche Niederlassungen, Befestigungen, als Schwerpunkte schließlich noch die Königspfalzen Grona, Pöhlde und Werla mit Palatium, Wirtschaftshof und Befestigungsanlage. Die Charakteristik von Berges [163] für das Altsiedelgebiet um die Werla kann man wohl auf alle dichter besetzten Siedelgebiete Niedersachsens verallgemeinern: „Aus einer nicht abschätzbaren Masse freien Kleinbesitzes heben sich Ortsherren von nur lokaler Bedeutung und Großgrundbesitzer mit weitausgreifenden Interessen hervor, und auf die Vororte der Grundherrschaften, auf befestigte Adelshöfe ... und später auf ihre Eigenkirchen mit Turmwehr ist das Land in kleinräumiger Gliederung orientiert." Die kleinräumige Gliederung, der Aufbau der Siedlungslandschaft aus zahllosen kleinen, noch mehr oder minder isolierten Siedlungsgruppen zwischen Wald und Ödland ebenso wie die kleinräumige Bezogenheit auf Burgen, Großhöfe und ähnliche Zentren war das Kennzeichen des Siedlungszustandes noch etwa um die Jahrtausendwende.

Zu dieser kleinräumigen Struktur trug offenbar wesentlich ein Zug bei, der sich stärker im gewerblichen als im landwirtschaftlichen Wirtschaftsbereich abzeichnet (s. Kap. Städte), aber hier nicht unerwähnt bleiben darf: Der Zug, den Riekenberg [164] als Dezentralisation der Sonderfunktionen bezeichnet und

Abb. 10
Ausgrabungsbefund eines Grabhügels der jüngeren Bronzezeit mit zentraler
Urnenbestattung und doppeltem Kreisgraben aus Getelo, Kr. Grafschaft Bentheim

am Beispiel der Pfalz Werla demonstriert: Für die Pfalz Werla lag der Wirtschaftshof in Schladen, Tauf- und Mutterkirche in Gielde, Forstverwaltung in der Sudburg, vielleicht auch in Ilsenburg, Markt sowie möglicherweise Zoll und Münze in Burgdorf, und in der Pfalzanlage selbst wurde noch die villa Werla unterschieden. Nicht ein bestimmter Ort trug also die verschiedenen Funktionen der Pfalz, sondern ein Bereich, eine ganze Gruppe von Siedlungen.

Im Zusammenhang mit dieser räumlichen Trennung der Funktionen sei auch der Handelssiedlungen gedacht, der Wike. Im Marschgebiet, zum Beispiel in der Krummhörn sind sie seit etwa 800 n. Chr. feststellbar, Reihungen von Gebäuden – nicht von Gehöften – längs der Wasserläufe, vom Verkehr gut erreichbar, keine landwirtschaftliche Siedlung, sondern nur gewerblichem Zweck dienend, anfangs wohl nur zeitweilig bewohnte Handelsniederlassung[165]. Auch im Binnenland sind Handelsplätze von ähnlicher Struktur bekannt. Zwischen der großen Masse der landwirtschaftlichen Siedlungen hatten sich also bereits Ansätze ganz spezifisch auf Handel eingestellter Niederlassung gebildet – eine Entwicklung, die später im Zusammenhang mit den Städten weiter verfolgt werden soll.

[44] H. ELLENBERG, Über die bäuerliche Wohn- und Siedlungsweise in Nordwestdeutschland in ihrer Beziehung zur Landschaft, insbes. zur Pflanzendecke, in: Jber. Naturhist. Ges. Hannover 81/87, 1936. – [45] Zum Beispiel rund um den Süntel, nach H. KNOKE, Wald und Siedlung im Süntel (Schaumb. Stud. 22), 1968, am Wesergebirge, nach W. MAACK (wie Anm. 19), im südlichen Leinebergland, nach W. MÜLLER-WILLE, Zur Genese der Dörfer in der Göttinger Leinetalsenke, in: Nachr. Akad. Wiss. Göttingen, Phil.-hist. Kl., 1948. – [46] Zum Beispiel auf den schweren Böden des Papenteichs nach G. OBERBECK (wie Anm. 25). – [47] F. SCHEFFER und Br. MEYER (wie Anm. 12), S. 76. – [48] So soll nach H. JÄGER, Die Entwicklung der Kulturlandschaft im Kreise Hofgeismar (Gött. Geogr. Abh. 8), 1951, S. 24, der alte Nord-Süd-Höhenweg auf dem Reinhardswald Leitlinie für das Vordringen der Siedlung in den Bergwald gewesen sein. – [49] Ein archäologisch geklärtes Beispiel ist Dunum, wo gemeinsam genutzte Friedhöfe das Verhältnis von Mutter- und Tochtersiedlung bestätigen, nach W. REINHARDT, Orts- und Flurformen (wie Anm. 6), S. 229. – Die Unterscheidung von Tochtersiedlungen durch Zusatz zum Namen ist nach W. FLECHSIG, Der Wortstamm „wer" in ostfälischen Orts-, Flur- und Gewässernamen, in: Dt. Königspfalzen (wie Anm. 4), S. 172, erst nach etwa 1000 n. Chr. aufgekommen. – [50] H. KNOKE (wie Anm. 45) in verschiedenen Dorf- und Fluranalysen, ebenso bei W. MAACK (wie Anm. 19). – [51] H. KNOKE (wie Anm. 45), S. 168. – [52] H. KASPERS, Comitatus nemoris (Beitr. Gesch. d. Dürener Landes 7), 1957, S. 229. – [53] W. METZ, Probleme der fränkischen Reichgutforschung im sächsischen Stammesgebiet, in: NdSächsJbLdG 31, 1959, S. 89. – [54] Nach KROESCHELL (wie Anm. 34) erst in ottonischer Zeit inforestiert, in der auch schon besiedelte Bezirke in die inforestierten Bereiche einbezogen worden wären, im Gegensatz zu den anfangs völlig unbesiedelten karolingischen Forstkomplexen. – Inforestierungen betrafen also nicht nur völlig siedlungsleere Gebiete (Beispiele auch bei K. BOSL, Pfalzen und Forsten, in: Dt. Königspfalzen I, 1963). – [55] W. FLECHSIG, Siedlungsgeschichte des Leinetals (wie Anm. 26), S. 97–100, erschließt aus Ortsnamen auf -feld, die auf Forestisbezirke hinweisen sollen, und der Verbreitung der Ortsnamen auf -rode und -hagen im Bergland Hinweise auf inforestierte Bezirke vor allem links der Leine. Ob generell zwischen

-feld-Namen und Forsthöfen bzw. inforestierten Bezirken ein Zusammenhang besteht, erscheint allerdings nach R. FELDMANN, Das Grundwort -feld in Siedlungsnamen des Nordost-Sauerlandes, (ForschDtLdkde 145), 1964, fraglich. − [56] Zum Beispiel im Innerstegau und der Umgebung von Goslar nach W. BERGES, Zur Geschichte des Werla-Goslarer Reichsbezirks vom 9.–11. Jh., in: Dt. Königspfalzen (wie Anm. 54). − [57] Zum Beispiel Forstbann Sulingen nach v. BOTHMER (wie Anm. 9). − [58] G. WREDE, Ortsnamen auf -heim (wie Anm. 37), S. 50. − [59] R. BLOHM, Die Hagenhufendörfer in Schaumburg-Lippe (Schr. Nds. Heimatbund NF 10), 1943, S. 28. − [60] W. METZ (wie Anm. 53). − [61] Wieweit der König selbst Siedlung ansetzte, ist noch nicht zu übersehen, da in Niedersachsen die inforestierten Bezirke offenbar bald verlehnt wurden. Die als Königssiedler angesprochenen „Königsfreien" mit besonderem Rechtsstatus sind zwar auch in Niedersachsen nachgewiesen, z. B. im Großen Freien bei Hildesheim (vgl. H. PRÖVE, Dorf und Gut im alten Herzogtum Lüneburg [Stud. Vorarb. Hist. Atlas Nds. 11], 1929), können aber auch im Altsiedelland angesetzt worden sein. Eher wäre an Königssiedlung im Forestgebiet in der Heide zu denken (K. MITTELHÄUSSER, Über Flur- und Siedlungsformen in der nordwestlichen Lüneburger Heide, in: Jb. Geogr. Ges. Hannover 1953); zu den Königsfreien jetzt kritisch: HANS K. SCHULZE, Rodungsfreiheit und Königsfreiheit, in: HZ 219, 1974, S. 529–550. − [62] Solche Interessen macht z. B. LAST (wie Anm. 18) für das Gebiet um die Burg Hardenberg deutlich. − [63] W. FLECHSIG, Siedlungsgeschichte des Leinetals (wie Anm. 26), S. 94. − [64] Bei der Gründung von Tochtersiedlungen von den Altsiedlungsinseln aus können selbstverständlich grundherrliche Einflüsse ebenfalls mitgespielt haben, sowohl in fränkischer Zeit als etwa auch von sächsischen Edelingshöfen; wesentlich aber ist die Beteiligung der älteren Höfe am Neusiedelvorgang. − [65] Typische Flächenverteilung auf einer Geestinsel z. B. nach P. CLEMENS, Lastrup und seine Bauernschaften (Schr. Wirtsch.-wiss. Ges. NF Bd. 40), 1955, S. 24 f.: Ackerland auf den Rücken der Bodenwellen mit natürlicher Bedeckung von trockenem Eichen-Birkenwald, Ortslage am Hang mit Hofeichen und Schweineweide im Bereich feuchter Eichen-Birkenwälder, Dellen mit Eichen-Auewald und Erlenbruch lange Zeit ungenutzt, später Wiese und Weide. − [66] Nach G. WREDE, Langstreifenflur (wie Anm. 37), S. 81 sind im Osnabrücker Land Markgenossenschaften erst mit der Siedlungsverdichtung im 11./12. Jh. entstanden. − [67] D. ZOLLER (wie Anm. 1), S. 51 weist auf Einhegung der Eschflur von Gristede aus dem 9. Jh. mit Wall und Hecke hin. − [68] G. NIEMEIER, Die Altersbestimmung der Plaggenböden als kulturgeographisches Problem, in: Geogr. Anz. 9/10, 1939. − [69] G. NIEMEIER, Vöden (Mecking-Festschr.), 1949. In Niedersachsen sind Vöden nachgewiesen z. B. von H. P. JORZICK, Die Siedlungsstruktur der Weserniederung zwischen Hoya und Riede oberhalb Bremens (DtGeogrBll 46), 1952, S. 165; von W. R. KRUTSCH, Wolfsburg (Braunschw. Geogr. Stud. H. 2), 1966, S. 177; von H. RIEPENHAUSEN, Die bäuerliche Siedlung des Ravensberger Landes bis 1770 (Arb. Geogr. Komm. im Prov. Inst. Westf. Landes- u. Volkskde. 1), 1938, S. 126. Für das ganze nordwestdeutsche Geestgebiet hält H. HAMBLOCH, Langstreifenfluren im nordwestlichen Alt-Niederdeutschland, in: Geogr. Rundschau 14, 1962, die Deutung eines Teils der Langstreifenfluren als Vöden für wahrscheinlich. − [70] G. OBERBECK, Kulturlandschaft um Gifhorn (wie Anm. 25), S. 129. − [71] Nach H.-H. SEEDORF, Die Gemeinheitsteilung und Verkoppelung in Albstedt (Ldkr. Wesermünde) als Beispiel der Agrarreformen des vorigen Jahrhunderts, in: JbMännerMorgenstern 49, 1968, in der Geestemünder Geest etwa 10 bis 14 Jahre, bis wieder Plaggenhieb möglich war. − [72] Die Schätzungen schwanken zwischen 1 : 3 (z. B. nach JORZICK [wie Anm. 69], S. 112) und 1 : 10 (z. B. A. KRENZLIN, Die Kulturlandschaft des hannöverschen Wendlandes, in: ForschDtLdkdeVolkskde 28, 1931). − [73] G. NIEMEIER und W. TASCHENMACHER, Plaggenböden, in: WestfForsch 2, 1939. − [74] G. NIEMEIER, C[14]-Datierungen der Kulturlandschaftsgeschichte Nordwestdeutschlands, in: Abh. Braunschw. Wiss. Ges. XI, 1959. − [75] Zum Beispiel von H. FASTABEND und F. v. RAUPACH,

3. Struktur der Siedlungslandschaft

Ergebnisse der C^{14}-Untersuchung an einigen Plaggenböden des Emslandes, in: GeolJb 79, 1962. − [76] K. Ostermann, Die Besiedlung der mittleren oldenburgischen Geest, in: ForschDtLdkdeVolkskde 28, 1931, S. 185. − [77] M. Müller-Wille, Eisenzeitliche Fluren in den festländischen Nordseegebieten (Landeskdl. Karten u. H. Geogr. Komm. Westf., R.Siedl. u. Landsch. 5), 1965, S. 84. − [78] W. Reinhardt, Orts- und Flurformen (wie Anm. 6), S. 224. − [79] W. Müller-Wille, Siedlungs-, Wirtschafts- und Bevölkerungsräume im westlichen Mitteleuropa um 500 n. Chr. (WestfForsch 9), 1959. − [80] In der begünstigten Leinetalung hält dagegen W. Müller-Wille, Zur Kulturgeographie der Göttinger Leinetalung, in: Gött. Geogr. Abh. 1, 1948, S. 93, bereits etwa 5 % der Fläche für möglicherweise ackerbaulich genutzt. − [81] E. Warnecke, Engter und seine Bauerschaften (Schr. Wirtsch.-wiss. Ges. NF 59), 1958, S. 38. − [82] F. Engel, Ländliche Siedlungen in Schaumburg-Lippe (wie Anm. 17), S. 10. − [83] H. Knoke (wie Anm. 45), S. 180. − [84] H. Knoke (wie Anm. 45), Kartenbeilagen. − [85] K. Brandt, Historischgeographische Studien zur Orts- und Flurgenese in den Dammer Bergen (Gött. Geogr. Abh. 58), 1971, Kartenbeilagen. − [86] W. Reinhardt, Orts- und Flurformen (wie Anm. 6), S. 209; M. Müller-Wille (wie Anm. 77), S. 56. − [87] K. A. Seel, Zellenfluren − vorgeschichtliche Flurlagen im nordöstlichen Vogelsberg; ihre Zeitstellung und ihre Bebauungstechnik, in: ZschrAgrargeschAgrarsoziol 10, 1962; M. Born, Langstreifenfluren in Nordhessen?, in: ZAgrargAgrarsoziol 15, 1967. − [88] Die Vorstellungen über die alten Streifenfluren gehen hauptsächlich auf geographische Fluranalysen zurück, wenn auch von archäologischer Seite Streifenfluren hier und da, freilich erst aus der Zeit nach der Jahrtausendwende, nachgewiesen sind. Allerdings werden durch neuere Untersuchungen grundlegende spätmittelalterlich-frühneuzeitliche Umgestaltungen der Fluren mindestens örtlich so wahrscheinlich, daß an der Stichhaltigkeit einer großen Zahl von Fluruntersuchungen, die bis in die Zeit der Jahrtausendwende zurückgreifen, Zweifel entstehen können. Mit diesem Vorbehalt wird die augenblicklich noch verbreitetste Vorstellung über die Flurgestaltung wiedergegeben. − [89] K. Brandt (wie Anm. 85) weist für die Dammer Berge ein Überwiegen der Blockformen bei den alten Feldern nach. − [90] Nach M. Müller-Wille (wie Anm. 77), S. 129, wird für die westfriesische Geest eine Verlagerung des Ackers zu den mäßig trockenen Talrändern und dabei die Bildung von Eschkernfluren angenommen. Nach P. Schmid, Die alte Warfe bei Dunum, Kr. Wittmund − eine frühmittelalterliche Siedlung, in: NachrrNdSachsUrgeschichte 39, 1970, und W. Reinhardt, Zur Besiedlungsgeschichte der Dunumer Gaste, in: NachrrNdSachsUrgeschichte 36, 1967, waren auf der Eschfläche von Dunum zunächst nur kleine Äcker in Siedlungsnähe vorhanden, die erst nach 1000 zur großen Ackerfläche zusammenwuchsen. − [91] M. Müller-Wille (wie Anm. 77), S. 131. − [92] K. Brandt (wie Anm. 85). − [93] K. A. Seel (wie Anm. 87) datiert den Übergang von Kammer- zu Streifenfluren für das Vogelsberggebiet nach Funden in die Merowingerzeit. Nach M. Born, Die Langstreifenfluren und ihre Vorformen in den hessischen Berglandschaften, in: BerrDtLdkde 20, 1958, S. 120, ist mit dem Übergang zur Streifenflur eine Siedlungskonzentration verbunden, die er als Wüstungsvorgang bezeichnet. − [94] Zum Beispiel für die Bremervörder Geest bei H. G. Steffens, Untersuchungen über die mittelalterliche Besiedlung des Kreises Bremervörde (Gött. Geogr. Abh. 29), 1962, S. 95. − [95] H. Jäger, Kulturlandschaft Hofgeismar (wie Anm. 48), S. 33. − [96] H. Jäger (wie Anm. 48), S. 37. − [97] Bei Streifenparzellen mußten beim Beetpflug mit feststehendem Streichbrett durch das Zusammenpflügen der Krume in der Mitte und Wegpflügen von den Rändern „Wölbäcker" oder „Hochäcker" entstehen. − [98] K. Brandt (wie Anm. 85), S. 99. Bei dieser simplen Formulierung ist bedeutsam, daß sie die Entstehungsmöglichkeit von Blöcken und Streifen zu allen Zeiten beinhaltet. − [99] K. Brandt (wie Anm. 85); W. Maack (wie Anm. 19). − [100] H. J. Nitz, Siedlungsgeographische Beiträge zum Problem der fränkischen Staatskolonisation im süddeutschen Raum, in: ZAgrarAgrarsoziol 11, 1963. − [101] K. Mittelhäusser (wie Anm. 61). −

[102] J. K. Rippel, Die Entwicklung der Kulturlandschaft am nordwestlichen Harzrand (Schr. Wirtsch.-wiss. Ges. NF 69), 1958. – [103] K. Brandt (wie Anm. 85). – [104] Von K. Brandt (wie Anm. 85), S. 259 ausdrücklich abgelehnt; in seinem Untersuchungsgebiet sind die Streifen auch recht unregelmäßig. Bei gleichmäßigeren Formen mag eher an übergeordnete „Planung" zu denken sein, etwa bei den fränkischen „Staatskolonien". – [105] D. Hannerberg, Die älteren skandinavischen Ackermaße (Lund Stud. Geogr. Ser. B, HumanGeogr. 12), Lund 1955. – [106] M. Müller-Wille (wie Anm. 77), S. 112 ff. – [107] H. Mortensen, Beiträge der Ostforschung zur nordwestdeutschen Siedlungs- und Flurforschung, in: Nachr. Akad. Wiss. Gött. 1945–48, Phil.-Hist. Kl., 1948. – [108] Als „Langstreifen" sind Ackerparzellen von mehr als 300 m Länge und weniger als 30 m Breite definiert. Als „Langstreifenkerne" (auch „Eschkerne") werden Komplexe von parallelen Langstreifen (oft infolge des Pflügens umgekehrt S-förmig geschwungen) bezeichnet, die den lokal günstigst gelegenen und im Besitz der ältesten Höfe befindlichen Kern der Flur bilden (Problematik dieser Begriffe vgl. Anm. 88). – [109] Zur Langstreifenflur als Altform vgl. W. Müller-Wille, Langstreifenflur und Drubbel (Dt. Arch. Landes- u. Volksforsch. 8) 1943; eine neuere, kurze Zusammenfassung von zahlreichen Problemen der Langstreifenfluren gibt H. Hambloch (wie Anm. 69), ferner H. J. Nitz, Langstreifenfluren zwischen Ems und Saale, in: Braunschw. Geogr. Stud. 3, 1969. – [110] K. Brandt (wie Anm. 85); W. Maack (wie Anm. 19). – [111] G. Wrede, Langstreifenflur (wie Anm. 37). – [112] K. Brandt (wie Anm. 85); für das nahe Artland rechnet dagegen R. Berner, Siedlungs-, Wirtschafts- und Sozialgeschichte des Artlandes bis zum Ausgang des Mittelalters (Schr. Kreisheimatbund Bersenbrück 9), 1965, mit Langstreifenbildung im 9. Jh., danach Bildung von Kurzstreifen, erst im 11./12. Jh. mit Blockgemenge. – [113] U. Roshop, Die Entwicklung des ländlichen Siedlungs- und Flurbildes in der Grafschaft Diepholz, 1932. – [114] K. Ostermann (wie Anm. 76). – [115] P. Clemens (wie Anm. 65). – [116] H. P. Jorzick (wie Anm. 69). – [117] F. Barenscheer, Siedlungskundliches aus der südlichen Lüneburger Heide (Schr. Nds. Heimatbund 20), 1939; K. Mittelhäusser (wie Anm. 61); H. v. Bothmer, Langstreifenfeld (wie Anm. 11). – [118] F. Engel, Ländliche Siedlungen in Schaumburg-Lippe (wie Anm. 17); G. Oberbeck, Kulturlandschaft um Gifhorn (wie Anm. 25); U. Oberbeck-Jacobs, Die Entwicklung der Kulturlandschaft nördlich und südlich der Lößgrenze im Raume um Braunschweig, in: Jb. Geogr. Ges. Hannover 1957; K. Mittelhäusser, Die Siedlungen des Calenberger Landes, Diss. Hannover, 1948; E. Obst und H. Spreitzer, Wege und Ergebnisse der Flurforschung im Gebiet der großen Haufendörfer, in: PetermannsMitt 85, 1939. – [119] G. Oberbeck, Kulturlandschaft um Gifhorn (wie Anm. 25), S. 74. – [120] H. Knoke (wie Anm. 45); W. Maack (wie Anm. 19). – [121] A. Rink, Die Ith-Hils-Mulde (Hann. Geogr. Arb. 1), 1942. – [122] W. Müller-Wille, Göttinger Leinetalung (wie Anm. 80). – [123] J. K. Rippel, Kulturlandschaft am nordwestlichen Harzrand (wie Anm. 102), S. 232. – [124] H. Jäger, Kulturlandschaft im Kreis Hofgeismar (wie Anm. 48), S. 35. – [125] H. Jäger, Hofgeismar (wie Anm. 48), S. 38. – [126] H. Knoke (wie Anm. 45), S. 181 und verschiedene Beispiele. – [127] G. Oberbeck (wie Anm. 25), S. 73 f. nimmt für den südlichen Lößbereich Übergang zur Gewannflur „in der älteren Rodeperiode" an, während in den nördlichen Sandgebieten die Langstreifenflur weiter bevorzugt wird (S. 77). – [128] A. Krenzlin, Blockflur, Langstreifenflur und Gewannflur als Funktion agrarischer Nutzungssysteme in Deutschland, in: BerrDtLdkde 20, 1958. – [129] Zum Beispiel kann E. Giese, Die untere Haseniederung (Westf. Geogr. Stud. 20), 1968, S. 63 f., zahlreiche Gruppensiedlungen auf Einzelhöfe zurückführen. Die meisten von W. Maack (wie Anm. 19) untersuchten Dörfer werden auf 1–3 Höfe zurückgeführt. – [130] L. Fiesel, Die Borstel (wie Anm. 41) sieht die -borstel-Orte als Einzelhöfe „im spätgerodeten Wald oder im Sumpf" (S. 21) und findet sie in der Südheide im Ödland an Bistumsgrenzen besonders gehäuft. – [131] H. Knoke (wie Anm. 45), S. 170. – [132] Für das „Große Freie" bei Hildesheim betont H. Pröve (wie Anm. 61), S. 23 die Beweglichkeit des

Besitzes bei den freien Höfen und die entsprechende Siedlungsveränderung. –
[133] K. Brandt (wie Anm. 85); W. Maack (wie Anm. 19). – [134] H. P. Jorzick (wie Anm. 69), S. 94/95. – [135] W. Maack (wie Anm. 19), S. 325. – [136] Bei den von Nitz untersuchten Staatskolonien scheint Reihung vorzukommen, vgl. H. J. Nitz, Fränkische Staatskolonisation (wie Anm. 100). – Ders., Regelmäßige Langstreifenfluren und fränkische Staatskolonisation, in: Geogr. Rundschau, 13. Jg., H. 9, 1961. – [137] W. Evers, Grundfragen (wie Anm. 16), S. 32 hält die Zusammenfassung älterer Einzelhöfe zu Sackgassenanlagen für möglich; E. Gäbler, Das Amt Riddagshausen in Braunschweig, in: NdSächsJbLdG 5, 1928 findet Sackgassenformen als wahrscheinlichen Kern der Haufendörfer; K. Massberg, Die Dörfer der Vogtei Groß Denkte, ihre Flurverfassung und Dorfanlage (Stud. u. Vorarb. Hist. Atlas Nds. 12), 1930, neigt für das Gebiet um die Asse zur Annahme von Rund- und Platzdörfern hohen Alters. – [138] G. Wrede, Ortsnamen auf -heim (wie Anm. 37). – [139] Sogar gegenüber der frankenzeitlichen Planansiedlung stellt K. Brandt (wie Anm. 85) für die Großhöfe Randlage fest (Beispiel Osterfeine). – [140] H. v. Bothmer, Gräberfeld (wie Anm. 9). – [141] W. Metz (wie Anm. 53), S. 125; er betont, daß die Größe des Sallandes schwer zu ermitteln ist, weil die urkundlich erwähnten Mansen und Hufen einerseits Rechengrößen, andererseits bäuerliche Besitzeinheiten darstellen. Die Fluranalysen deuten darauf hin, daß es sich beim Salland zwar um größeren Besitz als bei den Bauernstellen, aber nicht um völlig andere Größenordnungen handelt. – [142] A. Gauert, Zur Struktur und Topographie der Königspfalzen, in: Dt. Königspfalzen II (wie Anm. 4), S. 43. – [143] A. Gauert (wie Anm. 142), S. 36. – [144] H. v. Bothmer, Gräberfeld (wie Anm. 9), S. 82. – [145] H. Jankuhn, „Heinrichsburgen" und Königspfalzen, in: Dt. Königspfalzen II (wie Anm. 4). – [146] G. Baaken, Königtum, Burgen und Königsfreie, in: VortrrForsch 6, 1961, S. 11 ff. – [147] H. Jankuhn, Heinrichsburgen (wie Anm. 145), S. 67/68. – [148] G. Baaken (wie Anm. 146), S. 9. – [149] S. Krüger, Studien zur sächsischen Grafschaftsverfassung im 9. Jh. (Stud. u. Vorarb. Hist. Atlas Nds. 9), 1950. – [150] M. Last (wie Anm. 18). – [151] M. Erbe, Studien zur Entwicklung des Niederkirchenwesens in Ostsachsen vom 8. bis zum 12. Jahrhundert (Veröff. Max-Planck-Inst. f. Gesch. 26, Stud. Germania Sacra 9), 1969, S. 17. – [152] M. Erbe (wie Anm. 151), S. 47/48. – [153] M. Erbe (wie Anm. 151), S. 58. – [154] Nach W. Metz (wie Anm. 53) sind auf Königsgut gegründete Kirchen in Aschendorf, Sögel, Lathen, Kneten, Krapendorf, Löningen, Bippen, Freren, Rheine, Wettringen, Schöppingen, Belm, Osnabrück, Ibbenbüren, Lengerich, Bienen, Dissen, Bünde, dazu die Missionszentren Meppen und Visbeck. – [155] M. Erbe (wie Anm. 151), S. 69. – [156] M. Erbe (wie Anm. 151), S. 65 u. 75. – [157] G. Wrede, Die Kirchensiedlungen im Osnabrücker Lande, in: MittVGOsnab 64, 1950, S. 47 u. 75. – [158] W. Berges (wie Anm. 56), S. 119. – [159] G. Wrede (wie Anm. 157), S. 87 stellt im Osnabrückschen „uneinheitliche" Lage dieser Kirchen fest. „Der Villikationshof tritt zurück... die Kirche rückt näher an die alten Erbenhöfe heran, steht oft mitten zwischen ihnen." – [160] W. Evers (wie Anm. 16), S. 23, auch E. Westermann, Die Landschaft der Peiner Tieflandsbucht (Schr. Braunschw. Landesstelle f. Heimatforsch. u. Heimatpflege 2), 1940, S. 46. – [161] H. Knoke (wie Anm. 45), S. 148; J. Jünemann, Beiträge zur älteren Geschichte von Burg und Dorf Barlissen, in: Gött. Jb. 1964; W. Barner (wie Anm. 20). – [162] F. v. Klocke, Kirchhofsburgen im Osnabrücker Lande, in: Mitt. Ver. f. Gesch. u. Landeskde Osnabrück 59, 1939, S. 120. – [163] W. Berges (wie Anm. 56), S. 130. – [164] H. J. Riekenberg, Zur Geschichte der Pfalz Werla nach der schriftlichen Überlieferung, in: Dt. Königspfalzen II (wie Anm. 4), S. 197. – [165] W. Reinhardt (wie Anm. 6), S. 246 f.

4. Die Erweiterung des Siedlungsraumes etwa vom 11. bis 14. Jahrhundert

Nach der Jahrtausendwende dauerte der bereits seit Jahrhunderten in Gang befindliche Landesausbau weiter an, vollzog sich aber zum Teil in veränderter Art. Einmal verlagerten sich die Hauptgebiete der Siedlungsausweitung: Hatte der ältere Landesausbau sich auf die höher gelegenen und trockeneren Bereiche der Geest sowie auf die flachen Hänge des Berglandes beschränkt und feuchte Niederungen im großen ganzen gemieden, so wurden jetzt die feuchten Gebiete in Angriff genommen, Flußmarschen, Seemarschen, aber auch die nassen Niederungen im Geestbereich. Nur die Hochmoorflächen blieben im wesentlichen unangetastet. Im Gebirgsvorland und Bergland griff die Siedlung ebenfalls in feuchte Bezirke mit schweren staunassen Böden über. Daneben ging im Bergland allerdings das Emporsteigen der Siedlung weiter und erfaßte nun steilere Hänge, flachgründigere Gesteinsböden, klimatisch benachteiligte Hochflächen. Alles in allem bemächtigte sich der Landesausbau in diesen Jahrhunderten der Grenzböden und der aus technischen Gründen bisher schwer zu meisternden Naßgebiete.

Die Bewältigung der feuchten Regionen, vor allem in den Marschen, bot außerordentliche technische Schwierigkeiten. Sie war nur denkbar als Gemeinschaftswerk größerer Siedlergruppen unter straffer Leitung und Planung, im Zusammenwirken mit Nachbargruppen für größere Gebiete, um die Entwässerungsprobleme einerseits, den Schutz vor Überflutung von See und Strom her andererseits zu meistern. Großzügige Planung der Siedlungsunternehmen, Mitwirkung des Landesherrn für ausgedehnte Bereiche, geschlossene Siedlergruppen mit bestimmter Organisation waren somit gleichzeitig Voraussetzung und Folge des Landesausbaus in den Feuchtgebieten. Sie waren aber auch außerhalb der Marschen ein Kennzeichen der Binnenkolonisation der hier betrachteten Jahrhunderte.

Mit der Organisation der Siedlergruppen und der Planmäßigkeit des Ausbaus steht die Entwicklung bestimmter Rechtsnormen für die Neusiedler in engem Zusammenhang; Hagenrecht, Hollerrecht kommen in der Neusiedlung dieser Jahrhunderte zur Entwicklung. Auch im lokalen Siedlungsausbau des Altsiedellandes werden nunmehr Organisation und Rechtsnormen wichtig, zum Beispiel durch die Markgenossenschaften.

Mit Planmäßigkeit und Organisation verbindet sich das Aufkommen von bestimmten Formtypen der Siedlung, den regelhaft angelegten Marschhufendörfern, den Hagenhufendörfern, die schon die Grundanlage des Waldhufenschemas enthalten, und den Rundformen im nordöstlichen Niedersachsen.

Manche der genannten Kennzeichen des Landesausbaus sind nicht völlig neu. Auch bei den Gruppen der -hausen-Orte und den fränkischen Staatskolonien dürfte grundherrliche bzw. königliche Organisation mitgewirkt haben, auch bei den Königsfreien zeigen sich besondere Rechtsnormen für Neusiedlergruppen, auch bei den „Sackgassen" kann man vielleicht schon regelhafte Formen vorgebildet sehen – aber diese älteren Siedlungsmerkmale sind noch zu wenig durchforscht, als daß man klare Parallelen zur späteren Binnenkolonisation sehen könnte.

Ein Kennzeichen für die Siedlungsausdehnung im 11.–14. Jahrhundert ist endlich auch die Mitwirkung von Siedlern, die nicht dem niedersächsischen Raum entstammen: Niederländer im Küstenbereich, Slawen im Osten vom Wendland bis in die Gegend von Helmstedt–Gifhorn. Diese Tatsache ist auch insofern zu betonen, als gleichzeitig ein beträchtlicher Bevölkerungsdruck der ansässigen Bevölkerung anzunehmen ist.

Zugleich mit großflächiger organisierter Neubesiedlung bisher wenig oder gar nicht erschlossener Räume geht ein starker Ausbau der älteren Siedlungen vor sich. Auf ihm liegt weit größeres Gewicht als im ersten Jahrtausend, wo es zwar einen inneren Ausbau der Siedlungen gab, wo aber im allgemeinen lieber von einer kleinen Muttersiedlung aus eine selbständige kleine Tochtersiedlung angelegt wurde, als daß man zum größeren Ausbau der Muttersiedlung schritt. In diesem Sinne des starken inneren Ausbaus ist für die in Frage stehende Periode das Schlagwort von der Verdorfung benutzt worden.

Mit dem inneren Ausbau der einzelnen Siedlung und gleichzeitigen wirtschaftlichen Veränderungen ist die starke Ausdehnung des Daueräckerlandes verbunden (Schlagwort von der Vergetreidung). Im ganzen erreicht das Kulturland des niedersächsischen Raums in dieser Periode eine Ausdehnung, die es – wenn man von den Hochmooren absieht – später nicht mehr überboten, vielerorts nicht wieder erreicht hat.

Von einem weiteren Wesenszug der Siedlungsentwicklung zwischen etwa 1000 n. Chr. und dem 14. Jahrhundert sei erst später im einzelnen die Rede: Die Stadtentwicklung. Immerhin muß man sich auch bei Beschränkung auf die ländliche Siedlung immer vor Augen halten, daß durch die Stadtentwicklung sich in dieser Periode neue Schwerpunkte bilden und das Bezugssystem der Siedlungen zueinander wesentlich verändert wird.

Die Marschensiedlung

Um die Jahrtausendwende waren die niedersächsischen Seemarschen wie auch die Marschgebiete an den Unterläufen von Ems, Weser und Elbe nicht völlig unbesiedelt. Vielmehr hatte dort, wohl bei Nachlassen der Transgression, etwa seit dem 8. Jahrhundert wieder eine Siedlung Fuß gefaßt; doch hielt diese sich ausschließlich an die höher aufgeschlickten, relativ sandreichen Randstreifen an Prielen und Flüssen, das „Hochland", wie auch an die aufgehöhten Strandwälle. Dagegen waren die Sietländer zwischen den aufgehöhten Uferregionen und dem mehr oder weniger fernen Geestrand noch unerschlossenes Sumpfland, das sowohl dem von der Geest abfließenden Wasser als auch den Überflutungen von der See oder den gestauten Unterläufen der Flüsse her ausgesetzt war. Sollte an die Stelle der bisherigen inselhaften Siedlungsansätze eine flächenhafte Kultivierung der Marschen treten, so mußte vor allem dieser Wasserzudrang von zwei Seiten bezwungen werden und das amphibische Gebiet trockengelegt sein.

Über die älteren inselhaften Siedlungen auf dem Hochland ist nicht viel Sicheres bekannt. Längs der Niederelbe vom Alten Land bis Hadeln hat Hövermann [166] solche alten Siedlungskerne an ovalen, wohl von alten Sommerdeichen begrenzten Blockfluren und gewannähnlichen Streifenfluren, ähnlich denen auf der Geest, erkennen wollen. Dagegen wendet Bierwirth [167] wohl mit Recht ein, daß bei der Beweglichkeit des Besitzes in den Marschen (Realteilung, Verkaufs- und Verpachtungsrecht seit Jahrhunderten) eine Rückverfolgung der Flurformen bis ins 12. Jahrhundert und früher sehr problematisch ist. Wenn man somit über die Form und Größe der alten Siedlungskerne kaum etwas aussagen kann, so steht doch einigermaßen fest, daß die Siedlung links der Niederelbe bereits vor der großflächigen Marschkultivierung einigermaßen dicht gewesen sein muß [168]; nach Mangels [169] war vor allem das Land Kehdingen schon von zahlreichen Niederlassungen besetzt. In Hadeln scheint Ihlienworth ein alter Ansatzpunkt der Siedlung zu sein [170]. Diese Siedlungen lagen auf Wurten, ihre Felder waren umwallt und somit vor Sommerüberflutung geschützt.

Im Lande Wursten ist ältere Siedlung außer am Geestrand der Hohen Lieth auf den Strandwallinien anzunehmen [171]. Diese Besiedlung war von Friesen getragen und erfolgte von See her [172]. Die alten Siedlungen der ostfriesischen Marsch zwischen Weser und Ems ordneten sich dicht aufgereiht auf Wurten um die damaligen Küstenlinien an, zum Beispiel auf der Krummhörn und im Jeverland gut erkennbar. Auf den großen bäuerlichen Dorfwurten lagen die Höfe eng gedrängt, in radialer Anordnung [173], eine sehr alte Wurtsiedlungsform, die sich schon in den ersten nachchristlichen Jahrhunderten entwickelt hat (Feddersen/Wierde). Neben den bäuerlichen Dörfern auf den großen runden oder ovalen Wurten kamen auf langgestreckten dammartigen Wurten längs der Priele die schon erwähnten Wiksiedlungen vor. Als Flur der bäuerlichen Siedlung auf der Krummhörn nimmt Reinhardt unregelmäßige Blockfluren an [174]; alle regelmäßigen Block- oder gar Streifenfluren müssen nach dem Marschbodenbefund jünger sein.

Eine großflächige Marschkolonisation über die inselhaften, wenn auch stellenweise relativ dichtliegenden Wurtensiedlungen mit ihren kleinen, im niedrigen Ringdeich eingeschlossenen Sommerfeldern hinaus setzte den Bau stärkerer Deiche voraus. Der Deichbau kam wohl schon vor der Jahrtausendwende auf: Die an den Hochländern gereihten Wurten verband man vermutlich früh durch dammartig aufgeschüttete Wege, aus denen sich stärkere Schutzdämme entwickelten. Solche kleinen Deichstücke und die Deich-

RYSUM

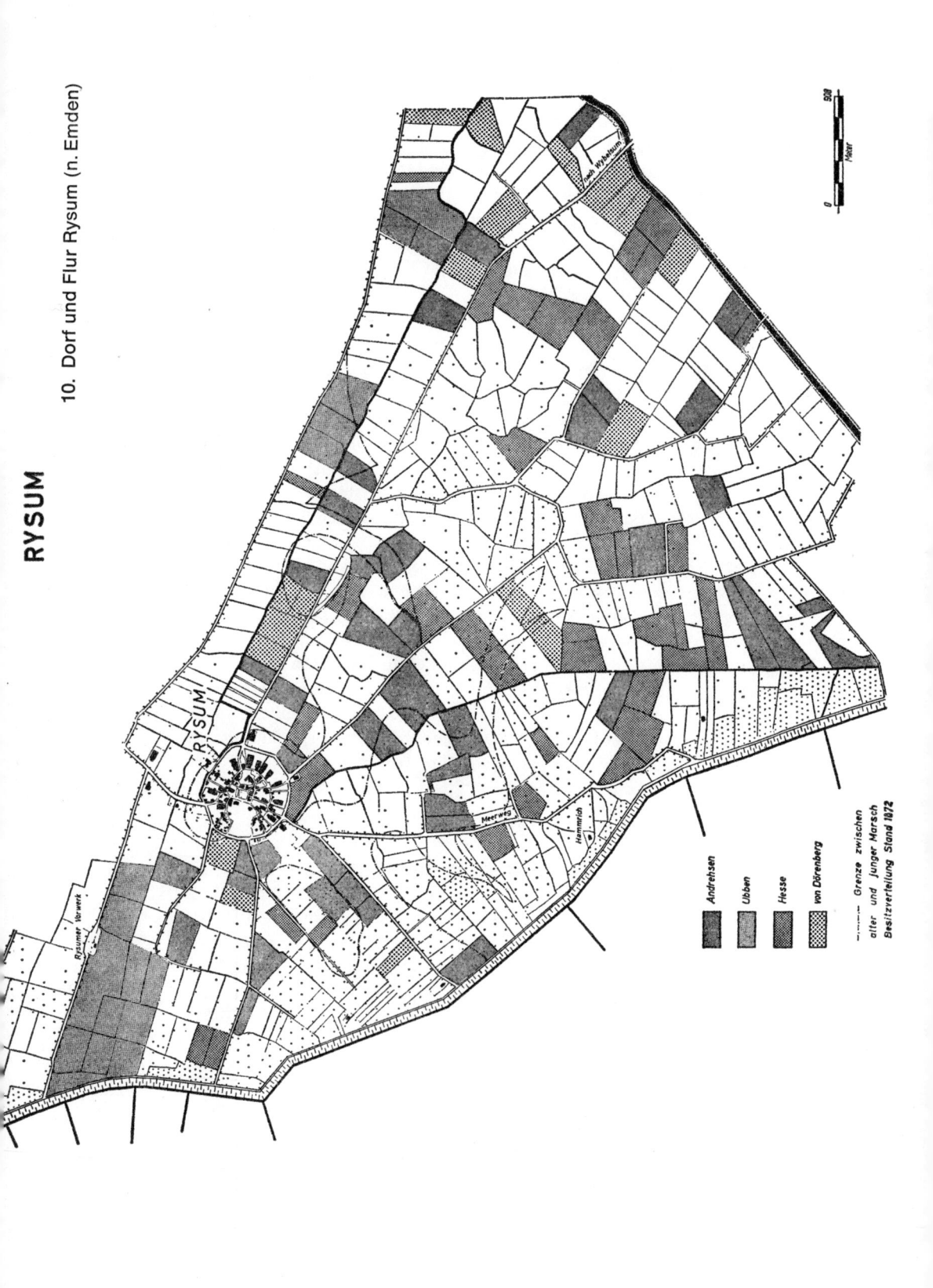

10. Dorf und Flur Rysum (n. Emden)

ringe um die Felder oder auch um Wohnplatz und Feld wurden allmählich zusammengefügt [175]. Dieser Vorgang war im niedersächsischen Raum bereits vor der Heranziehung von Niederländern zur Marschkolonisation eingeleitet; der Deichbau als solcher wurde nicht von ihnen mitgebracht [176]. Die zunächst schwachen und nur gegen Sommerüberflutungen schützenden Deiche wurden von der Jahrtausendwende ab allmählich verstärkt. Dabei schuf jede Bauerschaft oder größere Siedlung zunächst ihren Deich für sich, der bis zur Grenze oder zum Vorfluter reichte [177].

Der Zusammenschluß der Deiche kleinerer Gebiete zu einem ausgedehnten lückenlosen Schutzwall war nur unter großen technischen Schwierigkeiten möglich: Die Vorfluter mußten den Deich queren. Dazu war der aufwendige und schwierige Bau von S i e l e n nötig, die sich von primitiven Durchlässen zunächst zu einfachen Klappsielen entwickelten und erst um 1500 von größeren Torsielen abgelöst wurden [178]. Diese Siele, die unter dem Deich hindurch dem Wasser des Binnenlandes bei Ebbe den Austritt ermöglichten, bei Flutzeit aber dem Seewasser das Eindringen versperrten, waren stets Schwächestellen des Deichs und hatten zugleich eine Schlüsselstellung für die Entwässerung und somit die Kultivierungsmöglichkeiten im Hinterland. Zunächst waren sie zahlreich, weil die Zusammenfassung der Wasserläufe und Gräben der Marsch zu relativ wenigen großen „Tiefs" erst in späterer Zeit, meist erst um 1500, möglich war. Große Vorfluter wie die Medem, die Made u. ä. ließ man jahrhundertelang noch offen, ohne Deich und Siel. – Zu der technischen Schwierigkeit bei der Eindeichung großer Gebiete gesellten sich, namentlich im ostfriesischen Bereich, solche politischer Art: Beim Bau umfassender Deiche mußten sich Grenznachbarn trotz ihrer häufigen Reibereien zu gemeinsamer Aktion zusammenfinden [179]. Zusammenhängende Deichlinien kamen erst etwa um 1300 zustande; als ein besonders früher großer Deich um ein Teilgebiet ist der Rüstringer Gaudeich bekannt, der 1164 vom Meer durchbrochen wurde.

Die Winterdeiche waren in den ersten Jahrhunderten noch niedrig, etwa 2–3 m hoch [180] und wegen der vielfach eingebuchteten Küste sehr lang (die jetzige glatte Küstenlinie ist ein Werk des Menschen, s. Karte 18, nach S. 368). So war es begreiflich, daß „in den ersten Jahrhunderten nach der Hauptbedeichung ... fast jede Sturmflut zu Deichbrüchen und Landverlusten führte" [181]. Es brauchte Jahrhunderte, bis die Deiche ihren ursprünglichen Zweck der Landsicherung wirklich erfüllen konnten; erst vom 16. Jahrhundert an konnte man darüber hinaus Deiche zur Landgewinnung allmählich vorschieben – nicht ohne daß es immer noch zu Einbrüchen und Landverlusten kam. Vor diesem Hintergrund ständiger Gefährdung der noch lückenhaften und unvollkommenen Deiche, ständiger mehr oder weniger großer Landverluste, aber auch örtlicher natürlicher Anlandungen (zum Beispiel die Buchten von Sielmönken und Campen verlandeten im 13. Jahrhundert) vollzog sich die Marschenkultivierung.

4. Erweiterung des Siedlungsraumes

In der Marschenkolonisation nimmt die Erschließung der Flußmarschen an der Niederweser, etwa von der Wümmeniederung östlich Bremen abwärts, sowie an der Niederelbe etwa abwärts von Hamburg eine besondere Stellung ein. Dies Kulturwerk setzte zu Anfang des 12. Jahrhunderts ein, wurde schnell und planmäßig vor allem vom Erzbistum Bremen–Hamburg vorangetragen und besetzte in knapp zweieinhalb Jahrhunderten die ausgedehnten Sumpfgebiete zwischen dem Hochland der Ströme und dem Geest- bzw. Hochmoorrand mit großen regelmäßigen Dorfsiedlungen eines durchaus neuartigen Siedlungsstils. Dagegen läßt sich die Marschensiedlung in den ostfriesischen

11. Flußmarschen an der Niederelbe

Seemarschen weit weniger genau verfolgen; sie ist zeitlich wie räumlich schwerer von der älteren Wurtsiedlung vor dem Deichbau zu trennen wie auch von der jüngeren Nachsiedlung zu unterscheiden. Die Landnahme ging weniger geregelt, mehr bäuerlich geprägt und wohl auch in kleinräumigeren Vorstößen als in den Flußmarschen vor sich.

Die planmäßige Kolonisation der Flußmarschen beruhte auf landesherrlicher Direktive. Maßgeblich für sie war das Erzbistum Bremen, das sich bereits 1063 ausdrücklich vom König mit den Brüchen an der Unterweser hatte belehnen lassen und das später ähnliche Rechte auch an der Niederelbe geltend machte [182]. Andere Siedlungsinitiatoren waren die Grafen von Stade und die sächsischen Herzöge; Lothar von Supplinburg leitete die Neusiedlung in Hadeln ein. Doch auch bei diesen Unternehmen war später das Erzbistum maßgeblich beteiligt.

Die schwierige Trockenlegung der Sumpfgebiete wurde Fachleuten, den in Wasser- und Deichbauten erfahrenen Niederländern übertragen; 1106 schlossen Siedlungswillige aus dem Utrechter Sprengel mit Erzbischof Friedrich von Bremen den Vertrag, der den Beginn der Hollerkolonisation bedeutete und den Siedlern bereits das günstige „hollische" Recht in den Grundzügen zugestand. Dies Recht, das bis zum Ende des 12. Jahrhunderts voll entwickelt war, wurde maßgebend für die Kolonisation der Flußmarschen. Es war ein günstiges Kolonistenrecht mit einer Reihe von Zügen aus dem holländischen Herkunftsgebiet der Siedler [183]: Eine gewisse Selbstverwaltung bildete ein Kriterium für das Auftreten holländischer Siedler [184] (vgl. dazu Bd. II, Kap. 2). Nicht überall in den Siedlungsgebieten wurde das Hollerrecht in ganz gleicher Weise zugestanden, zum Beispiel in Stedingen mußten höhere Abgaben gezahlt werden [185]. In einzelnen Gebieten, wo die Siedlungsunternehmen von Klöstern (zum Beispiel Harsefeld, Marienkloster in Stade) getragen wurden, traten auch andere, weniger günstige Kolonistenrechte an seine Stelle [186], wenn keine Holländer angesetzt wurden. Andererseits übertrug man, gerade auch in späterer Zeit, das hollische Recht auch auf nicht holländische Siedler.

Die Siedlungsunternehmen wurden von Lokatoren ins Werk gesetzt. Teils schlossen die finanzierenden Siedlungsunternehmer bereits von sich aus mit dem Erzbischof ihren Vertrag wie in Nordweststedingen, teils wurden sie besonders eingesetzt, gleichsam als Oberbeamte wie der Marschenmeister Bovo des Erzbischofs Hartwig [187]. Als Lokatoren spielten verschiedene Ministerialengeschlechter eine Rolle, zum Beispiel in Hadeln die Lappe, Tode, Witke, Kule [188], im Bremischen die von Walle, Hude, Bremen [189], aber es kamen wohl auch großbäuerliche Lokatoren vor [190]. Für ihre Tätigkeit wurden sie mit Zehnten und andern Vorrechten, vor allem auch mit der niederen Gerichtsbarkeit belehnt [191] und nahmen vielfach die Stelle des Schulzen ein [192]. Zum Teil lag auch, wie erwähnt, die Ausführung der Siedlungsunternehmen bei

Klöstern, die zu den Meliorationsarbeiten ihre Hörigen einsetzten und an diese dann das Land zu minderem Recht austaten [193].

Die Durchführung der Siedlungsunternehmen ist für die besonders planmäßige Besiedlung des Hollerlandes und Blocklandes bei Bremen von Fliedner [194] genauer untersucht. Jedes Unternehmen umfaßte ein Kirchspiel, im Durchschnitt dort 40–50 Höfe, die sich in Bauerschaften gliederten. Die Arbeiten begannen mit Schaffung eines Achterdeichs zur Abdämmung des Wasserzuflusses vom Sietland her, dann wurde das Grabensystem zur Entwässerung gezogen mit parallelen Grenzgräben für jede Hufe und einem etwa senkrecht dazu verlaufenden Vorfluter. Dies Grabensystem setzte genaue Vermessung voraus; die Hufen wurden je Bauerschaft genau übereinstimmend nach Länge und Breite, auf die Größe der Marschhufe von etwa 48 ha ausgelegt. Auf jedem Hufenstreifen lag auf einer Wurt der Hof. So entstanden die äußerst regelmäßigen Marschhufendörfer, deren zweckmäßige Form sich bis heute hat erhalten können und im Kartenbild diese planmäßige Flußmarschenbesiedlung noch jetzt scharf hervortreten läßt. Auf den Zwickeln von Land, die zwischen den verschieden gerichteten Parallelstreifenfluren benachbarter Bauerschaften übrig blieben, fanden im Hollerland bevorzugte Höfe und feste Häuser, offenbar die Sitze der Lokatoren, Platz. Die von vornherein von der Planung vorgesehenen Kirchen erhielten ihre Stelle am Ende der Siedlungszeile, für die benachbarten Bauerschaften gut erreichbar, stets am Wasserlauf. Vom Wasserlauf aus wird man sich auch das Vordringen der Erschließungsarbeiten zu denken haben [195], der Wasserlauf blieb auch lange der Verkehrsweg. Die Errichtung von Schutzdeichen gegen den Hauptvorfluter erfolgte später, teils erst nach Jahrhunderten.

Die Planform der Marschhufendörfer bei Bremen ist so gut durchgebildet, setzt so genaue Vermessung voraus und ist auf so genaue Gleichstellung aller Siedler ausgerichtet, daß Fliedner geradezu von landesherrlichem Reglement [196] spricht. Daß dieser hochentwickelte Formtyp ohne Vorläufer war, ist unwahrscheinlich. Fliedner sucht solche Vorformen in den Niederlanden. Hufenstreifen in ähnlicher Form sind dort zum Beispiel im früheren Rheindelta östlich Rotterdam, auch in der Umgebung von Gent bekannt [197], doch ist nach Fliedner der dortige Ursprung örtlich noch nicht eindeutig festgelegt. Wahrscheinlich war den Holländern das allgemeine Gestaltungsprinzip mit Deich- und Grabenführung bekannt [198].

Nicht überall ist bei der Kolonisation der Flußmarschen der Formtyp so schematisch regelmäßig ausgeprägt wie um Bremen. Teils mag das „Reglement" gefehlt haben; vor allem aber war auf andere Vorbedingungen Rücksicht zu nehmen. Stellenweise wurden ältere Siedlungskerne einbezogen [199]; natürliche Wasserläufe zwangen zur Anpassung; mit dem Vorrücken der Marschsiedlung mußte sich die jüngere auf die ältere Siedlung einstellen [200]. So waren die Streifen oft ungleichmäßig. Die Zwickel zwischen den Parallelstreifen blieben zum Beispiel im Alten Land unbesetzt [201]. Umwandlung älterer Feldformen in Hufenflur – mit entsprechender Unregelmäßigkeit – wird zumindest für möglich gehalten [202]. Überall aber bleibt die Form der Wurtenreihe mit der parallelstreifigen Hufenflur verfolgbar.

Durch diese landesherrliche Marschenkolonisation war in den Flußniederungen eine Siedlungslandschaft völlig neuen Stils, in stärkstem Gegensatz zur Altsiedlung in Geest- und Bergland, geschaffen: Statt der Anlage vieler kleiner Niederlassungen hier große Einheiten, statt regelloser Verteilung der Höfe strenge Aufreihung, statt räumlicher Trennung von Hof und zugehöriger Ackerflur nunmehr geschlossene Lage, statt Gemengelage des Privatbesitzes (ob in Streifen oder Blöcken) nunmehr getrennte Lage der Hufen, statt einer großen für Weide und sonstige Nutzung zur Verfügung stehenden Allmende nur noch Privatland für Weide und keine oder höchstens eine sehr kleine und sehr früh aufgeteilte Allmende. Zu der vom Nachbarn völlig unabhängigen Bewirtschaftungsmöglichkeit kommt die freie Verfügung über den Besitz mit Vererbung, Kauf und Pacht – beides Züge, die (trotz mancher späteren Rechtsänderungen) doch eine mit Geest und Bergland völlig unvergleichbare Beweglichkeit gleichsam modernen Stils in die Siedlung der Flußmarschen bringen [203].

Ein weitgehend anderes Bild bietet die Marschsiedlung am Küstensaum. Eine zentrale Direktive, irgendwelche landesherrliche Einflußnahme fehlte. Entscheidend für Bedeichung und Siedlung war der Bauer im genossenschaftlichen Verband. Dieser Verband fußt offenbar auf Sippenzusammenhängen, analog wie Stoob sie für Ditmarschen verfolgt hat, jedoch in etwas anderer Ausprägung: Stoob selbst stellt als wesentlichen Unterschied fest, daß die dithmarsischen Sippen allein auf agnatischem Zusammenhang beruhen und somit nicht wesentlich erweiterungsfähig sind, während für die ostfriesischen Sippen auch der Zusammenhang über die Frauenseite gilt und diese cognatischen Gruppen somit wesentlich größer werden können [204]. Diese Erweiterungsmöglichkeit mußte für den Landesausbau, der bei Deich- und Meliorationsarbeiten eine große und stets wachsende Zahl von zusammenwirkenden Arbeitskräften brauchte, von Bedeutung sein. Stoob nimmt an, daß die kleinen agnatischen Sippen der Wurtensiedler sich beim Deichbau zu größeren genossenschaftlichen Verbänden, „Freundschaften", „Geschlechtern" zusammentun mußten und daß diese großen Verbände dann als Siedlungsträger auftraten. Solche Umstellungen scheinen bei den cognatischen Sippen Ostfrieslands nicht notwendig gewesen zu sein, jedenfalls lassen sich entsprechende Schichten von Verbänden wie in Dithmarschen nicht unterscheiden.

Für die Siedlungstätigkeit der Geschlechterverbände (vgl. Bd. II, Kap. 3) finden sich in den Seemarschen Niedersachsens zahlreiche Hinweise. Beispielsweise für das Land Wursten betont v. Lehe [205] „Die Geschlechter waren beim Deichbau und bei der Kultivierung von Ödland die Träger der Arbeit". Wenn bei den Kultivierungsunternehmen Reststücke von Land, etwa

12. Poldersiedlungen im Reiderland

im schwer entwässerbaren Sietland, als Ödland liegen blieben, so blieben sie in gemeinsamer Nutzung der beteiligten genossenschaftlichen Gruppen (Riedgewinnung, Grasgewinnung, Weide), wie am Reitbracke im Land Wursten nachgewiesen ist; später schritten diese gemeinsamen Eigentümer dann wohl zur Aufsiedlung. Insofern gab es bei dieser Landnahme in der Marsch zunächst so etwas wie Allmenden in Geschlechterbesitz. — Die Führer der genossenschaftlichen Gruppen scheinen sich zum Teil noch später durch bevorrechtete Höfe hervorgehoben zu haben. Jedenfalls verfolgt Siebs [206] für das Land Wursten eine Reihe solcher Höfe, die etwa viermal so groß wie eine gewöhnliche Bauernstelle waren und zum Teil wohl auch burgartige Anlagen aufwiesen. — Mit der Siedlung von Sippe und „Kluft" (der Untergruppe) werden auch die Ortsnamen in Verbindung gebracht, die fast alle patronymischen Charakter haben, und die entsprechenden Bezeichnungen für die „Viertel"-Einteilung der Wurstener Marsch („Tantinger Viertel" u. ä.) [207]. — Die Deichachten des Norderlandes entwickelten sich nach Rack [208] aus den „schon bestehenden Verbänden, nämlich den Sippenverbänden" und wurden in der Folgezeit als Siedlungsgenossenschaften tätig.

Die Neusiedlung im eben neu bedeichten Land stieß in Ostfriesland auf besondere Schwierigkeiten wegen der ausgedehnten anmoorigen und Moorgebiete im Hinterland, die einer Entwässerung mehr Widerstand boten als die Flußmarschen. Am ehesten luden die Stellen mit natürlicher Anlandung zur Neusiedlung ein, wie die Buchten von Campen und Sielmönken auf der Krummhörn, später die Madebucht u. ä. Auf den natürlichen Anlandungsstreifen auf der Krummhörn sind bereits ältere Neusiedlungsgruppen festgestellt [209] (um die Jahrtausendwende), die als lockere Reihen von Einzelwurten oder auch langgestreckte Wurten sich um die Küstenlinie reihten. Sie tragen vielfach Namen auf -husen und -wehr und sind oft wohl als bäuerliche Ausbausiedlungen älterer Dörfer aufzufassen. Das sumpfigere Gebiet weiter im Hinterland der Priele und Buchten wurde erst nach dem Deichbau und zumeist nur mit Einzelhöfen auf Wurten besetzt. Die niedrigen Wurten sollten vor allem gegen Untergrundnässe schützen. Im Norderland waren sie teilweise mit Wall und Graben umgeben [210]. Die Entstehung dieser Einzelwurten ist durch Grabungen auf frühestens 12. und 13. Jahrhundert datiert, also gleichzeitig mit den großflächigen Kultivierungen der Flußmarschen. Reinhardt hebt besonders dichtes Auftreten älterer Einzelwurten im Jeverland hervor [211].

Die Flur der Einzelsiedlung war selbstverständlich blockförmig. Das Grabennetz war Entwässerung und Grenzlinie zugleich und zeigt deutliche Unterschiede zwischen unregelmäßigen kleinen Blockformen als wahrscheinlicher Frühform und immer mehr schematisch und geradlinig geführten Gräben und rechtwinklig geschnittenen Blöcken als späterer Form. Auch Streifenfluren treten im jünger besiedelten Marschgebiet auf, zum Beispiel auf den sandigen Böden der jüngeren Anlandungen auf der Krummhörn bei Visquard [212]. Auch

Abb. 11
Eisenschmelzofen aus Scharmbeck, Kr. Harburg.

4. Erweiterung des Siedlungsraumes

im Norderland sind Streifenfluren festgestellt, die seit dem 11. Jahrhundert entstanden sein können. Sie scheinen aber in diesen mittelalterlichen Seemarschen zu den Ausnahmen zu zählen. Die Blockflur hatte nicht überall, vielleicht nicht einmal überwiegend den Charakter der geschlossenen Einödflur; vielmehr lag zum Beispiel im Norderland das Land der Ausbauhöfe ursprünglich innerhalb eines Rottbezirks – also in einer Siedlungseinheit – im Gemenge. Diese Gemengelage könnte man auf gleichzeitige und gemeinsame Landnahme der Höfe zurückführen; doch kann sie auch allmählich in Verbindung mit den Deichrechten entstanden sein, denn Rack betont: „Da nur die Herdbesitzer (= Vollhöfe) als Mitglieder der Deichachten bei Eindeichungen ihren Anteil erhielten, wurde hierdurch die Streulage noch erhöht [213]." Die genetisch wichtige Frage ursprünglicher Gemengelage ist jedoch sehr schwierig zu verfolgen, weil in allen Marschgebieten später der Besitz durch Kauf, Tausch und vor allem langfristige Pacht weitgehend arrondiert wurde.

Die Blockfluren wurden primär sicherlich zum größten Teil für den Anbau genutzt, aber früh traten auch blockförmige private Grasländereien auf. Die wichtige Viehzucht muß sich bald in der Hauptsache auf privates Wiesen- und Weideland gestützt haben, denn die anfangs vorhandenen Marschallmenden waren größtenteils wohl schon im 12./13. Jahrhundert in Privatbesitz aufgeteilt [214]. Daß in besonders feuchten Gebieten u. U. allmendeartige Landstücke übrig blieben, wurde am Beispiel der Reitbrake im Land Wursten schon erwähnt.

Das Vordringen der Marschbesiedlung machte in Ostfriesland zumeist, aber nicht immer am Rand der H o c h m o o r e halt. Vereinzelt drang man noch in die eng mit der Marsch verzahnten und teilweise höher als diese liegenden Hochmoorränder vor, beispielsweise im Nordbrockmerland [215]. Anlaß zu der dortigen Siedlung waren vielleicht auch die Landverluste 1164; die Flüchtlinge aus dem Gebiet der Leybucht besiedelten nun den Hochmoorrand, an dem sie auf die Länge von Kilometern und Breite von 80–100 m Sand aufschütteten. Damit schufen sie Grund für die Hofanlagen und arbeiteten sich dann auf der Breite nach vermessenen Streifen allmählich ins Hochmoor hinein, erst mit Abtorfen, dann mit Aufbringen von Plaggen, Viehdung und Schlick. Die Hufenstreifen dieser „Upstreekflur" konnten so weit ins Moor hinein vorgetrieben werden, bis der Kolonist auf andere Siedlungen stieß bzw. eine Grenze erreichte („Upstreekrecht"). Diese Moorrandsiedlungen des Brockmerlandes wuchsen relativ schnell, nach 1250 waren bereits Kirchen errichtet. Die Höfe blieben allerdings klein im Vergleich zu den Marschhufen (10 ha). „Die Träger der Kolonisation scheinen die alten sozialen Verbände der westlichen Marsch gewesen zu sein [216]." Für den Westrand der ostfriesischen Geest mit ihrer Hochmoorauflage sind solche Reihensiedlungen mit Upstreekflur bezeichnend [217]. Ihre Entstehungszeit mag verschieden sein, denn im Prinzip ist diese Siedlungsweise bis ins 18. Jahrhundert zu verfolgen.

Auch im Bereich der Flußmarschen, an der Hamme, ist vereinzelt eine bereits mittelalterliche Moorsiedlung nachgewiesen [218]. Die dortigen Siedlungen Teufelsmoor und Waakhusen entstammen dem 14. Jahrhundert. Sie waren als stattliche Dörfer mit jeweils über 25 Höfen geplant, mit Hofanlagen auf Wurten und einer Hufenflur, die aber unregelmäßiger als die benachbarte Marschhufenflur gestaltet war. Fliedner läßt die Frage offen, ob diese Moorsiedlungen ebenso wie die Marschhufendörfer planmäßig von einem Lokator angesetzt wurden oder auf genossenschaftlicher Basis entstanden [219], was den Formen nach durchaus möglich wäre. Vergleichbare Siedlungen kommen wohl im südlichen Kehdingen vor [220], in den geestrandnahen Hochmooren, wo Kloster Harsefeld Besitz hatte. Auch im Land Hadeln sind – nach Hövermann [221] – Moorrandsiedlungen etwa gleichzeitig mit der Schaffung der Marschhufendörfer anzunehmen. Übergang zwischen Marsch- und Moorsiedlung kommt auch am linken Weserufer vor, wo von der Marschbasis aus die Besitzstreifen allmählich ins Moor vorgetrieben wurden, zum Beispiel in Moorriem mit seinen bis 10 km langen Streifen [222].

Das mächtige Vordringen der Siedlung in die Feuchtgebiete scheint also zunächst durchaus nicht an der Moorgrenze Halt gemacht zu haben. Diese bot mit ihren Entwässerungsproblemen am Moorrand schließlich keine größeren Schwierigkeiten als die Marsch und bedurfte noch dazu keiner Deichsicherung, brauchte also nicht in einem Zuge, mit großem gleichzeitigen Arbeitsaufgebot fertiggestellt zu werden. Vielleicht darf man Fliedners [223] Bemerkung über Teufelsmoor verallgemeinern, daß nämlich die weitgreifenden Wirtschafts- und Sozialwandlungen der Wüstungsperiode vom 14. Jahrhundert ab eine bereits begonnene und technisch durchaus mögliche Entwicklung so stark kappten, daß erst im 17. Jahrhundert die Frage einer Moorbesiedlung wieder aktuell wurde.

Grundherrliche Rodungskolonisation im Bergland und Gebirgsvorland, insbesondere Hagensiedlung

Auch im niedersächsischen Binnenland, vor allem im Bergland und westlichen Teil des Gebirgsvorlandes, war in der Zeit etwa von 1000 bis 1350 n. Chr. eine lebhafte Kolonisationstätigkeit – man muß sagen: weiterhin – im Gange. Soweit es sich um Neugründung von Siedlungen oder um Zusiedlung einer größeren Zahl von Höfen zu älteren Niederlassungen handelte, war sie im wesentlichen von Grundherren getragen.

Die für diesen Zeitabschnitt kennzeichnenden Ortsnamengruppen sind die -rode- und -hagen-Namen [224]. Die Namen auf -rode stammen aus dem 9.–12. Jahrhundert; sie erscheinen zunächst im 9. und 10. Jahrhundert relativ selten (beispielsweise nur vereinzelt in den Trad. Corb.), nehmen dann rasch zu, so daß sie im Bergland nach den -hausen die zweitstärkste Ortsnamengruppe bilden [225]. Unter den -rode-Ortsnamen sind die -ingerode, die vornehmlich zwischen Leine und Harz vorkommen, wohl die älteste Schicht, von Boegehold [226] mit den Liudolfingern als Kolonisatoren in Verbindung gebracht, mit Hauptblüte etwa von 950–1050. Die einfachen -rode-Namen sind ebenfalls östlich der Leine besonders stark vertreten [227].

Im 12. Jahrhundert kamen dann die Ortsnamen auf -hagen auf. Diese erscheinen nun auch in den alten Forestisbezirken, zum Beispiel links der Leine in großer Zahl (die -hagen-Namen waren im südlichen Bergland ursprünglich sehr viel häufiger als jetzt, da besonders viele -hagen-Orte wüst geworden sind). Allein im Bereich der Kreise Hofgeismar und Holzminden entstanden 41 -hagen-Orte [229].

-rode- und -hagen-Namen treten relativ gehäuft auch in Grenzwaldungen zwischen verschiedenen Machtbereichen auf, zum Beispiel am Südharz, wo die Grafen von Scharzfeld-Lauterberg die „breite bis ins hohe Mittelalter stark verwaldete Grenzzone, die sich im wesentlichen mit der Wasserscheide zwischen Leine- und Saale-Gewässersystem im Südharz deckt" [230], mit -hagen kolonisierten, oder etwa an der nördlichen Grenze des bischöflich-hildesheimischen Machtbereichs (Gruppe der -rode-Orte östlich Hannover, wie Kirchrode, Bemerode usw.) oder im Berührungsgebiet der Machtbereiche der Grafen v. Roden und der Grafen v. Schaumburg in der Stadthäger Ebene [231]. Solche gehäuften Ortsgründungen der -rode- und -hagen-Gruppen in Grenzwaldungen mögen einmal deswegen erfolgt sein, weil hier noch zusammenhängende kultivierbare Flächen übrig waren, sicherlich aber auch zur Befestigung und Ausdehnung geschlossener Machtbereiche der Großen. Andererseits entstanden -rode- und -hagen-Orte mehr vereinzelt in den bereits dichter durchsiedelten Gebieten, gleichsam zur Ausfüllung der noch bestehenden Siedellücken, in kleinräumigeren Rodungsunternehmen. Hier dürfte von Seiten der Grundherren das auch früher schon wirksame Arrondierungsstreben maßgebend gewesen sein, der Wunsch, „ ... unter Loslösung von den vielfältigen Bindungen und Schwierigkeiten des erworbenen und ererbten Streubesitzes durch Gewinnung von Rodungsneuland ... zu einem geschlossenen grundherrlichen Territorium zu gelangen" [232]. Gerade bei kleineren Grundherren, oft auch bei Stiftern und Klöstern dürfte der Wunsch nach Abrundung des Streubesitzes ein wesentlicher Faktor bei der Kolonisation gewesen sein.

So dürfte die Verbreitung dieser hochmittelalterlichen Rodesiedlungen zum guten Teil von der räumlichen Verteilung des Eigenbesitzes und der Machtbereiche der kolonisierenden Grundherrn abhängen. Der andere für die Verbreitung maßgebende Faktor war die natürliche Ausstattung der bisher noch siedlungsfreien Gebiete. Nachdem die flacher geneigten Hänge des Berglandes bereits von älterer Nachsiedlung besetzt worden waren, boten sich jetzt am ehesten noch die Hochflächen an, wenn sie auch klimatisch benachteiligt sind [233], ferner die Räume mit feuchten, schweren, tonigen, oft staunassen Böden, die bisher gemieden waren. So wurden etwa die als Bruch bezeichneten Waldungen des Gebirgsvorlandes in Schaumburg-Lippe, am Steinhuder Meer und nördlich Hannover mit derartigen Böden nunmehr kolonisiert, auch Talböden im Bergland wurden besetzt, namentlich auch die tieferen Lagen im Ravensberger und im Lippischen Hügelland. Auf Hochflächen wie auf Feuchtböden wurden nunmehr Gebiete besiedelt, die nach damaliger Wertung relativ ungünstig waren, wenn sie auch nach heutiger Vorstellung teilweise wertvolle Böden besitzen. Bei diesem Vorstoß auf Feuchtböden mag übrigens vielleicht eine verbesserte Bearbeitungs- und Entwässerungstechnik mitgesprochen haben – immerhin entstanden diese Siedlungen gleichzeitig mit den Marschhufendörfern.

Vereinzelt kommen -hagen-Orte, planmäßig vom Grundherrn angesetzt, übrigens auch weiter nördlich, im Geestland vor, beispielsweise Hoyerhagen in der Grafschaft Hoya[234], die „Bruchhäger"siedlung bei Nienburg[235], das von einer welfischen Herzogin im 13. Jahrhundert gegründete Nienhagen bei Celle. Auch alle diese Neusiedlungen besetzen besonders feuchte Böden.

Die Träger der Siedlung sind zum Teil schon erwähnt. Unter den zahlreichen großen und kleineren kolonisierenden Grundherren seien als Beispiele herausgegriffen die Bischöfe von Hildesheim mit ihren Siedlungsunternehmen östlich Hannover am „Nortwald", im Bergland um Alfeld, um Eschershausen; verschiedene Klöster wie Helmarshausen und Lippoldsberg im südlichen Bergland, zum Beispiel im Reinhardswald[236], Amelungsborn, Walkenried und andere Zisterzienserklöster (vgl. S. 326); edle Herren wie die von Dassel und von Schönberg zum Beispiel im Gebiet um Diemel und Reinhardswald[237], die Grafen von Scharzfeld am Südharz[238], die Grafen von Hardenberg im oberen Leinetal[239], die Homburger im Ith-Hils-Gebiet[240], die Schaumburger und Rodener im Schaumburger Land und nördlich von Hannover.

Die Siedler waren zum großen Teil sicherlich Einheimische. Engel führt im Schaumburgischen als Beweispunkt dafür -hagen-Namen an, die auf die Herkunft der Siedler aus nahegelegenen älteren Orten deuten (Hülshagen zu Hülsede, Pollhagen zu Pohle, u. ä.)[241]. Weiß[242] nimmt für die -hagen-Dörfer nördlich Hannover an, daß wohl „freie Landsassen zur Abfindung von Echtwordansprüchen mitversorgt" wurden, also ebenfalls Siedlung von Einheimischen. Die Hörigenansiedlung bei Klöstern sowie die Ansetzung von „Pfleghaften" – Freien nach besonderem Siedelrecht[243] – deutet ebenfalls darauf hin, daß Leute aus der näheren Umgebung angesiedelt wurden. Andererseits sind vom Hildesheimer Bischof bei Eschershausen um 1130 nachweislich „Fremde" angesetzt worden. Weiß kommt für die von ihm untersuchten schaumburgischen und hannoverschen -hagen-Orte auf Grund von Familiennamen-Untersuchung zur Annahme eines gewissen Bevölkerungszuschusses vom Niederrhein[245]. Im ganzen dürfte aber wohl der einheimische

Siedleranteil überwogen haben, zumal der Bevölkerungsdruck in jener Zeit beträchtlich war.

Für viele, keineswegs aber für alle neuangelegten Siedlungen galt ein relativ günstiges Kolonistenrecht, das H ä g e r r e c h t. Hägerrecht trat auf bei Orten verschiedener Namen, nicht nur bei solchen auf -hagen; umgekehrt hatten offenbar nicht alle Orte mit -hagen-Namen auch Hägerrecht [246]. Dies Kolonistenrecht entwickelte sich allmählich. Sein Ausgangspunkt ist wohl die von den Hildesheimer Bischöfen angesetzte Siedlung bei Eschershausen, deren Recht 1114 beurkundet ist [247] und von Molitor als ein „Mittelding zwischen Meierrecht und Erbleihe" bezeichnet wird [248-250] (vgl. Bd. II, Kap. 2).

Siedlungen nach Hägerrecht – in den verschiedenen Entwicklungsstadien – sind zahlreich zwischen Weser und Leine, mit Ausläufern bis zum Südharz, nachzuweisen [251], im Lippeschen Hügelland, in der Schaumburger Ebene und am Bückeberg sowie in der mittelhannoverschen Ebene von der Weser bis Celle. Es handelt sich dabei um neu angelegte Dörfer, Höfegruppen und Einzelhöfe ebenso wie um Erweiterungen älterer Niederlassungen durch mehr oder weniger umfangreiche Gruppen von Hägerhöfen [252]. Schließlich gab es auch bloße Ländereien, ohne zugehörige Siedlung, unter Hägerrecht [253].

Die S i e d l u n g s f o r m e n, die in der betrachteten Siedlungsperiode in den Rodedörfern angewandt wurden, sind unterschiedlich. Eine eindeutige Korrelation etwa zwischen -hagen-Namen und Hagenhufendorf, zwischen Hägerrecht und Hufenanlage besteht nicht. Es kommen Einzelhöfe vor, kleinere und größere regellose Hofgruppen und eine Anzahl von Dörfern, die in der Anordnung der Höfe und Feldparzellen regelmäßige Züge aufweisen, bis hin zu der völlig rationalen, genau vermessenen Form der Hagenhufendörfer Schaumburg-Lippes und der Gegend nördlich von Hannover, die weitgehend den Marschhufendörfern ähnelt und eine hochentwickelte Kolonisationsform des 13. Jahrhunderts darstellt, in der zugleich das Hägerrecht seine höchste Entwicklungsstufe erreicht.

Ein Beispiel für die nicht regelmäßigen Anlagen ist das von Janssen [254] ausgegrabene wüste Königshagen bei Scharzfeld. Es ist um 1130 gegründet. Die Häuser scharten sich zunächst eng um ein Steinwerk auf einem grabenumzogenen Hügel, einer Motte; der Befestigungsturm wurde später zur Kirche ausgebaut, die Häuschen nur noch als Speicher genutzt, die 13 Gehöfte in unregelmäßiger Anordnung aus der Befestigung herausgerückt. Die Äcker waren in langstreifigen Terrassensystemen angelegt.

Regelhafte Dorf- und Flurformen, die man als Vorformen des Hagenhufendorfes ansehen kann, sind Hofreihen mit „gereihten Kämpen", wie Engel sie aus dem kleinen Kolonisationsgebiet des Edlen Mirabilis im schaumburgischen Dülwald aus dem 12. Jahrhundert beschreibt [255] und wie sie auch Niemeier [256] im Klei-Münsterland festgestellt hat. Hinter den an Bach oder Weg locker aufgereihten Höfen wurden sukzessive unregelmäßig rechteckige

Kämpe so gerodet, daß sie allmählich hinter dem Hof einen Streifen bildeten, der immer weiter gegen den Wald vorgeschoben wurde. (Diese Art des allmählichen streifenförmigen Vordringens vom Hof gegen das Wildland war in dieser Periode ja vielerorts in Übung – man denke an das ostfriesische Upstreekverfahren – ein Rodungsverfahren im bereits durch Nachbarn beengten Raum.) Die Kampstreifen waren in keinem Fall vermessen und entsprechend unregelmäßig.

Andere Ansätze zur Entwicklung der Hagenhufenflur können auch von Streifenfluren ausgegangen sein. Mortensen hält eine Entwicklung vom Streifenverband des Esches aus für möglich und verfolgt sie an einem Beispiel aus dem Kirchspiel Engter [257]. Im Leinebergland kommen gelegentlich bei Rodedörfern Breitstreifen – auch solche mit Hofanschluß – vor, in denen der Besitz größtenteils konzentriert ist und die sich durch die ganze Flur gegen den Wald erstrecken [258]. Hofanschließende Streifenfluren teilweise planmäßiger Anlagen auf Rodungsland der Zeit zwischen 1000 und 1200 sind im Norden des Münsterlandes, im Delbrücker Land, nachgewiesen [259]. In allen „Vorformen" der Hagenhufen vereinigen sich Züge der Kampflur – vor allem die individuelle Bewirtschaftung, oft auch Einhegung, Hofanschluß des

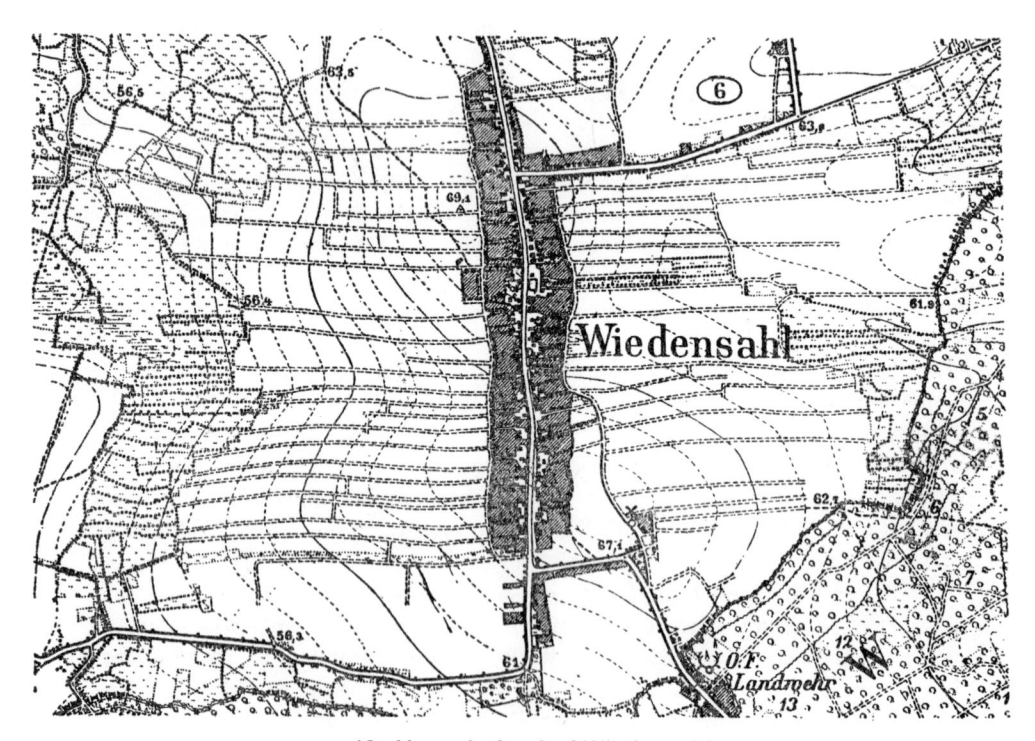

13. Hagenhufendorf Wiedensahl

Feldes – und das von den älteren Streifenfluren bekannte Prinzip der schmalen Streifenanordnung, die nun immer regelmäßiger gestaltet wird.

Die Hochform der Hagenhufendörfer, die sich im Lippeschen schon abzeichnet, voll entwickelt aber erst im Schaumburgischen und nördlich Hannover im 13. Jahrhundert auftritt, zeigt die einzeilige Hofreihe am Wasserlauf und in Hofanschluß den geradlinig vermessenen Hufenstreifen von der Größe der fränkischen Königshufe [260], der Acker und Grünland umfaßt und bis zum Wald reicht. Die Hufe der einzeiligen Dörfer erstreckt sich meist nach beiden Seiten vom Hof weg. Die Allmende fehlt zwar nicht ganz – Weiß [261] weist ausdrücklich auf Grünland am Ende der Dorfzeile, das der Dorfschaft gehört und beweidet wird, hin, auch Blohm [262] führt Gemeindeänger an – sie ist aber geringfügig, während die „Vorformen" der Hagenhufen ausgedehnte Allmenden besitzen.

Diese voll entwickelte Form der Hagenhufendörfer wurde bei einer recht umfangreichen Kolonisation angewandt: Allein in Schaumburg-Lippe wurden in wenigen Jahrzehnten „weit über 200 Siedlerstellen" geschaffen [263]. Die Planform war hier regelmäßig mit der voll entwickelten Form des Hägerrechts verbunden („die 7 freien Hagen"). Hier konvergierte also eine Entwicklung der Rechtsnormen und eine Entwicklung von offenbar auch stufenweise herausgebildeten Siedelformen, von einer „Formenserie" [264]. Die Hagenhufen ihrerseits kann man als Vorform der in den ostdeutschen Kolonisationsgebieten voll entwickelten planmäßigen Waldhufendörfer ansehen [265].

Siedlung im slawischen Grenzgebiet

Neben der Kultivierung der Marschgebiete und der Ausfüllung der größeren Siedlungslücken im Bergland und Gebirgsvorland kam es im 12. und 13. Jahrhundert noch zu einem dritten großflächigen Landesausbau in Niedersachsen: Der bisher nur äußerst dünn besiedelte Grenzsaum gegen die Slawen, vom Hannoverschen Wendland bis in den Helmstedter Raum, wurde mit Siedlung, großenteils planmäßig, aufgefüllt. Auch hier wurde, entsprechend wie in den erstgenannten Kolonisationsgebieten, eine regelmäßige, auf Planung deutende Siedelform entwickelt, die in mehr oder weniger deutlichen Spuren mit den charakteristischen Runddörfern noch heute dies östliche Gebiet des Landesausbaus bezeichnet – entsprechend wie die Kulturlandschaft der Flußmarschen noch jetzt die Züge der Marschhufendörfer und die Landschaft der Hagenhufenkolonisation manches Erbe der Hagenhufenreihen erkennen läßt.

Die hochmittelalterliche Besiedlung dieses Grenzsaums des östlichen Niedersachsens war wohl höchstens in einigen Teillandschaften (Teile der Niederen Geest, Lemgow, Schwienmark im Wendland) eine Landnahme im menschenleeren, neu zu rodenden und zu entwässernden Raum. In der Hauptsache scheint sich die deutsche Siedlung zwischen bzw. über eine vorhandene, jedoch recht dünne slawische Siedlung geschoben zu haben. Eine Verzahnung deutscher und slawischer Siedlungseinflüsse im Wendland ist bereits seit Karls des Großen Zeit anzunehmen, wurden doch fränkische Stützpunkte bei Hitzacker und auch weiter südlich angelegt, die sich sicher auf jeweils mehrere deutsche Höfe stützten. Im 10. Jahrhundert erscheinen das südliche Wendland und ein Teil der Altmark als marca Lipani mit gewisser Selbständigkeit an das Reich angeschlossen. Damals wie auch im 11. Jahrhundert waren kleine slawische Burgen vorhanden, bei Hitzacker und vielleicht auch bei Dannenberg sogar Gauburgen [266]. Wie immer die Stellung dieser Burgen zum Reich war – sicher deuten sie auf eine gewisse slawische Durchdringung des Gebiets, offenbar an der Elbe sowie Jeetzel aufwärts. Da die slawischen Funde spärlich sind, wird bisher auf eine dünne slawische Besiedlung geschlossen [267]. Immerhin sind nach archäologischen Zeugnissen Siedlungskammern für das 11. Jahrhundert um Gartow, Langendorf, Dannenberg, Rebenstorf und Clenze anzunehmen, und bei den Fundstellen in Hitzacker, Dannenberg und Lüchow schließen an slawische Zeugnisse unmittelbar die deutschen Siedlungsspuren der Kolonisation an. In der angrenzenden Altmark scheint das slawische Siedlungsnetz etwas dichter gewesen zu sein.

In welcher Weise sich die deutsche Kolonisation über die slawische Siedlung schob, ist umstritten. Fest steht, daß dieser Übergang sich im 12. und 13. Jahrhundert ohne nennenswerte Auseinandersetzungen und unter beträchtlicher Beteiligung slawischer Siedler vollzogen hat. Auf letzteres deutet schon das reiche slawische Namengut sowohl bei Orts- als gerade auch bei Flurnamen hin. Fest steht ferner, daß die Kolonisation des Wendlandes von der Mitte des 12. Jahrhunderts an im wesentlichen von den Grafen von Lüchow und Dannenberg geleitet wurde. Da sie unter den welfischen Gefolgsleuten erscheinen, ist Heinrich d. L. als Initiator der Kolonisation angesehen worden [268]. Andererseits wird eine recht selbständige Stellung der Grafen zwischen den Herzögen von Braunschweig-Lüneburg und den Markgrafen von Brandenburg betont [269]. Danach schiene ihre Kolonisationstätigkeit weniger eng mit dem sächsischen Hoheitsbereich verbunden und mehr auf Gestaltung eines eigenen Machtbereichs gerichtet, analog etwa der bremischen Kolonisation in den Flußmarschen.

Die Kolonisation muß zum guten Teil Rodung, namentlich wohl in feuchten Gebieten (Jeetzelniederung, Niedere Geest des Wendlandes) und Neuanlage von Siedlung gewesen sein, mit starker slawischer Beteiligung, wie die große Zahl von slawischen Flurnamen, die auf Rodung deuten, anzeigt. Andererseits muß in irgendeiner Form die ältere slawische Siedlung übernommen sein, wie beispielsweise bei Kloster Alt-Isenhagen, das 1244 Zehntfreiheit in slawischen Dörfern erhielt, „wenn es diese Deutschen zur Kultivierung übergeben oder selbst benutzen wolle" [270]. Ausbau und Umgestaltung, Umformung, Umorganisation der vorhandenen Siedlung war offenbar ebenso das Anliegen der

Kolonisatoren wie die Neusiedlung. Das Einbeziehen älterer und andersartiger Siedlungsansätze in den planmäßigen Landesausbau läßt sich bei den etwa gleichzeitigen Vorgängen beispielsweise der Marschenkolonisation ja ebenfalls hier und da feststellen, dürfte im slawischen Grenzbereich allerdings größeres Ausmaß erreicht haben. Wie sich in diesem Ostsaum Niedersachsens quantitativ die Neusiedlung zur Umformung älterer Siedlung verhält, ist vorerst nicht zu übersehen. Die archäologischen Befunde – vor allem Scherbenfunde – deuten bisher bei den Dörfern, soweit untersucht, nur darauf hin, daß mit dem 12. Jahrhundert Besiedlung, und zwar deutsche, ansetzt [271]. Grabungen sind bisher nur auf Lüchow, Dannenberg und Hitzacker beschränkt, wo Anschluß an Slawensiedlung gegeben ist.

Ob Neusiedlung oder umgeformte ältere Siedlung – die D o r f f o r m e n des Wendlands und des südlich anschließenden Kolonisationsgebiets sind recht einheitlich durch das Auftreten von Runddörfern geprägt. Nur vereinzelt erscheinen im Wendland auch Gruppen von Straßendörfern, so im Öring [272]. Die Runddörfer treten auf als Hufeisen-, Halbrund-, Sackgassen- und voll ausgebildete „Rundlings"formen, in der Hohen Geest des Wendlands auch als rudimentäre Kleinformen mit nur drei Höfen. In allen Fällen ist Anordnung

14. Rundling Klautze

der Höfe um einen Dorfplatz mit nur einem Zugang, sektorenartige Form der Hofgrundstücke, Mittellage eines bevorrechteten Hofes gegenüber dem Dorfzugang kennzeichnend. Als „Ursprungsform" sieht Meibeyer [273] die offene halbrunde Anlage, die Hufeisenform an; der geschlossene „Rundling", wie er für die Niedere Geest des Wendlands kennzeichnend ist, wird von ihm als weitergebildete Modifikation, das Kleindorf der Hohen Geest als Ergebnis späterer partieller Wüstungsvorgänge angesprochen.

Zu diesen Runddörfern gehören Streifenfluren mit gewannähnlicher Einteilung. Besonders kennzeichnend ist das Erbschulzenland, der „Güsteneiz", der zu dem bevorrechteten Hof gehört. Nach Meibeyers Feststellungen [274] war die Reihenfolge der Besitzer bei den einzelnen Abschnitten der Streifenflur stets gleich; Feldstücke mit solcher regelmäßigen Besitzerfolge bezeichnet Meibeyer als Riegenschlag, das Ganze als Riegenschlagflur. Diese Flurform deutet auf planmäßige Aufteilung des Feldes unter die Besitzer hin. Man kann sie sich bei gleichzeitigem neuen Ansatz einer Siedlergruppe entstanden denken, aber auch durch nachträgliche Aufteilung bzw. Neuaufteilung eines bereits vorhandenen Feldes gebildet vorstellen [275]. Riegenschlagfluren treten nicht nur bei den Runddörfern, sondern auch bei den wendländischen Straßendörfern auf, dort meist in recht schematischer Form [276].

Meibeyer hat das Auftreten der Runddörfer im ganzen Ostsaum Niedersachsens vom Wendland bis in die Gegend von Helmstedt verfolgt und weitgehende Deckung mit den dortigen Vorkommen von Riegenschlagfluren festgestellt. Auch bei isoliertem, relativ weit westlichem Vorkommen von Runddörfern [277] nordwestlich von Gifhorn, bei Braunschweig, am Rieseberg, im südlichen Uelzener Becken findet er diese Kongruenz. Da die Runddorfanlage ebenso wie die Riegenschlagflur auf planmäßige Gestaltung hinweisen und der bevorrechtigte Hof sich als Sitz eines Lokators oder Führers einer Siedlergruppe erklären läßt, deutet Meibeyer diese Dorf- und Flurform als Kolonisationsschema, sieht darin „eine ohne Betonung einer besonderen Funktion der Grundrißform erfolgte planvolle Entstehung des Rundlings nach einer festen die Form fixierenden Gründungsvorschrift", vielleicht auch nur „die in einem ganz gewissen Zeitraum bei der Neuanlage von dörflichen Siedlungen bevorzugte Grundrißform" [278]. Die wendländischen Straßendörfer sieht er als jüngere Kolonisationsform an.

Mit Runddorf und Riegenschlagflur verbunden findet Meibeyer Hinweise auf slawisches Volkstum in Orts- und Flurnamen sowie in den Zehntverhältnissen [279], und zwar nicht nur in den großen flächenhaften Vorkommen im Wendland und der Altmark, sondern auch bei den kleinen isolierten Vorkommen. Meibeyer folgert „es müssen Slawen entweder bei der Gründung beteiligt gewesen oder aber in den neugegründeten Dörfern angesiedelt worden sein" [280]. Die Slawen seien teils aus der Nähe in die neuen Runddörfer umgesiedelt, teils aber auch von weiterher herangeholt, möglicherweise zwangsweise deportiert worden [281].

Das größte offene Problem bei dieser Sicht der Kolonisation im niedersächsischen Ostraum ist die Frage nach den slawischen Wüstungen. Wenn nahezu alle Siedlungen planmäßige deutsche Neuanlagen mit großenteils slawischen Siedlern waren, wären Spuren der aufgegebenen Slawendörfer zu erwarten. Diese sind aber nur in ganz geringer Zahl bekannt. Als Hinweis auf slawische Wüstungen nimmt Oberbeck den Flurnamen Zileitz [282], der oft bei den deutschen Dörfern auftritt, und interpretiert diese Niederlassungen als slawische Hörigensiedlungen, die später im deutschen Dorf aufgegangen seien. Doch spricht gegen diese Deutung die Feststellung Ostens [283], daß Zileitz allgemein nur Garten oder Kohlgarten bezeichnet, etwa wie „Worth", und höchstens bei ortsferner Lage auf eine Wüstung hinweist. Archäologisch sind bei diesen wüstungsverdächtigen Stellen keine deutlichen Hinweise auf umgelegte Slawensiedlungen gefunden.

Der These Meibeyers von der planmäßigen Neuanlage aller Dörfer steht die These von der Weiterentwicklung der alten slawischen Siedlungen unter mehr oder weniger starker Umformung gegenüber, wie sie vor allem Schulz-Lüchow, vertritt, der seine Untersuchungen allerdings auf das Wendland beschränkt und die Flurgestaltung wenig berücksichtigt. Nach Schulz [284] schufen „die Intensivierung der Landwirtschaft und das Bestreben zur Eindeutschung der slawischen Volksteile... die historische Situation, aus der im kolonialen Grenzland die Rundlinge entstanden", und zwar über verschiedene Entwicklungsstufen: Vorkolonisatorisch (etwa vor 1000 n. Chr.) kleine haufenartige Weiler, vielleicht auch Einzel- und Doppelhöfe; frühkolonisatorisch (bis 1300) „Dreihofrunde, Halbrunde und Bogen"; spätkolonisatorisch (etwa 1300 bis 1500) Umbildung zu Rundlingen oder (verkehrsoffenen) Platzdörfern, Ausbildung der Sackgassen, „zuletzt regelmäßige Rundlinge als Modeformen" [285]. Die slawischen Kleindörfer wären hiernach durch Ansetzung eines Schulzen oder Burmesters (vielleicht in Fortsetzung der Funktionen des slawischen Dorfoberhaupts [286]) in das deutsche Verwaltungssystem einbezogen worden. Dabei sei neben einer „Ordnung des Dorfgrundrisses auch eine gewisse Ordnung der Felder" [287] erfolgt, wobei die wendische Feld-Gras-Wirtschaft von einer ungeregelten Wechselwirtschaft abgelöst worden sei. Zu den alten Wendenweilern habe eine unregelmäßige, zum Teil streifige, meist blockförmige Flur gehört [288]. Die regelmäßige Runddorfform wird von Schulz insofern mit den Wenden in Verbindung gebracht, als nur ihnen, die offenbar mindere Rechte und kaum Abwanderungsmöglichkeiten hatten, eine so enge planmäßige Dorfform aufgezwungen werden konnte. Und zwar erfolgte diese Formentwicklung zum Rundling durch Hofteilungen zu einer Zeit, als die lüneburgischen Herzöge die Zahl der ihnen pflichtigen Stellen durch Hofteilungen wie auch durch Neugründungen zu vermehren strebten [289].

Das Für und Wider der Theorien von Meibeyer und Schulz kann hier nicht im einzelnen erörtert werden. Es bleibt nur festzustellen, daß im Wendland und im südlich anschließenden Grenzsaum Niedersachsens, bis etwa zur Ilmenau-Ise-Linie als Westgrenze, in einem von Slawen nur lückenhaft besetzten Raum während des 12. und 13. Jahrhunderts eine lebhafte Neugründung von Dörfern unter deutscher Leitung mit großenteils slawischen Siedlern stattfand, bei der – ob primär oder sekundär – kennzeichnende Runddorfformen mit planvoll geordneten Streifenfluren entwickelt wurden.

Ausbau der älteren Siedlungen

Gleichzeitig mit den großflächigen Kolonisationsunternehmen fand überall im niedersächsischen Raum ein kräftiger Ausbau der bereits bestehenden Siedlungen statt, der die Kleinsiedlung zum Dorf, das mehr oder weniger inselhafte Dauerfeld zur zusammenhängenden größeren Kulturfläche ausweitete. Die treibenden Kräfte für diesen lebhaften Siedlungsausbau dürften ein kräftiges Bevölkerungswachstum und eine Intensivierung und Umstrukturierung der Wirtschaft gewesen sein, für die hier nur schlagworthaft angeführt seien: Aufkommen der Marktwirtschaft mit der Entwicklung der Städte, Entwicklung der Handelsbeziehungen und -straßen, „Vergetreidung", Änderung der Nutzungssysteme in der Landwirtschaft, Aufkommen von Dreifelderwirtschaft und Verzelgung u. a.

Die allein schon durch das Bevölkerungswachstum gegebene Vermehrung und Teilung der Höfe fand jetzt eine andere Situation als etwa vor der Jahrtausendwende: Die ungenutzten Wald- und Ödlandflächen waren knapper geworden, die letzten größeren Lücken besetzte die von den Grundherren gesteuerte „-rode- und -hagen-Siedlung"; für ungelenkte bäuerliche Neugründung von Höfen und erst recht von ganzen Gruppensiedlungen im Wildland scheint kaum mehr Gelegenheit gewesen zu sein. (Lediglich in der Lüneburger Heide, besonders in den höher gelegenen zentralen Teilen, war das Siedlungsnetz offenbar bisher noch so dünn geblieben, daß bis ins 14. Jahrhundert hinein stellenweise noch Neusiedlung vorgetragen werden konnte.) So mußten, um den Bevölkerungsüberschuß „vom Hof aus" unterzubringen, die vorhandenen Siedlungen ausgebaut werden.

Dieser Ausbau setzte eine Vergrößerung des Feldlandes auf Kosten der Laubhain- und Hudewaldbezirke voraus, die ihrerseits nicht mehr einfach nach außen in einen noch ungenutzten Wald vorgeschoben werden konnten, sondern mehr oder weniger begrenzt waren. Aus dieser Situation wohl bildeten sich die Markgenossenschaften. Die von der Dorfschaft bzw. von ganzen Gruppen von Dörfern genutzten Wald-, Heide- und sonstigen Ödlandflächen wurden als Marken abgegrenzt, die Rechte der einzelnen Höfe daran mit Weide, Holzentnahme, Laubstreugewinnung, Plaggenmahd, Torfstich usw. genau umschrieben, die Möglichkeit des Neubruchs, der Minderung des Markengrundes zugunsten privater Feldnutzung oder Ansiedlung, wurde von der Gemeinschaft der Markgenossen abhängig gemacht. Diese Gemeinschaft war Eigentümer des Bodens wie des Aufwuchses der Mark. Die Anrechte des einzelnen Hofes richteten sich nach seiner Einordnung als „volle" Stelle – der Norm der alten Höfe, denen die „volle War" zustand –, als „halbe" Stelle (zum Beispiel als geteilter Hof) mit einer halben War oder als Nachsiedler, der nur beschränkte oder keine Anrechte an der Mark mehr erhielt. Die Organisation der Marken mit Höltingen, Markengericht, die Frage des Vorsitzes im Markengericht (häufig bei edlen Herren) wurde für die Siedlungsentwicklung wesentlich, weil in der Zukunft hier die Entscheidungen über die Siedlungsmöglichkeiten vom Hof aus lagen.

Markenordnungen sind vielerorts aus dem 14. Jahrhundert bekannt, wenn auch erst im 16. die Marken generell schriftlich fixierte Ordnungen besaßen [290]. Die Bildung der Markgenossenschaften lag zum Teil wohl schon 2–3 Jahrhunderte früher [291], scheint aber zu verschiedener Zeit, selbst in benachbarten Gebieten, stattgefunden zu haben [292]. Der Umfang der Markgenossenschaften war unterschiedlich, teils umfaßten sie mehrere Bauerschaften oder ein ganzes Kirchspiel, „doch kommen auch Bauerschaften vor, die mehrere voneinander abgegrenzte kleinere Marken besaßen, und andererseits gab es Großmarken, die sich über mehrere Kirchspiele erstreckten" [293].

Die Neubildung von Höfen beim Dorfausbau ist im 11.–14. Jahrhundert offenbar weiterhin durch H o f t e i l u n g e n, wie sie auch schon für frühere Zeiten angenommen werden müssen, erfolgt, ferner durch Abteilen von kleineren T o c h t e r h ö f e n. Auf tatsächliche Halbierung von Höfen deutet in vielen Fällen das Flurbild (paarige Aufteilung der Besitzstreifen eines Urhofs über die ganze ältere Flur hinweg). Auf Halbierung deutet das Vorkommen der halben Berechtigungen an der Mark. Die Erwähnung von „Halbhöfen" in den Höfeverzeichnissen des 14. Jahrhunderts dürfte ebenfalls wirkliche Halbierungen anzeigen. Leider gestatten die aus dem Flurbild gewonnenen Hinweise aber selten eine zeitliche Einordnung der Teilungen; andererseits sagt der später feststellbare Bestand an Halbhöfen nichts darüber aus, wieviele Höfe tatsächlich geteilt sind, wieviele dagegen auf Deklassierung einstiger Vollhöfe oder Aufstieg kleinerer Höfe zurückgehen. Insofern ist eine Quantifizierung der Teilungen und ihrer Bedeutung für den Siedlungsausbau dieser Zeit nicht möglich (vgl. Karte 38, in Rückentasche).

Neben Hofteilungen kam es offenbar in zunehmendem Maße zur Errichtung kleiner Nachsiedlerstellen auf Absplissen von altem Hofland, wobei der Mutterhof in seinem Bestand nur wenig gemindert wurde. Die neue Hofstelle wurde wohl zumeist auf einer vom großen Hofgrundstück des Mutterhofs abgeteilten Parzelle errichtet. Die Bindung an den Mutterhof zeigte sich auch später noch in Abgaben, die an diesen zu zahlen waren, und in der Zugehörigkeit zum gleichen Grundherren [294]. Der abgeteilte Hof mußte seinen Landbesitz durch Rodungen in der Mark aufstocken. Beteiligung an der Markennutzung haben diese Stellen, sofern sie früh entstanden waren, wohl regelmäßig erhalten; später wurde mit zunehmender Einengung der Mark ihre Beteiligung problematischer.

Diese abgeteilten Höfe erscheinen in der Mehrzahl als Kotten oder K ö t ‑ n e r h ö f e . Im Osnabrücker Land werden sie als Erbkotten bezeichnet im Gegensatz zu den meist später entstandenen Markkotten, bei denen die Bindung an einen Mutterhof nicht nachzuweisen ist, die am Altland nicht oder höchstens nachträglich beteiligt sind und nur über Rodungsland in der Mark verfügen, auch im allgemeinen in der Mark siedeln. Die Erbkotten sind in gleicher Art wie im Osnabrücker Land auch in der übrigen niedersächsischen Geest nachzuweisen, im allgemeinen jedoch nicht unter dieser Bezeichnung [295]. Über ihre Anzahl lassen sich keine Angaben machen, weil ein Teil von ihnen durch lebhafte Rodetätigkeit, auch wohl durch nachträglichen Landerwerb auf dem alten Esch eine solche Größe erreichte, daß später eine Einstufung als Halb- oder sogar als Vollhof vorgenommen wurde.

Die Entstehung der kleinen abgeteilten Höfe bedeutete einen Einschnitt im Siedlungsausbau insofern, als nun eine minderberechtigte Siedlerschicht den älteren „vollen" Höfen gegenüberstand. Zunächst wird es sich im allgemeinen um zweite Söhne der alten Höfe gehandelt haben, die vom väterlichen Hof in dieser Weise ausgestattet wurden; es hat also schwerlich ein Gegensatz der Siedlerschichten bestanden. Als die Zahl solcher Nachsiedler jedoch größer wurde, etwa von außen Kommende auch Markkotten erlangten und die Markenflächen zunehmend beschnitten wurden, hoben sich die alte und die jüngere Siedlerschicht wohl wirklich stark voneinander ab. In Dienstleistungen und Abgaben wurden die Kötnerstellen geringer eingestuft. Normalerweise leistete der Kötner nur Handdienste; erst bei stärkerem Ausbau der Kotstelle wurden auch die Dienste erhöht (sog. Pferdekötter, die mit Gespann dienten).

Das Feldland der Erbkotten bestand, wie erwähnt, zunächst aus einigen Streifen auf der Kernflur, wurde aber durch Rodungen ergänzt, die in aller Regel die Form von Kämpen hatten. Doch kamen auch kleinstreifige Randerweiterungen der alten Eschfluren vor, an denen neben den Kotten auch die Vollhöfe beteiligt waren. Die Escherweiterungen, die in einer Verlängerung der Besitzparzellen bestanden, scheinen im wesentlichen nur der alten Besitzerschicht, den Voll- und den Halbhöfen, zugute gekommen zu sein. Die Erweiterung des alten Feldkerns schob sich bei nahezu allen Geestdörfern auf die feuchteren Böden, in tiefere Lagen vor. In den feuchten, manchmal auch anmoorigen Niederungen breiteten sich mit der Zeit die Kämpe der Markkötter zu ganzen Schwärmen aus. Kämpe wurden auch von den alten Höfen angelegt; diese begnügten sich meist nicht mit der – von Natur aus beschränkt möglichen – Rodung an den Eschrändern. So wurde je länger je mehr der Markengrund gleichsam durchlöchert durch die wachsende Zahl der eingehegten Kämpe; die Viehweide, die hauptsächliche Lebensgrundlage der Geestsiedlungen, die mit wachsender Bevölkerung eigentlich immer notwendiger wurde, verlor an Boden und noch mehr an Qualität.

Wie das Bild der Flur, so wurde auch das Bild der Geestsiedlung selbst durch die Nachsiedler umgeformt [296]. Die Anlage von kleinen Tochterhöfen in der Art der Erbkotten verdichtete die ursprünglich sehr lockeren Gruppen der Althöfe. Allerdings blieb diese Verdichtung in Grenzen, denn selbst in späterer Zeit erscheinen die großen Hofgrundstücke der Geestdörfer mit ihrem Bestand an Hofeichen recht geräumig. Wesentlich war die beginnende Streusiedlung in den Marken, zunächst wohl stets völlig regellos, nach den Gegebenheiten des Bodens angesetzt.

Der analoge Nachsiedlungsvorgang im Bergland und im östlichen Gebirgsvorland hatte ein anderes Gesicht [297], vor allem wohl wegen der andern Markenverhältnisse. Im altbesiedelten östlichen Gebirgsvorland waren Markenwälder knapp [298]; im Bergland hatten zwar viele Dorfschaften noch große

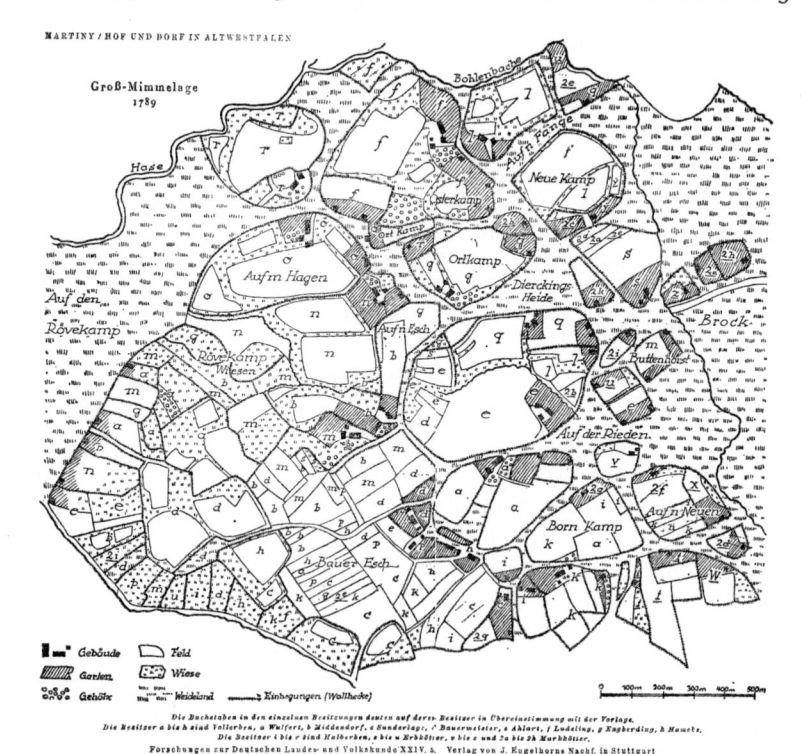

15. Groß Mimelage

Markenrechte an den Waldhöhen, doch drängten die zahlreichen mittleren und kleinen Grundherren sich mit Nutzungsansprüchen und Rodungsvorhaben immer mehr in die bäuerlichen Markenrechte ein [299]. So bestand hier eine geringere Möglichkeit für einen bäuerlichen Siedlungsausbau durch Koten, die später Markland zuroden konnten. Zwar wurden Kothöfe offenbar in recht erheblicher Zahl gegründet, teils in Anschluß an einen Mutterhof, teils ohne solchen Zusammenhang. Aber sie blieben sehr viel beschränkter in der Landausstattung als die alten Kothöfe der Geestdörfer. Ursprünglich nur mit Haus und Gartenland ausgestattet, erlangten sie gelegentlich etwas Land auf den älteren Feldflächen durch Kauf (manches Land war ja nicht grundherrlich an den Hof gebunden, sondern frei verkäuflich, wie etwa Land im Großen Freien bei Hildesheim [300], oder wie Hägergut), auch wohl durch Pacht sowie vor allem durch Beteiligung an Rodungen, die von mehreren älteren Höfen als Gemeinschaftsunternehmen ausgeführt wurden. Meist handelte es sich bei diesen Rodungsfeldern um kleinstreifig aufgeteilte Blöcke oder „Kurzgewanne" in stärker geneigten oder auch feuchteren, stets minderen Lagen. Diese Felder schlossen im allgemeinen an die älteren Flurkerne an, sie waren nicht inselhaft verstreut wie die Kämpe des Geestlandes. Die Rodungen, die von Althöfen und Nachsiedlern gemeinsam ausgeführt wurden, schufen weitflächig zusammenhängendes Kulturland. An diesen Flächen war der Kötner immer nur mit einzelnen Streifenparzellen beteiligt, in Gemengelage mit dem auch auf den Rodungen im allgemeinen überwiegenden Besitz der älteren Höfe. Selten treten ganze Blockparzellen in Kötnerbesitz auf, die den Markkämpen der Geest entsprächen und wie diese ein individuelles Wirtschaften gestatten würden. Sie sind stets auf den Rand des Feldlandes beschränkt. Gelegentlich entstanden größere Kötnerkämpe durch Aufteilung von Großblockfeldern von Großbetrieben [301] (kleinstreifige Flur des Berglandes s. Karte 39, in Rückentasche).

Die Bindung der Nachsiedler an die Dorfgemeinschaft muß schon durch diese Flurverhältnisse im Bergland weit stärker als im Geestland gewesen sein. Sie wurde noch mehr dadurch betont, daß die Kothöfe des Berglandes wie des Gebirgsvorlandes regelmäßig im Dorf lagen, teils im unmittelbaren Anschluß an einen älteren Hof, aus dessen Grundstück der Kothof wohl herausgeschnitten war, teils am Dorfrand, einzeln oder auch in kleineren und größeren Gruppen [302]. Bei solchen Gruppen und kleinen Reihen von Kothöfen ist manchmal der Einfluß des Grundherrn wahrscheinlich. Aber auch in diesen – meist jüngeren – Fällen blieb der Anschluß der Kötnersiedlung an das Dorf gewahrt. So wurden die früher kleinen und lockeren Dörfer des Berglandes durch die Nachsiedlung verdichtet und vergrößert, erst eigentlich aus Hofgruppen zu Dörfern umgewandelt. Die bereits früher schon größeren, vielleicht zum Teil auch regelhaft angeordneten Dörfer des Gebirgsvorlandes wurden, soweit übersehbar, verdichtet und vor allem randlich erweitert. Besonders

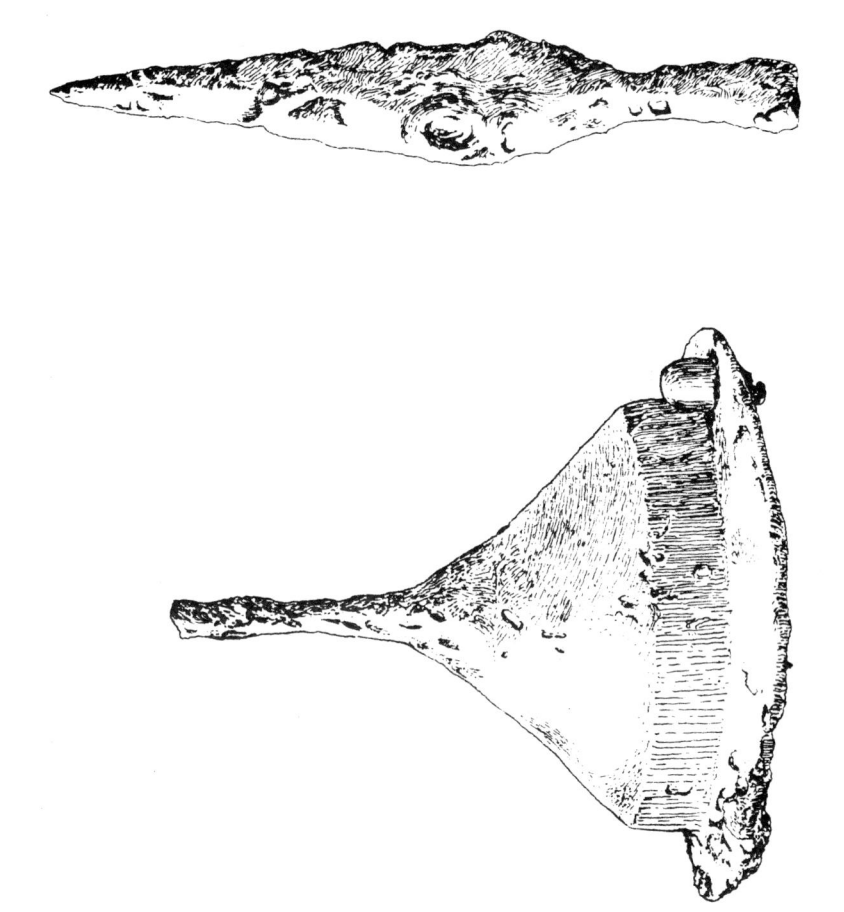

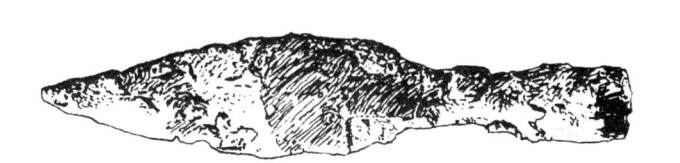

Abb. 12 Lanzenspitzen und Schildbuckel aus einem Urnenfriedhof in Putensen (s. Harburg)

ausgeprägte Kötnersiedlung, gerade auch in gereihter Anordnung, ist bei Adelssitzen, bei Burgen und Klöstern festgestellt [303]. (Zur Vielzahl der Grundherren im Dorf vgl. Karte Gr. Denkte in Bd. II.)

Die Frage, in welcher Zeit Kötnerhöfe in Niedersachsen entstanden sind, ist regional unterschiedlich beantwortet. Beispielsweise im Ravensberger Land wird die Bildung von Erbkotten vielleicht schon von der Jahrtausendwende an und bis etwa 1450, die Bildung von Markkotten ins 15. und 16. Jahrhundert datiert [304]. Im Emsland werden Kötner kurz nach 1100 erwähnt [305], im 16. Jahrhundert ist die Neubildung solcher Höfe dort abgeschlossen. Im Gebiet der Grafschaft Diepholz sind Kötner etwa seit 1000 n. Chr. angenommen (abgeteilt von großen Höfen), in der Hauptsache aber im 15. und 16. Jahrhundert vom Grafen angesetzt [306]. In Hoya ist die Hauptmasse der Kötner auf landesherrliche Ansetzung im 14. und 15. Jahrhundert zurückzuführen, wenn es auch ältere Kothöfe gab [307]. Für die Lüneburger Heide nimmt Pröve [308] Entstehung von Kötnerstellen von etwa der Jahrtausendwende bis ins 16. Jahrhundert an. Im von Meibeyer untersuchten östlichen Grenzsaum von Niedersachsen sind „Kossäter" von etwa 1300 an festzustellen [309]. Nördlich von Braunschweig wird Beginn der Kötnernachsiedlung im 12./13. Jahrhundert angenommen [310]. Hier und im angrenzenden Gifhorner Raum kam es zwar bis ins 17. Jahrhundert vereinzelt noch zur Entstehung von Kothöfen, doch dürften sie „überwiegend schon für das 13.–14. Jahrhundert anzusetzen sein" [311]. Im Süntelgebiet wird Entstehung von Kothöfen teils recht früh „lange vor 1200" angenommen [312], aber dabei betont, daß „... Kötner nicht generell als jüngere, erst im 13. Jahrhundert auftauchende Siedlerschicht anzusprechen sind, sondern vielfach das Alter von Meierhöfen haben, und erst genaue Einzeluntersuchungen die richtige Einordnung ermöglichen". Diese Feststellung gilt für alle niedersächsischen Landschaften in mehr oder minder starkem Maße wegen der oben schon betonten Durchlässigkeit der Siedlerschichten, und somit haftet allen allgemeinen Zeitangaben über das Auftreten von Kötnern viel Unsicherheit an.

Strukturwandlungen in der älteren Siedlung

Mit dem Ausbau durch eine Nachsiedlerschicht von kleinen Höfen im Dorf und in der Mark war bereits ein Strukturwandel der Altsiedlung verbunden. Aber auch darüber hinaus fanden wesentliche Wandlungen im Dorf- und Flurgefüge statt. Da ist einmal die starke A u s d e h n u n g der Getreideflächen bzw. – nahezu gleichbedeutend – d e r A c k e r f l u r. Wie erwähnt, war dabei die Nachsiedlerschicht beteiligt, aber keineswegs maßgebend, vielmehr lag die Ausdehnung des Kulturlandes hauptsächlich bei den älteren Höfen. Damit ist bereits gesagt, daß nicht der Bevölkerungsdruck, sondern die Wirtschaftsumstellung bei den Wandlungen der Feldflur das entscheidende Moment war. Die Ackerflächen wuchsen im Bergland und, soweit zu übersehen, auch im Gebirgsvorland teils auf das 4–5fache [313], fast überall ist wohl mit Verdoppelung zu rechnen. (Für die Leinetalsenke beispielsweise schätzt Müller-Wille für die ganze Zeit von 800–1200 n. Chr. auf Vergrößerung des Feldlandes von 25 auf 60 Prozent der Gesamtfläche [314].) Die Hofgrößen nahmen zu [315]. Die Flurerweiterungen wurden oft im Anschluß an die älteren Felder gerodet, die alten Langstreifen verlängert, vor allem aber „kreuzlaufende Kurzgewanne" geschaffen, wohl zunächst als kleiner Flurblock gerodet, dann unter die an der Rodung Beteiligten in meist relativ kleinen Streifen aufgeteilt. Aber auch Breitstreifen und Blöcke müssen in diesen Jahrhunderten entstanden sein, besonders bei Großhöfen, die größere Rodungen selbständig ansetzen konnten [316].

Mit der Aufgabe des alten Formprinzips inselhafter kleiner Feldflächen und der Schaffung zusammenhängender großer Feldareale mußten die Fragen der Überfahrtsrechte, der Wege und „Anwenden" für das Umkehren der Pflüge, der Einzäunung gegenüber den beweideten Allmendeflächen und damit einer gemeinsamen Bestellung, Ernte und evtl. Brachweide aktuell werden, d. h. die Fluren im Bergland und Gebirgsvorland entwickelten sich zu Gewannfluren mit Flurzwang. Wieweit damit gleichzeitig ein Aufkommen der Dreifelderwirtschaft verbunden war, ist problematisch; jedenfalls waren Gewannflur und Dreifelderwirtschaft nicht zwangsläufig miteinander gekoppelt, und in großen Teilen Niedersachsens ist die Dreifelderwirtschaft wohl nie oder erst sehr spät durchgedrungen, herrschten vielmehr überwiegend freie Wechselsysteme. Mit der – wie immer bewirtschafteten – Gewannflur war ein enges Zusammenarbeiten unter den an der Gemengelage beteiligten Höfen zwangsläufig verbunden. Aus einer Summe mehr oder weniger frei wirtschaftender Höfe wurde nun eine dörfliche Gemeinschaft mit genossenschaftlichen Bindungen.

Es ist übrigens bemerkenswert, daß in Niedersachsen die Entstehung dieser Bindungen in der Flur der erweiterten Altdörfer gleichzeitig erfolgte mit der Schaffung von kolonialen Hufenfluren, bei denen der eben sich entwickelnde Wirtschaftszwang von vornherein vermieden und individuelles Wirtschaften gewährleistet war. Gleichzeitig mit der Herausbildung buntester Zersplitterung in diesen Gewannfluren kam es zur Entwicklung der klaren Planschemata. – Die Zersplitterung der erweiterten Altfluren wuchs übrigens nicht durch die Aufteilung der Rodungsblöcke allein, sondern außerdem noch durch die häufiger werdenden Hofteilungen, die meist Längsaufteilungen der einst breiteren Streifenparzellen mit sich brachten.

Die Entwicklung in Richtung auf die großflächige Gewannflur war in den Börden und fruchtbaren Senken des Berglandes und Gebirgsvorlandes am weitesten vorgeschritten. In den höher gelegenen Berglandschaften, die erst seit jüngerer Zeit besiedelt waren, herrschten wohl noch relativ kleine Feldflächen in isolierter Lage vor; jedenfalls bieten die später wüstgefallenen und somit „konservierten" Fluren größtenteils dieses Bild [317].

4. Erweiterung des Siedlungsraumes

Eine Entwicklung zur Gewannflur vollzog sich im Geestland nicht in gleicher Weise, wahrscheinlich allein schon wegen des kleinräumigen Wechsels getreidefähiger Böden mit ungeeignetem Gelände. Allerdings fehlen Ansätze zur Gewannflurentwicklung beispielsweise im Osnabrückschen, auch in der Lüneburger Heide nicht ganz. Die randlichen Eschvergrößerungen, wo querlaufende Kurzstreifen an die Langstreifenkerne anschlossen oder die Langstreifenkomplexe in der Länge, evtl. auch quer erweitert wurden, traten im allgemeinen zurück gegenüber der Anlage von Kämpen und Blockgemengefluren [318]. Es kam nicht zum großflächigen Zusammenschluß des Feldlandes; damit erübrigte sich in der Regel der Flurzwang, weil alle Parzellen gesondert erreicht werden konnten. Außer Dauerfeldern werden auch Wechselfelder, Vöden, neuentstan-

16. Wallenhorst um 1770

den sein[319]. Allem Anschein nach ist es nicht in dem Maß wie im Bergland und im Gebirgsvorland zu einer „Vergetreidung" gekommen, doch sprechen manche Zeugnisse für eine Ausdehnung des Getreidebaus auch im Geestland. Von einer „Verdorfung" kann man im Geestland offenbar auch nur in sehr beschränktem Maß sprechen; einer nur schwachen Verdichtung der älteren Siedlungskerne steht eine zu lebhafte Zentrifugalbewegung durch die Markensiedlung gegenüber. Die genossenschaftlichen Bindungen, die für die Verdorfung wesentlich sind, beziehen sich in der Geest weniger auf die Feldbewirtschaftung als auf die Markennutzung.

Bei den Strukturwandlungen in der Siedlungslandschaft ist auch an die Entwicklung der Villikationen zu denken. Im 11., 12. und zum Teil auch noch im 13. Jahrhundert waren die Haupthöfe der Villikationsverbände wohl gewisse Schwerpunkte in der bäuerlichen Siedlungslandschaft, waren sie doch meist größer als die gewöhnlichen Bauernhöfe[320], hatten sicherlich größeren Gebäudebestand, angeschlossene kleine Stellen etwa von Handwerkern, meist eine Mühle, und bildeten den Bezugspunkt für eine manchmal recht erhebliche Zahl von Höfen – beispielsweise gehörten zum Haupthof Schapen (nahe Lingen) des Klosters Werden 38 Höfe, zum nahe gelegenen Haupthof Freren von Corvey 27 Höfe[321]. Die Auflösung dieser Verbände, die im 13. Jahrhundert begann, im 14. Jahrhundert häufig wurde, bedeutete für den Haupthof entweder den Abstieg zum gewöhnlichen Bauernhof infolge des Funktionsverlustes oder aber, wenn er etwa in Pacht eines aufstrebenden Ministerialen war, eine Entwicklung in Richtung Adelssitz mit Befestigung und Ausdehnung des zugehörigen Feldlandes und Markenrechtes. Wie weit sich im Siedlungsbild auch die veränderte Rechtsstellung der nunmehr aus dem Hofverband entlassenen Hintersassenhöfe auswirkte, ist schwer zu übersehen. Wahrscheinlich ist es zu Besitzverschiebungen, Tausch, Arrondierungen und damit Änderungen im Flurbild gekommen; auch Hofzusammenlegungen und Hofteilungen sind in diesem Zusammenhang denkbar, mußte doch den Grundherren daran gelegen sein, die nunmehr einzeln verpachteten Höfe zu rentierenden Betriebseinheiten zu machen. Nach Abel[322] ergab sich aus der Auflösung der Villikationen eine Differenzierung des Bauerntums, ein teilweises Absinken zu Kleinbauernstellen, andererseits ein Aufstieg von Höfen durch Landvermehrung, endlich auch Abwanderung. Die Anstöße zur Abwanderung, überhaupt das Mobilwerden der bisher schollegebundenen ländlichen Bevölkerung war für die Siedlungsentwicklung zweifellos von großer Bedeutung, sowohl für die Kolonisationsunternehmen als möglicherweise auch später für die Wüstungsbildung (s. S. 340).

Ein neues Element kam in die Siedlungslandschaft durch die Burgen als ritterliche Wohnsitze (s. Bd. II, Kap. 2). Die älteren nicht ständig besetzten Burganlagen vor der Jahrtausendwende waren zwar Bezugspunkte für benachbart liegende Höfe gewesen, nicht aber Siedelstätten. Nun aber gewann die

Burg als dauernde Wohnstätte der ritterlichen Familie eine neue Funktion und wurde voll in das Siedlungsnetz integriert. Vor allem im 12. und 13. Jahrhundert überzog sich das niedersächsische Siedelland mit einem dichten Netz von befestigten Wohnsitzen der Ministerialität, die teils im Anschluß an bestehende Siedlungen gegründet, vielfach aber als gesonderte Anlagen an strategisch günstiger Stelle errichtet wurden.

Eine große Zahl von Burgen bildete sich als Zentrum einer Grundherrschaft, zum Teil anschließend an alte Haupthöfe wie beispielsweise in Friesoythe und Cloppenburg. Auch die Höfe von Lokatoren im neu kolonisierten Gebiet, etwa der bremischen Marschen, wurden Rittersitze. Umgestaltung von bäuerlichen Höfen zu gut befestigten Burganlagen vollzog sich im ostfriesischen Marschgebiet beim Aufkommen der Häuptlinge. Burgen wurden auch in kleinen siedlungsräumlichen Einheiten wie den „Börden" im Gebiet von Bremervörde [323] oder den „Veesten" im Ilmenaugebiet [324] als Schwerpunkte gebildet. So hing die räumliche Verteilung des neuen Siedlungselements der ritterlichen Wohnburg eng mit der politischen und grundherrlichen Raumstruktur zusammen, war insofern weit mehr aus historischen als natürlich geographischen Gegebenheiten zu verstehen.

Die natürlichen Gegebenheiten waren jedoch für die Anlage der Befestigung entscheidend: Im Bergland entstanden Höhenburgen, die die natürlichen Steilabfälle der Riedel über den Tälern und schmale Höhenrücken, namentlich Spornlagen, nutzten und mit Wällen und Mauerwerk verstärkten. Im Flachland und in den Ebenen des Gebirgsvorlandes wurden Wasserburgen angelegt, mit Wall und Gräben, oft anschließend an schwer passierbare Sumpfniederungen und Moore (Moorpaßlagen, Lage an Flußübergängen), zum Teil mit hügelartigen Aufschüttungen (Motten).

Mit den Wehrbauten waren die Wohnbauten engräumig verklammert, oft um einen offenen Innenraum angeordnet, auf dem der Wehrturm – der Bergfried oder später der Wohnturm – emporragte. Die Wirtschaftsbauten fanden in der Burg keinen Raum; bei manchen Höhenburgen lag der Wirtschaftshof in beträchtlicher Entfernung im Tal wie zum Beispiel Hof Wickensen bei der Homburg; meist war er vor die Burg gerückt und bildete, selbst befestigt, eine Art Vorburg [325]. Bei den zur Burg gehörenden Wirtschaftssiedlungen handelte es sich zum Teil um ältere Siedlungen (aus denen u. U. das Burgherrngeschlecht hervorgegangen war), teils um Neuanlagen. In diesen setzte der Burgherr oft Kötner (oder in der ostfriesischen Marsch die entsprechenden „Warfleute" [326]) an, vielfach in regelmäßiger Hofreihe. Daß die Burgen oft in enger Beziehung zur Stadtentwicklung standen, daß Suburbien zu Städten oder mindestens bevorrechteten Siedlungen wurden, soll an anderer Stelle genauer erörtert werden (s. S.401 f.).

Die Tendenz zur Befestigung machte sich im ländlichen Siedlungsbild nicht nur an den ritterlichen Wohnsitzen bemerkbar, sondern auch an den Kirchen.

Diese erhielten vielfach das Gepräge von Wehrkirchen, oder auch umgekehrt wurden ursprüngliche Wehrtürme zu Kirchen aus- und umgebaut, wie das schon erwähnte Beispiel Königshagen zeigt. Für die Kirchen, von denen manche auch früher schon durch die Verbindung mit Tie und Wallanlage als befestigter Dorfteil entgegentraten, wurden nun die steinernen Wehrtürme der kennzeichnende Bestandteil – ein zum Teil heute noch auffälliges Siedlungsmerkmal. Wehrkirchen, die auch Wall und Graben besaßen, sind zum Beispiel aus dem Solling bekannt [327]. Allgemein waren Wehrkirchen im südlichen Niedersachsen besonders häufig. Im Osnabrücker Land zeichnet sich eine Entwicklung zur Kirchhofsburg ab; die Kirche lag hier inmitten eines befestigten Ringes von Speicherhäusern, die den Höfen der Umgebung gehörten, an denen auch die Geistlichkeit und der Patronatsherr beteiligt waren [328]. Die Befestigungen dieser Kirchhofsburgen waren stattlich, die von Ankum beispielsweise hatte 3 Tore. Im Geestland waren die Wehrkirchen wohl seltener. Doch spielten hier und in der Marsch die wenigen vorhandenen Wehrkirchen mit ihren steinernen Türmen als zentrale Befestigung für größere Gebiete in der an Steinwerken armen Landschaft u. U. eine große Rolle, wie etwa die Kirche von Blexen.

Zu der Durchgliederung der Siedlungslandschaft mit Befestigungswerken trugen auch die Landwehren und Warttürme bei, die im 14. Jahrhundert namentlich im Umkreis der Städte angelegt wurden. Landwehren und sonstige Grenzmarkierungen waren meist als Wälle mit Gestrüpphecken, als „Knicke", und als dichte schmale Gehölzstreifen ausgebildet. Die Streifen waren niemandes Eigentum und frei von Nutzungen (später gingen sie in adeliges, städtisches oder landesherrliches Eigentum über) [329].

Zum Strukturwandel im Siedlungsgefüge trug das Aufkommen neuer siedlungsformender Kräfte in den Klöstern bei, namentlich den Zisterzienserklöstern. Während die ältesten Klostergründungen zunächst nur die durch Schenkung zusammengekommenen verstreuten Gütermengen organisiert, von Haupthöfen aus verwaltet und genutzt hatten, wurden nunmehr viele Klöster aktiv, ihren Besitz durch Rodung, Tausch und Kauf zu arrondieren, und die Nutzung wirtschaftlich ertragreicher zu organisieren, damit aber Flur und Dorf zum Teil erheblich umzugestalten. Die Zisterzienserklöster – insgesamt in Niedersachsen 11 Männer- und 20 Frauenklöster, von denen vor allem die Männerklöster siedlungswirksam waren – entstanden im 12. und 13. Jahrhundert in keineswegs völlig unkultivierten Gebieten, sondern in der Nähe von älterem Siedelland, teils sogar von Städten, freilich stets in der Nähe von Wald [330]. Ihre eigene Kulturtätigkeit war nach Wiswe [331] nicht bedeutend, „... gern erwarben unsere Klöster Neubrüche, die von andern angelegt waren", vermutlich wegen der geringen Abgabenbelastung und schwächeren grundherrlichen Bindung, sowie dem insgesamt krisenanfälligeren Wirtschaftsstand und der mithin leichteren Käuflichkeit der Neubruchländereien. Doch sind auch eigene Neubrüche der Zisterzienser, namentlich Meliorationen feuchter Gebiete, verschiedentlich nachweisbar [332].

Neben der – ob nun größeren oder geringeren – eigenen Rodungstätigkeit der Zisterzienserklöster war für das Siedlungsbild ihre Wirtschaftsweise und die Errichtung der G r a n g i e n wichtig. Die Konzentration der geschenkten, gekauften, getauschten oder urbar gemachten Ländereien zu großen mit Konversen selbst bewirtschafteten Betrieben stellte ein neues Element in der landwirtschaftlichen Betriebsstruktur dar. Es brachte Bauernhöfe zum Verschwinden, setzte Arbeitskräfte frei, da freie Bauern und Hörige nach der Ordensregel nicht zu beschäftigen waren, führte somit punkthaft zu Wüstungsvorgängen und starken Veränderungen im Flurbild. Mit den großen Scheunen- und Stallbauten und der „sehr oft, wenn nicht immer" vorhandenen Befestigung mit Gräben und Mauern [333] und den Großblockfeldern müssen die Grangien ein auffallendes Siedlungselement gewesen sein.

Im 14. und 15. Jahrhundert setzte dann eine rückläufige Entwicklung ein, da, wahrscheinlich wegen knapper Arbeitskräfte, die Grangien zum Teil aufgesiedelt werden mußten. Bei dieser Auflösung der Großbetriebe wurden große Bauernstellen mit durchschnittlich 4–6 Hufen neben kleinen Kotstellen geschaffen; sie wurden in einem Teilbauverhältnis vergeben, wonach der Bauer einen festgelegten Teil des Ertrages an das Kloster zu liefern hatte [334]. Die von der Grangie bewirtschafteten Großblockfluren wurden bei dieser Aufsiedlung wieder in kleinparzellige Streifenfluren oder Kämpe aufgeteilt [335] – ein neuerlicher Hinweis darauf, wie oft im klösterlichen Bereich grundsätzlicher Formwandel der Feldflur eingetreten sein muß.

Auch Klöster, die nicht dem Zisterzienserorden angehörten, namentlich Prämonstratenser, waren an der Rodetätigkeit beteiligt, allerdings wohl in geringerem Maße. Beispiele wären im südlichen Bergland etwa Reinhausen, Fredelsloh, Katlenburg. Auch sie suchten ihren Besitz zu konzentrieren und von Außenhöfen zu bewirtschaften, wobei Höfe und Dörfer der älteren bäuerlichen Siedlung „gelegt" wurden.

Bergbausiedlung im Harz

Ein Siedlungsvorstoß, der sich von allen gleichzeitigen Erweiterungen des niedersächsischen Siedelraums wesentlich unterschied, richtete sich gegen den Harz. Hier handelte es sich nicht um Erschließung landwirtschaftlich nutzbarer Gebiete und nur zum kleinen Teil überhaupt um Dauersiedlung, vielmehr fast nur um bergbauliche Nutzung und um eine sich ständig verschiebende, meist nur episodische gewerbliche Niederlassung zur Erzverhüttung. Der Hochharz war bis in die 2. Hälfte des 10. Jahrhunderts als königlicher Bannwald, der von randlich liegenden Forsthöfen verwaltet wurde, im wesentlichen königliches Jagdgebiet (Pfalz Bodfeld), jedenfalls für bäuerliche Besiedlung versperrt. Dann wurden die Erzvorkommen des Rammelsberges bei Goslar bekannt [336], und die Rolle des Harzes änderte sich, er rückte als Bergbaugebiet, vor allem Silberlieferant, ins Blickfeld der Reichspolitik, und der Abbau wie die Zahl der Schmelzanlagen nahm schnell zu. Die Hütten [337] waren kleine Anlagen, die ältesten mit Rennfeuerbetrieb, auf Höhen und Bergflanken gelegen; die meisten arbeiteten dann mit Antriebswasser und waren so an die Täler gebunden. Wegen des gewaltigen Holzbedarfs der Hütten waren Wasser und Holz die entscheidenden Standortfaktoren; das Erz wurde oft weither verfrachtet, zum Beispiel wurden Rammelsberg-Erze am Westharzrand bei Seesen verhüttet [338]. War das Holz im Umkreis geschlagen, wurden die Schmelzanlagen verlegt. So waren sie – wohl in leichter Bauweise und lediglich im Sommer in Betrieb – keine Dauersiedlungen und wanderten unter ungeheurer Waldverwüstung allmählich talauf. Ausgangspunkte dieser sich ausbreitenden Hütten„besiedlung" waren Goslar mit dem Rammelsbergvorkommen, im Südwestharz im 12. Jahrhundert auch Kloster Walkenried, von wo zum Beispiel die Eisensteingänge von Wieda und Zorge und die Kupfervorkommen von Lauterberg ausgebeutet wurden [339], ferner auf der Harzhochfläche das Gebiet von Zellerfeld, wo seit dem 12. Jahrhundert die Erzgänge erschlossen wurden und das Kloster Zella lag.

Dies Kloster – im 12. Jahrhundert entstanden – zählte zu den wenigen Dauersiedlungen des Harzer Bergbaugebiets. Ein anderer Bereich von Dauersiedlung bildete sich im 11. Jahrhundert um Elbingerode, wo in zahlreichen -rode-Orten ostholsteinische Bevölkerung, die von den Slawen vertrieben war, untergekommen sein soll [340]. Hier scheint es sich um einen nicht bergbaulichen Siedlungsansatz gehandelt zu haben; aber Anfang des 12. Jahrhunderts wurden auch hier bereits die Eisensteinvorkommen erschlossen; der Charakter der Oberharzsiedlung wurde auch hier bergbaulich bestimmt.

Zusammenfassender Überblick über den hoch- bis spätmittelalterlichen Aus- und Umbau der ländlichen Siedlung

In dem Ausbau der niedersächsischen Siedlungslandschaft von der Zeit um die Jahrtausendwende bis ins 14. Jahrhundert begegnen sich merkwürdig widersprüchliche Elemente: Einerseits gewinnt die territorialherrliche oder – in kleinerem Maßstab – die grundherrliche Kolonisation mit mehr oder weniger klar ausgeprägter Planung entscheidenden Einfluß; es entstehen erstmalig nachweisbar Plantypen der Siedlung, in denen die Vorstellung von großen Wirtschaftseinheiten in geschlossenen Parzellen, auf denen der Hof liegt, verwirklicht wird – Marschhufen, Hagenhufen. Ein nicht so durchrationalisierter, aber doch regelhafter Plantyp ist wohl auch das ostniedersächsische Runddorf. In die allgemeine Linie der rationalen Siedlungsgestaltung fügen sich auch die Grangien ein, im Kleinen auch die reihenweisen Kötnersiedlungen mancher grundherrlicher Dorferweiterungen und Suburbien.

Zum Beginn der rationalen Durchorganisation der Siedlungslandschaft gehört auch die Tendenz zur Abgrenzung, sei es räumliche Abgrenzung, sei es Festlegung und Umschreibung von Rechten – in den Marken, in den Gewannfluren, in den bäuerlichen Dorfgenossenschaften. Abgrenzung und Durchorganisation stehen hier offenbar in Zusammenhang mit knapper werdendem Wirtschaftsraum. Die Begrenztheit des ganzen Siedlungsraumes wird bewußt; man versucht gelegentlich schon, über die natürlichen Grenzen hinauszugreifen (Hochmoore), richtet sich aber hauptsächlich organisierend in dem eroberten Siedelraum ein.

Den abgrenzenden, regelnden, planenden, rationalen Tendenzen auf der grund- und territorialherrlichen wie auf der bäuerlichen Ebene stehen auf der andern Seite, in scharfem Widerspruch, auflösende, zersplitternde, regellos vereinzelnde Entwicklungen gegenüber. Die alte Feldflur beginnt, sich zu einem unübersichtlichen Gewirr von immer weiter aufgesplitterten Streifen aufzulösen. Bereits im 13. Jahrhundert ist starke Flurzerstückelung im Bergland urkundlich faßbar[341]. Im Geestland ist die Durchlöcherung der Marken durch Kämpe und die Streifenzersplitterung auf dem Esch das Analogon dazu. Sicher hängt die unrationelle Zersplitterung der Flur zum Teil mit den Erbsitten zusammen, ferner ist sie eine Frage der Rechtslage – die freiere Verfügung über neu kultivierte Ländereien birgt den Keim der Zersplitterung bereits in sich. So begegnen sich bei den Neubrüchen oft rationale Plantendenzen und der Beginn unrationeller Auflösungstendenzen.

Auch bei den Niederlassungen, den Dörfern begegnen sich die widersprüchlichen Tendenzen und führen zu großer Formenvielfalt. Der Vergrößerung und Verdichtung alter Kleinsiedlungen zu Dörfern steht in andern Gebieten Auflockerung durch Streusiedlung (Markkotten) gegenüber; gleichzeitig mit leicht zu erweiternden Reihenformen werden gedrängte, schwer zu erweiternde Rundformen angelegt, alte regellose Dorfgrundrisse erhalten Reihenanbauten, gleichzeitig entstehen in Hufenfluren vereinzelt regellose, gedrängte Dorfformen.[342]

Das Siedlungsnetz erreicht eine außerordentliche Dichte: Im Bergland beträgt der durchschnittliche Abstand der Wohnplätze nur 1,8–2 km. Das Netz wird zusätzlich durch die große Zahl von Burgen verengt. Für die ganze Siedlungslandschaft sind Engräumigkeit, Vielformigkeit, dichtes Zusammenrücken (mit entsprechender Abgrenzung und auch Befestigung) kennzeichnend, die großen Waldflächen früherer Zeit sind in kleine Bezirke aufgelöst und zersiedelt.

In der engräumig gewordenen und von dichtem Siedlungsnetz überspannten Landschaft sind neue Schwerpunkte entstanden: die Städte. Das vielfältige enge Geflecht der ländlichen Siedlungen beginnt bald, wenigstens im näheren

Umkreis der Städte, sich auf diese Zentren zu orientieren. Es beginnen schon während des allgemeinen Siedlungsausbaus Konzentrationsprozesse, die zur Aufgabe von Siedlungen, zur Wüstungsbildung, führen. Trotz dieser Gleichzeitigkeit sollen diese „frühen" Wüstungen erst im nächsten Abschnitt im Zusammenhang mit der spätmittelalterlichen Wüstungsbildung erörtert werden.

[166] J. Hövermann, Die Entwicklung der Siedlungsformen in den Marschen des Elb-Weser-Winkels (ForschDtLdkde 56), 1951. – [167] L. Bierwirth, Siedlung und Wirtschaft im Lande Hadeln (ForschDtLdkde 164), 1967, S. 28. – [168] Das ergibt sich aus den Untersuchungen der Rechtsverhältnisse (älteres sächsisches gegen jüngeres Kolonistenrecht) bei J. Mangels, Die Verfassung der Marschen am linken Ufer der Elbe im Mittelalter (Schr. Wirtsch.-wiss. Ges. NF 48), 1957, sowie W. Chr. Kersting, Das Hollische Recht im Nordseeraum, Teil 1, in: JbMännerMorgenstern 34, 1953, Teil 2, ebd 35, 1954. – [169] J. Mangels (wie Anm. 168), S. 133. – [170] L. Bierwirth (wie Anm. 167), S. 23. – [171] G. v. d. Osten, Geschichte des Landes Wursten, 2. Aufl. 1932, S. 20. – [172] J. Hövermann (wie Anm. 166), S. 62 ff. – [173] W. Reinhardt (wie Anm. 6), S. 221. – [174] W. Reinhardt, Die Siedlungsverhältnisse in der ostfriesischen Marsch, in: BerrDtLdkde 27, H. 2, 1961, S. 238. – [175] H. Homeier, Der Gestaltwandel der ostfriesischen Küste im Laufe der Jahrhunderte – ein Jahrtausend ostfriesischer Deichgeschichte, in: Ostfriesland im Schutze des Deiches (wie Anm. 6), II, S. 25 u. 28. – [176] Allerdings dürften die Niederländer früher mit dem Deichbau begonnen haben; nach H. Stoob, Die Dithmarsischen Geschlechterverbände, 1951, S. 38, ist in den Niederlanden Abschluß größerer Deiche im 11. Jh. nachweisbar; ders., Landesausbau und Gemeinde an der Nordseeküste, in: VortrrForsch 7, 1964, S. 365–422. – [177] Solche Ringdeiche für Kirchspiele weist z. B. O. Hagena, Jeverland bis zum Jahre 1500, in: JbGOldenb, 1901, nach. – [178] E. Siebert, Entwicklung des Deichwesens vom Mittelalter bis zur Gegenwart, in: Ostfriesland im Schutze des Deiches (wie Anm. 6), II.; A. Schultze, Die Sielhafenorte und das Problem des regionalen Typus im Bauplan der Kulturlandschaft (GöttGeogrAbhh 27), 1962. – [179] H. Homeier, Die Entwicklung von Accumersiel und seines Einzugsgebietes, in: Forsch.-Stelle Norderney, Jber. 1963, 15, 1964, S. 14 ff. – [180] W. Haarnagel, Die Niedersächsische Stelle für Marschen- und Wurtenforschung in Wilhelmshaven, in: NachrrNdSachsUrgesch 32, 1963, S. 27. – [181] E. Rack, Besiedlung und Siedlung des Altkreises Norden (Abh. u. Vortr. Gesch. Ostfriesl. 47), 1967, S. 56. – [182] H. Stoob (wie Anm. 176), S. 101. – [183] Im einzelnen untersucht von W. Chr. Kersting und J. Mangels (wie Anm. 168). – [184] J. Mangels (wie Anm. 168) hat nach dem Auftreten von Schulzen und Schöffen in den Gemeindeverfassungen im Land Hadeln, Amt Neuhaus und Alten Lande wesentliche Siedlungsbeteiligung von Niederländern nachgewiesen, im Land Kehdingen allein in der Gemeinde Öderquart. – [185] W. Chr. Kersting (wie Anm. 168), S. 34. – [186] H. P. Siemens, Das Alte Land, 1951, S. 23. – [187] H. P. Siemens (wie Anm. 186), S. 21. – [188] W. Lenz, Die Zehnten im Lande Hadeln, in: JbMännerMorgenstern 33, 1952, S. 61 f. – [189] D. Fliedner, Die Kulturlandschaft der Hamme-Wümme-Niederung (GöttGeogrAbhh 55), 1970, S. 36. – [190] L. Bierwirth (wie Anm. 167), S. 17. – [191] J. Mangels (wie Anm. 168), S. 133. – [192] E. Molitor, Die Pfleghaften des Sachsenspiegels und das Siedlungsrecht im sächsischen Stammesgebiet (Forsch. z. dt. Recht 4, H. 2), 1941, S. 162 betont allgemein, daß bei den Niederländersiedlungen der finanzierende Lokator das Schulzenamt bekommen habe. – [193] H. P. Siemens (wie Anm. 186), S. 22. – [194] D. Fliedner (wie Anm. 189). – [195] L. Bierwirth (wie Anm. 167), S. 20, nimmt die Kirchen als zuerst gebaut an, D. Fliedner (wie Anm. 189), S. 31 ff., hält sie für zuletzt errichtet. – [196] D. Fliedner (wie Anm. 189), S. 66. – [197] W. Chr. Kersting (wie Anm. 168), S. 30. – [198] Verschiedentlich ist auf die Ähnlichkeit zwischen Marschhufen- und Hagenhufensiedlungen, auch im Sinne gene-

tischer Zusammenhänge, hingewiesen; das ähnliche Schema beider Siedlungstypen entsprach offenbar gewissen Formtyp-Vorstellungen der damaligen Kolonisation, und man braucht wohl nicht an gegenseitige Formbeeinflussung zu denken. – [199] Zum Beispiel bei Ihlienworth im Land Hadeln, mehrfach auch im Alten Lande. – [200] Die relative Datierung der Siedlungsunternehmen an der Niederelbe wird von J. HÖVERMANN (wie Anm. 166) und L. BIERWIRTH (wie Anm. 167), S. 20 f., recht verschieden beurteilt. – [201] H. P. SIEMENS (wie Anm. 186), S. 26/27. – [202] W. CHR. KERSTING (wie Anm. 168), S. 30. – [203] Allerdings hat sich das Besitzrecht zu freier Erbleihe vielerorts schon im Spätmittelalter aufgelöst zugunsten von Zeitleihe; L. DEIKE, Die Entstehung der Grundherrschaft in den Hollerkolonien an der Niederweser (Veröff. Staatsarch. d. Fr. Hansestadt Bremen 27), 1959, bringt diese Entwicklung mit den Stedingerkriegen in Zusammenhang. – [204] H. STOOB (wie Anm. 176), S. 90. – [205] E. v. LEHE, Die Höfe bei der Kransburg, in: JbMännerMorgenstern 44, 1963, S. 69; als ähnliche in Sippengemeinschaft verbliebene Ländereien werden die Theellande des Norderlandes gedeutet; O. BUSS, Die geschichtliche Entwicklung und Bedeutung des ostfriesischen Deichwesens, Diss. Leipzig 1932, S. 74. – [206] B. E. SIEBS, Die Friesen am rechten Weserufer, in: NdSächsJbLdG 32, 1960, S. 68 f. – [207] G. V. D. OSTEN (wie Anm. 171), S. 40. – [208] E. RACK (wie Anm. 181), S. 58. – [209] W. REINHARDT, Orts- und Flurformen (wie Anm. 6), S. 226 f. – [210] E. RACK (wie Anm. 181), S. 59. – [211] W. REINHARDT, Orts- und Flurformen (wie Anm. 6), S. 288. – [212] W. REINHARDT (wie Anm. 6), S. 286. – [213] E. RACK (wie Anm. 181), S. 61. – [214] W. REINHARDT (wie Anm. 6), S. 243; E. RACK (wie Anm. 181), S. 19 und S. 55. – [215] Die folgende auf E. RACK (wie Anm. 181), S. 63 f., fußende Darstellung ist nach W. REINHARDT (wie Anm. 6), S. 269, fraglich hinsichtlich der hochflutvertriebenen Siedler und der herrschaftlichen Mitwirkung, die R. wegen der Motte bei Nortmoor für möglich hält. – [216] E. RACK (wie Anm. 181), S. 63. – [217] Moorrandbesiedlung mit Upstreekflur kam außer im Brockmerland auch im Mormer-, Overledinger- und Reiderland vor. – [218] D. FLIEDNER (wie Anm. 189), S. 69 f. – [219] D. FLIEDNER (wie Anm. 189), S. 76; übrigens saßen hier keine freien Kolonisten, sondern abhängige Meier. – [220] D. FLIEDNER (wie Anm. 189), S. 77. – [221] J. HÖVERMANN (wie Anm. 166), S. 29. – [222] E. OTREMBA, Lange Streifen, in: BerrDtLdkde 31, 1963, S. 199. – [223] D. FLIEDNER (wie Anm. 189), S. 76. – [224] Andere in diese Zeit gehörende, aber nicht so weit verbreitete ON sind nach W. FLECHSIG, Siedlungsgeschichte des Leinetals (wie Anm. 26), S. 105 f., die auf -berg, -born, -tal, -walde. – [225] W. FLECHSIG, Ortsnamenforschung in Göttingen–Grubenhagen (wie Anm. 29), S. 58. – [226] F. BOEGEHOLD, Die Ortsnamen auf -ingerode, in: Northeimer Heimatbll. 1952, H. 1. – [227] W. FLECHSIG (wie Anm. 26), S. 101, möchte in den -rode-Orten vorwiegend Aufsiedlung von Bauern- und Markenwald sehen, nicht von forestis-Gebieten. – [229] H. JÄGER, Entwicklungsperioden agrarer Siedlungsgebiete im mittleren Westdeutschland seit dem frühen 13. Jahrhundert (Würzburg. Geogr. Arb. 6), 1958, S. 10. – [230] W. JANSSEN, Probleme und Ergebnisse der Wüstungsforschung im südwestlichen Harzrandgebiet, in: Wüstungen in Deutschland, hg. v. W. ABEL, in: ZAgrargAgrarsoziol 2, 1967, S. 52. – [231] Man könnte auch bei den bischöflich hildesheimischen Kolonisationen bei Eschershausen darauf hinweisen, daß es sich hier um ein weit vorgeschobenes Gebiet der Diözese handelte. Bei den Rodesiedlungen zwischen Ilse und Ecker wäre daran zu denken, daß diese Waldungen vorgeschobenen Besitz des Bischofs von Halberstadt bildeten. – [232] F. ENGEL, Rodungskolonisation und Vorformen der Hagenhufen im 12. Jh., in: Mitt. Ver. f. schaumburg-lipp. Gesch. 11, 1951, S. 137. – [233] Zum Beispiel im Süntel verfolgt von H. KNOKE (wie Anm. 45), S. 118, auf den Kalkhochflächen des Sackwaldes von K. DAHM, Die Dörfer im Sackwald (Heimatkdl. Beitr. z. Stud. Nds. H. 2), 1960, im Solling von E. TACKE, Die Entwicklung der Landschaft im Solling (Veröff. Wirtsch.-wiss. Ges. R. A. I, 13), 1943. – [234] H. P. JORZICK (wie Anm. 69), S. 204. – [235] F. ENGEL, Das Rodungsrecht der Hagensiedlungen (Quellenh. z. Nds.

Gesch. 3), 1949, S. 27. – [236] H. Jäger, Kulturlandschaft in Hofgeismar (wie Anm. 48), S. 25. – [237] H. Jäger (wie Anm. 48), S. 25. – [238] W. Janssen (wie Anm. 230), S. 52. – [239] M. Last (wie Anm. 18). – [240] A. Rink (wie Anm. 121), S. 34. – [241] F. Engel, Ländliche Siedlungen in Schaumburg-Lippe (wie Anm. 17), S. 14. – [242] R. Weiss, Über die großen Kolonistendörfer des 12. und 13. Jahrhunderts zwischen Leine und Weser (Hagendörfer), in: ZHistVNdSachs 1908, S. 174. – [243] Zum Beispiel bei Walkenried nach E. Molitor (wie Anm. 192), S. 40 und 42. – [245] R. Weiss (wie Anm. 242), S. 164. – [246] H. Jäger, Entwicklungsperioden (wie Anm. 229), S. 9, hält allerdings für wahrscheinlich, „daß sämtliche Orte mit dem -hagen-Grundwort nach Hagenrecht angelegt" worden seien. – [247] E. Molitor (wie Anm. 192), S. 144 ff.; F. Engel, Rodungsrecht (wie Anm. 235). – [248-50] E. Molitor (wie Anm. 192), S. 146. – [251] E. Molitor (wie Anm. 192), S. 154, hebt als ein Kerngebiet den Bereich der Herrschaft Homburg hervor. – [252] Zum Beispiel wurden in Langenholzen, Kr. Alfeld, nach K. Dahm (wie Anm. 233), S. 17/18, neben altem Kern 15–20 Hägerhöfe angesetzt, der Kern wurde zum Zinshof und Sitz des Hägervogts umorganisiert. – [253] Zum Beispiel bei Geismar nach H. Tütken, Zum Rodungsgebiet Bischofsberg und der Wüstung Rode bei Geismar-Göttingen, in: Gött. Jb. 1966. – [254] W. Janssen, Die Ausgrabungen auf der mittelalterlichen Wüstung Königshagen, Gemeinde Barbis, Kr. Osterode/Harz, in: Gött. Jb. 1963. – [255] F. Engel, Rodungskolonisation und Vorformen der Hagenhufen (wie Anm. 232). – [256] G. Niemeier, Frühformen der Waldhufen, in: PetermannsMitt 1949. – [257] H. Mortensen, Zur Entstehung der deutschen Dorfformen, insbesondere des Waldhufendorfes, in: NachrAkadGött, Phil.-hist. Kl. 1946/47, H. 2. – Vgl. E. Warnecke (wie Anm. 81), S. 36; waldhufenähnliche Streifen beschreibt H. Rothert, Die Besiedelung des Kreises Bersenbrück, 1924, S. 63, vereinzelt im „Eschflurgebiet". – [258] So treten im Kr. Alfeld vereinzelt Streifen ohne Hofanschluß, ähnlich Gelängefluren, auf, nach K. Mittelhäusser, Kreisbeschreibung Alfeld, 1957, S. 130; H. Jäger, Entwicklungsperioden (wie Anm. 229), S. 41, erkennt hufenähnliche Streifenfluren auf Wüstungen des südlichen Berglandes. – [259] E. Bertelsmeier, Bäuerliche Siedlung und Wirtschaft im Delbrücker Land (Arb. Geogr. Komm. im Prov.-Inst. f. westf. Landes- u. Volkskunde 7), 1942. – [260] R. Weiss (wie Anm. 242), S. 171. – [261] R. Weiss (wie Anm. 242), S. 149; dabei wird auch auf die unbebauten, der Weide dienenden Streifen zwischen Nachbarhöfen („Wösten") hingewiesen (eingeplante Weidestreifen, wüste Hufen?). – [262] R. Blohm (wie Anm. 59), S. 110 f. – [263] F. Engel, Ländliche Siedlung in Schaumburg-Lippe (wie Anm. 17), S. 13. – [264] D. Fliedner, Formungstendenzen und Formungsphasen in der Entwicklung der ländlichen Kulturlandschaft seit dem hohen Mittelalter, besonders in Nordwestdeutschland, in: Erdkunde 23, 1969. – [265] R. Krüger, Typologie des Waldhufendorfes nach Einzelformen und deren Verbreitungsmustern (Gött. Geogr. Abh. 42), 1967, verfolgt die Waldhufen im ostdeutschen Kolonisationsgebiet. – Es sei hier auch die frühere Auffassung nicht unerwähnt, die zwischen Marschhufen- und Hagenhufensiedlung Zusammenhänge suchte: W. Müller-Wille, Die Hagenhufendörfer in Schaumburg-Lippe, in: PetermannsMitt 1944, sah den Ursprung der Hagenhufen in Marschhufenformen am Niederrhein und nahm von Schaumburg-Lippe aus ihre Wanderung einerseits nach Ostholstein/Mecklenburg/Pommern, andererseits nach Mitteldeutschland/Schlesien an. – [266] Nach archäologischen Befunden, zusammengefaßt bei B. Wachter, Deutsche und Slawen im hannoverschen Wendland, in: NdSächsJbLdG 44, 1972, S. 9–26. – [267] G. Osten, Siedlungsbild und mittelalterliche Agrarverfassung im nordöstlichen Niedersachsen, in: NdSächsJbLdG 41/42, 1969/70, S. 49, nimmt allerdings eine „umfangreiche" wendische Siedlung im 11. Jh. an, vor allem im „burmesterrechtlichen" Gebiet des Wendlandes. – [268] W. Meibeyer, Die Rundlingsdörfer im östlichen Niedersachsen (Braunschw. Geogr. Stud. 1), 1964. – [269] G. Osten (wie Anm. 267), S. 34. – [270] G. Oberbeck (wie Anm. 25), S. 57. – [271] W. Meibeyer (wie Anm. 268), S. 104. – [272] A. Krenzlin, Wendland (wie Anm. 72), S. 309. – [273] W. Meibeyer (wie Anm. 268). –

DERS., Der Rundling – eine koloniale Siedlungsform des hohen Mittelalters, in: NdSächsJbLdG 44, 1972, S. 27–49. – [274] W. MEIBEYER (wie Anm. 268), S. 101. – [275] Riegenschlagfluren sind nicht auf den östlichen Grenzsaum Niedersachsens beschränkt; z. B. hat J. K. RIPPEL (wie Anm. 102) sie im Harzvorland nachgewiesen. Zu ihrer Feststellung vgl. auch J. K. RIPPEL, Eine statistische Methode zur Untersuchung von Flur- und Ortsentwicklung, in: Geogr. Annaler 43, 1961. – [276] W. MEIBEYER (wie Anm. 268), S. 106. – [277] Die Runddörfer wie auch slawische Ortsnamen sind im allgemeinen nur östlich der Linie Ilmenau–Ise verbreitet – vgl. auch G. OBERBECK (wie Anm. 25), S. 159. – [278] W. MEIBEYER (wie Anm. 268), S. 103. – [279] Nicht unwidersprochen hat M. die Freiheit vom Kirchenzehnt als Zeichen für die slawischen Siedler verfolgt, vgl. Slawen und Deutsche im Wendland, Vorträge und Diskussionen, in: NdSächsJbLdG 44, 1972, S. 61 f. – [280] W. MEIBEYER (wie Anm. 268), S. 103. – [281] Gerade die deportierten Slawen seien in den inselhaft verstreuten Runddörfern angesetzt (S. 112). – M. hält Veranlassung der Deportationen durch Heinrich d. L. für möglich und sucht die Herkunft der Siedler in Mecklenburg. – W. MEIBEYER, Die Rundlingsfrage in Niedersachsen, in: Ber. über Tagung Arb.-Kr. f. dt. Hausforsch. i. Braunschweig 1965, S. 24. – [282] G. OBERBECK (wie Anm. 25), S. 109; zur Etymologie vgl. R. OLESCH, Cideleist. Ein sprachwiss. Problem, in: Festschr. f. W. Schlesinger, Bd. 1 (MitteldtForsch 74/I), S. 78–86. – [283] G. OSTEN, Die Wüstungen des Landkreises Uelzen, in: Lüneburger Bll. 15, 1965, S. 142. – [284] W. SCHULZ-LÜCHOW, Primäre und sekundäre Rundlingsformen in der Niederen Geest des hannoverschen Wendlandes (ForschDtLdkde 142), 1963, S. 47. – [285] W. SCHULZ-LÜCHOW (wie Anm. 284), S. 46. – [286] Etwa im Sinne der Untersuchungen von G. OSTEN (wie Anm. 267), S. 19, über Schulzen und Burmester. – [287] W. SCHULZ-LÜCHOW (wie Anm. 284), S. 14. – [288] W. SCHULZ-LÜCHOW (wie Anm. 284), S. 21 und 33. – [289] W. SCULZ-LÜCHOW (wie Anm. 284), S. 40/41. – [290] H. HESMER und F. G. SCHROEDER, Waldzusammensetzung und Waldbehandlung im niedersächsischen Tiefland westlich der Weser und in der Münsterschen Bucht bis zum Ende des 18. Jahrhunderts (Decheniana Beih. 11), 1963, S. 103. – [291] H. RIEPENHAUSEN (wie Anm. 69), S. 99, setzt sie bald nach 1000 n. Chr., zur Entstehungszeit der Erbkotten, an; nach J. B. DEERMANN, Ländliche Siedelungs-, Verfassungs-, Rechts- und Wirtschaftsgeschichte des Venkigaues und der späteren Niedergrafschaft Lingen bis zum Ausgang des 16. Jh. (ForschGNdSachs 4, H. 2–3), 1912, S. 94, führte gegen Ende des 11. Jh. „starke Inanspruchnahme der gemeinen Mark zur Bildung von festen Markgenossenschaften". Als organisierte Korporation treten sie jedoch erst seit dem 12. Jh. auf. – [292] Zum Beispiel haben sich im Süntel aus der ursprünglich großen Einheitsmark nach H. KNOKE (wie Anm. 45), S. 40 f., die später nachweisbaren 6 Markgenossenschaften zu verschiedenen Zeiten gebildet. – [293] H. HESMER und F. G. SCHROEDER (wie Anm. 290), S. 103. – [294] A. WRASMANN, Das Heuerlingswesen im Fürstentum Osnabrück, in: MittVGOsnab 42, 1919, S. 67. – [295] Für die Grafschaft Diepholz führt U. ROSHOP (wie Anm. 113) allerdings auch „Erbkötter" an. Auch K. BRANDT (wie Anm. 85), S. 98, betont, daß dort die neuen Höfe in dieser Zeit meist dadurch entstanden, „daß von bestehenden Höfen Teile abgetrennt wurden, die den jungen Höfen als Erstausstattung dienten". – [296] H. P. JORZICK (wie Anm. 69), S. 137, kennzeichnet diese Umformung: „Mit dem 11. Jh. setzt eine andre Art der Besiedlung (als mit neuen Dörfern) ein. Unter dem Aufkommen des Kampes als vorherrschendem neuem Form- und Wirtschaftselement werden die vorhandenen Fluren und Orte erweitert und umgewandelt. Der weitere Ausbau der Kulturlandschaft vollzieht sich tropfenweise, kampweise, hofweise." – Jorzicks Untersuchungen der Markkötter beiderseits der Weser widerlegten eine ältere Auffassung nach H. ABEL, Die Besiedlung von Geest und Marsch am rechten Weserufer bei Bremen, in: Dt. Geogr. Bll. 41, 1933, daß Nachsiedlung mit Kämpen und einzelnen Höfen rechts der Weser fehle, weil sie dort nicht vom Landesherrn begünstigt worden wäre. – Die junge Entstehung der Kampflur mit Einzelhöfen in der Mark wurde zuerst erkannt von R. MARTINY, Hof und Dorf in

Altwestfalen, 1926. – [297] Das westliche Gebirgsvorland vor dem Wiehengebirge weist, wie das Ravensberger Hügelland, eine Siedlungsentwicklung ähnlich wie im Geestland auf, wenn auch gegenüber den Kampfluren die Blockgemengefluren stärkeres Gewicht haben und Entwicklungen zur Gewannflur nicht fehlen, nach Karten und Erläuterungen zu J. W. DU PLAT, Die Landesvermessung des Fürstentums Osnabrück 1784–1790, hg. v. G. WREDE, in Lief. seit 1961. – [298] K. MASSBERG (wie Anm. 157), S. 14. – [299] Beispiele vom Reinhardswald bei H. JÄGER (wie Anm. 48), S. 40. – [300] H. PRÖVE (wie Anm. 61), S. 23, betont die Mobilität des Grundbesitzes in diesem Bezirk von Königsfreien. – [301] E. GÄBLER (wie Anm. 137), S. 128 ff. – [302] Wie stattlich solche Erweiterungen sein konnten, zeigt etwa das Beispiel Berlissen, Kr. Münden, wo nach J. JÜNEMANN (wie Anm. 161) neben 6 Meierhöfen 22 Kothöfe entstanden. – [303] E. GÄBLER (wie Anm. 137), S. 114; U. OBERBECK-JACOBS (wie Anm. 118), S. 62; W. MAACK (wie Anm. 19), S. 173. – [304] H. RIEPENHAUSEN (wie Anm. 69), S. 99. – [305] J. B. DEERMANN (wie Anm. 291), S. 4 u. 89. – Im Kr. Wiedenbrück links der Ems datiert H. HAMBLOCH, Einödgruppe und Drubbel, in: Landeskdl. Kart. u. H. d. Geogr. Komm. f. Westf. R. 4, 1960, S. 49, die Kottensiedlung ins ausgehende 13. Jh. – [306] U. ROSHOP (wie Anm. 113), S. 57; K. BRANDT (wie Anm. 85), S. 74; R. BERNER (wie Anm. 112), S. 39, stellt im Artland Erbkottenbildung von Mitte des 13. Jh. bis ins 15. Jh. und Markkottensiedlung im 15. und 16. Jh. fest. – [307] W. RÖPKE, Beiträge zur Siedlungs-, Rechts- und Wirtschaftsgeschichte der bäuerlichen Bevölkerung in der ehemaligen Grafschaft Hoya, in: NdSächsJbLdG 1, 1924, S. 40 f. – [308] H. PRÖVE (wie Anm. 61), S. 29. – [309] W. MEIBEYER (wie Anm. 268), S. 37. – [310] U. OBERBECK-JACOBS (wie Anm. 118), S. 120. – [311] G. OBERBECK (wie Anm. 25), S. 61. – [312] H. KNOKE (wie Anm. 45), S. 185 f. – [313] Ein Beispiel ist Barfelde, Kr. Alfeld, nach K. MITTELHÄUSSER, Alfeld (wie Anm. 258), Karte 46. – [314] W. MÜLLER-WILLE, Göttinger Leinetalung (wie Anm. 80), S. 94. – [315] G. OBERBECK (wie Anm. 25), S. 83, rechnet mit 40–50 Mg je Hof im Spätmittelalter. – [316] Eine knappe Zusammenstellung aller Ausbau-Flurformen gibt für das Osnabrücker Land (mit Beispielen) G. WREDE nach P. Schöllers Tagungsprot. (wie Anm. 3), S. 274. – [317] H. JÄGER, Entwicklungsperioden (wie Anm. 229), S. 40. – [318] Blockgemenge ist im Osnabrücker Land weit verbreitet (s. Anm. 297), ebenfalls in der Lüneburger Heide. – [319] H. P. JORZICK (wie Anm. 69), S. 182. – [320] Zum Beispiel um Lingen hatten nach J. B. DEERMANN (wie Anm. 291), S. 22 f., die Haupthöfe 2–4mal soviel selbstbewirtschaftete Ländereien wie ein Durchschnittshof. – [321] J. B. DEERMANN (wie Anm. 291), S. 23. – [322] W. ABEL, Kurze Geschichte der Agrarverfassung (Schr. Landeszentrale f. Heimatdienst in Nds.), 1956, S. 24. – [323] H. G. STEFFENS (wie Anm. 94), S. 18. – M. LAST, Burgen ... in Niedersachsen, in: VortrrForsch 19, 1976, S. 383 ff. – [324] W. MEIBEYER (wie Anm. 268), S. 113. – [325] O. GAUL, Die mittelalterlichen Dynastenburgen des oberen Weserraumes, in: Ostwestfälisch-weserländische Forsch. z. gesch. Landeskunde, hg. v. H. STOOB (Veröff. Prov.-Inst. f. Westf. Landes- u. Volkskde R. I, 15), 1970. – [326] E. RACK (wie Anm. 181), S. 49. – [327] K. WÄCHTER, Die Giersfelder Kapelle, in: Northeim. Heimatbll. 1955. – Vgl. auch W. JANSSEN, Königshagen (wie Anm. 254). – [328] F. v. KLOCKE (wie Anm. 162), S. 124; G. WREDE, Kirchensiedlungen (wie Anm. 157). – [329] H. KNOKE (wie Anm. 45), S. 61. – [330] G. SCHNATH, Vom Wesen und Wirken der Zisterzienser in Niedersachsen im 12. Jahrhundert, in: NdSächsJbLdG 35, 1963; der ersten Gründungswelle im 12. Jh. entstammen Walkenried, Amelungsborn, Mariental bei Helmstedt, Riddagshausen, Michaelstein und Loccum; im 13. Jh. folgten die Mannsklöster Ihlow, Isenhagen, Hude, Scharnebeck. – [331] H. WISWE, Grangien niedersächsischer Zisterzienserklöster, in: BraunschwJb 34, 1953, S. 41. – [332] G. SCHNATH (wie Anm. 330), S. 91, beurteilt die Kulturtätigkeit positiver (Lage in Feuchtgebieten, Meliorationen bei Hude, Loccum, Riddagshausen, Walkenried). – [333] H. WISWE (wie Anm. 331), S. 79. – [334] H. WISWE (wie Anm. 331), S. 74. – [335] Die Flurveränderungen bei der Auflösung von Riddagshausen verfolgt E. GÄBLER (wie Anm. 137), S. 128 ff. – [336] W. NOWOTHNIG, Frühmittelalterliche Hüttenplätze mit Rammelsberger Erzen im Harz, in: Z. f. Erzbergbau und Metallhüttenwesen XXI, 1968 schließt auf Bekanntwerden der Vorkommen schon vor 970. – [337] A. BODE, Reste alter Hüttenbetriebe im West- und Mittelharze, in: Jb. Geogr. Ges. Hannover 1927/28, S. 144 f. – [338] J. K. RIPPEL (wie Anm. 102), S. 105 ff. – [339] A. BODE (wie Anm. 337), S. 155; vgl. auch J. K. RIPPEL (wie Anm. 102), S. 69. – [340] O. HAHNE, Die Bevölkerungsgeschichte des Harzes, in: Braunschw. Heimat 36, 1950, S. 99 f. – [341] H. JÄGER nach P. Schöllers Tagungsprotok. (wie Anm. 3), S. 284. – [342] R. BLOHM (wie Anm. 59), S. 65.

5. Die spätmittelalterliche Wüstungsbildung

Wohl in keiner Siedlungsperiode kommt es ausschließlich zu einer Ausweitung des Siedelraumes und zum Ausbau der vorhandenen Niederlassungen, ohne daß gleichzeitig auch Siedlungen aus verschiedenen Gründen aufgegeben werden. Wenn im vorigen Kapitel von einer „Ausbauperiode" gesprochen wurde, so deshalb, weil das Fazit der verschiedenen Siedlungsbewegungen bis etwa zur Mitte des 14. Jahrhunderts in Niedersachsen stark positiv war, obwohl Wüstungsbildung um Städte und Klöster nicht fehlte. Wenn nunmehr von einer „spätmittelalterlichen Wüstungsperiode" die Rede sein soll, so deswegen, weil im 14. Jahrhundert die Entsiedlung, die Aufgabe von Höfen, Dörfern und Kulturland, die Oberhand gewann und die örtlich durchaus noch weitergehende Rodung und Ausbautätigkeit dahinter ganz zurücktrat. Die Wüstungsbildung vor etwa 1350 soll um des sachlichen Zusammenhanges willen und wegen der nicht seltenen Verzahnung mit späteren Wüstungserscheinungen anderer Art hier kurz betrachtet sein; das Hauptaugenmerk ist aber auf die spätmittelalterliche Wüstungsbildung gerichtet, die sich entsprechend wie in Niedersachsen im ganzen mitteleuropäischen Raum mehr oder weniger stark abzeichnet.

Dauer und Ausmaß der Wüstungsbildung

Die „negative Siedlungsperiode", in der die Wüstungsbildung über alle anderen Siedlungsbewegungen dominierte, war im niedersächsischen Bergland relativ scharf begrenzt: Im frühen 14. Jahrhundert hörte nach Jäger [343] dort der Siedlungsausbau auf, ein Jahrhundert lang schwanden Höfe und Dörfer dort in einem sonst in Niedersachsen nicht nachgewiesenen Maß, um 1450 erfolgte ein Umschwung zu teilweiser Wiederbesiedlung und neuer Rodung. Im nördlichen Niedersachsen ist die Wüstungsperiode weniger scharf begrenzt, dauerte vielfach auch länger. Beispielsweise ging im Emsland die Markkottensiedlung im 14. Jahrhundert weiter und erreichte unter lokal günstigen Verhältnissen im Lingenschen im 15. Jahrhundert sogar einen Höhepunkt; erst im 16. Jahrhundert sind hier Wüstungsvorgänge nachgewiesen [344]. Für den größten Teil des Geestlandes ist ein tropfenweises Weitergehen des Siedlungsausbaus im späten 14. und 15. Jahrhundert, zum Teil unter landesherrlicher Förderung, bekannt. Wie sich die erst allmählich mehr hervortretenden Wüstungsvorgänge auch dieser Gebiete dazwischen zeitlich einordnen, ist noch nicht klar. Im Wendland entstanden Wüstungen vom 14. bis ins 16. Jahrhundert [345], ähnlich im Gifhorner Raum [346]. In der Gegend von Uelzen und Lüneburg hat Osten [347] eine ausgedehnte, teils vielleicht frühe Wüstungsbildung verfolgt. In dem Randgebiet der Geest nördlich Braunschweig begann die Wüstungsbildung zögernd um 1350, erreichte ihren Höhepunkt aber erst im 15. Jahrhundert. Am wenigsten scharf läßt sich der Wüstungsprozeß im Marschland begrenzen. Hier wurden, zum Beispiel auf der Krummhörn, Einzel- und Dorfwurten schon bald nach 1000 v. Chr. wieder aufgegeben; eine Hauptwüstungszeit lag dann im 12. und 13. Jahrhundert [348] und spätere starke Wüstungsbildungen lassen sich im 16.–18. Jahrhundert verfolgen [349]. Hier verzahnen sich Landaufgabe und Landausbau so eng wie in keiner andern niedersächsischen Landschaft, und dazu überlappt sich die mit andern Gebieten vergleichbare „Entsiedlung" mit den lokalen Verlusten an Siedlungsland durch Meereseinbrüche.

Schon diese wenigen Angaben über Regionalunterschiede in der Dauer des Wüstungsprozesses deuten an, wie komplex der ganze Vorgang der „Entsiedlung" gewesen sein muß, nach Zeit, Ausformung und Ursachen örtlich stark differenziert. In der Form der Entsiedlung sind entsprechend der Terminologie von Scharlau totale und partielle Ortwüstungen und totale und partielle Flurwüstungen – in verschiedener Kombination – zu unterscheiden. Partielle Ortswüstungen, d. h. das Wüstliegen einzelner Höfe im Dorf, haben offenbar alle Landschaften Niedersachsens betroffen. Dabei hat es nach den bisherigen Untersuchungen den Anschein, als ob im nördlichen Niedersachsen das partielle Wüstfallen besonders stark verbreitet gewesen wäre, totale Ortswüstungen dagegen seltener festzustellen sind – andererseits wurden im südlichen Teil des Landes zahlreiche Orte total wüst. Mit vollständiger Aufgabe des Ortes verband sich stellenweise, namentlich im Bergland, auch eine Totalaufgabe der Flur. Jedoch war auch häufig ein Teil weiterbewirtschaftet, etwa von Nachbargemeinden aus, u. U. sogar die ganze Flur. Diese Fälle traten am häufigsten im Gebiet besonders wertvoller Böden auf (Lößbörden, Becken des Berglandes), waren aber auch von den grundherrlichen Verhältnissen abhängig (beispielsweise wurde das Land „gelegter" Höfe von den Klöstern weiterbewirtschaftet).

Totale wie partielle Wüstungsbildung konnte eine dauerhafte Veränderung der Siedlung sein, das Dorf oder die Höfe wurden auch später nicht wieder aufgebaut; sie konnte aber auch eine temporäre Erscheinung bilden. Die jüngeren Untersuchungen zeigen in zunehmendem Maße die Bedeutung tem-

Abb. 13
Darstellung des „Mars Thingsus" auf einer Zierscheibe von Thorsberg
(nach J. Werner)

porärer Wüstungsvorgänge auf [350]. Daß diese offenbar bislang zu wenig in der Geschichte der Kulturlandschaft gewürdigt wurden, versteht sich daraus, daß die spätere Wiederbesiedlung den Wüstungsvorgang als solchen rückgängig gemacht hatte; im ganzen wird ja das Auf und Ab früherer Siedlungsepochen erst langsam erkennbar. Die wesentlichste Erkenntnis hierbei ist, neben der Feststellung der Instabilität der Siedlung überhaupt, die Aufhellung der Umformungen, die bei jedem Wiederaufbau gegenüber dem alten Zustand stattfanden. Es zeichnet sich jetzt schon ab, daß temporäre partielle Wüstungsvorgänge fast alle niedersächsischen Dörfer ergriffen haben; auch temporäre Totalwüstung scheint nicht selten zu sein.

Hinsichtlich der Flur hat Mortensen bei den Wüstungsvorgängen noch schwaches und stärkeres Wüstwerden unterschieden, je nachdem wie weit das einstige Kulturland in seiner Nutzung extensiviert oder ganz aufgegeben wurde (etwa „Dauerfeld zu Wechselland" ist schwächer wüst als „Dauerfeld zu Hutung", dies wiederum ist schwächer wüst als „Dauerfeld zu Wald").

Die Erkenntnis, daß temporäres Wüstfallen eine große Rolle gespielt hat, erschwert die **Quantifizierung** der Wüstungsbildung. Immerhin geben die Zahlen der dauerhaft oder doch lange Zeit wüstgefallenen Ortschaften im Vergleich mit der vorher bestehenden Zahl von Niederlassungen Mindestvorstellungen von der Intensität des Wüstungsvorganges („Wüstungsquotient") [351]. Jäger [352] führt als repräsentativ für das südniedersächsische Bergland das Kreisgebiet von Holzminden an, das um 1300 n. Chr. 143 Wohnplätze und um 1450 n. Chr. nur noch 61 Wohnplätze zählte (Wüstungsquotient 57 Prozent), ferner das Kreisgebiet Hofgeismar mit einem Wüstungsquotienten von 75 Prozent (einschließlich der älteren Wüstungsschicht, vgl. S. 338 f.). In der Ith-Hils-Mulde verschwanden von etwa 50 Siedlungen nahezu 30 [353]. An Kulturlandverlusten führt Jäger für den Solling 1700 ha an, so daß der Wald dort um 8 Prozent der Gesamtfläche zunahm; am Vogler betrug die Waldzunahme 15 Prozent der Gesamtfläche, im Corveyer Wald und im Kreisgebiet Hofgeismar 27 Prozent [354]. Für das ganze Bergland ist mit einem Verlust von mehr als der Hälfte der Ortschaften zu rechnen [355]. Im Geestland ist die Zahl der bekannten Wüstungen lange Zeit viel geringer gewesen, so daß Pohlendt [356] den Wüstungsquotienten als wohl unter 10, sicher aber unter 15 angibt. Doch lassen manche intensiv untersuchten Gebiete erheblich höhere Werte erkennen, zum Beispiel Uelzen etwa 18 Prozent, Kreis Lüneburg das Doppelte; im Gebiet um Harburg werden Wüstungen in zunehmendem Maß bekannt, ebenso in der Geest zwischen Cuxhaven und Bremerhaven und in der engeren Umgebung von Lehe [357]. Im Braunschweiger Raum ist nördlich der Lößgrenze stärkere Wüstungsbildung als südlich davon erkennbar und entfallen von den rund 5800 ha Wald mehr als vier Fünftel auf ehemaliges Kulturland [358]. Freilich haben manche detaillierten neueren Untersuchungen in Geestgebieten auch tatsächlich schwache totale Wüstungsbildung ergeben; so verneint

Brandt [359] für sein allerdings kleines Untersuchungsgebiet in den Dammer Bergen ausdrücklich nennenswerte Wüstungsvorgänge, und Jorzick [360] findet in seinem ausgedehnten Untersuchungsbereich in der Hoyaer Geest und um das Verdener Becken nur e i n e Ortswüstung. Offenbar war im Geestgebiet die Wüstungsbildung also örtlich recht verschieden.

Bei diesen wenigen Beispielen von Quantitätsangaben sind partielle wie temporäre Wüstungen nicht berücksichtigt. Daß diese für das Ausmaß des Wüstungsvorganges eine große Rolle spielten, zeigen die Untersuchungen Martens für das Amt Aerzen bei Hameln: Danach entfallen zwei Drittel aller total wüst gewordenen Ortsstätten im Amt auf temporäre Wüstungen [361] und „von partiellen Wüstungserscheinungen ist keine wüstungsresistente Siedlung verschont geblieben"; wahrscheinlich verwaldeten durch letztere mehr als 40 Prozent der Äcker. Der nach der herkömmlichen Weise festgestellte Wüstungsquotient würde für das Amt Aerzen 20 Prozent betragen; Marten kommt unter Einschluß der temporären Wüstungen auf 65 Prozent, und die Einbuße an Ackerland war noch größer. „Es verstrauchten und verwaldeten etwa 70 Prozent der hochmittelalterlichen Äcker." [362] Ob bei ähnlich minutiöser Untersuchung wie bei Marten auch in andern Teilen des Berglandes durch die temporären und partiellen Wüstungen das Ausmaß des Wüstungsvorganges insgesamt ebenso sehr gesteigert erscheinen würde, ist vorerst noch nicht ganz zu übersehen; überschlägige Untersuchungen von Marten in Nachbargebieten [363] deuten aber darauf hin. Im nördlichen Niedersachsen haben, wie erwähnt, partielle Wüstungserscheinungen eine relativ große Rolle gespielt, wie Fliedner für den Umkreis Bremens [364], Steffens für den Raum Bremervörde [365], Barenscheer für die Südheide [366] und Meibeyer [367] allgemein für das Lüneburgische und speziell für die Hohe Geest des Wendlandes an Beispielen zeigen. In Streusiedlungs- und Einzelhofgebieten wird die Unterscheidung zwischen totaler und partieller Ortswüstung gegenstandslos. Möglicherweise hat die starke Verbreitung von Einzel- und Doppelhöfen, deren Wüstwerden schwerer erkennbar ist als das ganzer Dörfer, zur früheren Unterschätzung der Wüstungsvorgänge in den Geestgebieten beigetragen. – Wie weit die großen Flächen fossiler Hochäcker im Geestland auf Wüstungsvorgänge des Spätmittelalters – partielle oder totale – schließen lassen, oder ob sie mit wechselwirtschaftlichen Nutzungen oder mit jüngeren Extensivierungen des Feldbaus zusammenhängen, läßt sich noch nicht übersehen.

Die „frühen" Wüstungen

Wie eingangs schon hervorgehoben, fallen die „frühen" Wüstungen noch in das 12. und 13. Jahrhundert, sollen hier aber kurz betrachtet werden, zumal sie sich aus den quantitativen Angaben über Wüstungsbildung vielfach nicht herauslösen lassen. Sie unterscheiden sich von den spätmittelalterlichen

Wüstungen grundlegend dadurch, daß mit ihnen keine oder höchstens eine ganz geringfügige Aufgabe von Kulturland verbunden war, daß es sich wesentlich um Ortswüstungen handelte, die durch Konzentrations- und Umlagerungsprozesse entstanden. Diese frühen Wüstungen kann man nicht unter den Begriff der „negativen" Siedlungsperiode subsummieren, sondern nur als Strukturwandel betrachten.

Die meisten frühen Wüstungen liegen im Umkreis der Städte, oft in ganzen „Wüstungskränzen", und sind durch Ballungsvorgänge bei oder bald nach der Stadtwerdung entstanden. Teils wurden diese Vorgänge vom Stadtgründer veranlaßt, der zur Auffüllung seiner Stadt mit Menschen und gleichzeitig zu ihrer Ausstattung mit Ackerland umgebende Dörfer planmäßig in seine Stadt umsiedelte [368]. Teils bildeten sich die Wüstungskränze durch freiwilligen, nach und nach erfolgenden Zuzug der Bauern in die Stadt, die mit ihren Freiheitsrechten, gewerblichen Beschäftigungsmöglichkeiten, Befestigungsschutz und andern Vorzügen lockte.

Eine andere kleinere Gruppe früher Wüstungen bildete sich unter dem Einfluß der Klöster, namentlich der Zisterzienserklöster (s. S. 326). Teils wurden Bauernhöfe planmäßig gelegt und das Land mit den großen Eigenwirtschaften vereinigt – wobei nicht nur die Orte schwanden, sondern auch die Bevölkerung verdrängt wurde [369] –, teils wurde aber auch eine bereits eingeleitete Wüstungsbildung vom Kloster nur benutzt: „Unvermögende Grundherrschaften veräußerten ... gern Wüstungen an kapitalkräftige Zisterzienserklöster, die damit Grangien erweitern oder auch neu schaffen konnten [370]." Im großen und ganzen blieb das Kulturland bei diesen Vorgängen erhalten, wenn allerdings die Zisterzienser auch gelegentlich minderwertige Böden mit kaum rentierenden Äckern zu Wald legten, vielleicht sogar bewußt aufforsteten [371]. Auch Klöster anderer Orden umgaben sich in ähnlicher Weise mit Wüstungen, wie etwa Weende, Mariengarten [372], Lamspringe im Leinebergland, Derneburg im Hildesheimer Raum [373], Neuenwalde in der Stader Geest [374]. Eine Verzahnung zwischen dem Konzentrationsstreben der Klöster und andern Gründen der Wüstungsbildung ist vielfach festzustellen, dementsprechend auch ein zeitliches Übergreifen dieser „frühen" Wüstungsbildung in die spätmittelalterliche „negative" Wüstungsperiode.

Frühe Ortswüstungen ohne Kulturlandverluste entstanden in geringerer Zahl auch bei Burgen. Der Burgherr siedelte ihm gehörige Höfe von der alten Ortsstelle in ein auf die Burg orientiertes Suburbium um, wie es etwa von den bischöflich hildesheimischen Burgen Steuerwald, Marienburg, Steinbrück, Winzenburg, den Burgen Niedeck bei Göttingen, Lüthorst bei Einbeck u. a. bekannt ist.

Zum Teil umstritten ist ein hochmittelalterlicher Ballungsprozeß bei dörflichen Siedlungen, der ebenfalls „frühe" Wüstungen ohne Kulturlandverlust erbracht haben kann. Während Jäger [375] feststellt, „daß er für sein Untersuchungsgebiet im südlichen Leine-Weser-Bergland keine Beweise" dafür gefunden habe, und zur Ablehnung solcher dörflichen Konzentrationen neigt, stellt Marten [376] für das Amt Aerzen, also im nördlichen Teil des Weserberglandes, ausdrücklich einen hochmittelalterlichen Ballungsprozeß heraus: „Die Bewohner kleiner, peripher gelegener Wohnplätze zogen in zentral gelegene Orte ... Von diesem Geschehen wurden lediglich die Ortsstätten betroffen; die Fluren bestellten die Bauern weiterhin; es erfolgte kein Bevölkerungs- und kein Ackerlandschwund." Pohlendt rechnet allgemein damit, daß „an der Verdichtung (der Wüstungen) in den getreidebetonten Gebieten neben der späteren Entsiedlungsschicht die frühe Ballungsschicht maßgebend beteiligt ist"[377], was in Niedersachsen besonders die Börden des Gebirgsvorlandes betrifft[378]. Im Geestland macht Osten für den Landkreis Uelzen frühe Ballungsprozesse wahrscheinlich, bei denen vor allem die Kleinsiedlungen mit -büttel-Namen aufgegeben sein sollen[379].

Hier wie auch in andern Gebieten, wo gerade Kleinsiedlungen zugunsten einer Siedlungskonzentration früh aufgegeben wurden, könnte man an eine rationellere Umstrukturierung noch nicht lange erschlossener Siedlungslandschaften denken, gleichsam an eine Fortsetzung des Siedlungsausbaus[380]. Dabei mag auch das Schutzbedürfnis mitgesprochen haben, zumal im Bereich großer Straßenzüge, zum Beispiel im Gebirgsvorland. Auf ein tatsächlich vorhandenes Schutzbedürfnis weisen, etwa im 13. Jahrhundert, immerhin nicht wenige Wehrbauten und dörfliche Verteidigungsanlagen hin. Zweifellos war dies Schutzbedürfnis bei Ballung zu größeren Orten leichter zu befriedigen. Endlich wird auch auf den Zusammenhang „Vergetreidung–Vergewannung–Konzentration von Kleinsiedlungen zu größeren Dörfern" verschiedentlich hingewiesen[381]. Nicht immer sind die frühen dörflichen Ballungsvorgänge, die nur Ortswüstungen, aber keine nennenswerten Kulturlandverluste mit sich brachten, klar von den Vorgängen der späteren „negativen" Siedlungsperiode zu scheiden, wenn etwa, wie Marten[382] anführt, die in den zentralen Ort umziehenden Bauern dort die Stellen einnehmen, die durch andere Wüstungsvorgänge, Bevölkerungsschwund u. a., freigeworden waren.

Die Ursachen der spätmittelalterlichen Entsiedlung

Die starken spätmittelalterlichen Verluste von Höfen, Dörfern und Kulturland sind sicher nicht auf einen Ursachenkomplex allein zurückzuführen, sondern auf ein Bündel von Ursachen, die zeitlich und regional verschieden wirksam waren. Eine Schlüsselbedeutung hat sicher der von Abel[383] herausgestellte Bevölkerungsrückgang, der offenbar eine Reihe von Jahrhunderten mit relativ starker Bevölkerungszunahme ablöste. Auslösendes Moment für diesen Wandel waren wohl in Niedersachsen wie auch sonst in Deutschland die Seuchenzüge, die um die Mitte des 14. Jahrhunderts als Pestzüge begannen und sich bis weit ins 16. Jahrhundert immer wiederholten, wenn auch mit starken örtlichen Verschiedenheiten. Zu den Seuchenverlusten kamen die Menschenverluste durch Hunger in zahlreichen Mißerntejahren, die im 15. Jahrhundert vielleicht schon im Zusammenhang mit einer säkularen Klimaverschlechterung [384] standen [385]. Möglicherweise machten sich auch die Abwanderungsverluste Niedersachsens im Rahmen der Ostkolonisation nun bemerkbar: Abgewandert waren ja überwiegend junge Menschen, so daß die generative Bevölkerungskraft im Altland geschwächt, die Sterberaten erhöht, die Zahl der bestehenden Ehen vermindert und damit die Geburtenzahlen verringert sein mußten.

Aus dem Bevölkerungsrückgang leitet Abel die wirtschaftlichen Folgen ab: Die Zahl der ländlichen Arbeitskräfte verringerte sich, die Löhne stiegen, die landwirtschaftliche Produktion wurde teurer; andererseits sank der Getreideabsatz, für den die Konsumkraft der Städte entscheidend war, und damit der Getreidepreis. Diese Lohn-Preis-Schere bedrohte die Landwirtschaft besonders deswegen, weil der Getreideanbau durch die gute Konjunktur infolge der Stadtentwicklung in der vorhergehenden Zeit so großen Umfang gewonnen hatte. Sie betraf vornehmlich die Hauptgetreideanbaugebiete, in Niedersachsen die Börden und Senken von Bergland und Gebirgsvorland mehr als die stärker auf Viehzucht eingestellten Geest- und vor allem Marschgebiete. Durch diese Agrarkrise wurden die Höfe nicht selten unrentabel, der Bauer „entlief", der Hof konnte nicht wieder besetzt werden, das Kulturland wurde von andern Höfen benutzt oder verödete.

Für Bevölkerungsschwund und W i r t s c h a f t s k r i s e waren die Siedlungen in unterschiedlichem Maß anfällig. Am wenigsten krisensicher zeigten sich erwartungsgemäß die kleinen und die jungen Niederlassungen. Der relativ starke Rückgang von Kleinsiedlungen ist aus vielen Gebieten bekannt; freilich ist nicht immer klar zu scheiden, ob es sich um frühe Wüstungen im Rahmen von Ballungsvorgängen handelt oder um das Eingehen von Kleinsiedlungen mit Hof u n d Flur. Für die Lüneburger Heide wird von Barenscheer [386] und Osten [387] der häufige Schwund von Einzelhöfen gezeigt bzw. von Niederlassungen mit -borstel-Namen, die als Einzelhöfe, höchstens zu Kleinstsiedlungen fortentwickelt, angesprochen werden. Im Gifhorner Raum, vor allem im Papenteich, findet Oberbeck [388] relativ zahlreiche -büttel-Orte (ebenfalls Kleinsiedlungen) wüst und weist als Durchschnitt bei den dortigen Wüstungen 4–5 Höfe nach. Im Gebiet um Braunschweig umfaßten die wüstgewordenen Siedlungen nach Oberbeck-Jacobs [389] 2 bis im Höchstfall 7 Höfe. Für das südliche Weser-Leine-Bergland betont Jäger [390] den geringen Umfang der Wüstungen, aber auch der Siedlungen ganz allgemein um 1300, d. h. vor Beginn der Wüstungsperiode.

Die relativ jungen, noch wenig gefestigten Siedlungen waren besonders krisenanfällig. Das zeigt sich überall an dem vergleichsweise hohen Anteil der

-rode- und -hagen-Namen an den Wüstungen; auch noch die -hausen sind unter den abgegangenen Orten zumeist stärker vertreten, als nach ihrer Häufigkeit um 1300 im Durchschnitt zu erwarten wäre. Die jüngeren Rodungssiedlungen wurden wohl vor allem deshalb so häufig wieder aufgegeben, weil sie als letzter Siedlungsausbau die dürftigsten Lagen besetzt hatten. Der Anteil wenig ertragreicher Böden war bei diesen Fluren hoch, jedenfalls höher als bei den Altsiedlungen; dazu kam in Kalkgebieten gelegentlich wohl auch ungünstige Wasserversorgung. Es lag nahe, diese an der Grenze der Rentabilität stehenden Siedlungen in Krisenzeiten als erste aufzugeben, sowohl aus der Sicht des Bauern als auch aus der des Grundherrn, dem an der Wiederbesetzung dieser Höfe relativ wenig liegen konnte. (In Zeiten anderer Wirtschaftslage konnte sich diese Wertung wieder ändern, wie die Neuaufsiedlung vieler Wüstungen zeigt.) Endlich ist zu bedenken, daß ein Teil der jungen Rodungssiedlungen von den kleinen Dynasten und Grundherren zur Ausdehnung und Festigung ihres Machtbereichs angesetzt worden war; unter nunmehr veränderten machtpolitischen Verhältnissen, wo die beginnende Territorialherrschaft die kleineren Machtbereiche zum Teil beseitigte, war diese politische Funktion der Rodesiedlungen erloschen, und ihre Aufgabe aus wirtschaftlichen Gründen fiel den nunmehrigen Grundherren um so leichter. – Bei dem häufigen Wüstwerden gerade der -hagen-Orte mag endlich mitgesprochen haben, daß die Häger zumeist freizügig waren, das Verlassen der Bauernstelle hier also auf geringere rechtliche Schwierigkeiten stieß als in den Altdörfern.

Manchmal fand der allmähliche Rückgang einer Siedlung aus wirtschaftlichen und Bevölkerungsgründen den letzten Abschluß durch eine kriegerische Zerstörung, wie zum Beispiel in Königshagen eine abschließende Brandschicht erkennen läßt. Aber Kriegszerstörung als wirkliche Ursache dauerhafter Wüstungsbildung ist offenbar ganz selten; im allgemeinen kam es, wie auch die späteren Beispiele aus dem 30jährigen Krieg zeigen, nach Kriegszerstörung bald zum Wiederaufbau, schon wegen des Interesses des Grundherrn an der Weiternutzung der Stelle.

Außer der allgemeinen Agrarkrise sprachen bei der Wüstungsbildung in Niedersachsen noch andere wirtschaftliche Gründe mit, so die von Pohlendt als „Düngerkrise" bezeichnete Bodenverarmung[391]. Auf den namentlich im Geestland weit verbreiteten mageren Böden war der Bedarf an Düngung sehr hoch und wurde bei dem vorherrschenden Körnerbau ständig höher, wenn die ohnehin sehr niedrigen Erträge wenigstens gleichbleiben sollten. Andererseits war das Weideland der Marken ständig zugunsten des Feldlandes verringert worden, der Viehbestand konnte deshalb nicht wesentlich aufgestockt werden, sofern nicht Wiesen vorhanden waren. Die Düngerproduktion wurde daher in wiesenarmen Gebieten immer unzureichender. Die Höfe gingen zum Teil dazu über, Außenfelder unbewirtschaftet zu lassen oder nur in Wechselsystemen mit mehrjähriger Brache zu nutzen. Diese Vorgänge führten zur Extensivierung und nicht selten zur partiellen Flurwüstung, und ein Teil der aus der Geest bekannten Hochäcker unter Heide wird sich aus ihnen erklären. Zugleich erklärt sich auf diese Weise der besondere Wüstungsreichtum der grünlandarmen Gebiete (zum Beispiel Hohe Geest des Wendlandes) und umgekehrt die Seltenheit von Wüstungen in den feuchten grünlandreichen Bezirken etwa am Dümmer oder im Verdener Becken, sehr deutlich auch im Raum von Bremervörde[392]. Vor allem scheint infolge der Düngerknappheit das einmal wüst gefallene Land der Geestgebiete nicht leicht wieder unter den Pflug gekommen zu sein. Dagegen wurden auf den weniger düngerbedürftigen Böden des Gebirgsvorlandes und der Berglandsenken die wüst gefallenen Äcker bald wieder von Nachbarn oder Nachfolgehöfen in Nutzung genommen. Die „Düngerkrise" trug somit sicher zur Nachhaltigkeit des Wüstungsvorgangs bei.

Zu erschwerten Anbaubedingungen, die bei einer Agrarkrise zur Aufgabe von Höfen und Kulturland treiben mußten, trugen im Geestgebiet offenbar auch ungünstige Veränderungen des Wasserhaushalts bei. Durch die Marschenkolonisation muß der Grundwasserspiegel der Geest beträchtlich beeinflußt worden sein, wenn auch präzise Angaben darüber nicht bekannt sind. Einerseits stauten die Achterdeiche der Marschsiedlungen das Wasser im Sietland, hemmten den Abfluß von der benachbarten Geestzone und können hier örtlich zu Vernässungen und somit Wertminderung von Weiden und jüngerem Feldland geführt haben. Andererseits führten die Anlage geradliniger Vorfluter, der Fleete, und der Ausbau der natürlichen Tiefs in der Marsch sowie der Sielbau zu einer schnelleren Wasserabführung aus vielen Teilen der Geest, als sie früher bei vorgelagertem Sumpfland möglich war. So muß es zu weitgespannten Grundwassersenkungen im Geesthinterland gekommen sein. Für die Bremervörder Geest beispielsweise nennt Rüther[393] unter den Gründen für Wüstungsbildung auch veränderte Wasserverhältnisse; ebenfalls in der nördlichen Oldenburger Geest deutet einiges darauf hin[394]. Hier zeigt sich ebenso wie bei der „Düngerkrise", daß der gewaltige Siedlungsausbau der vorhergehenden Jahrhunderte die natürlichen Landschaftsverhältnisse soweit verändert hatte, daß nunmehr teilweise Rückschläge eintraten.

Vor dem Hintergrund des aus verschiedenen Gründen unrentabler gewordenen Feldbaus sind die Klagen über die hohen Abgaben und Dienste zu sehen, die nicht selten als unmittelbare Gründe zur Hofaufgabe angeführt werden, wie etwa im Vörder Register für den Raum Bremervörde[395] oder wie auch im Amt Aerzen[396]. Im ganzen hängt die Wüstungsbildung sicher auch mit der rechtlichen Situation des Bauern zusammen. Zum Beispiel Marten sieht das Meierrecht als wüstungsfördernd an, weil „die persönlich freie Bevölkerung, wie das Meierrecht sie schuf, aus dem Gebiet mit einem schlechteren Recht in das mit einem besseren abwandern" wird[397]. Sicher hat jedes Recht, das Freizügigkeit gestattete, auch das Hagenrecht, in Wirtschaftskrisen die Hofaufgabe begünstigt. Andererseits trug das – berechtigte oder unberechtigte – „Entlaufen" der Bauern und das Bestreben der Grundherren, die verwaiste Stelle wieder zu besetzen, zu rechtlichen Veränderungen, Herabsetzung der Abgaben, Verminderung der Dienste u. ä. bei. Die zahlreichen „Degradationen" früherer Vollhöfe zu Halbhöfen, einstiger Halbhöfe zu Kötnerstellen sind zum Teil auf solche Lastenminderung zwecks Wiederbesetzung zurückzuführen.

Wandlungen der Siedlungslandschaft durch die Wüstungsbildung

Durch das Verschwinden von Einzelhöfen und Gruppensiedlungen wurde das Siedlungsnetz aufgelockert. Jäger hat berechnet, daß um 1300 n. Chr. im Kreisgebiet Hofgeismar auf 4 qkm eine Siedlung kam, nach der Wüstungsperiode erst auf 15 qkm; im Kreis Holzminden entsprechend eine Siedlung auf 4 qkm, später auf 10 qkm [398].

Durch Verwaldung ganzer Dorffluren sowie der Außenfelder partiell wüster Siedlungen gewann der Wald, wie schon an Beispielen angeführt, erheblich an Fläche. Vielerorts galt das Recht, daß Feldland in einem gewissen Stadium der Verbuschung dem Hof verloren ging und an den adeligen Forstherrn fiel. Grund- und Territorialherren begannen um 1500 aber, am Wald als Wirtschaftsfaktor vermehrtes Interesse zu nehmen. Im 16. Jahrhundert wurden, zum Beispiel im Braunschweigischen, Forstschutzbestimmungen erlassen; der Rückschlag nach der Zeit übermäßiger Waldvernichtung durch Siedlungsausbau zeigte sich auch hier. So blieben große Flächen einstigen Kulturlandes, die in der Wüstungsperiode verwaldet waren, auch später, trotz erneuten Siedlungs- und Wirtschaftsaufschwunges, dem Wald erhalten [399]. Die großen zusammenhängenden Waldflächen im südlichen Teil des Berglandes im Solling, Reinhardswald, Oberwälder Land, Vogler u. a. sind insofern nicht ohne die Wüstungsperiode zu denken. Im Nordteil des Berglandes verschob sich dagegen das Verhältnis von Wald und Freiland in geringerem Maße [400], die Wüstungsvorgänge führten hier weniger zu dauerhafter Verwaldung größerer Flächen. Im an sich waldarmen Gebirgsvorland gehen manche der im 18. Jahrhundert nachweisbaren Waldungen auf die Wüstungsperiode zurück, zum Beispiel im Papenteich [401].

Auch im Geestland sind die heute ausgedehnten Forsten zum Teil nicht ohne die Wüstungsperiode denkbar, denn die Aufgabe von Äckern, die Extensivierung führte zu Verheidungen, im Verein mit der Übernutzung der Marken auch zur Bildung von Wehsänden (besonders im Emsland), und diese Ödländereien sollten später Grundlage der Aufforstungen werden [402]. Übrigens ist der Umschlag in der Bewertung des Waldes auch im Geestgebiet zu verfolgen: Hesmer–Schröder [403] stellen „mindestens seit dem 16. Jahrhundert" in großen Teilen der niedersächsischen Geest links der Weser „recht entwickelten Laubholzbau" unter Förderung des Landesherrn fest.

Den größten Flächengewinn des Waldes brachte die Wüstungsbildung wohl im Harz mit sich. Durch die Pestzüge kamen das Kloster Zella und viele Bergbau- und Hüttensiedlungen Mitte des 14. Jahrhunderts zum Erliegen, im Ostharz ging mehr als die Hälfte der bestehenden Siedlungen ein[404], um Wernigerode sind 44 jetzt unter Wald liegende Wüstungen bekannt[405]. Wenn auch im 14. und 15. Jahrhundert hier und da noch Bergbau aufgenommen wurde (zum Beispiel in Lauterberg, bei Neudorf-Strassberg und Harzgerode[406]), wenn auch Hütten am Harzrand zum Beispiel bei Goslar sich hielten, war doch der Oberharz weitgehend entsiedelt und die riesigen Kahlschläge der Hütten- und Bergwerksbetriebe bewaldeten sich wieder so vollständig, daß die Wiederaufnahme des Bergbaus in größerem Stile um 1500 einem Neuanfang gleichkam.

Neben der Verschiebung von Wald und Kulturland bewirkte die Wüstungsbildung wesentliche Strukturwandlungen in den bestehengebliebenen Dörfern und ihren Fluren. Die Feldmarken der Wüstungen gingen zu einem guten Teil in denen der benachbarten wüstungsresistenten Dörfer auf und vergrößerten diese – sei es, daß Wüstungsbauern in das bestehende Dorf „umzogen", dort vielleicht eine leerstehende Hofstelle besetzten und nun Teile von deren Land und zugleich Teile des eigenen „Wüstungslandes" bewirtschafteten – sei es, daß Wüstungsland zunächst brach lag, dann aber bald von den Bauern des Nachbardorfes occupiert oder auch vom Grundherren an sie ausgetan wurde, jedenfalls in die Bewirtschaftung wieder einbezogen wurde – sei es auch, daß Wüstungsfluren vom resistenten Dorf her beweidet oder sonst extensiv genutzt wurden. In jedem Fall wurde die Wüstungsflur ganz oder teilweise in die des Nachbardorfes einbezogen. Damit entstanden die großen Gemarkungen, die später, in einer Zeit des Wirtschafts- und Bevölkerungsaufschwungs, für ein Großdorf die Nahrungsgrundlage bilden konnten. Diese Zusammenlegung der Fluren war besonders häufig auf den guten Böden der Börden im Gebirgsvorland und der Becken und breiten Talungen des Berglandes.

Die Übernahme von Wüstungsländereien durch Bauern der resistenten Siedlungen vergrößerte die Betriebe. Auch bei partiellen Wüstungsvorgängen lag es nahe, daß der Grundherr, der seinen wüsten Hof nicht wieder besetzen konnte, wenigstens dessen Land an die andern Bauern des Dorfes austat, um sich die Gefälle von den Parzellen zu sichern; auch damit wurden die bäuerlichen Betriebe vergrößert. In manchen Gebieten ist die Betriebsvergrößerung geradezu kennzeichnend für die Wüstungsvorgänge[407]. Andrerseits kam es aber auch zur Aufteilung alter, großer Höfe, die wüst gefallen waren und nicht wieder besetzt werden konnten, in 2 Halbhöfe oder eine Reihe kleiner Kötnerstellen[408]. Jedenfalls wurde infolge der totalen wie der partiellen Wüstungsbildung die Betriebsgrößenstruktur der resistenten Dörfer stark verändert und mit ihr die Besitzverteilung in der Feldflur.

Die Flurgestaltung muß durch die Wüstungsvorgänge stark gewandelt worden sein (so stark, daß die rückgreifende Fluranalyse, wie sie in den letzten Jahrzehnten üblich war – auf die auch in den vorstehenden Ausführungen immer wieder zurückgegriffen werden mußte – mehr und mehr problematisch erscheint). Die ursprüngliche Sonderung „alter" Felder, an denen die Urhöfe allein beteiligt waren, und jüngerer Felder, an denen Althöfe und Nachsiedler teilhatten, wurde gestört, einmal durch die erwähnten Vergrößerungen oder Zersplitterungen des Besitzes, ferner durch die Veränderung der Hofklassen: Zwecks leichterer Wiederbesetzung wurden diese oft, wie erwähnt, degradiert, meist unter Reduzierung des zugehörigen Landes; andererseits rückten Kötnerstellen, die durch Wüstungsland hinlänglich hatten aufgestockt werden können, zu Vollhöfen auf. Ferner ist mit Arrondierungen des Streubesitzes und frühen Umlegungen zwecks rationeller Einteilung der Feldmark im Gefolge der Wüstungsbildung zu rechnen. Sowohl die Grundherren als auch die Bauern waren an solchen Neueinteilungen interessiert, weil schon um 1300 die Fluren stark zersplittert waren.

Veränderungen der Besitzstruktur in den Fluren brachten auch die in Stadtnähe häufigen Landerwerbungen von Bürgern mit sich. Durch die Wüstungsbildung und die gesamte Wirtschaftsentwicklung lagen die Grundstückspreise niedrig. Die Tatsache, daß oft von Städten aus Wüstungsland bewirtschaftet wird, kann also auf nachträglichem Erwerb wüstgefallenen Landes ebenso beruhen wie auf der „Mitnahme" des Landes durch Wüstungsbauern, die in die Stadt gezogen waren. Hier und in großen Dörfern, die Wüstungsfluren aufgenommen hatten, bildeten sich teilweise Korporationen der Besitzer, die ihr Land in einer bestimmten Wüstung liegen hatten.

Bei der Wüstungsbildung änderten sich auch die Holz- und Markenrechte. Die Waldanteile wüster Höfe konnten von den Grundherren an Höfe benachbarter Orte verpfändet werden; aber die „umgezogenen" Wüstungsbauern konnten ihre Holznutzungsrechte u. U. auch vom neuen Wohnort aus geltend machen. Im Hölting wurde darüber entschieden.[409] Die adeligen Obermärker und Höltingsrichter werden die Gelegenheit zum Einziehen von Nutzungsrechten oft genug benutzt haben.

Im Dorf selbst muß die ursprüngliche Struktur durch die Wüstungsbildung ebenfalls stark verändert worden sein. Das Hineinziehen von Wüstungsbauern in leerstehende Hofstellen, die Bildung von Lücken im Dorf (die später willkommene Ansatzmöglichkeit für Nachsiedler boten), die erleichterte Möglichkeit, den Hof an günstigere Stellen zu verlegen – das alles überdeckte die gewachsene Struktur wohl nicht selten. Auch die ursprüngliche Form regelhaft angelegter Dörfer wurde verändert; so wurden Marsch- und Hagenhufenreihen lückenhaft und Runddörfer u. U. bis zur Unkenntlichkeit reduziert.

Siedlungsverluste an der Küste

Gleichzeitig mit der späteren Ausbauperiode und dann mit der „negativen" Siedlungsperiode des Spätmittelalters waren an der niedersächsischen Küste Verluste an Dörfern und Kulturland durch Meereseinbrüche zu verzeichnen. Die transgredierende Tendenz des Meeres, die sich seit dem 12. Jahrhundert wieder verstärkte, und die Unzulänglichkeit der frühen Deichbauten sind die wesentlichen Gründe für diese Verluste. Immerhin mag der spätmittelalterliche Bevölkerungsrückgang, der auch die Marschgebiete betraf, mit dazu beigetragen haben, daß die Deiche nicht im notwendigen Maß unterhalten und ausgebessert werden konnten [410], so daß ein gewisser innerer Zusammenhang die negative Siedlungsentwicklung an der Küste mit der im Binnenland verbindet. Dazu mag noch die politische Aufsplitterung des ostfriesischen Bereichs im 14. Jahrhundert in kleine und uneinige Herrschaftsbereiche an der Vernachlässigung des Küstenschutzes Teil haben [411]. Zwar stand den Landverlusten dieser ganzen Zeit auch örtlicher Landgewinn gegenüber, doch überwog der Verlust bei weitem. Erst im 16. Jahrhundert erfolgte der Umschwung. Zwar kam es auch danach noch zu starken Meereseinbrüchen, doch die Rückeroberung des verlorenen Landes und die Neueindeichung überwogen. Sicherlich hatte die technische Verbesserung der Deich- und Sielbauten den entscheidenden Anteil daran; immerhin fällt dieser Umschwung zeitlich mit allgemeinem erneuten Bevölkerungswachstum und einem Siedlungsumschwung auch im Binnenland zusammen.

Vom 12. Jahrhundert an ereigneten sich in sich steigernder Folge katastrophale Meereseinbrüche an der ganzen niedersächsischen Küste. Im Gebiet des heutigen Jadebusens wurden zuerst von der Julianenflut 1164 die Rüstringer Deiche und der Marschengürtel durchbrochen; das Meer fand Zugang zu den leicht zerstörbaren Mooren südlich davon. Nach weiteren großen Landverlusten bei der ersten Marcellusflut 1219 wurde dieser Zugang durch die Clemensflut 1334 erweitert; ein Meeresdurchbruch nach Osten machte Butjadingen zur Insel. Weitere Zerstörungen am Jadebusen 1362 ließen einen zweiten Durchbruch zur Weser entstehen (damit wurde auch das Stadland zur Insel), und im Westen schob sich die Bucht des Schwarzen Brack tief zwischen Östringen und Rüstringen. Die Antoniflut 1511 gab dem Jadebusen seine größte Ausdehnung. Der Verlust an Siedlungen war erheblich: So schwanden nach 1334 allein drei Kirchdörfer, vermutlich mit einer ganzen Anzahl zugehöriger Niederlassungen; um 1400 waren weitere 5 Pfarren, vor allem im Westen des Jadebusens, unbesetzt, weil offenbar die zugehörigen Siedlungen mehr oder weniger aufgegeben waren. Die Aufgabe erfolgte meist nach und nach: „ ... wo es nicht gelang, durch Wiederherstellung der alten oder durch Bau von neuen Deichen dem Unheil zu steuern, blieb mit der Zeit nichts anderes übrig als Abwanderung." „Was die Leute forttrieb, war nicht so sehr die persönliche

Gefahr als die verminderte Verdienstmöglichkeit und die Angst vor erhöhten Deichlasten [412]."

Die folgenden Katastrophenfluten im Jadebereich in den Jahren 1570 und 1717 fielen bereits in Zeiten, wo die Deiche wieder vorgeschoben wurden und die Verbindung zwischen Weser und Jadebusen geschlossen war. Immerhin mußten an der Butjadinger Weserküste auch in dieser Zeit noch 10 Dörfer mit über 2400 ha Kulturland aufgegeben werden [413]. Butjadingen war von Osten her durch die Verlagerungen des Weserstroms ständig gefährdet und gehörte zu den am meisten bedrohten Abschnitten der niedersächsischen Küste [414].

Am Wurster Weserufer entstanden Landverluste geringeren Ausmaßes. Die Küste lag hier bis etwa 1720 im Abbruch, eine Reihe von Dörfern ging verloren, zum Beispiel im Kirchspiel Imsum. Günstiger stand die Wurster Meeresküste, wo im Wechsel mit Zerstörungen doch überwiegend natürliche Anlandungen einen Ausgleich schufen [415]. Die Vorgänge im Elbmündungstrichter waren von Abbrüchen des hohen Elbufers unterhalb Hamburg gekennzeichnet, bei denen seit 1300 immer wieder Dörfer verloren gingen oder verlegt werden mußten (bis Mitte des 16. Jahrhunderts mußten hier 7 Dörfer aufgegeben werden). Gleichzeitig mit den Verlusten auf dem Nordufer entstanden am Hadelner Südufer der Elbe starke Anwüchse [416] die nach 1500 eingedeicht werden konnten.

Die stärksten Landverluste westlich des Jadebusens vollzogen sich im D o l l a r t g e b i e t. Hier wurden die Hochufer der Ems östlich von Rheide erstmalig bei der zweiten Marcellusflut 1362 durchbrochen, das Meer drang in die Moore des Hinterlandes ein. Die Dörfer am Emsufer blieben hier teils bis 1470 und 1507 erhalten, während das Land dahinter mit seinen Siedlungen – es wird von über 40 Niederlassungen (wohl gutenteils Einzelhöfe) berichtet – schon vor der Mitte des 15. Jahrhunderts aufgegeben werden mußte. Die Abwandernden wandten sich u. a. ins Brockmerland [417] und ins Saterland [418]. Seine größte Ausdehnung erreichte der Dollart bei der Katastrophenflut von 1509, die besonders das Rheiderland, links der Ems, schwer heimsuchte. Im 16. Jahrhundert setzte die Rückgewinnung verlandender Dollartgebiete ein.

An der o s t f r i e s i s c h e n K ü s t e zwischen Dollart und Jadebusen kam es zu vielfachen, wenn auch nicht so tiefen Einbrüchen des Meeres. Die Leybucht war im 14. Jahrhundert soweit aufgerissen, daß Norden zum Seehafen wurde. Anfang des 15. Jahrhunderts begann dort die Rückgewinnung des Landes. Im Bereich des Accumer Tiefs wurden von den Sturmfluten des 14. Jahrhunderts Deiche zerrissen und tiefe Baljen ins Land vorgeschoben. Im Harlinger Land wechselten natürliche Anlandungen und Abbruchsstrecken engräumig miteinander (zum Beispiel westlich und östlich von Westerbur; an den Angriffsstellen mußten Dörfer ausgedeicht werden (zum Beispiel Osterbur) [419]. Im 16. Jahrhundert wurden auch noch schwere Schäden angerichtet,

5. Spätmittelalterliche Wüstungsbildung

doch wurden bald neue Deiche, nunmehr weit auf das Vorland vorgeschoben, geschaffen, so daß Land gewonnen wurde. Die Harlebucht hatte im 13. Jahrhundert die größte Ausdehnung erreicht, um 1500 wurde sie von den Deichen noch ganz weit umfaßt (s. Karte); danach wurde sie allmählich durch Eindeichungen aufgefüllt.

Mit den Siedlungsverlusten in den weiten der Überschwemmung preisgegebenen Ländereien, die von der Bevölkerung allmählich verlassen waren, überlagerten sich im Küstenbereich W ü s t u n g s e r s c h e i n u n g e n , die denen des Binnenlandes entsprachen. So führte in den Flußmarschen bei Bremen der Bevölkerungsrückgang zur Aufgabe nicht weniger Marschhöfe, die noch an ihren Wurten festgestellt werden können [420]. Auf der Krummhörn sind nach Reinhardt [421] Wüstungen auf Klostereinfluß und auf Verlegung in den zentralen Ort Greetsiel zurückzuführen – im 14. und 15. Jahrhundert. In dem größeren Wüstungsgebiet des Jümmiger Hammrichs beiderseits Leda und Jümme gaben wohl Vernässungen und Ausbildung von Flachmooren infolge des Dollarteinbruchs Anlaß zur Verlegung von Niederlassungen in höhere und trockenere Gebiete.

Im ganzen wurde die Siedlungsentwicklung in den Marschen im Spätmittelalter hauptsächlich geprägt durch die direkten und indirekten Folgen der Meereseinbrüche (wobei zu den mittelbaren Folgen außer Vernässungen und Wertminderungen des Hinterlandes und steigenden Deichlasten auch kriegerische Überfälle in den flutbetroffenen Gebieten, zum Beispiel der Oldenburger in Rüstringen [422], zu rechnen sind), ferner durch Bevölkerungsverschiebungen und Bevölkerungsrückgang, nicht aber – im Gegensatz zum Binnenland – durch Wirtschaftskrisen. Die Marschen waren als Viehwirtschaftsgebiet mit guten Absatzmöglichkeiten in Emden, Bremen, Hamburg und einem ergänzenden Handel von der Agrarkrise kaum berührt (vgl. Bd. II, Kap. 3).

---

[343] H. Jäger, Entwicklungsperioden (wie Anm. 229), S. 20 f. – [344] J. B. Deermann (wie Anm. 291), S. 125 u. 137. – [345] A. Krenzlin, Wendland (wie Anm. 72), S. 313 f. – [346] G. Oberbeck (wie Anm. 25), S. 93 ff. – [347] G. Osten, Urkundlich überlieferte und nicht überlieferte Wüstungen im östlichen Niedersachsen, in: ZAgrargAgrarsozial 10, 1962, verfolgt auch eine Wüstungsschicht der Zeit von etwa 900–1250 n. Chr. Erst in der 2. Hälfte des 16. Jahrhunderts klingt dort der Wüstungsprozeß aus; G. Osten, Wüstungen um Uelzen (wie Anm. 283), S. 194. – [348] W. Reinhardt, Zur Frage der Wüstungen in der ostfriesischen Marsch, in: Wüstungen in Deutschland (wie Anm. 230), S. 97 f. – [349] E. Rack (wie Anm. 181), S. 60; vgl. auch W. Reinhardt, Orts- und Flurformen (wie Anm. 6), S. 293, auch S. 280. – [350] Wüstungen in Deutschland (wie Anm. 230); H.-R. Marten, Die Entwicklung der Kulturlandschaft im alten Amt Aerzen des Landkreises Hameln-Pyrmont (Gött. Geogr. Abh. 53), 1969. – [351] Einen vergleichenden Überblick über die Wüstungsquotienten der deutschen Landschaften gibt H. Pohlendt, Die Verbreitung der mittelalterlichen Wüstungen in Deutschland (Gött. Geogr. Abh. 3), 1950; dabei ist entsprechend dem damaligen Untersuchungsstand die Wüstungsbildung im Geestland allerdings wohl zu schwach wiedergegeben. – [352] H. Jäger, Entwicklungsperioden (wie Anm. 229), S. 60 f. – [353] A. Rink (wie Anm. 121), Karte 4. – [354] H. Jäger

(wie Anm. 229), S. 62; in diesen Waldzunahmen sind die Hutung gewordenen wüsten Kulturländereien nicht einmal enthalten. – [355] D. Denecke, Wüstungs- und Wegeforschung in Südniedersachsen, in: Führer zu vor- und frühgeschichtl. Denkmälern Bd. 17, 1970, besonders Karte und S. 20; vgl. auch die Wüstungsangaben in der Historischlandeskundlichen Exkursionskarte 1 : 50 000 (Veröff. Inst. f. Hist. Landesforsch. Göttingen), Bl. Duderstadt, 1964, Bl. Osterode, 1970; O. Fahlbusch, Zur Siedlungsgeschichte des niedersächsischen Mittelgebirges, in: Method. Handbuch f. Heimatforschung in Nds. (Veröff. Inst. f. Hist. Landesforsch. Gött.), 1965, S. 391. – [356] H. Pohlendt (wie Anm. 351), Karte. – [357] G. Osten (wie Anm. 283), S. 185; W. Wegewitz, Wüste Dörfer im Rosengarten und im Stuvenwald, in: Harburger Jb. 1950, 1951; W. Marquardt, Buygenrode und Doddenrode, zwei Wüstungen im Rosengarten, ebd., 1959/60; A. C. Förste, Die Wüstungen Seggern und Bennesmööl bei Bötersheim, Kr. Harburg, ebd., 1965/67; B. U. Hucker, Die Siedlungskammer Flögeln und das Gebiet von Midlum in historischer Zeit, in: JbMännerMorgenstern 53, 1973; B. Scheper, Mittelalterliche Wüstungen im Stadtgebiet Bremerhaven, ebd., 50, 1969. – [358] U. Oberbeck-Jacobs (wie Anm. 118), S. 79 und 101. – [359] K. Brandt (wie Anm. 85); entsprechend auch R. Berner (wie Anm. 112), S. 45. – [360] H. P. Jorzick (wie Anm. 69), S. 210. – [361] H. R. Marten (wie Anm. 350), S. 56. – [362] H. R. Marten (wie Anm. 350), S. 61. – [363] H. R. Marten, Ausmaß und Folgen des spätmittelalterlichen Wüstungsprozesses im niedersächsischen Weserbergland, in: Wüstungen in Deutschland (wie Anm. 230). – [364] D. Fliedner (wie Anm. 264), S. 110. – [365] H. G. Steffens (wie Anm. 94), S. 29 f. – [366] F. Barenscheer (wie Anm. 117) zeigt in zahlreichen Dörfern der Südheide wüste Höfe auf. – [367] W. Meibeyer (wie Anm. 268) führt die Kleindörfer der Hohen Geest auf partielle Wüstungsbildung zurück (S. 27 u. a.). – [368] H. Jäger, Hofgeismar (wie Anm. 48) zeigt an den Städten Hofgeismar und Grebenstein, wie die planmäßige Konzentration einen „inneren Gürtel" von Wüstungen schuf, deren Kulturland von der Stadt aus genutzt und auch später nicht aufgegeben wurde, während die später entstandenen Wüstungen des „äußeren Gürtels" nur teilweise und extensiv genutzt wurden. – [369] Beispiel Amelungsborn s. H. Jäger, Entwicklungsperioden (wie Anm. 229), S. 18. – [370] H. Wiswe (wie Anm. 331), S. 45. – [371] H. Wiswe (wie Anm. 331), S. 43. – [372] O. Fahlbusch (wie Anm. 355), S. 390. – [373] W. Evers, Die Wüstungen des Hildesheimer Landes, in: Neues Arch. f. Nds., H. 15, 1950. – [374] H. Rüther, Verlassene Siedelungen und untergegangene Dörfer auf der Geest des Kreises Lehe, in: JbMännerMorgenstern 9, 1906/07, S. 97 f.; für die Verfahren der Wüstlegung ist beispielhaft das bei W. Abel, Die Wüstungen des ausgehenden Mittelalters, 2. Aufl. 1955, S. 153 f., angeführte Dickholthusen nahe Hildesheim, wüstgelegt von Kloster Marienrode. – [375] H. Jäger, Entwicklungsperioden (wie Anm. 229), S. 17. – [376] H. R. Marten (wie Anm. 350), S. 62. – [377] H. Pohlendt (wie Anm. 351), S. 57. – [378] E. Obst und H. Spreitzer (wie Anm. 118); nach K. Massberg (wie Anm. 137), S. 8, schon Wüstungen um die Asse im 12. Jh. anzunehmen. – [379] G. Osten (wie Anm. 283), S. 187. – [380] An die Möglichkeit einer nachträglichen rationelleren Umstrukturierung von Kolonisationsgebieten denkt auch H. Mortensen, Neue Beobachtungen über Wüstungsbandfluren und ihre Bedeutung für die mittelalterliche deutsche Kulturlandschaft, in: BerrDtLdkde 10, 1951, S. 357, wobei er Drubbel mit Bandfluren als einfachste Erstansiedlung anspricht und bei wirtschaftlichem Vorankommen der Siedlung Ballung und Vergewannung für möglich hält. – [381] A. Krenzlin, Blockflur (wie Anm. 128), S. 256. – [382] H. R. Marten (wie Anm. 350), S. 62. – [383] W. Abel, Wüstungen (wie Anm. 374). – [384] H. Flohn, Klimaschwankungen im Mittelalter und ihre historisch-geographische Bedeutung, in: BerrDtLdkde 7, 1950. – [385] G. Osten (wie Anm. 283), S. 193, betont für den Bevölkerungsrückgang und damit die Wüstungsbildung die Krankheitsanfälligkeit infolge schlechten Ernährungsstandes. – [386] Vgl. Anm. 366. – [387] G. Osten (wie Anm. 283). – [388] G. Oberbeck (wie Anm. 25), S. 101. – [389] U. Oberbeck-Jacobs (wie Anm. 118), S. 81. – [390] H. Jäger, Entwicklungsperioden (wie Anm. 229), S. 37. – [391] H. POHLENDT (wie Anm. 351), S. 39. – [392] W. WÖHLKE, Bremervörde und sein Einzugsgebiet (Schr. Wirtsch.-wiss. Ges. NF Bd. 43) 1952, S. 40. – [393] H. RÜTHER (wie Anm. 374), S. 107. – [394] W. REINHARDT, Orts- und Flurformen (wie Anm. 6), S. 293, weist auf die zur Siedlungsaufgabe führende Vernässung in den Niederungen an der Jümme hin. – [395] W. WÖHLKE (wie Anm. 392), S. 29 ff. – [396] H. R. MARTEN (wie Anm. 350), S. 65. – [397] H. R. MARTEN (wie Anm. 350), S. 65. – [398] H. JÄGER, Entwicklungsperioden (wie Anm. 229), S. 61. – [399] Von H. JÄGER, Hofgeismar (wie Anm. 48), für den Reinhardswald eindrucksvoll verfolgt. – [400] H. KNOKE (wie Anm. 45), S. 197. – [401] G. OBERBECK (wie Anm. 25), S. 123. – [402] So dürfte die Bemerkung von H. POHLENDT (wie Anm. 351), S. 66, zu interpretieren sein, daß die „sandigen Waldgebiete... regional begrenzte Wüstungsherde stärksten Ausmaßes" seien. – [403] H. HESMER und F. G. SCHROEDER (wie Anm. 290), S. 155. – [404] W. JANSSEN (wie Anm. 230), S. 64. – [405] H. JÄGER, Zur Entstehung der heutigen großen Forsten in Deutschland, in: BerrDtLdkde 13, 1954, S. 169. – [406] A. BODE (wie Anm. 337), S. 151 f. – [407] Für die lauenburgischen Nachbargebiete Niedersachsens nachgewiesen von W. PRANGE, Über Ausmaß und Nachwirkung der Wüstung in Ostholstein, Lauenburg und Nordwest-Mecklenburg, in: Wüstungen in Deutschland (wie Anm. 230). – [408] W. MAACK (wie Anm. 19) gibt zahlreiche Beispiele, besonders eindrucksvoll S. 82 ff. und S. 225 f. – [409] J. JÜNEMANN, Erbe und Recht der Waldmarken (achtwort und were) am Hohen Hagen, in: Gött. Jb. 1966. – [410] D. FLIEDNER (wie Anm. 189), S. 171. – [411] H. HOMEIER, Die Entwicklung von Accumersiel und seines Einzugsgebietes, in: Forsch.-Stelle Norderney, Jahresber. 1963, S. 15. – [412] C. WOEBKEN, Die Entstehung des Jadebusen (Nds. Ausschuß f. Heimatschutz H 7) 1934, S. 40. Vgl. auch die Kartenfolge bei H. HOMEIER, Der Gestaltwandel der ostfriesischen Küste im Laufe der Jahrhunderte, in: Ostfriesland im Schutze des Deiches (wie Anm. 6), Bd. II. – [413] H. HOMEIER, Das Wurster Watt, in: Forsch.-Stelle Norderney, Jahresber. f. 1967, Bd. XIX, 1969, S. 48. – [414] H. HOMEIER (wie Anm. 413), S. 47. – [415] H. HOMEIER (wie Anm. 413), S. 83. – [416] H. HOMEIER (wie Anm. 413), S. 93. – [417] E. RACK (vgl. Anm. 215). – [418] M. SCHWALB, Die Entwicklung der bäuerlichen Kulturlandschaft in Ostfriesland und Westoldenburg (Bonner Geogr. Abh. 12), 1953, S. 49. – [419] H. HOMEIER (wie Anm. 411), S. 14/15. – [420] D. FLIEDNER (wie Anm. 189), S. 31 f. – [421] W. REINHARDT, Zur Frage der Wüstungen (wie Anm. 348), S. 97. – [422] C. WOEBKEN (wie Anm. 412), S. 25 und 33.

6. WIEDERAUFBAU UND NEUER LANDESAUSBAU IM 16.–18. JAHRHUNDERT

Die „negative" Siedlungsperiode des 14. und 15. Jahrhunderts wurde im 16. Jahrhundert, teils auch schon in der zweiten Hälfte des 15. Jahrhunderts[423], von einem neuerlichen Aufschwung der Siedlungstätigkeit abgelöst. In der zweiten Hälfte des 15. Jahrhunderts hörte vielerorts der Bevölkerungsrückgang auf, wenn auch noch Seuchenjahre und Notzeiten bezeugt sind[424]. In den meisten Teilen Niedersachsens waren etwa ab 1500 aber offenbar genug Menschen vorhanden, um im Bergland eine teilweise Wiederbesetzung der Wüstungen einzuleiten, um die Lücken in den partiell wüsten Dörfern weitgehend aufzufüllen, um die Markensiedlung in der Geest voranzutreiben, um im Harz die bergbaulichen Möglichkeiten wieder zu erschließen sowie an der Küste die Landverluste in zunehmendem Maße auszugleichen und in Landgewinne zu verkehren. Alle diese Siedlungsbewegungen waren Fortsetzung früherer oder Wiederaufnahme unterbrochener Siedlungstendenzen, aber sie hatten doch gegenüber früher ein anderes Gesicht gewonnen durch die nun überall wirksamen Einflüsse der Landesherren.

Dazu gesellten sich neue Siedlungsbestrebungen: Die bisher unerschlossen gebliebenen, höchstens randlich genutzten oder punkthaft peripher besiedelten Hochmoore wurden nun von der Kolonisation in Angriff genommen und damit zwar langsam, aber stetig eine beträchtliche Vergrößerung des Siedelraumes der niedersächsischen Geest erreicht. Diese Erschließung stand noch im wesentlichen, wenn auch nicht ganz, im Zeichen einer Ausdehnung der landwirtschaftlichen Nutzfläche, sie war insofern eine Fortsetzung früherer Kolonisationen. Wirklich neu waren dagegen die ländlichen Siedlungen auf gewerblicher Basis, die nun vom Landesherrn geschaffen wurden. Neu war auch die Auffüllung der Dörfer durch eine unterbäuerliche, wesentlich gewerbliche Schicht. So war die niedersächsische Siedlungsentwicklung der frühen Neuzeit vielgestaltig und strebte in verschiedene Richtungen. Das Gemeinsame bei allen diesen Tendenzen war der – mehr oder weniger stark ausgeprägte – Einfluß der Landesherrschaft.

Wiederaufbau von Wüstungen

Wüstungsbildung und Wiederaufbau überschneiden sich zeitlich, ganz besonders bei den partiellen Wüstungen, wo der eine Hof noch aufgegeben wurde, während der andere nach einer Zeit des Wüstliegens wieder besetzt werden konnte. Nur der klaren Übersicht halber muß hier zwischen „Wüstungszeit" und „Wiederaufbauzeit" unterschieden werden. Welche Veränderungen mit Hofzersplitterung oder -vergrößerung, Arrondierungen, ganzen Umlegungen von Feldmarken bei der Wiederauffüllung partieller Wüstungen entstanden, wurde bereits angedeutet.

Noch stärker waren die Wandlungen beim Wiederaufbau totaler Wüstungen, wie er im 16. Jahrhundert nach Möglichkeit von Grundherren und Landesherren begonnen wurde. Eine anschauliche Schilderung davon für das südwestliche Bergland (Gegend von Brakel–Höxter) gibt Haxthausen[425]: Die Grundherren „sammelten soviel möglich die Leute, baueten mit ihnen die Häuser wieder auf, unterstützten sie durch Ertheilung von Privilegien und Gerechtsamen, überwiesen jedem soviel Land, als er bauen wollte, ohne auf die alte Hubeneintheilung Rücksicht zu nehmen, welche ohnedem, da mehrere Dorfmarken in Eins zusammenfielen, den Ackerbau sehr beschwerlich gemacht hätte... Die Gutsherren haben in der nunmehro so viel größeren Feldmark eine ganz neue Vertheilung vorgenommen... und ganz nach der benachbarten ostphalischen Meiergutsverfassung jedem Hause eine gewisse Anzahl Morgen zugetheilet und so die Feldmark in Meiergüter, Halbmeiergüter und Köttergüter eingetheilt worden".

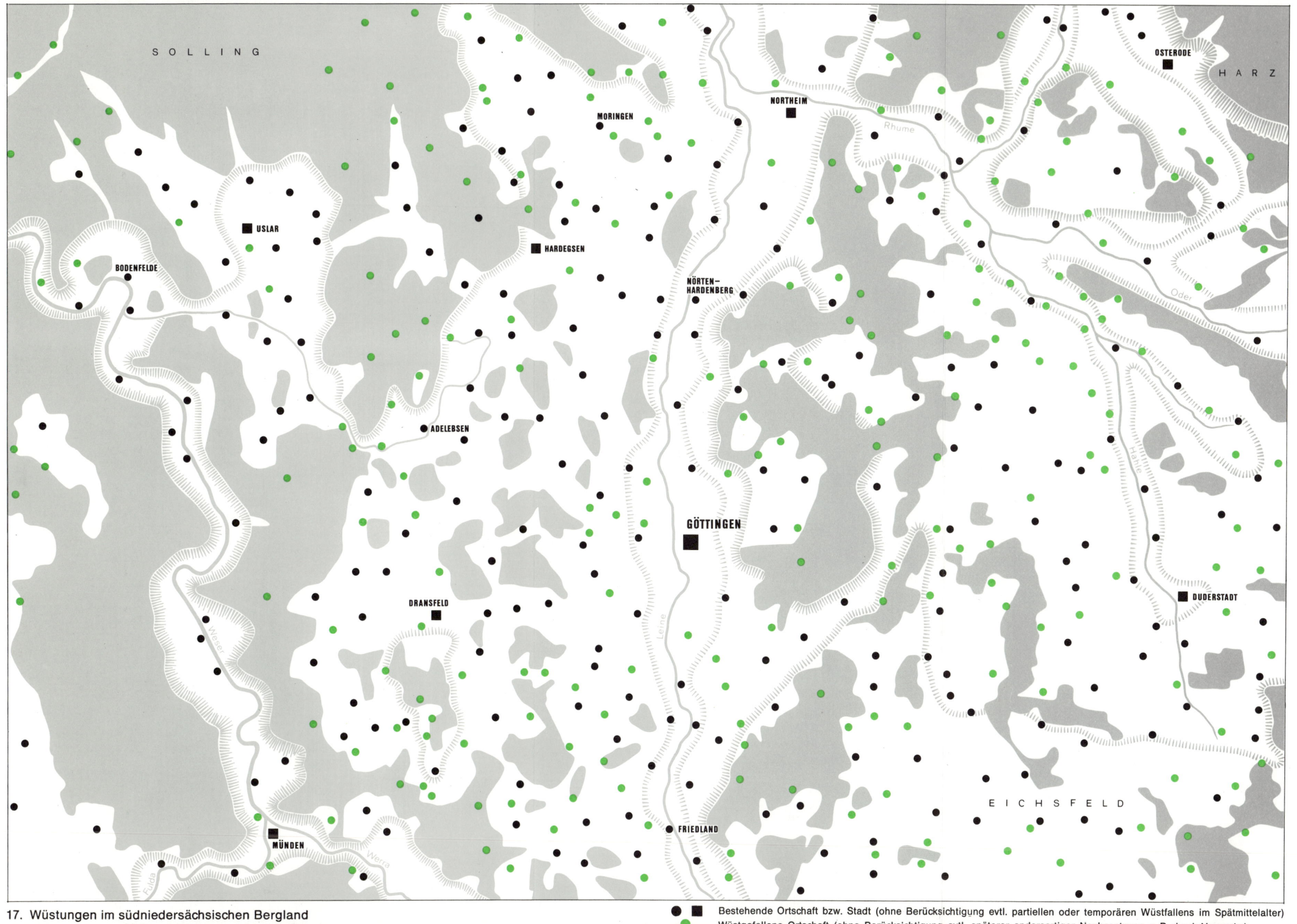

17. Wüstungen im südniedersächsischen Bergland

Bestehende Ortschaft bzw. Stadt (ohne Berücksichtigung evtl. partiellen oder temporären Wüstfallens im Spätmittelalter)
Wüstgefallene Ortschaft (ohne Berücksichtigung evtl. späterer andersartiger Neubesetzung, z. B. durch Vorwerke)
Heutige Waldflächen, generalisiert

Entsprechende Maßnahmen der Wiederbesiedlung mit Schaffung völlig neuer Dörfer und Fluren gingen im 16. Jahrhundert von dem braunschweigischen Landesherrn im südlichen Bergland (Gebiet des Kreises Holzminden), aus [426]. Heinrich d. Ä. legte bereits Anfang des 16. Jahrhunderts auf einstigen Wüstungsfluren die Amthäuser Forst und Wickensen an, Heinrich d. J. gründete im Solling und Vogler mindestens 10 neue Dörfer auf Wüstungsland. Die Neusiedler wurden auch hier in Meier- und Kötnerstellen mit ausreichender Landausstattung angesetzt [427]. Die Dörfer erhielten oft einen planmäßigeren Grundriß als die älteren Siedlungen der Umgebung, wurden als Straßen- oder Angerdörfer, auch um ein annähernd regelmäßiges Straßendreieck oder -viereck angeordnet, geschaffen. Namentlich die späteren Wiederbesiedlungen aus dem 17. Jahrhundert zeigen diese Planmäßigkeit [428]. Auch die neu aufgeteilten Fluren der neuen Dörfer auf Wüstungsland wurden planmäßiger gestaltet; zwar waren es Gewannfluren, doch durch geradlinig schematische und relativ breitstreifige Parzellen von den älteren Gewannfluren merklich unterschieden. Zum Teil trat allerdings auch hier bald kleinstreifige Zersplitterung ein [429].

Die bei der Wiederbesiedlung herangezogenen Siedler waren nicht immer Einheimische. So wurden im hessischen Gebiet, zum Beispiel an der Weser bei Karlshafen, im 18. Jahrhundert auch Hugenotten auf Wüstungsländereien angesetzt [430]. In die Gegend von Rinteln kamen durch den hessischen Landesherrn Kolonisten aus Lippe [431].

Das Interesse des Landesherrn an der Wiederbesiedlung der Wüstungen betraf wohl in erster Linie das Steueraufkommen aus den neuen Kolonien. Dazu mögen Interessen an einer dichteren Siedlung gerade in Grenzgebieten gekommen sein, für Hessen an seiner Nordgrenze im Reinhardswald und an der Oberweser sowie in dem von den Schaumburgern überkommenen Besitz, für Braunschweig in seinen vorgeschobenen westlichen Besitzungen um Solling und Vogler [432]. Ferner wirkten die Peuplierungsbestrebungen der Landesherren im 18. Jahrhundert und das Entgegenkommen grundherrlichen Interessen gegenüber auch zugunsten der Wiederbesetzung von Totalwüstungen.

Die Grundherren waren selbstverständlich daran interessiert, ihren Landbesitz durch Bewirtschaftung wieder in Wert zu setzen. Nicht selten schritten Klöster zur Neugründung von Dörfern auf Wüstungsland, wie etwa Kloster Bursfelde und Helmarshausen [433], in der Brakeler Gegend Kloster Bödeken [434]. Nicht immer aber führte das grundherrliche Interesse zur Neubegründung von Dörfern. Vielmehr ließen sich die Grundherren, besonders nach mehrmaligem Wüstfallen ihrer Höfe, manchmal an der Vergabe der Ländereien genügen, ohne die Höfe wieder errichten zu wollen, wie zum Beispiel im Gebiet von Uelzen [435]. Häufiger war die Übernahme wüsten Landes in Eigenwirtschaft unter Errichtung von Vorwerken.

Diese Form der Wiederbenutzung kam dem im 16. und 17. Jahrhundert sehr verbreiteten Streben des Adels nach Eigenbewirtschaftung bisher vermeierten Grundbesitzes und Errichtung von Gütern entgegen. Die Güter wurden oft Ansatzpunkte für kleine Landarbeiter-, Brinksitzer- und Anbauersiedlungen, die vom Gutsherrn gefördert wurden, damit dem Großbetrieb die Arbeitskräfte gesichert waren [436], so daß schließlich auch hier Gruppensiedlungen auf altem Wüstungsland entstanden. Die Nutzung von Wüstungsland durch neuerrichtete Güter – wobei die alten Dorffluren nunmehr zu Flurblöcken zusammengefaßt wurden – war im ganzen Bergland, aber auch im Geestland häufig [437].

Das Ausmaß der landes- und grundherrlichen Bemühungen um Wiederaufsiedlung der Wüstungen im 16.–18. Jahrhundert ist im ganzen schwer zu bestimmen: Es werden immer mehr Fälle bekannt, wo bestehende Siedlungen temporär wüst gelegen und dann eine Aufsiedlung erlebt haben [438]; ferner ist mit den Rückschlägen durch den 30jährigen Krieg zu rechnen, durch die manche begonnene Wiederauffüllung partiell wüster Dörfer unterbrochen und komplizierter gestaltet wurde [439], so daß die Anstrengungen der Wiederbesiedlung mehrfach wiederholt werden mußten. Nach dem 30jährigen Kriege schaltete sich die Landesherrschaft bald nachdrücklich in die Wiederbesetzung der Höfe ein, gewährte dem neuen Hofwirt verminderte Abgaben, Freijahre, Freisetzung vom Kriegsdienst [440]. So verstärkten sich im ausgehenden 17. Jahrhundert die Wiederbesiedlungsbestrebungen besonders, nun auch im Zusammenhang mit Peuplierungsvorstellungen [441]. – Noch schwerer zu übersehen ist das Ausmaß der Wiederrodungen von wüstem Kulturland durch die einzelnen Bauern, vor allem durch die landhungrigen kleinen Stellen. Die Landesherrschaft unterstützte zum Teil diese Bestrebungen, um den kleinen Kötnerstellen zu Land zu verhelfen [442]. Anreiz zu solcher Wiederrodung war wohl auch die Regelung, daß wiedergerodetes Land Erbland wurde.

Trotz aller Anstrengungen zur Wiederbesetzung wüster Höfe, Wiedergründung wüster Dörfer und Wiederrodung wüsten Landes, die vom Landesherrn, Grundherrn und schließlich auch vom Bauern selbst unternommen wurden, sind die Wirkungen der spätmittelalterlichen Wüstungsbildung doch nicht ausgelöscht, wie zum Beispiel die zahlreichen Hochäcker unter Wald oder unter Heideflächen vor Augen führen. Allgemein wirkte auf den armen Geestböden die Düngerknappheit der erneuten Nutzung entgegen; andererseits verhinderten auch Wandlungen in der Siedlungs- und Wirtschaftsstruktur, die sich inzwischen vollzogen hatten, die vollständige Wiederaufsiedlung, vor allem die nunmehrige Wertschätzung des Waldes und die Herausbildung von Großdörfern.

Ausbau der bestehenden Siedlungen
Unterbäuerliche Schichten

Eng mit dem Wiederaufbau von partiell wüsten Dörfern ist ein Ausbau durch neue kleine Stellen verbunden. Aber auch unabhängig von Wüstungserscheinungen wurden im 16. bis 18. Jahrhundert als Ausdruck des Bevölkerungswachstums zahlreiche neue Stellen geschaffen. Eine nennenswerte Ausstattung mit Land war bei ihnen nicht mehr möglich, da die restlichen Markenflächen für Weide unentbehrlich waren. So beschränkten sich die neuen Stellen auf Haus mit Stall und Garten, dazu manchmal einen kleinen Kamp oder einen gekauften oder gepachteten Feldlandstreifen. Viehhaltung wurde auf Grund von an die Markgenossen entrichteten Weidegeldern, selten auf Grund gewohnheitsmäßiger Duldung, getrieben. Der Haupterwerb mußte in Tagelohn oder Gewerbe gesucht werden. Damit kam ein neues Element in die bisher im wesentlichen bäuerlichen oder jedenfalls rein landwirtschaftlichen Siedlungen.

Die engste Bindung an die Landwirtschaft durch eine relativ starke Viehhaltung (zum Teil mit gekauftem Futter oder auf gepachtetem Grünland) [443] sowie durch Besitz wenigstens eines kleinen Kampes hatte diese Nachsiedlerschicht in den Geestgebieten. Zum kleinen Teil entstand sie noch ebenso wie die früheren Kötnerschichten durch Ausstattung vom Hof aus [444]; im allgemeinen dankte sie ihre Entstehung dem landesherrlichen Interesse an neuen Gefällen und an der Unterbringung landsuchender Bevölkerung, auch altgedienter Soldaten (gelegentlich diente sie auch als Lockmittel bei der Soldatenwerbung wie in Hoya) [445]. Kleine Gruppen von Nachsiedlern wurden bei den Gütern angesiedelt, da der Gutsherr sich Arbeitskräfte sichern wollte – die Frondienste waren zum Teil schon abgelöst und offenbar nicht ausreichend. Auch auf Kirchenland fanden Nachsiedlungen statt, zum Beispiel im Umkreis der alten Kirchenbefestigungen – hier wohl hauptsächlich, weil in den Speichern bereits Bauten zu notdürftigem Wohnen zur Verfügung standen.

Daß entgegen dem Interesse der Dorfschaft an der ungeschmälerten Erhaltung der restlichen Marken der Landesherr die Schaffung neuer Stellen durchsetzen konnte, ergab sich aus den veränderten Rechtsverhältnissen in der Mark: In den meisten Marken hatte der Landesherr die Holzgerichte an sich gebracht; für seine Tätigkeit als Holzrichter beanspruchte er zunächst Nutzungen, dann Teile der Mark zu eigener Verfügung und warf sich schließlich in vielen Gebieten zum Eigentümer der Markengründe überhaupt auf (zum Beispiel in Oldenburg), in denen nunmehr den Markgenossen nur noch Nutzungsrechte – hauptsächlich die Weiderechte – zugestanden wurden [446]. Damit lag die Entscheidung über Zuschläge und Landausweisungen zu Siedlungszwecken nunmehr beim Landesherren, nicht mehr bei den Markgenossen, wenn diesen auch noch gewisse Vorschlags- und nominelle Einspruchsrechte eingeräumt blieben [447].

Die neuen Stellen wurden zunächst meist noch als Kötner, nunmehr „Kleinkötner" bezeichnet, in Hoya und zum Teil im Oldenburgischen bis etwa 1600, im Bremischen bis ins 17. Jahrhundert [448], ähnlich im Wendland [449]. Die folgenden Nachsiedler wurden Brinksitzer genannt – im Emsland schon seit 1500 auftretend [450]. Ein struktureller Unterschied zwischen beiden Gruppen ist nicht festzustellen. Die Abgaben waren bei beiden gering, zu Diensten – außer etwa Hirtendiensten, Botendiensten – wurden sie nicht herangezogen, so daß sie sich in Notzeiten gegenüber den schwer mit Abgaben belasteten großen Höfen relativ günstig standen. Zu den „Reiheleuten" der alten Dorfschaft gehörten sie nicht mehr und hatten keinerlei Markenrecht; das wirkte sich zunächst praktisch kaum aus, trat aber bei den Gemeinheitsteilungen als schwerer Nachteil zutage.

Die Nachsiedler der Geestgebiete, ob Kleinkötner oder Brinksitzer, hatten hier und da noch Möglichkeiten, sich Land durch Kauf oder Pacht zu verschaffen, da sie durch ihre gewerbliche oder Saisontätigkeit über Bargeld verfügten und die großen Höfe oft schwer verschuldet waren [451]. Häufigere Aufstiege zu bäuerlichen Stellen wurden später im Zusammenhang mit den Gemeinheitsteilungen möglich (s. S. 371 f.). Im großen und ganzen blieben aber die Nachsiedler der Geest auf Lohnarbeit auf größeren Höfen und Gütern, Handwerk, Saisonarbeit zum Beispiel beim Grasmähen in den friesischen Marschen oder beim Torfstich, vor allem auf Hollandgang und auf Textilgewerbe, örtlich auch auf Schiffahrt, als Hauptlebensunterhalt angewiesen.

Die Hollandgängerei setzte um 1600 im dicht bevölkerten Fürstentum Osnabrück ein, erfaßte Südoldenburg, Diepholz, Land Hadeln, das Emsland, schließlich das ganze niedersächsische Geestland und auch Bezirke am Gebirgsrand. Sie erreichte im 18. Jahrhundert ihren größten Umfang, um dann langsam abzunehmen, wodurch die Lage der Nachsiedler im 19. Jahrhundert gefährdet wurde. Die Wanderarbeiter fanden in den Niederlanden Beschäftigung im Bauhandwerk, Deichbau, Moorkultivierung, Erntearbeit, Gärtnerei, im Hausierhandel mit Textilien und in der Milchwirtschaft [452]. – Das Textilgewerbe beruhte teils auf eigenem Flachsbau, durch den auch die kleinsten Kämpe noch rentabel wurden. Spinnen und Weben von Leinwand war zum Beispiel im Wendland wichtigste Lebensgrundlage [453], aber auch im Oldenburgischen und Hoya weit verbreitet; seinen Schwerpunkt hatte es in Minden-Ravensberg, Tecklenburg, dem Osnabrücker Land.

Die wesentlich auf Hollandgängerei beruhende Existenz vieler Nachsiedlerstellen barg eine Problematik in sich, auf die Wöhlke [454] hinweist (für den Raum Bremervörde): „Die Hollandgängerei wurde solange betrieben, bis genügend Geld zur Gründung oder Erweiterung einer eigenen Stelle vorhanden war; dann wurde die neue Stelle mehr und mehr zur Existenz. Ihr Besitzer wurde in zunehmendem Maße vom Gelderwerb am Ort abhängig. Er konnte nur existieren, solange er genügend Aufträge erhielt. Hierfür war ...

Größe und Struktur seines Dorfes maßgebend. Gerade als die Hollandgängerei vorüber war, war es nur von einer bestimmten Dorfgröße ab möglich, kleine lebensfähige Handwerkerstellen zu gründen." So konnte sich wirtschaftliche „Fehlverteilung" der neuen Stellen ergeben. Andererseits unterstreichen diese Überlegungen die Bedeutung des wenig standortgebundenen Textilgewerbes und die Begünstigung des Ravensberg–Osnabrücker Gebiets, wo Hollandgang und Textilgewerbe sich ergänzen konnten und entsprechend die Nachsiedlung so dicht wie sonst nirgends wurde.

Im Bergland und in den Börden des Gebirgsvorlandes konnte sich die Nachsiedlung durch Kleinkötner und Brinksitzer nicht mehr auf Markenland stützen. Bevölkerungsdruck und landesherrliche Förderung ließen aber auch hier, vor allem im braunschweig–wolfenbüttelschen Gebiet, viele Nachsiedlerstellen entstehen. Diese waren fast ausschließlich auf gewerbliche Tätigkeit angewiesen, denn sie verfügten – außer Haus mit Garten – über kein Land und konnten höchstens gegen Zahlung von Weidegeld etwas Vieh halten. Die gewerblichen Möglichkeiten waren hier allerdings weit besser als in der Geest: Zu dem allgemein verbreiteten Leinengewerbe, das vom Landesherrn gefördert wurde, kam Beschäftigung in Steingewinnung und Bergwerken, Blankschmieden und Hammerwerken, Köhlerei und Glashütten, zusätzlicher Verdienst durch Fracht- und Vorspannfuhren [455], als Salzkärrner und Salzpfänner in den verschiedenen Salzsiedereien des Berglandes, als Töpfer und Tonwarenhändler beispielsweise im Gebiet von Duingen, als Hausierhändler mit verschiedenen Handwerkserzeugnissen. Dazu kam Lohnarbeit auf Gütern und zum Teil auch schon Wandergewerbe, das sich dann vor allem im 19. Jahrhundert im Eichsfeld (Maurer) und Lippe (Ziegler) entwickelte.

Die landesherrliche Ansetzung von Kleinkötnern und Brinksitzern verschaffte nicht nur Eingesessenen eine neue Stelle, sondern führte auch Siedler von außerhalb in die Dörfer, zum Beispiel in den Soldatensiedlungen in Braunschweig–Wolfenbüttel, Schaumburg–Lippe und dem schon erwähnten Hoya, aber auch bei der Ansetzung von Handwerkern. Die Ansiedler kamen manchmal aus größerer Entfernung, so wird Zuzug in die Brinksitzerstellen des „Wüstenlandes" im Kreis Oldenburg von Leuten aus der Gegend von Bielefeld, Salzuflen, Iburg u. a. erwähnt [456].

Die Veränderung des Siedlungsbildes durch die Nachsiedlerstellen war im Geest- und Bergland unterschiedlich. In den Marken der Geest und des Osning-Gebiets verstärkte sich die Streusiedlung – am stärksten im Osnabrückschen. Die vom Landesherrn in größeren Gruppen angesetzten Kleinkötner und vor allem Brinksitzer bildeten, zum Beispiel in Hoya und Oldenburg, mehr oder weniger planvolle, an Straßen und Wegen ausgerichtete Siedlungen. Im Gebirgsvorland um Braunschweig entstanden kleine Kötner- und Brinksitzerdörfer ebenfalls mit deutlicher Ausrichtung an den Wegen [457]. Andererseits wurden die alten Dörfer Südniedersachsens in regelloser Weise verdichtet und auch randlich erweitert. Bei der verdichtenden Ansetzung zwischen älteren Höfen mag es sich zum Teil um Wiederbesetzung einst wüst gewordener Stellen gehandelt haben. Die „Brinke", die Tieplätze, die Kirchhöfe wurden ebenfalls von den Brinksitzern besetzt. Durch diese Nachsiedlung erreichten die großen Dörfer des Berglandes und Gebirgsvorlandes eine sehr hohe Baudichte, die bei Bränden der Fachwerkbauten zu verheerenden Zerstörungen führte und daher im 18. Jahrhundert durch landesherrliche Vorschriften möglichst verringert werden sollte.

Eine weitere unterbäuerliche Schicht, die sich gleichzeitig entwickelte, aber anders strukturiert war, bildeten die H e u e r l i n g e . Diese „Pächter mit Arbeitsverpflichtung" erhielten vom Bauern Wohnung und ein Stück Land gegen billige Pacht und verpflichteten sich dafür zu einer bestimmten Zahl von Arbeitstagen auf dem Hof [458/459] (vgl. Bd. III, Kap. 3).

Das Heuerwesen begann bereits im 16. Jahrhundert im Osnabrückschen und nahm Anfang des 17. Jahrhunderts starken Aufschwung. Es wurde wegen der Gesindenot und der Markenschädigung von der Regierung zunächst bekämpft, nach 1600 aber fand sich die Osnabrücker Regierung mit ihm ab, erhob nunmehr von den Heuerstellen Abgaben und fing dann auch an, sie zu fördern [460]. Schließlich verbreitete sich das Heuerwesen im ganzen westlichen Niedersachsen, in Minden–Ravensberg, im Emsland, im Oldenburger Münsterland [461].

Der Einfluß der Heuerlingskotten auf das Siedlungsbild war beträchtlich, vor allem durch die Verstärkung der Streusiedlung, aber auch durch die Kultivierung oder Rekultivierung von Außenfeldern. Wie sehr das Siedlungsnetz durch die überall verstreuten Heuerlingskotten verdichtet worden ist, läßt sich daraus entnehmen, daß zum Beispiel in Ravensberg 1770 die Heuerlinge zwei Drittel der gesamten Bevölkerung ausmachten, daß 1718 im Hochstift Osnabrück die Zahl aller bäuerlichen Stellen zusammen von der der Heuerstellen schon fast erreicht war [462].

Während die Heuerstellen als Pachtstellen zwar keinen Bodenbesitz, aber doch eine Bindung an den Boden aufwiesen, waren die im 16. und 17. Jahrhundert in schnell wachsender Zahl nachweisbaren H ä u s l i n g e oder E i n l i e g e r eine Bevölkerungsschicht ohne Bodenbindung, die auf den Höfen zur Miete wohnte. Sie war in Leibzuchthäusern, die gerade nicht gebraucht wurden, in Speichern, Schuppen, Backhäusern und ausgebauten Ställen mehr oder weniger kümmerlich untergebracht. Die Einlieger arbeiteten zum Teil beim Bauern und unterschieden sich dann nur durch die eigene Haushaltsführung vom Gesinde, gingen aber auch allen möglichen gewerblichen Tätigkeiten, die sich boten, nach. Die Häuslingsschicht war wohl die Grundschicht, aus der sich sowohl die Pächter auf den Heuerlingsstellen als schließlich auch die im eigenen Hause sitzenden Brinksitzer, bzw. ihre spätere Nachfolgeschicht, die „Anbauer", rekrutierte. Für das Siedlungsbild spielten sie insofern keine große Rolle, als zu ihrer Unterbringung höchstens einmal An- und Ausbauten vorhandener Gebäude geschaffen wurden, wohl niemals aber Neubauten entstanden, wie sie eventuell noch für die Heuern erstellt wurden. Dennoch verdient das Einliegerwesen dieser Jahrhunderte Betonung als der faßbare Anfang des Mietwohnungswesens ländlicher Siedlungen, also als Anfang einer für das 19. und 20. Jahrhundert sehr wesentlichen Siedlungsentwicklung. Hier erscheinen auch erstmals Wohn- und Arbeitsstätte als unabhängig voneinander, eine wesentliche Entwicklung, die sich auch bei der Wanderarbeit und der gewerblichen Arbeit der Brinksitzer teilweise anbahnt.

Die gewerblichen Neusiedlungen

Die merkantilistische Förderung des Gewerbes durch die Landesherren, die besonders stark in den braunschweig-wolfenbüttelschen Landen ausgeprägt war, führte zu einer neuen Erscheinung im Siedlungsbild besonders des Berglandes: Zu Arbeiterwohnsiedlungen bei neuen Manufakturen, Siedlungen, die nicht Anhängsel älterer landwirtschaftlich ausgerichteter Dörfer bildeten wie viele Brinksitzersiedlungen, sondern neue selbständige Siedlungseinheiten darstellten. Ein charakteristisches Beispiel ist der Glashüttenort Grünenplan im Hils, in einem Gebiet älterer Wanderglashütten von 1749 ab als planmäßig rechtwinklige Anlage von Wohnhäusern mit Garten- bzw. Wiesengrundstücken für die Beschäftigten der Spiegelglashütte von Herzog Karl I. von Braunschweig-Wolfenbüttel geschaffen. Andere Beispiele sind das Dorf Fürstenberg an der Weser, ebenfalls auf Initiative Karls bei der von ihm gegründeten Porzellanmanufaktur entstanden, oder das Dorf Hellental im Solling bei einer Glashütte, 1754–56 errichtet; weitere Siedlungen im Solling, die den merkantilistischen Manufakturgründungen ihre Entstehung verdanken, sind Schorborn, Mühlenberg, Fohlenplacken [463]. So wurde der Solling, der vor der Wüstungsperiode wohl durch kleine Viehwirtschaftssiedlungen teilweise erschlossen, dann aber wieder aufgegeben war, neuer wirtschaftlicher und Siedlungsnutzung zugänglich gemacht. Vorläufer der gewerblichen Dauerniederlassungen waren zum Teil die unständigen kleinen Siedlungen bei den Wanderglashütten, die bereits im 16. Jahrhundert nachweisbar sind.

Die größte Ausbreitung planmäßig angelegter Gewerbesiedlung war im Harz zu verzeichnen. Auch hier war die Initiative der Landesherren entscheidend. Das waren im Oberharz um 1500 die Herzöge von Braunschweig und von Grubenhagen und die Grafen von Hohnstein. Bereits im 15. Jahrhundert wurde hier und da der Bergbau, der in der Wüstungsperiode fast ganz zum Stillstand gekommen war, wieder belebt, so bei Grund, am Rammelsberg, in Eisenhütten bei Kamschlacken und Riefensbeek; Bergbauversuche wurden bei Andreasberg unternommen. Aber der eigentliche Aufschwung setzte mit der systematischen Werbung von Bergleuten vor allem im Westerzgebirge sowie mit dem Erlaß der „Bergfreiheiten" durch die Landesherren etwa in den 20er Jahren des 16. Jahrhunderts ein[464]. Die zum Teil nach dem Muster erzgebirgischer Bergwerksrechte gebildeten Bergfreiheiten (zum Beispiel Freiheit von manchen Steuern, freies Feuer- und Bauholz, Zehnterlaß für die Anfangszeit, Rechtsschutz und gewisse Selbstverwaltung, Freizügigkeit) reizten die ohnehin relativ mobile Bergmannsbevölkerung zur Niederlassung im menschenleeren Harz. Vielfach scheinen ganze Trupps von Bergleuten aus dem Erzgebirge mit den von den Herzögen herangezogenen einzelnen Bergbeamten mitgekommen zu sein.

Der Aufschwung der einzelnen Bergbauorte ging außerordentlich schnell: Zellerfeld war 1486 noch unbewohnt, 1526 wurde Bergbau in der Nähe betrieben, 1532 erhielt die Siedlung schon Stadtgerechtsame, 1538 besaß sie bereits Kirche und Schule[465]. In Wildemann wurde 1524 der Bergbau aufgenommen, 1532 die Silberhütte angelegt, 1529 stand noch kein Haus, 1534 wurde die Siedlung schon Stadt[466]. Der Abbau bei Clausthal war 1544 im Gange, 1554 standen Schmelzhütte und Pochwerk und wurde die Bergfreiheit verliehen, 1560 war die Stadt voll entwickelt, und trotz verschiedener Rückschläge durch Seuchen und Brand zählte sie nach etwa 100 Jahren 475 Wohnhäuser[467]. In Andreasberg, für das der Graf 1521 die Bergfreiheit erließ, begann in den 1520er Jahren ein Massenzuzug, durch den in etwa einem Jahrzehnt 300 Häuser entstanden. In erstaunlichem Tempo also wurden der Bergbau und die Siedlung ausgebreitet, um 1550 waren die „Sieben Bergstädte"[468] und eine ganze Reihe von Hüttensiedlungen bereits aufgebaut.

Während die Lage der Bergstädte sich im wesentlichen nach den Erzvorkommen richtete, war für die Hüttensiedlungen zunächst die Lage im Tal notwendig, um das erforderliche Antriebswasser zum Hüttenbetrieb zur Verfügung zu haben. Später, mit dem Fortschreiten der Technik der Wasserführung und dem Entstehen der vielen Stauteiche und kunstvollen Grabensysteme entfiel diese enge Bindung. Um die Wassermengen für Schachtförderung, Pumpen, Pochwerke, Erzwäsche, Blasebälge, auch für die zuarbeitenden Sägemühlen zu erhalten, wurden vom 16. Jahrhundert ab, vor allem aber in der Zeit von 1700–1750 zahllose Graben- und Teichbauten durchgeführt[469].

Siedlung auf anderer als bergbaulicher Basis fehlte zwar nicht ganz, trat aber völlig zurück. Beispielsweise wurde bei Torfhaus seit 1573 Torfstich versucht, und im 18. Jahrhundert bildete sich dort eine Niederlassung; Buntenbock war Viehzuchtsiedlung, außerdem von vielen Fuhrleuten bewohnt; auch Wanderglashütten nutzten die Holzungen und hatten im Südharz, namentlich um Sachsa, einen Schwerpunkt[470]. Während in den Bergstädten die Bergleute und damit die Erzgebirgler dominierten, kamen in den dörflichen Siedlungen zu den Hüttenleuten später Fuhrleute, Waldarbeiter und Köhler, die zumeist aus den Randgebieten des Harzes aus niedersächsischen Dörfern stammten[471]. Eine stärkere Berufsmischung und vor allem die Entwicklung von Handel und Handwerk in den Harzorten wurden von den Landesherren nicht gefördert, zeitweilig sogar bewußt auf das zur Versorgung der Bergleute notwendige Maß beschränkt. Die Viehhaltung blieb in engen Grenzen, denn die Rodung von Wiesen wurde hintan gehalten, um die Holzungen für Bergbauzwecke zu schonen[472]. So kam die Viehwirtschaft höchstens als Nebenerwerb der Bergleute in Betracht, und Ackerbau fehlte ganz.

Wegen ihrer völligen Einseitigkeit war die wirtschaftliche Basis der Harzsiedlungen labil, und es kam nach dem schnellen Aufstieg immer wieder zu – örtlich verschiedenen – Stillstands- und Rückgangsperioden. Je nach Lage des örtlichen Bergbaus fluktuierte die (freizügige!) Bergmannsbevölkerung, zahlreiche Häuser standen zeitweilig leer; auch ein Rückstrom der zugezogenen Bergleute in die Heimatgebiete oder andere Bergbaugegenden ist nachweisbar[473]. Um die krisenanfällige Bergbaubevölkerung, die mit ihrer Getreideversorgung völlig vom Harzvorland abhängig war, zu sichern und im Lande zu halten, legten die Landesherren Kornmagazine an und schufen manche frühen Sozialeinrichtungen[474]. Doch blieb ein ständiges, örtlich differenziertes Auf und Ab – je nach Ertrag und technischen Schwierigkeiten des Bergbaus – für die Entwicklung der Bevölkerung und Siedlung im Harz vom 16. bis zum Beginn des 19. Jahrhunderts kennzeichnend.

Erschließung der Hochmoore

Zur gleichen Zeit, als sich durch gewerbliche Siedlungsneugründungen und den Ausbau der älteren Dörfer durch unterbäuerliche, überwiegend gewerbliche Schichten bereits eine neue, nicht mehr landwirtschaftlich ausgerichtete Siedlungsentwicklung anbahnte, vollzog sich in Niedersachsen eine letzte großflächige Landnahme in der einzigen noch unerschlossenen Landschaft, den Hochmooren. Diese Landnahme war zwar bis zum gewissen Grade mit gewerblichem Interesse an der Torfgewinnung verbunden, hatte aber als Endziel landwirtschaftliche Besiedlung.

Früher hatte sich die Nutzung der großen, praktisch herrenlosen Moorflächen auf randlichen Torfstich und Weidenutzung von den angrenzenden Geestgemeinden aus und vereinzelte, randlich bleibende Siedlungsvorstöße beschränkt. Die Hochmoorflächen blieben unerschlossen, waren allerdings in ihrem natürlichen Wachstum gestört und randlich mehr oder weniger zufällig schon etwas entwässert. Die Periode der Randnutzung wurde nun im 17. Jahrhundert durch systematisches, mit Entwässerung verbundenes, großflächiges Vorstoßen gegen die Hochmoore abgelöst, das teilweise von privaten Unternehmern, in der Hauptsache aber vom Landesherrn ausging, der nunmehr über die Moorflächen sein Verfügungsrecht geltend machte.

Der Anfang wurde damit im westlichen Ostfriesland gemacht, wo man das Beispiel der erfolgreichen holländischen Moorkolonisation im Groninger Raum unmittelbar vor Augen hatte. Ebenso wie bei den Holländern wurde zunächst der Torfgewinnung besonderes Interesse zugewandt. So gingen die ersten Vorstöße in das Ostfriesisch-Oldenburgische Hochmoorgebiet von Emdener Unternehmern aus, die Brenntorf für die Stadt gewinnen wollten und 1633 die erste ostfriesische F e h n k o l o n i e Großefehn anlegten. Die „Fehngesellschaft" ließ sich vom Landesherrn die entsprechenden Flächen in Erbpacht abtreten, legte die Entwässerungskanäle an, die zugleich der Verkehrserschließung dienten, und setzte Siedler an, die nun zunächst den Torf abzubauen hatten. Der Torf wurde auf den Kanälen zur Verkaufsstelle transportiert. Die Siedler verdienten ihren Unterhalt vielfach zunächst als Tagelöhner bei den Kanalarbeiten, nach Anweisung der Stelle durch Verkauf des Torfs, zum Teil auch durch die Torfschiffahrt. Erst nach dem Abtorfen einer genügend großen Fläche begann die landwirtschaftliche Arbeit; der Braununtergrund des Moores, mit Bunkerde vermischt und gedüngt (oft auch mit Schlick), ergab einen für verschiedenen Anbau geeigneten Boden. Um die langwierige Vorarbeit für den Anbau nicht gar zu lang werden zu lassen, wurden die Kolonate klein (selten mehr als 3–4 ha) ausgelegt. Aber die Verfehnung von 3 ha dauerte immer noch 50 Jahre im Durchschnitt. Bevor dies letzte Ziel der Fehnkultur erreicht war, trieben die Siedler auf dem erst teilweise abgetorften Moor notdürftigen Buchweizenanbau und hielten nach Möglichkeit Vieh. Wegen der Weideflächen waren als Ansatzpunkte der Fehne – wie übrigens aller Moorkolonien – natürliche Wasserläufe mit Grünland bevorzugt; diese waren zugleich Vorfluter der Kanäle und erleichterten den Abtransport des Torfs [475].

Etwa gleichzeitig mit Großefehn entstand im münsterschen Emsland die Fehnkolonie Papenburg. Dort kaufte der Drost Dietrich von Velen 1630 eine alte bischöflich münstersche Grenzfeste und legte auf den anschließenden Moorländereien nach 1638 eine Fehnkolonie an, die sich nach langsamer Anlaufzeit dann vor allem durch den Schiffbau stark entwickelte und mit ihrer Verbindung zur Ems zur Hafenstadt und zur größten niedersächsischen Fehnkolonie wurde [476].

Die ostfriesische Fehnkultur wurde bis ins 18. Jahrhundert von privaten Gesellschaften getragen, auch noch in den 1760er Jahren, als die Fehnsiedlung von dem zuerst erschlossenen Hochmoorgebiet östlich Emdens in die Hunte-Leda-Niederung übergriff (West- und Ostrhauderfehn) und sogar noch 1794, als ein Moorvorsprung bei Norden von einer Nordener Gesellschaft, die sich den Torfabbau selbst vorbehielt, erschlossen wurde. Erst als im 19. Jahrhundert Ostfriesland an Hannover übergegangen war, setzte auch staatliche Fehnkolonisation ein (Georgsfehn 1825). Im benachbarten Oldenburg kam die Moorerschließung durch Fehne erst im 19. Jahrhundert in Gang, dann ebenfalls als staatliche Kolonisation.

Die Entwicklung der Fehnkolonien war allgemein langsam und mühsam, aber doch stetig, vor allem wegen der Nebenverdienstmöglichkeit durch den

Torfverkauf und die Schiffahrt (die meist eine nennenswerte, auch Hochseeschiffahrt treibende Bevölkerung entstehen ließ)[477]. Wesentlich für die Aufwärtsentwicklung der Fehne war sicher auch die aus der Nähe stammende und mit der schweren Arbeit vertraute Bevölkerung, die sich anfangs aus Heuerleuten, Knechten und nachgeborenen Bauernsöhnen, später dann aus dem Bevölkerungsnachwuchs der Fehne selbst rekrutierte. Vollwertige Bauernsiedlungen entstanden allerdings nicht, auch nicht nach vollständiger Abtorfung der ausgelegten Flächen; vielmehr stagnierte die Siedlungsentwicklung dann, und die Fehntjer blieben auf nichtlandwirtschaftlichen Nebenerwerb bzw. auch Haupterwerb (in Schiffahrt, Handwerk, später meist als Pendler) angewiesen.[478]

Die andere, etwa gleichzeitig von den Niederlanden übernommene Form der Moorkultivierung, die B r a n d k u l t u r, war ausschließlich auf die Schaffung landwirtschaftlicher Nutzfläche gerichtet und brachte keinerlei gewerblichen Gewinn durch Torfstich. Sie fand viele Anhänger, weil sie nach oberflächlicher Entwässerung der Hochmoorparzellen schon im zweiten Jahr eine Buchweizeneinsaat ermöglichte, im 3. und 4. Jahr Kornanbau erlaubte und etwa 6–7 Jahre gute Erträge versprach. Die bei der Fehnkultur so langdauernden Vorbereitungen mit tiefen Entwässerungskanälen und schwerer Abtorfarbeit wurden dabei gespart; dafür blieben freilich die auf Brandkultur basierenden Kolonien ohne Verkehrsaufschließung durch Kanäle, ohne Verdienstmöglichkeiten durch Torfverkauf und Torfschiffahrt, ohne dauerhaft brauchbare Grünland- und Ackerböden, denn nach 8 Jahren Anbau mußten die Brandäcker sich etwa 25 Jahre erholen. Wenn Kolonien von Brandkultur leben sollten, brauchten sie daher riesige Flächen (für das linksemsische Georgsdorf wird angegeben[479], daß bei insgesamt 4500 Mg. Baufläche nur 900 Mg. gleichzeitig in Nutzung sein konnten). Dazu kam als Schwierigkeit noch die Frostanfälligkeit der Hauptfrucht, des Buchweizens, überhaupt die Unsicherheit der Ernten.

Frühe Kolonien auf der Basis der Brandkultur entstanden – meist mit Söhnen der Höfe besetzt – in der Grafschaft B e n t h e i m (um 1650 Alte Piccardie). Sie wurden vom Grafen gefördert, kamen aber sehr langsam voran (erst 1725 Ansatz zur nächsten Kolonie). Weit größeren Umfang hatte das 1788 vom Fürstbistum Münster eingeleitete Siedlungsunternehmen, das den ganzen Streifen des Bourtanger Moores zwischen der niederländischen Grenze und der Ems betraf[480]. Um die Landesgrenze zu sichern, über die 1764 eine Auseinandersetzung abgeschlossen war, und um überschüssige Bevölkerung, vor allem Heuerleute, unterzubringen, wurden hier auf dem Markenboden der alten Dörfer an der Ems insgesamt 14 neue Kolonien mit 341 Stellen ausgelegt. Für Abwässerung und Wege sollten die Altdörfer sorgen; sie erhielten dafür und vor allem zur Abgeltung ihrer Markenrechte die jährliche Erbpachtzahlung der Neusiedler (nach 10 Freijahren). Die Stellen erhielten zwar alle etwas Grünland, waren aber im wesentlichen auf Brandkultur angewiesen. Die Entwicklung aller dieser Kolonien von Hesepertwist im Süden bis Neurhede im Norden war mehr oder weniger schwer und langsam; sie wurde erst durch den Kanal- und Wegebau sowie die Kunstdüngerverwendung gegen Ende des 19. Jahrhunderts belebt.

In Ostfriesland beruhte die mit dem Edikt Friedrichs II. einsetzende staatlich preußische Moorkolonisation auf Brandkultur. Durch zu kleine Bemessung der Kolonate (1–1½ ha), wenig sorgfältige Auswahl der Siedler – meist Auswärtige, die mit der Moorarbeit nicht vertraut waren –, planlose Streulage der Siedlungen ohne Verkehrsanschlüsse und gänzlichen Mangel an Viehweiden wurde die ohnehin problematische Brandkultur hier zu einem völligen Mißerfolg[481]. Die Kolonien verelendeten, ein Teil der Siedler wanderte bald wieder ab. Erst im 19. Jahrhundert trat hier durch Verkehrserschließung, Kunstdüngerverwendung u. a. teilweise eine Wende ein.

Eine andere Entwicklung nahm die Moorkultivierung rechts der Weser[482]. Die dortigen Moore, die 1648 als Reichslehen an Schweden und erst 1715 an das Kurfürstentum Hannover gekommen waren, gewannen nun für die hannoversche Regierung als Siedlungsland Interesse (zumal sich die dafür an Schweden geleistete Zahlung von 1 Million Taler amortisieren sollte). Nicht die Torfgewinnung stand im Vordergrund, sondern die Ausdehnung der landwirtschaftlichen Nutzfläche – mit entsprechendem Steuerertrag – und die Ansetzung überschüssiger Bevölkerung. Unter diesen Aspekten wurden ab 1748 Bereisungen durch Moorkommissionen gemacht, Gutachten erstellt, erste Versuche (Wilstädter Moor) angelegt. Jedoch kam, vor allem wegen fehlender Vermessung und Streitigkeiten der betroffenen Ämter Ottersberg und Osterholz, das Siedlungsunternehmen nicht recht in Gang, bis dann Findorff zunehmenden Einfluß darauf gewann. Die hannoversche Moorkolonisation wurde bald sein Werk. Die Regierung förderte die Siedlungsunternehmen durch Freistellung der Siedler vom Heeresdienst, Gewährung von Freijahren; sie finanzierte den Kanalbau, mit dem die Entwässerung begann, und die Aufschließungsarbeiten und unterstützte auch die Kolonien bei Rückschlägen, Mißernten u. ä. mit Geld, Saatkorn und Brotgetreide.

Die Siedlungen wurden planmäßig nach Findorffs Entwürfen angelegt. Nach Entwässerung des Moores wurden die relativ groß bemessenen Stellen (50 Mg. Acker, etwa 15 Mg. Weide- und Torfstichfläche) an sorgfältig ausgesuchte, meist einheimische Siedler ausgewiesen. Diese konnten zunächst durch Torfstich Geld verdienen. Doch sollte möglichst bald der Anbau beginnen. Findorff bemühte sich bei der Siedlungsplanung um genügend Grünland (Viehhaltung, Düngerproduktion), berücksichtigte auch Nebenerwerbsmöglichkeiten (Schiffahrt u. a.), ging daher mit seiner Planung von natürlichen Wasserläufen aus. In den Jahren 1750–1782 wurden so in den Hochmooren um Ottersberg und Osterholz 36 Dörfer mit 722 Feuerstellen gegründet und rund 3000 Menschen angesiedelt [483]; die Moore um Bremervörde wurden im nächsten Jahrzehnt kultiviert.

Neben den großen Hochmoorgebieten zwischen Unterweser und Unterelbe erfaßte die hannoversche Moorkolonisation auch kleinere Moorflächen, so im Lüneburgischen die Gifhorner Moore, wo stattliche bäuerliche Stellen angelegt wurden [484], im hoyaschen Amt Wölpe kleine Kolonien im Lichtenmoor. Stellenweise diente diese mehr punkthafte Moorkolonisation auch gewerblichen Interessen, so in der Moorkolonie Triangel bei Gifhorn, wo 1794 neben den landwirtschaftlichen Stellen zwei Glashütten zur Torfverwertung angelegt wurden.

Durch die Hochmoorkolonisation des 17. und 18. Jahrhunderts waren beachtliche neue Flächen für landwirtschaftliche Nutzung erschlossen worden, vor allem im ostfriesischen Moorbereich zwischen der Ems und Oldenburg und in den hannoverschen Mooren rechts der Weser. Begonnen, aber noch sehr dürftig war die Erschließung im Bourtanger Moor zwischen der niederländischen Grenze und der Ems, obwohl jenseits der Grenze die Fehnkulturen blühten [485]; auch die oldenburgischen Moore harrten noch der Erschließung in größerem Stil. Die von der Brandkultur genutzten Flächen kann man auch noch nicht als endgültig erschlossen bezeichnen; man hat hier von Halbkultur gesprochen [486]. Nicht so groß wie der Gewinn an landwirtschaftlicher Nutzfläche war der Zuwachs an wirklich bäuerlichen Stellen bei dieser Kolonisation; vielfach waren nur halb bäuerliche und halb gewerbliche Existenzen geschaffen. Selbst auf diesen neu erschlossenen Flächen von Siedelland zeigt sich also die allgemeine Tendenz der Siedlung dieser Jahrhunderte zur Einbeziehung des gewerblichen Elements.

Im Siedlungsbild des nördlichen Niedersachsen wurden durch die Moorsiedlung die planmäßigen Elemente verstärkt. Die am Kanal aufgereihten Fehnsiedlungen mit ihren schematischen hofanschließenden Parallelstreifenfluren, die sich allmählich mit dem kennzeichnenden dreieckigen Grundriß gegen das Moor vorarbeiten; die ebenfalls am Kanal regelmäßig aufgereihten Moorsiedlungen Findorffs – alle waren Vertreter des gleichen rationalen Kolonisationsschemas wie die Marschhufen- und die Hagenhufendörfer, nur daß nunmehr dank besserer Vermessung die Formen noch mehr geradlinig schematisch von den regellos alt besiedelten Geestorten abstechen. Lediglich die ostfriesischen Brandkulturäcker hatten größtenteils regellose Blockformen, und ihre Höfe bildeten zunächst eine planlose Streusiedlung, die sich erst später an Wegen ausrichten konnte.

Landgewinnung an der Küste

Im 16. Jahrhundert wandelte sich an der Küste „die Passivität der bloßen Landsicherung allmählich um in die Aktivität des Landgewinns" [487]. Die zahlreichen Einbruchsbuchten wurden der Besiedlung zurückgewonnen (vgl. Karte 18, nach S. 368). Wie buchtenreich und wie weit gegen die Geest vorgeschoben die Küste im Spätmittelalter war, wird durch Schultzes Feststellung anschaulich [488]: „Alle heute bedeutenden Geestrandorte, Varel, Jever, Wittmund, Esens, Dorum, Norden, sogar Friedeburg und Marienhafe besaßen zeitweilig Seehäfen." Am Dollart gelang 1605 die erste Wiedereindeichung (Bunder Neuland); an der Leybucht, die im 15. Jahrhundert zu verlanden begann, wurden im 16.–18. Jahrhundert große Flächen beiderseits der Bucht gewonnen und im 19. Jahrhundert dann die annähernd ausgeglichene Küstenlinie erreicht. An der Harlebucht begann die Abdeichung bei einzelnen Rinnen, wodurch die Verlandung gefördert wurde und die Deiche bzw. die zugehörigen Siele schnell vorverlegt werden konnten: Altfunnixsiel Mitte des 16. Jahrhunderts, Neufunnixsiel 1658, Carolinensiel 1729, Friedrichsschleuse 1765. (Die völlige Begradigung der einst so tief eingebuchteten Küste wurde 1956 mit Harlesiel erreicht.) An der Jadebucht wurde der tiefe Einbruch des Schwarzen Bracks nach Westen vom Oldenburger Grafen in dem großen Werk des Ellenser Dammes (1597–1615) abgeriegelt, wobei das politische Interesse Oldenburgs an der Verbindung mit dem Jeverland wohl die wichtigste Triebfeder war [489]; die Bucht hinter dem Damm schlickte dann allmählich zu. Im Südteil des Jadebusens schritt die Wiedergewinnung des Landes wiederum etappenweise voran: Zwischen den flankierenden Mooren entstanden die Deiche mit Jaderaltendeich 1526, Jaderaltensiel 1593, Altwapelersiel 1733, Neuwapelersiel 1822 [490]. Die Durchbrüche zwischen der Weser und dem Jadebusen wurden schrittweise seit 1516 geschlossen; zunächst war auch dort das politisch-militärische Interesse der Oldenburger maßgebend, dann trat aber die Landgewinnung in den Vordergrund. Allein im 16. Jahrhundert wurde dort das Lockfleth dreimal durchdeicht und drei weitere Deiche geschaffen; 1643 gelang die Abriegelung [491].

Neben den großen Landgewinnungsarbeiten in den Einbruchsbuchten standen kleinere Parallelverschiebungen der Deiche gegen das Meer hin, zum Beispiel im Norderland, im Land Wursten, zeitweise am Südufer der Elbe, überall, wo natürliche Anlandung stattfand (vgl. Karte 11, S. 299).

Das nunmehrige Vordringen des Menschen gegen das Meer war zum Teil ermöglicht durch solche natürliche Anlandung bzw. Wiederverlandung in Verbindung mit der Verlagerung von Prielen und Inseln vor der Küste. Ferner waren die stärkeren Deichbauten und die verbesserte Sielbautechnik wesentlich. Die vielen kleinen Siele wurden nunmehr zu wenigen großen leistungsfähigen Sielbauten zusammengefaßt, die Abflußregelung, die Haupttiefs des Marschlandes dementsprechend geändert; auch an der Elbe sind die großen Wetterzüge zur Lühe- und Geestemündung im 16. Jahrhundert angelegt. An den Sielen entstanden Häfen, kleine „Handelsplätze und Verkehrsknoten für ein sehr enges, aber geschlossenes Hinterland" [492]. Im jetzt besser geschützten

Hinterland wurde die Siedlung nunmehr unabhängig vom Wurtbau, und die Deiche, die alten „Schlafdeiche" wie auch die neu angelegten, wurden Ansatzpunkte für Siedlungsreihen.

Wurden einerseits die Marschländereien durch das Vorrücken der Deiche gegen das Meer hin ausgeweitet, so fand andererseits auch Kultivierungsarbeit „im Rücken" des Marschgürtels, in den Niederungsmooren des Sietlandes statt. So wurde im Land Wursten um 1600 das Sumpfgebiet zwischen dem „Grauen Wall" und dem Geestrand, das bisher wie eine Allmende benutzt wurde, kultiviert und mit kleinen, vor allem auf Viehwirtschaft ausgerichteten Stellen besetzt[493]. Diese kleinen, von den einzelnen Höfen ausgehenden Kultivierungen wurden erst ermöglicht durch die verbesserte Entwässerungstechnik und verdienen insofern im Zusammenhang mit der großen Landgewinnung auf den neu eingedeichten Groden wie auch mit den Hochmoorkultivierungen genannt zu werden; sie sind ein Zwischenglied zwischen beiden.

Übrigens waren neue Entwässerungsbauten und vergrößerte Siele in der Marsch auch durch die Entwässerung der Hochmoore und den damit verbundenen vermehrten Wasserzudrang zur Marsch notwendig geworden. Insofern waren Wasserbautechnik im Küstenstreifen und Möglichkeiten der Moorerschließung eng verbunden, und die gegeneinander gerichteten Interessen der Marschbauern und Moorkolonisten führten gelegentlich zu heftigen Auseinandersetzungen, zum Beispiel im Lande Wursten.[494]

Mit der Ausweitung des Marschengürtels fanden erhebliche **Strukturänderungen des Siedlungsbildes** statt. Die mittelalterlichen Ausbauten in Form von Einzelhöfen wurden zu einem Teil wüst, teils wie erwähnt während der spätmittelalterlichen Wüstungsperiode, teils aber auch im 17. und 18. Jahrhundert. Stellenweise wurde zum Beispiel im Norderland zwischen etwa 1640 und 1800 die Zahl der Höfe auf die Hälfte reduziert[495]. Als Ursachen werden u. a. Seuchen von Mensch und Vieh, Mißernten und Sturmflutschäden angegeben. Die verlassenen Warfen und Teile ihres Landes kamen an kapitalkräftigere Bauern, auch wohl an Bürger. So wurden die verbleibenden Höfe aufgestockt; anstelle der vielen und kleinen Bauernbetriebe des Spätmittelalters traten nun wenige und große[496]. Sie waren im allgemeinen Einzelhöfe. – Auch bei den Neugründungen auf den neuen Groden handelte es sich meist um Einzelhöfe. Das Neuland wurde in Parzellen – meist Streifen – von 20–30 ha aufgeteilt. Die Siedler erhielten es meist in Erbpacht, selten in Zeitpacht. Die neuen Stellen bildeten im allgemeinen eine „gereihte Einzelhofsiedlung"[497], die hinsichtlich der zentralen Einrichtungen (Kirche, Schule) an die älteren Orte, u. U. auch an die Sielhafenorte angeschlossen wurde.

Die meisten der jetzt zahlreich entstehenden Reihensiedlungen hinter den Deichen setzten sich aber nicht aus Bauernstellen, sondern aus den kleinen

Anwesen von Tagelöhnern, Handwerkern, Fischern zusammen [498]. Eine Form solcher Deichreihen waren beispielsweise die „Deichstrichsiedlungen" des Norderlandes [499], die von Deicharbeitern bewohnt wurden. Diese bekamen ihr Hofgrundstück, geringes Ackerland, oft Weiderecht am Deich von einem der großen Höfe und übernahmen dafür dessen ständige Deicharbeiten. Sie sind also den Heuerlingen der Geest vergleichbar. Beim Übergang vom strohbesteckten zum steinbefestigten Deich verloren sie ihre eigentliche Arbeit, wurden dann gewöhnliche Landarbeiter oder wanderten ab. — Eine charakteristische Sonderform der Deichreihensiedlungen mit unterbäuerlicher, meist gewerblicher Bevölkerung entwickelte sich in den Sielhäfen [500]. In eng aneinandergereihten, städtisch anmutenden Wohngebäuden lebten hier Schiffer, Arbeiter, kleine Gewerbetreibende an dem kleinen Sielhafen, hauptsächlich von Getreideexport und Holzimport. Die etwa 20–100 Häuser umfassenden Sielhafenorte, die sich auf die ostfriesische und nordoldenburgische Küste beschränken, wuchsen seit 1500 rasch empor, kamen aber mit dem Vorrücken der Küste und dem Rückgang des Handels wieder schnell zu Stagnation und Rückgang.

Wenn bisher nur von den Land g e w i n n e n des 16.–18. Jahrhunderts die Rede war, so darf doch nicht vergessen werden, daß in diese Zeit noch eine Reihe verheerender Sturmfluten — am schlimmsten wohl die Weihnachtsflut von 1717, die die ganze Küste betraf — fiel und Meereseinbrüche die neuen Deiche teilweise wieder zerstörten. Aber die Einbrüche wurden bald wieder bezwungen. Durch die nun erreichte Stärke der Deiche und Siele wurde das Marschland so weit gesichert, daß es jetzt nach Haarnagels Formulierung als „Kulturlandschaft" anzusprechen war, statt wie bisher trotz Besiedlung eine „Naturlandschaft" zu bilden [501].

[423] H. JÄGER, Entwicklungsperioden (wie Anm. 229), S. 24 f., betont für das südliche Bergland das frühe und deutliche Ende der Wüstungsbildung. — [424] Nach G. OSTEN (wie Anm. 283), S. 189 f., setzte im Uelzener Gebiet erst nach 1550 Erholung ein. — [425] A. v. HAXTHAUSEN, Über die Agrarverfassung in Norddeutschland I. Teil, 1. Bd., 1829, S. 160/161. — [426] E. TACKE, Kreisbeschreibung Holzminden, 1951, S. 102. — [427] E. TACKE, Die Entwicklung der Landschaft im Solling (Veröff. Inst. Landesplan. A I Bd. 13) 1943, S. 193 f. — [428] Beispiele bei H. JÄGER, Dauernde und temporäre Wüstungen in landeskundlicher Sicht, in: Wüstungen in Deutschland (wie Anm. 230), S. 22. — [429] Beispiele bei E. TACKE (wie Anm. 427). — [430] H. JÄGER, Hofgeismar (wie Anm. 48), S. 86. — [431] W. MAACK (wie Anm. 19), S. 121. — [432] H. JÄGER, Dauernde und temporäre Wüstungen (wie Anm. 428), S. 20 f., stellt bei den verschiedenen Arten von Wiederbesiedlung geradezu eine Gruppe „in zu sichernden Grenzbereichen frühneuzeitlicher Territorien" heraus. — [433] H. JÄGER, Entwicklungsperioden (wie Anm. 229), S. 87. — [434] D. AHRENS, Die Landschaft von Bad Driburg und Umgebung (Gött. Geogr. Abh. 19) 1956, S. 50. — [435] G. OSTEN (wie Anm. 283), S. 192. — [436] Ein gutes Beispiel zeigt O. HAHNE, Das Adelsgut Hilprechtshausen, in: Braunschw. Heimat 40, H. 3, 1954. — [437] W. MEIBEYER (wie Anm. 268), S. 48/49; G. OBERBECK (wie Anm. 25), S. 145. — [438] H. JÄGER, Dauernde und temporäre Wüstungen (wie Anm. 428), S. 18 f., betont: „Bei manchen scheinbar partiellen Ortswüstungen handelt es sich in Wirklichkeit um relativ früh,

Abb. 14
Gürtelgarnituren aus einem Kriegergrab von Liebenau

Landgewinne seit dem 15. Jahrhundert

— Deichlinie um 1400 n. Chr.
– – ungewisser Deichverlauf
▪▪▪▪▪ Geestgrenze (einschl. Hochmoorgrenze)

Groden nach dem Jahrhundert ihrer endgültigen Eindeichung

- 15. und 16. Jahrhundert
- 17. Jahrhundert
- 18. Jahrhundert
- 19. und 20. Jahrhundert

Die Wiederverluste von Groden sowie die evtl. neuerliche Gewinnung konnten kartographisch nicht berücksichtigt werden. Über das tatsächliche Nebeneinander von Landgewinn und -verlust in den dargestellten Jahrhunderten vermittelt die Tabelle (nach Homeier) eine Vorstellung.

Landgewinne und Landverluste von der niederländischen Grenze bis zur Jade nach Jahrhunderten seit 1300 n. Chr.

Jahrhundert	Eindeichung	Ausdeichung
14.	21,4 km²	404,9 km²
15.	180,4 km²	33,1 km²
16.	177,9 km²	86,5 km²
17.	77,8 km²	10,2 km²
18.	84,0 km²	21,2 km²
19.	42,9 km²	4,4 km²
20.	69,3 km²	—
Summe	653,7 km²	560,4 km²

Im wesentlichen nach Homeier, H.: Der Gestaltwandel der ostfriesischen Küste im Laufe der Jahrhunderte (Ostfriesland im Schutze des Deiches Bd. II, 1969).

18. Landgewinne in Ostfriesland seit dem 15. Jahrhundert

6. Landesausbau im 16.–18. Jahrhundert

d. h. schon in der ersten Hälfte des 16. Jh.s oder früher, neu und oft nur partiell besiedelte totale Wüstungen." – [439] Beispiele bei H. R. Marten (wie Anm. 350). – [440] W. Röpke (wie Anm. 307), S. 61 ff., hält diesen Punkt bei der besonders schwierigen Reintegrierung der zersplitterten Höfe im Hoyaschen für besonders wichtig. – [441] Manchmal war die Grenze zwischen bewußter Wiederbesiedlung und Neukultivierung verwischt, wie bei Friedrichsburg nahe Rinteln (bei W. Maack [wie Anm. 19], S. 234). – [442] U. Oberbeck-Jacobs (wie Anm. 118), S. 109. – [443] R. Golkowsky, Die Gemeinheitsteilungen im nordwestdeutschen Raum vor dem Erlaß der ersten Gemeinheitsteilungsordnungen (Veröff. Nds. Inst. f. Landeskunde u. Landesentwickl. Gött. R. A I, Bd. 81), 1966, S. 70 f. – [444] W. Röpke (wie Anm. 307), S. 45; K. Ostermann (wie Anm. 76), S. 221; H. P. Jorzik (wie Anm. 69), S. 189. – [445] H. P. Jorzick (wie Anm. 69), S. 178. – [446] H. Hesmer und F. G. Schroeder (wie Anm. 290), S. 106. – [447] W. Röpke (wie Anm. 307), S. 45; H. P. Jorzick (wie Anm. 69), S. 178. – [448] H. Abel (wie Anm. 296) motiviert die späte Ansetzung von Kötnern durch die Bauern selbst mit dem Streben nach Verteilung der Deichlasten. – [449] W. Meibeyer (wie Anm. 268), S. 38. – [450] J. B. Deermann (wie Anm. 291), S. 87. – [451] H. Munderloh, Die Bauerschaft Etzhorn (Schr. Nds. Heimatbund NF, Bd. 30), führt zahlreiche Beispiele aus. – [452] G. Ritter, Die Nachsiedlerschichten im nordwestdeutschen Raum und ihre Bedeutung für die Kulturlandschaftsentwicklung (BerrDtLdkde 41), 1968, S. 100 f. – [453] A. Krenzlin (wie Anm. 72), S. 324 f. – [454] W. Wöhlke (wie Anm. 392), S. 80 f. – [455] H. Jäger, Hofgeismar (wie Anm. 48), S. 97. – [456] M. Hannemann, Kreisbeschreibung Oldenburg, 1956, S. 103. – [457] U. Oberbeck-Jacobs (wie Anm. 118), S. 71 f. – [458/459] A. Wrasmann (wie Anm. 294), S. 116. – [460] Nach A. Wrasmann (wie Anm. 294), S. 87, war „der Heuerlingsstand zum großen Teil eine Umwandlung des Dienstbotenstandes, ohne diesen zu ersetzen". – [461] H. J. Seraphim, Das Heuerlingswesen in Nordwestdeutschland (Veröff. Prov.-Inst. f. Westf. Landes- und Volkskunde R. I, H. 5), 1948, verfolgt die Verbreitung bis in die heutige Zeit. – [462] H. J. Seraphim (wie Anm. 461), S. 17. – [463] E. Tacke (wie Anm. 426), S. 103 f.; O. Bloss, Die älteren Glashütten in Südniedersachsen . . . . – [464] A. Riechers, Die Besiedlung des Oberharzes, in: Harz-Heimat 5, 1953; H. Lommatzsch, Der Westharz im Spätmittelalter, 1955; H. Lommatzsch, Der Oberharz im Spiegel der Jahrhunderte, 1964; E. Borchers, Sprach- und Gründungsgeschichte der erzgebirgischen Kolonien im Oberharz (Dt. Dialektgeogr. H. 22), 1929. – [465] E. Borchers (wie Anm. 464), S. 13. – [466] E. Borchers (wie Anm. 464), S. 17. – [467] E. Borchers (wie Anm. 464), S. 23. – [468] Freie Bergstädte des Fürstentums Wolfenbüttel waren Grund, Wildemann, Zellerfeld, Lautenthal, des Fürstentums Grubenhagen Clausthal und Altenau, der Grafschaft Hohnstein St. Andreasberg; H. Lommatzsch (wie Anm. 464), S. 41–44. – [469] K. Brüning, Alte und neue Wasserwirtschaft im Harz und ihre natürlichen Grundlagen, in: Jb. Geogr. Ges. Hannover 1927/28, S. 127. – [470] E. Borchers (wie Anm. 464), S. 26; O. Bloss (wie Anm. 463). – [471] G. Riehl, Die Forstwirtschaft im Oberharzer Bergbaugebiet von der Mitte des 17. bis zum Ausgang des 19. Jahrhunderts, in: Aus dem Walde, Mitt. Nds. Landesforstverwalt. 15, 1968, S. 16. – [472] G. Riehl (wie Anm. 471), S. 17. – [473] E. Borchers (wie Anm. 464). – [474] J. T. Greuer, Elemente der Sozialordnung beim alten Oberharzer Bergbau, in: NdSächsJbLdG 34, 1962. – [475] J. Bünstorf, Die ostfriesische Fehnsiedlung als regionaler Siedlungsformtypus und Träger sozialfunktionaler Berufstradition (Gött. Geogr. Abh. 37), 1966; A. Westerhoff, Das ostfriesisch-oldenburgische Hochmoorgebiet (Schr. Wirtsch.-wiss. Ges. R. A, H. 36), 1936. – [476] Papenburg an der Ems. Dt. Städteverlag 1927. – [477] J. Bünstorf (wie Anm. 475), S. 108. Die Verfehnung von 3 ha dauerte nach A. Westerhoff (wie Anm. 475), S. 53, durchschnittlich 50 Jahre. – [478] J. Bünstorf (wie Anm. 475), S. 58. – [479] H. Specht, Kreisbeschreibung Bentheim, 1953, S. 94 f. – [480] A. Winterberg, Das Bourtanger Moor (ForschDtLdkde 95), 1957, S. 40 ff. – [481] K. Petig, Die Entwicklung niedersächsischer Moorsiedlungen zu Rückstandsgebieten, Diss. Göttingen 1943 (Masch.-Schr.). –

[482] F. Brüne, Die niedersächsischen Moore und ihre landwirtschaftliche Nutzung (Schr. Wirtsch.-wiss. Ges. R. A I, Bd. 38), 1952; W. Höschen, Findorff (Bedeutende Niedersachsen, Lebensbilder H. 2), 1956; F. Brüne, K. Lilienthal und F. Overbeck, Jürgen Christian Findorff (Schr. Wirtsch.-wiss. Ges. R. A, H. 37), 1937; K. Müller-Scheessel, Jürgen Christian Findorff und die kurhannoversche Moorkolonisation im 18. Jahrhundert (Veröff. Inst. f. Hist. Landesforsch. 7), 1975. – [483] W. Höschen (wie Anm. 482), S. 37. – [484] In Platendorf-Neudorf und Neu-Bokel wurden die Höfe mit 50–60 Mg. Acker, bis 25 Mg. Privatweide oder Wiese ausgelegt, dazu noch Gemeinweiden – nach R. Golkowsky (wie Anm. 443), S. 72 f. – [485] A. Winterberg (wie Anm. 480), S. 42. – [486] Bei den Kartierungen der Emsland–G.m.b.H. – [487] A. Schultze (wie Anm. 178), S. 34; vgl. vor allem H. Homeier, Gestaltwandel der ostfriesischen Küste (wie Anm. 412). – [488] A. Schultze (wie Anm. 178), S. 47. – [489] C. Woebken (wie Anm. 412), S. 53. – [490] A. Schultze (wie Anm. 178), S. 39 f. – [491] C. Woebken (wie Anm. 412), S. 50. – [492] A. Schultze (wie Anm. 178), S. 28. – [493] E. v. Lehe (wie Anm. 205), S. 68 f. – [494] G. v. d. Osten (wie Anm. 171), S. 198 f. – [495] E. Rack (wie Anm. 181), S. 60. – Allgemein: F. Swart, Zur friesischen Agrargeschichte, 1910. – [496] Bei der Konzentration des Landbesitzes wirkten nach O. Buss (wie Anm. 205), S. 79 ff., die hohen Deichlasten mit, die zur Aufgabe kleiner Höfe und zum Übergang ihres Landes an kapitalkräftige Großbauern oder Städter führten. – [497] Leitlinie für die Reihe war oft schon eine Straße oder der seewärtige Hang eines Schlafdeiches, im Gegensatz zu den Marchhufendörfern mit den Höfen hinter dem Seedeich; vgl. W. Reinhardt, Orts- und Flurformen (wie Anm. 6), S. 343. – [498] Nach G. Werbe, Das Kirchspiel Imsum vor 250 Jahren, in: JbMännerMorgenstern 39, 1958, S. 29 f., entsprach im Lande Wursten der sozialen Differenzierung in großbäuerliche Einzel- und unterbäuerliche Deichreihensiedlung eine solche des Volkstums in Friesen und – wohl von der Geest zugewanderte – Sachsen. – [499] E. Rack (wie Anm. 181), S. 60 f. – [500] A. Schultze (wie Anm. 178). – [501] W. Haarnagel, Niedersächsische Landesstelle (wie Anm. 180), S. 28.

7. Entwicklung der landwirtschaftlichen Siedlung von etwa 1800 bis zur Gegenwart

Was sich im 18. Jahrhundert bereits in den merkantilistischen Siedlungsgründungen und im Wachstum der unterbäuerlichen, im wesentlichen gewerblichen Bevölkerungsschicht ankündigte, wurde im 19. Jahrhundert für die Siedlungsentwicklung entscheidend: Die gewerbliche, nun in zunehmendem Maß industrielle Bevölkerung gewann immer mehr Gewicht, ihr Wohnungsbedarf bestimmte die Neubautätigkeit und die Umstrukturierung der älteren Siedlungen, die Trennung von Wohn- und Arbeitsstätte wurde immer schärfer ausgeprägt, bis hin zum „Pendler"wesen. Damit wurden ländliche Siedlungen zunehmend Wohnstätten einer in den städtischen Industriezentren arbeitenden Bevölkerung. Die Siedlungsentwicklung „auf dem Lande" und die Entwicklung der Städte und ihres Vorfeldes mündeten so ineinander und lassen sich in unserem Jahrhundert, besonders seit dem gewaltigen Aufschwung der Wohnbautätigkeit nach 1948, nicht mehr voneinander trennen.

Wenn es für die Jahrhunderte bis zur Industrialisierung möglich und im Interesse der Übersichtlichkeit tunlich war, die Entwicklung der ländlichen

7. Siedlung von etwa 1800 bis zur Gegenwart 371

Siedlung getrennt von den Städten zu verfolgen, wie es hier geschah, so ist diese Scheidung vom 19. Jahrhundert ab nicht mehr sinnvoll. Es wird daher für die Zeit etwa von der Mitte des 19. Jahrhunderts bis zur Gegenwart der Überblick über die ländliche u n d städtische Siedlung zusammenfassend erst dann gegeben, wenn die älteren Entwicklungslinien der niedersächsischen Städte dargelegt sind (S. 383 ff.).

Im vorliegenden Kapitel soll zunächst nur noch die ländliche Siedlungsentwicklung für einen Teilbereich bis zur Gegenwart verfolgt werden, nämlich den von städtischem Einfluß praktisch unberührten Bereich der landwirtschaftlichen Reformen im 19. Jahrhundert, vor allem der Gemeinheitsteilungen und Verkoppelungen, weil diese die bisher betrachtete ältere Flurentwicklung gleichsam abschließen, sowie der Neusiedlung an der Küste und im Hochmoor, weil diese die unmittelbare Fortsetzung älterer Landgewinnung bildet und – was für Niedersachsen kennzeichnend gegenüber andern deutschen Ländern ist – die Entwicklungslinie der Ausdehnung landwirtschaftlichen Siedelraums bis in die Gegenwart fortführt.

Gemeinheitsteilungen und Verkoppelungen

Bereits im 18. Jahrhundert bereitete sich die Aufteilung der Marken, die Auflösung der gemeinsamen Nutzungsrechte vor. Der Grund dafür war der schlechte Zustand der allgemein übernutzten und von niemand gepflegten Weidegründe und Holzungen, ferner die Erkenntnis, daß gemeinsame Nutzungen der fortschrittlichen Wirtschaftsführung des einzelnen Betriebs im Wege ständen, aber auch der Landhunger der stark wachsenden unter- und kleinbäuerlichen Bevölkerung, der auf die Aufteilung dieser letzten Landreserven drängte [502]. Schon seit etwa 1720 wurde im Osnabrückschen über Markenteilung diskutiert und gleichsam probeweise, auf Antrag der Interessenten, mit Aufteilungen begonnen [503]. In Kurhannover fingen die Erörterungen über Markenteilung nach 1765 an, nachdem schon vereinzelte private Aufteilungen zum Beispiel in Hoya vorgenommen waren; von rührigen Beamten wurden die Bauern, zum Beispiel im Gebiet von Dannenberg, zum Antrag auf Teilung bewogen [504]; relativ früh setzten sich auch Ämter und adelige Interessenten über die gemeinsamen Holznutzungen auseinander [505]. Die Bauern ließen sich zum Antrag auf Markenteilung offenbar relativ leicht bewegen, wenn sie sich von den ihnen als Abgeltung ihrer Nutzungsrechte zufallenden Parzellen eine Wiesennutzung versprachen, weil eine breitere Futterbasis für die meisten Betriebe dringend notwendig war [506]. Bei diesen frühen Teilungen wurde schon als das wesentliche Problem der Verteilungsschlüssel erkannt, nach dem die Nutzungsrechte der einzelnen Stelle durch Landzuweisung abgegolten werden sollten: Man konnte sich nach der Hofklasse, dem Kontributionsfuß oder nach dem Viehauftrieb richten. Die einzelnen niedersächsischen Territorien wählten schließlich verschiedene Verteilungsprinzipien, was jeweils für die Siedlungsentwicklung schwerwiegende Folgen hatte.

Die erste einheitliche Gemeinheitsteilungsordnung wurde 1802 für das Fürstentum Lüneburg erlassen. Sie war das Vorbild der 1824 für Calenberg, Grubenhagen, Hildesheim, Diepholz und Hoya gegebenen Teilungsgesetze, die 1842–1856 mehrfach ergänzt wurden. Diese hannoverschen Gesetze richteten sich nach dem Viehauftriebsrecht als Schlüssel und gestanden auch landlosen Kötnern oder sonstigen Nachsiedlern, sofern sie zu mindestens 1½ Kuhgrasungen berechtigt gewesen waren, eine Landabfindung zu. Damit waren die kleinen Leute, deren Lebensunterhalt ja wesentlich von der Viehhaltung abhing, bis zum gewissen Grade abgesichert; sie kamen manchmal überhaupt erst zu Landbesitz. Im Bergland, wo landlose Kötner häufig waren, wuchs nach den Abfindungen der Gemeinweiderechte die Zahl der Kleinhöfe beträchtlich [507].

Im Osnabrückschen, wo nach verschiedenen Markenteilungsverordnungen im 18. Jahrhundert eine weitere 1806 und eine endgültige 1822 erlassen wurde, erhielten die Voll- und Halbhöfe und die Kötter Landabfindungen, die den Umfang der Stelle oft bedeutend vergrößerten, doch blieben die Brinksitzer und sonstigen kleinen Leute unberücksichtigt. Ihre Wirtschaftslage wurde dadurch sehr verschlechtert, und als noch dazu die Arbeitsmöglichkeiten in Holland und der Ertrag des Leinengewerbes zurückgingen, kam es zu Notstand und starker Abwanderung. In den 1830er Jahren soll etwa $^1/_5$ der Gesamtbevölkerung abgewandert sein. Die Osnabrückschen Regelungen der Markenteilung wurden 1835 und 1838 auf die emsländischen Gebiete um Meppen, Bentheim, Lingen ausgedehnt.

In Ostfriesland war das Urbarmachungsedikt von 1765 nie durch eine allgemeine Regelung der Rechte an den Gemeinheiten, Mooren und Heiden abgelöst worden, praktisch aber waren in der ersten Hälfte des 19. Jahrhunderts viele General- und Spezialteilungen zustandegekommen, und der 1854 eingesetzte hannoversche Moorkommissar schloß diese Entwicklung nur in den noch offenen Streitfällen ab [508]. Dabei verblieb ein großer Teil des unkultivierten Moores in Staatsbesitz.

Im Oldenburgischen, wo die Markenteilungen um 1800 einsetzten und 1858 das Verkoppelungsgesetz erlassen wurde, ergaben sich bei der Auflösung der Gemeinnutzungen besonders große Staatsanteile: Bei der Aufteilung der Marken, bei denen der Staat als Markenrichter fungierte, erhielt er die Tertia oder Decima, bei der Aufteilung der Gemeinheiten an die einzelnen Interessenten behielt er die Restflächen ein, die nach dem Verteilungsschlüssel zur Abfindung der Höfe nicht mehr erforderlich waren. Diese großen Staatsflächen bildeten die Grundlage der Binnenkolonisation, die 1876 gesetzliche Basis erhielt [509]. Im Oldenburger Verteilungsschlüssel wurden die Brinksitzer mitberücksichtigt [510].

Im Braunschweigischen bereitete sich die Auflösung der gemeinsamen Nutzungsrechte und auch schon die gesamte Flurbereinigung in der General-Landesvermessung von 1750–1772 vor [511]. Die Separationen fanden dann im Laufe des 19. Jahrhunderts statt.

Hier wie auch in den andern niedersächsischen Territorien wurden zunächst die „Generalteilungen" vorgenommen, in denen die gemeinsamen Nutzungsrechte mehrerer Dorfschaften durch Landzuweisung abgegolten und damit die Gemarkungsgrenzen festgelegt wurden. Danach folgten die „Spezialteilungen", in denen die Nutzungsrechte der einzelnen Stellen der Dorfschaft abgefunden wurden. In vielen Fällen wurde mit diesen Gemeinheitsteilungsverfahren bereits die Verkoppelung, die Zusammenlegung der zersplitterten Flächen in Privatbesitz, verbunden [512] – alles in allem schwierige und sich lang hinziehende Verfahren, die das ganze 19. Jahrhundert erfüllten und zum kleinen Teil, zum Beispiel im Emsland, bis in die Jetztzeit reichen.

Die Folgen der Gemeinheitsteilungen und Verkoppelungen für das Siedlungsbild waren regional unterschiedlich, stets aber bedeutend. Allgemein wurden die Höfe vergrößert. Im Bergland und Gebirgsvorland wurden die neu den Höfen zugewiesenen Parzellen überwiegend zu Acker umbrochen; aus Ängern und feuchten Wiesen wurden, zum Teil durch Entwässerung und später Dränung, Äcker gewonnen, kleine Waldparzellen zwischen den Feldern wurden gerodet, funktionslos gewordene Hecken und Triften dem Acker zugeschlagen. Das im Zusammenhang mit der Verkoppelung neu geschaffene geradlinige Wegenetz, die begradigten Wasserläufe gliederten nunmehr eine Feldflur mit Block- oder breiten Streifenparzellen, die wesentlich weniger zersplittert war als früher [513].

Im Geestland war die Verwendung der Abfindungsflächen nicht so einheitlich. Die Höfe hatten meist erheblichen Flächenzuwachs, jedoch in weit abgelegenen, manchmal in mehrere Teile aufgesplitterten Parzellen von meist minderwertigem Land in denkbar schlechtem Zustand erhalten und konnten ihn mit hofeigenen Kräften kaum verwerten. Am ehesten ließ sich Gewinn aus grünlandfähigen Ländereien ziehen; die Wiesenflächen nahmen, in Zusammenhang mit verbesserter Be- und Entwässerung, in den Niederungen erheblich zu [514]. Die anderen Ländereien wurden nach Möglichkeit durch Verkauf oder Verpachtung, auch durch Errichtung neuer Heuerstellen, verwertet. Bei dem Landhunger der starken unterbäuerlichen Bevölkerung der Geestdörfer kam es so auf abgelegenem Land zu starker neuer Siedlung; beispielsweise in der Gemeinde Lastrup im Oldenburger Münsterland entstanden in 7 Jahren nach der Markenteilung rund 100 neue Stellen von „Feldsiedlern" [515]. Die Anwesen lagen in lockerer Streuung an den Wegen, mit kleiner Blockflur, und füllten die Außenzone der Gemarkungen. Auch abgelegene Mooranteile wurden so von den Bauern an Siedler, meist zu Buchweizen-Brandkultur, verkauft, so in Ostfriesland. Doch der Verkauf der Moorflächen kam vor allem zu Ende des 19. und im 20. Jahrhundert in Gang, als der Staat für seine Siedlungszwecke die bäuerlichen Mooranteile systematisch aufkaufte.

Ein Teil der Abfindungsflächen der Geesthöfe wurde aufgeforstet, weil die ärmsten Sandböden durch Kiefernkultur immer noch einen gewissen Gewinn versprachen und weil die Wehsände, die namentlich im Emsland, zum Beispiel im unteren Hasetal, bedrohliche Ausmaße angenommen hatten [516], damit festgelegt werden konnten. Der Fiskus ging im Emsland mit der Aufforstung größerer Flächen, gerade auch Sandflächen, seit etwa 1860 voran [517]. Besonderen Umfang gewannen die Aufforstungen in der Lüneburger Heide. Hier hatten sich nach den Gemeinheitsteilungen viele kleine Verbände zur Hebung der Waldkultur gebildet, doch die Aufforstung kam erst wirklich in Gang mit der 1876 vom hannoverschen Provinziallandtag beschlossenen Gründung eines Aufforstungsfonds. Nun kaufte der Staat von den Höfen große Ödlandflächen zur Aufforstung auf, gab auch den selbst zur Aufforstung geneigten Bauern günstige Darlehen, sofern sich die Besitzer verpflichteten, die Kulturen unter staatliche Aufsicht zu stellen [518]. So wurden auf den ärmsten Böden vor allem der Zentralheide ausgedehnte und einheitlich gelenkte Nadelholzaufforstungen vorgenommen. – bis 1908 waren schon etwa 20 000 ha Heide aufgeforstet –, und das Bild der Siedlungslandschaft wurde schnell grundsätzlich gewandelt.

Die Nutzung der minderwertigen Abfindungsflächen war bei den jüngeren Teilungen gegen Ende des 19. Jahrhunderts übrigens weniger problematisch als bei den früheren, weil nun der Kunstdünger aufkam und zum Teil auch die Wasserverhältnisse dank der staatlichen Wasserbaumaßnahmen verbessert wurden. Nun kultivierten die Höfe auch selbst, namentlich die kleinen, die ihnen zugewiesenen Parzellen, und Acker und Grünland nahmen zu.

Die Wandlungen der Siedlungslandschaft durch Gemeinheitsteilungen und Verkoppelungen müssen auch im Zusammenhang mit den b a u e r n r e c h t l i c h e n R e f o r m e n des 19. Jahrhunderts gesehen werden, durch die die alten grundherrlichen Bindungen aufgelöst wurden. Die in Kurhannover erlassenen Verordnungen von 1831 und 1833 schufen die Möglichkeit zur Ablösung der bäuerlichen Lasten und Dienste unter Bedingungen, die für die Erhaltung der Höfe förderlich waren: Landabtretungen zum Zweck der Ablösung waren nur in begrenztem Umfang zugelassen und durften den Hofbestand nicht gefährden, Geldzahlungen waren in jedem Fall erwünschter. Durch die Zahlung der 25fachen Abgabe wurde der Hof persönliches Eigentum, jedoch mit gewissen Verfügungsbeschränkungen hinsichtlich Erbfolge, Altenteil, Auszahlungen usw., die den Bestand der Höfe in ähnlicher Weise wie beim alten Meierrecht sichern sollten. Die Bauern, die ablösen wollten, brauchten daher Geld, und der Verkauf oder die Verpachtung der Abfindungen aus der Mark bot sich zu diesem Zwecke an. So wurde indirekt durch die neuen höferechtlichen Regelungen die Neusiedlung auf Markengrund gefördert. Andererseits verhinderte das Verbot umfangreicher Landverkäufe das Aufkommen von

Großbetrieben etwa in der Art der ostdeutschen Güter sowie die Aufgabe von Höfen. Die Betriebsgrößenstruktur blieb so in den oberen und mittleren Hofklassen relativ gut erhalten und wurde nur durch die Zunahme von Kleinstellen stärker verändert.

Für das Siedlungsbild bedeutete das, daß sich die Dörfer durch Kleinstellen erweiterten (wie im Geestland) oder verdichteten (wie überwiegend im Bergland und Gebirgsvorland), daß sie aber keine Wüstungserscheinungen durch Aufsaugung von Höfen in Großbetrieben zeigten. Die „Bauernbefreiung" brachte somit in Niedersachsen keinen Einschnitt in der Siedlungsentwicklung mit sich, denn „der Staat, der sich ein Aufsichts- und Mitwirkungsrecht bei allen wichtigeren Grundstücksveränderungen vorbehielt, trat gleichsam in die private Grundherrschaft ein, insoweit es der Erhaltung der Höfe dienlich schien" [519]. Erst durch Preußen wurde 1873/74 diese Sorge des Staates für den Hofbestand aufgehoben. Doch sicherte das im größten Teil Niedersachsens herrschende Anerbenrecht, bzw. die Sitte geschlossener Vererbung [520] auch dann noch die Höfe weitgehend vor Zersplitterung und konservierte damit relativ viel von der alten bäuerlichen Siedlungsstruktur.

Neusiedlung im Hochmoor und an der Küste

In den großen Hochmoorgebieten und an der Küste ging im 19. und 20. Jahrhundert die Neuerschließung von Siedlungsflächen und Neuschaffung von bäuerlichen und halbbäuerlichen Stellen weiter – eine Besonderheit der Siedlungsentwicklung in Niedersachsen gegenüber den meisten andern deutschen Ländern, wo sich in dieser Zeit starke Strukturwandlung des einmal erschlossenen Siedelraums, kaum aber noch eine Neuerschließung vollzog. Erst in unsern Tagen hört die Schaffung neuer Siedlerstellen im Moor praktisch auf, weil die Wirtschaftsentwicklung im Rahmen der EG zur Aufstockung der vorhandenen landwirtschaftlichen Betriebe zu hoher marktgerechter Leistungsfähigkeit, nicht aber zur Neubildung von Stellen drängt. Dementsprechend wird das neugewonnene Land an der Küste jetzt für Gärtnerstellen, Spezialbetriebe sowie gewerbliche Nutzung bereitgestellt.

Die Hochmoorerschließung war in den ersten beiden Dritteln des 19. Jahrhunderts die unmittelbare Fortsetzung der Kultivierungen des 18. Jahrhunderts, beispielsweise mit den Fehngründungen der hannoverschen Regierung in Ostfriesland (1825 Nord- und Süd-Georgsfehn, 1829 Hollerfehn begonnen) oder mit der Weiterentwicklung des Findorffschen Siedlungsgebietes wie auch mit der langsamen Fortentwicklung der älteren Fehne und der Brandkulturen im Bourtanger Moor. Dann aber setzten etwa in der Mitte des 19. Jahrhunderts wesentliche Änderungen ein durch die großen Kanalbauten und Entwässerungsmaßnahmen, durch die Entwicklung neuer Kulturmethoden, durch die Ausbildung eines leistungsfähigeren Verkehrsnetzes und vor allem durch die veränderte Organisation der Hochmoorkultivierung, die nun vom Staat bzw. von eigens dafür geschaffenen Behörden und Verbänden mit der genügenden Kapitalkraft in Angriff genommen wurde.

Für die neuen Kulturmethoden wurde die 1876 gegründete preußische Zentral-Moorkommission mit der Moorversuchsstation in Bremen maßgebend. Sie entwickelte die Deutsche Hochmoorkultur, bei der ohne Abtorfen die obere Moorschicht durch gründliche Dränung und folgendes Fräsen in einen günstigen lockeren Bodenzustand gebracht, dann künstlich gedüngt und mit Hackfrucht bestellt wird; für den Endzustand der so behandelten Böden wird ein hoher Grünlandanteil angestrebt. Diese Kultur eignet sich gerade auch dazu, die „Halbkulturen" alter Brandäcker und extensiv genutzter, teils entwässerter Hochmoorrandzonen in Intensivnutzung zu überführen. Neben der Deutschen Hochmoorkultur wurden in unserm Jahrhundert auch Sandmisch- und Sanddeckkulturen, namentlich im Emsland, angewandt, bei denen nach Entwässerung der Sand des Untergrundes geringmächtiger Moore mit den Deckschichten vermischt wird, in zunehmendem Maße mit den speziell entwickelten Großpflügen und Kuhlbaggern. Die neuen Kulturmethoden beschleunigten die Moorerschließung selbst dann, wenn wie in Oldenburg die Siedler die Kulturarbeit selbst übernehmen mußten: Für die Kultivierung von 10 ha heilem Hochmoor waren dort nun 15–20 Jahre nötig, für einstige Brandäcker und teilentwässertes Land entsprechend weniger [521]. Die alte Brandkultur wurde durch die Deutsche Hochmoorkultur verdrängt, wenn freilich bis in die 1880er Jahre auch noch überall Moor gebrannt wurde. Dagegen blieb die Verfehnung dort in Gebrauch, wo der Torf industriell zu verwerten war, zum Beispiel in Wiesmoor [522].

Wesentlich für das schnellere Vorankommen der Moorbesiedlung und auch für den Aufschwung vieler älterer, bisher nur sehr kümmerlicher Moorkolonien war die Verkehrserschließung und großzügige Entwässerung durch den Bau großer durchgehender Kanäle in der zweiten Hälfte des 19. Jahrhunderts. Vor allem die oldenburgische Moorkolonisation kam mit dem Bau des Hunte-Ems-Kanals (in den 50er Jahren begonnen) in Gang; dazu kamen mehrere kürzere Kanäle in der Hunte-Leda-Niederung (70er Jahre), der Ems-Jade-Kanal (80er Jahre), der Nord-Georgsfehn-Kanal (seit 1906) u. a. Im ostfriesisch-oldenburgischen Hochmoorgebiet wuchs das Kanalnetz im ganzen in 50 Jahren auf die doppelte Länge [523]. Links der Ems wurde von der hannoverschen Regierung ein 112 km langes Kanalnetz geschaffen, das in den 90er Jahren fertig wurde; es regelte die Entwässerung an der Ostflanke des Bourtanger Moores gut, hatte aber wenig Siedlungserfolg [524] und kam im Verkehrsaufkommen mehr den angrenzenden niederländischen Fehngebieten als den Emsländern zugute.

Zu dem im ausgehenden 19. Jahrhundert geschaffenen Kanalnetz gesellte sich in unserm Jahrhundert die Verkehrsaufschließung der Hochmoorgebiete durch Straße und Bahn. Die Emslandmoore haben erst in den 1930er Jahren und dann nach 1950 ein gutes Straßennetz erhalten; besonders wichtig war die Nord-Süd-Straße links der Ems, die in den 1950er Jahren zur Leitlinie für die neue Besiedlung wurde [525]. Das Eisenbahnnetz, das in den von Mooren durchsetzten Gebieten Niedersachsens ohnehin weitmaschig blieb und sich größtenteils auf Nebenbahnen beschränkte, wurde zwischen den älteren Hauptlinien längs der Ems und von Osnabrück nach Bremen vor allem in der Zeit zwischen 1890 und 1915 gebaut. Es spielte für die Moorbesiedlung keine nennenswerte Rolle.

Im Kanalbau und der Erschließung mit Bahn und Straße förderte der Staat indirekt die Besiedlung der Moorgebiete; damit verbanden sich direkte staatliche Siedlungsmaßnahmen, die nach den Markenteilungen neuen Aufschwung nahmen. Sie hatten von etwa 1850 an einen Schwerpunkt in Oldenburg, das nun begann, die großen staatlichen Moor- und Heideareale, die aus den Markenteilungen gewonnen waren, aufzusiedeln. Nach 1920 verlagerte sich das Hauptgewicht staatlicher Siedlungstätigkeit auf das Emsland, auch hier als Erschließung von Moor- u n d Heideödland bzw. -halbkulturland.

Die Oldenburger Moorsiedlung schuf im Anschluß an die neuen Kanäle in traditioneller Weise Fehnkolonien (um 1850 Augustfehn, in den 60er Jahren Ida- und Friedrichsfehn, 1871 Moslesfehn, nach 1888 Elisabethfehn), bei denen zum Teil an industrielle Torfverwertung gedacht war (Eisenhütte bei Augustfehn), aber meist die Abtorfung nicht vollendet wurde. Vielmehr stellten sich die Kolonien auf Deutsche Hochmoorkultur um. Von der Mitte bis zum Ende des 19. Jahrhunderts wurden etwa 900 Moorkolonate ausgewiesen, mit Durchschnittsgrößen zwischen 5 und 10 ha, teilweise als „Nebenerwerbsstellen". Gleichzeitig mit den Moorsiedlungen wurden auch auf Heideland aus den Markenteilungen neue Stellen geschaffen. Wegen der starken Nachfrage nach solchen Kolonaten, die nicht erst die langen Kultivierungszeiten erforderten, kaufte der Staat Heideland zu Siedlungszwecken auf. Zwischen 1900 und 1913 wurden auf solchen Geestböden 41 neue Kolonien mit rund 1100 Siedlerstellen errichtet, teils mit Durchschnittsgrößen über 10 ha, aber auch von kaum mehr als 5 ha [526]. Diese Siedlung fand nach 1910 ihren Abschluß, weil Heideödland nicht mehr zu erwerben war.

Der Landankauf für Siedlungszwecke, die Meliorationsarbeiten, die Ausweisung der Siedlungen lagen beim Oldenburger Siedlungsamt, das 1876 als „Landeskulturfonds" zur Verwaltung und Nutzung des staatlichen Grundbesitzes aus den Markenteilungen geschaffen war. Das Siedlungsamt siedelte zwischen den beiden Weltkriegen über 20 000 ha auf, darunter mehr als 600 neue Moorkolonate mit über 5000 ha und mehr als 2000 „Anliegersiedlungen", die der Aufstockung bestehender Siedlung dienten, mit rund 3500 ha im Moor [527]. Nach 1945 nahm sich das Oldenburger Siedlungsamt auch der Ansetzung der Vertriebenen an.

Die Aufsiedlung der E m s l a n d m o o r e und des damit eng verzahnten Heideödlandes war der letzte große Siedlungsvorstoß auf niedersächsischem Boden. Die hannoversche Regierung setzte zur Erschließung dieser Gebiete in großem Maßstab erst in unserm Jahrhundert an. Im 19. Jahrhundert beschränkte sie sich im wesentlichen auf eine gewisse Fortentwicklung der ostfriesischen Moorkolonisation durch Fehne und dann in den 90er Jahren auf die Anlage von Siedlung am Küstenkanal auf der Basis der Deutschen Hochmoorkultur (Marcardsmoor). Erst um 1920 kam es auf Grund des Reichssiedlungsgesetzes von 1919 und der Initiative der Osnabrücker Bezirksregierung im Emsland zu großzügigerer Planung von Meliorationen, Straßenbau und Neusiedlung, für die nunmehr systematisch Ländereien, vor allem entlegene Markenabfindungen der Höfe, die von diesen selbst nicht kultiviert werden konnten, aufgekauft wurden. Bis 1945 hat hier der Staat rund 30 000 ha Ödland zur Kultivierung erworben [528].

Die wesentliche Neuerung gegenüber früheren Kolonisationen und auch gegenüber den Oldenburger Siedlungsvorhaben war die volle Kultivierung des Neulandes durch den Staat. Ein Großteil des neuen Kulturlandes blieb zunächst

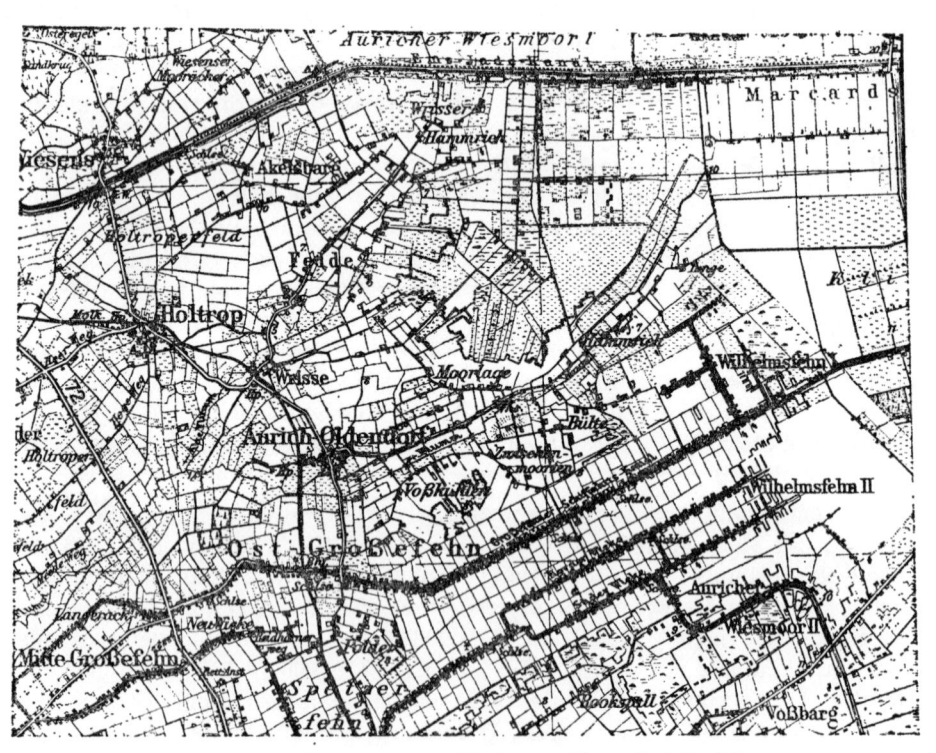

19. Moorkolonien verschiedenen Alters bei Aurich

in der Bewirtschaftung durch staatliche Großbetriebe. Die Vergabe von Kolonaten erfolgte erst dann, wenn das Land normal bewirtschaftet werden konnte und auch die notwendigen Wohn- und Wirtschaftsbauten erstellt waren. So wurde die Erschließung weit schneller und planmäßiger, der Beginn beim einzelnen Siedler viel weniger schwer als je zuvor. Für die Meliorationsarbeiten wurden zum Teil Strafgefangene, zeitweise auch Kriegsgefangene eingesetzt. In den 1930er Jahren wurde der Arbeitsdienst in starkem Maße herangezogen, vor allem für Verkehrsbauten. Nach 1945 gingen die Arbeiten mit zunehmendem Einsatz von Großmaschinen weiter. Die Kolonate wurden zunächst als Einzelhöfe in blockförmig aufgeteilter Flur geschaffen; aber aus dem Straßenanschluß ergab sich eine lockere Reihung der Stellen, und es wurde, mindestens in den letzten 20 Jahren, darauf geachtet, daß die Höfe soweit gruppenweise zusammenlagen, daß Nachbarschaftshilfe möglich war; ferner wurden zentrale Orte eingeplant – durchaus im Gegensatz zu früherer Moorsiedlung, die im allgemeinen auf die Kirchen, Schulen, Handlungen und sonstigen zentralen Einrichtungen der Moorrandsiedlungen angewiesen war. Teilweise ging man jüngstens auch von der schematisch geradlinigen Anlage der Wege und Reihung der Höfe ab zugunsten „natürlicher", das heißt durch die Moortiefe und die Sandrücken bestimmter Führung von Wegen und Gräben und Gestaltung von Dorfanlagen (Neusiedlung Walchum-Neusustrum [529]).

Die Stellen wurden – abgesehen vom Anfang der 1920er Jahre, wo man wenig erfolgreiche Versuche mit Erwerbslosensiedlung machte – an sorgfältig ausgesuchte Einheimische vergeben. Nach 1945 wurde dies Prinzip durchbrochen, weil vertriebene Landwirte unterzubringen waren. Die 1949 geschaffene Treuhandstelle für Flüchtlingssiedlung arbeitete eng mit den emsländischen Siedlungsträgern wie auch mit dem Siedlungsamt Oldenburg zusammen, bis sie 1959 mit der Hannoverschen Siedlungsgesellschaft m.b.H. ganz verschmolz. Einen Maßstab für die Unterbringung Vertriebener auf Neusiedlerstellen gibt die Aufstellung der NLG [530], nach der von den rund 5000 von ihr im ganzen niedersächsischen Bereich geschaffenen Neusiedlerstellen der Zeit von 1915 bis 1964 etwa 1900 an vertriebene Landwirte übertragen wurden. Das Zahlenverhältnis zwischen Einheimischen und Vertriebenen bei der emsländischen Neusiedlung allein dürfte kaum anders sein.

Die Organisation der emsländischen Siedlungsunternehmen lag seit den 1920er Jahren weitgehend bei Genossenschaften mit maßgebender Beteiligung der öffentlichen Hand, die sich bei der Durchführung vielfach der Kreisverwaltungen bedienten: Neben der schon erwähnten Hannoverschen Siedlungsgesellschaft, der späteren Niedersächsischen Landgesellschaft, ist die Emsländische Siedlungsgesellschaft und vor allem seit 1951 die Emsland G.m.b.H. [531] zu erwähnen. Diese Gesellschaften, gerade auch die Emsland G.m.b.H., beschränkten sich nicht auf Ödlandkultivierung und Schaffung neuer bäuerlicher oder Nebenerwerbsstellen, sondern widmeten sich immer mehr der gesamten Landesentwicklung des Emslandes, Flurbereinigungen, Aufstockung der zu kleinen Landwirtschaftsbetriebe, Strukturverbesserung der Landwirtschaft, Aufforstung, allgemeine Verbesserung der Infrastruktur, Schaffung neuer, auch gewerblicher Arbeitsplätze. So mündet der letzte große Vorstoß zur Erweiterung des landwirtschaftlichen Siedelraumes in Niedersachsen in die allgemeine Landesentwicklung ein, wo die Siedlung überhaupt und erst recht die landwirtschaftliche Siedlung nur als ein Teil der gesamten Raumordnung gesehen wird.

Die Landgewinnung an der Küste ging im 19. und 20. Jahrhundert mit Schwerpunkt an den gleichen Stellen wie in den vorhergehenden Jahrhunderten schrittweise weiter[532]: Am Dollart wurden die Deiche südlich des Ditzumer Hammrich weiter nach Westen vorgeschoben (s. Karte 18, nach S. 368), im 20. Jahrhundert dann auch nördlich des Emslaufs große Polder an der Larrelt-Wybelsumer Bucht gewonnen und Landgewinnung an der Knock begonnen; an der Leybucht wurde die ganze nach der Stadt Norden weisende dreieckige Einrißbucht geschlossen und im Süden der Bucht der Leybuchtpolder in den 1950er Jahren bis Greetsiel vorgeschoben; schmale Küstenstreifen wurden im Norderland eingedeicht, und an der Harlebucht wurde mit der Eindeichung des Elisabethgrodens 1894/95 die ausgeglichene Küstenlinie erreicht, vor die in unserm Jahrhundert sich ein breiter Landgewinnungsstreifen legt. Die Landgewinnung am Jadebusen konnte dagegen wegen der Gründung des Marinehafens Wilhelmshaven 1853 nicht in der bisherigen Weise weitergehen, weil nunmehr das Hauptinteresse der Freihaltung des Fahrwassers galt, das wegen der wandernden Sände, der Inselverlagerung und der natürlichen Anlandung ständig gefährdet war. Mit der Freihaltung der Außenjade und der gegenüber früherer Zeit verbreiterten Lücke zwischen Wilhelmshaven und Eckwarderhörne im Interesse der Hafenstadt blieb die Nordwestküste Butjadingens im Angriff des Meeres. Im Innern des Jadebusens wurden nur schmale Landstreifen vor den alten Meereseinbruchsstellen gewonnen, so zwischen 1818 und 1881 die Reihe schmaler Groden vor der einstigen Mündung des Schwarzen Brack, 1848 und 1873 die Groden westlich von Varel; in unserm Jahrhundert kamen die Eindeichungen westlich von Dangast dazu. Der Augustgroden 1854 war der letzte Abschluß der früher Butjadingen zerreißenden Meeresrinnen. Großflächige Landgewinne waren erst 1938 nördlich von Wilhelmshaven im Heppenser Groden und 1965 nördlich anschließend im Rüstersieler Groden zu verzeichnen.

Die Neulandgewinnung wurde in der betrachteten Zeit durch technische Fortschritte beschleunigt und verändert. Die vom Deichvorland weit nach außen gebauten Buschdämme als Schlickfänger mit den Gräben dazwischen, in denen der Schlick sich absetzt und durch deren Aushub der Wattstreifen beidseitig schnell über Fluthöhe gebracht werden kann, war bis etwa zur Mitte unseres Jahrhunderts die übliche Form der Neulandgewinnung („Lahnungen" und „Grüppen"). Neuerdings nun werden die Wattflächen zum Teil durch Sandaufspülung mit Druckpumpen über Flutniveau gebracht. Der Sand wird den freizuhaltenden Fahrrinnen entnommen, so daß Freibaggern der Fahrrinnen und Neulandgewinnung jetzt zusammenhängen. So wurden die Polder westlich von Emden beim Ausbaggern der Emsfahrrinne aufgespült, die Polder nördlich von Wilhelmshaven beim Ausbaggern des Jadefahrwassers.

Auf dem im 19. Jahrhundert neu gewonnenen Land entstanden zunächst zahlreiche Domänenbetriebe. Ihr Land wurde später zu einem beträchtlichen Teil für Schaffung von Siedlerstellen verwendet, so in Oldenburg vor allem auf Grund des Reichssiedlungsgesetzes in den 1920er und 1930er Jahren. Auch in Ostfriesland wurden zahlreiche Domänen auf Polderland völlig aufgesiedelt, namentlich nach dem zweiten Weltkrieg, als die Vertriebenen nach Möglichkeit unterzubringen waren.

Die Besiedlung durch bäuerliche und Nebenerwerbsstellen auf dem Neuland hatte meist die schon seit Jahrhunderten dafür gebräuchliche Form der „gereihten Einzelhöfe". So wurde zum Beispiel Neuwesteel 1934 am Norder Tief im Leybuchtbereich nach dem gleichen Schema angelegt wie die Marschhufendörfer des 12. Jahrhunderts. Bei den neuesten Siedlungsformen, zum Beispiel der Siedlung Leybucht von 1955/58 [533], geht man allerdings von den langen Reihungen etwas ab zugunsten lockerer Gruppenbildung mit zentralen Einrichtungen - also die gleiche Entwicklung wie bei den jüngsten Moorsiedlungen.

Bei der Siedlungstätigkeit an der Küste auf neuen Poldern wie auch im Moor kam, wie erwähnt, der letzte starke Impuls durch den Zustrom heimatvertriebener Landwirte, so daß die 1950er und 1960er Jahre den Höhepunkt der Schaffung neuer Siedlerstellen in unserm Jahrhundert brachten. Dabei ist jedoch zu berücksichtigen, daß die vielen neu ausgelegten Nebenerwerbsstellen mit einer Ausweitung der l a n d w i r t s c h a f t l i c h e n Siedlung nur sehr beschränkt zu tun haben. Zwar bedeuteten sie ein Seßhaftwerden der zugewanderten einst landwirtschaftlichen Bevölkerung; meist aber dürfte der landwirtschaftliche Nebenerwerb über kurz oder lang aufgegeben werden, bzw. schon aufgegeben sein. Die Neuentstehung von bäuerlicher Siedlung in Niedersachsen ist noch auf den Poldern der Küste in beschränktem Maß im Gange, aber schon stark spezialisiert wie bei den Gemüsebauern auf den Poldern westlich von Emden, in den Hochmooren dagegen praktisch beendet und hat damit im ganzen niedersächsischen Binnenraum ihr Ende erreicht. „Neuland" ist mit Ausnahme des Küstensaumes nicht mehr erschließbar, wenn auch örtlich die Bodennutzung noch wesentlich intensivierbar ist. Auch das Küstenneuland wird schon zum Teil als Industriegelände ausgewiesen wie bei Wilhelmshaven. Was sich jetzt als Siedlungsentwicklung und Siedlungsausbau vollzieht, geschieht auf dem Sektor der Wohnsiedlung für nichtlandwirtschaftliche Bevölkerung und damit in mehr oder weniger enger Verbindung mit

Gewerbe- und Verkehrsanlagen. Es ist großenteils städtisch beeinflußt und von der städtischen Entwicklung her gesteuert.

[502] Beispiele bei H. Munderloh (wie Anm. 451); vgl. auch W. Hetzel, Wiesenbewässerung und Agrarlandschaft des oldenburgischen Huntetals (Schr. Wirtsch.-wiss. Ges. NF Bd. 39), 1957. – [503] A. Wrasmann (wie Anm. 294), S. 72 und 125. – [504] R. Golkowsky (wie Anm. 443), S. 59. – [505] R. Golkowsky (wie Anm. 443), S. 32. – [506] R. Golkowsky (wie Anm. 443), S. 58. – [507] Nach H. R. Marten (wie Anm. 350), S. 132, wurde die Zahl im Amt Aerzen verdoppelt. – [508] H. Rechenbach, Moordorf, 1940, S. 17. – [509] R. Tantzen, 75 Jahre Siedlungsamt Oldenburg, in: Neues Archiv f. Nieders. 1954, S. 260. – [510] W. Hetzel (wie Anm. 502), S. 21, führt pauschale Landabfindungen der Brinksitzer von 5 ha (Vollhöfe bis 75 ha) an; in diesen Dörfern blieb für den Staat fast nichts übrig. – [511] In den „spezialvermessenen" Feldmarken wurde das alte Flurgefüge erhalten, in den „zusammengelegten" Feldmarken gewisse Parzellen vereinigt, in den „verkoppelten" Feldmarken die Ackerflur neu gegliedert. – M. Wiswe, Veränderungen des Flurgefüges durch die Braunschweigische General-Landes-Vermessung, in: NdSächsJbLdG 37, 1965. – [512] Die Verkoppelung erhielt im Fürstentum Lüneburg 1824, im übrigen Hannover 1842 ihre gesetzliche Grundlage. – [513] Nach G. Schwarz, Geographische Zusammenhänge der Verkoppelung in Niedersachsen, in: Dt. Geogr.-Tag 1953, Tagungsber. u. wiss. Abhh., S. 191, liegen die Verhältniszahlen der Parzellen vor und nach der Verkoppelung für ganz Niedersachsen bei etwa 3:1, im südlichen Bergland (Realteilungsgebiete) niedriger, im Streusiedlungsgebiet des Flachlandes höher, bis 6:1. – [514] W. Hetzel (wie Anm. 502). – [515] H. Munderloh (wie Anm. 451), S. 52; P. Clemens (wie Anm. 121), S. 47. – [516] E. Giese (wie Anm. 129), S. 93 f. – [517] G. v. Jagow, Forstwirtschaft, in: Kreisbeschreibung Lingen, 1954, S. 168; H. Hesmer und F. G. Schroeder (wie Anm. 290), S. 113. – [518] O. Jüttner, 70 Jahre Heideaufforstung (Schr. Wirtsch.-wiss. Ges. NF Bd. 50), 1954. – [519] W. Abel (wie Anm. 322), S. 40. – [520] Nach M. Sering, Die Vererbung des ländlichen Grundbesitzes im Königreich Preußen, Bd. 6, 1897, herrschte Anerbensitte in den Reg.-Bezirken Lüneburg, Osnabrück, Hannover und größtenteils in Hildesheim, Stade, Aurich; Realteilung war im südlichen Bergland verbreitet, oft mit Wechsel der Erbsitte von Dorf zu Dorf; Einzelerbfolge mit geringer Bevorzugung des Anerben, meist aber Erhaltung der Hofeinheit war in den friesischen Marschgebieten üblich. – [521] A. Westerhoff (wie Anm. 475), S. 115. – [522] Auch nachträgliche Verfehnung älterer Moorkulturen kam vor, wenn der Torf verwertet werden konnte. – A. Winterberg (wie Anm. 480), S. 61 f. – [523] A. Westerhoff (wie Anm. 475), S. 118. – [524] A. Winterberg (wie Anm. 480), S. 57. – [525] Nach A. Winterberg (wie Anm. 480), S. 78 f., war um 1954 dort der Aufbau von 9 Dörfern, mit Gemarkungen je zwischen 1300 und 1700 ha, begonnen worden. – [526] R. Tantzen (wie Anm. 509), S. 263. – [527] R. Tantzen (wie Anm. 509), S. 266. – [528] G. Sperl, 20 Jahre Emsland GmbH 1951–1971, 2. Aufl. 1973. – [529] A. Herzog, Grund- und Aufriß der Neudörfer im Bourtanger Moor, in: Hannover u. Nieders., Festschr. Geogr. Ges. 1953, S. 299. – [530] Die 1907 gegründete, seit 1915 tätig gewordene GmbH hat als Gesellschafter das Land Niedersachsen, 32 Landkreise, verschiedene Städte und Landgemeinden, die Landesversicherungsanstalt, Klosterkammer u. a. Korporationen und Private. – [531] Bund, Land Niedersachsen und 8 Emslandkreise sind Träger der GmbH, die 1951–1971 1250 neue Bauernstellen und 4800 Nebenerwerbsstellen geschaffen hat. – Über Ausrichtung der Arbeit vgl. J. D. Lauenstein, Der Stand der Erschließungsarbeiten im Emslande, in: Festschr. (wie Anm. 529). – [532] H. Homeier, Gestaltwandel (wie Anm. 412), S. 57 ff. und Karten. – [533] Die Gemeinde Leybuchtpolder entstand neu mit 73 Vollbauernstellen, 29 Nebenerwerbs- und Deicharbeiterstellen, Gastwirtschaft, Einzelhandlung, 2 Kirchen, Friedhof, Schule und Lehrerwohnung, Genossenschaftsspeicher, Spritzenhaus, nach: 50 Jahre Dienst am Lande, Nieders. Landgesellsch. mbH 1915–1965, S. 86.

ENTWICKLUNG DER STÄDTISCHEN SIEDLUNG

Bei der bisherigen Betrachtung der Siedlungsentwicklung in Niedersachsen waren das Werden und die Fortentwicklung der Städte und der stadtähnlichen Orte (Flecken, Weichbilde) außer gelegentlichen Hinweisen noch ausgeklammert, da es übersichtlicher und der vielfältigen Problematik der Städte gerechter erschien, sie in einem gesonderten Überblick zusammenzufassen. In diesem können dann auch die bisher noch nicht angesprochenen Beziehungen zwischen „städtischer" und „ländlicher" Siedlungsentwicklung angedeutet werden.

Auf die in der historischen wie in der siedlungsgeographischen Literatur viel diskutierte Definition des Stadtbegriffs[1] kann hier nicht genauer eingegangen werden, doch muß wenigstens klargestellt sein, nach welchen Gesichtspunkten die in den folgenden Kapiteln in Hinblick auf die Siedlungserscheinung und Siedlungsfunktion behandelten „städtischen" Siedlungen von der großen Masse aller übrigen Siedlungen geschieden sind. Die für eine historisch-geographische Betrachtung sich vielleicht zuerst anbietende Definition über die besondere Verfassung und Rechtsform der Stadt reicht genau so wenig aus – man denke an die modernen Städte – wie eine der ökonomischen Definitionen, die die Ausübung von Handel und Gewerbe, Marktfunktionen, die ganze nichtlandwirtschaftliche Struktur in den Mittelpunkt stellen – man denke an die gerade in Niedersachsen bedeutsame Ackerbürgerstadt – oder wie schließlich Definitionen auf Grund der besonderen Sozialstruktur (die sich zum Teil mit der Verfassung berühren) oder auf Grund des – besonders von geographischer Seite interessierenden – differenzierten Siedlungsaufbaus. Es ist außer Zweifel, daß alle diese Merkmale zur „Stadt" gehören, daß aber kein einzelnes Merkmal zur Definition ausreicht, daß vielmehr „die Stadt" nur durch ein ganzes Bündel von Kriterien zu definieren ist. Es ist weiterhin klar[2], daß die Merkmale städtischer Siedlung nicht in allen Perioden die gleichen sind, daß manche einst wichtigen Merkmale (zum Beispiel die Befestigung) völlig geschwunden sind, andere stärker hervortreten.

Für das Anliegen, im Überblick über ein Jahrtausend Siedlungsentwicklung die städtische und die nichtstädtische Siedlungsschicht begrifflich zu trennen – wenn auch nur für den beschränkten Zweck einer reinen Siedlungsbetrachtung –, bleibt somit nur der Rückgriff auf ganz wenige grobe Unterscheidungsmerkmale, die dauerhaft sind, übrig; zu diesen treten in den verschiedenen Siedlungsperioden weitere, zum Teil wechselnde Merkmale, die recht eigentlich erst das jeweilige Bild der „Stadt" erkennen lassen. Das eine einfache und dauerhafte Grundmerkmal ist die Zentralität. Die städtische Siedlung übt zu allen Zeiten innerhalb des gesamten Siedlungsnetzes gewisse Zentralfunktionen aus. – Selbstverständlich ist nicht umgekehrt jede Siedlung mit Zentralfunktionen auch städtischen Charakters – man denke etwa an die

Villikationshaupthöfe. – Ein weiteres Grundmerkmal ist die multifunktionale Struktur, die das Wirtschaftsleben und die Bevölkerungszusammensetzung differenziert und ihren Niederschlag in der hier besonders interessierenden, mehr oder weniger starken Differenzierung des Siedlungsbildes findet. Diese beiden raumrelevanten Grundmerkmale – die Zentralität als Kennzeichen des Bezugs zum umgebenden Siedelraum im weitesten Sinne einerseits und die Differenzierung als Kennzeichen der Bevölkerungs- und Wirtschaftsstruktur, die sich als räumliche Struktur im Siedlungsbild niederschlägt, andererseits – diese beiden Grundzüge sind als leitend anzusehen für die folgende Betrachtung der städtischen Siedlung in Niedersachsen.

Es wäre also zu fragen, wie die Zentralität und die differenzierte Siedlungsstruktur sich in den verschiedenen Siedlungsperioden in den Städten ausformten und welche Merkmale neben diesen Leitkriterien für die Städte der einzelnen Epochen kennzeichnend waren. Erst die Kenntnis dieser „zeittypischen" Merkmale städtischer Siedlung gestattet eigentlich einen Überblick über die Entwicklung der Städte. Diese Kenntnis ist aber kaum leichter zu erschließen als die Vorstellung vom Aussehen der ländlichen Siedlungslandschaft, vom Aussehen der Dörfer etwa um 1000 oder um 1300. Zwar sind städtische Bauwerke zum Teil als Fixpunkte erhalten, Straßenzüge in ihrem Verlauf rekonstruierbar, Befestigungen in Resten vorhanden oder zu erschließen, aber wie sich beispielsweise Burgmannensitze, Ackerhöfe, Bürgerhäuser des einen oder anderen Gewerbes, Handwerkerstände, Lagerhäuser usw. verteilten, kurz, wie die räumliche Struktur der Stadt zu bestimmter Zeit war, ist nur durch eingehende Einzelbearbeitung zu erhellen und für den größten Teil der städtischen Siedlungen Niedersachsens, gerade der kleineren, noch zum guten Teil unbekannt[3]. Ebenso ist die Ausformung der Zentralität, Umfang, Beschickung, Bedeutung von Nahmärkten, das Verhältnis von Eigenversorgung der Stadt und ihrer Versorgung von außen u. ä. nur in Einzelfällen untersucht. Im ganzen bleiben also bei dem Bemühen, die Zentralität und die Struktur der Städte zu verschiedenen Zeiten sowie auch weitere zeittypische Merkmale zu skizzieren, weit mehr Fragen als Antwortmöglichkeiten.

Mit der Differenziertheit aller städtischen Strukturen hängt es zusammen, daß Städte in weit stärkerem Maße als die ländlichen Siedlungen „Individuen" sind. Dementsprechend muß ein gedrängter Überblick über eine größere Zahl von Städten und ihre Entwicklung notwendig eine noch gröbere Vereinfachung als die entsprechende Betrachtung ländlicher Siedlungen sein. Doch bleibt hier auf dem knappen Raum nichts anderes übrig, als sich auf Grundzüge der Städteentwicklung in Niedersachsen insgesamt und Kennzeichnung von Städtegruppen zu beschränken, auf die individuelle Würdigung auch der wichtigen Städte und ihrer speziellen Entwicklung jedoch zu verzichten.

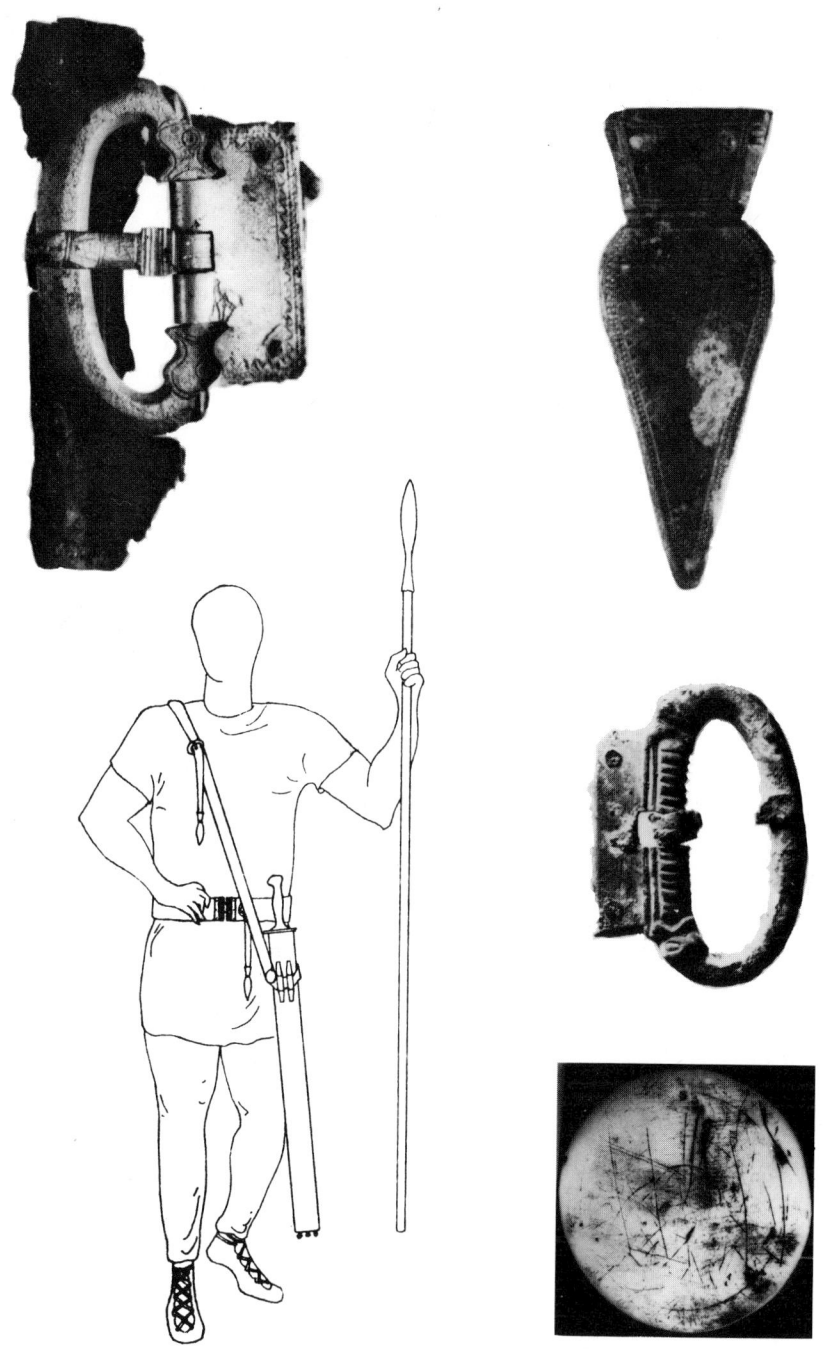

Abb. 15
Gürtelgarnituren aus einem Kriegergrab von Liebenau und Rekonstruktion
der Trageweise
Runenscheibe aus diesem Grab (r. u.): Die Inschrift „ r a (u) z w i (h) "
ist als „dem Speer geweiht" zu übersetzen (nach K. Düwel)

1. Vorformen städtischer Siedlung

Niedersachsen ist und war von je ein Gebiet vergleichsweise schwacher städtischer Entwicklung. Das gilt besonders für die niedersächsische Geest, während das Bergland dichter mit städtischen Siedlungen besetzt ist und im Gebirgsvorland und am Küstensaum sich Reihen von zum Teil bedeutenden Städten bilden konnten. Die Karte gibt einen Überblick über Zahl und V e r t e i l u n g d e r S t ä d t e und Flecken (im Rechtssinn) im Niedersachsen des frühen 19. Jahrhunderts, gleichsam als Abschluß der im Mittelalter begonnenen Stadtentwicklung. Seither ist ein Teil der alten Städtchen und Flecken zur Landgemeinde geworden, neue Städte sind entstanden, alte Flecken sind zu Städten erhoben. Ende der 1960er Jahre[4] zählte das Land Niedersachsen neben seinen 2200 Landgemeinden rund 220 städtische Orte (rund 150 Stadt- und knapp 70 Fleckengemeinden), darunter waren etwa 100 mit weniger als 5000 Einwohnern. So wirkt selbst jetzt noch die zögernde und schwache städtische Entwicklung im niedersächsischen Raum, der viele „Minderstädte"[5] hervorbrachte, nach.

---

[1] Einblick in die Diskussion in knapper Form gibt: Die Stadt des Mittelalters, hg. von C. Haase (Wege der Forsch. Bde. 243 und 244), 1969 und 1972; für die geogr. Seite: P. Schöller, Aufgaben und Probleme der Stadtgeographie, in: Erdkunde VII, H. 3, 1953. – [2] Vgl. etwa C. Haase, Stadtbegriff und Stadtentstehungsschichten in Westfalen (1958), in: Die Stadt des Mittelalters (wie Anm. 1). – [3] Übersicht darüber vermitteln: E. Keyser, Städtegründungen und Städtebau in Nordwestdeutschland im Mittelalter (ForschDtLdkde 111), 1958; Niedersächsisches Städtebuch, hg. von E. Keyser (Deutsches Städtebuch III, Nordwestdeutschl. 1), 1952; H. Dörries, Entstehung und Formenbildung der niedersächsischen Stadt (ForschDtLdkde 27), 1929. – [4] Amtl. Gemeindeverzeichnis 1968. – [5] Begriff von H. Stoob, Kartographische Möglichkeiten zur Darstellung der Stadtentstehung in Mitteleuropa, besonders zwischen 1450 und 1800, in: Hist. Raumforsch. I (Ber. Akad. f. Raumforsch. u. Landesplan. 6), 1956.

1. Vorformen städtischer Siedlung bis zur Jahrtausendwende

Als früheste Ansätze stadtähnlicher Siedlung sind im niedersächsischen Raum die F e r n h a n d e l s p l ä t z e , die meist als Wike bezeichnet werden, anzusehen. Sie sind durch archäologische wie durch schriftliche Zeugnisse für das 9. Jahrhundert nachgewiesen (s. S. 289). Die Wike waren Treffpunkte der Fernhändler; wie weit sie Dauerniederlassungen der Händler darstellten oder nur zeitweilig aufgesucht wurden, wie weit bereits Handwerker ständig in den Wiken wohnten, wurde verschieden beurteilt[6], doch neigen sich die Auffassungen allmählich für den späteren Wik der Dauersiedlung zu. Zumindest in den archäologisch untersuchten Wiken im niedersächsischen Küstenbereich wie Emden[7] und Hamburg[8], Groothusen und Grimersum im Krummhörn, Nesse bei Dornum und Langwarden in Butjadingen[9], zeichnet sich Dauerbesiedlung durch Händler und Handwerker ab. Insofern ist wohl schon ein gewisser

Marktbetrieb, mithin auch eine gewisse Zentralfunktion mit diesen Wiken verbunden zu denken, wenn auch das Fernhandelselement überwog. Auch für den aus den Quellen bekannten karolingischen Grenzhandelsplatz Bardowick an der Ilmenau, an der Slawengrenze, kann wohl auf Dauerbesiedlung und marktähnliche Zusammenkünfte geschlossen werden, mindestens für das 10. Jahrhundert [10].

Meist waren die Wike keine isolierten Siedlungsgebilde wie Emden, sondern standen im Zusammenhang mit einer Burg [11]. Der in der Städteliteratur vielbetonte Dualismus von Burg – im weitesten Sinn – und Handelsniederlassung als dem Doppelkern der meisten städtischen Siedlungen [12] zeigt sich in verschiedener Form: Einmal schlossen Wike an die Machtzentren großer Geschlechter und Königspfalzen an, ferner an Bischofssitze, endlich an Klöster und Stifte.

Für die erste Gruppe sind Gandersheim, Stade und Braunschweig Beispiele. Gandersheim war eine Kaufmannsniederlassung an wichtigen West-Ost- und Nord-Süd-Straßen, im Zentrum der reichen liudolfingischen Besitzungen, vielleicht schon bevor dies Geschlecht die Königswürde erlangte [13], und empfing selbstverständlich durch den relativ anspruchsvollen Konsumentenkreis des zentralen Großhofs und dann des Stiftes besonderen Auftrieb. In Stade lag zu Füßen der Grafenburg die Wiksiedlung am Schwingehafen, einer der zahlreichen Wike des niedersächsischen Raumes mit unmittelbarem Zugang zum Seeverkehr [14]. In Braunschweig hält Timme [15] am rechten Okerufer einen vielleicht schon vorkarolingischen Hafenwik für möglich und sieht sichere Anfänge der Kaufmannssiedlung um 900 im Eiermarkt-Kohlmarkt-Viertel links der Oker in unmittelbarer Nachbarschaft der Brunonenburg. In diesen Fällen bot das Machtzentrum der großen Herren den Fernhändlern ebenso Absatz wie auch einen gewissen Schutz, und die Nähe des Burgzentrums wird auch dem Ansatz von Handwerkern und Nahmarktbetrieb Vorschub geleistet haben. Ob Burg oder Wik älter bzw. beide etwa gleichzeitig entstanden sind, ist schwer zu beurteilen, zumal die Siedlungsansätze meist räumlich getrennt zu denken sind.

Relativ groß ist die Reihe der frühen stadtähnlichen Siedlungen im niedersächsischen Raum, bei denen die Händlerniederlassung einem Bischofssitz verbunden war: Außer in dem schon genannten Hamburg, in Bremen, Osnabrück, Minden, Hildesheim und Verden. Nach der kirchlichen Ordnung sollten die Bischofssitze nach Möglichkeit in bedeutendere Siedlungen gelegt werden, und so ist die Frage nach einer evtl. schon vorkarolingischen Sonderstellung dieser Orte berechtigt. In Hamburg ist eine gewisse ältere Zentralbedeutung für die Umgebung zumindest diskutiert worden [16]. In Bremen kann nach den Grabungen ein älteres, auch kultisches Zentrum nahebei, bei Mahndorf, nicht aber auf Bremer Boden gelegen haben, und es ist dort eine Gründung des Bischofssitzes auf Ödland des Dünenzuges wahrscheinlich [17].

1. Vorformen städtischer Siedlung

Bei Verden scheint ein vorfränkisches Kultzentrum am Lugenstein anzunehmen zu sein [18]. In Minden und Osnabrück handelt es sich um so hervorragende Fernverkehrslagen (letzter guter Weserübergang bis Bremen, Kreuzung des Hellwegs, Austritt der Nord-Süd-Straßen aus der Weserpforte; Lage zwischen Pässen für alle von Köln und dem unteren Rhein gegen Norden strebenden Straßen), daß ältere Siedlung von einiger Bedeutung bereits vor Errichtung des Bischofssitzes eigentlich zu erwarten wäre – nachgewiesen ist sie jedoch nicht, und für Osnabrück sieht Rothert [19] durchaus nur den Bischofssitz als Ausgangspunkt der Stadtbildung an. Auch für das wohl in Elze in guter Fernverkehrslage gegründete und dann nach Hildesheim verlegte Bistum ist ein älterer Zentralort nicht erschlossen. Bisher erscheinen die niedersächsischen Bischofssitze jedenfalls nicht als Erben älterer Zentralbedeutung, sondern ihrerseits als Ursprung der frühstädtischen Sonderentwicklung, in der neben der befestigten Domburg dann auch die Kaufmannssiedlung entstand.

In Hamburg ist die Gleichzeitigkeit von Immunitätsbezirk und Händlersiedlung im 9. Jahrhundert archäologisch gesichert; die letztere lebte nach der Zerstörung von 845 weiter, auch als das Bistum nach Bremen verlegt wurde. In Bremen bestehen über das Alter der Kaufmannssiedlung verschiedene Auffassungen: Während Schlesinger einen Wik des 9. Jahrhunderts annimmt [20], möchte Schwarzwälder damals beim Dom nur eine curtis, Sitz eines königlichen Beamten zur Kontrolle des Weserüberganges und der Weserschiffahrt, mit einem Wirtschaftshof, einen Fährort und einen Markt, nicht aber eine Kaufmannssiedlung sehen [21]. Bei den andern niedersächsischen Bischofssitzen ist ein enger zeitlicher Anschluß von Marktbetrieb und Händlersiedlung an die Errichtung der Domburg wahrscheinlich [22].

Da die Immunität stets befestigt war – zunächst mit Palisaden, Wall und Graben –, bot sie der an sie angelehnten Handelssiedlung Schutz. Ferner bildete die Geistlichkeit mit ihren relativ differenzierten Bedürfnissen einen großen Konsumentenkreis sowohl für die Fernhändler als auch für die Handwerker. Endlich kam der Handelsniederlassung die zentrale Funktion des Bischofssitzes zugute, die Verbindungen kultureller Art, in deren Gefolge aber auch ökonomische Beziehungen zum weiteren Umland herstellte und die beste Grundlage für Marktbildung war. Allein schon die Kirchenfeste boten Gelegenheit für Marktbetrieb. Hier waren also die Bedingungen für das Wachstum der frühen stadtähnlichen Siedlungsgebilde recht günstig. Daß auch sie allerdings nicht immer zu gleichmäßigem Wachstum führten, sondern Rückschläge vorkamen, zeigt zum Beispiel die mehrfach gestörte Entwicklung des Bremer Marktbetriebes [23].

Stadtähnliche Niederlassungen aus Händlersiedlung und geistlichem Zentrum bildeten sich auch bei Stiften und Klöstern. Diese waren ebenfalls, wenn auch in geringerem Maße als die Bischofssitze, Zentren eines gehobenen Bedarfs, hatten Zustrom von weither, lagen wie die Bischofssitze allgemein günstig zu den Fernverkehrslinien sowie auch oft topographisch günstig an Flußübergangsstellen. Schließlich wiesen auch sie eine gewisse Befestigung auf, die Schutz zu gewähren vermochte. So bildete sich bei Kloster Corvey eine stadtähnliche, bereits im frühen 9. Jahrhundert privilegierte Siedlung (die sich freilich gegenüber der Stadtentwicklung des benachbarten Höxter nicht durchsetzen konnte). Das Fuldaer Missionszentrum, Kloster und spätere Stift Hameln an dem wichtigen Weserübergang [24], die Werdener Missionszelle Helmstedt im Zuge der West-Ost-Wege des Harzvorlandes, das emsländische Missionszentrum Meppen, aber auch die Stiftsgründung Wildeshausen [25] und Wunstorf [26] sind Beispiele für die Entwicklung von Märkten und Anfängen von Marktsiedlung bei solchen geistlichen Niederlassungen.

Das Aussehen der Markt- und Gewerbeniederlassungen des 9. und 10. Jahrhunderts ist zum Teil archäologisch erschlossen. In Hamburg und Emden traten relativ geschlossen bebaute Einstraßenanlagen zutage; auch die kleinen Küstenwike wie Groothusen und Nesse zeigten auf charakteristischen Langwarfen die Einstraßenanlage entlang dem Priel. An der den Fernverkehr tragenden Straße reihten sich die Häuser der Händler mit Lagerraum und möglichst mit Zugang zum Wasserarm (zum Beispiel dem alten Emslauf in Emden, der Schwinge in Stade) und die kleinen Handwerkerhäuser auf. Der Marktbetrieb wurde auf der Straße abgewickelt. Diese vor der Jahrtausendwende offenbar allgemein bei den Wiken üblichen Einstraßenanlagen hielten sich in Niedersachsen auch später noch als kennzeichnende Form des Marktes und des ältesten Stadtkerns. In Verbindung mit dem Kaufmannsort wird man sich im 10. Jahrhundert auch eine Kirche vorzustellen haben. Zugehörige Kirchen sind beispielsweise in Braunschweig [27], Gandersheim (die später außerhalb der Stadt gebliebene Kirche St. Georg) [28] und Emden [29] bekannt.

Der Gewerbeort war der Dynastenburg, Domimmunität oder Klosteranlage keineswegs immer eng benachbart. Beide Siedlungsteile waren durchaus selbständig und je nach den topographischen Verhältnissen mehr oder weniger weit voneinander entfernt. Die Wiksiedlung des 9. Jahrhunderts war im Regelfall offenbar unbefestigt. Dagegen kamen im 10. Jahrhundert auch bei ihr Befestigungen (Holz-Erde-Befestigung) auf, wenn auch die Burganlage die entscheidende Schutzfunktion gehabt haben dürfte.

Die räumliche Verteilung der frühen Händlerniederlassungen in Niedersachsen beurteilen zu wollen, ist wohl verfrüht, weil wahrscheinlich noch weitere „Wike" archäologisch erschlossen werden können. Doch zeichnet sich schon jetzt ab, daß nahezu alle diese Plätze an – damals – schiffbaren Wasserläufen lagen und daß die Stellen des Umschlags von Wasser- auf Landverkehr besonders bevorzugt waren. Die Abhängigkeit von den großen Fernverkehrsspannungen – vor allem vom Niederrhein ins östliche Binnenland und als Seeverkehr im Nord- und Ostseeraum – versteht sich bei Fernhändler-

1. Vorformen städtischer Siedlung

siedlungen von selbst. Auf den Fernwegen werden die notwendigen Rast- und Versorgungsplätze, zum Beispiel bei Flußübergängen, vor schwierigen Berg- oder sumpfigen Strecken, Ansatzpunkte der gewerblichen Niederlassung gewesen sein. Wo diese natürlichen Lagebedingungen für Wikbildung sich bei Dynastenburg oder Bischofssitz fanden, wie etwa bei Braunschweig oder Bremen, entstanden besonders lebenskräftige „Stadtkeime".

Wie weit man diese stadtähnlichen Handelssiedlungen bei Burg oder Dom des 9. und 10. Jahrhunderts bereits als „Städte" im geographischen Sinn ansprechen kann, ist sehr fraglich. Ansätze zu Zentralfunktionen waren wohl vorhanden, wenn auch in sicher sehr unterschiedlichem Maß; Differenzierung in händlerisch-handwerklichen, kirchlichen und herrschaftlichen Siedlungsteil zeichnete sich deutlich ab. Doch waren diese Teile getrennt und nicht Glieder eines übergeordneten Organismus – wenn auch Ende des 10. Jahrhunderts offenbar schon der Bezug der einzelnen Siedlungsteile aufeinander anfing sich herauszubilden und zu einer – aber erst im 11. Jahrhundert erreichten – ganzheitlichen Sicht der Teile drängte [30]. Diese Vorformen von Städten waren wohl auch gewisse Schwerpunkte in der Siedlungslandschaft, aber eine Orientierung anderer Siedlungen auf diese „Schwerpunkte" hin ist noch nicht zu erkennen.

[6] Für Dauersiedlung z. B. W. Schlesinger, Über mitteleuropäische Städtelandschaften der Frühzeit (1957), in: Stadt d. Mittelalters (wie Anm. 1), S. 248 ff.; für Unständigkeit der Wike E. Ennen, Das Städtewesen Nordwestdeutschlands von der fränkischen bis zur salischen Zeit (1964), ebd., S. 168 – ausführlich: E. Ennen, Frühgeschichte der europäischen Stadt, 1953. – [7] W. Haarnagel, Die frühgeschichtliche Handelssiedlung Emden und ihre Entwicklung bis ins Mittelalter, in: Fries. Jb. 35, 1955. – [8] R. Schindler, Ausgrabungen in der Hamburger Altstadt, in: Hammaburg I, 1948 und 3, 1949; Ders., Die Ausgrabungen auf dem Gelände des ehemaligen Hamburger Domes, in: Hammaburg 5/6, 1951. – [9] W. Reinhardt, Die Orts- und Flurformen Ostfrieslands in ihrer siedlungsgeschichtlichen Entwicklung, in: Ostfriesland im Schutze des Deiches, hg. von J. Ohling, Bd. I, 1959, S. 246. – [10] Dauersiedlung mit gewisser Zentralität betont W. Haarnagel (wie Anm. 7), S. 77; es seien in Emden Händler und Handwerker ansässig gewesen, und ein gewisser Warenaustausch mit den Warfen der näheren und weiteren Umgebung sei möglich. – [11] Nach E. Ennen (1964, wie Anm. 6) ist eine jüngere Gruppe von Wiken mit Anschluß an Burg oder Bischofssitz von einer älteren ohne solche Beziehungen zu unterscheiden; danach gehören die meisten nieders. Wike zur jüngeren Gruppe. – [12] Vgl. etwa W. Schlesinger, Städtische Frühformen zwischen Rhein und Elbe, in: Stud. z. d. Anfängen d. europ. Städtewesens (VortrrForsch 6), 1958; Ders., Der Markt als Frühform der deutschen Stadt, in: Vor- u. Frühformen der europäischen Stadt im Mittelalter I (AbhhAkGött), 1974, S. 262–293; Ders., Vorstufen des Städtewesens im ottonischen Sachsen, in: Die Stadt in der europäischen Geschichte. Festschr. Edith Ennen, 1972, S. 234–258; Ders., Zur Frühgeschichte des norddeutschen Städtewesens, in: LünebBll 17, 1966, S. 5–22. – [13] W. Schlesinger (wie Anm. 12) S. 355. – [14] E. v. Lehe, Stade als Wikort der Frühzeit, in: Stader Jb., 1948; B. Engelke, Die Anfänge der Stadt Stade, in: NdSächsJbLdG 18, 1949. – [15] F. Timme, Brunswiks ältere Anfänge zur Stadtbildung, in: NdSächsJbLdG 35, 1963. – [16] W. Schlesinger, Städtische Frühformen (wie Anm. 12), S. 301, weist in diesem Zusammenhang auf den königlichen Amtsträger, den *comes*, in Hamburg hin, allerdings ist nach den Grabungen (s. Anm. 8) das Suburbium nicht sächsisch und eine nahe gelegene sächsische Siedlung trägt bäuer-

liches Gepräge. – [17] H. Schwarzwälder, Entstehung und Anfänge der Stadt Bremen (VeröffStaatsarchBremen 24), 1955, S. 63. – [18] I. Mathiesen, Verden und sein Lebensraum, in: Jb. Geogr. Ges. Hannover 1938/39, S. 12 f.; C. Meyer, Die Stadtgeschichte von Verden an der Aller, 1913. – [19] H. Rothert, Geschichte der Stadt Osnabrück im Mittelalter, in: MittVGLdkdeOsnab 57, 1937, S. 9. – [20] W. Schlesinger, Städtische Frühformen (wie Anm. 12), S. 307, sieht hier eine Niederlassung auf dem Weg von Dorestad nach Haithabu. – [21] H. Schwarzwälder (wie Anm. 17), S. 63. – [22] F. Timme, Brunswik (wie Anm. 15), S. 39, möchte allerdings älteren Marktbetrieb, „vielleicht sogar nur Dorf-Märkte" an der Stätte der Bistumsgründungen annehmen. – [23] Im einzelnen verfolgt bei H. Schwarzwälder (wie Anm. 17). – [24] R. Feige, M. Oppermann und H. Lübbers, Heimatchronik der Stadt Hameln und des Landkreises Hameln-Pyrmont (Heimatchron. d. Städte u. Kreise d. Bundesgeb. 23), 1961; E. Obst, Hameln, in: Jb. Geogr. Ges. Hannover 1932/33. – [25] H. Lübbing und W. Jäckel, Geschichte der Stadt Wildeshausen (Oldenburgische Monograph.), 1970. – [26] R. Drögereit, Zur Geschichte von Stift und Stadt Wunstorf, in: NdSächsJbLdG 30, 1958 – H. Simon, Wunstorf, Rechts- und Wirtschaftsverhältnisse von den Anfängen bis ins 18. Jh., 1969. – [27] F. Timme, Brunswik (wie Anm. 15). – [28] W. Schlesinger, Städtische Frühformen (wie Anm. 12), S. 356. – [29] W. Haarnagel (wie Anm. 7), S. 46 ff. – [30] E. Herzog, Die ottonische Stadt (Frankf. Stud. z. Architekturgesch. II), 1964, S. 241 ff., weist auf diese Ganzheitsbezüge für das 11. Jh. hin, vor allem in der Anordnung der Stifter und Klöster um Dom und Marktsiedlung.

2. Städtische Siedlung bis zum Ende des 12. Jahrhunderts

Die zunächst getrennten Ansätze zu städtischer Entwicklung wuchsen im 11. und 12. Jahrhundert zu Siedlungseinheiten zusammen. Dazu trug einmal das Wachstum der Händler- und Handwerkersiedlung bei, in dem sich das Seßhaftwerden des Fernhändlers und das zunehmende Gewicht der Handwerkerbevölkerung niederschlug; ferner aber auch wesentlich die zunehmende Bezogenheit der gewerblichen Siedlung und der Herren- bzw. Kirchensiedlung aufeinander. Der Bischof, der Dynast begannen aktiv Interesse an der benachbarten Gewerbesiedlung zu nehmen, bewirkten Markt-, Münz-, Zollrechtverleihungen, ermöglichten so das Aufblühen eines geregelten Marktbetriebs und boten teilweise als Grundherren neue Ansiedlungsmöglichkeiten für die Gewerbetreibenden.

Das wirtschaftliche Interesse der Stadtherren verhalf dem gewerblichen Siedlungsansatz zu lebhafter Entwicklung, die sich in b a u l i c h e r A u s d e h n u n g – meist zur Domburg oder Dynastenburg hin gerichtet – niederschlug. Diese Ausdehnung vollzog sich teils als Schaffung einer neuen Siedlungszelle um den Platz für den nunmehr privilegierten, stadtherrlich geschützten Marktbetrieb – zum Beispiel Altstadt von Hildesheim[31]; teils als ungeplantes, gleichsam schalenförmiges Wachstum wie in den Osnabrücker Leischaften um den zu Füßen der Domburg liegenden Markt; teils als geplante Schaffung von neuen Häuserzeilen in Marktnähe auf dem Grund des Stadtherrn wie in Bremen[32]; kompliziert und vielteilig wie in Hamburg[33], wo neben dem alten Handwerkerzentrum nahe der Domburg nun planmäßige Fern-Kaufmannstraßen am Wasser, Burganlage, darauf dann Ende des 12. Jahrhunderts die große, planmäßige Neustadtanlage unter dem Schauenburger Grafen entstand. In Stade wuchsen die beiden alten Kerne – Grafenburg und Hafenwik einerseits, kirchliches Zentrum St. Willehad und bischöflicher Markt andererseits – nun zu einer auch einheitlich befestigten Stadteinheit zusammen. Alle Übergänge zwischen einer Erweiterung der bestehenden Gewerbesiedlung und der Schaffung einer neuen gewerblichen Siedlungszelle neben der alten kamen vor. So schuf Heinrich d. L. in Braunschweig die gesonderten, mit eigenen Märkten ausgestatteten, lange selbständig bleibenden planvoll angelegten „Weichbilder" Hagen und Neustadt neben der alten Eiermarkt-Kohlmarkt-Siedlung, dagegen in Lüneburg eine – ebenfalls planmäßig gestaltete – Neustadt, die mit den alten Siedlungskernen bald verschmolz.

Privilegierung, Wirtschaftsaufschwung, Siedlungserweiterung durch den Stadtherrn ließ also eine ganze Reihe von „Stadtkeimen" sich schnell zu Städten nach Wirtschafts- und Siedlungsstruktur entwickeln (die gleichzeitige Entwicklung hin zu städtischer Verfassung steht hier nicht zur Debatte). Aber eine weit größere Zahl von alten „Stadtkeimen" blieb in Niedersachsen vorerst noch auf bescheidenem Entwicklungsstand, hauptsächlich wohl, weil ein stärkeres, förderndes Wirtschaftsinteresse eines mächtigen Stadtherrn fehlte. So blieb Emdens Entwicklung offenbar sehr langsam, wenn sich auch die alte Einstraßenanlage des Wiks allmählich zum Gittergrundriß auswuchs. So blieben Marktstätten und Handwerkersiedlungen bei Klöstern und Stiftern wie in Wildeshausen und Wunstorf, Hameln und Helmstedt noch unbedeutend und erfuhren erst unter den andern wirtschaftlichen und politischen Umständen des 13. Jahrhunderts Aufschwung. Manche Stadtkeime gingen ganz ein wie offenbar die kleinen Küstenwike (teils infolge Verlandung, aber wohl auch wegen mangelnder Förderung von außen). Keineswegs alle Vorformen städtischer Entwicklung kamen also in diesen Jahrhunderten zum Gedeihen.

Andererseits setzten an vielen Stellen **neue Stadtentwicklungen** ein, planmäßig begründet durch die an Märkten interessierten geistlichen und weltlichen Großen. Dabei erscheint als ein bevorzugter Raum das Leinetal mit seinem wichtigen Nord-Süd-Weg, wo in Göttingen, Northeim, Einbeck [34] und – in begünstigtem Kreuzungsbereich mit dem West-Ost-Fernweg – in Hannover [35] neue kräftige Stadtentwicklung beginnt. Dieser Beginn gegenüber dem Absinken der Küstenwike kennzeichnet die Verlagerung der stadtbildenden, weil fernverkehrsbegünstigten Zonen im niedersächsischen Raum. In die neue Betonung des Nord-Süd-Verkehrs paßt auch die beginnende Stadtentwicklung Mündens [36], wohl durch die Landgrafen von Thüringen eingeleitet, am Ende des 12. Jahrhunderts.

Neue kräftige Stadtbildung setzte auf Grund der Erzvorkommen am Harz ein: Um die Jahrtausendwende begann der steile Aufstieg von Goslar zur

Kaiserstadt und späteren freien Reichsstadt [37]; bescheidenen Ansatz zur Stadtsiedlung dankte Gittelde der Erzgewinnung.

Endlich wurde ein dritter neuer Faktor für die Städteentwicklung im niedersächsischen Raum wirksam: die Marschenkolonisation. Durch die Erschließung großer Gebiete für bäuerliche Siedlung erhielten die bereits vorhandenen Städte im Grenzgebiet zwischen Marsch und Geest – Bremen, Stade, Hamburg – erheblich vergrößertes Hinterland für ihren Nahmarkt und allgemein wirtschaftlichen Aufschwung. Außerdem wurde der Grund für die Entstehung neuer Märkte am Geestrand für den Wirtschaftsaustausch zwischen Marsch und Geest gelegt. Jever als Münzort, vielleicht auch eine frühe Privilegierung von Otterndorf kennzeichnen diesen Beginn.[38]

Für Neubeginn wie für Weiterentwicklung städtischer Siedlung war nun der M a r k t entscheidend. Er war ständiger Markt für den Fernhandel (im Gegensatz zum mehr fluktuierenden Handel der Wike) und erfüllte durch Händler und Handwerker nun auch zum Teil Nahmarktfunktionen. Gerade an diesen Nahmärkten mußten bei der wachsenden Bevölkerung der Städte wie des Hinterlandes die Stadtherren Interesse haben. Durch den Nahmarkt wurde die Stadt auch zum wirtschaftlichen Bezugspunkt für die umgebenden Dörfer – eine im wesentlichen neue Funktion, die das Gefüge der Siedlungslandschaft zunehmend beeinflussen sollte.

Die Marktstätte wurde Schwerpunkt der städtischen Siedlung. Der zunächst als Erbe der Wike herrschende Straßenmarkt wurde allmählich abgelöst durch Marktplätze. Dreiecksmärkte an Straßengabeln bilden Zwischenformen (zum Beispiel in Einbeck); kennzeichnend wurde der große, anfangs unregelmäßig gestaltete, später der rechteckige Marktplatz. Beispiele für solchen Formwandel der Marktplätze und zugleich für die Verlegung des Marktraums innerhalb der Städte, entsprechend ihrem Wachstum, sind etwa Goslar (Markt anfangs wohl in der Hokenstraße, dann am Schuhhof, dann auf jetzigem Platz) [39], Lüneburg (Markt „Auf der Altstadt", an der Straßenverzweigung „Auf dem Sand", schließlich Neumarkt [40]), Bremen (wohl auf der Balgeinsel, dann bei der jetzigen Marienkirche, erst im 14. Jahrhundert an jetziger Stelle) [41].

Bei einem Stadtwachstum durch gesondert geplante und privilegierte Neustädte kam es zum – meist konkurrierenden – Nebeneinander mehrerer Märkte und Marktplätze in ein und demselben Siedlungsorganismus, wie etwa in Braunschweig (neben dem alten Kohlmarkt-Eiermarkt noch Märkte am Köppenberghang, in Neustadt und Hagen) [42] und Hildesheim (neben Altstadtmarkt Märkte in der später zerstörten Dammstadt und der Neustadt des Dompropstes) [43]. Waren die einzelnen neuen Siedlungszellen benachbart und keine rechtlich selbständigen Gebilde, so entstanden auch wohl Märkte an ihren Nahtstellen, für beide Siedlungseinheiten zuständig, wie in Hamburg [44].

In jedem Fall gehörte zum Markt ein Kirchenbau. Am Markt fand das Kaufhaus und Vorläufer des späteren Rathauses, zum Teil mit Verkaufsständen

20. Städtische Siedlungen um 1800

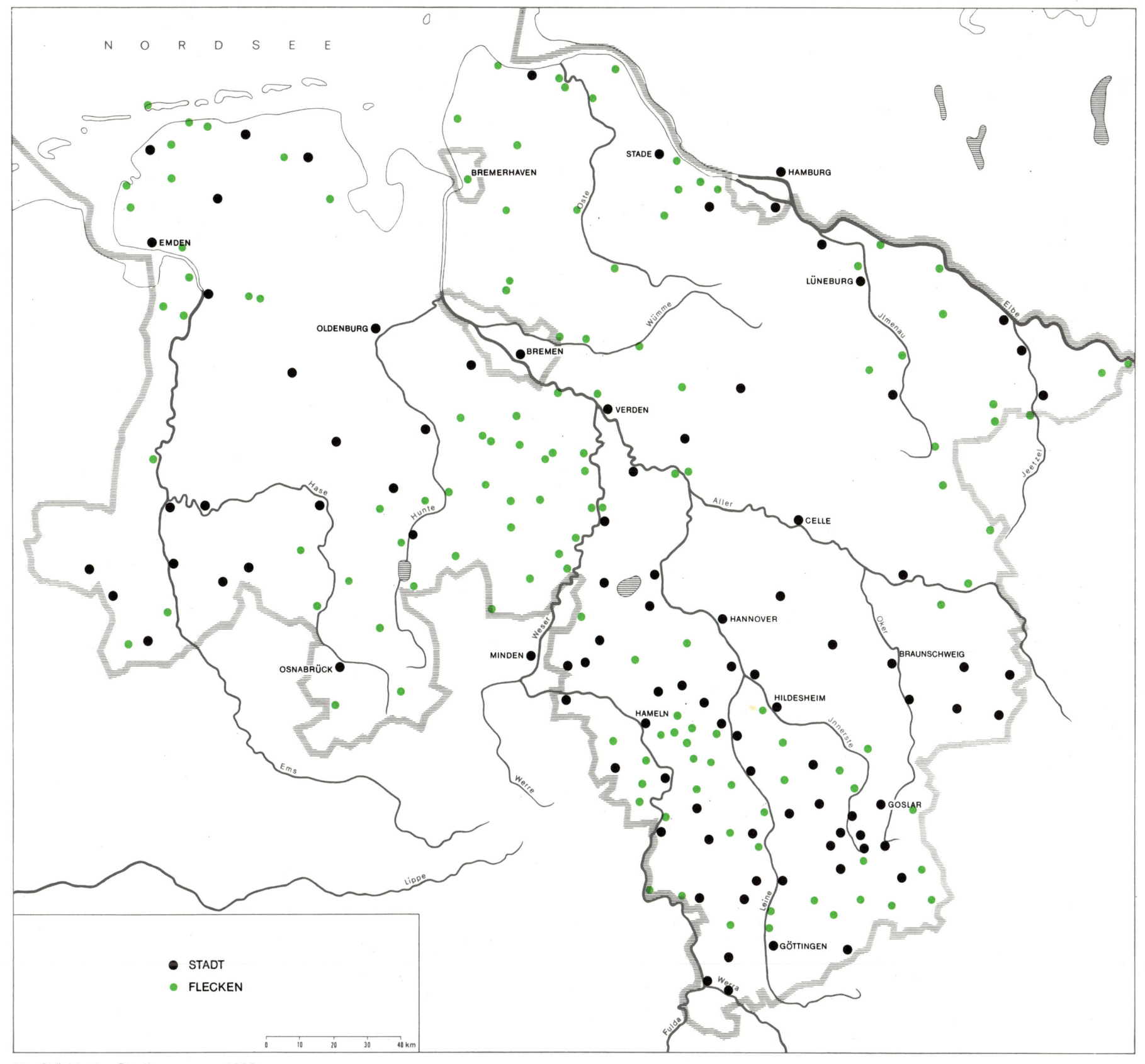

für einzelne Handwerke, seinen Platz. Später betonte im Zeichen der aufsteigenden bürgerlichen Selbständigkeit als neuer stattlicher Bau das Rathaus den Marktplatz als Siedlungsschwerpunkt.

Der Markt stand in unmittelbarer Verbindung mit den Fernverkehrsstraßen. Der alte Straßenmarkt war im allgemeinen Teil einer solchen (zum Beispiel in Minden deutlich). Der Marktplatz mancher Stadtgründungen schloß als Rechteck an ein Fernstraßenkreuz an (Zähringer Städteschema, von Heinrich d. L. angewendet), das dann das Gerüst einer regelmäßigen Stadtanlage bildete. Oft sind aber die Fernstraßen nicht in ihrem ursprünglichen Verlauf maßgebend für Lage und Gestalt des Marktplatzes, sondern sind zu diesem hin umgelenkt [45].

Auf dem Markt fanden die Händler- und Handwerkerbuden ihren Platz, später durch feste Bauten auf winzigen Grundstücken ersetzt, die den alten großen Marktraum einengten. Die Grundstücke um den Markt herum waren im allgemeinen die vornehmsten und wohl zumeist den Händlern gehörig. Immerhin traten auch gesonderte Straßen der Fernhändler auf (die „Reichenstraßen" wie etwa in Hamburg), wobei teilweise die Erreichbarkeit der Handelshäuser vom Wasser her eine Rolle gespielt haben mag [46]. Bei den neu angelegten Märkten des 12. Jahrhunderts waren die Siedlungszellen planmäßig und mit stattlichen Grundstücken einheitlicher Größe aufgeteilt. Diese lassen sich zum Teil noch rekonstruieren; die Grenzen haben sich erstaunlich gut erhalten, wenn auch später mit zunehmender Dichte der Stadtbebauung die Grundstücke aufgeteilt wurden [47]. Zwischen den rationalen großzügigen städtischen Erweiterungsanlagen oder Neugründungen etwa in Lüneburg oder Hamburg und den gleichzeitigen Kolonisationsunternehmen etwa der Marschhufendörfer besteht ein ersichtlicher Zusammenhang des „Siedlungsstils".

Die Straßenführung, das Grundriß-Schema der Stadterweiterungen wie der Neugründungen zeigt in Niedersachsen eine deutliche Bevorzugung von Parallelstraßensystemen mit untergeordneten Quergassen. Teils waren die Längsstraßen leicht geschwungen und liefen spitzwinklig am Tor wieder zusammen wie in Hannover oder Goslar, teils waren sie durchaus parallel geführt, so daß mit den kleinen Querstraßen ein Leiter- oder Gittergrundriß entstand (zum Beispiel Bremen oder Münden) [48]. Sofern nicht die eine Längsstraße selbst als Straßenmarkt ausgebildet war, schloß sich der Marktplatz unmittelbar an sie an. Die eine oder beide Längsstraßen waren relativ breit angelegt, zum Teil für den Ausspann; Plätze vor den Toren dienten ähnlichem Zweck [49].

Sicher war die Bebauung relativ locker. An manchen Straßen sind geräumige Höfe anzunehmen, wie etwa die Ministerialenhöfe in Osnabrück. Die Gründung von Neustädten widerspricht einer lückenhaften Bebauung nicht, denn sie erfolgte ja nicht aus der Raumenge der alten Stadt heraus, sondern ergab sich aus dem wirtschaftlichen Interesse des Stadtherrn an einem neuen Markt. Die

Altstädte brauchten keineswegs ausgefüllt zu sein, wenn eine Neustadt entstand (ähnlich wie von den Dörfern aus lieber Tochtersiedlungen gegründet als die alten Dörfer erweitert oder verdichtet wurden). Diese Art des Stadtwachstums steht in starkem Gegensatz zu späteren Stadterweiterungen.

Die Marktsiedlungen lagen zunächst noch mehr oder weniger deutlich getrennt von den anderen städtischen Siedlungsteilen wie Domburg, Burg, Kloster- oder Stiftsgründungen wie auch von den dörflichen Siedlungen, Fischer- und Fährorten, die in fast allen alten niedersächsischen Städten wahrscheinlich sind. Doch diese dörflichen Siedlungen wurden nun aufgesogen wie etwa die Fährdörfer in Minden und Bremen, Verden und Lüneburg. Schärfer blieb die Trennung der befestigten Siedlungsteile untereinander. Die Kaufleutesiedlung war wohl seit ottonischer Zeit im Regelfall befestigt, wenn auch nur durch Wall und Palisaden[50]. Benachbarte Marktsiedlungszellen konnten gesonderte Befestigung haben; so hatte die Braunschweiger Altstadt ihren Festungsring für sich, Ende des 12. Jahrhunderts wurden Altstadt, Hagen und Neustadt von einer gemeinsamen Mauer umschlossen, erst kurz nach 1200 wurde der Altewiek in die Ummauerung einbezogen[51]. Neben Domburg, Burg, befestigter Gewerbesiedlung bildeten auch die Stifte und Klöster, die in den bedeutenderen Städten gegründet wurden, abgeschlossene ummauerte Siedlungseinheiten. Ihre Zahl war beträchtlich (zum Beispiel in Goslar zwei Stiftsgründungen der Pfalzherren, in Hildesheim 5 Klöster als Kranz um die Domburg, in Minden 2, in Bremen 2, in Stade 2 usw.), und sie waren meist in einiger Entfernung vom stadtherrlichen Zentrum, oft in topographisch hervorragender Lage gegründet[52]. – Als gesonderte Siedlungseinheiten sind schließlich bei den mit Bodenschätzen ausgestatteten Städten die Sülzarbeitersiedlungen von Lüneburg und wohl auch von Schöningen zu nennen sowie die Bergbausiedlungen Bergdorf und Frankenberg bei Goslar[53], die Sitze der Silvanen und Montanen, von denen Bergdorf eine alte selbständige Siedlung mit Kirche und Befestigung, offenbar zum Teil städtischem Gepräge war.

Die getrennten Siedlungsteile hatten nunmehr aber die Tendenz, aufeinander zu zu wachsen. So lagerte sich die Neustadt Lüneburg zwischen Burg, Saline, Marktsiedlung einerseits und Fischerdorf andererseits; so füllte sich in Verden der weite Raum zwischen Norderstadt mit Markt und Süderend mit Domburg und Fischerdorf[54]. So schlossen auch wohl Befestigungslinien der Marktsiedlung und der Domburg wie etwa in Hildesheim sich aneinander[55]. Zwischen den Siedlungsteilen verliefen die Fernstraßen; Domburg und Klöster wurden von ihnen umgangen; die Burgen weltlicher Herren, manchmal erhöht gelegen, suchten unmittelbare Nähe von Straße und Flußübergang (zum Beispiel Stade, Hannover).

Der Freiraum zwischen den einzelnen Siedlungskernen der niedersächsischen Städte war oft aus Geländegründen unbesiedelt, zum Beispiel als

2. Städtische Siedlung bis zum Ende des 12. Jahrhunderts

sumpfige Flußaue wie in Goslar, als Überschwemmungsgebiet wie in Minden und wohl auch in Bremen, als nasse Senke wie in Lüneburg im Senkungsgebiet über dem Salzhorst. Erst im 12. Jahrhundert und später bewältigten die wachsenden Städte diese Geländeschwierigkeiten durch Aufschüttungen (zum Beispiel in Bremen waren für den jetzigen Markt meterhohe Aufschüttungen notwendig), durch Abdämmungen und Umleitungen der Flußläufe [56], u. U. auch durch Abgraben von Steilhängen wie in Minden [57]. Diese umfassenden Arbeiten dienten ebenso der Gewinnung von neuem Baugelände und von ebenem Raum für die neuen Marktplätze als auch der Vorbereitung einer umfassenden Befestigung. Sie waren bereits Ausdruck des sich konsolidierenden bürgerlichen Gemeinwesens – wenn auch sicher vielfach vom Stadtherrn gefördert –, und sie stellten ein gewisses Analogon zu den wasserbautechnisch schwierigen Kolonisationsarbeiten der gleichzeitigen ländlichen Siedlung (Marschenkolonisation, Rodung in Feuchtgebieten) dar. In der ländlichen wie in der städtischen Siedlung dieser Zeit meisterte man die Feuchtgebiete technisch und regulierte die Flüsse. Damit begannen die Städte ihren **natürlichen Untergrund umzuformen** [58] und so eine der Voraussetzungen für ein Zusammenwachsen der Siedlungskerne zu schaffen, das für die Bildung eines geschlossenen Stadtkörpers notwendig war. Die Verbindung der Siedlungskerne zu einheitlichen städtischen Siedlungskörpern wurde in Niedersachsen im wesentlichen erst im 13. Jahrhundert vollendet.

Wenn trotz der vielen unmittelbar ins 13. Jahrhundert hinüberweisenden Entwicklungslinien hier am Ende des 12. Jahrhunderts zu einer Überschau über den bisher erreichten Bestand an Städten in Niedersachsen innegehalten wird, so ergibt sich dieser Schnitt weniger aus siedlungsgeographischen als vielmehr aus historischen Erwägungen. Die bedeutsame Rolle Heinrichs d. L. für die Städteentwicklung war um diese Zeit beendet, und nun setzte mit dem Aufkommen der kleinen Territorialgewalten im 13. und 14. Jahrhundert die Welle der Städtegründungen ein, die größtenteils aus den Interessen der kleinen Territorien erwuchsen. Die Bedeutung dieses Zeitschnittes wurde von Haase für Westfalen herausgestellt [59], entspricht auch Hömbergs Epochen der Stadtbildung [60].

Kurz vor 1200 war der Bestand an städtischen Siedlungen im niedersächsischen Raum immer noch recht bescheiden. Eine Sonderstellung nahm die Kaiser- und Bergwerksstadt Goslar mit ihrer Einbindung in überlokale Bezüge ein. Unter den auf den niedersächsischen Raum bezogenen Städten stand das von Heinrich d. L. besonders geförderte Braunschweig an erster Stelle; zur führenden Gruppe gehörten die Bischofsstädte Hamburg, Bremen, Verden, Osnabrück, Minden, Hildesheim, ferner Stade mit seiner starken Burg – damals noch erheblich bedeutender als das nahe Hamburg [61] –, das, ebenso wie die Salzstadt Lüneburg, Heinrich viel Förderung verdankte.

Neben diesen Orten, die mit starken Zentralfunktionen und einer differenzierten vielzelligen Siedlungsstruktur zweifellos „Städte" im eingangs angedeuteten Sinne waren, stand eine weit größere Zahl von Siedlungen, die städtische Merkmale wie Märkte, Münz- und Zollrechte aufwiesen, dementsprechend also eine gewisse gewerbliche Struktur und wahrscheinlich auch Zentralbedeutung gehabt haben müssen, aber weit hinter der Führungsgruppe der Städte in bezug auf Reichweite der Zentralfunktionen und Differenzierung der Struktur zurückblieben. Stärker städtisch profiliert erschienen die Orte dieser Gruppe erst im 13. und 14. Jahrhundert, wo sie dann auch alle Stadtrecht erhielten.

Im Gebirgsvorland und an den Ausgangspforten des Berglandes gehörten dieser Gruppe an: Helmstedt, vielleicht auch Königslutter [62] und der Salzort Schöningen, Hannover, Hameln, Wunstorf, vielleicht das neu als Markt privilegierte Obernkirchen, die zusammen mit den bedeutenden Städten Braunschweig, Goslar, Hildesheim, Minden und Osnabrück eine für damalige Verhältnisse einigermaßen dichte Reihe städtischer Siedlungen in dieser alt und relativ dicht besiedelten Zone bildeten. Im Bergland sind weiter südlich Gandersheim, Höxter und Corvey, wohl auch Duderstadt [63] als ältere Ansätze von Stadtentwicklung zu nennen; die Leinetalstädte Göttingen, Einbeck, Northeim standen um 1200 am Anfang ihres städtischen Werdeganges, ebenso Münden. Am Harzrand war Gittelde mit seiner wichtigen Münzstätte, wohl als Bergwerksort, schon im 10. Jahrhundert privilegiert, vielleicht auch schon Seesen Markt und stand Osterode mit Burg und Markt im Anfang der Stadtentwicklung. Auch wenn man noch solche Marktorte wie Nörten und Helmarshausen in diese Reihe aufnehmen will – die Streuung städtischer Siedlungen im Bergland war um 1200 sicherlich locker, und so bedeutende Zentren wie am Nordrand des Berglandes fehlten ganz.

Noch weitständiger verteilten sich die städtischen Siedlungen niedrigen Ranges im niedersächsischen Geestland. Im Westen bildete Meppen ein altes Zentrum und kann vielleicht auch schon Haselünne für den Handel zwischen Westfalen und Friesland eine Rolle gespielt haben. Wildeshausen mit seinem Stift aus dem 9. Jahrhundert, der Markt Ganderkesee als Vorläufer Delmenhorsts, wohl auch der Markt Esens und der Münz- und Zollort Jever, östlich der Weser die Bischofsfeste Bremervörde, vielleicht der Flecken Otterndorf, Märkte bei den Klöstern Heeslingen und wohl auch Wienhausen waren Ansatzpunkte städtischer Entwicklung, die aber, soweit übersehbar, noch wenig fortgeschritten war. Der alte bedeutende Grenzhandelsplatz Bardowiek gab nach der Zerstörung durch Heinrich d. L. endgültig seine Stellung an Lüneburg ab und sank auf Dorfniveau zurück. Eigentlich nur die Mündungsbereiche der großen Flüsse trugen im Flachland bedeutende und dauerhafte Ansätze zur Stadtbildung – Emden, Bremen und Verden, Hamburg und Stade, endlich, mit Schiff noch erreichbar, Lüneburg als Erbe Bardowieks [64].

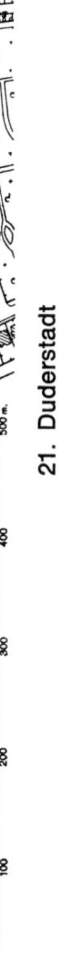

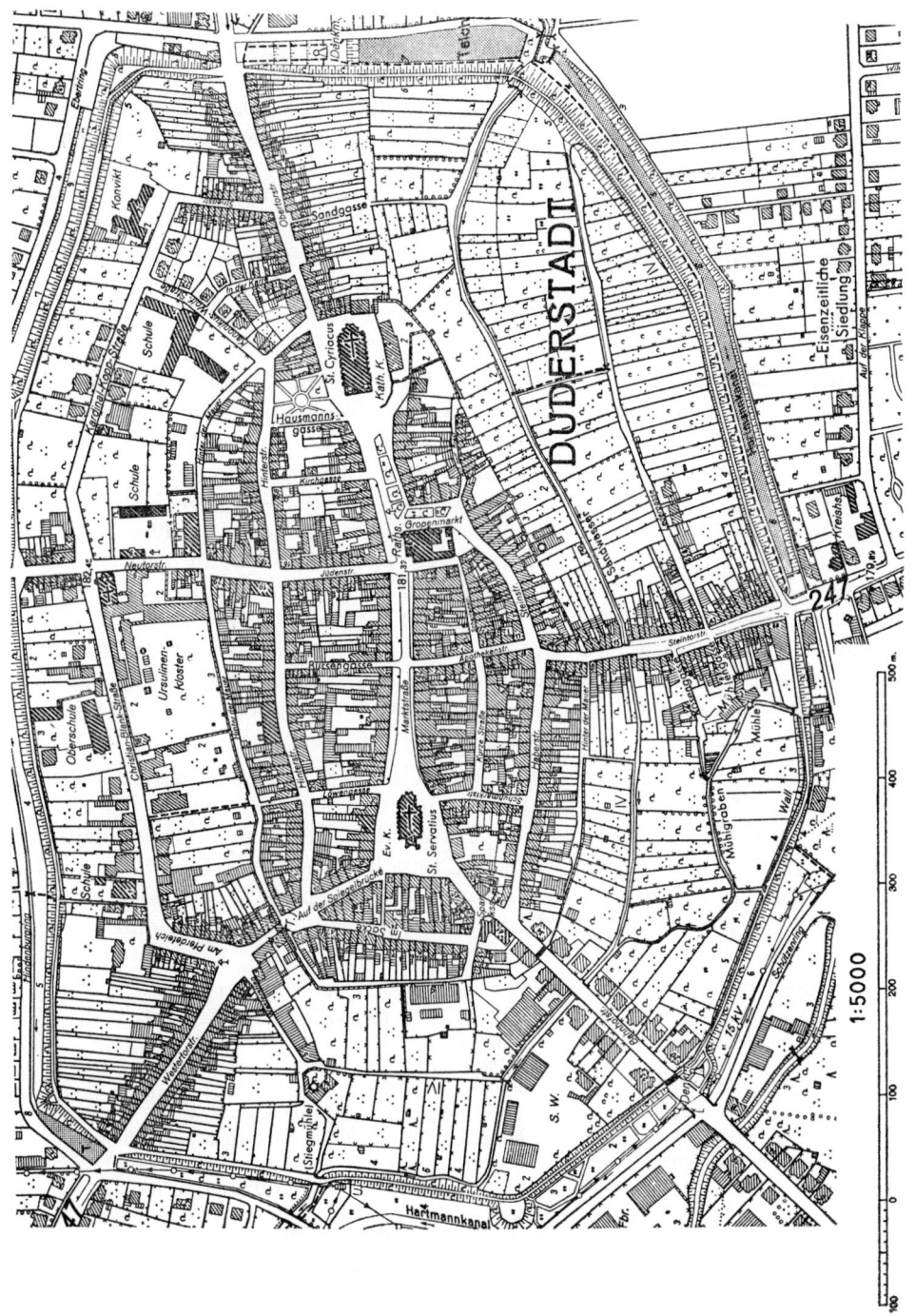

2. Städtische Siedlung bis zum Ende des 12. Jahrhunderts

21. Duderstadt

So weitmaschig dieses Netz von frühen Stadtbildungen in Niedersachsen auch war, ließ es doch Raumbezüge erkennen, die auch später für das niedersächsische Städtenetz charakteristisch blieben: Das Gebirgsvorland als Träger relativ dichter alter Besiedlung und bedeutender West-Ost-Verkehrswege – Niederrhein–Magdeburg auf verschiedenen Linien – trug die weitaus meisten Stadtbildungen. Im Bergland formten sich, freilich noch weit verstreut, Städte an den Stellen, wo die großen, etwa nord-süd-laufenden Talzüge von Linien des West-Ost-Verkehrs gekreuzt wurden und wo diese Linien das Harzhindernis umgingen. Als dritter Bereich von Städtebildung zeichnete sich der Rand der Geest gegen den Seeverkehr ab. Zwischen der Reihe der Küstenstädte und der Hauptzone niedersächsischer Städtebildung im Gebirgsvorland lag, städtearm, die Geest [65].

Für diese Verteilung der Stadtbildung war offensichtlich der Fernverkehr von wesentlicher Bedeutung [66]. Jedoch darf diese Bedeutung sicher nicht im Sinne einer einfachen Kausalbeziehung („Weil dort Fernverkehrswege zusammentrafen, entstand eine Stadt") gesehen werden, sondern versteht sich eher als eine Wechselbeziehung: Bischofssitz, Dynastenburg, bedeutendes Stift zogen stets – ob primär verkehrsbegünstigt oder nicht – Händler- und Handwerkerniederlassungen an. Ob sich diese stärker entwickeln und städtisches Gepräge erlangen konnten, war dann eine Frage der allgemein günstigen Lage zum Fernverkehr. War diese vorhanden und blühte die Gewerbesiedlung im Schutz mächtiger Stadtherren auf, dann vermochte die werdende Stadt wiederum den Verkehr anzuziehen, so daß aus einem Bündel möglicher Verkehrslinien gerade die zur Stadt und ihrem Markt hinführende Verbindung die Hauptlinie wurde.

Für die topographische Lage der älteren Städte war vor allem der Zugang zum schiffbaren Gewässer wichtig. Da auch trockener Baugrund gesucht wurde, waren Dünenzüge, Geestvorsprünge, Terrassen unmittelbar am Fluß besonders bevorzugt (zum Beispiel Bremen, Hamburg, Minden, Hannover, Braunschweig). Die günstige Lage zum schiffbaren Fluß verband sich gerade bei den wichtigen Städten mit der Möglichkeit, den Fluß auch relativ leicht zu überschreiten.

---

[31] J. GEBAUER, Geschichte der Stadt Hildesheim, Bd. 1, 1922, S. 34 f. und S. 70 f. – [32] H. SCHWARZWÄLDER (wie Anm. 17), S. 232 f. – [33] H. REINKE, Forschungen und Skizzen zur hamburgischen Geschichte (Veröff. Staatsarch. Hamburg III), 1951, S. 23–41. – [34] H. DÖRRIES, Die Städte im oberen Leinetal Göttingen, Northeim und Einbeck, 1925. – [35] E. BÜTTNER, Geschichte der Stadt Hannover, 1951; H. PLATH, Die frühe Entwicklung der Stadt Hannover im Lichte der Altstadtgrabungen. in: Jb. Geogr. Ges. 1953; DERS., Die Anfänge der Stadt Hannover, in: HannGBll NF 15, 1961, wonach Marktgründung in Hannover um 1125 durch einen Grafen von Roden (vielleicht schon mit Verleihung von Weichbildrecht), dann Erweiterung der werdenden Stadt durch Heinrich d. L. anzunehmen ist. – [36] K. HEINEMEYER, Die Gründung der Stadt Münden, in: HessJbLdG 23, 1973, S. 141–230; R. GRENZ, Die Anfänge der Stadt Münden nach den Ausgrabungen in der St.-Blasius-Kirche, 1973. – [37] K. FRÖLICH, Das Stadtbild von Goslar im Mittelalter

2. Städtische Siedlung bis zum Ende des 12. Jahrhunderts

(Beitr. z. Gesch. d. Stadt Goslar 11), 1949; DERS., Beiträge zur Topographie von Goslar im Mittelalter, in: Zeitschr. Harzver. f. Gesch. u. Altertumskunde 61, 1928; DERS., Betrachtungen zur Siedlungsgeschichte und zum älteren Bergwesen von Goslar, 1950; E. HERZOG (wie Anm. 30), S. 71 f. – [38] W. F. KILLISCH, Die ostfriesisch-oldenburgischen Geestrandstädte (Schr. Geogr. Inst. Kiel 34), 1970. – [39] K. FRÖLICH, Stadtbild (wie Anm. 37), S. 9 und 11. – [40] J. FERGER, Lüneburg (ForschDtLdkde 173), 1969; W. REINECKE, Geschichte der Stadt Lüneburg, 1933. – [41] H. SCHWARZWÄLDER (wie Anm. 17), S. 243. – [42] F. TIMME, Brunswik (wie Anm. 15), S. 17; E. HUNDERTMARK, Stadtgeographie von Braunschweig (Schr. Wirtsch.-wiss. Ges. R. A, 9), 1941. – [43] J. GEBAUER (wie Anm. 31), S. 70 f.; J. KÖPPKE, Hildesheim, Einbeck und Göttingen und ihre Stadtmark im Mittelalter (Schr. Stadtarch. u. Stadtbibl. Hildesh. 2), 1967, S. 20 ff. – [44] H. REINCKE (wie Anm. 33), S. 42. – [45] Zum Beispiel in Lüneburg nach J. FERGER (wie Anm. 40), S. 178, in Goslar nach E. HERZOG (wie Anm. 30), S. 72. – [46] H. REINCKE (wie Anm. 33), S. 28 f. – [47] H. PLATH, Altstadtgrabungen (wie Anm. 35), S. 46; J. FERGER (wie Anm. 40), S. 178; E. KEYSER, Städtegründungen (wie Anm. 3), S. 264 ff., verfolgt bei zahlreichen Beispielen am Auftreten gleichmäßig großer Grundstücke die planmäßig bebauten Stadtviertel. – [48] In Hannover haben die Ausgrabungen ergeben, daß die Längsstraßen nacheinander entstanden. Solche Fälle wie auch das sukzessive Entstehen etwa des Gittergrundrisses von Emden, nach W. HAARNAGEL (wie Anm. 7), S. 73, sind Hinweise, daß einheitlich planmäßig wirkende Grundrisse durchaus auch allmählich entstanden sein können. – [49] E. KEYSER, Städtegründungen (wie Anm. 3). – [50] E. HERZOG (wie Anm. 30), S. 240; dagegen war nach H. SCHWARZWÄLDER (wie Anm. 17), S. 171, bei keinem Bischofssitz in Norddeutschland „vor dem 12. Jh." über den engeren Immunitätsbereich hinaus die bürgerliche Siedlung befestigt". – [51] H. HUNDERTMARK (wie Anm. 42), S. 21 und 25. – [52] E. HERZOG (wie Anm. 30), S. 241 ff. – [53] K. FRÖLICH, Betrachtungen (wie Anm. 37), S. 9 ff. – [54] I. MATHIESEN (wie Anm. 18), S. 16. – [55] H. GEBAUER (wie Anm. 31). – [56] Ein besonders eindrucksvolles Beispiel für die Umgestaltung des Untergrundes und der Wasserverhältnisse in dieser Zeit ist Hamburg; H. REINCKE, Das städtebauliche Wesen und Werden Hamburgs, in: Forschungen (wie Anm. 33); E. KEYSER, Städtegründungen (wie Anm. 3), S. 234 ff. – [57] E. HERZOG (wie Anm. 30), S. 119. – [58] Frühere wesentliche Umformungen des Untergrundes waren allerdings die Warfen der Küstenwike; so ist Emden auf einer Warf gegründet, nicht über einer Flachsiedlung entstanden. – [59] C. HAASE, Die Entstehung der westfälischen Städte (Veröff. Prov. Inst. f. westf. Landes- u. Volkskunde, R. I, 11), 2. Aufl. 1964. – [60] H. STOOB, Darstellung der Stadtentstehung (wie Anm. 5), S. 40 f., setzt sich mit dieser Epochenbildung auseinander und sieht den Schnitt zwischen „Mutterstädten" und „Gründungsstädten" älteren Typs (bis 1250) schon um 1150. Wegen des Einflusses Heinrichs d. L. auf die niedersächsischen Städte einerseits und wegen der zwangsläufigen Unschärfe von Zeitabgrenzungen bei der Siedlungsbetrachtung andererseits wurde hier das Ende des 12. Jh.s als Schnitt gewählt. Die hier auch ferner gewählte grobe Abgrenzung nach Jahrhunderten soll auch die zeitliche Parallelisierung mit der ländlichen Siedlungsentwicklung erleichtern (s. voriges Kap.). – [61] E. v. LEHE, Stade und Hamburg um 1180, in: Stader Jb. 1954. – [62] Von F. TIMME in der Einleitung zum Nieders. Städtebuch (wie Anm. 3) aufgeführt. Dagegen R. KLÖPPER, Entstehung, Lage und Verteilung der zentralen Siedlungen in Niedersachsen (ForschDtLdkde 71), 1952, S. 33. – [63] H. PLANITZ, Die deutsche Stadt im Mittelalter, 1954, S. 62; H. SAUERTEIG, Stadtgeographie von Duderstadt (Schr. Wirtsch.-wiss. Ges. R. A 55), 1940. – [64] Die von F. TIMME, Ursprung und Aufstieg der Städte Niedersachsens (Schr. Landeszentrale f. Heimatdienst R. B, 2), 1956, S. 6, herausgestellten „Hafenwike" wie die Vorgänger von Buxtehude und Cuxhaven, Blexen, Hohnswik bei Otterndorf u. a. sind in ihrem Siedlungscharakter noch zu wenig zu übersehen; doch ist eine Zuordnung zu städteähnlichen Siedlungen im ausgehenden 12. Jh. wohl nicht mehr vertretbar. – [65] Die „Städtescheu" der Geest – Ausdruck von H. STOOB (wie

Anm. 5), S. 46 – wird verschiedentlich hervorgehoben, auch von E. KEYSER, Städtegründungen (wie Anm. 3), S. 271, als eine rational nicht zu erklärende Abneigung des deutschen Nordwestens gegen Städtebildung. Über regionale Städteverteilung in Niedersachsen vgl. G. SCHWARZ, Die Entstehung der niedersächsischen Stadt, in: PetermannsMitt 1951; DIES., Regionale Stadttypen im niedersächsischen Raum zwischen Weser und Elbe (ForschDtLdkde 66), 1952. – [66] Die Verkehrslage als schlechthin entscheidend für die Stadtentstehung betont besonders H. DÖRRIES, Niedersächs. Stadt (wie Anm. 3).

3. STADTBILDUNG IM 13. UND 14. JAHRHUNDERT

In Niedersachsen war wie überall in Deutschland das 13./14. Jahrhundert eine Periode der lebhaften Entwicklung der bereits bestehenden älteren Stadtsiedlungen, die nun auch im Rechtssinn zu „Städten" mit mehr oder weniger starker Selbständigkeit (vgl. dazu Bd. II, Kap. 2) wurden und sich als geschlossene Siedlungen mit Befestigungsring konsolidierten – und dazu eine Periode zahlreicher neuer Stadtbildungen.

Diese neue Stadtbildung ist bisher für Niedersachsen relativ unsicher nachzuzeichnen. Zum Teil liegt das wohl daran, daß für viele niedersächsische Städte sich die Privilegierungen über eine lange Zeit verteilen und es schwerfällt, zu klären, wann in den Jahrhunderten zwischen einer ersten Marktrechtverleihung oder sonstigen Privilegierung und dem Auftreten von Märkten und Handwerkerstand und Händlern von einiger Bedeutung sowie dann von einer städtischen Verfassung der Ort nun eigentlich im siedlungsgeographischen Sinn städtischen Charakter angenommen hat. Dies gleichsam allmähliche Herauswachsen der privilegierten Orte über die ländliche Siedlungsschicht ist in Niedersachsen gegenüber den wirklichen Stadtgründungsakten relativ häufig, und dadurch werden die Verhältnisse in der „Stadtgründungsperiode" schwerer durchschaubar.

Ein weiterer Grund für Unklarheiten über diese Periode liegt darin, daß in Niedersachsen viele Stadtgründungen nur zu „Minderstädten" – nach dem Ausdruck Stoobs – geführt haben. Diese oft nur mit Fleckenrecht ausgestatteten, als Weichbild oder Bleek auftretenden Orte, in denen Handel und Gewerbe äußerst kümmerlich vertreten waren, sanken zum Teil wieder auf dörflichen Status zurück und sind – bei begreiflicherweise schlechter Quellenlage – relativ selten in ihrem Werdegang genauer untersucht.

Wenn trotz des nicht sehr reichlichen Materials hier dennoch ein Überblick über die Stadtbildung in Niedersachsen des 13. und 14. Jahrhunderts zu geben versucht wird, so kann es sich nur um die Herausstellung gewisser Grundlinien handeln, die sich bisher abzeichnen. Bei detaillierterer Überschau, gerade über die vielen Minderstädte, mögen auch diese Grundlinien in manchem zu korrigieren sein.

a) Vorsächsische Tonware aus Niedersachsen (chaukisch)

b) Vorsächsische Tonware aus Niedersachsen (langobardisch)

c) Sächsische Tonware aus Niedersachsen

Abb. 16
Vorsächsische und sächsische Tonware

Neubildung von städtischen Siedlungen

Als Neubildung städtischer Siedlungen sind in Niedersachsen einmal die Neugründungen aus wilder Wurzel vertreten. Es handelt sich dabei überwiegend um planmäßige Stadtanlagen, meist in Zusammenhang mit einer Burggründung. Nur selten kamen Burggründungen allein vor, bei denen sich das Suburbium allmählich bildete und nur nachträglich vom Herrn der Burg privilegiert wurde. Man kann in diesen Fällen wohl von Neubildung, nicht aber eigentlich von Gründung des Burgstädtchens sprechen. Diese Neubildungen hoben sich offenbar durch planlose Grundrisse von den Gründungen ab; doch wird umgekehrt zu oft vom planlosen Grundriß erst auf das allmähliche Wachstum geschlossen, als daß diese Verhältnisse klar zu übersehen wären.

Neben den aus wilder Wurzel neu erwachsenen Städten stehen – soweit übersehbar, in größerer Zahl – die Umformungen älterer nichtstädtischer Orte zu Städten oder Flecken. Diese Umformung begegnet als

1. Privilegierung für ältere Niederlassungen, in denen eine bereits früher vorhandene gewerbliche Entwicklung durch Zuerkennung städtischer Rechte anerkannt und besonders gefördert wurde, so daß die Siedlung nunmehr städtisches Gepräge gewann,
2. Privilegierung, Wachstumsförderung und Veränderung des Siedlungsbildes bei älteren bisher nur landwirtschaftlichen Siedlungen, die nunmehr durch ihre Zentral- oder Grenzlage im Territorium des privilegierenden Herrn für diesen Interesse gewannen, wobei die gewerbliche Entwicklung der privilegierten Siedlung sekundär war und oft wohl spät und schwach einsetzte.

In allen Fällen der Neubildung städtischer Siedlung, ob sie Neugründung aus wilder Wurzel oder Umformung der einen oder anderen Art war, spielte der Territorialherr die maßgebliche Rolle. Dabei trat ein wesentlicher Unterschied gegenüber den älteren Stadtgründungen hervor: Das Interesse des Stadtgründers war nicht mehr wesentlich ökonomisch, auf den wirtschaftlichen Vorteil durch das Ansässigwerden von Handel und Gewerbe, auf Zoll- und Marktgefälle usw., oder auch, wie bei Heinrich d. L., auf die Schaffung wirtschaftlicher Schwerpunkte in einem großräumigen Machtbereich gerichtet. Vielmehr spielte die Grenzsicherung oder Zentrumbildung für die kleinräumigen Territorien nunmehr die Hauptrolle sowohl bei der Burg- als auch bei der mit ihr verbundenen Stadtbildung. Erst **neben** diesen machtpolitischen Interessen der Territorialherren kam das wirtschaftliche Interesse an der Neugründung von Märkten zum Tragen, doch war es offenbar viel weniger bedeutsam für die Stadtbildung als etwa in Süddeutschland. Eine enge Verbindung bestand zwischen den territorialherrlichen Interessen am Ausbau der Kolonisationsgebiete – der Marschhufensiedlung, der Hagenhufensiedlung, der Rodungssiedlung im Bergland – und der Stadtgründungspolitik [67].

Die **Stadtgründungen aus wilder Wurzel** entstanden in Niedersachsen zum Teil in solchen Kolonisationsgebieten. Beispielsweise Stadthagen [68] wurde von den Schauenburgern als Zentralort für ihre Hagendörfer, zugleich als Stützpunkt gegen das benachbarte Kolonisationsgebiet der Grafen von Roden geschaffen – eine Plananlage mit Burg und Stadtbefestigung. Gronau am Fuß der Siebenberge wurde vom Hildesheimer Bischof mit Burg und befestigter Plananlage [69] in einem zwar nicht neu erschlossenen, aber stark mit hildesheimischen Rodungsanlagen durchsetzten Gebiet, an der Grenze zum welfischen Machtbereich, angelegt und mit den Bewohnern dreier Dörfer besiedelt. Buxtehude [70] wurde in Schutzlage auf einer Moorinsel, wiederum als Planeinheit von Burg und befestigter Stadt, vom Bremer Erzbischof in umstrittenem Grenzgebiet gegründet und stützte sich in seiner lebhaften Entwicklung auf das benachbarte Marschkolonisationsgebiet des Alten Landes. Wahrscheinlich kann man auch Zusammenhänge zwischen dem Rodungsgebiet der Homburger und ihrem Markt- und Münzort Stadtoldendorf oder zwischen der planmäßigen Stadtgründung Holzminden der Grafen von Everstein und den umgebenden zahlreichen Rodungssiedlungen sehen, um nur noch einige Beispiele anzudeuten.

Andere Beispiele von Neugründungen waren von Kolonisationsgebieten unabhängig und nur durch das Interesse des Gründers an der Sicherung seines Territoriums bedingt. So entstand Rotenburg [71] als starke Festung des Verdener Bistums, „mit Front" gegen die bremische Feste Ottersberg, mitten im Sumpfgebiet, mit einem sehr kleinen, aber vermutlich planmäßig mitangelegten Suburbium. Sie wurde vom Hildesheimer Bischof Rosenthal [72] als Burg- und Stadtanlage geschaffen (freilich noch im 13. Jahrhundert wieder zerstört), das seine Rolle dann an die starke Burg Peine abtrat, die schon vorher mit planmäßiger Zweistraßen-Stadtanlage vom burgenbauerfahrenen Gunzelin von Wolfenbüttel geschaffen war und nun an Hildesheim kam [73]. Vom Bischof von Osnabrück wurde im 14. Jahrhundert im sumpfigen Gebiet die Feste Fürstenau als Schutz gegen die Tecklenburger errichtet, neben ihr eine planmäßige befestigte Marktanlage mit Weichbildrecht [74], in der die Bewohner der umliegenden Bauerschaften zusammengezogen wurden. Eine ähnliche osnabrücksche Gründung ist Quakenbrück mit Kollegiatstift, Burg und planmäßiger Marktsiedlung [75]. Die Zusammensiedlung umliegender Orte zur Besetzung solcher neugegründeter Burg- und Grenzstädte ist genauer untersucht zum Beispiel in den hessischen Grenzstädten Trendelburg, Liebenau und Grebenstein [76], hinsichtlich der Flur auch bei den Schauenburger Grenzstädten Rinteln und Hess. Oldendorf an der Weser [77].

Häufiger als die Stadtgründungen aus wilder Wurzel waren in Niedersachsen die **Umformungen** älterer Siedlungsansätze zu Städten. Die Orte mit **älteren gewerblichen Ansätzen**, die im 13./14. Jahrhundert Stadt- oder wenigstens Fleckenrecht erreichten, waren vor allem alte

Märkte und Salzorte. Im Bergland und Gebirgsvorland waren verschiedene Orte mit Salzquellen und Salzgewinnung schon im 11. und 12. Jahrhundert bekannt, und nun führte das Interesse ihrer Territorialherren am gewinnbringenden Salzmarkt zu ihrer Privilegierung und damit zum Siedlungsaufschwung. So erhielt Münder am Deister, vielleicht eine rechteckige Anlage um einen großen Salzmarkt, im 13. Jahrhundert Stadtrecht [78]; das „Solt to Hemmenthorp" (Salzhemmendorf), von dem in der Mitte des 12. Jahrhunderts Salzgewinnung bekannt ist, wurde Flecken [79]; Salzdetfurth ist im 12. Jahrhundert mit Salzgewinnung bei der Burg erwähnt und erscheint im 14. Jahrhundert mit Weichbildsiegel und mit der Bevölkerungsgruppe der Pfänner [80]. Salzgitter entwickelte sich im 14. Jahrhundert auf trockengelegtem Sumpfgelände neben einer Burg dadurch, daß das alte Salzdorf Vöppstedt nunmehr hierher zu den Salinen verlegt wurde [81]. Mit der frühen Salzgewinnung wird man sich auch Salzmärkte verbunden vorstellen müssen; insofern sind die Salzorte als Spezialfälle der älteren nun in die Stadtentwicklung einlenkenden Märkte anzusehen.

Bei den Beispielen für die sonstigen alten Märkte, die nun mit Stadtrechten ausgestattet wurden, kann man im Zweifel sein, ob die Siedlungsstruktur dieser Orte nicht schon vor der Stadtrechtverleihung städtische Züge aufwies, der Rechtsakt also für die Siedlung nicht so sehr Entscheidendes bedeutete und die „Stadtwerdung" eigentlich schon im 12. Jahrhundert oder früher zu suchen ist. So liegen die Probleme etwa bei Oldenburg, dessen wohl ältere Burg – eine Wasserburganlage am Weg von Bremen nach Friesland – im 12. Jahrhundert dauernder Sitz des Grafen wurde und zu ihren Füßen eine kleine Marktsiedlung entstehen ließ, die dann erst bei kräftiger Siedlungsausdehnung im 14. Jahrhundert Stadtrecht erhielt [82]. Ähnliche Fragen bestehen bei Vechta, das im 12. Jahrhundert als Burg und Zollstätte der Grafen von Calvelage-Ravensberg auftrat, im 13. Jahrhundert eine Burgmannen- und wohl auch bürgerliche Siedlung entwickelte und Stadtrecht erhielt [83]. Ein anderes Beispiel für solche Probleme ist Nörten mit seinem Stift und dem vermutlich damit verbundenen Markt des 11. Jahrhunderts, das im 13. Jahrhundert Stadtrechte bekam und lebhaftes Siedlungswachstum begann [84], ferner Obernkirchen, das im 12. Jahrhundert eine Klosterneugründung und kaiserliche Privilegierung erlebte, aber erst im 14. Jahrhundert Fleckenrecht (und schließlich im 17. Jahrhundert Stadtrecht) erhielt [85]. Zu den Orten mit problematischer Stadtwerdung „im Siedlungssinn" zählt auch Seesen: Mit altem Königshof ausgestattet, war es schon vor dem 13. Jahrhundert Markt (Münzrecht), erscheint im 14. Jahrhundert als oppidum und besitzt erst im 15. Jahrhundert eindeutig Stadtrecht [86]. Unter die nunmehr privilegierten älteren Märkte ist vielleicht auch Hoya zu rechnen, das als Sitz der Grafen im 14. Jahrhundert Weichbildrecht erhielt und ein alter Fernhandelsplatz gewesen sein kann [87]. So problematisch die Fälle älterer Marktorte mit einer – oft noch stufenweisen – Privilegierung im 13./14. Jahrhundert auch sind, kann man doch wohl eine Förderung des Siedlungswachstums in Verbindung mit den neuen Rechten annehmen, und zwar eines städtisch-gewerblichen Siedlungswachstums.

Als zweite neue Städtegruppe waren eingangs diejenigen älteren Orte ausgesondert, die noch keine Ansätze gewerblicher Entwicklung zeigten, aber dennoch privilegiert wurden, weil sie für den Stadtgründer durch ihre L a g e i n s e i n e m T e r r i t o r i u m , etwa an der G r e n z e , von besonderem Interesse waren. Beispiele dafür sind in Niedersachsen zahlreich. So entstand in Lingen auf altem Villikationshaupthof im 13. Jahrhundert ein festes Haus der Tecklenburger, vor dem sich die Stadtsiedlung mit Dreiecksmarkt formte, die im 14. Jahrhundert als Weichbild bezeugt ist [88]; ähnlich wurde Friesoythe im 13. Jahrhundert Tecklenburger Burg mit planmäßig angelegter Marktsiedlung aus älterem Dorf [89]. So schloß ein Teil der Osnabrücker Bischofsburgen an ältere Dörfer an, zum Beispiel in Melle, wo allerdings ein Dorf mit gewissen Zentraleigenschaften den Ausgangspunkt bildete (curtis, Archidiakonatssitz) für die im 15. Jahrhundert dann zum Weichbildrecht führende Entwicklung [90]. Besonders wo Dörfer in Grenzlage zugleich eine günstige Position an Flußübergängen einnahmen, kamen sie für Burganlagen und Stadtentwicklung in Betracht. So entstand im Bereich der Grafen von Wölpe an der Aller bei dem Dorf Rethem die Burg, bei der später Burgmannen und Handwerker eine Siedlung bildeten, die dann dem Dorf (seltsamerweise nicht der Neusiedlung) die Stadtrechtverleihung eintrug [91]. So wurde ein Dorf am Weserübergang wohl der Ursprung von Nienburg, das von den Grafen von Hoya als Herren seiner Burg im 13. Jahrhundert Stadtrecht erhielt und dessen Burgmannssiedlung offenbar unmittelbar das Erbe des Dorfes antrat [92]. So wurde Sarstedt, wo ein alter bischöflich hildesheimischer Hof lag, im 13. Jahrhundert zur hildesheimischen Burg und Grenzstadt umgeformt [93]; ebenfalls unter einer hildesheimischen Burg, die den Leineübergang sicherte, wurde Alfeld zur Stadt [94].

Beispiele für Dörfer, die infolge ihrer Z e n t r a l l a g e in einem Territorium zu städtischen Siedlungen umgeformt wurden, sind etwa Wallensen im Leinebergland, das vielleicht als Dorf schon gewisse Zentralfunktionen aufgewiesen hatte, aber Stadtrecht, Befestigung und eine gewisse Plananlage von den Edelherren v. Homburg offenbar nur deswegen empfing, weil es mitten im Hauptgebiet Homburgischer Rodungsunternehmen und Machtzentrierung lag [95]. Ähnlich wurde im Zentrum des – restlichen – Hallermunder Machtbereichs Springe zum Burgsitz der Grafen und zur Stadt mit planmäßig umgeformter Anlage [96]. Im kleinen Spiegelberger Territorium kam Coppenbrügge zu Burg und Fleckenrecht [97]. Im Hallermunder Bereich bildeten ebenfalls ältere Dorfsiedlungen den Ausgangspunkt für die Stadtbildungen Pattensen mit seiner starken Burg und Eldagsen mit wahrscheinlich befestigtem Hallermunder Hof [98]. In allen diesen Fällen ging die dörfliche Siedlung, u. U. umgeformt, unmittelbar in die städtische Siedlung über.

3. Stadtbildung im 13. und 14. Jahrhundert

Neugründungen oder Umformungen besonderer Art sind die Verlegungen von Städten, die allerdings aus Niedersachsen nur in geringer Zahl bekannt sind. Ein bekanntes Beispiel ist Celle, das, bereits um 1000 n. Chr. an der Straße von Braunschweig nach Stade und am Schiffahrtsweg der Aller begründet, eine Burg besaß, durch Heinrich d. L. mit Stapel- und Zollrecht begabt wurde und im 13. Jahrhundert Stadtrecht erhielt. Ende des 13. Jahrhunderts verlegte der Herzog von Lüneburg die Burg einige Kilometer allerabwärts und schuf dort eine neue planmäßig gebaute Stadt, die die Funktionen der alten Stadt Celle übernahm, das heutige Celle [99]. Einer Verlegung kommt auch Uelzens Entstehung gleich. Ursprung war das vor 1000 n. Chr. gegründete Kloster in Oldenstadt, vor dem sich ein Markt entwickelt hatte; im 13. Jahrhundert wurde, möglicherweise in Zusammenhang mit einer Straßenverlegung und einer Grenzauseinandersetzung, die jetzige Stadt einige Kilometer weiter westlich an der Ilmenau vom Grafen von Schwerin als planmäßige Anlage neu begründet und erhielt 1270 Stadtrecht [100].

Das Siedlungsbild der städtischen Neubildungen des 13./14. Jahrhunderts ist geprägt von Plananlagen. Sie zeigten zum großen Teil eine durch zwei oder mehrere Längsstraßen bestimmte Form, zum Teil mit einem Straßenmarkt, häufiger mit einem längs oder als quergestelltes Rechteck an die Hauptstraße angehängten Marktplatz. Auch bei den Toren wurden oft Plätze (Ausspann u. ä.) ausgespart. Die Querstraßen waren von untergeordneter Bedeutung, teils nur schmale Durchlässe. Die ganze vielfach mandelförmige oder elliptische Anlage war von einer Befestigung umgeben (vgl. Karte 21, S. 397). Diese Form schloß an die zum Teil allmählich entwickelten Grundrisse der älteren Städte an. – Der zweite häufig vertretene Formtyp war annähernd kreisförmig, mit einem nahezu rechtwinkligen Straßengitter und einem etwa in der Mitte liegenden Marktplatz, wie Göttingen u. a. Diese Anlagen kamen, zum Teil zum Halbkreis abgewandelt, besonders häufig an Flüssen vor, als Ausfüllung des Winkels zwischen Haupt- und Nebenfluß, auch wohl in eine Flußschleife geschmiegt, wie etwa Uelzen, Holzminden, die Plananlage Hamelns aus dieser Zeit, u. a.

Im allgemeinen erhielten die planmäßigen Anlagen früher oder später eine Ummauerung, zu den zunächst angelegten Wällen und Gräben. Doch gab es auch städtische Siedlungen, bei denen man bei den einfachen Erdbefestigungen mit Palisaden blieb (zum Beispiel Holzminden, Coppenbrügge, Schnackenburg) oder wo die natürliche Befestigung durch Sumpf und Flußarme eine Ummauerung ganz oder streckenweise überflüssig machte wie etwa bei Nordhorn, das auf einer Vechteinsel angelegt war. Allgemein war die für die Stadtanlage bestimmende Burg in den Befestigungsring der Stadt als besonders starker Stützpunkt einbezogen, zum Teil auch noch durch besondere Werke abgesichert [101].

Für Burg- wie Stadtbefestigung spielte in Niedersachsen das Wasser die entscheidende Rolle, als natürlicher oder – weit häufiger – als künstlich geführter Wasserlauf sowie als Sumpf. Höhenburgen mit anschließenden Stadtanlagen sind selten (ein Beispiel wäre etwa der Flecken Lauenstein mit seiner Burg am Ith-Hang). Der schlechte Baugrund der Insel- und Moorlagen wurde in Kauf genommen, auch wenn Pfahlgründungen nötig wurden (so in Rotenburg bezeugt [102]). Entscheidend war jetzt eben die S c h u t z l a g e der Burg und damit auch der Stadt, nicht mehr wie bei den älteren Stadtbildungen die gute Verkehrslage, Zugängigkeit und günstiger Baugrund. So wurde in der ganz andersartigen topographischen Lage der Neugründungen gegenüber den alten Städten der Wandel in den maßgeblichen Motiven der Stadtgründung augenfällig, der Wandel von den früheren ökonomischen Interessen zu den nun vorherrschenden machtpolitisch-strategischen Erwägungen. Die wirtschaftliche Entwicklung der neuen Städte und Flecken wurde durch die oft schlechte Zugänglichkeit in Sumpfniederungen nicht gerade begünstigt.

Die ä l t e r e n S i e d l u n g e n, die im 13. und 14. Jahrhundert zu Städten und Flecken nur umgeformt wurden, nahmen im Gegensatz zu den Neugründungen meist g ü n s t i g e r e L a g e n (vom Standpunkt der bürgerlichen Siedlung aus betrachtet) ein, an Straßen oder sogar Straßenkreuzen und -gabelungen, auf trockenem Baugrund. Die Grundrisse der ursprünglichen Siedlung wurden offenbar meist stark überformt und somit – wenn auch nicht so planmäßig wie bei den Neuanlagen – doch klar gestaltet, überwiegend durch eine betonte Hauptstraße mit Markt. An Straßengabeln entstanden oft Dreiecksmärkte. Die Hauptstraßen wurden vermutlich durch den starken Zuzug, den die Privilegierung auslöste, besetzt und so als neues „städtisches" Siedlungselement, auch ohne besondere Planung durch den Stadtherrn, ausgebildet und besonders herausgehoben (zum Beispiel in Rethem [103] und Nörten [104] gut zu verfolgen). Im Grunde vollzog sich hier die gleiche Siedlungsbildung durch gewerbliche Bevölkerung wie in früheren Jahrhunderten bei der alten Städtegruppe: Die dicht umbaute, den Markt tragende Einstraßenanlage zeigte sich immer wieder als städtische Keimzelle.

Aber auch geplante Neuanlagen entstanden bei den städtischen Umformungen älterer Siedlung, wie etwa das Straßengitter mit Dreiecksmarkt in Springe [105] oder das Straßenviereck von Wallensen [106]. Hier müssen die alten Höfe wohl umgelegt worden sein, vielleicht im Zusammenhang mit dem Befestigungsbau, oder die neue städtische Siedlung entstand mit Plananlage unmittelbar neben dem älteren, wahrscheinlich kleinen Dorf, das dann verschwand. Diese Entwicklungen sind noch wenig geklärt. Ein Nebeneinander von Plananlage und unregelmäßigem „haufendorfartigen" Siedlungsteil konnte übrigens auch dadurch entstehen, daß die kleine Plananlage bald voll besetzt war und die später Zuziehenden, zum Beispiel Bauern aus Wüstungen, sich in ganz ungeregelter Weise niederließen (zum Beispiel Flecken Ottenstein [107]), so daß der unregelmäßige Siedlungsteil jünger als die Plananlage ist. Hier liegen für die Beurteilung der Siedlungsformen viele ungeklärte Fragen.

Die B e v ö l k e r u n g der neu gegründeten städtischen Siedlungen stammte in vielen Fällen nachweislich aus den umliegenden Dörfern, wie bereits bei den Beispielen gelegentlich erwähnt wurde. Die Dorfbewohner wurden vom Stadtgründer einfach umgesiedelt, damit die junge Stadt für den Befestigungsbau und die Verteidigung genug Menschen bekam und auch über eine Feldmark verfügen konnte. Allmählich wird sich dann die gewerbliche Bevölkerung vergrößert haben. Ferner kamen freiwillige Zuzügler aus den umliegenden Dörfern. Hierbei war es wohl von Fall zu Fall verschieden, ob die einst vom Dorf aus bewirtschafteten Ländereien weiter von der Stadt aus unter dem Pfluge gehalten werden konnten oder – was offenbar häufiger der Fall war – wüst fielen. Das wüst gewordene Land kam später vielfach auch an die Bürger. Jedenfalls bildeten sich um die meisten Städte Wüstungskränze [108]. Das geschah, wie schon früher ausgeführt (S. 338), zu einer Zeit, als die Bevölkerung noch allgemein zunahm und die Siedlung sich noch ausbreitete. Es handelte sich also um eine Bevölkerungskonzentration unter gleichzeitiger Umstrukturierung zu stärker gewerblicher Berufsausrichtung.

Die W i r t s c h a f t s s t r u k t u r der neuen Stadtbildungen erscheint gewerblich, vor allem handwerklich geprägt. Der Ackerbürger war in der Stadtbildungsperiode offenbar nicht so stark vertreten, zumindest nicht in allen Städtegruppen. In manchen Städtchen war der Grundbesitz der Bürger nachweislich minimal [109], der Grundbesitz zunächst ganz in der Hand des Stadtherrn, der Burgmannen, der Klöster und Stifte konzentriert, und die Stadtgemarkung war klein. Das Streben nach verbesserten Weidemöglichkeiten, nach Pachtland, nach Grunderwerb in Wüstungsland, auch nach stadteigenen Rodungen (zum Beispiel Quakenbrück [110]) zeichnet sich vielfach ab. In den Städten allerdings, die durch Umsetzung ganzer Dörfer besiedelt wurden, ist von vornherein mit starkem Ackerbürgertum zu rechnen, ebenso in den älteren Dörfern, die nunmehr privilegiert wurden. Im ganzen aber ist die Gewichtsverteilung zwischen landwirtschaftlichem und gewerblichem Erwerb in den neu gebildeten Städten, gerade den Minderstädten dieser Zeit, noch weitgehend ungeklärt.

Offenbar waren die Städtchen vielfach deutlich räumlich gegliedert nach ihren drei Bevölkerungsgruppen: Burgmannen, Gewerbetreibenden und landwirtschaftlicher Bevölkerung. Die Burgmannenhöfe schlossen sich meist unmittelbar an die Burgen an, besetzten jedenfalls Straßen für sich; die Bürgersiedlung mit Handwerkern und kleinen Kaufleuten (Fernhändler spielten in nur wenigen Gründungen dieser Zeit in Niedersachsen eine Rolle) konzentrierte sich um Hauptstraße und Markt, die landwirtschaftliche Bevölkerung scheint entweder in einem alten Dorfteil von der neuen Stadtbildung getrennt gesessen zu haben oder sich, schon wegen des Raumbedarfs der Höfe, am Rand der gewerblichen Siedlung konzentriert zu haben. So klein die Stadtgebilde waren, scheinen sie doch eine deutliche Differenzierung gezeigt zu haben; es müßte aber eine sehr viel größere Anzahl von Beispielen genau untersucht werden, bis man diese Gliederung wirklich beurteilen könnte.

Die wichtige städtische Eigenschaft der Zentralität haben die neuen Stadtbildungen jener Zeit wohl in Ansätzen besessen, teils durch den Markt und Handwerkerbesatz, teils auch durch die oft mit der Burg verbundenen Zentralfunktionen (vielfach späterer Übergang zu Amtssitzen!). Doch muß man sich für die Mehrzahl der Städtchen den Zentralitätsbereich sehr klein, die Zentralfunktionen sehr schwach vorstellen [111] – nahmen doch die Stadtgründer bei ihren Marktrechtverleihungen wenig Rücksicht auf die tatsächlichen wirtschaftlichen Möglichkeiten [112]. Gerade für die Entwicklung wirtschaftlicher Zentralfunktionen lagen die Stadtgründungen, die sich primär an den engen Territorialgrenzen orientierten, viel zu dicht – selbst wenn man die größere Siedlungsdichte v o r der Wüstungsperiode, vor allem im niedersächsischen Bergland, in Rechnung setzt.

Die Verteilung der Neubildungen von Städten im niedersächsischen Raum zeigt Häufungen im Bergland – entsprechend der kleinräumigen und wechselnden Territorialgliederung – und eine auch nicht geringe Besetzung des Geestlandes, vor allem im Weserbereich (Grenzburgen!) und im Osnabrückschen, relativ wenig in der Lüneburger Heide. Vergleichsweise arm an Neugründungen war das östliche Gebirgsland, wo schon relativ viele ältere Städte vorhanden waren, und der Küstensaum. Dort entstanden nur an der Unterelbe einige Grenzburgen wie Buxtehude, Horneburg, Freiburg; im ostfriesischen Bereich erhielt Norden, damals Hafenstadt, wohl um 1250 Stadtrecht [113] und scheinen sich verschiedene Marktorte, jedoch ohne städtische Rechte, allmählich entwickelt zu haben. Im ganzen blieb aber der Küstenbereich zwischen den Schwerpunkten Hamburg, Bremen und Emden städtearm.

Im Geestland zwischen Weser und Ems wurden die Stadtrechtverleihungen weit überwogen durch die Gründung von Flecken und W e i c h b i l d e n. Namentlich in den Grafschaften Hoya und Diepholz herrschten diese Rechtsformen der städtischen Siedlung. Aber auch im übrigen Niedersachsen waren Flecken, Weichbilde oder „Bleeke" nicht selten. Rechtlich handelte es sich dabei um Minderstädte, doch bestanden offenbar in der Siedlungsstruktur keine wesenhaften Unterschiede gegenüber der Stadt. Dafür scheint auch bezeichnend, daß die Ausdrücke „Städtlein", Weichbild und Bleek für ein und dieselbe Siedlung in den Quellen nicht selten wechseln und der Abstieg einer Stadt zum Flecken bzw. der umgekehrte Aufstieg oft genug mit einem Wechsel des Stadtherrn bzw. des Territorialherrn verbunden war [114]. Immerhin bietet die breite Schicht der Weichbilde oder Bleeke – der Ausdruck Flecken tritt später auf – im Niedersachsen des späten Mittelalters offene Probleme, die nicht nur den Rechtsbegriff, sondern auch mögliche Siedlungseigentümlichkeiten betreffen.

Weiterentwicklung der älteren Städte

Die Siedlungsentwicklung im 13. und 14. Jahrhundert gestaltete sich bei den größeren und wirtschaftskräftigen, nun zu bürgerlicher Selbständigkeit gelangenden alten Handelsorten, die oben als Führungsgruppe der niedersächsischen Städte herausgestellt wurden, anders als bei der zweitrangigen alten Städtegruppe, die – vorwiegend Handwerkerorte mit geringem wirtschaftlichen Einflußbereich – nur selten wirtschaftliche und rechtlich-verfassungsmäßige Selbständigkeit entwickeln konnten und vom stadtherrlichen Einfluß weitgehend abhängig blieben.

Die Führungsgruppe Braunschweig, Goslar, die Bischofsstädte, Lüneburg, aber auch die etwas jüngeren, doch wirtschaftlich kräftig aufstrebenden Bildungen wie Hannover, Northeim, Einbeck, Göttingen, Münden zeigten ein lebhaftes Siedlungswachstum auf Grund starken Zuzugs. Dieser Zuzug kam größtenteils aus der engeren Umgebung und führte hier ebenso wie bei den neugegründeten Städten zu ausgedehnter Wüstungsbildung [115]. Diese wurde noch gefördert durch das Bestreben der Bürger, Land im Vorfeld der Stadt, oft ganze Höfe aufzukaufen. Der Rat suchte vielfach ebenfalls Höfe, Land, Weiderechte, Waldnutzungen an sich zu bringen [116]. So begannen die größeren Städte ihr Vorfeld gleichsam aufzusaugen; dieser Vorgang war dadurch erleichtert, daß die kapitalkräftigen Städte dem Stadtherrn gegenüber (der meist zugleich der wichtigste Grundherr der Umgebung war) eine selbständigere Stellung gewonnen hatten.

Bei dieser städtischen Beeinflussung des Vorfeldes spielte auch die Befestigung eine Rolle: Alle diese Städte legten sich starke Befestigungen aus Mauern, Wällen und Gräben, mit wehrhaften Torbauten und Türmen zu, die in geschlossenem Ring die Vielzahl einzelner alter Siedlungskerne der Stadt zusammenfaßten, dabei stets Freiland mit umschlossen, also die künftige Ausdehnung der Bebauung einplanten. Diese eigentliche Stadtbefestigung wurde im 14. Jahrhundert noch ergänzt durch Anlagen im Vorfeld der Stadt, Wachtürme und Landwehren, die in oft weiten Bögen das Umland der Stadt sicherten [117]. Die Räumung des städtischen Vorfeldes geschah zum Teil auch im Interesse der Verteidigung.

Andererseits stieß aber die Stadt selbst mit manchen Anlagen über ihren Hauptbefestigungsring vor, so mit Hospitälern, Kapellen, Mühlen [118], auch hier und da mit lockerer Vorstadtbebauung, die sich an den Ausfallstraßen hinzog und später dann wohl in erweiterte Befestigungsringe einbezogen wurde [119].

Im ganzen hatten die Befestigungsringe, die in Niedersachsen zumeist im 13. und 14. Jahrhundert gebaut wurden, für die Struktur der Siedlungslandschaft doppelte Bedeutung: Einmal faßten sie die bisher aus einzelnen locker verbundenen Zellen aufgebauten Städte zu wirklichen Siedlungseinheiten zusammen; andererseits trennten sie die immer mehr sich verdichtende Bebauung innerhalb der Städte von dem immer mehr von ländlicher Bebauung sich entleerenden Vorfeld mit seinen Wüstungskränzen, das höchstens noch einige Bebauung städtischen Charakters aufwies. Die bisher einigermaßen gleichmäßige Siedlungsdichte der Landschaft wurde insofern durch Ballung einerseits, Entleerung andererseits abgelöst. Gleichzeitig wurden die Wegenetze umgestaltet, auf die Städte – genauer auf deren Tore – konzentriert. Die „Wegespinnen" entwickelten sich.[120]

Innerhalb des Befestigungsringes der größeren Städte fand starker A u s - b a u statt. Die einzelnen Siedlungszellen wurden durch eine – manchmal eingeflickt wirkende – neue Bebauung verbunden, weitere Neustädte mit eigenen Märkten und regelmäßig geplanten Straßennetzen entstanden, wie die bischöfliche Gründung in Osnabrück, die Neustadt des Dompropstes und die bischöfliche Dammstadt in Hildesheim, die Neustadt zwischen Nordstadt und Süderende in Verden, die hannoversche Neustadt, die in Einbeck.[121] Manchmal trugen die Neustädte besonderes Wirtschaftsgepräge, wie die stark landwirtschaftlich ausgerichtete Osnabrücker Neustadt oder wie mit flandrischen Webern besetzte Neustädte (Braunschweig, Dammstadt). – Nunmehr wurden auch die alten dörflichen Siedlungsteile wie das Fährdorf in Bremen, die Altewiek in Braunschweig in die Befestigung einbezogen und Teil der Bürgerstadt und ihrer Entwicklung. Die Marktplätze wurden nun bei allen diesen Städten große, planmäßig, meist etwa rechteckig gestaltete und eng umbaute Mittelpunkte der Bürgersiedlung, teils neu angelegt wie in Bremen und Goslar auf neu angeschüttetem Gelände. Sie wurden mit stattlichen Kirchen- und Rathausbauten Schwerpunkt der Stadt und augenfälliger Ausdruck für die Verselbständigung des Bürgertums, dessen städtebaulich hervorragendes Zeugnis sie, später noch um Renaissancebauten bereichert, in Braunschweig und Goslar, Hildesheim und Osnabrück und Bremen bis zu den Zerstörungen der jüngsten Zeit blieben. Diese Verselbständigung brachte auch das Verschwinden stadtherrlicher Burganlagen mit sich: Die Burg auf dem Kalkberg von Lüneburg, die Burg Lauenrode in Hannover wurden niedergelegt, in den Bischofsstädten verschob sich das Flächenverhältnis zwischen Bürgerstadt und Domburg grundsätzlich. Während anfangs die Marktsiedlung ein Anhängsel der Domburg gewesen war, erhielt nun die Bürgerstadt das Übergewicht, obwohl die Domburgen sich durch die großen Hofstellen der Kurien schon ausgebaut hatten bzw. noch ausbauten. Zwischen der Raumentfaltung des Bürgertums, der Geistlichkeit, der Stadtherrschaft einerseits und ihren verfassungsmäßigen Befugnissen andererseits bestand gerade in dieser Periode ein sehr enger siedlungsprägender Zusammenhang, den die „verfassungstopographischen" Untersuchungen genauer verfolgt haben.[122]

Eine durchaus andere Entwicklung nahmen die a l t e n „ K l e i n s t ä d t e ", die wirtschaftlich schwächeren Stadtwesen, bei denen es zu einer entscheidenden Verselbständigung gegenüber dem Stadtherrn nicht kam. Hier vollzog sich die Siedlungsentwicklung in vielem analog zu den jungen Stadtgründungen. Vor allem betrifft das die Burganlage der Territorial- und Stadtherren. Bei den alten Stifts- und Marktsiedlungen beispielsweise von Wildeshausen[123] und Wunstorf[124] wurden territorialherrliche Burgen gebaut, die für die weiteren Stadtschicksale maßgebend und für das Siedlungsbild durch die Befestigung und das Entstehen von Burgmannenhöfen bedeutsam wurden. Der Markt wurde, soweit übersehbar, wohl oft neu angelegt, nun als Platz statt des vermutlichen alten Straßenmarktes. Der Grundriß wurde umgeformt, ganz entsprechend den erst neu zu Städten aufgestiegenen Siedlungen; beispielsweise dürfte der regelmäßige Gittergrundriß Hamelns mit seinem geräumigen Markt damals angelegt sein[125]. Umformungen erforderte wohl auch die nun überall erbaute Befestigung, die eine klare Straßenführung auf die Tore hin erforderte. Gelegentlich wurden auch bei diesen kleineren alten Städten Vorstädte gegründet, die etwa den Neustadtgründungen der großen Städte, doch in bescheidenerem Rahmen, entsprachen.

[67] Im 13. Jh. waren nach F. ENGEL, Das mittelalterliche Stadthagen und seine zentrale Bedeutung, in: Unsere schaumb.-lipp. Heimat 13, 1958, S. 12, die Städte „als zentrale Orte der einzelnen Siedlungsgebiete, als Mittelpunkte von Wirtschaft und Verkehr und oft auch als Stützpunkte landesherrlicher Macht ... zu unentbehrlichen Faktoren des Landesausbaus geworden". – [68] F. ENGEL (wie Anm. 67). – [69] H. JÜRGENS, Baugeschichte der niedersächsischen Kleinstädte im Calenberger und Hildesheimer Land (Schr. Wirtsch.-wiss. Ges. R. A, 54), 1940, S. 19 f.; K. MITTELHÄUSSER, Kreisbeschreibung Alfeld, 1957, S. 144 f. – [70] K. E. FICK, Buxtehude (Veröff. Nds. Amt f. Landesplan. u. Statist., R. A I, 36), 1952. – [71] E. HEYKEN, Rotenburg (Rotenburger Schr. 7), 1966. – [72] H. JÜRGENS (wie Anm. 69), S. 12. – [73] R. DEHNKE und R. KLÖPPER, Die Stadt Peine, in: Kreisbeschr. Peine, 1958, S. 130 ff.; Th. MÜLLER und A. ZECHEL, Die Geschichte der Stadt Peine I, 1972. – [74] A. SCHRÖDER, Geschichte der Stadt Fürstenau, 1951. – [75] H. ROTHERT, Die Besiedlung des Kreises Bersenbrück (Veröff. Hist. Kom. Prov. Westf. 21), 1924. – [76] H. JÄGER, Die Entwicklung der Kulturlandschaft im Kreise Hofgeismar (Gött. Geogr. Abh. 8), 1951, S. 28. – [77] W. MAACK, Dörfer und Fluren des Rintelner Beckens (Schaumb. Stud. 5), 1964, S. 217 ff. – [78] H. JÜRGENS (wie Anm. 69), S. 17. – [79] A. RINK, Die Ith-Hils-Mulde (Hann. Geogr. Arb. 1), 1942, S. 42. – [80] Nieders. Städtebuch (wie Anm. 3), S. 318. – [81] Nieders. Städtebuch (wie Anm. 3), S. 320. – [82] Nieders. Städtebuch (wie Anm. 3), S. 265 ff.; H. BOY, Die Stadtlandschaft Oldenburg (Schr. Wirtsch.-wiss. Ges. NF 52), 1954; D. KOHL, Geschichte der Stadt Oldenburg, 1925; H. G. STEFFENS, Die Besiedlung des Oldenburger Stadtkerns im Mittelalter, in: Oldenburger Jb. 1967. – [83] Handbuch der Historischen Stätten Deutschlands, Bd. 2, Niedersachsen und Bremen, hg. von K. BRÜNING, 1958, S. 401. – [84] E. GRAFE, Die Fleckensiedlungen um Göttingen (Schr. Wirtsch.-wiss. Ges., R. A I, 32), 1951; J. SIEGERT, Die mittelalterliche Genese des Fleckens Nörten-Hardenberg, in: Plesse Archiv 4, 1969, S. 8 ff. – [85] Niedersächs. Städtebuch (wie Anm. 3), S. 260 ff. – [86] J. K. RIPPEL, Die Entwicklung der Kulturlandschaft am nordwestlichen Harzrand (Schr. Wirtsch.-wiss. Ges. NF 69), 1958, S. 91 ff. – [87] Handb. Hist. Stätten (wie Anm. 83), S. 209. – [88] K. MITTELHÄUSSER, Siedlung und Wohnen, in: Kreisbeschr. Lingen, 1954, S. 122 f. – [89] Niedersächs. Städtebuch (wie Anm. 3), S. 133. – [90] G. WREDE, Die Anfänge des Wigbolds Melle, in: OsnabMitt 62, 1947. – [91] M. MITTELHÄUSSER, Geschichte der Stadt Rethem an der Aller, 1941. – [92] H. TICKERT, Kreisbeschreibung Nienburg, 1959, S. 137. – [93] H. JÜRGENS (wie Anm. 69), S. 20 f. – [94] K. MITTEL-

HÄUSSER, Alfeld (wie Anm. 69), S. 140 f. – [95] H. JÜRGENS (wie Anm. 69), S. 14. – [96] K. MITTELHÄUSSER, Kreisbeschreibung Springe, 1951, S. 95 ff. – [97] H. JÜRGENS (wie Anm. 69), S. 9. – [98] H. JÜRGENS (wie Anm. 69), S. 35 und 40 f. – [99] J. RICKLEFS, Geschichte der Stadt Celle (Bomann-Archiv 5/6), 1961; A. TEMME, Celle, in: Jb. Geogr. Ges. Hannover 1936/37. – [100] Nieders. Städtebuch (wie Anm. 3), S. 349; ebenso WOEHLKENS, in: Handb. Hist. Stätten (wie Anm. 83), S. 393 f.; dagegen H. PLANITZ (wie Anm. 63), S. 93, sieht U. als Gründung von Heinrich d. L., nach Zähringer Stadtschema, an. – [101] Nicht unbedingt jede mit Stadt- oder Fleckenrechten begabte Siedlung brachte es in diesen Jahrhunderten zu einer Befestigung (zum Beispiel Rodenberg, Moringen, Otterndorf). Es stellt sich die Frage, wie weit in solchen Fällen von einem „städtischen" Siedlungsbild zu sprechen war, denn für das 13./14. Jh. war die Befestigung doch auch in Niedersachsen ein unabdingbares Merkmal eines solchen. – [102] E. HEYKEN (wie Anm. 71), S. 4. – [103] M. MITTELHÄUSSER (wie Anm. 91), S. 30 und 44. – [104] E. GRAFE (wie Anm. 84), S. 19. – [105] K. MITTELHÄUSSER, Springe (wie Anm. 96), S. 99. – [106] H. JÜRGENS (wie Anm. 69), S. 14. – [107] E. TACKE, Kreisbeschreibung Holzminden, 1951, S. 113. – [108] H. JÄGER (wie Anm. 76) unterscheidet einen inneren Ring von Wüstungen, die infolge planmäßiger Umsiedlung bei der Stadtgründung entstanden und deren Land ständig weiterbewirtschaftet wurde, und einen äußeren, der später durch freiwilligen Zuzug der Dorfbewohner zur Stadt gebildet wurde und großenteils wüst fiel. – [109] H. SIMON (wie Anm. 26), S. 24; E. HEYKEN (wie Anm. 71), S. 37; M. MITTELHÄUSSER (wie Anm. 91), S. 47 f. – [110] R. BERNER, Siedlungs-, Wirtschafts- und Sozialgeschichte des Artlandes bis zum Ausgang des Mittelalters (Schr. Kreis-Heimatbund Bersenbrück 9), 1965, S. 30. – [111] Vgl. R. KLÖPPER, Zentrale Siedlungen (wie Anm. 62), S. 29. – [112] M. MITTELHÄUSSER (wie Anm. 91), S. 45 f. – [113] E. RACK, Besiedlung und Siedlung des Altkreises Norden (Abh. u. Vortr. z. Gesch. Ostfrieslands 48), 1967. – [114] Für einen von der Siedlungsentwicklung her gegebenen Unterschied zwischen Stadt- und Weichbildrecht, wie ihn K. KROESCHEL, Stadtgründung und Weichbildrecht in Westfalen (Schr. Hist. Komm. Westf. 3), 1960, im Münsterland annimmt, daß nämlich das Weichbildrecht sich aus dem Sonderrecht der Villikation entwickelt habe, bestehen in Niedersachsen bisher keine Hinweise und Untersuchungen. – [115] Übersichtliche Beispiele für die große Zahl von Wüstungen um die Städte sind Angaben und Karten von P. J. MEIER, Niedersächsischer Städteatlas I, 1926, zu entnehmen. – [116] J. KÖPPKE (wie Anm. 43) für Hildesheim S. 81 ff., für Göttingen S. 153 f. – [117] Kartendarstellung der Landwehren zum Beispiel bei J. FERGER (wie Anm. 40) und J. KÖPPKE (wie Anm. 43). – [118] Diese Bebauung ist von J. KÖPPKE (wie Anm. 43) in allen Einzelheiten untersucht. – [119] Die mittelalterlichen Vorstadtbildungen sind für die städtische Siedlungsentwicklung von besonderem Interesse, weil sie zeigen, daß für den städtischen Siedlungskörper der Mauerring durchaus nicht die strikt innegehaltene Grenze zu sein brauchte. Vielmehr waren die Interessen der Zuzügler am billigen Unterkommen in Stadtnähe, in Häusern, auf denen kein Wortzins und keine bürgerlichen Verpflichtungen wie in der Stadt lasteten, stark genug, um wenigstens zeitweise der Räumung des Mauer-Vorfelds aus Sicherheitsgründen entgegenzuwirken. – [120] Wege-Entwicklung unter gleichzeitiger Intensivierung des Warenaustausches zwischen Stadt und Umland betont zum Beispiel für das Vorfeld von Bremen D. FLIEDNER, Formungstendenzen und Formungsphasen in der Entwicklung der ländlichen Kulturlandschaft seit dem hohen Mittelalter, besonders in Nordwestdeutschland, in: Erdkunde 23, 1969, S. 109. – [121] Die Neustadtanlagen dieser Zeit stießen nicht selten auf den Widerstand der erstarkten Altstädte, wurden aus Konkurrenzgründen niedergehalten oder sogar zerstört wie in Göttingen, Hildesheim, Hannover. – [122] K. FRÖLICH, Das verfassungstopographische Bild der mittelalterlichen Stadt im Lichte der neueren Forschung (1953), in: Stadt des Mittelalters (wie Anm. 1). – [123] H. LÜBBING (wie Anm. 25), S. 56. – [124] H. SIMON (wie Anm. 26), S. 19 f. – [125] R. FEIGE (wie Anm. 24), S. 25 f.

4. Die Periode schwacher Stadtentwicklung im 15. bis 18. Jahrhundert

Auf die Perioden lebhafter Stadtbildung bis etwa 1400 folgte eine lange Zeit, in der nur noch wenig Städte neu entstanden und die vorhandenen Städte mehr oder weniger um ihre Existenz zu kämpfen hatten und in ihrer Struktur durch fürstlichen Einfluß teilweise wesentlich verändert wurden. Bis in den Beginn des 19. Jahrhunderts dauerte in Niedersachsen – das in der Stadtentwicklung ja stets hinter West- und Süddeutschland nachhinkte – diese der städtischen Siedlung ungünstige Periode. Sie soll hier zusammenfassend betrachtet werden. Teilperioden, die sich für bestimmte Städtegruppen und Landschaften abheben, und örtliche Sonderentwicklungen, die sich der allgemein städteungünstigen Tendenz dieser 400 Jahre nicht einfügen, werden, soweit der knappe Rahmen es gestattet, gesondert erwähnt.

Neubildung von städtischen Siedlungen

Die Stadtgründungen der Territorialherren gingen mit dem 14. Jahrhundert auch in Niedersachsen zur Neige, klangen aber allmählich aus. Im 15. Jahrhundert wurde noch eine Reihe von Privilegierungen vorgenommen, die durchaus den Stadtgründungen der vorhergehenden Jahrhunderte nach Art und Motivation entsprachen. Sie betrafen Burgorte, wie das wohl beim Übergang an einen neuen Herrn von diesem privilegierte Cloppenburg [126], auch ältere Flecken in einer für das Territorium interessant gewordenen Lage, die nun zur Stadt erhoben wurden, wie zum Beispiel Sachsenhagen und Rodenberg [127], schließlich auch Dörfer mit gewisser gewerblicher Tradition in entsprechender Lage wie zum Beispiel Bodenfelde [128].

Im ganzen aber bekam die Stadtgründung ein von den vorhergehenden Jahrhunderten abweichendes Gepräge: Die Landesherren schritten nur aus besonderen Wirtschaftsinteressen heraus zur Stadtgründung wie bei Bergwerksstädten und Kurstädten, hatten auch wohl bei der Gründung von Exulantensiedlungen – im Rahmen älterer Städte oder als eigene Stadtgründungen – in erster Linie die Förderung bestimmter Gewerbe im Auge; dazu schufen sie unter besonderen Umständen neue Residenzstädte. So entstanden neue Stadtbildungen im wesentlichen nur noch als wirtschaftliche Sonderformen und stets aus fürstlicher Initiative. Allein die im niedersächsischen Küstenbereich neu gebildeten Städte entsprachen in ihrer Siedlungs- und Wirtschaftsstruktur etwa den früheren Bildungen der „Stadtgründungsperiode", freilich mit landschaftlichen Besonderheiten.

Der ostfriesische Raum hinkte mit seiner Stadtentwicklung der ohnehin verspäteten Entwicklung im binnenländischen Niedersachsen noch nach. Bis etwa 1400 hatte er außer dem randlich gelegenen alten Wik Emden nur in Norden, Jever, Esens und wohl auch in Aurich Ansätze zur Stadtbildung hervorgebracht. Von einer ausreichenden Besetzung oder sogar Überbesetzung mit privilegierten Zentralorten wie im übrigen Niedersachsen konnte hier im 15. Jahrhundert also nicht die Rede sein[129]. Andererseits war die Wirtschaftssituation Ostfrieslands damals für eine Stadtbildung relativ günstig. Die Meereseinbrüche der vorhergehenden Jahrhunderte hatten für eine ganze Reihe von Geestrandorten unmittelbaren Zugang zum Meere geschaffen und die Bildung kleiner Seehäfen gleichsam mitten im Land begünstigt. Die Häfen konnten sich entwickeln, weil die landwirtschaftliche Produktion der Marsch guteenteils auf Belieferung der großen Städte in den Niederlanden, auch Hamburgs und Bremens, und zwar durch Schiffstransport, eingestellt war. Diese Produktion wurde von der allgemeinen Agrarkrise des späten 14. und des 15. Jahrhunderts relativ wenig betroffen, weil die Viehwirtschaft überwog. So konnten sich Märkte und Häfen gut entwickeln.

Analog zu den älteren binnenländischen Stadtbildungen in Niedersachsen wurden nun im Ostfriesland des 15. und 16. Jahrhunderts die Orte mit Häuptlingsburg privilegiert und mit Märkten begabt, sofern diese nicht bereits bestanden[130]: Esens mit Burg und bedeutendem Markt erhielt im 15. Jahrhundert Stadtrecht; Wittmund gelangte wohl als Häuptlingssitz im 16. Jahrhundert zur Sonderstellung (*oppidum*) mit späteren Funktionen als Verwaltungszentrum; Varel erhielt mit Burg und späterem Amtssitz eine zeitweilige bescheidene Zentralstellung; das schon früher städtisch entwickelte Jever erhielt im 16. Jahrhundert eine Befestigung und als Häuptlingsresidenz Stadtrecht; auch in Aurich wurde eine wohl wesentlich ältere städtische Entwicklung im 16. Jahrhundert rechtlich bestätigt, es wurde dann mit seiner Burg Residenz der Cirksena; das schon länger mit Stadtrecht begabte Norden wurde zum wichtigen Hafen mit lebhafter Siedlungsentwicklung.

Die ostfriesischen Städte erlebten dann im 17. und 18. Jahrhundert Rückgänge, teils aus politischen Gründen, teils wegen wirtschaftlicher Strukturveränderungen (ins 17. Jahrhundert fällt dort eine „Wüstungsperiode" der ländlichen Siedlung), nicht zum wenigsten auch wegen Verlustes der Hafenfunktion. Aber wenn viele dieser Städte auch wegen der immer weiter vorrückenden Eindeichungen ihre Häfen einbüßten, so behielten sie doch ihre Marktfunktion infolge ihrer Vermittlerstellung zwischen den so unterschiedlichen Wirtschaftsgebieten Marsch und Geest. Die Hafenfunktionen wurden von den Sielorten übernommen, die als gewerbliche, jedoch nicht städtische Siedlungen seit etwa 1500 an den Deichen entstanden (s. S. 366)[131], gleichsam als Vorhäfen den älteren Städten zugeordnet.

Bei den städtischen Neugründungen im binnenländischen Niedersachsen spielte vom 15. Jahrhundert ab die alte, in Ostfriesland noch wirksam werdende Zweiheit von Burg und Markt keine Rolle mehr. Vielmehr dienten diese neuen Städte wirtschaftlichen Sonderfunktionen, ein Markt fehlte zum Teil, die Struktur von Bevölkerung und Siedlung war überaus einseitig, ganz besonders bei den Bergstädten und den – jüngeren –

Kurstädten, bei denen trotz ihrer städtischen Sonderrechte daher ihre Zuordnung zur „städtischen Siedlung" im eingangs gekennzeichneten Sinne problematisch erscheint.

Die Bergstädte im Harz, die am Ende des 15. und vor allem im 16. Jahrhundert zur Ausbeutung der Bodenschätze von den am Harz beteiligten Landesherren angelegt wurden (s. S. 359 f.), waren nicht Zentralorte in einem flächenhaft erschlossenen Siedlungsgebiet wie andere Städte. Sie bildeten vielmehr die ausschließlich auf den Bergbau ausgerichtete punkthafte Neuerschließung des Oberharzes, dessen erste, mehr oder weniger fluktuierende Besiedlung zur Ausnutzung der Erzvorkommen im 11. bis 13. Jahrhundert fast spurlos verschwunden war. Sie bekamen die Sonderrechte der „Bergstadt", wie diese sich in den Bergbaugebieten des Erzgebirges entwickelt hatten, weil die niedersächsischen Landesherren nur durch diese Privilegierung die erzgebirgischen Bergleute für den Harzbergbau anwerben konnten. Mit bürgerlichen Rechten alter Handelsstädte hatten diese Privilege nichts zu tun. Ein Markt wurde in den Harzstädten nicht entwickelt, in der Ausbildung des Handwerks wurden sie beschränkt, weil die Landesherrschaft ausschließlich den Zuzug von Bergleuten förderte. Durch die monowirtschaftliche Ausrichtung der ganzen Harzerschließung auf den Bergbau wurde eine Differenzierung der Siedlungen im städtischen Sinne ebenso wie die Ausbildung von Zentralfunktionen weitgehend verhindert. So entstanden bei der Wiedererschließung des Harzes im ausgehenden 15. und im 16. Jahrhundert wohl gewerbliche Siedlungen mit besonderen Rechten, die sich scharf von den „dörflichen" landwirtschaftlichen Siedlungen Niedersachsens unterschieden; doch außer der Bezeichnung „Stadt" und der dicht gereihten, recht einheitlichen Wohnhausbebauung an planmäßig angelegten Straßen hatten sie mit den funktionell städtischen Siedlungen zunächst nichts gemein. Gewisse städtische Züge bildeten sich erst im 19. und vor allem im 20. Jahrhundert aus, als bei Rückgang des Bergbaus die Bevölkerung zum Ausweichen auf andere Gewerbe, besonders dann auch auf den Fremdenverkehr gezwungen war und nun die Siedlungsstruktur mit Handel und Handwerk sowie Verkehrsgewerbe und Dienstleistungsgewerbe aller Art vielseitiger wurde. (Aus diesen Gründen wurde die Entstehung der Bergstädte bereits S. 359 im Zusammenhang mit der Ausbreitung ländlicher Siedlung als Erschließung des Harzer Siedlungsraumes behandelt.)

Um die Anlage einer privilegierten Siedlung zur Ausnutzung von Bodenschätzen handelte es sich auch bei der Gründung der Kurstadt Pyrmont [132]. Die seit vielen Jahrhunderten bekannten Heilquellen waren zwar zeitweise von einer großen Zahl Heilungssuchender genutzt worden, doch war die sumpfige Umgebung der Quellen nicht besiedelt worden. Im 17. Jahrhundert nun legten die Fürsten von Waldeck planmäßig die Brunnenallee und die anschließende Bebauung an, ließen die Quellen neu fassen, ersetzten das alte

Schloß durch einen Neubau und gaben 1720 der Kursiedlung Stadtrecht. Die junge Stadt entwickelte sich als Modebad der Hofkreise schnell und wuchs mit ländlichen Nachbargemeinden zusammen. Wie bei den Bergstädten stand aber die einseitige Wirtschaftsausrichtung einer differenzierten, eigentlich städtischen Strukturentwicklung und Ausbildung von Zentralfunktionen hemmend entgegen. – Bei den weiteren Gründungen von Kurorten in den letzten Jahrzehnten des 18. Jahrhunderts, dem hessischen Bad Nenndorf und dem schaumburg-lippischen Bad Eilsen, unterblieb die Verleihung des Stadtrechts.

Von den im 16. bis 18. Jahrhundert nicht seltenen Exulantenstädten zählt das heutige Niedersachsen nur den einen Vertreter Karlshafen. Die meisten in den niedersächsischen Raum zugewanderten oder herbeigerufenen Glaubensflüchtlinge kamen in schon bestehenden größeren Städten unter, wo sie als Ausübende von Spezialgewerben, namentlich spezialisierten Textilgewerben, gern aufgenommen wurden, bzw. bewußt zur Belebung des Gewerbes angesetzt wurden und zum Teil eigene Gemeinden bildeten, wie in Emden, Stade, Hamburg, Bremen, in Hameln [133], Bückeburg, Minden, Rinteln, Hannover, Braunschweig, Wolfenbüttel, Helmstedt, Celle und Lüneburg [134]. Karlshafen wurde vom Landgrafen Carl von Hessen als Hugenottenstadt gegründet (1699 Stadtrecht), im wesentlichen aus verkehrswirtschaftlichen Gründen: Kassel brauchte einen Zugang zur Weser unter Umgehung der Zollstelle von Münden, und Carlshafen sollte sein Weserhafen werden. So wurde die Siedlung planmäßig um das kleine künstliche Hafenbecken angeordnet, eine streng symmetrische Barocksiedlung mit Marktplatz. Das Siedlungsbild mit der schnell und einheitlich geschaffenen Barockbebauung sowie die auf Handel, Verkehr und von den Hugenotten mitgebrachten Gewerben beruhende Wirtschaft waren durchaus „städtischen" Charakters.

In vollem Sinne städtisch, mit Markt und Gewerbestellen verschiedenster Art, mit Befestigung und Schloß, mit deutlicher innerer Gliederung und einer zwar beschränkten, aber doch merkbaren Zentralfunktion war die einzige, aber wirklich bedeutende Neugründung einer Residenzstadt in Niedersachsen: Wolfenbüttel. Seine Entstehung dankte es den Auseinandersetzungen der Braunschweiger Herzöge mit ihrer alten, nun allzu selbständig gewordenen, nahezu reichsfreien Stadt Braunschweig. Seit dem 15. Jahrhundert hatten die Herzöge die starke Burg von Wolfenbüttel zu ihrer Residenz gemacht. Im 16. Jahrhundert entstand im Anschluß an Burg und Suburbium eine Stadt, die planmäßige, an drei von der Burg ausstrahlenden Straßen mit großen Hausparzellen und Marktplatz ausgelegte Heinrichsstadt, die 1570 Stadtrecht erhielt. Gegen Ende des 16. Jahrhunderts wurde östlich anschließend bereits eine Neustadt (neue Heinrichsstadt oder Juliusfriedensstadt) angelegt, mit regelmäßigem barocken Gittergrundriß und stattlichem Platz. Vor ihrem „Kaisertor" plante Herzog Julius als dritte Erweiterung eine Gewerbegroßstadt („Gotteslager"), die auf über 30 000 Feuerstellen berechnet war und 12 umgesiedelte

Dörfer, 3 Klöster und eine Universität aufnehmen sollte; allerdings gedieh dies Projekt nicht über kümmerliche Anfänge hinaus. Im 17. Jahrhundert endlich wurde vor dem westlichen Tor ein weiterer strahlenförmig angelegter Stadtteil als Handwerkersiedlung geschaffen [135]. Diese Residenzgründung war eine Verbindung von starker Festung (die modernen Bastionsbefestigungen wurden mehrfach erweitert und umfaßten schließlich auch die Handwerkervorstadt) mit Schloß und Bürgerstadt, deren gewerbliches Leben energisch gefördert wurde (Einrichtung von Märkten, Anwerbung von Gewerbetreibenden, sogar aus den Niederlanden, Förderung von Spezialhandwerken, Gaststätten und Beherbergungsgewerbe), wobei den Herzögen die Konkurrenz gegen das benachbarte Braunschweig besonders angelegen war [136]. Die Stadtanlage wurde schnell bebaut; so wurde zwischen 1585 und 1626 die Zahl der bebauten und bewohnten Grundstücke vervierfacht [137]. Das Ausmaß der gesamten Anlage stellte im niedersächsischen Raum etwas durchaus Neues dar [138].

Die übrigen Residenzen auf niedersächsischem Boden schlossen an ältere Städte an (s. S. 418), gestalteten diese um und erweiterten sie, waren aber keine neuen Stadtgründungen. Höchstens die schaumburg-lippische Residenz Bückeburg könnte man noch als Neuschöpfung bezeichnen: Sie schloß zwar an einen älteren Flecken mit Burg an, doch schuf Fürst Ernst in der 1609 mit Stadtrecht begabten Siedlung mit neuen Straßen, Bauten und Befestigungsanlagen praktisch eine kleine Neuanlage.

Weiterentwicklung der um 1400 bestehenden Städte

In den hier betrachteten vier Jahrhunderten von etwa 1400 bis in den Beginn des 19. Jahrhunderts verliefen die Entwicklungslinien der größeren, überwiegend zur ältesten Gruppe gehörenden, bürgerlich selbständigen Städte einerseits und der kleinen, wirtschaftsschwachen, meist erst im 13./14. Jahrhundert entstandenen Städtchen und Flecken andererseits so verschieden, daß diese beiden Gruppen getrennt verfolgt werden müssen.

Die **großen alten Städte** erlebten auch in Niedersachsen im 15. und 16. Jahrhundert zunächst noch Blütezeiten, wenn sich auch in den inneren Auseinandersetzungen, Gildekämpfen, Schwächung der Städtebünde, Kämpfen mit den Landesherren u. a. bereits beginnende Schwierigkeiten der Bürgerstädte abzeichneten und wenn auch die Seuchenzüge dieser Zeit die Städte nicht verschonten. Die städtische Wirtschaft wurde aber von den beginnenden Krisen zunächst wenig betroffen, weil sie auf Fernhandel, zum Teil auf exportorientierten Spezialgewerben (zum Beispiel Braunschweig, Einbeck) beruhte und ihr Handwerk nicht wie das Handwerk der kleinen Städtchen und Flecken von dem aufkommenden Dorfgewerbe beeinträchtigt werden konnte. Auch Goslar konnte seinen aus Bergbau und Forstbesitz herrührenden Reichtum zunächst noch – bis etwa 1500 – behaupten [139].

Durch die Blütezeit im 15. und 16. Jahrhundert wurde das Siedlungsbild der alten großen Städte, so wie es sich bis zu den Zerstörungen im 2. Weltkrieg in den Stadtkernen erhielt, entscheidend geprägt: Hauptsächlich jener Zeit entstammten die reichen bürgerlichen Fachwerkbauten von Braunschweig und Hildesheim, von Osnabrück und Goslar, großenteils auch die Backsteinbauten Lüneburgs, die von Emden und prächtige Bürgerbauten in Bremen. Auch die kleineren Städte wie Münden, Göttingen, Einbeck, Northeim, Duderstadt, Hameln, Celle u. a. erhielten damals die schönen, durch Fachwerkhäuser geprägten einheitlichen Straßenbilder, zum Teil auch noch Rathäuser und sonstige prunkvolle Bauten der Bürger (Hameln!). Die Bebauung in den alten Städten war nun lückenlos dicht geworden, teilweise schon recht eng, mit schmalen Budenhäusern, die zum Teil an Marktplätzen an Stelle der alten Handwerksbuden entstanden waren, zum Teil aber auch die letzten freien Winkel innerhalb der Befestigungsringe füllten. Die Stadtbefestigungen wurden weiter verstärkt und ausgedehnt, so daß Vorstadtbildungen einbezogen wurden. Teilweise bestanden im Gartenkranz vor den Befestigungen noch lockere „Gartenstädte" [140].

Die Selbständigkeit und wirtschaftliche Blüte und damit die lebhafte bürgerliche Bautätigkeit fanden bei den meisten alten Städten ihr Ende durch die Kriege – der Schmalkaldener Krieg und der Dreißigjährige Krieg brachten fast allen diesen Städten riesige finanzielle Verluste, während Zerstörungen überwiegend verhütet werden konnten – und danach durch das zunehmende Übergewicht der fürstlichen Macht. Diese begann die geschwächten Städte nun nach absolutistischen Vorstellungen umzuformen zu Residenzstädten, zu Verwaltungs- und Garnisonstädten; sie drängte die Bürgerstadt als solche zurück und fügte dem städtischen Siedlungsbild neue Bestandteile hinzu.

So erhielten im 17. und vor allem im 18. Jahrhundert die Residenzstädte ihre repräsentativen Schloßbauten, zum Teil als anspruchsvolle Neubauten an der Stelle der alten Burg wie in Oldenburg und Celle, zum Teil als Neuschöpfungen randlich zur alten Stadt wie in Osnabrück, Hannover, Braunschweig. Lustgärten und Parks schlossen sich an oder wurden mit eigenem Schloßbau zu einem gesonderten Residenzstadtteil (Herrenhausen bei Hannover). Für Neubauten und Straßenführung wurde nun das Schloß der Bezugspunkt der Stadt, ähnlich wie es früher der Markt gewesen war. Die Neubauten wie Theater, Marstall, Hofbeamtenwohnungen waren auf die Hofhaltung bezogen. Die bürgerliche Stadt wuchs kaum mehr, denn sie zog zwar durch Belieferung des Hofes, Fremdenzustrom und Dienstleistungen gewissen Vorteil aus ihrer Umformung zur „Residenzstadt", war aber in ihrem Handwerk und vor allem dem engräumig gewordenen Handel mit der früheren Blütezeit nicht zu vergleichen [141].

Umstrukturierung unter fürstlichem Einfluß erfuhren auch die Garnison- und Verwaltungsstädte. So wurde Stade – zeitweilig Sitz der schwedischen Verwaltung – zur starken Festung ausgebaut, erhielt durch Kasernen und Proviantshausbauten neue Akzente im Stadtbild und wurde allmählich zur Beamtenstadt. Auch Lüneburg wandelte sich, nachdem der Salzhandel durch die Konkurrenz des Bayensalzes seine Bedeutung weitgehend eingebüßt hatte und Anfang des 18. Jahrhunderts ganz darniederlag, zur Garnison- und Beamtenstadt. Hameln wurde im 18. Jahrhundert zur stärksten Festung Kurhannovers ausgebaut und bekam durch die Garnison etwas Auftrieb. Celle schlug nach Verlust der Residenz beim Ende des Herzogtums Lüneburg 1705 die Entwicklung zum Verwaltungs- und Gerichtssitz ein. Minden wurde preußische Festungsstadt.

Die von den Fürsten geschaffenen Universitäten brachten ebenfalls einen gründlichen Strukturwandel der betroffenen Städte mit sich, am auffälligsten in Göttingen, das nach einer Notzeit im 17. Jahrhundert dann durch die Universitätsgründung im 18. Jahrhundert zu neuem Siedlungswachstum ansetzte. Geringeren, vor allem weniger nachhaltigen Einfluß auf die Stadt hat wohl die Universitätsgründung des 16. Jahrhunderts in Helmstedt ausgeübt, wenn auch zunächst eine lebhafte Bautätigkeit die Folge war. Erst recht verschafften die akademischen Einrichtungen in Rinteln (seit 1621) und Lingen (1697) den Städtchen höchstens zeitweilig gewissen Auftrieb.

Den durch fürstlichen Einfluß umgeformten Städten steht eine kleine Gruppe alter Städte gegenüber, die ihre bürgerliche gewerbliche und Handelstradition fortsetzen und somit ihren Siedlungskörper kontinuierlich, ohne Umstrukturierung, fortentwickeln konnten: Die Hafenstädte Emden, Bremen, Hamburg. Sie konnten sich in den „städtefeindlichen" Jahrhunderten dank ihrer Wirtschaftsbedeutung als Fernhandelshafen und auch wegen des Fehlens einer starken Landesherrschaft in ihrem näheren Bereich behaupten und sogar kräftig weiterentwickeln. Besonders Emden, dessen mittelalterliche Stadtentwicklung recht langsam gegangen war, konnte im 16. Jahrhundert aus den kriegerischen Wirren in den Niederlanden besonderen Vorteil ziehen, nahm außerdem viele Glaubensflüchtlinge aus Holland, den spanischen Niederlanden, Nordfrankreich und England auf, die Gewerbekenntnisse, auch Kapital und Schiffe mitbrachten, und erreichte eine ungewöhnliche Blüte [142]. Dementsprechend baute es sich damals mit neuen Kaianlagen (Ratsdelft), Siedlungsausdehnung über die nördlichen Vororte und starker Befestigung aus. Nach Rückschlägen im 17. Jahrhundert, vor allem infolge der Verlagerung der Emsmündung, setzte im 18. Jahrhundert noch einmal gute Konjunktur bei den englisch-französischen Kriegen ein, und erst die Kontinentalsperre brachte Emden Niedergang. – Auch die Hansestädte Bremen und Hamburg konnten sich günstig entwickeln: Bereits im 16. Jahrhundert galt Hamburg, das sich Zollgerechtigkeit und Strompolizei über die Niederelbe zu sichern gewußt hatte, als reichsunmittelbar, 1646 wurde Bremens Reichsunmittelbarkeit endgültig anerkannt. Beide Städte, durch starke zeitgemäße Befestigungen geschützt, lavierten sich ohne große Einbußen durch die Kriegszeiten. Wie Emden zog auch Hamburg Vorteile für sein Gewerbe und besonders für die Geldwirtschaft aus der Aufnahme zahlreicher Glaubensflüchtlinge. Die Hafenanlagen wurden erweitert und verbessert, Hamburg lenkte um 1600 die Norderelbe als Hauptfahrwasser dichter an seinen Hafen, Bremen legte im 17. Jahrhundert einen Vorhafen bei Vegesack an, um der beginnenden Versandung der Weserrinne zu entgehen. Mit den Häfen wuchsen auch die Stadtkörper kontinuierlich, und das Stadtterritorium wurde ausgeweitet. So schuf Bremen im 17. Jahrhundert eine Neustadt auf dem linken Weserufer; in Hamburg wurde der Raum zwischen der alten und der großen neuen Befestigung schnell bebaut [143].

Diejenigen alten größeren Städte, die weder durch besondere fürstliche Maßnahmen gewissen Auftrieb erhielten noch wie die Hafenstädte aus besonderer Situation heraus die wirtschaftlich starke bürgerliche Position halten konnten, waren im 17. und 18. Jahrhundert zur Stagnation auf landstädtischem Niveau verurteilt, mit auf engen Raum beschränktem Handel, Gewerbe im wesentlichen für den alltäglichen Bedarf und relativ wachsender Bedeutung des Ackerbürgertums, dementsprechend ohne weiteres Stadtwachstum beharrend im alten Befestigungsring, dessen Wert immer fragwürdiger wurde. Hildesheim und Minden, Einbeck und Northeim sind Beispiele.

Diese älteren Städte teilten damit das Schicksal der k l e i n e n i m 1 3 . u n d 1 4 . J a h r h u n d e r t g e b i l d e t e n S t ä d t e und Flecken; nur hatten diese jüngeren und wirtschaftsschwächeren Städte es nicht mehr wie die älteren zu einer Spätblüte im 15. und 16. Jahrhundert gebracht, bevor dann der Abstieg einsetzte, sondern sie waren meist schon im 15. Jahrhundert der Stagnation verfallen. Die Gründe dafür lagen einmal im Aufkommen größerer Territorialeinheiten, wodurch die vielen Grenzburgen und -städtchen ihre Hauptfunktion des Schutzes der alten kleinen Territorien einbüßten. Der neue Landesherr hatte nur selten noch unmittelbares Interesse an ihnen. Weitere Gründe für den Niedergang der kleinen Stadtwesen waren der Bevölkerungsverlust des späten 14. und des 15. Jahrhunderts sowie die ungünstige Wirtschaftslage der landwirtschaftlichen Gebiete, vor allem der Getreidebaugebiete; dadurch wurden die Markt- und sonstigen Zentralfunktionen der kleinen Städte, die ohnehin nicht bedeutend waren, noch weiter geschwächt. Ein wirtschaftlicher Ausgleich, etwa durch Fernhandel, war nicht gegeben. Das Handwerk litt zum Teil unter der Konkurrenz des Dorfhandwerks. Manches Städtchen mit Fuhrgewerbe oder Schiffergewerbe wurde benachteiligt durch Verlagerungen der großen Verkehrswege [144]. Die von Anfang an schwache Wirtschaftsposition der kleinen privilegierten Orte wurde endlich noch dadurch verschlechtert, daß diese Zentren für die verringerte Bevölkerungs- und Siedlungsdichte erheblich zu dicht lagen. Das Bergland und – in etwas schwächerem Maße – auch das Geestland Niedersachsens waren im 15./16. Jahrhundert mit Städtchen und Flecken übersetzt [145].

So mußte gleichsam eine Auslese aus dieser Gruppe erfolgen. Nur die in irgendeiner Form begünstigten städtischen Siedlungen aus der „Stadtgründungsperiode" konnten sich, wenn auch stagnierend, über die Krisenzeiten hinweghelfen; die andern mußten auf das Niveau ländlicher Siedlungen sinken, sei es mit, sei es ohne nominellen Verlust ihrer Privilegien.

Leidlich günstige Wirtschaftsverhältnisse herrschten dort, wo sich S p e z i a l g e w e r b e entwickelten, die für weiteren Absatz, später zum Teil auch im Verlagssystem für Export, arbeiteten. Vor allem das Textilgewerbe – in erster Linie Woll-, aber auch Leinenverarbeitung – war wichtig und recht verbreitet; ferner Gerberei und Schuhherstellung; Metallverarbeitung verschiedener Art von der Eisenverhüttung und Gießerei (zum Beispiel Gittelde, Delligsen) bis zu spezialisierter Metallverarbeitung (zum Beispiel Sensenherstellung von Sulingen, Friesoythe); Schiffbau, Steinbearbeitung, Töpferei spielten lokal eine Rolle. Ein Teil dieser Gewerbe hatte im 16. und 17. Jahrhundert eine gewisse Blütezeit, zum Beispiel die Tuchmacherei, dann einen Tiefstand und lebte, zum Teil mit fürstlicher Förderung, Ende des 18. Jahrhunderts wieder auf, um im 19. Jahrhundert dann nicht selten den ersten Ansatz zu Frühformen der Industrie zu bilden und den Städtchen ein früh einsetzendes modernes Siedlungswachstum zu ermöglichen (zum Beispiel Melle, Bramsche, Peine, Delmenhorst, Schüttorf) [146].

Ebenfalls zu den relativ begünstigten Städtchen gehörten die Burgsiedlungen, die zu den nunmehrigen Territorialgrenzen günstig lagen und zu F e s t u n g e n ausgebaut wurden. Der Festungsbau war gelegentlich mit völliger Neugestaltung des kleinen Suburbiums verbunden (zum Beispiel in Rotenburg). An die Festungsanlagen schlossen sich auch Amtssitze wie etwa in Lingen oder Rinteln, sogar zeitweilige Herzogssitze wie in Neustadt a. Rbge. und Harburg an. Stark befestigt, mit neuem Schloßbau des 16. Jahrhunderts anstelle der alten Burg und anschließender planmäßiger Stadtanlage ist hier auch Uslar [147] zu nennen. Die Festungsstädtchen bekamen örtlich ein gewisses Übergewicht über benachbarte Städtchen und Flecken, deren alte geringe Befestigungen wertlos wurden und die keine Garnisonen aufnehmen konnten (ein Beispiel ist das Verhältnis Vechta zu Wildeshausen).

Nur eine schwache Begünstigung bedeutete es für die kleinen Städte, wenn sie A m t s s i t z wurden. Die meisten städtischen Siedlungen, die ihre Sonderrechte bewahren konnten, wurden solche kleine Verwaltungszentren. Ob gewisse Vorteile etwa hinsichtlich der Aufträge für Handwerker oder des Marktbesuchs mit dieser Zentralfunktion verbunden war, sei dahingestellt [148].

Schon hier und da im 16. Jahrhundert, allgemein dann im Rahmen der merkantilistischen Wirtschaftsbestrebungen wurde die Wirtschaft der kleinen Städte und Flecken vom L a n d e s h e r r n g e f ö r d e r t. So wurden einigen Jahr- und Wochenmärkte verliehen – Rechte, die wegen mangelnder Wirtschaftskraft und zu dichter Lage der kleinen Orte kaum zum Tragen kamen [149]; das Braugewerbe sollte durch obrigkeitliche Regelungen gehoben werden; zeitweilige Garnisonen sollten die Wirtschaft der Städtchen beleben [150]; die im 18. Jahrhundert errichteten Linnenleggen dienten neben der allgemeinen Förderung des Textilgewerbes wohl auch der Förderung der zentralen Leggeorte [151]; vereinzelt blühte auch noch ein Städtchen als Zollort auf (Elsfleth an der Weser als Oldenburger Zoll).

Für die Entwicklung des Siedlungsbildes der kleinen Städtchen scheint in diesen Jahrhunderten allgemein maßgeblich gewesen zu sein: einmal eine stärker ackerbürgerliche Entwicklung und ferner die wiederholten Zerstörungen durch Krieg und Brand mit dem folgenden Wiederaufbau. Das ackerbürgerliche Element muß sich mehr in den Vordergrund geschoben haben, teils, weil die Bürger Land erwerben konnten, hauptsächlich wohl aus Wüstungsfluren, aber auch durch Umbrüche in den Marken, teils weil aus Adels- und Amtsbesitz an die landhungrigen Bürger Pachtland gegeben wurde [152]. So scheinen nicht mehr wie zu Ende der Stadtgründungsperiode nur diejenigen Städtchen und Flecken, in denen von vornherein Höfe angesiedelt wurden und vom Gründer für Landausstattung gesorgt war, ackerbürgerliches Siedlungsgepräge getragen zu haben; vielmehr wurden nun offenbar auch die anfangs stärker gewerblichen Stadtgründungen mit minimalem Bürgerland mehr zu Ackerbürgerorten. Um diese Entwicklung genauer zu übersehen, fehlt es bisher an der genügenden Zahl von Einzeluntersuchungen. Doch läßt sich vermuten, daß die einzelnen Bürgeranwesen durch verstärkte Viehhaltung, zeitweise Landpachtung oder durch Landerwerb sich um Scheunen, Ställe, möglichst auch Hofraum haben erweitern müssen. Einige Gelegenheit dazu gab das immer wieder bezeugte Wüstliegen einzelner Hausstellen, die dann etwa aufgeteilt werden konnten. Die häufigen Brände gaben ebenfalls Möglichkeit zu einem für ackerbürgerlichen Bedarf berechneten Wiederaufbau.

Diese Brände wurden seit dem 16. Jahrhundert immer häufiger. Auch abgesehen von Kriegszerstörungen, bedeuteten sie zumeist Katastrophen für den betroffenen Ort, weil die gedrängte Bauweise mit vielen Wirtschaftsgebäuden, der überall herrschende Fachwerkbau und die sehr schmalen Quergassen eine Eindämmung des Feuers fast unmöglich machten. Beim Wiederaufbau wurden dann meist die Straßen verbreitert und begradigt, Scheunen vor die Stadt verlegt, die Bebauung aufgelockert. So veränderte sich der Grundriß, und es bildete sich durch die etwa gleiche Entstehungszeit der Häuser und die wirtschaftliche Notlage beim Wiederaufbau das für viele niedersächsische Kleinstädte kennzeichnende gleichförmige und bescheidene Straßenbild. Am auffälligsten wurde das Siedlungsbild durch die Brandkatastrophen im 18. Jahrhundert umgeprägt, weil nun der Staat reglementierend eingriff, den Wiederaufbau nach barockem Städtebauschema teils streng symmetrisch, gitterförmig, durchführen ließ und nur bestimmte Haustypen

4. Stadtentwicklung im 15. bis 18. Jahrhundert

bezuschußte [153]. So kamen viele der kleinen Ackerbürgerstädtchen Niedersachsens ganz oder teilweise zu einem schematisch barocken Siedlungsbild [154].

[126] H. Ottenjann, Baugeschichte der Burg und Stadt Cloppenburg, in: Oldenburger Jb. 1966. – [127] Diese späten Stadterhebungen im 17. Jh. in Grenzgebieten entsprechen den damaligen Bestrebungen, gerade auch Hessens, Wüstungen in Grenzgebieten aufzusiedeln. – [128] Alter Salzort, der im 15. Jh., wohl als vorgeschobener welfischer Stützpunkt an der Weser, privilegiert und mit Wüstungsland ausgestattet wurde – H. Eggeling, Kreisbeschreibung Northeim, 1952, S. 98. – [129] H. Stoob (wie Anm. 5), S. 46, betont für das Küstengebiet, daß „die bleke, Flecken ackerbürgerlicher Struktur ... seit langem die Nahmarktfunktion der mittelalterlichen Kleinstädte ausgeübt" hätten, daß ferner, „da die Küste ohnehin im vollautonomen Kirchspiel sehr freiheitliche Selbstverwaltungsformen entwickelt hatte, ... diese alten Landesvororte lange keiner förmlichen Stadtrechtsprivilegierung [bedurften]". – [130] F. W. Killisch (wie Anm. 38). – [131] A. Schultze, Die Sielhafenorte und das Problem des regionalen Typus im Bauplan der Kulturlandschaft (Gött. Geogr. Abh. 27), 1962. – [132] W. Mehrdorf und L. Stemler, Chronik von Bad Pyrmont, 1969. – [133] R. Feige (wie Anm. 24), S. 101 ff. – [134] W. Beulecke, Die Hugenotten in Niedersachsen (Quell. u. Darst. z. Gesch. Nds. 58), 1960. – [135] A. Beuermann, Die Grundrißentwicklung der Innenstadt von Wolfenbüttel, in: Beitr. z. Gesch. d. Stadt Wolfenb., hg. von J. König, 1970; S. Busch, Hannover, Wolfenbüttel und Celle (QDarstGNdSachs 75), 1969. – [136] H. Wiswe, Handel und Wandel in Wolfenbüttel vor dem 30jährigen Kriege, in: Beitr. (wie Anm. 135). – [137] A. Beuermann (wie Anm. 135), S. 68. – [138] Nach A. Beuermann (wie Anm. 135), S. 69 „... eine Festungs- und Residenzstadt, wie sie in ihrem Umfang und ihren inneren Ausmaßen im nördlichen Deutschland östlich des Rheins bis dahin nicht vorkam". – [139] Der Übergang der Erzgewinnung und Forstrechte der Stadt an den Herzog im 16. Jh. bedeutete dann praktisch das Ende der alten freien Reichsstadt, doch ging die bürgerliche Bautätigkeit zunächst noch weiter. – [140] J. Köppke (wie Anm. 43). – [141] Die Wirkung der Residenz auf Siedlungsbild, Wirtschafts- und Sozialstruktur ist von S. Busch (wie Anm. 35) für Celle, Wolfenbüttel und vor allem Hannover im einzelnen untersucht. – [142] J. Paulsen und H. Knübel, Die Hafenstadt Emden, in: Geogr. Rundschau 12, 1960. – [143] E. Keyser, Städtegründungen (wie Anm. 3), S. 239; vgl. auch H. Reincke (wie Anm. 33), S. 78 f. – [144] Ein Beispiel wäre etwa Bremervörde, nach W. Wöhlke, Bremervörde und sein Einzugsgebiet (Schr. Wirtsch.-wiss. Ges. NF 43), 1952, S. 30 f. – [145] So lagen im südlichen Bergland die Flecken nur 10–15 km voneinander entfernt – E. Grafe (wie Anm. 84), S. 8. – [146] R. Klöpper, Niedersächsische Industriekleinstädte (Schr. Wirtsch.-wiss. Ges. NF 14), 1941; ein Beispiel: G. Köster, Der Industrieort Bramsche (Mitt. Kreis-Heimatbund Bersenbrück 12), 1964. – [147] H. Eggeling (wie Anm. 128), S. 102. – [148] R. Klöpper, Zentrale Siedlungen (wie Anm. 62), S. 29, betont, daß die zahlreichen Amtssitze keine rechten Ansätze zur späteren Entwicklung als zentraler Ort gewesen sind. – [149] Beispiele bei H. Dörries, Niedersächsische Stadt (wie Anm. 3). – [150] Zum Beispiel nach E. Grafe (wie Anm. 84), S. 40. – [151] Linnenleggen bestanden zum Beispiel in Münden, Einbeck, Göttingen, Uslar, Gladbeck, Adelebsen, Hoya, Bruchhausen, Lüchow, Wustrow, Bergen, Nebenleggen in Hedemünden, Northeim, Vilsen (Braunschw.-Lüneb. Staatcalender 1796). – [152] M. Mittelhäusser (wie Anm. 91), S. 171. – [153] H. Jürgens (wie Anm. 69), S. 47 ff. – [154] Beispiele für solche wesentlichen Grundrißänderungen werden aufgezählt bei G. Schwarz, Entstehung (wie Anm. 65), S. 162: Pattensen, Eldagsen, Moringen, Neustadt, Aurich, Uelzen, Seesen, Bodenteich, Salzderhelden, Visselhövede, Harpstedt, Steyerberg.

5. Städtische Entwicklung von etwa 1800 bis zur Gegenwart

Im 19. Jahrhundert vollzog sich in Niedersachsen wie im ganzen deutschen Raum ein grundsätzlicher Umschwung in der städtischen Entwicklung. Er betraf einmal die verfassungsrechtliche Situation der städtischen Gemeinwesen: Die Kommunalreformen des 19. Jahrhunderts setzten neue Ordnungen an die Stelle der mittelalterlichen, unter dem Absolutismus zerbröckelten Selbständigkeit der größeren Städte und klärten die Situation der vielen nie wirklich selbständig gewordenen Kleinstädte und Flecken, der moderne Stadtbegriff löste den mittelalterlichen ab – doch diese Wandlungen werden an anderer Stelle erörtert. Zweitens betraf der Umschwung die Wirtschaftssituation und damit die Lebenskraft der vorhandenen Städte wie auch die Tendenz zur Neubildung von Städten. Entscheidend wurde die Industrie, im Küstenbereich mit dieser zusammen auch die Hafenfunktion für Stadtblüte wie für neue Stadtbildung. Drittens brachte der Umschwung zu neuer starker Stadtentwicklung gleichzeitig eine völlige Umstrukturierung der Siedlungslandschaft mit sich. Er betraf damit keineswegs nur die Städte, sondern bezog die ländlichen Siedlungen in zunehmendem Maß in die städtische Einflußsphäre und den städtischen Entwicklungsrhythmus ein. Die Stadtentwicklung unter dem Einfluß der Industrie kennzeichnet vor allem das 19. Jahrhundert; die „Verstädterung" der gesamten Siedlungslandschaft und die zunehmende Auflösung der alten Gegensätze von „städtischer" und „ländlicher" Siedlung ist wohl das wichtigste Merkmal der Siedlungsentwicklung in unserm Jahrhundert. Beide Entwicklungslinien sind aber eng miteinander verflochten und greifen zeitlich zum Teil ineinander.

Neubildung von Städten unter dem Einfluß von Industrie und Verkehr

Nachdem in etwa vier Jahrhunderten die Neubildung von Städten spärlich und auf bestimmte Sondergruppen beschränkt gewesen war, kam es im Zusammenhang mit der Industrialisierung allgemein in Deutschland zu einem mächtigen Aufschwung der Stadtbildung. Niedersachsen folgte dieser Entwicklung zögernd, entsprechend der relativ langsamen Industrialisierung, die anfangs stark an die gewerbliche Tradition der älteren Städte und Flecken gebunden war und zu Neugründungen von Industriestädten zunächst keinen Anlaß gab. Die ersten Impulse für städtische Neubildungen gingen in Niedersachsen vielmehr vom Seeverkehr aus: Das Interesse Oldenburgs, am Unterweserverkehr teilzuhaben, hatte schon im 17. Jahrhundert den Flecken Elsfleth aufblühen und den Plan eines Seehafens in Brake aufkommen lassen; um 1800 wurde Brake planmäßig als Flecken mit Einstraßenanlage ausgebaut und 1819 mit offenem Hafen ausgestattet. Beide Plätze blühten im frühen 19. Jahrhundert vor allem deswegen auf, weil Bremen durch die Versandung der Unterweser vom Seeverkehr abgeschnitten war, erhielten um 1850 Stadtrecht und bewahrten sich auch bei veränderter Verkehrssituation eine gute Stellung dank der inzwischen angesiedelten Industrie. Der dritte oldenburgische Hafen Nordenham war keine staatliche Gründung, sondern dankte seine Entstehung „auf der grünen Wiese" am Ende des 19. Jahrhunderts dem Bedürfnis des landwirtschaftlichen Hinterlandes nach einer Verladestelle für das Exportvieh („Ochsenpier"), so daß Privatinitiative zu Straßenbau und rascher Ansiedlung (erst Verkehrsanlagen, dann Wohngebäude!) führte. Auch hier folgte der Hafenentwicklung bald die Industrie[155].

Wie die oldenburgischen Hafenstädte dankt auf bremischer Seite die Stadt Bremerhaven ihre Existenz der Versandung des Weserfahrwassers; 1827 wurde dort der Bau des Bremer Vorhafens begonnen, 1851 erhielt die dabei entstandene Siedlung Stadtrecht. Zwar war ihre Entwicklung erschwert (Beengung durch das umgebende hannoversche Gebiet, Ende des 19. Jahrhunderts Unterweserkorrektion, Aufschwung der hannoverschen Nachbarstädte Geestemünde und Lehe mit Fischerei und Industrie), aber durch Spezialisierung (Personenhafen) und schließlich bei Vereinigung mit den Konkurrenzstädten in den 1930er Jahren behauptete Bremerhaven sich als lebenskräftige Hafenstadt.

Dritter Ansatzpunkt neuer städtischer Entwicklung an der Küste war Wilhelmshaven, ab 1856 als preußischer Kriegshafen angelegt. Wie Bremerhaven war es in der Siedlungsausdehnung durch die exterritoriale Lage gehemmt. Entsprechend entstand hier eine Nachbarstadt auf oldenburgischem Boden, Rüstringen, im Grunde nur Ausbau des aufblühenden Wilhelmshaven, aber erst in der 1930er Jahren mit ihm vereinigt. Nach dem Verlust der ursprünglichen Funktion als Kriegshafen konnte sich die Stadt durch Industrieansiedlung, neuestens durch Spezialisierung der Hafenanlagen (Ölhafen) halten. – So bieten diese neuen Stadtbildungen an der Küste ein relativ einheitliches Bild: Aus Seeschiffahrtsinteressen heraus gegründet, nahmen sie schnellen Aufschwung, ihre an Deichlinien anknüpfenden schematischen Straßennetze in Schachbrettform wurden rasch – trotz oft schlechten Baugrundes – bebaut, dann traten Funktionswandlungen ein, die Industrie schob sich in den Vordergrund, begünstigt durch die inzwischen gebauten Zubringereisenbahnen. – Eine Sonderstellung innerhalb der jungen Küstenstädte nimmt nur Cuxhaven ein (1907 Stadtrecht), weil hier an ältere Siedlungskerne einerseits eine Fischereihafen- und Personenhafenentwicklung (seit etwa 1890) anknüpfte, andererseits aber für das Siedlungswachstum zunehmend die Funktion als Badeort eine Rolle spielte (seit Anfang des 19. Jahrhunderts).

Bei den im 19. Jahrhundert entstandenen Hafenstädten der niedersächsischen Küste war die Industrie ein sekundäres Element, wenn es auch immer lebenswichtiger wurde. Bei den beiden bedeutenden Stadtgründungen der 30er Jahre unsres Jahrhunderts auf niedersächsischem Boden war dagegen die Industrie das Primäre: Salzgitter und Wolfsburg. Die Eisenbergbau- und Hüttenstadt Salzgitter, auf Bodenschätzen und ausgezeichneter Verkehrslage, namentlich zum Ruhrgebiet, fußend (Kanal, Eisenbahn, Autobahn in West-Ost-Richtung) stellt ein Unikum der Stadtgründung dar, insofern, als 30 Siedlungen zu einer Stadtgemeinde zusammengeschlossen wurden. Bei einer Reihe von ihnen schoben sich neben und über den alten Dorfkern die neuen planmäßigen Grundrisse der „Stadtteile" mit ihren locker gebauten Wohnvierteln, Versorgungsanlagen und lokalen Zentraleinrichtungen, dazu die riesigen Betriebsstätten; manche der alten Siedlungen wurden dagegen zunächst nur wenig verändert. Zwischen den „Stadtteilen" blieben weite landwirtschaftlich genutzte Flächen offen. Als Bezugszentrum der vielteiligen „Stadt" waren die Werkanlagen bzw. die Siedlung Lebenstedt geplant, doch hat die nach dem Kriege abgebrochene Entwicklung ein organisches Zusammenwachsen zu einem wirklichen Siedlungskörper bisher nicht gestattet.

Die Gründung von Wolfsburg [156] ist insofern vergleichbar, als auch sie ausschließlich auf ein großes neues Industriewerk, das VW-Werk, bezogen war, dessen Standort ebenfalls hauptsächlich wegen der vorzüglichen Verkehrslage dieses Raumes gewählt wurde. Doch war die Siedlungsentwicklung anders als bei Salzgitter: Eine großzügige städtebauliche Gesamtplanung stand am Anfang, wurde zwar mehrfach modifiziert, ließ aber doch einen Siedlungskörper mit klaren Bezugspunkten – Werk, zentrale Kaufstraße mit öffentlichen Einrichtungen – entstehen, in dem die einzelnen Wohnviertel mit zwischengelagerten Grünflächen planvoll einander zugeordnet wurden. – Die beiden Industriestadtgründungen wurden schnell mit angeworbener Bevölkerung sehr verschiedener Herkunft aufgefüllt und wuchsen, trotz der schweren Rückschläge am Kriegsende, zu Großstädten. Sie fügen sich der alten Städtereihe im nördlichen Harzvorland räumlich eng an. Die unmittelbare Nähe zu dem starken alten Zentrum Braunschweig bietet dabei Schwierigkeiten für die Entwicklung größerer städtischer Vielseitigkeit (zum Beispiel im Handel) bei diesen sehr einseitig strukturierten jungen Städten – Schwierigkeiten, die an die nahegelegene Fürstengründung Wolfenbüttel erinnern, so andersartig deren Entstehungsumstände auch waren. Hier hat sich in Niedersachsen eine recht heterogene Agglomeration von Stadtbildungen geformt, deren funktionale Zuordnungen sich noch nicht ausgeglichen haben.

Junge Stadtbildungen anderer Art und bescheideneren Umfangs, die klaren funktionalen Bezug auf die Landeshauptstadt haben, entstanden im engeren Umkreis Hannovers: Die Eisenbahnstadt Lehrte (1898 Stadtrecht) erwuchs als „Außenbahnhof" Hannovers und Eisenbahnknotenpunkt schnell aus einem Dorf zur Kleinstadt. Die im 19. Jahrhundert zu Industriedörfern gewordenen Orte Langenhagen und Misburg haben in unserm Jahrhundert als Wohngemeinden Hannovers wie auch durch verschiedene aus Hannover herausverlegte Industrien und eigenständige Industrieentwicklung städtischen Status erlangt, sind aber ebenso wie das ähnlich entwickelte Barsinghausen in bezug auf Zentraleinrichtungen von Hannover weitgehend abhängig. Diese „städtischen" Entwicklungen sind im Rahmen der größeren Urbanisierungsbezirke zu sehen.

Weiterentwicklung der älteren Städte, Verwischung der Grenzen der städtischen Siedlungsräume

Der Wirtschaftsaufschwung, den die Industrie im 19. Jahrhundert den meisten älteren Städten und Flecken in mehr oder minder großem Maße brachte, die Verbesserung der Verkehrsverbindungen durch den Eisenbahnbau, der Bevölkerungszuzug vor allem zu den größeren Städten – alle diese eng miteinander verbundenen wesentlichen Veränderungen bewirkten im Siedlungsbild nicht nur eine einfache Vergrößerung der bestehenden städtischen Siedlungskörper, sondern eine grundsätzliche Wandlung: Da die gleichen verändernden Faktoren nicht nur auf die Städte wirkten, sondern auch die Industrialisierung und Verkehrsaufschließung von Dörfern sowie die Umbildung landwirtschaftlicher Dörfer zu Arbeiterwohngemeinden mit sich brachten, wandelte sich die Struktur der gesamten Siedlungslandschaft und ähnelte in vielen Fällen Industriedörfer und sich industrialisierende Kleinstädte einander an, schob städtische Wohnsiedlungen in ländliche Umgebung vor, verwischte im ganzen die Unterschiede zwischen „ländlicher" und „städtischer" Siedlung.

Man muß sich vor Augen halten, daß nicht nur im Mittelalter, sondern bis ins 19. Jahrhundert eine deutliche Trennung zwischen „ländlicher" und „städtischer" Siedlung bestanden hatte. Bisher war die ländliche Siedlung – als landwirtschaftliches Dorf oder als Streusiedlung von Einzelhöfen, zum Teil durchsetzt mit Wohnbauten gewerblich arbeitender Bevölkerung oder ganz vereinzelten Gewerbesiedlungen – die flächenbeherrschende Siedlungsform gewesen. Dazwischen lagen Städte und Flecken als deutlich durch Befestigungslinien umgrenzte Siedlungseinheiten [157], in denen sich an mehr oder weniger planmäßig angelegten Straßen die Wohnhäuser und Werkstätten einer überwiegend gewerblichen Bevölkerung dicht aufreihten und wo Kirchen, Rathäuser, evtl. alte Kloster-, Schloß- und Burganlagen dem Siedlungsbild differenzierende Akzente setzten. „Ländliche" und „städtische" Siedlung waren räumlich klar getrennt. Die verschiedene Zweckbestimmung ihrer Bauten – hier überwiegend landwirtschaftlich, da überwiegend gewerblich – sorgte für ein augenfällig unterschiedenes Siedlungsbild. Selbst in den stark landwirtschaftlichen Flecken und Ackerbürgerstädtchen waren die Sonderheiten „städtischen" Siedelns noch merkbar, wie es der Zeitgenosse [158] schildert: „In den Städten ist die Bauart der Häuser bei den ackerbautreibenden Bürgern ganz dieselbe wie in den Dörfern, allein überall, selbst bei denen, deren einzige Nahrungsquelle der Ackerbau ist... ist doch ein absichtlicher Plan bei der ersten Anlage ersichtlich, die Häuser sind nach Straßen gebauet und überall ist eine Art von Umwallung sichtbar, meistens sind Ringmauern oder wenigstens Spuren derselben vorhanden."

Der erste Schritt zur Verwischung der Grenzen zwischen städtischem und ländlichem Siedelraum war die Niederlegung eben dieser Umwallungen und Mauern. Die Beseitigung der Befestigungen hatte bei manchen kleinen Städten Niedersachsens schon im 17. und 18. Jahrhundert begonnen, wo in den Kriegen die Nutzlosigkeit der Anlagen deutlich geworden war und Geld und Interesse für einen neuzeitlichen Festungsausbau fehlten [159]. Andererseits kam es damals noch bei andern Städten zur Schaffung neuer starker Festungsanlagen, freilich nicht mehr aus bürgerlicher Initiative (mit Ausnahme von Hamburg), sondern für landesherrliche Interessen. Im 19. Jahrhundert nun wurde das Streben zur Abschaffung der Befestigungen allgemein. Damit konnten die Städte nun ihre Wohnbauten und evtl. vergrößerte Gewerbeanlagen frei in das Vorfeld der Gärten und landwirtschaftlichen Nutzflächen vorschieben. Tatsächlich geschah dies aber zunächst nicht oder nur recht zögernd. In zahlreichen Städten scheint im alten Stadtbereich genügend Freiraum für einen beträchtlichen Wohnungszuwachs gewesen zu sein, so daß man zunächst nicht vor den Toren zu bauen brauchte [160]. Mancherorts herrschte offenbar auch eine Abneigung des Bürgertums gegen das „Draußen-bauen" trotz tatsächlicher Wohnenge [161].

Der Siedlungskörper der entfestigten Städte gewann erst durch die Industrialisierung die Wachstumskraft, über den alten Bering nennenswert hinauszugreifen. Die Industrieentwicklung setzt am frühesten, aber gleichsam mit Vorformen in den Städten ein, wo sie ältere Gewerbe weiterbilden konnte, wie die Tuchmacherei, die Leinen- und spätere Baumwollweberei, Sägemühlen und Bierbrauerei, Gerberei, eisenschaffende und -verarbeitende Gewerbe der merkantilistischen Zeit. Die frühen industriellen Betriebe, die sich allmählich aus Handwerksbetrieben entwickelten, blieben aber klein. Da ihre Bauten bescheidenen Umfang hatten und der Zuzug von Arbeitern nicht nennenswert war, übten sie geringen Einfluß auf das Siedlungsbild aus. Immerhin leiteten sie den Ausgriff der Bebauung über den alten Befestigungsring ein. Beispiele für solche frühen industriellen Einflüsse bieten etwa Schüttorf und Nordhorn, Lingen, Osnabrück, Osterode, Göttingen, Einbeck, Hameln, Varel, Holzminden, Peine, übrigens auch das erst 1818 auf Grund seines Gewerbes zum Weichbild erhobene Bramsche [162].

Stärkere Industrieentwicklung unabhängig von altem Gewerbe, an neuen Standorten, mit größeren Betrieben, begann in den niedersächsischen Städten erst um die Mitte des Jahrhunderts, im allgemeinen im Zusammenhang mit dem Eisenbahnbau, der um 1840 zunächst im Land Braunschweig aufgenommen wurde, dessen erste große Verbindungen dann in den 40er und 50er Jahren von Hannover ausstrahlten und der in den 60er und 70er Jahren die Mehrzahl der alten Mittel- und Kleinstädte an das neue Verkehrsnetz anschloß und ihnen somit industrielle Entwicklungsmöglichkeiten schaffte. Die S i e d l u n g s e n t w i c k l u n g u m d i e J a h r h u n d e r t m i t t e bis in die 60er Jahre führte nun zum entschiedenen Ausgreifen über den alten Stadtkörper. Hatte die Stadt bereits Bahnanschluß erhalten, bildeten sich die langen Bauzeilen der Bahnhofsstraßen und die Bahnhofsviertel – recht häufig von der Altstadt beträchtlich entfernt, weil das seinerzeit aus Befestigungsgründen erwünschte Sumpfgelände vor den Städtchen nun eine dichte Heranführung der Bahnlinien an den Stadtkern verhinderte. Besaß die Stadt noch keinen Bahnanschluß, blieb die Bebauung regelloser verteilt; verstreut entstanden die neuen Wohnhäuser im einstigen Gartengelände, an den alten Garten- und Feldwegen, deren unregelmäßig geschwungene Führung diese frühen Stadterweiterungen kennzeichnet [163]. Später hielt sich die Bebauung geschlossener an neu geplante Straßennetze in systematisch aufgeschlossenen größeren Baulandflächen. Da diese nicht immer in unmittelbarem Anschluß an die alte Bebauung zu erwerben waren, bildeten sich oft Siedlungskomplexe mit relativ großem Abstand voneinander und vom Stadtkern, in sich jedoch mit dicht geschlossener Bebauung [164].

Diese lebhafte Bautätigkeit war in erster Linie darauf gerichtet, Wohnungen für die zuziehenden Arbeiter zu schaffen. Sie wurde in starkem Maße von den Industriewerken getragen, die ohne Wohnungsangebot keine Arbeitskräfte bekamen [165]. Daneben trat als ein neues Element in der Siedlungsentwicklung der private Bauunternehmer auf, der für einen vorhandenen oder zu erwartenden Wohnungsbedarf, aber ohne konkreten Einzelauftrag wie in früherer Zeit, Wohnbauten errichtete – das heißt es entstand in den sich industrialisierenden Städten ein W o h n u n g s m a r k t. Dabei ist bemerkenswert, daß diese Entwicklung zwar in den Städten am deutlichsten ausgeprägt war, aber auch in Dörfern mit junger Industrie wie etwa im Harzvorland oder in der Umgebung von Osnabrück nicht fehlte [166]. Die Siedlungsentwicklung im Industriedorf begann mit der in den sich industrialisierenden alten Städten parallel zu laufen.

Kennzeichnend für den Arbeiterwohnbau dieser Periode war der enge räumliche Anschluß an die Betriebe, da bei den langen Arbeitszeiten nun nicht auch noch lange Anmarschwege zu Fuß in Kauf genommen werden konnten [167]. Meist wurden Ein- bis Zweifamilienhäuser – manchmal auch als Doppelhäuser – mit Stall- und Schuppenanbauten errichtet, fast stets waren Gärten vorgesehen. Die Bauweise knüpfte also an ländliches Wohnen an. Die Wohnungen waren zunächst alle als Mietwohnungen gebaut, wurden aber zum Teil mit niedrig verzinsbaren Darlehen (zum Beispiel der Ilseder Hütte) in Eigenheime überführt.

Die Zeit der vollen Industrialisierung in den G r ü n d e r j a h r e n brachte zum Teil neue Formen der Siedlungsausdehnung. Die nunmehr freizügige Bevölkerung wanderte zu den großen Arbeitszentren, die selbst in dem sich relativ langsam industrialisierenden Niedersachsen nun sehr hohe Wanderungsgewinne zu verzeichnen hatten. Beispielsweise kamen im Raum Braunschweig schon 1861 im Durchschnitt 17 „Nicht Wohnberechtigte" (illegal Zugewanderte) auf 100 Wohnberechtigte, bei den Industriedörfern und der Stadt Braunschweig erheblich mehr, und seither betrug der Zuzugsüberschuß der Stadt (rund 100 000 Einwohner) bis 1890 in jedem Jahr mindestens 1000 Personen[168]. Die Stadt Hannover ohne Linden verzeichnete in 5 Jahren (1896–1901) einen Zuzugsüberschuß von 53 400 Personen[169]. Dabei waren die großen Städte Niedersachsens nicht einmal Endstationen der Wanderung, sondern sie gaben ihrerseits Menschen zum Beispiel an das Ruhrgebiet ab. In noch ausgeprägterem Maße waren die kleineren Städte Niedersachsens nur Etappenstationen, die Wanderung ging vom Dorf zur Kleinstadt, von dieser zur Großstadt. Dabei überwogen aber auch bei den kleinen Städten die Zuzüge noch beträchtlich über die Fortzüge, so daß es zu schneller Bevölkerungszunahme kam. So erhöhte sich Hamelns Einwohnerzahl von 1880 bis 1895 von 10 900 auf 16 500 und bis 1900 auf 19 000[170]. Eine Vorstellung von der Bevölkerungsfluktuation dieser Zeit, gerade auch von ihrem unterschiedlichen Ausmaß in den niedersächsischen Städten, gibt die Tabelle über den Anteil der Ortsgebürtigen an der Bevölkerung.

Daß diese gewaltigen Bevölkerungsverschiebungen sich für den Wohnungsbau umwälzend auswirken mußten, ist selbstverständlich, zumal der Arbeiter definitiv an den Betriebsort ziehen mußte – es gab ja noch keine Verkehrsmöglichkeiten für ein Pendeln zwischen Wohnort und Arbeitsort. Die äußerste Entfernung, die zwischen Wohnung und Arbeitsstätte um 1900 in Kauf genommen wurde, betrug 4–5 km[171]. Am Industriestandort mußte also ein hoher Wohnungsbedarf entstehen, während sich die um 1800 erhebliche Wohndichte der Dörfer lockerte. Die Zuwanderer zu den Städten – überwiegend Ledige – konnten zunächst zum Teil in den Bürgerwohnungen als Untermieter und Schlafgänger notdürftig untergebracht werden. Die Wohnungsbelegung wurde dadurch sehr hoch; die hygienischen Verhältnisse bei dem namentlich in Braunschweig und Hannover verbreiteten Schlafgängerwesen waren oft unvertretbar, wie die später dagegen erlassenen Verordnungen erkennen lassen[172]. „Arbeiterkasernen", Notunterkünfte in städtischen Gebäuden, Barackenlager wie beispielsweise in Delmenhorst, einzelne gemeinnützige Bauversuche wie zum Beispiel schon 1854 in Hannover-Linden für Webereiarbeiter und die Werkwohnungsbauten konnten nur sehr beschränkt Abhilfe schaffen. Die Bautätigkeit der privaten Bauunternehmer blühte. Aber es wurde zum großen Teil am Bedarf vorbeigebaut, weil zuwenig kleine und billige Wohnungen geschaffen wurden. So standen in den großen Industriestädten Wohnungen leer, während andererseits Wohnungsnot herrschte, und die Bildung von Wohngemeinschaften in Großwohnungen wurde immer häufiger. Wenn auch das Wohnungsangebot in den Zuwanderungszentren längst nicht ausreichte, war

5. Städtische Entwicklung von etwa 1800 bis zur Gegenwart

Die amtsfreien Städte der Provinz Hannover 1871
nach ihrer Bevölkerung und dem Anteil der Ortsgebürtigen

Stadt	Ortsanwesende Bevölkerung	Darunter ortsgebürtig in %
Hannover	87 626	38,2
Harburg	16 500	40,6
Uelzen	5 415	41,1
Göttingen	15 852	41,5
Stade	8 691	42,0
Osnabrück	23 308	43,1
Verden	6 838	44,8
Lüchow	2 607	45,1
Hildesheim	20 801	45,6
Lingen	5 015	46,0
Neustadt a. Rbge.	2 408	46,1
Hameln	8 556	46,5
Otterndorf	1 800	47,1
Dannenberg	2 062	47,4
Melle	1 805	48,5
Bremervörde	2 903	50,1
Quakenbrück	1 979	51,2
Buxtehude	2 788	52,8
Peine	4 516	53,1
Münden	5 492	53,2
Moringen	1 629	53,4
Aurich	4 264	53,6
Einbeck	6 192	53,9
Nienburg	5 046	54,3
Lüneburg	16 287	54,4
Wunstorf	2 419	54,8
Winsen/Luhe	2 735	55,2
Esens	2 198	56,0
Pattensen	1 500	56,2
Burgdorf	3 025	57,8
Northeim	4 785	58,8
Gifhorn	2 813	59,5
Bodenwerder	1 307	59,9

Stadt	Ortsanwesende Bevölkerung	Darunter ortsgebürtig in %
Goslar	8 922	60,3
Leer	8 932	60,8
Münder	2 271	63,8
Osterode	5 421	65,3
Norden	5 948	66,8
Emden	12 588	67,0
Duderstadt	4 136	70,5
Eldagsen	2 344	70,9
Papenburg	6 076	80,0

(Nach: Die Gemeinden und Gutsbezirke in der Provinz Hannover. Nach den Urmaterialien der allgemeinen Volkszählung vom 1. Dezember 1871 bearbeitet und zusammengestellt im Kgl. Statist. Büro. Berlin 1873)

doch der Zuwachs an bebauten Flächen gewaltig, die großen Städte griffen weit ins Umland aus [173].

Die Neubauviertel der Jahrzehnte zwischen 1870 und der Jahrhundertwende boten in Niedersachsen ein etwas günstigeres Bild als etwa in den westdeutschen Industriezentren oder Berlin, das heißt die Auswüchse der Bodenspekulation und Unternehmer-Bautätigkeit waren geringer. Das war bei den kleineren Städten mit ihrer schwächeren Zuwanderung zu erwarten, galt aber auch für die Großstädte. Die Bebauung war weniger eng und hoch, die Wohndichte geringer. Relativ am ungünstigsten stand Hamburg da, wo um 1900 im Durchschnitt über 35 Personen auf ein Wohngebäude kamen, Hannover und Braunschweig hatten mit 20 bzw. 18 Personen je Wohngebäude sehr viel bessere Wohnverhältnisse. Extrem günstig lagen die Verhältnisse in Bremen, wo das kleine zweigeschossige „Bremer Haus" herrschte (durchschnittlich 8 Personen/Gebäude). Dagegen wohnten in Berlin im Durchschnitt 77 Menschen in einem Haus [174]. Die Mietskaserne der Gründerzeit war in den großen niedersächsischen Städten jedenfalls relativ selten, und in den kleineren fehlte sie nahezu ganz. Wie stark diese Besonderheit des im niedersächsischen Raum bewahrten Kleinhauses von Zeitgenossen empfunden wurde, zeigt Eberstadt [175]: „Es ist hier [in Nordwestdeutschland] ... gelungen, und zwar in rasch anwachsenden Industriestädten, eine im allgemeinen zureichende Produktion von Kleinwohnungen zu erzielen und die Kasernierung fernzuhalten...", ferner: „... hier besteht, obgleich es sich um die fluktuierende Bevölkerung von Industriestädten handelt, ein befestigter Hausbesitz." In den niedersächsischen Kleinstädten vollends herrschte das Kleinhaus für 2–4 Familien in den Erweiterungsvierteln auch dieser Periode.

Abb. 17
Fibel von Lengerich; Ring von Helzendorf

Wenn der Bedarf an Kleinwohnungen für die zugewanderte Arbeiterbevölkerung schließlich doch einigermaßen gedeckt werden konnte, lag das zum Teil an dem Aufkommen gemeinnütziger Bauunternehmen und vor allem auch der eine Selbsthilfe anstrebenden B a u g e n o s s e n s c h a f t e n seit den 80er Jahren [176]. Anfänge solcher Zusammenschlüsse gab es schon wesentlich früher. In den 1880er Jahren aber kam das genossenschaftliche Bauen wirklich erfolgreich in Hannover, Göttingen, bald auch in andern Städten, in Gang [177]. Zwar war der Anfang wegen Kapitalmangel, zunächst auch wegen fehlenden gesetzlichen Rahmens schwierig, doch stützten die Gemeinden oft diese Bemühungen durch Hergabe billigen Baulandes, Übernahme der Straßenbaukosten, vorübergehende Erleichterung der Bauvorschriften. So wurden die Baugenossenschaften, die die wohnungssuchenden Arbeiter gebildet hatten, bald zu wichtigen Trägern des Wohnungsbaus in den großen und mittleren, aber auch hier und da in Kleinstädten.

Um die J a h r h u n d e r t w e n d e bahnten sich im städtischen Siedlungswachstum wesentliche Veränderungen an. Das planlose Wuchern der großen Industriestädte wurde abgelöst durch beginnende Stadtplanung im Rahmen der um diese Zeit erlassenen gemeindlichen Bauordnungen, die sich zum Teil mit Unterscheidung von Bauzonen um eine organische Gliederung der Stadtkörper bemühten [178]. Bei diesem nunmehr durch Richtlinien gelenkten Wachstum der Neubauviertel setzten sich zum Teil neue städtebauliche Vorstellungen der Architekten durch: Die Zeit der aufgelockerten, durchgrünten, mit relativ kleinen Häusern besetzten Gartenstädte begann. Die Gartenstädte stellten allerdings erhebliche Flächenansprüche. Die Kommunen versuchten dem wachsenden Flächenbedarf durch Grundstückkäufe und Eingemeindungspolitik (sehr ausgeprägt bei Hannover) entgegenzukommen.

Wichtiger noch als dieses weitflächige Ausgreifen der großen Städte in ihre Umgebung war für die Siedlungslandschaft im ganzen eine andere um die Jahrhundertwende einsetzende Veränderung: Die P e n d e l w a n d e r u n g begann. Während bis in die 1870er Jahre für den Arbeiterwohnungsbau in Niedersachsen das Streben nach möglichst enger Nachbarschaft zum Industriebetrieb kennzeichnend gewesen war, um den Weg zwischen Wohnung und Arbeitsstätte kurz zu halten, während bis damals auch der starke Wohnungsbau durch die Arbeitgeber diese enge Nachbarschaft förderte und Werksiedlungen unmittelbar neben dem Betrieb entstehen ließ [179], hatte das planlose Bauen der Gründerzeit und die Wohnungsnot schon die räumliche Bindung von Wohnung und Arbeitsstätte gelockert. Aber immer noch wohnte der Arbeiter doch in der Gemeinde seiner Arbeitsstätte und immer noch auch möglichst nahe bei dieser. Um die Jahrhundertwende nun bahnte sich durch neue Verkehrsmöglichkeiten die völlige räumliche Lösung von Wohnstätte und Arbeitsstätte an. Durch den Bau der hannoverschen Überlandstraßenbahnen in den 90er Jahren setzte schlagartig eine starke Arbeiterpendelwanderung aus den Dörfern des Umkreises nach Hannovers Arbeitsstätten ein. Als sich dann später auch die Eisenbahn in den Dienst der Pendelwanderung stellte (durch entsprechende Tarifpolitik), wurde die Pendelwanderung durch die vielen von Hannover ausstrahlenden Bahnlinien besonders begünstigt.

Die Wirkung der im Laufe unsres Jahrhunderts ständig anwachsenden Pendelwanderung auf die Siedlungslandschaft ist schwer zu überschätzen. Die stadtnahe gelegenen Dörfer begannen nun als Arbeiterwohngemeinden lebhaft zu wachsen [180], auch wenn sie selbst keine größeren gewerblichen Arbeitsstätten aufzuweisen hatten; sie wurden Wohnplatz für eine recht eigentlich städtische Bevölkerung und änderten ihr Gesicht, teils durch Wohnneubauten, teils durch Umwidmung der einstigen landwirtschaftlichen Bauten für gewerbliche oder Wohnzwecke. Sie schlugen eine Entwicklung ein, die vor Beginn der Pendelwanderung nur die unmittelbar der Stadt benachbarten und von ihren Neubauvierteln umfaßten und eingeschlossenen Dörfer durchgemacht hatten [181]. Beginn und Ausbreitung der Pendelwanderung trug in immer wachsendem Maße zur Verwischung der Grenzen zwischen ländlicher und städtischer Siedlung bei.

Weiter trugen zu dieser Verwischung der Grenzen die lockeren Neusiedlungen von 1–4-Familienhäusern bei, wie sie das Leitbild der Bautätigkeit nach dem ersten Weltkrieg wurden. Sie eroberten im Umkreis der Großstädte ausgedehnte Flächen und entstanden in ähnlicher Art, freilich mit mehr Eigenheimen, im Umkreis der kleinen Städte und Flecken. Hatten sich früher die Neubauviertel an die Ausfallstraßen gehalten und Wachstumsspitzen gebildet, so wurden nun die Sektoren zwischen den großen Straßen aufgeschlossen mit einem Gitter schmaler Straßen oder Wohnwege und meist mit Gärten. Die Hauptträger der Bautätigkeit waren gemeinnützige Baugesellschaften aller Art, meist mit kommunaler Beteiligung, recht gewichtig beteiligt die Niedersächsische Heimstätte. Diese Bauträger waren sowohl in städtischen Ausbauvierteln als auch als ländliche Siedlungsträger tätig. Die von ihnen gebauten Haustypen waren dementsprechend in städtischen und ländlichen Bereichen ähnlich, das ganze Baukonzept war nicht mehr nach „Stadt" und „Land" unterschiedlich; „Nebenerwerbssiedlungen", „Arbeitslosensiedlungen" stellten ein gewisses Bindeglied zwischen städtischem und ländlichem Bauen dar.

Nach dem zweiten Weltkrieg bedeuteten die Zerstörung der Städte einerseits, der Zustrom der Vertriebenen andererseits für die Siedlungsentwicklung Probleme, die zwar der Art nach nicht neu, wohl aber neu in diesem Ausmaß waren; sie betrafen gleichzeitig städtische wie ländliche Siedlung. Im Lande Niedersachsen gingen durch den Krieg rund 175 000 Wohnungen oder ein Achtel des Bestandes verloren. Die Zerstörungen waren in den großen Städten konzentriert, wie die Tabelle verdeutlicht [182]:

5. Städtische Entwicklung von etwa 1800 bis zur Gegenwart

Im zweiten Weltkrieg durch Kriegsschäden unbenutzbar gewordene Wohnungen in den 7 am schwersten betroffenen Städten des Landes Niedersachsen

Stadt	unbenutzbare Wohnungen Anzahl	in % aller Wohnungen
Hannover	69 000	47,5
Wilhelmshaven	24 700	58,4
Braunschweig	20 500	34,6
Osnabrück	12 100	28,7
Hildesheim	8 500	40,7
Emden	6 000	50,6
Celle	950	10,6

Wegen der Zerstörung der größeren Städte ergoß sich die Zuwanderung bzw. Zuweisung der Vertriebenen in die Kleinstädte und Dörfer, ohne irgendwelche Rücksicht auf Arbeitsmöglichkeiten, und kehrte damit die bisherigen ökonomisch bedingten Wanderungen um. Dementsprechend entstand dringender Wohnungsbedarf zunächst gerade auf dem „flachen Lande", und nach 1948 begann dort eine lebhafte Bautätigkeit. Zwar wurde durch teilweisen Abzug der Vertriebenen aus den Landgemeinden ohne Arbeitsmöglichkeiten, durch neu einsetzenden Zustrom zu den alten städtischen Zentren, auch durch die Lenkung der Bautätigkeit von Siedlungsgesellschaften der Kreise und Gemeinden auf die „zentralen Orte", die nach der Planung als Arbeitszentren entwickelt werden sollten, der Hauptteil der Wohnbautätigkeit doch auf städtische Zentren konzentriert – aber die „ländlichen" Siedlungen behielten die einmal begonnene Wachstumstendenz doch bei.

Aus dem Zwang zum Wiederaufbau des zerstörten Wohnraums sowie zur Unterbringung der Vertriebenen entwickelte sich zwischen 1950 und 1970 ein Siedlungswachstum von so bedeutendem Ausmaß, daß diese Zeit den großen Vorstoßperioden der Siedlung etwa im 11./13. Jahrhundert an die Seite zu stellen ist – wobei jetzt städtische und ländliche Siedlungsentwicklung ineinander verfließen. In den Jahren zwischen 1950 und 1956 allein vergrößerte sich der Wohnungsbestand in den Stadtregionen [183] um 42 Prozent, in den übrigen Teilen des Landes Niedersachsen um 27 Prozent; zwischen 1956 und 1961 wuchs der Bestand in Stadtregionen um weitere 32 Prozent des Ausgangsbestandes, in den „ländlichen" Gebieten wieder um 27 Prozent. 1961 bis 1966 steigerte sich die Bautätigkeit in den Stadtregionen erneut. Im ganzen waren zu Ende der 1960er Jahre in den städtischen Bereichen von 100 Wohnungen 54 erst seit dem Jahre 1950 neu errichtet; in den „ländlichen" Bereichen waren es 49. Grob gesagt ist also die Hälfte des gesamten Wohnungsbestandes in knapp 20 Jahren gebaut [184]. Das räumliche Schwergewicht dieser starken Bautätigkeit lag dabei in den näheren Randzonen der großen Städte, nicht in deren Kern, sondern in den sogenannten „Ergänzungsgebieten" und „Verstädterten Zonen", in denen die Pendlerbevölkerung immer noch zunimmt und auch ausgelagerte Industrien einen Außengürtel großer Arbeitsstätten rund um die Städte erstehen lassen.

Die Zahlen zeigen aber auch, daß das platte Land außerhalb der städtischen Einflußbereiche ebenfalls starkes Siedlungswachstum aufweist. Dabei sind zwar die Kleinstädte und die zentralen Orte der absoluten Zahl der neuen Häuser nach führend, aber selbst in den kleinsten und abgelegenen Gemeinden hat sich – relativ zu ihrem Baubestand – beachtliche Neubautätigkeit entwickelt. Bei dieser Gruppe gehen die Impulse für das Siedlungswachstum größtenteils von den Pendlern aus, denen die Motorisierung auch ein Wohnen weit entfernt von der Arbeitsstätte erlaubt; daneben spielen Neubauten der landwirtschaftlichen Bevölkerung und in manchen Gebieten Bauten für den zunehmenden Fremdenverkehr eine Rolle (Harz, Weserbergland, Küste, Lüneburger Heide) [185].

Durch das bemerkenswert flächenhafte, keineswegs auf stadtnahe Gebiete beschränkte Siedlungswachstum unterscheidet sich die Siedlungsperiode nach 1948 grundlegend von der Entwicklung im 19. Jahrhundert und auch noch im ersten Teil unseres Jahrhunderts. Diese Ausbreitung ist nicht denkbar ohne die Motorisierung, wobei neben dem privaten Pkw auch dem Überland-Bus eine wesentliche Bedeutung für die Siedlungsentwicklung zukommt. Durch die modernen Verkehrsmöglichkeiten ist die „ländliche" Siedlung wieder zu einer lebhaften Entwicklung gekommen – freilich mit erheblich veränderter Funktion, nämlich als Wohnplatz gewerblicher Bevölkerung – und kann andererseits die Stadt nahezu ungehemmt ihren Einzugsbereich vergrößern, zugleich in ihren Außenbezirken sich mit der ländlichen Siedlung vermischen. Die Grenzen zwischen städtischer und ländlicher Siedlung sind in den letzten Jahrzehnten zum großen Teil aufgelöst. Nur die Schwerpunkte der alten Stadtkerne mit ihren zentralen Einrichtungen einerseits und die landwirtschaftlichen Dorfkerne andererseits heben sich noch mehr oder weniger deutlich als Zeichen der jahrhundertelangen Siedlungsentwicklung aus der uniformen modernen Wohnsiedlungsmasse, die sich weiter Flächen bemächtigt hat, heraus.

---

[155] M. HANNEMANN, Kreisbeschreibung Wesermarsch, 1955, S. 114 ff.; R. KLÖPPER, Industriekleinstädte (wie Anm. 146), S. 84 f. – [156] W. R. KRUTSCH, Wolfsburg (Braunschw. Geogr. Stud. 2), 1966. – [157] Allerdings darf man sich bei den größeren Städten wegen Vorstadtbildungen, Gartenstadtentwicklung und einzelnen städtischen Bauten und Anlagen (gerade auch bei Residenzen) diese Grenze wohl nicht allzu scharf linear vorstellen; bei kleinen Städten scheint sie wesentlich schärfer ausgeprägt gewesen zu sein. – [158] A. v. HAXTHAUSEN, Über die Agrarverfassung in Norddeutschland, I 7, 1. Bd., 1829, S. 17. – [159] Beispielsweise begann im 17. Jh. die Entfestigung von Buxte-

5. Städtische Entwicklung von etwa 1800 bis zur Gegenwart

hude, Haselünne, Lemförde, Neuenhaus, Neustadt a. Rbge., im 18. Jh. von Uelzen, Verden, Otterndorf, Holzminden. Über die Befestigung in ihrer zeitlich verschiedenen Bedeutung vgl. C. Haase, Die mittelalterliche Stadt als Festung (1963), in: Die Stadt des Mittelalters (wie in Anm. 3), Bd. II. – [160] Zum Beispiel konnte in Schöningen 1790–1840 die Bevölkerungszahl von 2400 auf 3400 Einwohner steigen, während nur einige wenige Häuser vor den Toren errichtet wurden (H. Pohlendt, Kreisbeschreibung Helmstedt, 1957, S. 119). – [161] H. Dörries, Leinetalstädte (wie Anm. 34), S. 46. – [162] G. Köster (wie Anm. 146). – [163] R. Klöpper, Industriekleinstädte (wie Anm. 146), besonders bei Beispiel Peine. – [164] R. Klöpper (wie Anm. 146), Beispiel Nordhorn. – [165] Beispiele sind die Werksiedlungen der Ilseder Hütte und in Delmenhorst; O. Philipps, Carl Hostmann und die Ilseder Hütte (Schr. Wirtsch.-wiss. Ges. R. A I, 24), 1934; G. Hoffmann, Beiträge zur allgemeinen und individuellen Stadtgeographie (Dt. Geogr. Bll. 48, H. 1 und 2), 1956. – [166] M. auf dem Kamp, Osnabrück (Veröff. Nds. Amt f. Landesplan. u. Statist. R. A I, 60), 1956, S. 55/56. – [167] R. Klöpper, Industriekleinstädte (wie Anm. 146), S. 95. – [168] E. W. Buchholz, Die Bevölkerung des Raumes Braunschweig im 19. Jahrhundert (Diss. Göttingen 1952, Masch.Schr.), Tabellen. – [169] J. Feig und W. Mewes, Unsere Wohnungsproduktion und ihre Regelung (Die Wohnungsfrage und das Reich H. 9), 1911. – [170] R. Feige (wie Anm. 24), S. 139 und 141. – [171] W. Nedderich, Wirtschaftsgeographische Verhältnisse, Ansiedelung und Bevölkerungsverteilung im Ostfälischen Hügel- und Tieflande (Forsch. Dt. Landes- u. Volkskunde 14), 1902. – [172] Wohnungsfürsorge in deutschen Städten, bearb. im Kaiserl. Statist. Amte (Beitr. z. Arbeiterstatist. 11), Berlin 1910. – [173] H. Knibbe, Die Großsiedlung Hannover (Mitt. Statist. Amt Hannover NF 9), 1934. – [174] Zahlen aus R. Eberstadt, Handbuch des Wohnungswesens, 2. Aufl., 1910. – [175] R. Eberstadt (wie Anm. 174), S. 60 f. – [176] Gemeinnützige Bauvereine, Bericht a. d. Kgl. Hann. Min. d. Innern, 1861; Die Spar- und Bauvereine in Hannover, Göttingen und Berlin (Schr. d. Centralstelle f. Arbeiter- u. Wohlfahrtseinr. 3), 1893. – [177] A. Grävell, Die Baugenossenschaftsfrage, Berlin 1901. Danach bestanden im Jahre 1900 Baugenossenschaften und gemeinnützige Vereine in Hannover-Kleefeld, Misburg, Sarstedt, Wilhelmshaven, Osnabrück, Hildesheim, Lüneburg, Celle, Göttingen, Lehrte, Hannover-Wülfel, Alfeld, Bramsche, Braunschweig, Harburg, Lauterberg, Münden, Oldenburg, Osterode, Schwarmstedt, Verden, Wolfenbüttel – eine Aufzählung, die die damals schnell wachsenden industrialisierten Städte Niedersachsens kennzeichnet. – [178] Nach Wohnungsfürsorge (wie Anm. 172) schufen zum Beispiel Osnabrück, Hannover, Lüneburg Zonengliederungen. – [179] Der Werkwohnungsbau wurde um die Jahrhundertwende selten und kam nach 1920 ganz zum Erliegen. – [180] K. Mittelhäusser, Kreisbeschreibung Hannover-Land, 1948, S. 32. – [181] G. Wülker-Weymann, Bauerntum am Rande der Großstadt II (Bäuerl. Lebensgemeinsch. 3), 1941. – [182] G. Funke, Die Wohnungsnot in Niedersachsen sowie der Wohnungsbedarf bis etwa 1960, in: Neues Archiv f. Nds., 1949, S. 446 f. – [183] Vgl. O. Boustedt, Wesen und Bedeutung der Stadtregionen, in: Stadtregionen in d. Bundesrep. Deutschland, 1960; danach besteht die Stadtregion aus „Kernstadt", „Ergänzungsgebiet", „Verstädterter Zone" und „Randzone". – [184] K. Mittelhäusser, Die regionale Verteilung der Wohnbautätigkeit in Niedersachsen seit 1950, in: Statist. Monatsh. f. Nds. 1968. – [185] Bei den Fremdenverkehrsorten ist die Verwischung der Grenzen zwischen „städtisch" und „ländlich" besonders augenfällig. Ob sie auf eine Bergstadt des Harzes, einen Sielhafen, ein Bauerndorf zurückgehen, ob sie wegen schöner Landschaftslage oder auf Grund von Heilquellen wie die vielen kleinen Bäder (zum Beispiel Meinberg, Rothenfelde, Essen, Bevensen) die Entwicklung zum Fremdenort eingeschlagen haben – immer entstehen mit Gast- und Pensionshäusern, Hotels und Versicherungsbauten, Parks, Promenaden, Badeanlagen recht stadtähnliche Gebilde mit hohem Einzelhandelsbesatz und vielseitigen Dienstleistungen, aber mit relativ einseitiger Wirtschaft und sehr schwachen Zentraleigenschaften.

Viertes Kapitel

VOR- UND FRÜHGESCHICHTE

Von Albert Genrich, Hans-Günter Peters und
Heinz Schirnig

Vorgeschichtsforschung versteht sich als historische Wissenschaft. Ihr Ziel ist es, mit archäologischen Mitteln und Methoden Aufschluß über jene Zeiten zu geben, aus denen schriftliche Zeugnisse fehlen oder nur spärlich vorhanden sind.

Vorgeschichtsforschung hat es wesentlich schwerer, historische Fragen zu beantworten, als die Geschichtswissenschaft. Die Resultate sind anonym, allgemein, denen statistischer Erhebungen vergleichbar. Geschichtliche Ereignisse sind nur in seltenen Fällen faßbar. Als Quellen stehen nur materielle Hinterlassenschaften zur Verfügung und die auch nur in geringer Auswahl. Organische Substanzen – Holz, Textilien, Leder – sind in der Regel vergangen und allenfalls als Bodenverfärbungen nachzuweisen. Eine wichtige Ausnahme stellen die Moorfunde dar. Erhalten sind hauptsächlich Keramik, Stein- und Metallgeräte. Das hat zur Folge, daß nur mit Mühe solche Teile des Geschichtsbildes rekonstruiert werden können, die in enger Verbindung zur materiellen Hinterlassenschaft stehen wie Siedlungs-, Wirtschafts- und Sozialgeschichte. Geistesgeschichtliche Zusammenhänge bleiben mit Ausnahme von Bestattungssitten, Totenkult und den daraus ersichtlichen Vorstellungen weitgehend unbekannt. Politische Geschichte ist kaum faßbar.

In frühgeschichtlicher Zeit stehen zusätzlich, wenn auch spärlich, historische Quellen zur Verfügung, welche die archäologischen Kulturen – oft von außen, indirekt – beleuchten.

Um auch aus unscheinbaren Relikten Erkenntnisse zu erlangen, hat die Vorgeschichtsforschung eine Reihe von diffizilen Methoden der Ausgrabung und Auswertung entwickelt. Dabei gewinnt die Hilfe naturwissenschaftlicher Disziplinen, wie Geologie, Bodenkunde, Botanik, Faunistik und Anthropologie zunehmend an Bedeutung.

> Vorgeschichtliche Funde sind keine Kuriositäten, sondern Urkunden, die Aufschluß geben können über Menschen und ihre Lebensweise.
>
> Heinz Schirnig

Eine archäologische Landesaufnahme nach dem Vorbild Schleswig-Holsteins wurde in Niedersachsen erst vor einigen Jahren eingeleitet und wird vermutlich in dieser Form niemals abgeschlossen werden können [1].

Planmäßige Ausgrabungen größeren Umfangs gab es in Niedersachsen erst seit den dreißiger Jahren. Damit trat auch eine sprunghafte Vermehrung des Fundstoffes ein. Nach der kriegs- und nachkriegsbedingten Unterbrechung setzte eine zweite Phase lebhafter Forschungstätigkeit ein, die noch anhält. Die Schwerpunkte sind aber sehr unterschiedlich über das Land verteilt und von unterschiedlichem Gewicht. Entsprechend differenziert sind auch unsere Aussagemöglichkeiten zu bestimmten Landesteilen für die einzelnen vorgeschichtlichen Epochen [2]. Das wissenschaftliche Schrifttum zur Ur- und Frühgeschichte Niedersachsens ist mittlerweile recht ansehnlich geworden. Es findet seinen Niederschlag in zahlreichen Reihen und Zeitschriften, von denen die mit überörtlicher Bedeutung genannt werden sollen [3]. Die hier publizierten Arbeiten bilden im wesentlichen die Grundlage für den folgenden Überblick, zeigen zugleich aber auch die Forschungslücken, die eine Darstellung des gesamten Ablaufs der Vorgeschichte sehr erschweren.

Hans-Günter Peters

Eine zusammenfassende Übersicht zur Vorgeschichte Niedersachsens zu schreiben, ist aus mancherlei Gründen zum gegenwärtigen Zeitpunkt problematisch. Es bedarf daher einiger Vorbemerkungen, um die recht unterschiedlichen Aussagen zu einigen Epochen und im Hinblick auf einzelne Landesteile werten zu können. Bezeichnenderweise ist bisher noch kein Versuch unternommen worden, die Fülle von Einzelveröffentlichungen zu einer „Vorgeschichte Niedersachsens" zu verarbeiten. – K. H. JACOB-FRIESEN, Einführung in Niedersachsens Urgeschichte. I. Teil: Steinzeit, 1959; II. Teil: Bronzezeit, bearb. von G. JACOB-FRIESEN, 1963; III. Teil: Eisenzeit, bearb. von G. JACOB-FRIESEN, 1974. Diese Arbeit legt bewußt das Schwergewicht auf eine breite Darstellung des Materials. – Die Vorgeschichte ist besonders in Niedersachsen relativ jung, und sie ist in besonderem Maße von Störungen heimgesucht worden, die eine kontinuierliche Entwicklung über mehrere Generationen hinweg bei gleichbleibender Forschungsintensität verhindert haben. Die Größe des Landes, die unterschiedliche Verteilung der Forschungskapazitäten, stete Personalknappheit und letztlich das Fehlen einer sinnvollen Koordinierung der Arbeiten haben lange Zeit hindurch eine konstante Fortentwicklung des Faches und der Erkenntnisse verhindert. Hinzu kommen die heterogenen Voraussetzungen des Landes selbst, mit unterschiedlichen Bodenverhältnissen aber auch wechselnder Dichte der Fundstellen und vorgeschichtlicher Denkmäler. Die Geschichte der Niedersächsischen Vorgeschichtsforschung hat W. D. Asmus im Abriß dargestellt, wenn auch unter dem Aspekt der Entwicklung des Landesmuseums Hannover: W. D. ASMUS, Die Urgeschichts-Abteilung als Erbe und Träger prähistorischer Forschung in: Hundert Jahre Niedersächsisches Landesmuseum zu Hannover, 1852–1952 (1952), S. 78; vgl. auch H. GUMMEL, Forschungsgeschichte in Deutschland, 1938. – Besondere Bedeutung hat die Gründung des Historischen Vereins für Niedersachsen auch für die niedersächsische Vorgeschichtsforschung. Damals entstandene Arbeiten haben ihre Bedeutung bis heute nicht verloren: C. WÄCHTER, Statistik der im Königreich Hannover vorhandenen Denkmäler, 1841. G. O. C. VON ESTORFF, Heidnische Alterthümer der Gegend von Uelzen im ehemaligen Bardengaue, 1846. Auch die Archivalien zu Sammlungen etwa des Grafen Münster zu Langelage oder des Particuliers Wellenkamp sind von unschätzbarem Wert. Besondere Verdienste um die vorgeschichtliche Forschung hat sich Johannes Heinrich Müller erworben. In seiner Eigenschaft als Konservator der hannoverschen Landesaltertümer begann er mit der systematischen Inventarisierung der Bodendenkmäler. J. H. MÜLLER und J. REIMERS, Vor- und frühgeschichtliche Altertümer der Provinz Hannover, 1883. Fortgesetzt wurde die Dokumentationsarbeit mit dem „Atlas vorgeschichtlicher Befestigungen in Niedersachsen" durch A. von Oppermann und Carl Schuchhardt: A. VON OPPERMANN und C. SCHUCHHARDT, Atlas vorgeschichtlicher Befestigungen in Niedersachsen, 1888–1916. Die dritte systematische Kartierung einer Denkmälergruppe war die Aufnahme der Steingräber von Ernst Sprockhoff, die erst jetzt publiziert wird: E. SPROCKHOFF, Atlas der Megalithgräber Deutschlands, Bd. III: Niedersachsen, 1975.

[1] Dazu H. SCHIRNIG, Einige Bemerkungen zur archäologischen Landesaufnahme, in: NachrrNdSachsUrg 35, 1966, S. 3. Die Bedeutung der privaten Sammeltätigkeit ersetzt allerdings die systematische Kartierung durch hauptamtliche Kräfte an vielen Stellen, sofern sie in Zusammenarbeit mit der staatlichen Denkmalpflege und von dieser gefördert stattfindet. – [2] Das Übergewicht des Nordens gegenüber dem Süden des Landes ist dabei nicht zu übersehen. Es manifestiert sich besonders im institutionellen Bereich mit einer größeren Vielfalt und besseren Möglichkeiten der Forschungskapazitäten. – [3] Die Kunde, Mitteilungen des Niedersächsischen Landesvereins für Vorgeschichte; Nachrichten aus Niedersachsens Urgeschichte, hg. von der Archäologischen Kommission für Niedersachsen; Göttinger Schriften zur Vor- und Frühgeschichte, hg. von H. JANKUHN; Materialhefte zur Ur- und Frühgeschichte Niedersachsens, hg. in Verbindung mit der Archäologischen Kommission für Niedersachsen und dem Niedersächsischen Landesverwaltungsamt, Denkmalpflege, von M. CLAUS; Neue Ausgrabungen und Forschungen in Niedersachsen, hg. von der Archäologischen Kommission für Niedersachsen; Probleme der Küstenforschung im südlichen Nordseegebiet, Schriftenreihe des Niedersächsischen Landesinstituts für Marschen- und Wurtenforschung; Die Urnenfriedhöfe in Niedersachsen, hg. von W. D. ASMUS; Veröffentlichungen der urgeschichtlichen Sammlungen des Niedersächsischen Landesmuseums zu Hannover; Wegweiser zur Vor- und Frühgeschichte Niedersachsens, hg. im Auftrage der Archäolog. Komm. f. Niedersachsen von H.-G. PETERS.

1. Altsteinzeit und mittlere Steinzeit

Das Klima der Erde war stets Wandlungen unterworfen. Noch in historischer Zeit können kleine Veränderungen registriert werden. Die Altsteinzeit ist geprägt von starken Klimagegensätzen, mehreren Kaltzeiten, die das Vordringen gewaltiger Gletscher von Skandinavien nach Norddeutschland auslösten, und Warmzeiten, in denen die Temperaturen teils wesentlich höher lagen als heute. Man unterscheidet drei E i s z e i t e n − nach den Flüssen Elster, Saale und Weichsel benannt − mit jeweils mehreren, von Warmzeiten unterbrochenen Eisvorstößen. So stand der Mensch der Altsteinzeit extrem unterschiedlichen Umweltbedingungen gegenüber, von baumlosen Tundren bis zu üppigen Urwäldern [4].

In den vergangenen Jahren wurden wiederholt in Niedersachsen Faustkeile und andere altsteinzeitliche G e r ä t e gefunden, auch in Landstrichen, die man bisher für fundleer hielt [5]. Meist handelt es sich jedoch um Einzelfunde, die sich nicht geologisch einordnen lassen. Seit langem sind die Funde aus den Leineschottern bei Hannover bekannt [6]. In Hannover-Döhren kamen beim Baggern zahlreiche mandel-, zungen- und herzförmige und annähernd dreieckige Faustkeile zutage. Daneben wurden Schaber und Breitklingen gefunden. Die Werkzeuge stammen von Jägern, die anscheinend auf Kiesinseln zwischen dem vielfach verzweigten Leinelauf lebten. Ganz ähnlich sind Funde und Fundverhältnisse in Rethen. An beiden Stellen ist unbekannt geblieben, ob die Artefakte aus Schottern der vorletzten oder letzten Eiszeit stammen oder aus einer interglazialen Ablagerung.

In G r o n a u (sw. Hildesheim) ist die Herkunft vergleichbarer Funde aus Kiesen gesichert, die der vorletzten Eiszeit angehören und von Löß der letzten Eiszeit überdeckt sind [7]. In denselben Kiesschichten wurden Knochen vom Mammut sowie vom Merckschen Rhinozeros in den unteren und vom wollhaarigen Nashorn in den oberen Partien entdeckt. Die Funde von Gronau waren in Niedersachsen lange die ältesten, geologisch sicher datierten Funde, bis kürzlich beim Bau des Elbe-Seitenkanals in S t e d e r d o r f (s. Uelzen) Artefakte entdeckt wurden, die in einer Sohlmoräne des Drenthe-Stadiums liegen, das heißt, in den frühesten Ablagerungen der Saale-Eiszeit vorkommen. Die Geräte sind vom Eis umgelagert worden und stammen mindestens aus dem Beginn der Saale-Eiszeit, vielleicht auch aus der vorangegangenen Warmzeit. Die Funde aus Stederdorf unterscheiden sich von den „klassischen", faustkeilführenden Altsteinzeitkulturen und sind mit den Artefakten der Altonaer Stufe von Wittenbergen verwandt [8].

Aus der auf die Saale-Eiszeit folgenden warmen Periode stammt der außergewöhnliche Fund aus L e h r i n g e n, so. Verden [9]. In einer Mergelgrube kam das S k e l e t t e i n e s A l t e l e f a n t e n zutage, zwischen dessen Rippen eine fast 2,50 m lange Lanze steckte. Sie bestand aus dem dünnen Stamm einer Eibe, eines besonders harten, aber auch federnden Holzes, war mit Steinwerkzeugen geglättet und vorn zugespitzt worden. Die Spitze hatte man zusätzlich im Feuer gehärtet. Die Erhaltung dieses seltenen Fundes verdanken wir der Lagerung innerhalb des Kalkmergels. Das Vorkommen des

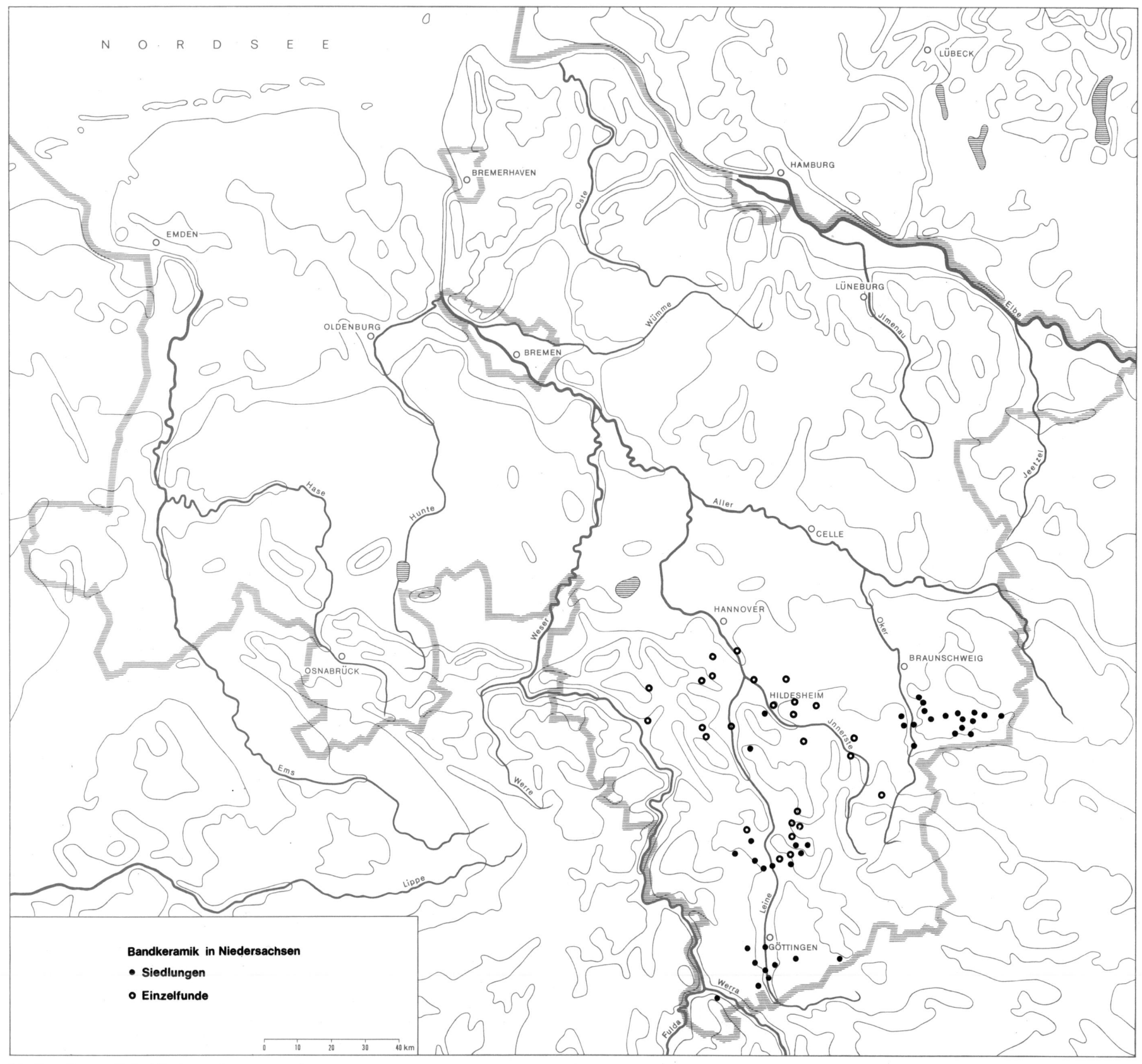

22. Bandkeramik in Niedersachsen

wärmeliebenden Altelefanten zeigt eine Besserung des Klimas an, die in Lehringen auch durch botanische Untersuchungen bestätigt werden konnte. Es wurde ein offener Eichen-Mischwald nachgewiesen. Der Lehringer Fund, im Heimatmuseum Verden ausgestellt, ist ein anschaulicher Beleg dafür, daß der damalige Mensch mit seinen primitiven Hilfsmitteln bereits den Altelefanten jagte, der die heutigen Elefanten noch um zwei Meter überragte. Ein mutiger Jäger hatte dem Tier aufgelauert und den Holzspeer von schräg vorne in die Brust gestoßen, ähnlich neuzeitlichen Elefantenjägern bei den Naturvölkern. Der verletzte Koloß lief davon und flüchtete sich schließlich in einen Tümpel, wo er verblutete. Die nachfolgenden Jäger konnten nur die aus dem Wasser ragenden Fleischteile bergen. Das Skelett blieb unversehrt liegen. Die dabei gefundenen Feuersteingeräte vermitteln den Eindruck flüchtig, einzig zum Ablösen der Beutestücke zubereiteter Artefakte.

An den Beginn der letzten Eiszeit, der Weichselvereisung, ist der Fundplatz Salzgitter-Lebenstedt zu stellen[10]. Hier konnte in 4–5 m Tiefe auf zwei, zusammen etwa 200 qm großen Flächen eine 1 m mächtige Kulturschicht freigelegt werden. Sie gehörte zu einem mehrfach belegten Lagerplatz, der an einem seichten Tümpel gelegen hatte. Viele Feuersteinabsplisse bezeugen Geräteproduktion an Ort und Stelle. Das Inventar umfaßt späte Faustkeile sowie viele breite Klingen, die zum Teil zu Schabern oder blattförmigen Spitzen weiterverarbeitet worden sind. Aus dem umfangreichen Knochenmaterial konnten etwa 80 Rentiere, 16 Mammute, 6 bis 7 Wisente, 4 bis 6 Wildpferde und 2 wollhaarige Nashörner bestimmt werden. Die Zahlen verdeutlichen, daß das Ren das weitaus beliebteste Jagdtier war. Verschiedene Vogel- und Fischarten ergänzten den Speisezettel. Die botanischen Ergebnisse zeigen das Bild einer grasreichen Froststeppe mit geringen Kiefern- und Fichtenbeständen, daneben wurden Zwergbirken, Polar- und Krautweiden nachgewiesen. Man kann annehmen, daß neben der Jagd auch pflanzliche Nahrung gesammelt wurde. Einige angespitzte Mammutrippen könnten als Grabstöcke zum Ausgraben von Wurzeln, aber auch als Jagddolche gedeutet werden. Große Steine haben möglicherweise zum Beschweren von Zeltwänden gedient. Die Radiokarbon-Methode ergab für diesen Fundplatz ein Alter von 48 300 ± 2000 Jahren.

Im Laufe der letzten Eiszeit erschienen neue Kulturgruppen, deren Steinwerkzeuge durch schmale Klingen und daraus gefertigte Geräte gekennzeichnet waren. Neben die Steinwerkzeuge trat Knochengerät. Gleichzeitig mit dem kulturellen Wandel lassen sich neue Menschenrassen nachweisen. Der homo sapiens diluvialis, dessen Kunstwerke wir noch heute in den Höhlen Frankreichs und Spaniens bewundern, nahm Europa in Besitz. Auch aus Niedersachsen kennen wir eine Reihe von Fundplätzen mit Steingeräten der ausgehenden Altsteinzeit, wie Deimern (nno. Soltau)[11] und Stöckse (Giebichenstein) (w. Nienburg)[12] mit Artefakten der Hamburger Gruppe der

Rentierjäger aus der Älteren Dryaszeit. In die anschließende Alleröd-Wärmeschwankung ist die Fundstelle von Wehlen, ssw. Harburg, zu stellen, nach der eine lokale Variante der Federmesserkultur als Wehlener Gruppe bezeichnet wird[13]. Aus der jüngeren Dryaszeit, dem Ausklang der letzten Eiszeit, seien die Fundplätze von Deimern (nno. Soltau), Lavenstedt (s. Bremervörde) und Volkmarshausen (n. Hann. Münden) genannt[14]. Keiner dieser Fundplätze kann sich jedoch in seiner kulturgeschichtlichen Bedeutung mit Lehringen oder Salzgitter-Lebenstedt messen.

Neben die Freilandstationen traten bewohnte Höhlen und Felsvorsprünge. Die bekannteste der niedersächsischen Höhlen, die am Ende der Eiszeit von Menschen aufgesucht wurden und ihnen Schutz boten, ist die Steinkirche bei Scharzfeld am südwestlichen Harzrand[15]. Zahlreiche aus Klingen gefertigte Feuersteingeräte sowie eine Knochennadel mit Öhr wurden dort gefunden. Am Höhleneingang brannten die Lagerfeuer, daneben hatten sich zerschlagene Knochen angesammelt von Bison, Pferd, Rentier und Reh, von Eisfuchs, Schneehase, Halsbandlemming, nordischer Wühlratte, Moor- und Alpenschneehuhn. Das Alter des Fundplatzes wird auf 15 000 bis 8000 v. Chr. geschätzt (siehe Abb. 4, nach S. 168).

Zwei der wichtigsten Fundstellen vom Ende der Eiszeit liegen im südlichen Holstein nordöstlich von Hamburg. Bei Meiendorf und Stellmoor gelang es, am Rande eines ehemaligen Sees Jägerlager aus der Älteren und Jüngeren Dryaszeit aufzudecken[16]. Schmelzwasserablagerungen besagen, daß der Eisrand nicht fern war. Man hielt sich in der unwirtlichen, baumlosen Tundra unweit der Gletscher auf. Beherrschende Pflanzen waren Silberwurz, Zwergbirke und Polarweide. Die Liste der nachgewiesenen Tiere führt mit weitem Abstand das Ren an. Stark in den Hintergrund treten mit vereinzelten Vorkommen das Wildpferd, Berg- und sibirischer Lemming, rötlicher Ziesel, Hase, Vielfraß, Polar- oder Rotfuchs, Iltis, ungarische Bisamspitzmaus und an Vögeln Enten oder Säger, Nonnengans, Gans, Schwan, Mantel- oder Eismöwe, Alpenstrandläufer, grauer Kranich, Tümpelsumpfhuhn, Moorschneehuhn. Wie aus den Wachstumsstadien der Rengeweihe von erlegten Tieren hervorgeht, waren die Jägerlager nur im Sommer von Juni bis September bewohnt. Offensichtlich betrieb man eine auf das Ren spezialisierte wildfeste, den wandernden Herden folgende Jagd. Das Feuersteingerät war darauf abgestellt, Rentiere zu jagen, Rengeweihe und -felle zu bearbeiten. Im See liegende, absichtlich versenkte Tiere, wie große Steine im Brustkorb zeigen, deuten auf religiöse Opfer hin. In der Jüngeren Dryaszeit lebten die Rentierjäger bereits in einer Tundra mit schütterem Baumbestand. Hier wurden zum ersten Mal nicht nur Feuersteinpfeilspitzen, sondern hölzerne Pfeile gefunden. Ein auf einen Pfahl gesetzter Rentierkopf vertieft den Eindruck, daß das Ren im religiösen Brauchtum von Bedeutung gewesen sein muß. Nach der Radiokarbon-Altersbestimmung ist die ältere Gruppe der Rentierjäger um 14 000, die jüngere um 8000 v. Chr. zu datieren (siehe Abb. 4 u. 5, nach S. 168 u. 184).

Mit der Eiszeit endet auch die Altsteinzeit. Der Übergang zur folgenden M i t t e l s t e i n z e i t ist fließend und mehr durch eine veränderte Umwelt, gewandelte Lebensbedingungen definiert als durch kulturelle Neuerungen. Die mesolithischen Kulturgruppen erwuchsen kontinuierlich aus denen der späten Altsteinzeit. Wald breitete sich aus, dessen Tier- und Pflanzenwelt den Menschen bessere Lebensbedingungen boten als die kargen Tundren. Doch erschwerte der Urwald die Verbindungen zwischen den einzelnen Menschengruppen, reduzierte die Verkehrswege im wesentlichen auf die Wasserläufe und führte – so kann man annehmen – zu einer größeren Seßhaftigkeit, die auch durch das reichlichere Nahrungsangebot ermöglicht wurde. Die Jagdtiere umfaßten neben Rotwild, Schwarzwild und anderen noch heute bejagten Arten auch inzwischen ausgestorbene Tiere, wie Auerochs und Wisent. Der Fischfang spielte eine bedeutende Rolle. Daneben gibt es aus Norddeutschland viele Belege für die Sammelwirtschaft, wie die großen Mengen von Haselnußschalen und Ansammlungen von Knöterichsamen aus Duvensee, n. Lauenburg, in Schleswig-Holstein.[17].

Die meisten Zeugnisse der Mittelsteinzeit aus Niedersachsen sind Oberflächenfunde. Viele der Fundplätze liegen auf Dünen in unmittelbarer Nähe von Wasserläufen[18].

Planmäßige Ausgrabungen wurden nur selten durchgeführt. So müssen wir auch für die mesolithischen Behausungen Beispiele aus Nachbarländern anführen: Die ovalen bis schlüssellochförmigen Hüttengrundrisse vom Pinnberg bei Ahrensburg, nno. Hamburg[19], und die mehrfach erneuerten Hüttenböden aus Duvensee, Kr. Herzogtum Lauenburg[20], für das Ältere Mesolithikum, die bienenkorbförmigen Hütten an den Retlager Quellen, wnw. Detmold[21], aus der späten Mittelsteinzeit.

Viele der m e s o l i t h i s c h e n S t e i n g e r ä t e zeichnen sich durch geringe Größe und außerordentlich feine Bearbeitung aus und werden daher Mikrolithen genannt. Von Norden her reicht der sogenannte Kern- und Scheibenbeilkreis nach Niedersachsen hinein, nach den beiden für die Mittelsteinzeit kennzeichnenden Flintbeiltypen benannt[22].

Der größte Teil des Landes wird jedoch vom Nordwestkreis eingenommen, dessen älterer Abschnitt mit relativ großen, breiten Dreiecksmikrolithen als Stufe von Haltern bezeichnet wird. Das jüngere Mesolithikum mit überwiegend viereckigen Flintgeräten ist als Stufe von Boberg definiert. Ein Teil der Mikrolithen ist als Pfeilspitzen verwendet worden. Pfeil und Bogen waren offensichtlich die wichtigste Jagdwaffe. Im späten Mesolithikum wurden bereits geschliffene Felsgesteingeräte, wie Walzenbeile und Geröllkeulen hergestellt. Für die Ellerbek/Ertebölle-Kultur am Ende der Mittelsteinzeit ist neben der Keramikproduktion (spitzbodige Kruken und flache Wannen) auch bäuerliche Lebensweise nachgewiesen worden, so daß diese Kulturgruppe heute folgerichtig als altneolithisch bezeichnet wird[23]. Das einzige Haustier der Mittelsteinzeit und damit das älteste überhaupt ist der Hund als Begleiter und Jagdgehilfe des Menschen. Das darüber hinausgehende Halten von Haustieren und der Anbau von Pflanzen charakterisiert die bäuerliche Lebensform der folgenden Epoche, der Jungsteinzeit.

Heinz Schirnig

[4] P. WOLDSTEDT und K. DUPHORN, Norddeutschland und angrenzende Gebiete im Eiszeitalter, 1974[3]. – [5] H. SCWABEDISSEN, Zur Verbreitung der Faustkeile in Mitteleuropa, in: Fundamenta A/2, 1970, S. 61 ff.; M. ZEDELIUS-SANDERS, Ein neuer Fundplatz paläolithischer Artefakte in Jeinsen, Ldkr. Hannover (Leinetal), in: ArchäolKorrbl 4, 1974, S. 101. – [6] K. H. JACOB-FRIESEN, Die Altsteinzeitfunde aus dem Leinetal bei Hannover, 1949. – [7] W. BARNER, Die jungpaläolithische Besiedlung des Landes zwischen Hildesheimer Wald und Ith, in: NachrrNdSachsUrg 11, 1937, S. 1 ff. – [8] A. RUST, A. STEFFENS, Die Artefakte der Altonaer Stufe von Wittenbergen. Eine mittelpleistozäne Untergruppe der Heidelberger Kulturen (Offa-Bücher 17), 1962. – [9] K. H. JACOB-FRIESEN, Eiszeitliche Elefantenjäger in der Lüneburger Heide, JbRömGermZentralmus 3, 1956, S. 1 ff. – [10] T. TODE, Die Untersuchung der paläolithischen Freilandstation von Salzgitter-Lebenstedt, in: Eiszeitalter und Gegenwart 3, 1953, S. 192 ff.; A. KLEINSCHMIDT, H. PREUL, A. TODE u. a., Die Rentierjägerstation von Salzgitter-Lebenstedt, (= Fundamenta Reihe A), in Vorbereitung. – [11] G. TROMNAU, Die jungpaläolithischen Fundplätze von Deimern und Heber, Kr. Soltau (Materialhefte zur Ur- und Frühg. Niedersachsens 9), 1975. – [12] W. NOWOTHNIG, Ein jungpaläolithischer Wohnplatz am Giebichenstein bei Stöckse, Kr. Nienburg/W., in: Neue Ausgrab. u. Forsch. in Niedersachsen 5, 1970. – [13] H. SCHWABEDISSEN, Die Federmessergruppen des Nordwesteuropäischen Flachlandes. Zur Ausbreitung des Spätmagdalénien, 1954. – [14] W. TAUTE, Die Stielspitzen-Gruppen im nördlichen Mitteleuropa. Fundamenta A/5, 1968; DERS., Volkmarshausen III, ein Lagerplatz der Ahrensburger Kultur im südlichen Weserbergland. Fundamenta A/2, 1970, S. 369 ff. – [15] W. NOWOTHNIG, Die „Steinkirche" bei Scharzfeld, in: Führer zu vor- und frühgeschichtlichen Denkmälern 17, 1970, S. 89 ff.; M. CLAUS, Ur- und frühgischichtliche Denkmäler im Raum Scharzfeld–Barbis (Wegweiser zur Vor- und Frühgeschichte Niedersachsens 9), (in Vorbereitung). – [16] A. RUST, Das altsteinzeitliche Rentierjägerlager Meiendorf, 1937; DERS., Die alt- und mittelsteinzeitlichen Funde von Stellmoor, 1943. – [17] A. SCHWANTES, Die Urgeschichte, in: Geschichte Schleswig-Holsteins, Hg. O. KLOSE, Bd. 1, 1958. – [18] W. NOWOTHNIG, Der mittelsteinzeitliche Siedlungsplatz von Bredenbeck am Deister, Kr. Hannover, in: Neue Ausgrab. u. Forsch. in Niedersachsen 3, 1966, S. 1; K. GROTE, Eine mesolithische Freilandstation im Leinetal bei Einbeck, in: GöttJb 21, 1973, S. 13. – [19] A. RUST, Die Funde vom Pinnberg, 1958. – [20] K. BOKELMANN, Duvensee, ein Wohnplatz des Mesolithikums in Schleswig-Holstein, und die Duvenseegruppe, in: Offa 28, 1971. S. 5 ff. – [21] H. SCHWABEDISSEN, Die mittlere Steinzeit im westlichen Norddeutschland, 1944, S. 34 ff. – [22] H. SCHWABEDISSEN (wie Anm. 21). – [23] H. SCHWABEDISSEN, Sinngehalt und Abgrenzung des Mesolithikums nach den Forschungsergebnissen im nördlichen Teil des europäischen Kontinents. Report of the VIth Intern. Congress von Quaternary, 1961 (1964), S. 383 f ff.; DERS., Der Übergang vom Mesolithikum zum Neolithikum in Schleswig-Holstein, in: Führer zu vor- und frühg. Denkmälern 9, S. 9 ff.

2. Bandkeramik

Mit dem Beginn der Jungsteinzeit vollzog sich eine grundlegende Änderung in der Wirtschaftsweise. Wurden bisher die notwendigen Lebensmittel durch Jagd und Sammeln beschafft, so ging man jetzt dazu über, Nutzpflanzen anzubauen und Haustiere zu halten. Dieser W e c h s e l v o n d e r a n - e i g n e n d e n z u r p r o d u z i e r e n d e n L e b e n s w e i s e bedeutete einen so tiefen Einschnitt, daß man ihn als jungsteinzeitliche Revolution bezeichnet hat. Den Menschen gelang es damit nicht nur, den eigenen Nahrungsbedarf zu sichern, sondern auch Überschüsse zu erzielen, mit all den späteren Auswirkungen auf die Arbeitsteilung und das ganze soziale Gefüge. Dagegen sind die technischen Neuerungen, wie Keramik-Herstellung, Steinschliff und -durchbohrung, die man früher als Kennzeichen des Beginns der jüngeren Steinzeit gewählt hatte, für die Periodisierung von geringerer Bedeutung.

Den Ursprung dieser umwälzenden Neuerungen müssen wir im Vorderen Orient suchen[24]. Nur sehr langsam setzte sich der Vorgang der Neolithisierung bis nach Mitteleuropa fort. Wir können aber den Weg verfolgen, den die Ausbreitung der frühesten bis in unseren Raum reichenden Ackerbaukultur genommen hat. Nach einer kennzeichnenden Verzierung der Tongefäße hat man sie als B a n d k e r a m i k bezeichnet. Sie umfaßt nach den jetzt vorliegenden Daten einen Zeitraum von 4500 bis 3200 vor unserer Zeitrechnung[25].

In Niedersachsen ist man schon sehr früh auf Funde der bandkeramischen Kultur aufmerksam geworden, ohne indessen sogleich ihre kulturelle Stellung und ihr Alter richtig einschätzen zu können[26].

Zunächst waren es zahlreiche Einzelfunde, und zwar besonders Siedlungsfunde aus dem Leinetal bei Göttingen[27], die auch in den frühen überregionalen Arbeiten über die Bandkeramik berücksichtigt wurden[28]. In der Folgezeit wurde der Fundstoff beträchtlich vermehrt und zum großen Teil auch publiziert[29]. An zusammenfassenden Arbeiten ist besonders die von H. A. Potratz zu nennen, in der auch die Neufunde aus Osthannover herangezogen werden. Allerdings ist dieser Begriff etwas willkürlich definiert[30]. Potratz versucht den Nachweis zu führen, daß die Bandkeramik nicht nur auf das Lößgebiet beschränkt war, sondern er kartiert frühneolithische Steingeräte, die sich in breiter Streuung auch nördlich der Lößzone finden. Das Nichtvorhandensein von Siedlungsresten in diesem Gebiet glaubt Potratz als Forschungslücke erklären zu können. Ähnliche Ansichten hatte auch schon Schroller geäußert, allerdings ohne die entsprechenden Belege zu liefern[31]. Anlaß für die Annahme einer Weiterverbreitung auch außerhalb der Lößgrenzen war der vereinzelte Fund eines Tongefäßes im Bereich der Nieder-Weser, der in diesem Zusammenhang als sicheres Siedlungsindiz angesehen wurde. Da in den letzten Jahren trotz stetiger Zunahme der Fundstellen nirgendwo

Anzeichen von bandkeramischen Siedlungsresten innerhalb des glazialen Aufschüttungsgebietes Norddeutschlands festgestellt wurden, ist anzunehmen, daß in Niedersachsen, wie im gesamten Verbreitungsgebiet der Linear-Bandkeramik, sich diese Kultur auf die Ränder der großen, mit Braun- und Schwarzerde überdeckten L ö ß f l ä c h e n beschränkt. Das ist im wesentlichen das Gebiet südlich der Linie Minden–Hannover–Braunschweig-Wolfenbüttel–Helmstedt[32], mit einem lückenlosen Übergang nach Mitteldeutschland und im Westen – mit Unterbrechungen – nach Westfalen. Siedlungsschwerpunkt ist auch nach dem heutigen Stand unserer Kenntnis das s ü d l i c h e L e i n e t a l [33] (siehe Karte 22, nach S. 442).

Wie sind nun die „donauländischen" Steingeräte nördlich der angegebenen Zone zu erklären? Um diese Frage zu beantworten, wird man die Vorstellungen der Forschung von der Ausbreitung der bandkeramischen Kultur überhaupt darzulegen haben. Zwar sind wir über die Herkunft der Bandkeramiker nicht unterrichtet, wir können aber nachweisen, daß die Träger dieser Kultur im Zuge ihrer Ausbreitung immer wieder mit Menschengruppen in Berührung gekommen sind, die noch im Stadium mesolithischer Zivilisation standen. Zwischen beiden Kulturgruppen fand ein gewisser Austausch statt, der sich auch im jeweiligen Geräteinventar niederschlug. Wenn wir also heute feststellen können, daß bandkeramische Dörfer und mesolithische Fundstellen einander ausschließen, so bedeutet das andererseits, daß im Zusammenhang mit mesolithischen Fundstellen sehr häufig bandkeramische Arbeitsgeräte gefunden werden und umgekehrt mittelsteinzeitliche Artefakte bei bandkeramischen Siedlungsplätzen auftreten. Im einzelnen ist dieser Prozeß der gegenseitigen kulturellen Durchdringung nicht mehr faßbar, aber seine Wirkungen zeigen sich ganz besonders deutlich in der weiten Streuung gut gearbeiteter Geräte, die dem bandkeramischen Kulturkreis zuzuordnen sind.

Eine zusammenfassende Darstellung des Neolithikums in Niedersachsen fehlt bisher. Es liegen jedoch aus dem Hauptverbreitungsgebiet der Bandkeramik, dem Leinetal bei Göttingen, neue Ausgrabungsergebnisse vor[34]. Für den früheren Landkreis Göttingen hat darüber hinaus R. Maier das Material vorgelegt[35]. Als geschlossenes Siedlungsgebiet der Linear-Bandkeramik konnte schon Buttler im Anschluß an Crome das Göttinger Gebiet bezeichnen. Der engere geographische Rahmen reicht aus der Gegend südlich von Göttingen bis etwa Alfeld, im Westen nur wenig über den Rand des Leinetals mit seinen begleitenden Lößflächen hinaus. Nach Osten reicht er bis in das Duderstädter Gebiet und von dort nach Mitteldeutschland, wobei als besonders erwähnenswerte Fundstelle das Gräberfeld und die Siedlung von Sondershausen die Mittlerrolle übernehmen[36].

Ein geschlossenes Siedlungsgebiet ist der G ö t t i n g e r R a u m allerdings nur während der Linear-Bandkeramik. Die jüngere Stichbandkeramik ist nur relativ spärlich vertreten, häufig vergesellschaftet mit Funden der Rössener Kultur[37]. Ingesamt haben sich im Landkreis Göttingen 18 Fundstellen der Linear-Bandkeramik nachweisen lassen, die auf engem Raum konzentriert liegen. Diese Fundsituation muß nicht dem ehemaligen Siedlungsbild entsprechen, sondern ist primär ein Ergebnis denkmalpflegerischer Tätigkeit[38].

Die systematisch untersuchte linear-bandkeramische Siedlung R o s d o r f lag auf einem Lößrücken von 800×400 m, der sich 2 bis 3 m über seine Umgebung heraushob. Insgesamt wurden hier 20 500 qm untersucht. Die dabei gewonnenen Forschungsergebnisse verdienen besondere Beachtung deshalb, weil hier erstmals in größerem Umfang auch naturwissenschaftliche Methoden berücksichtigt wurden (siehe Abb. 6, nach S. 208).

Die archäologischen Ergebnisse sollen zunächst beschrieben werden: Im Gegensatz zu einer früher weit verbreiteten Auffassung vom „Wanderbauerntum" der Bandkeramiker[39] ließ sich in Rosdorf k e i n Anzeichen von S t a n d o r t w e c h s e l nachweisen[40]. Über einen Zeitraum von etwa 500 Jahren hat die bandkeramische Bevölkerung am gleichen Platz gesiedelt. Dabei bestanden nie mehr als vier Häuser gleichzeitig, und diese wurden nach jeweils etwa fünfzig Jahren immer wieder erneuert. Während der Grabungen wurden zahlreiche Pfostenspuren beobachtet und dokumentiert, so daß eine Rekonstruktion der Hausgrundrisse möglich ist, nicht aber die der Aufbauten. Auch die Herdstellen wurden nicht mehr nachgewiesen, da die Bodenoberfläche infolge ackerbaulicher Nutzung und im Zusammenhang damit steter Bodenerosion starken Veränderungen unterlag. Ähnliche Befunde lieferten bisher fast alle Ausgrabungen bandkeramischer Dörfer.

Die Ausrichtung der G e b ä u d e erfolgte durchweg von Nordwesten nach Südosten. Ihre Breite schwankt zwischen 6 und 7 m, entsprechend den Maximallängen tragender Holzbalkenkonstruktionen. Bei der Längsausdehnung lassen sich zwei Gruppen unterscheiden, und zwar eine, bei der die Hauslänge zwischen 6 und 12 m liegt, und eine zweite mit Längen von 17 bis 37 m. Die Zweckbestimmung der Häuser zu erkennen, ist bis heute noch nicht gelungen. Wahrscheinlich ist das Vieh nicht mit im Hause gehalten worden, da entsprechende Untersuchungen keine auffällige Erhöhung des Phosphatgehaltes im Boden erkennen ließen[41]. Die Grundrisse bestanden aus mehreren Reihen von Pfosten-Verfärbungen in unterschiedlichem Abstand. Im Nordwest-Teil sind die Wände besonders tief in den Boden eingegraben. Erstaunlich ist, daß auch im Hausinnern – im Gegensatz zu späteren Bauweisen – immer drei Pfosten hintereinander in dichten Abständen vorhanden waren. Dazwischen standen dünnere Stämme, miteinander durch ein Flechtwerk verbunden, das man mit Lehm verputzt hatte. Wie bei vielen Ausgrabungen vorgeschichtlicher Siedlungen wurden auch hier Reste des Wandbewurfs geborgen, auf dem sich noch die Abdrücke der Bauhölzer erkennen lassen.

Wesentlichstes Baumaterial der bandkeramischen Häuser sind Eichenstämme, die man, besonders in den jüngeren Bauten, häufig gespalten hat. Auf eine Besonderheit im Grundriß sei hingewiesen, weil sie typisch für die ältere Linear-Bandkeramik ist: Die Anordnung von Pfosten im Hausinnern zu einem Y. Diese Erscheinung ist auch bei Grabungen in den südlichen Niederlanden immer wieder beobachtet worden [42]. Parallel zu den Häusern wurden fast immer größere Gruben beobachtet, die in der älteren Forschung als die eigentlichen Wohnungen der bandkeramischen Bauern angesprochen wurden, und man prägte dafür den etwas kuriosen Begriff „Kurvenkomplexbauten" [43]. Inzwischen wissen wir, daß diese Gruben beim Bau der Häuser zur Materialentnahme entstanden sind und danach als bequeme Abfallöcher benutzt wurden. Für den Prähistoriker sind diese Stellen von besonderem Wert, weil sich die Hauptmasse der materiellen Hinterlassenschaften eben darin befindet. So konnten hier nicht nur zahlreiche Geräte aus Ton oder Stein geborgen werden, sondern sie dienten gleichzeitig als Quellenbasis für die naturwissenschaftlichen, d. h. die botanischen, zoologischen und bodenkundlichen Untersuchungen [44].

Die Auswertung umfangreichen gut erhaltenen Tierknochenmaterials und die Ausschlemmung von Bodenproben mit dem Ziel, erhaltene Pflanzenreste zu gewinnen, führten zu sehr differenzierten Vorstellungen über die Lebensweise der bandkeramischen Menschen [45]. Die Erhaltungsbedingungen im Löß sind dafür besonders günstig. Den stärksten Anteil am erhaltenen Knochenmaterial hatte mit 92 % das Rind; Schaf bzw. Ziege waren mit 5 % vertreten, und der Rest der Knochen stammte von Schweinen. Offenbar war die Jagd in dieser Zeit bedeutungslos. Bemerkenswert ist bei dieser Verteilung, daß Schaf und Ziege in Niedersachsen nicht autochthon sind, sondern aus dem Südosten Europas eingeführt worden sein müssen. Für Rind und Schwein hat man die Vorstellung eines „sekundären Domestikationszentrums in Mitteleuropa" entwickelt. Danach müssen die bandkeramischen Bauern die Domestikationsidee übernommen haben [46].

Unter den erhaltenen Getreideresten sind Weizen und Gerste zu etwa gleichen Teilen nachgewiesen worden, wobei beim Weizen der Emmer gegenüber dem Einkorn überwog. Unkrautsamen kommen in geringen Mengen vor.

Zur Würdigung des technologischen Niveaus ist von Interesse, daß an anderen bandkeramischen Siedlungsplätzen Spinnwirtel und Textilfäden nachgewiesen wurden [47] sowie auch Webegewichte. Das bedeutet, daß bereits im älteren Neolithikum die differenzierten Techniken der Textilherstellung bekannt waren.

Die Vorstellungen über die klimatischen Voraussetzungen in vorgeschichtlicher Zeit haben im Verlauf der Forschungsgeschichte entscheidende Veränderungen erfahren. R. Gradmann [48] hatte die Vorstellung entwickelt, daß im Neolithikum ein trocken-warmes Klima herrschte, in dem sich keine Walddecke entwickeln konnte. Dagegen hat Firbas[49] wahrscheinlich gemacht, daß die neolithische Ausbreitung in einem feucht-warmen Klima, dem Atlantikum, erfolgte. In dieser Zeit überwog der Eichenmischwald, der keine größeren offenen Landschaften zuließ. Das bedeutet, daß die bandkeramischen Siedler ihre Ackerflächen roden mußten. Ob bei diesem Vorgang Brandrodung oder mechanische Rodung bevorzugt wurde, muß leider offenbleiben. Unbekannt ist auch, mit welchen technischen Mitteln man den Ackerbau bewältigte. Der Pflug war in dieser Zeit noch unbekannt, und die Annahme von Hackbau ist nur eine theoretische Möglichkeit.

Wie die Bezeichnung Bandkeramik besagt, ist für diese Kulturgruppe die Art der Verzierung auf bestimmten Gefäßen namengebend geworden. Diese Gefäße sind recht unterschiedlich in ihrer Größe, alle jedoch rundbogig, häufig mit Knubben, Ösen oder Henkeln versehen und alle ohne Verwendung der – sehr viel jüngeren – Töpferscheibe hergestellt. Im allgemeinen sind die Töpfe sorgfältig verziert worden, und zwar vor dem Brand, wobei die Brenntemperaturen 500° nicht überstiegen. Die Verzierungen bestehen aus Spiralen, durch Punkte aufgelockert. Gelegentlich sind die Bänder in Form von Mäandern angeordnet, und mit diesen beiden Dekors erschöpft sich bereits das Repertoire der Bandkeramik.

Unter den Steingeräten gibt es einige sehr typische Formen, deren Verwendungszweck durch Versuche inzwischen erkannt werden konnte. Besonders bekannt geworden ist das Gerät mit dem etwas unglücklichen Namen Schuhleistenkeil. Es ist ein Werkzeug, bei dem die eine Seite gewölbt und die andere Seite sehr flach ist, bestehend aus geschliffenem Felsgestein. Sicher hat es zur Holzbearbeitung gedient, nur kennen wir die Art der Schäftung nicht. Kennzeichnend sind ferner sehr große Keile, die man durchbohrte und mit einem Stiel versah. Die Durchbohrung war ein technischer Vorgang, der besondere Fertigkeiten erforderte. Moderne Versuche haben gezeigt, daß eine Bohrung etwa 20 Arbeitsstunden in Anspruch nahm[50]. Weniger aufwendig war ein weiteres typisches Gerät der bandkeramischen Kultur herzustellen, die Flachhacke, die ebenfalls als Holzbearbeitungswerkzeug angesprochen wird. Darüber hinaus gibt es Gegenstände, die über einen längeren Zeitraum hinweg Verwendung gefunden haben, etwa Geröllkeulen, Spitzhauen und Äxte. Unter den Feuersteingeräten finden sich solche, die ebensogut in paläolithischem und mesolithischem Fundzusammenhang auftreten könnten. Charakteristisch sind geschäftete Erntemesser, zusammengesetzt aus Feuersteinsplittern, bei denen sich häufig anhand einer besonderen Patina die Verwendung als Schneidegerät für Gräser oder Getreide nachweisen ließ. Bemerkenswert selten ist das Vorkommen von Pfeilspitzen, was die geringe Bedeutung der Jagd beweist. Feuerstein kommt im südniedersächsischen Gebiet nicht vor, sondern mußte importiert werden, wobei das nächstgelegene Vorkommen in der Gegend von Alfeld zu suchen ist. Entsprechend sorgfältig ist die Ausnutzung der Feuersteinknollen, die recht gut an den meistens sehr kleinen Kernsteinen (Nuklei) abzulesen ist. Als Ersatz für den Flint hat man Quarzit-Stücke zu Geräten verarbeitet.

Das Bestattungswesen der bandkeramischen Kultur ist in Niedersachsen nur unzureichend erforscht, da entsprechende Fundplätze selten sind[51]. Als typisch gilt die Hockerbestattung, daneben kommen aber auch Beisetzungen in gestreckter Lage vor; die Orientierung der Bestattungen ist ganz unterschiedlich.

Hans-Günter Peters

[24] H. Jankuhn, Deutsche Agrargeschichte I. Vor- und Frühgeschichte, 1969. – Spätestens im 7. vorchr. Jahrtausend entstanden im Vorderen Orient große Siedlungs- und Kultanlagen, die zum Teil befestigt waren. Ausgrabungen der letzten Jahrzehnte haben uns ein eindrucksvolles Bild dieser Stätten vermittelt. Die bekannteste dürfte das Jericho des Alten Testamentes sein. Weitere Grabungen im Vorderen Orient bieten das Bild einer einfachen bäuerlichen Wirtschaft, die den Anbau von Weizen und Gerste und die Hund und Ziege als Haustiere kannte. – [25] H. Quitta, Zur Frage der ältesten Bandkeramik in Mitteleuropa, in: PraehistZ 38, 1960, S. 153; Ders., Radiocarbondaten und die Chronologie des mittel- und südosteuropäischen Neolithikums, in: AusgrabFunde 12, 1967, S. 115. – [26] K. H. Jacob-Friesen, Niedersachsens Urg I. T. (wie Anm. 1); Ders., Die Grenze der Formenkreise von Megalith- und Bandkeramik bei Hannover, in: NachrrNdSachsUrg 2, 1925; vgl. auch G. Schnath (Hg.), Geschichtlicher Handatlas Niedersachsens, 1939, K. 7. Auf dieser Karte werden die unterschiedlichen Siedlungsgebiete von Bandkeramik und Trichterbecherkultur dargestellt, ohne auf die beträchtliche zeitliche Diskrepanz beider Kulturen hinzuweisen. – [27] B. Crome, Steinzeitliche Provinz von Göttingen, in: NachrblNdSachsVorg, NF 1, 1924. – [28] W. Buttler, Die Bandkeramik in ihrem nordwestdeutschen Verbreitungsgebiet, in: 19. BerRömGermKomm 1929, 1931, S. 147; Ders., Der donauländische und der westische Kulturkreis der jüngeren Steinzeit (Handbuch der Urgeschichte 2), 1938. Buttler nennt aus Niedersachsen zunächst nur die Fundorte Rosdorf, Springmühle, Diemarden. – [29] B. Crome, Über die Bandkeramik, in: PraehistZ 22, 1931, S. 248. H. Krüger, Bandkeramische Siedlungen in der Feldmark Grone bei Göttingen, in: Die Kunde 2, 1934, S. 23. – [30] H. A. Potratz, Die Nordgrenze der Bandkeramik in Osthannover, in: NachrrNdSachsUrg 5, 1941, S. 24. – [31] H. Schroller, Die nordische Kultur und ihre Beziehungen zur Bandkeramik, in: NachrrNdSachsUrg 6, 1932, S. 53. – [32] A. Tode, Die Landnahme der urgeschichtlichen Bauernkultur im Raume Braunschweig, in: BraunschwHeimat 1950, S. 55; F. Niquet, Die vor- und frühgeschichtliche Bodenforschung im Niedersächsischen Verwaltungsbezirk Braunschweig, in: BraunschwJb 39, 1958, S. 5; Ders., Die Probegrabungen auf der frühbandkeramischen Siedlung bei Eitzum, Kr. Wolfenbüttel, in: Neue Ausgrab. u. Forsch. in Niedersachsen 1, 1963, S. 44. – [33] R. Maier, Die ur- und frühgeschichtlichen Funde und Denkmäler des Kreises Göttingen (Materialhefte zur Ur- und Frühg. Niedersachsens 5), 1971; C. Ankel, und K. Tackenberg, Eine linearbandkeramische Siedlung bei Duderstadt (Südhannover), 1961. Zum Zusammenhang zwischen Siedlungsgebieten mit ökologischen und klimatologischen Gegebenheiten vgl. B. Sielmann, Der Einfluß der Umwelt auf die neolithische Besiedlung Südwestdeutschlands unter besonderer Berücksichtigung der Verhältnisse am nördlichen Oberrhein, in: Acta Archaeologica et Praehistorica 2, 1971, S. 65; Ders., Zur Interpretationsmöglichkeit ökologischer Befunde im Neolithikum Mitteleuropas, in: Germania 49, 1971, S. 231. – [34] Zu Ros-

dorf zuletzt: W. SCHWARZ, Urgeschichtliche Siedlungsreste in Rosdorf, Kr. Göttingen, in: Neue Ausgrab. u. Forsch. in Niedersachsen 7, 1972, S. 11. – [35] R. MAIER (wie Anm. 33). – [36] H. D. KAHLKE, Die Bestattungssitten des donauländischen Kulturkreises der jüngeren Steinzeit I, 1954. Die Verwandtschaft zum thüringischen Material wird von R. Maier besonders betont. – [37] R. MAIER (wie Anm. 33), S. 41. – [38] Besondere Aktivität entfaltete die Denkmalpflege im Zusammenhang mit dem Bau der Autobahn Hannover–Kassel und dann bedingt durch die intensive Bautätigkeit im Gebiet um Göttingen, die auch Anlaß für die Ausgrabung der großen bandkeramischen Siedlung von Rosdorf war. Von 1961–1970 wurde sie vom Seminar für Ur- und Frühgeschichte der Universität Göttingen durchgeführt. – [39] P. J. R. MODDERMAN, Bandkeramiker und Wanderbauerntum, in: ArchäolKorrbl 1, 1971, A. 7. – [40] Zusammenfassend: J. DRIEHAUS, H. STEUER, M. LAST, R. BUSCH, Die Ur- und Frühgeschichte des Göttinger Raumes (Führer zum Städtischen Museum Göttingen), 1972; Führer zu vor- und frühgeschichtlichen Denkmälern Bd. 16 – Göttingen und das Göttinger Becken, 1970. – [41] Die geochemischen Voruntersuchungen zu diesem Problem können noch nicht als abgeschlossen gelten. – [42] P. J. R. MODDERMAN, Die Geschichte der Erforschung der Bandkeramik in den Niederlanden, in: Palaeohistoria 6/7, 1958/9. – [43] K. H. JACOB-FRIESEN, Niedersachsens Urgeschichte I (wie Anm. 1), S. 163. – [44] In Rosdorf ergab sich eine besonders gute Zusammenarbeit zwischen Prähistorikern und Naturwissenschaftlern, wie sie als Modell für die weitere Forschung dienen könnte. – [45] U. WILLERDING, Pflanzenreste aus der bandkeramischen Siedlung Rosdorf, in: Neue Ausgrab. u. Forsch. in Niedersachsen 2, 1965, S. 44; F. SCHEFFER und B. MEYER, Ergebnisse pedologischer Untersuchungen an der Grabungsfläche, ebd. S. 72; E. MAY, Die Tierknochen (der Siedlung Rosdorf), in: Neue Ausgrab. u. Forsch. in Niedersachsen 2, 1965, S. 61. – [46] H. JANKUHN, Deutsche Agrargeschichte I. Vor- und Frühgeschichte, 1969, S. 27. – [47] R. MAIER, Zum Neolithikum im Kreise Göttingen, in: NachrrNdSachsUrg 39, 1970, S. 40, Anm. 67. – [48] R. GRADMANN, Süddeutschland, 2 Bde., 1956; dazu H. JÄGER, Zur Geschichte der deutschen Kulturlandschaften, in: GeogrZ 51, 1963, S. 94. – [49] F. FIRBAS, Spät- und nacheiszeitliche Waldgeschichte Mitteleuropas, 2 Bde., 1949 u. 1952. – [50] B. BRENTJES, Zur Frage des Verwendungszweckes der neolithischen Steinkeile, in: Beitr. z. Frühg. der Landwirtsch. II, hg. W. ROTHMALER und W. PADBURG, 1955. – [51] H. SCHROLLER u. C. REDLICH, Ein steinzeitliches Hockergrab von der Werlaburg, in: Die Kunde 3, 1935, S. 57.

3. TRICHTERBECHERKULTUR

Im Gebiet nördlich der Mittelgebirgszone herrscht bis weit in das 3. vorchristliche Jahrtausend hinein ein mesolithisches Milieu, abgesehen von der Übernahme einzelner kultureller Erscheinungen aus den südlich angrenzenden, neolithisierten Gebieten. Diese vereinzelten Spuren der kulturellen Durchdringung lassen sich sowohl im Geräteinventar als auch aufgrund botanischer Großreste im archäologischen Fundgut nachweisen. Besonders bemerkenswert sind Getreidereste, die aus dem freilich noch geringen Material herausgearbeitet werden konnten. Eine Schlüsselstellung zur Erhaltung dieses Vorgangs der Akkulturation nimmt die vor einigen Jahren ausgegrabene Moorsiedlung von Hüde am Dümmer ein[52].

Es mag schon jetzt bemerkt werden, daß bislang noch nicht zufriedenstellend die Frage beantwortet werden kann, woher die Bevölkerung kam, die zum Träger der Anbaukultur in jenen Gebieten geworden ist, die zuvor von den Bewohnern der Lößzone gemieden worden waren. Nahm man noch vor wenigen Jahrzehnten eine Einwanderung aus Nordeuropa an, so ist diese nicht ganz ideologiefreie Deutung inzwischen von differenzierteren Erkenntnissen abgelöst worden. Dieses Problem wird auch in der Terminologie deutlich. Für den Laien ist das Nebeneinander dreier Begriffe schwer verständlich: Megalith- oder Großsteingrabkultur, Trichterbecherkultur, Tiefstichkeramik. Diese Begriffe decken sich keineswegs stets zeitlich oder geographisch, aber in einigen Gebieten nördlich der Mittelgebirgszone treffen alle drei Komponenten in einem Zeithorizont zusammen.

Die Megalith-Bauten sind zweifellos die eindrucksvollsten Denkmäler aus vorgeschichtlicher Zeit in Norddeutschland[53]. Im Verlauf des dritten vorchristlichen Jahrtausends entstehen hier die ersten Steingräber, zunächst und selten als Dolmen, häufiger als Ganggräber unterschiedlicher Konstruktion. Trotz umfangreicher Zerstörungen in früheren Zeiten sind die Schwerpunkte der Verbreitung in Niedersachsen erkennbar[54]. Sie liegen im Emsland, besonders in den heutigen Landkreisen Aschendorf-Hümmling und Meppen und weniger zahlreich im südlich anschließenden Gebiet, in größerer Zahl finden sie sich im Großkreis Osnabrück. Eine bemerkenswerte Gruppe liegt auf der Wildeshauser Geest, weitere auf der Stader Geest, in den verschiedenen Teilen der Lüneburger Heide. Das östlichste Denkmal in Niedersachsen liegt im Kreis Helmstedt (vgl. Karte 23, nach S. 458).

Bereits im vorigen Jahrhundert hat man die systematische Aufnahme der Steingräber eingeleitet, veranlaßt zunächst vom Historischen Verein für Niedersachsen und dann weitergeführt von den Konservatoren am Provinzialmuseum Hannover sowie an anderen musealen Einrichtungen des Landes[55]. Die wissenschaftliche Bearbeitung wurde in den dreißiger Jahren unseres Jahrhunderts durch E. Sprockhoff im Rahmen seiner Untersuchungen zur nordwestdeutschen Megalithkultur eingeleitet. Inzwischen liegen aus den verschiedenen Landesteilen zahlreiche archäologische Untersuchungen an Steingräbern vor, so daß wir über die Bauformen der einzelnen Typen gut unterrichtet sind[56]. In seinem ursprünglichen Zustand ist keines der Gräber mehr erhalten, da man lange Zeit hindurch die Steine als begehrtes Baumaterial so zahlreich wie möglich entfernt hat. Durch Analogien etwa aus Dänemark kennen wir aber auch das Aussehen der Gesamtanlage und wissen z. B., daß die Gräber bis an den Rand der Decksteine mit Erde bedeckt waren. Bauvorgang und Bauform lassen sich folgendermaßen darstellen: In der Regel wurde für die Anlage ein etwas erhöhter Standort gewählt, eine Beobachtung, die auch für andere vorgeschichtliche Gräber zutrifft. Das für den Grabbau benötigte Steinmaterial suchte man sich aus der näheren Umgebung zu beschaffen, möglichst aus den Geschieben der Eiszeit. In selteneren Fällen haben die Menschen der Steinzeit nicht die Mühe gescheut, Material aus dem anstehenden Felsen zu brechen. Bekanntestes Beispiel dafür sind die Karlsteine bei Osnabrück oder die Lübbensteine bei Helmstedt. Zugerichtet wurden auch die großen Geschiebeblöcke, d. h. sie wurden gespalten und die glatte Fläche dann zum Grabinnern hin ausgerichtet. Der Hohlraum zwischen zwei in vorbereiteten Gruben aufgerichteten Trägersteinen wurde mit kleinerem Steinmaterial in Trockenbauweise vermauert. Auf diese Weise erlangte man die für eine Fundamentierung erforderliche Stabilität. So entstanden zwei Reihen von Trägersteinen in gleichmäßigem Abstand voneinander, die danach mit größeren Steinen abgedeckt wurden. Dieser Vorgang dürfte bei der Anwendung einfacher mechanischer Handhaben und Gesetze, z. B. Rollen und Hebebäume, zu bewältigen gewesen sein, wenn nicht allzu große Strecken zurückzulegen waren. Noch vorhandene Zwischenräume zwischen Träger- und Decksteinen wurden ebenfalls ausgefüllt und dann der Bau von außen mit Erde bedeckt. Bei einer großen Zahl von Gräbern umgab man den eigentlichen Grabkomplex mit Steinreihen in ovaler, länglicher oder rechteckiger Anordnung. Neben technischen Überlegungen — die Steine konnten ein seitliches Abrutschen der Erdmassen verhindern — werden dafür sicher auch Gründe maßgeblich gewesen sein, die im kultischen Bereich zu suchen sind. Größe und Bauform der einzelnen Gräber und Umhegungen unterscheiden sich ganz erheblich.

In Niedersachsen überwiegen die Megalithbauten vom Typ der Ganggräber. Das sind Grabanlagen mit einem seitlichen Zugang zur Grabkammer, der ebenfalls durch Steine flankiert und nach oben abgedeckt gewesen ist. Innerhalb der Gruppe der Ganggräber gibt es unterschiedliche Bauformen, von denen besonders die Langbetten oder „Hünenbetten" hervorgehoben werden sollen, da sie eine eindrucksvolle Besonderheit darstellen. Innerhalb der langgestreckten Steinumhegungen befinden sich häufig mehrere Grabkammern, d. h. mehrere Dolmen oder Ganggräber, und es kommt auch vor, daß die Langbetten offenbar noch Raum für die Anlage weiterer Ganggräber ließen, der dann später nicht mehr ausgefüllt wurde. Die bemerkenswertesten Anlagen dieser Art befinden sich südlich Stade und bei Wildeshausen (Karte 2).

Obwohl wir inzwischen über die grundsätzlichen Gegebenheiten dieser Gräber informiert sind, fehlen uns genauere Kenntnisse über die chronologischen Bezüge der einzelnen Grabtypen. Zur Klärung derartiger Fragen wäre eine systematische Forschung in allen Landesteilen erforderlich, die auch die gleichzeitigen Siedlungen einbeziehen müßte. Differenzierte Aussagen zu chronologischen und typologischen Problemen in dem Verhältnis der einzelnen Gruppen innerhalb der nordwestdeutschen Trichterbecherkultur sind derzeit noch nicht möglich (siehe Abb. 7, nach S. 216).

Die häufigsten Fundarten aus Steingräbern sind Keramik, Beile und Äxte aus Felsgestein oder Feuerstein, querschneidige Pfeilspitzen aus Flint, Kupfer und gelegentlich Bernstein. Als Beispiele für die Inventare von Steingräbern seien die von Emmeln (n. Meppen) und Gr. Berßen (no. Meppen) genannt[57].

Die K e r a m i k aus dem Steingrab von Emmeln, 1500 rekonstruierbare Gefäße, ließ sich in „Service" aufteilen. In ihrer Machart glichen bestimmte Gefäßgruppen einander so stark, daß man den einzelnen Handwerker daraus lesen kann. Zugleich ist damit ausgesagt, daß ein großer Teil der Keramik etwa gleichzeitig hergestellt worden ist. Die hohe Qualität der Tonbehandlung, besonders in der Anbringung der Tiefstichornamente, läßt die Existenz eines Töpfers oder einer Töpferwerkstatt vermuten. Diese Tatsache ist für die Sozialgeschichte jener Zeit von besonderer Bedeutung, da hier erstmals und in Ansätzen ein arbeitsteiliges Gewerbe hervortritt, eine differenzierte Gesellschaft also, deren einer Teil landwirtschaftliche Überschüsse produzieren mußte, um einen anderen Teil mit versorgen zu können.

Die D e u t u n g d e r S t e i n g r ä b e r und des in ihnen sichtbar werdenden gesellschaftlichen Gefüges ist noch kontrovers. Es überwiegt die Auffassung, daß die Gräber Bestattungsplätze von Siedlungs- oder auch Sippenverbänden darstellen. Gegen diese vorherrschende Meinung ist in jüngster Zeit Einspruch erhoben worden mit der These, jedes Grab sei ursprünglich für nur einen herausragenden Menschen errichtet worden, und zwar bereits zu dessen Lebzeiten und in seinem Auftrag[58]. Hinter dieser Auffassung stehen Vergleiche mit belegbaren Gesellschaftsordnungen etwa aus Ur in Chaldäa und ferner die Annahme, daß der Megalithgedanke mit einer Bevölkerungsgruppe in unseren Raum gekommen ist, die stark genug war, hier ein elitäres Bewußtsein gegenüber der einheimischen Bevölkerung zu entwickeln, die ja noch auf dem Kulturniveau des Mesolithikums stand. Als Beleg für diese Theorie wird darauf hingewiesen, daß man in den untersuchten Steingräbern in der Regel nur völlig unbenutzte Flintbeile fand, die als Herrschaftszeichen gedeutet werden. Dagegen spricht u. a. die vermutlich in den meisten Gräbern sehr große Zahl der Toten, die mit der zu erwartenden Bevölkerungsdichte in den einzelnen Siedlungsgebieten in einem starken Mißverhältnis steht, wenn man eine rituelle Tötung einer großen Zahl von Abhängigen anläßlich der Bestattung eines Herrschers voraussetzen will. Andererseits ist nicht zu übersehen, daß es auch noch zur Zeit der Steingräber die Sitte der Bestattung in Erdgräbern gegeben hat[59]. Diese machen, der Natur dieser Bestattungsart entsprechend, nur einen geringen Teil der uns bekannten neolithischen Gräber aus, aber durch die Intensivierung der Forschung in den letzten Jahren hat sich ihre Zahl beträchtlich vermehrt. Eine endgültige Klärung der angedeuteten Problematik wird sich wahrscheinlich erst durch eine verfeinerte relative Chronologie der einzelnen Gräber ermöglichen lassen und darüber hinaus durch technologische Untersuchungen, z. B. an den Steinbeilen.

3. Trichterbecherkultur

Wie bereits erwähnt, setzt die Anbaukultur im Gebiet nördlich der Lößzone verhältnismäßig spät ein. Der Gang der Besiedlung ist nicht ganz geklärt, da es nur wenige gut untersuchte Siedlungen der Trichterbecherkultur gibt. Vollständig ausgegrabene Wohnplätze dieses Zeithorizonts kennen wir in Niedersachsen gar nicht, gute Aufschlüsse gibt es indessen von zwei Fundstellen am Dümmer (s. Diepholz)[60]. Hier fanden in den sechziger Jahren umfangreiche archäologische Untersuchungen statt, unterstützt durch naturwissenschaftliche Forschungen, die den Ansatzpunkt der Genese zur Seßhaftwerdung des Menschen im norddeutschen Raum erkennen ließen. Danach lebten seit dem Ende des 5. Jahrtausends v. Chr. am Dümmer Menschen, die sich von Jagd, Fischfang und dem Sammeln von Wildfrüchten ernährten. Diese Population wurde unter Bedingungen, die wir im einzelnen nicht kennen, mit kulturellen Errungenschaften einer im mitteldeutschen Raum verbreiteten Kultur konfrontiert, die wir nach dem ersten Fundort als Rössener Kultur bezeichnen[61]. Die Radiokarbon-Daten setzen den Beginn der Siedlung etwa in die Zeit von 3700 vor unserer Zeitrechnung. Paläozoologische Forschungen konnten nachweisen, daß in diese Zeit der Beginn der Domestikation von Schwein und Schaf bzw. Ziege fällt. Überwiegend ernährten sich die Menschen der damaligen Zeit jedoch von der Jagd.

Die besonders günstigen Erhaltungsbedingungen im Moor haben es ermöglicht, an dieser Stelle das ganze Spektrum einer Siedlung der frühen Jungsteinzeit zu erfassen. Es wird im einzelnen deutlich, wie es den Menschen der damaligen Zeit gelang, sich von den Zufälligkeiten der natürlichen Ernährungsbasis durch Anbau von Nutzpflanzen und durch Haustierhaltung unabhängiger zu machen. Im Zusammenhang damit steht eine Verfeinerung zahlreicher Techniken oder der Neuentwicklung von Arbeitsmethoden, etwa im Hausbau und in der Keramikherstellung.

Die Rössener Siedlung vom Dümmer bestand auch noch in der Zeit der Trichterbecherkultur[62]. Umfangreiche Gerätschaften aus organischem Material, also Bein und Holz, große Mengen Keramik, Speisereste (Knochen und Getreide), Fragmente von Gebäuden und eine Vielzahl von Steingeräten verschaffen uns einen Einblick in die Weiterentwicklung der Siedlung am Dümmer.

Bereits vor etwa vierzig Jahren war an einer anderen Stelle der Uferzone eine Siedlung der Trichterbecherkultur angeschnitten worden, bei der man infolge glücklicher Umstände auch Hausgrundrisse erkennen konnte. Die Gebäude hatten danach eine durchschnittliche Größe von 7×4 m. Eine gleichzeitige Siedlung wurde vor einigen Jahren im Landkreis Uelzen entdeckt und dabei ein Haus von 16×6 m Länge ausgegraben, bei dem die Schmalseiten einen halbrunden Abschluß bildeten. Diese Siedlung lag auf einer diluvialen Sand- und Kiesablagerung, inselartig von besseren Geschiebelehmen und Flottsandböden umgeben. Bezeichnend ist auch hier die

Wassernähe des Siedlungsbereichs. Dank günstiger Bodenbeschaffenheit wurde die Grundkonstruktion des genannten Hauses sichtbar: es war westöstlich ausgerichtet, die tragenden Elemente als 60 cm tief in den Boden eingegrabene Pfosten im Abstand von etwas mehr als 1 m erkennbar. Zu den beiden tragenden Pfostenreihen kommen zwei Reihen Innenpfosten. Das Gebäude war in drei Räume gegliedert, wobei der Mittelraum eine Herdstelle enthielt. Aus den genannten Beispielen wird die unterschiedliche Siedlungsweise der Menschen zur Zeit des Jungneolithikums deutlich[63]. In dieser Zeit vollzieht sich eine Loslösung der Besiedlung von den Fluß- und Seeufern und allmählich werden auch die landeinwärts gelegenen Siedlungsplätze aufgesiedelt. Dieser Vorgang der Binnenkolonisation muß mit einem umfangreichen Rodungsprozeß in Verbindung gebracht werden, wobei die technischen Abläufe nicht bekannt sind.

In den Siedlungen der Trichterbecherkultur konnten verschiedene Getreidesorten nachgewiesen werden, nämlich Emmer, Einkorn, Zwergweizen, Gerste[64]. Dabei überwiegt der Weizen mit etwa 95 %. Im Mittel- und Jungneolithikum wurde überdies Lein angebaut, der sowohl für die Gewinnung von Gespinstmaterial als auch für die Ölherstellung von Bedeutung war. An weiteren Früchten sind zu nennen der Apfel und der Knöterich. In der Viehhaltung ändert sich das Bild gegenüber dem Frühneolithikum insofern, als es den Menschen offenbar in zunehmendem Maße gelang, Futter für Rinder und Schweine in ausreichender Menge zu beschaffen, so daß demgegenüber die Haltung von Schaf und Ziege zurückgehen kann. Trotzdem sind Wildtierknochen im erhaltenen Fundmaterial immer noch stark vorherrschend.

Zur Technik des Ackerbaues gibt es deutliche Hinweise auf die Verwendung des Hakenpflugs im ausgehenden Neolithikum, nachgewiesen durch Pflugspuren unter neolithischen Hügeln. Die Ernte erfolgte mit Hilfe von Erntemessern aus Flint, die Weiterverarbeitung des Getreides zu Mehl bewältigte man mit Hilfe von sogenannten Quetschmühlen – das sind große muldenförmige Steine – unter Zuhilfenahme von Läufersteinen. Daß man in dieser Zeit eine Art Fladenbrot hergestellt hat, ist sehr wahrscheinlich.

Bislang ist die Frage für die Siedlungsgeschichte Niedersachsens und vergleichbarer Nachbargebiete ungeklärt, welche Bevölkerungsgruppen im Jungneolithikum im Siedlungsgebiet der Bandkeramiker gelebt haben, da das zur Verfügung stehende archäologische Material für siedlungsgeschichtliche Aussagen nicht ausreicht.

Hans-Günter Peters

---

[52] Die Gesamtbearbeitung steht aus. Vorberichte und Einzeldarstellungen: J. DEICHMÜLLER, Die neolithische Moorsiedlung Hüde I am Dümmer, Kr. Grafschaft Diepholz, in: Neue Ausgrab. u. Forsch. in Niedersachsen 1, 1963, S. 75; 2, 1965, S. 1; 4, 1969, S. 28; DERS. u. U. STAESCHE, Der Mensch und die Tierwelt am Dümmer in vorge-

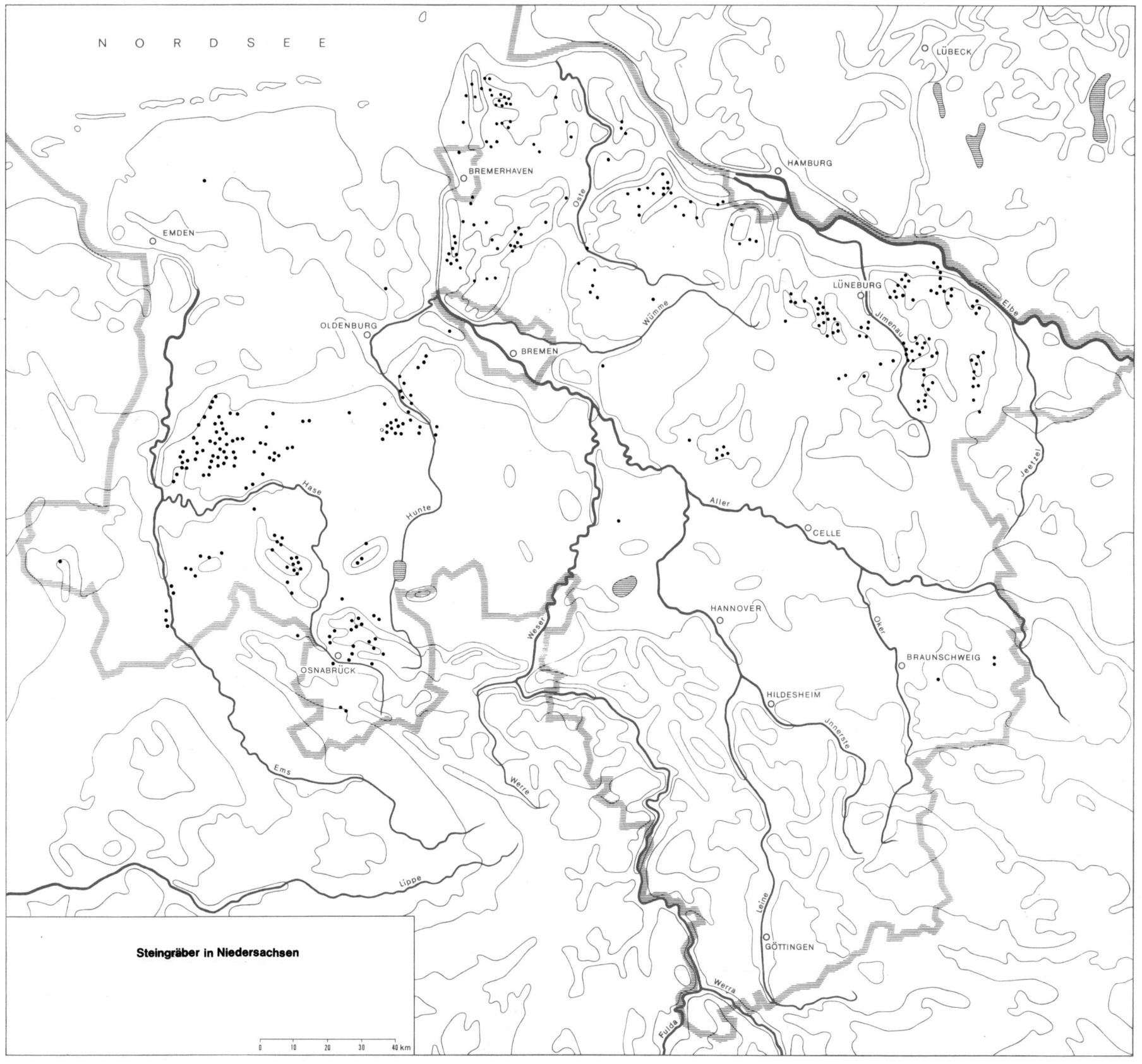

23. Steingräber in Niedersachsen

schichtlicher Zeit, in: Berr. der Naturhist. Ges. Hannover 118, 1974, S. 69. – [53] Der Ausgangspunkt der Megalithik ist im östlichen Mittelmeerraum zu suchen, ein Sekundär-Zentrum bildete sich auf der Pyrenäen-Halbinsel, von wo aus es sich nach Westen und Nordwesten ausweitete. Im außereuropäischen Raum tritt die Megalithik stets zusammen mit Ahnenverehrung und hierarchischer Gesellschaftsstruktur auf, so in Nord- und Westafrika, in Vorder- und Ostasien, Indien, Ozeanien, Amerika. – [54] E. SPROCKHOFF, Atlas der Megalithgräber Deutschlands Bd. 3 (Niedersachsen), 1975. – [55] J. K. WÄCHTER, Statistik der im Königreiche Hannover vorhandenen heidnischen Denkmäler, in: Hannov. Magazin, 1841; J. H. MÜLLER und J. REIMERS, Vor- und frühgeschichtliche Alterthümer der Provinz Hannover, 1893. – [56] Vgl. Dokumentation zur Archäologie Niedersachsens in Denkmalpflege und Forschung, hg. von H.-G. PETERS, 1975. – [57] E. SCHLICHT, Die Funde aus dem Megalithgrab 2 von Emmeln, Kr. Meppen (Göttinger Schrr. z. Vor- und Frühg. 10), 1968; DIES., Das Megalithgrab 7 von Groß Berßen, Kr. Meppen, Studien zur Keramik der Trichterbecherkultur im Gebiet zwischen Weser und Zuidersee (Göttinger Schrr. z. Vor- und Frühg. 12), 1972. Dazu: Rezensionen von J. A. BAKKER, in: Helinium XI, 1971, S. 181 und XIV, 1974, S. 1. Beide Arbeiten sind besonders deshalb bemerkenswert, weil das Fundmaterial aus Steingräbern bislang nur selten in derartiger Vollständigkeit bearbeitet wurde. Hinsichtlich der Typenchronologie kommt J. A. Bakker aufgrund eigener Forschungen zu abweichenden Ergebnissen. – [58] G. KÖRNER und F. LAUX, Vorgeschichte im Landkreis Lüneburg, 1971. – [59] W. D. TEMPEL, Erdgräber der Trichterbecher-Kultur in der Gemarkung Issendorf, Kr. Stade, in: Neue Ausgrab. u. Forsch. in Niedersachsen 7, 1972, S. 46. – [60] J. DEICHMÜLLER, Moorsiedlung Hüde I (wie Anm. 58); H. REINERTH, Ein Dorf der Großsteingräberleute, in: Germanenerbe 4, 1939. – [61] F. NIQUET, Das Gräberfeld von Rössen (Veröff. des Mus. Halle), 1938. – [62] Diese dritte Besiedlungsphase ist wahrscheinlich durch eine Zäsur von der vorhergehenden getrennt. Möglicherweise hat aber eine kleine Gruppe den Platz wieder besiedelt. Dazu: J. DEICHMÜLLER und U. STAESCHE, Mensch und Tierwelt (wie Anm. 58). – [63] Auf den großen Unterschied zu der Gleichartigkeit der bandkeramischen Siedlungen sei nochmals hingewiesen. – [64] H. JANKUHN, Deutsche Agrargeschichte I. Vor- und Frühgeschichte vom Neolithikum bis zur Völkerwanderungszeit, 1969.

4. EINZELGRABKULTUR

Noch während der Großsteingrabkultur, zur Zeit der Ganggräber, der Stufe II des Mittelneolithikums, taucht eine neue Kulturgruppe auf. Es ist die Nordwestdeutsche Einzelgrabkultur, die zum großen Kreis der schnurkeramischen und Streitaxtkulturen gehört[65]. Ihr Inventar unterscheidet sich deutlich von dem der Großsteingrab- oder Trichterbecherkultur. Die kennzeichnende K e r a m i k f o r m ist der geschweifte Becher, dessen Halspartie mit waagerechten Zierbändern versehen ist. Fischgrätmuster, Winkel- und Wellenbänder oder Schnureindrücke sind gängige Ornamente. Vereinzelt kommen große Gefäße, die Riesenbecher, vor. Sehr selten werden die geschweiften Becher durch andere Gefäßformen ergänzt, wie die auf mitteldeutsche Einflüsse zurückzuführenden Amphoren (siehe Abb. 8, nach S. 248).

Von den Steingeräten sind die S t e i t ä x t e hervorzuheben, jene wohlgeformten Waffen mit oft erstaunlich kleinen Schaftlöchern. Ihrer Funktion nach wären die Streitäxte auch durch jede einfache Keule zu ersetzen. Vielleicht spielten sie, das würde auch die bewundernswert sorgfältige Herstellung erklären, als Rang- und Würdezeichen eine Rolle. Die Formen verraten Metallvorbilder, zuweilen sind sogar die Gußnähte in Stein nachgebildet. Da sich die Streitäxte in eine Vielzahl von Typen und Varianten gliedern, die im Laufe der Zeit schneller als die Keramik Formveränderungen unterworfen sind, bilden die Äxte neben der Stratigraphie das wichtigste Mittel zur Aufstellung eines Chronologieschemas für die Einzelgrabkultur.

Für Schleswig-Holstein liegt die grundlegende Bearbeitung von K. W. Struve vor, die das gesamte Gebiet der Einzelgrabkultur in die Betrachtung einbezieht und ihr Verhältnis zu den schnurkeramischen und Streitaxtkulturen behandelt[66]. Die Arbeit umfaßt somit auch das bis 1955 vorliegende niedersächsische Fundmaterial. Eine zusammenfassende Neubearbeitung, die wegen des inzwischen stark angewachsenen Fundstoffs notwendig wäre, steht noch aus.

Neben der Keramik und den Streitäxten liegen Flintgeräte in den Gräbern, Beile, Klingen, Pfeilspitzen, teils noch Querschneider, teils schon herzförmige Spitzen. Selten sind Bernsteinperlen unter den Funden.

Die **Grabsitten** der Einzelgrabkultur wurden für die Niederlande bereits 1930 von A. E. van Giffen dargestellt[67], eine Neubearbeitung wird zur Zeit vorgenommen[68]. Für Niedersachsen liegen inzwischen zahlreiche neue, nur vereinzelt oder noch nicht publizierte Beobachtungen vor[69].

Auch die Grabsitten heben sich deutlich von denen der Großsteingrabkultur ab. Die Toten wurden in der Regel einzeln in annähernd rechteckigen oder ovalen Grabgruben beigesetzt. Das führte zu der Bezeichnung Einzelgrabkultur im Gegensatz zu den meist mehrere Tote umschließenden Kammern der Steingräber. Die Bestattungen können in den Untergrund eingetieft sein, etwa auf Bodenniveau liegen oder oben im Hügelmantel angelegt sein. Gelegentlich ergeben sich stratigraphische Überschneidungen, die über das relative Alter der Bestattungen Aussagen zulassen. Ob jedoch unabhängig von stratigraphischen Befunden Untergräber stets der ältere Grabtyp, Bodengräber der nächst jüngere und Obergräber die jüngste Grabform darstellen, wie es in Schleswig-Holstein und Dänemark beobachtet wurde, muß für Niedersachsen noch offen bleiben.

In einigen Fällen konnte auch bei uns auf Grund von Leichenschatten oder erhaltenen Skeletten Hockerlage der Toten nachgewiesen werden. Die Bestatteten wurden oft in den Grabgruben ohne die Spuren eines Sarges beobachtet. Gelegentlich konnten Totenbretter, Bohlen oder Reste einer mit Holz verkleideten Grabkammer festgestellt werden. Auch Pfostengruben wurden ausgemacht, ohne daß Klarheit über die Art des Holzbaues gewonnen werden konnte.

4. Einzelgrabkultur

Hervorzuheben ist, daß sich nicht selten verkohlte Holzteile in den Gräbern erhalten haben, die zeigen, daß man die Holzbauten in Brand setzte, bevor man den Hügel aufwarf[70]. Auch sonst scheint Feuer ein fester Bestandteil des Totenbrauchtums gewesen zu sein. In einigen Fällen wurde der Bewuchs vor der Errichtung des Hügels abgebrannt oder ein größeres Feuer an der Stelle entfacht, an der man dann den Hügel aufschüttete.

Kennzeichnende H ü g e l b e g r e n z u n g der Nordwestdeutschen Einzelgrabkultur sind Kreisgräben, auch in ihnen wurden wiederholt Brandreste festgestellt. Augenscheinlich hatte man in einigen Kreisgräben Holz angehäuft und in Brand gesetzt, so daß der Tote während der Bestattungsfeier von einem Feuerkranz umgeben war[71]. Es gibt Ausgrabungsbefunde, die darauf schließen lassen, daß in den Kreisgräben senkrechte Hölzer standen. Mit einem regelrechten Palisadenkranz war ein Grabhügel in Logabirum, Leer, umgeben[72]. Daneben kommen gelegentlich auch Steinbegrenzungen vor, jedoch nicht so massiv und regelmäßig gebaut wie die Steinkränze der Älteren Bronzezeit.

Nicht selten wurden in den Steingräbern Bestattungen der Einzelgrabkultur angetroffen. Offensichtlich war es üblich, nicht nur in den Grabhügeln der eigenen Kulturgruppe, sondern auch in den Steingräbern Nachbestattungen vorzunehmen[73].

Die Sitte der Leichenverbrennung findet sporadisch Eingang. Am häufigsten tritt sie im Nordosten Niedersachsens auf, die Ausbreitung erfolgt die Elbe abwärts und ist auf Einflüsse der mitteldeutschen Schönfelder Kultur zurückzuführen[74]. Auch Keramik dieser Kulturgruppe kommt in Niedersachsen vor, besonders im Landkreis Lüchow-Dannenberg[75].

Eine weitere spätneolithische Kultur wirkt von Westen her auf die Nordwestdeutsche Einzelgrabkultur ein. Es ist die G l o c k e n b e c h e r k u l t u r, deren Gräber am Ende des Neolithikums auch in Niedersachsen erscheinen und die die Keramik der Einzelgrabkultur stark beeinflußt[76]. In der Form, vor allem aber in der Zierweise, verraten die Zonenbecher Glockenbechereinfluß, der sich besonders im Nordwesten des Landes geltend macht.

Am Übergang des Neolithikums zur Bronzezeit erreicht die F e u e r s t e i n b e a r b e i t u n g in Form der Flintdolche noch einmal einen Höhepunkt. Auch hier werden wie schon bei den Streitäxten, Metallvorbilder kenntlich. Von den Feuersteindolchen leitete man für den Ausgang der Jungsteinzeit die Bezeichnung Dolchzeit ab. Als Grabform tauchen jetzt die B l o c k k i s t e n auf. Es ist ungewiß, ob es sich hierbei um eine späte Ausformung des Megalithgedankens handelt.

Da in Niedersachsen weder Siedlungsplätze der Einzelgrabkultur ausgegraben noch Haustierknochen oder Kulturpflanzenreste dieser Kulturgruppe untersucht wurden und auch andernorts nur wenig Siedlungsmaterial gewonnen und ausgewertet worden ist, liegen Siedlungs- und Wirtschaftsgeschichte noch weitgehend im Dunkel[77]. Siedlungsgebiete lassen sich nur aus der Verbreitung der Hügelgräber erschließen, doch gibt es Grund zu der Annahme, daß Gräber und Siedlungen nicht weit auseinander liegen. Im Vergleich zur Trichterbecherkultur werden jetzt auch leichtere, weniger fruchtbare Böden besetzt. In den Mittelgebirgen kommt es zur Besiedlung höherer Lagen. Diese Beobachtungen führten zu der Deutung, daß die Wirtschaftsweise durch Viehhaltung bestimmt gewesen sei. Weiterreichende Vermutungen – gestützt auf das große Verbreitungsgebiet, auf das weitgehende Fehlen von Siedlungen und beflügelt durch Hinweise auf das Vorkommen des Pferdes als Haustier – gingen dahin, hinter den Streitaxtkulturen Hirten-Nomaden zu sehen und die archäologischen Kulturgruppen mit dem Indogermanenproblem in Verbindung zu setzen[78]. Als Ursprungsgebiet der schnurkeramischen oder Streitaxtkulturen wurden dabei die südrussischen Steppen, Mitteldeutschland oder auch Südskandinavien angesehen. Die Frage nach der Herkunft muß aber noch als unbeantwortet gelten.

Die Wirtschaftsweise wird erst in Ansätzen kenntlich. Wenn auch noch nicht in Niedersachsen, so lassen sich doch aus Nachbargebieten einige wirtschaftsgeschichtliche Fakten zusammentragen. Durch moderne Methoden archäologischer Kartierung werden mehr und mehr Siedlungsplätze bekannt. Siedlungsgrabungen sind noch immer selten[79]. Mit Ausnahme der Haffküstenkultur wurden in den einzelnen Kulturgruppen kaum Hausgrundrisse aufgedeckt. In Mitteldeutschland konnten an Getreidearten Gerste, Emmer, Einkorn und Hafer nachgewiesen werden[80]. Auch in anderen Gebieten wurden Getreidekornabdrücke in der Keramik beobachtet. Zum ersten Mal ist jetzt der Hakenpflug zu belegen. Unter Hügeln der dänischen Einzelgrabkultur und der holländischen Standfußbecherkultur zeichnen sich seine kreuz und quer gezogenen Furchen ab[81]. Tierknochen zeigen, daß Rind, Schwein, Schaf, Ziege, Hund und auch das Pferd als Haustiere gehalten wurden[82]. Für die Standfußbecherkultur wurde pollenanalytisch nachgewiesen, daß der Weidewirtschaft große Bedeutung zukam. Bei uns zielen Beobachtungen in dieselbe Richtung, die unter Einzelgrabhügeln eine verstärkte Ausbreitung der Calluna-Heide belegen, einer Vegetation, zu deren Entstehung neben natürlichen Faktoren auch die Viehhaltung beigetragen hat.

Heinz Schirnig

---

[65] Kurzer Überblick mit Literaturangaben bei J. FILIP, Enzyklopädisches Handbuch zur Ur- und Frühgeschichte Europas Bd. 1, 1966. – [66] K. W. STRUVE, Die Einzelgrabkultur in Schleswig-Holstein und ihre kontinentalen Beziehungen (Offa-Bücher 11), 1955. Die Arbeit baut auf folgendem Werk auf: P. V. GLOB, Studier over den jyske enkeltgravkultur, 1945. – [67] A. E. GIFFEN, Die Bauart der Einzelgräber (Mannus-Bibliothek 44 und 45), 1930. – [68] Dazu bislang: A. E. LANTING, J. N. LANTING, J. D. VAN DER WAALS, Die Becherkulturen im norddeutsch-holländischen Gebiet und ihre gegen-

seitigen Beziehungen, in: Germania 49, 1971, S. 220. – [69] Zum Beispiel das Hügelgräberfeld Uelzen-Ripdorf. Veröffentlichung vorgesehen in: Materialhefte zur Ur- und Frühg. Niedersachsens. – [70] J. DEICHMÜLLER, Ein Hügelgräberfeld bei Goldbeck, Kr. Stade, in: NachrrNdSachsUrg 32, 1963, S. 37. – [71] Zum Beispiel Gr. Hesebeck, Kr. Uelzen. Veröffentlichung durch H. SCHIRNIG in Vorbereitung. – [72] H. SCHROLLER, Das Hügelgräberfeld von Logabirum, Kr. Leer, in: NachrrNdSachsUrg 10, 1936. Ein vergleichbarer Befund wurde anläßlich einer Grabung bei Borstel, Kr. Soltau, bekannt; Ber. im Arch. der ur- und frühg. Denkmalpflege Niedersachsens in Hannover. – [73] J. DEICHMÜLLER, Das Steingrab im Eichholz bei Gnarrenburg, Kr. Bremervörde, in: Neue Ausgrab. u. Forsch. in Niedersachsen 7, 1972, S. 24. Weitere Beispiele vgl. Dokumentation zur Archäologie Niedersachsens in Denkmalpflege und Forschung, hg. H.-G. PETERS, 1975.– [74] F. LAUX, Neolithische Brandbestattung aus der Lüneburger Heide, in: Die Kunde NF 24, 1973, S. 75. – [75] K. STEGEN, in: Hammaburg 5, 1956, S. 39. – [76] E. SANGMEISTER, Die Glockenbecherkultur und die Becherkulturen, 1951. – [77] H. JANKUHN, Deutsche Agrargeschichte I. Vor- und Frühgeschichte vom Neolithikum bis zur Völkerwanderungszeit, 1969. – [78] Die Urheimat der Indogermanen, hg. von H. SCHERER, 1968. – [79] F. SCHLETTE, Das Siedlungswesen der Becherkulturen, in: Die neolithischen Becherkulturen im Gebiet der DDR, hg. H. BEHRENS und F. SCHLETTE (Veröff. d. Landesmus. Halle 24), 1969, S. 155. – [80] J. SCHULTZE-MOTEL, Kulturpflanzenfunde der Becherkulturen, in: BEHRENS und SCHLETTE (wie Anm. 79), S. 169. – [81] P. KJAERUM, Striber pa Kryds og Tvaers (Criss-cross-Forrows), Kuml 1954, 18; J. F. REGTEREN-ALTENA, J. A. BAKKER, De neolithic woonplaats van Zandwerven, in: In het voetspoer van A. E. van Giffen, 1961, S. 33. – [82] A. CLASON, Einige Bemerkungen über Viehzucht, Jagd und Knochenbearbeitung bei der mitteldeutschen Schnurkeramik, in: BEHRENS und SCHLETTE (wie Anm. 79), S. 173.

5. ÄLTERE BRONZEZEIT

Bronze, eine Legierung aus Kupfer und Zinn, bietet gegenüber dem reinen Kupfer den Vorteil, daß sie einen niedrigeren Schmelzpunkt aufweist und dazu noch härter ist. Meistens besteht Bronze aus 9 Teilen Kupfer und 1 Teil Zinn. Die nächsten Lagerstätten von Kupfererzen befinden sich im Harz, im Thüringer Becken und im Vogtland; Zinn kommt im Erzgebirge vor. Ein bedeutendes Zentrum für den Abbau von Kupfererz war in vorgeschichtlicher Zeit das Ostalpengebiet.

Genügend hohe Temperaturen zum Schmelzen des Metalls erzielte man mit Hilfe von Blasebälgen, deren Tondüsen sich gelegentlich erhalten haben. Ein Gußtiegel liegt aus Uelzen-Ripdorf vor. Wir kennen mehrere Techniken des Bronzegusses. Beim offenen Herdguß besteht die Gußform nur aus einer flachen Platte aus Stein oder gebranntem Lehm, in welche die Gestalt des zu gießenden Gegenstandes eingearbeitet wird. Im Herdguß hergestellte Geräte, z. B. die Lüneburger Radnadeln, sind daher nur einseitig profiliert. Beim Schalenguß benutzte man eine zweiteilige Klappform, meistens aus Bronze bestehend. Derartige Gußformen sind z. B. aus Haaßel (Kr. Uelzen) und Schinna (Kr. Nienburg/Weser) bekannt. Da die beiden Hälften nicht vollkommen aufeinander passen, wurden Gußnähte mitgegossen, die anschließend abgeschliffen werden mußten. Beim Guß in der verlorenen Form modellierte man das zu gießende Stück über einem Tonkern in Wachs und umgab es mit einem Tonmantel. Der Tonkern war durch Kernstützen am Mantel befestigt. Beim Erhitzen der Form lief das Modellierwachs heraus. Der Hohlraum konnte mit geschmolzener Bronze, der „Speise", gefüllt werden. Bei diesem Wachsausschmelzverfahren mußte man die Tonform zerschlagen, um das Gußstück freizulegen. Daher stammt die Bezeichnung „Guß in der verlorenen Form". Bei der Herstellung komplizierter Werkstücke in zwei Arbeitsgängen oder Reparaturen wandte man den Überfangguß an. Nur grobe Verzierungen konnten mitgegossen werden, feinere wurden eingepunzt, mit einem harten Bronzestift eingehämmert[83].

Die ersten Kupfer- und Bronzegegenstände tauchen in Norddeutschland während der Jungsteinzeit, seit der Periode der Steingräber auf. Regelmäßig kommen bei uns Bronzefunde ungefähr seit 1700 v. Chr., dem Beginn der Bronzezeit, vor. Auch für Niedersachsen wird immer noch die von Oskar Montelius für den Nordischen Kreis aufgestellte Gliederung der Bronzezeit in sechs Perioden übernommen, wobei die Periode VI der frühen vorrömischen Eisenzeit entspricht.

Die ältesten Bronzen sind fremder Herkunft oder gehen zumindest in ihrer Herstellung auf auswärtige Vorbilder zurück. Weiträumige Handelsverbindungen und kulturelle Beeinflussungen werden sichtbar, die gleichzeitig chronologischen Untersuchungen als Grundlage dienen[84]. Während der frühen Bronzezeit entsteht in Nordwestdeutschland ein eigener Formenkreis. Genau betrachtet ist es ein Grabsittenkreis, denn er tritt uns in annähernd gleichartig ausgestatteten Männergräbern entgegen. Ernst Sprockhoff bezeichnete ihn nach Grabfunden bei Sögel am Hümmling, als S ö g e l e r K r e i s[85]. Typische Grabbeigaben sind Kurzschwerter mit gerundeter oder trapezförmiger Heftplatte, Randleistenbeile, besonders solche mit geknickten Randleisten, herzförmige Feuersteinpfeilspitzen. Daneben kommen Feuerschlagsteine, Schleifsteine und Bronzenadeln vor (siehe Abb. 9, nach S. 264).

Von Mitteldeutschland her greift der Aunjetitzer Kreis auf das südöstliche und östliche Niedersachsen über. Ein für die Aunjetitzer Kultur kennzeichnender Hortfund liegt aus Marwedel bei Hitzacker vor. Er enthält Randleistenbeile, Bronzeringe und sogenannte Schmuckschildchen. Ein typisches Aunjetitzer Grab ist in Werla-Burgdorf-Liet (nno. Goslar) zutage gekommen. Die Mehrfachbestattung enthält sieben auf der rechten Seite liegende Tote mit angewinkelten Beinen. An Grabbeigaben wurden vier Tongefäße und zwei Flintgeräte gefunden. Im Gegensatz zu Nordwestdeutschland, wo die Tonware der frühen und älteren Bronzezeit so unscheinbar ist, daß sie Kümmerkeramik genannt wird, zeichnet sich die Aunjetitzer Keramik durch hohe Qualität aus. Typische Formen sind die Henkeltasse mit einem Bauchknick und der Becher mit Griffzapfen.

Abb. 18
Spätrömische Silberschale und Glasgefäß aus Altenwalde

5. Ältere Bronzezeit

In der älteren und mittleren Bronzezeit werden insbesondere von drei Seiten her Einflüsse sichtbar. Südniedersachsen und der Nordosten sind Bestandteil der süddeutschen Hügelgräberkultur, während sich im Nordwesten des Landes kulturelle Strömungen aus Westeuropa bemerkbar machen. Von Norden her dehnt sich der Nordische Kreis der Bronzezeit mehr und mehr aus, wie K. Kersten zeigen konnte[86]. Das Gebiet der Lüneburger Heide ist kürzlich in einer Monographie von Friedrich Laux gründlich behandelt worden[87]. Für Nordwestniedersachsen liegt die Bearbeitung durch G. Sudholz vor[88]. Das 1970 erschienene Werk „Die Ältere Bronzezeit Nordwestdeutschlands" von J. Bergmann kann nicht befriedigen, weil es ausschließlich auf älterem, vor dem 2. Weltkrieg gewonnenen Fundmaterial fußt[89]. Daneben liegt eine Reihe von Spezialuntersuchungen vor, wie die Arbeit von G. Jacob-Friesen über die bronzezeitlichen Lanzenspitzen[90] und von F. Laux über die Fibeln[91]. Am besten sind wir über die ältere Bronzezeit im nordöstlichen Niedersachsen unterrichtet. Laux konnte auf Grund von immer wiederkehrenden Schmuckkombinationen mehrere, regional unterschiedliche Frauentrachten nachweisen. So gehörten zur Tracht von Deutsch-Evern eine Haarknotenfibel, verzierte Halsringe, eine weitere, als Verschluß dienende Fibel sowie Garnituren von Arm- und Beinringen. Typische Bestandteile anderer Schmuckkombinationen der Lüneburger Heide sind große Rad- oder Scheibennadeln, die in der Gegend des Schlüsselbeins gefunden wurden und anscheinend einen Umhang zusammenhielten. Laux beobachtete, daß zusammengehörende Schmuckstücke nicht nur übereinstimmende Verzierungen aufweisen, sondern daß die Ziermuster auch mit denselben Punzen hergestellt worden waren. Andererseits gibt es keine sich völlig gleichenden Schmucksätze. Das bedeutet, daß die Garnituren auf Bestellung gleichzeitig hergestellt und geliefert worden sein müssen. Ebenso bemerkenswert ist die Feststellung, daß die Sprödigkeit der Bronze es erforderte, daß die Ringe den Frauen angeschmiedet und von ihnen ständig getragen wurden. Über den Schmuck hinaus vermögen die wenigen niedersächsischen Textilfunde im Gegensatz zu den aus Dänemark und Schleswig-Holstein vorliegenden reichen Funden zur Tracht wenig auszusagen.

Im Inventar der Männergräber spiegelt sich, allerdings durch das Filter der Grabsitten, die Bewaffnung wider. Die Gräber des Sögeler Kreises sind durch Kurzschwert, Randleistenbeil und Pfeile gekennzeichnet. Die älteren Männerbestattungen des Lüneburger Kreises enthalten statt des Kurzschwertes den Dolch; das Randleistenbeil ist durch das Absatzbeil ersetzt; die Feuersteinpfeilspitzen – jetzt meist von kleinerer Form – sind nach wie vor Bestandteil der Ausrüstung. In den jüngeren Männergräbern (Zeitgruppen III und IV nach Laux) wird eine veränderte Bewaffnung sichtbar. Zunächst erscheinen die Spitzen von Stoßlanzen als Grabbeigaben, dann kommt die Kombination von Wurflanze und Kurzschwert hinzu. Schutzwaffen fehlen völlig.

30 Gesch. Niedersachsens

Dabei ist zu bedenken, daß ihr Fehlen durch die Grabsitten bedingt sein kann oder dadurch, daß sie ganz aus organischem Material bestanden haben und vergangen sind. Es könnte auch Lanzen ganz aus Holz oder mit Knochenspitzen bewehrt gegeben haben.

Während die große Mehrzahl der Bronzefunde zu den älteren Beständen unserer Museen zählt und nur ein geringer Teil bei neueren Ausgrabungen gewonnen wurde, vermögen über Grabbau und Bestattungssitten hauptsächlich moderne Ausgrabungen Aufschluß zu geben. Für die Landkreise Harburg und Stade hat W. Wegewitz seine Beobachtungen zum Grabbau publiziert[92]. Dagegen veröffentlichte H. Piesker von seinen umfangreichen Untersuchungen auf dem Truppenübungsplatz bei Bergen (nnw. Celle) nur das Fundgut[93]. In den letzten Jahren haben J. Deichmüller, K. L. Voß und H. Schirnig umfangreiche Ausgrabungen von Hügelgräbern durchgeführt, die bisher nicht publiziert worden sind.

Die typische Bestattungsart der älteren Bronzezeit ist das Hügelgrab. In der Regel bilden mehrere Hügel in Haufenlage ein Gräberfeld. Die Hügelfüllung besteht im norddeutschen Flachland meistens aus Sand, auch aus humosem Boden oder Plaggen, seltener ganz aus Steinen, aus Lehm oder Sandlöß. Im südlichen Niedersachsen sind häufig aus Löß und Steinen aufgeschüttete Grabhügel anzutreffen. Die Grabhügel wurden bis auf wenige Ausnahmen jeweils für einen Toten gebaut und nahmen erst später Nachbestattungen auf. Die Toten ruhten meistens in von Steinen umpackten Baumsärgen, die zu ebener Erde beigesetzt und überhügelt wurden. Der Hügelfuß ist oft durch einen ein- oder mehrschichtigen Steinkranz, seltener durch Plaggenmauern oder Palisadenreihen, markiert. Im Hügel selbst oder in Anbauten wurden Nachbestattungen vorgenommen. Die zeitliche Differenz zwischen Primär- und Nachbestattungen ist manchmal so gering, daß sie in den Beigaben keinen Ausdruck findet. Nachbestattungen sind dann nur über den Hügelaufbau, besonders durch stratigraphische Befunde, als solche zu erweisen. Deswegen ist es problematisch, auf Grund älterer Grabungsbefunde die Gleichzeitigkeit von mehreren Bestattungen in einem Hügelgrab und damit Totenfolge erweisen zu wollen[94].

Eine besondere Grabform ist die von einem Hügel bedeckte Steinkiste, möglicherweise ein Fortleben des Megalithgedankens. Unter etlichen Grabhügeln der Lüneburger Heide konnten auf Grund von Pfostenverfärbungen oder Verkeilsteinen Hausgrundrisse nachgewiesen werden. Man hat eigens für die Toten Häuser errichtet, die dann während der Bestattungsriten in Brand gesetzt und überhügelt wurden. Als Beispiel sei das Totenhaus von Baven (s. Munster) erwähnt[95]. Als Übergangsformen zu den Brandbestattungen der jüngeren Bronzezeit sind Gräber anzusehen, bei denen in von Steinen umpackten Baumsärgen Leichenbrand ausgestreut wurde. Man hatte die

Leichenverbrennung schon übernommen, Sarg- und Grabbau der neuen Sitte aber noch nicht angepaßt.

Häufig wurden an Grabhügeln Feuerstellen, kleine bogenförmige Steinsetzungen, sogenannte Kultnischen, oder Schälchensteine entdeckt[96]. In Uelzen-Ripdorf konnten mehrere, sich an die Hügelgräber anschließende, von Steinen begrenzte Vorplätze beobachtet werden[97]. Das alles deutet darauf hin, daß an den Gräbern Kult und Brauchtum lokalisiert war. In dieselbe Richtung weist der Götterstein von Anderlingen (so. Bremervörde)[98]. Hier sind auf einer Steinplatte, die als Schmalseite eines Steinkistengrabes diente, drei menschliche Figuren dargestellt, von denen die mittlere eine Axt schwingt. Die Darstellung ist, ebenso wie die im Wesergebiet gefundenen, mit konzentrischen Kreisen versehenen Sonnensteine, im Zusammenhang mit den bronzezeitlichen Felsbildern Südskandinaviens zu sehen.

Ein ganz anderes Brauchtum, zu dem auch Anthropophagie gehört, wird durch die Funde in der Rothestein-Höhle im Ith sichtbar[99]. Hier liegt eine Kulthöhle vor, wie wir sie aus den Bereichen der Aunjetitzer Kultur mehrfach kennen[100].

Die bronzenen Waffen, Geräte und der Schmuck sind Produkte eines leistungsfähigen Bronzehandwerks (vgl. S. 463 f.). Die lokalen Absatzgebiete einzelner Handwerker werden auf Verbreitungskarten sichtbar[101]. Offen bleibt die Frage, ob wir ortsfeste Werkstätten vor uns haben, von denen aus die Produkte gehandelt wurden, oder umherziehende Wanderhandwerker. Der Fernhandel spielte schon deswegen eine große Rolle, weil die Rohstoffe zur Bronzeherstellung, Kupfer und Zinn, oft weit entfernt lagen. Daß auch Fertigprodukte weiträumig verbreitet sind, zeigt beispielhaft der mondsichelförmige goldene Halskragen, Lunula genannt, aus Schulenburg (nw. Hannover), der irischer Herkunft ist. Auch die Goldscheibe aus Moordorf (w. Aurich) gehört zu den aus Irland stammenden Goldfunden[102]. Ein anderes Schlaglicht auf die weitgespannten Verbindungen der Bronzezeit wirft der Fund einer kretisch-mykenischen Bronzetasse bei Dohnsen (Kreis Celle). „Welche Kostbarkeit in unseren Landen, möchte man sagen, aber darin liegt ihre Bedeutung nicht, sondern in dem historischen Ausblick, der sich durch diesen unerhofften Fund eröffnet. Ganz gleich, in welcher Form sich der Handel damals abwickelte, ob weitgehend von Hand zu Hand oder in direkter Linie vom Hersteller zum Verbraucher, eine Tatsache steht nunmehr fundmäßig fest: Kreta-Mykene und das Gebiet der Lüneburger Heide haben voneinander gewußt, nicht sagenumwoben und nebelhaft, sondern zwischen beiden ist eine substantielle Bewegung hin- und hergegangen."[103]

Sowohl der aufwendige Grabbau als auch die Beigaben sprechen für einen gewissen Wohlstand der Bestatteten. Man möchte in ihnen eine gehobene soziale Schicht sehen und vermutet neben den Hügelgräbern Flachgräber, von denen bisher jedoch nur wenige entdeckt werden konnten. Als wirtschaftliche Grundlage ist A c k e r b a u und Viehhaltung anzusehen. Unter einigen Grabhügeln konnten die Spuren des kreuz und quer gezogenen Hakenpfluges beobachtet werden [104]. Dieser Pflugtyp liegt aus einem Moor bei W a l l e (w. Aurich) vor [105]. Seit der älteren Bronzezeit tauchen Grabhügel auf, die aus Plaggen, anscheinend Heideplaggen, aufgeschichtet sind. Häufig konnten unter bronzezeitlichen Hügelgräbern ein für die Calluna-Heide typisches Podsolprofil festgestellt werden. Das spricht für eine Ausbreitung der Heideflächen, zu deren Entstehung die W e i d e w i r t s c h a f t beigetragen haben dürfte. Insgesamt bleiben viele Fragen der Wirtschaftsgeschichte offen, zumal großflächige Siedlungsgrabungen fehlen. Aus den Niederlanden wissen wir, daß seit der mittleren Bronzezeit der Typ des dreischiffigen Hallenhauses erscheint, der Mensch und Vieh unter einem Dach beherbergt und mit diesem Hauptmerkmal als ältester Vorläufer des niederdeutschen Hallenhauses angesehen werden kann.

Heinz Schirnig

[83] H. Drescher, Der Bronzeguß in Formen aus Bronze, in: Die Kunde NF 8, 1957, S. 52 ff.; Ders., Der Überfangguß, 1958. – [84] R. Hachmann, Die frühe Bronzezeit im westlichen Ostseegebiet und ihre mittel- und südosteuropäischen Beziehungen, 1957. – [85] E. Sprockhoff, Die ältesten Schwertformen Niedersachsens, in: PraehistZ 8, 1927, S. 123 ff. – [86] K. Kersten, Zur älteren nordischen Bronzezeit, o. J. [1936]. – [87] F. Laux, Die Bronzezeit in der Lüneburger Heide, 1971. – [88] G. Sudholz, Die ältere Bronzezeit zwischen Niederrhein und Mittelweser, 1964. – [89] J. Bergmann, Die ältere Bronzezeit Nordwestdeutschlands, 1970; Rez. von G. Jacob-Friesen in: Germania 51, 1973, S. 568 ff. – [90] G. Jacob-Friesen, Bronzezeitliche Lanzenspitzen Norddeutschlands und Skandinaviens, 1967. – [91] F. Laux, Die Fibeln in Niedersachsen, Prähistor. Bronzefunde XIV, 1, 1974. – [92] W. Wegewitz, Gräber der Stein- und Bronzezeit im Gebiet der Niederelbe, 1949. – [93] H. Piesker, Untersuchungen zur älteren Lüneburgischen Bronzezeit, 1958. – [94] F. Laux, Die Bronzezeit in der Lüneburger Heide, 1971, S. 128, Anm. 8; G. Körner und F. Laux, Vorgeschichte im Landkreis Lüneburg, 1971, S. 49, Anm. 10. – [95] H. Piesker, Funde aus der ältesten Bronzezeit der Heide, in: NachrrNdSachsUrg 11, 1937, S. 120 ff.; W. Wegewitz, Totenhäuser und andere Grabformen der älteren Bronzezeit im Niederelbegebiet, in: Die Kunde 9, 1941, S. 75 ff. – [96] H. Schirnig, Schalensteine aus dem Bereich des Elbe-Seitenkanals im Kreis Uelzen, in: H.-G. Peters u. H. Schirnig, Archäologische Untersuchungen im Bereich des Elbe-Seitenkanals, 1970, S. 27 ff. – [97] H.-G. Peters (wie Anm. 56), S. 234, Abb. 192. – [98] K.-H. Jacob-Friesen, Niedersachsens Urg. II (wie Anm. 1), S. 286 ff. – [99] K.-H. Jacob-Friesen, Niedersachsens Urg. II (wie Anm. 1), S. 246 ff.; M. Claus, Frühbronzezeitliche Funde aus der Rothestein-Höhle im Ith, in: Studien aus Alteuropa Bd. 1, 1964, S. 153 ff. – [100] G. Behm-Blancke, Höhlen, Heiligtümer, Kannibalen 2., 1962. – [101] F. Laux, Die Bronzezeit in der Lüneburger Heide, 1971. – [102] K.-H. Jacob-Friesen, Die Goldscheibe von Moordorf bei Aurich mit ihren britischen und nordischen Parallelen, in: Jb. prähist. u. ethnograph. Kunst, 1931, S. 25 ff. – [103] E. Sprockhoff, Eine mykenische Bronzetasse von Dohnsen, Kr. Celle, in: Germania 39, 1961, S. 11 ff. – [104] J. Pätzold, Rituelles Pflügen beim vorgeschichtlichen Totenkult – ein alter indogermanischer Bestattungsbrauch? in: PraehistZ 38, 1960, S. 189 ff. – [105] H. Behrens, Der Holzpflug von Walle und die älteste Landwirtschaft auf ostfriesichem Boden, in: JbGesBildKunstEmden 39, 1959, S. 5 ff.

6. Jüngere Bronzezeit

Wie für die meisten Perioden der vorgeschichtlichen Zeit ist es auch für die jüngere Bronzezeit schwierig, die einzelnen Stufen zeitlich voneinander abzugrenzen. Bedingt durch die Langlebigkeit der Formen, auch der bronzenen Gegenstände, ist es kaum möglich, den einzelnen Fund exakt zu datieren. Die Arbeit von K. Tackenberg[106] hat sehr deutlich gezeigt, daß immer nur Tendenzen erkennbar sind und daß der Einzelfund seine Bedeutung nur im Zusammenhang mit anderen Funden erhält. Die Chronologie der jüngeren Bronzezeit Norddeutschlands orientiert sich nach wie vor an dem Schema von Oskar Montelius[107], das für Niedersachsen aber nur bis etwa an den Mittelgebirgsrand seine Gültigkeit besitzt. Die südlich angrenzenden Gebiete sind an das süddeutsche Chronologieschema anzuschließen, d. h. sie werden nach den Stufen von Paul Reinecke[108] benannt.

Es fehlt bislang immer noch eine moderne Arbeit, die die chronologische Stellung der Übergangsgebiete sorgfältig analysiert. Für bestimmte Gegenden – und dazu zählt besonders das südliche Niedersachsen – reicht die dafür erforderliche Materialbasis auch nicht aus. Will man den hier behandelten Zeitraum in absoluten Zahlen ausdrücken, so gilt für die Perioden IV–V nach Montelius etwa die Zeit von 1100 bis 700 vor unserer Zeitrechnung. Diese Zahlen können aber nur annäherungsweise Gültigkeit besitzen in dem Sinne, daß ein Fund etwa der Periode IV durchaus bereits im 12. oder im 13. Jahrhundert entstanden sein kann und daß Funde der Periode V noch weit in das 6. Jahrhundert v. Chr. hineinreichen können.

Was rechtfertigt überhaupt die Unterscheidung innerhalb der einzelnen Stufen der Bronzezeit nach älterer, mittlerer und jüngerer Bronzezeit? Früher sah man als einen besonders tiefen Einschnitt den Wechsel in den Bestattungssitten an, den Übergang von der Körperbestattung zur Brandbestattung. Inzwischen wissen wir, daß der Brauch, die Toten zu verbrennen, bereits in neolithischen Kulturzusammenhängen zu beobachten ist, etwa in der Schönfelder Kultur, gelegentlich dann auch in der älteren Bronzezeit.

Eine durchgreifende Änderung in der Art der Bestattungen vollzog sich allerdings erst in der jüngeren Bronzezeit. Auf die Ursachen dafür wird noch einzugehen sein. Der Wechsel der Bestattungssitten hat für den Archäologen einen für diesen Zeitraum bemerkenswerten Anstieg des Fundmaterials zur Folge. Urnenbestattungen werden sehr viel leichter entdeckt und gesichert als das bei weniger markanten Fundgegenständen der Fall ist. Leider sind die Tongefäße der jüngeren Bronzezeit chronologisch relativ unempfindlich, und bedauerlicherweise entspricht diesem Vorgang keine Zunahme der Metallfunde. Es war eben nicht durchgängig üblich, den Verstorbenen Metallbeigaben mit ins Grab zu geben. Allerdings gibt es innerhalb Niedersachsens hinsichtlich der Grabausstattung mit Metallbeigaben erhebliche

Unterschiede, entsprechend den großen Gruppierungen der jüngeren Bronzezeit. Das nördliche Niedersachsen ist Bestandteil des sogenannten Nordischen Kreises, dessen geographische Abgrenzung Montelius so verstand: Schweden, Norwegen, Dänemark und Norddeutschland von der Weichselmündung bis zum Wesermündungsgebiet. Sprockhoff[109] und Kersten[110] weisen auf Sonderentwicklungen innerhalb dieses Raumes hin. Heute kann man sagen, daß Kerngebiete des Nordischen Kreises Dänemark und Südschweden sind, von dort breitet er sich über Schleswig-Holstein nach Niedersachsen aus und umfaßt hier den nördlichen und mittleren Teil unseres Landes. Innerhalb dieses großen Gebietes ist der Nordische Kreis aber durchaus nicht einheitlich. So sind besonders Gegensätze zwischen West-Hannover und Westfalen gegenüber dem Raum zwischen Unterelbe-Unterweser und Aller zu beobachten. Klar erkennbar ist die dominierende Stellung des Raumes Lüneburg-Stade.

Bereits Sprockhoff hatte beobachtet, daß im Ems-Weserkreis, genauer in dem Gebiet zwischen Ems, Hase, Hunte und Unterweser Besonderheiten in der Schaffung der Bronzen deutlich werden. Auch Tackenberg bestätigt diese Beobachtung, wenn auch mit der Einschränkung, daß im Hinblick auf den gesamten Formenvorrat an Bronzen die Übereinstimmung des Westbereichs mit Ost-Hannover und Skandinavien überwiegt. Die Randlage Niedersachsens im Nordischen Kreis ist unverkennbar. Einflüsse der südwestdeutschen Urnenfelderkultur machen sich allenthalben stark bemerkbar, wenn auch nicht im Sinne einer festen Bindung an die Urnenfelderkultur Hessens oder des Rheinlandes. Tackenberg nimmt an, daß Westfalen zusammen mit Nordhessen einen Bereich zwischen dem Nordischen Kreis und der Urnenfelderkultur darstellt, in dem Verzahnungen nach allen Seiten stattfinden.

Auch der Austausch mit dem Lausitzer Kulturkreis ist sehr deutlich, aber alle Unterschiede lassen nicht den Schluß zu, daß in dem besprochenen Zeitraum ein erheblicher Bevölkerungswechsel stattgefunden hat. Das einheitliche Gesamtbild wird u. a. durch die neue Bestattungssitte erzeugt. Dabei kommen Hügel- und Flachgräber durchaus nebeneinander vor, auch sind Nachbestattungen in Hügeln üblich. Bislang ist noch nicht genügend untersucht worden, wieweit sich etwa innerhalb Niedersachsens hier kleinere lokale Unterscheidungen herausschälen. Als besondere Grabausstattung ist etwa Steinschutz um die Urnen zu beobachten, zuweilen auch nur Abdeckung der Grabgefäße, vielerorts aber sind diese nur in den Boden flach eingegraben, entweder mit oder auch ohne Deckgefäß. Beigefäße sind häufig, kommen aber nicht überall vor. Sie wurden entweder in oder neben das Grabgefäß gestellt. Auf die Unterschiede hinsichtlich der Ausstattung mit Beigaben ist bereits hingewiesen worden.

Über die Hintergründe für das Durchsetzen der Brandbestattung ist viel gerätselt worden. Ein Denkmodell ist die Furcht vor sogenannten

Wiedergängern, vor der Rückkehr des Toten also, wobei rezente Beispiele und die schriftliche Überlieferung aus jüngeren Epochen die Grundlage für diese Überlegung liefern. In eine ganz andere Richtung zielt die Vorstellung von der Zerstörung des Leibes zur Befreiung der Seele. Ohne daß man diese Frage jemals schlüssig wird beantworten können, ist doch die Tatsache bemerkenswert, daß der Übergang zur Brandbestattung ungeheuer durchschlagend war und diese Bestattungssitte, von Ausnahmen abgesehen, bis zur Christianisierung und dem daraus resultierenden Verbot dominierend blieb. In dem Zusammenhang sei bemerkt, daß die Verbrennung mit dünnen Hölzern stattfand und dadurch nur unvollständig war. Für den heutigen Anthropologen resultiert daraus, daß die aus dem archäologischen Material gewonnenen Knochenreste für Lebens- und Geschlechtsdiagnosen ausreichen, darüber hinaus die Bestimmung von pathologischen Erscheinungen und schließlich die Grundlage für paläodemographische Untersuchungen bilden. Ohne eine systematisch vorangetriebene Archäologie des Bestattungswesens wüßten wir über die Bevölkerungsstruktur der einzelnen vorgeschichtlichen Epochen so gut wie nichts.

So unsicher man heute in der Forschung über die Hintergründe des Wechsels in den Bestattungssitten ist, sieht man sie doch allgemein als Folge des Wandels religiöser Vorstellungen an, als geistige Wende. Die Herkunft des neuen Brauchs ist bis heute ungeklärt, ebenso die Frage der Ausbreitung, da das Gesamtmaterial nicht aufgearbeitet ist und von einem einzelnen Wissenschaftler auch gar nicht mehr bearbeitet werden kann. Schließlich umfaßt es den geographischen Raum vom Balkan bis zu den Britischen Inseln.

In Niedersachsen sind die einzelnen Bestattungssitten und die Grabformen unterschiedlich gut untersucht, entsprechend dem allgemeinen Forschungsstand. Für Süd-Niedersachsen fehlen moderne Grabungen, so daß man hier auf die wenigen vorhandenen Bronzen aus Altfunden angewiesen ist. Immerhin läßt sich daraus die „vermittelnde Stellung Süd-Hannovers zwischen der nordwestdeutschen jungbronzezeitlichen Kultur und der süddeutschen Urnenfelderkultur" ablesen[111]. Die Keramik zeigt demgegenüber ein völlig anderes Bild: Der enge Anschluß an die Formen Nordwestdeutschlands, jedenfalls der in der Grabkeramik, ist bemerkenswert. Siedlungskeramik ist ohnehin schwer zuzuordnen. Aus einem Siedlungskomplex im Stadtgebiet von Göttingen (Walkemühle) wurden neben vielen doppelkonischen Gefäßen nur wenige Typen der süddeutschen Urnenfelderkultur festgestellt.

Aus West-Niedersachsen kennen wir viele einzelne Funde, aber auch nur wenige geschlossene Gräberfelder, so daß dort Aussagen zum Grabbau kaum möglich sind[112]. Eine Ausnahme bildet dabei nur der Südwesten[113]. An dieser Stelle soll das Gräberfeld von Osnabrück-Düstrup genannt werden, das ursprünglich aus etwa 400 Flachhügeln bestand, von denen in den letzten Jahren einige untersucht werden konnten. Dabei zeichneten sich bei verschiedenen Gräbern Grabeinhegungen in Form von Kreisen oder schlüssellochförmigen Gräben ab, wobei besonders die letztere Sitte bemerkenswert ist, weil sie auf einen verhältnismäßig kleinen Raum zu begrenzen ist, der von Nordwestfalen bis in das Gebiet der Wildeshauser Geest reicht und nach Westen einen Teil der Niederlande umschließt (siehe Abb. 10, nach S. 288).

Aufgrund weniger Bronzen kann dieses Gräberfeld in die Perioden IV–V nach Montelius datiert werden, möglicherweise gibt es im Fundgut auch noch jüngere Formen. Für das Oldenburger Gebiet liegt die Dissertation von E. Walther[114] vor, zu der allerdings das Abbildungsmaterial nicht gedruckt ist. Erwähnenswert ist auch hier wieder die geringe Zahl von Bronzen, bei einer Fülle jungbronzezeitlicher Keramik.

Es war schon erwähnt worden, daß unter dem Fundgut der hier behandelten Zeit die Keramik den größten Umfang einnimmt. Ihr Formenvorrat ist relativ beschränkt. Darunter ist besonders der sogenannte Doppelkonus vorherrschend. Die Nordgrenze dieses Typus ist etwa in einer Linie zu sehen, die von Sögel über Nienburg und Uelzen nach Lüneburg reicht. Weitere Gefäßformen sind Kegelhalsurnen und Terrinen, seltener Gesichtsurnen. Einen besonderen Platz nehmen die Lappenschalen[115] ein, die sehr deutlich den Einfluß der Urnenfelderkultur dokumentieren. Unter den Beigefäßen kommen entsprechende Formen vor, die Deckschalen zahlreicher Gefäße sind in ihrer Formgebung sehr homogen. Zur Machart der jungbronzezeitlichen Keramik ist zu sagen, daß sie in der Regel sehr sorgfältig ist. Die Oberfläche der Gefäße ist glatt, gelegentlich von lederartigem Aussehen. Aufgrund der nur in begrenztem Umfang vorliegenden Materialien ist schwer zu sagen, ob generelle Unterschiede zur Grabkeramik in der Siedlungskeramik stehen. Abnutzungsspuren an der Unterseite der Grabgefäße lassen erwarten, daß diese zuvor im praktischen Hausgebrauch benutzt wurden. Auf die Sonderbehandlung von Gefäßen, etwa das Einbrechen von Löchern, im Zusammenhang mit dem Bestattungsbrauch hat in jüngerer Zeit J. Bergmann hingewiesen[116]. Es ist im Augenblick noch nicht zu übersehen, inwieweit diese Beobachtungen überregionale Bedeutung haben.

Die chronologische Unempfindlichkeit der Gefäßformen wurde bereits hervorgehoben. Es ist generell nicht möglich, Gefäßformen der Periode IV von solchen der Periode V zu trennen. Auf diesen Tatbestand hat R. Schneider in ihrer Dissertation hingewiesen[117]. In diesem Zusammenhang sei erwähnt, daß für chronologische Betrachtungen unter Verwendung der für den Nordischen Kreis geschaffenen Stufen der größte Teil Niedersachsens überhaupt nicht in Frage kommen kann, da für den ganzen Bereich südlich der Elbe keine datierenden Funde zur Verfügung stehen. Es wird daher hier notwendig sein, auf detaillierte Fragen der Chronologie zu verzichten und die jüngere Bronzezeit Niedersachsens als ein Ganzes zu betrachten.

Wichtig ist für diese Epoche natürlich das Metallhandwerk. Es kommen Bronzegefäße vor, seltener auch Goldgefäße, und zwar sowohl im Grabzusammenhang als auch als Einzelfund. Es gibt Schalen, Dosen, Tassen, sogenannte Hängebecken, wobei diese letztgenannte Form oft hybride Dimensionen annimmt[118]. In der Regel sind diese Gefäße reich verziert, wobei die vorkommenden Ornamente verschränkte Wellenlinien und Wellenbänder sind, eine „rhythmische Bewegung von Zonen unendlicher Bänder"[119]. Die Gefäße sind zumeist gegossen, es gibt aber auch Importgefäße aus Bronzeblech. Neu ist für diesen Zeitabschnitt die Technik des Punzens. Zu den Schmuckformen sind die Nadeln zu erwähnen, die man nach ihrer Kopfform unterscheidet, und zwar in Nadeln mit doppelkonischem Kopf, die dem Lausitzer Kulturkreis zugesprochen werden, dann Vasenkopfnadeln, die dem Bereich der Urnenfelderkultur entstammen und Vasenkopfnadeln, die einheimische Produkte darstellen. Bei den Fibeln vollzieht sich ein Übergang von der Spiralplattenfibel zur Plattenfibel. Arm- und Beinspiralen sind relativ selten. Bemerkenswerter Halsschmuck ist der sogenannte Wendelring, wobei hier ein Wort zur Herstellungstechnik zu sagen ist. Gewendelt wurde das Wachsmodell und das Schmuckstück selbst dann im Ausschmelzverfahren gegossen. Neben den gegossenen Armringen kommen gelegentlich auch gebogene vor, sehr selten sind sie aus Gold, dann als Importe aus dem deutsch-schweizerischen Raum anzusprechen. Zu den Fundumständen ist anzumerken, daß Schmuck häufig aus Hortfunden stammt.

Unter den Gerätschaften steht wohl das Bronzebeil an erster Stelle, und zwar in zwei zeitlich parallelen Formen, dem Tüllenbeil und dem Lappenbeil. Hauptverbreitungsgebiet der letztgenannten Form ist die Urnenfelderkultur Mitteleuropas. Tüllenbeile sind demgegenüber typisch für den Norden. Ein wichtiger Beleg für diese Feststellung ist der sogenannte Gießerfund von Schinna (ssw. Nienburg)[120], zu dem u. a. auch Gußformen gehören. Recht vielfältig sind die Messerformen. Es gibt solche mit Griffdornen, sogenannte Ringstielmesser, Vollgriff-, Tüllenmesser und Rasiermesser unterschiedlicher Bildung. Sehr häufig sind Zeichnungen auf den Messern eingepunzt, zuweilen in bemerkenswerten Schiffsdarstellungen, wobei die Stevenaufsätze aus stilisierten Pferdeköpfen gebildet werden. Daneben kommen auch Vogelgestalten und Sonnensymbole vor. Erwähnt werden müssen auch die Bronzesicheln, die nicht nur als Erntegeräte dienten, sondern auch als Zahlungsmittel Verwendung gefunden haben, wie aus den Fundumständen hervorgeht. Einen besonderen Platz nehmen im Fundgut die häufigen kosmetischen Geräte ein: Pinzetten, Nagelreiniger, Ohrlöffel und Kämme. Sie vervollständigen das Bild einer hochentwickelten materiellen Kultur, die freilich nicht überall gleichermaßen Platz gegriffen haben wird.

Ein ebenso bedeutsamer wie ungewöhnlicher Fund war seinerzeit der einer L u r e in Garlstedt[121], einer Arbeit, deren technische Vollendung Bewunderung erzwingt. Sie ist in vier Teilen gegossen worden und hat nur 1 mm starke Wandungen. Das bemerkenswerteste bronzezeitliche Gußstück ist allerdings der sogenannte W a g e n v o n S t a d e[122], ein Fahrzeug, das sicher Kultzwecken diente. Zeitlich ist es der Periode V Montelius zuzuweisen.

Diese Aufzählung von Einzelfunden bzw. Fundkomplexen war notwendig, um die große Vielfalt bronzezeitlichen Metallhandwerks zu verdeutlichen. Es ist zu erwarten und stellenweise nachgewiesen, daß dem eine entsprechende Fertigkeit in der Bearbeitung anderer Materialien parallel läuft.

Welche sozialen und wirtschaftlichen Strukturen stehen nun dahinter? Was für Möglichkeiten in der Interpretation der Lebensbedingungen bietet der heutige Stand der archäologischen Erkenntnis?

Das S i e d l u n g s w e s e n der jungen Bronzezeit ist in Niedersachsen nur sehr unzureichend erforscht. Einen Ansatzpunkt bietet die Grabung und Bearbeitung einer Siedlung an der W a l k e m ü h l e b e i G ö t t i n g e n[123], unter Heranziehung zahlreicher naturwissenschaftlicher Untersuchungsmethoden. Von anderen gleichzeitigen Wohnplätzen der jüngeren Bronzezeit unterscheidet sich dieser durch seine unmittelbare Tallage. In der Regel befinden sich die Fundplätze Südniedersachsens auf den Lößflächen, zumindest aber oberhalb von Tälern oder in Hanglage.

Hausgrundrisse konnten an der Walkemühle nicht nachgewiesen werden. In den Siedlungsgruben fanden sich reiches botanisches Material sowie Tierknochen, die die Voraussetzung für wirtschaftsgeschichtliche Aussagen boten. R. Busch hat ermittelt, daß in Niedersachsen und Hamburg nur 60 Siedlungsstellen der Bronzezeit bekannt geworden sind, von denen die Mehrzahl der Jungbronzezeit angehört. Die bedeutendste ist die von H a m b u r g - B o b e r g[124], bei deren Ausgrabung fünf Gebäudegrundrisse freigelegt wurden. Gemeinsam ist diesen Häusern die Pfostenkonstruktion aus Außen- und Firstpfosten. Die Maße schwanken zwischen 7,5×3 und 11,5×4 m. Immer ist die Sohle entweder ebenerdig oder geringfügig eingetieft. Hausgrundrisse konnten auch in einer Siedlung bei Runstedt, Kr. Helmstedt, ermittelt werden[125], ebenfalls in Pfostenkonstruktion. Die Gesamtbearbeitung dieses Komplexes steht noch aus. Die wenigen Befunde erlauben keine verallgemeinernden Aussagen. So muß auch die Frage unbeantwortet bleiben, ob als Ursache für die geringe Anzahl von Fundplätzen besonders problematische Fundverhältnisse anzusehen sind, daß also letztlich eine Forschungslücke vorliegt, oder ob zumindest in einigen Landesteilen mit Siedlungslücken zu rechnen ist. Für Südniedersachsen würde man eine Deutung im letztgenannten Sinn für möglich halten, wenn man die Befunde aus der ältesten Siedlungsschicht der P i p i n s b u r g (b. Osterode) heranzieht[126].

Die umfangreichen Grabungen in dieser Anlage haben gezeigt, daß hier während der Periode V – entsprechend Hallstatt B 2/3 – eine offene Höhensiedlung bestand, die gegen Ende dieses Zeitabschnitts aufgegeben wird. Erst zu Beginn der Späthallstattzeit erfolgt eine Neubesiedlung. Das Fehlen von Funden der Periode VI bzw. Früh- bzw. Mittelhallstattzeit (Ha C/D$_1$) entspricht Beobachtungen auf anderen Höhensiedlungen Mitteldeutschlands.

Für weite Teile Niedersachsens sind Aussagen hinsichtlich einer Siedlungs- oder Platzkontinuität überhaupt nicht möglich. Am besten erforscht ist das Nordseeküstengebiet, aber die hier ausgegrabenen Siedlungen weisen bereits in die ältere Eisenzeit und sollen im Zusammenhang mit dieser Epoche behandelt werden [127].

Hans-Günter Peters

[106] K. TACKENBERG, Die Jüngere Bronzezeit in Nordwestdeutschland. Teil I. Die Bronzen, 1971. – [107] O. MONTELIUS, Tidbestämning in om bronsåldern med särskilt afseende på Skandinavien, 1885. – [108] P. REINECKE, Mainzer Aufsätze zur Chronologie der Bronzezeit u. Eisenzeit (1965 als Neuzusammenstellung). – [109] E. SPROCKHOFF, Niedersächsische Depotfunde der jüngeren Bronzezeit, 1930; DERS., Formenkreise der jüngeren Bronzezeit in Norddeutschland. Schumacher-Festschrift, 1930; DERS., Zur Handelsgeschichte der germanischen Bronzezeit, 1930. – [110] K. KERSTEN, Zur älteren nordischen Bronzezeit (o. J.). – [111] R. MAIER, Die ur- und frühgeschichtlichen Funde und Denkmäler des Kreises Göttingen, 1971, S. 13. – [112] H.-G. PETERS, Stand und Probleme der Bodendenkmalpflege im Raume Osnabrück-Bersenbrück, in: Neue Ausgrab. u. Forsch. in Niedersachsen 6, 1970, S. 248. – [113] H.-G. PETERS, Das Hügelgräberfeld von Osnabrück-Düstrup, in: Neue Ausgrab. u. Forsch. in Niedersachsen 8, 1973, S. 1. – [114] E. WALTHER, Die Grabfunde der jüngeren Bronze- und älteren Eisenzeit in Südoldenburg, Diss. phil. Münster, 1968. Diss.-Druck ohne Abbildungen. – [115] M. CLAUS, Die Lappenschalen der jüngeren Bronzezeit in Niedersachsen, in: NachrrNdSachsUrg 21, 1952, S. 3. – [116] J. BERGMANN, Jungbronzezeitlicher Totenkult und die Entstehung und Bedeutung der europäischen Hausurnensitte, in: Germania 51, 1973, S. 54. – [117] R. SCHNEIDER, Zur Südabgrenzung des Bereichs der nordischen jüngeren Bronzezeit in Periode IV nach Montelius, Diss. phil. Hamburg (Dissertationsdruck), 1971. – [118] K. L. VOSS, Eine reiche Brandbestattung der jüngeren Bronzezeit von Winzlar, Kr. Nienburg/Weser, in: Neue Ausgrab. u. Forsch. in Niedersachsen 7, 1972, S. 81. – [119] K. TACKENBERG, Bronzezeit (wie Anm. 106). – [120] K. H. JACOB-FRIESEN, Der Bronzegießerfund von Schinna, Kr. Nienburg, in: Die Kunde 8, 1940. – [121] H. C. BROHOLM, W. P. LARSEN, G. SKJERNE, The Lures of the Bronze Age, 1949. – [122] K. H. JACOB-FRIESEN, Der Bronzeräderfund von Stade, in: PraehistZ 18, 1927. – [123] R. BUSCH, Die spätbronzezeitliche Siedlung an der Walkemühle in Göttingen, 1975. – [124] R. SCHINDLER, Die spätbronzezeitliche Siedlung in Hamburg-Boberg, in: Hammaburg 6, 1958, S. 162. – [125] F. NIQUET, Eine bronzezeitlich-früheisenzeitliche Siedlung am Göseckenberg bei Süpplingenburg, Kr. Helmstedt, in: NachrrNdSachsUrg 41, 1972, S. 247. – [126] W. SCHLÜTER, Die Keramik der früheisenzeitlichen Pipinsburg bei Osterode am Harz, Diss. phil. Göttingen (1973) (im Druck). – [127] Eine grundlegende Änderung der Forschungssituation wird von den Untersuchungen bronzezeitlicher Fundstellen in der Siedlungskammer Flögeln, Kr. Wesermünde, erwartet.

7. ÄLTERE EISENZEIT

Die Kenntnis der Eisengewinnung drang im 7. vorchristlichen Jahrhundert bis nach Norddeutschland vor. War man in der Bronzezeit auf den Fernhandel angewiesen, um den Metallbedarf zu decken, so standen Eisenerze fast überall im Lande an. Vorkommen von Raseneisenstein sind in Norddeutschland, hauptsächlich in feuchten Niederungen, weit verbreitet. Die Lagerung dicht unter der Oberfläche erleichtert den Abbau. Dagegen fanden andere, gewöhnlich tiefer liegende Eisenerze nur dort Verwendung, wo sie an die Oberfläche traten. Das neue Metall bedeutete größere wirtschaftliche Unabhängigkeit. Die häufig vorkommenden Eisenschlacken zeigen, daß vielerorts Eisen gewonnen und verarbeitet wurde. Bis zum letzten vorchristlichen Jahrhundert sind Schlackenfunde aus Siedlungen noch selten, dann aber werden Eisenschlacken – hauptsächlich aus Ausheizherden – geradezu zum Kennzeichen von Siedlungsfunden, zu Siedlungsindikatoren.

Die Eisengewinnung geschah in mehreren Arbeitsgängen. Auf den Erzabbau folgte das Rösten und Zerkleinern. Dann wurden Erz und Holzkohle wechselweise im Rennfeuerofen geschichtet[128]. Wie ein solcher Ofen aussah, veranschaulicht der Fund von Scharmbeck, Kr. Harburg, wo der in einer Grube liegende zerschlagene Lehmmantel weitgehend erhalten war[129] (siehe Abb. 11, nach S. 304). Der Ofen hatte die Form eines oben offenen Kegelstumpfes von über 1 m Höhe. In der 4 bis 5 cm dicken Lehmwand befanden sich dicht über der Oberfläche Düsenlöcher. Das Unterteil bildete eine Grube. Bei genügender Sauerstoffzufuhr durch die Düsenlöcher, zum Teil mit Hilfe von Blasebälgen, wurden Temperaturen von 1200° C erreicht. Das genügte zwar nicht zum Schmelzen von Eisen, brachte aber die Schlacke zum Rinnen (daher die Bezeichnung Rennfeuerofen) und bewirkte, daß sich das schwere, teigig gewordene Eisen in der Grube sammelte. Es war noch immer mit Schlacken und Holzkohle durchsetzt und bildete als Ergebnis des Schmelzganges die Luppe. Diese zerkleinerte man und gewann auf einfachen Ausheizherden durch Hämmern und Ausscheiden der Verunreinigungen das Eisen. Befunde bei Oldenburg zeigen, daß sich, ähnlich wie in Holstein, außerhalb der Siedlungen Zentren der Eisengewinnung bildeten[130]. Der Ausheizvorgang wurde vielfach, wie das Schmieden, in den Siedlungen vollzogen[131].

Eine zusammenfassende Darstellung der Eisenzeit in Niedersachsen ist kürzlich mit dem Teil III der „Einführung in Niedersachsens Urgeschichte" von G. Jacob-Friesen herausgebracht worden[132]. Trotzdem wäre eine Gesamtbearbeitung auf breiter Materialgrundlage wünschenswert, die freilich von einem einzelnen Bearbeiter nicht mehr geleistet werden kann. Es gibt mehrere neuere Arbeiten zu speziellen Themen der Eisenzeit Niedersachsens und auch überregionale, die unser Gebiet mit umfassen bzw. randlich berühren[133].

7. Ältere Eisenzeit

Die Darstellung der Älteren Eisenzeit Niedersachsens kann drei verschiedene Gebiete berücksichtigen: Das südliche Niedersachsen, das mittlere und westliche Niedersachsen und Nordost-Niedersachsen. Dabei ist natürlich nicht an eine feste geographische Abgrenzung zu denken, sondern eher an eine Charakterisierung kultureller Schwerpunkte.

Die ältere Eisenzeit Nordost-Niedersachsens, der Zeitraum vom 7. vorchristlichen Jahrhundert bis Christi Geburt, verdankt ihre Erforschung und zeitliche Gliederung ganz wesentlich Gustav Schwantes. Er begann kurz vor 1900 mit der Ausgrabung und wissenschaftlichen Bearbeitung von Urnenfriedhöfen in der Lüneburger Heide und unterteilte diesen Zeitabschnitt nach Fundorten im Kreis Uelzen in die Stufen von Wessenstedt, Jastorf mit den Unterstufen Jastorf a, b, c, Ripdorf und Seedorf[134]. Später faßte Schwantes die drei letzten Stufen unter dem Begriff der Jastorf-Zivilisation zusammen. Er bezeichnete damit gleichartige kulturelle Erscheinungen, die sich über das nordöstliche Niedersachsen, Holstein, Mecklenburg, die Altmark und mit Abwandlungen noch darüber hinaus erstrecken[135].

Die Stufe von Wessenstedt ist ungefähr mit der Periode VI der Bronzezeit nach Montelius gleichzusetzen. Die Keramik weist enge Bindungen zu der der Jungbronzezeit auf. Aus den straff gegliederten doppelkonischen und Kegelhalsgefäßen entstehen weiche Formen, wie der fast doppelkonische Topf mit rundlichem Umbruch oder die Kegelhalsurne mit leicht geblähtem Hals. Auch tonnenförmige Gefäße gehören zum Formengut. Von den spärlichen Metallbeigaben seien die bronzene Schwanenhalsnadel und die teils bronzenen, teils eisernen Rasiermesser genannt. Es kommen sowohl niedrige Grabhügel vor als auch Flachgräberfelder, auf denen die Urnen – häufig in kleinen Steinkisten – in weitem Abstand voneinander stehen.

Für die Stufe Jastorf a sind weitbauchige, tonnen- oder beutelförmige Töpfe mit nur leicht abgesetztem Rand charakteristisch. Die meist aus Eisen bestehenden Kropfnadeln stellen eine Weiterentwicklung der Schwanenhalsnadeln dar. Zungengürtelhaken kommen auf. Die typischen Tongefäße der Stufe Jastorf b weisen eine straffe Dreigliederung in Bauch, Hals und nach außen gebogenem Rand auf. Ein Teil der Gefäße hat eine schwarze, glänzend polierte Oberfläche. Als kennzeichnende Schmucknadel sei die mit Bombenkopf erwähnt.

Die Stufe Jastorf c bildet den Übergang zur Stufe von Ripdorf. Der Halsteil der Gefäße wird verkürzt und verschwindet ganz. Der Rand der meist flachen, terrinenförmigen Gefäße ist nach außen gebogen. Charakteristische Beigaben sind Flügelnadeln oder Holsteiner Nadeln, Haftarmgürtelhaken, vor allem aber dringen jetzt keltische Mittellatène-Fibeln in größerer Zahl nach Norddeutschland vor. In der Ripdorfstufe treten neben den Urnen auch Brandgrubengräber auf, die nicht nur den Leichenbrand, sondern die gesamten Scheiterhaufenreste enthalten[136].

Die Keramik der Seedorfstufe wird gekennzeichnet durch weitmündige Töpfe mit kurzem, abgesetztem Rand und Tonsitulen, Gefäßen, deren Unterteil zum Boden hin trichterförmig stark einzieht[137]. Es ist schwer zu entscheiden, ob die italischen Bronzesitulen als Vorbilder dienten, die neben den Tongefäßen als Urnen auftauchen, oder Keramikformen der Latènekultur. Von den Beigaben seien die verschiedenen Fibeln vom Mittel- und Spätlatèneschema genannt und Plattengürtelhaken, die die älteren Haftarmgürtelhaken ablösen. Vor allem aber wird es in der zweiten Hälfte der Seedorfstufe üblich, den Gräbern Waffen beizulegen, deren Verwandtschaft zu keltischen Vorbildern nicht zu übersehen ist, Lanzen und Speere mit eisernen Spitzen, Schilde mit eisernen Schildbuckeln, seltener Schwerter. Diese Beigabensitte setzt sich in der Älteren Römischen Kaiserzeit fort. Unter den Gräbern heben sich solche mit Bronzegefäßen als Urnen und reicheren Beigaben ab. Bei den Urnenfriedhöfen, die durch W. Wegewitz schwerpunktartig im Landkreis Harburg untersucht wurden[138], wird eine Tendenz zu größeren Gräberfeldern sichtbar, ohne daß man der fehlenden Siedlungsgrabungen wegen sagen könnte, ob es sich um zentrale Bestattungsplätze mehrerer kleiner Anwesen handelt oder ob dahinter größere Dörfer stehen.

Die Jastorfkultur erscheint mit ihren Bestattungssitten, dem absoluten Vorherrschen der Urnengräber, mit ihren Beigabensitten und -formen, mit ihrer von den Urnenfriedhöfen wohlbekannten Keramik als gut begrenzbarer Formenkreis[139]. Die Belegungsdauer der Friedhöfe sowie die Entwicklungsreihen vieler Altertümer lassen an einer Kontinuität von der Stufe Jastorf a bis in die Seedorfstufe und darüber hinaus in die Römische Kaiserzeit nicht zweifeln[140]. Damit kann man zu Recht die Jastorfkultur als germanisch bezeichnen. Es ist die erste Kulturgruppe, der diese Bezeichnung zweifelsfrei zusteht.

Als K. Tackenberg im Jahr 1934 sein Buch über die „Kultur der frühen Eisenzeit in Mittel- und Westhannover" schrieb[141], war kaum vorherzusehen, daß diese Arbeit bis in unsere Tage ohne Neubearbeitung bleiben würde, von Untersuchungen zu Teilproblemen abgesehen.

Es ist Tackenbergs Verdienst, die kulturelle Eigenständigkeit eines Gebietes für den Zeitraum von etwa 750 bis in den Beginn unserer Zeitrechnung beschrieben zu haben, dessen geographische Grenzen folgendermaßen umrissen werden können: Die Westgrenze stellt die Ems dar, die Nordgrenze eine gedachte Linie von Aschendorf über Oldenburg nach Bremen, die Grenze im Osten und Nordosten ist die Aller und nach Süden wiederum eine gedachte Linie etwa von Braunschweig über Hannover nach Minden und Osnabrück. Es ist wahrscheinlich, daß dieses Gebiet auf die kulturellen Grundlagen der Bronzezeit zurückgeht. Bemerkenswert ist die Konstanz der Formen, insbesondere der Keramik, die die Hauptmasse der Funde darstellt. Diese Formen sind in der Regel autochthon und weisen wenig Verbindungen mit der Urnenfelderkultur auf. Allerdings gibt es Unterschiede: so zeigt z. B. das Wesergebiet gegenüber dem westlichen Niedersachsen einen größeren Formenreichtum, eine schnellere Folge einzelner Typen und erheblich mehr Beigaben in den Gräbern, als das für den Westen gilt. Den Grund für diese Unterschiede sieht Tackenberg in der günstigeren Verkehrslage des Wesergebietes und den daraus resultierenden Verbindungen nach Osten und Süden.

Ein Charakteristikum der vorrömischen Eisenzeit in Mittel- und West-Niedersachsen ist die Herausbildung des sogenannten Nienburger Formenkreises.

In Anlehnung an K. Schumacher [142] hatte K. Tackenberg den Nienburger Typ beschrieben. Diese Erscheinung entsteht mit dem Ende der Periode VI nach Montelius, also etwa im 6. vorchristlichen Jahrhundert und erstreckt sich geographisch im Norden bis zur Weser-Aller-Linie, im Süden bis an den Rand der Mittelgebirge, im Westen bis zur Hunte. Das Fundmaterial stammt fast ausschließlich aus Gräbern, und zwar sowohl aus Flach- als auch aus Hügelgräbern. In den seltensten Fällen haben die Urnen Beigaben, so daß eine Datierung jeweils schwierig ist. Zur Frage nach Ursprung und Verbleib des Nienburger Typs scheint die von Jacob-Friesen vorgeschlagene Deutung am plausibelsten, „daß der Nienburger Typ wie manches andere ein allgemeiner Ausläufer der Späthallstattkultur einer breiten Zone ist, die sich vom Hunsrück-Eifel-Gebiet über Hessen bis in den mitteldeutschen Raum erstreckte und auch teilweise die späten Lausitzer Kulturen umfaßte" [143]. Ähnlich klar ist auch die Aussage des gleichen Autors zur Frage des Harpstedter Typs, so genannt nach einer Gefäßform, die zuerst nach dem Fundort Harpstedt im Kr. Grafschaft Hoya beschrieben wurde. Die kennzeichnenden „Rauhtöpfe" hat man mit der Vorstellung von einer Wanderung der Germanen an den Niederrhein verknüpft – eine heute nicht mehr ernstzunehmende Deutung. „Mindestens in den südlichen und westlichen Randgebieten entwickelten sich solche Gefäße aus urnenfelderzeitlichen Vorformen, und im übrigen stellen sie eine naheliegende Art von Haushaltsgefäßen dar. Harpstedt ist keine Kultur, ja, man kann bei der Schlichtheit der Gefäße und bei ihrer langen Lebensdauer kaum von einem Stil sprechen. Die ganze Erscheinung ist wohl in erster Linie durch die Grabsitte zu erklären." [144]

Hinsichtlich der Bestattungssitten bietet sich im mittleren und westlichen Niedersachsen ein differenziertes Bild, zu dem zahlreiche Einzeluntersuchungen vorliegen [145]. Sehr häufig sind die Grabanlagen, jedenfalls die Hügelgräber, mit Gräben der unterschiedlichsten Form umgeben: Kreisgräben, solche von schlüssellochförmiger Gestalt, Rechteck- und Langgräben. Die Bestattungen selbst sind in der Regel in Urnen vorgenommen worden, daneben gibt es aber auch solche in Behältern aus offenbar organischem Material oder nur als Knochenlager. Gelegentlich sind die Urnenbestattungen durch Steine geschützt, häufiger wurden sie ohne Schutz in den Boden gestellt. Über die Größe der Gräberfelder und zur damit in Verbindung stehenden Frage nach der Ausdehnung etwa zugehöriger Siedlungen können keine einheitlichen Angaben gemacht werden. Das berühmte Gräberfeld von Pestrup bei Wildeshausen mit noch etwa 500 erhaltenen Grabhügeln ist nach den vorliegenden Untersuchungen zu einem großen Teil in der vorrömischen Eisenzeit entstanden[146]. Es vermittelt eine Vorstellung der Ausdehnung vorgeschichtlicher Gräberfelder im westlichen Niedersachsen, läßt aber die Frage offen, ob diese Größe einstmals die Regel war oder eine Ausnahme darstellte.

Im südlichen Niedersachsen ist eine archäologische Quellengruppe recht gut erforscht, und zwar die Befestigungen. Dabei ist besonders die Pipinsburg bei Osterode zu nennen, deren Untersuchung mit Notgrabungen in den Jahren 1951/52 eingeleitet, dann von 1953–1960 fortgesetzt und seit 1973 wieder mit Unterstützung der Deutschen Forschungsgemeinschaft neu in Angriff genommen wurde[147]. Die Pipinsburg liegt auf einer Bergzunge der Osteroder Kalkberge, die das Sösetal nach Westen begrenzen. Sie hat einen Gesamtumfang von 10,5 ha. Das Befestigungssystem besteht aus drei nach Süden gerichteten Wallzügen. Das Geländerelief ist durch starke Verkarstung des Zechsteins gekennzeichnet und dadurch sehr bewegt. Allenthalben wird die Innenfläche durch Dolinen und andere natürliche Kleinformen unterbrochen. Für den Ausgräber ergeben sich dadurch besonders erschwerte Bedingungen, sowohl technischer Art als auch im Hinblick auf die Beobachtungsmöglichkeiten. Die Untersuchungen erstreckten sich auf den inneren Burgbezirk und auf einige Teile der Befestigungszüge. Bei den Flächengrabungen wurden umfangreiche Kulturschichten angetroffen, mit reichem Fundinventar, allerdings gelang es an keiner Stelle, gesicherte Hausgrundrisse zu ermitteln. Das Vorhandensein von Pfostenverfärbungen beweist allerdings die Existenz von Gebäuden in der Pipinsburg. Die intensiven bodengenetischen Veränderungen haben aber bewirkt, daß die Häuser bis auf wenige Reste vernichtet wurden und die Kulturschichten sich in den genannten natürlichen Senken ansammelten.

Die stratigrafische Analyse ließ übereinstimmend für alle untersuchten Gruben eine Dreigliederung des Inhalts erkennen: Schicht III erbrachte Funde des Neolithikums, der späten Bronze- bzw. späten Hallstattzeit und der Frühlatènezeit; Schicht II enthielt Fundmaterial von Latène B 2 bis Latène C; Schicht I enthielt Funde des frühen und hohen Mittelalters. Bemerkenswert ist der Hiatus zwischen den Schichten II und III, der so deutlich ist, daß man einen Siedlungsabbruch in der Mittellatènezeit annehmen kann.

Das Fundmaterial der späten Bronzezeit gestattet es, „die spätbronzezeitliche Siedlungsphase auf der Pipinsburg kulturell an die stark lausitzisch geprägten Gruppen dieses Zeitabschnittes in Mitteldeutschland – die Saale-

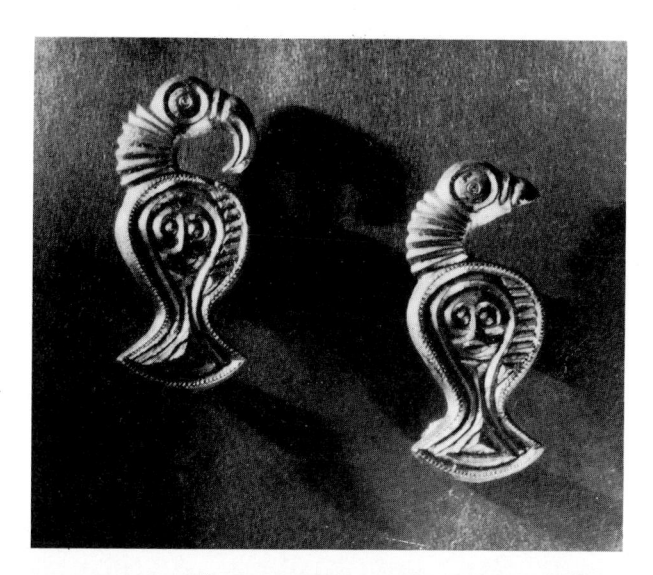

Abb. 19
Gleicharmige Fibel und Vogelfibeln mit Kerbschnittverzierung
aus einem Körpergrab von Anderlingen, Kr. Bremervörde

Mündungsgruppe östlich und nördlich des Harzes und die Unstrut-Gruppe zwischen Harz, Thüringer Wald und Saale – anzuschließen". Die mittellatènezeitliche Siedlung auf der Pipinsburg ist in kulturgeschichtlicher Hinsicht eng an das Elbe-Saale-Gebiet anzuschließen, das heißt, an das „mitteldeutsche Kontaktgebiet, das sich in der süd-germanischen Randzone unter dem Einfluß der Latènekultur des Orlagaues und Böhmens seit der Stufe Latène B 2 herausbildete". Diese Siedlungsphase besteht auch während der jüngeren Mittellatènezeit weiter und ist besonders durch das Auftreten von Drehscheibenkeramik gekennzeichnet. „Stärker tritt jetzt auch eine unmittelbare Beziehung zu dem Bereich der keltischen Oppida-Zivilisation Süddeutschlands in Erscheinung", die auf der Pipinsburg durch das Vorkommen entsprechender Werkzeugtypen gekennzeichnet ist. Danach scheint die vorgeschichtliche Besiedlung der Pipinsburg abzubrechen, trotz Auffindung vereinzelter Funde, die einem späteren Horizont angehören. Das mittelalterliche Material soll an dieser Stelle unberücksichtigt bleiben.

Bemerkenswert ist besonders der beachtliche Umfang an gut erhaltenen organischen Resten, sowohl Tierknochen als auch Getreide. Bei einigen Kompaktfunden handelt es sich sehr wahrscheinlich um die verkohlten Überreste von Vorräten, von denen verschiedene Weizen- und Gerstearten sowie Hirse, Erbse, Bohne, Lein und Schlehe zu nennen sind. Die begonnenen paläoethnobotanischen Untersuchungen lassen wichtige Erkenntnisse zu dem bislang wenig untersuchten Zeitraum der Mittellatènezeit erwarten, besonders hinsichtlich der landwirtschaftlichen Nutzung des Berg- und Hügellandes Süd-Niedersachsens in vorgeschichtlichen Epochen [148].

Bei der Untersuchung an Innen- und Zwischenwall der Pipinsburg wurden jeweils mehrere Baustadien ermittelt, die auf Grund von Funden folgenden Zeithorizonten zugeordnet werden konnten: das Stadium A/B der späten Hallstattzeit bis frühen Latènezeit sowie dem Beginn des Mittellatène, Stadium C dem Mittellatène und Stadium D dem Mittelalter. Entsprechende Ergebnisse brachten auch die Ausgrabungen am Tor zum Kernwerk, wobei als älteste Anlage ein Zangentor in Holzkonstruktion ermittelt wurde, eine zweite – allerdings etwas unklar – mit einer Trockenmauer gesichert war, und die jüngste Phase eine Mörtelmauer enthielt. Weitere Grabungen im Kernwerk zeigten, daß dieses in vorgeschichtlicher Zeit als stärkste Sicherung ein mächtiges Trockenmauerwerk enthielt. Die Außenbezirke der mehrteiligen Anlage sind bislang noch nicht untersucht worden. Insbesondere fehlen Grabungen in den Innenflächen, deren Funktion bislang noch unklar ist. Trotzdem erscheint die Deutung der Ausgräber gerechtfertigt, daß die Pipinsburg „eine über längere Zeitabschnitte benutzte und stark befestigte Höhensiedlung (ist), die einen kulturellen und wirtschaftlichen, wenn nicht sogar einen politischen Mittelpunkt im südniedersächsischen Bergland darstellt". Die Frage nach dem Verhältnis der befestigten Höhensiedlung zu dem sie umgebenden

Siedlungsraum soll in nächster Zeit intensiver erforscht werden. Ansätze dazu sind in den Ergebnissen der archäologischen Landesaufnahme vorhanden, ohne daß man auf Grund des Oberflächenbefundes ein klares Bezugsverhältnis einzelner Siedlungen auf die zentrale Anlage erkennen könnte.

Die Pipinsburg gehört zur großen Kontaktzone zwischen den Kulturbereichen Süd-, Mittel- und Norddeutschlands, wobei besonders für die älteren Epochen die Beziehungen zu Süd- und Mitteldeutschland erkennbar werden. Damit stellt sich naturgemäß die Frage nach der Auseinandersetzung zwischen keltischer und germanischer Zivilisation während der Latènezeit. In bestimmten Bautechniken, besonders aber im Fundgut, sind keltische Einflüsse deutlich spürbar, die Beziehungen bis nach Böhmen erkennen lassen. Dennoch kann die Frage nach der ethnischen Zugehörigkeit des südöstlichen Harzvorlandes nicht beantwortet werden.

Dieses Problem ist mit der vor einigen Jahren erschienenen Gemeinschaftsarbeit „Völker zwischen Germanen und Kelten" lebhaft diskutiert worden[149]. Die Autoren vertraten auf Grund von Übereinstimmungen archäologischer Indizien mit bestimmten Erscheinungen im Namengut die Ansicht, daß dieses Gebiet Bestandteil einer bis weit nach Westeuropa reichenden Zone sei, in denen Populationen lebten, die weder den Kelten noch den Germanen zuzuordnen sind. Diese Thesen haben keineswegs uneingeschränkt Zustimmung gefunden, sind aber auch nicht widerlegt worden[150].

Es gibt im südniedersächsischen Bergland zahlreiche weitere Befestigungen, die auf Grund neuerer Untersuchungen in die Ältere Eisenzeit zu datieren sind[151]. Sie konzentrieren sich deutlich an den Rändern des Leinetalgrabens um Göttingen, jenem seit vorgeschichtlicher Zeit wichtigen Bindeglied zwischen Süd- und Norddeutschland. Dabei handelt es sich im wesentlichen um folgende fünf Befestigungen: Wittenburg, Ratsburg, Hünstollen, Lengderburg, Eschenburg, wobei möglicherweise noch weitere Anlagen hinzuzuzählen sind, die bislang nicht datiert werden konnten. Die Gemeinsamkeiten bestehen in einer stets gleichen topographischen Situation zur umgebenden Landschaft, d. h. in der Lage auf gut gesicherten Bergspornen, ferner in der Übereinstimmung wichtiger Konstruktionsmerkmale. Diese Burgen enthielten keine Dauersiedlungen, sondern wurden in Notzeiten mit der beweglichen Habe zu vorübergehendem Aufenthalt aufgesucht. Sie unterscheiden sich von der Pipinsburg durch eine beträchtlich geringere Ausdehnung und durch die in der Regel bescheidenere Befestigung, die zumeist nur aus Wallaufschüttung – selten mit vorgesetzter Palisade – und flachem Graben besteht.

Eine Sonderstellung scheint die V o g e l s b u r g bei Salzderhelden (so. Einbeck) einzunehmen, die durch Grabungen von U. Kahrstedt bekannt wurde[152]. Diese Untersuchungen und die daraus gefolgerten Datierungen müssen aber nach neueren Grabungen als unsicher bezeichnet werden. Kahrstedt legte ein Zangentor frei, das auch in der jüngeren Literatur der Spätlatènezeit zugeordnet wird, für unser Gebiet aber auch noch später möglich ist. Schlüter verweist dazu z. B. auf die Ergebnisse von der Heidenschanze bei Sievern (n. Bremerhaven) sowie auf die Ergebnisse von der Erdenburg bei Köln. Die Datierung des Fundmaterials ist nicht eindeutig möglich, jedenfalls muß die Datierung Früh- bis Mittel-Latène bezweifelt werden. Weitere Aufschlüsse sind von der Neubearbeitung der zum Teil noch unpublizierten Grabungsergebnisse Kahrstedt zu erwarten[153].

Neuere Forschungen zum Siedlungswesen der Älteren Eisenzeit in Süd-Niedersachsen sind relativ selten. Das Problem der Siedlungsarchäologie in diesem Gebiet besteht besonders in der Auffindbarkeit von Siedlungsplätzen, da diese sehr häufig durch Auelehmbildung oder auch durch Waldbedeckung verborgen bleiben[154]. Ansätze zur Erkenntnis des Siedlungswesens bietet eine ältere Grabung bei Vogelbeck, Jeinserfeld, bei der zwar keine Hausgrundrisse, wohl aber große kellerartige, trapezförmige Vorratsgruben mit reichem Fundmaterial an Spinnwirteln, Webgewichten, Keramik sowie auch Fibeln aus Bronze und Eisen geborgen werden konnte[155]. Die Metallfunde erlauben eine sichere Datierung des Komplexes in die Spätlatènezeit. Inwiefern diese Siedlung im Zusammenhang mit der Vogelsburg zu sehen ist, kann auf Grund der etwas unsicheren Datierung dieser Anlage nur vermutet werden. Auf Grund der nur geringen Entfernung von 1 km muß allerdings mit einem solchen Zusammenhang gerechnet werden. Man hat auch auf die Möglichkeit hingewiesen, daß die Salzgewinnung in diesem Gebiet bereits in vorgeschichtlicher Zeit eine Rolle spielte und Siedlung und Burg damit in Verbindung gebracht werden können.

Einen weiteren Aufschluß ergab die bereits zitierte Siedlung bei Rosdorf, Kr. Göttingen, in der auch ein Haus der Spätlatènezeit freigelegt wurde. Es war 7,5×6,5 m groß, bestand aus Wandgräbchen mit darinstehenden Pfosten und hatte eine Herdstelle aus Scherben, unter denen sich auch solche von importierten Drehscheibengefäßen befanden[156].

Gräber der vorrömischen Eisenzeit in Süd-Niedersachsen wurden nur vereinzelt entdeckt, aber an keiner Stelle sind zusammenhängende Friedhöfe ausgegraben worden.

Die Grabausstattung auf den Gräberfeldern der vorrömischen Eisenzeit erscheint recht gleichartig. Sie spiegelt in erster Linie Grab- und Beigabensitten wider und läßt nur begrenzte Schlüsse auf die Sozialstruktur zu. Am Beginn des Zeitabschnitts heben sich im Mittelwesergebiet einige wenige Gräber dadurch von den übrigen ab, daß importierte Bronzegefäße – Bronzekessel, Rippenzisten und Situlen – als Urnen dienten[157]. Am Ende der vorrömischen Eisenzeit tauchen noch einmal importierte Bronzegefäße auf den Urnenfeldern des nordöstlichen Niedersachsens als Urnen auf. Hier werden Bestattungen einer sozial gehobenen Schicht sichtbar, ohne daß die Funde ausreichen, von „Fürstengräbern" zu sprechen. Südliche Importe und weiträumige Verbindungen werden darüber hinaus durch zwei süddeutsche Hallstatt-Schwerter aus Bohlsen, Kr. Uelzen, mit ungewissen Fundumständen, eine italische Fibel aus den Apenteichen bei Winzenburg, Kr. Alfeld, und dem massiven irischen Goldring aus Gahlstorf, Kr. Verden, dokumentiert. Die eisenzeitliche Kultur Norddeutschlands ist starken Einwirkungen der keltischen Latènekultur ausgesetzt gewesen, wie vor allem Fibeln und Waffen zeigen. Daß zwei Befestigungsanlagen, die Heidenstadt und Heidenschanze bei Sievern (n. Bremerhaven) im norddeutschen Flachland, gebaut wurden, ist wohl nicht ohne die Vorbilder im Mittelgebirge und damit ohne keltische Einflüsse zu sehen. Hier muß sich eine Zentralgewalt entwickelt haben. Leider fehlen großflächige Siedlungsuntersuchungen, die auch Aussagen zur Sozialstruktur zuließen[158].

Zum Siedlungswesen der älteren vorrömischen Eisenzeit liegen umfangreiche modernere Forschungen aus dem Nordseeküstenbereich vor. In den übrigen Landesteilen fehlen entsprechende Untersuchungen. Gleich an den Anfang der Periode ist die älteste Strate der Marschensiedlung bei B o o m - b o r g - H a t z u m am Unterlauf der Ems zu stellen[159]. Die Datierung der Siedlung in das Ende von Hallstatt D mit Übergang zu Latène A als Siedlungsbeginn und das frühe Spätlatène als Siedlungsende wird durch Radiocarbondaten abgesichert. In absoluten Zeiten ausgedrückt, reicht demnach der älteste Horizont in das ausgehende 6. oder beginnende 5. Jahrhundert, und ein jüngerer setzt im ausgehenden 5. oder beginnenden 4. Jahrhundert vor unserer Zeitrechnung ein. Die Ausgrabung zeigte, daß vor der Besiedlung eine Brandrodung des Siedlungsgeländes erfolgte. Danach wurden die Häuser größtenteil im Schutze eines Uferwalles um einen freien Platz angeordnet. Im Verlauf der Ausdehnung der Siedlung füllte man auch natürliche Bodensenken künstlich auf, um so weiteres Siedlungsgelände zu gewinnen.

Bereits zur untersten der sechs Siedlungsschichten gehören dreischiffige Hallenhäuser mit Wohn- und Stallteil. Zur Aufbewahrung von Getreide dienten quadratische oder rechteckige Pfahlspeicher. Stallteile in den Häusern belegen die in der Siedlung betriebene Viehhaltung. Als zusätzliche Erwerbsquelle wird man wohl Fischfang und Küstenschiffahrt annehmen können. Eine Anzahl kleinerer Häuser wäre vielleicht als die von Handwerkern zu deuten, aber es fehlen die dazu erforderlichen Werkstattrückstände.

Eine erneute Besiedlung des Platzes setzt im letzten Jahrhundert v. Chr. ein. Jetzt beginnt allgemein eine großräumige Besiedlung der Marschen, die sich in der Römischen Kaiserzeit mit dem Bau von Wurten fortsetzt. Auch die älteste Siedlungsphase der Feddersen Wierde ist hierher zu datieren[160].

Die wenigen Siedlungsgrabungen außerhalb der Marschen, zu kleinflächig durchgeführt, erbrachten zwar Siedlungsverfärbungen und Gruben, aber keine

Haus- oder gar Dorfgrundrisse. Die Funktion der Gruben kann zuweilen als Pfosten- oder Speichergruben, als Reste von Back-, Töpfer- oder Rennfeueröfen ausgemacht werden, ohne daß die Konstruktion im Detail sichtbar würde. Als Beispiel eines Backofens sei der von Harsefeld, Kr. Stade, aufgeführt[161]. In Küsten (w. Lüchow) wurde eine Vorratsgrube entdeckt, die noch 15 kg angekohltes G e t r e i d e enthielt[162]. Die wichtigsten Getreidearten sind auch in dieser Zeit noch Weizen und Gerste, allerdings geht der Weizenanbau zugunsten der Gerste stark zurück. Der Roggen gewinnt langsam an Bedeutung. Auch Hafer und Hirse sind nachzuweisen, ebenso wie Erbse, Bohne, Linse und Lein. Als H a u s t i e r e sind Rind, Schwein, Schaf, Ziege, Pferd und Hund zu nennen. Bemerkenswerte Fortschritte in der Tierzucht zeigen sich in der Einkreuzung fremder Rassen beim Rind, die Zucht neuer Schafrassen. Sie belegen auch die Domestikation von Huhn, Gans und Ente.

Die Veränderungen im Bereich der Nahrungswirtschaft während der vorrömischen Eisenzeit charakterisiert H. Jankuhn als „wenigstens stellenweise für den Absatz in nichtagrarische Verbraucherzentren arbeitende landwirtschaftliche Überschußproduktion"[163].

Webgewichte und Spinnwirtel belegen die Herstellung von T e x t i l i e n , die sich in Resten an Metallfunden oder in Mooren erhalten haben. Spinnen und Weben sind ebenso Teil des Hausfleißes wie die Fertigung einfacher Keramik. Daneben sind für viele der sorgfältig geformten Tongefäße, wie sie uns besonders in den Urnen der Jastorf-Kultur entgegentreten, Töpferwerkstätten vorauszusetzen. Auch Metallgerät und -schmuck lassen auf Grob- und Feinschmiede als Handwerker schließen. Für den Bau der dreischiffigen Hallenhäuser sind Zimmerleute anzunehmen. Für die Verteilung der Waren werden Händler gesorgt haben. V e r k e h r s w e g e werden in den Bohlwegen aus den Mooren sichtbar, Verkehrsmittel belegen die mehrteiligen massiven Scheibenräder unter den Moorfunden[164].

Nach Aussagen der Pollenanalyse wird das Klima der vorrömischen Eisenzeit im Vergleich zur Bronzezeit allmählich etwas feuchter und kälter. Das bewirkt in der natürlichen Vegetation das Vordringen der Buche[165]. Da für Niedersachsen eine Kartierung der Fundstellen fehlt, kann nicht gesagt werden, ob eine allgemeine Bevorzugung trockener Sandböden vorliegt, die dann bis zur Römischen Kaiserzeit einer Besiedlung schwererer Böden unter Einschluß der Marschen weicht, wie es in Schleswig-Holstein nachgewiesen wurde[166]. Fest steht, daß in der späten vorrömischen Eisenzeit auch an der niedersächsischen Nordseeküste eine Phase der Marschenbesiedlung einsetzt.

Zur gleichen Zeit ist ein neuer, s c h o l l e n w e n d e n d e r P f l u g t y p zu belegen. Unter der ältesten Siedlungsschicht der Feddersen-Wierde zeichneten sich ebenso wie jenseits der Niederelbe in Ostermoor Pflugspuren des Streichbrettpfluges ab[167]. Zuvor ließen sich nur die kreuz und quer gezogenen

Furchen der Sohl- und Hakenpflüge nachweisen und – auch vereinzelt in Niedersachsen – die dazu gehörenden Flursysteme der celtic fields. Danach sind die Felder als „wabenartig aneinander schließende Parzellen ausgebildet", was auf eine „individual-wirtschaftliche Betriebsform des Getreideanbaus ohne Flurzwang und Feldgemeinschaft" schließen läßt[168].

Das Siedlungsmaterial der jüngeren vorrömischen Eisenzeit und der älteren römischen Kaiserzeit im Gebiet zwischen Niederrhein und Mittelweser ist von K. Wilhelmi aufgearbeitet worden[169]. Vollständig ausgegraben ist auch für diesen Zeitabschnitt keine Siedlung außerhalb des Marschenbereichs. Auf Grund der zusammengetragenen Einzelergebnisse sind allerdings folgende Beobachtungen möglich: Die bevorzugte S i e d l u n g s l a g e ist die entlang von Terrassenkanten der Flüsse und im bergigen Gelände besonders die an Südost-, Süd- und Südwesthängen. An Funden sind außer Keramik vielfach Webgewichte, Spinnwirtel, Bruchstücke von Basaltlava für Mahlsteine, Eisenschlacken und an Metallbeigaben vorwiegend Fibeln erhalten.

Hans-Günter Peters und Heinz Schirnig

[128] H. HINGST, Die vorrömische Eisenzeit, in: Geschichte Schleswig-Holsteins, Bd. 2, 3. Lief., 1964; R. PLEINER, Die Eisenverhüttung in der „Germania Magna" zur römischen Kaiserzeit. 40. BerRömGermKomm 1964 (1965), S. 11 ff. – [129] W. WEGEWITZ, Ein Rennfeuerofen aus einer Siedlung der älteren Römerzeit in Scharmbeck (Kr. Harburg), in: NachrrNdSachsUrg 26, 1957, S. 3 ff. – [130] H. HAYEN, „Isernbarg" Ein Eisenverhüttungsplatz in Streekermoor (Ldkr. Oldenburg), in: OldenbJb 67, 1968, S. 133 ff. – [131] R. DEHNKE, Ein Siedlungs- und Eisenverhüttungsplatz der spätrömischen Kaiserzeit von Westerholz, Kr. Rotenburg/Wümme, in: NachrrNdSachsUrg 36, 1967, S. 133. – [132] G. JACOB-FRIESEN, Niedersachsens Urgeschichte III (wie Anm. 1). – [133] Literaturhinweise bei G. JACOB-FRIESEN (wie Anm. 1). – [134] G. SCHWANTES, Die ältesten Urnenfriedhöfe bei Uelzen und Lüneburg, 1911; DERS., Jastorf und La Tène, in: KölnJb 1, 1955, S. 75 ff. – [135] G. SCHWANTES, Die Jastorf-Zivilisation, in: Festschr. f. P. Reinecke, 1950, S. 119 ff. – [136] G. SCHWANTES, Die Gruppen der Ripdorf-Stufe, in: JschrMitteldtVorgeschichte 41/42, 1958, S. 334 ff. – [137] G. SCHWANTES, Die Seedorf-Stufe, in: Festschr. f. C. A. Nordmann, 1952, S. 58 ff. – [138] Publiziert in der Schriftenreihe „Die Urnenfriedhöfe in Niedersachsen". – [139] H. KRÜGER, Die Jastorfkultur in den Kreisen Lüchow-Dannenberg, Lüneburg, Uelzen und Soltau, 1961; H. J. HÄSSLER, Zur inneren Gliederung und Verbreitung der vorrömischen Eisenzeit im südlichen Niederelbegebiet (im Druck). – [140] O. HARCK, Nordostniedersachsen vom Beginn der jüngeren Bronzezeit bis zum frühen Mittelalter, 1972. – [141] K. TACKENBERG, Die Kultur der frühen Eisenzeit in Mittel- und Westhannover, 1934. – [142] K. SCHUMACHER, Materialien zur Besiedlungsgeschichte Deutschlands, 1913. – [143] G. JACOB-FRIESEN III (wie Anm. 1), S. 478. – [144] G. JACOB-FRIESEN III (wie Anm. 1), S. 440. – [145] H. ASCHEMEYER, Die Gräber der jüngeren Bronzezeit im westlichen Westfalen, 1966; D. ZOLLER, Gräberfelder und Bestattungsbräuche der jüngeren Bronze- und älteren Eisenzeit im Oldenburger Geestgebiet, in: Neue Ausgrab. u. Forsch. in Niedersachsen 2, 1965, S. 102; H.-G. PETERS, Das Hügelgräberfeld von Osnabrück-Düstrup, in: Neue Ausgrab. u. Forsch. in Niedersachsen 8, 1973, S. 1; H. G. STEFFENS, Grabhügel der vorrömischen Eisenzeit im nieders. Verwaltungsbezirk Oldenburg, in: NachrrNdSachsUrg 39, 1970, S. 104; E. HÄHNEL, Jungbronzezeitliche und früheisenzeitliche Bestattungsformen und Fried-

höfe in Südoldenburg, in: OldenbJb 69, 1970, S. 79. – [146] J. Pätzold, „Königshügel" am Pestruper Gräberfeld, in: Nordwest-Heimat 23, 1958; Ders., Zur zeitlichen Einordnung hochackerähnlicher Wälle in Grabhügelfeldern, in: Die Kunde NF 9, 1958, S. 194. – [147] M. Claus und W. Schlüter, Die Pipinsburg bei Osterode am Harz. Neue Forschungsergebnisse, in: Neue Ausgrabungen in Deutschland 2, 1975. – [148] W. Schlüter und U. Willerding, Vorbericht über die Ausgrabungen auf der Pipinsburg im Jahre 1974, in: NachrrNdSachsUrg 44, 1975 (im Druck). – [149] R. Hachmann, G. Kossack, H. Kuhn, Völker zwischen Germanen und Kelten. Schriftquellen, Bodenfunde und Namengut zur Geschichte des nördlichen Westdeutschlands um Christi Geburt, 1962. – [150] Rezensionen zu: Hachmann, Kossack, Kuhn (1962) in: NachrrNdSachsUrg 32, 1963, S. 142 (R. von Uslar) und Germania 42, 1964, S. 313 (K. Kraft). – [151] H.-G. Peters, Ur- und frühgeschichtliche Befestigungen zwischen Oberweser und Leine, in: Neue Ausgrab. u. Forsch. in Niedersachsen 5, 1970, S. 63. – [152] U. Kahrstedt, Die Ausgrabungen auf der Vogelsburg, Gem. Vogelbeck, Kr. Northeim, in: Die Kunde 1, 1933, S. 1; 2, 1934, S. 44; 3, 1935, S. 93; 4, 1936, S. 113. PraehistZ 26, 1935, S. 125. – [153] W. Schlüter, Die Vogelsburg, Kr. Northeim, in: NachrrNdSachsUrg 44, 1975 (im Druck). – [154] K. Raddatz, Probleme einer archäologischen Landesaufnahme im niedersächsischen Mittelgebirgsgebiet, in: Neue Ausgrab. u. Forsch. in Niedersachsen 7, 1972, S. 341. – [155] O. Fahlbusch, Die zweite Grabung im Jeinser Feld bei Vogelbeck, in: Die Kunde 3, 1935, S. 180 (Neubear. d. E. Plümer in Vorber.). – [156] R. Maier und H.-G. Peters, Urgeschichtliche Siedlungsreste in Rosdorf, Kr. Göttingen, in: Neue Ausgrab. u. Forsch. in Niedersachsen 2, 1965, S. 19. – [157] G. Jacob-Friesen III (wie Anm. 1), S. 429 = Abb. 435. – [158] W. Haarnagel, Die Ringwallanlagen Heidenschanze und Pipinsburg im Kreis Wesermünde, Gemarkung Sievern, in: Ringwall und Burg in der Archäologie West-Niedersachsens, 1971, S. 11. – [159] W. Haarnagel, Die Untersuchung einer spätbronze-ältereisenzeitlichen Siedlung in Boomburg/Hatzum, Kr. Leer, in den Jahren 1963 und 1964 und ihr vorläufiges Ergebnis, in: Neue Ausgrab. u. Forsch. in Niedersachsen 2, 1965, S. 132; ebenda, 4, 1969, S. 58 (zu den Grabungen der Jahre 1965–1967); H. T. Waterbolk, Hauptzüge der eisenzeitlichen Besiedlung der nördlichen Niederlande, in: Offa 19, 1962, S. 9. – [160] W. Haarnagel, Die Wurtensiedlung Feddersen Wierde im Nordseeküstengebiet. Ausgrabungen in Deutschland, Teil 2: Römische Kaiserzeit im freien Germanien, 1975, 10. – [161] G. Jacob-Friesen III (wie Anm. 1), S. 409. – [162] K. Kofahl, in: Die Kunde 4, 1936, S. 128. – [163] H. Jankuhn, Deutsche Agrargeschichte I. Vor- und Frühgeschichte vom Neolithikum bis zur Völkerwanderungszeit, 1969, S. 58. – [164] H. Hayen, Räder- und Wagenteile aus nordwestdeutschen Mooren, in: NachrrNdSachsUrg 42, 1973, S. 129. – [165] F. Firbas, Waldgeschichte Mitteleuropas, 2 Bde., 1949 u. 1952. – [166] H. Hingst, Karten zur Besiedlung Schleswig-Holsteins in der vorchristlichen Eisenzeit und älteren Kaiserzeit, in: Arch. Geographica 3, 1952, S. 8 ff. – [167] A. Bantelmann, in: Offa 16, 1957/58 (1960), S. 53. – [168] M. Müller-Wille, Eisenzeitliche Fluren in den festländischen Nordseegebieten, 1965. – [169] K. Wilhelmi, Beiträge zur einheimischen Kultur der jüngeren vorrömischen Eisenzeit und der älteren römischen Kaiserzeit zwischen Niederrhein und Mittelweser, 1967.

8. Die Römische Kaiserzeit

Verdankte die germanische Kultur der Jahrhunderte vor Christi Geburt viele Anregungen den Kelten, so zeichnen sich in den ersten Jahrhunderten nach Christus starke Einflüsse der Römer ab. Darüber hinaus fußt die absolute

Chronologie germanischer Funde auf der Verbindung mit der römischen Geschichte[170]. So erscheint die übliche Bezeichnung Römische Kaiserzeit für die Epoche zwischen Christi Geburt und 350 n. Chr. auch außerhalb der römischen Provinzen in der Germania Libera als gerechtfertigt.

Archäologisch lassen sich in Nordwestdeutschland – hauptsächlich an Hand der Keramik und der Grabsitten – in der älteren Römischen Kaiserzeit drei große Fundprovinzen unterscheiden. Am deutlichsten ist die elbgermanische Formengruppe abzugrenzen. Westlich davon zeigt die Karte, die R. von Uslar zusammengestellt hat, auf der Wasserscheide zwischen Elbe und Weser/Aller einen breiten fundleeren Streifen[171]. Er kann nicht durch unterschiedlichen Bearbeitungsstand erklärt werden. Hier wird eine breite, nicht oder sehr dünn besiedelte Ödmarkengrenze zwischen der elbgermanischen und rhein-weser-germanischen Fundgruppe sichtbar. Dagegen ist die Grenze von hier aus nach Norden zur nordsee-germanischen Fundgruppe wohl weniger scharf zu ziehen als sie auf der Karte von Uslar erscheint. In den Grabsitten gibt es zwischen beiden Gruppen keinen so deutlichen Unterschied wie zu den Elbgermanen. Außerdem sind einzelne Gefäßtypen in beiden Gruppen verbreitet. Die Grenze stellt sich als breite Kontaktzone dar. Der derzeitige Forschungsstand reicht nur in einzelnen Fällen dazu aus, konkrete, in der antiken Literatur genannte Stämme zu erfassen[172]. Gemeinsamkeiten innerhalb der weiträumigen Ausbreitung von Fundtypen oder Grabsitten überwiegen deutlich regionale Eigenheiten. In den archäologischen Formenkreisen werden in erster Linie Verkehrs- und Wirtschaftsräume sichtbar, hinter denen dann Stämme, Stammesgruppen oder auch Kultverbände stehen können[173].

Die Fundverhältnisse im nordöstlichen Niedersachsen liegen günstiger als in den übrigen Landesteilen. Die Zugehörigkeit zur elbgermanischen Fundgruppe bedeutet, daß die Urnenbestattung die bei weitem häufigste Grabart darstellt und daß es in der älteren Römischen Kaiserzeit üblich war, die Bestattungen mit Grabbeigaben in Form von Waffen und Schmuck zu versehen. Die leicht auffindbaren Urnengräber führten zu einer verhältnismäßig großen Funddichte und lenkten bereits früh die Aufmerksamkeit von Forschern und interessierten Laien auf sich. So waren schon seit der Mitte des 19. Jahrhunderts bei der Domäne Darzau, Gemeinde Quarstedt, Kreis Lüchow-Dannenberg, Urnen gefunden worden, bis dann 1871 Christian Hostmann mit der systematischen Aufdeckung des Gräberfeldes begann und etwa 350 Urnen ausgrub. 1874 veröffentlichte er seine Ergebnisse in einem vorzüglich illustrierten Buch mit einer Fülle sorgfältiger Beobachtungen und scharfsinniger Gedanken[174]. Doch leider trennte Hostmann die Beigaben von den Urnen und riß somit die geschlossenen Funde auseinander. Wenn es damals den Begriff des geschlossenen Fundes auch noch nicht gab, so hatte doch bereits 1836 die Beobachtung von sich wiederholenden Fundkombinationen zur Aufstellung des Dreiperiodensystems, der Gliederung der Vorgeschichte in Stein-, Bronze- und Eisenzeit, geführt, dessen heftiger Kritiker Hostmann allerdings war. Viel später hat sich dann Willi Wegewitz der systematischen Untersuchung von Urnenfeldern angenommen. Seinem Wirken ist es zu verdanken, daß es keinen zweiten Landstrich gibt, in dem so zahlreiche Urnenfriedhöfe ausgegraben wurden wie in der Umgebung Harburgs[175].

Die elbgermanische Keramik des nordöstlichen Niedersachsens der Römischen Kaiserzeit entwickelt sich kontinuierlich aus den Formen der Vorrömischen Eisenzeit. Die Situlen und bauchigen, weitmündigen Töpfe, die beiden Hauptformen der späten Vorrömischen Eisenzeit, leiten zweifelsfrei zu den Terrinen der älteren Römischen Kaiserzeit über. Doch gleichen sich Situlen und weitmündige Töpfe jetzt soweit an, daß eine typologische Untersuchung kaum durchführbar ist[176]. Als kennzeichnende Ziertechnik taucht kurz vor Christi Geburt die mit dem gezähnten Rollrädchen eingedrückte Ornamentik auf, die während der gesamten älteren Kaiserzeit innerhalb des elbgermanischen Formenkreises üblich ist. Auch zur jüngeren Kaiserzeit hin, dem Zeitraum zwischen 170 und 350 n. Chr., zeichnet sich kein Bruch in der Entwicklung der Keramik ab, obwohl neue Gefäßformen und Ziermuster üblich werden. Als Urnen werden vorwiegend kleine, weitmündige Tongefäße verwandt, für die sich die Bezeichnung Schalenurnen durchgesetzt hat. Daneben kommen einfache, eingliedrige Formen mit nach innen gerichtetem Rand vor, die spätrömische Töpfe zu nennen sich eingebürgert hat. Während diese Gefäßform oft eine geraute Oberfläche aufweist, wird bei den Schalenurnen Rädchenornamentik von anderen Zierarten abgelöst. In der jüngeren Römischen Kaiserzeit treten auch einheimische Drehscheibengefäße auf, die vermutlich auf römische Anregungen zurückgehen.

Bei den Grabsitten setzt sich die Urnenbestattung als herrschende Form in die jüngere Römische Kaiserzeit hinein fort. Zuweilen werden über den Bestattungen kleine runde Erdhügel aufgeschüttet. Das ausgedehnte Urnenfeld bei Rebenstorf (so. Lüchow) wurde bereits 1873 ausgegraben. Auch hier sind wie bei dem Gräberfeld von Darzau nur ausnahmsweise geschlossene Funde zusammengehalten worden, so daß sich G. Körner bei der späteren Bearbeitung des Fundgutes vor große Schwierigkeiten gestellt sah[177]. Die Grabsitten erfahren jetzt insofern eine Änderung, als die Zahl der Beigaben, wie das besonders bei den Waffen deutlich wird, stark zurückgeht.

Waffenbeigaben sind in der zweiten Hälfte des letzten Jahrhunderts v. Chr. und in der älteren Römischen Kaiserzeit bei den Elbgermanen üblich[178]. Während die Bewaffnung der Vorrömischen Eisenzeit auf keltische Vorbilder zurückgeht, werden in der Römischen Kaiserzeit römische Einflüsse sichtbar. Viele zweischneidige Stichschwerter der Germanen haben offensichtlich den römischen Gladius zum Vorbild, andere sind den römischen rapierartigen

Kurzschwertern oder den leichten römischen Reiterschwertern nachgebildet. Auch das einheimische einschneidige Hiebschwert paßt sich der allgemeinen Entwicklung zu kürzeren und leichteren Waffen an. Die Gräber der Schwertträger sind innerhalb der waffenführenden Bestattungen jedoch nur eine Minderheit. Die häufigste germanische Bewaffnung besteht aus Lanze und Schild (siehe Abb. 12, nach S. 320). Auch die Lanzenspitzen nehmen gegenüber denen der späten Vorrömischen Eisenzeit an Größe und Gewicht ab. Daneben kommen in den Gräbern Speerspitzen – manchmal mehrere in einem Grab – vor. Von den leichten ovalen Holzschilden sind nur Metallteile erhalten geblieben. Die Formen der eisernen Schildbuckel, konisch in einer Spitze endend oder stangenförmig auslaufend, zeigen, daß diese Defensivwaffe auch aktiv zum Stoßen oder zum Parieren von Schlägen verwendet werden konnte. Wenn ein Teil der Waffengräber nur Lanzen oder gar nur Schilde enthält, so ist zu bedenken, daß in den Gräbern nicht die vollständige Ausrüstung enthalten zu sein braucht oder daß Lanzen und Schilde auch ganz aus organischem Material bestanden haben und somit vergangen sein können. Einige etwas reicher ausgestattete, oft mit einem Schwert versehene Gräber weisen Sporen auf. Eine spezielle Bewaffnung der berittenen Krieger ist jedoch nicht zu erkennen. Panzer und Helme sind große Ausnahmen. Insgesamt muß von einer sehr leichten Bewaffnung gesprochen werden, die auf eine bewegliche Kampfesweise schließen läßt mit plötzlichem Angriff und schnellem Rückzug. Die Ablösung der langen Hiebschwerter durch kurze Stichschwerter am Beginn der älteren Römischen Kaiserzeit deutet eine Tendenz vom Einzelkampf zum Kampf in der Formation an. In der jüngeren Römischen Kaiserzeit werden wieder schwerere und längere Schwertformen üblich. Es sind römische oder auf römische Vorbilder zurückgehende Waffen. Vor allem aber wird die Bewaffnung jetzt durch Bogen und Beil ergänzt[179]. Der Einsatz von Bognergruppen trägt den Erfordernissen der offenen Feldschlacht Rechnung und muß als Anpassung der germanischen Bewaffnung an die römische gesehen werden.

Im nordöstlichen Niedersachsen lassen sich wie in anderen elbgermanischen Gebieten zwei Typen von Urnenfriedhöfen unterscheiden. Der eine zeichnet sich dadurch aus, daß in einem Teil der Gräber Waffenbeigaben liegen, während Schmuckstücke, vor allem Fibeln, nur in geringer Zahl vertreten sind. Der zweite Friedhofstyp ist durch das Fehlen von Waffen und das vermehrte Vorkommen von Fibeln gekennzeichnet. Der erste Friedhofstyp wird z. B. von den Gräberfeldern Rieste (s. Lüneburg) und Nienbüttel (sso. Lüneburg), der zweite vom Gräberfeld Darzau, Kreis Lüchow-Dannenberg, repräsentiert. Am häufigsten werden die beiden Arten von Gräberfeldern als Männer- und Frauenfriedhöfe interpretiert[180]. Die Bildung von Männerbünden könne zur Anlage gesonderter Gräberfelder geführt haben. Daneben wurden auch andere Deutungsversuche unternommen, nämlich hinter den

Friedhofstypen Gruppen unterschiedlicher sozialer Stellung zu sehen[181]. Wenn auch vieles für die Existenz getrennter Männer- und Frauenfriedhöfe spricht, so läßt der jetzige Forschungsstand eine eindeutige Aussage nicht zu. Die Waffengräber stellen nur eine Minderheit auf den Waffenfriedhöfen dar. Die weitaus meisten Gräber sind beigabenlos oder mit Beigaben versehen, deren Zuordnung zu Geschlechtern unmöglich ist. Auf den waffenlosen Friedhöfen bleibt im wesentlichen nur der Spinnwirtel als typische Frauenbeigabe. Die Ausstattung mit zwei oder drei Fibeln oder mit einer Nähnadel konnte auch für Männergräber nachgewiesen werden. Eine Klärung ist von anthropologischen Untersuchungen des Leichenbrandes zu erhoffen, die in Niedersachsen noch in den Anfängen stecken.

Auch bei den Fibeln sind Entwicklungsreihen abzulesen, die kontinuierlich von der späten Vorrömischen Eisenzeit in die Römische Kaiserzeit überleiten, obwohl jetzt povinzialrömische Einflüsse nicht zu übersehen sind[182]. Ebenso deutlich sind die bronzenen Gürtelschnallen auf römische Vorbilder zurückzuführen. In der jüngeren Römischen Kaiserzeit nimmt die Zahl der Beigaben stark ab. Die wenigen in den Gräbern gefundenen Stücke sind — wie die Knochenkämme und Glasperlen — häufig dem Feuer des Scheiterhaufens ausgesetzt gewesen und demzufolge nur fragmentarisch erhalten.

Das Fundgut des übrigen Niedersachsen kann zunächst einmal negativ charakterisiert werden durch das Fehlen der in Rädchentechnik ausgeführten Mäandermuster des Elbgebietes. Die keramische Leitform des rhein-wesergermanischen Gebietes ist das situlaartige Gefäß mit schmaler Schulter, meist kantigem Schulterumbruch und dem straff einziehenden Unterteil[183]. Diese Gefäße heben sich deutlich von den elbgermanischen Terrinen ab, bei denen die gewölbte Schulter in weicher Rundung in das Unterteil übergeht. Die Unterschiede werden durch eigenständige Ornamente noch verstärkt. Auch die Gefäße der jüngeren Römischen Kaiserzeit zeichnen sich im rhein-weser-germanischen Gebiet gegenüber den elbgermanischen Schalenurnen durch eine straffere Gliederung aus[184]. Insgesamt ist die Menge des Fundmaterials wesentlich geringer. Ursache dafür sind nicht zuletzt die Grabsitten, denn die leicht auffindbaren Urnengräber sind nur eine Bestattungsart unter anderen, häufig recht unscheinbaren Grabtypen. Bei den Brandschüttungsgräbern werden Reste des Scheiterhaufens über die Urne geschüttet. Die Brandgrubengräber enthalten Leichenbrand und Scheiterhaufenasche. Knochenlager sind kleine Gruben, in die man nur Leichenbrand — und möglicherweise Beigaben — gefüllt hat. Diese Bestattungsarten sind für den Laien schwieriger als Urnengräber zu erkennen, so daß weniger Fundmeldungen gemacht werden. Hinzu kommt noch eine im Vergleich zum Elbgebiet auffällige Beigabenarmut. Die Beigaben sind häufig dem Feuer des Scheiterhaufens ausgesetzt worden und nur in kleinen Fragmenten erhalten. Das alles führt zu einer geringeren Fundmenge als sie aus dem nordöstlichen

Niedersachsen vorliegt. Man kann daraus keinesfalls folgern, daß die Besiedlung weniger dicht und die Bevölkerung weniger wohlhabend gewesen sei.

Die Bestattungsarten innerhalb des nordseegermanischen Formenkreises entsprechen etwa denen des rhein-weser-germanischen Gebietes. Das bedingt auch hier eine geringere Zahl von Grabfunden. Dafür haben systematische Untersuchungen von Wurten sowie Geestsiedlungen zahlreiches Fundmaterial zutage gefördert und zu einem siedlungsgeschichtlichen Kenntnisstand geführt wie in keinem anderen Gebiet Niedersachsens. Als typische Keramikformen des Küstengebietes sei die Standfußschale hervorgehoben, ein durch einen hohen, schlanken Standfuß gekennzeichnetes Gefäß und die Trichterschale mit stark einziehendem Unterteil und kleinem Boden. Daneben treten situlaartige und schüsselförmige Gefäße auf, wie sie auch im rhein-wesergermanischen Gebiet anzutreffen sind [185].

Bis auf einige importierte Bronzefiguren aus dem Wesergebiet, die zu Beginn der Älteren Eisenzeit als Urnen dienten, sind die Gräber der Vorrömischen Eisenzeit erstaunlich gleichartig ausgestattet. Durch reiche Beigaben hervortretende Bestattungen fehlen. Erst kurz vor Christi Geburt tauchen im nordöstlichen Niedersachsen Bronzegefäße als Leichenbrandbehälter auf. Diese Gräber heben sich auch durch ihre Beigaben von den übrigen ab. In der älteren Römischen Kaiserzeit tritt dieselbe Grabgruppe in Erscheinung. Als Beispiel sei das Grab 150 des Urnenfriedhofs Putensen, Kreis Harburg, genannt [186]. In einem Bronzekessel lagen außer dem Leichenbrand unter anderem ein zweischneidiges Schwert, eine Lanzenspitze, ein Schildbuckel, ein Messer aus Eisen, zwei römische Kasserollen und die Beschläge zweier Trinkhörner aus Bronze, drei Paar Silberfibeln, ein weiteres Fibelpaar, aus einer Bronze- und einer Eisenfibel bestehend, sowie Sporen. Ganz offensichtlich gehört der hier Bestattete einer wirtschaftlich und sozial das Mittelmaß übersteigenden Bevölkerungsschicht an, die durch die Grabsitten sichtbar wird.

Einen ähnlichen sozialen Status scheint eine etwas jüngere Bestattung aus Hankenbostel, Kreis Celle, zu repräsentieren. Hier wurde bereits im Jahre 1900 ein mit zahlreichen Beigaben versehenes Urnengrab gefunden. Es enthielt ein zweischneidiges Schwert, die Spitzen einer Stoß- und einer Wurflanze, einen Schildbuckel und zwei Sporen. Zur Tracht gehörten zwei bronzene Fibeln und eine silberne Gürtelschnalle. Die Ausrüstung bestand ferner aus einem geraden und einem halbmondförmigen Eisenmesser sowie einer kleinen Schere. An Trinkgefäßen waren dem Toten je eine bronzene Kasserolle und Kelle sowie ein Trinkhorn mit in das Grab gelegt worden.

Seit der älteren Römischen Kaiserzeit finden sich im freien Germanien mit Ausnahme seines westlichen Teils B e s t a t t u n g e n , die man nach einem Fundort in Hinterpommern als Fürstengräber der L ü b s o w - G r u p p e bezeichnet. Es handelt sich sowohl um Männer- als auch um Frauengräber. Die Toten werden im Gegensatz zur vorherrschenden Bestattungsweise bis auf zwei Ausnahmen verbrannt beigesetzt, und zwar abseits der allgemeinen Urnenfelder. Die Ausstattungen sind ungewöhnlich reich und so gleichartig, daß sie H. J. Eggers in einer tabellarischen Übersicht darstellen konnte[187]. Aus Niedersachsen können der Lübsow-Gruppe drei Bestattungen zugeordnet werden, ein Grab aus Apensen, Kreis Stade, das 1927 beim Pflügen entdeckt wurde. Es ist eine der beiden Brandbestattungen unter den Fürstengräbern. Zwei Körpergräber sind aus Marwedel bei Hitzacker bekannt. Grab I kam bereits 1928 zutage, Grab II wurde wenige Meter davon entfernt 1944 entdeckt und dann von G. Körner ausgegraben[188]. Das Inventar dieses Grabes sei hier als Beispiel für die Beigaben der Lübsow-Gruppe aufgeführt. Die Funde waren von einer Steinpackung von 2 m Breite und 3,50 bis 4,00 m Länge bedeckt. Die Grabungsbefunde sprechen für eine hölzerne Grabkammer, über der ein Hügel aufgeschüttet war. Der Tote trug an der rechten Schulter eine silberne Fibel, an seiner linken Seite lagen in einer Reihe fünf bronzene Ringfibeln, deren Endplatten mit Silberblech belegt waren. Die rechte Hand zierte ein goldener Fingerring. Das leider zerstörte Fußende des Grabes enthielt ein umfangreiches Trinkservice, bestehend aus folgenden Bronzegefäßen: einem Eimer, einer Schöpfkelle und einem Sieb sowie einer Kasserolle mit dem Gießerstempel P. Cipius Polybius. Dazu kommen zwei silberne Kasserollen, von denen eine die Besitzer-Inschrift eines Tiberius Claudius Vopiscus trägt. Zwei silberne Becher, ein – möglicherweise zwei – Glasbecher und zwei germanische Trinkhörner vervollständigen das Geschirr. Vier Zierknöpfe aus Bronze mit silbernem Belag schmückten anscheinend das Schuhwerk.

Die Fürstengräber der Lübsow-Gruppe zeichnen sich dadurch aus, daß sie in kleinen Gruppen abseits der Urnenfelder liegen und sich auch im Grabritus von den übrigen Bestattungen abheben, denn es sind in der Regel Körpergräber. Sie enthalten keine Waffen. Dagegen gehören zur typischen Ausstattung Sporen, so daß die Bestatteten zu Lebzeiten beritten gewesen sein müssen. Neben wertvollem Zubehör der Tracht wie Fibeln, Gürtelteilen und Schmuck ist vor allem umfangreiches Trinkgeschirr zu nennen, das überwiegend aus römischen Bronze-, Silber- oder Glasgefäßen besteht, aber auch germanische Nachbildungen römischer Silberbecher und germanische Trinkhörner umfassen kann. Hier wird eine kleine, exponierte Bevölkerungsgruppe sichtbar, deren Reichtum, soziale Stellung und Lebensstil über die Grabsitten zum Ausdruck kommt. Auffällig ist die große Übereinstimmung dieser im freien Germanien weit auseinanderliegenden Gräber, was auf Verbindungen der Führungsschicht untereinander hinweist. Daß Gräber der Lübsow-Gruppe nur im nordöstlichen Niedersachsen vorkommen, ist durch Grabsitten bedingt. Zwischen dieser Grabgruppe und den gewöhnlichen Brandgräbern stehen jene reichen Bestattungen, wie wir sie aus Putensen und Hankenbostel kennen.

Wenn in der jüngeren Römischen Kaiserzeit im nordöstlichen Niedersachsen Bestattungen fehlen, in denen man Fürsten- oder Adelsgräber sehen könnte, so liegt das wohl an gewandelten Grabsitten. Dafür erscheint im Elbe-Weserwinkel und an der Mittelweser eine Gruppe reich ausgestatteter Brandgräber, denen häufig sogenannte Hemmoorer Eimer als Leichenbrandbehälter dienen[189]. Diese Messingeimer, häufig mit einem Tierfries versehen, sind nach einem Gräberfeld bei Hemmoor (nw. Stade) benannt worden[190]. Die tatsächliche Ausstattung der Toten wird nur andeutungsweise sichtbar, weil die Beigaben oft vom Feuer des Scheiterhaufens zerstört wurden und nur in kleinen Fragmenten vorliegen.

Während der gesamten Römischen Kaiserzeit ist eine Fülle von E r z e u g n i s s e n   d e s   R ö m i s c h e n   R e i c h e s in das freie Germanien und somit auch in das Gebiet des heutigen Niedersachsen gelangt[191]. Die Waren können durch den Handel, aber auch als Entlohnung heimgekehrter germanischer Söldner, als Ehrengeschenke und Tributzahlungen ins Land gekommen sein. Die Güter reichen von Gefäßen aus Bronze oder Messing, aus Silber, Glas und Keramik, wobei besonders die Terra sigillata hervorzuheben ist, bis zu Münzen, Fibeln, Bronzestatuetten und Waffen.

Nur ein Teil der römischen Waren ist als Grabbeigaben in germanische Gräber gelangt. Andere kommen heute als Hortfunde zutage, wobei es sich um Verwahrfunde oder Opferfunde handeln kann. Zu den Verwahrfunden ist eine kleine römische Spardose mit 25 Goldmünzen aus der Mitte des 4. Jahrhunderts n. Chr. zu rechnen, die aus einer germanischen Siedlung bei Ellerbeck (ö. Osnabrück) stammt. In Lengerich (ö. Lingen) wurden unter drei großen Findlingen römische Münzen und Goldschmuck gefunden. Einer dieser Depotfunde enthielt nicht weniger als 1100 Münzen, die nach den jüngsten Prägedaten um oder kurz nach 200 n. Chr. niedergelegt worden sind. Die Münzen der beiden anderen Funde sind jünger. Sie wurden in der ersten Hälfte und um die Mitte des 4. Jahrhunderts n. Chr. geprägt.

Ein umfangreicher Quellenopferfund wurde 1864 im Brodelbrunnen von Bad Pyrmont geborgen. Als die Mineralquellen eine neue Einfassung erhielten, stieß man auf eine emaillierte bronzene Schöpfkelle, ein gallisches Produkt, drei römische Münzen und ungefähr 250 Fibeln, von denen etwa ein Fünftel provinzialrömischen Ursprungs sind. Die Fibeln stammen aus der Zeit zwischen dem Ende des 1. Jahrhunderts v. Chr. und dem 3. Jahrhundert n. Chr. Zu einem Flußopfer könnte die Schwertscheide eines Gladius aus der Weser bei Bremen-Seehausen gehören.

Der bedeutendste Fund mit römischen Erzeugnissen kam 1868 am Galgenberg bei Hildesheim zutage. Der Fund hat ein Gewicht von 54 kg und umfaßt

8. Die Römische Kaiserzeit

nicht weniger als 68 Stücke von silbernem römischem Tafelgeschirr. Die einzelnen Teile waren eng zusammengepackt, die kleineren Gefäße lagen in den größeren. Anscheinend befanden sie sich in einer hölzernen Kiste oder Truhe. Es handelt sich um römische, teils gallorömische Produkte von guter bis hervorragender Qualität. Es ist oft versucht worden, den Hildesheimer Silberfund mit der Varusschlacht in Verbindung zu bringen und in ihm das von den Römern verborgene oder von den Germanen erbeutete Tafelgeschirr des Feldherrn Quinctilius Varus zu sehen. Beiden Deutungen widerspricht die Tatsache, daß es sich nicht um ein zusammengehöriges Service, sondern um Teile verschiedener Geschirre handelt. Die ältesten Stücke stammen aus der Zeit des Kaisers Augustus, die jüngsten nach der Auffassung von R. Nierhaus aus der Mitte oder dem dritten Viertel des 1. Jahrhunderts n. Chr.[192]. Der Fund dürfte somit um 175 n. Chr. in die Erde gekommen sein. Mehr Wahrscheinlichkeit hat die Deutung für sich, daß es sich um den Schatz eines germanischen Fürsten handeln könne.

Zum Siedlungswesen lassen sich, dem unterschiedlichen Forschungsstand entsprechend, nur für Teilbereiche und einzelne Landschaften Aussagen machen. Die Karte R. von Uslars spiegelt keineswegs eine gleichmäßig flächenhafte Besiedlung wider, sondern Gruppen größerer Funddichte, die von Streifen geringerer Dichte oder Fundleere getrennt sind[193]. Innerhalb der Gruppen müssen wir uns, wie in Landstrichen, für die die Archäologische Landesaufnahme durchgeführt wurde, sichtbar ist, einzelne Siedlungskammern vorstellen mit Weilern, die von Zeit zu Zeit verlegt wurden und von kleinen Äckern sowie durch Holznutzung gelichteten Wäldern umgeben waren[194]. Seit Christi Geburt werden auch schwerere Böden wie die Marschen oder die Jungmoränenböden Schleswig-Holsteins in Besitz genommen[195]. Die Ursachen hierfür sind noch ungeklärt, möglicherweise sind sie in jetzt erstmalig nachweisbaren verbesserten Ackerbaugeräten zu sehen, die die Bearbeitung schwererer Böden erlaubten.

Dank der jahrzehntelangen kontinuierlichen Forschungstätigkeit des Niedersächsischen Landesinstituts für Marschen- und Wurtenforschung in Wilhelmshaven sind wir über keine Siedlungsart so umfassend unterrichtet wie über die Wurten. Gerade die Wurten bieten gegenüber den Flachsiedlungen optimale Erkenntnismöglichkeiten, weil unter den künstlich aufgetragenen Klei- und Dungschichten auch organische Substanzen erhalten sind und weil die übereinander liegenden Siedlungshorizonte stratigraphisch eingeordnet werden können.

Die Ausgrabung der Feddersen Wierde (n. Bremerhaven) ergab, daß dort zunächst zwischen der zweiten Hälfte des letzten vorchristlichen Jahrhunderts und dem Ende des ersten Jahrhunderts n. Chr. in vier aufeinanderfolgenden Phasen Flachsiedlungen in der Form von Reihensiedlungen bestanden hatten[196]. Die Siedlung vergrößerte sich im Laufe dieser Zeitspanne von fünf auf acht Wohnstallhäuser. Es folgten sieben Wurtenstadien, bis dann die Siedlung im 4.–5. Jh. n. Chr. wüst wurde (siehe Abb. 27, nach S. 610).

Die Häuser der Wurt standen radial um einen freien Platz. Es waren dreischiffige Fachwerkhäuser mit Reetdach. Die Fache hatte man mit Flechtwerk und Lehmbewurf gefüllt. Der Wohnteil mit Lehmdiele, der meist durch eine Flechtwand vom Stallteil getrennt war, wies eine offene Herdstelle auf, die aus einem mit Lehm verstrichenen Scherbenpflaster bestand. Zwischen Wohn- und Stallteil befanden sich an den Längswänden zwei gegenüberliegende Eingänge. Bei größeren Häusern kam ein weiterer Eingang an der Giebelseite des Stallteils hinzu. Der Stallteil, der den größten Teil des Hauses einnahm, war in den Seitenschiffen in einzelne Viehboxen gegliedert, während sich im Mittelschiff zwischen zwei Jaucherinnen der mit Grassoden ausgelegte Stallgang befand. Das Vieh stand mit dem Kopf zur Außenwand. Die Länge der Häuser betrug 14 bis 29 m, die Breite lag zwischen 5 und 6,50 m.

In unmittelbarer Nähe des Wohnteils der Häuser hatte man die Speicher errichtet. Über einem Rechteck, das aus drei Reihen von je drei Pfosten gebildet wurde, befand sich auf einer Plattform der eigentliche Speicherbau, der allerdings nicht erhalten ist.

Die Gehöfte mit ihren umzäunten Hofplätzen lagen zunächst auf Einzelwurten, die in ihrem Kern aus Stallmist bestanden, der mit Kleisoden überdeckt wurde. Die Zahl der Wirtschaftsbetriebe stieg von 14 zu Beginn im 1./2. Jahrhundert n. Chr. auf 23 im 3./4. Jahrhundert n. Chr. an. Dabei legte sich um den Innenring ein zweiter Ring von Häusern. Die Einzelwurten wuchsen zu einer großen ovalen Wurt zusammen. Waren die Häuser in den Siedlungshorizonten a und b der Flachsiedlung noch etwa gleich groß, setzte danach eine zunehmende Differenzierung ein. Seit dem Siedlungshorizont 3 der Wurt, dem Beginn des 2. Jahrhunderts n. Chr., erschienen Handwerkerhäuser. Innerhalb der Hofumzäunung lagen jetzt neben einem großen Wirtschaftsbetrieb ein oder zwei kleinere Häuser. „Es handelte sich hier offenbar um Zweckverbände bzw. um Agrarverbände, die von Großbauern und ihren Hintersassen gebildet wurden."[197]

Die Bewohner kleiner Hofplätze übten neben der Landwirtschaft ein Handwerk aus. Ihre Häuser bestanden fast ausschließlich aus einem Wohnteil, die Stallungen konnten allenfalls zwei bis vier Rinder oder nur Schafe und Ziegen aufnehmen. Haarnagel unterscheidet nach den Befunden der Feddersen Wierde Hauswerk, bäuerliches Handwerk und Berufshandwerk. Zum Hauswerk zählt das Spinnen und Weben, die Produktion von Schrot und Mehl, das Flechten von Körben und Matten und das Töpfern, das allerdings auch als Handwerk betrieben wurde. Zum bäuerlichen Handwerk sind die Herstellung von Bauhölzern und der Bau von Häusern zu rechnen, die Anfertigung von Knochen- und Horngerät sowie das Drechseln von Holzschalen. Berufshandwerker waren der Schmied und der Bronzegießer. Der Handel erreichte im 3. Jahrhundert seinen Höhepunkt, wie die Importfunde zeigen: Terra sigillata, Perlen, Gläser und Mahlsteine aus Mayener Basaltlava. Im Nahhandel wurden vermutlich Bauholz, Brennholz und Holzkohle erworben. Als Exportgüter sind Fleisch, tierische Fette, Rinderhäute und Tuche anzunehmen.

Die soziale Differenzierung wird besonders an einer Hofstelle mit einem großen Gebäude am Nordostrand der Wurt deutlich, das seit dem Beginn des 2. Jahrhunderts n. Chr. anstelle von Stallungen eine Halle aufwies und im 3. Jahrhundert von Palisadenzaun und Graben umgeben wurde. Daran schloß sich ein zweiter, von Zaun und Graben eingefaßter Platz an, auf dem neben Speichern und einer Getreidedarre mehrere Werkstätten zur Eisen- und Bronzeverarbeitung lagen. Hier konzentrierten sich auch die Importwaren. Südöstlich des großen Wohnhallenhauses stand auf derselben langgestreckten Kernwurt eine Versammlungs- oder Gemeinschaftshalle. Haarnagel spricht wohl zu Recht vom Sitz eines Häuptlings, in dessen Dienst Handwerker standen, der Fernhandel betrieb und der, wie die Versammlungshalle zeigt, eine führende Funktion in der Siedlungsgemeinschaft ausübte.

In der Landwirtschaft spielte die Rinderhaltung eine dominierende Rolle. Das Rind war unter den Haustieren nach Aussage der Knochenfunde mit 48,3 % vertreten, das Schaf mit 23,7 %, das Pferd mit 12,7 %, das Schwein mit 11,1 % und der Hund mit 4,2 %. Die Zahl der Rinder dürfte nach der Zahl der Boxen im Siedlungshorizont 5 der Feddersen Wierde bei 443 gelegen haben. Haarnagel rechnet damit, daß Weiden und Wiesen eine Fläche von 220 bis 240 ha einnahmen und daß das Ackerland eine Ausdehnung von 40 bis 50 ha hatte. An der Basis der Feddersen Wierde zeichneten sich Pflugfurchen des Wendepflugs mit Streichbrett ab, die in die zweite Hälfte des letzten vorchristlichen Jahrhunderts zu datieren sind und somit den ältesten Nachweis dieses Pflugtyps darstellen. Für das 2. Jahrhundert n. Chr. konnte derselbe Pflugtyp nördlich der Niederelbe in Ostermoor nachgewiesen werden[198]. Die Bewohner der Feddersen Wierde betrieben nach Aussage der Ruderal- und Hackunkräuter nur Sommerfeldbau. Zu etwa 50 % wurden Hafer und Gerste angebaut, wobei der Hafer dominierte. 25 % machte der Anbau von Feldbohnen aus und weitere 25 % der Anbau von Lein und Leindotter.

Weitaus weniger umfassend sind die bisherigen Untersuchungen an F l a c h s i e d l u n g e n [199]. Die Grabung auf der Marschensiedlung Bentumersiel an der unteren Ems erbrachte eine große Zahl von römischen Funden aus dem frühen 1. Jahrhundert n. Chr. Der Ausgräber K. Brandt vermutet in der Nähe eine Militäranlage des römischen Heeres, die im Zusammenhang mit der geplanten Eroberung Germaniens bis zur Elbe gestanden haben könnte[200]. Mit römischen Eroberungszügen könnte auch die Anlage der Heidenschanze in

Verbindung stehen, jenes 200×120 m großen bei Wesermünde gelegenen Ringwalls [201].

Weiterführende Ergebnisse verspricht die Erforschung einer natürlich begrenzten Siedlungskammer in Flögeln, unweit der Feddersen Wierde auf der Geest gelegen [202]. Bisher zeichnet sich eine kontinuierliche Besiedlung des 1. bis 5. Jahrhunderts n. Chr. ab. Dabei wechseln die Siedlungen mit ihren Hallenhäusern, Grubenhäusern und Speichern ihren Platz, während ein Gräberfeld während der gesamten Zeit an einem Ort bleibt. Die Keramik weist enge Beziehungen zu den Wurten auf. Auch auf dem Gristeder Esch zeichnete sich eine Siedlungsweise ab, die dadurch gekennzeichnet ist, daß die Standorte der Gehöfte zwischen dem 1. Jahrhundert v. Chr. und dem 5. Jahrhundert n. Chr. von der Talaue hangaufwärts verlegt wurden [203]. Es konnten dreischiffige Hallenhäuser, Grubenhäuser, Speicher, Brunnen, Back- und Eisenschmelzöfen sowie durch Gräben begrenzte blockförmige Äcker nachgewiesen werden. Im 3./4. Jahrhundert n. Chr. trat ein Hof von besonderer Größe mit einem Hallenhaus von 32 m Länge hervor. Während das 6. bis 8. Jahrhundert eine Siedlungslücke aufwies, setzte in karolingischer Zeit das mittelalterliche Dorf Gristede ein. In Gielde bei Wolfenbüttel ergab sich das allerdings lückenhafte Bild einer vom 1. Jahrhundert v. Chr. bis in das 6., vielleicht das 7. Jahrhundert n. Chr. bestehenden Ansiedlung [204]. Aus einer älteren Grabung kennen wir die beiden Hausgrundrisse des 3./4. Jahrhunderts n. Chr. von Klein Bünstorf (n. Uelzen), die sich durch eine bogenförmige Schmalseite auszeichnen [205]. Sie gehören damit einem Haustyp an, der seine Hauptverbreitung östlich der Elbe hat.

Von den in Niedersachsen gefundenen Moorleichen lassen sich etliche in die Römische Kaiserzeit datieren [206]. Wenn auch nicht so gut beobachtete Funde wie aus Schleswig-Holstein oder Dänemark vorliegen, so läßt sich doch ersehen, daß es sich um absichtliche Niederlegungen handelt. Den Moorfunden verdanken wir auch die Kenntnis von Textilien. Aus dem Vehnemoor bei Oldenburg stammt ein Prachtmantel aus einem komplizierten Rautenköper [207]. Zwei weitere ärmellose Mäntel kamen aus dem Großen Moor bei Hunteburg zutage, während aus anderen Funden blusenartige Hemden mit und ohne Ärmel, von einem Gurt gehaltene Kniehosen und wie Wickelgamaschen getragene Unterschenkelbinden bekannt wurden. „Ob das Textilhandwerk trotz komplizierter Herstellungsverfahren wie bei den sogenannten ‚Prachtmänteln' aus Thorsberg und aus dem Vehnemoor in Oldenburg über eine im Hause allgemein geübte Tätigkeit hinausging und sich zu einem Textilgewerbe entwickelt hat, bleibt zweifelhaft." [208]

Heinz Schirnig

---

[170] H. J. Egggers, Zur absoluten Chronologie der römischen Kaiserzeit im freien Germanien, in: Jb. d. Röm.-Germ. Zentralmuseums Mainz 2, 1955, S. 196 ff. — [171] R. von Uslar, Bemerkungen zu einer Karte germanischer Funde der älteren Kaiser-

8. Die Römische Kaiserzeit

zeit, in: Germania 29, 1951, 44 ff. – [172] Vgl. den folgenden Abschn. von H. CALLIES. – [173] R. VON USLAR, Archäologische Fundgruppen und germanische Stammesgebiete vornehmlich aus der Zeit um Christi Geburt, in: Hist.Jahrb. 71, 1951, S. 1 ff. – [174] Chr. HOSTMANN, Der Urnenfriedhof bei Darzau in der Provinz Hannover, 1874. – [175] W. WEGEWITZ, Das langobardische Brandgräberfeld von Putensen, Kreis Harburg. Hildesheim 1972. Mit Angabe der älteren Veröffentlichungen in der Schriftenreihe „Die Urnenfriedhöfe in Niedersachsen". – [176] A. VON MÜLLER, Formenkreise der älteren römischen Kaiserzeit im Raum zwischen Havelseenplatte und Ostsee, 1957, S. 6. – [177] G. KÖRNER, Der Urnenfriedhof von Rebenstorf, 1939. – [178] M. JAHN, Die Bewaffnung der Germanen in der älteren Eisenzeit, etwa von 700 v. Chr. bis 200 n. Chr., 1916; K. RADDATZ, Die Bewaffnung der Germanen in der älteren Römischen Kaiserzeit, in: J. Hoops, Reallexikon der germanischen Altertumskunde, 2. Aufl., Bd. 2, 1976, S. 423 ff. – [179] K. RADDATZ, Die Bewaffnung der Germanen in der jüngeren Römischen Kaiserzeit, in: NachrrAkadGött, Phil.-Hist. Kl., 1967, Nr. 1. – [180] G. SCHWANTES, Die Urnenfriedhöfe vom Typ Rieste und Darzau, in: Mecklenburg 34, 1939. – [181] G. Körner sieht in den waffenlosen Gräberfeldern Bauernfriedhöfe, während auf den waffenführenden Gräberfeldern Freie bestattet worden seien. G. KÖRNER, F. LAUX, Vorgeschichte im Landkreis Lüneburg, 1971. S. 65. Diese Deutung erklärt nicht das häufigere Vorkommen von Fibeln und anderem Schmuck auf den waffenlosen Friedhöfen. – [182] O. ALMGREN, Studien über nordeuropäische Fibelformen, 2 Aufl. 1912. – [183] R. VON USLAR, Westgermanische Bodenfunde des ersten bis dritten Jahrhunderts nach Christus aus Mittel- und Westdeutschland, 1938; K. WILHELMI, Beiträge zur einheimischen Kultur der jüngeren vorrömischen Eisenzeit zwischen Niederrhein und Mittelweser, 1967; H. SCHIRNIG, Die Keramik der Siedlung Böhme, Kr. Fallingbostel, aus der römischen Kaiserzeit. Neumünster 1969. – [184] R. VON USLAR, S. 15 ff. – [185] P. SCHMID, Die Keramik des 1. bis 3. Jahrhunderts n. Chr. im Küstengebiet der südlichen Nordsee, in: Probleme d. Küstenforsch. im südl. Nordseegebiet 8, 1965, S. 9 ff. – [186] W. WEGEWITZ, Das langobardische Brandgräberfeld von Putensen, Kr. Harburg, 1972. – [187] H. J. EGGERS, Lübsow. Ein germanischer Fürstensitz der älteren Kaiserzeit, in: PraehistZ 34–35, 1949–50, S. 58 ff. – [188] G. KÖRNER, Marwedel II., in: Lüneburger Bll. 3, 1952; DERS., Die Vervollständigung des Fürstengrabes Marwedel II, in: Die Kunde N.F. 16, 1965, S. 99 ff. – [189] G. JACOB-FRIESEN, Einführung in Niedersachsens Urgeschichte, Bd. 3, Eisenzeit, 1975. Abb. 690, Verbreitungskarte der Hemmoorer Eimer; K. RADDATZ, Grabfunde der Römischen Kaiserzeit und Völkerwanderungszeit von Kirchweyhe und Osterholz, Kreis Grafschaft Hoya, 1976. – [190] H. WILLERS, Die römischen Bronzeeimer von Hemmoor, 1901; DERS., Neue Untersuchungen über die römische Bronzeindustrie von Capua und von Niedergermanien, 1907. – [191] H. J. EGGERS, Der römische Import im freien Germanien, 1951. – [192] R. NIERHAUS, Der Silberschatz von Hildesheim – Seine Zusammensetzung und der Zeitpunkt seiner Vergrabung, in: Die Kunde N.F. 20, 1969, S. 52 ff. – [193] R. VON USLAR, Bemerkungen zu einer Karte germanischer Funde der älteren Kaiserzeit, in: Germania 29, 1951, S. 44 ff. – [194] H. JANKUHN, Terra... silvis horrida (zu Tacitus, Germania, cap. 5), in: Arch. Geographica 10/11, 1961/63, S. 19 ff. – [195] H. HINGST, Karten zur Besiedlung Schleswig-Holsteins in der vorchristlichen Eisenzeit und älteren Kaiserzeit, ebenda 3, 1952, S. 8 ff. – [196] W. HAARNAGEL, Die Wurtensiedlung Feddersen Wierde im Nordsee-Küstengebiet, in: Ausgrabungen in Deutschland 1950–1975, Teil 2, 1975, S. 10 ff. – [197] W. HAARNAGEL (wie Anm. 22), S. 21. – [198] A. BANTELMANN, Die kaiserzeitliche Marschensiedlung von Ostermoor bei Brunsbüttelkoog, in: Offa 16, 1957–1958, S. 53 ff. – [199] K. BÖHNER, Ausgrabungen von kaiserzeitlichen Siedlungen im freien Germanien, in: Ausgrabungen in Deutschland 1950–1975, Teil 2, 1975, S. 3 ff. – [200] K. BRANDT, Die Marschensiedlung Bentumersiel an der unteren Ems, in: ArchKorrbl 4, 1974, S. 73 ff. – [201] W. HAARNAGEL, Die Grabung auf der Heidenschanze bei Wesermünde im Jahre

1958, in: Studien aus Alteuropa 2, 1965, S. 142 ff.; DERS., Die Ringwallanlagen Heidenschanze und Pipinsburg im Kreis Wesermünde, Gemarkung Sievern, in: Ringwall und Burg in der Archäologie West-Niedersachsens, Ausstellung in der „Burg" Arkenstede des Museumsdorfes Cloppenburg, 1971, S. 11 ff. – [202] P. SCHMID, K. BEHRE, W. H. ZIMMERMANN, Die Entwicklungsgeschichte einer Siedlungskammer im Elbe-Weser-Dreieck seit dem Neolithikum, in: NachrrNdSachsUrg 42, 1973, S. 97 ff. – [203] D. ZOLLER, Das Forschungsprogramm „Ammerland". Ergebnisse und Probleme der Grabungen 1966–1972, in: Die Kunde N.F. 23, 1972, S. 196 ff. – [204] F. NIQUET, Vorbericht über die erste Hauptgrabung Gielde 1963, in: Neue Ausgrabungen u. Forsch. in Niedersachsen 2, 1965, S. 2111 ff.; DERS., Zweiter Vorbericht über die Grabungen in Gielde, Kreis Goslar, in: Neue Ausgrabungen u. Forsch. in Niedersachsen 4, 1969, S. 182 ff.; H. SEEMANN, Die Keramik der Römischen Kaiserzeit und der Merowingerzeit der Siedlung Am Hetelberg bei Gielde, Kr. Goslar, in: Neue Ausgrabungen u. Forsch. in Niedersachsen 9, 1975, S. 59 ff. – [205] H. KEUNECKE, H. SCHWIEGER, Spätkaiserliche Langhäuser bei Klein Bünstorf, Kr. Uelzen, in: Die Kunde 11, 1943, S. 59 ff.; H. Schirnig, Zur Datierung der Hausgrundrisse von Klein Bünstorf, Kr. Uelzen, in: Die Kunde N.F. 22, 1971, S. 237 ff. – [206] G. JACOB-FRIESEN, Einführung in Niedersachsens Urgeschichte, Teil 3, Eisenzeit, Hildesheim 1974, S. 588 ff.; A. Dieck, Das Problem der niedersächsischen Moorleichen, in: Die Kunde N.F. 19, 1968, S. 102 ff. – [207] W. D. ASMUS, S. SCHNEIDER, G. ASMUS, Auffindung und Bergung der Moorleichen im Großen Moor bei Hunteburg, Kr. Wittlage, in: Die Kunde N.F. 6, 1955, S. 37 ff.; K. SCHLABOW, Der Prachtmantel Nr. II aus dem Vehnemoor in Oldenburg, in: OldenbJb 52/53, 1952/53, S. 160 ff. – [208] H. JANKUHN, Vor- und Frühgeschichte vom Neolithikum bis zur Völkerwanderungszeit, in: Deutsche Agrargeschichte Bd. 1, 1963, S. 169.

9. RÖMER UND GERMANEN IM NÖRDLICHEN DEUTSCHLAND

Die Phase der römischen Kaiserzeit brachte der Germania libera nicht nur die eher indirekten, eben kulturellen Berührungen mit dem römischen Weltreich – starke Einflüsse der Römer auf die Kultur der Germanen sind nicht zu übersehen (vgl. den vorstehenden Beitrag von H. Schirnig), sondern auch die direkte, machtpolitische mit der mediteranen Großmacht, in gewisser Weise die Voraussetzung jener kulturellen Berührung. Gemeint ist hier vor allem eine rund dreißigjährige Periode seit dem Jahre 12 v. Chr. Auf den ersten Blick erscheint diese Zeit so kurz, daß man zweifeln mag, ob sie hier überhaupt Erwähnung verdient. Genau das Gegenteil ist notwendig. Denn schließlich trat das freie Germanien und damit auch weite Bereiche, über die sich das heutige Niedersachsen erstreckt, in jenen Jahren zum ersten Male ins Licht der – damaligen – Weltgeschichte. Mochte auch die direkte machtpolitische Berührung mit Rom, die römische Herrschaft, nicht von Dauer sein, so wirkte sie doch unzweifelhaft nach. Dieser Gedanke gilt durchaus in weiterem Sinne: Die Erinnerungen an die Begegnung Roms mit den freien Germanen zu Beginn der römischen Kaiserzeit hat nicht zuletzt in der Neuzeit spezielle Wirkungen gehabt. Das gilt vor allem für das Ereignis der Varusschlacht und die Gestalt des Arminius [209].

Das Gebiet rechts des Rheins und die dort wohnenden Menschen traten erst im Zusammenhang der römischen Vorstöße ins Gebiet bis zur Elbe und dann später als Nachbarn der römischen Rhein-Provinzen stärker ins Bewußtsein der mediterranen Zeitgenossen; so ist es kein Wunder, wenn antike Autoren nun den Germanen mehr Aufmerksamkeit schenkten. Die Zeit um Christi Geburt und das weitere erste Jahrhundert ist die historische Phase, aus der uns die ersten s c h r i f t l i c h e n Z e u g n i s s e über das Gebiet des heutigen Nordwestdeutschland und die dort siedelnden elb- und westgermanischen Völkerschaften überliefert sind, vor allem aus der Feder antiker Historiographen. Erklärlicherweise fand die römische Okkupationsphase dabei besonderes Interesse. Bereits der augusteische Geschichtsschreiber Titus Livius berichtete davon. Freilich besitzen wir seine Nachrichten nur noch indirekt, in der späteren Verwendung durch Cassius Dio und Orosius. Besonders wichtig für jene Ereignisse zu Anfang der Kaiserzeit sind die Berichte des römischen Historikers Velleius Paterculus aus der Zeit um 30 n. Chr. Er hatte als Offizier an Feldzügen in Germanien teilgenommen und kannte offenbar sogar Arminus, den Sieger vom Teutoburger Wald, persönlich. Auch Strabo, der Verfasser einer Geographie (18 n. Chr.) vermittelt Kenntnisse über Germanien, wobei er offenbar außer älteren Nachrichten solche zeitgenössischer Provenienz von Kaufleuten und Kriegsteilnehmern verwandt hat. Besonders wichtige und vielfältige Nachrichten stammen freilich erst aus späterer Zeit; hiermit sind vor allem die Schriften gemeint, die Cornelius Tacitus um die Wende des ersten zum zweiten nachchristlichen Jahrhundert verfaßt hat. Tacitus fußt in weiten Teilen seiner Berichte auf den Nachrichten, die der ältere Plinius in seinen Bella Germanica für die Zeit vom Cimberneinfall bis zum Jahre 47 n. Chr. zusammenstellte [210]. Freilich sind sie als solche nicht erhalten. Plinius war Offizier und hat sich 47 n. Chr. und in den 50er Jahren selbst in Germanien aufgehalten. Aus diesem Grunde dürften seine Berichte, auch noch in einem etwas später verfaßten Werk, eben weil eigene Erfahrungen und Erlebnisse vorlagen, verhältnismäßig genau und zuverlässig gewesen sein.

Demgegenüber besaß T a c i t u s keine unmittelbaren Kenntnisse von Vorgängen, Land und Leuten in Germanien. Wichtig sind für den modernen Historiker, der sich mit der Geschichte der Germanen, zumal im Spannungsfeld mit der römischen Weltmacht, beschäftigt, zum einen die Annalen des Tacitus; sie sind aussagekräftig hinsichtlich der Begegnungen von Römern und Germanen in der frühen Kaiserzeit nach Augustus. Zum anderen und vor allem kommt hier Tacitus' Germania ins Spiel, die im Verhältnis zu dem, was wir sonst erfahren, außerordentlich reichhaltige Informationen über die Stämme Germaniens und deren kulturelle und gesellschaftliche Lebenssituation vermitteln. Außer den schon genannten Schriften des älteren Plinius hat Tacitus wohl auch Aufzeichnungen von Beamten, Kaufleuten und Offizieren benutzt. Der Wert der taciteischen Informationen darf weder einseitig positiv noch negativ charakterisiert werden, wie das in der Vergangenheit oft geschah. Sicher wird der Quellenwert gerade der Germania beeinträchtigt durch die im Altertum häufig zu beobachtende Idealisierung der Naturvölker. Auch ist die Sichtweise und Darstellung, wie vor allem E. Norden gezeigt hat, beeinflußt von der ethnographischen Tradition der antiken Literatur; das bedeutet, daß bestimmte Beobachtungen von einem Volk auf das andere in topischer Weise übertragen wurden [211]. War, gerade in der ersten Hälfte unseres Jahrhunderts, die Glaubwürdigkeit des Tacitus stärker erschüttert, so muß man heute doch wieder den Wert seiner Überlieferung anerkennen. Diese Einsicht ist nicht zuletzt den Forschern zu verdanken, die die Ergebnisse der vor- und frühgeschichtlichen Wissenschaft, soweit möglich, zur Germania des Tacitus in Bezug setzten [212]. Danach bleibt das Werk des Tacitus unschätzbar und seine Angaben dürfen als vielfach zuverlässig gelten. Das trifft z. B. für die Aussagen, jedenfalls die allgemeinen, zur Dislokation der Stämme in Nordwestdeutschland zu; die Bedeutung dieses Umstandes für die archäologische Forschung liegt auf der Hand. Auch die Aussagen über Sitten und Gebräuche können von der Archäologie kaum wirklich korrigiert, freilich da und dort differenziert werden. Nach alledem haben wir, trotz möglicher kritischer Einwände im einzelnen, in Tacitus die zentrale Quelle für unsere Kenntnis der freien Germanen zu sehen. Es ist nur zu bedauern, daß von den Annalen und von den Historien, die der Autor als Fortsetzung der Annalen geschrieben hat, nur Teile erhalten sind.

Ansonsten scheinen mit der Aufgabe einer offensiven Germanenpolitik von seiten Roms im Laufe des ersten Jahrhunderts n. Chr. die Vorstellungen von Germanien, und zwar schon längst die Vorstellungen der weiter von der Rheingrenze entfernteren Gebiete Nordwestdeutschlands, spätestens mit dem Ende des ersten Jahrhunderts n. Chr., erheblich zurückgegangen zu sein. So fehlen im Grunde differenziertere schriftliche Nachrichten seit dem 2. Jahrhundert n. Chr., was um so schwerer wiegt, als germanische Schriftquellen erst relativ spät einsetzen. Das bedeutet, daß der Historiker im Gegensatz zu seiner Darstellungsmöglichkeit zum ersten Jahrhundert der Kaiserzeit, vor allem zu deren Anfang, für das 2. und 3. Jahrhundert n. Chr. kaum wirklich etwas sagen kann. Auf den ersten Blick stellen die Germanien beschreibenden Teile der Geographie des Claudius Ptolemäus von Alexandrien eine gewisse Ausnahme dar. In diesem Werk, erschienen wohl kurz nach der Mitte des 2. Jahrhunderts n. Chr., werden Gebirge und Flüsse, aber auch Orte und Stämme im freien Germanien erwähnt. Aber bei genauerem Hinsehen stellen sich in dieser Quelle eine ganze Fülle von Unklarheiten und zentralen Fehlern heraus, so daß die Nachrichten im Grunde nur dann zu verwenden sind, wenn auch die Fehlerquellen ausgemacht und die Berichte des Ptolemäus durch Vergleich kontrolliert werden können. Da nun außerdem einiges dafür spricht, daß von Ptolemäus bzw. von seinem Gewährsmann Marinos von Tyros (Zeit

Traians) ein Zustand Germaniens aus der Zeit um Christi Geburt beschrieben wird [213], gewinnt man aus dem genannten geographischen Werk weder etwas zur Kontrolle des Tacitus noch Informationen für die Beschreibung des weiteren 2. Jahrhunderts n. Chr. Da auch das Geschichtswerk des Cassius Dio (vom Anfang des 3. Jahrhunderts n. Chr.) vollständig nur für die frühe Kaiserzeit erhalten ist, muß der Historiker tatsächlich zugestehen, daß er im Grunde über die Regionen Nordwestdeutschlands nur Aussagen für das 1. Jahrhundert n. Chr., vor allem für die augusteische Phase zu machen in der Lage ist.

Zu den wichtigsten Informationen, die die schriftlichen Quellen, und da vor allem wieder Tacitus, vermitteln, gehören die Aussagen über die Wohnsitze der nordwestdeutschen Stämme. Dabei wissen wir durch die Forschungen von H. Jankuhn, daß die Stammessiedlungen durch Ödlandgrenzen voneinander getrennt waren [214]. Es hat sich nun herausgestellt, daß die aufgrund der literarischen Nachrichten zu entwerfende Siedlungskarte der Stämme in jenem Gebiet – für das erste Jahrhundert n. Chr. – von prähistorischer Seite zumindestens in ihrem allgemeinen Zuschnitt nicht wesentlich verbessert oder verändert werden kann [215].

Für das Gebiet des heutigen Landes Niedersachsen erwähnen Tacitus und frühere Autoren an dort siedelnden Stämmen vor allem die Chauken, die Angrivarier und Cherusker. Zum Teil rechnen auch die Brukterer noch hierher. Die *Frisii* bzw. die Frisiavonen siedelten in der uns hier interessierenden Zeit weiter westlich, jenseits der unteren Ems [216]. Den Nordwesten Nordwestdeutschlands nahmen vor allem die Chauken ein. Ihre Wohngebiete reichten im wesentlichen von der unteren Ems bis zur Elbe. Dabei scheinen sie mindestens in der frühen Kaiserzeit in die Gruppen der kleinen und großen Chauken auseinanderzufallen, vermutlich von der Weser getrennt. Im Süden grenzten sie nach Tacitus' Germania c. 35 an die Chatten, weiter südöstlich waren sie den Angrivariern benachbart, zum Teil wohl auch den Cheruskern. Zu Beginn der römischen Kaiserzeit muß man zwischen den Chauken und der Ems noch die Ampsivarier annehmen, die jedoch 58 v. Chr. von jenen verdrängt wurden [217]. Nachdem Drusus bereits auf seinem ersten Germanienfeldzug ihr Gebiet berührt hatte, sind die Chauken dann kurz vor der Zeitenwende in die Botmäßigkeit Roms gekommen. Allerdings hat dieses Verhältnis kaum über 28 n. Chr. angehalten. Die Chauken gehörten offensichtlich zu den bedeutenderen germanischen Stämmen, jedenfalls in der Sichtweite der römischen Autoren, und taten sich nicht zuletzt durch räuberische Unternehmungen zur See hervor [218]. Nur am Rande unseres vornehmlich betrachteten Gebietes saßen die Brukterer. Ihre Wohnplätze lagen nach den Quellen östlich und westlich der oberen Ems, d. h. südwestlich der Chauken. Sie scheinen sich dann aber nach einer Niederlage gegen Drusus 12 v. Chr. weiter ins Münsterland zurückgezogen zu haben [219]. Ihre Bedeutung lag nicht zuletzt darin, daß

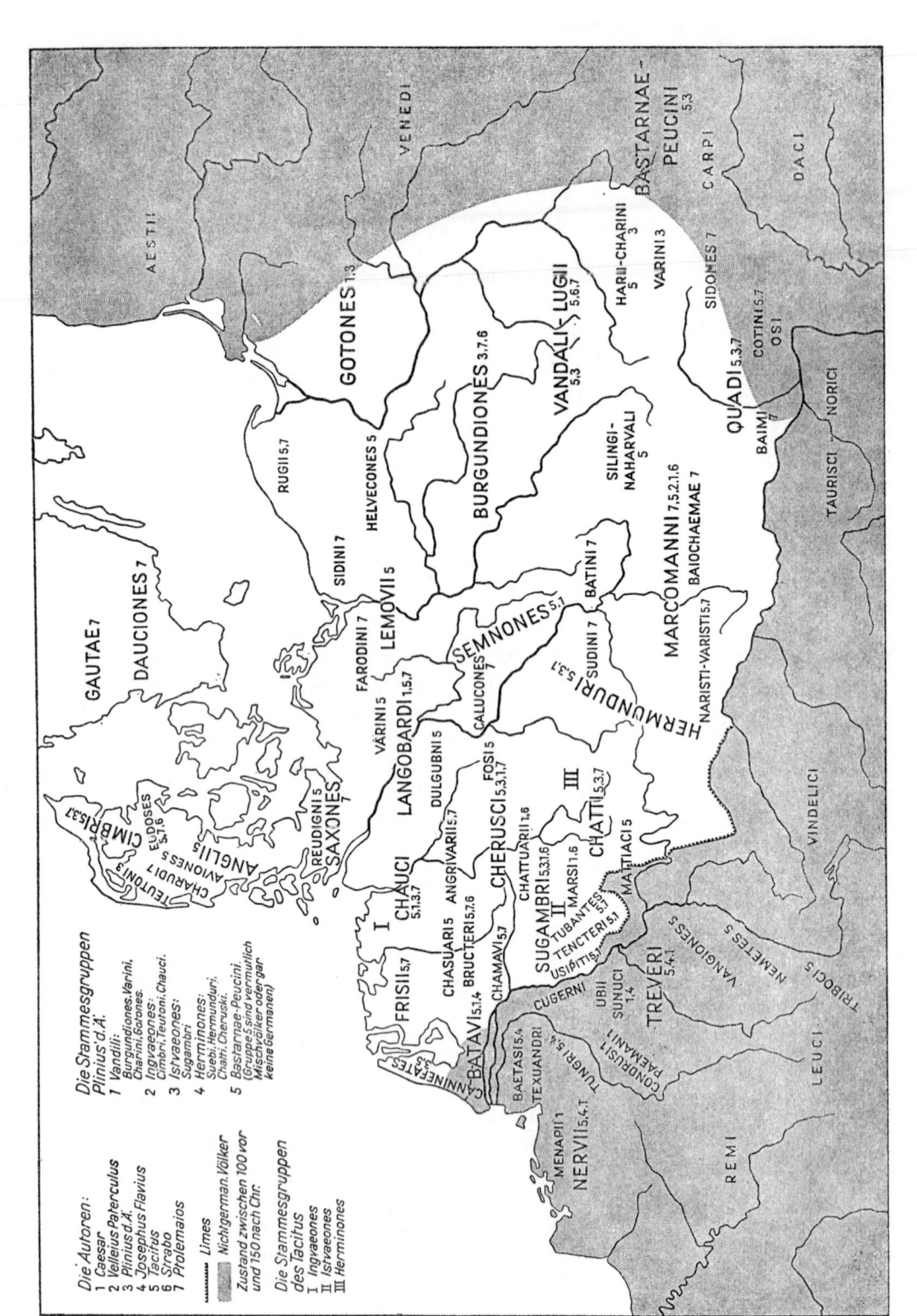

24. Die germanischen Stämme nach den antiken Schriftstellern

sie Gegner der Römer sowohl im Kampf des Jahres 9 n. Chr. als während des Bataveraufstandes 70 n. Chr. gewesen sind.

Gewissermaßen im Zentrum Nordwestdeutschlands ist das Gebiet der A n g r i v a r i e r anzusetzen. Sie siedelten nach den Aussagen der antiken Historiographie südlich der Chauken und nördlich bzw. nordöstlich der Cherusker zu beiden Seiten der mittleren Weser. Zwischen ihnen und den Cheruskern soll ein Erdwall, der sogenannte Angrivarierwall gelegen haben, den die Forschung bei Leese zwischen den Loccumer Sümpfen und der Weser ausgemacht hat; freilich ist diese These neuestens wieder, nicht ohne Grund, bezweifelt worden. Im Jahre 16 n. Chr. finden wir die Angrivarier als Gegner des römischen Feldherrn Germanicus im Kampf mit Arminius; sie haben sich aber schließlich der römischen Macht beugen müssen. Auch für die zweite Hälfte des 1. Jahrhunderts n. Chr. liegen für sie noch Informationen vor. In jener Zeit haben sie offensichtlich dem Ausdehnungsdrang der Chauken nach Süden nicht standhalten können, räumten schließlich ihr Gebiet und drangen in das der Brukterer ein, d. h. ins Münsterland [220].

Neben den Chauken erscheinen in der frühen Kaiserzeit als wichtigster Stamm unseres Gebietes die C h e r u s k e r. Ihr Siedlungsareal ist offenbar sehr ausgedehnt gewesen. Es ist anzusetzen nördlich von Hannoversch Münden und dem Harz, sich ausdehnend westlich vom Quellgebiet der Lippe und der Ems über die Weser in die Landschaft zwischen dieser und der Elbe. Wenn die oben genannte Lokalisierung des Angrivarierwall stimmt, dann muß ihre nördliche Grenze etwa in der Gegend des Steinhuder Meeres verlaufen sein. Schon zu Beginn der römischen Germanenpolitik waren die Cherusker immer wieder Objekt militärischer Unternehmungen der mediterranen Großmacht, und ihnen fiel später die zentrale Rolle im schließlich erfolgreichen Widerstand gegen diese zu. Aber nach dem Tode des Arminius (21 n. Chr.) scheint die Rolle der Cherusker immer unbedeutender geworden zu sein. Bei Tacitus erscheinen die Cherusker als heruntergekommener Stamm, der sich der Chauken nicht mehr erwehren konnte und an sie Gebiete verlor. Tacitus ist der letzte, der von den Cheruskern überhaupt ein halbwegs deutliches Bild entwirft [221].

Im Zusammenhang der Behandlung der wichtigsten germanischen Stämme, die nach Ausweis der literarischen Quellen im 1. Jahrhundert n. Chr. in Nordwestdeutschland ihre Wohnsitze hatten, ist bereits auf die Verknüpfung, die zeitweilige jedenfalls, der Geschichte dieser Stämme mit der römischen hingewiesen worden. Die damit gegebenen Ereignisse sind im folgenden in ihrem eigenen Zusammenhang zu beschreiben.

Durch die von Rom geplante E i n b e z i e h u n g d e s f r e i e n G e r m a n i e n b i s z u r E l b e und die zeitweilige Beherrschung dieses Gebietes wurden die Stämme zum Objekt der offensiven Außenpolitik der frühen

Kaiserzeit überhaupt. Nach intensiven und breit angelegten Vorbereitungen – schon 16/15 v. Chr. war das Voralpenland von Rom gewonnen worden und das vorletzte Jahrzehnt v. Chr. sah die Anlage starker römischer Basislager am Rhein (Mainz und Xanten vor allem) – begann unter dem Stiefsohn des Augustus, D r u s u s , im Jahre 12 v. Chr. die Okkupation des Gebietes östlich des Rheins [221a]. Die Aktionen dieses Jahres dienten vor allem der Erkundung und Sicherung der Nordseeküste; sie sind als Vorbereitung der Landunternehmungen der nächsten Jahre zu sehen. Über einen Kanal, die Fossa Drusiana, erreichte das römische Expeditionscorps schließlich die Nordseeküste. Mit den westlich der Emsmündung sitzenden Friesen wurde ein Klientelvertrag abgeschlossen, und danach nahm die römische Flotte Kurs auf die Emsmündung. Offenbar wurde Borkum (?) mit Gewalt eingenommen und die Einfahrt in die Ems gewagt, wo es zu einer Auseinandersetzung mit den Bruktern kam. Aber damit ist das Unternehmen, im Frühherbst des Jahres 12 v. Chr., noch nicht beendet gewesen. Vielmehr drang Drusus an der Küste weiter nach Osten vor und fiel dabei auch in das Land der Chauken ein. Spätestens an der Weser kehrte er wieder um – die Germanen dieses Gebietes hatten damit ihre erste Berührung mit der römischen Weltmacht gehabt. Die weiterzielenden Pläne realisierten sich bereits 11 n. Chr. in einem großangelegten Feldzug von Xanten aus. Die Römer zogen die Lippe aufwärts und verwüsteten sugambrisches Gebiet. Darauf stieß das römische Heer in das Gebiet der Cherusker vor, und zwar wie die Quellen sagen (Cassius Dio 54, 33), bis zur Visurgis. Darunter ist mit größter Wahrscheinlichkeit die Weser zu verstehen, und es spricht einiges dafür, daß der römische Feldherr den Fluß im Gebiet von Hameln erreichte [221b]. Ende Juli / Anfang August trat Drusus von da an den von der fortgeschrittenen Jahreszeit und von Versorgungsschwierigkeiten erzwungenen Rückzug an, der indes nicht unbeeinträchtigt verlief. Mit diesem Unternehmen bis weit in das cheruskische Gebiet war, wenn auch noch keineswegs in der Breite des Landes, die römische Macht in besonderer Weise demonstriert worden. Nachdem im Jahre 10 v. Chr. Aktionen gegen die Sugambrer und die Chatten stattgefunden hatten, kam es ein Jahr später zum bisher weitesten Vorstoß der Römer in das freie Germanien. Ein umfangreicher Feldzug führte von Mainz aus über die Wetterau nach Norden. Über chattisches Gebiet wurde erneut ein Einfall ins Land der Cherusker unternommen, die sich – wohl die bewaffnete Mannschaft vor allem – über die Weser nach Osten zurückzogen. Die Forschung nimmt an, daß der Weg des römischen Heeres in die Gegend der Lippequelle und von dort über Horn in Richtung Hameln führte [222]. Vermutlich – direkte Information vermitteln die Quellen nicht – verlief die Route des römischen Unternehmens dann über die Gegend von Elze und Hildesheim auf die Magdeburger Bucht zu. Der Heereszug endete an der Elbe, wo Drusus Tropaia, Sieges- und Markzeichen, errichtete. Es spricht einiges dafür, auch unter Berücksichtigung der späteren Ereignisse, daß damit ein vom Kaiser geplanter Endpunkt erreicht war. Für den Rückweg des Drusus vermutet man entweder die Route Halle–Nordhausen–Einbeck oder die Route Unterlauf der Ilm–Erfurt–Eisenach [223]. Kurz nach dem Überschreiten der Saale erlitt Drusus einen Unfall, an dem er 30 Tage später starb. Mit den Unternehmungen der Jahre 12–9 v. Chr. hatten die Römer ihr Ziel, die Okkupation des Gebietes vom Rhein bis zur Elbe, zwar deutlich gemacht und zum Teil erreicht, aber der Tod des Feldherrn bedeutete unzweifelhaft einen erheblichen Rückschlag.

Als Nachfolger seines Bruders übernahm 8 v. Chr. Tiberius die Führung der römischen Politik in Germanien. Freilich ist unser Wissen für diese Zeit und die nachfolgenden Jahre bis 9 n. Chr. höchst mangelhaft. Immerhin hat Tiberius in den beiden Jahren nach dem Tode des Drusus offenbar einiges zur Konsolidierung der römischen Herrschaft in diesem Gebiet unternommen. Möglicherweise kam es bereits 8 v. Chr. zu einem ersten Klientelvertrag mit den Cheruskern [223a]. Dem entspricht im allgemeinen die Aussage des Velleius Paterculus (2, 97), Tiberius habe Germanien zu einer quasi-tributpflichtigen Provinz gemacht. Als er aber 6 v. Chr. von seinem Kommando abberufen wurde, stagnierte die römische Politik im freien Germanien vorerst. Immerhin gab es offenbar innerhalb der Stämme bzw. in deren Adel, z. B. bei den Cheruskern, bereits römerfreundliche Tendenzen [224]. Die intensivere Wiederaufnahme der römischen Okkupationspolitik erfolgte dann, erneut unter Tiberius, dem späteren Kaiser, 4 n. Chr. Er unterwarf in der Folgezeit die Brukterer, schloß erneut einen Vertrag mit den Cheruskern (4 n. Chr.), ferner einen solchen mit den Chauken (5 n. Chr.) und drang nach Vell. Pat. (2, 105 f) wiederum über die Weser vor. Wie stark die römische Stellung in diesen Jahren gewesen sein muß, ergibt sich nicht zuletzt daraus, daß römische Truppeneinheiten bereits an der oberen Lippe überwinterten. Die Großräumigkeit der Unternehmungen des Tiberius zeigt sich darin, daß 5 n. Chr. einerseits eine römische Flotte von der Nordsee in die Elbe einfuhr und ihr andererseits ein Landheer entgegenzog. Beide trafen wohl etwa bei Lauenburg zusammen [224a].

Als 7 n. Chr. Quintilius Varus, der vorher Statthalter in Syrien gewesen war, den Befehl in Germanien von Tiberius übernahm, war das rechtsrheinische Gebiet – und damit auch das des heutigen Niedersachsen – auf dem Wege, römische Provinz im eigentlichen Sinne zu werden. Die allgemeinen Zustände waren offenbar weitgehend friedlich, wie sie Cassius Dio (56, 18) darstellt; zu dieser Entwicklung rechnet neben einer zunehmenden Sicherung der Verkehrswege, mit Hilfe auch einheimischer Einheiten, zweifelsohne die Intensivierung bzw. die allmähliche Durchsetzung römischer Provinzialorganisation. Das bedeutet vor allem, daß der Statthalter gewisse Rechtsprechungsaufgaben wahrnahm und man zu einer klareren Ordnung des Abgabenwesens überging. Letzteres mußte keineswegs identisch mit einer

Erhöhung solcher Leistungen sein, konnte aber durch die straffere Organisation so empfunden werden. Insofern treffen die Vorwürfe, die in den Quellen dem Varus gemacht worden sind (er habe sich Ausbeutung und Übergriffe zu Schulden kommen lassen), nur zum Teil, wenn überhaupt, zu.

In den Rahmen der eben beschriebenen Politik gehörte nach üblicher römischer Praxis auch der Versuch der Integration der Stammesoberschicht in die römische Gesellschaftsordnung und damit deren Bindung an den neuen Machthaber. Auf diese Weise erhielt z. B. die Familie des A r m i n i u s das römische Bürgerrecht, er selbst darüber hinaus den Ritterrang. Wie stark die Gesamtentwicklung bereits vorangegangen war, ist nicht zuletzt daraus zu entnehmen, daß Arminius als römischer Offizier mit einem Aufgebot von Stammesangehörigen am Pannonischen Krieg Roms (6–9 n. Chr.) teilnahm. Man hat davon auszugehen, daß der spätere Führer des Aufstandes gegen die Römer, Arminius, zu einem nicht geringen Teil romanisiert und keineswegs mehr der einfache Germane war [225].

Während dieser Entwicklung wurde im September des Jahres 9 n. Chr. die Varusschlacht geschlagen [226]. Sie führte zur Niederlage des Varus und seines Heeres, dessen Reste sich zum Rhein durchschlagen mußten. Die Berühmtheit der S c h l a c h t i m T e u t o b u r g e r W a l d steht gewissermaßen im umgekehrten Verhältnis zu den damit zusammenhängenden ungeklärten Fragen und den Divergenzen in der Forschung. Weder vermitteln die Quellen einheitliche und ganz klare Vorstellungen vom Verlauf der Schlacht, noch ist gesichert, wo sie stattfand; neuestens wird nicht mehr vom Aufstand, sondern von einer Militärrevolte gesprochen. [226a] Doch steht hinsichtlich des Schlachtablaufes immerhin fest, daß Arminius die ihm zur Verfügung stehenden Erfahrungen und Methoden eines „Kolonialkrieges" einsetzte. Falsche Nachrichten lockten das römische Heer in ein unbekanntes, für seine Kampfesweise ungünstiges Gelände, wo es aus dem Hinterhalt angegriffen und von den Germanen niedergemacht wurde. Zweifellos waren die wesentlichen Träger dieser Ereignisse Cherusker. Freilich kann man bei ihnen keineswegs von einer einheitlichen Haltung sprechen, denn die cheruskischen Adeligen Inguimer und Segest verhielten sich durchaus ablehnend [226b]. Der Anstoß zu den weiteren Unternehmungen kam offenbar von Arminius, der bekanntlich römischer Offizier war, und von seiner Truppe; er zog dann aber weitere Kreise mit sich [227]. Auch von einer Gesamtbewegung der germanischen Stämme Nordwestdeutschlands, einer alle ergreifenden Aufstandsbegeisterung, kann nicht die Rede sein. Denn z. B. die Chauken beteiligten sich nicht, und der angrivarische Adelige Boicalus wurde von den Aufrührern gefangen gesetzt. Dagegen ist die Beteiligung der Brukterer, Chatten und Marser zu vermuten, wenn auch nicht ganz klar ist, in welcher Weise und wann es mit ihnen zu Absprachen kam. Als völlig ungeklärt muß, trotz des großen Interesses, das diese Frage gefunden hat, das Problem der Örtlichkeit der Varusschlacht gelten. Am ehesten sind hier, freilich nur im Rahmen einer großräumigen Landesaufnahme, klärende Beiträge von der Archäologie zu erwarten. So ist zur Zeit nicht zu entscheiden, ob die Nordtheorie (Schlachtort am Nordrand des Wiehen- und Wesergebirges bzw. in dessen Vorland), die lippische Theorie (Schlachtort im Teutoburger Wald oder zwischen Teutoburger Wald und Weser), die Münsterländer Theorie (Schlachtort westlich des Teutoburger Waldes) oder sogar die Südtheorie (Schlachtort südlich der Münsterländer Bucht) zutrifft [228]. Auch die Meinung, die den Fundort des Hildesheimer Silberschatzes (siehe S. 494 f. und u. S. 529) mit einbezieht und den Schlachtort bei Hildesheim sucht, kann schon deshalb nicht gelten, weil zumindestens Teile des Schatzes erst aus dem 2. Jahrhundert stammen [229].

Worin liegt nun die historische Bedeutung der Varusschlacht bzw. des germanischen Sieges vom Jahre 9 n. Chr.? Wenn man feststellt, daß die römische Germanenpolitik, wie gleich noch zu skizzieren sein wird, in den Jahren unmittelbar nach dem Sieg des Arminius stagnierte, es dann aber in den Jahren 15 und 16 erneut zu offensiven Aktionen in Nordwestdeutschland kam, kann man kaum davon sprechen, die von Arminius initiierten Ereignisse hätten Germanien die Freiheit gebracht. So war die Niederlage des Varus doch eher nur ein, freilich erheblicher, Rückschlag für die römische Außenpolitik in Germanien, ohne daß sie dadurch völlig verändert wurde. Als unmittelbarer Effekt des germanischen Sieges dürfte die Stellung des Arminius innerhalb seines eigenen Stammes gegenüber anderen Adeligen eine Stärkung erfahren haben; nach einer Nachricht in den Annalen des Tacitus (2, 88, 2) soll er später sogar die Königswürde angestrebt haben. Außerdem bedeutete der Erfolg des Jahres 9 zweifellos auch eine Festigung der Position des cheruskischen Stammes gegenüber anderen Germanen und die Entstehung bzw. Weiterführung einer Koalition unter Arminius.

Die germanischen Stämme im nordwestlichen Deutschland erlebten im Jahre 15, besonders aber im Jahre 16 noch einmal eine massive und bedrohliche Auseinandersetzung mit der römischen Macht [230]. Züge über den Rhein in den Jahren davor sind noch nicht als eigentliche Wiederaufnahme der römischen Offensivpolitik zu verstehen, eher als eine Vorbereitung für diese und als Sicherung des Vorfeldes der römischen Rheingrenze. Vor allem der Feldzug des Germanicus vom Jahre 16 muß als der Versuch zur Zerschlagung der inzwischen ausgebauten und gefestigten Arminiuskoalition begriffen werden. Bereits 15 war Germanicus mit dem Ziel, Brukterer und Cherusker zu schlagen, teils zu Lande teils zur See und über die Ems nach Nordwestdeutschland eingefallen. Möglicherweise bei Bramsche kam es dabei zu einer – wohl unentschieden endenden – Begegnung mit den Truppen des Arminius [231]. Für diesen verlief bei den *pontes longi* ein Angriff auf die Truppen eines der Heerführer des Germanicus, Caecina, offenbar noch erfolgloser.

Dieses Ereignis dürfte sich irgendwo im südlichen Teil der Grafschaft Bentheim oder noch weiter südlich zugetragen haben [232].

Die Auseinandersetzungen des Jahres 16 fanden im Kernbereich Nordwestdeutschlands statt. Die in diesem Jahr eingesetzte römische Heeresmacht war so groß wie nie zuvor während der römischen Angriffe auf das freie Germanien; sie umfaßte u. a. acht Legionen, dazu Einheiten der Garde und Hilfstruppen. Über den Seeweg und die Ems, möglicherweise auch über die Weser, drangen die Römer nach Germanien ein und erreichten, vermutlich in der Gegend des Weserdurchbruches, die mittlere Weser, wo dann auch der Übergang über den Fluß erzwungen wurde. Kurze Zeit danach trafen in einer Idistaviso genannten Ebene die römischen Truppen mit den Cheruskern und anderen Germanen unter Arminius aufeinander. Die sich daraus entwickelnde Schlacht endete offenbar mit einem römischen Erfolg. Auch die Lokalisierung dieses Platzes hat eine breite Diskussion in der Wissenschaft ausgelöst, ohne daß bisher eine zureichende Klärung erreicht ist. Die wichtigste Theorie nimmt Idistaviso in der Gegend zwischen Lerbeck und Nammen, 3 km östlich der Porta Westfalica, an [233]. Kurze Zeit später fand dann weiter weserabwärts eine erneute Schlacht, und zwar am Angrivarierwall, statt. Dabei konnten sich die Römer, wie es scheint, durchsetzen, aber ein weiterer Erfolg, der unter anderem in einer effektvollen Verfolgung der Cherusker bestanden hatte, wurde nicht erreicht. Die römischen Truppen zogen sich zu Land und zur See an den Rhein zurück.

Zwar feierte Germanicus im Mai des Jahres 17 einen großen Triumph über die „Cherusker, Chatten, Angrivarier und was sonst für Stämme bis an die Elbe hin wohnten", aber inzwischen war er von seinem germanischen Kommando abberufen worden, und Tiberius beendete die offensive Phase römischer Germanenpolitik überhaupt, die in diesem Gebiet auch nie wieder aufgenommen wurde. Nicht die Varusschlacht als solche hatte für die germanischen Stämme die Freiheit gebracht, sondern u. a. die Hartnäckigkeit des Widerstandes in den Jahren vor 17, der sich freilich auch auf den Erfolg des Jahres 9 gründete. Aber es dürften Tiberius noch weitere Überlegungen zu seinem Entschluß veranlaßt haben: Die Tatsache des offensichtlichen Mißverhältnisses von Aufwand und Erfolg in der Germanenpolitik, die auf die Elbgrenze zielte, mit der man vor allem eine Grenzverkürzung erreichen wollte; dazu kamen dringende Aufgaben im wirtschaftlich viel interessanteren Osten des Reiches, der immer wieder durch die Parther gefährdet wurde.

Mit der Entscheidung des Tiberius war das Land zwischen Rhein und Elbe für die Zukunft sich selbst überlassen. Das hieß aber auch, daß dieses Gebiet nicht an der kulturellen, wirtschaftlichen und gesellschaftlichen Fortentwicklung teilhatte, die die römischen Rheinprovinzen in den folgenden Jahrhunderten erlebten. Trotzdem war auch die politische Verbindung zum römischen

Reich und seinen Exponenten am Rhein noch nicht völlig abgebrochen, mochten diese auch nach der Aufgabe des friesischen Brückenkopfes im Jahre 28 noch weiter zurückgegangen sein. So erbaten sich die Cherusker im Jahre 47 vom römischen Kaiser als König ihres Stammes den in Rom lebenden Italicus, einen Neffen des Arminius. Die Hintergründe dieses Vorgehens sind unklar, aber die Realisierung des cheruskischen Wunsches erlaubte es den Römern, ihren Einfluß bei den Cheruskern wieder geltend zu machen. Das war um so wichtiger, als die Chatten, die durchaus eine Gefahr für das römische Gebiet am Rhein bzw. in der Wetterau darstellten, in den Cheruskern einen innergermanischen Konkurrenten besaßen und cheruskische Aktionen in ihrem Rücken befürchten mußten. Noch der Nachfolger des Italicus, Chariomer, erhielt materielle Zuwendungen Domitians [233a].

Auch die Chauken begegneten später erneut der römischen Macht. Nachdem die Römer vom Niederrhein aus immer wieder gegen chaukische Scharen, die von der See aus die Küste brandschatzten, vorgegangen waren, schickte der Statthalter Domitius Corbulo 47 n. Chr. Gesandte an die Chauken mit dem Auftrag, von diesen die Unterwerfung zu fordern. Von einem Einfall in chaukisches Gebiet wurde er durch eine Intervention des Kaisers zurückgerufen. Möglicherweise waren es auch Chauken im Gebiet der Elbmündung, die im Jahre 213 sich mit der Bitte um Geld und Freundschaft an Caracalla wandten. Tatsächlich soll ein Vertrag abgeschlossen worden sein [234]. Es ist nicht ausgeschlossen, daß der Kaiser sich damit – und dann wohl auch mit Geldzahlungen – Ruhe an den Küsten erkaufte. – Es ist mithin damit zu rechnen, daß es auch sonst noch zu derartigen Berührungen zwischen den Germanen in Nordwestdeutschland und Rom in einer Zeit kam, als es längst nicht mehr um die Eroberung dieses Gebietes ging. Damit traten wahrscheinlich immer wieder kulturelle Berührungen auf, und materielle Güter dürften im Zusammenhang damit ins freie Germanien gelangt sein.

Nun wissen wir, daß römische Ware (z. B. Terra sigillata, Gläser) auch auf dem Handelswege in die Germania libera, also auch in das Gebiet Niedersachsens, gelangte (siehe S. 494). Römische Kaufleute traten hier auf und betrieben ihren Handel von Stützpunkten im Lande aus. Für das Nordseeküstengebiet sind so Handelsbeziehungen zur Landschaft an Rhein und Maas im 1. und 2. Jahrhundert nachgewiesen. Freilich dürften die Abnehmer der hierbei verhandelten Waren vor allem die herausgehobenen Angehörigen germanischer Stämme gewesen sein [235].

Es brachen also die zu Anfang der Kaiserzeit in Gang gekommenen Beziehungen mit dem römischen Bereich durch die Aufgabe der offensiven Germanenpolitik keineswegs ab, sondern sie lebten im weiteren ersten und den darauffolgenden Jahrhunderten auf vielen Gebieten fort. Freilich hatte diese Berührung der Germania libera mit der antiken Welt immer die Existenz römischer Herrschaft in Ostgallien und am Rhein sowie die Prosperität der dortigen Provinzen zur Voraussetzung. Es würde Wunder nehmen, wenn die direkte und indirekte Berührung mit den Römern nicht auch gesellschaftliche Wirkungen gehabt hätte, abgesehen von der auf die Kampfesweise und Waffentechnik der Germanen. Schon die wirtschaftlichen Beziehungen dürften zu stärkerer sozialer Differenzierung in den germanischen Stämmen geführt haben. Aber auch die kriegerischen Begegnungen mit Rom waren von einem nicht zu unterschätzenden Einfluß auf die Herausgebung sozial gehobener Schichten [236]. Dieses scheint – zusammen mit dem allgemeinen römischen Vorbild – sogar zu Ansätzen monarchistischer Entwicklung geführt zu haben, wie sich bei den Cheruskern zeigte.

Horst Callies

[209] H. CALLIES, Arminius – Held der Deutschen, in: Ein Jahrhundert Hermannsdenkmal 1875–1975, Sonderveröff. d. Naturwiss. u. Hist. V. f. das Land Lippe 23, 1975, S. 33 ff. – [210] E. NORDEN, Die Germanische Urgeschichte in Tacitus Germania, ⁴1959, S. 207 ff. u. passim; E. SCHWARZ, Germanische Stammeskunde, 1956, S. 10 f. – [211] E. NORDEN (wie Anm. 210), passim; E. SCHWARZ (wie Anm. 210), S. 11. – [212] R. MUCH, Die Germania des Tacitus. Dritte, beträchtlich erweiterte Auflage, unter Mitwirkung von H. JANKUHN, hg. von W. LANGE, 1967; T. CAPELLE, Studien über elbgermanische Gräberfelder in der ausgehenden Latènezeit und der älteren römischen Kaiserzeit, 1971, S. 10 ff. – [213] T. CAPELLE, a.a.O., S. 11; W. ROSIEN, Stufen frühgeschichtlicher Stammesentwicklung in Germanien, in: NANdSachs 23, 1951, S. 208 ff. – [214] H. JANKUHN, Terra ... silvis horrida, in: ArchaeolGeogr 10/11, 1961/63, S. 1 ff. (Archäol. u. G. 1, 1976, S. 145 ff.). – [215] T. CAPELLE (wie Anm. 212), S. 10 f. – [216] Tac. Germ. 34; LUDWIG SCHMIDT, Die Geschichte der deutschen Stämme. Die Westgermanen 1, ²1938, S. 71 ff. – [217] L. SCHMIDT (wie Anm. 216), S. 35. – [218] Vell. Pat. 2, 106; Tac. Germ. 35, dazu R. MUCH (wie Anm 212), S. 406 ff. mit Lit.; zu den Chauken überhaupt s. L. SCHMIDT (wie Anm. 216), S. 33 ff.; R. H. CARSTEN, Chauken, Friesen und Sachsen zwischen Elbe und Flie, 1941; hinzuzuziehen ist auch Tac. ann. 11, 18–20 u. 13, 55. – [219] Tac. Germ. 33, dazu R. MUCH (wie Anm. 212), S. 397 f.; E. SCHWARZ (wie Anm. 210), S. 140. – [220] Tac. Germ. 33 u. 35; Tac. ann. 2, 8 u. 22 u. 24; L. SCHMIDT (wie Anm. 216), S. 91 f. Zum Angrivarierwall s. G. BERSU, G. HEIMBS, H. LANGE, C. SCHUCHARDT, in: PrähistZ 16, 1925, S. 100 ff.; kritisch dazu jetzt H. v. PETRIKOVITS, Arminius, in: Bonner Jahrbb. 166, 1966, S. 192, Anm. 37. – [221] Tac. Germ. 36, dazu R. MUCH (wie Anm. 212), S. 411 ff. mit Lit.; zu den Cheruskern überhaupt s. L. SCHMIDT (wie Anm. 216), S. 92 ff.; W. ROSIEN, in: NANdSachs 23, 1951, S. 217 ff.; vgl. dazu R. HACHMANN, G. KOSSACK und H. KUHN: Völker zwischen Germanen und Kelten, 1962; allgemein zur Stammesbildung bei den Germanen s. R. WENSKUS, Stammesbildung und Verfassung, 1961. – [221a] Zu den Germanenunternehmungen des Drusus s. K. CHRIST, Drusus und Germanicus, 1956, S. 36 ff. mit Lit.; allgemein zur augusteischen Germanenpolitik C. M. WELLS, The German Policy of Augustus, 1972. – [221b] L. SCHMIDT (wie Anm. 216), S. 94. – [222] L. SCHMIDT (wie Anm. 216), S. 95; K. CHRIST (wie Anm. 221 a), S. 52. – [223] Zur ersten Lösung s. L. SCHMIDT, (wie Anm. 216), S. 95, zur zweiten K. CHRIST, a.a.O., S. 55. – [223a] D. TIMPE, Arminius-Studien, 1970, S. 70. – [224] D. TIMPE (wie Anm. 223 a), S. 79. – [224a] Vell. Pat. 2, 106 f.; L. SCHMIDT (wie Anm. 216), S. 98. – [225] Zu Arminius überhaupt s. die genannten Arbeiten von H. v. PETRIKOVITS, D. TIMPE, H. CALLIES, dazu DERS., in: Hoops Reallexikon der germanischen Altertumskunde ²1, S. 416 f. mit Lit. – [226] Die hauptsächlichen Quellen zur Schlacht Cassius Dio 56, 18–23; Vell. Pat. 2, 117 ff.; Florus 2, 30, 29 ff.; dazu Tac. ann. 1, 60 f.; allgemein zur Schlacht und ihren Problemen s. (mit wei-

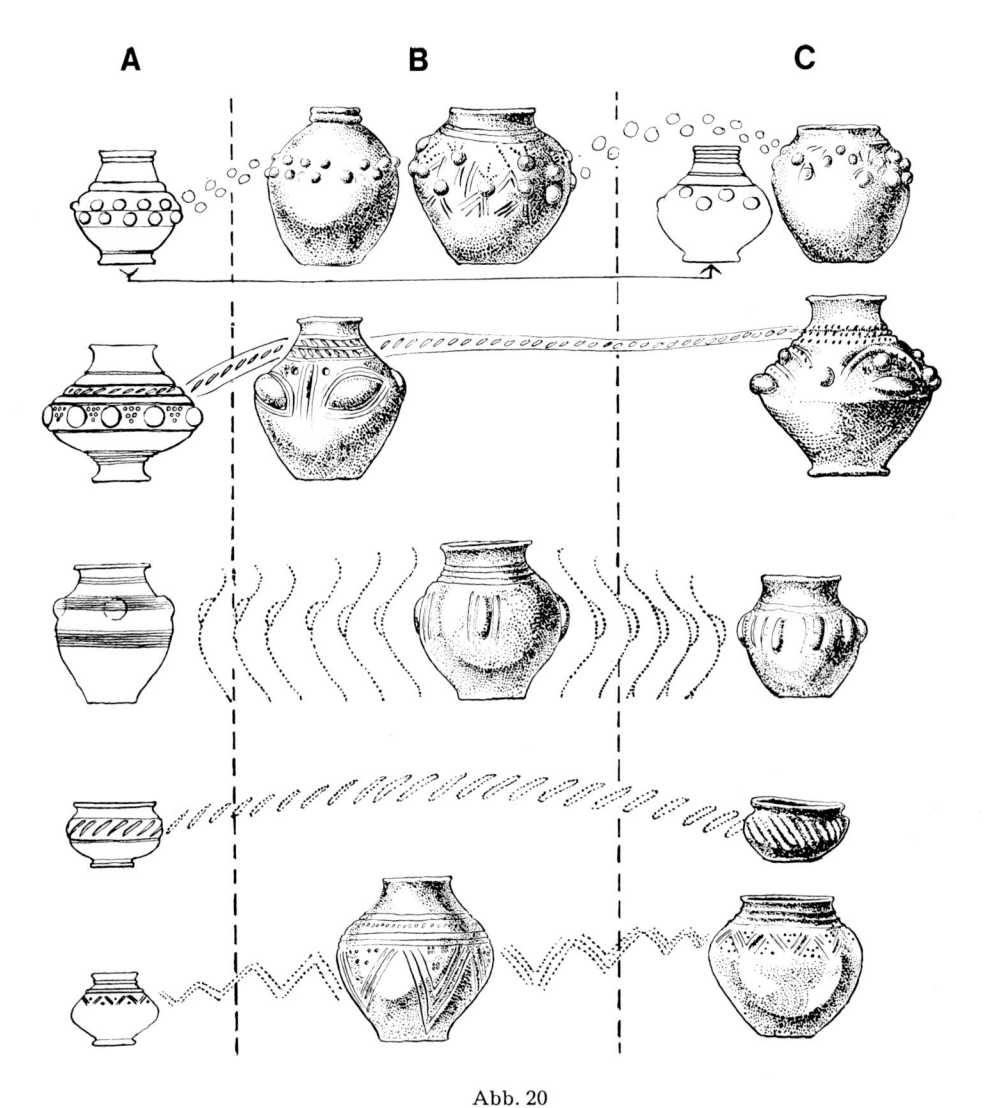

Abb. 20
Schema der typologischen Entwicklung der plastisch verzierten Urnen
A Spätrömische Drehscheibenware aus England
B Aus freier Hand geformte Gefäße aus England
C Aus freier Hand geformte Gefäße aus Niedersachsen

terer Literatur): W. JOHN, Quinctilius Varus in: Realencyclopaedie der classischen Altertumswissenschaft 24, 1963, S. 907 ff.; H. v. PETRIKOVITS (wie Anm. 220), S. 178 ff. – [226a] D. TIMPE (wie Anm. 223 a), passim. – [226b] Tac. ann. 1, 55 u. 60; Strabo 7, 1, 4. – [227] H. CALLIES (wie Anm. 209), S. 36; allein, wie es Timpe tut, von einer Truppenmeuterei zu sprechen, ist nicht angängig. – [228] H. v. PETRIKOVITS (wie Anm. 220), S. 179. – [229] R. NIERHAUS, Der Silberschatz von Hildesheim und der Zeitpunkt seiner Vergrabung, in: Die Kunde NF 20, 1969, S. 52 ff. – [230] Überhaupt zu den Jahren 15 u. 16 s. L. SCHMIDT (wie Anm. 216), S. 114 ff.; K. CHRIST, a.a.O., S. 88 ff. mit Lit.; D. TIMPE, Der Triumph des Germanicus, 1968. – [231] L. SCHMIDT (wie Anm. 216), S. 116. – [232] Tac. ann. 1, 63–68; zur Lokalisierung H. v. PETRIKOVITS (wie Anm. 220), S. 180. – [233] Tac. ann. 2, 16 f.; zur Lokalisierung L. SCHMIDT (wie Anm. 216), S. 119; kritisch dazu H. v. PETRIKOVITS, a.a.O., S. 182. – [233a] Von diesen Ereignissen berichtet Tacitus in den Annalen 11, 16 zum Jahr 47 und Cassius Dio 67, 5 zu Chariomer. – [234] Tac. ann. 11, 18–22 (zum Jahr 47); Cassius Dio 77, 44, 3 (zum Jahr 213). – [235] H. J. EGGERS, Der römische Import im freien Germanien, 1951, S. 67 u. passim; P. SCHMID, Die Keramik des 1. bis 3. Jahrhunderts n. Chr. im Küstengebiet der südlichen Nordsee, in: Probleme der Küstenforschung im südlichen Nordseegebiet 8, 1965, S. 37 f.; H. JANKUHN, in: Handbuch der deutschen Wirtschafts- und Sozialg., hg. v. H. AUBIN und W. ZORN, 1, 1971, S. 67; DERS., Siedlung, Wirtschaft und Gesellschaftsordnung der germanischen Stämme in der Zeit der römischen Angriffskriege, in: Archäol. u. G. 1, 1976, S. 305 ff. – [236] H. JANKUHN (wie Anm. 235), S. 79.

10. DIE ALTSACHSEN BIS ZUM ENDE DES 5. JAHRHUNDERTS

Die Überlieferung des Ptolemäus und der Ursprung der Sachsen

Die Sachsen werden zuerst in dem in der Mitte des zweiten nachchristlichen Jahrhunderts entstandenen Werk des in Alexandria lehrenden Ptolemäus erwähnt, des wohl berühmtesten Geographen des Altertums[237]. Danach sind sie die östlichen Nachbarn der nach ihm bis an die Elbe siedelnden Chauken. Die Ostgrenze bildet ein nicht sicher zu identifizierender, in die Ostsee mündender Fluß „Chalousos", die Nordgrenze „die Landenge der Cimbrischen Halbinsel". Außerdem werden vor der Elbemündung drei „Saxonische Inseln" erwähnt.

Diese kurze Nachricht hat die verschiedensten Deutungen erfahren, von denen wir die wichtigsten und bekanntesten erwähnen wollen. Kaspar Zeuss[238] meinte, den Text insofern korrigieren zu müssen, als er die Sachsen „auf dem Nacken der Halbinsel", also nur an der Westküste, siedeln lassen wollte. Diese unrichtige „Korrektur" des Textes könnte man mit Stillschweigen übergehen, wenn sie nicht bis in das Schrifttum der jüngsten Zeit immer wieder als richtig vorausgesetzt würde. U. Kahrstedt[239] dagegen versucht nachzuweisen, daß alle Informationen des Ptolemäus auf die Zeit des Augustus zurückgingen, was für einige ohne Zweifel zutrifft. Zudem meint er, daß unser Stamm nicht bei Ptolemäus erwähnt sei, sondern daß *Saxones* aus

Aviones verschrieben sei. In Wirklichkeit seien die Sachsen nichts anderes als eine neue, spätere Benennung der Chauken. Eine archäologische Untersuchung von K. Tackenberg [240] kommt zu demselben Ergebnis. Wir werden sehen, wie nahe Tackenberg mit diesen seinen Schlußfolgerungen der Wahrheit gekommen ist.

M. Lintzel [241] läßt einen kleinen Stamm der Sachsen von Norden her kommend Teile der Angeln und Warnen vor sich hertreiben, die Reudigner unterwerfen, die Avionen zersprengen. Die Langobarden werden von ihnen aus ihrer Heimat an der Niederelbe vertrieben. Die Chauken werden aus ihren Sitzen nach Westen verdrängt und bilden in ihrer neuen Heimat am Niederrhein den Kern des Frankenbundes.

An einem mehr friedlichen Zusammenschluß mehrerer Stämme und eine Übertragung des Namens der als Piraten berühmten Sachsen denkt Ludwig Schmidt [242], der mehr als andere Forscher vor ihm die inzwischen erzielten Ergebnisse der archäologischen Forschung auswerten konnte. Durch eine neue Interpretation der schriftlichen Überlieferung und gestützt auf das inzwischen stark vermehrte archäologische Quellenmaterial läßt sich diese Auffassung von L. Schmidt in einigen Details ergänzen.

Wir müssen dabei von der Interpretation der Ptolemäusstelle ausgehen [243]. Entgegen früheren Auffassungen muß man heute annehmen, daß der berühmte Geograph nicht nur ältere, ihm erreichbare erdkundliche Daten, sondern auch zeitgenössische Nachrichten sammelte. Wegen der präzisen geographischen Angaben gehört seine Beschreibung von den Wohnsitzen des Sachsenstammes zu einer jungen Schicht der von ihm gesammelten Überlieferungen. Versuchen wir die Angaben seiner Beschreibungen auf das heutige Kartenbild zu übertragen, dann erfassen wir den gesamten Raum Schleswig-Holsteins einschließlich Nordschleswigs mit der Niederung der Königsau als Nordgrenze [244].

Der Name der Sachsen wird in keinem der antiken Werke vorher genannt. Vor allem kommt er in der Germania des Tacitus, die nur ein halbes Jahrhundert vor dem Werk des Ptolemäus erschien, nicht vor. Es handelt sich also um einen neuen Stamm und einen neuen Namen, *vocabulum recens et nuper additum*. Tacitus kennt im Bereich der westlichen Randgebiete der Ostsee eine Teilgruppe des suebischen Stammesbundes, die durch die gemeinsame Verehrung der Fruchtbarkeitsgottheit Nerthus miteinander verbunden ist, die Reudigner, Avionen, Angeln, Warnen, Eudosen, Suardonen und Nuitonen. Man kann voraussetzen, daß die Stämme dieser Völkergemeinschaft, die bei Ptolemäus nicht mehr auftreten, in dem neuen Stammesbund der Sachsen aufgegangen sind. Dies trifft für die Reudigner und Avionen und mit Einschränkungen auch für die Angeln zu. Dieser letzte Stamm wird von dem berühmten Geographen zwar für die Jütische Halbinsel nicht erwähnt, wird

10. Die Altsachsen bis zum Ende des 5. Jahrhunderts

dafür aber in Mitteldeutschland genannt, wo er später mit einem anderen Stamm der Nerthusvölker, den Warnen, den Kern der Thüringer bildet. Ein Teil des Stammes verblieb, wie wir aus der späteren Überlieferung wissen, in den alten Wohnsitzen. Wenn einzelne der genannten Stämme in der folgenden Geschichtsschreibung wieder mit ihrem eigenen Namen genannt werden, so beweist dies nur eine gewisse Eigenständigkeit derselben innerhalb des neuen Stammesbundes.

Die Lokalisierung der Siedlungsräume der genannten „Gründungsstämme" des Sachsenbundes und ihre Identifizierung mit archäologischen Siedlungsgruppen kann deshalb versucht werden, weil der betreffende Raum durch die Forschungsarbeit der für ihn zuständigen wissenschaftlichen Institute ungewöhnlich gut erschlossen ist (vgl. Karte 25, S. 516). Für die Reudigner, von Tacitus unmittelbar nach den Langobarden aufgeführt und deshalb wohl als deren unmittelbare Nachbarn betrachtet, wird ein Siedlungsgebiet in Anspruch zu nehmen sein, das F. Tischler[245] nach dem bedeutenden Friedhof „F u h l s b ü t t e l" benannt hat. Dieser Formenkreis ist u. a. durch das Vorkommen charakteristischer Zweihenkelgefäße gekennzeichnet. Er übergreift zwei Siedlungsgruppen. Die eine erstreckt sich vom Alster-Bille-Flußgebiet etwa bis zum Schaalsee und füllt den Travebogen fast aus, die andere reicht von den Holsteiner Seen südlich der Kieler Bucht fast bis zum Fehmarnsund. Im dritten Jahrhundert ist eine Siedlungsausdünnung innerhalb der erstgenannten Siedlungsgruppe festzustellen. Charakteristisch sind in dieser Zeit von den Fuhlsbütteler Formen abgeleitete Schalenurnen, die häufig mit einem sog. Knopfhenkel versehen sind[246].

Für die Angeln können wir den A n g l i s c h e n   F o r m e n k r e i s in Anspruch nehmen, der nach dem Kerngebiet der Landschaft Angeln benannt ist. Er erstreckt sich auf ein Gebiet auch nördlich der Schlei bis fast an die Flensburger Förde und greift auf die Insel Alsen und die Südhälfte von Fünen über. In der älteren Kaiserzeit sind große einhenkelige Schalen für diesen Formenkreis charakteristisch, spätere Entwicklungen sind Schalen und Töpfe mit hohem, durch Gruppen von Horizontalriefen verziertem Hals. Der zentrale Opferplatz der Landschaft Angeln ist im Thorsberger Moor gefunden, in der Nähe der Stadt Süderbrarup, die noch heute der Marktplatz in Angeln ist. Über die Opfersitten dieses bedeutenden Fundplatzes wird noch zu sprechen sein.

Der S i e d l u n g s r a u m d e r A v i o n e n schließlich kann mit der Oberjersdaler Gruppe gleichgesetzt werden, wieder nach einem bedeutenden Friedhof getauft, von den dänischen Forschern südjütische Gruppe genannt. Die Nordgrenze liegt etwa auf der von uns genannten Linie der Königsau, die Südgrenze auf der Höhe von Apenrade. Sie übergreift mehrere Siedlungskammern, den Nordteil der Insel Fünen, auf dem Festland eine Konzentration um Hadersleben. Im Westen liegt eine Siedlungskammer bei Lügumkloster,

||||||||| Sachsen   ::::::: Angeln   Siedlungsräume anderer Stämme

25. Ursprungsgebiet der Sachsen

eine kleinere in der Umgebung von Riepen. Spätestens im 3. Jahrhundert sind auch die Nordfriesischen Inseln und das gegenüberliegende Festland nördlich der Eidermündung einbezogen. Charakteristisch ist die Mischung von Brand- und Körpergräbern, beide häufig mit Waffenbeigaben. Die meisten Körpergräber sind von Süden (Kopflage) nach Norden ausgerichtet. Eine Häufung von reich ausgestatteten und aufwendig angelegten Gräbern bei Agersbøl läßt auf den Beisetzungsplatz eines Häuptlingsgeschlechts schließen.

Charakteristische Gefäße sind besondere Pokale, Tassen – häufig als Beigaben zu Körpergräbern – und als Urnen benutzte hohe Gefäße mit abgesetztem Trichterrand. Die innere Struktur dieses ausgedehnten Siedlungsraums ist noch nicht genügend erforscht. So kann es möglich sein, daß ein Teil desselben einem anderen Stamm zuzuweisen ist, dessen Namen wir bislang nicht identifizieren können. Auch sein Siedlungsgebiet wäre nach Ptolemäus' Angaben dem Stammesbund der Sachsen zuzurechnen.

An der Westküste Holsteins mit der Eidermündung als Nordgrenze ist von Tischler ein Formenkreis festgestellt worden, den er nicht nur wegen seiner Lage, sondern auch wegen der intensiven Beziehungen zum Bereich der südlichen Nordseeküste und dem angrenzenden Binnenland „Westgruppe" genannt hat (Genrich's „Nordseeküstengruppe"). Sie übergreift zwei Siedlungskammern. Die eine umfaßt etwa das heutige Dithmarschen nördlich von Heide bis an die Eidermündung, die andere erstreckt sich von der Störmündung bis Schenefeld nördlich von Hamburg. Zu beiden Gruppen gehört auch die vorgelagerte Marsch, von deren großen Wurten Hodorf ausgegraben wurde und Eddelak Funde lieferte. Als typische Gefäße werden Standfußpokale vom Cuxhavener Typ und Trichterschalen bezeichnet, die sich auch südlich der Elbe in ganz ähnlicher Form finden und dort den Chauken zugeschrieben werden. Ein hohes Gefäß vom „Eddelaker Typ" zeigt Anklänge an ähnliche Formen des Oberjersdaler Kreises. Diese Form taucht in einer Weiterentwicklung als charakteristisches Gefäß auf dem „sächsischen" Friedhof Westerwanna und anderen Fundstellen südlich der Elbmündung etwa seit Beginn des 3. Jahrhunderts auf. Eine neuere Untersuchung von P. Schmid [247] zeigt auf, daß diese Formengruppe einen ausgesprochenen Transgressionscharakter besitzt. Mit der Vermittlung von Tongefäßformen jütischen Charakters nach Süden und Westen – bis nach Holland hinein – korrespondiert anscheinend sogar die Vermittlung eines besonderen Bestattungsbrauchs, der „gemischt-belegten Friedhöfe", der Mischung von Brand- und Körperbestattungen auf denselben Grabfeldern, wie er innerhalb des Oberjersdaler Kreises schon in den ersten nachchristlichen Jahrhunderten beobachtet werden kann. Angesichts dieses Befundes kann man kaum noch von einer „Transgressio sua lege" sprechen. Wenn P. Schmid ausdrücklich von einem einheitlichen Fundgebiet zwischen Eider und Weser spricht, das trotz mangelhafter Befunde wahrscheinlich bis an die Ems erweitert werden muß, liegt die ethnische Deutung dieser Siedlungskammern der Westgruppe Tischler's nahe. Wir haben es mit nordalbingischen *gentes* oder *nationes* des von Tacitus so sehr gelobten Groß-Stammes der C h a u k e n zu tun, die nach der Beschreibung des Ptolemäus bereits ganz zu Anfang in den neu gegründeten Stammesbund der Sachsen integriert wurden. Eine Überprüfung der schriftlichen Überlieferung ergibt, daß zwar diese Ausdehnung der Chauken über die Elbe nicht ausdrücklich erwähnt wird, daß aber auch nirgendwo die Elbe als Westgrenze der Chauken genannt wird, außer bei Ptolemäus, nach dessen Auffassung Nordalbingien bereits von den Sachsen eingenommen wird.

Struktur und Selbstverständnis der Sachsen

Die archäologische Untersuchung des Siedlungsraums, den Ptolemäus in seiner schlaglichtartigen Ersterwähnung unseres Stammes mit den für die damalige Zeit überraschend exakten geographischen Angaben überliefert hat, entscheidet die strittige Frage nach den Umständen des Ursprungs der Sachsen. Es kann entgegen der Ansicht von Lintzel nicht die Rede davon sein, daß ein kleiner kriegerischer Stamm, dessen Ursprungsland im Norden auch er nicht nachzuweisen weiß, der zudem vorher nie genannt wird, andere altgermanische Stämme mit kriegerischer Hand unterworfen oder vertrieben habe. (Der außer von Lintzel auch von anderen Forschern vertretenen Ansicht über Ereignisse des 6. Jahrhunderts folgt M. Last u. S. 553 ff.) Der archäologische Befund in einem ungewöhnlich gut durchforschten Gebiet gibt keinen Anhaltspunkt dafür. Nirgendwo finden wir zerstörte Siedlungen oder abbrechende Friedhöfe oder die entsprechenden Neugründungen. An keiner Stelle ist ein schroffer Kulturbruch festzustellen, Erscheinungen, die allein eine solche Schlußfolgerung mit Hilfe archäologischer Methoden beweisen könnten. Wir müssen vielmehr damit rechnen, daß sich eine Anzahl von Stämmen oder Stammesgruppen freiwillig zusammenschloß. Ob die Initiative von einem einzigen Stamm ausging und wenn, von welchem, läßt sich weder aus der schriftlichen Überlieferung noch bislang aus dem archäologischen Befund erschließen. Allenfalls kann der Waffenreichtum der Gräber des Oberjersdaler Kreises einen Anhaltspunkt geben.

Daß sich die Sachsen als kriegerischer S t a m m e s b u n d a u f r e l i g i ö s e r B a s i s verstanden, wie auch andere germanische Stämme vor und nach ihnen, läßt sich aus den überlieferten Trümmern des Stammesmythos erkennen. Man hat diese Überlieferung häufig falsch bewertet, indem man ihr einen Kern wirklich geschehener politischer Ereignisse zu entlocken suchte. Ein Mythos enthält zwar eine Tradition, die uns die historische Wirksamkeit unseres Stammes besser zu verstehen ermöglicht, gibt aber selten wirkliche Ereignisse wieder (anders M. Last).

"Ich entsage allen teuflischen Werken und Worten, Donar und Wodan und Saxnot sowie allen Unholden die ihre Genossen sind", so heißt es in dem Taufgelöbnis, daß die Sachsen bei ihrem Übertritt zum christlichen Glauben ablegen mußten (vgl. u. S. 703). Diese Zusammenstellung bedeutet die mythische Grundlage des Sachsenbundes. Mit der Absage an seinen alten staatstragenden Glauben war auch seine eigenständige Geschichte beendet.

In dieser Formel wird neben den gemeingermanischen Gottheiten Wodan-Odin und Donar-Thor ein dritter Name „Saxnot" genannt, der in einer besonderen Beziehung zum Namen unseres Stammes steht. Derselbe Gott tritt als mythischer Ahn in der Stammtafel der Könige von Essex auf. Man hat ihn mit dem Kriegsgott Tiu gleichgesetzt. J. Werner[248] glaubt, ein Abbild desselben in der Darstellung des „Mars Thingsus" mit dem Attribut einer Gans auf einer der Prunkscheiben aus dem Mooropferfund von Thorsberg gefunden zu haben (siehe Abb. 13, nach S. 336).

Es ist jedoch nicht auszuschließen, daß der Gott Saxnot, der „Schwertgenosse" auch mit dem Fruchtbarkeitsgott Freyr gleichzusetzen ist. Damit würde die Götterdreiheit der Sachsen derjenigen des berühmten Tempels von Alt-Uppsala entsprechen, in dem nach Adam von Bremen Wodan, Donar und Freyr verehrt wurden. Fest steht danach, daß die Sachsen in später Zeit ihren Namen auf das einschneidige Kampfschwert, den Sax bezogen wissen wollten. Dafür spricht auch die Überlieferung einer mit verschiedenen „historischen" Ereignissen verbundenen mythischen Erzählung, nach der die Sachsen in verräterischer Weise ihre Verhandlungspartner mit den unter den Mänteln verborgenen Kampfmessern, den Saxen, erschlugen (vgl. u. S. 554).

Von de Vries[249] wird Saxnot mit Tiu-Tîwaz gleichgesetzt, der bei den Sachsen auch als Irmin verehrt wurde. Die von Karl dem Großen zerstörte Irminsul war ein hochverehrtes Heiligtum der Sachsen *(universalis columna, quasi sustinens omnia)*.

Auch der in der Abschwörformel erwähnte Wodan muß eine nicht unerhebliche Rolle in der Vorstellungswelt der Sachsen gespielt haben. In den Erzählungen Rudolfs von Fulda und Widukinds von Corvey tritt eine mythisch verbrämte, von den christlichen Schreibern vermenschlichte Führerpersönlichkeit namens „Hadugoto" auf. Diese ist allein wegen ihres Namens nach de Vries[250] als der Gott Wodan oder sein Stellvertreter anzusehen. Auf Wodansverehrung weist auch die Runeninschrift einer Silberbeschlagplatte aus dem Grab eines Kriegers hin, die „dem Speere (oder Schwert) geweiht" gedeutet wird (siehe Abb. 15, nach S. 384).

Trotz aller Unsicherheiten, die dieser Rekonstruktion des Stammesmythos wegen der späten „Interpretatio Christiana" durch die schreibenden Mönche anhaften, erfahren wir aus ihr doch einiges über das politische Selbstverständnis der Sachsen und seine mythische Basis.

Danach sahen sie sich als einen Kriegerbund, der sich nicht nur an den Gott der Krieger Wodan-Odin gebunden fühlte. Daneben spielte in ihren Vorstellungen ein Gott „Saxnot", d. h. „Schwertgenosse" eine Rolle.

Diese kultisch fundierte kriegerische Haltung darf allerdings nicht zu der Annahme verführen, daß sie auch als Grundlage für die Entstehung und die weitere Ausbreitung des Stammesbundes der Sachsen eine alleinige Rolle spielte. Wir haben vielmehr gesehen, daß bereits die Gründung sich höchstwahrscheinlich durch den freiwilligen Zusammenschluß mehrerer gleichgesinnter Stämme vollzog, die sich von einem bereits früher bestehenden Kultverband, den Nerthusstämmen, ablöste. Auch das weitere Anwachsen des Bundes erfolgte – bis auf wenige Ausnahmen – durch den freiwilligen Anschluß anderer Stammesgruppen. Die kriegerische Grundeinstellung wird vielmehr vornehmlich in dem Verhalten der gesamten Gruppe nach außen erkennbar, in den Angriffen auf Teile des Römischen Reichs in Form von Piratenzügen, aber auch durch den zeitweisen Dienst vereinzelter Scharen innerhalb des römischen Heeresverbandes.

So hat das auch de Vries[251] gesehen: „Eroberung oder Bündnis ist bisher die Fragestellung, wenn man die Bildung des Sachsenvolkes zu erklären versucht. Diese Alternative ist aber schief gewählt. Der wirkliche geschichtliche Verlauf war im Grunde viel verwickelter. Es ist nicht ein kleiner Stamm von Sachsen, der sich siegreich durchgesetzt hätte; es sind die Kriegerverbände, die sich Sachsen nannten und an denen alle Stämme sich beteiligten. Die Chauken blieben, volksmäßig betrachtet, was sie immer waren, aber sie haben in diesen Jahrhunderten ihren Namen aufgegeben, weil ja die neugebildeten Kriegerverbände in der Bewegung der sog. Völkerwanderung die Führung übernommen hatten; der unerhörte Erfolg hat dem neuen Namen zu einem glanzvollen Sieg verholfen." Die Einzelheiten dieses Vorgangs nach der schriftlichen Überlieferung und durch die Aussagen der Bodenfunde zu verfolgen, soll jetzt unsere Aufgabe sein.

Sachsen und Langobarden

Die Identifizierung der Stämme, die sich ursprünglich zum Sachsenbund zusammenschlossen und die Festlegung ihrer Siedlungsräume mit Hilfe der archäologischen Quellen vermitteln uns Anhaltspunkte für die Feststellung ihrer politischen und kriegerischen Aktivitäten auch dann, wenn sie nicht als Sachsen, sondern unter ihrem eigenen alten Namen in der schriftlichen Überlieferung auftreten. Das trifft z. B. für die Avionen zu. Zu Beginn des Markomannenkrieges überschreiten 6000 Langobarden und „Obioi" –

die griechische Schreibart für „Aviones" – die Donau. Nachdem sie eine Niederlage erlitten hatten, schickten sie eine Gesandtschaft an den damaligen Statthalter in Pannonien, Jallius Bassus, und kehrten nach einem Friedensvertrag in ihre Heimat zurück.

Mit diesem Ereignis steht wahrscheinlich ein bemerkenswerter archäologischer Befund in Zusammenhang, den K. Raddatz[252] vorgelegt hat. Er kartierte in die Zeit der Markomannenkriege zu datierende Ringknaufschwerter im freien Germanien. Neben vereinzelten Fundstellen an der mittleren und oberen Elbe häufen sich die Funde an der Unterelbe und in Schleswig-Holstein, kommen aber besonders reich in den Waffengräbern und Moorfunden des Oberjersdaler Formenkreises vor, in dem wir aus anderen Gründen den Siedlungsraum der Avionen gefunden zu haben glauben. Damit hat die gelegentlich bestrittene Gleichsetzung von Obioi, die in die Markomannenkriege zusammen mit den Langobarden eingriffen, und Aviones eine Stütze durch den archäologischen Befund erfahren. Die reiche Beute – nicht alle Stücke werden als Grab- oder Opferfunde auf uns gekommen sein – zeigt zugleich, daß entgegen der schriftlichen Überlieferung Langobarden und Avionen offenbar nicht als restlos Besiegte den Rückzug in die Heimat antraten.

Eine weitere Schlußfolgerung ergibt sich aus diesem Befund für das Verhältnis von Sachsen und Langobarden zueinander. Gegen Ende des 5. Jahrhunderts treten neben Herulern und Franken kurz nacheinander ein langobardisches und ein sächsisches Heer in Pannonien auf. Wenn man voraussetzt, daß die Langobarden schon sehr früh in enge Beziehungen zu dem neu entstandenen Sachsenstamm standen, kann man vermuten, daß es sich um ein und dasselbe Kontingent gehandelt hat. Berücksichtigt man, daß ein sächsisches Heer ein halbes Jahrhundert später dem Langobardenkönig Alboin bei der Eroberung Hilfe leistete und diese ausdrücklich als „alte Bundesgenossen" *(amici vetuli)* bezeichnet werden, und daß der ehemalige Siedlungsraum der Langobarden an der Niederelbe später zum Stammesgebiet der Sachsen gehört, dann kann man die engen Beziehungen nicht von der Hand weisen.

Die Ausdehnung
des Stammesgebietes im 3. und 4. Jahrhundert

In der Folgezeit werden die Sachsen zum ersten Mal wieder, und zwar als Piraten, erwähnt, die in die Provinz G a l l i e n einfallen (etwa 289 n. Chr). In einer zeitgleichen Nachricht werden Chaibonen (fast allgemein als Avionen gedeutet) und Heruler genannt. Untersuchungen, ob auch dieser Einfall in römisches Gebiet einen archäologischen Niederschlag in Form von in die Heimat gelangten Beutegutes fand, sind noch nicht angestellt worden.

Über die innergermanische Entwicklung unseres Stammes erfahren wir nichts. Dieses Gebiet, das während der Feldzüge der Römer zur Zeit des Augustus und Tiberius im Beobachtungsfeld lag, ist in der nachfolgenden Zeit wieder aus dem Sichtbereich der römischen Quellen herausgetreten. Allenfalls Tacitus in seiner Germania vermittelt uns Anhaltspunkte für die vorsächsische Zeit. Danach sind die Chauken eine vorherrschende Macht, deren Siedlungsraum bis an die Grenze der Chatten ausgeweitet wurde. Die Angrivarier haben nach ihm ihre Siedlungsgebiete verlassen und sind in das Gebiet der Brukterer eingedrungen. Die ehemals mächtigen Cherusker haben kaum mehr eine wesentliche Bedeutung.

Eine gewisse Aufklärung vermögen uns deshalb nur die archäologischen Quellen zu vermitteln. Wir hatten beobachtet, daß in den ersten beiden Jahrhunderten unserer Zeitrechnung (man spricht in der Archäologie von der „älteren Kaiserzeit") in Schleswig-Holstein verhältnismäßig gut gegeneinander abgrenzbare Siedlungsgruppen bestanden, die wir mit den Siedlungsräumen einzelner Stämme gleichzusetzen einigen Grund hatten. Dabei kann man davon ausgehen, daß gewisse handwerkliche Erzeugnisse, wie die selten dem Fernhandel unterworfene Keramik, in bestimmten begrenzten Gebieten verbreitet sind. Sonderformen derselben entsprechen dabei dem Einzugsgebiet von örtlichen Marktplätzen, so daß durch die Kartierung derselben wirtschaftlich bedingte Verkehrsräume erschlossen werden, die dem Siedlungsgebiet eines Stammes entsprochen haben dürften.

Ein Zusammenschluß mehrerer Stämme müßte theoretisch zur Aufhebung oder wenigstens Durchlässigkeit der Grenzen der ehemaligen Kleinstämme und damit zur Bildung größerer Verkehrsräume führen. Das ist tatsächlich der Fall. Die Zweihenkelgefäße des Fuhlsbütteler Kreises und die jüngeren Knopfhenkelgefäße und Schalengefäße desselben Raumes finden sich bis ins westliche Mecklenburg und bis in die Priegnitz hinein. Vereinzelte Knopfhenkel kommen auf den Nordfriesischen Inseln und bis nach Fünen hin vor. Ein Einströmen anglischen keramischen Formengutes über Holstein bis jenseits der Elbe nach Süden ist zu beobachten. Andererseits dringt schon in früher Zeit typisch langobardische rädchenverzierte Tonware in die Grenzbezirke des Fuhlsbütteler Kreises ein und kommt u. a. sogar in den Häuptlingsgräbern von Agersbøl im südlichen Dänemark vor. Schon früher wurde festgestellt, daß Gefäßformen und Grabbräuche aus dem Oberjersdaler Kreis über die Westgruppe nach Niedersachsen übertragen werden. Es liegt nahe, diese Überschreitung der Grenzen der kleinräumigen Kulturgruppen mit der Gründung des neuen Stammesbundes der Sachsen in Verbindung zu sehen und sie als die wirtschaftlichen und kultischen Folgeerscheinungen eines politischen Zusammenschlusses zu deuten.

Die Aussage dieses Befundes würde bedeuten, daß schon recht früh eine Verbindung zwischen den sächsischen Stämmen und den Langobarden stattfand, und daß schon im dritten Jahrhundert in der Ostelbischen Ausbreitung der Schalenurnen, vor allem durch die Kartierung der Knopfhenkelgefäße, eine Ausbreitung der Sachsen sichtbar zu machen ist, die in der Literatur keinen Niederschlag gefunden hat.

Auf die besondere Struktur der Sachsen als „Kriegerbund" läßt die Änderung der Opfersitten im Thorsberger Moor schließen. H. Jankuhn[253] stellt fest, daß Opfergaben, die anfangs offenbar einer Fruchtbarkeitsgottheit in Form von Trank- und Speiseopfern dienten, etwa seit 100 n. Chr. durch kostbare Bestandteile der Tracht, des Schmucks und der Bewaffnung abgelöst wurden. Das kriegerische Milieu herrscht jetzt vor. Dieser Umbruch im Charakter der Opfergaben liegt genau zwischen der Überlieferung des Tacitus, der die Nerthusvölker als Anhänger eines Fruchtbarkeitskults schildert, und der frühesten Nennung der Sachsen durch Ptolemäus, deren Charakter als Kriegerbund wir oben darzulegen versucht haben.

Diese Übereinstimmung in der Aussage der schriftlichen Überlieferung und der Auswertung der archäologischen Quellen gibt uns die Möglichkeit, die Ausdehnung der Sachsen nach Süden und Westen fast allein durch die Urgeschichtsfunde zu belegen, auch wenn der Bearbeitungsstand längst noch nicht so günstige Voraussetzungen bietet wie der Nordalbingiens[254].

Nach der schriftlichen Überlieferung ist der Hauptstamm dieses Gebiets, die Chauken, zur Zeit des Tacitus die beherrschende Macht im Gebiet zwischen Elbe und Ems. Nur die Langobarden spielen als kleiner, aber kriegerischer Stamm zu dieser Zeit noch eine wesentliche Rolle. Ihr Stammesgebiet ist in zwei Siedlungsgruppen an der Unterelbe auch archäologisch gut faßbar[255].

Die Chauken selbst treten um 170 n. Chr. unter ihrem Namen anläßlich eines Piratenzuges nach Gallien zuletzt unter ihrem alten Namen politisch handelnd auf. Wenn zu Beginn des dritten Jahrhunderts eine Gesandtschaft an Caracalla von „Stämmen, die unmittelbar am Ozean an der Elbemündung wohnten" erwähnt wird, so wird damit zwar ein Topos benutzt, unter dem sonst die Chauken verstanden werden, ihr Name aber wird nicht mehr genannt. Sie könnten damals schon „Sachsen" geheißen haben. Über diese Umbenennung selbst, ihren Zeitpunkt und die Umstände derselben erfahren wir aus den schriftlichen Nachrichten nichts und müssen darüber die Bodenfunde zu befragen versuchen.

Als Voraussetzung für diese Untersuchung ist es von Belang, daß auch die Chauken schon ein Stammesbund gewesen sein müssen, da mehrfach von den *nationes* oder *gentes* der Chauken die Rede ist, ohne daß uns deren besondere Namen bekannt wären.

Vor allem K. Waller[256] hat sich mit der Archäologie dieses Stammes beschäftigt. Charakteristisch sind danach für ihren Siedlungsraum Trichterschalen und Pokale besonderer Form, die sich in seinem Arbeitsgebiet

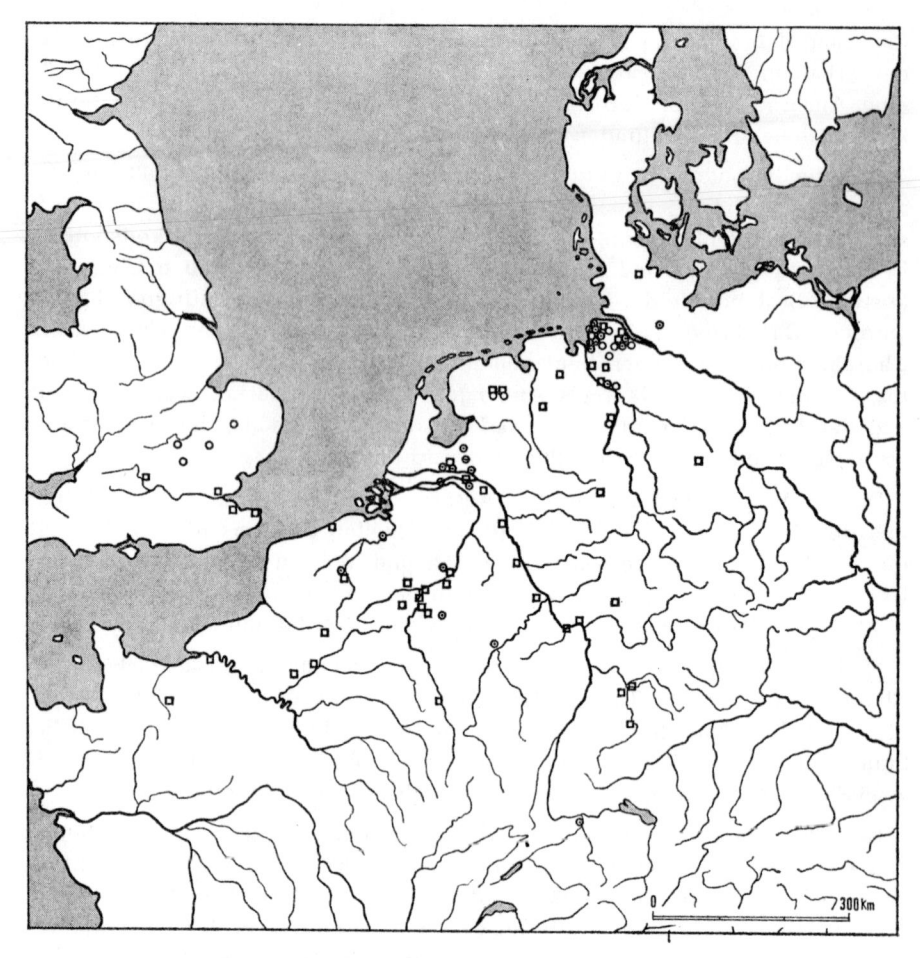

□   Einfache Gürtelgarnituren
⊙   Stützarmfibeln mit stabförmigem Bügel
○   Stützarmfibeln mit bandförmigem Bügel

26. Sachsen als Söldner im römischen Dienst. Ende 4. Jahrhundert

zwischen Weser- und Elbemündung besonders häufen, zweifellos ein Resultat der besonders intensiven Sammeltätigkeit Wallers in seinem ureigenen Arbeitsgebiet. Im Norden ist die Westgruppe Tischlers einzubeziehen. In dem Gebiet zwischen Weser und Ems scheint die Hase eine Südgrenze zu markieren. Einige Funde finden sich auch westlich der Ems, offenbar ein Zeichen für die auch schriftlich bezeugten Aktivitäten unseres Stammes in diesem Gebiet [257] (siehe Abb. 16 a nach S. 400).

In der Zeit um 250 n. Chr. ist in einem Teil dieses Gebiets eine bemerkenswerte Anhäufung römischer I m p o r t g e f ä ß e zu beobachten, die entweder als Urnen benutzt oder Brandbestattungen als Beigabe zugefügt wurden. Bestattungen mit so wertvoller Ausstattung kann man ohne Bedenken als die von Angehörigen einer Oberschicht ansehen, neben denen es natürlich auch einfacher ausgerüstete Brandgräber gibt[258]. Durch die Kartierung dieser Importgegenstände läßt sich ein Raum mit gemeinsamen Wirtschafts- und Bestattungsmerkmalen erkennen, der sich von der Nordseeküste mit Schwerpunkt entlang der Weser bis an den Rand des Mittelgebirges erstreckt (siehe Karte 27, S. 526). Ob durch diesen Befund noch eine Ausdehnung des chaukischen Einflußgebiets auf das mittlere Wesergebiet erfaßt wird oder ob das umschriebene Gebiet damals schon zum sächsischen Einflußbereich gehörte, wird sich schwerlich sicher entscheiden lassen. Beides ist möglich. Jedenfalls tritt dieser Import auf den charakteristischen Friedhöfen des mittleren Wesergebietes auf, in deren Fundmaterial sich spätestens seit dem Ende des vierten Jahrhunderts ein intensiver sächsischer Einfluß bemerkbar macht, wie er z. B. auf dem neuerdings z. T. ausgegrabenen Friedhof bei Liebenau erkennbar wird[259].

Da alle Friedhöfe dieses Raumes, soweit sie einigermaßen erforscht sind, durchgehend belegt sind und sich bis auf das Eindringen neuer Schmuck- und Keramikformen kein Bruch in der Entwicklung aufzeigen läßt, hat sich die Einbeziehung dieses Gebietes wahrscheinlich auf durchaus friedliche Weise vollzogen.

Zu derselben Aussage gibt der archäologische Befund aus dem Norden Niedersachsens Anlaß[260]. Danach zeigt die Formenwelt der Keramik der ersten beiden nachchristlichen Jahrhunderte zwischen Weser- und Eidermündung ein einheitliches Bild. Bereits am Ende der jüngeren Kaiserzeit (ca. 170 n. Chr.) sind Verbindungen zur gesamten Westküste Jütlands, besonders zum Oberjersdaler Kreis, sichtbar. Von da an entstehen an der Unterweser die großen Friedhöfe vom Typ Westerwanna, denen – wenn sie einigermaßen gut beobachtet sind – selten ein älterer Unterbau in Form „chaukischer" Keramik fehlt, deren typologische Weiterentwicklung sich auch neben den neu auftretenden Keramiktypen verfolgen läßt (siehe Abb. 16, nach S. 400). Hier wird wieder eine Ausweitung eines Verkehrsraumes sichtbar, der uns zeigt, daß von da an auch die südalbingischen Chauken in den Bereich des Sachsenbundes aufgenommen werden. Ob sich dieser Vorgang schrittweise vollzog oder auf einmal erfolgte, ist eine Frage, die durch künftige Untersuchungen zu klären wäre.

Daß die wirtschaftlichen Folgeerscheinungen eines politischen Vorgangs – hier sichtbar in der Verbreitung keramischer Formen – zwangsläufig zeitlich nachhinken, liegt auf der Hand, so daß man den geschilderten Erscheinungen schwerlich ein genaues Datum zugrundelegen kann. Daß sich dieser Vorgang

● = a) ◉ = b) ◎ = c) ▲ = d)

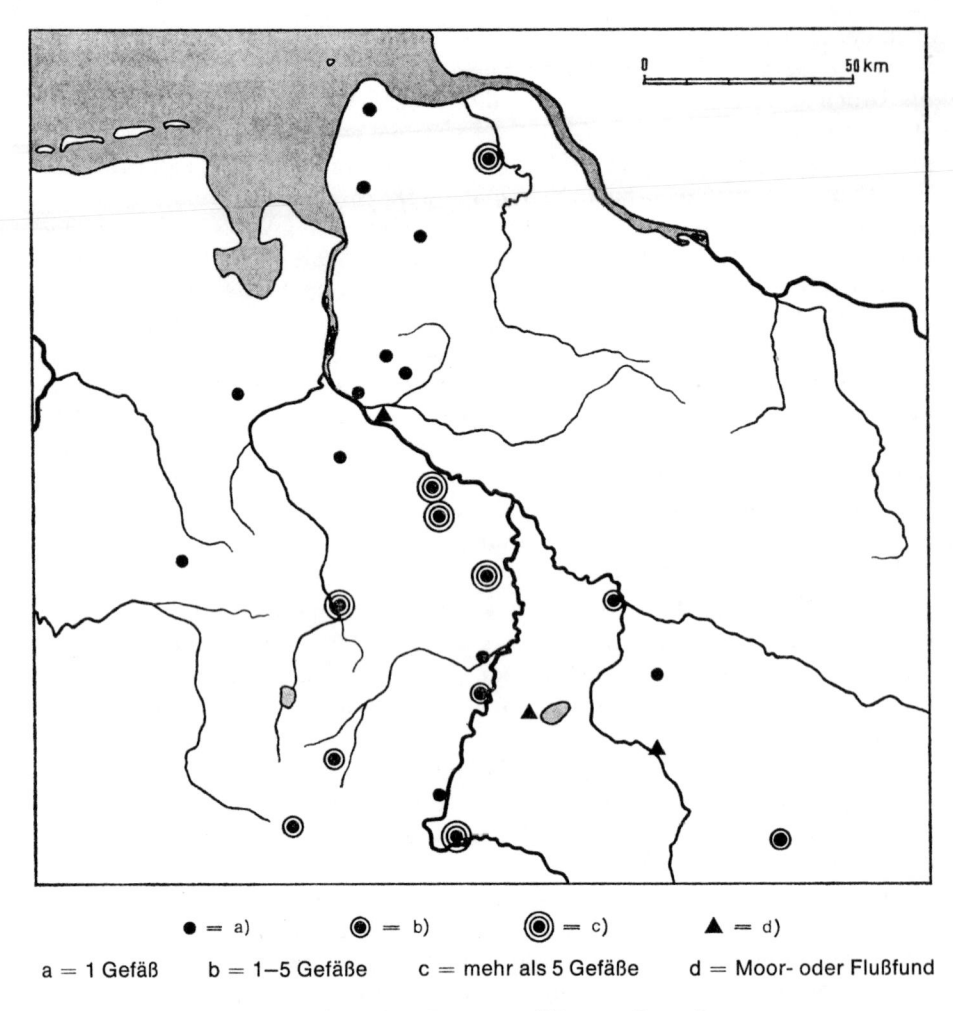

a = 1 Gefäß   b = 1–5 Gefäße   c = mehr als 5 Gefäße   d = Moor- oder Flußfund

27. Verbreitung römischer Bronzegefäße aus Brandbestattungen der jüngeren Kaiserzeit Niedersachsens (nach C. Raddatz)

des Anschlusses einiger oder aller chaukischen *nationes* recht friedlich und demnach auf freiwilliger Basis vollzog, kann man der ununterbrochenen und ungestörten Entwicklung einiger neuerdings ausgegrabenen Siedlungen entnehmen. Die von W. Haarnagel [261] ausgegrabene Feddersen Wierde, über die er ausführlich berichtet hat, läßt sogar die Kontinuität einzelner Hofplätze über die fragliche Zeit hinweg beobachten. Ähnliche Ergebnisse deuten sich schon jetzt bei der noch im Gange befindlichen Untersuchung einer Geestsiedlung bei Flögeln in der Nähe von Bederkesa an. Auch im mittleren Wesergebiet läßt sich kein Siedlungsabbruch feststellen, der mit einer gewaltsamen Übernahme dieses Raumes durch die Sachsen in Zusammenhang gebracht werden könnte. Friedhöfe und Siedlungen werden im Gegenteil, soweit bekannt, ununterbrochen weiterbelegt.

Im heutigen Ostfriesland läßt der archäologische Forschungsstand in dieser Hinsicht bislang keine sicheren Schlußfolgerungen zu. Im Niederländischen Westfriesland findet sich schon im 3. Jahrhundert Keramik „sächsischen" Gepräges. Dem entspricht die Nachricht von einer Auseinandersetzung der Sachsen mit einem Teilstamm der Franken an der Yssel gegen Ende des Jahrhunderts. Allerdings ist nach van Es die Siedlung Wijster in der Landschaft Drente und der zugehörige Friedhof von der Mitte des zweiten Jahrhunderts n. Chr. bis in die erste Hälfte des 5. Jahrhunderts hinein ohne erkennbaren Bruch kontinuierlich belegt worden, obwohl in ihren jüngeren Belegungsphasen Keramik und Schmuckformen auftreten, die man als „sächsisch" bezeichnen muß.

Auf der Wurt Ezinge in Westfriesland ist dagegen eine Brandschicht zu beobachten, die nach van Giffen [262] in die Zeit um 400 gehört. Sie stellt gleichzeitig eine Grenze zwischen zwei völlig verschiedenen Bebauungsplänen dar. In den unteren Schichten finden sich Gehöftanlagen mit Großhäusern, in der oberen Schicht dagegen verhältnismäßig kleine Grubenhäuser mit Keramik und anderen Funden sächsischen oder angelsächsischen Gepräges. Es ist vorläufig nicht geklärt, ob dieser Befund auf einen Bevölkerungswechsel zurückzuführen ist, oder, ob durch ihn lediglich eine Änderung in der Wirtschaftsform sichtbar wird. Jedenfalls ist Ezinge in dieser Zeit in den wirtschaftlichen Verkehrsraum mit einbezogen, der für die Sachsen charakteristische Gegenstände nach dort gebracht hat [263]. Es ist nicht auszuschließen, daß die Friesen in dieser Zeit, wenn auch vorübergehend, eine engere Bindung zu den Sachsen eingegangen sind. Sie treten allerdings bis ins hohe Mittelalter als selbständiger Stamm mit eigenem Recht auf. Die Verbundenheit mit dem sächsischen Stammesbund könnte jedoch die Voraussetzung für die Ausdehnung der Friesen über die Ems hinaus in das früher sächsische Siedlungsgebiet entlang der Nordseeküste gebildet haben, die sich allem Anschein nach verhältnismäßig friedlich vollzog und sich vornehmlich auf Gebiete erstreckte, die durch die Überwanderung der Sachsen nach England siedlungsleer wurden. Eine präzise Antwort auf diese Frage läßt sich angesichts des jetzigen Forschungsstandes nicht geben.

Etwas günstiger stellen sich die Erkenntnismöglichkeiten für den mittleren Weserraum dar. Wir hatten gesehen, daß sich dieser Raum in der jüngeren Kaiserzeit durch die Verwendung von römischem Bronzegeschirr in Zusammenhang mit Brandbestattungen auszeichnet. Durch die neuerdings begonnenen, noch nicht zu Ende geführten und voll ausgewerteten Ausgrabungen bei Liebenau wurde das Vorhandensein einer eigentümlichen, anscheinend auf ältere Traditionen zurückgehenden Friedhofsform festgestellt. Die Scheiterhaufen bilden einen wesentlichen Teil der Bestattung; sie sind überhügelt und z. T. durch Pfahlsetzungen äußerlich gekennzeichnet. Die eigentlichen Beisetzungen, Knochenlager, Brandgruben oder Urnen sind innerhalb oder in umittelbarer Nähe der Scheiterhaufen angelegt worden. Diese Bestattungsform, neben die ab Ende des vierten Jahrhunderts Körpergräber treten, läßt sich von Mahndorf bei Bremen bis nach Stolzenau im Kreis Nienburg mit Sicherheit nachweisen. Auch weiter südlich, in der Umgebung von Minden und Herford im ostwestfälischen Raum finden sich römischer Import und Tongefäße, die denen des mittleren Wesergebiets sehr ähneln, auf Friedhöfen, deren Anlage wir nicht genau kennen, da sie vor langer Zeit gegraben wurden. Man wird nicht ausschließen dürfen, daß diese als gesonderte Siedlungsgruppe dem mittleren Weserraum verkehrsräumlich und kulturell zuzurechnen sind. Über das ehemalige Volkstum dieser Gruppen lassen sich bei dem jetzigen Stand der Forschung sichere Aussagen nicht machen [264].

Ein kriegerischer Vorstoß der Sachsen, beginnend ca. 370 und bis ins 5. Jahrhundert nach Süden fortschreitend, läßt sich durch mehrere Horizonte vergrabener Münzfunde wahrscheinlich machen. Er betrifft anfangs die Gegend um das Wiehengebirge, später den Raum südlich davon bis ins Gebiet des Hellwegs [265].

Über den Zeitpunkt der Eingliederung des südlichen Niedersachsen in den sächsischen Stammesbund läßt sich zur Zeit wenig aussagen. Sie erfolgte anscheinend erst zu Beginn des 6. Jahrhunderts (vgl. u. S. 566 f.). Archäologisch gesehen, wäre zu klären, ob die von W. Nowothnig [266] behandelten Friedhöfe dieses Raumes dem Friedhofstyp Liebenau entsprechen, eine Entscheidung, die deswegen schwer zu beantworten ist, da das vorgelegte Material weitgehend aus älteren Grabungen stammt.

Sachsen und Römer

Die altgermanischen Stämme Nordwestdeutschlands, die sich später dem Sachsenbund anschlossen, standen in durchaus zwiespältigen Beziehungen zum Römischen Reich. Die kurz vor Beginn unserer Zeitrechnung beginnenden Feldzüge der Römer in dieses Gebiet hatten nicht immer eine Gegnerschaft der von ihnen berührten Stämme zur Folge. Der Cheruskerfürst Armin war nicht nur römischer Bürger, wie andere hervorragende Mitglieder seines Stammes, sondern gehörte sogar dem Ritterstand an und befehligte als solcher ein Stammeskontingent im römischen Heer, bis er in der berühmten Schlacht am Teutoburger Wald die Römer an die Rheingrenze zurückwarf. Die Antwort der Römer bestand nicht nur in den Rachezügen des Germanicus. Mit

10. Die Altsachsen bis zum Ende des 5. Jahrhunderts 529

▫ Römische Küstenforts
▪ Römische Küstenforts
  mit Drehscheibengefäßen
○ Römisch-sächsische Drehscheibengefäße
+ Handgeformte Buckelurnen

28. Verbreitung der sächsischen Urnen im nordwesteuropäischen Raum

diplomatischen Mitteln versuchte man zu erreichen, was durch militärische Maßnahmen nicht zu gewinnen war. Zwei der Nachfolger des Arminius aus seinem Geschlecht, Italicus (47 n. Chr) und Chariomerus (ca. 90 n. Chr.) wurden von Rom aus eingesetzt. Es ist nicht auszuschließen, daß der bekannte Hildesheimer Silberschatz römischen Ursprungs insofern eine archäologische Illustration zu diesen Vorgängen darstellt, daß er Teil des

Fürstenschatzes der Cherusker ist, der seit der Zeit des Arminius von ihm und seinen Nachfolgern zusammengetragen wurde [267] (vgl. S. 494 f.).

Auch die Anwohner der südlichen Nordseeküste, die Stämme der Chauken, waren ursprünglich Verbündete der Römer, sogar gegen die Cherusker. Erst anläßlich des Friesenaufstandes lösten sie diese Beziehungen und traten seit dem Jahre 41 n. Chr. sogar als Piraten an der niederrheinischen Küste auf [268]. Bis zum Jahre 170 lassen sich die Angriffe der Chauken auf die römische Provinz verfolgen.

Die Sachsen treten praktisch das Erbe der Stämme an, die sie in ihren Bund aufnahmen. Sie kämpften gegen Rom oder stellten später geschlossene Kontingente für das römische Heer. Daß ein nordalbingischer Teilstamm, die Avionen (Obioi) zur Zeit der Markomannenkriege zusammen mit den Langobarden in Pannonien einfiel, wurde schon erwähnt. Bei den Chaibones, die zusammen mit den Herulern im Jahre 287 die Küsten Galliens heimsuchten, handelt es sich nach Ansicht einiger bedeutender Gelehrter um denselben Stamm. Eine spätere Quelle spricht im Zusammenhang mit diesem Ereignis bereits von „Sachsen". In der Folgezeit nahmen die Überfälle dieses Stammes auf die römischen Provinzen so überhand, daß Carausius mit dem ausdrücklichen Auftrag, die Piraterie zu bekämpfen, als Mitkaiser geduldet wird. Wahrscheinlich nach seinem Sturz im Jahre 293 wird die Einrichtung des „Litus Saxonicum", bestehend aus einer Reihe von Kastellen zwischen Schelde und Loire und an der Küste Südostenglands, als Schutz der römischen Provinzen gegen die Einfälle der Seepiraten in Angriff genommen.

Bemerkenswert ist, daß wahrscheinlich etwa zu derselben Zeit mit der Begründung mehrerer „alae Saxonum" Sachsen als Hilfstruppen im römischen Heer dienen.

In der Mitte des 4. Jahrhunderts zerstören Sachsen, Franken und Alemannen vierzig Städte des Rheinlands und führten die Bewohner und ihre Habe als Beute fort. Dies geschah unter dem Usurpatoren Magnentius und Decentius (350–353 n. Chr.), beide fränkischer Herkunft. In ihrem Heer dienten Franken und Sachsen. Gegen sie wurde Julian eingesetzt. Aus den Gefangenen sonderte er die Kräftigsten für das römische Heer aus, ohne daß dabei ausdrücklich auch von Sachsen die Rede ist. Ebenso wurde verfahren, als im Jahre 355 fränkisch-sächsische Heerscharen in die römische Provinz einfielen und von Julian besiegt wurden.

Mit Sicherheit wurde im Jahre 370 n. Chr. ein ganzes Kontingent von Sachsen in das römische Heer übernommen, als sich ein Piratenheer, das in Gallien zur See eingefallen war, freien Abzug durch die Gestellung seiner Jungmannschaft für das römische Heer erkaufte. Das hinderte nicht, daß im Jahre 406 die Sachsen mit anderen Stämmen zusammen ganz Gallien verwüsteten. Da mit ihnen zusammen die Heruler genannt werden, ist es möglich, daß daran auch nordalbingische Stammesteile beteiligt waren.

10. Die Altsachsen bis zum Ende des 5. Jahrhunderts   531

Zu diesen Fragen der Beziehungen der germanischen Stämme Nordwestdeutschlands zum Römischen Reich vermag die Ausdeutung der Bodenfunde einige Aussagen beizusteuern. Wir lassen hier die Aufdeckung der römischen Lager im westfälischen Raum außerhalb der Betrachtung, sondern beschränken uns auf die Bodenfunde aus Niedersachsen. Daß der Hildesheimer Silberfund vielleicht als der Familienschatz des Fürstengeschlechts gedeutet werden kann, wurde schon erwähnt. In die Zeit des Arminius gehört auch der Silberschatz von Franzburg in Gehrden bei Hannover mit der Schlußmünze aus dem Jahre 2 v. Chr., vielleicht Sold oder Beute eines Kriegers aus dem Gefolge des Arminius[269].

Zwei Körpergräber mit reichem Silbergeschirr aus Marwedel bei Hitzacker, dem Siedlungsgebiet der Langobarden, stellen sicher die Beisetzungen prominenter Personen, wie man annimmt, von Häuptlingen oder Fürsten dar. Sie stammen aus dem ersten nachchristlichen Jahrhundert und bilden damit eine Illustration zu Tacitus Germania cap 5, in dem er schildert, wie germanische Fürsten von den Silbergefäßen, die die Römer ihnen zum Geschenk machten, Gebrauch machten[270]. In demselben Sinn ist das reiche Inventar eines Brandgrabes von Apensen, Kr. Stade, zu deuten.

Auf einem Brandgräberfeld von Helzendorf, Kr. Grafschaft Hoya, auf dem auch einige wertvolle Bronzegefäße ausgegraben wurden, ist ein goldener Fingerring mit einer Gemme aus Lapislazuli gefunden worden. Solche Siegelringe durften innerhalb des Römischen Reichs nur von Senatoren oder Rittern getragen werden und konnten im Einzelfall „ritterwürdigen Barbaren" vom Kaiser direkt verliehen werden. Wenn der Träger dieses Ringes legal in seinen Besitz gelangte, dann trug er sicher den Ehrentitel „amicus populi Romani". Ein Zusammenhang mit der schon erwähnten Gesandtschaft von Nordseestämmen an Caracalla ist nicht auszuschließen (s. Abb. 17, nach S. 432).

Ob der neuerdings gefundene Schatz von Silbermünzen aus Laatzen bei Hannover[271] den Sold eines Germanen in römischen Diensten darstellt, muß fraglich bleiben. Wahrscheinlicher ist dies für den Fund von Goldsolidi in einer Bronzedose aus Ellerbeck bei Osnabrück, die in der Zeit von 364–367 meist in Trier geprägt wurden. Etwa aus derselben Zeit stammt einer von drei Opferfunden aus Lengerich, Kr. Lingen, von denen einer eine in Trier hergestellte römische Zwiebelknopffibel enthielt. Diese Fibelform ist kein Schmuckstück, sondern das Amtsabzeichen höchster römischer Reichsbeamter. Wenn der Träger dieser Fibel legal in ihren Besitz gelangte, muß er innerhalb des Römischen Reichs eine hervorragende Stellung eingenommen haben und gehörte wahrscheinlich dem kaiserlichen Gefolge als *comes* an. In seine Heimat zurückgekehrt, opferte er sein Abzeichen, römische Goldmedaillons und wertvollen Schmuck, indem er sie unter einem großen Stein vergrub (siehe Abb. 18, nach S. 464). Diese Niederlegung unter einem sichtbaren Merkmal schließt eine Vergrabung in Notzeiten aus[272].

Während diese aus einer größeren Zahl ausgewählten Einzelfunde schlaglichtartig die Nachrichten der schriftlichen Überlieferung ausleuchten, bedeutet eine ganze Gruppe gleichzeitiger Funde eine wesentliche Ergänzung der schriftlichen Überlieferung. Die zu betrachtenden Gegenstände stammen aus dem letzten Viertel des 4. und dem Beginn des 5. Jahrhunderts, einer Zeit also, von der uns bekannt ist, daß Sachsen im römischen Heer dienten.

Im letzten Viertel des 4. Jahrhunderts finden wir in Niedersachsen, vor allem im Winkel zwischen Elbe- und Wesermündung, aber auch auf den Friedhöfen im mittleren Wesergebiet (Mahndorf, Rohrsen, Liebenau) und im Oldenburgischen (Herbergen) und im Emsland (Haselünne) einfache T i e r k o p f s c h n a l l e n aus Bronze, seltener solche mit reich in Kerbschnitttechnik verzierten Beschlagplatten (siehe Abb. 14 u. 15, nach S. 368 u. 384). Diese sind innerhalb der römischen Provinzen häufig Bestandteil des Koppelzeugs römischer Soldaten und sind auf den Garnisonsfriedhöfen an Rhein und Donau häufig gefunden worden. Es ist nicht weiter verwunderlich, daß diese Garnituren anfangs vornehmlich in Körperbestattungen von Kriegern gefunden wurden, deren Ausstattung besonders vollständig erhalten ist. Aber auch als Bestandteile von Brandbestattungen wurden sie innerhalb unseres Gebiets festgestellt. Dadurch, daß sie im Feuer des Scheiterhaufens häufig stark zerschmolzen sind, ist die Zugehörigkeit der verbliebenen Reste zu unserer Fundgruppe oft schwer erkennbar. So sind sie in den bisher erarbeiteten Typenkartierungen mit Sicherheit nicht in voller Zahl erfaßt worden. Man muß damit rechnen, daß bei genauer Durchsicht der Brandgrabinventare noch eine weitere Anzahl von Tierkopfschnallen und Kerbschnittgarnituren entdeckt wird. Insofern kann die beigegebene Karte ein nur unvollständiges Bild vermitteln (siehe Karte 26, S. 524). Es hat jedoch den Anschein, daß Änderungen zwar die Funddichte, nicht aber das Verbreitungsgebiet betreffen. Die Hauptverbreitung dieses Fundtyps liegt im nördlichen Teil Niedersachsens. Aus diesem Befund ergibt sich folgendes: Wir erfassen damit die Herkunft der im römischen Heer dienenden Sachsen. Diese werden keine nur untergeordnete Stellung im römischen Heer eingenommen haben, da sie nach Ablauf ihrer Dienstzeit mit ihrer vollen Bewaffnung und sonstigen kriegerischen Ausstattung in die Heimat zurückkehren konnten und dort mit dieser, als ihrem persönlichen Eigentum, bestattet wurden. So mögen auch Gegenstände aus dieser Zeit, wie z. B. ein Silberteller von Altenwalde bei Cuxhaven und ein Glasgefäß aus einem Brandgrab desselben Fundorts durchaus legal erworben und in die Heimat zurückgeführt worden sein (siehe Abb. 18, nach S. 464).

Die S t a n d o r t e d e r s ä c h s i s c h e n K o n t i n g e n t e innerhalb der römischen Grenzbezirke lassen sich – bemerkenswert genug – durch die Kartierung von Frauenschmuck feststellen. Fibelformen, u. a. sogenannte Armbrustfibeln mit breitem Fuß ursprünglich einheimischer Herkunft, finden

||||||||| Fundgruppen Schleswig-Holsteins

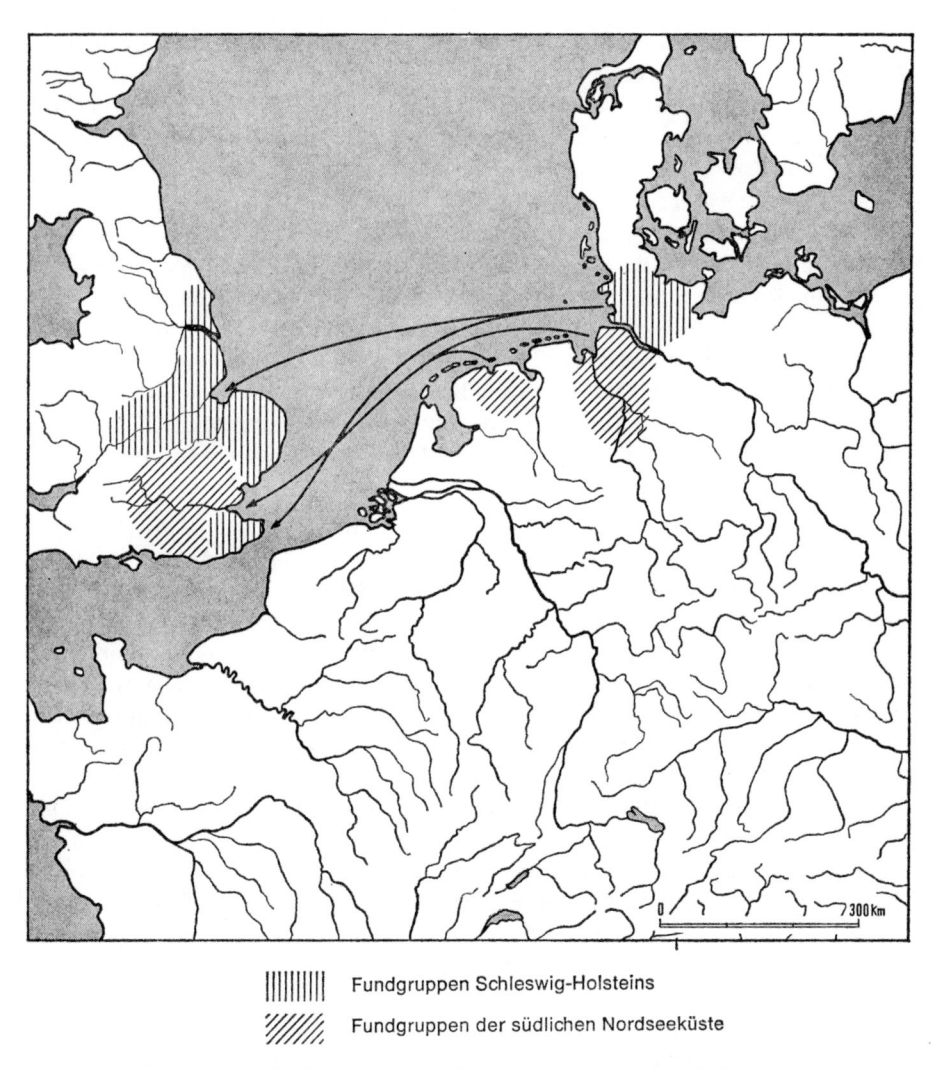

////// Fundgruppen der südlichen Nordseeküste

29. Die festländische Herkunft der Einwanderer in Britannien

sich auch auf Friedhöfen Nordostgalliens. Dort werden sie nach römischem Muster mit die Spiralachse überdeckenden Stützarmen versehen und gelangen in dieser Form in die Heimat zurück, wo ihre Verbreitung sich etwa mit der der Tierkopfschnallen deckt. Wenn man die Ergebnisse dieser Kartierung ausdeutet, kommt man zu der überraschenden, aus keiner schriftlichen Nachricht zu erschließenden Erkenntnis, daß die sächsischen Krieger zusammen mit ihren Familien in den Garnisonen Nordostgalliens (heute Belgien und Nordfrankreich) lebten und mit ihnen in die Heimat unter Wahrung ihres persönlichen Besitzstandes zurückkehren konnten. Das bedeutet doch wohl, daß sie nicht nur gepreßt, wie die schriftliche Überlieferung berichtet, sondern aus freien Stücken und als Vollfreie dem römischen Heer angehörten[273].

Für die Folgezeit läßt sich eine eigentümliche Entwicklung des germanischen Kunsthandwerks auch für die Deutung der politischen Geschichte auswerten. Zu Beginn des 5. Jahrhunderts werden verschiedene Schmuckstücke, Waffenbeschläge und Fibeln vor allem, in einer neuen Technik hergestellt. Die jeweils einheimischen Formen werden in K e r b s c h n i t t e c h n i k verziert. Neben dem sicher schwierigen Gußverfahren beobachten wir das Neuauftreten von Feuervergoldung, der Nielloverzierung und von Punzverzierung. Die Verzierungsmotive, Rankenmuster in den Innenfeldern und Randtiere an den Außenkanten, entsprechen ebenso wie die oben genannten Techniken denen des römischen Kunsthandwerks.

Im Niedersächsischen Raum werden aus den oben genannten Stützarmfibeln gleicharmige Fibeln mit reicher Kerbschnittverzierung entwickelt (siehe Abb. 19, nach S. 480). Bei den Nordgermanen treten dieselbe Technik und die gleichen Muster an den dort üblichen Fibeln mit halbrunder oder rechteckiger Kopfplatte auf. Zur Erklärung dieses neuen Impulses, nach einem bedeutenden Fundplatz in Nordschleswig „Nydamstil" benannt, der in der Folgezeit zu der bekannten altgermanischen Tierornamentik weiterentwickelt wird[274], könnte man natürlich den oben genannten Import römischer Kerbschnittgarnituren heranziehen, der aber durchaus nicht den weiten, oben geschilderten Raum bis nach Skandinavien hin betraf. Unwahrscheinlich ist, daß einheimische Wanderhandwerker aus allen diesen Räumen sich im römischen Gebiet mit den neuen Techniken und Ziermustern vertraut machten. Wahrscheinlicher ist ein Zusammenhang mit den E i n f ä l l e n   g e r m a n i s c h e r   S t ä m m e   i n   d i e   P r o v i n z   G a l l i e n   i m   J a h r e   4 0 6, unter denen Heruler und Sachsen ausdrücklich benannt werden. Es liegt nahe, daß römische Metallhandwerker als Beute gewonnen und als hochwertige Sklaven mit in die Heimat genommen und auch an die Nachbarstämme verhandelt wurden, wo sie die jeweils einheimischen Schmuckformen in römischer Technik herzustellen und mit römischen Ziermustern zu versehen begonnen haben. Aus diesen Anfängen müssen sich regelrechte Handwerksschulen mit jeweils eigenständiger Entwicklung gebildet haben, wie sich aus der über Jahrhunderte gehenden eigenständigen Weiterbildung und Umgestaltung von Technik und Mustern ergibt.

Damit sind die Beziehungen unseres Stammes zu den festländischen Randprovinzen des Römischen Reiches abgeschlossen. Zu einer dauernden volkstumsmäßig gebundenen Ansiedlung ist es offenbar in diesen Gebieten nicht

10. Die Altsachsen bis zum Ende des 5. Jahrhunderts

gekommen. Etwa im Land verbliebene Reste der Sachsen werden in den später diese Räume beherrschenden Franken aufgegangen sein.

Anders liegt dies in der römischen Provinz B r i t a n n i e n. Hier führten die legalen Beziehungen zur römischen Provinz zur dauernden Ansiedlung von Angeln, Sachsen, Jüten und anderen Stämmen unter Beibehaltung des Volkstums zu einer Dauerbesiedlung[275], obwohl es auch hier nicht an Piratenüberfällen fehlte (364, 396 n. Chr.).

Außerhalb der in römischer Zeit umwallten Stadt Dorchester, in der Nähe von Oxford, in ausgezeichneter strategischer Lage an der Mündung der Thame in die Themse gelegen, wurden 1874 die Körperbestattungen eines Mannes und einer Frau dicht nebeneinander aufgedeckt. Der Mann, ein Krieger mit seinen Waffen, besaß eine typisch spätrömische Ausstattung, die eine bestimmte Volkszugehörigkeit nicht erkennen läßt. Der Frau dagegen war eine kreuzförmige Fibel beigegeben, deren nächste Parallelen auf dem Festland in Holstein, also dem damals nordalbingischen Sachsen, zu finden sind. Die abgesonderte Lage und die reiche Ausstattung der Gräber erlauben den Schluß, daß hier ein vornehmer sächsischer Krieger mit seiner Frau bestattet wurde. Dieser Fund, weit im Binnenland Britanniens aufgedeckt und aus einer Zeit unbeschränkter römischer Herrschaft stammend, kann niemals einem eingedrungenen Piraten zugeschrieben werden. Es muß sich um einen Angehörigen der römischen Besatzung – nach seiner Grabausstattung zu urteilen, in führender Position – handeln. Weitere Funde sächsischen Charakters aus dieser frühen Zeit bezeugen die Anwesenheit sächsischer Söldner und ihrer Familienangehörigen in Britannien.

Der Rückstrom von speziell für das römische Britannien charakteristischen Gürtelschnallen und Frauenschmuck zeigt, daß auch von hier ein Teil der sächsischen Familien in die Heimat zurückkehrten (vgl. Karte 26, S. 524). Frühe, in jüngster Zeit aufgedeckte Siedlungen von Sachsen beweisen, daß ein großer Teil der Einwanderer im Lande blieb und dort, wahrscheinlich nach dem für solche Fälle geschaffenen römischen Landteilungsprinzip, angesiedelt wurde.

Überraschend ist jedoch, daß selbst einige der Küstenforts des *litus Saxonicum* in Britannien, die nach aller Überlieferung doch gegen die Einfälle der Sachsen und ihrer Bundesgenossen angelegt waren, durch Truppen, die sich aus eben diesen Stämmen rekrutierten, besetzt waren. So fanden sich vor den Toren des Kastells Caistor-by-Norwich, des alten *Venta Icenorum,* je ein anglischer und ein sächsischer Friedhof, die spätestens vom Ende des 4. Jahrhunderts an belegt sind. Die Gefäße sind denen aus der festländischen Heimat der Angeln – der gleichnamigen Landschaft in der Nähe der heutigen Stadt Schleswig und auf dem südlichen Teil der Insel Fünen – und der Sachsen – hier der südalbingischen im Norden Niedersachsens – zum Verwechseln

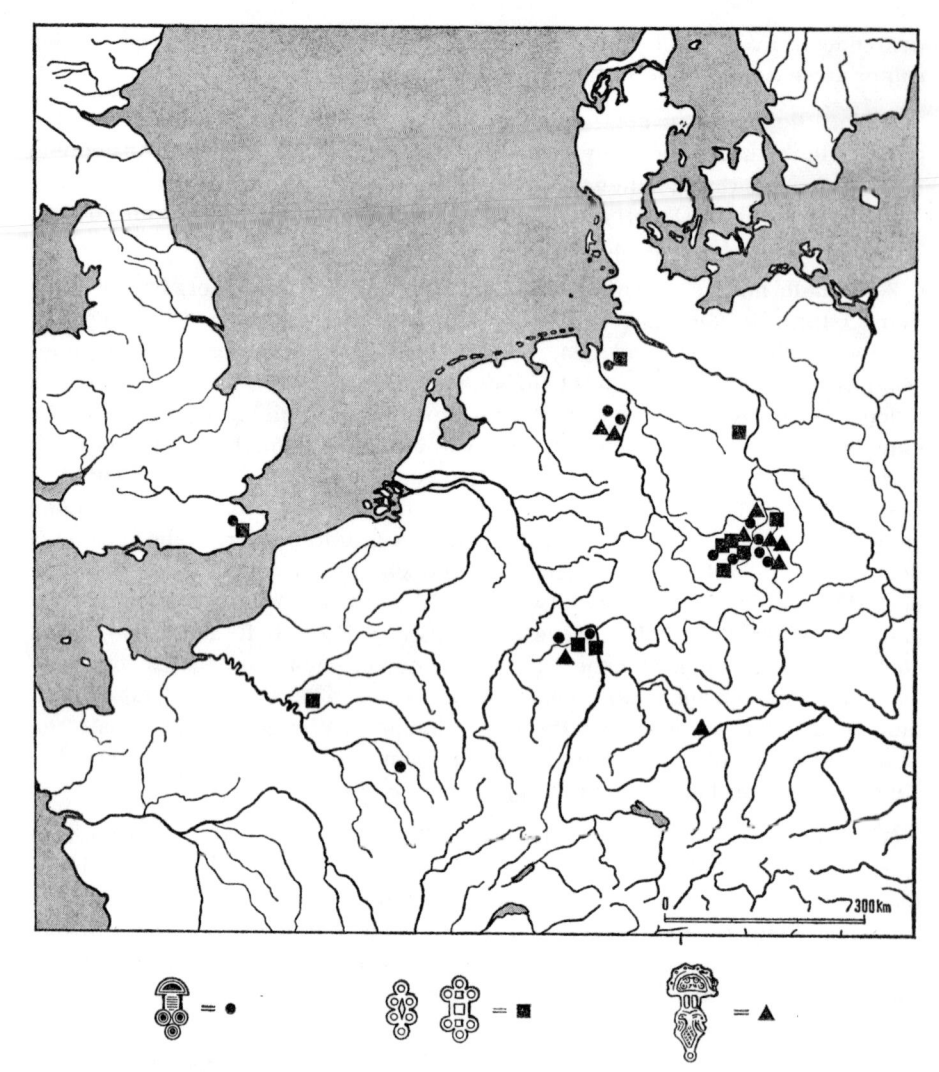

30. Schmuckformen des 6. Jahrhunderts in Britannien und auf dem Festland

ähnlich, so daß kein Zweifel über die Herkunft der Ankömmlinge bestehen kann. Es bestehen Anhaltspunkte dafür, daß sich die Besatzung einiger anderer Küstenforts ähnlich zusammensetzte[276]. S. Chadwick-Hawkes trifft sicher den Sachverhalt genau, wenn sie schreibt: „Die Rekrutierung barbarischer Truppen aus dem weit entfernten nördlichen Germanien sollte uns nicht überraschen. Die Panegyriken an Constantin... sprechen bereits für die erste Hälfte des 4. Jahrhunderts von Laeten, die ‚nicht etwa aus jenen Bezirken kamen, die gerade erst von den Römern erobert waren, sondern aus ihren Ursprungsländern und den entferntesten Küsten der Barbarei' und dann in Gallien angesiedelt wurden. Das Imperium suchte verzweifelt nach Männern – und im überbevölkerten nördlichen Germanien fanden sich zweifellos die jüngeren Söhne einer kriegerischen Bevölkerung dazu bereit, im Römischen Reich Dienst zu tun, sei es nun als Foederaten, als Laeten, oder als Limitanei –. Es war für sie sicher eine akzeptable und auch einbringliche Alternative zu Raubzügen über das Meer oder einer möglichen Hungersnot in der Heimat."[277]

Eine neue Situation trat ein, als angesichts der Bedrohung Roms durch die Westgoten Stilicho das Reichsheer aus Britannien abzog. Im Jahre 410 werden die Briten von Kaiser Honorius ausdrücklich ermächtigt, selbst geeignete Maßnahmen für ihre Verteidigung zu treffen.

Der archäologische Befund vermag die spärliche schriftliche Überlieferung zu diesen Ereignissen um wesentliche Erkenntnisse zu vermehren. Während sich die „Militärschnallen" der frühen Phase aus dem Ende des 4. Jahrhunderts vor allem an der zu schützenden Küste finden, sind die der Spätphase auch weit im Binnenland verbreitet, damit die Existenz von Garnisonen zum Schutz der großen und reichen Städte nachweisend. Woher die Einwanderer im einzelnen stammten, läßt sich aus einer Verbreitungskarte von auf dem Festland regional gebundenen Schmuckformen ablesen (siehe Karte 29, S. 533). Die kreuzförmige Fibel kommt auf dem Festland vor allem bei den nordalbingischen Sachsen, den Angeln und den Jüten vor. Auch in Norwegen und Schweden ist sie nicht selten zu finden. Im nördlichen Niedersachsen kommt diese Schmuckform seltener vor. Alle kreuzförmigen Fibeln dieses Gebietes zusammengerechnet erreichen nicht die Zahl eines einzigen Friedhofs in Holstein (z. B. Bordesholm oder Borgstedt). In England ist eine Anreicherung in Kent auf die dort historisch bezeugten Jüten zurückzuführen. Die Funddichte nördlich der Themse geht wahrscheinlich auf nordalbingische Sachsen oder Angeln zurück. Im Flußgebiet der Themse und an der Südküste Englands finden sich Schmuckformen, die auf dem Festland an der südlichen Nordseeküste, vor allem im nördlichen Niedersachsen, häufig sind, also vornehmlich Sussex und Essex, deren Namen auf die Stammeszugehörigkeit der Bewohner hinweist. Es handelt sich um die bekannten kerbschnittverzierten gleicharmigen Fibeln und Scheibenfibeln mit demselben Dekor.

Auch die Kartierung charakteristischer K e r a m i k f o r m e n läßt ähnliche Schlüsse zu. In Britannien werden offenbar eigens für die Besatzungstruppen Drehscheibengefäße mit Buckelverzierung hergestellt. Eines derselben findet sich auch auf dem festländischen Friedhof Westerwanna (n. Bremerhaven).

Aus diesen Vorformen entwickelt sich eine Sonderform der Keramik, die bekannten „angelsächsischen Buckelurnen", die vom Beginn des 5. Jahrhunderts an auch auf den Friedhöfen des Festlandes u. a. an der südlichen Nordseeküste auftreten. Sie kommen ähnlich auch auf der Jütischen Halbinsel, in Norwegen und Schweden vor (siehe Karte 28, S. 529 u. Abb. 20, nach S. 512). Es liegt nahe, diesem „kulturellen Rückstrom" einen personellen zu entnehmen. Ein Versuch, durch Kartierung von Sonderformen dieser interessanten Tonware regionale Verbindungen abzulesen, ist bisher nicht unternommen worden. Daß sich diese Verbindungen zum Festland bis ins 6. Jahrhundert nachweisen lassen, sei am Rande erwähnt. Auf dem Weserweg fließt ein angelsächsischer Importstrom bis nach Thüringen, während umgekehrt thüringische Funde nach England gelangen.

Bemerkungen zur sozialen Struktur der südalbingischen Sachsen

Für die Erschließung der Sozialstruktur der südalbingischen Sachsen sind wir allein auf die Aussage der archäologischen Funde angewiesen. Der lose Zusammenschluß der einzelnen Stämme, auf die Entstehung des Bundes zurückzuführen, läßt den Schluß zu, daß diese regional sehr unterschiedlich sein kann. Wenn wir einmal voraussetzen, daß der Hildesheimer Fund den Fürstenschatz der Cherusker dargestellt haben kann, so muß man betonen, daß aus späterer Zeit aus diesem Gebiet nichts Entsprechendes vorliegt. Allenfalls könnte man als Besitzer der **Goldkette von Isenbüttel** (siehe Abb. 24, nach S. 562) einen Mann in hervorragender Stellung vermuten. Eine Aussage, welchem Teilstamm der Sachsen er angehört haben mag, ist bei dem jetzigen Stand der Forschung nicht zu machen. So müssen wir annehmen, daß mit dem Aussterben des Fürstenhauses der Cherusker und angesichts der bei Tacitus geschilderten Machtlosigkeit des Stammes auch die Institution des Fürstentums erlosch. Die langobardischen Fürstengräber von Marwedel finden bis jetzt keine Nachfolger. Die Auswanderung dieses Stammes mag den in der Heimat verbliebenen Rest seiner Adelsschicht beraubt haben. Es ist eine offene Frage, ob das reiche **Grab von Apensen** die Bestattung eines chaukischen Fürsten darstellt. Auch diesem entspricht keine Bestattung von ähnlichem Gewicht aus späterer Zeit. Ob die reichen Gräber des Wesergebiets mit ihrer Ausstattung mit römischem Bronzegeschirr nun die Beisetzungen einer besonders vornehmen oder nur wohlhabenden Oberschicht waren, läßt sich schwer entscheiden. Der Fund der Silberbarren (ca. 450 n. Chr.) aus Dierstorf im Kreis Nienburg (Abb. 21, nach S. 544) mag darauf schließen lassen, daß auch Reichtum durch Handel eine Grundlage für die Entstehung einer Oberschicht darstellte. Der in diesem Zusammenhang gefundene Ring von Helzendorf mag für die Deutung der Funde als

Besitztum einer politischen Führerschicht sprechen. Auch die Entwicklung eines Herrenhofs auf der Feddersen Wierde mit auf demselben gelegenen Heiligtum und den Häusern von Hintersassen läßt den Schluß zu, daß über Handel und Gewerbe eine bestimmte Familie zu überdurchschnittlichem Wohlstand und auch zu Macht gelangen konnte[278], die vielleicht auch in priesterlichen Funktionen ihren Ausdruck fand. Dasselbe mag für den Opferer des Fundes von Lengerich gelten, der es im Römischen Reich wahrscheinlich zu Macht und Ansehen brachte. Auch von den reich mit Waffen ausgestatteten Kriegergräbern könnte man die Bestattungen von hervorragenden Persönlichkeiten sehen, wobei zu bemerken ist, daß nach der Ausgrabung von Liebenau die Ausstattung mancher Brandbestatteter Wertvolleres als die der Körperbestatteten enthielt. In beiden Fällen könnte man auch die Beisetzungen reicher Großbauern sehen, zu deren Selbstverständnis die Ausstattung mit Waffen und anderen wertvollen Gegenständen im Tode gehörte. Die Grenzen sind hier sehr schwer zu ziehen[279]. Jedenfalls kennen wir aus der Zeit von 300 bis 500 n. Chr. keine Bestattung, deren Ausstattung man wahrhaft fürstlich nennen könnte.

Albert Genrich

Ursprung und Entwicklung des Stammes der Sachsen müssen zwangsläufig Gegenstand frühgeschichtlicher Forschungsweise sein. Die vereinzelten schriftlichen Nachrichten erlauben keine vollständige und eindeutige Aussage, sondern bedürfen vielmehr der Ergänzung durch andere Quellengruppen, vor allem der urgeschichtlichen Bodenfunde. Die sprachlichen Quellen, vornehmlich die Orts- und Flurnamen vermögen – bedingt durch den Forschungsstand – bislang wenig auszusagen (vgl. o. S. 239 ff.). Es ist zudem nicht immer deutlich, auf welche Zeit und auf welchen geographischen Raum die schriftliche Überlieferung bezogen ist. Die Übernahme älterer Nachrichten in jüngere Darstellungen muß einkalkuliert werden. Der geographische Raum, den sie betreffen, ist wegen der mangelhaften Kenntnisse und daher andersartigen geographischen Vorstellungen der Antike nur selten einwandfrei zu ermitteln. Die Überlieferung betrifft zudem fast immer nur zufallsbedingte Teilaspekte der Geschichte. Sagenhafte, über längere Zeit mündlich weitergegebene Stammesüberlieferungen, die erst Jahrhunderte nach den Ereignissen schriftlich fixiert wurden, sind nur bedingt auswertbar. Sie enthalten zwar eine Tradition, brauchen aber keine exakten Fakten zu betreffen. Aus ihnen einen historischen Kern herauszuschälen, ist schwierig und oft nur durch Heranziehung anderer Quellen möglich. Ihr Aussagewert ist, was Ursprung und früheste Geschichte der Sachsen angeht, um so zweifelhafter, je weiter die betreffenden Ereignisse vor der schriftlichen Aufzeichnung zurückliegen (vgl. dazu Last, u. S. 553 ff).

Bei diesen Erwägungen darf nicht verkannt werden, daß gelegentlich der in den spät niedergeschriebenen Stammesüberlieferungen enthaltene Rückschlüsse auf das mythische Selbstverständnis der Gemeinschaft erlaubt, die für die politischen Verhaltensweisen derselben von erheblicher Bedeutung sind.

Die archäologischen Quellen besitzen den Vorteil der Zeitgleichheit und der exakten geographischen Fixierung; sie können auch heute noch vermehrt werden, sogar im Hinblick auf ein bestimmtes Forschungsziel. Man kann sich z. B. vornehmen, die

Siedlungsformen einer bestimmten Zeit durch Grabungen zu erschließen oder den Umfang eines Siedlungsraumes durch planmäßige Suche nach Funden zu ermitteln. In den seltensten Fällen ermöglichen sie jedoch eine direkte historische Aussage, sondern bedürfen vor einer Interpretation immer einer sorgfältigen Bestandsaufnahme und einer methodisch einwandfreien Analyse. Immerhin erlauben Opferfunde und Bestattungsbräuche ziemlich direkte Rückschlüsse auf Kultbräuche und Jenseitsvorstellungen. Der Vergleich der Art und des Wertes der Totenausstattungen und bestimmter Haus- und Siedlungsformen können Hinweise auf die soziale Gliederung der Bevölkerung geben. Die Anlage von Häusern und Gehöften in Verbindung mit der Beobachtung von Ackerfluren im Gelände ermöglichen die Feststellung wirtschaftsgeschichtlicher Faktoren. Importgegenstände lassen auf Handel, Verkehr oder kriegerische Ereignisse schließen und endlich ermöglicht bei einem guten Forschungsstand die Feststellung wirtschaftlicher Verkehrsräume einen Rückschluß auf Siedlungsgemeinschaften, deren politischer Hintergrund durch geeignete Arbeitsmethoden sichtbar gemacht werden kann.

Begrenzt wird die Aussagefähigkeit der archäologischen Quellen durch den regional sehr unterschiedlichen Stand der Forschung. Hervorragende Möglichkeiten bestehen überall dort, wo ein wissenschaftliches Institut die Möglichkeit zu systematischen Untersuchungen hat. So ist z. B. das Küstenrandgebiet Niedersachsens durch die Tätigkeit des Niedersächsischen Landesinstituts für Marschen- und Wurtenforschung hervorragend gut erschlossen. Der Fundstoff der nordöstlichen Teile unseres Landes ist durch die Tätigkeit von W. Wegewitz in Harburg gut aufgearbeitet. Leider läßt sich das von anderen Landesteilen nicht in dem wünschenswerten Ausmaß feststellen, weil die Mittel und Möglichkeiten der sie betreuenden Institute in der Vergangenheit nur begrenzt waren. Eine systematische, gleichmäßige archäologische Erforschung aller Landesteile steckt noch in den Anfängen. Jedenfalls sind nur in einigen derselben die besiedelten Räume und die sie trennenden Ödmarken so abgrenzbar, daß man in ihnen einheitliche Siedlungsgruppen erkennen kann.

Die Namen der Stämme, die diese bewohnten, kann man nur dem Schrifttum entnehmen. Es ist also erlaubt, sogar notwendig, nach einer analytisch-methodischen Untersuchung der einzelnen Quellengruppen den Versuch einer gemeinsamen Interpretation zu unternehmen, um so eine möglichst vollständige Aussage über den Ablauf der Geschichte zu erreichen.

Voraussetzung für eine solche Synthese ist die zeitliche und geographische Identität der jeweiligen Untersuchungsobjekte. Die schriftliche Nachricht muß also den gleichen Raum, dieselbe Zeit und denselben Gegenstand wie der archäologische Befund betreffen, will man eine exakte Aussage anstreben. Ist diese Identität nicht gegeben, ist äußerste Vorsicht bei der gemeinsamen Auswertung der verschiedenen Quellengruppen am Platz.

Diese kurzen Vorbemerkungen zur Arbeitsmethode sind zum Verständnis eines Forschungsobjekts notwendig, das auf so verschiedenen Quellengruppen fußen muß.

[237] Allgemeine Literatur zu Abschnitt 10: S. CHADWICK-HAWKES, Krieger und Siedler in Britannien während des 4. und 5. Jh.s, in BerRömGermKomm 1964, S. 155 ff.; A. GENRICH, Der Ursprung der Sachsen, in: Die Kunde NF 21, 1970, S. 66 ff.; K. HAUCK, Goldbrakteaten aus Sievern, 1970; R. G. HODGKIN, A History of the Anglo-Saxons, 1952; G. JACOB-FRIESEN (wie Anm. 1), III. T.; W. LAMMERS, Entstehung und Verfassung des Sachsenstammes (Wege der Forsch. 50), 1967; R. MUCH, Die Germania des Tacitus, 1967; J. N. L. MYRES, Anglo-Saxon Pottery and the Settlement of England, 1969; DERS., The Anglo-Saxon Cemeteries of Castor-by-Norwich and Markshall, Norfolk 1973;

10. Die Altsachsen bis zum Ende des 5. Jahrhunderts

L. Schmidt, Die Westgermanen I, 1938, S. 33 ff.; F. Tischler, Der Stand der Sachsenforschung archäologisch gesehen, in: BerRömGermKomm 35, 1954, S. 31 ff.; R. Wenskus, Stammesbildung und Verfassung, 1961. – [238] K. Zeuss, Die Deutschen und ihre Nachbarstämme, 1837. – [239] U. Kahrstedt, Die politische Geschichte Niedersachsens in der Römerzeit, in: NachrrNdSachsUrgeschichte 8, 1934, S. 1 ff. – [240] K. Tackenberg, Chauken und Sachsen, in: NachrrNdSachsUrgeschichte 8, 1934, S. 21 ff. – [241] M. Lintzel, Zur Entstehungsgeschichte des sächsischen Stammes, in: SachsAnh 3, 1927, S. 1 ff., insbes. 25. – [242] Schmidt (wie Anm. 237), S. 39. – [243] Das Folgende nach Genrich (wie Anm. 237), S. 66 ff. – [244] So auch R. Wenskus in: Lammers (wie Anm. 237), S. 485 f. – [245] F. Tischler, Fuhlsbüttel, Ein Beitrag zur Sachsenfrage, 1937. – [246] A. Genrich, Formenkreise und Stammesgruppen des 3.–6. Jh.s in Schleswig-Holstein, 1954. – [247] P. Schmid, Probleme der Küstenforschung 8, 1965, S. 9 ff., 37 ff. – [248] J. Werner, Die beiden Zierscheiben des Thorsberger Moorfundes, 1941, S. 35 ff. mit ausführlicher Auswertung älterer Literatur. – [249] J. de Vries, Einige Bemerkungen zum Sachsenproblem, in: Westforsch 11, 1958, S. 9 f. – [250] Ders., Die Ursprungssage der Sachsen, in: NdSächsJbLdG 31, 1959, S. 34. – [251] Ders., (wie Anm. 249), S. 10. – [252] K. Raddatz in: Offa 17/18, 1959/61, S. 26 ff. – [253] H. Jankuhn in: Pauls, Geschichte Schleswig-Holsteins II, 1966, S. 377 ff. – [254] Vgl. dazu F. Tischler (wie Anm. 237). – [255] A. Genrich, Die Wohnsitze der Langobarden an der Niederelbe, in: Die Kunde NF 23, 1972, S. 99 ff. – [256] Zuletzt zusammengefaßt von K. Waller, Zur Archäologie der Chauken, in: NANdSachs 25, 1951, S. 517 ff. – [257] W. A. van Es, Wijster, a native village beyond the Imperial Frontier 150–425, 1967, bes. Kt. 287 u. d. Erläuterungen auf S. 522 ff. – [258] K. Raddatz, Grabfunde der römischen Kaiserzeit und Völkerwanderungszeit von Kirchweyhe und Osterholz, 1976. – [259] A. Genrich u. A. Falk, Liebenau – ein sächsisches Gräberfeld, 2. Aufl. 1972. – [260] P. Schmid, Die Keramik des 1. bis 3. Jh.s n. Chr. im Küstengebiet der südlichen Nordsee, in: Probleme der Küstenforschung 8, 1965, S. 9 ff., bes. 37 ff. – [261] W. Haarnagel in: Germania 41, 1963, S. 280 ff. – [262] A. E. van Giffen, Der Warf in Ezinge und seine westgermanischen Häuser, in: Germania 20, 1936, S. 40 ff.; Ders., Die Wurtenforschung in Holland, in: Probleme der Küstenforschung 1, 1940, S. 70 ff. – [263] Dazu ausführlich Tischler (wie Anm. 237), S. 176 ff. – [264] K. Hucke, Sächsische Funde der Völkerwanderungszeit in Westfalen, in: Schwantes, Urgeschichtsstudien beiderseits der Niederelbe, 1939, S. 341 ff.; Tischler (wie Anm. 237), S. 70 ff., 187 ff. – [265] P. Berghaus, Der römische Goldmünzenfund von Ellerbek, Kr. Osnabrück, in: Die Kunde NF 1956, S. 30 ff. Anm. – [266] Vgl. dazu W. Nowothnig, Brandgräber der Völkerwanderungszeit im südlichen Niedersachsen, 1964. – [267] P. La Baume in: Die Kunde NF 22, 1971, S. 130 ff. – [268] Schmidt (wie Anm. 237), S. 26 f., 33 ff. – [269] Jacob-Friesen in: NachrrNdSachsUrgeschichte 9, 1935, S. 18 ff. – [270] Zusammenfassend: Jacob-Friesen (wie Anm. 1) III, S. 533 ff., mit Literaturangaben. – [271] V. Zedelius, Spätkaiserzeitliche-völkerwanderungszeitliche Keramik und römische Münzen von Laatzen, 1974. – [272] Vgl. dazu auch Zedelius (wie Anm. 270), mit Literaturhinweisen. – [273] H. W. Böhme, Germanische Grabfunde des 4. bis 5. Jh.s, 1974, S. 201 ff. – [274] B. Salin, Die altgermanische Tierornamentik, 1935 (Neuauflage). – [275] S. Chadwick-Hawkes u. G. C. Duning (wie Anm. 237); Myres, Pottery (wie Anm. 237) u. Ders., Cemeteries (wie Anm. 237); A. Genrich, Die Beziehungen zwischen Norddeutschland und Britannien in der Völkerwanderungszeit aus archäologischer Sicht, in: NAusgrabForschNdSachs 2, 1965, S. 200 ff. – [276] Myres, Cemeteries (wie Anm. 237). – [277] Krieger und Siedler (wie Anm. 237), S. 167 f. – [278] Germania 34, 1957, S. 275 ff. – [279] Genrich u. Falk (wie Anm. 259).

Fünftes Kapitel

NIEDERSACHSEN IN DER MEROWINGER- UND KAROLINGERZEIT

Von Martin Last

1. Vorbemerkung

Dieser Abschnitt der Geschichte Niedersachsens umfaßt die Zeit von etwa 500 n. Chr. bis 900 n. Chr. Nach klassischem Geschichtsverständnis behandelt er damit zwei Epochen, nämlich die der fränkischen Herrscher aus dem Hause der Merowinger und dem der Karolinger, und scheint somit zunächst auf unstatthafte Weise eine dynastisch orientierte Epochengliederung (Merowinger-/Karolingerzeit) von außen her an das Untersuchungsgebiet heranzutragen. Gleichwohl erweist sich dieses Vorgehen als berechtigt: Dieser Zeitraum von insgesamt etwa 400 Jahren ist auch für die Sachsen und Friesen im frühen Mittelalter eine sinnvoll begrenzte Epoche, weil deren Geschichte mit nur relativ geringen Abweichungen der des merowingisch/karolingischen Reiches verbunden ist. Das gilt vor allem für die politische Geschichte.

Der Bruch in der historischen Entwicklung, der mit dem Übergang der Herrschaft von den römischen Kaisern und Heermeistern an die Merowingerkönige verbunden ist, hatte eine Lücke in der historischen Überlieferung auch für die rechtsrheinischen Gebiete bewirkt. Erst als die Merowingerkönige in der zweiten Generation Herrschaftsansprüche im mitteldeutschen und nordwestdeutschen Raum geltend machten, rückten diese wiederum in das Licht schriftlicher Quellen. Auch wenn die Sachsen noch für geraume Zeit außerhalb des politischen Gefüges des merowingisch-fränkischen Reichs lebten – den Friesen gelang dies nur zu einem Teil –, so bedeutete doch die Konsolidierung des merowingischen Reichs das Ende der großen Wanderbewegungen im nordwestdeutschen Raum. Vorwiegend durch diesen äußeren Faktor verfestigten sich die Stammeslandschaften der Sachsen und Friesen schon im 6. Jahrhundert.

Einen zweiten wesentlichen Einschnitt in der Geschichte wiederum vor allem der Sachsen bedeutete der Antritt der karolingischen Dynastie. Die

Karolinger griffen seit dem frühen 8. Jahrhundert immer nachhaltiger in Nordwestdeutschland ein und fügten im letzten Drittel des 8. Jahrhunderts die Sachsen und die östlich der Lauwers (bei Groningen) wohnenden Friesen endgültig ihrem Reich ein. Im 9. Jahrhundert wuchsen dann diese Stämme rasch in die politische Ordnung und die Kultur des karolingischen Reiches hinein. Als schließlich im späten 9. Jahrhundert die karolingische Dynastie im ostfränkischen Reich erlosch, hatte sich in der Stammeslandschaft der Sachsen bereits ein neues dynastisches Kräftezentrum herausgebildet: die Königsherrschaft ging schließlich im Jahre 919 an ein sächsisches Geschlecht, an die Liudolfinger, über.

Schwieriger als die Abgrenzung und Gliederung der Zeit ist die des Raumes. Sachsen und Friesen befanden sich in der Zeit vom 6. bis zum 9. Jahrhundert in unterschiedlichen Ordnungszuständen; Stamm und Land waren variable Größen und mit unterschiedlicher Stabilität einander zugeordnet. Die große Unruhezeit der Völkerwanderungen, die beide Stämme erfaßt hatte und die von beiden Stämmen mitgeprägt worden war, ging für Sachsen und Friesen in unterschiedlicher Form und zu unterschiedlicher Zeit zu Ende.

Schriftliche Quellen werfen am ehesten Licht auf das Ende der Wanderzeit und zeigen, daß die Sachsen über die Grenzen hinaus, welche die Merowingerkönige ihnen im 6. Jahrhundert gezogen hatten, bis in das frühe 8. Jahrhundert nur bescheidene Zugewinne erzielen konnten. Die Friesen, die ihr Siedlungsgebiet zum Teil gegenläufig zu den Sachsen, von Westen nach Osten ausdehnten und vor allem nach Südwesten, in Richtung auf das Rheinmündungsgebiet vordrangen, nahmen noch nach 700 einen Küstenstreifen rechts der Wesermündung in Besitz. Ihr Siedlungsgebiet im heutigen Niedersachsen war zum Binnenland hin z. T. durch weite Moorgebiete abgeschirmt. Das Stammesgebiet der Sachsen reichte von dieser Zeit an nunmehr beiderseits der Elbmündung bis an die Nordsee. Seine binnenländischen Grenzen verliefen im 8. Jahrhundert etwa an Elbe, Saale, Unstrut, Harz, oberer Leine, Diemel, Ruhr und Ijssel. Diese Grenzen waren, abgesehen vom Harz, in keinem Fall von der Natur vorgegeben.

Das heutige Niedersachsen gewinnt also in der Merowinger- und Karolingerzeit noch keine selbständigen Konturen; die Stammeslandschaften von Sachsen und Friesen reichten weit über das moderne Bundesland hinaus: Mit Westfalen und dem nordelbischen Sachsenland gehören früher sächsische Gebiete heute zu anderen Bundesländern. Die sächsischen Landschaften nordöstlich des Harzes gehören ebenso wie Twente und Drente und der größere Teil des friesischen Stammesgebietes zu anderen Staaten. Auch im Süden, an der oberen Leine, fallen frühmittelalterliche Stammes- und moderne Landesgrenzen nur grob zusammen. Andererseits gehört zum heutigen Bundesland Niedersachsen auch das „Hannoversche Wendland", eine Landschaft, die zumindest seit der späten Karolingerzeit von Slaven besiedelt war.

Abb. 21
Silberbarren von Dierstorf

1. Vorbemerkung

Quellen, Forschungssituation

Für die drei genannten Zeitabschnitte, das 6./7. Jahrhundert, das 8. Jahrhundert und das 9. Jahrhundert, ergeben sich jeweils unterschiedliche Anteile schriftlicher und nichtschriftlicher Quellen an dem in Betracht kommenden Gesamtbestand. Ehe diese Quellen nach Art und Umfang genauer beschrieben werden, sei vorweg betont, daß sich zeitgemäße Landesgeschichtsschreibung für diesen Zeitraum in besonderem Maße nicht auf die schriftlichen Quellen allein stützen darf, will sie nicht Gefahr laufen, wesentliche Lebensbereiche aus den Augen zu verlieren und mithin ein allzu unvollständiges Bild zu vermitteln[1].

Bis in die Karolingerzeit hinein gehörten Sachsen und Friesen zu den schriftlosen Kulturen. R u n e n d e n k m ä l e r bezeugen zwar Kenntnis und Anwendung eines Schriftsystems bei beiden Stämmen, doch wurde dieses nicht zur Aufzeichnung historischer Tradition verwandt[2].

Mündliche Tradition aus dieser schriftlosen Zeit, die über anderweitig nicht bezeugtes historisches Geschehen, vor allem aber auch über das Selbstverständnis von Sachsen und Friesen Aufschluß geben könnte, wird erst spät in schriftlicher Form faßbar; sie ist durch gewandeltes Geschichtsverständnis gebrochen und durch das Eindringen christlicher Vorstellungen nachhaltig geprägt worden. Erschließung und Erschließbarkeit dieser „vorschriftlichen" Geschichtsquellen sind umstritten[3].

Die Verfasser der seit dem zweiten Drittel des 6. Jahrhunderts im fränkischen Reich niedergeschriebenen Nachrichten über Sachsen und Friesen waren nicht nur räumlich weit vom Ort des Geschehens entfernt; ihre kargen Berichte spiegeln vor allem das Interesse der merowingischen und karolingischen Herrscher an den rechtsrheinischen Landschaften. Kriegerisches Geschehen bildete daher für lange Zeit den Schwerpunkt ihrer Äußerungen. Es handelt sich vielfach um knappe und vereinzelte „Begegnungsmeldungen"[4], nicht etwa um ausführliche und fortlaufende Kommentare zur sächsisch-friesischen Geschichte. Diese Einschränkungen gelten auch für die Schriftquellen aus den anderen Schriftkulturen der Zeit, die hier in Betracht kommen: Byzanz, das langobardische und die angelsächsischen Königreiche. Von den erzählenden Quellen aus der Zeit um 800 bezeugen vor allem die Annales Mosellani und die Annales Laureshamenses ein besonderes Interesse an den Sachsen[5].

Ungefähr eine Generation, nachdem Sachsen und Friesen endgültig in das karolingische Reich eingegliedert waren, setzte eine vielfältigere Geschichtsschreibung über beide Stämme ein. Erst aus dieser Zeit gibt es überhaupt Schriftquellen, die über Sachsen und Friesen umfassender informieren[6]. Diese Quellen entstanden jedoch vorerst vor allem in der unmittelbaren Nachbarschaft, kaum im Untersuchungsgebiet selbst. Hier lassen sich für das 9. Jahrhundert nur Spuren einer die Ereignisse begleitenden zeitgenössischen Geschichtsschreibung fassen[7].

Aus den wenigen in den Stammeslandschaften der Sachsen und Friesen im 9. Jahrhundert aufgezeichneten Geschichtsquellen[8] ragen Lebensbeschreibungen von Heiligen und Translationsberichte heraus (Abb. 1, nach S. 16)[9]. Sie vermitteln wichtige Einblicke in die Sozial- und Wirtschaftsgeschichte ihrer Zeit. Ein Sondertyp der Schriftquellen, der gleichfalls für die hier zu behandelnde Zeit besonders zu erwähnen ist, sind die Rechtsquellen:

Zunächst die Sondergesetze der Kriegszeit des späten 8. Jahrhunderts für die Sachsen[10], dann, nur wenig später aufgezeichnet, die Lex Saxonum, das Recht der Sachsen und – entsprechend – das Recht der Friesen[11].

Die Urkunden schließen manche Lücke in den erzählenden Quellen. Allerdings sind nur etwa 70 der an Empfänger im Untersuchungsgebiet gerichteten Königs- und Kaiserurkunden erhalten[12]. Einen relativ reichen Bestand an Privaturkunden hat lediglich das Kloster Werden für die ersten beiden Drittel des 9. Jahrhunderts aufzuweisen[13]. Besonders ergiebig und erst in den letzten Jahrzehnten systematisch ausgeschöpft sind die Traditionen, Schenkungsnotizen, die für die Klöster Corvey und Fulda in jüngeren Abschriften überliefert sind. Sie enthalten im ersten Fall für das halbe Jahrhundert von 822 bis 872 261 Urkundenauszüge, mehr als 100 weitere lassen sich für das späte 9. Jahrhundert erschließen[14]. Für Fulda überliefern regional geordnete Exzerpte des 12. Jahrhunderts 114 Schenkungen in *Saxonia*, ferner Schenkungen in *Fresia*[15]; sie gehören fast alle in das 9. Jahrhundert. Diese Verzeichnisse lassen nicht nur den kontinuierlichen Besitzzuwachs der beiden Klöster erkennen, sondern bieten auch eine Fülle von Nachrichten über Besitz und Herkunft der Schenker. Für die anderen zahlreichen Klöster und Stifter Nordwestdeutschlands sind solche Verzeichnisse nicht erhalten.

Einen Querschnitt durch den tatsächlich vorhandenen Besitz einer geistlichen Stiftung bieten die beiden Heberegister der Zeit um 900 für das Kloster Werden[16] (siehe Abb. 29, nach S. 642).

Im Zusammenhang mit der Fürsorge des Adels für geistliche Stiftungen gewinnen die Nekrologe und Gedenkbucheinträge eine besondere Bedeutung, die zum Zwecke des Totengedenkens und der geistlichen Verbrüderung entstanden. Auch diese Quellen sind überwiegend außerhalb des Untersuchungsgebietes überliefert worden. Bei ihrer Erforschung wurden in den letzten Jahren beeindruckende Erfolge erzielt. Hinzuweisen ist hier auf die ältesten Nekrologe des Stiftes Essen und auf den wahrscheinlich in Quedlinburg abgeschriebenen und fortgeführten Nekrolog des Klosters Wendhausen (bei Thale/Harz) (siehe Abb. 22, S. 547)[17].

Die sächsischen Personennamen[18] als besonderer Quellentyp wurden kürzlich hinsichtlich ihrer Verbreitung, ihrer Weitergabe und ihrer Wider-

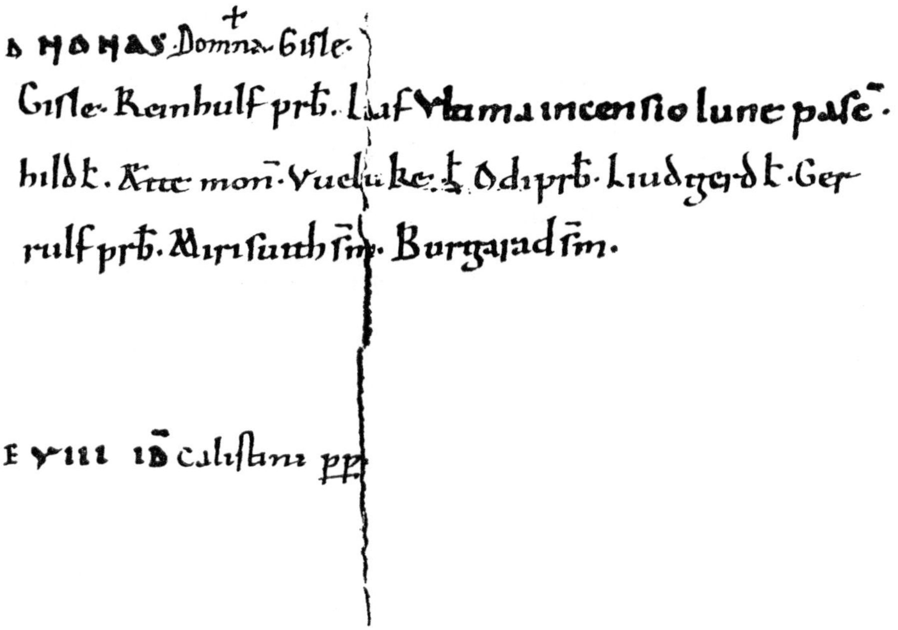

1. Vorbemerkung

Abb. 22 Nekrolog des Klosters Wendhausen bei Thale am Harz
(11. Jahrhundert)

spiegelung in den Ortsnamen systematisch ausgewertet[19]. Dabei zeigte sich, daß der Wechsel adliger Namengebung von der Namensvariation zur Nachbenennung ein West-Ostgefälle erkennen läßt; die Sachsen und Friesen schlossen sich den Entwicklungen im fränkischen Reich während des 9. Jahrhunderts an. Die Einbeziehung von Genealogie, Besitz- und Siedlungsgeschichte führte nicht nur zu überraschenden Aufschlüssen über die Zusammenhänge früher Adelsfamilien und Adelsgruppen, es konnten auch, ausgehend von den gesicherten Befunden für das 9. Jahrhundert, kulturelle und politische Verhältnisse der vorangegangenen quellenarmen Jahrhunderte in Nordwestdeutschland erhellt werden.

Die schriftlichen Quellen der Merowinger- und Karolingerzeit verteilen sich ungleichmäßig über das sächsische Stammesgebiet und seine Nachbarlandschaften; dies ist ein zusätzliches Hemmnis für die Darstellung der Landesgeschichte dieser Zeit. Für den Westen und Südwesten sind mehr Quellen vorhanden als für den Osten. Die Stammeslandschaft der Friesen ist in besonderem Maße quellenarm[20].

Überhaupt wird die künftige Erforschung der niedersächsischen Landesgeschichte in der Merowinger- und Karolingerzeit mehr noch als bisher versuchen müssen, durch Rückschlüsse aus schriftlichen Quellen späterer Jahrhunderte neue Erkenntnisse zu gewinnen. Aus den zeitgenössischen Quellen allein läßt sich jedenfalls oft kein zutreffendes oder gar vollständiges Bild gewinnen.

Die zeitgenössischen schriftlichen Quellen der Merowinger- und Karolingerzeit für Sachsen und Friesen liegen seit geraumer Zeit in überwiegend zuverlässigen Editionen vor, sind also jedermann zugänglich. Neufunde sind selten und für die Zukunft kaum zu erwarten.

Gänzlich anders ist die Situation bei den B o d e n f u n d e n. Hatte noch M. Lintzel, der wohl bedeutendste Sachsenforscher der Zeit zwischen den beiden Weltkriegen, neben den erzählenden Quellen und den Rechtsquellen in sehr bescheidenem Maße Bodenfunde der römischen Kaiserzeit – wohlgemerkt: nur diese – als ergänzende Überlieferung herangezogen[21], so ist ein solches Verfahren heute nicht mehr statthaft. Für den hier interessierenden Zeitraum hat sich in den letzten Jahrzehnten das Verhältnis von schriftlichen zu nichtschriftlichen Quellen in überraschender Weise zugunsten der letzteren geändert. Nachdem grundsätzliche Fragen der Chronologie für Merowinger- und Karolingerzeit geklärt worden sind, ist die Erschließung und Auswertung alter und neuer Bodenfunde derzeit noch im vollen Fluß; ihre Summe wächst von Jahr zu Jahr an. Zwar ist die Frühmittelalter-Archäologie für Sachsen und Friesen derzeit noch vor allem „Gräberfeldarchäologie" und somit besonders für die Zeitspanne beigabenführender Gräber aussagefähig, doch rücken zunehmend auch die Siedlungen in das Blickfeld. Insgesamt gesehen, sind die Fundkarten von Landschaft zu Landschaft noch recht unterschiedlich, je nach Aktivität und Ausstattung der einzelnen Museen und Forschungsstätten[22].

In den Grenzbereichen von historischer und archäologischer Forschung ist nach manchen Kurzschlüssen der Vergangenheit für die Zukunft noch viel zu erhoffen; neue Erkenntnisse werden sichtbar. So hat K. Hauck nachdrücklich auf die Aussagen der B i l d q u e l l e n für die geistige Welt der Sachsen in der Merowingerzeit hingewiesen[23]. Auch sonst hat sich über die Archäologie hinaus der Kanon der klassischen Hilfswissenschaften innerhalb der Geschichtsforschung erweitert und zwar namentlich durch die Einbeziehung der Naturwissenschaften. Hier ist auf die Jahrringchronologie für Eichenhölzer[24] hinzuweisen, die zweifellos in wenigen Jahren auch für das Untersuchungsgebiet in die Merowingerzeit hineinreichen und die für das frühe Mittelalter von den Archäologen erarbeitete Chronologie auf ihre Genauigkeit hin prüfen wird; ferner auf die Pollenanalyse, der bereits wesentliche Aufschlüsse über die frühmittelalterliche Vegetation und ihre anthropogenen Veränderungen zu verdanken sind[25].

Abb. 23
Brakteaten aus dem Moosmoor bei Sievern
(6. Jahrhundert)

1. Vorbemerkung

Die derzeitige Forschungssituation in der frühmittelalterlichen Landesgeschichtsforschung ist für Niedersachsen wie für andere Landschaften durch eine heilsame Verunsicherung überkommener Meinungen gekennzeichnet.

Insgesamt gesehen hat Niedersachsen im Bereich der Frühmittelalterforschung gegenüber anderen Landschaften zum Teil Forschungsdefizite aufzuweisen. Das mag damit zusammenhängen, daß dieses Bundesland bis in die letzten Jahre hinein nur eine Landesuniversität aufzuweisen hatte. Hoffnungsvoll begonnene Forschungsprogramme, wie z. B. das Nordsee-Programm [26], sind noch nicht abgeschlossen oder aber infolge mancher Widrigkeiten nicht zu einem sinnvollen Abschluß gelangt; so die Pfalzenforschung [27] und die Slavenforschung [28]. Die kürzlich erschienene Zwischenbilanz des auf Hessen konzentrierten Forschungsprogrammes „Die Franken östlich des mittleren Rheins" hat diese Lücken mittelbar deutlich werden lassen [29].

Außerordentlich verdienstvoll – und das ist zweifellos einer der Pluspunkte gerade für die niedersächsische Landesgeschichtsforschung – ist die Tätigkeit des Sachsensymposions [30]. Gegründet im Jahre 1949, versammelt es von Jahr zu Jahr die Wissenschaftler, die in den Anrainerstaaten der Nordsee mit der Erforschung des ersten nachchristlichen Jahrtausends beschäftigt sind, und hat dadurch die „Sachsenforschung" aus provinzieller Enge herausgeführt [31].

In zeitlicher Hinsicht entspricht der hier zu behandelnde Zeitraum etwa dem, der im vorangehenden Kapitel über die „Altsachsen" dargestellt wurde. Wenn er in Vergleich zu diesem wesentlich umfangreicher geraten ist, so liegt dies vor allem daran, daß die Frühgeschichte von Sachsen und Friesen in der Forschung nach wie vor recht kontrovers beurteilt wird und eine ausführliche Darstellung verlangt.

Angesichts der Tatsache, daß wichtige Fragen der sächsisch-friesischen Frühgeschichte ungeklärt sind – manche von ihnen sind schon seit mehr als drei Jahrhunderten umstritten –, und daß sich Quellenschöpfung, Methoden und Arbeitstechniken in den letzten Jahren in vieler Hinsicht gewandelt haben, kann dieser Abschnitt der Geschichte Niedersachsens allenfalls vorläufige Gültigkeit beanspruchen [31].

---

[1] H. JANKUHN, Archaeologie und Landesgeschichte, in: Landschaft und Geschichte, Festschr. für F. PETRI, 1970, S. 299–311 u. ö.; E. PITZ, Über die Aufgaben der geschichtlichen Landesforschung in Südost-Niedersachsen, in: BraunschwJb 41, 1960, S. 5–20. –
[2] W. KRAUSE, F. NIQUET, Die Runenfibel von Beuchte, Kr. Goslar, in: NachrrAkadGött, 1956, S. 81–124; W. KRAUSE, Die Runica-Inschrift von Brunshausen, in: Studien zur europäischen Vor- und Frühgesch., Festschr. für H. Jankuhn, 1968, S. 349–353; dazu F. BRUNHÖLZL, Fuldensia, in: Historische Forschungen für W. Schlesinger, 1974,

S. 536–547, S. 545 ff.; vgl. u. Anm. 95. – [3] S. u. S. 553 ff. – [4] Terminus nach W. LAMMERS, Die Stammesbildung bei den Sachsen. Eine Forschungsbilanz, in: WestfForsch 10, 1957, S. 25–57, Neudr. in: Entstehung und Verfassung des Sachsenstammes, hg. von W. LAMMERS (Wege der Forsch. 50), 1967, S. 263–331, S. 291. – [5] R. DRÖGEREIT, Die schriftlichen Quellen zur Christianisierung der Sachsen und ihre Aussagefähigkeit, in: Vorchristlich-christliche Frühgeschichte in Niedersachsen, hg. von H. W. KRUMWIEDE (JbGesNdSächsKG, 64. Beiheft), 1966, S. 7–20, Neudr. in: Die Eingliederung der Sachsen in das Frankenreich, hg. von W. LAMMERS (Wege der Forsch. 185), 1970, S. 451–469, S. 461. – [6] Vor allem Annales Fuldenses, hg. von F. KURZE (MGH SS rer. Germ.), 1891, und Annales Xantenses, hg. von B. von SIMSON (MGH SS rer. Germ.), 1909. – [7] W. WATTENBACH, W. LEVISON, H. LÖWE, Deutschlands Geschichtsquellen im Mittelalter, Vorzeit und Karolinger, I–V, 1952–1973 Beiheft: R. BUCHNER, Die Rechtsquellen, 1953; vgl. DRÖGEREIT, Die schriftlichen Quellen (wie Anm. 5), S. 7 ff. – [8] S. oben S. 5 ff. – [9] S. oben S. 5 ff. – [10] MGH Cap. I, 26 (um 785); 27 (797); dazu: M. LINTZEL, Die Capitulatio de partibus Saxoniae, in: SachsAnh 13, 1937, S. 65–77, Neudr. in: DERS., Ausgewählte Schriften, I, 1961, S. 380–389. – [11] Leges Saxonum und Lex Thuringorum, hg. von C. Frhr. von SCHWERIN (MGH Fontes iuris germanici antiqui), 1918; Lex Frisionum, hg. von K. Frhr. von RICHTHOFEN, in: MGH LL 3, 1863, S. 631–711. – [12] Nach O. REDLICH, Die Privaturkunden im Mittelalter, 1911, S. 66, war Sachsen „das urkundenärmste Land im Karolingerreich"; vgl. E. ZWEIGERT, Die Stellung Sachsens im karolingischen Reich, Diss. phil. masch. Münster 1948, S. 122 f.: 30 verschiedene Empfänger, davon 15 Klöster. – [13] D. P. BLOK, De oudste partikuliere oorkonden van het klooster Werden. Een diplomatische studie met einige uitweidingen over het ontstaan van dit soort oorkonden in het algemeen (Van Gorcums Hist. Bibliotheek 61), 1960. – [14] Traditiones Corbeienses, hg. von K. A. ECKHARDT, I, II (Bibliotheca Rerum Historicarum, Studia Corbeiensia 1, 2), 1970. – [15] Traditiones et antiquitates Fuldenses, hg. von E. F. J. DRONKE, 1844, Neudr. 1966; vgl. Urkundenbuch des Klosters Fulda, I, bearb. von E. E. STENGEL (VeröffHistKommHessWaldeck 10, 1), 1958; Aufschlüsselung der Friesland betreffenden Traditionen bei P. C. J. BOELES, Friesland tot de elfde eeuw, 2. Aufl., 1951, S. 410 ff., Ortsnamen S. 415 f. Gegen Almuth SALOMON, Geschichte des Harlingerlandes bis 1600 (AbhhVortrrGOstfriesl 41), 1965, S. 19 ff., die einzelne Traditionen in das östliche Ostfriesland legen möchte, überzeugend auch D. P. BLOK, Holland und Westfriesland, in: Frühmittelalt. Studien 3, 1969, S. 347–361, S. 350 f. – [16] Die Urbare der Abtei Werden an der Ruhr. A. Die Urbare vom 9.–13. Jahrhundert, hg. von R. KÖTZSCHKE (Rheinische Urbare 2, Publl. der Ges. für rhein. GKde. 20), 1906. – [17] Th. J. LACOMBLET, Die ältesten Necrologien und Namensverzeichnisse des Stiftes Essen, in: AnnHVNdRh 6, 1868, S. 63–84; W. GROSSE, Das Kloster Wendhausen, sein Stiftergeschlecht und seine Klausnerin, in: SachsAnh 16, 1940, S. 45–76. – [18] W. SCHLAUG, Die altsächsischen Personennamen vor dem Jahre 1000 (Lunder germanist. Forsch. 34), 1962; vgl. o. S. 176. – [19] R. WENSKUS, Sächsischer Stammesadel und fränkischer Reichsadel (AbhhAkad.Gött, 3. Folge, 93), 1976; vgl. o. S. 239 ff. – [20] W. J. ALBERTS, Friesland und die Friesen im ersten Jahrtausend, in: Das erste Jahrtausend, hg. von K. BÖHNER u. a., Textband II, 1964, S. 634–652, S. 651. – [21] M. LINTZEL, Der sächsische Stammesstaat und seine Eroberung durch die Franken (HistStudEbering 227), 1933, Neudr. in: Entstehung und Verfassung des Sachsenstammes, hg. von W. LAMMERS (Wege der Forsch. 50), 1967, S. 149–206, S. 153, Anm. 11, u. ö. – [22] Letzter zusammenfassender Forschungsbericht: F. TISCHLER, Der Stand der Sachsenforschung, archäologisch gesehen, in: 35. BerRömGermKomm 1954 (1956), S. 21–215; vgl. G. JACOB-FRIESEN, Einführung in Niedersachsens Vorgeschichte, III, Eisenzeit (Veröff. der urgeschichtl. Sammlungen des Landesmus. zu Hannover 15/3), 1974, S. 606 ff., und die regionalen Übersichten: F. NIQUET, Vor-

und Frühgeschichte des braunschweigischen Nordharzvorlandes, in: Braunschweigische Landesgeschichte im Überblick, hg. von R. MODERHACK (QForschBraunschwG 23), 1976, S. 17–37, bes. S. 30 ff.; W. WEGEWITZ, Reihengräberfriedhöfe und Funde aus spätsächsischer Zeit (Gött. Schrr. zur Vor- und Frühgesch. 10), 1968; DERS., Stand der Sachsenforschung im Kreise Harburg, in: Die Kunde NF 11, 1960, S. 28–60, S. 38 ff.; G. KÖRNER, F. LAUX, Vorgeschichte im Landkreis Lüneburg, 1971; D. SCHÜNEMANN, W. EIBICH, Aus der Frühgeschichte des Kreises Verden (Schriftenreihe des Verdener Heimatbundes), 1974; für das angrenzende Westfalen die jährlichen Berichte von H. BECK, Mitteilungen über Ausgrabungen und Funde aus dem Arbeitsbereich des Landesmuseums für Vor- und Frühgeschichte, Münster, und der Altertumskommission für Westfalen, in: WestfForsch 23, 1971, S. 172–179, 24, 1972, S. 74–86, 25, 1973, S. 213–220, 26, 1974, S. 84–93; W. WINKELMANN, Der Stand der archäologischen Erforschung des 6.–9. Jahrhunderts in Westfalen, in: Die Franken im Gebiet östlich des mittleren Rheins, 1965 (Manuskriptdruck), S. 53–62; DERS., Die Frühgeschichte im Paderborner Land, in: Führer zu vor- und frühgeschichtl. Denkmälern 20, 1971 S. 87–121, S. 91 ff. – [23] K. HAUCK, Goldbrakteaten aus Sievern. Spätantike AmulettBilder der „Dania Saxonia" und die Sachsen-„Origo" bei Widukind von Corvey. Mit Beiträgen von K. DÜWEL, H. TIEFENBACH und H. VIERCK (Münstersche Mittelalterschrr. 1), 1970, und zahlreiche verwandte Arbeiten; besonders: Zur Ikonologie der Goldbrakteaten, VI. Die Bildersprache der Brakteaten und das Sagenecho von der Neubildung des sächsischen Stammes, in: JbMännerMorgenstern 52, 1971, S. 9–43. – [24] A. DELORME, Über die Reichweite von Jahrringchronologien unter besonderer Berücksichtigung mitteleuropäischer Eichenchronologien, in: PraehistZ 48, 1973, S. 133–143. – [25] Knappe Übersicht über Methode und Ergebnisse bei H. SCHMITZ, Der pollenanalytische Nachweis menschlicher Eingriffe in die natürliche Vegetation in vor- und frühgeschichtlicher Zeit, in: Studien zur europäischen Vor- und Frühgeschichte, Festschr. für H. JANKUHN, 1968, S. 409–413. – [26] W. TREUE, Das Nordsee-Programm der Deutschen Forschungsgemeinschaft zur Untersuchung eisenzeitlicher Siedlungen im norddeutschen Flachland, in: NachrrNdSachsUrgeschichte 30, 1961, S. 3–8. – [27] Vgl. die Beiträge über die Pfalzen Grone, Werla, Pöhlde in: Deutsche Königspfalzen, I, II, hg. von H. HEIMPEL (Veröff. des Max-Planck-Inst. für G. 11/1, 2), 1963, 1965; zuletzt A. GAUERT, Über den Stand der archäologischen Untersuchung von Hauptburg und Palastbauten der Pfalz Grone, in: NachrrNdSachsUrgeschichte 43, 1974, S. 53–60. – [28] Vgl. H. K. SCHULZE, Das Wendland im frühen und hohen Mittelalter, in: NdSächsJb 44, 1972, S. 1–8; H. STEUER, Slawische Siedlungen und Befestigungen im Höhbeck-Gebiet. Kurzer Bericht über die Probegrabungen 1972 und 1973, in: Hann. Wendland, 4. Jahresheft des Heimatkundlichen Arbeitskreises Lüchow-Dannenberg, 1973, S. 75–86; B. WACHTER, Burghandwerk auf dem Weinberg in Hitzacker (Elbe) – Die Ausgrabungen im Jahre 1974, in: NachrrNdSachsUrgeschichte 44, 1975, S. 273–283, mit Hinweisen auf die ältere Literatur. – [29] Althessen im Frankenreich, hg. von W. SCHLESINGER (Nationes 2), 1975. – [30] Berichte über die Tagungen jeweils in: Die Kunde NF. – [31] Hilfreiche Darstellungen der Landesgeschichte für die Nachbargebiete: W. SCHLESINGER, Das Frühmittelalter, in: Geschichte Thüringens, I, hg. von H. PATZE und W. SCHLESINGER (Mitteldt. Forsch. 48, 1), 1968, S. 316–380, S. 429–435; G. MILDENBERGER, Die vorgeschichtlichen Grundlagen, ebenda, S. 174–206, S. 406–412; H. JANKUHN, Die Frühgeschichte (Geschichte Schleswig-Holsteins), 1957.

2. Sachsen und Friesen während der Landnahmezeit

Sachsen, Franken und Thüringer nach zeitgenössischen Quellen

Bereits die erste zeitgenössische Schriftquelle, die über die Kontakte zwischen dem merowingischen Reich und den Sachsen berichtet, zeigt, wie schwierig es ist, für die Frühgeschichte von Sachsen und Friesen gesicherte Vorstellungen zu gewinnen.

Im Frühjahr des Jahres 534 sandte der Merowingerkönig T h e u d e b e r t einen B r i e f a n Kaiser J u s t i n i a n, in dem er selbstbewußt darauf hinwies, daß sein Reich von Pannonien bis zu den „Gestaden des Ozeans" reiche, nachdem die Thüringer besiegt, ihre Könige ausgelöscht seien, der Stamm der Nordschwaben sich besänftigt habe und die sächsischen Jüten sich seiner Herrschaft freiwillig unterstellt hätten [32].

Dieser Brief ist in seiner überlieferten Form verderbt, seine Datierung, mehr noch aber seine Lesung, ist strittig. Er zeigt zunächst, daß die Sachsen oder ein Teil von ihnen vom Herrschaftsanspruch des Königs erfaßt wurden; ob und mit welcher Intensität diese Herrschaft tatsächlich ausgeübt wurde, läßt sich nicht beweisen. Die Formulierung „sächsische Jüten" läßt eine nach Norden weisende Komponente des sächsischen Stammes erkennen, wie immer sie geartet gewesen sein mag. Einen topographischen Anhaltspunkt zum Verständnis der Briefstelle liefert zunächst die Nachricht über die Nordschwaben; diese lassen sich nordöstlich vom heutigen Thüringen lokalisieren. Teile ihres Siedlungsgebietes gingen im 6. Jahrhundert an die vordringenden Slawen verloren [33]. Die Reihenfolge der Stammesnamen und die Tatsache, daß sich die Formulierung „Gestade des Ozeans" in diesem Zusammenhang eigentlich nur auf die Nordsee beziehen kann, lassen darauf schließen, daß im frühen 6. Jahrhundert nordwestlich von den Thüringern Sachsen wohnten. Ob die Siedlungsgebiete beider Stämme aneinandergrenzten, ist anhand dieser Quelle nicht zu klären.

Um mehr als eine Generation von den Ereignissen getrennt, berichtet Gregor von Tours († 594) in seiner „Frankengeschichte" erstmals von der aktiven Teilhabe der Sachsen am politischen Geschehen der Zeit; daraus wird ersichtlich, daß die Erfolge, deren sich König Theudebert im Jahre 534 rühmte, wenig dauerhaft waren. Die Sachsen erhoben sich demnach im Jahre 555/556 im Bündnis mit den Thüringern gegen die Franken [34]. Letztere erlitten zunächst eine Niederlage, konnten aber die verlorenen Positionen dann zurückgewinnen. Eine Herrschaft der Merowingerkönige über die Sachsen oder Teile von ihnen muß demnach tatsächlich bestanden haben [35]. Die Quelle zeigt die thüringisch-sächsische Nachbarschaft deutlicher als der Theudebert-Brief. Diese Nachbarschaft war für die Frühgeschichte des sächsischen Stammes und sein Selbstverständnis von entscheidender Bedeutung.

Für dieselbe Zeit wird ein sächsischer Vorstoß auf das zum Merowingerreich gehörende Deutz berichtet[36]. Die militärischen Unternehmungen der Sachsen erstreckten sich also nicht nur nach Osten, sondern auch nach Südwesten und ließen hier wie dort über das spätere Niedersachsen hinaus sächsischen Einfluß in Nordwestdeutschland spürbar werden. Wo damals das sächsische Kräftezentrum war, das Gebiet, von dem diese Vorstöße ausgingen, teilen die Quellen nicht mit.

Der Aufstand wurde unterdrückt. Der Tribut, den die Sachsen, wiederum nach Gregor von Tours, bereits zur Zeit des Königs Theudebert zu entrichten hatten, konnte nicht abgeschüttelt werden. Als Naturalabgabe, 500 Kühe pro Jahr[37], kann er in materieller Hinsicht die Sachsen nicht sehr bedrückt haben. Er hatte zweifellos vor allem symbolischen Charakter und sollte ausdrücken, daß die Sachsen unter der Oberhoheit der Merowingerkönige lebten. Diese Feststellung gilt auch dann, wenn er nur von jenen Sachsen geleistet wurde, die an der Grenze zu den Thüringern lebten. Das politische Eigenleben der Sachsen scheint durch diese Ereignisse nicht beeinträchtigt worden zu sein[38]. Nachhaltige Versuche, das Stammesgebiet der Sachsen in das Merowingerreich einzufügen, etwa, wie in Thüringen, einen stammesfremden Herzog einzusetzen, sind jedenfalls auch in der Folgezeit nicht nachweisbar. Vor allem die wiederkehrenden Thronstreitigkeiten und Reichsteilungen der Merowinger-Dynastie hemmten eine systematische Expansion in die rechtsrheinischen Gebiete[39].

Die sächsische Stammessage

Wird der eben dargestellte Ereignishorizont der sächsischen Frühgeschichte um die Mitte des 6. Jahrhunderts durch mehr oder minder zeitgenössische und zuverlässige Quellen gesichert, so weist eine Gruppe von wesentlich später niedergeschriebenen Quellen noch weiter zurück, augenscheinlich in die Zeit vor dem Theudebert-Brief. Da diese Quellen zugleich über das Dreiecksverhältnis Sachsen–Franken–Thüringer erstmals ausführlich berichten und so die Lücken der zeitgenössischen Quellen zu schließen scheinen, da sie auch im Zusammenhang mit jenen eine außerordentlich lebhafte Diskussion ausgelöst haben, müssen sie an dieser Stelle ausführlich zu Wort kommen.

Mit der Darstellung der historischen Ereignisse ist in diesen jüngeren Quellen untrennbar auch die des Selbstverständnisses der Sachsen als Stamm verbunden. Klammert man diese Tradition insgesamt aus, wie das in den letzten Jahren mehrfach gefordert wurde, so käme das einem methodisch nicht mehr vertretbaren Verzicht der Forschung gleich.

Die Quellen werden hier in der Reihenfolge ihrer Kodifizierung behandelt.

In der Translatio S. Alexandri berichtet Rudolf von Fulda erstmals zusammenhängend über die Frühgeschichte des sächsischen Stammes[40].

Der Verfasser gibt an, daß er aus alter Überlieferung schöpfe; er benutzt aber auch, ohne ausdrücklich darauf hinzuweisen, die Fuldaer Handschrift der „Germania" des Tacitus, um die Zustände bei den Sachsen zu beschreiben. Nach ihm stammen die Sachsen von den Angeln ab, die England bewohnen. In der Zeit, als der Frankenkönig Theuderich die Thüringer bekämpft habe, seien sie landsuchend in *Haduloha,* also in Hadeln, gelandet. Auf Bitten des Königs hätten die Sachsen unter ihrem Anführer, dem *dux Hadugoto* (Hathugaut), den Franken zum Sieg über die Thüringer verholfen und zur Belohnung einen großen Teil von deren Stammesgebiet erhalten. Als neue Grenze des so zusammengeschrumpften Thüringer-Reiches wird die Unstrut erwähnt. Rudolf hebt hervor, daß sich der sächsische Adel infolge dieser Ereignisse von den übrigen Ständen abgekapselt habe, die Stände der Sachsen hätten sich nicht miteinander vermischt.

Ausführlicher sind die Nachrichten, die W i d u k i n d v o n C o r v e y in seiner „Sachsengeschichte" bietet[41]. Legt er auch nicht die hier interessierenden Ereignisse durch Herrscherjahre oder andere absolute Daten fest, so teilt er doch wesentlich genauere Nachrichten mit als Rudolf von Fulda: Sachsen, die zu Schiff gekommen waren, trieben an einem Landeplatz in Haduloha Handel mit den dort heimischen Einwohnern, die Widukind als Thüringer anzusehen geneigt ist. Damit wäre also thüringischer Einfluß weit über die Wohnsitze der Nordschwaben hinaus bis an die „Gestade des Ozeans" nach Norden wirksam gewesen. Ein Sachse, ein namenloser Jüngling, der mit Gold beladen und mit goldenem Hals- *(torques)* und goldenen Armreifen *(armillae)* geschmückt war, tauschte sein Gold gegen Erde und füllte diese in seinen Rock. Danach verstreute er diese Erde, um so symbolisch Land in Besitz zu nehmen. Die Thüringer sahen sich durch dieses Vorgehen getäuscht und griffen die Sachsen an, wurden aber zunächst besiegt und schließlich bei einer Unterredung von den Sachsen mit heimtückisch verborgenen Messern niedergemacht. Diese Waffen, mit deren Hilfe der erfolgreiche Abschluß der Landnahme besiegelt wurde, bringt Widukind etymologisch mit dem Stammesnamen zusammen (Sachsen-Sax). Nach einem eingeschobenen Abschnitt über die Abwanderung der Sachsen nach Britannien, der zeigt, daß Widukind die absolute Chronologie der Ereignisse nicht sehr wichtig nimmt, berichtet er, wie sich die Sachsen in der Folgezeit ausdehnten: Die Franken kämpften gegen die Thüringer bei *Runibergun.* Nachdem die Franken einen verlustreichen Sieg errungen hatten, eilten ihnen die Sachsen zu Hilfe. Als sich bei der gemeinsamen Belagerung der thüringischen Burg Scheidungen ein Bündnis von Thüringern und Franken abzuzeichnen begann, stürmten die Sachsen die Burg; die Franken traten daraufhin den Sachsen, wie versprochen, einen Teil des Stammesgebietes der Thüringer ab.

Vergleicht man die beiden Darstellungen miteinander, dann fällt vor allem der Rollenwandel des Hathugaut auf. Bei Widukind ist Hathugaut derjenige, der als Greis den Ereignissen die entscheidende Wende gibt; er wird demzufolge nach der erfolgreichen Eroberung der Burg wie ein Gott verehrt. Die abschließende Siegesfeier, von Widukind auf den 1. Oktober datiert, hält in der Folgezeit das Andenken des sächsischen Sieges über die Thüringer in jährlicher Wiederkehr fest. Widukind schließt seinen Bericht:

„Nun fingen die Sachsen an, einen Namen zu bekommen und den benachbarten Völkern einen gewaltigen Schrecken einzujagen."

Sein Werk widmete Widukind der jungen Mathilde, der Tochter Kaiser Ottos des Großen. In seiner „Sachsengeschichte" beschreibt er die Geschichte seines Stammes mit sichtlichem Stolz: „So entziehe ich mich nicht der Pflicht, meine Kräfte der Verehrung gegen meinen Stamm und mein Volk, soweit ich vermag, zu weihen."[42] Neue Forschungen haben ergeben, daß der Verfasser mit jenem Widukind verwandt ist, der einer der tatkräftigsten Gegner Karls des Großen war[43]. Es darf angenommen werden, daß sich innerhalb seiner Familie in besonders hohem Maße Herkunfts- und Stammesbewußtsein sowie Kenntnis der Stammestradition bewahrt hatten. Herkunft des Verfassers wie des Empfängers seines Werkes lassen es geraten sein, die von Widukind übermittelten Nachrichten ernst zu nehmen. Widukind selbst war sich darüber klar, daß bei seinen Zeitgenossen keine einhellige Meinung über die Herkunft der Sachsen bestand. Antike Tradition ist in der von ihm mitgeteilten Alternative zur Einwanderung der Sachsen über See zu erkennen; demnach sollten die Sachsen vom Heer Alexanders des Großen abstammen.

Wiederum zur ottonischen Dynastie führen die Quedlinburger Jahrbücher, welche in der Zeit um die Jahrtausendwende niedergeschrieben wurden[44]. Diese sind besonders deswegen von Interesse, weil sie auch sonst Erinnerungen an germanische Heldensagen festhalten. Als Einschub in den chronikalisch gestalteten ersten Teil finden sich für die Regierungszeit Justinians die Zusätze, die hier interessieren: König Theuderich besiegte die Thüringer unter ihrem König Irmfried im Gau Marstem, verfolgte sie bis zur Oker und besiegte sie dort ein zweitesmal. In dieser Quelle gilt also das heutige südliche Niedersachsen als Einflußgebiet der Thüringer. Die kampfgeschwächten Franken riefen die in Hadeln eben gelandeten Sachsen zu Hilfe und gelobten eidlich, ihnen das Land bis zum Zusammenfluß von Unstrut und Saale zu geben. Die Sachsen besiegten die Thüringer an der Unstrut und eroberten deren Burg Scheidungen; danach erhielten sie das zugesagte Land.

Sucht man die Nachrichten dieser drei Quellen über die Herkunft der Sachsen vorsichtig auf den Grundablauf des Geschehens zu reduzieren, gewissermaßen den größten gemeinsamen Nenner zu finden, so ergibt sich folgender Befund: 1. Die Sachsen kommen von Norden oder Nordwesten nach Hadeln. 2. Sie erwerben Land mit Hilfe der Franken auf Kosten der

Thüringer. 3. Die erfolgreiche Landnahme begründet eine Tradition, die mehr als Ereignisse der Folgezeit das Selbstverständnis der Sachsen prägt.

Da die Franken das Reich der Thüringer im Jahre 531 zerstört haben, ist ein zeitlicher Fixpunkt für die in den drei Quellen übermittelten Ereignisse überliefert. Welcher Zeitraum allerdings zwischen den Etappen 1 und 2 lag, läßt sich zunächst noch nicht ausmachen. Bei der Diskussion darüber, ob die sächsische Stammessage insgesamt oder zumindest in Teilen glaubwürdig sei oder nicht, ist festzuhalten, daß sie erst etwa 300 Jahre nach den Ereignissen den Weg in die schriftlichen Quellen fand bzw. finden konnte. Wie nahe die älteste Schicht der Stammessage an die von ihr geschilderten Ereignisse herangerückt werden kann, ist schwer zu erkennen. Jedenfalls – und das ist ein Argument für die Echtheit dieser Quellengruppe – muß die Feindschaft mit den Thüringern als Motiv vor jene Zeit zurückreichen, für die Gregor von Tours das sächsisch-thüringische Bündnis bezeugt, also vor die Mitte des 6. Jahrhunderts[45]. Umschichtungen in der Verfassung des Stammes, die sich in diesem dunklen Zeitraum zwischen dem historischen Geschehen und seiner Kodifizierung vollzogen haben, blieben zweifellos nicht ohne Folgen für die Gestalt und für die Tendenz der Überlieferung; das gilt vermutlich auch für jene Ereignisse, die erst kurz vor der ältesten Kodifizierung der Stammessage stattfanden, wie den Stellinga-Aufstand.

Die Stammessage weist eine ausgesprochen nach Südosten weisende Komponente auf und läßt die Expansion der Sachsen in den Südwesten des späteren Stammesareals, vor allem in das heutige Westfalen also, im Dunkeln. Genau genommen dürfte man demnach nur von e i n e r , nicht von d e r sächsischen Stammessage sprechen. Auch für die Expansion der Friesen nach Südwesten und an der Küste entlang nach Osten ist keine vergleichbare Überlieferung greifbar. Schließlich gibt es auch keine thüringische, gewissermaßen parallele Stammessage, die die Erinnerung an den sächsischen Gegner festhält und mit deren Hilfe die sächsische Stammessage überprüft werden könnte.

Berücksichtigt man also beides, die zeitlichen und die räumlichen Gegebenheiten, so ergibt sich zusammenfassend aus diesen drei Quellen, daß die Sachsen in der ersten Hälfte des 6. Jahrhunderts ihr Einflußgebiet im Südosten bis an den Mittelgebirgsrand vorgeschoben haben. Die Motive der sächsischen Zuwanderung sind, wie die mancher anderer Stammeswanderung, nicht direkt erkennbar; auch die sächsische Stammessage bietet allenfalls eine Teilerklärung. Man wird hierzu künftig das mutmaßliche Herkunftsgebiet der Sachsen, zumindest aber das jener Gruppen unter ihnen, die das Herkunfts- und Stammesbewußtsein prägten, genauer untersuchen, den Blick also über Niedersachsen hinaus in den skandinavischen Norden und nach England richten müssen. Dies gilt besonders für Schweden, wo zufolge schriftlicher wie archäologischer Quellen gerade das 6. Jahrhundert der Zeitraum ist, in dem das frühe schwedische Königtum eine erste greifbare Ausprägung gefunden hat[46]. Die damit verbundene Erschütterung des politischen Gefüges, vielleicht auch das Ausscheiden und Abwandern von Adligen und ihrem Gefolge, die die Ausübung ihres Herrschaftsanspruchs eingeengt sahen, kann vielleicht teilweise die sächsische Expansion in Nordwestdeutschland erklären.

In den drei Fassungen der sächsischen Stammessage wird erstmals die innersächsische Topographie erhellt und über den Landeplatz hinaus der Blick auf den Herkunftsraum der Sachsen gelenkt. Die Behauptung von der Herkunft der Sachsen aus England, das ja erst im 4./5. Jahrhundert von der deutschen Nordseeküste und vielleicht von der jütischen Küste aus besiedelt wurde, hat in der Forschung wenig Zustimmung gefunden. Zu verwerfen ist diese erstmals von Rudolf von Fulda mitgeteilte Nachricht gleichwohl nicht: Das keltische Königtum wurde im frühen 6. Jahrhundert gefestigt. Der byzantinische Historiker Prokop berichtet, daß sich die neue, germanische Bevölkerung Britanniens so rasch vermehrt habe, daß eine jährliche Abwanderung auf das Festland vonnöten gewesen sei[47]. In diesem Zusammenhang ist der Landschaftsname Engelin (= Angeln, südlich der Unstrut) bedeutsam; er kann sehr wohl darauf hinweisen, daß die Merowingerkönige solche Rückwanderer in das von ihnen eroberte Thüringerreich umgesiedelt haben[48]. Der Titel des im Jahre 803 aufgezeichneten thüringischen Stammesrechts läßt gleichfalls solche Spuren erkennen[49]. Unter diesem Blickwinkel gewinnt das Bewußtsein einer Stammesgemeinschaft von Angelsachsen und „Altsachsen", wie es in den missionszeitlichen Quellen der Karolingerzeit deutlich wird, ein besonderes Interesse (vgl. u. S. 658). Wenn die Sachsen zu Bonifatius sagten: „Wir sind von einem Fleisch und Bein"[50], so wird dies vielleicht nicht in die Festlandzeit der Angelsachsen vor dem 5. Jahrhundert zurückweisen, sondern einen Hinweis auf Beziehungen zwischen Angelsachsen und dem Festland während des 6. Jahrhunderts geben.

Die Frage, ob die Stammessage der Sachsen für den ganzen Stamm, nur für eine regionale Gruppe oder vielleicht nur für eine besonders herausgehobene Personengruppe verbindlich war, läßt sich nicht eindeutig beantworten. Auffällig ist jedenfalls, daß die Überlieferung sämtlicher drei Quellen auf führende sächsische Adelsfamilien des 9./10. Jahrhunderts bezogen ist, auf die Liudolfinger/Ottonen und die Widukinde, mithin auf Geschlechter, deren Vorfahren zur sächsischen Führungsschicht mindestens seit dem 8. Jahrhundert gehörten[51].

Hathugaut ist der erste Sachse, der in der frühmittelalterlichen Überlieferung namentlich erwähnt wird. Sein Name bedeutet soviel wie „Kampfherr"; es handelt sich um einen Kult- oder Ehrennamen, keinen Alltagsnamen[52]. So erklärt sich die Tatsache, daß dieser Name später vom sächsischen Adel nicht mehr verwandt wurde[53].

Das Ende der Wanderzeit für Sachsen und Friesen

Die Diskussion über die Glaubwürdigkeit der sächsischen Stammessage und ihrer konkurrierenden Fassungen hat sich in den letzten Jahren erneut belebt; eine einhellige Meinung zeichnet sich allerdings nicht ab [54]. Grundsätzlich kann jedoch kein Zweifel darüber bestehen, daß die in der Stammessage überlieferten Ereignisse der politisch-historischen Situation des frühen 6. Jahrhunderts nicht widersprechen, soweit sie sich an Hand der sonstigen Überlieferung erschließen läßt.

Bald nach diesen Ereignissen stieß der Ausdehnungsdrang der Sachsen an festgefügte Grenzen. Die tiefgreifende Unruhe der Völkerwanderungszeit mit der Möglichkeit zu erfolgreicher Landnahme ging damit auch in Nordwestdeutschland zu Ende. Zwischen den Jahren 561 und 575 ist ein Sieg des fränkischen *dux* Lupus über Sachsen und Dänen erwähnt; der Ort wird herkömmlich in das Gebiet der heutigen östlichen Niederlande verlegt [55]. Dieses Zusammengehen von Sachsen und Dänen läßt ein weiteres Mal – nach dem Theudebert-Brief und der sächsischen Stammessage – eine nach Norden weisende Komponente in der Geschichte des frühmittelalterlichen Sachsenstammes hervortreten; ob jene Sachsen und Dänen zu Land oder über See angriffen, bleibt offen. Immerhin läßt diese vereinzelte Nachricht die ungefähre Ostgrenze des merowingischen Reiches an der Nordseeküste erkennen.

Der langobardische Historiker Paulus Diaconus berichtet etwa für die gleiche Zeit, daß auf Bitten König Alboins eine Schar von 20 000 Sachsen den Langobarden in der Absicht zuzog bei der Eroberung Italiens (568) mitzuwirken und sich dort niederzulassen. Die Sachsen werden hier „alte Freunde" der Langobarden genannt, ein Indiz dafür, daß sie sich an ihre Herkunft aus Nordwestdeutschland und an ihre dortigen früheren Nachbarn erinnerten. Nach dem Tode König Alboins sollen die Langobarden den Sachsen verwehrt haben, nach ihrem eigenen Recht zu leben, die Sachsen seien daraufhin fortgezogen [56]. Hier wird der sächsische Stamm also in einer weiteren, in der bisherigen Darstellung nicht erwähnten Form kenntlich, nämlich als Rechtsgemeinschaft. Als die Sachsen dann wenige Jahre darauf nach einem Plünderungszug in das fränkische Reich in ihre alten Siedlungsgebiete zurückkehren wollten, hatten dort die Merowingerkönige bereits „Schwaben und andere Völkerschaften" angesiedelt. Später bezeugte Landschaftsnahmen halten die Erinnerung an diese Vorgänge wach [57]. Demnach müßten diese Sachsen also aus den Landschaften nördlich und östlich des Harzes, aus dem Gebiet zwischen Unstrut, Ohre und Oker stammen, aus einem Gebiet also, in das sie der Stammessage zufolge erst etwa eine Generation zuvor eingedrungen waren. Dieser Sachverhalt zeigt die außerordentliche Sprengkraft und Mobilität, die den Stämmen der Wanderzeit innewohnte. Um die Mitte des 6. Jahrhunderts haben also, das bestätigt die relativ jüngste Schicht der Nachrichten in der sächsischen Stammessage, tatsächlich Teile des heutigen Thüringens und Sachsen-Anhalts zum sächsischen Stammesgebiet gehört. Ob dies in ähnlicher Weise auch für das heutige Westfalen gilt, bleibt dunkel[58]. Die Nachricht des Kosmographen von Ravenna, daß Ems (?), Pader, Lippe und Leine (?) das Gebiet der Sachsen durchflossen hätten, ist nicht genau zu datieren und, kann deswegen nicht als Entscheidungshilfe herangezogen werden[59]. Im Jahre 632/33 verpflichteten sich die Sachsen zur Grenzwacht gegen die Slaven[60]. Damit schieden sie wahrscheinlich aus dem Heeresaufgebot der Merowinger aus; auch dies wird zur Sonderstellung Sachsens beigetragen haben. Schon vorher waren sie selten im Heer der Merowingerkönige zu finden.

Die rasche Ausbreitung der Sachsen im 6. Jahrhundert läßt sich nicht als Folge rein biologischen Wachstums erklären. Das Charisma des in der Landnahme erfolgreichen Stammes wird hier wie auch in der den schriftlichen Quellen vorangehenden dunklen Zeit zum Anschluß und zur Einschmelzung nichtsächsischer Bevölkerungsteile geführt haben, z. B. von Restgruppen, die nach der Abwanderung der Langobarden im Niederelbegebiet verblieben und zu schwach waren, sich in den Unbilden der Zeit allein zu behaupten.

Eine ähnlich wichtige Rolle könnte auch die germanische Restbevölkerung in den Gebieten östlich der unteren Elbe gespielt haben: germanische Funde brechen dort in der ersten Hälfte des 6. Jahrhunderts ab[61]. Auch wenn die Frage nach den germanisch-slavischen Kontakten im ostelbischen Raum noch nicht definitiv geklärt werden konnte und zumindest an einzelnen Orten ein Zusammenleben von Slaven und Germanen im 6. Jahrhundert anzunehmen ist[62], haben die Slaven doch auf ihrer Westwanderung germanische Bevölkerungsgruppen vor sich hergeschoben, deren politisches Gefüge erschüttert war und die deshalb bereit sein mochten, sich einem aufstrebenden Stammesverband anzuschließen, der ihnen die Besitznahme neuer Siedlungsgebiete eröffnete.

Hierzu mögen schließlich ähnlich „namenlose" Bevölkerungsgruppen gekommen sein, die in Mitteldeutschland unter der Herrschaft der Thüringer gelebt hatten, ohne ethnisch mit ihnen identisch zu sein. Die Landschafts-, Fluß- und Ortsnamen, die in den Quedlinburger Annalen und bei Widukind genannt wurden (Marstem, Runibergun, Oker) deuten an, daß hierfür mindestens das heutige südöstliche Niedersachsen und dessen Nachbargebiete in Betracht kommen.

In der neueren Forschung stehen sich auch heute noch, wie bereits im vorangehenden Abschnitt erörtert wurde[63], die beiden Ansichten über die Entstehung des sächsischen Stammes, nämlich „Eroberungsstaat" und „Bündnisstaat", recht kompromißlos gegenüber. Wägt man das Für und Wider dieser Thesen sorgfältig ab, muß man angesichts neuerer Forschungen folgendes bedenken: Die Geschichte der Sachsen von der anfänglichen Landnahme auf dem Festland bis hin zum Stamm des 8. Jahrhunderts ist nicht geradlinig verlaufen; die Verfassung der Spätzeit darf deshalb auch nur mit Vorbehalt in die frühe Merowingerzeit zurückprojiziert werden. Gewaltsame und friedliche Ausdehnung können sowohl nebeneinander als auch nacheinander vorgekommen sein. Vorsichtiger als die ältere Forschung rechnet man heute mit mehreren Anläufen zur ethnischen Konzentration und Stammesbildung [64].

Daß die Sachsen schon vor ihrer Landung in Hadeln, die die Stammestradition so außerordentlich prägte, in ganz ähnlicher Form fern ihrer Heimat die Küsten Galliens unsicher gemacht haben, berichten schriftliche Quellen seit dem späten 3. Jahrhundert [65]. Die „quellenlose" Zeit für den deutschen Nordwesten von der Spätantike bis hin ins 6. Jahrhundert kann durchaus weitere erfolglose oder aber auch erfolgreiche Landungsversuche verdecken.

Als endlich die mit der christlichen Mission zusammenhängenden Quellen im späten 7. Jahrhundert neues und helleres Licht auf die Randgebiete des sächsischen Stammesterritoriums werfen, zeigt sich – man möchte zufügen: noch – ein Nebeneinander von kriegerischer Expansion und freiwilliger Angliederung nichtsächsischer Gebiete und Stammesteile. So unterwarf sich ein Teil der Thüringer um 700 der Vorherrschaft der Sachsen, ohne daß kriegerische Ereignisse erwähnt werden [66]. Hierbei kommt vor allem wiederum das Gebiet nördlich der Unstrut in Betracht, das die Annales Mettenses zum Jahr 748 als sächsisch bezeichnen [67].

Im späten 7. Jahrhundert unterwarfen die Sachsen andererseits die B o r u k t u a r i e r, deren Siedlungsgebiet zwischen Lippe und Ruhr zu suchen ist (694/ 695) [68], ähnlich später (vor 718) die H a t t u a r i e r zwischen Ruhr und Lenne [69]; dabei zerstörten die Sachsen wahrscheinlich die dort bereits vorhandenen Einrichtungen der christlichen Kirche [70] und drängten auch sonst den fränkischen Einfluß zurück. In der Ortsnamenforschung vertritt man jedenfalls die Ansicht, daß die -inghausen-Orte in dieser Zeit nach Südwesten ausgebreitet wurden [71]. Schließlich sind für das Jahr 720/721 Angriffe der Sachsen in das Edertal nachzuweisen [72].

Ältere Phasen solcher gewaltsamen Landnahmen, deren Ablauf man sich ähnlich vorzustellen hat, lassen sich erschließen, ohne daß ihre Form zu erkennen ist. So etwa die Eingliederung des Hamalandes, das noch im 6. Jahrhundert zum Interessengebiet des merowingischen Reiches zu rechnen ist (im Winkel von Lippe und Ijssel) und anscheinend im 7. Jahrhundert dann von den Sachsen in Besitz genommen wurde [73].

Auch die Übertragung von Landschaftsnamen von Norden nach Süden und die damit verbundene Auslöschung vorgefundener älterer Namen könnte auf gewaltsame Expansion hinweisen. So ist der frühmittelalterliche Landschaftsname Angerun (bei Soest) mit Engern (beiderseits der Weser) und dem älteren Stammesnamen der Angriwarier in Zusammenhang zu bringen. Auch

3. Die Eingliederung in das karolingische Reich

Die altsächsische Verfassung nach der Vita Lebuini antiqua

Die altsächsische Verfassung, also die der Zeit, in der der sächsische Stamm noch nicht in das Karolingerreich eingefügt war, hat von jeher die besondere Aufmerksamkeit der Forschung erweckt. Die friesische Verfassungsgeschichte hingegen hat, zumal in der deutschen Forschung, bei weitem kein vergleichbares Interesse gefunden. Sie kann auch hier außer Betracht bleiben, weil die Quellen für die Friesen östlich der Lauwers im 7./8. Jahrhundert kaum Aufschlüsse geben und weil das Kräftezentrum des Stammes in den westlich angrenzenden Landschaften lag.

Daß sich die Forschung den Fragen, die mit der altsächsischen Verfassungsgeschichte zusammenhängen, so intensiv zugewandt hat, ist durchaus verständlich: Gerade weil auch für andere Stämme gezeigt werden konnte, daß man das „Germanische" nicht als einen Block betrachten darf, also nicht etwa die taciteischen Verhältnisse in die späte Merowingerzeit fort- oder umgekehrt, hochmittelalterliche derart weit zurückschreiben kann, gewinnt dieser germanische Stamm, der außerhalb des Fränkischen Reiches in Nordwestdeutschland seine Selbständigkeit am längsten behaupten konnte, einen besonderen Rang als Untersuchungsgegenstand. Könnte man die altsächsischen Verfassungszustände zuverlässig beschreiben, würde damit zugleich auch eine Brücke zu den germanischen Stämmen Skandinaviens geschlagen, deren Verhältnisse noch weit stärker im Dunkel liegen.

Sachsen und Friesen erscheinen in den frühmittelalterlichen Quellen als Stämme *(gentes)*. Die Faktoren, die den inneren Zusammenhalt des Stammes bewirkten, sind anhand zeitgenössischer Quellen nur schwer auszumachen und lassen sich zudem mit den Kategorien der modernen Verfassungsgeschichte nur unvollkommen beschreiben[163]. Diese frühmittelalterlichen Stämme sind jedenfalls nur sehr bedingt als biologische Einheiten, als Abstammungsgemeinschaften zu verstehen. Ein Zeichen dafür, daß die Landnahme der Sachsen die vorgefundenen Verhältnisse gründlich umgestaltete, ist darin zu sehen, daß die in Nordwestdeutschland heimischen Stammesnamen ausgelöscht wurden. Lediglich der Name der Angrivarier lebte in gewandelter Form und in veränderter räumlicher Geltung weiter (Engern)[164]. Auf die Deutung des Sachsennamens durch Widukind wurde bereits hingewiesen; Etymologie und Zeitansatz befriedigen die Neugier der Forscher keineswegs[165].

Gerade die dem modernen Betrachter fremden und schwerverständlichen, ungeschichtlichen und mythischen Dimensionen im Selbstverständnis des Stammes müssen in Rechnung gestellt werden, insofern behält auch der Erklärungsversuch Widukinds seinen Wert[166].

Die schriftlichen Quellen erlauben es nicht, die einzelnen Institutionen und Strukturen, die in ihrer Gesamtheit die Verfassung des sächsischen Stammes ausmachen, in ihrem Wirkungszusammenhang darzustellen; sie werden zu unterschiedlicher Zeit und in unterschiedlichen Quellen und Quellentypen erwähnt und kommentiert. Entsprechend werden hier Teilbereiche der sächsischen Verfassung je nach ihrem Erscheinen in den Quellen so gut wie möglich in die Darstellung der historischen Ereignisse eingereiht.

Mit der in das 6. Jahrhundert und in die Zeit davor zurückreichenden Stammessage wurde eine Dimension der sächsischen Stammestradition und Stammesverfassung bereits vor Augen geführt. Wurde damit eine ausgesprochen aristokratische Komponente der sächsischen Verfassung erkennbar, so führt die Vita Lebuini antiqua[167], die als einzige Quelle die Verfassungsrealität des sächsischen Stammes im 8. Jahrhundert widerspiegelt, eine gänzlich andere Seite vor Augen. Lebuin bemühte sich zunächst, zusammen mit seinem Gefährten Marchelm, von Utrecht aus das Evangelium an der Peripherie des sächsischen Stammes, im Gebiet an der Ijssel, auszubreiten, unternahm dann jedoch eine Missionsreise in das Innere des sächsischen Stammesgebietes. Auf der sächsischen Stammesversammlung in Marklô warb er um die Annahme des Christentums.

Das Fehlen von anderweitigen Nachrichten über diese sächsische Stammesversammlung ist erklärbar: die besondere Form der von Lebuin unternommenen Mission – man könnte sie als „Fernmission" bezeichnen –, ist für die Zeit um 770 singulär und scheint auf frühe Parallelen der angelsächsischen Mission auf dem Festland zu verweisen. Die Viten der übrigen Missionare, die im 8. Jahrhundert bei Sachsen und Friesen das Christentum zu verbreiten suchten, folgen dem Tätigkeitsfeld dieser Missionare und sprechen nicht von zentralen, sondern höchstens von lokalen Erscheinungsformen der Verfassung, so z. B. die Vita Willehadi über das Loswerfen um das Schicksal Willehads im friesischen Gau Hugmerki[168]. Diese Quellen hatten kaum Interesse an „zentralen Institutionen" der Verfassung des sächsischen Stammes.

Der hier interessierende Text der Vita Lebuini lautet übersetzt[169]:

> „Lebuin ging hin und wieder nach Sachsen, bemüht, Menschen für Christus zu gewinnen und bekehrte viele zum Glauben an Christus. Er hatte auch Freunde und Vertraute unter den Vornehmen, darunter war ein reicher Mann im *pagus* Sudergo namens Folcbraht... Einen König hatten die alten Sachsen nicht, sondern Statthalter *(satrapae)* in den Gauen. Auch war es Sitte, daß sie einmal im Jahr mitten im Sachsenland eine allgemeine Versammlung an der Weser bei dem Ort, der Marklô heißt, abhielten. Dort kamen gewöhnlich alle Statthalter zusammen, sowie aus den einzelnen Gauen 12 auserwählte Adlige und ebensoviel Freie und ebensoviel Liten. Sie erneuerten dort ihre Gesetze, fanden das Urteil in den wichtigsten

Abb. 25
Sceattas aus dem Schatzfund von Barthe bei Emden
(8. Jahrhundert)

3. Die Eingliederung in das karolingische Reich

Rechtsfällen und beschlossen, was sie während des Jahres an Kriegs- und Friedensunternehmungen durchführen wollten, in gemeinsamer Beratung."

Wo sich der Ort Marklô befunden hat und ob er überhaupt eine Siedlung war, ist fraglich. Der Name ist mit „Grenzwald" zu übersetzen. Insofern war die im Jahre 1934 erfolgte Umbenennung des Ortes Lohe bei Nienburg in Marklohe sicher voreilig[170], und zwar gerade weil Lohe ein Archidiakonatssitz, frühes kirchliches Zentrum (Patrozinium: Clemens Romanus)[171] und eine relativ alte Siedlung war. Man weiß zunächst nur, daß Marklô von Deventer aus gesehen zwischen Sudergo und Weser oder in der Nähe der Weser zu suchen ist. Der Ort muß nicht unbedingt im heutigen Niedersachsen gelegen haben[172].

Spuren eines wie immer gearteten Weiterlebens der Marklô-Tradition oder aber, und dies darf wohl mit größerem Recht angenommen werden, einer Rückbesinnung auf Marklô lassen sich erst im 14. Jahrhundert nachweisen. Der westfälische Geschichtsschreiber Rolevink suchte den Ort in der unmittelbaren Nähe von Herford. K. Hauck schenkt dieser Nachricht Glauben[173]. Dennoch ist Vorsicht geboten, zumal es sich hierbei auch um eine gelehrt-lokalpatriotische Festlegung handeln kann.

Institutionelle Spuren eines Weiterlebens der Stammesversammlung finden sich nicht. Die Capitulatio de partibus Saxoniae verbot nämlich um das Jahr 785 alle Versammlungen, die nicht von Grafen oder Königsboten einberufen wurden[174]. Bis zu diesem Zeitpunkt stellten die Sachsen Geiseln aus den einzelnen Ständen, auch aus dem der Liten[175], ein Sachverhalt, der sehr wohl zu den Nachrichten der Vita Lebuini paßt. Es ist möglich, daß der Stellinga-Bund, der sich im Jahre 841/42 um die Wiedergewinnung des alten Rechtes bemühte, die Stammesversammlung wieder beleben wollte.

Die Stammesversammlung der Sachsen, wie sie die Vita schildert, trägt stark kultische Züge; sie wird nach Anrufung der Götter eröffnet. Die Rede Lebuins auf dieser Versammlung ist geschickt durch die schon erwähnten Nachrichten über die Verfassung der Altsachsen vorbereitet: Lebuin geht von der Königslosigkeit der Sachsen, ja sogar von einer Königsfeindlichkeit aus. Der König des Himmels wird aus der Negation des irdischen Königtums beschrieben[176].

„Ein König von der Art, wie Ihr ihn bisher nicht habt, wird jener König, der Euch beherrschen und sich unterwerfen kann, nicht sein. Wenn Ihr also nicht wollt, daß das geschieht, kündigt er Euch dies an: Es ist Euch im Nachbarland ein König bereitet, der in Euer Land eindringen, rauben und verwüsten, Eure Besitzungen denen übergeben wird, die er aussuchen wird, Euch ins Exil führen, enterben und töten wird, ihm werdet Ihr und Euere Nachkommen unterworfen sein."

Die auch künftige Freiheit des sächsischen Stammes bei Annahme des christlichen Glaubens wird hier von Lebuin den Sachsen als Möglichkeit vor Augen gestellt, eine Tatsache, die darauf hinweist, daß die Episode noch vor dem Jahre 772 spielt.

Die Reaktion der Sachsen auf Lebuins Rede ist heftig. Entgegen dem Rat der „Klügeren" rennt die Menge zu dem benachbarten Graben, zieht Pfähle heraus und spitzt sie zu, um ihn „nach ihrer Sitte zu steinigen". Diese Episode ist in zweierlei Hinsicht bedeutsam. Das Pfählen ist als heidnischer Strafbrauch bezeugt[177], ein zusätzliches Indiz für die Glaubwürdigkeit der Vita Lebuini antiqua. Die Art, in der die Pfähle geborgen werden, spricht dafür, daß der Versammlungsplatz mit Palisade und Graben eingehegt war.

Lebuin wird in dieser für ihn lebensgefährlichen Situation, kurz vor dem Martyrium, durch ein Wunder gerettet; er wird den andringenden Sachsen entrückt. Die Partei, die Lebuin töten will, ist infolge des Wunders verwirrt. Es gelingt dem Sprecher der Stammesversammlung, Buto, im Nachhinein die Widerrechtlichkeit der Behandlung Lebuins klar zu machen: man könne nicht dort, wo man Gesandte der Normannen, Slaven, Friesen und anderer Völker empfange, den *nuntius Dei*, den Boten Gottes, verfolgen. Dieser christenfreundliche Buto ist zweifellos ein Verwandter jenes Buto, der ein halbes Jahrhundert später als einer der ersten dem Kloster Corvey Besitz schenkte[178].

Der erste Satz des Kapitels IV der Vita: „Einen König hatten die Altsachsen nicht..." wurde vom Schreiber der Vita Lebuini antiqua gekürzt aus der angelsächsischen Kirchengeschichte des Beda übernommen[179] und leicht verändert. Dort heißt es:

„Einen König hatten die Altsachsen nicht, sondern mehrere den Stämmen vorgesetzte Satrapen, die, wenn ein Krieg anfing, das Los zogen und wen immer das Los bestimmte, dem folgten sie als Führer, solange der Krieg dauerte, und gehorchten ihm, war jedoch der Krieg vorbei, waren alle Satrapen wieder gleich."

Beda gebraucht den Begriff „Satrapen" ein weiteres Mal. Der Tod der beiden Ewalde bei den Boruktuariern (um 680) wird von einem solchen Satrapen gerächt[180]. Hier wird also die Funktion der Satrapen für die Friedens- und Rechtssicherung in den Einzellandschaften ersichtlich. Beda schrieb vor dem Jahre 742; er konnte sich auf die Mitteilungen angelsächsischer Missionare auf dem Kontinent stützen. Die Königslosigkeit Sachsens mußte ihm angesichts der angelsächsischen Königreiche seiner Zeit als Hauptmerkmal der altsächsischen Verfassung auffallen, nicht im Sinne einer positiven Wertung, sondern eher als Schwäche, war doch in den Augen der Zeit das Vorhandensein eines Königs Merkmal der politischen Unversehrtheit eines Stammes. Nach R. Wenskus deutet die auffällig demokratische „rationale" Stammesversammlung der Sachsen, wie sie die Vita Lebuini antiqua schildert, auf eine „antimonarchische Reaktion" hin; eine Monarchie ist nach ihm bei den Sachsen in den nachchristlichen Jahrhunderten möglich[181], auch wenn die sächsische Stammessage und sonstige Quellen eine solche Phase der Verfassungsgeschichte nicht berühren. Auch angelsächsische Quellen, die in die Festlandszeit zurückverweisen, lassen solch Königtum bei dem sächsischen Stamm oder sächsischen Teilstämmen grundsätzlich möglich erscheinen. Schlesinger rückt Hathugaut in die Nähe des Heerkönigtums[182]. Auf jeden Fall wird man annehmen können, daß eine solche konstruierte, in ihrer Gleichheitsvorstellung artifiziell wirkende Verfassung, wie sie bei den Sachsen in Marklô vor Augen tritt, nicht lange stabil bleiben konnte.

Die sächsische Stammessage einerseits und die Vita Lebuini antiqua andererseits überliefern für zwei etwa um sieben Generationen voneinander getrennte Zeithorizonte zwei diametral entgegengesetzte Formen der sächsischen Stammesverfassung; eine „aristokratische", auf Eroberung beruhende ältere und eine „gemischte", zumindest formal auf Teilhabe aller Stände beruhende jüngere. Es muß allerdings bedacht werden, daß das „Dabeisein" der unteren Stände keineswegs ihre politische Gleichwertigkeit mit dem Stand der *nobiles* bedeutet, ihre Aufgabe war eher die des Beifallspendens und der Billigung, vor allem dann, wenn die *nobiles* sich einig waren. Die verfassungsgeschichtliche und die historische Forschung haben namentlich unter der Einwirkung der älteren Lehre von d e r germanischen Verfassung sich schwer getan, beiden Traditionen Recht widerfahren zu lassen und waren allzuleicht geneigt, die eine Quelle zu Gunsten der anderen abzuqualifizieren. Beim derzeitigen Stand der Erkenntnisse wird man hingegen beiden Überlieferungssträngen Glaubwürdigkeit zusprechen müssen und mithin in der vorkarolingischen Zeit mit einer dynamischeren und komplizierteren Verfassungsentwicklung der Sachsen rechnen müssen, als die ältere Forschung annahm.

Erscheinungsformen des Heidentums bei Sachsen und Friesen

Im unmittelbaren Zusammenhang mit der politischen Verfassung des sächsischen und des friesischen Stammes müssen auch die bei ihnen herrschenden religiösen Zustände beschrieben werden, zeigt doch gerade die in der Vita Lebuini antiqua geschilderte Eröffnungszeremonie der Stammesversammlung, wie sehr beide Aspekte miteinander verquickt waren. Unterschiedliche Quellen beleuchten unterschiedliche Bereiche der vorchristlichen religiösen Vorstellungen von Sachsen und Friesen in der Merowinger- und Karolingerzeit; ein gemeinsamer Nenner ist nur schwer zu finden.

Nichtschriftliche Quellen lassen bisher nur für die Merowingerzeit, nicht jedoch für die Karolingerzeit kultisch bedingte Niederlegungen in Mooren bzw. fließenden oder stehenden Gewässern erkennen. So stammt z. B. aus der Elbe bei Lühesand ein Fund von vier nur wenig beschädigten Speer- oder Lanzenspitzen, die in der Zeit um 500 wahrscheinlich als Opfer versenkt worden sind[183]. Die nur wenig später in Mooren oder stehenden Gewässern niedergelegten Halsschmuck-Schätze von Sievern (bei Bremerhaven), Landegge (bei Meppen) und von Nebenstedt (bei Dannenberg) wurden bereits im Zusammenhang mit der sächsischen Stammessage erörtert[184]. Als Einzelfund ist vielleicht die berühmte Goldkette des 7. (?) Jahrhunderts von Isenbüttel (bei Gifhorn) hinzuzurechnen (siehe Abb. 24, nach S. 562)[185]. Unter den Museumsbeständen mag noch der eine oder andere bisher nicht identifizierte Opferfund zu entdecken sein. Wenig ergiebig für unsere Frage sind auch die Ortsnamen. Sie weisen nur äußerst vage auf Kultorte hin[186]. Die erwähnten Mooropferplätze gehören, das beweisen auch die vergleichbaren skandinavischen Fundplätze, sehr wahrscheinlich zu kleinräumigen Siedlungseinheiten. Eine möglicherweise zentrale Bedeutung als kultischer „Niederlegungsplatz" hatte hingegen die Irminsul. Sie ist allerdings nur in einer einzigen zeitgenössischen Quelle genannt. Das dort gefundene Gold und Silber nahmen die Franken bei ihrem Heereszug das Jahres 772 mit sich fort.

Noch zwei Generationen nach dieser Beraubung erkennt Rudolf von Fulda der Irminsul eine bevorzugte Stellung unter den sächsischen Heiligtümern zu[187]:

„Quellen und belaubten Bäumen erwiesen sie (die Sachsen) Verehrung. Auch verehrten sie unter freiem Himmel einen Holzblock von ansehnlicher Größe, der senkrecht aufgerichtet war; in ihrer heimischen Sprache nannten sie ihn Irmensäule (was in der Gelehrtensprache Weltsäule heißt), gleich als ob er das All trüge."

Auch für die Friesen werden Tempelschätze genannt[188].

Einen von den genannten Beispielen sich deutlich abhebenden, gleichsam privaten Aspekt des Opfers, bezeugt das „Hausopfer" von der Wurt Hessens (Wilhelmshaven). Dort wurde unter der Schwelle eines Hauses ein sechs Monate altes Kind, das gewaltsam getötet worden war, in Tuch verschnürt niedergelegt[189]. Die Organisation des Kultes bleibt hier wie andernorts im dunkeln; ein für den Kult tätiger Personenkreis läßt sich nicht eindeutig bestimmen[190]. Tempelbauten, von denen die Quellen mehrfach berichten, haben sich bisher bei Ausgrabungen nicht nachweisen lassen.

Einen anderen Bereich der religiösen Vorstellungswelt von Sachsen und Friesen in der Merowinger- und Karolingerzeit kann man anhand der Grabfunde erfassen, vor allem Ausschnitte der Jenseitsvorstellungen. Mehr noch als dem Ausgräber müssen die Gräberfelder den damals Lebenden ein eindrucksvolles Bild geboten haben: Sie lagen häufig an vorgeschichtlichen Grabhügeln oder Steingräbern. Reste von Scheiterhaufen, Grabhügel, Totenmale, Einhegungen, Stein- und Pfostenmarkierungen signalisieren Einzelheiten des Grabbrauchs, deren Sinn sich dem modernen Betrachter nur schwer erschließen will[191]. Betrachtet man ein einzelnes Gräberfeld genauer oder vergleicht es mit einem anderen, so läßt sich rasch erkennen, daß die Bestattungsbräuche in vielerlei Hinsicht nicht einheitlich waren; die Parallele zur politischen Verfassung der Stämme ist offensichtlich. Motive und Ausgangspunkte der Wandlungen des Grabbrauchs sind kaum zu fassen. So wurden z. B. die Brandgräber seit dem 5./6. Jahrhundert allmählich durch Körpergräber abgelöst[192]; gleichwohl dauerte die relativ ältere Bestattungsform vielerorts bis in das 9. Jahrhundert fort. Nord-süd-gerichteten Körpergräber wiederum wurden vor allem seit dem 8. Jahrhundert durch ost-west-gerichtete abgelöst. Es dauerte recht lange, bis zum Ende der Karolingerzeit[193], bis sich dieser moderne, mit christlichen Vorstellungen zusammenfallende Bestattungsbrauch durchgesetzt hatte[194]. Unwahrscheinlich ist, daß diese frühen, in die Zeit vor den Sachsenkriegen unter Karl dem Großen zu datierenden Ost-West-Gräber mit früher Mission zu tun haben, zumal diese in schriftlichen Quellen nicht bezeugt ist. Überhaupt ist die auf das jeweilige „Bekenntnis" des einzelnen zielende Ausdeutung des Grabbrauchs mit Unsicherheitsfaktoren behaftet[195], weil die Grenze zwischen Religiösem und bloßem Brauchtum sich dem modernen Betrachter nur schwer erschließt (siehe Karte 31, S. 584).

Christliches Symbolgut, vor allem Ansteckkreuze, „Heiligenfibeln" oder aber Schlüsselanhänger, die für eine frühe Petrusverehrung sprechen mögen, finden sich seit dem 8. Jahrhundert mehr und mehr in sächsischen und friesischen Gräbern[196], vereinzelt auch schon früher, ohne daß man sagen kann, ob der volle Sinn z. B. des Kreuzsymbols erkannt wurde. Andererseits zeugen die „Thorshämmer" weit über das Küstengebiet hinaus von religiösen Gemeinsamkeiten zwischen Nordwestdeutschland und Skandinavien[197].

Auch die Ausstattungs- und Beigabesitten zeigen, daß der Grabbrauch keine strenge Vorschriften kannte, daß also Vorstellungen vom Jenseits wenig normiert waren. Eine Besonderheit sächsischer Gräberfelder der Merowinger- und Karolingerzeit im Vergleich zu den benachbarten Stämmen sind die in einzelnen Gräberfeldern auffällig zahlreichen Pferdegräber[198]. Sinnvolle und in sich vollständige Beigabenkombinationen, z. B. Trachtenschmuck, Bewaffnung, Toilettenbesteck, Speise- und Trinkgeschirr, finden sich nur in wenigen Gräbern[199]. Dinge dieser Art wurden in unterschiedlicher Kombination den Toten noch bis weit in das 9. Jahrhundert hinein mitgegeben, diese Sitte wurde also nicht überall rasch von der christlichen Mission verdrängt. Kirchenbauten und christliche Friedhöfe schlossen bei Sachsen und Friesen, soweit man sieht, nur in Ausnahmefällen topographisch an heidnische Bestattungsplätze an; so z. B. in Middels (bei Aurich)[200].

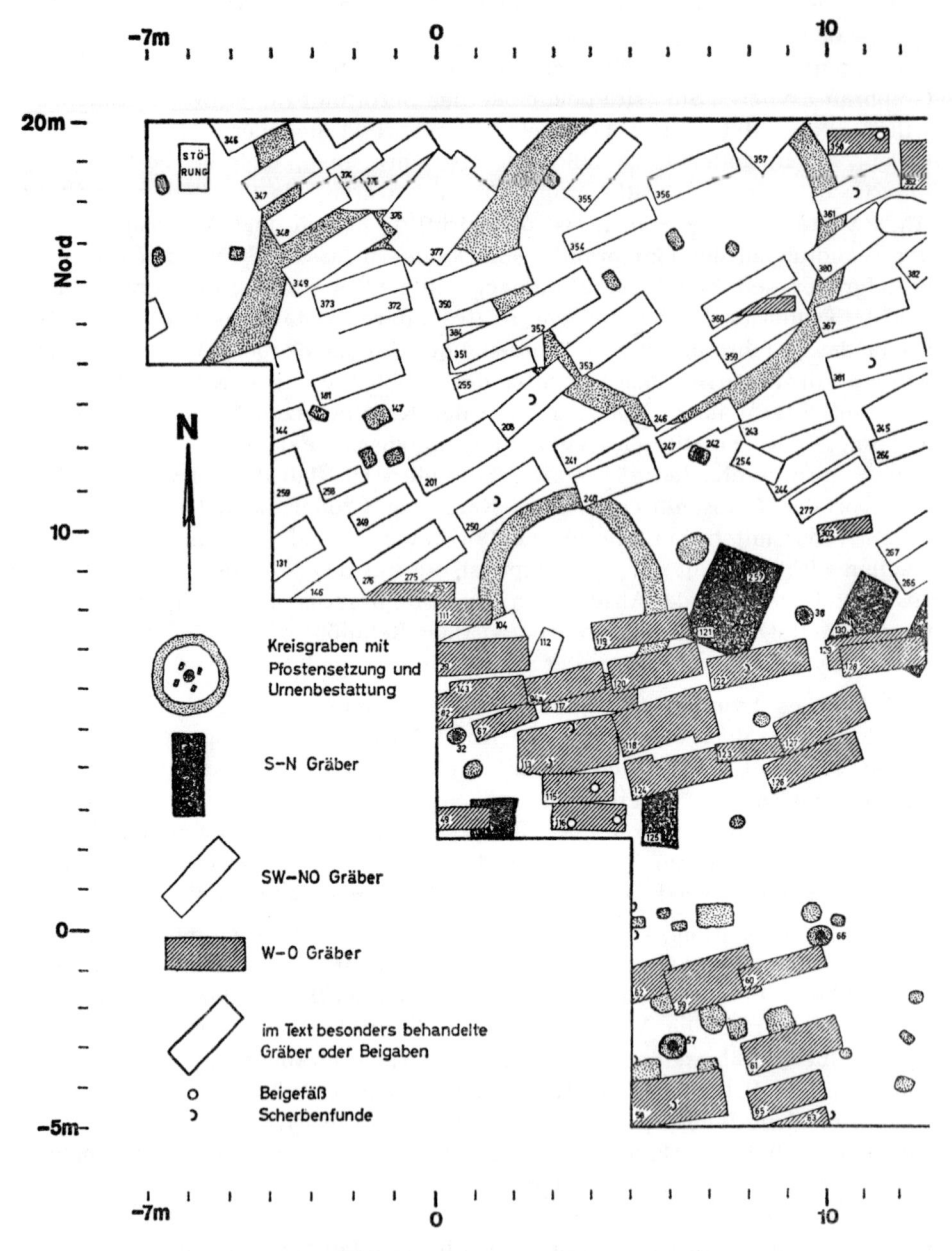

31. Dunum bei Wittmund. Ausschnitt aus dem Gräberfeld

Der nicht-materielle Niederschlag religiöser Praktiken, wie Wort, Gesang, Tanz, Gestik, ist der Erkenntnismöglichkeit des Archäologen wie auch des Religionswissenschaftlers weithin verborgen[201]. Die missionszeitlichen Quellen – Briefe, Predigten, Abschwörungs- und Taufformeln[202] – lassen die religiöse Vorstellungswelt nur in vielerlei Brechungen und Verzerrungen vor Augen treten. Auch Runendenkmäler helfen nicht weiter[203]. Gleichwohl zeigen die mit Taufe und Mission zusammenhängenden Quellen, daß die Vorstellungswelt von Sachsen und Friesen nicht nur das Vorhandensein von Göttern, sondern auch das von Dämonen, Hexen, Werwölfen und Unholden einschloß[204] und daß zu den kultischen Praktiken der heidnischen Sachsen auch der Genuß von Menschenfleisch gehörte[205]. Versuche, aus den Glossen der Karolingerzeit und nachfolgender Jahrhunderte weitere Einzelheiten des Heidentums der Sachsen zu erschließen, haben nur wenig zuverlässige Ergebnisse erbracht, vor allen Dingen kaum solche, die mit Sicherheit direkt auf die Sachsen oder Friesen zu beziehen wären. In dieser Hinsicht sind auch bei den altsächsischen Sprachdenkmälern Vorbehalte angezeigt[206].

Die Sachsenkriege Karls des Großen

Die entscheidende und zugleich letzte Phase in den Auseinandersetzungen zwischen den Franken, den Sachsen und den Ost-Friesen begann mit dem Heereszug des Jahres 772 und endete damit, daß diese Gebiete im Jahre 804 endgültig in das Fränkische Reich eingefügt wurden.

Die zeitgenössischen Annalen kommentieren diese kriegerischen Ereignisse recht ausführlich und lassen ihren Ablauf und ihre Konsequenzen wesentlich deutlicher erkennen, als dies bei vergleichbaren Ereignissen der Merowingerzeit der Fall ist[207]. Die außerordentliche Bedeutung der Sachsenkriege unter Karl dem Großen war bereits den Zeitgenossen bewußt. Einhard schrieb in seiner Karlsvita:

> „Es war der blutigste und langwierigste aller Kriege, die die Franken geführt haben... Als es aber zum Frieden und zur Annahme des Christentums gekommen war, da verwuchsen Franken und Sachsen zu einem Volk."[208]

Weshalb nach einer Pause von etwa eineinhalb Jahrzehnten die sächsisch-fränkischen Auseinandersetzungen in den ersten Jahren Karls des Großen erneut entflammten, bleibt unklar[209]. Die alltäglichen Reibereien, die sich aus der engen Nachbarschaft von Franken und Sachsen in den Grenzgebieten ergaben, und mit denen Einhard dies zu erklären suchte[210], reichen dazu nicht aus. Die Mission war von Beginn an ein Aspekt, der zudem rasch an Gewicht gewann und der die politisch-militärischen Auseinandersetzungen zweifellos verschärfte[211].

Die Sachsenkriege unter Karl dem Großen waren keine fortlaufende Folge militärischer Unternehmungen. Nordwestdeutschland war nur einer der Räume, in denen sich das Fränkische Reich auszudehnen oder aber den Ausdehnungsdrang seiner Gegner zu hemmen suchte. Das fränkische Heeresaufgebot wurde an anderen Fronten, vor allem gegen die Araber und Awaren beansprucht; kurze und längere Pausen im kriegerischen Geschehen waren dadurch bedingt. Neben den Sachsen treten die Friesen nur sehr sporadisch hervor. Ausdrücklich auf Seite der Sachsen werden sie nur zweimal, zu den Jahren 784 und 792 [212], erwähnt. Spätere Quellen weisen darauf hin, daß die Friesen schon im späten 8. Jahrhundert unter den Angriffen der Normannen zu leiden hatten und daß ihnen, oder doch manchen von ihnen, deshalb Karl der Große nicht als Unterdrücker, sondern als Befreier erscheinen mochte [213].

Die 33 Jahre der Sachsenkriege Karls des Großen lassen sich, von den Sachsen her gesehen, grob in drei Abschnitte gliedern:

Sächsischer Widerstand im Rahmen der Heerschaften (772–776),

Sächsischer Widerstand unter Führung Widukinds (777–785),

Schlußphase: kleinräumiger Widerstand in den nordöstlichen Stammesgebieten (786–804).

Sächsischer Widerstand im Rahmen der Heerschaften

In der ersten Phase ähnelte der Ablauf der militärischen Ereignisse durchaus dem der Merowingerzeit: Von den Versammlungsplätzen an Rhein oder Main (Düren, Frankfurt, Worms) aus drang das fränkische Heer so weit in feindliches Gebiet vor, bis die Sachsen sich unterwarfen, Treueide schworen und Geiseln stellten. Nicht der Stamm in seiner Gesamtheit war Verhandlungspartner der Franken, sieht man vom ersten Friedensschluß des Jahres 772 zunächst einmal ab [214], sondern die Heerschaften (Aufgebotsbezirke), die Westfalen, die Engern unter ihrem Führer Brun, die Ostfalen oder „Ostleute" unter Hessi [215]. Strittig und anhand zeitgenössischer Quellen nicht zu klären ist die Frage, ob die Bewohner des Bardengaus und mehr noch die „Nordleute" jenseits der Elbe in das System dieser Heerschaften eingefügt waren [216]. Auch die Namen West- und Ostfalen und die damit angedeuteten inneren Zusammenhänge zwischen ihnen sind noch nicht befriedigend erklärt worden [217].

Hatten die fränkischen Truppen das Land verlassen, konnten die alten Zustände rasch wieder herbeigeführt und sogar Gegenangriffe auf fränkisches Gebiet unternommen werden. Dieses mehrfache Umstoßen vertraglicher Regelungen läßt auf ausgesprochen labile Verfassungsverhältnisse bei den Sachsen schließen, wurden doch damit jeweils die gestellten Geiseln den Franken preisgegeben. Die Legitimation und der faktische Einflußbereich der Führer dieser Heerschaften läßt sich nicht feststellen. Bereits die älteste Vita Liudgeri nennt zwei Generationen nach diesen Ereignissen Widukind, den Führer der Westfalen, „Herzog der Sachsen" *(dux Saxonum)* [218] und deutet damit an, welche Machtfülle mit dem Amt des Heerführers in diesem Fall verbunden war oder aber sich von ihm ableiten ließ.

Die Franken, die noch im Geiselverzeichnis aus den ersten Jahren des 9. Jahrhunderts auf die Gliederung des sächsischen Stammes in Heerschaften Rücksicht nahmen [219], haben diese Verfassungsinstitution ebenso wie die Stammesversammlung in Marklô beseitigt. Schon im 9. Jahrhundert war, wie der Poeta Saxo berichtet, nur mehr der Name geblieben [220]; später erinnerten noch begrenzte Abweichungen in einzelnen Rechtsbestimmungen an die Heerschaften [221]. Ausgehend vom verstreuten Vorkommen des Begriffes Heerschaft *(herescaph, exercitus* und ähnlich) in jungen Quellen, hat die Forschung versucht, die Ausdehnung der einzelnen Heerschaften genauer zu bestimmen; für das östliche Sachsen ist dies nicht befriedigend gelungen.

Wann die Heerschaften als Institution entstanden sind, läßt sich nicht bestimmen. Da jedoch noch das Brukterland zwischen den Heerschaften Engern und Westfalen aufgeteilt wurde, muß diese Institution mindestens in das 7. Jahrhundert zurückreichen [222]. Sie könnte älter als die Stammesversammlung in Marklô sein, ja sogar in die älteste Phase der Landnahme in Nordwestdeutschland zurückreichen. Die schriftlichen Quellen lassen nicht erkennen, wie wirkungsvoll die Stammesversammlung der Sachsen die Heerschaften und ihre Anführer kontrollieren konnte; daß die Vita Lebuini antiqua und auch die „Kirchengeschichte" des Beda überhaupt nichts über die Heerschaften mitteilen, ist recht auffällig. Die Machtfülle der Heerführer, das zeigt der für sie erschlossene Besitz [223], war jedenfalls zur Zeit der Sachsenkriege so groß, daß gegen ihren Willen von seiten der Stammesversammlung sicherlich nur schwer etwas durchgesetzt werden konnte. Der Begriff „Wahl" darf nicht mit modernen Maßstäben gemessen werden.

Der Verlauf der Anmarschwege der Franken in das innere Sachsen, überhaupt die Topographie des kriegerischen Geschehens bleibt dunkel; später bezeugte Wegeführungen lassen sich kaum in die Karolingerzeit zurückschreiben.

Die Angriffe des fränkischen Heeres richteten sich in der ersten Phase vor allem gegen die sächsischen Befestigungen, von denen einige bereits genannt wurden: Eresburg [224], Hohensyburg [225], Iburg [226], Brunsburg (?) [227], Skidrioburg (Herlingsburg bei Detmold ?) [228]. Weitere Burgen haben auf Grund von Ausgrabungsergebnissen oder von zufällig geborgenen Bodenfunden in der Zeit der Sachsenkriege bestanden, so die Babilonie (b. Lübbecke) [229], die Bramburg (bei Hann. Münden) [230], wahrscheinlich auch die Pipinsburg (bei Osterode) [231]. Magdeburg ist als Befestigung für die Zeit vor 800 aufgrund der Namensform erschlossen worden[232]. Von der Bramburg stammt das Inventar eines Reitergrabes, das mit guten Gründen in die Zeit der Sachsenkriege datiert werden kann. Zweifellos werden künftig noch weitere Befestigungen der Zeit um 800 zugewiesen werden können; die Zahl der noch unerforschten Burgwälle, die hierfür grundsätzlich in Betracht kommen, ist recht groß. Dabei ist allerdings festzuhalten, daß diese Datierung nicht „historisch", nicht auf eine Generation genau, sein kann[233].

Es ist auffällig, daß die Befestigungen, die eine vorrangige Rolle in den Sachsenkriegen gespielt haben, an der Peripherie des sächsischen Stammesgebietes lagen. Sie ähnelten in ihrer Baugestalt durchaus vorgeschichtlichen Anlagen: Lage auf einem Bergsporn, einem Plateau, Schutz durch Wall- bzw. Stein-Erde-Mauer und Graben. Gemörtelte Mauern sind für diese Befestigungen noch nicht nachgewiesen worden. Bei der Eresburg und der Pipinsburg handelt es sich um Anlagen, die bereits Jahrhunderte vorher benutzt worden waren, ähnlich also wie bei dem Burgwall auf dem Christenberg auf hessischfränkischer Seite.

Die Franken machten sich, wie schon im Falle der Hochseeburg (743/744), sächsische Befestigungen zunutze. Darüber hinaus ist für das Jahr 776 die Errichtung einer neuen Burg durch die Franken bezeugt, die den programmatischen Namen „Karlsburg" erhielt und die an der Lippe zu suchen ist[234].

Die Annahme, daß die Franken ihre Anmarschwege in Sachsen in regelmäßigen Abständen sehr bald durch befestigte „Etappenstationen" sicherten und zu deren Versorgung systematisch Grundbesitz der gegnerischen Sachsen konfiszierten, geht zu wesentlichen Teilen auf inzwischen überholte Anschauungen zurück[235].

Das erwähnte Grabinventar von der Bramburg enthielt:
Langschwert
Sax
Schild
Lanze
Steigbügel

Ein Vergleich dieses Grabfundes und einer größeren Zahl ähnlicher Grabfunde Nordwestdeutschlands mit den Nachrichten schriftlicher Quellen und Bodenfunden aus dem karolingischen Reich zeigt, daß die Bewaffnung der Sachsen grundsätzlich gegenüber der des karolingischen Aufgebotes nicht zurückstand[236]. Einzig gepanzerte Reiter – sie waren das Rückgrat des karolingischen Heeres – haben sich bisher anhand der Grabfunde für Sachsen und Friesen im 8. Jahrhundert nicht nachweisen lassen.

Bei der besonderen Art der Kriegsführung – Feldschlachten waren selten – kam dem Troß und der Versorgung der Heere im Feindesland eine erhöhte Bedeutung zu; hier war die Organisation des fränkischen Heeres fortschritt-

3. Die Eingliederung in das karolingische Reich

licher als die des sächsischen. Die Gegenangriffe der Sachsen in das fränkische Gebiet wirken wie Plünderungszüge ohne nennenswerte strategische Konzeption. Zwar verwandten die Sachsen bei der Rückeroberung der Hohensyburg im Jahre 776 Belagerungsmaschinen, doch ohne Erfolg[237]; ebenso scheiterten sie, als sie im Jahre 773 versuchten, die Büraburg zu erobern[238].

Auf dem ersten Kriegszug eroberte das fränkische Heer die Eresburg, anscheinend wurde dort eine fränkische Besatzung zurückgelassen[239]. Neben dieses militärisch-strategische Ziel trat ein anderes: An unbekanntem Ort in der Nähe der Eresburg oder aber auf der Eresburg selbst wurde die Irminsul zerstört. Der Heereszug endete an der Weser, dort stellten die Sachsen zwölf Geiseln. Es bleibt unklar, ob diese die Unterwerfung des Gesamtstammes garantieren sollten oder aber – und das ist wahrscheinlicher – nur die der Engern, deren Gebiet von der Invasion vor allem betroffen war und in deren Gebiet sie auch endete.

Die Sachsen nutzten im folgenden Jahr die Abwesenheit des fränkischen Heeres in Italien; ein Gegenangriff führte in das heutige Hessen hinein. Die Eresburg wurde zurückerobert; der Versuch, auch die Büraburg einzunehmen, wurde schon genannt. Immerhin wurde Fritzlar geplündert. Dieser Gegenstoß hatte die Sachsen noch einmal erheblich über ihre Stammesgrenzen hinausgeführt.

Die Reichsannalen berichten zum Winter 774/775, daß Karl der Große den Entschluß gefaßt hatte, das Stammesgebiet der Sachsen endgültig zu erobern und die Bevölkerung dem Christentum zuzuführen. Spätestens damals trat also die sächsisch-fränkische Auseinandersetzung in ihr letztes, entscheidendes Stadium.

Der Feldzug im Jahre 775 gegen die Sachsen führte durch Westfalen wiederum nach Engern und erstmals auch nach Ostfalen. Das fränkische Heer eroberte die zweite wichtige sächsische Befestigung, die Hohensyburg, „die der Schutz der Sachsen war", und ein zweitesmal die Eresburg, die erneut benutzbar gemacht und mit einer fränkischen Garnison versehen wurde. Der Feldzug endete mit einem Sieg bei „Brunsberg"; darunter ist wahrscheinlich die Befestigung auf dem Brunsberg bei Höxter zu verstehen[240]. Sächsischer Widerstand konnte nicht verhindern, daß die Gegner die Weser überquerten. Das fränkische Heer wurde geteilt. Die Engern unter Brun und die Ostfalen unter Hessi unterwarfen sich. Der Angriff der Westfalen auf eine zurückgelassene fränkische Heeresabteilung bei Lübbecke wurde abgeschlagen und führte zum Rückmarsch der Franken über die Weser; daraufhin mußten auch die Westfalen, wie die Engern und Ostfalen, Treueide leisten und Geiseln stellen. Für die Westfalen wird damals kein Heerführer namhaft gemacht.

Die Sachsen nahmen nach dem Abmarsch des fränkischen Heeres die Eresburg ein weiteres Mal ein (776), ein Angriff auf die Hohensyburg scheiterte jedoch. Der Gegenzug der Franken im Jahre 776 führte zum Frieden von Lippspringe. Die Eresburg wurde wiederum aufgebaut und blieb fortan in fränkischem Besitz[241]. Eine neue Burg wurde an der Lippe errichtet, die beiden Befestigungen erhielten Garnisonen. Die northumbrischen Annalen betonen die blutigen Strafmaßnahmen der Franken gegen die wortbrüchigen Sachsen[242]. Im Zusammenhang mit dem Frieden von Lippspringe wurde erstmals auch die Organisation von Missionsbezirken im sächsischen Stammesgebiet erwähnt[243]. Damals erhielt Abt Sturmi von Fulda ein solches Tätigkeitsfeld zugewiesen. Die Quellen berichten von zahlreichen Taufen.

Sächsischer Widerstand unter Widukind

Es war ein Zeichen für diese innerhalb weniger Jahre erfolgten tiefgreifenden Veränderungen, daß im Jahre 777 erstmals ein Reichstag innerhalb des sächsischen Stammesgebietes, in Paderborn, abgehalten wurde[244]. Das bedeutete auch, daß repräsentative Bauten für den angemessenen Aufenthalt des Königs und seines Gefolges geschaffen wurden. Die Ausgrabungen in Paderborn haben eine Vorstellung von diesen „Großbauten" *(aedificia magna)* vermittelt[245]. Die sächsischen Führer Hessi und Brun haben allem Anschein nach etwa von jenem Jahr an ihre Treueide gehalten; von Hessi wird dies später ausdrücklich berichtet. Die Nachfolge dieser beiden sächsischen Führer trat dann Widukind[246] an, „einer von den Vornehmen Westfalens"[247]. Für ein halbes Jahrzehnt verkörperte er, „die Wurzel allen Übels"[248], den Widerstand der Sachsen, nicht nur seiner rebellischen Heimat, gegen die Franken. Wahrscheinlich ist es ihm zuzuschreiben, daß die Friesen im Jahre 784 den Sachsen beistanden. Widukind hatte den Reichstag in Paderborn nicht aufgesucht; er fand damals Zuflucht bei den Dänen und konnte sich dadurch dem Zugriff der Franken entziehen.

Diese zweite Phase der sächsisch-fränkischen Auseinandersetzung hängt sehr wahrscheinlich mit Umschichtungen in der Verfassung des sächsischen Stammes zusammen. Die Aufgebotsbezirke — Westfalen, Engern, Ostfalen — traten kaum mehr in Erscheinung. Ob man diese Veränderungen im sächsischen Widerstand allein auf einen ständischen Nenner bringen und als „Revolution" des sächsischen „Volkes" gegen den Adel zurückführen kann[249], ist allerdings fraglich. Immerhin wurden wahrscheinlich gerade in jenen Jahren sächsische Adelige, die auf die Seite der Franken getreten waren, aus ihrer Heimat vertrieben[250]. Der von Widukind neu entfachte Widerstand gegen die Franken konnte allerdings den Ereignissen keine grundsätzlich neue Wende mehr geben. Die fränkischen Truppen griffen immer weiter nach Sachsen hinein. Im Jahre 780 regelte Karl der Große an der Mündung der Ohre strittige Angelegenheiten zwischen Sachsen und Slawen. Leute aus dem Bardengau und „Nordleute" ließen sich in Ohrum (an der Oker)

3. Die Eingliederung in das karolingische Reich

taufen; ein Zeichen dafür, daß der Einfluß des karolingischen Reiches und der von ihr geförderten Kirche nun auch nördlich der Elbe spürbar wurde. Zugleich zeichnete sich die Nachbarschaft von Franken und Slaven ab, eine folgenschwere Hypothek, die die Eingliederung Sachsens für das Fränkische Reich mit sich brachte.

Damals war das südliche Stammesgebiet der Sachsen wahrscheinlich schon gründlicher befriedet. In jenen Jahren wurden in Brunshausen (bei Gandersheim) und in Hameln die ersten Missionsklöster gegründet, vielleicht auch in Visbek (bei Vechta) und in Meppen [251]; der sächsische Adel begann, Grundbesitz und Unfreie an das Kloster Fulda zu schenken [252]. Auf dem Reichstag von Lippspringe im Jahr 782 wurde die Einführung der Grafschaftsverfassung bei den Sachsen verkündet und damit das Eigenleben des sächsischen Stammes in seiner überkommenen Form beendet [253]. Außer Franken wurden auch vornehme Sachsen zu Grafen ernannt, ohne daß sich allerdings ihr jeweiliger Anteil genauer bestimmen ließe. Unter den sächsischen Grafen war auch Hessi, der frühere Anführer der Ostfalen gegen die Franken. Ehe das gesamte sächsische Stammesgebiet von dieser Neuordnung erfaßt wurde, verging zweifellos geraume Zeit; Rückschläge werden mehrfach erwähnt. Die damals oder aber wenige Jahre später verkündete Capitulatio de partibus Saxoniae stellte die Grafen ebenso wie die neuen Institutionen und Amtsträger der christlichen Kirche unter besonderen Schutz und griff auch mit einer Reihe von Strafbestimmungen gegen das „Heidentum" tief in die überkommenen Verhältnisse ein [254].

Wie sehr zu jener Zeit bereits die Sachsen als Teil des Reichsvolkes angesehen wurden, zeigt sich darin, daß in eben jenem Jahre (782) erstmals Sachsen gegen die Slaven aufgeboten wurden. Loyal aber waren diese neuen Kontingente keineswegs; sie wandten sich gegen die Franken. Widukind fachte den sächsischen Widerstand an. Fränkische Truppen unter der Führung Dietrichs, eines Verwandten Karls des Großen, erschienen umgehend auf dem sächsischen Kriegsschauplatz. Bevor sich diese jedoch mit den bei den Sachsen belassenen Einheiten vereinigen konnten, unternahmen jene eine selbständige Aktion und wurden im Süntel vernichtend von den Sachsen geschlagen. Zwei Grafen fielen; der Rest floh in das Lager des Dietrich [255]. Die Schlacht war ein letzter größerer Erfolg der Sachsen.

Entsprechend den fränkischen Strafbestimmungen für Hochverrat wurden die aufständischen Sachsen drakonisch bestraft. Die frankenfreundliche Partei der Sachsen übergab die Schuldigen an die Franken. Den Quellen zufolge sollen 4500 Sachsen in Verden hingerichtet worden sein; eine schwer vorstellbare Zahl. Das „Blutbad von Verden" hat bis in die jüngste Zeit die Gemüter bewegt und das Bild Karls des Großen zeitweilig geprägt. Zweifel an diesen Vorgängen sind angesichts der Quellenlage nicht angebracht, wohl aber an der überlieferten Zahl der Hingerichteten [256].

Aber auch mit diesen Maßnahmen war der Widerstand der Sachsen noch nicht gebrochen. Im Jahre 783 kam es zu einer Feldschlacht und im Jahr darauf zu einem Reiterkampf in Westfalen[257]. Beide endeten mit Niederlagen der Sachsen. Im Zusammenhang mit diesen Ereignissen werden auch die Friesen auf seiten der Sachsen genannt; damals mußte der Missionar Willehad aus dem Missionsgebiet östlich der unteren Weser fliehen[258].

Schlußphase

Diese Niederlagen und die Aussichtslosigkeit, gegen die Franken und ihre Parteigänger im Lande nennenswerte Erfolge erringen zu können, mochten Widukind zur Einsicht gebracht haben: gemeinsam mit seinem *gener* Abbio ging er auf das Angebot Karls des Großen zum Friedensschluß ein und ließ sich, nachdem fränkische Geiseln seine Sicherheit verbürgten, in der Pfalz Attigny (bei Reims) taufen (785). Für die Zeitgenossen war das der Abschluß der Sachsenkriege: „Ganz Sachsen ist hierauf unterworfen worden", berichten die Reichsannalen[259]. Der Papst ordnete auf Bitte Karls des Großen ein Dankgebet für die Bekehrung der Sachsen zum Christentum an[260]. Die Lorscher Annalen weisen anläßlich der Taufe Widukinds darauf hin, daß seit dem Tode Gregors des Großen 180 Jahre vergangen seien, und ordnen somit sächsische und angelsächsische Mission in einen großen inneren Zusammenhang ein[261]. Nunmehr konnte auch an die Einrichtung von Bistümern in Sachsen gedacht werden (siehe u. S. 674 ff.). Sächsischer Widerstand flackerte in den folgenden Jahren vor allem im Bereich zwischen Elbe und Weser und jenseits der Elbe auf[262]. Er wurde mit weiteren Kriegszügen und seit 794 mit Massenumsiedlungen – nach älteren Vorbildern – gebrochen[263]. Die so entvölkerten Gebiete wurden mit Neusiedlern aufgefüllt, darunter wahrscheinlich auch Nicht-Sachsen[264].

Davon, daß der sächsische Widerstand abflaute, zeugt auch das zweite Sondergesetz aus der Zeit der Sachsenkriege, das Capitulare Saxonum vom Jahre 797, das eine Reihe von Strafbestimmungen milderte und für die Bußen die unterschiedliche Wirtschaftskraft der einzelnen Teile Sachsens berücksichtigte[265].

Der Sachsenkrieg endete im Jahre 803 mit dem Frieden von Salz (bei Neustadt a. d. Fränk. Saale), allerdings ist dieser Vertrag schlecht bezeugt und deswegen umstritten[266]. Gern wüßte man, wer dabei Vertragspartner Karls des Großen war. Vielleicht hängt mit diesem Ereignis ein erhaltendes Geiselverzeichnis zusammen, das zehn Westfalen, zwölf Engerer und 15 Ostfalen aufführt[267], die von alemannischen Grafen und Äbten bewacht wurden (vgl. u. S. 675). Auch die Aufzeichnung der Lex Saxonum, des sächsischen Stammesrechtes zeigt, daß sich die Verhältnisse bei den Sachsen rasch normalisierten. Einhard läßt den sächsischen Krieg allerdings erst im Jahre

3. Die Eingliederung in das karolingische Reich

3. Die Eingliederung in das karolingische Reich

804 enden, bezieht also noch die Niederschlagung des letzten Widerstandes im nordöstlichen Stammesgebiet der Sachsen mit ein. Das sächsische Gebiet nördlich der Elbe wurde zunächst im Jahre 804 den Abodriten überlassen [268]. Diese Maßnahme war bei einem Treffen Karls des Großen mit dem Abodritenführer Thrasco in Hollenstedt (bei Hamburg-Harburg) abgesprochen worden [269].

[138] S. oben S. 560. – [139] H. HALBERTSMA, The Frisian kingdom, in: Berr. van de Rijksdienst voor het Oudheidkundig Bodemonderzoek 15/16, 1965/66, S. 69–108; W. H. FRITZE, Zur Entstehungsgeschichte des Bistums Utrecht. Franken und Friesen 690–734, in: RheinVjbll 35, 1971, S. 107–151. – [140] Vita Liudgeri (wie Anm. 77), I, c. 25, S. 30 f.; G. SELLO, Redbod-Erinnerungen, in: Upstalsboom-Bll. 10/11, 1921/1923, S. 1–16. – [141] ZÖLLNER (wie Anm. 34), S. 167. – [142] Belege: Th. BREYSIG, Jahrbücher des fränkischen Reiches 714–741 (JbbDtG), 1869; H. HAHN, Jahrbücher des fränkischen Reiches 741–752 (JbbDtG), 1863; L. OELSNER, Jahrbücher des fränkischen Reiches unter König Pippin (JbbDtG), 1871. – [143] Die Vita Sturmi des Eigil von Fulda, hg. von P. ENGELBERT (VeröffHistKommHessWaldeck 29), 1968, c. 5, S. 134 f.; vgl. WAND (wie Anm. 72), S. 27. – [144] Die Briefe des Heiligen Bonifatius und Lulls, hg. von M. TANGL (MGH Epp. sel. 1), 1916, 60, S. 123 (745). – [145] F. SCHWIND, Die Franken in Althessen, in: Althessen im Frankenreich, hg. von W. SCHLESINGER (Nationes 2), 1975, S. 211–280, S. 216. – [146] SCHLESINGER, Das Frühmittelalter (wie Anm. 31), S. 350 ff. – [147] SCHLESINGER, Burgen und Burgbezirke. Beobachtungen im mitteldeutschen Osten, in: Festschr. für R. KÖTZSCHKE, 1937, S. 61–91, Neudr. in: W. SCHLESINGER, Mitteldeutsche Beitrr. zur deutschen Verfassungsgesch. des Mittelalters, 1961, S. 158–187, 473–477. – [148] LINTZEL, Die Tributzahlungen (wie Anm. 32), S. 83 f. – [149] WAND (wie Anm. 72), S. 153 f. – [150] R. GENSEN, Der Christenberg bei Münchhausen und seine Bedeutung, in: HessJbLdG 18, 1968, S. 14–26. – [151] GENSEN, Der Christenberg (wie Anm. 150), S. 14 ff.; DERS., Christenberg, Burgwald und Amöneburger Becken in der Merowinger- und Karolingerzeit, in: Althessen im Frankenreich, hg. von W. SCHLESINGER (Nationes 2), 1975, S. 121–172. – [152] Alte Burg bei Werden, vgl. H. AUBIN, Ursprung und ältester Begriff von Westfalen, in: Der Raum Westfalen, II, 1, 1955, S. 3–35, S. 8, Anm. 26: dreiperiodig; D. ELLMERS, Ringwälle bei Werden, in: Führer zu vor- und frühgeschichtlichen Denkmälern 15, 1969, S. 164–177. – [153] K. HEINEMEYER, Der Königshof Eschwege in der Germar-Mark (Schrr. des Hess. Landesamtes für gesch. Landeskunde 34), 1970, S. 29 ff. – [154] K. HEINEMEYER, Königshöfe und Königsgut im Raum Kassel (Veröff. des Max-Planck-Inst. für G. 33), 1971, S. 143 ff. – [155] W. KÜTHER, Lupnitz. Fiskus–Villa–Gau–Mark–Wildbann, in: Festschr. für W. SCHLESINGER, II (Mitteldt. Forsch. 74/II), 1974, S. 162–237. – [156] P. GRIMM, Funde aus Schloß Seeburg, Kr. Eisleben, in: Ausgrabungen und Funde 10, 1965, S. 42–45; SCHLESINGER, Burgen (wie Anm. 147), S. 159 ff. – [157] Bischof Hildiger von Köln wurde im Jahre 753 bei der Iburg erschlagen, als er König Pippin auf einem Feldzug gegen die Sachsen begleitete; NEUSS-OEDIGER (wie Anm. 68), Register, s. v. Iburg, setzen diese Burg mit der Iburg bei Osnabrück gleich, vgl. dazu u. Anm. 226. – [158] S. u. S. 587 f. – [159] KOCH (wie Anm. 73), S. 60, nimmt an, daß das Gebiet an der Ijssel schon um 700 sächsisch war; vgl. Vita Lebuini antiqua, hg. von A. HOFMEISTER, in: MGH SS 30, 1926, S. 789–795, c. 2, S. 791 f.; Vita S. Liudgeri (wie Anm. 77) I, c. 13, S. 17 f. – [160] An der westlichen Peripherie hatten mehrere westfränkische Klöster wahrscheinlich schon um 700 Besitz, vgl. G. HÖVELMANN, Westfränkischer Klosterbesitz am unteren Niederrhein, in: RheinVjbll 27, 1962, S. 18–36, Karte S. 35. Zum Teil mag der Besitz mit anderweitig nicht bezeugter Missionstätigkeit dieser Klöster zusammenhängen. – [161] MGH DKdGr 213 (811): Sachsen und Friesen wohnten im Raum von Kassel beieinander. –

[162] E. E. STENGEL, Politische Wellenbewegungen im hessisch-westfälischen Grenzgebiet. Aus der Werkstatt des „Geschichtlichen Atlas von Hessen", in: MittVHessG 1927, S. 4–8, Neudr. in: DERS., Abhandlungen und Untersuchungen zur Hessischen Geschichte (VeröffHistKommHessWaldeck 26), 1960, S. 347–354. − [163] WENSKUS, Stammesbildung (wie Anm. 64), S. 429 ff.; DERS., Probleme der germanisch-deutschen Verfassungs- und Sozialgeschichte im Lichte der Ethnosoziologie, in: Historische Forschungen für W. SCHLESINGER, 1974, S. 19–46. − [164] Vgl. o. S. 176, u. S. 639 f.; M. LINTZEL, Sachsen, Cherusker und Angrivarier, in: SachsAnh 13, 1937, S. 41–51. Neudr. in: DERS., Ausgewählte Schriften, I, 1961, S. 47–54. − [165] AUBIN, Ursprung (wie Anm. 152), S. 3 ff. − [166] WENSKUS, Stammesbildung (wie Anm. 64), S. 54 ff.; DERS., Sachsen–Angelsachsen–Thüringer (wie Anm. 35), S. 469 ff., 483 ff. − [167] HAMANN, o. S. 5; vgl. PATZE, u. S. 660 ff. An der Echtheit der Vita Lebuini, der eine Schlüsselfunktion für die Sachsenforschung zukommt, ist nicht zu zweifeln. − [168] Anskarii vita S. Willehadi, hg. von G. H. PERTZ, in: MGH SS 2, 1829, S. 378–389, c. 3, S. 380 f. − [169] Vita Lebuini antiqua (wie Anm. 159), c. 3 ff., S. 792 ff.; Übersetzung nach: K. HAUCK, Ein Utrechter Missionar auf der altsächsischen Stammesverfassung, in: Das erste Jahrtausend, hg. von K. BÖHNER u. a., Textband II, 1964, S. 734–745, S. 737 f. − [170] HAUCK, Goldbrakteaten (wie Anm. 23), S. 110, Anm. 336. − [171] E. HENNECKE, H.-W. KRUMWIEDE, Die mittelalterlichen Kirchen- und Altarpatrozinien Niedersachsens (Studien zur Kirchengesch. Niedersachsens 11), 1960, S. 192. − [172] Hinzuweisen ist auch auf einen Ort Marslo (zwischen Leese und Loccum, bei Nienburg); vgl. HAUCK, Goldbrakteaten (wie Anm. 23), S. 110, Anm. 336. − [173] HAUCK, Goldbrakteaten (wie Anm. 23), S. 110 f. − [174] MGH Cap. I 26, c. 34 (um 785). − [175] S. u. S. 606 f. − [176] Wie Anm. 169. − [177] Vgl. B. REHFELDT, Todesstrafen und Bekehrungsgeschichte, 1942; D. FEUCHT, Grube und Pfahl. Ein Beitrag zur Geschichte der deutschen Hinrichtungsbräuche (Jur.Studien 5), 1967. − [178] Traditiones Corbeienses (wie Anm. 14), A I § 3 (822). − [179] Bedae opera historica, hg. von J. E. KING, I, II, Cambridge (Mass.), London, 1954, 1962, II, V, 10, S. 242. − [180] Beda (wie Anm. 179), V, c. 10, S. 240 ff. − [181] WENSKUS, Sachsen–Angelsachsen–Thüringer (wie Anm. 35), S. 538 f. − [182] W. SCHLESINGER, Über germanisches Heerkönigtum, in: Das Königtum. Seine geistigen und rechtlichen Grundlagen (VortrrForsch 3), 1955, S. 105–141, S. 114 f. − [183] GEISSLINGER (wie Anm. 135), S. 101 f. − [184] S. o. S. 567 ff. − [185] H. POTRATZ, Die goldene Halskette von Isenbüttel, Kreis Gifhorn (Provinz Hannover), in: Jb. für praehist. und ethnograph. Kunst 7, 1943/48, S. 77–103; JACOB-FRIESEN (wie Anm. 22), S. 645 f. − [186] W. LAUR, Theophore Ortsnamen und Kultstätten, in: Studien zur europäischen Vor- und Frühgesch., Festschr. für H. JANKUHN, 1968, S. 359–368; H. WESCHE, Das Heidentum in der althochdeutschen Sprache, I. Die Kultstätte, Diss. phil. Göttingen 1932; DERS., Kultische Flurnamen in Niedersachsen, in: Gedenkschrift für W. FOERSTE, 1970, S. 256–270, hier S. 256 ff. − [187] H. LÖWE, Die Irminsul und die Religion der Sachsen, in: DA 5, 1942, S. 1–22; J. TRIER, Irminsul, in: WestfForsch 4, 1941, S. 99–133, S. 99 ff.; Übersetzung nach TRIER, S. 101. − [188] Lex Frisionum (wie Anm. 11), tit. XI, S. 696 f.: Strafbestimmung gegen Erbrechen und Beraubung eines Tempels (fanum). − [189] K. SCHLABOW, Leichtvergängliche Stoffe aus der Wurtengrabung „Hessens", in: Probleme der Küstenforsch. im südl. Nordseegebiet 5, 1953, S. 26–43, S. 42 f. − [190] Anton MAYER, Religions- und kultgeschichtliche Züge in bonifatianischen Quellen, in: Sankt Bonifatius, Gedenkgabe zum 1200. Todestag, 2. Aufl., 1954, S. 291–319, S. 302 ff. − [191] R. von USLAR, Zu den tumuli paganorum und corpora flamma consumpta, in: Festschr. für M. ZENDER, 1972, S. 481–489, S. 485 ff.; P. SCHMID, Zum heidnischen und frühchristlichen Bestattungsbrauch auf dem frühmittelalterlichen Gräberfeld von Dunum, Ostfriesland, in: Frühmittelalterl. Studien 3, 1969, S. 259–276; VAN ES, Grabsitten (wie Anm. 80), S. 80 ff. − [192] A. GENRICH, Zur Herkunft der Körpergräber auf sächsischen Friedhöfen, in: Urgeschichtsstudien beiderseits der Niederelbe, Festschr. für K.-H. JACOB-FRIESEN, 1939, S. 332–340, nimmt an, daß die Sachsen die Sitte der Körperbestattung von

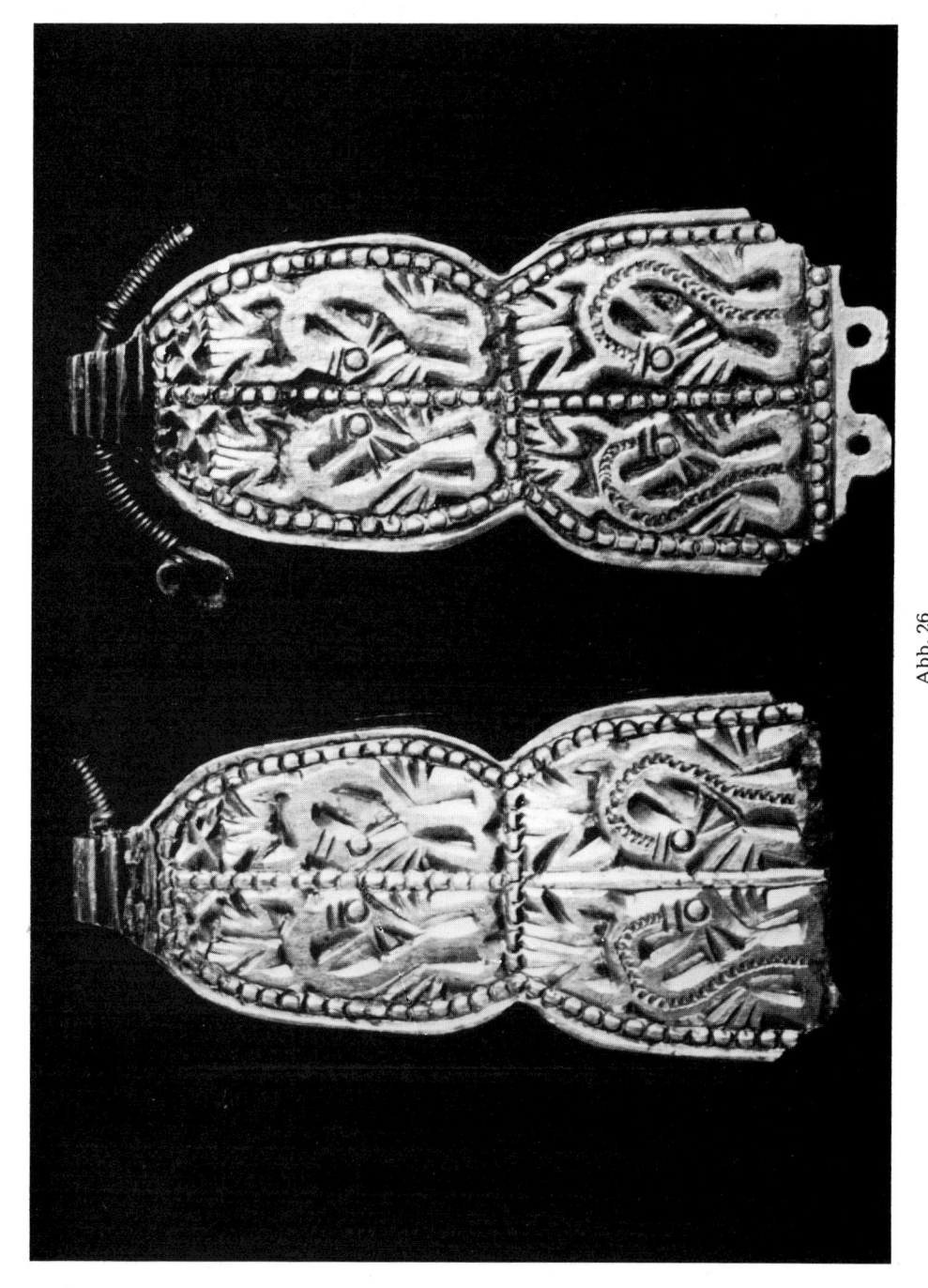

Abb. 26
Silberohrringe aus dem Museum für Naturkunde und Vorgeschichte in Oldenburg
(8. Jahrhundert)

Norden her übernommen haben; vgl. DERS., Der gemischtbelegte Friedhof (wie Anm. 99), S. 9 ff. – [193] C. AHRENS, Das spätsächsische Gräberfeld von Ketzendorf bei Buxtehude, Kr. Stade, in: NachrrNdSachsUrgeschichte 43, 1974, S. 165–171, S. 169, N-S-Grab mit Denar Ludwigs des Frommen; A. GENRICH, Archäologische Aspekte zur Christianisierung im nördlichen Niedersachsen, in: Vorchristlich-christliche Frühgeschichte in Niedersachsen, hg. von H.-H. KRUMWIEDE (JbGesNdSächsKG, 64. Beiheft), 1966, S. 21–32, Neudr. in: Die Eingliederung der Sachsen in das Frankenreich, hg. von W. LAMMERS (Wege der Forsch. 185), 1970, S. 470–486, S. 474 ff.; DERS., Der gemischtbelegte Friedhof von Dörverden (wie Anm. 99), S. 7 f. – [194] GENRICH, Archäologische Aspekte zur Christianisierung (wie Anm. 193), S. 484; D. ZOLLER, Archäologische Zeugnisse frühen Christentums, in: Werfet das Netz, Petri-Kirche zu Westerstede 1123–1973, 1973, S. 11–22, S. 11 ff., kritisch dazu: VON USLAR, Zu den tumuli (wie Anm. 191), S. 481 ff., u. S. 644. – [195] VAN ES, Grabsitten (wie Anm. 80), S. 84 ff., kritisch gegenüber K. WEIDEMANN, Die frühe Christianisierung zwischen Schelde und Elbe im Spiegel der Grabsitten des 7.–9. Jahrhunderts, Neue Ausgrabungen und Forsch. in NdSachs. 3, 1966, S. 195–211, Neudr. in: Die Eingliederung der Sachsen in das Frankenreich, hg. von W. LAMMERS (Wege der Forsch. 185), 1970, S. 389–415, S. 403 ff. – [196] Ansteckkreuze: R. MANGER, Der frühmittelalterliche Körpergräberfriedhof von Altenmedingen, in: Uelzener Beitrr. 2, 1968, S. 11–31, S. 22 ff., mit Belegen; F. NIQUET, Archäologische Zeugnisse frühen Christentums aus dem südöstlichen Niedersachsen, in: Vorchristlich-christliche Frühgeschichte in Niedersachsen, hg. von H.-W. KRUMWIEDE (JbGesNdSächsKG, 64. Beiheft), 1966, S. 33–40, S. 143–146, Neudr. in: Die Eingliederung der Sachsen in das Frankenreich, hg. von W. LAMMERS (Wege der Forsch. 185), 1970, S. 486–501, S. 37 f.; ZOLLER, Archäologische Zeugnisse (wie Anm. 193), S. 470 ff.; DERS., Archäologische Zeugnisse (wie Anm. 194), S. 11 ff. – [197] NIQUET, Archäologische Zeugnisse (wie Anm. 196), S. 495, mit Abb. – [198] MÜLLER-WILLE, Pferdegrab (wie Anm. 124), S. 119 ff. – [199] H. STEUER, M. LAST, Zur Interpretation der beigabenführenden Gräber des achten Jahrhunderts im Gebiet rechts des Rheins, in: NachrrNdSachsUrgeschichte 38, 1969, S. 25–88. – [200] H. HAIDUCK, Die Kirche von Middels (Stadt Aurich/Ostfriesland). Eine archäologische und baugeschichtliche Untersuchung, in: Probleme der Küstenforsch. im südl. Nordseegebiet 10, 1973, S. 15–37; P. SCHMID, Der Kirchwarf von Middels (Stadt Aurich/Ostfriesland), in: Probleme der Küstenforsch. im südl. Nordseegebiet 10, 1973, S. 1–13, mit Hinweisen auf weitere Beispiele, S. 2 f.; R. WOUDSTRA, Oudheidkondige opgravingen in de Ned. Hervoorm. Kerk te Diever (Drente), in: Berr. van de Rijksdienst voor het Oudheidkundig Bodemoderzoek 7, 1956, S. 15–35; VAN ES, Grabsitten (wie Anm. 80), S. 89: Bestattung in der Kirche in Emmen, Drente, aus der Zeit um 800. – [201] H. JANKUHN, Einführung, in: Heiligtümer und Opferplätze in Mittel- und Nordeuropa (AbhhAkad.Gött III, 74), 1970, S. 11–17, bes. S. 15. – [202] S. u. S. 653 ff. – [203] Neufunde: BUSCH – DÜWEL – MILDE – NIQUET (wie Anm. 93), S. 89 f.: Armring aus Bronze mit Runeninschrift (Fälschung?). – [204] H. HOMANN, Der Indiculus superstitionum et paganiarum und verwandte Denkmäler, Diss. phil. Göttingen 1965, S. 4 ff.; vgl. MAYER, Religions- und kultgeschichtliche Züge (wie Anm. 190), S. 301 ff. – [205] H. JANKUHN, Spuren der Anthropophagie in der Capitulatio de partibus Saxoniae? In: NachrrAkad.Gött 1968, S. 59–71. – [206] S. o. S. 176. – [207] K. BRANDI, Karls des Großen Sachsenkriege, in: NdSächsJbLdG 10, 1933, S. 29–52, Neudr. in: Die Eingliederung der Sachsen in das Frankenreich, hg. von W. LAMMERS (Wege der Forsch. 185), 1970, S. 3–28, dazu kritisch: LINTZEL, Der sächsische Stammesstaat (wie Anm. 21), S. 184 ff. – [208] Einhardi vita Karoli Magni, hg. von G. WAITZ (MGH SS rer. Germ.), 1880, c. 7, S. 10. – [209] H. AUBIN, Geschichtliche Grundlagen der Kultur des Frühmittelalters zwischen Maas und Harz, in: Karolingische und ottonische Kunst. Werden, Wesen, Wirkung (Forsch. zur Dt. Kunstgesch. und christl. Archäol. 3), 1957, S. 1–15, S. 1: „angriffsweise Verteidigung gegen die Einfälle dieses Volkes, in dem noch die Völkerwanderung nachzitterte". – [210] Einhardi vita Karoli Magni (wie Anm. 208), c. 7, S. 9. – [211] K. HAUCK, Die Ausbreitung des Glaubens in Sachsen und die Verteidigung der römischen Kirche als konkurrierende Herrscheraufgaben Karls des Großen, in: Frühmittelalterl. Studien 4, 1970, S. 138–172. – [212] ZÖLLNER, Die politische Stellung (wie Anm. 34), S. 168, Anm. 8; DRÖGEREIT (wie Anm. 54), S. 82 f. – [213] H. SCHMIDT, Friesische Freiheitsüberlieferungen im hohen Mittelalter, in: Festschr. für H. HEIMPEL, III (Veröff. des Max-Planck-Inst. für G. 36/3), 1972, S. 518–545. – [214] Annales regni Francorum, hg. von F. KURZE. (MGH SS rer. Germ.), 1895, a. 772, S. 32 ff. – [215] Annales regni Francorum (wie Anm. 214), a. 772 ff., S. 32 ff.; vgl. AUBIN, Ursprung (wie Anm. 152), S. 26. – [216] A. JENKIS, Die Eingliederung „Nordalbingiens" in das Frankenreich, in: ZGesSchleswHolstG 79, 1955, S. 81–104, Neudr. in: Die Eingliederung der Sachsen in das Frankenreich, hg. von W. LAMMERS (Wege der Forsch. 185), 1970, S. 29–58; DRÖGEREIT, Wigmodien (wie Anm. 54), S. 53 ff. – [217] AUBIN, Ursprung (wie Anm. 152), S. 9 ff.; der dort unternommene Versuch, den Namen der Ostfalen als sekundär gegenüber dem der Westfalen zu erweisen, ist nicht überzeugend; vgl. LINTZEL, Sachsen, Cherusker (wie Anm. 164), S. 47 ff.; H. KUHN, Name und Herkunft der Westfalen, in: WestfForsch 27, 1975, S. 1–7. – [218] Vita S. Liudgeri (wie Anm. 77), I, c. 21, S. 34. – [219] MGH Cap. I 115. – [220] Poeta Saxo, hg. von P. von WINTERFELD, in: MGH Poet. Lat. 4, 1, 1899, S. 1–71, I, v. 26 ff., S. 8. – [221] A. K. HÖMBERG, Westfalen und das sächsische Herzogtum (Schrr. der Hist. Komm. Westf. 5), 1963, S. 1 ff.; DRÖGEREIT (wie Anm. 54), S. 54 ff. – [222] HÖMBERG, Westfalen (wie Anm. 221), S. 1 ff., überzeugend gegen H. AUBIN, Ursprung (wie Anm. 152), S. 9 ff. – [223] S. u. S. 609 ff. – [224] A. VON OPPERMANN, C. SCHUCHHARDT, Atlas vorgeschichtlicher Befestigungen in Niedersachsen, 1888–1916, S. 60 ff., Taf. 58; A. FEHLER, Obermarsberg, in: Niedersachsen 7, 1901/1902, S. 22–26. – [225] VON OPPERMANN - SCHUCHHARDT (wie Anm. 224), S. 53, Taf. 55; M. SÖNNECKEN, Frühmittelalterliche Keramik auf der Hohensyburg, in: Der Märker 5, 1956, S. 167 f., mit Hinweis auf Badorfer Keramik. – [226] Vgl. Vita Bennonis, hg. von G. WAITZ (MGH SS rer. Germ.), 1884, c. 13 f., S. 15 ff.; frühmittelalterliche Funde im Nieders. Landesmus. Hannover (Hinweis R. GENSEN); vgl. VON OPPERMANN – SCHUCHHARDT (wie Anm. 224), S. 65 f., Taf. 52 A; H. ROTHERT, Dersaburg und Iburg. Eine Bemerkung zum Atlas vorgeschichtlicher Befestigungen in Niedersachsen, in: ZHistVNdSachs 85, 1920, S. 133–135; LÜNNEMANN, Iburg und Driburg. Eine Geschichte der Burg und Stadt nebst Bericht über die jüngsten Ausgrabungen, 1907, weist keine frühmittelalterlichen Funde von der Iburg bei Bad Driburg (Ausgrabungen 1901/2) nach. – [227] Skeptisch gegenüber einer Befestigung: M. LINTZEL, Die Unterwerfung Sachsens durch Karl den Großen und der sächsische Adel, in: SachsAnh 10, 1934, S. 30–70, Neudr.. in: DERS., Ausgewählte Schriften, I, 1961, S. 95–127, S. 110 Anm. 79; vgl. ROBITZSCH, Die Befestigungen auf dem Brunsberge bei Höxter. Ihre Beschreibung, ihre Erklärung und ihre Geschichte, in: ZVaterlGAlterthumskunde 40, 1882, II, S. 98–117. – [228] Annales regni Francorum (wie Anm. 214), a. 784, S. 68 f.; VON OPPERMANN–SCHUCHHARDT (wie Anm. 224), S. 67 f., Taf. 53. – [229] W. R. LANGE, Babilonie, in: Reallexikon der Germ. Altertumskunde, 2. Auflage, I, 1965, S. 570–572. – [230] H. JANKUHN, Ein Fund des frühen Mittelalters vom Bramwald, Krs. Münden, in: GöttJb 1958, S. 57–65; vgl. VON OPPERMANN–SCHUCHHARDT, Atlas (wie Anm. 224), S. 34, Taf. 26. – [231] M. CLAUS, W. SCHLÜTER, Die Pipinsburg bei Osterode am Harz. Neue Forschungsergebnisse, in: Ausgrabungen in Deutschland, 1 (Röm-Germ. Zentralmus. zu Mainz, Monographien 1, 1), 1975, S. 253–272, S. 262; SCHLÜTER (wie Anm. 126), S. 129 ff. – [232] W. SCHLESINGER, Zur Geschichte der Magdeburger Königspfalz, in: BllDtLdG 104, 1968, S. 1–41, S. 1 ff., S. 9. – [233] S. o. S. 562; H.-G. PETERS, Die Wittekindsburg bei Rulle, Kr. Osnabrück, in: Ausgrabungen in Deutschland, 3 (Röm-Germ. Zentralmus. zu Mainz, Monographien 1, 3), 1975, S. 41–56. – [234] K. HAUCK, Paderborn, das Zentrum von Karls Sachsen-

Mission 777, in: Adel und Kirche, Festschr. für G. TELLENBACH, 1968, S. 92–140, S. 133 ff., lokalisiert die „Karlsburg" 3 km ö. Liesborn (bei Paderborn) an der Glenne. – [235] Gegen die älteren Anschauungen von K. RÜBEL und C. SCHUCHHARDT vgl. M. LAST, Zur Erforschung frühmittelalterlicher Burgwälle in Nordwestdeutschland, in: NdSächsJb LdG 40, 1968, S. 31–60; H. HINZ, Die Stellung der Curtes innerhalb des karolingischen Wehrbaues, in: Germania 45, 1967, S. 130–142; R. von USLAR, Abschied von der curtis, in: Siedlung, Burg und Stadt, Festschr. für P. GRIMM (Dt.Akad. der Wiss., Schrr. der Sektion für Vor- und Frühgesch. 25), 1969, S. 153–156. – [236] M. LAST, Bewaffnung der Karolingerzeit, in: Reallexikon der Germ. Altertumskunde, 2. Auflage, II, 1975, S. 466–473. – [237] Annales regni Francorum (wie Anm. 214), a. 776, S. 42 ff. – [238] WAND (wie Anm. 72), S. 28 f. – [239] Hauptquelle für die Ereignisse der Sachsenkriege unter Karl dem Großen sind die Annales regni Francorum (wie Anm. 214); danach im wesentlichen das folgende. – [240] S. o. Anm. 227. – [241] BM² 267 f (830). – [242] HAUCK, Paderborn (wie Anm. 234), S. 127 f. – [243] S. u. S. 662 f. – [244] HAUCK, Paderborn (wie Anm. 234), S. 119 ff., führt die St.-Dionysius-Kirchen im Raum von Borken und Rheine auf diese frühe Mission zurück. – [245] W. WINKELMANN, Der Schauplatz, in: F. BRUNHÖLZL, H. BEUMANN und W. WINKELMANN, Karolus Magnus et Leo Papa. Ein Paderborner Epos vom Jahre 799 (Studien und Quellen zur westf. G. 8), 1967, S. 99–107, vgl. 643 ff. – [246] H. HARTWIG, Widukind in Geschichte und Sage (Bielefelder Beitrr. zur Volks- und Heimatkunde 1), 1951. – [247] Annales regni Francorum (wie Anm 214), a. 777, S. 48 f. – [248] Vita S. Liudgeri (wie Anm. 77), I, c. 21, S. 24. – [249] LINTZEL, Der sächsische Stammesstaat (wie Anm. 21), S. 197 ff. – [250] BM² 696 (819). – [251] W. METZ, Hammelburg und Hameln in den ältesten Fuldaer Güterverzeichnissen, besonders dem des Casselanus Jur.F 15, in: NdSächsJbLdG 28, 1956, S. 232–239; Trad.Fuld. (wie Anm. 15), Liber mortuorum fratrum, c. 9, S. 182: *Haec sunt nomina fratrum de monasterio hamala;* zu Brunshausen s. u. S. 610; zu Visbek: W. HANISCH, Quellenanalysen zu den Anfängen des Christentums im Oldenburger Münsterland, in: Oldenb. Münsterland, Jb. 1970, S. 69–87. – [252] Trad.Fuld. (wie Anm. 15), c. 41, 1–20, werden in die Zeit Abt Baugulfs eingereiht (780–802), vgl. Fuld.UB I (wie Anm. 15), 491; W. METZ, Fulda und Niedersachsen, in: NdSächsJbLdG 37, 1965, S. 135–140. – [253] H. K. SCHULZE, Die Grafschaftsverfassung der Karolingerzeit in den Gebieten östlich des Rheins (Schrr. zur Verfassungsgesch. 19), 1973, S. 278 ff. – [254] MGH Cap. I 26 (um 785); vgl. u. S. 644. – [255] LINTZEL, Die Unterwerfung (wie Anm. 227), S. 108. – [256] M. LINTZEL, Die Vorgänge in Verden im Jahre 782, in: NdSächsJbLdG 15, 1938, S. 1–41, Neudr. in: DERS., Ausgewählte Schriften, I, 1961, S. 147–174; W. SCHMITT, Das Gericht zu Verden 782, in: ThürSächsZGKunst 27, 1940, S. 14–26; Neudruck in: Die Eingliederung der Sachsen in das Frankenreich, hg. von W. LAMMERS (Wege der Forsch. 185), 1970, S. 243–257. – [257] Annales regni Francorum (wie Anm. 214), a. 783, S. 64 f. – [258] Vita S. Willehadi (wie Anm. 168), c. 6, S. 381 f. – [259] Vgl. den Brief Papst Hadrians, in: Codex Carolinus, hg. von W. GUNDLACH, in MGH Epp. 3, 1892, S. 496–657, 76, S. 607 f. (786): ganz Sachsen ist für das Christentum bereit. – [260] BM² 268 i. – [261] K. HAUCK, Politische und asketische Aspekte der Christianisierung, in: Dauer und Wandel der Geschichte, Festschr. für K. VON RAUMER, 1966, S. 45–61, S. 56. – [262] Vita S. Liudgeri (wie Anm. 77), I, c. 23, S. 27 ff.; Annales Laureshamenses, hg. von G. H. PERTZ, in: MGH SS 1, 1826, S. 22–39, a. 792, S. 35; A. SCHRÖER, Das Datum der Bischofsweihe Liudgers von Münster, in: HJb 76, 1957, S. 106–117, Neudr. in: Die Eingliederung der Sachsen in das Fränkische Reich, hg. von W. LAMMERS (Wege der Forsch. 185), 1970, S. 346–364, S. 363; DRÖGEREIT (wie Anm. 54), S. 82 f. – [263] W. OHNSORGE, Die Auswirkung der byzantinischen staatlichen Siedlungsmethoden auf die Sachsenpolitik Karls des Großen, in: NdSächsJbLdG 39, 1967, S. 86–102, überschätzt den Einfluß von Byzanz. – [264] BM² 338 d; vgl. G. DROEGE, Fränkische Siedlung in Westfalen, in: Frümittelalterliche Studien 4, 1970, S. 271–288;

L. FIESEL, Franken im Ausbau altsächsischen Landes, in: NdSächsJbLdG 44, 1972, S. 74–158, bes. S. 102 ff. – [265] MGH Cap. I 27 (797). – [266] M. LINTZEL, Der Sachsenfrieden Karls des Großen, in: NA 48, 1929, S. 1–32, Neudr. in: DERS., Ausgewählte Schriften, I, 1961, S. 175–198. – [267] MGH Cap. I 115; BM² 410. – [268] JENKIS (wie Anm. 216), S. 36 ff.; H. JANKUHN, Karl der Große und der Norden, in: Persönlichkeit und Geschichte (Karl der Große, Lebenswerk und Nachleben, hg. von W. BRAUNFELS, 1), 1965, S. 699–707, S. 700. – [269] BM² 406 g; C. AHRENS, Die Untersuchungen an der karolingerzeitlichen Burg bei Hollenstedt, Kr. Harburg, in den Jahren 1968–1972. Ein Vorbericht, in: HarburgJb 13, 1968/72, S. 72–104.

4. SACHSEN UND OSTFRIESEN IM KAROLINGISCH-OSTFRÄNKISCHEN REICH

Mit dem Stammesgebiet der Sachsen und dem ostlauwerschen Friesland hatte sich das fränkisch-karolingische Reich die letzten noch selbständigen Herrschaftsbildungen germanischer Stämme zwischen Alpen und Nordsee einverleibt. Das Reichsgebiet wurde damit um knapp 10 Prozent erweitert; der germanische Bevölkerungsanteil gegenüber dem romanischen erheblich gestärkt[270]. Fortan grenzte das karolingische Reich mit seiner gesamten Ostgrenze an Slaven und Awaren; im Norden war mit den Dänen ein neuer Nachbar in das Blickfeld gerückt.

Die fränkischen Herrscher konnten künftig zumindest theoretisch das Potential der Sachsen und Friesen ausschöpfen; zugleich bot sich die Möglichkeit, dem fränkischen Adel neue Herrschaftspositionen und der Kirche neue Aufgaben zuzuweisen. Die Mitwirkung der Sachsen und Friesen bei Reichsaufgaben wird vor allem im Zusammenhang mit den Heeresaufgeboten sichtbar; die Sachsen nahmen, wie erwähnt, bereits im Jahre 782 an einem Slavenfeldzug teil.

Es ist schwierig, die Bedeutung Sachsens und Ostfrieslands für das Karolingerreich im einzelnen zu bestimmen. Folgt man den schriftlichen Quellen, dann war die neugewonnene Substanz nicht allzu groß. Die Translatio S. Alexandri verwendet einzelne Sätze aus der „Germania" des Tacitus, um den Zustand Sachsens zu beschreiben: Sachsen ist dünn besiedelt, arm und städtelos[271]. Eine solche Bewertung klingt noch bis in die neuere Geschichtsschreibung nach[272]. Daß Sachsen und Friesen auf vielfältige Weise schon früh mit dem Karolingerreich verflochten waren, hat die archäologische Forschung eindrucksvoll zeigen können[273]. Mit verbesserten Methoden hat die neuere historische Forschung ähnliches ergeben; daß nämlich politische und dynastische Verbindungen des sächsischen Adels zu den Franken im 8. Jahrhundert intensiver waren, als man bisher annahm[274].

Ob sich auch die Verfassung bei Franken und Sachsen/Friesen in ihren wesentlichen Bereichen grundsätzlich phasengleich entwickelten, oder ob bei den Sachsen und Friesen relativ altertümlichere Lebensformen fortdauerten, war in den letzten Jahren heftig umstritten, vor allem die Frage, ob sich bei den Sachsen im 8. Jahrhundert bereits das Lehnswesen nachweisen läßt oder nicht[275]. Auf der anderen Seite ist es unumstritten, daß Sachsen und Friesen mit der Eingliederung in das fränkische Reich einen wesentlichen Entwicklungsschub erhielten und grundsätzlich eher der nehmende als der gebende Teil waren: Teilhabe an der christlich-antiken Kultur, vor allem an der Schriftkultur, an einer entwickelteren Geldwirtschaft und auch an fortschrittlicheren Formen der Wirtschaft überhaupt, insgesamt also Neuerungen, die man kaum überschätzen kann. Was durch diese Anpassungsvorgänge bei Sachsen und Friesen verschüttet wurde, läßt sich nur in Trümmern greifen[276].

Die Entwicklung Sachsens und Ostfrieslands in der späten Karolingerzeit war nach wie vor eng mit der Geschichte der fränkischen Dynastie verbunden und läßt sich dementsprechend gliedern:

Phase des Einheitsreiches unter Ludwig dem Frommen (bis ca. 830)

Ludwig der Deutsche, Ludwig der Jüngere (bis 882)

Erneute Reichseinheit (bis 887)

Übergangsphase vom karolingischen zum deutschen Reich unter Arnulf von Kärnten und Ludwig dem Kind (bis 911).

Vorausschauend muß bemerkt werden, daß das Stammesgebiet der Sachsen im 9. Jahrhundert grundsätzlich fern der Kerngebiete königlicher Herrschaft und Präsenz lag[277] und daß damit zweifellos früh ein Wildwuchs der eben erst nach Sachsen übertragenen Verfassungseinrichtungen verbunden war. Diese „Königsferne" spiegelt sich in den Quellen, vor allem in dem nur begrenzten Interesse der erzählenden Quellen und in der geringen Zahl von Königsurkunden für sächsische Empfänger.

Phase des Einheitsreiches

Als Stichjahr für die Eingliederung Sachsens und Ostfrieslands in das karolingische Reich gilt — wie oben bereits ausgeführt — das Jahr 782; die sich bereits in den Jahren davor abzeichnende Annahme des Christentums kann in diesem Zusammenhang außer Betracht bleiben.

Die im Jahre 782 zu Sachsen und Friesen übertragene Grafschaftsverfassung beendete das Eigenleben dieser Stämme und glich die neuen Reichsteile hinsichtlich der Verfassung dem karolingischen Reich an[278]. Damit wurde zugleich ein Teil des Adels, wurden vor allem aber die nichtadeligen Stände der Sachsen ihrer Teilhabe am politischen Leben beraubt, ein anderer Teil des Adels durch die Gewährung von Herrschaftsrechten nachdrücklich herausgehoben. Die Verfassungslandschaft bei den Sachsen und Friesen wurde durch diese neue Ordnung in erheblichem Maße bereinigt und normiert. Die hohen

Wergeldsätze des Adels in der Lex Saxonum sollten zweifellos den so ausgezeichneten Adel in seinen Ansprüchen absichern. Ob und gegebenenfalls in welchem Maße neben dem Grafengericht eine Niedergerichtsbarkeit für das Fortleben altsächsischer Verfassungseinrichtungen und verfassungsmäßiger Rechte auch der nichtadeligen Bevölkerung sorgte, etwa in der Art der späteren Gogerichte, ist umstritten [279]. Widerstand gegen die grundlegende Neuordnung bei Sachsen und Ostfriesen durch die karolingischen Herrscher ist für das erste halbe Jahrhundert dieser neuen Zeit nicht nachzuweisen. Ein organisches Hineinwachsen der Sachsen und Ostfriesen in das karolingische Reich war nur für die Dauer von wenigen Jahrzehnten möglich; auch in dieser von äußerer Bedrohung noch relativ freien Zeit schufen Wiedergutmachungsansprüche der frankenfreundlichen Partei Unruhe [280]. Bald nach der Jahrhundertwende bedingten die unsichere Slavengrenze und die Angriffe der Normannen über See, daß neben den Grafschaften großräumigere Verfassungseinheiten neu geschaffen werden mußten. Erstmals wurde dies im Jahre 805 für das an die Slaven angrenzende östliche Sachsen erkennbar [281]. Neue Herrschaftsformen und Herrschaftspositititionen zeichneten sich damit ab; sie schufen innerhalb der Stammesgebiete von Sachsen und Friesen neue Differenzierungen.

In kultureller Hinsicht waren die Jahrzehnte, in denen der geistige und politische Kontakt zum linksrheinischen Gebiet noch ungestört war, für das Stammesgebiet der Sachsen von erheblicher Bedeutung: Die Einrichtung der Bistümer und – wenn auch wesentlich schlechter bezeugt – des Niederkirchenwesens wurden vervollständigt. Die beiden bedeutendsten Klöster in Sachsen wurden in dieser Zeit gegründet: Corvey (815/822) und Herford (um 822). Beide waren mit ihren Mutterklöstern links des Rheins, Corbie und Soissons, eng verbunden [282]. Diese Klöster und ihre Gründer und Förderer legen Zeugnis ab von der Reichseinheit zu Beginn des 9. Jahrhunderts. In welchem Maße Sachsen auch auf anderen Bereichen an der kulturellen Überlegenheit des Westens teilhatte, bleibt angesichts der Quellen offen; am ehesten lassen sich hierfür Handschriftenwanderungen nach Sachsen anführen [283].

Daran, daß Sachsen rasch und relativ störungsfrei in das Karolingerreich hineinwuchs, hatte zweifellos Wala einen erheblichen Anteil, der noch zur Zeit Karls des Großen eine Art Statthalterschaft wahrnahm [284]. Als Sohn des Bernhard, der wiederum ein Sohn Martells war, und einer Sächsin konnte die Verbindungen zwischen dem Fränkischen Reich und der neu eroberten Provinz sichern und stärken. Wala faßte das sächsische Aufgebot zusammen und führte es gegen die Feinde, vor allem wohl gegen die Slaven. An der Spitze von 11 Grafen erscheint er bei dem Dänenfrieden des Jahres 811. Allerdings sollte diese wichtige Tätigkeit Walas nicht lange dauern; mit dem Herrschaftsantritt Ludwigs des Frommen verlor er seine Machtfülle und konnte sie später nicht zurückgewinnen. Auch in der Folgezeit gab es Personen, die solche Sonderaufgaben wahrnahmen, ohne daß sich ihre Amtstätigkeit lückenlos nachweisen oder mit den Begriffen der Verfassungsgeschichte zutreffend beschreiben ließe. Hinzuweisen ist auf Ekbert, einen Sachsen, der mit einer Fränkin verheiratet war und dessen Sohn Cobbo schon in einer Quelle des 9. Jahrhunderts als *illuster* oder *venerabilis dux* bezeichnet wurde [285].

Der im Jahre 840 in Sachsen nachweisbare Banzleib war einer der wenigen Angehörigen des westfränkischen Adels, die – zweifelsfrei erkennbar – im sächsischen Stammesgebiet Aufgaben und Besitz zugewiesen bekommen hatten [286], also einer der Angehörigen des „Reichsadels". Im Jahre 832 wird er als „sächsischer Markgraf" *(Saxoniae patriae marchio)* bezeichnet. Aus diesem Personenkreis stammten vor allem die Verfechter der Reichseinheit; entsprechend wurden die Lehen Banzleibs im Jahre 840 eingezogen.

Die Grafschaftsverfassung war grundsätzlich auf eine stabile und funktionstüchtige Zentrale zugeschnitten, die durch Königsboten *(missi)* nach Bedarf vor Ort eingreifen konnte. Die Kapitularien zeigen hinreichend, daß ein solches „Gegensteuern" vielfach notwendig war; die Grafen versuchten nur allzu häufig, ihre Befugnisse zu Lasten der Grafschaftsangehörigen auszuweiten [287]. Die Amtsbereiche der Grafen, die im Jahre 782 eingesetzt wurden, orientierten sich zweifellos an den seinerzeit vorgegebenen räumlichen Einheiten, den *pagi* (Gauen) [288]. Obwohl die Belege für die Amtstätigkeit der einzelnen Grafen im 8./9. Jahrhundert relativ spärlich sind, läßt sich zeigen, daß *pagus* und Grafschaft schon früh, vielleicht auch schon von Anfang an, nicht deckungsgleich waren [289]. So sind im Jahre 889 in einem *pagus* drei Grafen bezeugt [290], im Jahre 859 werden mehrere *pagi* als Amtsbereich von vier Grafen genannt [291]. Siedlungslandschaft und politische Raumordnung entwickelten sich also auseinander. Freilich darf man sich die Amtsbereiche der karolingerzeitlichen Grafen nicht als geschlossene Einheiten vorstellen; sie waren durchsetzt mit kirchlichen Immunitäten, mit Haus- und Amtsgut anderer Grafen und Adliger. Die Tendenz zur Vererbung der Grafschaft und zur Verschmelzung von Amtsgut und Eigengut sorgte dafür, daß sich die politische Raumordnung in der Karolingerzeit rasch veränderte. Insgesamt ist festzuhalten, daß man in das konkrete Machtgefüge der sächsischen Grafen nur sehr begrenzte Einblicke gewinnt.

Ludwig der Deutsche, Ludwig der Jüngere

Die innere Krise des karolingischen Reiches brach um das Jahr 830 aus, als sich die Söhne Ludwigs des Frommen aus erster Ehe gegen ihren Vater und dessen Sohn aus zweiter Ehe erhoben; dies geschah etwa gleichzeitig mit äußeren Erschütterungen durch die Angriffe der Normannen auf die Nordseeküste. Der sächsische Adel blieb anscheinend bis zum Tode Ludwigs des Frommen auf der Seite des rechtmäßigen Kaisers; Loyalitätskonflikte und Fraktionsbildungen gab es erst nach dessen Tod. So konnte sich z. B. Ludwig der Fromme bei einem gegen ihn gerichteten Aufstand auf Sachsen in seinem Heer stützen (832)[292]. Ludwig der Deutsche, der im Jahre 831 die Anwartschaft auf das rechtsrheinische Gebiet erhalten hatte, datierte im Rückgriff seine Herrscherjahre beginnend mit dem Jahre 833 *in orientali Francia*[293]; dies ist ein wichtiger Markstein auch für die Geschichte Nordwestdeutschlands. In diesem „Ostreich" gewannen die Sachsen gegenüber den vorangegangenen Jahrzehnten erheblich mehr an Bedeutung, obwohl oder besser gerade weil sich der König dort nur relativ selten aufhielt. In den zeitgenössischen, bei den Sachsen niedergeschriebenen Quellen finden sich keine Hinweise darauf, daß man der Reichseinheit als Idee anhing[294].

Das Ausmaß der „Frankisierung", der fortwirkenden Übertragung fränkischer Einrichtungen und Lebensformen, wird man für diesen Zeitraum infolgedessen nicht allzuhoch einschätzen können[295]. Eine nennenswerte Einwurzelung stammesfremden Adels im sächsischen Stammesgebiet ist nicht festzustellen[296]. Die geringe Nutzung des Reichsgutes in Sachsen durch den König hat sicher diesen Besitz entfremdet und die Macht des sächsischen Adels gesteigert.

In der zweiten Phase der Auseinandersetzungen zwischen dem Vertreter der Reichseinheit, Lothar, und den auf Reichsteilung dringenden Brüdern Ludwig und Karl war der sächsische Adel in seiner Loyalität gespalten. So erhielt z. B. der Widukind-Enkel Waltbert, der Gründer des Alexander-Stifts in Wildeshausen, Empfehlungsschreiben für seine Romreise von Lothar[297], Graf Liudolf kurz zuvor ein solches von Ludwig dem Deutschen[298]. Das Scheitern Lothars in der Schlacht von Fontenoy (bei Auxerre) schwächte die Partei, die für die Reichseinheit eintrat, entscheidend[299]. Der sächsische Adel wurde zweifellos auf die Seite Ludwigs des Deutschen und damit zur Entscheidung gegen die Reichseinheit gedrängt, als Lothar die aufständischen Stellinga-Leute auf seine Seite zu ziehen suchte.

Im Stellinga-Aufstand[300] entlud sich ein letztes Mal sächsischer Widerstand gegen die tiefgreifenden Wandlungen, die die Eingliederung Sachsens in das Karolingerreich bewirkt hatte. Die zeitgenössischen Quellen bieten ein widersprüchliches Bild der Ereignisse[301]. Der Aufstand ging – ohne erkennbaren Auslöser – aus von den Unfreien und von den *Frilingi* und richtete sich gegen deren Herren. Ziel der Aufständischen war die Rückkehr zum „alten Recht", das in der Heidenzeit gegolten hatte. Ob es sich dabei vorrangig um politische oder religiöse Ziele gehandelt hat, läßt sich nicht bestimmen. Ähnlich wie zwei Generationen vorher endete der Aufstand mit Hinrichtungen; die überlieferten Zahlen für das Jahr 842 sind allerdings glaubhafter als die für das „Blutgericht von Verden"[302]: 140 Aufständische wurden enthauptet, 14 erhängt, ein größere Anzahl verstümmelt.

Im Jahre 843 wurde die, auf die Zukunft hin gesehen, dauerhafte Auflösung des karolingischen Reiches offiziell vollzogen. Sachsen blieb im Reich Ludwigs des Deutschen. Die friesischen Gebiete rechts der Ems gehörten zunächst zu Lothringen, folgten aber eine Generation später dem sächsischen Stamm auf dem Weg in das Ostreich[303].

Ein stärkerer Zugriff Ludwigs des Deutschen auf Sachsen nach der Unruhephase der dreißiger und vierziger Jahre läßt sich feststellen. So versuchte er im Jahre 852, in Verlust geratenes Reichsgut wieder an sich zu ziehen; es ist kaum anzunehmen, daß dieses Bemühen nennenswerte oder gar dauerhafte Ergebnisse brachte[304]. Nach dem Jahr 862 ist für geraume Zeit, bis auf Arnulf von Kärnten, kein Aufenthalt des Herrschers im sächsischen Stammesgebiet nachzuweisen. Auch das Aufhören der Kapitularien-Gesetzgebung läßt generell erkennen, daß der Einfluß der Zentralgewalt dort geschwunden war. Nachrichten über sächsische Aufgebote im Heer Ludwigs des Deutschen sprechen dafür, daß der Stamm auch im militärischen Bereich, zumal bei der Grenzsicherung im Osten, weitgehend sich selbst überlassen blieb[305].

Als das Einheitsreich in den letzten Jahren Ludwigs des Frommen auseinanderbrach, hat zweifellos der Reichsadel in noch stärkerem Maße seine überregionalen Beziehungen eingebüßt als die Stifter und Klöster. Zwar verlor z. B. das Erzstift Bremen seine Cella Turhoult in Flandern[306], das Kloster Corvey sein Eigenkloster Rebaix (bei Meaux)[307], aber die geistigen und zumal die geistlichen Bindungen bestanden fort. Die fortdauernden Übertragungen von Reliquien vom westfränkischen in das ostfränkische Reich spiegeln jedenfalls die Änderungen in der politischen Landschaft nicht wider[308].

Mit welcher Regelmäßigkeit die Sachsen auf den ostfränkischen Reichstagen vertreten waren, hat sich nicht klären lassen[309]. Wenn es im Jahre 875 auf dem Reichstag von Tribur (bei Worms) ernste Zusammenstöße zwischen Sachsen und Franken gab, so wird damit schlaglichtartig das Selbstbewußtsein des Neustammes sichtbar[310]. Gleichwohl kämpften im Jahr darauf die Sachsen neben den anderen ostrheinischen Stämmen auf seiten Ludwigs des Jüngeren (876–882)[311], der für wenige Jahre das Erbe seines Vaters antrat. Obwohl Ludwig der Jüngere mit einer Tochter des Herzogs Liudolf verheiratet war, fehlen Spuren seiner Anwesenheit in Sachsen.

Arnulf von Kärnten

Das knappe Jahrzehnt der erneuten Reichseinheit unter Karl III., dem jüngsten Sohn Ludwigs des Deutschen, hat wie die kurze Herrschaft Ludwigs des Jüngeren keine nennenswerten Spuren bei Sachsen und Friesen hinterlassen.

Die Frage, in welchem Maße die rechtsrheinischen Stämme bei der Erhebung König Arnulfs eine Rolle spielten, zumal, ob von diesen Stämmen die Initiative ausging, ist umstritten [312]. Da für Sachsen diese Frage noch schwieriger zu entscheiden ist als für andere Stämme, braucht diese Kontroverse hier gleichfalls nicht ausführlicher erörtert zu werden.

Die erhaltenen Herrscherurkunden und zumal der Zug gegen die Abodriten (889) zeigen, daß Arnulf in stärkerem Maße als Ludwig der Deutsche und zumal Karl III. versucht hat, die Reichsgewalt in Nordwestdeutschland geltend zu machen [313]. Daran, daß gegenüber der Zeit Karls des Großen und Ludwigs des Frommen der Einfluß des Reiches bei Sachsen und Friesen zurückgegangen war, konnten diese Maßnahmen nichts ändern.

Komplementär zur abnehmenden Präsenz des Königtums bei den ostrheinischen Stämmen und zumal bei Sachsen und Friesen, wie dies die Fuldaer Annalen zum Jahre 872 eindrucksvoll bekunden, wuchs die Macht der „großen Familien" [314]. Erscheinungsformen und Grundlagen dieser Machtbildung werden weiter unten noch beschrieben.

Zum Verständnis des nun folgenden sollen hier jedoch zumindest zwei Angehörige der wichtigsten sächsischen Familien kurz beschrieben werden, zumal dadurch die Verfassungszustände bei den Sachsen des 9. Jahrhunderts ganz allgemein beleuchtet werden. Die Vita Idae bezeugt um das Jahr 980, daß Ekbert *dux* der Sachsen zwischen Rhein und Weser gewesen sei [315]; dies ist zwar eine späte, aber doch nicht zu verwerfende Nachricht. Von einem *ducatus Westfalorum* spricht ferner auch eine Urkunde Ludwigs des Deutschen [316]. Im Osten, östlich der Weser, nahmen die Liudolfinger die bedeutendste Stellung ein. Dort leiteten sie allem Anschein nach die Grenzwehr gegen die Slawen und gegen die Normannen, eine Funktion, die ihnen bei erfolgreichem Handeln zweifellos ermöglichte, sich Reichsgut anzueignen und eine adelige Gefolgschaft an sich zu ziehen. Die Vita Hathumodae nennt bereits den im Jahr 866 gestorbenen Liudolf *dux* [317]. Diese herzogliche Stellung ist für seinen Sohn unumstritten; er fiel im Jahre 880 an der Spitze eines sächsischen Aufgebotes gegen die Normannen.

„Das Reich der Franken begann abzunehmen, das der Sachsen zu wachsen" schreibt Widukind von Corvey für das späte 9. Jahrhundert [318]. Am eindrucksvollsten wird dieses „Wachstum" sicherlich bei den Liudolfingern deutlich, die auch Widukind als Adressaten seiner Sachsengeschichte im Auge hat. Ein Enkel Herzog Liudolfs errang im Jahre 919 die deutsche Königswürde. Blickt man von jenem Punkt auf die 150 Jahre zurück, die Sachsen im Reich bzw. in den Reichen der Karolinger verbracht hat, so zeigt sich ein beeindruckender Aufstieg dieser Stammeslandschaft und zumal ihrer bedeutendsten Adelsfamilie.

Die ständische Gliederung der Sachsen in der Karolingerzeit

Den schriftlichen Quellen der späten Merowinger- und der Karolingerzeit läßt sich entnehmen, daß es bei den Sachsen (die Friesen bleiben hier außer Betracht) drei Stände gab:

nobilis, Adel
liberi, ingenui, Freie
liti, lati, Unfreie (unterschiedlicher rechtlicher und sozialer Stellung)
Die *servi* schließlich standen als Unterschicht unter- und außerhalb der Ständeordnung.

Die Friesen bleiben hier zunächst außer Betracht. In der sächsischen Sprache hießen die drei sächsischen Stände *edhilingi, frilingi* und *lazzi*. Allein die Translatio S. Alexandri schiebt zwischen den zweiten und dritten Stand einen weiteren ein, die *liberti*. Diese *liberti* (wörtlich: Freigelassene) sind am ehesten als aufgestiegene Unfreie und deren Nachkommen zu begreifen, die noch nicht an allen Rechten der Freien teilhatten; so konnten sie mit dem von ihnen bewirtschafteten Besitz von ihren Herren verschenkt werden [319]. In anderen Quellen sind sie wahrscheinlich unter den Freien zu suchen.

Die Distanz der einzelnen Stände zueinander bleibt zunächst dunkel. Die Vita Lebuini antiqua, die als erste Quelle genauere Nachrichten über die Verfassung der Sachsen bietet, berichtet zwar über die Teilhabe aller drei Stände an der Stammesversammlung, gibt aber sonst keine genauen Aufschlüsse; die Kirchengeschichte des Beda, die in das späte 7. Jahrhundert zurückleuchtet, nennt die sächsischen Stände nicht einmal. Erst die Bußgeldsätze der Kapitularien und der Lex Saxonum [320] zeigen, daß die ständische Ordnung bei den Sachsen außerordentlich zerklüftet war, vor allem aber auch, daß sich der erste Stand kraß von den anderen beiden abhob. So beträgt die Buße für einen Totschlag in der Lex Saxonum [321] für einen

nobilis 1440 *solidi,*   *litus* 120 *solidi,*   *servus* 36 *solidi.*

Hier interessiert zunächst weniger der – schwer vorstellbare – jeweilige Geldwert der einzelnen Buße, als vielmehr die Relation der Bußen untereinander. Bei einem geringfügigerem Anlaß werden in dem Capitulare Saxonicum folgende Relationen für *nobiliores, ingenui, liti* sichtbar: 12 : 5 : 3 [322]. Die beiden letzteren Stände sind also einander deutlich näher als der zweite dem ersten Stand.

Ob der sächsische Adel erst in den frühen Jahren der Frankenherrschaft so deutlich von den beiden anderen Ständen abgehoben wurde, damit er gegenüber diesen wahrscheinlich weniger frankenfreundlichen Ständen geschützt war [323], läßt sich nicht zweifelsfrei entscheiden. Die kastenmäßige Abschließung des Adels und das Heiratsverbot zwischen Angehörigen unterschiedlichen Standes hebt die Translatio S. Alexandri hervor [324]. Als diese Quelle im 9. Jahrhundert abgefaßt wurde, hatten sich allerdings, zuletzt durch den Stellinga-Aufstand, die Verfassungszustände gegenüber dem 8. Jahrhundert gründlich verändert. Unter welchen Umständen die ständische Ordnung bei den Sachsen entstanden ist, geht aus den Quellen nicht zuverlässig hervor. Widukind von Corvey projiziert die Genese auf eine Zeitebene, in die Landnahmezeit: Den ersten Stand bildete die sächsische Erobererschicht, den zweiten deren Kriegsgenossen und Freigelassene, den dritten die unterworfene heimische Vorbevölkerung[325]. Diese eindimensionale, „ethnische" Deutung befriedigt nicht, weil damit die nachfolgenden historischen Entwicklungen ausgeklammert werden.

Mehr noch aber als die Frage, auf welche Weise die sächsischen Stände entstanden sind, hat die Forschung die Frage bewegt, wie sich zahlenmäßiges Gewicht und politische Macht der ersten beiden Stände zueinander verhalten haben, ob der Adel tonangebend war oder aber eine der Zahl nach starke Schicht von Freien (Gemeinfreien)[326]. Heute ist man geneigt, eher den Adel als den Stand anzusehen, der die Geschicke des Stammes maßgeblich prägte. Dabei ist allerdings einzuräumen, daß gerade die Freien in den Quellen, vor allen Dingen in jenen Quellen, die die neuere Forschung vornehmlich heranzieht, selten genannt werden.

Angesichts der unbefriedigenden Auskünfte der schriftlichen Quellen über Anteil und Bedeutung der einzelnen sächsischen Stände haben seit etwa einem halben Jahrhundert die Archäologen versucht, die nichtschriftlichen Quellen zum Sprechen zu bringen und die Bestattungen der einzelnen Gräberfelder auf Grund ihres unterschiedlichen Reichtums an Beigaben auf die einzelnen Stände zu verteilen. Es wurde bereits im Abschnitt über die Religion der Sachsen und Friesen darauf hingewiesen, daß der Grabbrauch keine Systematik und keine signifikante Schichtung erkennen läßt und demzufolge ein solches Bemühen auch erfolglos bleiben muß[327].

Die Unfreien

Die Tatsache, daß die Ergebnisse archäologischer Forschung bei dem Bemühen, die ständischen Verhältnisse der Karolingerzeit zu erhellen, nur wenig weiterhelfen, gilt in besonderem Maße für die Unfreien. Beigabenarme und beigabenlose Gräber, die man gern dem untersten Stand zusprechen möchte, können häufig eine auffällige Grabtiefe oder eine Überhügelung aufweisen und somit einen erheblich höheren „Ausstattungsgrad" besitzen, als andere, die relativ mehr Beigaben enthalten. Unfreie begegnen in den schriftlichen Quellen allenfalls als Objekte von Rechtsgeschäften, als Leistungspflichtige oder aber als Arme und Elende, deren Gebrechen durch das wunderbare Wirken der Heiligen geheilt werden[328]; ihre Lebensbedingungen und ihr Selbstverständnis werden auf diese Weise nur unvollkommen erkennbar. Die Terminologie ist nicht einheitlich und wirft manche Fragen auf.

4. Sachsen und Ostfriesen im Karolingisch-Ostfränkischen Reich 607

Ein, wenn auch bescheidener sozialer Aufstieg der Unfreien ist im Verlauf der Karolingerzeit nachzuweisen: Zwar gibt es im 9. Jahrhundert noch mehrfache Hinweise auf die unbeschränkte Verfügungsgewalt eines Herren über Unfreie, etwa im Fall der friesischen Sklavin, die von ihren Landsleuten an einen Sachsen verkauft worden war und um die Mitte des 9. Jahrhunderts in der Nähe von Wildeshausen lebte[330], aber die Tendenz zur Ausstattung der einzelnen unfreien Familie mit einer Hufe gegen periodisch zu leistende Abgaben und Dienste ist unverkennbar. Der Überschuß an verfügbarem Land und der Mangel an selbständig und effektiv wirtschaftender Bevölkerung hat im Zusammenhang mit der Fortentwicklung des wirtschaftlichen Lebens daran zweifellos einen erheblichen Anteil gehabt. Soweit die Unfreien in den auf die Grundherrschaft bezogenen Quellen erscheinen, werden sie dort zu behandeln sein[331]. Vereinzelt weisen schon die Lex Saxonum und die Lex Frisionum darauf hin, daß dem Unfreien die Möglichkeit zum Freikauf gegeben war[332]; ein solcher Aufstieg von einem Stand in den anderen wird aber selten gewesen sein.

Die Freien

„Freie bäuerliche Bevölkerung tritt in dieser Frühzeit in den Quellen nicht entgegen, doch muß ihr Vorhandensein wohl vorausgesetzt werden." Diese Äußerung W. Schlesingers für die frühen Thüringer gilt ähnlich auch für die Sachsen und Friesen[333]. Die Lex Saxonum und die Lex Frisionum zeigen die labile Existenz der Freien, die z. B. in wirtschaftlicher Not ihre Freiheit aufgeben mußten[334]. Die an das geistliche Milieu gebundene und in ihm bewahrte Überlieferung nennt Freie in der Regel nur dort, wo sie sich in die Wachszinsigkeit begeben haben[335]. Freiheit bedeutete vor allem freie Verfügung über Grundbesitz und besonders in der Karolingerzeit direkte Bindung an den König[336]. Diese Freien leisteten eine besondere Abgabe, den Königszins, den Königshafer oder ähnliches[337]. Die Hoffnung, an Hand solcher Abgaben oder späterer Nennungen[338] den Anteil der Freien und ihre räumliche Verteilung genauer zu bestimmen, wird jedoch dadurch eingeschränkt, daß in den karolingischen wie auch in den nachkarolingischen Jahrhunderten Gruppen von Freien neu entstanden, und zwar vornehmlich durch Rodung[339], vielleicht aber auch durch die Ansiedlung als Militärkolonisten auf Reichs- oder Kirchenland[340].

Die Lebensform der Freien ist schwer zu bestimmen, sie konnten sowohl bäuerlich wirtschaften, zu einer Grundherrschaft gehören[341] als auch Grundherren sein.

In vielerlei Hinsicht waren die Freien den Unbilden der Zeit besonders ausgesetzt. Sie wurden in der Karolingerzeit häufig zum Wehrdienst herangezogen und konnten deswegen ihren Besitz nicht regelmäßig und sachgemäß bewirtschaften[342]. Das gab Anreiz, sich gegen die Leistung eines geringen Wachszinses[343] unter den Schutz einer geistlichen Institution zu stellen, auch wenn die Heeresfolge zunächst unberührt blieb. Die karolingischen Herrscher hatten hingegen ein nachhaltiges Interesse daran, die Freien als leistungsfähigen Stand zu erhalten; deswegen verwehrten sie z. B. den Grafen, die Freien willkürlich zu bedrücken[344]. Allerdings minderte der technische Wandel den militärischen Wert des bäuerlich lebenden Freien: die Existenz als Reiterkrieger vertrug sich immer weniger mit der eines Bauern; Adel und Bauern rückten zunehmend auseinander. Zweifellos hat die Zahl der Freien bei Sachsen und Friesen sich im 9. Jahrhundert erheblich verringert[345].

Der Adel

Der Adel ist von den drei Ständen derjenige, über den die Quellen der Merowinger- und vor allem der Karolingerzeit die meisten Aufschlüsse bieten. Es handelt sich dabei zunächst um die zahlreichen Urkunden und Urkundenauszüge, die adeligen Besitz nennen, fast ausschließlich allerdings zu dem Zeitpunkt, zu dem dieser veräußert wird. Den Zeugenreihen dieser Urkunden lassen sich vielfältige Aufschlüsse über Verwandtschaftsbeziehungen innerhalb des Adels und über seine lokale Präsenz entnehmen. Adlige Herrschaft nach innen, vor allem die Entstehung adeliger Gefolgschaft, bleibt weithin im dunkeln[346]. Das Selbstverständnis und das Selbstbewußtsein des Adels spiegeln die Lebensbeschreibungen sächsischer „Adelsheiliger" der Karolingerzeit, die an den im 9. Jahrhundert gegründeten Hausklöstern der großen Familien entstanden[347], und weitere mit diesen Stiftungen verbundene erzählende Quellen[348] und Urkunden. Die Viten nennen allerdings nur einen relativ begrenzten Personenkreis in der näheren Umgebung der jeweiligen Hauptperson bzw. der geistlichen Stiftung und reichen allenfalls bis auf den ältesten christlichen Vorfahren zurück; so z. B. die Vita Liutbirgae auf den Sachsenführer Hessi. Über eine mögliche Kontinuität des sächsischen Adels der Merowingerzeit geben die Viten also keine Aufschlüsse. Die Totenbücher, so der teilweise erhaltene Nekrolog des Klosters Wendhausen (siehe Abb. 22, S. 547)[349] ergänzen zwar die Namen der erzählenden Quellen, reichen aber nicht weiter zurück als diese. Umfangreiches, noch nicht voll ausgeschöpftes Namenmaterial bieten die Gedenkbucheinträge, die von sächsischen Adeligen oder Geistlichen in Klöstern außerhalb des Stammesgebietes veranlaßt wurden, so in St. Gallen und im Kloster Reichenau[350]. Diese Einträge zeigen, daß das Gemeinschaftsbewußtsein des sächsischen Adels wesentlich weitere Kreise gleichzeitig lebender wie verstorbener Personen erfaßte, als die erzählenden Quellen annehmen lassen. Vor allem rücken neben dem jeweiligen Mannesstamm auch die Verwandten der angeheirateten Frauen in das Blickfeld. Damit wird deutlich, daß moderne Begriffe wie Familie oder

Geschlecht dem Gemeinschaftsbewußtsein des frühmittelalterlichen Adels nicht voll gerecht werden[351]. Dieser Sachverhalt muß im folgenden im Auge behalten werden.

Adeliges Milieu vorkarolingischer Zeit wird erstmals in der Vita Lebuini antiqua sichtbar: Der sächsische Adelige Folkbraht und sein Sohn Helco erwarten plaudernd ihren Gast Lebuin. Hunde schlagen im Hof an, als dieser eintrifft[352]. Hier werden bereits andeutungsweise die Grundzüge des „adeligen Landlebens" vor Augen geführt (vgl. u. S. 636 f.).

Die Nachrichten, die sich über die Adelssitze der Karolingerzeit den Quellen entnehmen lassen, zeigen, daß der Adel nicht auf Burgen, sondern in seinen Wirtschaftshöfen lebte[353]. Den Archäologen war es bisher noch nicht vergönnt, einen solchen Adelssitz zu untersuchen. Auf die Verfassung des adeligen Grundbesitzes wird in anderem Zusammenhang zurückzukommen sein; wichtig ist hier der Nachweis, daß die Besitzstabilität des merowinger- und karolingerzeitlichen Adels wesentlich geringer war, als die des hochmittelalterlichen. Teilungen, zumal bei mehreren Kindern, konnten rasch zu Rangminderungen und damit zu sozialem Abstieg führen. Durch Rodungen konnte hingegen der Besitz an einzelnen Orten ausgeweitet und vermehrt werden. Kirchenvogteien, Lehns- und Amtsgut der Grafen schufen im Bereich der Besitzverhältnisse während der Karolingerzeit erhebliche Änderungen, wurden damit doch festere, vererbbare und weniger der Teilung unterworfene Besitzkomplexe begründet. Die Neugewinnung von Lehen und Ämtern war zweifellos ein wichtiges Ziel adeliger Politik. Auch willkürliche Ausweitung von Herrschaft und Besitz hat es gegeben; darauf wurde bereits hingewiesen[354]. Dieser Vorgang wird allerdings nur im Echo der Verbote in den Kapitularien und in der Klage geistlicher Institutionen kenntlich, läßt sich mithin in seiner realen Bedeutung nur unvollkommen beschreiben.

Seit langem kennt die Forschung jene sächsischen Adelsfamilien am besten, die Klöster gegründet haben und sich damit Stätten schufen, an denen die Erinnerung an die Stifter und ihre Nachkommen wachgehalten wurde. Diese Klöster und Stifter lagen keineswegs, wie es die Überlieferung glauben machen will, in der Einsamkeit, sondern innerhalb der Siedlungslandschaft ihrer Zeit an Orten, die allem Anschein nach schon vorher eine wichtige Rolle für die Gründerfamilie gespielt haben[355].

Einige der wichtigsten Adelsfamilien sollen im folgenden kurz charakterisiert werden.

Die Liudolfinger

Namengebend für diese führende Familie des sächsischen Adels wurde Liudolf († 866), der im Jahre 852 mit seiner Gemahlin das Stift Gandersheim gründete[356]. An diesen Ort hatten die beiden bereits zu diesem Zweck von Rom aus Reliquien der Heiligen Anastasius und Innocentius überführt[357]. Die Lebensbeschreibungen der Hathumod, der Tochter der Stifter und ersten Äbtissin[358], und die ein Jahrhundert später aufgezeichneten Primordia coenobii Gandeshemensis der Hrotsvith von Gandersheim[359] nennen die Eltern und Vorfahren des Liudolf nicht, hingegen die Eltern der Oda; sie stammten demnach aus vornehmem fränkischen Geschlecht[360]. In den letzten Jahren ist es durch genealogisch-besitzstandsgeschichtliche und namenkundliche Forschungen gleichwohl gelungen, die Vorfahren des Liudolf und ihre Besitz- und Herrschaftspositionen genauer kennenzulernen. Dabei spielt die mit Fulda verbundene Überlieferung eine wichtige Rolle. Die in den Totenannalen dieses Klosters genannte *Sti. Bonifatii cella* konnte mit dem Kloster Brunshausen, nur 1200 m nördlich von Gandersheim, identifiziert werden[361]. Da der neue Konvent des Stifts Gandersheim zunächst in Brunshausen eine Heimstatt fand, ferner eine wenig beachtete Quellenstelle die Gründung dieses Klosters dem Großvater Herzog Liudolfs zuschreibt[362] und schließlich zahlreiche Schenkungen in der näheren Umgebung von Gandersheim aufgrund der Personen- und Ortsnamen mit Vorfahren des Liudolf zu verbinden sind[363], kann mit Fug und Recht geschlossen werden, daß die Liudolfinger mindestens seit dem späten 8. Jahrhundert im näheren Umkreis von Gandersheim über umfangreichen Besitz verfügt haben müssen. So geht man wohl nicht fehl, wenn man auch jenen Liudolf, der eine – nicht lokalisierte – große Schenkung an das Kloster Fulda machte[364], in die Ahnenreihe der Liudolfinger einordnet und ihn schließlich mit jenem gleichsetzt, der im Jahre 785 im Kloster Fulda starb[365]. Ob ein ähnlicher Schluß auch für Brun gezogen werden darf, der ebenfalls früh Besitz an Fulda schenkte und dessen Name im 9. Jahrhundert in der Genealogie der Liudolfinger erscheint, sei dahingestellt (vgl. u. S. 614).

Das wiederkehrende Namenssuffix -olf (Wolf) ermöglicht es, weitere Namensträger und deren Besitz den Liudolfingern zuzuordnen und davon ausgehend auch eine Gruppe von Ortsnamen im Umkreis von Gandersheim und andernorts als Gründungen von deren Vorfahren zu erschließen. Letztlich zeichnen sich Zusammenhänge mit den Thüringer-Herzögen der Zeit um 700 ab, die das gleiche Namenssuffix aufweisen. Damit werden weiträumige Beziehungen der Merowingerzeit deutlich, die sogar England mit einschließen[366].

Die Widukinde

Stammen die Kenntnisse über die Liudolfinger vor allem aus der im Kloster Gandersheim aufgezeichneten Tradition, so gilt ähnliches im Falle der Widukinde[367]. Hier sind es das Alexanderstift in Wildeshausen, die

a) radiale Dorfanlage mit Wohn-Stall-Häusern (2./3. Jahrhundert n. Chr.)

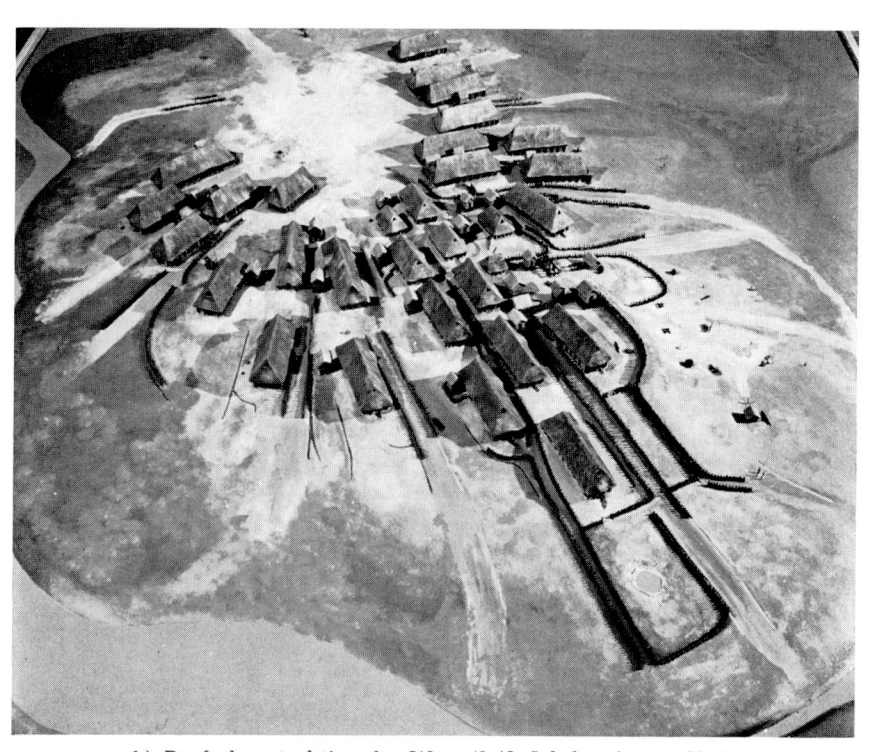

b) Dorfrekonstruktion der Wurt (2./3. Jahrhundert n. Chr.)

Abb. 27
Feddersen Wierde, Gem. Mulsum, Kr. Wesermünde

Translatio S. Alexandri und die Gründungsurkunde von 872[368]. Der Widukind-Enkel Waltbert überführte im Jahre 851 die Gebeine des Heiligen Alexander von Rom aus in das *oppidum* Wildeshausen im Leriga und gründete im Anschluß daran ein Stift. Die aus den Quellen des 9. Jahrhunderts[369] zu erstellende Genealogie sieht so aus:

Widukind
|
Wikbert ∞ Odrada
|
Waltbert
|
Wigbert

Der Name Widukind fällt aus dem hier erkennbaren Namensgebungsschema mit dem Suffix-ber(h)t heraus. Er bedeutet soviel wie „Waldsproß" und weist auf eine kultische Namensgebung hin[370]. In die Namen seiner Nachkommen ordnet sich auch der Ortsname Wildeshausen ein. Er ist nicht – wie Gandersheim – von einem älteren Flußnamen abgeleitet, sondern von einem Personennamen (Wigwalt), der durch Alliteration den Widukinden verbunden ist. Der Ort wird also von einem anderweitig nicht bezeugten Vorfahren Widukinds gegründet worden sein. Anders als bei den Liudolfingern fällt es bei den Widukinden schwer, frühe Namensträger und ihren Verwandtschaftskreis aufzuspüren und so die „auf zwei Augen stehende" Genealogie der ersten drei Generationen den tatsächlichen vorhandenen Verhältnissen anzunähern. Immerhin läßt sich der Mönch Gerbert (Castus), der Gründer des Missionsklosters Visbek (bei Vechta) dazuordnen. Dieser missionierte schon im Jahre 782 im Leriga[371] und schenkte etwa zwei Jahrzehnte darauf dem Kloster Werden dort auch Besitz an mehreren Orten (siehe Karte 32, S. 612)[372], der später mit dem des Alexander-Stifts (siehe Karte 33, S. 634) im Gemenge lag. Sein Name weist das für die Widukinde signifikante Suffix -ber(h)t auf.

Die Beziehung des Grafen Wigbert zu Kaiser Lothar hat zweifellos dabei mitgewirkt, daß die Widukind-Nachfahren nicht im Reichsdienst, sondern im Kirchendienst ihre angemessene Versorgung suchten und fanden[373]. Erst nach dem Tode Lothars sind sie unter den Anhängern Ludwigs des Deutschen zu finden. Nachkommen Widukinds sind mehrfach als Bischöfe bezeugt[374].

Früh haben sich Sage und Legende der Person Widukinds bemächtigt und die historische Tradition verdeckt[375]. Kürzlich konnte jedoch gezeigt werden, daß die meistens skeptisch beurteilte Nachricht, derzufolge die französischen Könige des 10. Jahrhunderts aus dem Haus der Robertiner von Widukind abstammen sollten, einen glaubwürdigen Kern enthält[376]. Schon das hier wie

32. Besitz des Klosters Werden im Leriga

dort erscheinende Suffix -ber(h)t läßt aufhorchen. Vorfahren der Robertiner, die sich mit den Widukinden verbinden lassen, gehören allerdings in einen früheren Horizont als den des späten 8. Jahrhunderts und führen nicht in den Leriga, sondern an den mittleren Rhein, wo sie sich unter den Schenkern an **das Kloster Lorsch finden**[377].

Die Hessi-Sippe

An den zunächst greifbaren Anfängen der Hessi-Sippe steht der namengebende Adelige, der schon früh, im Jahre 775, auf die Seite der Franken trat und für seine Treue mit dem Grafenamt belohnt wurde[378]. Die Heirat mit einer vornehmen Fränkin führte dazu, daß die Sippe außer in Sachsen auch am oberen Main heimisch wurde und sowohl in Wendhausen (bei Thale) als auch in Karsbach (bei Gemünden) ein Kloster gründete[379]. Die Vita Liutbirgae, Lebensbeschreibung der Vertrauten der Hessi-Tochter Gisla (siehe Abb. 22, S. 547) und Klausnerin in Wendhausen, führt die Lebensform einer solchen überregional verwurzelten Familie anschaulich vor Augen[380].

Die Ekbertiner

Das Traditionszentrum der Ekbertiner[381] liegt außerhalb des heutigen Niedersachsens in Herzfeld an der Lippe. Als die Gebeine der Ida, Tochter des Ekbert, erhoben wurden, schrieb der Mönch Uffing um 980 eine Lebensbeschreibung dieser Heiligen[382]. Sie war die Gemahlin des mit ihr in der Kirche zu Herzfeld bestatteten Ekbert, der dem Geschlecht seinen Namen gab und der – darauf wurde bereits hingewiesen – sehr wahrscheinlich eine herzogsgleiche Stellung eingenommen hatte.

Seine Nachkommen nahmen vielerorts im sächsischen Stammesgebiet, vor allem im heutigen Westfalen Grafschaftsrechte wahr[383]. Noch deutlicher wird die Vorrangstellung der Familie[384] dadurch, daß sie über mehrere Generationen hinweg Äbte des Klosters Corvey stellte. Der erste war Warin, der am Hofe Ludwigs des Frommen erzogen wurde. Anhand der Namengebung der Familie (z. B. Bovo = Poppo) läßt sich eine frühe Verbindung zu den Popponen ziehen[385]. So erklärt sich die Tatsache, daß der Poppone Heinrich am unteren Rhein in der Normannenabwehr tätig wurde[386]. Die neuere Forschung hat die Kenntnisse über die Ekbertiner und ihren Verwandtschaftskreis wesentlich erweitert (siehe u. S. 614)[387].

Die Billunger

Die frühen Billunger lassen sich für die Karolingerzeit – anders als die drei genannten Adelsfamilien – nicht anhand der mit einer Klostergründung verbundenen Überlieferung erfassen. Im Gegenteil, schon im Mittelalter war im billungischen Hauskloster in Lüneburg die Erinnerung an die karolingerzeitlichen Vorfahren der Stifter nachhaltig verdunkelt[388]. Anhand der Personennamen und wiederkehrender Besitzschenkungen an gleichen Orten konnte für die Namen der frühen Billunger -mann als Leitfossil bestimmt werden[389]. Damit rückt als erster der so faßbaren Billunger jener Wichmann

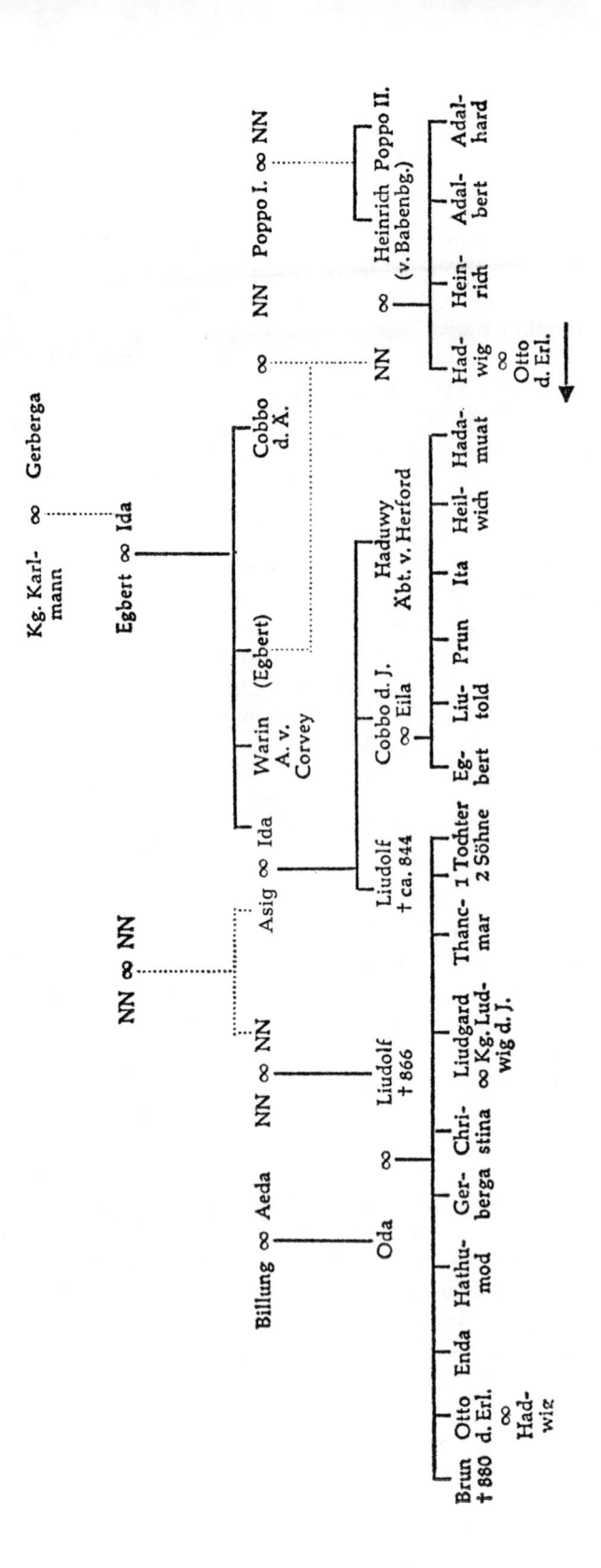

Ekbertiner und Liudolfinger

Ekbertiner
- Kg. Karlmann ∞ Gerberga
- Egbert ∞ Ida
  - Warin A. v. Corvey (Egbert)
  - Cobbo d. Ä.
    - Cobbo d. J. ∞ Eila
      - Egbert
      - Liutold
      - Prun
      - Ita
      - Heilwich
      - Hadamuat
    - Haduwy Äbt. v. Herford
    - NN ∞ Poppo I. ∞ NN
      - Hadwig ∞ Otto d. Erl.
      - Heinrich Poppo II. (v. Babenbg.)
      - Adalbert
      - Adalhard

Liudolfinger
- NN ∞ NN
  - Asig ∞ Ida
  - Liudolf † ca. 844
    - Thancmar — 1 Tochter, 2 Söhne
- NN ∞ NN
  - Liudolf † 866
- Billung ∞ Aeda
  - Oda ∞
    - Hathumod
    - Gerberga
    - Christina
    - Liudgard ∞ Kg. Ludwig d. J.
    - Enda
    - Brun † 880
    - Otto d. Erl. ∞ Hadwig
      → (Heinrich line)

in das Licht, der im Jahre 811 neben Wala und Ekbert am Dänenfrieden mitwirkte[390], ferner auch jener Graf Hermann, der wenig später in Lesum bei Bremen wohnte[391]. Ein Stammbaum läßt sich aus diesen verstreuten Befunden nicht erstellen. Der Bardengau mit Lüneburg, der als Kernlandschaft der Billunger des 10. Jahrhunderts erscheint, ist offensichtlich erst eine jüngere Herrschaftsposition[392].

Die Ergebnisse der neueren Forschung zur Frühgeschichte des sächsischen Adels, die hier nur knapp und in Auswahl referiert wurden, sind in hohem Maße abhängig von der Überlieferung der großen geistlichen Institutionen. In den Räumen, die von ihr nicht erfaßt wurden, so etwa Ostfriesland oder der Raum zwischen Elbe- und Wesermündung, bleiben die Positionen der führenden Adelsfamilien weithin im dunkeln. Hier kann die Aufarbeitung der jüngeren Überlieferung weiterhelfen.

Als wichtigstes Ergebnis dieser neuen Adelsforschung ist festzuhalten, daß der sächsische Adel des 8. Jahrhunderts keineswegs nur auf den Stamm beschränkt und in seiner Herrschaft an ihn gebunden war, sondern früh weitreichende, kulturell wirksame Beziehungen hatte.

Im Zusammenhang mit dem neugewonnenen Bild des sächsischen und friesischen Adels, das mehr und mehr schärfere Konturen gewinnt, sieht man auch die Sachsenkriege Karls des Großen heute in neuer, differenzierter Gestalt. Zunächst wurde deutlich, daß es sich bei diesem langwährenden Kampf nicht ausschließlich um einen Kampf zwischen zwei konkurrierenden politischen Systemen, Stamm – Großreich, handelte. Die Fronten verliefen unregelmäßig. Wieweit der Adel zur Zeit der Sachsenkriege autonom handeln konnte und in welchem Maße seine politischen Vorstellungen mit denen der übrigen Stände zusammenfielen, sei dahingestellt. Angesichts der vielfältigen Bindungen zum Fränkischen Reich mag dem sächsischen Adel, zumindest aber einer Adelsfraktion, dieser Krieg als ein „Betriebsunfall" erschienen sein[393].

Auswärtige Feinde

Die politisch-militärische Situation bei den Sachsen und den Friesen östlich der Lauwers im 9. Jahrhundert ist in ganz außergewöhnlichem Maße durch die Invasionen und Invasionsdrohungen auswärtiger Feinde bestimmt: der Normannen und der Slaven.

Besonders die Normannen[394] wirken als „Ferment der Auflösung" des Karlsreiches[395]. Wechselbeziehungen zwischen Erfolgen und Mißerfolgen in der Normannen- und Slavenabwehr sind in zeitgenössischen Quellen bezeugt[396]. Bisherige Darstellungen der Geschichte Niedersachsens haben diese Faktoren unterschätzt, sowohl im Hinblick auf die wirtschaftlich-sozialen Verhältnisse, als auch auf die Verfassungseinrichtungen, die – noch relativ jung – zur Zeit Karls des Großen dorthin verpflanzt worden waren. Dieses mag zu einem Teil an den knappen Angaben der erzählenden Quellen liegen: die Fuldaer Annalen und besonders auch die Xantener Annalen[397] zeigen, daß die Nähe zu den Ereignissen oder die jeweilige Besitzlandschaft entscheidende Kriterien dafür waren, ob die Ereignisse der Normannenzeit in zeitgenössischen Quellen aufgezeichnet wurden oder nicht. Skandinavische Runendenkmäler werfen bisher für die Karolingerzeit kein Licht auf Nordwestdeutschland[398], vermögen also diese Lücken der erzählenden Quellen nicht zu schließen. Der Küstenraum innerhalb des heutigen Niedersachsens war von den großen Grundherrschaften überwiegend ausgespart; infolgedessen bleiben zweifellos viele Einzelheiten der „Normannenzeit" im dunkeln[399]. In den wenigen Klöstern des nahen Hinterlandes gab es, soweit man weiß, ebenso wie im Bistum Verden keine nennenswerte karolingerzeitliche Geschichtsschreibung.

Das 9. Jahrhundert setzte Dänen und Normannen gleich[400]. Eine dänischnormannische Komponente war in der Geschichte Nordwestdeutschlands mindestens seit dem 6. Jahrhundert wirksam; bei der sächsischen Stammessage läßt sich dies erstmals, wenn auch im Nachhinein, spüren. Zu dem Zeitpunkt, als eine dichtere und zuverlässige, vor allem aber zeitgenössische Geschichtschreibung einsetzt, läßt sich die sächsisch-friesisch-dänische Nachbarschaft erneut erkennen: Widukind floh im Jahre 777 zu den Dänen[401]. Auch der Name des im Jahre 782 als fränkischer Parteigänger erschlagene Graf Emmigus-Hemming im Leriga (heute etwa: Südoldenburg) weist zu den Dänen[402].

Für die Zwischenzeit vom 6. bis zum 8. Jahrhundert zeigen die Gräberfelder des Nordseeküstenraums den materiellen Niederschlag kultureller und wirtschaftlicher Beziehungen zum skandinavischen Raum, so neuerdings vor allem das Gräberfeld Schortens (bei Jever)[403]. Diese schriftlose Zeit verbirgt zweifellos mancherlei freundschaftliche oder auch feindliche Kontakte[404]; doch zeigt das Auftreten normannischer Gesandter auf der Stammesversammlung in Marklô hinreichend[405], daß die Dänen/Normannen eine feste Größe der sächsischen Politik in vorkarolingischer Zeit waren.

Die Normanneneinfälle an der deutschen Nordseeküste erfolgten im 9. Jahrhundert ähnlich wie an den Küsten des westfränkischen Reiches rasch und unvorhersehbar als Angriff über See. Die Grafen als Führer des Heeresaufgebotes in den einzelnen Grafschaften haben sich hier wie dort meist nicht bewährt; nennenswerte Abwehrerfolge unter ihrer Führung sind für die nordwestdeutschen Küstenlandschaften kaum bekanntgeworden. Ganz zweifellos haben die Friesen mehrfach an Normannenzügen und auch an dem damit verbundenen Sklavenhandel teilgenommen[406]; sie können also nicht nur als Opfer der Ereignisse angesehen werden.

4. Sachsen und Ostfriesen im karolingisch-ostfränkischen Reich 617

Die im westfränkischen Reich seit dem 9. Jahrhundert zum Schutz der heimischen Bevölkerung gegen die Normannen in wachsender Zahl errichteten Burgen haben sich für den nordwestdeutschen Küstenraum bisher kaum zuverlässig nachweisen lassen[407]. Man wird jedoch mit einiger Sicherheit annehmen können, daß die frühe Bewehrung der Dombezirke in den sächsischen Bischofssitzen im Hinblick auf die Bedrohung durch die Normannen erfolgte, so vor allem in Hamburg[408], Bremen[409] und Verden[410]. Von den anderweitigen Befestigungen im Nordseeküstenraum zwischen Elbe- und Emsmündung hat sich bisher, anders als an der Slavengrenze, kaum eine zuverlässig in das 9. Jahrhundert datieren lassen[411]. Hierüber sind künftig noch interessante Aufschlüsse zu erwarten.

Die mehrfach bezeugte spontane Selbsthilfe der „Landleute" war zeitlich und regional nur begrenzt erfolgreich. Hier ist vor allem auf den Sieg der Friesen aus der Gegend von Norden über die Dänen im Jahre 885 hinzuweisen[412].

Folgt man den schriftlichen Quellen, so setzen die Angriffe der Normannen an der deutschen Nordseeküste später ein als in England. Bis in die letzten Jahre Karls des Großen waren die Dänen vor allem ein territoriales Grenzproblem im heutigen Schleswig-Holstein, dessen man im Jahre 809 mit dem Bau einer Befestigung an der Stör Herr zu werden suchte[413]. Im Jahr darauf erfolgte der erste Angriff auf die Friesen, und diese leisteten ihren ersten Tribut[414]; die Betroffenen mußten 100 Pfund Silber zahlen. Daraufhin wurde der Bau einer Flotte befohlen[415], ein Unterfangen, das den Quellen zufolge keinen Erfolg brachte. Karl der Große hielt sich zu jener Zeit in Verden auf; ein Hinweis dafür, daß die Maßnahmen zum militärischen Küstenschutz vor allem das heutige Niedersachsen erfassen sollten. Ob der Dänenfriede des Jahres 811 vornehmlich der Befriedung des sächsisch-dänischen Grenzraums nördlich der Elbe oder der der linkselbischen Nordseeküste dienen sollte, bleibt offen. Der Tod König Gottfrieds schuf zunächst eine unverhoffte Atempause[416].

Das Bemühen Ludwig des Frommen, bei den fortwährenden Wirren innerhalb des dänischen Königshauses einer frankenfreundlichen und dem Christentum zugeneigten Partei zum Sieg zu verhelfen, führte dazu, daß König H a r a l d im Jahre 826 in Ingelheim getauft wurde. Gleichzeitig wurde er Lehnsmann des Kaisers und empfing als Lehen die Landschaft Rüstringen[417], also den friesisch besiedelten Küstenstreifen westlich der unteren Weser. Diese Belehnung wurde wahrscheinlich deswegen vorgenommen, weil der Kaiser auf diese Weise einen wirkungsvolleren Schutz der friesischen Küste erhoffte, als dies durch die Grafen geschehen konnte, die in der Regel mit maritimen Dingen weniger vertraut waren. Wahrscheinlich kündet der im Jadebusen untergegangene Hauptort Rüstringens, † Aldessen (Haroldessem), von dieser Episode Frieslands[418]. Auch in der Gudrunsage wird, vielfach umgeschichtet, diese dänische Tradition der Nordseeküstenlandschaft sichtbar: *ze gîvers ûf den sant,* die Heimat des Hôrant von Dänemark, ist wahrscheinlich mit dem heutigen Jever gleichzusetzen[419].

Im Jahre 841 waren Haralds Söhne Harald und Rorik mit Walcheren belehnt, wahrscheinlich mit noch weiteren Besitzungen am unteren Rhein. Ob ein Tausch dieser Lehen gegen Rüstringen stattgefunden hat und ob die Auseinandersetzungen innerhalb der karolingischen Dynastie zu dieser Umsetzung geführt haben, läßt sich nicht beweisen[420]. Die über die friesischen Verhältnisse gut informierten Xantener Annalen fügen diesen Nachrichten hinzu: „Von jener Zeit an erwuchsen der christlichen Kirche viele Übel von seiten der Heiden."[421] Dies weist darauf hin, daß Harald seiner Treuepflicht als Lehnsmann nicht mehr Folge leistete. In diesem Zusammenhang ist es interessant, daß Fulda gerade in jenen Jahren über den Verlust friesischer Einkünfte klagte[422]. Es liegt demnach nahe, Harald mit jenem gleichzusetzen, der in den Jahren 834/839 das südliche Friesland verheerte[423].

Wie ernst in Nordwestdeutschland in dieser Zeit die Normannengefahr eingeschätzt wurde, zeigen die Vita Anskarii und besonders eindrucksvoll die dem Liudger zugeschriebene Weissagung in dessen ältester Vita (um 840)[424]. Liudger hat demnach prophezeit, daß die Küstengestade *(loca maritima)* infolge der Normannenangriffe nahezu unbewohnbar sein würden. Die gleichfalls visionär vorausgesehene Befriedung dieser Landschaften erfolgte erst geraume Zeit nach der Niederschrift der Vita. Diese Nachricht läßt zuverlässig darauf schließen, daß auch die friesischen Gaue der Diözese Münster von den Normannen heimgesucht wurden, Ereignisse, die für diese Zeit anderweitig nicht bezeugt sind.

Lag Münster im sicheren Hinterland, anscheinend unerreichbar für die Normannen, so waren die Bischofssitze an den großen Flüssen weit eher gefährdet. Bremen wurde im Jahre 858 von den Normannen erobert[425]. Hamburg im Jahre 845, ein Ereignis, über das die Vita Anskarii ausführlich unterrichtet[426]. Demnach fuhren die Normannen angeblich mit 600 Schiffen elbeaufwärts und belagerten die Domburg. Graf Bernhard, dessen Aufgabe es in einem solchen Notfall gewesen wäre, die Gaubewohner zur Verteidigung in die Burg zusammenzurufen, war abwesend. Eine wirkungsvolle Verteidigung kam nicht zustande.

In der einzigen großen Schlacht, die das sächsische Aufgebot vereinte, fehlten die Westfalen[427]. Sie endete mit einer totalen Niederlage und brachte schmerzliche Verluste. Am 2. Februar des Jahres 880 verloren die Sachsen an einem unbekannten Ort ihren *dux* Brun, 11 Grafen und 18 königliche Vasallen sowie die Bischöfe von Hildesheim und Minden. Im späten Mittelalter suchte man den Ort dieser Schlacht im heutigen Ebstorf (bei Uelzen)[428].

Hoffnungsvolle Ansätze zu erfolgreicher Normannenabwehr zeigten sich für wenige Jahre der Folgezeit am Niederrhein. Dort leitete der stammesfremde, aber dynastisch mit den Ekbertinern verbundene Babenberger Heinrich die Normannenabwehr, bis er im Jahre 886 starb [429]. Er wird in einer Quelle Markgraf (marchensis) genannt. Wenn mit diesen Nachrichten die Normanneneinfälle zunächst in den zeitgenössischen Quellen zurücktraten, dann lag das sicher daran, daß der Dänenführer Gottfried im Jahre 885 getötet wurde, kaum an erfolgreichen Abwehrmaßnahmen [430].

Wie sich die Normanneneinfälle im Wirtschaftsleben des späten 9. Jahrhunderts auswirkten, läßt sich an den Werdener Urbaren ablesen. Dort wird z. B. berichtet, daß in Westonstedi, heute Wardenburg (bei Oldenburg), 5 *mansi* und eine Kirche verödet waren [431], ein Vorgang, der nicht als normales Wüstwerden verstanden werden kann, sondern mit einem anderweitig nicht bezeugten Normanneneinfall zu verbinden ist. An anderer Stelle wird mitgeteilt, daß ein Friese für 13 *solidi* (ca 150 Gramm Silber) von den Normannen freigekauft worden sei [432]. Der Bericht des Abtes Hadamar vom Jahre 945 zeigt eindrucksvoll, wie sehr die Besitzungen des Klosters Fulda in Friesland durch die Normanneneinfälle und die damit verbundenen politischen Umschichtungen zusammengeschmolzen war [433]. Die Besitzungen des Adels werden ganz ähnlich gelitten haben.

Auf der anderen Seite hat das wirtschaftliche Leben im nordwestdeutschen Küstenraum auch während der Normannenzeit seinen Fortgang genommen. Die Ausgrabungen in H a m b u r g haben ergeben, daß der Handelsplatz unterhalb der Domburg auch nach dem Überfall von 845 fortbestand [434]. Auch der im Jahre 873 mit Dänemark abgeschlossene Handelsvertrag [435] läßt wirtschaftliche Kontakte von einer Art erkennen, die wenig zur Vision des Bischofs Liudger passen will. Man hat sogar gemeint, daß durch die Normannenzeit der Handel grundsätzlich belebt worden sei: Edelmetall, vornehmlich aus den Kirchenschätzen erbeutet, sei wieder in den wirtschaftlichen Kreislauf zurückgeflossen und habe den Handel angeregt [436].

Die nachwirkende T r a d i t i o n d e r N o r m a n n e n a b w e h r und der Normannenzeit überhaupt ist vor allem in den friesischen Quellen des Mittelalters lebendig geblieben: Der Gedanke der „friesischen Freiheit" ist untrennbar mit der Normannenabwehr verbunden [437]. Dies zeigt am klarsten die 7. der 17 Friesischen Küren, die aus dem 11. Jahrhundert stammt.

Auf der sächsischen Stammesversammlung sind nicht nur normannische, sondern auch slavische Gesandte erschienen, ohne daß – hier wie dort – die Art der nachbarschaftlichen Beziehungen in der vorkarolingischen Zeit deutlich wird. Bei diesen S l a v e n handelt es sich offenbar um solche, die östlich der unteren Elbe lebten. Diese rücken noch später als die Sachsen in das Licht schriftlicher Quellen und werden wie diese fast nie allein, sondern meistens in Zusammenhang mit den Sachsen, dann mit den Franken, erwähnt.

Angesichts dieser erst spät einsetzenden Überlieferung soll nun versucht werden – von jüngeren Quellen aus rückschließend – ein Bild von der frühen Verfassung der slavischen Nachbarstämme der Sachsen zu gewinnen, ist doch die Art der sächsisch-slavischen Nachbarschaft im frühen Mittelalter nachhaltig dadurch bestimmt.

Der Descriptio civitatum zufolge, die um die Mitte des 9. Jahrhunderts wahrscheinlich in Regensburg abgefaßt wurde [438], lebten die slavischen Stämme in relativ kleinräumigen Siedlungsverbänden, als deren institutionelle Mittelpunkte die Burgwälle gelten können [439]. Jeweils unterschiedlich viele solcher *civitates* bildeten einen Stamm; darüber konnte ein Großreich stehen. Von Norden nach Süden führt die Descriptio folgende slavische Stämme bzw. Großstämme auf: die Nord-Abodriten, die Wilzen und die Linonen. Im späten 8. Jahrhundert, als die Slaven nördlich und östlich der unteren Elbe in das Blickfeld der karolingischen Politik rückten, bestanden dort Konflikte sowohl zwischen den einzelnen Stämmen, vor allem zwischen den Abodriten und den Wilzen, als auch innerhalb der Führungsschicht des einzelnen Stammes [440]. Ein labiles, in seiner Legitimation gegenüber dem Stamm nicht unbestrittenes Königtum bot seit den Jahren um 800 den fränkischen Herrschern Ansatzpunkte dazu, einzugreifen und die frankenfreundlichen Slavenfürsten zu fördern. Andererseits, und das ist für die sächsischen Verhältnisse des 8./9. Jahrhunderts wichtig, griffen die Slaven in sächsische Verhältnisse ein, wenn sich die Gelegenheit bot. Über das, was bei den sächsischen Nachbarn geschah, waren die Slaven anscheinend recht gut informiert. In der Schlußphase der Sachsenkriege wurden Slaven anscheinend als Bündnispartner der Sachsen tätig (792) [441]. Auf die Niederlage der Sachsen gegen die Normannen folgte im Jahre 880 ein slavischer Einfall [442].

Die archäologische Forschung der DDR hat in den letzten Jahren zeigen können, daß die Burgwälle bei den slavischen Stämmen östlich der unteren Elbe mindestens bis in das 8. Jahrhundert und vermutlich sogar noch bis in frühere Zeit zurückreichen [443]; ähnliche Ergebnisse zeichnen sich für die Slavenforschung im heutigen Schleswig-Holstein ab. Damit aber gibt es gewichtige Gründe, die in der Descriptio geschilderten Verhältnisse um mindestens ein Jahrhundert zurückzuschreiben. Ob die wenigen slavischen Burgwälle im linkselbischen, heute niedersächsischen Hannoverschen Wendland [444] und in der Altmark [445] gleichfalls noch in die vorkarolingische Zeit zurückreichen, müssen künftige Forschungen zeigen. Die ältesten Fundschichten im slavischen Burgwall auf dem Weinberg in Hitzacker hat der Ausgräber in die Zeit um 800 datiert [446]. Jedenfalls zeigt dieser und sicher künftig noch der eine oder andere Burgwall, daß die Slaven auch im Gebiet links der Elbe für einen gewissen Zeitraum über ihre traditionellen und autonomen Verfassungseinrichtungen verfügten. Ob damit zugleich die älteste Phase slavischer Landnahme im Gebiet links der Elbe erfaßt werden kann, ist fraglich [447].

Die schriftlichen Quellen wollen zu den Befunden der Archäologen nicht recht passen; sie nennen für das 9. Jahrhundert die Elbe als Grenze von Slaven und Sachsen[448]. Demnach müßten also westlich der unteren Elbe schon damals Slaven unter der Herrschaft der Karolinger gelebt haben. In karolingerzeitlichen Quellen werden die Slaven erstmals im Jahre 780 im Zusammenhang mit den Sachsen erwähnt; an der Mündung der Ohre schlichtete Karl der Große Streitigkeiten; ältere Kontakte der Franken mit den Nordwestslaven sind unbekannt[449]. Ein im Jahre 782 angesetzter Kriegszug der Franken gegen die Slaven scheiterte, weil sich das sächsische Aufgebot nicht als zuverlässig erwies[450]. Nennenswerte, vor allem dauerhafte Missionserfolge hat es vor 800 und geraume Zeit danach bei den Slaven ganz offensichtlich nicht gegeben; insofern hat sich die von Alkuin geäußerte Hoffnung auf die Missionierung der slavischen Stämme nicht erfüllt[451]. Mit diesem Mißerfolg hängt sicherlich zusammen, daß der Bistumssitz Bardowick, das schon auf Grund seiner Lage am Rande des sächsischen Stammesgebietes auf die Mission bei den Slaven verweist, bald nach 800 in das sächsische Hinterland, nach Verden, zurückgenommen wurde[452]. Bis in die späte Karolingerzeit dominierten an der Slavengrenze die kriegerischen Ereignisse.

Das Heidentum der Abodriten hielt die karolingischen Herrscher nicht davon ab, sie als Bündnispartner gegen die Sachsen einzusetzen und ihnen auch gegen ihre Feinde, die Wilzen, zu Hilfe zu kommen.

Der großräumig angelegte Vorstoß des karolingischen Heeres im Gebiet der Wilzen wurde im Jahre 789 von einem befestigten Elbübergang aus vorgenommen und führte, den Lorscher Annalen zufolge, bis zur Peene[453]. So weit stießen fränkische, sächsische oder, später, deutsche Heere bis ins 10. Jahrhundert nicht wieder vor.

Als das Stammesgebiet der Sachsen in das fränkische Gebiet eingegliedert war, setzte allerdings, zunächst zögernd, dann immer deutlicher, eine bewußte Abgrenzungspolitik gegenüber den Slaven ein. Als im Jahre 804 Karl der Große in Hollenstedt (bei Hamburg-Harburg), auf sächsischem Gebiet, mit dem Abodritenführer Thrasco verhandelte, wurde dort, wahrscheinlich zu diesem Zweck, eine Befestigung errichtet, ein Zeichen dafür, daß man dem Frieden mit den Abodriten nicht mehr so recht traute[454]. Im Jahr darauf jedenfalls wurde im Diedenhofener Kapitular der Handelsverkehr an der gesamten Ostgrenze des karolingischen Reiches reglementiert und an bestimmten Plätzen konzentriert[455], an denen dann königliche Beamte Kontrollfunktionen ausübten. Der Waffenhandel mit den Slaven wurde verboten. Im sächsischen Stammesgebiet waren diese Kontrollstationen von Norden nach Süden: Bardowick, Schezla und Magdeburg. Um die Lokalisierung von Schezla gibt es eine langanhaltende Kontroverse, die noch nicht entschieden ist. Ausgehend von einem Hinweis bei v. Hammerstein-Loxten[456], muß man diesen fraglichen Ort am ehesten in der Nähe von Katemin (sö. Bardowick) suchen müssen. Dort ist *Schetzell* als Gewässername in der frühen Neuzeit bezeugt. Demnach ist dieser Ort wahrscheinlich noch im 9. Jahrhundert einem slavischen Vorstoß zum Opfer gefallen.

Ebenfalls im Jahre 804/5 wurden auch Befestigungen an der sächsischen Grenze angelegt, vielleicht damals schon die Befestigung auf dem H ö h ‑ b e c k , die dem Legaten Odo unterstellt war und in den Jahren um 810 mehrmals den Besitzer wechselte[457]. Damals hatten sich die karolingisch-slavischen Beziehungen bereits nachhaltig verschlechtert. Der Abodritenkönig Sclaomir fiel in den Jahren 817 und 819 von den Franken ab[458]. Einen *limes Saxonicus* – wie er in Schleswig-Holstein wahrscheinlich um das Jahr 810 angelegt wurde, um dort Sachsen und Slaven dauerhaft voneinander zu trennen – gab es an der westelbischen Slavengrenze allerdings nicht.

Obwohl Ludwig der Deutsche versuchte, gemäß seinen Interessen auf die Verfassung der Abodriten einzuwirken – vor allem die Konzentration auf ein slavisches Großreich hin zu hemmen[459] – minderte sich der Einfluß und die Einflußmöglichkeiten der fränkisch-ostfränkischen Herrscher dort tiefgreifend. Kriegszüge gegen die Slaven, wie sie für die Jahre 844, 856, 864, 867, 869 bezeugt sind, brachten keine dauerhaften Erfolge[460]. Die Sachsen waren zunehmend auf sich allein gestellt, westfränkische Truppen wurden zuletzt für den Heereszug des Jahres 848 an der Slavengrenze eingesetzt[461]. Erst Arnulf von Kärnten führte im Jahre 889 wieder ein Heer gegen Slaven an der sächsischen Ostgrenze[462].

[270] WENSKUS, Die deutschen Stämme (wie Anm. 32), S. 199. – [271] Translatio S. Alexandri (wie Anm. 40), c. 1 ff., S. 423 ff. – [272] Vgl. R. SPRANDEL, Der merowingische Adel und die Gebiete östlich des Rheins (ForschORhLdKde 5), 1957, S. 79. – [273] S. u. S. 641 ff. – [274] S. o. S. 608 ff. – [275] WALTRAUD BLEIBER, Politische Macht und sozialökonomische Grundlagen bei der Ausbildung feudaler Verhältnisse in West- und Mitteleuropa, in: ZGWiss 21, 1973, S. 810–829, S. 815 ff., mit Hinweis auf die Diskussion um dieses Thema in der DDR; vgl. S. EPPERLEIN, Sachsen im frühen Mittelalter, in: Jb. für Wirtschaftsgesch. 1966, 1, S. 189–212. – [276] F. PHILIPPI, Die Umwandlung Sachsens durch die fränkische Eroberung, in: HZ 129, 1924, S. 189–232, Neudr., in: Entstehung und Verfassung des Sachsenstammes, hg. von W. LAMMERS (Wege der Forsch. 50), 1967, S. 32–72, überschätzt die Kontinuität. – [277] Th. MAYER, Das deutsche Königtum und sein Wirkungsbereich, in: Das Reich und Europa, 2. Aufl., 1941, S. 51–63; Neudr. in: DERS., Mittelalterliche Studien, 1959, S. 28–44, S. 33. – [278] SCHULZE, Die Grafschaftsverfassung (wie Anm. 253), S. 274 ff. – [279] Problematisch ist die Rückschreibung hoch- und spätmittelalterlicher Gerichtsverfassung, wie sie PHILIPPI (wie Anm. 276), vornahm; vgl. W. SCHLESINGER, Die Auflösung des Karlsreiches, in: Persönlichkeit und Geschichte (Karl der Große, Lebenswerk und Nachleben, hg. von W. BRAUNFELS, 1), 1965, S. 792–857, S. 813; DERS. (Rez.), A. K. HÖMBERG, Westfalen und das sächsische Stammesherzogtum, in: HessJbLdG 13, 1963, S. 357–359, u. ö. – [280] BM² 696 (819). – [281] MGH Cap. I 44 (805), c. 7. – [282] J. SEMMLER, Corvey und Herford in der benediktinischen Reformbewegung des 9. Jahrhunderts,

in: Frühmittelalterl. Studien 4, 1970, S. 289–319; zur Rolle Walas: L. WEINRICH, Wala. Graf, Mönch und Rebell. Die Biographie eines Karolingers (HistStudEbering 386), 1963, S. 39 f., S. 42 f.; dort auch Diskussion über den strittigen Anteil Walas bei der Gründung des Klosters Herford. – [283] Das gilt besonders für das Kloster Werden: A. SCHRÖER, Das geistliche Bild Liudgers, in: Das erste Jahrtausend, hg. von K. BÖHNER u. a., Textband I, 1962, S. 194–215, S. 199 f.; vgl. R. DRÖGEREIT, Des Friesen Liudger Eigenkloster Werden und seine kulturelle Bedeutung, in: Emder Jb. 31, 1951, S. 5–24, S. 10, S. 12. – [284] G. TELLENBACH, Königtum und Stämme in der Werdezeit des Deutschen Reiches (QStudVerfGDtReich VII, 4), 1939, S. 13 f.; WEINRICH (wie Anm. 282), S. 18 ff. – [285] S. o. S. 613. – [286] W. METZ, Probleme der fränkischen Reichsgutforschung im sächsischen Stammesgebiet, in: NdSächsJbLdG 31, 1959, S. 77–126, S. 98 ff.; vgl. A. K. HÖMBERG, Probleme der Reichsgutforschung in Westfalen, in: BllDtLdG 96, 1960, S. 2–21. – [287] E. MÜLLER-MERTENS, Karl der Große, Ludwig der Fromme und die Freien (Forsch. zur mittelalterl. G. 10), 1963, S. 93 ff., mit Nachweis von Quellen. – [288] VON POLENZ (wie Anm. 74), S. 255 ff. – [289] Sabine KRÜGER, Studien zur Sächsischen Grafschaftsverfassung im 9. Jahrhundert (Studien und Vorarbb. zum Hist. Atlas Niedersachsens 19), 1950, S. 43 ff.; SCHULZE, Die Grafschaftsverfassung (wie Anm. 253), S. 281 ff. – [290] MGH DArn 60 (889). – [291] MGH DLdD 95 (859). – [292] B. SIMSON, Jahrbücher des Fränkischen Reichs unter Ludwig dem Frommen 814–840 (JbbDtG), I, II, 1874, 1876, II, S. 18 ff. – [293] P. KEHR, Die Kanzlei Ludwigs des Deutschen (AbhhAkad.Berlin 1932, 1), 1932. – [294] Ursula PENNDORF, Das Problem der „Reichseinheitsidee" nach der Teilung von Verdun (843) (Münch. Beitr. zur Mediävistik- und Renaissance-Forsch. 20), 1974, S. 181; W. HESSLER, Die Anfänge des deutschen Nationalgefühls in der ostfränkischen Geschichtsschreibung des 9. Jahrhunderts (HistStudEbering 376), 1943. – [295] FIESEL, Franken (wie Anm. 264), S. 74 ff., überschätzt den fränkischen Anteil bei weitem; vgl. dazu u. S. 637 ff. – [296] WENSKUS, Die deutschen Stämme (wie Anm. 32), S. 216; S. 214; Th. MAYER, Der Vertrag von Verdun, in: Der Vertrag von Verdun 843, 1943, S. 5–30, Neudr. in: DERS., Mittelalterliche Studien, 1959, S. 7–27, S. 25 ff. – [297] Translatio S. Alexandri (wie Anm. 40), c. 4, S. 427 f. – [298] H. GOETTING, Die Anfänge des Reichsstiftes Gandersheim, in: BraunschwJb 31, 1950, S. 5–52, S. 5 ff. – [299] S. o. S. 611. – [300] E. MÜLLER-MERTENS, Der Stellingaaufstand. Seine Träger und die Frage der politischen Macht, in: ZGWiss 20, 1972, S. 818–842. – [301] Vgl. Annales Bertiniani, hg. von G. WAITZ (MGH SS rer. Germ.), 1883, a. 841 f., S. 25 ff.; Annales Fuldenses (wie Anm. 6), a. 841 f., S. 31 f.; Annales Xantenses (wie Anm. 7), a. 841 f., S. 11 f.; Nithardi historiarum libri IV, hg. von R. MÜLLER (MGH SS rer. Germ.), 1907, IV, 2 ff., S. 41 ff. – [302] Annales Bertiniani (wie Anm. 301), a. 842, S. 28. – [303] ALBERTS (wie Anm. 20), S. 651; zum Grenzverlauf am Niederrhein: E. HLAWITSCHKA, Lothringien und das Reich an der Schwelle zur deutschen Geschichte (Schrr. der MGH 21), 1968, S. 15 f., S. 16, Anm. 34. – [304] E. DÜMMLER, Geschichte des Ostfränkischen Reichs (JbbDtG), I–III, 2. Aufl., 1887–1888, III, S. 366 ff. – [305] S. u. S. 621 f. – [306] Vita Anskarii auctore Rimberto, in: Vitae Anskarii et Rimberti, hg. von G. WAITZ (MGH SS rer. Germ.), 1884, c. 21, S. 46. – [307] AUBIN, Geschichtliche Grundlagen (wie Anm. 209), S. 12. – [308] K. HONSELMANN, Reliquientranslationen nach Sachsen, in: Das erste Jahrtausend, hg. von K. BÖHNER u. a., Textband I, 1962, S. 159–193; H. BEUMANN, Pusinna, Liudtrud und Mauritius. Quellenkritisches zur Geschichte ihrer hagiographischen Beziehungen: Ostwestfälisch-weserländische Forschungen zur geschichtlichen Landeskunde (Kunst und Kultur im Weserraum 800–1600, 3, Forschungsband, VeröffProvInstWestfLdKde I, 15), 1970, S. 17–29. – [309] Heinrich WEBER, Reichsversammlungen im ostfränkischen Reich (840–918), 1972, S. 75 ff. – [310] Annales Fuldenses (wie Anm. 6), a. 875, S. 83. – [311] Annales Bertiniani (wie Anm. 301), a. 876, S. 132. – [312] Kontroverse vor allem zwischen M. LINTZEL, Zur Stellung der ostfränkischen Aristokratie beim Sturz

Karls III. und die Entstehung der Stammesherzogtümer, in: HZ 166, 1942, S. 457–472, Neudr., in: Die Entstehung des deutschen Reiches, hg. von H. KÄMPF (Wege der Forsch. 1), 1956, S. 153–170, und G. TELLENBACH, Zur Geschichte Kaiser Arnulfs, in: HZ 165, 1946, S. 229–245, Neudr. in: Die Entstehung des deutschen Reiches, hg. von H. KÄMPF (Wege der Forsch. 1), 1956, S. 135–152, und ältere Arbeiten TELLENBACHS. – [313] Die Aufschlüsselung der Diplome Arnulfs von Kärnten nach Empfängern bei G. TELLENBACH, Wann ist das deutsche Reich entstanden? In: DA 6, 1943, S. 1–41, Neudr. in: Die Entstehung des Deutschen Reiches, hg. von H. KÄMPF (Wege der Forsch. 1), 1956, S. 171–212, S. 195, Anm. 70, zeigt gleichwohl, daß Sachsen am Schluß rangiert. – [314] Annales Fuldenses (wie Anm. 6), a. 872, S. 75 f.: *quoniam regem suum non habebant et inter se concordos esse nolebant.* – [315] Ex vita S. Idae auctore Uffingo monacho Werthinensi, hg. von G. H. PERTZ, in: MGH 2, 1829, S. 569–576, c. 2, S. 571; vgl. TELLENBACH (wie Anm. 284), S. 13. – [316] Herford *in ducatu Saxonico*: MGH DLdD 93 (858); *in ducatu Westfalorum*: DLdD 90 (853); vgl. E. KLEBEL, Herzogtümer und Marken bis 900, in: DA 2, 1938, S. 1–53; Neudr. in: Die Entstehung des deutschen Reiches, hg. von H. KÄMPF (Wege der Forsch. 1), 1956, S. 42–93, S. 80 f. – [317] Agii vita et obitus Hathumodae, hg. von G. H. PERTZ, in: MGH SS 4, 1841, S. 165–189, c. 2, S. 167; KLEBEL (wie Anm. 316), S. 80 f. – [318] Widukind von Corvey (wie Anm. 41), I, c. 34, S. 48: *res Francorum coeperunt minui, Saxonum vero crescere.* – [319] Trad. Fuld. (wie Anm. 15), c. 41, 108; 111. – [320] M. LINTZEL, Die Stände der deutschen Volksrechte, hauptsächlich der Lex Saxonum, 1933, Neudr. in: DERS., Ausgewählte Schriften, I, 1961, S. 309–379. – [321] Lex Saxonum (wie Anm. 11), c. 14 ff., S. 21 ff. – [322] MGH Cap. I 27 (797). – [323] R. SCHRÖDER, Der altsächsische Volksadel und die grundherrliche Theorie, in: ZSRG Germ. 24, 1903, S. 347–379, nahm – wie auch andere Forscher – an, daß der Vorrang des sächsischen Adels im 9. Jahrhundert auf die Privilegierung durch die karolingischen Herrscher zurückzuführen sei. – [324] Translatio S. Alexandri (wie Anm. 40), c. 1, S. 424. – [325] Widukind von Corvey (wie Anm. 41), I, c. 14, S. 23 f. – [326] F. LÜTGE, Das Problem der Freiheit in der frühen deutschen Agrarverfassung, in: DERS., Studien zur Sozial- und Wirtschaftsgeschichte (Forsch. zur Sozial- und Wirtschaftsgesch. 5), 1963, S. 1–36; DERS., Geschichte der deutschen Agrarverfassung vom frühen Mittelalter bis zum 9. Jahrhundert (Dt. Agrargesch. 3), 2. Aufl., 1967, S. 18 ff. – [327] S. o. S. 562 f. – [328] Vita S. Willehadi (wie Anm. 168), Miracula, c. 2 ff., S. 380 ff. – [329] WENSKUS, Die deutschen Stämme (wie Anm. 32), S. 198, Anm. 184, nimmt an, daß die Institution der Liten auf fränkische Einflüsse zurückzuführen sei. – [330] Translatio S. Alexandri (wie Anm. 40), c. 13, S. 434 f. – [331] S. u. S. 632 ff. – [332] Lex Saxonum (wie Anm. 11), c. 64, S. 33. – [333] W. SCHLESINGER, Die Entstehung der Landesherrschaft. Untersuchungen vorwiegend nach mitteldeutschen Quellen, I (Sächs. Forsch. zur Dt. G. 1), 1940, Neudr. 1964, S. 50. – [334] Lex Saxonum (wie Anm. 11), c. 64, S. 33; Lex Frisionum (wie Anm. 11), Tit. XI, c. 1, S. 666. – [335] Werd. Urb. (wie Anm. 16), II A § 35, S. 72. – [336] Kritisch zur älteren Lehre der Rodungsfreiheit: H. K. SCHULZE, Rodungsfreiheit und Königsfreiheit. Zu Genesis und Kritik neuerer verfassungsgeschichtlicher Theorien, in: HZ 219, 1974, S. 529–550; das Problem ist noch nicht hinreichend geklärt. – [337] Vgl. u. S. 635 f. – [338] P. LAMBERG, Die Malmannen im sächsischen Freienrecht des Mittelalters, in: OsnabMitt 75, 1968, S. 126–198; K. BRANDT, Historisch-geographische Studien zur Orts- und Fluranalyse in den Dammer Bergen (Gött. Geogr. Abhh. 58), 1971, S. 195 ff. – [339] S. u. S. 639 f.; vgl. auch DROEGE (wie Anm. 264), S. 277. – [340] Spuren solcher Ansiedlungen meint K. BRANDT (wie Anm. 338), S. 241 ff., mit den „regelmäßigen Vierecken" der von ihm untersuchten Fluren erfaßt zu haben. – [341] BM² 1550 (877); vgl. A. DOPSCH, Die Wirtschaftsentwicklung der Karolingerzeit vornehmlich in Deutschland, I, II, 2. Aufl., 1921/22, erweiterter Neudr. 1962, II, S. 43. – [342] MGH Cap. I, 25; 32; 77; 75. – [343] Werd.Urb. (wie Anm. 16), II A § 10, S. 33 f.: 2 Denare in Wachs. – [344] BM² 924 (833). – [345] MÜLLER-MERTENS,

Karl (wie Anm. 287), S. 120ff. – [346] Trad. Fuld. (wie Anm. 15), c. 41, 101: *dominus meus Hesso*. – [347] S. o. S. 608 ff.; Vita Hathumodae (wie Anm. 317); Vita S. Liudgeri (wie Anm. 77); Vita Liutbirgae virginis, hg. von O. MENZEL (Dt.MA 3), 1937; Vita S. Idae (wie Anm. 315). – [348] Translatio S. Alexandri (wie Anm. 40); Translatio S. Viti, hg. von F. STENTRUP (Abhh. zur Corveyer Geschichtsschreibung, hg. von F. PHILIPPI), 1906, S. 74–99; Translatio S. Pusinnae, hg. von R. WILMANS, in: Die Kaiserurkunden der Provinz Westfalen, hg. von R. WILMANS, I, 1867, S. 541–546; Translatio S. Liborii, hg. von G. H. PERTZ, in: MGH SS 4, 1841, S. 149–157; Idonis presbyteri historia translationis S. Liborii, hg. von F. BAETHGEN, in MGH SS 30, 2, 1926, S. 806–813. – [349] GROSSE (wie Anm. 17), S. 46 ff. – [350] Vgl. K. SCHMID, Religiöses und sippengebundenes Gemeinschaftsbewußtsein in frühmittelalterlichen Gedenkbucheinträgen, in: DA 21, 1965, S. 18–81, S. 19 ff. – [351] K. SCHMID, Zur Problematik von Familie, Sippe und Geschlecht, Haus und Dynastie beim mittelalterlichen Adel, in: ZGORh 105, 1957, S. 1–62, u. ö. – [352] Vita Lebuini antiqua (wie Anm. 159), c. 5, S. 793. – [353] Trad. Fuld. (wie Anm. 15), c. 41, 17, S. 96: *specialem domum*; vgl. Vita S. Willehadi (wie Anm. 168), Miracula, c. 29, S. 389: Hof des Grafen Hermann in Lesum (bei Bremen); LAST, Zur Erforschung (wie Anm. 235), S. 30 ff. – [354] S. o. S. 603. – [355] U. LOBBEDEY, Zur archäologischen Erforschung westfälischer Frauenklöster des 9. Jahrhunderts, in: Frühmittelalterl. Studien 4, 1970, S. 320–340; M. LAST, Zur Einrichtung geistlicher Konvente in Sachsen während des frühen Mittelalters, in: Frühmittelalterl. Studien 4, 1970, S. 341–347; H. GOETTING, F. NIQUET, Die Ausgrabungen des Bonifatiusklosters Brunshausen bei Gandersheim, in: Neue Ausgrabungen und Forsch. in NdSachs. 1, 1963, S. 194–213; H. WIESEMEYER, Die Gründung der Abtei Corvey im Lichte der Translatio S. Viti, in: WestfZ 112, 1962, S. 245–274. – [356] KRÜGER (wie Anm. 289), S. 64 ff.; WENSKUS, Sächsischer Stammesadel (wie Anm. 19), S. 66 ff.; E. HLAWITSCHKA, Zur Herkunft der Liudolfinger und zu einigen Corveyer Geschichtsquellen, in: Rhein-Vjbll 38, 1974, S. 92–165. – [357] GOETTING, Die Anfänge (wie Anm. 298), S. 5 ff. – [358] Über Lebenszuschnitt und Besitz des Adels bietet die Vita Hathumodae einige Aufschlüsse: Vita Hathumodae (wie Anm. 317), c. 2, S. 167, c. 15, S. 172; vgl. DOPSCH (wie Anm. 341), II, S. 144. – [359] Hrotsvithae opera, hg. von P. VON WINTERFELD (MGH SS rer. Germ.), Neudr. 1965, Primordia coenobii Gandeshemensis, v. 21 ff., S. 229 f. – [360] Vita Hathumodae (wie Anm. 317), c. 2, S. 167. – [361] E. E. STENGEL, Zur Frühgeschichte der Reichsabtei Fulda. Zugleich ein Literaturbericht, I, 4: Brunshausen das *monasterium sancti Bonifatii*, in: DA 9, 1952, S. 520–523, Neudr. in: DERS., Abhandlungen und Untersuchungen zur Hessischen Geschichte (VeröffHistKommHessWaldeck 26), 1960, S. 275–278. – [362] MGH DL III 59 (1134). – [363] STENGEL, Zur Frühgeschichte (wie Anm. 361), S. 275 ff. – [364] UB Fulda (wie Anm. 15), I, 159 (780–802). – [365] Annales necrologici Fuldenses, hg. von G. WAITZ, in: MGH SS 13, 1881, S. 165–215, S. 187. – [366] WENSKUS, Sächsischer Stammesadel (wie Anm. 19), S. 80 ff. – [367] KRÜGER, Studien (wie Anm. 289), S. 90 ff.; SCHMID, Die Nachfahren (wie Anm. 43), S. 1 ff. – [368] Translatio S. Alexandri (wie Anm. 40); MGH DLdD 142 (871); Osnabrücker Urkundenbuch I, hg. von F. PHILIPPI, 1892, 46 (872); dazu H. OSTHOFF, Beiträge zur Topographie älterer Heberegister und einiger Urkunden, in: OsnabMitt 71, 1963, S. 1–63, S. 39 ff. – [369] Vgl. Schenkung Wigberts an das Stift Utrecht: Nachweis bei SCHMID, Die Nachfahren (wie Anm. 43), S. 3, Anm. 11. – [370] WENSKUS, Sächsischer Stammesadel (wie Anm. 19), S. 170. – [371] Vgl. Vita Willehadi (wie Anm. 168), c. 6, S. 381 f. – [372] Werd. Urb. (wie Anm. 16), II A § 14, S. 38: *in pago Lyri quod Castus dedit*. – [373] SCHMID, Die Nachfahren (wie Anm. 43), S. 2 ff. – [374] SCHMID, Religiös und sippengebundenes Gemeinschaftsbewußtsein (wie Anm. 350), S. 19 ff. – [375] HARTWIG (wie Anm. 246), S. 3 ff. – [376] WENSKUS, Sächsischer Stammesadel (wie Anm. 19), S. 156 ff. – [377] WENSKUS, Sächsischer Stammesadel (wie Anm. 19), S. 162 ff. – [378] Vita S. Liutbirgae (wie Anm. 347), c. 1, S. 10; vgl. O. MENZEL, Das Leben der Liutbirg, in: SachsAnh 13, 1937,

S. 78–89; KRÜGER, Studien (wie Anm. 289), S. 84 ff.; WENSKUS, Sächsischer Stammesadel (wie Anm. 19), S. 181 f., passim. – [379] Vita Liutbirgae (wie Anm. 347), c. 2, S. 11. – [380] Vita Liutbirgae (wie Anm. 347), c. 1 ff., S. 10 ff. – [381] KRÜGER, Studien (wie Anm. 289), S. 53 ff.; HÖMBERG, Westfalen (wie Anm. 221), 84 ff.; WENSKUS, Sächsischer Stammesadel (wie Anm. 19), S. 248 ff. – [382] Vita Idae (wie Anm. 315), c. 2, S. 571; zum Wert der Quelle vgl. HLAWITSCHKA, Zur Herkunft (wie Anm. 356), S. 152, Anm. 250. – [383] HÖMBERG, Westfalen (wie Anm. 221), S. 19 ff. – [384] Translatio S. Pusinnae (wie Anm. 348), c. 2, S. 542: *Echberto clarissimo comite et duce*. – [385] WENSKUS, Sächsischer Stammesadel (wie Anm. 19), S. 248 ff. – [386] WENSKUS, Sächsischer Stammesadel (wie Anm. 19), S. 250, mit Nachweisen. – [387] HLAWITSCHKA, Zur Herkunft (wie Anm. 356), S. 149, z. T. abweichend von KRÜGER (wie Anm. 289), S. 73. – [388] H. J. FREYTAG, Die Herrschaft der Billunger in Sachsen (Studien und Vorarbb. zum Hist. Atlas Niedersachsens 20), 1950; dazu HÖMBERG, Westfalen (wie Anm. 221), S. 15 ff.; WENSKUS, Sächsischer Stammesadel (wie Anm. 19), S. 240 ff. – [389] HÖMBERG, Westfalen (wie Anm. 221), S. 15 ff. – [390] Annales regni Francorum (wie Anm. 214), a. 811, S. 134. – [391] Vita S. Willehadi (wie Anm. 168), Miracula, c. 29, S. 389. – [392] WENSKUS, Sächsischer Stammesadel (wie Anm. 19), S. 474 f. – [393] LINTZEL, Der sächsische Stammesstaat (wie Anm. 21), S. 115 ff., und öfter, hat diesen Sachverhalt noch nicht gesehen. – [394] W. VOGEL, Die Normannen und das Fränkische Reich bis zur Gründung der Normandie (799–911) (Heidelberger Abhh. zur mittleren und neueren G. 14), 1906; L. MUSSET, Les invasions, II. Le seconde assaut contre l'europe chrétienne (Le nouvelle Klio 12, 2), 1965; A. D'HAENENS, Les invasions normandes dans l'Empire franc au IXe siècle, in: I Normanni e la loro espansione in Europa nell'alto medioevo (Settimane di Studio del Centro Italiano di Studi sull'Alto Medioevo 16), 1969, S. 233–298. – [395] SCHLESINGER, Die Auflösung (wie Anm. 279), S. 821 ff. – [396] Annales Fuldenses (wie Anm. 6), a. 880, S. 94. – [397] H. LÖWE, Studien zu den Annales Xantenses, in: DA 8, 1951, S. 59–99: Xantener Annalen in der Diözese Utrecht entstanden. – [398] A. RUPRECHT, Die ausgehende Wikingerzeit im Lichte der Runenschriften (Palaestra 224), 1958. – [399] Vgl. o. S. 567 ff. – [400] Annales regni Francorum (wie Anm. 214), Register, s. v. *Dani*. – [401] Annales regni Francorum (wie Anm. 214), a. 777, S. 48 f. – [402] Vita S. Willehadi (wie Anm. 168), c. 6, S. 381 f., anders WENSKUS, Sächsischer Stammesadel (wie Anm. 19), Register, s. v. Hemming. – [403] ROETTING, Das gemischtbelegte Gräberfeld (wie Anm. 100), S. 365 ff.; DERS., Die frühmittelalterlichen Gräberfelder (wie Anm. 100), S. 4 ff. – [404] Lex Frisionum (wie Anm. 11), Tit. 17, 5, S. 671: *qui mancipium in paganas gentes vendiderit*. – [405] Vita Lebuini antiqua (wie Anm. 159), c. 6, S. 793. – [406] Zur Teilnahme von Friesen an Normannenzügen vgl. I. H. GOSSES, Deensche heerschappijen in Friesland gedurende den Normannentijd, in: Medelingen der Koninkl. Akad. van Wetenschappen, Afdeel. Letterkunde 56, B, 1923, S. 117–147, Neudr. in: DERS., Verspreide Geschriften, Groningen, Batavia 1946, S. 130–151. – [407] K.-U. JÄSCHKE, Burgenbau und Landesverteidigung um 900 (VortrrForsch, Sonderband 16), 1975, S. 33 ff. – [408] R. SCHINDLER, Ausgrabungen in Alt Hamburg, o. J. (1957). – [409] Befestigung im Jahre 1941 angeschnitten, vgl. M. LAST, Bremen, in: Reallexikon der Germ. Altertumskunde, 2. Aufl., II, 1977 (im Druck). – [410] SCHÜNEMANN-EIBICH (wie Anm. 22), S. 62 ff., vgl. auch D. SCHÜNEMANN, Die „Alte Burg" in Verden – eine frühgeschichtliche Befestigung, in: Die Kunde NF 11, 1960, S. 93–115. – [411] D. ZOLLER, Die Bokelerburg. Eine Ringwallanlage auf der nordoldenburgischen Geest, in: NachrrNdSachsUrgeschichte 39, 1970, S. 188–222; zur Datierung vgl. H. STEUER, Frühmittelalterliche Keramik aus der Siedlung Liebenau, in: NachrrNdSachsUrgeschichte 44, 1975, S. 199–243; vgl. DERS., Der Beginn eines Fernhandels mit Keramik in Norddeutschland, in: Zeitschrift für Archäologie des MA 1, 1973, S. 21–29; H.-G. PETERS, Notgrabung an der Wallanlage bei Ohrensen, Kr. Stade, in: NachrrNdSachsUrgeschichte 36, 1967, S. 137–143. – [412] Annales

Abb. 28
Hausgrundriß von Hessens (Stadt Wilhelmshaven)

4. Sachsen und Ostfriesen im karolingisch-ostfränkischen Reich 627

Fuldenses (wie Anm. 6), a. 885, S. 102 f.; vgl. Magistri Adam Bremensis gesta Hammaburgensis ecclesiae pontificum, hg. von B. SCHMEIDLER (MGH SS rer. Germ), 1917, I, c. 39, S. 42 f. – [413] Bau der Burg Esesfeld: BM² 447 a (810); JANKUHN, Die Frühgeschichte (wie Anm. 31), S. 73. – [414] Annales regni Francorum (wie Anm. 214), a. 810, S. 131. – [415] BM² 449 b. – [416] GOSSES (wie Anm. 406), S. 134 ff. – [417] VOGEL (wie Anm. 394), S. 60 f.; SIMSON (wie Anm. 292), I, S. 256 ff.; zur Geographie vgl. A. GRAF FINCKENSTEIN, Die Geschichte Butjadingens und des Stadlandes bis 1594 (Oldenb. Studien 13), 1975, S. 12 ff. – [418] GRAF FINCKENSTEIN (wie Anm. 417), S. 112 f. – [419] G. SELLO, Östringen und Rüstringen, 1929, S. 253 ff.; zum Diskussionsstand vgl. H. MAISACK, Zu den Ortsnamen der Kudrun, in: ZDtPhilol 91, 1972, S. 20–22, mit Literaturhinweisen. – [420] VOGEL (wie Anm. 394), S. 75 f.; GOSSES (wie Anm. 406), S. 137. – [421] Annales Xantenses (wie Anm. 6), a. 835, S. 9 f. – [422] VOGEL (wie Anm. 394), S. 75 f. – [423] VOGEL (wie Anm. 394), S. 65 ff.; Vita Anskarii (wie Anm. 306), c. 34, S. 65 f., c. 40, S. 74 f. – [424] VOGEL (wie Anm. 394), S. 76, S. 77, Anm. 1; Vita S. Liudgeri (wie Anm. 77), I, c. 27, S. 32 f. – [425] LAST, Bremen (wie Anm. 409). – [426] Wie Anm. 423. – [427] VOGEL (wie Anm. 394), S. 276 f.; vgl. HÖMBERG, Westfalen (wie Anm. 221), S. 14, Anm. 49. – [428] H. HARTHAUSEN, Die Normanneneinfälle im Elb- und Wesermündungsgebiet mit besonderer Berücksichtigung der Schlacht von 880 (QDarstGNdSachs 68), 1966, S. 34 ff. – [429] WENSKUS, Sächsischer Stammesadel (wie Anm. 19), S. 248 f. – [430] Annales Fuldenses (wie Anm. 6), a. 880, S. 94; VOGEL (wie Anm. 394), S. 309. – [431] Werd.Urb. (wie Anm. 16), II A § 14, S. 39: *In Uuestonstedi desolatum est. Ibi fuit aeclesiae et V familie* (Vorlage überschrieben); vgl. Urkundenbuch der mittelrheinischen Territorien, I, hg. von E. BEYER, 1860, 135 Nr. 103: *a paganis devastatum* (Besitz des Klosters Lorsch bei Deventer). – [432] Werd.Urb. (wie Anm. 16), II A § 22 b, S. 51. – [433] Trad. Fuld. (wie Anm. 15), c. 37, S. 67 f. – [434] SCHINDLER, Ausgrabungen (wie Anm. 408), S. 143 ff. – [435] Annales Fuldenses (wie Anm. 6), a. 873, S. 78. – [436] J. VAN KLAVEREN, Die Wikingerzüge in ihrer Bedeutung für die Belebung der Geldwirtschaft im frühen Mittelalter, in: JbbNationalökonStat 168, 1957, S. 397–415. – [437] VOGEL (wie Anm. 394), S. 310; BOELES (wie Anm. 15), S. 392; SCHMIDT, Friesische Freiheitsüberlieferungen (wie Anm. 213), S. 518 ff. – [438] Descriptio civitatum ad septentrionalem plagam Danubii (t. zv. Bavorský geograf), hg. von B. HORAK und D. TRAVNICEK (Rozpravy Českoslov. Akad.Věd, R.Společenskych Věd, 66, 2), 1956, S. 2 f. – [439] M. HELLMANN, Grundzüge der Verfassungsstruktur der Liutizen, in: Siedlung und Verfassung der Slawen zwischen Elbe, Saale und Oder, hg. von H. LUDAT, 1960, S. 103–113; S. 106 ff.; W. H. FRITZE, Probleme der abodritischen Stammes- und Reichsverfassung und ihrer Entwicklung vom Stammesstaat zum Herrschaftsstaat, in: Siedlung und Verfassung der Slawen zwischen Elbe, Saale und Oder, hg. von H. LUDAT, 1960, S. 140–219, S. 144 ff. – [440] M. HELLMANN, Karl und die slawische Welt zwischen Ostsee und Böhmerwald, in: Persönlichkeit und Geschichte (Karl der Große, Lebenswerk und Nachleben, hg. von W. BRAUNFELS, 1), 1965, S. 708–718, S. 710 ff. – [441] S. o. S. 592. – [442] S. o. S. 618. – [443] JANKUHN, Die Slawen (wie Anm. 62), S. 12 ff. – [444] Vgl. den Überblick bei H. STEUER, Slawische Siedlungen (wie Anm. 28), S. 75 ff. – [445] P. GRIMM, Die Burgwälle der Bezirke Halle und Magdeburg (Dt. Akad. der Wiss., Schrr. der Sektion für Vor- und Frühgesch. 6), 1958, Abb. 15. – [446] WACHTER (wie Anm. 28), S. 273 ff. – [447] J. SCHNEIDER und H. BOCK, Ein frühmittelalterliches Gräberfeld bei Tangeln, Kr. Klötze, in: Ausgrabungen und Funde 20, 1975, S. 51–55; H. JANKUHN, Die Besiedlung des Hannoverschen Wendlandes im frühen Mittelalter, in: Slovenská Archeológia 18, 1970, S. 69–77; HERRMANN, Byzanz (wie Anm. 62), S. 319 mit Abb., scheint bereits mit einem Ausgreifen der Slawen auf das linke Elbufer im 6. Jahrhundert zu rechnen. – [448] Annales regni Francorum (wie Anm. 214), a. 780, S. 56 f. – [449] Annales Laureshamenses (wie Anm. 262); a. 780, S. 31. Zum Verhältnis Franken-Slaven vgl. HELLMANN, Karl (wie Anm. 440), S. 708 ff.; R. ERNST, Die Nordwestslawen und das fränkische Reich (Osteuropastudien der Hochschulen des Landes Hessen, I, 74), 1976. – [450] S. o. S. 591. – [451] Alcuini sive Albini epistolae, hg. von F. DÜMMLER, in: MGH Epp. 4, 1895, S. 1–481, 6, S. 31. – [452] R. DRÖGEREIT, Die Verdener Gründungsfälschung und die Bardowick-Verdener Frühgeschichte, in: Dom und Bistum Verden an der Aller. Ergebnisse neuer Forschung (Rotenburger Schrr., Sonderheft 10), 1970, S. 1–102; dazu kritisch: D. SCHÜNEMANN, Die Bedeutung Verdens in frühgeschichtlicher Zeit. Bemerkungen zu dem Beitrag von Prof. Dr. R. Drögereit in dem Buch „Dom und Bistum Verden", in: Heimatkalender des Kreises Verden 1972, S. 150–156. – [453] Annales Laureshamenses (wie Anm. 262), a. 789, S. 34. – [454] AHRENS, Die Untersuchungen (wie Anm. 269), S. 72 ff. – [455] MGH Cap. I, 44, c. 7 (805). – [456] W. C. C. FRHR. VON HAMMERSTEIN-LOXTEN, Der Bardengau, eine historische Untersuchung über dessen Verhältnisse und den Güterbesitz der Billunger, 1869, S. 368; H. KLEINAU, Bemerkungen und Fragen aus niedersächsischer Sicht zu den neuen Versuchen einer Lösung des Schezla-Problems, in: NdSächsJbLdG 30, 1958, S. 198–209. – [457] E. SPROCKHOFF, Kastell Höhbeck, in: Neue Ausgrabungen in Deutschland, 1958, S. 518–530. Aufgrund der slavischen Scherben aus der Befestigung widerspricht O. HARCK, Nordostniedersachsen vom Beginn der jüngeren Bronzezeit bis zum frühen Mittelalter (Materialhefte zur Ur- und Frühgeschichte NdSachs. 7), Textband, S. 144 ff., der Identifizierung. – [458] Annales regni Francorum (wie Anm. 214), a. 817, S. 147; a. 819, S. 149 f. – [459] FRITZE, Probleme (wie Anm. 440), S. 146, passim. – [460] Das Kloster Corvey verfocht später Besitzansprüche, die angeblich aus dem 9. Jahrhundert stammten: Die Kaiserurkunden der Provinz Westfalen, hg. von R. WILMANS, I, II, 1867, 1881, I, S. 509: *Lotharius Slavos quos debellavit, sancto Vito donavit*. – [461] SCHLESINGER, Die Auflösung (wie Anm. 279), S. 825. – [462] MGH DArn 59 f. (889); Annales Fuldenses (wie Anm. 6), a. 889, S. 118.

5. Das Wirtschaftsleben bei Sachsen und Friesen in der Merowinger- und Karolingerzeit

Landwirtschaft: Haus und Hof, Flur, Dorf

Sachsen und Friesen lebten in der Merowinger- und Karolingerzeit unter den Bedingungen der Naturalwirtschaft. Mit zahlenmäßig unbedeutenden Ausnahmen war die Bevölkerung in der Landwirtschaft tätig. Auch die Tatsache, daß sich in der Karolingerzeit in den rechtsrheinischen Gebieten der Geldumlauf verstärkte und daß Handel und Gewerbe sich zunehmend rascher fortentwickelten, ändert an dieser grundsätzlichen Aussage nur wenig[463]. Will man sich ein Bild von der Wirtschaft der Sachsen und Friesen machen, verdient die Landwirtschaft mit ihren Arbeits- und Produktionsbedingungen ein vorrangiges Interesse.

Bestimmendes Merkmal der Agrarverfassung dieses Zeitraums bei Sachsen und Friesen war der bäuerliche Wirtschaftsbetrieb. Wie solche Betriebe bei Sachsen und Friesen in der Merowinger- und Karolingerzeit ausgesehen haben, läßt sich an Hand von Ausgrabungsergebnissen der letzten Jahre besser als zuvor erkennen; zugleich wird dadurch die Begriffssprache der Quellen, z. B. der Volksrechte, mit Leben erfüllt[464].

Bei den großangelegten Dorfkernuntersuchungen in Gristede (bei Oldenburg)[465] ließen sich die Ausmaße der dreischiffigen Hallenhäuser des 9. Jahrhunderts nicht zuverlässig bestimmen, weil moderne Nachfolgebauten den Ausgrabungen im Wege standen; auch die Aufgliederung in Wohn- und Stallteil ließ sich deswegen nicht klären. Immerhin konnten einige Nebenbauten aufgedeckt werden, zum Beispiel ein Dreiständerhaus (ca. 5,8 × 4 m) und einige Brunnen, die nach Ausweis des Füllmaterials gleichfalls in das 9. Jahrhundert gehören. In Odoorn (Drente, Niederlande) wurden etwa für den gleichen Zeitraum sechs ähnliche Gebäude mit jeweils einer ganzen Anzahl von Nebengebäuden ausgegraben[466]. In Warendorf, der dritten, in großem Maßstab ausgegrabenen sächsischen Siedlung ergaben sich für das späte 7. und für das 8. Jahrhundert insgesamt 186 Bauten. Etwa vier bis fünf der großen Wohnstallgebäude (14–29 × 4,5–7 m) mit nach außen schwingenden Wänden bestanden gleichzeitig, zusammen mit etwa 14–15 kleineren ebenerdigen Nebengebäuden und Grubenhäusern[467]. Die Grabungen in Hessens (Wilhelmshaven) und einigen anderen friesischen Flachsiedlungen und frühen Wurten ergaben gegenüber den Ausgrabungen im sächsischen Hinterland hinsichtlich des Ensembles von Groß- und Kleinbauten kaum Unterschiede[468] (Abb. 28, nach S. 626). In der Zusammenschau der Grabungsergebnisse verschiedener Landschaften zeigt sich, daß die Hausformen sich organisch entwickelten, gleich, ob man (mit leichtem Vorbehalt) annehmen kann, daß am Ort die Siedlung von der späten Römischen Kaiserzeit bis in das 9. Jahrhundert fortdauerte (Odoorn, Drente), oder aber ein Siedlungsabbruch im 5./6. Jahrhundert zu beobachten ist (Gristede). Wohnstallhäuser lassen sich hinsichtlich der Verteilung der Dachlast in zwei Haupttypen teilen: das dreischiffige Hallenhaus und das Haus mit außenstehenden seitlichen (schrägen) Stützen[469]. Grubenhäuser[470] zeichnen sich im Boden besser ab als die ebenerdigen Bauten und haben sich demzufolge auch häufiger finden lassen[471]; die in ihnen angetroffenen Funde erlauben mehrfach eine genauere Bestimmung ihrer Funktion, z. B. als Webhaus (Liebenau bei Nienburg)[472] oder aber, auf Grund der Herdstellen[473], auch als Wohn- oder zumindest Aufenthaltsraum. Diese Grubenhäuser lagen meist zu mehreren zusammen, hatten Ausmaße von etwa 4 × 3 m und waren bis zu einem Meter in die Erde eingetieft. Da ihre Lebensdauer nur relativ kurz war – die eingegrabenen Pfosten oder Bohlen verfaulten rasch – und Überschneidungen zu beachten sind, haben die gruppenweise angetroffenen Grubenhäuser nicht zur gleichen Zeit bestanden. Reste der Eisenbearbeitung (Schlacke, Schmiedeluppen) finden sich vielerorts. In den norddeutschen Aufschüttungslandschaften stand mit dem Raseneisenerz die Rohstoffquelle für Eisengewinnung meistens in großer Siedlungsnähe zur Verfügung. Eisenbergbau ist bisher nicht nachweisbar[474]. Organisches Fundmaterial hat sich bisher vor allem in den karolingerzeitlichen Siedlungen der Marschen antreffen lassen, so fanden sich z. B.

in der ältesten Fundschicht der Wurt Hessens (Wilhelmshaven)[475] nicht nur Webgewichte und Spinnwirtel, sondern auch Tuchreste, ferner Nachweise für qualitätsvolle Holzbearbeitung. Knochenfunde in den Siedlungen der Merowinger- und Karolingerzeit bei Sachsen und Friesen geben bisher nur in wenigen Fällen Aufschlüsse über die Art der Fleischversorgung und der Ernährung. Die Jagd hat wahrscheinlich für diesen Bereich keine nennenswerte Rolle gespielt[476].

Neuerdings richtet sich der Blick der Archäologen auch auf die fossilen, im Gelände erhaltenen und vor allem auf Luftbildern erkennbaren A c k e r - f l u r e n. Bisher zeichnen sich allerdings für den hier in Betracht kommenden Zeitraum noch keine nennenswerten Forschungsergebnisse ab[477].

Über die Agrarverfassung im engeren Sinne, über die Besitz- und Rechtsverhältnisse also im ländlichen Raum, sagen die von den Archäologen beigesteuerten Befunde bisher kaum etwas Sicheres aus; hier bleiben die schriftlichen Quellen nach wie vor maßgeblich. Sie zeigen, daß die feste Bindung der einzelnen bäuerlichen Familie an ihre jeweilige, von ihr allein bewirtschaftete Betriebseinheit (Hufe) in der Karolingerzeit bei Sachsen und Friesen noch nicht vollzogen war[478]. In den Fuldaer Traditionen geht die Gleichung von jeweils verschenkten H u f e n und verschenkten Leuten vielfach nicht auf[479]. Wie sich die Summe der im herrschaftlichen Großbetrieb bewirtschafteten Ländereien[480] zu der der bäuerlich bewirtschafteten Hufen verhält, läßt sich nicht klären. Auch hier legen die Quellen nahe, landschaftliche Differenzierungen im Untersuchungsgebiet zu berücksichtigen[481].

Zu einer Hufe gehörte örtlich unterschiedlich viel Land. Maßangaben, vor allem definiert durch Pflugleistung pro Tag[482], finden sich nur für die Äcker. In den Fuldaer Traditionen erscheint mehrfach die Größe von 30 Morgen, vereinzelt auch deren Hälfte[483]. Daneben gab es doppelt so große Hufen von 60 Morgen, die gelegentlich in Schenkungen königlichen Besitzes auftauchen[484]. Solche runden Zahlen erwecken den Verdacht, daß es sich dabei um Landportionen handelte, die erst im Zusammenhang mit der jeweiligen Schenkung aus größeren Betriebseinheiten herausgeschnitten wurden[485].

„Tagewerke" (iurnales) sind keine absoluten Flächenmaße; die Pflugleistung, die zugrunde lag, war abhängig von Bodenqualität wie von Agrartechnik. Insofern sind Schätzungen, denen zufolge eine Hufe des frühen Mittelalters etwa 7–8 ha groß gewesen sein soll[486], ungenau. Sonderformen von Landmessungen gab es in Friesland. Dort wurden mehrfach Weiden nach dem Bedarf einer bestimmten Kopfzahl Rindvieh, nach einem bestimmten Heuertrag oder nach sonstigen, anderweitig nicht bezeugten Maßeinheiten verschenkt[487]. Zuverlässige Aufschlüsse darüber, ob das Land des einzelnen Bauern in der Flur mit dem seiner Nachbarn im Gemenge lag, lassen sich nicht gewinnen. Ebenso bleibt unklar, ob die moderne Dreifelderwirtschaft bereits in der Karolingerzeit ihren Weg zu Sachsen und Friesen gefunden hat [488]. Der Plaggenesch als Sonderform der „Einfeldwirtschaft", Dauerackerland, dessen Ertragsfähigkeit durch Düngung mit Heideplaggen und Dung gesichert wurde, entstand in den nordwestdeutschen Geestlandschaften neuesten Forschungen zufolge noch nicht in der späten Karolingerzeit, sondern erst im 10. Jahrhundert [489].

Versuche, von jüngeren Quellen aus die Fluren der Karolingerzeit im Rückgriff zu erfassen und zu analysieren, vor allem, die Ackernahrung des einzelnen Wirtschaftsbetriebes zu bestimmen, haben für das Untersuchungsgebiet bisher in keinem einzigen Fall zu befriedigenden Ergebnissen geführt. Die Befunde haben allenfalls für das Hohe Mittelalter Beweiskraft; für die Zeit davor fehlen in den bisherigen Untersuchungen die Eichwerte in der relativen Chronologie [490]. Von diesen Arbeiten zur Flurgenese, die Niedersachsen betreffen, interessiert hier vor allem die von H. Tütken über das Dorf Geismar (bei Göttingen) [491]. Der Verfasser schloß aus der Tatsache, daß sich kein Kirchenland im Bereich der Böden erster Wahl nachweisen ließ, daß der grundherrliche Besitzkomplex, zu dem dieser Boden gehörte, schon bis in die Zeit vor 800 zurückreichen müsse. Gegen diese Argumentation ist einzuwenden, daß die Erstausstattung der Kirche nicht notwendig aus Grundbesitz erfolgt sein muß. Damit aber ist dieser Versuch, Flurformen der Karolingerzeit zuzuweisen, gescheitert. Zudem ist Geismar ein Sonderfall: gerade das Überwiegen eines Grundherrn verstellt allzu leicht Einsichtsmöglichkeiten. Gegenproben an Dörfern mit Besitz mehrerer Grundherren unterschiedlicher Altersstellung würde vielleicht zu befriedigenden Ergebnissen führen.

Manche sächsischen und friesischen Dörfer der Karolingerzeit weisen schriftlichen Quellen zufolge wesentlich mehr Höfe auf, als die Ausgrabungen in Gristede, Odoorn und Warendorf ergaben. Das läßt sich vor allem dort nachweisen, wo mehrere Grundherren etwa gleichzeitig in einem Dorf Besitz hatten. So ergeben sich z. B. für einzelne Dörfer im Leriga (bei Oldenburg) bis zu 8 oder 9 Wirtschaftseinheiten pro Dorf [492] (siehe Karte 32, S. 612, Karte 33, S. 634).

Die B e v ö l k e r u n g s z a h l dieser Dörfer, vor allen Dingen das Wachstum des einzelnen Dorfes läßt sich nur schwer erschließen. Versuche, aus Gräberfeldern, die in der engen Nachbarschaft zu diesen alten Dörfern liegen, Bevölkerungszahlen zu errechnen [493], führen deswegen zu keinen befriedigenden Ergebnissen, weil die Belegungsmodalitäten sich nicht zweifelsfrei klären lassen. Ein solches Gräberfeld kann die Bevölkerung mehrerer Siedlungen – Dörfer oder Einzelhöfe – aufgenommen haben; auch der Einzugsbereich kann sich gewandelt haben.

Über den A n b a u in den friesischen und sächsischen Dörfern berichten – allerdings nur für die späte Karolingerzeit – die Werdener Urbare [494].

Demnach wurden vor allen Dingen Weizen und Roggen angebaut. Folgende Wertrelationen galten: 1 *modius* Weizen = 1 Seidel Honig = 8 Denare (ca. 8 Gramm Silber). Das um etwa drei Generationen ältere Capitulare Saxonicum bietet in einem andern Zusammenhang Angaben[495], die sich damit nur bedingt vergleichen lassen: 40 *modii* Hafer = 20 *modii* Roggen = 1½ Seidel Honig = 12 Denare. Hafer und Roggen verhielten sich demnach wie 1:2. Für das Vieh, das in den Werdener Urbaren nicht direkt genannt wird, galt folgende Gleichung: 1 Rind = 1 Schaf mit einem Lamm = 8 Denare; 1 gutes Rind = 24 Denare. Mißernten erschütterten wiederholt das Preisgefüge[496].

An Hand von Pollenanalysen und der Untersuchung makroskopischer Pflanzenreste aus Siedlungen der Merowinger- und Karolingerzeit wird sich das Spektrum der angebauten Kulturfrüchte künftig noch vervollständigen lassen[497].

Aus schriftlichen wie nichtschriftlichen Quellen läßt sich bisher nur für Teilbereiche entnehmen, daß die Einbeziehung der Sachsen und Ostfriesen in das Fränkische Reich einen Entwicklungsschub für Landwirtschaft und Agrarverfassung bewirkte. Unter den technischen Neuerungen, die in der Folgezeit ihren Weg zu den Sachsen fanden, sind die Wassermühlen hervorzuheben[498], die allmählich die älteren Handmühlen ablösten. Ob ähnlich Ackergerätschaften verbessert wurden, z. B. der Pflug und auch die Anspanntechnik[499], bleibt offen. Der Steigbügel wurde bei Sachsen und Friesen im 8. Jahrhundert verwandt, ohne merkbare Verzögerung gegenüber dem Fränkischen Reich[500]. Dies jedenfalls spricht dafür, daß der Austausch technischer Neuerungen über die Stammesgrenze hinaus durchaus üblich war.

Grundherrschaft

Die hauptsächliche Betriebsform der Landwirtschaft im frühen Mittelalter war bei Sachsen und Friesen die Grundherrschaft, eine Institution, bei der wirtschaftliche und politische Faktoren untrennbar miteinander verbunden waren[501]. Grundherrschaft war also weit mehr als etwa ein modernes Pachtverhältnis. Ein Grundherr gab Land, über das er in Form von Eigentum, Lehen, Dienstgut oder eines anderen Besitztitels verfügen konnte, gegen Leistungen, Abgaben und Dienste, aus. Über diese Ansprüche hinaus standen ihm weitere Befugnisse zu, und zwar in der Regel im Bereich der Rechtssprechung. Das Spektrum der Leistungen war in der hier interessierenden Zeit verschieden und hing von Zeit, Wirtschaftsraum und Wirtschaftspraxis ab, wie von dem persönlichen Status dessen, der in dieser Grundherrschaft die Arbeit verrichtete. Neben Unfreien *(liti, servi, mancipia* usw.) gab es auch freie Angehörige einer Grundherrschaft. Die Terminologie der Grundherrschaft bei Sachsen und Friesen in der Karolingerzeit ist recht uneinheitlich; hinter verschiedenen Begriffen konnten sich durchaus die gleichen Sachen oder Personen wiederfinden *(servi / manicipia; hoba / mansus)* [502] (siehe Abb. 29, nach S. 642).

Als Beispiel für einen grundherrschaftlich organisierten Wirtschaftsverband soll hier die Villikation des Klosters Werden[503] im Venkiga (bei Meppen) dienen. Mittelpunkt war die „Hebestelle" in Schapen an der Ems. Dorthin mußten die in einem Umkreis von etwa 15 km lebenden insgesamt 30 Bauern ihre Abgaben leisten[504]. In den insgesamt 15 Orten wohnten jeweils unterschiedlich viele, höchstens jedoch fünf grundhörige Familien. Die Abgaben an das Kloster bestanden vor allem aus Weizen; die Höhe schwankt von 8–24 *modii;* die Höfe wiesen also eine verschieden große Ackerfläche auf. Als Fixum neben dieser variablen Abgabe hatten manche Höfe einen Heerschilling in Höhe von 16 Denaren bzw. eine Gastung zu leisten. Nicht im Urbar erscheinen z. B. Transportleistungen, Abgaben bei Heirats- oder Todesfall, weil diese keine jährlichen Leistungen waren. An der Zentrale in Schapen kamen aus dem Besitz des Klosters Werden im Venkiga zusammen:

463 modii Weizen
5 modii Weizen (?) als Heermalter
16 modii Mehl
3 Seidel Honig

In Friesland überwogen Abgaben von Geld oder Tuchen[505].

Neben der „Rentengrundherrschaft", wie sie anhand der Villikation Schapen erscheint, gab es in der Karolingerzeit bei Sachsen und Friesen in erheblich größerem Maße die Betriebsgrundherrschaft[506]. In diesem Fall mußten die Hörigen neben der Bewirtschaftung des eigenen Betriebes periodisch wiederkehrende Dienste auf dem Herrenhof und dem Herrenland leisten. Solche Betriebsgrundherrschaft kann z. B. für die Klöster Essen, Corvey und andere erschlossen werden[507].

Will man den Anteil bestimmen, den der Grundherr aus der jeweiligen Gesamtproduktion des einzelnen bäuerlichen Betriebes erhielt, eine Frage, die namentlich die Werdener Urbare aufwerfen, müßte man einerseits die Hohlmaße *(modius)* der Karolingerzeit und die Ackerflächen, schließlich auch das Verhältnis von Aussaat und Ernte kennen. Diese Gleichung mit mehreren Unbekannten läßt sich bisher nicht befriedigend lösen[508]. Wahrscheinlich geht man nicht fehl, wenn man in Anlehnung an spätere Verhältnisse annimmt, daß etwa ein Drittel der Produktion eines bäuerlichen Betriebes an den Grundherrn fiel. Bieten die beiden ältesten Werdener Urbare einen Überblick über die Einkünfte aus Grundbesitz, über die ein Grundherr zu einem Zeitpunkt verfügte und über deren Entwicklung innerhalb einer relativ kurzen Zeitspanne, so lassen die Traditionen der Klöster Corvey und Fulda

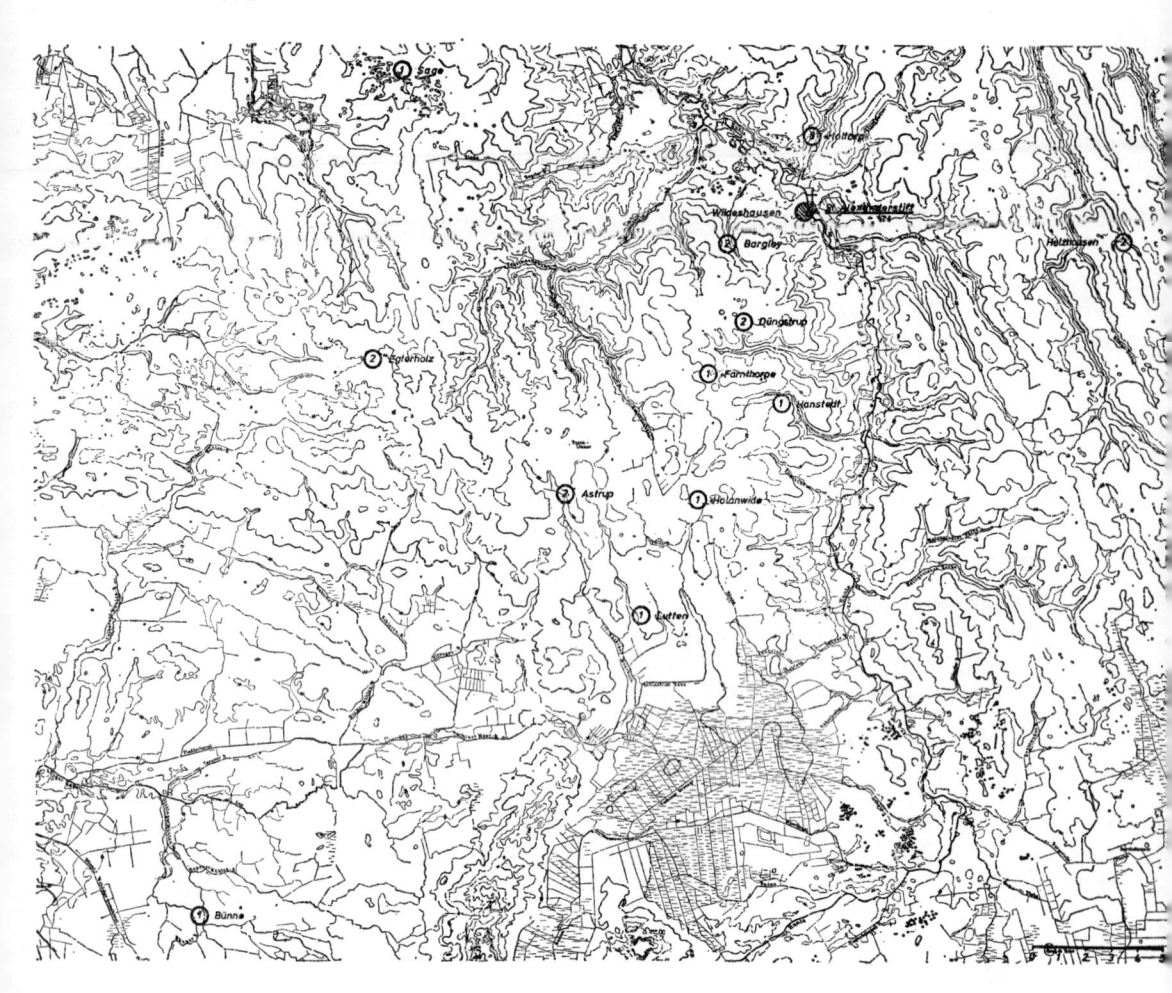

33. Gründungsausstattung des Stifts St. Alexandri in Wildeshausen (872)

erkennen, wie sehr die einzelnen Grundherrschaften Veränderungen unterworfen waren. Im Stammesgebiet der Sachsen erhielt das Kloster Fulda z. B. im 8./9. Jahrhundert mehr als 700 Hörige geschenkt[509] und besaß dort in späterer Zeit mehr als 3000 Hufen[510]. Demgegenüber waren die meisten anderen geistlichen Grundherrschaften im 9. Jahrhundert wesentlich bescheidener. Das Alexanderstift in Wildeshausen (bei Oldenburg) wurde bei seiner Gründung nur mit einem Herrenhof und 24 Hörigen ausgestattet (siehe Karte 33)[511]. Das Kloster Möllenbeck (bei Rinteln) erhielt entsprechend 100 Unfreie *(servi, lati)* und den Zehnten von 100 Hufen[512]; das Stift Wunstorf (bei Hannover) 200 Hufen Zehntland, 10 Latenhufen und 5 Knechte mit ihrem Besitz[513].

Die Grundherrschaften waren nicht statisch. Innerhalb eines relativ kurzen Zeitraumes konnten sie ihr Gesicht erheblich ändern. Neben dem Besitzzuwachs durch Schenkungen, wie er sich vor allem an Hand der schon genannten Traditionen verfolgen läßt, gab es Tausch, Verleihung, Überlassung auf Lebenszeit und auf der Sollseite vor allem Entfremdungen und Verlust. Der vom Grundherrn jeweils nutzbare Besitz schwankte von Jahr zu Jahr; Aufzeichnungen wie die Werdener Urbare waren also nur für einen sehr begrenzten Zeitraum gültig. Um die Substanz zu erhalten und die Besitzansprüche geltend zu machen, bedurfte es einer tatkräftigen Wirtschaftsführung und einer durchdachten Verwaltungspraxis, vor allem aber einer engen Verbindung zwischen der Zentrale und dem Grundbesitz vor Ort.

Die Frage, in welchem Ausmaß und in welcher Form sächsischer und friesischer Besitz während der Karolingerzeit in die Verfügungsgewalt der fränkischen Herrscher gelangte, wird von der Forschung bisher recht uneinheitlich beantwortet[514]. Besitzverzeichnisse wie Lehns- oder Heberegister, die das R e i c h s g u t der Karolingerzeit in Nordwestdeutschland erkennen lassen könnten, gibt es nicht. Direkte und zeitgenössische Quellen, die davon berichten, daß der Besitz einzelner aufständischer Sachsen von den Karolingern konfisziert wurde, sind selten und betreffen – soweit das heutige Niedersachsen in Betracht kommt – vor allem die Schlußphase der Sachsenkriege in dem nordöstlichen Stammesgebiet. So sollen im Jahre 794 10 000 Sachsen aus dem Gebiet zwischen Elbe und Wesermündung umgesiedelt worden sein[515]. In welcher Form und in welcher Zeitspanne dies so entvölkerte Gebiet wieder aufgesiedelt worden ist und welchen Rechts- und Sozialstatus die Neusiedler hatten, geht aus den Quellen nicht eindeutig hervor. Versuche, aus Orts- und Flurformen hier wie andernorts Aufschlüsse über das in der Karolingerzeit vorhandene Reichsgut zu gewinnen, helfen nicht viel weiter. Am ehesten bieten die „orientierten -heim-Orte" (Nord-heim, Süd-heim usw.) Aufschluß, die auch für andere Landschaften als beweiskräftiges Indiz für Reichsgut gelten[516]. So können im heutigen Land Wursten an der Wesermündung etwa die Siedlungsnamen Midlum, Northum, Sorthum und † Dalem als ein Hinweis auf Reichsgut der Karolingerzeit gelten[517], ferner im Umkreis von Northeim (bei Göttingen): Northeim, † Medenheim, Sudheim, Höckelheim, † Sultheim[518] und schließlich beiderseits der Lößgrenze bei Gifhorn: Veltheim, Salzdahlum, Stöckheim, † Westrum, Hachum[519]. Im heutigen Westfalen ist Reichsgut in der Karolingerzeit für Selm und Stockum bezeugt[519a]. Die Siedlungsverhältnisse im Umkreis dieser Orte lassen darauf schließen, daß es sich bei diesen Ortsnamengruppen nicht um Rodungen auf Königsland handelte, sondern um Umbenennungen bereits vorhandener, älterer Siedlungen oder aber um Neubenennung solcher Niederlassungen, die nach der Zwangsumsiedlung der älteren Bewohner unmittelbar oder nach einem gewissen Zeitraum erneut aufgesiedelt wurden. Durch Rodungen begründetes, neugeschaffenes Reichsgut läßt sich hingegen an den Rändern der großen Forste erschließen, die während der Karolingerzeit in die Verfügungsgewalt des Reiches gelangten, so z. B. für Hemeln (bei Hannoversch Münden) am Rande des Forstes Bramwald[520]. Da bereits im 10. Jahrhundert liudolfingisches Hausgut mit dem karolingischen Reichsgut verschmolzen wurde und in einzelnen Fällen schon für das späte 9. Jahrhundert Tausch von Reichsgut gegen Adels- oder Kirchenbesitz bezeugt ist[521], sind die Möglichkeiten, von späteren Quellen auf das Reichgut des 9. Jahrhunderts zurückzuschließen und so die Lücken der Quellen aufzufüllen, außerordentlich eingeschränkt. Das gilt namentlich für das „Kleine" und das „Große Freie" bei Hannover, Kleinlandschaften, die man gern als Reichsgutkomplex schon für die Karolingerzeit in Anspruch genommen hat[522]. So bleiben für die Karolingerzeit selbst vor allem die Veräußerungen von Reichsgut als Quelle übrig[523]. Stellt man die Überlieferung hierüber zusammen, zeigt sich unmißverständlich, daß die Veräußerung von Reichsgut an den Adel, mehr noch aber die Verlehnung, in den Quellen unterrepräsentiert ist.

Schenkungen von Reichsgut an den Adel sind nur deswegen überliefert, weil sie später – und mit ihnen auch die Besitzurkunden – in geistliche Hand gerieten. Das gilt z. B. für die Schenkung von 60 Hufen im Raum um Hannover, die Graf Ekbert im Jahre 892 erhielt, und für die 25 Hufen in Kalefeld und Echte (bei Northeim), die später an das Stift Hildesheim gelangten[524].

Schon vor dieser Zeit hatte sich, wie bereits erwähnt, das Reichsgut durch Tausch und anderweitige Umschichtungen in seiner Substanz geändert[525]. Damit erklärt sich auch zum Teil die Tatsache, daß die Orte, für die noch in der Karolingerzeit Reichsgut nachweisbar ist, so wenig „systematische" Namen aufweisen.

Das Reichsgut bei Sachsen und Friesen war ähnlich wie das Kirchengut grundherrschaftlich organisiert. In den meisten Fällen handelte es sich um Höfe mit abhängigen Hufen[526]. Ob und in welchem Maße bereits die Bestimmungen des Capitulare de villis über die Verwaltung der königlichen Höfe erfüllt wurden, ist fraglich; dem Gesetz wird jedenfalls auch für das rechtsrheinische Gebiet Gütigkeit zugesprochen[527].

Ähnlich schwierig wie das Reichsgut ist der Besitz des Adels und seine Organisation zu beschreiben. Für die Merowingerzeit ist die Forschung – sieht man von kaum nennenswerten Ausnahmen ab – auf Rückschlüsse von der Karolingerzeit und noch späteren Jahrhunderten angewiesen.

Erschwert wird die Lage überdies durch die Tatsache, daß im frühen Mittelalter adeliger Besitz von grundsätzlich größerer Mobilität ist, als der der Kirche oder Reiches. Zersplitterung durch Erbgang[528], getätigte und vom Herrscher erhaltene Schenkungen, Verlust und Zugewinn durch Heiratsgut machen es nahezu unmöglich, den Besitz einer einzelnen Adelsfamilie zu einem bestimmten Zeitpunkt zu erfassen oder gar dessen Entwicklung im frühen Mittelalter zu verfolgen. Fragen nach Besitz und Besitzform des Adels zu lösen, ist dort am ehesten möglich, wo die Genealogie einer Familie gesichert ist und Schenkungen an verschiedene Institutionen mehr als einzelne verstreute Belege für Einzellandschaften bieten. Zahlreiche in den Corveyer Traditionen erwähnte Orte, die wichtige Aufschlüsse für die hier interessierenden Fragen versprechen, sind schwer zu lokalisieren.

Die großen Schenkungen, vor allem an das Kloster Fulda, zeigen, daß adeliger Besitz bei Sachsen und Friesen in der Karolingerzeit Streubesitz war. Die Güterverwaltung zwang die einzelnen Grundherren zu erheblicher Mobilität, wie dies bereits die Vita Liutbirgae erkennen läßt[529]. So ist es schwierig, den „Wohnsitz" des einzelnen Adeligen nachzuweisen. Besitzzentren oder Kernlandschaften des Adels lassen sich am ehesten dort nachweisen, wo Hausklöster gegründet wurden, so für die Liudolfinger in der Heberbörde (bei Gandersheim)[530].

Siedlungslandschaft

Bieten die schriftlichen Quellen für die Merowinger- und Karolingerzeit in großen Zügen Aufschlüsse über das historisch-politische Geschehen und dessen Konsequenzen, so bleibt der Hintergrund – Land, Leute, Landschaft – weithin im dunkeln.

Die Frage, wie weit Nordwestdeutschland in der Merowinger- und Karolingerzeit von Siedlungen erfüllt waren und wie weit diese bereits den besser bekannten Dörfern der späteren Jahrhunderte glichen, ist schwer zu beantworten[531]. Zeitgenössische Quellen lassen für die Merowinger- und Karolingerzeit den Gesamtbestand der tatsächlich zu jener Zeit vorhandenen Siedlungen nur in groben Umrissen erkennen. Die vor allem aus den Klöstern Fulda, Werden und Corvey stammenden Quellen bieten für das späte 8. und 9. Jahrhundert etwa 350 Ortsnamenbelege, die sich jedoch beim derzeitigen Forschungsstand nur unvollständig kartieren lassen[532]. Sonstige schriftliche Quellen fallen demgegenüber kaum ins Gewicht. Dieser gewonnene Grundbestand an Orten ist in mehrfacher Hinsicht aufschlußreich. Er zeigt vor allem dort, wo sich die Besitzlandschaften der genannten Klöster und Stifter überschneiden, die Siedlungslandschaft im Kleinen, so etwa für das Emsland. Diese Ortsnamen lassen sich folgenden Typen zuordnen (vgl. o. S. 241):

„dunkle Ortsnamen"
-beck
-dorf
-feld

-hausen
-heim
-leben
-stedt.

Geographische Verteilung und Dauer der „Produktivität" dieser Ortsnamentypen sind noch nicht hinreichend aufgehellt worden [533].

In der Karolingerzeit noch neugebildet wurden Ortsnamen mit dem Suffix -hausen, -heim und -dorf [534]. Vereinzelte Belege beweisen, daß die -rode-Orte erst in der Karolingerzeit einsetzen [535]. Welche Aufschlüsse sich aus Untersuchungen der Ortsnamentypen ergeben können, hat sich für die -leben-Orte gezeigt, die das östliche Niedersachsen noch erfassen: ein Nordsüdstreifen von -leben-Orten, von Skandinavien bis Thüringen, wurde anscheinend durch die slavische Landnahme gespalten [536]. Das bedeutet, daß die Ausbreitung der -leben-Orte vor dem Ende des 6. Jahrhunderts erfolgt sein muß, in einer Zeit also, für die die erzählenden Quellen eine nach Norden weisende Komponente in der frühen Geschichte der Sachsen ausweisen [537]. Allerdings hat die archäologische Forschung für die Genese der -leben-Orte bisher keine zuverlässigen Kontrollwerte ergeben [538].

Die Mindestzahl der aus schriftlichen Quellen nachweisbaren Siedlungen läßt sich durch die etwa 150 bekanntgewordenen G r ä b e r f e l d e r der Merowinger- und Karolingerzeit nennenswert vermehren [539]. Bei ganz wenigen der in schriftlichen Quellen bis zum Ende der Karolingerzeit genannten Orte konnten allerdings Gräberfelder in ihrer unmittelbaren Nachbarschaft gefunden werden. Neuerdings hat die archäologische Landesaufnahme zahlreiche Neufunde für Siedlungen der Merowinger- und Karolingerzeit erbracht [540], zugleich aber auch gezeigt, daß die Forschung noch weit davon entfernt ist, auf die außerordentlich wichtigen Fragen nach Genese, Gestalt und Ortskonstanz merowinger- und karolingerzeitlicher Siedlungen befriedigende Antworten zu finden [541]. Erst für die Zeit etwa vom 7. Jahrhundert an liegen Gräberfeld und – moderne – Siedlung in einer solch signifikanten Nachbarschaftslage, daß man dieses Verhältnis bis in die Belegungszeit des jeweiligen Gräberfeldes zurückschreiben zu können meint [542].

Glaubte man noch bis in die Jahre nach dem zweiten Weltkrieg, daß in Nordwestdeutschland infolge der Völkerwanderungen eine Siedlungsleere eingetreten sei, so zeigt sich nunmehr, daß diese Annahme im wesentlichen auf einer Forschungslücke beruhte [543]. Diese Forschungslücke hat sich mehr und mehr geschlossen. Derzeit ist vor allem das 6. Jahrhundert ein noch schwierig zu erfassender Zeitraum, weil, wie oben erörtert wurde, der Grabbrauch eine zuverlässige Analyse der Bestattungen hemmt. Angesichts dieses Sachverhaltes kann man einzelne Ortsnamenschichten kaum bis in die Zeit um 500 zurückschreiben [544].

Die Wanderzeit in Nordwestdeutschland fand ihr Ende, als Friesen im 8. Jahrhundert Land rechts der unteren Weser in Besitz nahmen[545]. Diese und andere Zuwanderungen in der vorangehenden Zeit sind deutlich vom inneren Landesausbau zu trennen. Solange das Gewichtsverhältnis dieser beiden Faktoren noch so wenig greifbar ist wie bisher, wird man die Lehrmeinungen der älteren G a u f o r s c h u n g mit Vorsicht betrachten müssen[546]. Auch die Versuche, im Querschnitt Siedlungslandschaft und Bevölkerung für die vorkarolingische Zeit zu bestimmen, so etwa für die Zeit um 500[547], vermögen nicht zu überzeugen. Sicher wird man innerhalb des Untersuchungsgebietes nicht zu Einheitswerten gelangen, zeichnen sich doch z. B. für die Siedlungsmöglichkeiten in den Marschen während des frühen Mittelalters besondere, naturgegebene Voraussetzungen ab[548].

Die summarische Betrachtung der Quellen verdeckt leicht die Tatsache, daß im Untersuchungsgebiet die Siedlungslandschaft des frühen Mittelalters sich nicht gleichförmig in eine Richtung entwickelt hat. R o d u n g s - u n d W ü s t u n g s p r o z e s s e liefen nebeneinander her, ohne daß sich ihre Ursachen, Ausmaße oder wechselseitige Bedingungen bisher genauer erkennen ließen[549]. Insgesamt gesehen kann hier jedoch festgehalten werden, daß die Siedlungs- und Bevölkerungsbilanz bei Sachsen und Friesen in erheblichem Maße positiv war, eine Tatsache, die erhebliche Konsequenzen auch für das historische Geschehen gehabt hat.

Karolingerzeitliche Rodungen sind durch die Traditionsverzeichnisse unverhältnismäßig gut bezeugt. Besonders die Klöster Fulda und Werden erhielten im 8. und 9. Jahrhundert zahlreiche Rodungen von sächsischen Adligen geschenkt *(captura, bifang)*[550]. Diese Rodungen lassen herrschaftlich gelenkten inneren Landausbau von zum Teil erheblichen Ausmaß erkennen. So schenkte z. B. der *nobilis* Thuring die wahrscheinlich nach ihm selbst oder aber einem gleichnamigen Vorfahren benannte Rodung *Thuringesrod* an der Oker mit 40 Hörigen an das Kloster Fulda[551]. Auch Flurnamen wurden im Verlauf des Landesausbaus zu Siedlungsnamen[552]; aus den Namen von Kleinlandschaften *(marca)* wurden entsprechend solche für Gaue *(pagus)*[553].

Wüstungen, von denen es fraglich ist, ob es sich um temporäre oder permanente Wüstungen handelt, lassen sich in den Werdener Urbaren nachweisen, die – dank ihrer Parallelüberlieferung im Abstand von etwa einer Generation – überhaupt gute Einblicke in den raschen Wandel der Siedlungslandschaft bieten. Vereinzelt sind diese Wüstungen – darauf wurde bereits hingewiesen[554] – mit den Invasionen der Normannen zu verbinden.

Die Archäologie hat beim derzeitigen Forschungsstand erst wenige überzeugende Beweise für Rodungs- oder Wüstungsvorgänge beibringen können, zumal das Ausmaß bloßer Siedlungsverlagerung im Kleinraum nur schwer zu erfassen ist. Der gewichtigste Ort solcher Untersuchungen ist bisher

G r i s t e d e (bei Oldenburg)[555]. Dort setzte – wie erwähnt – die Besiedlung im Bereich der neuzeitlichen Ortslage im 9. Jahrhundert ein. Dieser frühmittelalterlichen Siedlung geht eine „Siedlungsleere" von etwa 250 Jahren voran. Die Herdstellen der Gristeder Höfe liegen in einzelnen Fällen nahezu für ein Jahrtausend an der gleichen Stelle. Hoffnungsvolle Erwartungen richten sich auf das Projekt F l ö g e l n (bei Bremerhaven)[556], zumal dort die Naturwissenschaftler von vornherein, auch bei der Auswahl des Objektes, mitwirkten. In größerem Maßstab hat sich die Neuaufsiedlung der Marschen seit dem 8. Jahrhundert nachweisen lassen[557]. Sie erfolgte allerdings, wie erwähnt, wahrscheinlich im Zuge einer Zuwanderung entlang der Küste von West nach Ost, weniger vom unmittelbaren Hinterland, der Geest, aus.

Die schriftlichen Quellen der Karolingerzeit lehren immer wieder, wie schwierig es ist, Begriffe wie „Siedlungskammer" – so wird z. B. der Raum um Flögeln bezeichnet –, angemessen zu verwenden, selbst wenn man die im gleichen Raum zu gleicher Zeit bestehenden Siedlungen hinreichend erfaßt. Wesentliche Faktoren, die das Siedlungswesen bestimmen, können durchaus von Nachbarräumen aus in eine solche „Siedlungskammer" hineinwirken oder aber auf jene bezogen sein. Dies gilt vor allem im Zusammenhang mit der Grundherrschaft. Insofern kann innerhalb des hier interessierenden Zeitraumes auch die vor Ort arbeitende archäologische Siedlungsforschung stets nur Teilaspekte des Gesamtphänomens Siedlung erfassen.

Ausgehend von diesen Einsichten offenbart sich auch die Problematik der älteren „G a u f o r s c h u n g", die mit einer relativ starren und bis in das Hochmittelalter hineinreichenden Verklammerung von Siedlungseinheit und politischer Raumeinheit zu rechnen geneigt war[558]. Eine solche Identität mag annäherungsweise für die Zeit gelten, in der die Sachsen und Friesen ihre eigenen Verfassungsinstitutionen aufwiesen. Für die Karolingerzeit geht man aber am besten vom Sprachgebrauch der schriftlichen Quellen aus und begreift „Gau" *(pagus)* als Lokalisierungshilfe für Ortschaften und Hinweise auf überschaubare Kleinlandschaften. Bereits im Zusammenhang mit der Grafschaftsverfassung wurde darauf hingewiesen, daß für die Grafen und ihre Amtstätigkeit der *pagus* nicht die konstitutive Größe darstellte. Die Analyse der *pagus*-Namen lehrt hinreichend, daß sie unterschiedlichen Alters- und Bedeutungsschichten angehören[559]. So sind z. B. der *pagus* Sturmi an der unteren Aller, dessen Name wahrscheinlich im Zuge sächsischen Vordringens nach Süden übertragen wurde, und der Bardenga von einem Kranz von *pagi* umgeben, die auf relativ jüngere Rodung hinweisen: *Drevani, Osterwald, Waldsati, Moswidi*[560]. Die Ausbreitung der Sachsen hat zweifellos dazu geführt, daß auch andernorts ältere Landschaftsnamen „ausgeräumt" wurden[561]. Die Neuschöpfung von „Gaunamen" war mit der Karolingerzeit noch nicht abgeschlossen.

Gewerbe, Handel, Handelsplätze

Für das heutige Niedersachsen erfassen lediglich die Werdener Urbare Teilbereiche des ländlichen Wirtschaftslebens der Karolingerzeit. Diese Urbare zeigen, daß neben der Urproduktion auch die V e r e d e l u n g innerhalb des bäuerlichen Wirtschaftsbetriebes vorgenommen wurde: Getreide wurde über den Eigenbedarf hinaus zu Mehl oder Malz verarbeitet, Wolle und Leinen zu Tuchen, aus denen wiederum Waren, z. B. Mäntel, hergestellt wurden[562]. Bodenfunde können diese Bereiche des ländlichen Wirtschaftens bestätigen, z. T. auch weiterreichende Einsichten vermitteln. Auf Webgewichte als Anzeiger für Textilherstellung und Schlacken und Schmiedeluppen als Anzeiger für Eisenverarbeitung wurde bereits hingewiesen. Über die Vielfalt der T u c h p r o d u k t i o n in Merowinger- und Karolingerzeit bei Sachsen und Friesen informieren die Textilfunde von der Wurt Hessens (bei Wilhelmshaven)[563], ferner auch die Textilreste, die relativ häufig an Metallsachen oxydiert sind, vor allem an Trachtenschmuck aus den Reihengräbern[564]. Eine Textstelle der Vita Willehadi zeigt, daß Textilien in größerem Umfang auch im Verband weltlicher Grundherrschaften gefertigt wurden[565].

Im Bereich der M e t a l l v e r a r b e i t u n g kam es zweifellos schon früh zu Differenzierungen in der Fertigung wie in der Verbreitung der Erzeugnisse. Qualitätvolle Gießarbeiten, wie die Solidus-Nachprägungen des 6. Jahrhunderts[566] oder den Trachtenschmuck (siehe Abb. 26, nach S. 594), kann man sich kaum als im bäuerlichen Milieu entstanden vorstellen, jedenfalls nicht als Feierabendtätigkeit[567]. Gußformen, Model und Tiegel, aus denen sich genauere Aufschlüsse über Organisation und Topographie der Fertigung erzielen ließen, sind allerdings erst vereinzelt in geringer Zahl gefunden worden. Als Grabbeigabe wurde z. B. in Liebenau (bei Nienburg) ein Preßmodel der Merowingerzeit gefunden; die übrigen Beigaben des Grabes deuten nicht darauf hin, daß jemand, der in der Metallbearbeitung tätig war, sich besonders von seiner Umgebung unterschied[568]. Allerdings stellt die Lex Frisionum den Goldschmied unter einen besonderen Schutz[569]. Bronzegießer haben sich für das 8. Jahrhundert in Münster[570] und Kückshausen (bei Hagen)[571] aufgrund ihrer Werkstattreste nachweisen lassen.

Gußgleiche Produkte, wie die Bügelfibel von Rosdorf (bei Göttingen, um 600) mit ihren Parallelen im heutigen Schwaben[572], zeigen, daß Sachsen und Friesen nicht auf das Hauswerk oder den Nahmarkt zur Befriedigung ihrer Bedürfnisse angewiesen waren. Bodenfunde weisen gleichfalls darauf hin, daß die V e r a r b e i t u n g v o n H o r n u n d K n o c h e n sowohl im Hauswerk als auch in spezialisierten Werkstätten erfolgte; vor allem der Küstenraum hat sich als Verbreitungsgebiet solcher Qualitätsware bestimmen lassen[573]. Ähnliches gilt für die Keramik: Die Masse ist, zumal in der Merowinger- und frühen Karolingerzeit als örtliche Fertigung, zum Teil sicherlich im Hauswerk, anzusehen.

Andere Bereiche des Bedarfs konnten hingegen nicht auf dem Wege der Selbstversorgung vor Ort gedeckt werden, vor allem lagerstättengebundene Produkte. Für diese Dinge ist für relativ frühe Zeit auf das Vorhandensein von T a u s c h , H a n d e l und überregionalen Versorgungssystemen zu schließen.

Ein lebenswichtiger, durch nichts zu ersetzender Handelsgegenstand war das S a l z. Anhand karolingerzeitlicher Quellen lassen sich als Orte der Salzgewinnung im sächsischen Stammesgebiet nachweisen:

    Bodenfelde (bei Northeim) [574]
    Salzdahlum (bei Wolfenbüttel) [575]
    Sülbeck (bei Einbeck) [576]
    Werl (bei Soest) [577]
    Empelde (bei Hannover) [578]

Weitere Salzorte sind in Rechnung zu stellen [579]. Eine andere Form der Salzgewinnung als die aus der Salzquelle wird, wenn auch noch undeutlich, für die friesische Küstenlandschaft erkennbar [580]; die Salzgewinnung aus den Salzmooren vor der Küstenlinie.

Anders als bei Salz läßt sich der Verbreitungsmodus für M a h l s t e i n e nachweisen: Neben den im Lande selbst gebrochenen Mahlsteinen wurden auch früh solche aus Mayener Basalt importiert [581]. Das chronologische und mengenmäßige Verhältnis dieser beiden Versorgungssysteme muß noch aufgeklärt werden [582]. Zweifelsfrei mit Lagerstätten im heutigen Norwegen zu verbinden sind auch die Specksteingefäße, wie sie z. B. in Bardowick in einer Siedlungsgrube des 9. Jahrhunderts gefunden wurden, ähnlich im Raum von Cuxhaven [583].

Kontinuierlich hat sich die archäologische Forschung seit langem dann bemüht, die Verbreitungsformen der K e r a m i k zu bestimmen, die stets die Masse des Fundgutes stellt. Bei der in Siedlungen gefundenen Keramik ist die Datierung in Merowinger- und Karolingerzeit nach wie vor noch nicht überall hinreichend geklärt [584], um Änderungen in Versorgung und Produktion auch unter dem Aspekt der Wirtschaftsgeschichte zu interpretieren. Mineralogische Untersuchungen haben hingegen einwandfrei gezeigt, daß bereits im Küstenraum und vereinzelt auch im heutigen Westfalen während des 8. Jahrhunderts Keramik aus dem Niederrheingebiet als Grabgefäße benutzt wurden [585]. Eine andere Richtung des Keramikhandels läßt sich für das 9. Jahrhundert ausmachen: Für etwa ein Jahrhundert, vom späten 8. bis zum frühen 10. Jahrhundert, hat sich die mit Muschelgrus gemagerte, also im Küstenraum gefertigte Keramik, als Handelsgut bis weit in das Innere

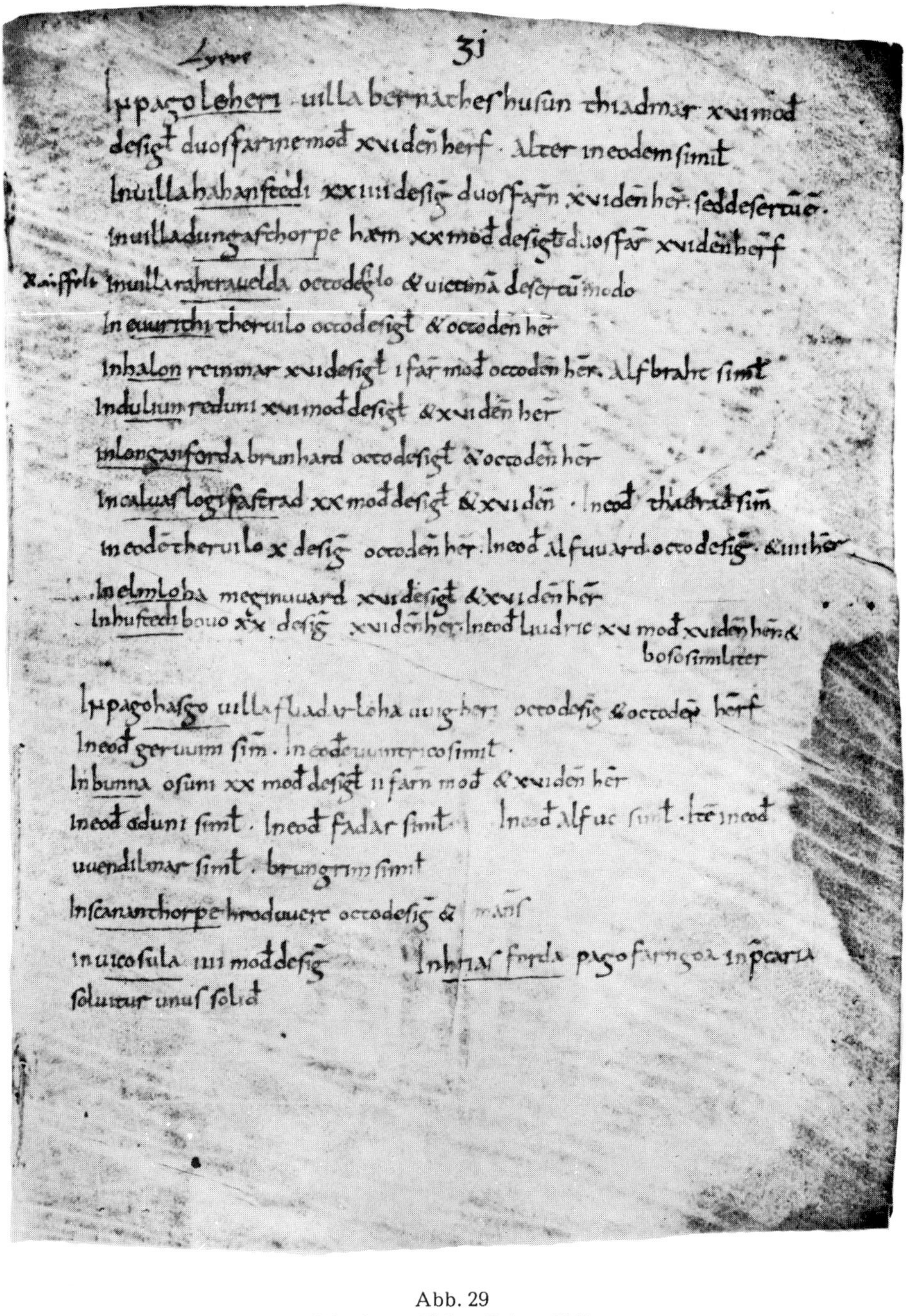

Inpago Loheri uilla bernacheshusun thiadmar xvi mod
desigt duos farine mod xvi den herf. Alter in eodem simit
Inuilla hahanstedi xxiiii desig duos farn xvi den her sed desertū
Inuilla dungas thorpe hæm xx mod desigt duos far xvi den herf
xviiffels Inuilla rahrauelda octo desig & uicesimā desertū modo
In euurichi therullo octo desigt & octo den her
Inhalon reinmar xvi desigt i far mod octo den her. Alfbraht simit
Indulium redum xvi mod desigt & xvi den her
Inlongasforda brunhard octo desigt & octo den her
Incaluuslogis fastrad xx mod desigt & xvi den. Ineod thiadrad sim
Ineod therullo x desig octo den her. Ineod alfuuard octo desig & iiii her
Inelmloha meginuuard xvi desigt & xvi den her
Inhustedi bouo xx desig xvi den her. Ineod liudric xx mod xvi den her &
boso similiter

Inpago hasgo uilla fladuuleha auigbert octo desig & octo des herf
Ineod geruuin sim. Ineod uunteri co simit
Inbunna osum xx mod desigt ii farn mod & xvi den her
Ineod adum simit. Ineod fadar simit. Ineod alfuc sunt. Itē ineod
uuendiluuar simit. brungrim simit
Inscanunthorpe hroduuert octo desig & mans
Inuicosula iiii mod desig Inhnarforda pago furngoa inpcuria
soluuntur unus solid

Abb. 29
Werdener Urbar B (um 900)

5. Wirtschaftsleben in der Merowinger- und Karolingerzeit

des sächsischen Stammesgebiets, an die obere Ems, mittlere Weser und Aller, nachweisen lassen[586]. Diese Keramik macht in den küstennahen Fundplätzen bis zu zwei Drittel der Gesamtfunde aus, nimmt dann kontinuierlich ab, je weiter der einzelne Fundplatz im Binnenland liegt. Von Süden her wurde bereits in der Zeit vor 800 hessische Drehscheibenkeramik in das südliche Niedersachsen verhandelt; der Fundplatz Brunshausen (bei Gandersheim) wird künftig sicherlich nicht der einzige bleiben[587].

Wie für die frühe Importkeramik im Küstenraum finden sich auch für importierte Waffen[588], Glasgefäße, Perlen[589] und vereinzelt für importierte Textilien[590] die eindrucksvollsten Belege in den beigabenführenden Gräbern des Küstenraumes. Erst in den letzten Jahren haben vor allem die Ausgrabungen in Paderborn und Münster gezeigt, daß auch das Binnenland ähnlich früh mit qualitätvoller Importware versorgt wurde[591]. Über die genannten Waren hinaus ist letztlich sämtliches Edel- und Buntmetall als Import anzusehen; für die Merowinger- und Karolingerzeit ist für Nordwestdeutschland noch nicht mit einem Metallbergbau zu rechnen.

Die H a n d e l s w e g e und die Organisation des Handels haben sich bisher noch nicht befriedigend klären lassen. Der Küstenraum wurde vor allem über See versorgt; die Fundkarten lassen immer wieder die intensiven Handelsverbindungen zwischen dem Rheinmündungsgebiet und Skandinavien erkennen, in die der nordwestdeutsche Küstenraum einbezogen war[592]. Die Verkehrsverbindungen im Binnenland sind hingegen nur vage zu erkennen. Wasserwege waren auch hier anscheinend sehr wichtig[593].

Die Ost-West-Handelsachse vom Rhein zur Elbe, die wahrscheinlich schon für die Merowingerzeit in Rechnung zu stellen ist, wird anhand einer Privilegienbestätigung für das Stift Gandersheim durch Otto I. kenntlich: das Stift erhielt den Transitzoll von den Waren, die die Kaufleute vom Rhein an die Elbe brachten[594].

Neue Ansprüche an den Markt stellte die Kirche mit ihrem Bedarf an Wein, Seide, Weihrauch. Die Ausgrabungen in Brunshausen haben erkennen lassen, daß auch andere Waren von fernher bezogen wurden; dort wurden z. B. Öllämpchen, Schreibgriffel und Glasgefäße gefunden[595].

Als unsichtbares und nur schwer nachweisbares Gegengut für die kostbaren Importe der Sachsen und Friesen in der Merowinger und Karolingerzeit sind zu einem wesentlichen Teil S k l a v e n anzusetzen[596].

Es wurde bereits darauf hingewiesen, daß der G e l d u m l a u f bei Sachsen und Friesen in der Merowinger- und Karolingerzeit den Warenumlauf keineswegs abgedeckt haben kann. Daß vereinzelt dem gemünzten Geld ein Wertstandard zugemessen wurde, lassen die Solidus-Nachprägungen erkennen, die, wie die gußgleichen Exemplare aus den benachbarten Fundorten Ahrbergen und Harsum (bei Hildesheim) nahelegen, sehr wahrscheinlich im Stammesgebiet der Sachsen angefertigt wurden [596a]. Trifft dies zu, dann ist damit zugleich ein Gradmesser für das qualitätvolle Metallhandwerk der Sachsen gegeben (siehe Abb. 24, nach S. 562; Abb. 26, nach S. 594).

Der Umlauf von Münzgeld bricht in Nordwestdeutschland im 5. Jahrhundert ab. Merowingerzeitliche Münzen sind bisher nur ganz vereinzelt bei Sachsen und Friesen gefunden worden [597]; die beiden bedeutendsten Funde, insgesamt 9 Goldtremissen, stammen von Altenwalde (bei Cuxhaven), also wiederum aus dem Nordseeküstenbereich [598]. Sie sind in das 7. Jahrhundert zu datieren und lassen – wie schon die im sächsischen Gebiet gefundenen Goldbrakteaten des 6. Jahrhunderts – angesichts der allgemeinen Armut an Edelmetall auf Beziehungen zu dem in dieser Zeit „goldreichen" Skandinavien schließen.

Nennenswerte S c h a t z f u n d e im Untersuchungsgebiet stammen erst aus dem 8. bzw. 9. Jahrhundert. Hier ist vor allem auf die Sceatta-Horte aus dem heutigen Ostfriesland und dem angrenzenden Westfriesland hinzuweisen [598], so auf den von Hallum (bei Franeker, Niederlande) und den von Barthe (bei Emden) mit mehr als 750 erhaltenen Exemplaren (siehe Abb. 25, nach S. 578) [599].

Noch in der Karolingerzeit wurden Münzen sehr wahrscheinlich nicht als Geld in modernem Sinne, sondern als Edelmetalläquivalent bewertet. Dafür sprechen z. B. der geviertelte, also auf seinen bloßen Silberwert reduzierte Denar aus der ältesten sächsischen Siedlungsschicht von Paderborn (vor 777) [600] und auch die Beobachtung, daß Münzen als Schmuck verwandt wurden [601]. Im 9. Jahrhundert erst mehren sich die Funde karolingischer Denare (s. Karte 33 a, S. 645). Von den im Untersuchungsgebiet gefundenen Denaren sind kaum zwei Dutzend erhalten [602]. Einige Schatzfunde wurden vor der wissenschaftlichen Bearbeitung zerstreut; vom Schatzfund von Holtland (bei Leer) weiß man immerhin, daß er mindestens 24 Denare enthielt. In den Nachkriegsjahren vermehrt hat sich die Zahl jener Denare, die als Grabbeigaben geborgen wurden. Diese Funde bieten insgesamt noch kein zutreffendes Bild über den tatsächlichen Münzumlauf [603].

Handelsplätze werden für Sachsen und Friesen erstmals in der Karolingerzeit, im Diedenhofener Kapitular genannt (805): Bardowick (bei Lüneburg), Schezla und Magdeburg. Ob diese Orte in die Merowingerzeit zurückreichen, muß vorerst offen bleiben. Die ältesten Grabfunde aus Bardowick stammen immerhin aus der späten Merowingerzeit [604]. Für Magdeburg weist jedenfalls der Ortsname in vorkarolingische Zeit zurück [605].

Die Bistümer im Stammgebiet der Sachsen, die entsprechend der kirchenrechtlichen Praxis an „volkreichen Plätzen" gegründet werden sollten [606], erfüllen nicht alle diese Bedingungen. Die Ausgrabungen in Münster haben z. B. gezeigt, daß dort keine nennenswerte ältere Siedlung vorhanden war [607]. Die Verlegungen von Bischofssitzen, wie die von Osterwieck in das 25 km

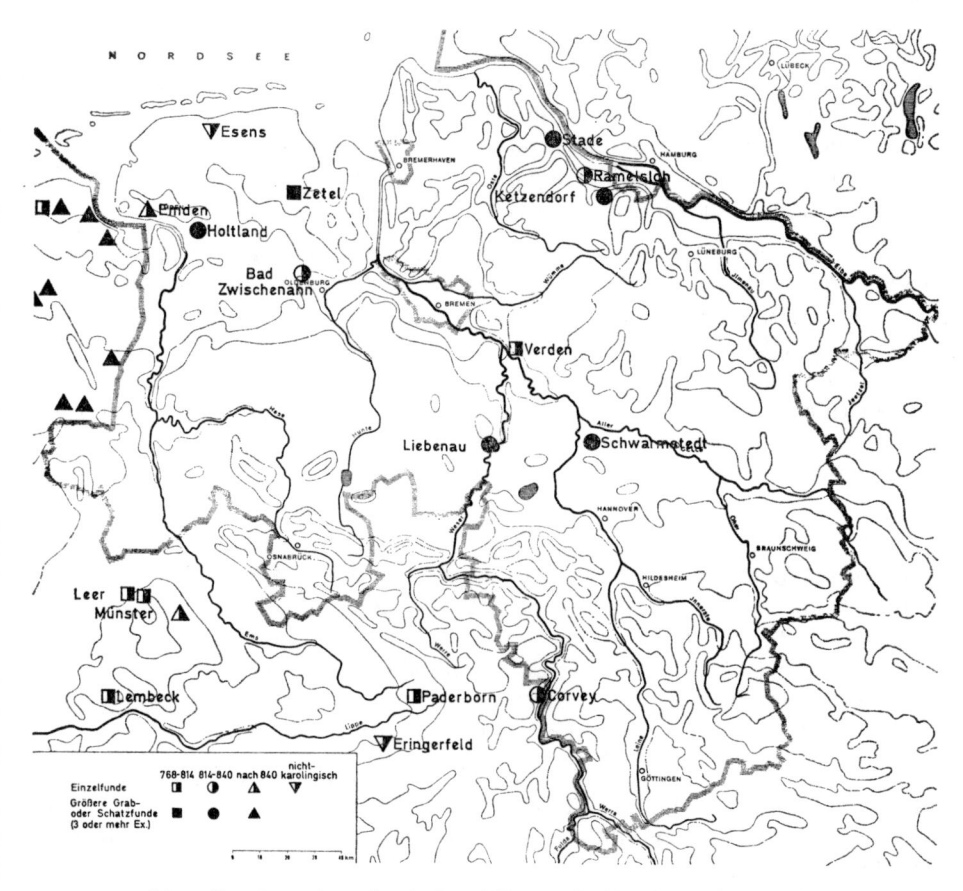

33 a. Fundorte karolingischer Münzen in Nordwestdeutschland

entfernte Halberstadt[608] und auch wahrscheinlich die von Elze nach Hildesheim (15 km)[609] zeigen, daß die neuen Zentren nicht in jedem Fall glücklich gewählt waren, und daß mit der Bistumsgründung allein noch keine Zentralität des jeweiligen Ortes garantiert war. Auch Stifter und Klöster konnten ähnlich wie Bistumssitze die Bildung frühstädtischer Siedlungen fördern, so nachweislich in Deventer[610] und Gandersheim[611].

Warenumschlagplätze der Karolingerzeit waren zweifellos die Zentren der weltlichen und mehr noch die der geistlichen Grundherrschaften, die ihre Bedürfnisse – wie oben angeführt – zu einem wesentlichen Teil nur über den Markt decken konnten. Die Wunderkraft der Heiligen und Reliquien zog an diesen Orten Menschen von weither zusammen, wodurch zweifellos deren Zentralität erheblich gesteigert wurde.

In den wenigen Kapiteln der Translatio S. Alexandri wird davon berichtet, daß Kranke aus der Umgebung von Wildeshausen, aus dem Gebiet rechts der unteren Weser, aus Twente und Drente und von der unteren Ruhr in Wildeshausen durch die Wunderkraft des Heiligen Alexander geheilt wurden [612]. Für Bremen nennen die Kapitel der Miracula S. Willehadi solche Heilungen für Kranke aus allen Teilen der Diözese und darüber hinaus [613].

Nur in wenigen Fällen wurde das Wirtschaftsleben bei Sachsen und Friesen durch Markt- und Münzprivilegien der karolingischen Herrscher gefördert. Hinzuweisen ist auf die Verleihung des Markt- und Münzrechts an das Kloster Corvey im Jahre 833 [614]. Das Münzrecht wurde vom Kloster in der Karolingerzeit jedoch nicht genutzt; ein Zeichen dafür, wie wenig sich die Geldwirtschaft durchgesetzt hatte. Bremen erhielt im Jahre 888 ein ähnliches Privileg. Ob damit jeweils ein nennenswerter Anstoß für das örtliche Wirtschaftsleben verbunden war, steht dahin [615]. Ob in Hamburg Münzen geprägt wurden, ist strittig [616].

Siedlungsformen, die man am ehesten als Marktorte und Landeplätze für den küstennahen Verkehr bestimmen kann, haben die Archäologen für den Nordseeküstenraum [617] nachgewiesen: z. B. für die Zeit um 900 in Emden. Die dort ausgegrabenen kleinen Häuser von etwa 5×6 m Grundfläche lassen sich nicht mit landwirtschaftlichen Zwecken verbinden [618]. Vergleichbare, z. T. noch kleinere Hausformen ergaben sich auch bei den Ausgrabungen in Münster, die eine Siedlungsschicht der Zeit um 800 erfaßten [619].

Ob die Friesen über ihr Stammesgebiet hinaus wie am Rhein und andernorts auch in Sachsen in der Karolingerzeit Handelskolonien bildeten, muß vorerst offenbleiben. Für Bardowick (bei Lüneburg) deutet der Ortsteilname Friesdorf darauf hin [620].

Auf dem Weg des Rückschlusses von jüngeren Quellen allein läßt sich das Vorhandensein von Marktorten und Handelsplätzen für die Karolinger- oder gar die Merowingerzeit nur selten nachweisen [621]. Hier ist Skepsis gegen manche Arbeiten der ortsgeschichtlichen Forschung angebracht.

---

[463] DOPSCH, Die Wirtschaftsentwicklung (wie Anm. 341), passim; H. ROTH, Handel und Gewerbe vom 6.–8. Jahrhundert östlich des Rheins, in: VjschrSozialWirtschaftsG 58, 1971, S. 323–358. – [464] Hildegard DÖLLING, Haus und Hof in westgermanischen Volksrechten (Veröff. der Altertumskommission im Provinzialinst. für Westf. Landes- und Volkskunde 2), 1958, S. 34 ff., S. 59 ff. – [465] D. ZOLLER, Die Ergebnisse der Grabung Gristede, Kr. Ammerland, 1971–1973, in: Neue Ausgrabungen und Forsch. in NdSachs. 9, 1975, S. 35–57, mit Hinweisen auf die vorangehenden Veröffentlichungen. – [466] H. T. WATERBOLK, Odoorn im frühen Mittelalter. Bericht der Grabung 1966, in: Neue Ausgrabungen und Forsch. in NdSachs. 8, 1973, S. 25–89. – [467] W. WINKELMANN, Die Ausgrabungen in der frühmittelalterlichen Siedlung bei Warendorf, in: Neue Ausgrabungen in Deutschland, 1958, S. 492–517. – [468] W. HAARNAGEL, Die Grabung auf der Wurt Hessens und ihr vorläufiges Ergebnis, in: Probleme der Küstenforsch.

im südl. Nordseegebiet 2, 1941, S. 117–156. – [469] A. BRUIJN und W. A. VAN ES, Early medieval settlement near Sleen (Drente), in: Berr. van de Rijksdienst voor het Oudheidkundig Bodemonderzoek 17, 1967, S. 129–139, S. 136, Abb. 7: Haustypen-Kartierung. – [470] P. DONAT, Zur Nordausbreitung der slawischen Grubenhäuser, in: Z. für Archäol. 4, 1970, S. 250–269, zur Abgrenzung der slawischen von den sächsischen Grubenhäusern, mit Abb. 2 auf S. 254. – [471] Vgl. W. WEGEWITZ, Ein Haus aus spätsächsischer Zeit in Kakerbeck, Kr. Stade, in: Mannus 22, 1930, S. 322–339; BUSCH u. a. (wie Anm. 93), S. 66: Groß Denkte (bei Wolfenbüttel), 4×3 m; K. L. VOSS, Ein karolingerzeitliches Grubenhaus von Soltau, in: NachrrNdSachsUrgeschichte 40, 1971, S. 316–321 (3,7×2,7 m; Ofen). – [472] B. HEINEMANN, H.-G. PETERS, H. STEUER, Die frühgeschichtliche Siedlung bei Liebenau (Weser), in: NachrrNdSachsUrgeschichte 44, 1975, S. 199–257, S. 249. – [473] WINKELMANN, Die Ausgrabungen (wie Anm. 467), S. 513 f. – [474] R. SPRANDEL, Bergbau und Verhüttung im frühmittelalterlichen Europa, in: Artigianato e tecnica nella società dell'alto medioevo (Settimane di Studio del Centro Italiano di Studi sull'Alto Medioevo 18), 1971, S. 583–601, S. 599; DERS., Das Eisengewerbe im Mittelalter, 1968, S. 191 ff. – [475] HAARNAGEL, Die Grabung (wie Anm. 468), S. 117 ff.; SCHLABOW, Leichtvergängliche Stoffe (wie Anm. 189), S. 26 ff. – [476] Vgl. E. SCHMID, Knochenfunde als archäologische Quelle, in: Archäologie und Biologie (Forschungsber. 15 der Dt. Forschungsgemeinschaft), 1969, S. 100–110. – [477] J. A. BRONGERS, „Celtic Fields" in Niedersachsen, in: Archäol. Korrespondenzbl. 3, 1973, S. 129–131; A. F. PECH, Der Altacker von Flögeln, in: Probl. d. Küstenforsch. i. südl. Nordseegeb. 10, 1973, S. 113–125; D. ZOLLER, Untersuchung mittelalterlicher Wirtschaftsfluren mit archäologischen Methoden, in: Festschr. f. G. NIEMEYER (Braunschw.Geogr.Studien 3), 1971, S. 73–79. – [478] Vgl. allgemein W. SCHLESINGER, Vorstudien zu einer Untersuchung über die Hufe, in: Kritische Bewahrung, Festschr. für W. SCHRÖDER, 1975, S. 15–85, besonders S. 82. – [479] Trad.Fuld. (wie Anm. 15), c. 41, 31, S. 97; 35, S. 97; 111, S. 102. – [480] Trad.Fuld. (wie Anm. 15), c. 41, 83, S. 100; *hubas III dominicales.* – [481] B. H. SLICHER VAN BATH, The Agrarian History of Western Europe, A. D. 500–1850, 1966, S. 18 ff. – [482] Trad. Fuld. (wie Anm. 15), c. 41, 72, S. 99: *predium meum terram... XXIIII boum arandum.* – [483] Trad.Fuld. (wie Anm. 15), c. 41, 40, S. 98; 46, S. 98; 66, S. 99; 93, 100: Hufen von 30 *iugera*, im letzten Fall 30 *agros*; c. 41, 49, S. 98: 15 *iugera*. – [484] MGH DArn 102 (892): 36 *hobae* zu 60 *iurnales*; 106 (892): 30 *mansi* zu 60 *iurnales*. – [485] SCHLESINGER, Vorstudien (wie Anm. 478), S. 15 ff. – [486] Vgl. LÜTGE, Geschichte (wie Anm. 326), S. 86. – [487] O. POSTMA, De friesche kleihove, Leeuwarden 1934; vgl. Trad. Fuld. (wie Anm. 15), c. 7, 64, S. 46; 81, S. 48; 115, S. 50. – [488] SCHLESINGER, Vorstudien (wie Anm. 478), S. 15 ff. – [489] K.-E. BEHRE, Beginn und Form der Plaggenwirtschaft in Nordwestdeutschland nach pollenanalytischen Untersuchungen in Ostfriesland, in: Neue Ausgrabungen und Forsch. in NdSachs. 10, 1975, S. 197–224, S. 216 ff.; künftig DERS., in: Probleme d. Küstenforsch. i. südl. Nordseegebiet 11, 1976 (im Druck). – [490] G. WREDE, Langstreifenflur im Osnabrücker Lande. Ein Beitrag zur ältesten Siedlungsgeschichte im frühen Mittelalter, in: OsnabMitt 66, 1954, S. 1–102. – Methodisch überzeugend im Hinblick auf die Reichweite der regressiven Methode: BRANDT (wie Anm. 338), S. 257 ff. – [491] H. TÜTKEN, Geschichte des Dorfes und Patrimonialgerichtes Geismar bis zur Gerichtsauflösung im Jahre 1839 (Studien zur G. der Stadt Göttingen 7), 1967, S. 5 ff. – [492] Osn.UB (wie Anm. 368), I 46 (872). – [493] P. DONAT und H. ULLRICH, Einwohnerzahlen und Siedlungsgröße der Merowingerzeit, in: Z. für Archäol. 5, 1971, S. 234–265. – [494] Werd.Urb. (wie Anm. 16), II A, S. 13 ff. – [495] MGH Cap. I 27, c. 11 (797). – [496] BEHRE, Beginn (wie Anm. 489), S. 197 ff.; G. NIEMEIER, Probleme der Siedlungskontinuität und der Siedlungsgenese in Nordwestdeutschland, in: Festschr. für H. POSER (Gött. Geogr. Studien 60), 1972, S. 437–466; D. GRINGMUTH-DALLMER, Zur Kulturlandschaftsentwicklung in frühgeschichtlicher Zeit im germanischen Gebiet, in: Z. für Archäol. 6, 1972, S. 64–90, S. 73 ff. – [497] Z. B. Oxydierte Haferkörner von Hollenstedt: WEGEWITZ, Reihengräberfriedhöfe (wie Anm. 22), Taf. 36, 2; vgl. W. WILLERDING, Vor- und frühgeschichtliche Kulturpflanzenfunde in Mitteleuropa, in: Neue Ausgrabungen und Forsch. in NdSachs. 5, 1970, S. 287–375. – [498] M. BLOCH, Avènement et conquête du moulin à eau, in: Annales 7, 1936, S. 538–563, Neudr. in: DERS., Mélanges historiques, 1963, S. 800–821; vgl. R. ROSENBOHM, Zur Einführung der Mühlen in Altsachsen und Nordelbingen, in: NdSächsJbLdG 28, 1956, S. 240–245; F. KRÜGER, Eine frühmittelalterliche Wassermühle in Bardowick, in: Mannus 26, 1934, S. 344–354; Vita Hathumodae (wie Anm. 317), c. 11, S. 170. – [499] Gepflügt wurde mit Rindern: vgl. Lex Saxonum (wie Abm. 11), c. 66, S. 33 f., oben Anm. 482. – [500] L. D. WHITE, Medieval technology and social change, Oxford 1973, S. 14 ff.; zur Chronologie vgl. STEUER-LAST (wie Anm. 199), S. 74 f. – [501] O. BRUNNER, Land und Herrschaft, 5. Aufl., 1973, S. 394; zur Grundherrschaft in Sachsen vgl. H. WEIGEL, Studien zur Verfassung und Verwaltung des Grundbesitzes des Frauenstiftes Essen (Beitrr. zur G. v. Stadt und Stift Essen 76), 1960; DERS., Aufbau und Wandlungen der Grundherrschaft des Frauenstiftes Essen, in: Das erste Jahrtausend, hg. von K. BÖHNER u. a., Textband I, 1962, S. 256–295. – [502] Die Terminologie der Agrarverfassung war im Sachsen des 8. Jahrhunderts im Fluß; vgl. EPPERLEIN (wie Anm. 275), S. 191 ff.; SCHLESINGER, Vorstudien (wie Anm. 478), S. 41 f. *(hoba = mansus)*, u. ö. – [503] Vgl. R. KÖTZSCHKE, Studien zur Verwaltungsgeschichte der Großgrundherrschaft Werden an der Ruhr, 1901, S. 53 ff. – [504] Werd.Urb. (wie Anm. 16), II A § 32, S. 65 f. – [505] Trad.Fuld. (wie Anm. 15), c. 7, 31–48, S. 45 f.: eingeschobenes Heberegister; fast ausschließlich Geld und Tuche. Wertgleichung: 1 *pallium canum* = 16 Denare; vgl. KÖTZSCHKE, Studien (wie Anm. 503), S. 66 ff. – [506] WEIGEL, Aufbau (wie Anm. 501), S. 256 ff.; DROEGE, Fränkische Siedlung (wie Anm. 264), S. 278 f. – [507] DROEGE (wie Anm. 264), S. 279, S. 282 ff. – [508] B. H. SLICHER VAN BATH, Le climat et les récoltes en haut moyen âge, in: Agricultura e mondo rurale in Occidente nell'alto medioevo (Settimane di Studio del Centro Italiano di Studi sull'Alto Medioevo 13), 1966, S. 399–425. – [509] Trad.Fuld. (wie Anm. 15), c. 41, S. 95 ff. – [510] Trad. Fuld. (wie Anm. 15), c. 62, S. 140 f. – [511] Osn.UB (wie Anm. 368), I 46. – [512] MGH DArn 147 (896). – [513] MGH DLdD 140 (871); vgl. R. DRÖGEREIT, Zur Frühgeschichte des Stiftes Wunstorf, in: ZGesNdSächsKG 63, 1965, S. 24–34. – [514] METZ, Probleme (wie Anm. 286), S. 88 ff.; DERS., Zur Erforschung des karolingischen Reichsgutes (Erträge der Forsch. 4), 1971, S. 5 ff.; anders: FIESEL, Franken (wie Anm. 264), S. 74 ff. – [515] OHNSORGE (wie Anm. 263), S. 88 ff., mit Belegen. – [516] O. BETHGE, Fränkische Siedlungen in Deutschland, auf Grund von Ortsnamen festgestellt, in: Wörter und Sachen 6, 1914/15, S. 58–89; dazu MÜLLER (wie Anm. 71), S. 266 f. – [517] B. U. HUCKER, Die Siedlungskammer Flögeln und das Gebiet von Midlum in historischer Zeit – ein Beitrag zur Siedlungs- und Wüstungskunde, in: JbMännerMorgenstern 53, 1973, S. 31–40. – [518] BETHGE (wie Anm. 516), S. 63. – [519] Urselmarie OBERBECK-JACOBS, Die Entwicklung der Kulturlandschaft nördlich und südlich der Lößgrenze (bis zur Separation 1840/50), in: Geogr. Ges. zu Hann., Jb. 1956/57, S. 25–138, S. 40. – [519a] MGH DLdD 93 (858); vgl. MÜLLER (wie Anm. 71), S. 266 f. – [520] DLdD 28 (840); vgl. A. KROESCHELL, Zur älteren Geschichte des Reichsklosters Hilwartshausen und des Reichsguts an der oberen Weser, in: JbNdSächsLdG 29, 1957, S. 1–23, S. 11 ff.; K. HEINEMEYER, Adel und Königtum an der oberen Weser im 9. und 10. Jahrhundert, in: Historische Forschungen für W. SCHLESINGER, 1974, S. 111–149. – [521] MGH DArn 28 (888). – [522] B. ENGELKE, Die große und kleine Grafschaft der Grafen von Lauenrode, in: HannGBll 24, 1921, S. 217–271; H.-J. NITZ, Langstreifenfluren zwischen Ems und Saale. Wege und Ergebnisse ihrer Erforschung in den letzten drei Jahrzehnten, in: Braunschw.Geogr. Geogr. Studien 3, 1971, S. 11–34, S. 26 f. u. ö. *Liberi coloni*, die zum königlichen Heerbann aufgeboten werden konnten und einer besonderen Gerichtsbarkeit unterstanden, sind für die Zeit Ludwigs des Frommen im Fiscus in der Diözese Hildesheim nachweisbar: Urkundenbuch des Hochstifts Hildesheim, hg. von K. JANICKE (Publl. aus den Kgl.Preuß.Staatsarch. 65), 1896, 60 (nach 1013). – [523] S. o. S. 546. – [524] MGH DArn 102 (892); 106 (892). – [525] MGH DArn 28 (888): Das an die Liudolfinger verlehnte Reichsgut östlich der Oker fällt durch Tausch an das Kloster Corvey. – [526] MGH DLdD 29 (840); *mansus dominicata cum... aliis mansis viginti*; MGH DLdD 61 (851?); MGH DArn 55 (889). – [527] A. VERHULST, Karolingische Agrarpolitik. Das Capitulare de Villis und die Hungersnöte von 792/793 und 805/806, in: ZAgrargAgrarsoziol 13, 1965, S. 175–189. – [528] L. FIESEL, Kaierde und Offleben in den Traditiones Corbeienses, in: BraunschwJb 44, 1963, S. 5–41. – [529] Vita Liutbirgae (wie Anm. 347), c. 3, S. 11. – [530] S. o. S. 609 f. – [531] S. o. S. 548 ff. – [532] HELLFAIER-LAST (wie Anm. 97), S. 13 ff. – [533] ZOLLER, Die Ergebnisse (wie Anm. 465), S. 35 ff. – [534] Vgl. MÜLLER (wie Anm. 71), S. 258, und Ortsnamen wie Critzum (Kirchheim) bei Emden u. a. – [535] Trad.Fuld. (wie Anm. 15), c. 41, 99, S. 101: Duringesrod; c. 41, 76, S. 99: Roda. – [536] GRINGMUTH-DALLMER (wie Anm. 496), S. 65. – [537] S. o. S. 567 ff. – [538] G. MILDENBERGER, Archäologische Betrachtungen zu den Ortsnamen auf -leben, in: ArchaeolGeogr 8/9, 1959/60, S. 19–35. – [539] HELLFAIER-LAST (wie Anm. 97), S. 50 ff. – [540] H. SCHIRNIG, Einige Bemerkungen zur archäologischen Landesaufnahme, in: NachrrNdSachsUrgeschichte 35, 1966, S. 3–13; K. RADDATZ, Probleme einer archäologischen Landesaufnahme im niedersächsischen Mittelgebirgsgebiet, in: Neue Ausgrabungen und Forsch. in NdSachs. 7, 1972, S. 341–353; R. H. J. KLOK, Taak en methode van de zgn. archeologische streeksbeschrijving (Landesaufnahme) in: Westerheem 23, 1974, S. 148–166, 195–213. – [541] F. NIQUET, Archäologische Bemerkungen zur Frage nach Alter und Entstehung von Orten im südostniedersächsischen Lößgebiet, in: Festschr. für G. NIEMEIER (Braunschw. Geogr. Studien 3), 1971, S. 89–99; J. WERNER, Die kaiserzeitliche Siedlung Nauen-Bärhorst und das Problem der frühmittelalterlichen Dörfer, in: Festschr. für F. von Zahn, I (MitteldtForsch. 50/I), 1968, S. 347–352. – [542] B. SCHMIDT, Untersuchungen zur Lage spätvölkerwanderungszeitlicher Siedlungen und zur Sachsenfrage, in: Ausgrabungen und Funde 19, 1974, S. 26–28; HELLFAIER-LAST (wie Anm. 97), S. 49. – [543] A. GENRICH, Zur Frühgeschichte des Wesergebietes zwischen Minden und Bremen, in: NachrrNdSachsUrgeschichte 30, 1961, S. 9–54 mit Hinweisen auf vorangehende Arbeiten des Verfassers. – [544] OBERBECK-JACOBS (wie Anm. 519), S. 38 ff.: „Die Siedlungen vor 500 n. Chr.", „Die Siedlungen der älteren mittelalterlichen Rodung (ca. 500–800)", S. 42 ff.; vgl. J. K. RIPPEL, Die Entwicklung der Kulturlandschaft am nordwestlichen Harzrand (VeröffNdSächsAmtLdPlanung A I, 69; Schrr. der Wirtschaftswiss. Ges. zum Studium NdSachs. NF 69), 1958, S. 120; GRINGMUTH-DALLMER (wie Anm. 496), S. 73; A. K. HÖMBERG, Ortsnamenkunde und Siedlungsgeschichte. Beobachtungen und Betrachtungen eines Historikers zur Problematik der Ortsnamenkunde, in: WestfForsch 8, 1955, S. 24–64. – [545] Vgl. P. SCHMID, Das Gräberfeld von Sievern. – Bemerkungen zu Neufunden aus dem frühen Mittelalter, in: JbMänner Morgenstern 50, 1969, S. 21–34; vgl. Anm. 548. – [546] Zu J. PRINZ, Untersuchungen zur Geschichte der altsächsischen Gaue, Habil.Schr., Masch., Münster 1941, und weiteren ähnlich angelegten Arbeiten vgl. u. a. W. LEESCH, Die Pfarrorganisation der Diözese Paderborn am Ausgang des Mittelalters, in: Ostwestfälisch-weserländische Forsch. zur Gesch. Landeskunde (Kunst und Kultur im Weserraum 800–1000, 3, Forschungsband, VeröffProvInstWestfGLdKde I, 15), 1970, S. 304–376, S. 313 ff. – [547] W. MÜLLER-WILLE, Siedlungs-, Wirtschafts- und Bevölkerungsräume im westlichen Mitteleuropa um 500 n. Chr., in: WestfForsch 9, 1956, S. 5–25. – [548] SCHMID, Die Siedlungskeramik (wie Anm. 105), S. 142 f. Vgl. W. HAARNAGEL, Vor- und Frühgeschichte des Landes Wursten, in: Geschichte des Landes Wursten, hg. von E. VON LEHE, 1973, S. 17–128, S. 107 ff.; mit Korrekturen zu E. VON LEHE, Das mittelalterliche Land Wursten war Wurtfriesland, in: Emder Jb. 47, 1967, S. 35–55. – [549] Vgl.

GRINGMUTH-DALLMER (wie Anm. 496), S. 70 ff.; H. JÄGER, Altlandschaftsforschung, in: Reallexikon der Germ. Altertumskunde, 2. Aufl., I, 1965, S. 225–233. − [550] Trad.Fuld. (wie Anm. 15), c. 41, 29, S. 97; 59, S. 98; 84, S. 100; 87; 90, S. 100; vgl. BLOK, De oudste partikuliere oorkonden (wie Anm. 13), Nr. 7 (796), S. 162 f., 13 (799), S. 169 f., 14 (799), S. 170 f., u. ö. − [551] Trad.Fuld. (wie Anm. 15), c. 41, 99; 102, S. 101. − [552] Trad.Fuld. (wie Anm. 15), c. 41, 29, S. 97 im Vergleich mit c. 41, 69, S. 99. − [553] WENSKUS, Sächsischer Stammesadel (wie Anm. 19), S. 23 ff. − [554] S. o. S. 619. − [555] ZOLLER, Die Ergebnisse (wie Anm. 465), S. 55: Chronologische Übersichtstabelle zu den Grabungsergebnissen im Forschungsprogramm Ammerland. − [556] P. SCHMID, K.-E. BEHRE, W. H. ZIMMERMANN, Die Entwicklungsgeschichte einer Siedlungskammer im Elbe-Weser-Dreieck seit dem Neolithikum, in: NachrrNdSachsUrgesch 42, 1973, S. 97–122; künftig P. SCHMID u. a. in: Probleme d. Küstenforsch. im südl. Nordseegeb. 11, 1976. − [557] HAARNAGEL, Die Grabung (wie Anm. 468), S. 117–156; DERS., Vor- und Frühgeschichte (wie Anm. 548), S. 107 ff. − [558] S. o. S. 639 f.; J. PRINZ, Die parochia des Heiligen Liudger, in: Liudger und sein Erbe, I (Westfalia Sacra, Quellen und Forsch. zur Kirchengesch. Westf. 1), 1948, S. 1–83, S. 18: „von natürlichen Grenzen bestimmte politische Siedlungsgemeinschaften"; ähnlich noch SCHULZE, Die Grafschaftsverfassung (wie Anm. 253), S. 272 f. − [559] Werd.Urb. (wie Anm. 16), passim. − [560] WENSKUS, Sachsen (wie Anm. 35), S. 529 f. − [561] S. o. S. 513 ff. − [562] Werd.Urb. (wie Anm. 16), passim. − [563] SCHLABOW, Leichtvergängliche Stoffe (wie Anm. 190), S. 26 ff. − [564] WEGEWITZ, Reihengräberfriedhöfe (wie Anm. 190), S. 24, Taf. 19: Maschen, Grab 124, Wollgewebe an Riemenzunge oxydiert; Grab 148, Grab 128, S. 29; ähnliche Befunde auch andernorts; vgl. SCHLABOW, Vor- und Frühgeschichtliche Textilfunde aus den nördlichen Niederlanden, in: Palaeohistoria 16, 1974, S. 169–221. − [565] Vita S. Willehadi (wie Anm. 168), Miracula, c. 29, S. 389. − [566] V. ZEDELIUS, Zu den Schmuck-„Münzen" von Liebenau, in: Die Kunde NF 24, 1973, S. 167–174, besonders S. 172; vgl. die chemisch-physikalische Untersuchung der Runenfibel von Beuchte (bei Goslar) von W. VÖLKSEN, in: KRAUSE-NIQUET (wie Anm. 2), S. 98 ff. − [567] J. DRIEHAUS, Zum Problem merowingerzeitlicher Goldschmiede, in: NachrrAkad. Gött, 1972, S. 389–404; J. WERNER, Zur Verbreitung frühgeschichtlicher Metallarbeiten (Werkstatt–Wanderhandwerk–Handel–Familienverbindung), in: Early Medieval Studies (Antikvariskt Arkiv 38), 1970, S. 65–81. − [568] A. GENRICH, Ein Bronzemodel der Merowingerzeit aus Liebenau, Kr. Nienburg/Weser, in: NachrrNdSachsUrgeschichte 41, 1972, S. 64–76; T. CAPELLE, H. VIERCK, Weitere Modeln der Merowinger- und Wikingerzeit, mit einem Beitrag von W. WINKELMANN, in: Frühmittelalterl. Studien 9, 1975, S. 110–142; S. 115 ff.: zusammen mit Rohmaterial und Halbfabrikaten in einem Kästchen; B. SCHMIDT, Ein Gußtiegel des 6. Jahrhunderts von Schönebeck, Elbe, in: Ausgrabungen und Funde 16, 1971, S. 38 f. − [569] Lex Frisionum (wie Anm. 11), Iudicia Uulemari, c. 9, S. 699. − [570] W. WINKELMANN, Ausgrabungen auf dem Domhof in Münster, in: Monasterium, Festschr. zum siebenhundertjährigen Weihegedächtnis des Paulus-Domes zu Münster, hg. von A. SCHRÖER, 1966, S. 25–54, S. 34 f.: Bronzeschmelzöfen am Horsteberghang in Münster. − [571] T. CAPELLE, Die karolingisch-ottonische Bronzegießersiedlung bei Kückshausen, in: Frühmittelalterl. Studien 8, 1974, S. 294–302. − [572] W. NOWOTHNIG, Das merowingerzeitliche Gräberfeld (wie Anm. 113), S. 32 f., Taf. I f. − [573] W.-D. TEMPEL, Unterschiede zwischen den Formen der Dreilagenkämme in Skandinavien und auf den friesischen Wurten vom 8.–10. Jahrhundert, in: Archäol. Korrespondenzbl. 2, 1972, S. 57–59, mit Literaturhinweisen; WINKELMANN, Ausgrabungen auf dem Domhof in Münster (wie Anm. 570), S. 34: Grubenhaus mit Werkstattabfällen eines Kammachers. − [574] BM² 923 (833). − [575] MGH DArn 28 (888); vgl. H. WISWE, Geschichte der Salzwerke bei Salzdahlum, in: Braunschw.Jb. 29, 1943, S. 75–112, S. 77 f. − [576] Trad.Corb. (wie Anm. 14), I A § 154 (849/50); vgl. MGH DLdD 28 (840); F. GESCHWENDT, Die Solquellen von Sülbeck, Kr. Einbeck, in Urzeit und Mittelalter, in: Die Kunde NF 8, 1958, S. 53–67; Kartierung der Bodenfunde, S. 55, Abb. 1. – [577] Vgl. Werd.Urb. (wie Anm. 16), II A 1 § 1, S. 8: Salzzinspflichtige in der Umgebung von Werl. – [578] Trad.Corb. (wie Anm. 14), I A § 58 (832); MGH DLdD 29 (840). – [579] Wie sehr die Bodenfunde diesen Bereich beleuchten können, hat vor allem K. RIEHM gezeigt; zuletzt: Das Salzsiedergebiet HALLA und das karolingische Kastell am Giebichenstein, in: JschrMittelDtVorgeschichte 58, 1974, S. 295–320. – [580] K. H. MARSCHALLECK, Die Salzgewinnung an der Friesischen Nordseeküste, in: Probleme der Küstenforsch. im südl. Nordseegebiet 10, 1973, S. 127–150; vgl. MGH DZ 16 (897). – [581] H. JANKUHN, Haithabu. Ein Handelsplatz der Wikingerzeit, 5. Aufl., 1972, S. 198 ff. – [582] WEGEWITZ, Reihengräberfriedhöfe (wie Anm. 22), S. 67; AHRENS, Die Untersuchungen (wie Anm. 269), S.96. – [583] JANKUHN, Haithabu (wie Anm. 580), S. 201 ff. – [584] STEUER, Der Beginn (wie Anm. 411), S. 21 ff. – [585] P. SCHMID, Die Keramik aus dem frühmittelalterlichen Gräberfeld von Dunum, Kreis Wittmund, in: Probleme der Küstenforsch. im südl. Nordseegebiet 9, 1970, S. 59–76, S. 61 ff. – [586] STEUER, Der Beginn (wie Anm. 411), S. 26 ff. – [587] GOETTING-NIQUET (wie Anm. 355), S. 203 f. – [588] H. JANKUHN, Ein Ulfberht-Schwert aus der Elbe bei Hamburg, in: Festschr. für G. SCHWANTES, 1951, S. 212–229; vgl. LAST, Bewaffnung (wie Anm. 236), S. 466 ff. – [589] Agneta LUNDSTRÖM, Cuppa vitrea auro ornata, in: Early Medieval Studies 3 (Antikvariskt Arkiv 40), 1971, S. 52–68, S. 53 f.; ANDRAE, Mosaikaugenperlen (wie Anm. 86), S. 101 ff. – [590] D. ZOLLER, Das sächsisch-karolingische Gräberfeld bei Drantum, Gem. Emstek, Kr. Cloppenburg, in: NachrrNdSachsUrgeschichte 34, 1965, S. 34–47, S. 45 f. – [591] W. WINKELMANN, Liturgisches Gefäß der Missionszeit aus Paderborn. Zur Verbreitung und Deutung der Tatinger Kannen, in: Paderbornensis ecclesia, Festschr. für LORENZ KARDINAL JÄGER, 1972, S. 38–47; DERS., Der Schauplatz (wie Anm. 245), S. 90 ff.; DERS., Ausgrabungen auf dem Domhof (wie Anm. 570), S. 25 ff. – [592] JANKUHN, Haithabu (wie Anm. 580), S. 192 ff.; DERS., Der fränkisch-friesische Handel zur Ostsee im frühen Mittelalter, in: VjschrSozial-WirtschG 40, 1953, S. 193–243; DERS., Die Niederelbe im Handelsverkehr des frühen Mittelalters, in: Stader Jb. 1954, S. 35–47; B. H. SLICHER VAN BATH, The economic and social conditions in the Frisian districts from 900–1500, in: Afdeling agrarsche geschiedenis, Wageningen, Bijdragen 13, 1965, S. 97–133, S. 97 ff. – [593] Annales Laureshamenses (wie Anm. 262), a. 789, S. 44; vgl. B. SCHWINEKÖPER, Die Anfänge Magdeburgs, in: Studien zu den Anfängen des europäischen Städtewesens (VortrrForsch 4), 1958, S. 389–450; allgemein: D. ELLMERS, Frühmittelalterliche Handelsschiffahrt in Mittel- und Nordeuropa (Offa-Bücher NF 28), 1972. – [594] MGH DO I 180 (956). – [595] Funde im Landesmuseum Wolfenbüttel; Herrn Dr. Busch sei für freundliche Hilfe auch hier gedankt. Vgl. auch H. SEEMANN, Die Bronzegriffel von Brunshausen, in: Neue Ausgrabungen und Forsch. in NdSachs. 6, 1970, S. 240–247. – [596] Ch. VERLINDEN, Wo, wann und warum gab es einen Großhandel mit Sklaven während des Mittelalters (Köln. Vortrr. zur Sozial- und WirtschG), 1970. – [596a] ZEDELIUS (wie Anm. 566), S. 167 ff. – [597] P. BERGHAUS, Die münz- und geldgeschichtliche Entwicklung des nordwesteuropäischen Raumes bis zum Ausgang des 11. Jahrhunderts, in: Frühe völkische und kulturelle Grundlagen im niederrheinisch-niederländischen Raum, bearb. von G. DROEGE, 1957, S. 28 f. – [598] BERGHAUS, Die merowingischen Trienten (wie Anm. 132), S. 43 ff, mit Karte auf S. 59. – Zum Sceatta-Umlauf: P. LE GENTILHOMME, La circulation des sceattas dans la Gaule mérovingienne, in: DERS., Mélanges de numismatique, 1940, S. 67–93; G. HATZ, Münzfunde aus Haithabu 1962, in: Offa 21/22, 1963/64, S. 74–79; JANKUHN, Haithabu (wie Anm. 580), S. 37 mit Abb. 8 auf S. 38. – [599] P. BERGHAUS, Die ostfriesischen Münzfunde, in: Emder Jb. 1958, S. 9–73, S. 16. – [600] W. WINKELMANN, Königspfalz und Bischofspfalz des 11. und 12. Jahrhunderts in Paderborn, in: Frühmittelalt. Stud. 4, 1970, S. 398–415, S. 401. – [601] G. HATZ, Zwei münzartige Schmuckstücke des 9. Jahrhunderts aus dem Kreise Lüneburg, in: LünebBll 17, 1966, S. 93–101; P. BERGHAUS, Ein karolingischer Münzring von Herbrum, Kreis Aschendorf-Hümmling, in: Die Kunde NF 10, 1959, S. 90–97. – [602] Nachträge zu P. BERGHAUS, Karolingische Münzen in Westfalen, in: Westfalen 51, 1973, S. 22–32: D. ZOLLER, Archäologische Zeugnisse frühen Christentums, in: Werfet das Netz, Petri-Kirche zu Westerstede 1123–1973, 1973, S. 11–22, S. 20; A. FALK, Der Friedhof Liebenau, Kr. Nienburg/Weser. Bearbeitungsstand und Ausgrabungsergebnisse 1971, in: NachrrNdSachsUrgeschichte 41, 1972, S. 218–227, S. 225; H. RÖTTING, Schortens, Kreis Friesland, in: Mitt. des Marschenrates 12, 1975, S. 20–23, S. 21 (nicht berücksichtigt in Karte 33 a). – [603] J. M. METCALF, The Prosperity of North-Western Europe in the Eighth and Ninth Centuries, in: EconHistRev, 2. Ser., 20, 1967, S. 344–357, Abb. 1 auf S. 346, rechnet mit einem stärkeren Münzgeldumlauf im 8. Jahrhundert als andere Forscher. – [604] KÖRNER-LAUX (wie Anm. 22), S. 83 f.; vgl. KRÜGER (wie Anm. 498), S. 344 ff. – [605] SCHWINEKÖPER, Die Anfänge (wie Anm. 593), S. 430 f.; SCHLESINGER, Zur Geschichte (wie Anm. 232), S. 9. – [606] W. SCHLESINGER, Der Markt als Frühform der deutschen Stadt, in: Vor- und Frühformen der europäischen Stadt im Mittelalter, hg. von H. JANKUHN, W. SCHLESINGER, H. STEUER, I (AbhhAkad.Gött 3, 83), 1973, S. 262–293, S. 265. – [607] WINKELMANN, Ausgrabungen auf dem Domhof (wie Anm. 570), S. 36 ff. – [608] M. ERBE, Studien zur Entwicklung des Niederkirchenwesens in Ostsachsen vom 8.–12. Jahrhundert (Studien zur Germania Sacra 9, Veröff. des Max-Planck-Inst. für G. 26), 1969, S. 90 ff. – [609] Vgl. W. BERGES, Ein Kommentar zur „Gründung der Hildesheimer Kirche", in: Historische Forschungen für W. SCHLESINGER, 1974, S. 86–110. – [610] A. C. F. KOCH, Die Anfänge der Stadt Deventer, in: WestfForsch 10, 1957, S. 167–173; S. 171 ff. – [611] H. GOETTING, Die Anfänge der Stadt Gandersheim, in: BllDtLdG 89, 1952, S. 39–55. – [612] Translatio S. Alexandri (wie Anm. 40), c. 6 ff., 430 ff.; vgl. Vita S. Liudgeri (wie Anm. 77), II, c. 2–21, S. 41 ff. – [613] Vita S. Willehadi (wie Anm. 168), Miracula, c. 3 ff., S. 386 ff. – [614] BM² 922 (833). – [615] MGH DArn 27 (888). – [616] W. HAEVERNICK, Hamburg als karolingische Münzstätte, in: HambBeitrr Numismatik 1, 1947, S. 9–13. – [617] H. JANKUHN, Die frühmittelalterlichen Seehandelsplätze im Nord- und Ostseeraum, in: Studien zu den Anfängen des europäischen Städtewesens, hg. von Th. MAYER (VortrrForsch 4), 1958, S. 451–498. – [618] W. HAARNAGEL, Die frühgeschichtliche Handels-Siedlung Emden und ihre Entwicklung bis ins Mittelalter, in: Emder Jb. 1955, S. 9–78; W. REINHARDT, Untersuchungen zur Stadtkernforschung in Emden, in: Probleme der Küstenforsch. im südl. Nordseegebiet 9, 1970, S. 101–112. – [619] WINKELMANN, Ausgrabungen auf dem Domhof (wie Anm. 570), S. 33 ff.; vgl. D. A. BULLOUGH, Social and economic structure and topography in the early medieval city, in: Topografia urbana e vita cittadina nell'alto medioevo in Occidente, I (Settimane di Studio del Centro Italiano di Studi sull'Alto Medioevo 21), 1974, S. 351–399, S. 393 f. – [620] SCHWINEKÖPER (wie Anm. 593), S. 431, Anm. 184. – [621] Edith ENNEN, Das Städtewesen Nordwestdeutschlands von der fränkischen bis zur slavischen Zeit, in: Das erste Jahrtausend, hg. von K. BÖHNER u. a., Textband II, 1964, S. 785–820, S. 804 ff.

Sechstes Kapitel

MISSION UND KIRCHENORGANISATION IN KAROLINGISCHER ZEIT

Von Hans Patze

1. Mission

Die Bekehrung der Sachsen und Friesen setzte lange vor der Eroberung des Landes durch Karl den Großen ein [1]. Sie wurde von Missionaren in Gang gebracht, die von den Britischen Inseln kamen. Den Sachsen, die im 5. Jahrhundert nach England übergesetzt waren, war die Erinnerung an die stammesmäßige Verbundenheit mit ihren festländischen Brüdern nie verloren gegangen [2]. Dieser alte Zusammenhang gewann neue Bedeutung, als asketische Mönche von der Insel zur Mission auf dem Kontinent aufbrachen. Den Taufbefehl Christi hatten zunächst Mönche aus Irland verwirklicht und in Schottland und England Klöster gegründet. Bald erfaßte die Devise *pro Christo exulari*, die Preisgabe der irdischen Welt zur Verbreitung des Glaubens, auch Angelsachsen [3].

Als erster Missionar von der Insel erschien bei den Friesen Wilfrith, seit 664 Bischof von York [4]. Um die Verbindung seiner Kirche mit Rom bemüht, zog er anläßlich seiner Reise zu Papst Agatho im Jahre 678 durch Friesland und predigte dort ein Jahr lang [5]. Nach der Rückkehr von Rom hat er in seiner Heimat weiter für die Mission geworben. Allerdings war nicht zu verkennen und sollte sich auch noch mehrfach zeigen, daß heiliger Eifer allein nicht zu dauernden Erfolgen führte. Die wirkliche Bekehrung wurde nur erreicht, wenn die Missionare in ihren Bestrebungen von der fränkischen Staatsmacht gestützt wurden. Das zeigten auch die Missionsversuche der Iren Gallus und Columban in Schwaben und Burgund. Zeitlich begrenzte Predigt eines Gottesmannes (*peregrinus propter deum*) bewirkte wenig. Wenn er das Dorf wieder verlassen hatte, dürfte bei den Dorfgenossen kaum mehr als die Erinnerung an eine wundersame Rede, die sie nicht verstanden hatten, zurückgeblieben sein.

Die politischen Voraussetzungen für die Mission schufen ein wohl ca. 689/90 anzusetzender Feldzug der Franken nach Friesland und der Sieg des Hausmeiers Pippin des Mittleren über den Friesenfürsten Radbod bei Dorestad 694[6]. W i l l i b r o r d kam mit zwölf Begleitern aufs Festland und wandte sich an Pippin, der ihm für die Predigt seine Unterstützung in Aussicht stellte, damit die Missionare vor Belästigungen geschützt seien[7]. Etwa zur gleichen Zeit wie Willibrord in Friesland ansetzte, kamen der „schwarze" und der „weiße" Ewald (nach ihrer Haarfarbe unterschieden) nach Sachsen. Sie wollten sich bei Betreten des Stammesgebietes von einem Dorfvorsteher *(villicus)* zu einem Stammesfürsten *(satrapa)* führen lassen, doch hielt sie der Dorfvorsteher zurück. Da sie täglich an einem Tragaltar (siehe Abb. 30, nach S. 656) ihre gottesdienstlichen Handlungen vollzogen[8], mutmaßte man, daß sie, wenn sie erst Verbindung mit dem Stammesfürsten aufnähmen, allmählich die ganze Provinz vom alten zum neuen Glauben bekehrten. Die Dorfbewohner brachten sie um. Als der Stammesfürst dies erfuhr, ließ er Einwohner töten und ihr Dorf niederbrennen. Im Zusammenhang mit dem Wunder, das sich bei ihrem Martyrium ereignete, nennt Beda einen anderen Missionar, Tilman. Als Pippin vom Tode der Ewalde hörte, ließ er ihre Leichen in Köln bestatten. Man kann aus dieser Angabe schließen, daß die beiden Ewalde an der unteren Lippe missionieren wollten.

Die in Friesland tätigen Missionare schickten ihren Bruder Suitbert nach England zurück, damit er von Wilfrid die Bischofsweihe empfangen sollte[9]. Dies geschah. Suitbert missionierte nach seiner Rückkehr im Gebiet zwischen Ruhr und Lippe und wandte sich ebenfalls an Pippin. Auf Bitten von dessen Gemahlin Plektrud gründete er Kaiserswerth im Rhein.

Pippin schickte Willibrord 695 nach Rom; er sollte von Papst Sergius I. die Weihe zum Erzbischof der Friesen erlangen[10]. Der Papst weihte ihn und verlieh ihm den Namen Clemens. Sehr wahrscheinlich haben Papst und Kirchenmann schon 695 den Plan gefaßt, eine friesische Kirchenprovinz einzurichten. Pippin übereignete ihm die Burg in Utrecht als Kathedralsitz[11]. Dort gründete er das Domkloster St. Salvator. Man kann Willibrord also nicht als „Missionserzbischof" ohne festen Sitz betrachten, wie es Bonifatius noch 732 wurde (Fritze). Willibrord gründete Kirchen und Klöster und weihte Priester. Kurz vor 700 unternahm er auf den Handelswegen der Friesen, die auch in der weiteren Missiongeschichte, vor allem des Ostseeraumes eine wichtige Rolle spielen sollten, eine Reise nach Helgoland und Jütland.

Außer in Friesland hatten die Missionsbestrebungen Willibrords weiter im Süden, in dem von ihm im Jahre 706 gegründeten Kloster E c h t e r n a c h, einen Ansatzpunkt. Der in Würzburg sitzende Herzog Heden schenkte Willibrord im Jahre 704 die Großgrundherrschaften Mühlburg und Arnstadt in Thüringen. Ob Beauftragte Willibrords im Thüringer Becken und vielleicht von dort aus gegen den Harz tätig geworden sind, entzieht sich unserer Kenntnis. Man vermutet, daß Priester mit englisch klingenden Namen, die Bonifatius 725 in Thüringen antraf und deren unchristlichen Lebenswandel er tadelte [12], Gefährten Willibrords waren, die aus Friesland abgedrängt worden waren.

Die Aussichten auf eine Festigung der missionarischen Erfolge Willibrords erlitten einen Rückschlag, als Pippin 714 starb. Herzog Radbod nutzte das sofort zu einem Vorstoß zumindest bis Utrecht, nach anderen Quellen sogar bis Köln, aus. In eben diesem ungünstigen Augenblick landete, von London kommend, der damals schon 40jährige W i n f r i d - B o n i f a t i u s im Handelsplatz Dorestad (jetzt: Wijk bij Duurestede), auch er erfaßt „von dem Ideal der asketischen Heimatlosigkeit" (Schieffer). Daß er sich nach Utrecht wandte, zeigt, welche Stellung der Platz durch das Wirken Willibrords gewonnen hatte. Daß er ausgerechnet an diesem Ort mit dem Herzog der Friesen verhandeln konnte und mußte, ließ den Mißerfolg seiner ersten Missionsbemühungen auf dem Festland ahnen [13]. Radbod, der durch seinen Sieg über die fränkische Herrschaft aus seiner Sicht den Christengott als den schwächeren erwiesen hatte, dachte nicht daran, Winfrid zu fördern, hinderte ihn allerdings auch nicht an der Predigt. Der Missionar erkannte die Aussichtslosigkeit seines Versuches und kehrte im Herbst 716 in sein Kloster Nursling zurück. Als er 718 seine Bestrebungen wieder aufnahm, stand dahinter eine Konzeption, die ein weltgeschichtliches Ausmaß haben sollte: Papst, Frankenkönig und die künftigen deutschen Stämme waren in sie einbezogen.

Als Karl Martell 718 die inneren Verhältnisse im fränkischen Reich gefestigt, einen Zug gegen die Sachsen unternommen hatte und Radbod 719 gestorben war, kehrte Willibrord aus Echternach nach Utrecht zurück. Der Hausmeier schenkte 722 dem Kloster Utrecht den gesamten dortigen Fiskalbesitz. Seine Tätigkeit, vor allem die von ihm gestifteten bzw. ihm zugeschriebenen Kirchen, liegen außerhalb unseres Interessengebietes in Westfriesland. In seinem Testament von 726 schenkte er alles, was ihm übergeben worden war, dem Kloster Echternach.

Als Willibrords 739 starb (wahrscheinlich in Echternach), war bereits eine neue Generation von Missionaren am Werk. Zwar mußten auch diese Männer noch einmal von vorn beginnen, aber die Herkunft des bedeutendsten Schülers Willibrords, des Friesen L i u d g e r (ca. 742–809), und die Geschichte seiner Familie sind doch auch ein Zeugnis für Erfolge der Mission Willibrods. Die ältere Vita Liudgers, die im Auftrag seines zweiten Nachfolgers auf dem Münsteraner Bischofsstuhl, Altfrid († 849) [14], niedergeschrieben wurde, gewährt gute Einblicke in die Lebensumstände einer führenden friesischen Familie unter der Herrschaft Radbods. Liudgers [15] Vater, Wursing gen. Ado, obgleich noch nicht getauft, doch ein Helfer der Armen und Schützer der

Unterdrückten, war vor Radbod zu Grimoald geflohen und hatte sich, seine Gemahlin und seinen ersten Sohn Nothgrim taufen lassen. Die Franken fesselten Wursing durch Wohltaten an sich, so daß er dem Angebot des kranken Radbod, gegen Rückgabe des vorenthaltenen Erbes in seine Heimat zurückzukehren, widerstand. Nur der jüngere Sohn, Nothgrim, folgte der Verlockung. Inzwischen hatte Willibrord seine Tätigkeit in Utrecht aufgenommen. Karl Martell gab ihm ein Lehen an der friesischen Grenze und erteilte ihm den Auftrag, an der Bekehrung Frieslands mitzuwirken. Wursing, seine Söhne und Verwandten unterstützten Willibrord in der Mission. Nothgrimm und seine drei Töchter hatten enge Beziehungen sowohl zu Willibrord als auch zu Bonifatius. Thiatgrimm hatte mit seiner Frau Liafburg zwei Söhne, Wullibrat und Thiatbrat, beide wurden die ersten Kleriker aus friesischem Stamme; sie starben jung. Ihre beiden Brüder waren die späteren Bischöfe Liutger und Hildigrimm. Liutger wurde zunächst zusammen mit anderen adligen Zöglingen in der Domschule von St. Martin in Utrecht, der Abt Gregor [16] vorstand, ausgebildet. Es waren alles Männer, die später entweder Bischöfe wurden oder wenigstens untere geistliche Grade erreichten (*in minoribus gradus doctores ecclesiarum*). Als aus England in Utrecht ein Mann namens Alubert, der an der Bekehrung der Friesen mitwirken wollte, anlangte, schickte ihn Gregor nach England zurück; er sollte sich erst zum Bischof weihen lassen. Mit Alubert reisten Liudger und ein Sigibod auf die Insel zurück. Alubert wurde zum Bischof, Sigibod zum Priester geweiht. Liudger wurde in der unter Leitung Alkuins stehenden Domschule in York ausgebildet. Nach einem Jahr kehrte er nach Utrecht zurück, aber 769 reiste er abermals nach York und studierte dort dreieinhalb Jahre. Als ein friesischer Kaufmann einen Engländer erschlug und Rachaktionen der Einheimischen zu befürchten waren, schickte Alkuin seinen Schüler Liudger, der Bücher mit sich führte, zusammen mit eilends in die Heimat aufbrechenden Friesen in die Heimat zurück. Gregors Neffe und Nachfolger Alberich entsandte ihn und andere Gottesmänner nach Deventer und ins innere Friesland, um Götterbilder und Kultanlagen der Friesen zu zerstören. Als Alberich Bischof von Köln geworden war, weihte er Liudger 777 zum Priester; er wirkte dann bis zum Aufstand Widukinds 784 im Ostergau.

Wir müssen uns noch einmal einige Jahrzehnte zurückwenden zu Bonifatius. Angesichts der das ganze Mittelalter prägenden missionarischen, kirchenorganisatorischen und kirchenpolitischen Entscheidungen und Leistungen des Bonifatius in Hessen, Thüringen und Bayern liegt es nahe, ihm auch einen Anteil an der frühen Mission in Sachsen zuzuschreiben. Dies kann jedoch nur mit gebührender quellenkritischer Vorsicht geschehen, und man kann nicht, wie es die Lokalforschung gelegentlich getan hat, aus dem Bonifatius-Patrozinium einer Kirche auf deren Gründung durch den ersten Mainzer Erzbischof schließen, eher deutet ein solches Patrozinium auf das Gegenteil. Hinter der Gründung des Klosters Fritzlar 724 könnte die Absicht stehen, einen Missions-

Abb. 30
Werdener Reliquienkästchen

1. MISSION

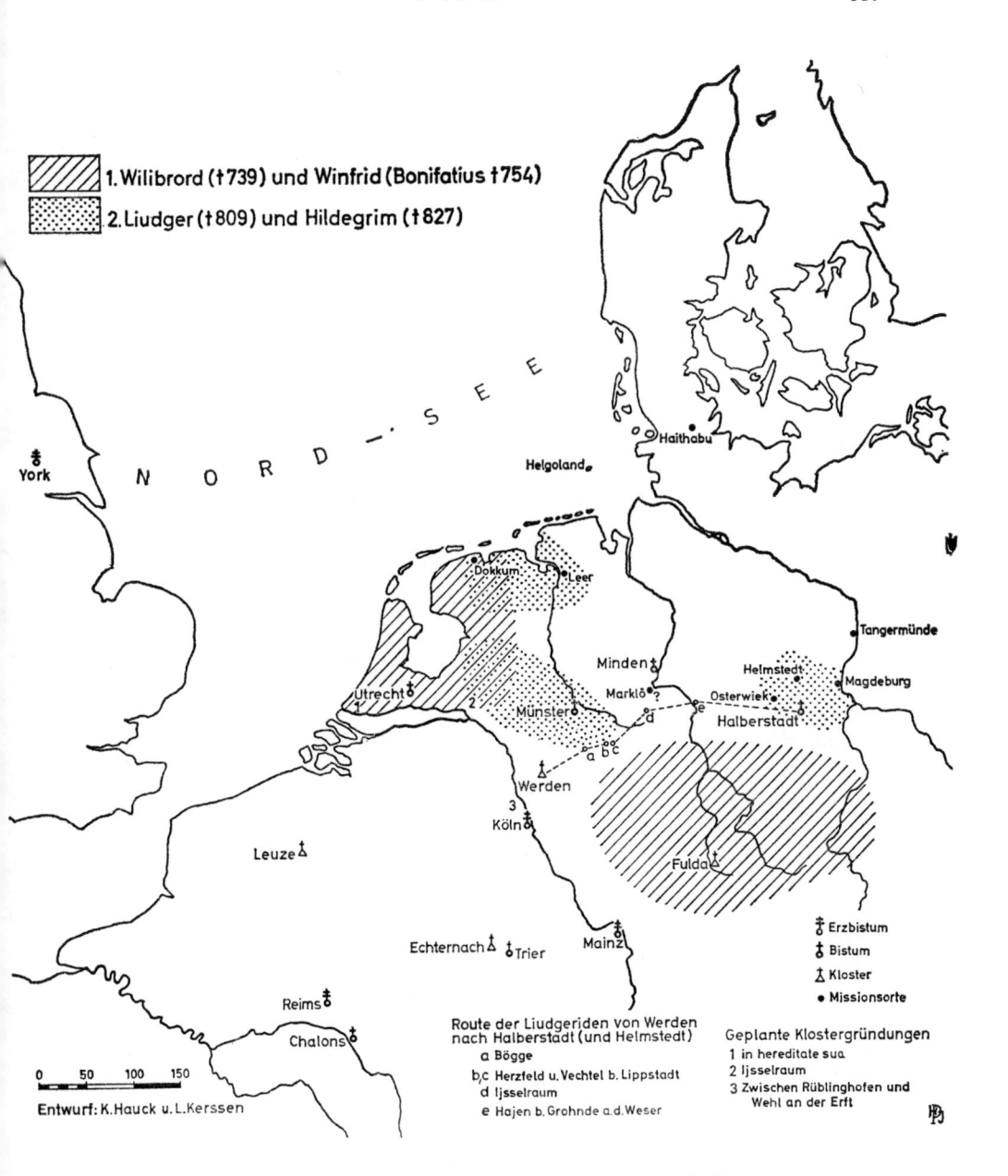

%%%% 1. Wilibrord (†739) und Winfrid (Bonifatius †754)
::::: 2. Liudger (†809) und Hildegrim (†827)

York
NORD-SEE
Haithabu
Helgoland
Dokkum • Leer
Utrecht
Minden
Marklô ?
Münster
a b c
Werden
3
Köln
Tangermünde
Helmstedt
Osterwiek • Magdeburg
Halberstadt
Leuze
Fulda
Echternach Trier
Mainz
Reims
Chalons

0 50 100 150

Entwurf: K. Hauck u. L. Kerssen

✠ Erzbistum
♰ Bistum
⚜ Kloster
• Missionsorte

Route der Liudgeriden von Werden nach Halberstadt (und Helmstedt)
a Bögge
b, c Herzfeld u. Vechtel b. Lippstadt
d Ijsselraum
e Hajen b. Grohnde a.d. Weser

Geplante Klostergründungen
1 in hereditate sua
2 Ijsselraum
3 Zwischen Rüblinghofen und Wehl an der Erft

34. Wirkbereich des hl. Liudger und des hl. Bonifatius

42 Gesch. Niedersachsens

stützpunkt nahe an das sächsische Stammesgebiet heranzutragen. Allerdings liegen für dieses Kloster ebensowenig wie für das 741 auf dem nahen Büraberg gegründete Bistum für Hessen Zeugnisse einer missionarischen Wirkung auf Sachsen vor. Während die Bistümer Büraberg und Erfurt nur anläßlich ihrer Gründung genannt werden, Büraberg ohne eine Spur verschwindet und Erfurt als kirchenorganisatorischer Mittelpunkt Thüringens, als Sitz zweier Archidiakonate und anderer mainzischer Institutionen, seine Bedeutung behalten hat, sollte das weitab gelegene dritte Bistum des Jahres 741, Würzburg, in der Mission Sachsens eine Rolle spielen. Auch das im Auftrag des Bonifatius von seinem Schüler Sturmi gegründete Kloster Fulda erwies sich als wichtiger Stützpunkt für die Bekehrung Sachsens. Eine Darstellung der Missionsgeschichte Sachsens setzt also zunächst die Kenntnis der Christianisierung seiner Nachbarlandschaften voraus. Einige Andeutungen für Missionstätigkeit zur Zeit des Bonifatius finden sich in den Quellen, wenn auch sein Name nicht genannt wird. Man schließt aus schwieriger Quellenlage, um 737 sei der Impuls zur Sachsenmission „gewaltig verstärkt" worden [17].

Eine Andeutung auf Bereitschaft der Sachsen zur Annahme des Christentums ist dem Fortsetzer des Chronisten „Fredegar" im Anschluß an die Feldzüge der Franken von 743 und 748 zu entnehmen. 743 beantwortete Karlmann einen Einfall der Sachsen in das seit 531 unter fränkischer Herrschaft stehende Thüringen mit der Eroberung der Hochseeburg (bei Eisleben), und 748 drangen Karlmann und Pippin bis an die Oker vor, umfaßten also Sachsen vom Osten. Die Sachsen hätten bei dieser Gelegenheit eingesehen, daß sie sich den Franken nicht widersetzen könnten und hätten um die christlichen Sakramente gebeten. Daraus eine Mission in diesem Gebiet unter Bonifatius herzuleiten, bleibt ebenso vage, wie die Kombination eines Briefes Papst Gregors III. von 739 mit dem Feldzug Pippins gegen die Sachsen von 738, der zu dem Schluß führt, es müßten wahre Massentaufen im Gefolge dieses Zuges stattgefunden haben. War dies der Fall, dann haben sie kaum dauernde Wirkung gehabt.

Neuerdings ist die Vermutung ausgesprochen worden, Bonifatius habe sich in seinen letzten Jahren der Mission der Slawen widmen wollen [18], dem steht aber seine Sorge um die friesische Kirche entgegen, also die Rückkehr zu seinen missionarischen Anfängen, und die Mission der Sachsen, mit denen sich der Mann aus Wessex immer eines Stammes fühlte. Karlmann hatte nach dem Tode Willibrords das Bistum Utrecht der Aufsicht des Bonifatius unterstellt. In den vierziger Jahren hatte der Franke Gregor die Leitung des Martinsklosters übernommen. Jetzt drohte die Gefahr, daß Köln, unter Rückgriff auf Missionsansprüche aus der Zeit Dagoberts I., die Aufsicht über das Bistum Utrecht beanspruchte. In dem letzten erhaltenen Brief des Bonifatius an Papst Stephan bat er, das von Willibrord gegründete Bistum Utrecht zu bestätigen. Pippin bestätigte 753 „Bonifatius als dem Verwalter der Utrechter

1. Mission

Kirche die Zehnteinkünfte vom Fiskalbesitz"[19]. Im gleichen Jahre ist Bischof Hildegar, als er Pippin auf einem Sachsenfeldzug begleitete, bei Iburg erschlagen worden. Man muß also das Bestreben des greisen Bonifatius, noch einmal in Friesland zu wirken, vor dem Hintergrund einer wichtigen kirchenpolitischen Frage sehen, die an grundlegende Entscheidungen der fränkischen Kirchenpolitik[20], rührte, nicht zuletzt mochte im Hintergrund der mißglückte Versuch des Bonifatius, Köln zum Erzstuhl zu machen, mitwirken. Bonifatius reiste zu Schiff nach Friesland[21], übertrug Eoban die Leitung von Utrecht und begab sich mit drei Presbytern, drei Diakonen und vier Mönchen, wohl, wie ihre Namen andeuten, Angelsachsen, in das Gebiet nördlich von Utrecht. Als er am 5. Juni 754 bei Dokkum die Firmung neugetaufter Christen vornehmen wollte, wurden Bonifatius, Eoban, die genannten Begleiter und etwa 30 weitere Gefährten von einem Trupp Heiden überfallen und niedergemacht. Eine Augenzeugin habe gesehen, daß Bonifatius ein Buch aufs Haupt gelegt habe, um sich vor seinem Mörder zu schützen. Das Domstift Fulda verwahrt eine Sammlung theologischer Traktate (Ragyndrudis-Codex) in angelsächsischer Schrift, die Hiebspuren aufweist.

Der Märtyrertod des Bonifatius in Friesland zeigte, daß trotz des Wirkens des hl. Willibrord, Liafwins und Liutgers dieses Gebiet noch nicht vollständig dem Christentum gewonnen war. Auch Willehad[22] aus Northumbrien setzte, als er den Kontinent erreichte, in Friesland an, und zwar nach dem Tode des Bonifatius ebenfalls im Ostergau wie Liudger zu Dokkum *(Dockynchirica)*. Wie auch von anderen Missionaren berichtet wird, hatte Willehad seine Erfolge offenbar in erster Linie beim Adel, der ihm seine Söhne zur Erziehung anvertraute. Die Bekehrungspraxis scheint direkt und unkompliziert gewesen zu sein. Man kann Willehads Nachfolger und Biographen Ansgar, der seine eigenen Erfahrungen in die Schilderung der Mission Willehads hineingelegt haben dürfte, glauben, wenn er sagt, die Friesen hätten den Aberglauben an die Götterbilder aufgegeben und den Glauben an den wahren Gott angenommen. Willehad habe sie gelehrt, es sei verfehlt, von Steinen und tauben Götterbildern Hilfe zu erbitten, sie sollten sich durch die Taufe von den Sünden reinigen und könnten sich damit die Gnade Gottes verdienen. Die Heiden zischelten durch die Zähne, der Frevler gegen ihre Götter solle des Todes sein, andere, Klügere, rieten zur Zurückhaltung und wollten das Los über sein Schicksal entscheiden lassen, schließlich durfte er unversehrt abziehen. Man sieht, daß offensichtlich der Gottesmann nicht den Versuch unternahm, den Sünden- oder den Gnadenbegriff des Christentums zu erklären. Vielleicht hätte er dies nicht vermocht, und die Friesen hätten ihn nicht verstanden. So wurde hier wie wohl überall in Friesland und Sachsen mehr eine Praxis der starren Gegenüberstellung als der Überzeugung angewandt, wie man dies – trotz mancher Kniffe – auch später noch bis hin zu Otto von Bamberg beobachten kann. Nach seinem Rückzug aus

Ostfriesland hat Willehad im Gau Drente offenbar Bekehrungswillige gefunden und diese mit Worten und Beispielen zur Nachfolge im Glauben gewinnen können. Aber die Gefolgsleute (*discipuli*) Willehads ließen sich zum ungeduldigen, verderblichen Eifer hinreißen und provozierten, wenn sie im bloßen Sturz der Götterbilder die wesentliche Missionsarbeit zu erblicken meinten, auf der anderen Seite auch die brutale Gewalt, und es drohte Willehad ans Leben zu gehen. Wenn auch das auf Willehad herabsausende Schwert eines Friesen einen Teil der vom Missionar am Hals getragenen Reliquienkapsel abtrennt, sie rettet ihm doch das Leben, und die durch das Wunder erschreckten Heiden lassen ihn laufen, vorausgesetzt, daß er ihnen nicht mehr lästig falle (*eis molesti esse*). Auch wenn man das Wunder als Topos der Heiligenlegende streicht, dürfte der Kern, nämlich die vierschrötige Bekehrungspraxis, stimmen.

Mit ihr war, wie einmal der Gehalt des Heliand fast hundert Jahre später noch zeigt, einem Volk dieser geistigen Entwicklungsstufe mit einer neuen Religion allein beizukommen. Aber auch in der Predigtpraxis des hl. L e b u i n sind die gleichen Grundsätze zu erkennen. Auch dieser Missionar kam aus England und strebte nach der Landung sogleich nach dem friesischen Missionszentrum Utrecht, wo auch er auf Abt Gregor, den fränkischen Zögling des hl. Bonifatius, traf. Dieser setzte ihn mit Willibrords Schüler, dem Angelsachsen Marchelm, an der Ijssel an. Lebuin gründete westlich und östlich des Flusses je eine Kirche, die eine in Wilpe, die andere in Deventer; beide wurden von den Sachsen niedergebrannt.

Nach diesem ersten Versuch im Grenzraum zu den Friesen zog Lebuin ins Sachsenland. Seine Vita [23], die zwar erst runde hundert Jahre nach der Missionszeit entstanden ist, hat vielleicht doch noch etwas von der Stimmung bewahrt, in der die Missionare lebten, auf alle Fälle ist sie ein vielfach gesichertes Zeugnis der Missionspraxis. Lebuin setzte beim Adel an; denn er hatte „Freunde und Vertraute unter den Edelsten", darunter den reichen Folcbraht, vielleicht sogar eine bezeugte Person im südlichen Westfalen [24]. Der Verfasser der Vita gibt erst die bekannte Beschreibung der sächsischen Stammesversammlung – welche die Wissenschaft seit je als glaubwürdig akzeptiert (vgl. oben S. 578 ff.) – und dann beschreibt er ein lebendiges Wechselgespräch [25] zwischen jenem Folcbraht und seinem Sohn Helco; beide machen sich, im Hause stehend, Gedanken, ob es mit ihrem Freund Lebuin, den sie vertraut beim Kosenamen „Wine" nennen, wohl auf die Dauer gut gehen könne, sie fürchten, daß er an Leute geraten könnte, die ihn töten oder doch andere anstiften, ihn umzubringen. Während sie so reden, schlagen die Hunde auf dem Hofe an, Helco läuft zur Tür, um zu sehen, wer denn da kommt, und schon steht, freudig begrüßt, „Wine" vor ihnen, der Gottesstreiter, und erklärt, er habe vor, geradenwegs vor die Stammesversammlung der Sachsen zu gehen. Folcbert warnt ihn vor jungen Leuten, die ihn verwünschen und bedrohen, er solle deshalb lieber nach Hause zu seinem Freund Davo zurückkehren und auf die Stammesversammlung verzichten. In sein, Folcbrahts, Haus könne er jederzeit gern kommen, da höre man seinen Worten gern zu. Wie zu erwarten, entgegnet Lebuin, Christus habe ihm befohlen, der Stammesversammlung seinen Auftrag zu verkünden. Die Sachsen sind versammelt und rufen vor Beginn ihrer Verhandlungen ihre Götter an. „Aber, siehe da, plötzlich tritt der selige Lebuin mitten in ihren Kreis, mit geistlichen Gewändern angetan, mit dem Kreuz in den Händen, wie man erzählt, das Evangelium bei sich und spricht mit lauter Stimme: ‚Hört‘, sagt er, ‚hört! Ich bin der Bote des allmächtigen Gottes und bringe euch seine Botschaft.‘ Man schwieg, und Lebuin fuhr fort: ‚Es befehlen euch der Gott des Himmels und der König der Erde und sein Sohn Jesus Christus, und er wird euch, wenn ihr sein werden und tun wollt, was er euch durch seine Knechte aufgetragen hat, so viele Güter geben, wie ihr nie zuvor gehört habt ... O, Sachsen, von der Art, wie ihr (euch) Könige (vorstellt, sie aber) bisher nicht gehabt habt, wird der König nicht sein, der euch überwindet und euch sich unterwirft. Wenn ihr nicht sein werden wollt, dann läßt er euch sagen: Im benachbarten Land steht einer bereit, der in euer Land, einmarschieren, es ausplündern, verwüsten und in langen Kriegen mürbe machen, euch in die Verbannung führen, enterben, töten und euer Erbe an die verteilen wird, an die ihm beliebt.‘ Da konnten einige nicht mehr an sich halten und schrien dazwischen: „Das ist der hergelaufene Schwätzer, der, wirres Zeug und Hirngespinste schwatzend, durchs Land zieht. Schlagt ihm den Kopf ab, schlagt ihm den Kopf ab und steinigt ihn." Daß den Missionaren von den Sachsen so gedroht worden sein könnte, beweisen die Vertreibungen der einen und der Tod der anderen. Daß „der gute Krieger Lebuin, nicht feige und träge, die Lenden mit dem Geist der Wahrheit gegürtet, gewappnet mit dem Panzer der Gerechtigkeit", wie es Hucbald von St. Amand[26], der andere Biograph, mit biblischen, im hohen Mittelalter immer wieder gebrauchten Parabeln umschrieb, den Sachsen entgegentrat, das konnte man sich nicht anders vorstellen und wird kaum anders gewesen sein. Richtig sind solche nachempfundenen Reden wohl insofern, als sie die Praxis der Konfrontation des neuen Glaubens mit den Unbekehrten nachstellen, wie man eine Szene stellt. Wichtig auch, daß der mit dem bereits Geschehenen vertraute Schreiber der älteren Vita, Christus als den anderen, als einen irdischen König andeutet, aber das unvollendete Bild eines leidenden, erlösenden Friedenskönigs, dessen Kraft der Erlösung diese Sachsen nicht verstehen würden, gleich mit der Drohung untermalt, der Frankenkönig stehe schon bereit, ihnen diesen neuen König mit einer ganzen Skala von Gewaltmitteln aufzuzwingen, vom Eroberungskrieg bis zur Enterbung. Wie in einem Vexierbild wurden hier die zwei Gestalten des einen – verbalen – Wortes für die Hörer zur Unkenntlichkeit übereinandergeschoben: Der König als Herrscher für den König der Gnade, Kapitulation vor dem

Frankenkönig um des Christenkönigs willen, das war der schwierige und allein erfolgversprechende Auftrag der Missionare, auch Lebuins.

Erst die Anwendung der Waffengewalt in dem „langwierigsten, grausamsten und für das Frankenvolk anstrengendsten" Krieg [27] hat die Sachsen zur Aufgabe des „heidnischen Götzendienstes und der heimischen Religionsbräuche" veranlassen können. In der auffallend langen Begründung, die Karls des Großen Biograph Einhard [28] für die Sachsenfeldzüge des Kaisers gibt, wird die Bekehrung als einer neben anderen Kriegsgründen genannt, und man hat den Eindruck, daß den Schreiber nicht nur die Opfer des jahrzehntelangen Kampfes, sondern auch das christliche Gewissen belastet hatte: Eben nur mit der Waffe hatte den Sachsen die christliche Religion schließlich aufgezwungen werden können. Daß dieser Stamm dauernd den Frieden gestört hatte, mochte den Autor in seinem christlichen Gewissenskonflikt nebenher beruhigen. Die Auffassung Einhards läßt sich nur erschließen, andere haben sie offen und anklagend ausgesprochen. Karls Zwangsmission wurde in England teils begrüßt, teils getadelt. Die northumbrischen Annalen charakterisieren zum Jahre 775 Strafmaßnahmen des Königs im Bukki-Gau (bei Bückeburg) als blutige Orgie des Schwertes. In einem Brief an Erzbischof Arn von Salzburg hat des Königs Ratgeber Alkuin die in Sachsen angewandten Missionsmethoden verurteilt [29]. Die Sachsenmission machte Karl „zum Apostel mit der eisernen Zunge" [30].

Schon 776, also vier Jahre nach dem ersten Feldzug, als die Sachsen nach der Wiedereinnahme der Eresburg die Hohensyburg belagerten, hört man von einer Kirche innerhalb der Hohensyburg [31]. Der Reichsannalist beschreibt die Verteidigung dieser Burg und Kirche als einen Kampf der christlichen Franken gegen die heidnischen Sachsen. Beim sofort folgenden Vorstoß des Königs versprachen die Sachsen an den Lippequellen, „Christen zu werden und stellten sich unter die Herrschaft des Königs Karl und der Franken". Zahlreiche Sachsen ließen sich anschließend taufen.

Dieser Vorfall zeigt, daß die Franken in dieser sächsischen Volksburg offenbar gleich nach ihrer Einnahme eine Kirche gebaut hatten. Sie scheint nur der Burgbesatzung, noch nicht der Mission gedient zu haben. Man weiß jetzt, daß die Franken jeden Aufenthalt in Sachsen zu dieser Zeit – und die Zukunft sollte dies bestätigen – noch als hohes Risiko für Leib und Leben betrachteten [32]. Karls Vertrauter Fulrad von St. Denis entschloß sich möglicherweise vor dem Einmarsch in Sachsen, und zwar in Heristal, zu einer Eventualschenkung seines Vermögens an die Heiligen seines Klosters [33]. Der Abt begleitete den König nach P a d e r b o r n , wo Karl das „Maifeld" des Jahres 777 mit den neu getauften Sachsen feiern wollte. Wie es im Frankenreich Brauch war, trat neben der Versammlung des Heeres eine Synode zusammen. Das Vorhandensein einer Salvatorkirche bot die nötigen kultischen Voraussetzungen für diese Kirchenversammlung, die ihre Beratungen fortsetzte, als der König den Ort bereits wieder verlassen hatte (s. oben S. 590). Außer durch Fulrad von St. Denis, den Leiter der Hofkapelle, wurde die Bedeutung dieser Synode durch die Teilnahme Wilchars von Sens betont, der als Nachfolger Chrodegangs von Metz als Haupt der fränkischen Kirche galt. Eine Corveyer Nachricht sagt, im Jahre 777 seien in Paderborn „die Sachsen zur katholischen Taufe zusammengekommen, und viele Tausende des heidnischen Volks wurden getauft. Und die Franken bauten überall Kirchen". Man hat die Synode von 777 mit Recht als ein „missionsgeschichtliches Ereignis ersten Ranges" beurteilt.

Es ist schwerlich zu sagen, ob die Dionysius-Patrozinien, die sich in der Umgebung von Borken und Rheine a. d. Ems finden, direkt auf die damalige Anwesenheit Fulrads zurückzuführen sind, in die Zeit der frühen Sachsenmission gehören sie aber unbedingt. Die kirchlichen Verhältnisse, die Karl dann im Jahre 788 in Paderborn antraf, deuten darauf hin, daß die Hinweise der jüngeren Translatio s. Liborii keine hagiographischen Gemeinplätze, sondern glaubwürdige Nachrichten sind, wenn der Verfasser erklärt, Karl habe das, was er von der anmutigen Örtlichkeit an der Pader nach Kriegsrecht erworben hatte, mehr für den Dienst Gottes als für seine Zwecke bestimmt.

Trotz dieser günstigen Entwicklungen mußte die nach 777 verstärkt einsetzende Missionstätigkeit noch immer aus dem sicheren fränkischen Hinterland vorgetragen werden. Große Rückschläge standen noch bevor. Wir befinden uns jetzt in jener Epoche der Mission, in der e i n z e l n e L a n d s t r i c h e M i s s i o n a r e n z u r P r e d i g t u n d T a u f e z u g e w i e s e n wurden. Eine besondere Aufgabe war dem Kloster Fulda im Missionsprogramm des Königs vorbehalten. Dem bedeutenden Abt Sturmi, der 744 auf Weisung seines Lehrers Bonifatius Fulda gegründet hatte, wurde von Karl „der größte Teil des sächsischen Volkes und Landes zur geistlichen Versorgung übertragen". Mit Predigt und Taufe entfaltete Sturmi mit seinen Priestern eine intensive Missionstätigkeit [34], gründete auch einige Kirchen. Diese Ansätze erlitten aber durch den Sachsenvorstoß von 778 an den Rhein und nach Hessen einen sich bis Fulda auswirkenden Rückschlag. Karl zögerte aber nicht, als er 779 wieder nach Sachsen zog, „den verehrungswürdigen, aber kranken und schon vom Alter geschwächten" Sturmi nochmals in das Missionsunternehmen einzuspannen. Er befahl ihm den Schutz der Eresburg an und verlangte, als er selbst die Burg wieder verließ, der Abt solle wenigstens noch einige Tage dort ausharren. Karl mochte es wichtig erscheinen, daß der berühmte Abt gleichsam als Symbolgestalt der ecclesia militans vom ehemaligen Standort der Irminsul Besitz ergriff. Der Biograph des Heiligen, sein Schüler Eigil, läßt freilich keinen Zweifel, daß der König, weil er den Leidenden für seine Missionspläne nicht schonte, die Verantwortung für den schnellen Tod des Abtes trägt [35]. Diesen hat der Leibarzt des Königs, Wintar, den dieser für den Rückmarsch nach

35. Mainzer, Fuldaer und Würzburger Einflüsse an der oberen Weser

Fulda abordnete, durch einen fragwürdigen Heiltrank eher beschleunigt als aufgeschoben. Ob Sturmis Nachfolger Baugulf im Gebiet der Eresburg, die in diesem Zusammenhang als einziger bestimmbarer Punkt genannt wird, die Mission weitergeführt hat, sagen die Quellen nicht. Die Jahre nach 779 waren für den Übergang von der Mission zur Kirchenorganisation von Bedeutung. Die offiziösen Lorscher Annalen melden zum Jahre 780: „Und Karl teilte das Land (*patria*) unter Bischöfe, Pfarrer und Äbte auf, damit sie dort predigten." Allerdings wird man das Jahr 780 deswegen nicht zu einem Epochenjahr der sächsischen Kirchengeschichte machen dürfen, wie es geschehen ist. Eigil sagt vor der Aufnahme der Missionstätigkeit durch Sturmi, also etwa 776/777:

„Und nach nicht allzu langer Zeit teilte er das ganze Land in Diözesansprengel ein." Auf ähnliche Äußerungen über die Durchführung der Pfarrorganisation stößt man in den Viten Liudgers und Willehads.

Im Wesertal bis Hameln ist mit Sicherheit eine Missionstätigkeit des Klosters Fulda nachzuweisen [36], vielleicht hat sie auch Minden mit erfaßt. Das Bonifatiusstift in Hameln [37] reicht, wie archäologische Funde bestätigen [38], zweifellos bis in die Zeit Abt Baugulfs († 802) zurück. Die erste Missionszelle in Hameln wurde auf dem Besitz des Grafen Bernhard (siehe unten S. 695), der an Fulda Güter in Scheßlitz und Königsfeld (o. Bamberg) schenkte, gegründet. In dem Fuldaer Eigenkloster Hameln wurden am Beginn des 9. Jahrhunderts Kleriker von Fuldaer Mönchen ausgebildet [39].

Zwischen der ersten Phase der Bekehrung von Friesen und Sachsen, nämlich dem Wirken der Missionare ohne und mit fränkischer Hilfe, und der förmlichen Etablierung von Bistümern ist ein zweiter Entwicklungsabschnitt der Verkirchlichung deutlich zu erkennen. Sie stand dem Verfasser der Translatio s. Liborii (c. 2) klar vor Augen [40], wenn er mit großer Offenheit bekannte: „Es fanden sich aber kaum Männer, welche man zu Bischöfen des rohen und halb heidnischen Volkes hätte ernennen können, weil kein Geistlicher es für sicher hielt, unter einem Volke zu wohnen, das zu Zeiten wieder ins Heidentum zurücksank ... Deshalb teilte er jeden der erwähnten Bischofssitze mit seinem Sprengel Bischöfen anderer Bistümer in seinem Reiche zu ..." Die Anwendung dieser Praxis läßt sich für das Verhältnis Würzburgs zum späteren Paderborn, aus dessen Kenntnis der Autor der Translatio s. Liborii schrieb, aber auch für andere Bistümer nachweisen. Bischof Megingoz von Würzburg war Schüler des Bonifatius. Die in Paderborn bestehende Kirche wurde seiner Aufsicht anvertraut. Kilianspatrozinien in Westfalen dürfen als Spuren der frühen Missionstätigkeit des mainfränkischen Bistums gelten. Während Martinspatrozinien wegen der das ganze Mittelalter hindurch bedeutenden Wirksamkeit des Mainzer Patrons im Reiche nur unter bestimmten Umständen Aussagekraft für die Entstehungszeit einer Kirche besitzen, ist der Missionar Frankens außerhalb dieser Landschaft auffällig. Kilianskirchen finden sich in Steinheim (Lippe), Lügde, Höxter und Stadtoldendorf an der Weser. In diesem Zusammenhang sei auch auf die Kilianskirche in Mühlhausen i. Thüringen, das Karl schon 775 an Hersfeld schenkte, verwiesen; sie reicht mit Sicherheit in diese hier in Rede stehenden Jahrzehnte zurück.

Im Westen war eines der „Randbistümer" das Bistum Lüttich. Bischof Agilfrid von Lüttich wirkte in diesen Jahren von Osnabrück aus in Westfalen. Er weihte 784/87 die erste Kirche von Osnabrück dem Lütticher Patron Lambert.

Zu den Männern mit der meisten praktischen Erfahrung, auf die Karl zurückgriff, gehörte Willehad [41]. Er wurde vom König in eine östlich von seinem ersten Missionsgebiet liegende Landschaft, den Gau Wigmodia [42], an der unteren Weser geschickt. Nach zweijährigem Wirken bei Friesen und Sachsen hatte er Erfolg. Er baute Kirchen und setzte Priester ein, aber auch für ihn brachte der Aufstand Widukinds im Jahre 782 noch einmal den großen Rückschlag. Willehad konnte sich von der Unterweser nach Rüstringen (*Utriustri*) in Sicherheit bringen, fuhr aber zu Schiff um die Halbinsel (Ost-) friesland herum und entkam dadurch. Die meisten seiner Schüler ereilte der Märtyrertod. Die Namen der Landschaften, in denen sie ums Leben kamen, zeigen, daß die Behauptung der Vita Willehadi, er habe gepredigt und bekehrt, Auswirkungen gehabt hat: der Grund zu einer Kirchenorganisation war gelegt. Im Lerigau (bei Delmenhorst) wurde Folkard mit seinem Begleiter Emmigo, im Gau Ober-Rüstringen (*Ubhriustri*) Benjamin, in Dithmarschen Atreban und in Bremen Gerwal mit seinen Begleitern erschlagen. Gerwal wird allerdings nur als Christ, nicht ausdrücklich als Priester oder Diakon bezeichnet. Willehad zog weiter bis zu König Pippin nach Italien und dann bis Rom. Der innerlich offenbar zusammengebrochene Gottesmann wurde von Papst Hadrian I. ermutigt und ging zunächst wenigstens ins Frankenreich zurück. Dann traf er in Echternach seine Schüler, die die Furcht zerstreut hatte, wieder. Nimmt man die Getöteten und die Davongekommenen zusammen, so ergibt sich eine beträchtliche Zahl von Missionaren im späteren Bistum Bremen, jedenfalls sollte man die frühe Mission an der unteren Weser nicht allein mit dem Namen Willehads verbinden. In Echternach rekreierte sich Willehad in strenger Klausur, wenn nicht gar als Klausner. Er fertigte eine Abschrift der Briefe des Apostels Paulus an. 785 scheint der Schock – anders wird man seinen seelischen Zustand kaum nennen können – überwunden gewesen zu sein, denn Willehad suchte nun Karl den Großen auf der Eresburg auf und erklärte sich zur Wiederaufnahme der Mission bereit. Der König begabte ihn mit der Celle Iustina in Burgund, sicherte ihn also materiell weit im Hinterland ab, und befahl ihm, sein Bekehrungswerk in Wigmodien wieder aufzunehmen. Kirchen wurden wieder aufgebaut und Priester (*probatae personae*) wieder eingesetzt. Erst die Taufe Widukinds (785) bedeutete auch für den Wirkungsbereich Willehads die endgültige Sicherung des missionarischen Werkes. Der König ließ ihn 787 in Worms zum Bischof weihen und wies ihm die Gaue Wigmodia, Lara, Riustri, Astergâ, Nordendi und Wanga zu. Auch danach standen seinem Bemühen noch mannigfache Schwierigkeiten entgegen. Das widerstrebende Volk duldete mehrfach die Priester nur auf Drängen. Die von Ansgar berichtete Erbauung der ersten Bischofskirche in Bremen durch Willehad hat ihre Bestätigung durch die Aufdeckung ihrer Fundamente im heutigen Dom im Jahre 1975 gefunden (siehe Abb. 32, nach S. 690). In dieser Kirche ist Willehad nach seinem Tode im Jahre 789 auch zunächst bestattet worden.

Ins Münsterland schickte Karl einen Abt Bernradh, dessen Herkunft umstritten und dessen Wirken durch unsere gute Kenntnis vom Wirken Liudgers wohl über Gebühr verdunkelt ist [43]. Als der Aufstand Widukinds nach fast siebenjährigem Wirken 782 das Missionswerk Liudgers in Friesland vernichtete, als die Kirchen zerstört wurden, zog sich der Missionar mit seinem Bruder Hildigrimm und einem gewissen Gerbert gen. Castus weit vom Schauplatz dieser schlimmen Ereignisse bis ins sichere Monte Cassino zurück. Nach der Rückkehr aus zweieinhalbjährigem Exil, in dem er die Wirkung der Benediktiner Regel erfahren hatte, nahm er einen neuen Anlauf als Missionar. Zwar geschah dies wieder zuerst in Friesland, doch gehört die zweite Etappe seiner Tätigkeit in diesem Land in das gesamte Programm der Bekehrung, das Karl der Große verfolgte. Der Frankenkönig setzte ihn als „doctor" über die fünf östlich der Labek gelegenen Gaue Hugmerchi, Hunsingo (n. Groningen), Fivelgo (o. Groningen), Emsgau, Fediritga und die Insel Bant (w. Norden) ein. Liudger missionierte also zumindest einen Teil des späteren Ostfriesland. Er fuhr auch nach Helgoland, zerstörte das dortige Heiligtum (*Fosetis fana*) und taufte die Bewohner der Insel unter Anrufung der hl. Dreieinigkeit aus der Quelle, mit der Willibrord die ersten drei Helgoländer getauft hatte.

Der dritte Abschnitt im Leben des Missionars Liudger kam, als Karl ihn von Friesland wegholte und in der Sachsenmission einsetzte. Der König machte ihn zum Priester (*pastor*) über das westliche Sachsen mit Sitz in Münster. Liudger hat Kirchen gebaut und Priester geweiht, aber die Bischofswürde erst 805 auf Drängen seines Bruders, Bischof Hildebolds von Köln, angenommen. Die fünf friesischen Gaue verwaltete er weiterhin, sie blieben hinfort beim Bistum Münster. Der König stattete ihn mit dem Peterskloster in Leuze (Lothusa) in Brabant aus. Seine Absicht, auch bei den Dänen zu missionieren, unterband Karl der Große.

Wenn auch die Reihe der Aufstände und der Kriege nach der Unterwerfung Widukinds nicht endete, so bedeutete seine Taufe in Attigny 785 doch einen epochalen Einschnitt im Christianisierungsprozeß, vor allem wenn man die wegweisende Bedeutung der Haltung des Adels für weite Kreise des Volkes bedenkt. Karl hat durch Übernahme der Patenschaft über den Sachsen selbst zum Ausdruck gebracht, wie er diesen Taufakt bewertete. Nach alter Überlieferung soll der König Widukind als Taufgeschenk die ehemals in der Kirche von Enger verwahrte Burse übergeben haben. Die in dem kostbaren Gefäß enthaltenen Heiligtümer übertrugen die Kraft der Fürbitte, die man den Märtyrern zuschrieb, auf den Führer des sächsischen Stammes. Die ursprüngliche Zugehörigkeit der Burse zum „Apparat" des siegreichen Frankenkönigs und der nunmehrige Verzicht auf diese besondere Funktion verlieh dem Geschenk einen hohen zusätzlichen Symbolgehalt (siehe Abb. 31, nach S. 674) [44].

Sucht man sich aus den spärlichen Zeugnissen ein Bild von den Entwicklungsstufen des Christianisierungsprozesses zu machen, so ist die Capitulatio de partibus Saxonie [45] die nächste wichtige Aussage. Aus diesem in seiner Datierung umstrittenen Gesetz (vgl. dazu S. 591) [46], interessieren hier nur die zahlreichen Bestimmungen über den rechtlichen Schutz des christlichen Glaubens. Einen Blick auf die rechtlichen Verhältnisse der heidnischen Zeit gibt die grundlegende Bestimmung frei: „Die Kirchen Christi sollen keine geringere, sondern größere und deutlichere Ehrerbietung genießen, als sie die Tempel (*vana*) der Götterbilder erfuhren." Die Capitulatio zeichnet sich durch drakonische Strenge aus, mit der sie den Sachsen das Christentum aufzwingt. Das im Codex Theodosianus in das römische Reichsrecht aufgenommene und von mehreren fränkischen Synoden seit der Merowingerzeit bestätigte Asylrecht der Kirchen findet sich in c. 2 der Capitulatio. Es bewahrte denjenigen, der im Kirchenraum Zuflucht gesucht hatte, vor handhafter Tat und sicherte ihn vor Vertreibung aus der Kirche, vor der Todesstrafe und vor Verstümmelung, bewahrte ihn aber nicht vor einem anderen ordentlichen Verfahren, insbesondere nicht vor der Deportation durch den König. Gewährte der Andachtsraum dem Straftäter weitgehenden Schutz, so unterlag seine Schändung, wie es nur logisch war, strengster Strafe. Kirchenschändung büßte der Sachse mit dem Tode (c. 3), selbstverständlich auch die Tötung eines Geistlichen (c. 5). Aber auch die bloße Unterlassung christlicher Verrichtungen stand unter Todesstrafe: Nichtbeachtung der vierzigtägigen Fastenzeit (c. 4), Verbrennung von Toten (c. 7), Verweigerung der Taufe (c. 8). „Wenn jemand einen Mann dem Teufel opfert und nach Sitte der Heiden den Dämonen als Opfer darbringt, der sterbe des Todes" (c. 9). Die Kirche wurde institutionell vielseitig gefestigt. Für die Bildung der Kirchgemeinden und damit für die soziale Ordnung im weiteren Sinn war es von grundlegender Bedeutung, daß die Toten auf Kirchhöfen und nicht mehr bei den Grabhügeln der Heiden bestattet werden sollten. Die Toten lagen nun lokal bei der Stätte, in der ihnen zu Lebzeiten das ewige Leben in Aussicht gestellt wurde und sich der Verstorbene mit der Gemeinde ein Leben lang zur Feier der christlichen Handlungen regelmäßig zusammengefunden hatte. Die finanzielle Bindung von Kirche und Herrschaft wurde dadurch hergestellt, daß Kirchen und Pfarrern der Zehnte vom Friedensgeld und allen fiskalischen Abgaben gehören sollte.

Jeder Christ – und das sollten sie hinfort, bei Todesstrafe im Falle der Weigerung, alle sein – mußte den Kirchen den vollen Ertragszehnt [47] geben. Die Kirche fesselte den letzten sächsischen Bauern sanft und täglich an den fränkischen Staat, unauffälliger als der Graf, der weltliche Arm des Königs. Auf die Kirche im Pfarrdorf richteten sich künftig das geistige Leben und der Glaube an das Leben nach dem Tode. Der getaufte Sachse wurde nicht mehr mit Waffen und anderen Beigaben aus dieser Welt bestattet, die sein irdisches Dasein nach dem Tode begleiten sollten; er konnte sie entbehren, da er nach dem Jüngsten Gericht Seligkeit oder Verdammung erwartete. Die harten Bestimmungen der Capitulatio, mit denen Karl den Glauben unter Todesdrohung unerbittlich aufzwang, finden im Capitulare Saxonicum von 797 keine Fortsetzung [48]. Sie stellte Franken und Sachsen dadurch gleich, daß sie die

60-Schilling-Buße einführte. Bei der Festsetzung der Strafe für Vergehen gegen Priester unterschied man nicht mehr zwischen Franken und Sachsen, Heiden und Christen (c. 6). Das dritte der Gesetze, die Karl für die Sachsen erließ, die Lex Saxonum, macht ebenfalls keinen Unterschied mehr zwischen heidnischen und christlichen Sachsen, sie schützte Kirchgänger an Festtagen (c. 23) [49].

Die beiden letzten Gesetze zeigen, daß für den König die Einverleibung des sächsischen Stammes in das christliche fränkische Reich als vollzogen betrachtet wurde. Wenn Karl im Jahre 799 den gedemütigten Papst Leo III. in Paderborn empfing, so demonstrierte er damit, daß eine solche Begegnung des Stellvertreters Christi im unterworfenen und christianisierten Land der Sachsen möglich und Vorsorge für einen eventuellen Tod, wie sie Fulrad getroffen hatte, nicht mehr nötig war. Nicht nur die Pfalz, sondern auch die in Paderborn bereits vorhandenen Kirchen erlaubten dieses für den Gang der Weltgeschichte wichtige Zusammentreffen. Ort kirchlicher Handlungen war allerdings noch nicht der Dom – das erste Gotteshaus an diesem Platz wurde erst später errichtet –, sondern die Salvatorkirche [50]. Diese erhob sich an der Stelle des späteren Klosters Abdinghof. Im Paderborner Epos wird sie als Templum creatoris bezeichnet und ist wohl identisch mit dem Gotteshaus, dessen staunenswerte Größe die Lorscher Annalen als ein Werk Karls rühmen. In dieser Salvatorkirche hielten Karl und Leo III. einen Gottesdienst ab, in ihrer Krypta weihte der Papst einen Stephansaltar. Vermutlich zwischen der heutigen Bartholomäuskapelle, die Bischof Meinwerk erbaut hat, und dem Dom stand eine Marienkapelle, die Karls Schwager Graf Gerold gestiftet haben soll [50]. Seine Beteiligung an den Sachsenkriegen Karls behauptet Notker von St. Gallen in den Gesta Karoli.

Man darf nicht übersehen, daß von einer großräumigen Kirchenorganisation zu diesem Zeitpunkt noch keine Rede sein konnte. Wenn man einem Wort glauben darf, das Bischof Altfrid von Münster seinem Helden Liudger zuschreibt, so überwog in diesen Jahren noch immer der zündende missionarische Eifer den Sinn für die Notwendigkeit kirchlicher Administration. Liudger, so heißt es in seiner älteren Vita, habe sich der Bischofsinvestitur widersetzt, weil er vielen Stämmen habe zu Hilfe kommen wollen. Ausgangspunkt von Liudgers Ausgreifen in den Harzraum war die von ihm 796 gegründete, archäologisch nachgewiesene Zelle Werden an der Ruhr, das spätere Benediktinerkloster [51]. Liudger hat 798 den König auf dem Feldzug an die Elbe begleitet und vielleicht bei dieser Gelegenheit den Gedanken gefaßt, hier Mission zu treiben [52]. Eben in diesen Jahren gründete Liudger östlich H e l m - s t e d t (*Helmonstedi*) eine Zelle, aus der sich schon am Beginn des 9. Jahrhunderts das Benediktinerkloster entwickelte [53]. Man hat diese Nachricht Thietmars von Merseburg (IV, c. 68), weil Alfrid in seiner Liudger-Vita nicht davon berichtet, angezweifelt [54]. Thietmar zufolge erbaute Liudger die Zelle auf seinem Grund und Boden; der Merseburger Bischof wußte auch noch, daß

Liudgers Bruder Bischof Hildegrim von Châlons-sur-Marne war, der spätere erste Leiter der Halberstädter Kirche.

Mit größter Wahrscheinlichkeit ist die Gründung einer Missionszelle in Osterwieck im Tal der Ilse (wohl identisch mit dem 974–1002 genannten Seligenstadt), von der allerdings erst Quellen des 12. Jahrhunderts berichten, auch Liudger zuzuschreiben. Der Überlieferung nach ist Osterwieck der Vorläufer des Bistums Halberstadt. Dort in H a l b e r s t a d t hat Liudger noch vor der Gründung des Bistums eine Missionszelle eingerichtet. Noch im 12. Jahrhundert wußte der Annalista Saxo, daß Hildegrim die von seinem Bruder Liudger begonnene Kirche vollendet und zu Ehren Johannes des Täufers und Paulus' geweiht habe. Diese Kirche lag nördlich des späteren Doms und ist erst im 14. Jahrhundert abgebrochen worden.

Wahrscheinlich ist die Entfernung zwischen Werden, dessen Abt immer zugleich Helmstedt leitete, und letzterem Kloster schon sehr früh durch Fronhöfe überbrückt worden. Solche sind im 11. Jahrhundert in Bögge (b. Kamen), Herzfeld und Vechtel (b. Lippstadt), Stapelage (w. Detmold) und einem Ort Hekoga (unbek. Lage im Raum Hameln) bezeugt [54].

* Da der ursprünglich für die Kirchengeschichte des Mittelalters vorgesehene Bearbeiter seinen Auftrag kurzfristig zurückgab, blieb mir, sollte der vorgesehene Druck nicht durch die Suche nach einem anderen Sachkenner lange aufgeschoben werden, nichts anderes, als das Kapitel selbst zu übernehmen. Obwohl ich mich bemüht habe, die wichtigsten Quellen durchzuarbeiten, kann kein Zweifel sein, daß ich mich ohne die zahlreichen Vorstudien, die Herr Kollege K. Hauck in Münster seit rund 15 Jahren der Sachsenmission gewidmet und zu denen er zahlreiche Kollegen und Studenten angeregt hat, nicht an die Aufgabe hätte wagen können. Ihm und seinen Helfern gilt mein besonderer Dank. Ein Zufall hat mir, der ich selbst keinen Beitrag zu diesen Forschungen geleistet habe, die unverdiente Gelegenheit in die Hand gespielt, die neuen Ergebnisse der Hauckschen Schule zu einem Bild zusammenzufügen. Ich kann nur hoffen, daß mir dabei nicht allzu viele Mißverständnisse unterlaufen sind. – Im Rahmen der in diesem und in Bd. 2 zu behandelnden Kirchengeschichte des Mittelalters wird sich der Unterschied zwischen dem größeren sächsischen Stammesgebiet des Mittelalters (bis 1180) und dem für dieses Werk räumlich bestimmenden Niedersachsen so auswirken, daß wir die Vorbereitung der auf Friesland und Sachsen gerichteten Mission ausführlich behandeln. Die allgemeine Geschichte der ins heutige Niedersachsen nur mit Teilen ihrer mittelalterlichen Diözesen eingreifenden Bistümer wird nur beschrieben, soweit sie für Sachsen zwischen dem 13. und 15. Jahrhundert relevant ist. –

[1] Überblick mit Quellennachweisen: H. WIEDEMANN M. S. C., Die Sachsenbekehrung, 1932; F. FLASKAMP, Die Anfänge des friesischen und sächsischen Christentums, 1929, S. 22 ff. Als Geschichtsschreibung noch immer beispielhaft: A. HAUCK, Kirchengeschichte Deutschlands I, 7. Auflage 1952, S. 402 ff. (Die angelsächs. Mission in Friesland). Neue, gute Zusammenfassung: H. HALBERTSMA, The Frisian Kingdom, in: Berichten van de Rijksdienst voor het Oudheidkundig Bodemonderzoek 15/16, 1965/66, S. 69–108.
[2] Anschaulich in einem Brief des Bonifatius: *Miseremini illorum, quia et ipsi solent dicere de uno sanguine et de uno osse sumus;* MGH EE III, Nr. 16, S. 294 (ca. 747). –

[3] K. HAUCK, Politische und asketische Aspekte der Christianisierung, in: Dauer und Wandel der Geschichte. Festgabe f. K. v. Raumer, 1966, S. 52 ff. – [4] Vita Wilfrids, hg. v. W. Levison, SSrerMerov VI, S. 193 ff. – [5] Bede's Ecclesiastical History of the English People, edited by BERTRAM COLGRAVE and R. A. B. MYNORS, Oxford 1969, S. 522, V, 19.: *... pulsus est Fresiam, et honorifice susceptus a barbaris ac rege illorum Aldgislo, praedicabat eis Christum, et multa eorum milia verbo veritatis instituens a peccatorum suorum sordibus fonte Salvatoris abluit, et quod postmodum Uilbrord... conplevit, ipse primus ibi opus evangelicum coepit. Ibi ergo hiemem cum nova Dei plebe feliciter exigens, sic Romam veniendi iter repetiit ...* – [6] Zur Datierung dieser Feldzüge W. FRITZE, Zur Entstehungsgeschichte des Bistums Utrecht. Franken und Frieden 690–734, in: RheinVjbll 35, 1971, S. 109 ff.; H. BÜTTNER, Mission und Kirchenorganisation des Frankenreiches bis zum Tode Karls des Großen, in: Karl d. Gr. I, Persönlichkeit u. Geschichte, 1965, S. 454–487, bes. S. 461 ff. – [7] Beda (wie Anm. 5), V, 10, S. 480: *Qui cum illo advenissent (erant autem numero duodecim), divertentes ad Pippinum ducem Francorum, gratanter ab illo suscepti sunt... illo eos ad praedicandum misit, ipse quoque imperiali auctoritate iuvans, ne qui praedicantibus quicquam molestiae inferret...* – [8] Beda (wie Anm. 5), V, 10, S. 482: *... nam et psalmis semper atque orationibus vacabant et cotidie sacrificium Deo victimae salutaris offerebant habentes secum vascula sacra et tabulam altaris vice dedicatam...* – [9] Beda (wie Anm. 5), V, 11, S. 484. – [10] Beda (wie Anm. 5), V, 7, S. 486: *... postulans ut eidem Fresonum genti archiepiscopus ordinaretur... Donavit autem ei Pippin locum cathedrae episcopalis in castello suo inlustri ...* – [11] König Dagobert I. hatte (wohl vor 634) zur Zeit Bischof Kuniberts v. Köln die Burg Utrecht an Köln geschenkt; W. NEUSS und F. W. OEDIGER, Geschichte des Erzb. Köln, 2. Aufl. 1971, S. 79. – [12] W. SCHLESINGER, Das Frühmittelalter, in: Gesch. Thüringens I, 1968, S. 344 ff. – [13] Willebald in: Vitae s. Bonifatii recogn. W. LEVISON; 1905, S. 16 f.; Th. SCHIEFFER, Winfrid-Bonifatius und die christliche Grundlegung Europas, 1954, S. 109 ff.; F. FLASKAMP, Wilbrord-Clemens und Wynfrith-Bonifatius, in: Sankt Bonifatius, 2. Auflage 1954, S. 161; F. betont, Willibrord sei an die Franken gebunden und deshalb belastet gewesen. Dies trifft gewiß zu, ob man Winfrid-Bonifatius aber 716 als „Gegenspieler" Willibrords bezeichnen kann, der eben deshalb von Radbod empfangen und geduldet worden sei, bleibt fraglich. Auch bleibt F.s Vermutung offen, Willibrord habe für den Fall eines Rückschlages für die Franken in Friesland 704 quasi planmäßig Verhandlungen mit Heden aufgenommen. – [14] Vita s. Liudgeri auctore Altfrido, in: Die Vitae s. Liudgeri, hg. v. W. DIEKAMP (Die GQ d. Bistums Münster 4), 1881, S. 3–53; dazu zuletzt K. HAUCK, Zu geschichtlichen Werken Münsterscher Bischöfe, in: Monasterium. Festschr. z. 700jähr. Weihegedächtnis des Paulus-Domes zu Münster, hg. v. A. SCHRÖER, 1966, S. 341 ff.; Vita secunda s. Liudgeri, bei DIEKAMP, S. 54–84. – [15] A. SCHRÖER, Das geistliche Bild Liudgers, in: Das erste Jahrtausend. Kultur und Kunst im werdenden Abendland an Rhein und Ruhr. Textband I. Redaktion V. H. ELBERN, 1962, S. 194 ff., dort weitere Literatur über Liudger. – [16] Liudgeri Vita s. Gregorii abbatis Traiectensis, hg. v. O. HOLDER-EGGER, in: SS 15, I, S. 63–79; H. LÖWE, Liudger als Zeitkritiker, in: HJb 74, 1955, S. 79–91; A. SCHRÖER, Der hl. Liudger u. d. hl. Gregor v. Utrecht, in: Festschr. d. Gymn. Paulinum in Münster..., 1959, S. 16–26; K. HAUCK, Geschichtliche Werke (wie Anm. 14), S. 137 ff. – [17] K. D. SCHMIDT, Bonifatius und die Sachsen, in: Sankt Bonifatius, 2. Auflage 1954, S. 227–246. Trotz kritischer Einstellung S.s gegenüber der Heimatforschung müssen auch die Schlüsse des Autors aus den Quellen, die er für tragfähig hält, mit Vorsicht aufgenommen werden. Es ist nicht zu leugnen, daß die Bonifatiusforschung an den Grenzen der Aussagefähigkeit der Quellen angekommen ist. – [18] W. FRITZE, Bonifatius und die Einbeziehung von Hessen und Thüringen in die Mainzer Diözese, in: HessJbLdG 4, 1954, S. 37–63. – [19] SCHIEFFER, Bonifatius (wie Anm. 13), S. 270 ff., hier S. 271. – [20] Th. SCHIEFFER, Angelsachsen und Franken,

AbhhAkMainz geistes- u. sozialwiss. Kl. 1950, Nr. 20, S. 1455 f.: „Bonifatius ... mußte sich davon überzeugen, daß seine und seiner Gefährten Ausschaltung endgültig war ... Er hatte seinen persönlichen Einfluß im Frankenreich eingebüßt, und in dem gleichen Jahre, als Papst Stephan II. über die Alpen kam, zog er sich nach Friesland zurück." – [21] Willebald (wie Anm. 13), S. 45–50. – [22] Anskarii Vita s. Willehadi, in: SS II, S. 378–390. Wahrscheinlich 843/55 in Echternach entstanden; GERLINDE NIEMEYER, Die Herkunft der Vita Willehadi, in: DA 12, 1956, S. 17–35. – [23] Vita Lebuini antiqua, hg. v. A. HOFMEISTER, in: SS XXX, 2, S. 789–795. Diese Vita ist 840/64 entstanden, der Verf. benutzte die von Altfrid veranlaßte V. Liudgeri; M. LINTZEL, Untersuchungen zur Geschichte der alten Sachsen VIII: Die Vita Lebuini antiqua, in: SachsAnh 7, 1931, S. 76 ff.; H. LÖWE, Entstehungszeit und Quellenwert der Vita Lebuini, in: DA 21, 1965, S. 345 ff. – [24] Vgl. dazu SS XXX, 2, S. 792, Anm. 12. – [25] Ich gebe das Gespräch und das Auftreten vor der Stammesversammlung mit unwesentlichen Kürzungen wieder. W. LAMMERS, Formen der Mission (wie oben S. 7, Anm. 5), S. 23 ff.; K. HAUCK, Ein Utrechter Missionar (wie oben S. 7, Anm. 5), S. 737 f.; DERS., Herkunft der Liudger-Überlieferung (wie oben S. 7, Anm. 5), S. 233 ff. Es wird übersehen, daß die berühmte Beschreibung der Stammesverfassung bei Lebuin wohl weniger auf ein historisches Interesse des Autors zurückzuführen ist, sondern zur Begründung der König-Christus-Argumentation benötigt wird. K. HAUCK hat den Bericht als „Hausüberlieferung" der Familie Folcbrahts bezeichnet. – [26] Ex Vita s. Lebuini auctore Hucbaldo monacho s. Amandi, in: SS II, S. 360–364. – [27] H. BÜTTNER, Mission und Kirchenorganisation des Frankenreiches bis zum Tode Karls des Großen, in: Karl der Große I, 1966, 2. Auflage, S. 454–487; K. HAUCK, Die Ausbreitung des Glaubens in Sachsen und die Verteidigung der römischen Kirche als konkurrierende Herrscheraufgaben Karls d. Gr., in: Frühmittelalterliche Studien 4, 1970, S. 138–172, S. 140: „Pippin der Jüngere, Karls Vater, hatte die Sachsenmission gerade auch um der von den Langobarden bedrohten ‚iustitia Sanct Petri' willen seit 753 zurückstellen müssen." – [28] Einhard, Vita Caroli c. 7. – [29] Alkuin sprach sich 796 gegen die Erhebung des Zehnten aus, bevor die Predigt gewirkt habe: *Decimae, ut dicitur, Saxonum subverterunt fidem. Quid inponendum est iugum cervicibus idiotarum, quod neque nos neque fratres nostri suffere potuerunt?* MGH Epp. IV, Nr. 107, S. 154. Ähnlich äußerte er sich im gleichen Jahre gegenüber Megenfrid in Nr. 111, S. 161. Wiederholt war er ungeduldig über die hartnäckigen (*durissimi*) und nichtswürdigen (*nefandi*) Sachsen, nannte sie aber auch einen unglücklichen Stamm, wobei offenbleibt, ob sie ihm unglücklich erschienen, weil sie die Botschaft des Christentums noch nicht erreicht hatte oder weil sie den Franken verzweifelt Widerstand leisteten: 796 an Karl: *Ecce quanta devotione et benignitate pro dilatatione nominis Christi duritiam infelicis populi Saxonum per verae salutis consilium emollire laborasti* (Nr. 110, S. 157). An Arn schreibt er von der *maledicta generatio Saxonum* (Nr. 184, S. 309), an Karl vom *populus nefandus Saxonum* (Nr. 177, S. 293). Die Rückfälle der Sachsen empörten ihn, doch er erkannte auch die Ursache, wenn er sich an Arn äußerte: *Idcirco misera Saxonum gens toties baptismi perdidit sacramentum, quia numquam habuit in corde fidei fundamentum* (Nr. 113, S. 164). – [30] So der Vf. der unter B. Biso von Paderborn (887–909) abgefaßten jüngeren Vita s. Liborii, in: SS IV, S. 151. – [31] Reichsann. zu 776. – [32] Zum Beispiel an Richulf von Mainz: *Sed valde sollicitus sum de itinere tuae profectionis in hostem (scil. Saxones); quia plurima solent in talibus evenire pericula*; MGH Epp. IV, Nr. 25, S. 66. – [33] Wichtig zum folgenden: K. HAUCK, Paderborn, das Zentrum von Karls Sachsenmission 777, in: Adel u. Kirche. G. Tellenbach zum 65. Geb., 1968, S. 92–140. – [34] Eigilis Vita s. Sturmi, in: SS II, S. 376: *Tunc pars maxima beato Sturmi populi et terrae illius ad procurandum committitur*. Über die Missionszelle auf der Eresburg vgl. A. HÖMBERG, Studien zur Entstehung der mittelalt. Kirchenorganisation in Westfalen, in: WestfForsch 6, 1943/52, S. 46 ff. – [35] Eigil S. 377; K. LÜBECK, Das Fuldaer Eigenkloster Hameln, in: NdSächs-

JbLdG 16, 1939, S. 1–40, hier S. 21, ist zuzustimmen: „In welchem Teile Sachsens Sturmi seine Missionstätigkeit hauptsächlich entfaltete, entzieht sich unserer Kenntnis." – [36] H. BÜTTNER, Das Erzstift Mainz und die Sachsenmission, in: JbBistMainz 5, 1950, S. 319; W. METZ, Mainzer, Fuldaer und Würzburger Einflüsse an der oberen Weser, in: Kunst und Kultur im Weserraum 800–1600, 1966, S. 124. – [37] K. LÜBECK, Hameln (wie Anm. 35). Erster Nachweis für die Existenz eines Benediktinerklosters in Hameln ist die Nennung von Mönchen in Hameln in Fuldaer Überlieferung am Beginn des 10. Jh.s; MEINHARDUS, UB Hameln Nr. 2, 3. L. hält die Existenz des Klosters in den beiden letzten Jahrzehnten des 8. Jh.s für gesichert, wohl zu Recht. Dagegen kann ich ihm nicht folgen, wenn er das Spurium Eberhards v. Fulda auf Karl d. Gr. über die Schenkung seines Eigengutes in Hameln an Fulda (STENGEL, UB Fulda I, Nr. 78) entgegen STENGEL nur für eine Fälschung hält. Das später in ein Stift umgewandelte Hameln wurde 1259 von Fulda an B. Widukind v. Minden verkauft. – [38] J. SOMMER, Anfänge des Kirchenbaues in Niedersachsen, in: Vorchristl.–christl. Frühgesch. in Niedersachsen, hg. v. H.-W. KRUMWIEDE, 1966, S. 62 ff. Freigelegt wurden eine Krypta mit Apsis (möglicherweise vor 772) und 36 WO-Bestattungen. – [39] SS XIII, S. 218. – [40] Translatio corporis s. Liborii, in: AnalBolland 22, 1903, S. 156 ff. Sie wurde zwischen 857 und 862 von dem Paderborner Priester Ido, einem Sachsen, verfaßt. – [41] Vita s. Willehadi, in: SS II, S. 378–390; K. D. SCHMIDT, Willehad und die Christianisierung von Bremen und Verden, in: ZNdSächsKG 41, 1936, S. 5–23. – [42] R. DRÖGEREIT, Wigmodien. Der „Stader Raum" und seine Eroberung durch Karl den Großen, in: Rotenburger Schr. 38, 1974, S. 34–131, hier bes. S. 65 ff., mit dem Versuch der Abgrenzung Wigmodiens. – [43] Über ihn vgl. J. PRINZ, Die parochia des hl. Liudger, in: Westfalia sacra I, 1948, S. 79. P. setzt ihn mit Abt Bernrad von Echternach gleich. – [44] V. H. ELBERN, Der fränkische Reliquienkasten und Tragaltar von Werden, in: Das erste Jahrtausend, Textband I, Redaktion V. H. Elbern, 2. Aufl. 1963, S. 463; P. E. SCHRAMM, Herrschaftszeichen und Staatssymbolik I (Schrr. d. MGH 13; I), 1954, S. 309 ff. – [45] Druck MGH Capit. I, Nr. 26, S. 68 ff. – [46] M. LINTZEL, Die Capitulatio de partibus Saxoniae, in: SuA 13, 1937, S. 65–77; Wiederabdruck in: DERS., Ausgew. Schrr. I, 1961, S. 380–389; über die Zusammenhänge zwischen Capitulation, Capitulare Saxonicum und Lex Saxonum vgl. G. THEUERKAUF, Lex, Speculum, Compendium iuris. Rechtsaufzeichnung und Rechtsbewußtsein in Norddeutschland vom 8. bis zum 16. Jh., 1968, S. 38. – [47] Capitul. c. 17: *Similiter secundum Dei mandatum praecipimus, ut omnes decimam partem substantiae et laboris suis ecclesiis et sacerdotibus donent: tam nobiles quam ingenui similiter et liti.* – [48] MGH Capit. I, Nr. 27, S. 71 f. – [49] Die Gesetze des Karolingerreiches, hg. von K. A. ECKHARDT. 3. Sachsen, Thüringer, Chamowen und Friesen, 1934. – [50] G. RÖDER, Die Pfalz und die frühen Kirchen in Paderborn, in: WestfForsch 19, 1967, S. 137 ff. – [51] St. Liudger und die Abtei Werden, hg. von B. SENGER OSB, 1962. – [52] W. SCHRÖDER, Zur vorreformatorischen Kirchengeschichte des Kr. Helmstedt, in: ZGesNdSächsKG 49, 1951, S. 23 f.; E. MUTKE, Helmstedt im Mittelalter, 1913; H. GOETTING, Papsturkundenfälschungen für die Abteien Werden und Helmstedt, in: MIÖG 62, 1954, S. 425 ff.; DERS., in: Handbuch der histor. Stätten Deutschlands. II: Niedersachsen und Bremen, 3. Aufl. 1969, S. 219 f.; M. ERBE, Studien zur Entwicklung des Niederkirchenwesens in Ostsachsen vom 8. bis zum 12. Jh. (Veröff. d. Max-Planck-Inst. f. G. 26), S. 58 ff. – [53] Grundlegend K. HAUCK, Zu geschichtlichen Werken Münsterscher Bischöfe, in: Monasterium, hg. von A. SCHRÖER, 1966, S. 368 ff. – [54] HAUCK, Werke (wie Anm. 53), S. 368 f.

2. Gründung und Geschichte der Bistümer im 9. Jahrhundert

Die Betreuung bestimmter Missionsgebiete oder Räume Sachsens durch eine Art Patenschaft außersächsischer Bistümer wurde nicht durch deutlich markierte Bistumsgründungen beendet [55]. Es ist möglich, daß Karl der Große 779/80 seinen Willen erklärt hat, das Land in Bistümer einzuteilen, aber so schnell ging das auch dann noch nicht, als sich Bischöfe außer Landes bereit erklärt hatten, an diesen Aufgaben mitzuwirken [56]. Es zeichnet sich in einigen Fällen die Einsicht dieser Männer in die praktischen Möglichkeiten ab, wie es für Paderborn die Translatio s. Liborii wiederum klar bezeugt: Diese „Patenbischöfe" nahmen „aus ihrem Klerus geeignete Männer jeden Grades", die sich im Lande niederließen, wenigstens einige Grundlagen der Lehre verbreiteten und selbst Erfahrungen sammelten. Es hätte keinen Sinn gehabt, eine Bischofskirche mitten in ein noch überwiegend heidnisches Umland zu setzen. Außerdem fehlten in diesem Land die Plätze, die nach kanonischer Vorstellung Sitz von Bischöfen sein sollten, die Städte. Bloße Schutzlage war nur in ersten, gefahrvollen Zeiten nützlich, wie Büraberg zu bestätigen scheint, eine Großsiedlung mußte ein geistliches Zentrum stützen. Karl habe, wie die Translatio s. Liborii sagt, als Bischofssitze Orte ausgewählt, die ihm durch natürliche Vorzüge und lebhafteren Verkehr zu diesem Zwecke geeignet erschienen. Einige Fälle zeigen, daß es nicht leicht war, unter den Siedlungen des Landes solche zu erkennen, die entweder schon „zentrale Orte" waren oder denen man eine solche Zukunft voraussagen konnte. Wie später bei Klostergründungen, tappt man zunächst mit Fehlversuchen im Lande umher, bis man endlich den Platz gefunden hat, der sich entwickelt. Wenn die Bistumsgründungen, wie sie Karl vorschweben mochten, sich in der Realität auch als gestreckter Prozeß darstellen, der in mehreren Fällen erst unter Ludwig dem Frommen zum Abschluß kam, so sind die Anfänge einiger Diözesen doch noch unter dem großen Kaiser zu erkennen. Es empfiehlt sich, sie in der Reihenfolge zu besprechen, die im Gang der Mission bestimmend ist, nämlich von Westen nach Osten.

In Münster, wo Karl 792/93 Liudger in die fränkische Burg gesetzt hatte [57], ist der Übergang von der Missionsstation zum Bistum gut zu erkennen. Im westlichen Sachsen hatten schon ein Abt Bernardh, den die von Altfrid veranlaßte Vita Liudgers I. nicht erwähnt, und auch Lebuin missioniert. Liudger gründete im Auftrag Karls des Großen, nicht der Diözese Utrecht, in der fränkischen Burg ein Monasterium nach der Kanonikerregel; die geistliche Stiftung wurde namengebend für den Ort und verdrängte den alten Namen Mimigernaford. 805 wurde Liudger zum ersten Bischof von Münster [59] durch Erzbischof Hildebold von Köln geweiht. Sofern es nicht den Tatsachen entspricht – Liudgers Biograph Altfrid stützte sich noch auf Augenzeugenberichte und Verwandte des Bischofs –, erfährt man zumindest die

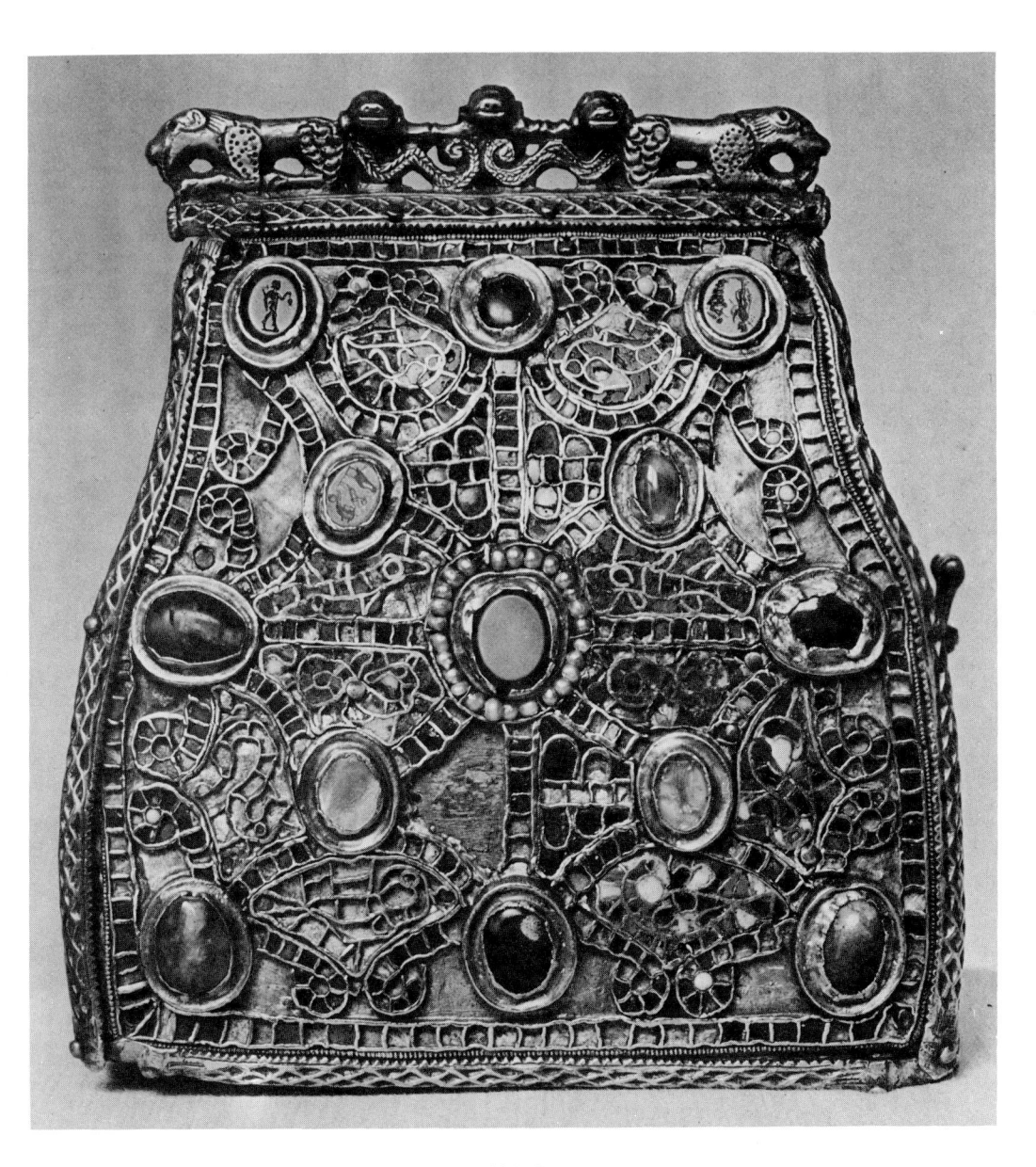

Abb. 31
Engerer Burse

Auffassung Altfrids, wenn er erzählt, Liudger habe sich erst gegen die Weihe gesträubt, aber Hildibald habe ihm klargemacht, daß er zum Bischof geweiht werden m u s s e . Hier ist einmal ein Punkt, wo man das Überspringen von der vagierenden Mission in die Notwendigkeit der institutionalisierten Kirche beobachten kann [60].

Liudgers Diözese umfaßte sein heimisches Missionsgebiet Friesland und Westfalen [61]. In diesem Falle hat also letztlich auch die Herkunftslandschaft des ersten Bischofs mit die spätere Gestalt der Diözese bestimmt.

Unter den Münsteraner Bischöfen des 9. Jahrhunderts ragt Altfrid hervor.

Im Dunkeln bleiben die Anfänge des Bistums O s n a b r ü c k [62]. Für die Mission dieses Gebietes hatte Karl der Große das Bistum Lüttich eingesetzt. Nach verfälschter, in der Substanz in diesem Punkt wohl jedoch zuverlässiger Nachricht weihte Bischof Agilfried von Lüttich die erste Kirche in Osnabrück 784 oder 787 [63]. Vermutlich im Zuge der Lütticher Mission dürfte der erste nur dem Namen nach bekannte Bischof Wiho nach Osnabrück gelangt sein [64]. Ein Vorgang, der viel später an anderer Stelle, nämlich im 12. Jahrhundert Missionsfeld Ottos von Bamberg in Pommern und im 13. Jahrhundert im Deutschordensland Preußen zu beobachten ist, hat die Ausgestaltung der Diözese Osnabrück augenscheinlich zunächst gehemmt. Vorhandene ältere Missionszellen, die eine Ausstattung erhalten hatten, haben sich nämlich der Einordnung in den Diözesanverband widersetzt. Diejenige Quelle, die bisher als einzig zuverlässiges größeres Schriftstück zur Geschichte der Diözese im 9. Jahrhundert galt, die Querimonia Egilmari [65], schien solche Konflikte beredt widerzuspiegeln, ist allerdings jetzt als Fälschung des 11. Jahrhunderts nachgewiesen worden. Wir kennen den Namen Bischof Gefwins, hören von dem vorher in Schweden missionierenden Gozbert, einem Verwandten Ebos von Hildesheim. Ludwig der Deutsche verlieh Osnabrück unter Gozbert die Immunität, die König Arnulf dem Bischof Egilmar bestätigte. Eine besondere Rolle haben die Osnabrücker Bischöfe in der Politik des ostfränkischen Reiches nicht gespielt.

Trotz der hervorragenden Bedeutung, die P a d e r b o r n schon früh in der Missions- und Kirchenpolitik Karls des Großen gehabt hat, hat die Aufsicht über diesen Missionsbezirk etwa zehn Jahre bei Bischof Burchard († 791) von Würzburg gelegen, der in dieser Aufgabe Sturmi von Fulda gefolgt war [66]. Die Translatio s. Liborii berichtet, daß sich die weite Entfernung nachteilig ausgewirkt habe. Als 794 Megingoz von Würzburg starb, beschloß man in Würzburg, den Presbyter Hathumar, der als sächsische Geisel dem Bischof von Würzburg zur Erziehung anvertraut worden war, zum Stellvertreter in Paderborn zu bestimmen [67]. Es muß einige Zeit vergangen sein, bis Hathumar zum selbständigen Bischof erhoben wurde. Wahrscheinlich geschah es 806 oder 807.

43*

Auch für das Bistum M i n d e n ist eine genaue Angabe des Gründungsdatums nicht möglich [68]. Grundlage dieses Bistums war die Fuldaer Mission im Wesertal. Das spiegelt sich auch darin, daß der erste genannte Bischof Erkanbert (oder Herkumbert) sowohl in fuldischer Überlieferung (*episcopus de Saxonia*) als auch in Mindener Quellen erscheint. Man vermutet, daß ihn Sturmi um 777 mit der Sachsenmission beauftragt hat. Erkanbert stammte aus der Nähe von Würzburg, sein Bruder war der bedeutende Fuldaer Abt Baugulf [69]. Als erster Sitz Erkanberts wird die Kirche von Ohsen am Einfluß der Emmer in die Weser betrachtet, später Sitz eines Mindener Archidiakonats [70] und Zentrum der Landschaft Tilithi. Um 803/04 kann mit der Gründung des Bistums gerechnet werden. Bei dieser Gelegenheit dürfte die Weser als Grenze zwischen den Erzbistümern Mainz und Köln, dem Minden zugewiesen wurde, festgesetzt worden sein. Grabungen haben unter dem heutigen Dom, der im alten Überschwemmungsgebiet der Weser liegt, die Mauerzüge einer einschiffigen Saalkirche karolingischer Zeit freigelegt [71]. Sie hatte die Breite des Mittelschiffs und die Länge von drei Jochen des heutigen Domes.

Unter den Bischöfen des 9. Jahrhunderts gewinnt Dietrich klarere Konturen. Er ist mehrfach am Hofe Ludwigs des Deutschen bezeugt, war vor allem am Frieden von Koblenz 860 beteiligt. 865 nahm er an der Weihe Rimberts zum Erzbischof von Bremen teil. 880 ist Dietrich mit dem Sachsenherzog Brun gegen die Normannen gefallen. Der ihm auf dem Mindener Stuhl folgende Wolfher ist wahrscheinlich vorher Kanzler König Ludwigs d. J. gewesen [72]. Wenn diese Identität stimmt, hätte der König einen Lothringer nach Sachsen entsandt, vielleicht, „um ein Gegengewicht gegen das liudolfingische Herzogtum zu schaffen" [73]. Noch wahrscheinlicher ist das gleiche Motiv, als König Konrad I. 913/14 den Lorscher Abt Liuthar als Bischof von Minden einsetzte.

Unsicherheit waltete offensichtlich bei der Wahl eines geeigneten Platzes für ein Bistum im mittleren Stammesgebiet, also dem späteren H i l d e s h e i m [74]. Nach dem um 1080 niedergeschriebenen Gründungsbericht des Bistums habe sich Karl der Große zunächst für Elze entschieden, und zwar deshalb, weil der Ort verkehrsgünstig an der Leine lag, „weil nämlich die Schiffe Frieslands aus der Weser durch die Aller, dann auf der Leine aufwärts fahrend dem Orte Wohlstand bringen" [75]. Ohne daß zwischen beiden Quellen Verbindung besteht, hätte damit der in der Translatio s. Liborii genannte Grundsatz der Verkehrslage Anwendung gefunden. Offenbar hat ebenso eine Rolle gespielt, daß Elze Königshof war [76], was sowohl der Gründungsbericht als auch der Annalista Saxo behaupten [77]. Gemäß dem Gründungsbericht sollte nach der Gründung des Bistums Hildesheim Elze zwar die Tochter der Bischofskirche, aber die Mutter (*mater*) für alle Kirchen westlich der Leine sein. Karl hat die Gründung des Bistums in Hildesheim nicht mehr durchgeführt, sondern erst sein Sohn Ludwig der Fromme 815/822 [78]. Bei einer Quelle hinter dem Chor des jetzigen Doms wurde nach 1945 ein um das

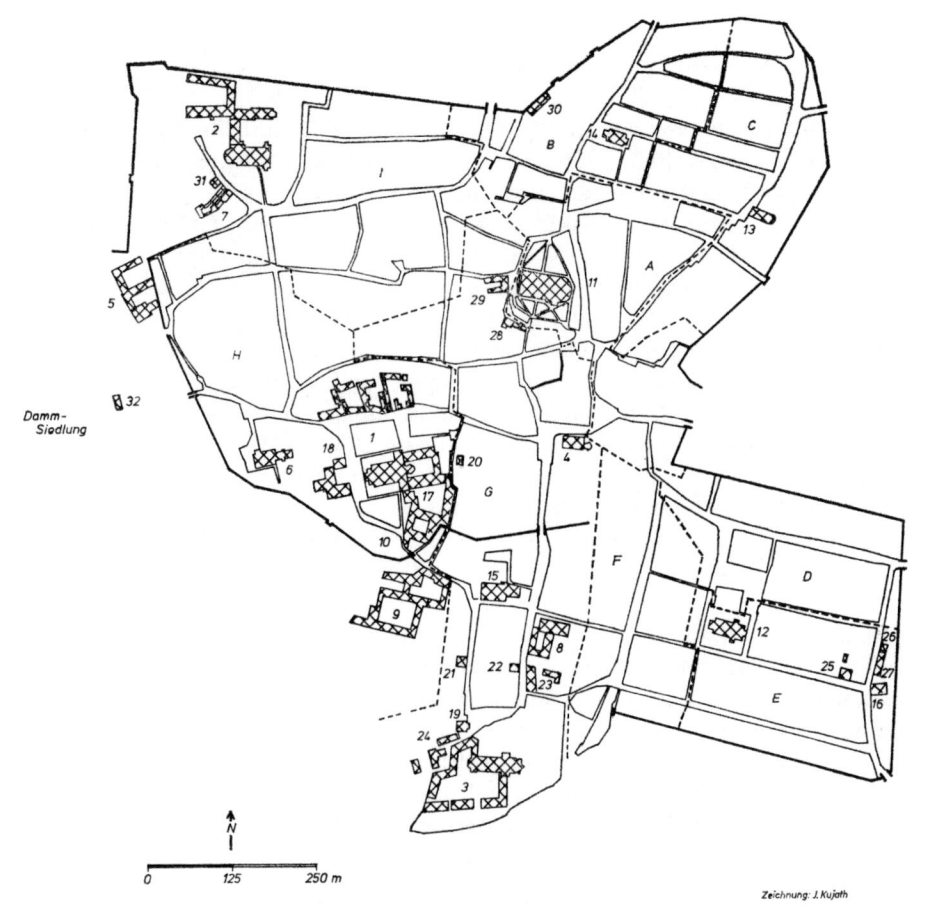

36. Hildesheim im Mittelalter

Stifter und Klöster

1 Domstift   2 Kloster St. Michael   3 Kloster St. Godehard   4 Hl. Kreuz-Stift
5 Kloster St. Maria-Magdalena   6 Kloster St. Martin   7 Kloster St. Coelestin
8 Capuzinerkloster   9 Karthäuserkloster   10 Jesuitenkloster

Kirchen und Kapellen

11 St. Andreas   12 St. Lambert   13 St. Georg   14 St. Jacob   15 St. Paul
16 St. Anna   17 St. Antonius   18 Schüsselkorbkapelle   19 Nikolaikapelle

Spitäler

20 Hl. Geist-Sp.   21 Großes Convents-Sp.   22 Kleines Sp.   23 Alten-Sp.
24 Nikolai-Sp.   25 Kreuz-Sp.   26 Auen-Sp.   27 Armen-Sp.   28 Marien-Sp.
29 Trinitatis-Sp.   30 Arneken-Sp.   31 Benedictus-Sp.   32 Johannis-Sp.

Bäuerschaften

A Majoris-B.   B Jacobi-B.   C Georgii-B.   D Schuh-B.   E Goschen-B.
F Wollenweber-B.   G Sutorum-B.   H Lapidis-B.   I Hagae-B.
— Stadtmauer

halbrunde Quellbecken errichteter Rundbau einer Taufkirche (Bau I) ergraben [79]. In einer zweiten Bauphase wurde um das jetzt kreisrunde Becken ein innen polygonaler Bau errichtet. Man schwankt, ob man den ersten Bau als eine fuldaische Missionskirche ansprechen soll. Der Gründungsbericht schreibt die Erbauung einer Marienkapelle, die bis zur Regierung Bischof Altfrids (852–874) gestanden hat und bei der es sich um den freigelegten Bau handelt, Ludwig dem Frommen zu. Neuerdings glaubt man, daß in der vom Gründungsbericht festgehaltenen Legende ein wahrer Kern enthalten ist [80]. Demnach habe Ludwig der Fromme bei einem Jagdausflug von Elze aus an der Stelle der jetzigen Hildesheimer Kirche in einem Zelt die Messe gefeiert. Ein Kaplan habe Marienreliquien an einem Baumzweig über einer Quelle hängen lassen und als er sie am folgenden Tage holen wollte, habe er sie nicht mehr lösen können. Der Kaplan wird als Ludwigs Erzkaplan Hilduin von S. Denis betrachtet und als namengebend für den Platz Hildesheim angesehen. Als ältestes Heiltum des Hochstifts gilt das angeblich auf eine Schenkung Ludwigs des Frommen zurückgehende Marienreliquiar [81]. Als Erbauer einer bald wieder verfallenen Cäcilienkirche [82], die sich ein Stück von der Marienkapelle entfernt (*remotius*) in Richtung auf die Innerste erhob, gilt der erste Bischof Gunthar [83], der aus der Überlieferung nicht hervortritt. Er soll Reimser Kanoniker gewesen sein. Damit ergäbe sich auch für Hildesheim ein Hinweis auf ein außersächsisches Bistum. Angesichts der sich auf Ludwig den Frommen konzentrierenden verschiedenartigen Überlieferungen wird man kaum zweifeln können, daß der Kaiser als Gründer des Bistums zu betrachten ist.

Der Kaiser taucht gewissermaßen indirekt noch einmal in der Frühgeschichte von Hildesheim auf, nämlich durch seinen als Erzbischof von Reims gestürzten Parteigänger Ebo. Die kirchenrechtlichen Auseinandersetzungen, die sich um seine zweimalige Absetzung in Reims entwickelt hatten, haben vermutlich eine der größten kirchenrechtlichen Fälschungen des Mittelalters, die Pseudoisidorischen Dekretalen, ausgelöst [84]. Der Geistliche hatte als Missionar in Dänemark, als Politiker von zwielichtiger Haltung gegenüber dem Kaiser während dessen Streites mit seinen Söhnen und als bereits einmal abgesetzter Erzbischof von Reims (835) eine bewegte Laufbahn hinter sich, als er 840 auf den Reimser Stuhl zurückkehrte. Er geriet in die Streitigkeiten zwischen Kaiser Lothar und Ludwig dem Deutschen und Karl dem Kahlen. Papst Sergius II. versagte ihm, als er 844 in Rom erschien, das Pallium. In Reims folgte ihm der große Hinkmar, während er, Ebo, zu Ludwig dem Deutschen floh, der ihm Anfang 845 das – freie – Bistum Hildesheim übertrug. Auch von hier aus unternahm Ebo verschiedene Versuche, sich den Weg nach Reims abermals zu öffnen. Eine Synode zu Paris 846 entschied gegen ihn. Es wird vermutet, daß auf ihn eine Neuordnung der Hildesheimer nach dem Vorbild der Reimser Diözese zurückzuführen ist. Man kann sich vorstellen, daß der offensichtlich ebenso energische wie zufahrende Bischof, der in die Kämpfe des sich auflösenden karolingischen Großreiches hineingeraten war und in ihnen, wie viele andere, sich nicht behauptet hatte, in Hildesheim 851 als ein gebrochener Mann starb.

Ihm folgte mit dem aus der Stadt oder dem Erzbistum Köln stammenden, in Essen reich begüterten Altfrid (852–874) der bedeutendste Hildesheimer Bischof des 9. Jahrhunderts [85]. Er war an wichtigen Ereignissen der karolingischen Geschichte beteiligt, so an der von Hrabanus Maurus abgehaltenen Mainzer Synode von 852, dem Frieden von Koblenz von 860, in dem Ludwig der Deutsche einerseits und Karl der Kahle und Lothar II. sich gegenseitig schworen, sich in der Behauptung ihrer Reiche beizustehen. 862 gehörte er neben Ludwig dem Deutschen zu einigen Bischöfen, die im Auftrage Karls des Kahlen zu Lothar II. reisten, um Verstöße gegen den Frieden von Koblenz beizulegen. Er nahm auch an den 867 in Metz zwischen Karl dem Kahlen und Ludwig dem Deutschen geführten Verhandlungen teil, welche die Teilung des Reiches Lothars II., den späteren Vertrag von Meersen (870), vorbereiteten.

Zwei Klöster wurden von Altfrid gestiftet, das von ihm ausgestattete Damenstift Essen a. d. Ruhr und das Mönchskloster Seligenstadt (Saleghenstad)-Osterwieck. Ihm war der erste Hildesheimer Dom zu danken, von dessen Gestalt, einer Basilika mit Westwerk, noch einige Vorstellung zu gewinnen ist (vgl. Bd. 2, Kap. VII). Altfrid wurde in Essen bestattet.

Gleich der Kirche in Osterwieck war, wie gesagt, auch die Kathedralkirche in Halberstadt [86] dem hl. Stephan geweiht, der auch Patron von Châlons-sur-Marne war. Dort führte Liudgers Bruder Hildegrim den Bischofsstab. Im ältesten Bischofskatalog von Châlons wird Hildegrim Bischof von Halberstadt genannt. Außerdem wurde in Châlons am Montag nach Oculi für die verstorbenen Brüder des Halberstädter Kapitels eine Messe gefeiert. Diesen in der Mutterkirche bestehenden Hinweisen auf die Filia kommt die Halberstädter Überlieferung selbst entgegen. Nach neuerer Untersuchung der ältesten Halberstädter Geschichtsquellen [87] kann als gesichert gelten, daß Karl der Große, der nach den Fränkischen Reichsannalen schon 780 „viele der Nordleute in Ohrum jenseits der Ocker" hatte taufen lassen, an die Spitze der Missionsstation und Kirche in Osterwieck-Seligenstadt Hildegrim gestellt, dieser aber die Kirche unter Erhebung zum Bischofssitz 781 nach Halberstadt verlegt hat. Hildegrim ist „wohl erst 802" Bischof von Châlons geworden [88], dürfte also, so muß man schließen, seit 780 mit seinem Bruder Liudger am östlichen Harzrand als Missionar tätig gewesen sein, soweit dies die jeweiligen politischen Zustände erlaubten. Aus einer trümmerhaften Überlieferung hat sich weiter herausschälen lassen, daß Karl der Große 803 in Salz a. d. Fränk. Saale dem Bistum Halberstadt ein Diplom mit Umschreibung seiner Grenze (sog. Zirkumskriptionsdiplom) ausgestellt hat [89]. Wir haben es also hier mit der ältesten Grenzbeschreibung eines sächsischen Bistums zu tun. Sie hatte folgenden Verlauf: Elbe, Saale, Unstrut, *fossa iuxta Groninghe*, Höhe des Harzes, Oker, Schunter, *Dassanek* (unbek.), Druffelbeck-Bach, Aller, Ise, Sumpf, der die Bardengauer von den Huutangauern trennt, Ohre, Milze, Bise, Prezekina und wieder die Elbe. Man darf das Jahr 803 als Gründungsjahr des Bistums Halberstadt betrachten, und kann die Verselbständigung nicht mehr erst in den Pontifikat Thiatgrimms (827-840) setzen. In dem Dreieck Osterwieck-Werden-Halberstadt sind somit die drei friesischen Liudgeriden als Missionare und Kirchenorganisatoren führend tätig gewesen: Liudger, sein Bruder Hildegrim und ihr Neffe Thiatgrimm. In die Zeit Bischof Hildegrims wird der karolingische Dom mit Dreizellensanktuarium gesetzt, das rechts des Rheines bezeichnenderweise zuerst in seines Bruders Stiftung Werden bezeugt ist, ferner das unechte Querhaus und das gedrungene Schiff [90]. Nördlich des Doms erhob sich die schon genannte Kirche Liudgers, südlich das bischöfliche cubiculum und im Westen ein Sepulkral- und Taufbau aus der ersten Hälfte des 9. Jahrhunderts. Halberstadt wies also bereits eine ansehnliche Gruppe kirchlicher Bauten auf, die seinen Rang in der Kirchenorganisation bezeichneten. Wie weit die Organisation des Bistums in der mittleren und unteren Ebene bereits fortgeschritten war, bleibt weitgehend undeutlich (siehe u. S. 691).

Die komplizierte Entstehungsgeschichte des Bistums Verden [91] darf im wesentlichen als geklärt gelten. Seit langem steht fest, daß auch diese Bischofskirche von außen her gegründet wurde. Sie hat indes kein Bistum als Mater, sondern ein Kloster, und zwar – was den Laien überraschen mag – eine auch für ihre Zeit zweitrangige, abgelegene Kirche: Amorbach im Odenwald. In der Verdener Überlieferung des hohen Mittelalters erscheinen die ersten Bischöfe dieser Diözese zugleich als „Äbte des Klosters Amorbach und ihrer Herkunft nach Schotten". Auf der bayerischen Seite der Überlieferung [92] erscheinen diese Männer als „Bischöfe und Äbte" des Klosters Neustadt a. Main; in einem dritten Schritt ist man darauf gestoßen, daß einer dieser drei ersten Verdener Bischöfe, Spatto, 816 als „Bischof und Abt" von Neustadt bezeichnet wird. Die Klöster Amorbach und Neustadt befanden sich damals in einer Hand. Deshalb können die Neustädter und Amorbacher Äbte personengleich sein. Da Amorbach ein von Schotten gegründetes Kloster war, erklärt sich in Verden der Zusatz „von Schottischer Herkunft", der nicht für jeden der drei Bischöfe gelten muß. Der in St. Michael in Lüneburg überlieferte Verdener Nekrolog ist nicht ganz zuverlässig. Die an 4.–7. Stelle genannten Männer müssen gestrichen werden [93]. Es bleiben stehen Versibert, Spatto, Thanko († 809?), Harud († 829), Helmgard (gen. 831, 838), Waldgar († 849), Spatto II. Mindestens die ersten dieser Bischöfe sind als Missionsbischöfe und noch nicht als Verwalter einer gefestigten Diözese zu betrachten [93a].

Ein Problem in der Verdener Gründungsgeschichte ist der Sitz dieses Bistums. Eine in ihrem Wert umstrittene Aufzeichnung der Kurie von 1188 nennt die Kirche in Bardowick im Erzbistum Bremen. Eine spätere Eintragung besagt, Bardowick sei derzeit kein Bischofssitz mehr. Die sog. Gründungsgeschichte der sächsischen Bistümer berichtet, die Kirche in Bardowick sei von einem der 72 Missionare gegründet worden, die aus Trier gekommen seien. Es deutet also manches darauf hin, daß zunächst Bardowick Sitz des Bistums Verden war und diesem Platz eine Aufgabe in der Mission Holsteins und der Gebiete östlich der Elbe zugedacht war [94]. Man vermutet, daß die Missionstation wegen der Bedrohung durch die Slawen von Bardowick nach Verden zurückverlegt worden ist [95]. Die Zugehörigkeit des Bistums Verden zum Erzbistum Mainz ist wohl nur auf die Beziehungen zu Amorbach zurückzuführen.

Erster Bischof von Bremen war der 798 verstorbene Willehad gewesen. Erst nach Beendigung des Krieges, 804 oder 805, wurde sein Schüler Willerich sein Nachfolger. Unter ihm festigte sich der bisherige Missionsbezirk zu einer einigermaßen erkennbaren Diözese. Man muß nun Dreierlei auseinanderhalten: 1. das zuerst vorhandene Bistum Bremen, 2. das unter Ludwig dem Frommen errichtete Erzbistum Hamburg (mit dem Sitz in Hamburg) und 3. das von Hamburg unter der Wirkung der Normanneneinfälle nach Bremen zurückverlegte Erzbistum (Hamburg)–Bremen. Die Sache ist infolge teilweise unscharfer Aussagen der Quellen und eindeutiger Urkundenfälschungen freilich verwickelter, als es zunächst erscheint [96].

Bis über die Mitte des 9. Jahrhunderts hat auf der Neugründung an der unteren Weser der Schatten von Köln gelastet, das Karl der Große seinem ihm besonders vertrauten Erzkaplan Hildebald übertragen hatte [97]. Dieser führt 794/95 zuerst den Titel Erzbischof; die Bezeichnungen schwanken allerdings in den ersten Jahren noch. Die Ansicht von Ansgars Biographen Rimbert, schon Karl habe in Hamburg ein Erzbistum gründen wollen, findet in gleichzeitigen Quellen keine Stütze [98]. Hamburg war nur Missionsstation, das Gebiet nördlich der Elbe unterstand zunächst keiner Kirchenprovinz [99]. Auch die mächtige, 90 m lange, unter dem Kölner Dom ergrabene karolingische Kirche unterstreicht den Vorrang des Erzbistums unter Karl und Hildebold in diesem Teil, ja im fränkischen Reich überhaupt. 817 wurde dem Erzbischof Dithmarschen unterstellt, Stormarn und der Holstengau kamen an Verden. Die Kirche in Meldorf wurde mehrfach von Willerich von Bremen visitiert. Daß feste Vorstellungen über die kirchliche Organisation dieses Raumes noch nicht vorhanden waren, zeigt sich auch daran, daß die Kirche in Hamburg 811/12 durch Erzbischof Amalar von Trier geweiht wurde [100]. Noch Karl der Große setzte für den Hamburger Sprengel einen Priester Heridac ein, den er angeblich auch zum Bischof weihen lassen wollte, doch starb der Kaiser darüber.

Wenn es auch nicht aus den Quellen faßbar ist, so hat Köln das Bistum Bremen zu dieser Zeit als sein Suffraganbistum betrachtet. Der Anstoß zu der ersten kirchenorganisatorischen Ordnung des Gebietes nördlich der Elbe kam aus Dänemark. Auf ein Hilfegesuch des dänischen Prätenden Harald (823) hin, wurde die Aufmerksamkeit Ludwigs des Frommen auf diesen Raum gelenkt. Man vermutet, daß Erzbischof Ebo von Reims Missionspläne für den Norden gehabt hat[101]. Wahrscheinlich auf Ebos Einfluß hin entschloß sich der Kaiser auf dem Reichstag zu Attigny 822, die nordische Mission aufzunehmen, und stiftete die Zelle Welanao bei Münsterdorf (s. Itzehoe). Im Frühsommer 823 unternahm Ebo von Reims, den Papst Paschal zum Legaten ernannt und mit der nordischen Mission betraut hatte, gemeinsam mit Willerich von Bremen die erste Reise zu den Dänen. Damit war die Christianisierung der skandinavischen Völker, bei deren Beginn Kaiser und Papst zusammenwirkten, eingeleitet.

Als der ins Frankenreich geflohene Thronprätendent Harald, der 826 in Mainz getauft worden war, in seine Heimat zurückkehrte, gab ihm Ludwig der Fromme die Geistlichen Ansgar und Autbert mit. Harald konnte sich nur ein Jahr in Dänemark behaupten. Der Gesichtskreis der Missionare wurde erweitert, als 829 eine schwedische Gesandtschaft (nach Rimberts Mitteilung) bei Ludwig dem Frommen erschien und um Entsendung eines Missionars bat. Dies gab den Anstoß, die Mission bis nach Mittelschweden auszudehnen. Vermutlich noch 829 reiste Ansgar nach Birka im Mälarsee und gründete dort die erste Kirche. Nach seiner Rückkehr (831) wurde noch im gleichen Jahre auf einem Reichstag zu Dietenhofen die Gründung des **Erzbistums Hamburg** beschlossen, Ansgar zum ersten Erzbischof ernannt und neben Ebo zum päpstlichen Legaten für den Norden bestellt. Nordelbingien wurde den Bistümern Bremen und Verden entzogen und Hamburg unterstellt das neue Erzbistum erhielt als wirtschaftliche Grundlage die Zelle Torhout in Flandern. Die Gründungsurkunde für Hamburg wurde, da der Kaiser von seinen Söhnen gefangen genommen worden war, erst 834 ausgestellt[102].

Ansgar, der aus der Picardie stammte, waren die Verhältnisse in Sachsen vertraut, als er sein Amt antrat[103]. Er war Mönch in Corbie gewesen und dann als Lehrer in die Tochtergründung Corvey a. d. Weser geschickt worden. Als Lehen hatte er Rüstringen erhalten. In Hamburg wurde eine Bischofskirche errichtet, von der sich – innerhalb der Hammaburg – allerdings nur geringe Reste gefunden haben. Die Kirche muß aus Holz gebaut gewesen sein. Ansgar hatte sich offenbar der Mission bei den Dänen gewidmet. Bei seinen Missionsbestrebungen unterstützte ihn ein Neffe Ebos, Gauzbert, der zum Bischof geweiht und nach Schweden entsandt wurde.

Freilich besiegelten schon 845 die Elbe hinauffahrende Wikinger (s. o. S. 618) nach wenig mehr als zehn Jahren das Schicksal des jungen Erzbistums[104]. Die Domburg und die kirchlichen Gebäude wurden geplündert oder verbrannt. Ansgar konnte sich mit den Reliquien retten, wurde allerdings in Bremen abgewiesen und fand erst in Verden Zuflucht. Da Bischof Leuderich von

2. Gründung und Geschichte der Bistümer im 9. Jahrhundert

Bremen – Willerich war 838 gestorben – 845 verschied, konnte Ansgar zunächst doch in Bremen bleiben. Als eine Synode zu Mainz 847 das Erzbistum Hamburg aufhob und das nordelbische Gebiet auf Bremen und Verden verteilte, begann die kirchenrechtliche Lage unklar zu werden. Schon 848 annullierte eine andere Mainzer Synode diesen Beschluß, begründete das Erzbistum Hamburg erneut, unterstellte ihm das nordelbische Gebiet und verband es mit Bremen. Ansgar zog 849 in Bremen ein. Das besondere Interesse Ansgars an der skandinavischen Mission, seine lange Abwesenheit trug dazu bei, daß sich eine feste Vorstellung nicht bilden konnte, ob man es denn in Hamburg mit einem Erzbistum zu tun hatte und welche Stellung das alte Bistum Bremen zu ihm einnehme; ob es Suffragan von Hamburg oder weiterhin von Köln sei. Ansgar, der 852 die zweite Reise nach Birka unternahm, hat nicht nur dort, sondern auch in Haithabu und Ripen, also an Fernhandelsplätzen, Kirchen gegründet. Noch 864 verlieh der streitbare Papst Nikolaus I. dem „Bischof Ansgar von Bremen... in B r e m e n Macht und Ehre eines Erzbischofs über die Dänen und Schweden"[105]. Stellt man diese Aussage in Parallele zu älteren Vorbildern, so hat man es mit einem Missionsbistum zu tun, wie es Willibrord und Bonifatius und wohl auch einige Bischöfe der sächsischen Bistümer in der Frühzeit innegehabt hatten oder innegehabt haben mochten. Trotzdem bleibt die Frage offen, ob der Papst, weil von den Gebieten zwischen Weser und Eider nicht die Rede ist, nur an eine Zuständigkeit Ansgars für Dänen und Schweden dachte. Welche Vorstellungen mochte man in Rom von Sachsen und gar von Skandinavien haben[106]? Wie sollte ein Papst in Rom über Missionsbezirke oder Diözesanbereiche auf Grund von Informationen eines geistlichen Boten entscheiden, der sich die umstrittenen Punkte vielleicht erwandert hatte, sie aber u. U. nicht zu einer klaren Vorstellung geordnet und seinen Zuhörern nur unzulänglich verdeutlichen konnte? Die Rechtsverhältnisse zwischen Köln, Bremen und Hamburg konnte also schon der Entscheidungen nicht ausweichende Nikolaus I. im Jahre vor Ansgars Tod (865) nicht einwandfrei umschreiben.

Auf den bedeutendsten frühmittelalterlichen Bremer Erzbischof folgte sein Biograph Rimbert (865–888). Sein Pontifikat wurde durch die allgemeine Unsicherheit beeinträchtigt, welche die Wikinger verbreiteten. Enge Beziehungen verbanden Rimbert mit Ludwig dem Deutschen, Ludwig III. und Karl III. Zumindest noch unter Erzbischof Gunthar von Köln (850–870), den Nikolaus I. wegen seiner Parteinahme im Ehestreit Lothars II. abgesetzt hatte, wurde Bremen als Suffraganbistum von Köln betrachtet. Obgleich Rimbert ein gutes Verhältnis zu Karl III. gehabt hatte, blieb ihm auch Arnulf von Kärnten gewogen. Der lange kränkelnde Erzbischof erreichte es, daß Adalgar zunächst als Adjutor ihm zur Seite stand und schließlich sein Nachfolger wurde. In einer Mainzer Urkunde von 888 erscheint Adalgar als Erzbischof von Hamburg neben Erzbischof Willibert von Köln[107]. Hermann von Köln (889–924) hat die Verselbständigung von Bremen bzw. Hamburg nicht hingenommen[108], sondern Bremen weiterhin als Suffragan beansprucht. Wenn er auch einräumen mußte, daß der Papst den Gebrauch des Palliums an Bremen verliehen habe, so wollte er dies nur als eine Auszeichnung und nicht als kirchenrechtlich wirksame Erhebung verstehen[109]. Da man in Rom die Rechtslage nicht durchschaute, wurden beide Gegner vorgeladen, aber nur Adalgar erschien in Rom. Der Papst blieb, obwohl Adalgar seine Urkunden vorlegte, im unklaren; deshalb sollte eine von Fulko von Reims zu leitende Synode[110], die am 15. 8. 892 in W o r m s zusammentreten sollte, die Sache untersuchen. Die Synode trat nicht zusammen, vermutlich weil Stephan V. am 14. 9. 891 gestorben war. Dieser Papst hatte Adalgar n i c h t als Erzbischof von B r e m e n bezeichnet.

Offensichtlich hat nun Hermann die Situation nach der Wahl Formosus' nutzen wollen, um von dem neuen Papst eine Bestätigung Bremens als Suffragan von Köln zu erlangen. Aber auch Formosus verhielt sich vorsichtig und legte sich nicht fest, bevor eine Synode den Sachverhalt untersucht hatte. Zwar erkannte der Papst die Kölner Privilegien an, wies aber den Erzbischof auf einen Wandel im Verhältnis Kölns zu Bremen zur Zeit Gunthars von Köln hin. Ludwig der Deutsche habe in Bremen zum Zwecke der Heidenmission einen Prälaten eingesetzt. Eine an Stelle der Wormser in Frankfurt unter Vorsitz des Mainzer Erzbischofs tagende Synode[111] stellte die Zugehörigkeit der Bremer Bischöfe zu Köln bis zu Adalgar fest. Dazu stand, wie Formosus feststellte, im Widerspruch, daß Nikolaus I. auf Intervention Ludwigs des Deutschen dem Hamburger Erzbischof Ansgar die bremische Kirche bestätigt habe. Formosus vermied es, um die Mission nicht zu beeinträchtigen, Hamburg zu schwächen. Bremen sollte, so lautete das salomonische Urteil, so lange zu Hamburg gehören, bis dieses Erzbistum eigene Suffragane habe. Dann sollte Bremen wieder an Köln angeschlossen werden. Aus brüderlicher Liebe solle der Erzbischof von Hamburg bei wichtigen kirchlichen Fragen den Kölner aufsuchen und sich von ihm beraten lassen. Daß Adalgar als Erzbischof von Hamburg betrachtet wurde, war nicht zu bezweifeln. Offenbar war man sich noch nicht sicher, ob Hamburg nach dem Einfall von 845 wieder Metropole werden könne oder ob der Erzbischof dauernd in Bremen residieren müsse. Daraus dürfte sich das Schwanken in der Bezeichnung zwischen „Erzbistum Bremen" und „Hamburger Kirche" ergeben haben[112]. Erst Gregor VII. sprach 1074 von einem Erzbistum Bremen. Ganz abgesehen davon, daß dieser Papst solch strittige, aus der Vergangenheit überkommene kirchenorganisatorische Fragen auch an anderer Stelle aufgegriffen hat, dürften sich die Verhältnisse zwischen Hamburg und Bremen zu diesem Zeitpunkt geklärt haben.

[55] Als Überblick immer noch wichtig: ERICH MÜLLER, Die Entstehungsgeschichte der sächsischen Bistümer unter Karl dem Großen, 1938. – [56] Karl „vermied zugleich, den Stolz der Sachsen durch Einsetzung fränkischer Bischöfe in ihrem Lande zu kränken";

A. HAUCK, KG Deutschlands (wie Anm. 1), II, S. 389, auf Grund von Vita s. Willehadi 8. – [57] J. PRINZ, Mimigernaford–Münster. Die Entstehungsgeschichte einer Stadt, 1960, S. 106. – [58] Vita Liudgeri II, 17 (wie Anm. 14), S. 62; über die Auslassungen der Vita Lebuini I vgl. LÖWE, V. Lebuini (wie Anm. 23), S. 367. – [59] Statt bisher 804: A. SCHRÖER, Das Datum der Bischofsweihe Liudgers von Münster, in: HJb 76, 1957, S. 106–117; SCHRÖER, Bild Liudgers (wie Anm. 15), S. 196. – [60] MÜLLER, Entstehungsgeschichte (wie Anm. 55), S. 64 f.; H. BÖRSTING und A. SCHRÖER, Handbuch des Bistums Münster, 2. Aufl. 1946, S. 16–26; H. BÖRSTING, Geschichte des Bistums Münster, 1951, S. 14–23. – [61] J. PRINZ, Die Parochia des hl. Liudger. Die räumlichen Grundlagen des Bistums Münster, in: Westfalia sacra I, 1948, S. 1–84, hat methodisch in ähnlicher Weise, wie er die Pfarreien rekonstruiert hat (s. Anm. 118), das älteste Bistum zu umschreiben versucht, d. h. er hat alte Gaue und Gerichtsbezirke in Verbindung mit siedlungsgeschichtlichen Schlüssen zur Wiederherstellung der ältesten Diözesangrenzen verbunden. „Daß die Bistümer selbst im Prinzip räumlich auf den Gauen aufbauten, hat ernstlich wohl niemand bestreiten wollen, da die Quellen dies mehrfach und ganz eindeutig bezeugen" (S. 77). Eine Diskussion des so gefundenen Grenzverlaufes ist an dieser Stelle schon aus Raumgründen nicht möglich. Verwiesen sei auf die dem Beitrag beigegebenen Karten. – [62] Außer MÜLLER, Entstehungsgeschichte (wie Anm. 55), S. 67 ff. jetzt für die Frühgeschichte Osnabrücks grundlegend: K.-U. JÄSCHKE, Studien zu Quellen und Geschichte des Osnabrücker Zehntstreits unter Heinrich IV., in: ArchDiplomatik 9/10, 1963/64, S. 112–285, hier besonders S. 226 ff. – [63] Man vermutet den ältesten Steinbau karolingischer Zeit an der Stelle des heutigen Domes; wahrscheinlich sind Reliquien der hll. Crispin und Crispinian unter Karl d. Gr. nach Osnabrück transferiert worden; HONSELMANN, Reliquientranslationen nach Sachsen, in: Das erste Jahrtausend, Textband I, Red. V. H. ELBERN, 2. Aufl. 1963, S. 166 f. – [64] Über Wiho vgl. auch F. PHILIPPI, UB Osnabrück I, Nrr. 1, 2, 4. – [65] PHILIPPI, UB Osnabrück I, Nr. 60. – [66] MÜLLER, Entstehungsgeschichte (wie Anm. 55), S. 51 ff. – [67] Eine neuere Geschichte des Bistums Paderborn gibt es nicht; am besten derzeit W. LEESCH, in: Heimatchronik des Kr. Paderborn, 1970, S. 68 ff. – [68] Grundlegend K. ORTMANNS, Das Bistum Minden in seinen Beziehungen zu König, Papst und Herzog bis zum Ende des 12. Jh.s. Ein Beitrag zur Germania Pontificia (Reihe der Forschungen 5), 1972, S. 1 ff. Zum zeitlichen Ansatz Erkanberts vgl. STENGEL, UB Fulda I, Nr. 143, Vorbemerkung. – [69] Über Erkanbert im Zusammenhang mit Gütern an der oberen Weser vgl. K. HEINEMEYER, Adel, Kirche und Königtum an der oberen Weser im 9. und 10. Jh., in: Hist. Forsch. f. W. Schlesinger, 1974, S. 111 ff. – [70] K. HÖMBERG, Kirchenorganisation in Westfalen, in: WestfForsch 6, 1943/52, S. 101 ff.; M. KRIEG, Die Mindener Bischöfe zur Zeit der Dombauten, in: WestfälZ 110, 1960, S. 2 f. – [71] H. GELDERBLOM, Die Grabungen und Funde im Mindener Dom..., in: MindenBeitrr 10, 1964, S. 13–48. – [72] P. F. KEHR, Die Kanzleien Karlmanns und Ludwigs d. J., in: AbhhAkadBerlin 1933, S. 1–42. – [73] ORTMANNS, Minden (wie Anm. 68), S. 14. – [74] MÜLLER, Entstehungsgeschichte (wie Anm. 55), S. 75 ff.; A. BERTRAM, Geschichte des Bistums Hildesheim I, 1899, S. 23 ff. Trotz der seit dem Erscheinen des Werkes erzielten wissenschaftlichen Fortschritte besitzt es als Überblick auch heute noch seinen Wert. Legendenhafte Überlieferung, die mitgeteilt wird, wird gekennzeichnet. – [75] Fundatio ecclesie Hildensemensis, hg. von A. HOFMEISTER, in: SS XXX, 2, S. 939–946, hier S. 941; dazu jetzt W. BERGES, Ein Kommentar zur „Gründung der Hildesheimer Kirche", in: Histor. Forsch. f. W. Schlesinger, 1974, S. 86–110. – [76] SS XXX, 2, S. 941: ... *villam Aulicam ab insigniente eundum locum regis aula appellatam*... – [77] SS VI, S. 571. – [78] Zur Datierung der Gründung vgl. MÜLLER, Entstehungsgeschichte (wie Anm. 55), S. 81 f., mit Belegen. BERGES, S. 104: „Keine Quelle... sagt etwas über die Dauer des Provisoriums Elze." – [79] J. BOHLAND, Grabungsbericht, in: Alt-Hildesheim 25, 1954, S. 14–18. Dazu BERGES (wie Anm. 75), S. 107 f; A. BERTRAM, Hildesheims Domgruft und die Fundacio ecclesie Hildensemensis, 1897;

V. H. ELBERN, H. ENGFER, H. REUTHER, Der Hildesheimer Dom, 1974; H. REUTHER, Eine Zeittafel zur Baugeschichte des Hildesheimer Domes im frühen und hohen Mittelalter, in: Die Diözese Hildesheim 43, 1975, S. 25–29. – [80] BERGES, Kommentar (wie Anm. 75), S. 103 ff., zu den genealogischen Kombinationen scheint mir Zurückhaltung angebracht zu sein. – [81] V. H. ELBERN und H. REUTHER (mit Einl. v. H. ENGFER), Der Hildesheimer Domschatz, 1969, S. 1 ff., 15 ff. – [82] Fundatio eccl. Hildensemensis, hg. von A. HOFMEISTER, in: SS XXX, S. 943. – [83] Über das Erzstift Reims in Thüringen u. über die vermuteten genealogische Herkunft Gunthars vgl. BERGES, Kommentar (wie Anm. 75), S. 100. – [84] Hinkmar von Reims erklärte die Einsetzung Ebos als Bischof von Hildesheim für ungesetzlich; MIGNE PL 126, Sp. 52. – [85] A. POTHMANN, Altfrid. Ein Charakterbild seiner Persönlichkeit, in: Das erste Jahrtausend, Textband II, 1964, S. 746–761. Nach P. besteht kein Grund für die von K. Algermissen vertretene Auffassung, „daß die Ahnen Altfrids in Essen begütert waren" und er dort geboren sei. P. vermutet, daß Altfrids Mutter eine nahe Verwandte des Grafen Rikdag war und der Bischof auch in naher Beziehung zu den Liudolfingern gestanden hat. Nach der Vita des Hrabanus Maurus soll er dessen Schüler gewesen sein. – [86] Älterer Überblick MÜLLER, Entstehungsgeschichte (wie Anm. 55), S. 84 ff., jetzt nur mit Zuziehung von JÄSCHKE (s. folgende Anm.) zu benutzen. – [87] K.-U. JÄSCHKE, Die älteste Halberstädter Bischofschronik, 1970. Diese für den Fachmann schwer lesbare, dem Laien vermutlich kaum mehr verständliche Arbeit hat das Verdienst, durch scharfsinnige Untersuchung der ältesten Halberstädter Aufzeichnungen auch die Anfänge des Bistums geklärt zu haben. Ältere hier in Frage kommende Quellen: Notae Halberstadenses, hg. von PH. JAFFÉ, in: Bibliotheca rer. Germ. 1, 1864, S. 602 f. und SS XXX, 1, S. 17 ff.; Fragmentum Gestorum episcoporum Halberstadensium, in: SS XV, 2, S. 1311 f.; Gesta episcoporum Halberstadensium, in: SS XXIII, S. 73–123; Annalista Saxo, in: SS VI, S. 542–777. – [88] JÄSCHKE, Bischofschronik (wie Anm. 87), S. 110. – [89] JÄSCHKE, Bischofschronik (wie Anm. 87), S. 103–119. – [90] K. HAUCK, Geschichtliche Werke (wie Anm. 53), S. 368 ff. mit weiterer Lit. – [91] MÜLLER, Entstehungsgeschichte (wie Anm. 55), S. 29 ff.; F. WICHMANN, Untersuchungen zur älteren Geschichte des Bistums Verden, Phil. Diss. Göttingen, 1904; K. D. SCHMIDT, Die Gründung des Bistums Verden und seine Bedeutung, in: StaderJb 1947, S. 25–36; R. DRÖGEREIT, Die Verdener Gründungsfälschung und die Bardowick–Verdener Frühgeschichte, in: Dom und Bistum Verden a. d. Aller, 1970, S. 1–102. Die angebliche Gründungsurkunde Karls d. Gr. zu 786 (D Karol. I, Nr. 240) wurde im 12. Jh. gefälscht, Druck auch bei D., S. 72 ff. – [92] P. SCHÖFFEL, Amorbach, Neustadt a. M. und das Bistum Verden, in: ZBayrKG 16, 1941, S. 131–143. – [93] Dazu SCHMIDT, Gründung Verden (wie Anm. 91), S. 27 ff. – [93a] Die Gebeine Haruds, Spattos und die Dalmatika Tankos seien von Amorbach nach Verden überführt und in der dortigen Kirche beigesetzt worden; an ihren Grabtumben seien viele Wunder geschehen, berichtet das Chronicon episcoporum Verdensium (von 1332), in: LEIBNIZ, SS Brunsv. ill. II, Hannover 1710, S. 213. Grabungen in den Jahren 1966/67 haben im Dom Spuren der ersten hölzernen Kirche des 9. Jh.s nachweisen können; U. BOECK, Vorgänger des gotischen Domes in Verden/Aller, in: Dom und Bistum Verden. Ergebnisse neuer Forschung (Rotenbg. Schrr. Sonderh. 10), 1970, S. 106 ff. – [94] MÜLLER, Entstehungsgesch. (wie Anm. 55), S. 40 ff. weist Bardowick als ersten Sitz von Verden zurück, ebenso BÜTTNER, Das Erzstift Mainz und die Sachsenmission, in: JbBistMainz 5, 1950, S. 319, Anm. 17. – [95] Die Vermutung von SCHMIDT, Gründung Verden (wie Anm. 91), S. 31, Verden könnte durch Karl d. Gr. oder Ludwig d. Fr. als Sühneakt für das Blutgericht von 782 nach Verden verlegt worden sein, halte ich für wenig wahrscheinlich. DRÖGEREIT (wie Anm. 91) hält wohl mit Recht an einer Verlegung von Bardowick nach Verden fest, wenn man seiner Argumentation, die manche Aussage der widersprüchlichen Quellen im vollen Sinne nimmt, aber anderes zurücktreten läßt, auch nicht in allen Punkten folgen kann. Die ganz exzentrische Lage von Verden am

2. Gründung und Geschichte der Bistümer im 9. Jahrhundert

Westrand der Diözese und in knapp 40 km Entfernung von Bremen fällt auf, wenn sich in Magdeburg und Havelberg später auch ähnliches findet. In „Wigmodien" (wie Anm. 42), S. 67, hat Drögereit seine Auffassung, Verden sei „keinesfalls eine karlische Missionskirche", sondern eine „jüngere Kirche" nochmals betont. „Der Missionsleiter der Frühzeit, der Abt von Amorbach, der im Verdener Bereich angeblich zuständig gewesen sein soll, hatte dort nichts zu tun." − [96] Müller, Entstehungsgeschichte (wie Anm. 55), S. 20 ff; A. Hauck, Kirchengeschichte II (wie Anm. 1), S. 693 ff.; L. Dehio, Geschichte des Erzbistums Hamburg–Bremen I, 1877. Bestritten hat die Existenz eines Erzbistums Hamburg in mehreren Arbeiten R. Drögereit, Hamburg–Bremen, Bardowick–Verden, Frühgeschichte und Wendenmission, in: BremJb 51, 1969, S. 193–208; ders., Verdener Gründungsfälschung (wie Anm. 91), besonders in dem Exkurs: War Ansgar Erzbischof von Hamburg oder Bremen?; ders., War Ansgar Erzbischof von Hamburg oder Bremen, in: JbGesNdSächsKG 70, 1972, S. 107–132; ders., Ansgar: Missionsbischof, Erzbischof von Bremen, Missionserzbischof für Dänen und Schweden, in: JbGesNdSächsKG 73, 1975, S. 9–46. Es unterliegt keinem Zweifel, daß die Quellen zur Frühgeschichte von Bremen und Hamburg, und zwar die urkundlichen und die chronikalischen, in manchen Punkten widersprüchlich sind. Man kann diese Zeugnisse, etwa wenn es um die Verwendung der Begriffe „Bischof" oder „Erzbischof" geht, nicht mit der Unerbittlichkeit eines geschulten Diplomatikers beim Worte nehmen. Das gilt auch für die geographischen Begriffe. Man wird sowohl den chronikalischen Quellen (Vitae Ansgars und Rimberts) als auch Briefen und Urkunden, sofern diese nicht in eindeutigem Verfahren als gezielte Fälschungen erwiesen sind, eine Irrtums- und eine Formulierungstoleranz einräumen müssen, auch in kanonistischen Texten; denn eben in dieser Epoche wird bekanntlich im Kirchenrecht und besonders in der Kirchenorganisation − auch terminologisch − um die endgültige Lösung grundsätzlicher Fragen noch gerungen. Man sollte einsehen, daß die historisch-kritische Methode hier in Grenzbereiche zwischen Hyperkritik und wirklicher Fälschung oder Irreführung gerät. Ich möchte, da Drögereit keinesfalls alle Widersprüche auflösen kann, mit W. Seegrün (Das Erzbistum Hamburg − eine Fiktion?, in: ZVHamburgG 60, 1974, S. 1–16) und anderen vor ihm an der Existenz eines Erzbistums Hamburg festhalten, wie sie die Vita Ansgarii behauptet: „Mehr Sicherheit als dieses Abwägen von Elementen der Kritik und Konstruktion können wir nicht erwarten, sonst verlangen wir zu anderem Ziel das gleiche wie die Urkundenfälscher des 12. Jh.s, nämlich, daß sich die entwickelten Rechtsverhältnisse in einer früheren, zerklüfteten und noch unsystematisch handelnden Zeit wiederfinden müssen" (S. 16). Eine Auseinandersetzung mit den Quellen und der Literatur ist an dieser Stelle nicht möglich. − [97] F. W. Oediger, Das Bistum Köln von den Anfängen bis zum Ende des 12. Jh.s, 2. Auflage 1972, S. 85. − [98] Vita Anskarii auctore Rimberto, rec. G. Waitz (SSrerGerm), 1884, S. 33 (c. 12): *...Karolus...omnem Saxoniam ferro perdomitam et iugo Christi subditam per episcopatus divisit, ultimam partem ipsius provinciae, quae erat in aquilone ultra Albiam, nemini episcoporum tuendam commisit, sed ad hoc reservare decrevit, ut ibi archiepiscopalem constitueret sedem...* − [99] Geschichte Schleswig-Holsteins III, S. 232. − [100] Vita Anskarii (wie Anm. 98), S. 33: *Qua de re p r i m i t i v a m etiam ibi ecclesiam per quendam episcopum Galliae Amalharium nomine consecrari fecit.* Es handelte sich in Hamburg also unter Karl d. Gr. nur um eine Missionsstation, die Karl für exempt erklärt hatte; so Rimbert. − [101] H. Dörries. Ansgar und die älteste sächsische Missionsepoche, in: ZGesNdSächsKG 44, 1939, S. 81–123, über Ebo: S. 82 ff.; Vita Anskarii (wie Anm. 98), S. 26 f.; G. Dehio, Geschichte des Erzbistums Hamburg-Bremen bis zum Ausgang der Mission I, 1877, S. 37 ff. − [102] Eine zu 788 Juli 14 datierte Fälschung (DD Kar. I, Nr. 245) auf Karl d. Gr., wonach dieser das Bistum Bremen gegründet haben soll, lag schon Adam von Bremen vor; Adam Bremensis Gesta Hammaburg. ecclesiae pontificum, hg. v. B. Schmeidler, 3. Aufl. 1917, I, 12, S. 14.

Druck auch EHMCK u. v. BIPPEN, Bremisches UB I, Nr. 1. – Auch die Urkunde über die Gründung des Bistums Hamburg auf den Namen Ludwigs des Frommen zu 834 Mai 15 ist eine Fälschung, allerdings wurde das Protokoll einem echten Diplom entnommen. Für den Text wurde die Vita Anskarii verwendet; BÖHMER-MÜHLBACHER RJ I, Nr. 928, MAY, Regesten der Erzb. v. Bremen I, 1937, Nr. 21; vgl. auch F. CURSCHMANN, Die älteren Papsturkunden des Erzbistums Hamburg, 1909, S. 122. – [103] Zum Lebensgang Ansgars vgl. R. DRÖGEREIT, Ansgar: Missionsbischof, Bischof von Bremen, Missionserzbischof für Dänen und Schweden, in: ZGesNdSächsKG 73, 1975, S. 9–46, hier S. 32 ff. D.s Bemerkungen über das Geburtsjahr Ansgars sind, da er mit späteren Quellen operiert, mit Vorsicht zur Kenntnis zu nehmen. Auch in dieser neuesten Arbeit wiederholt D. seine Auffassung, daß es ein E r z bistum Hamburg nicht gegeben habe. 831 sei Ansgar von Drogo von Metz zum Missionsbischof geweiht worden; eine Angabe der Vita Ansgarii, die D. gelten läßt, während er – bezeichnend für viele Stellen seiner Argumentationsweise – andere Mitteilungen in ihrer Glaubwürdigkeit in Zweifel zieht. D.s Aufsatz, der mit vielen Konjunktiven und Erwägungen gegen ihm entgegenstehende Quellenaussagen belastet ist, ist nicht geeignet, für seine Auffassungen zu gewinnen. DEHIO, Hamburg-Bremen (wie Anm. 101), S. 71 ff. hat die Probleme um Bremen und Hamburg schon in aller Klarheit gesehen. – [104] R. SCHINDLER, Ausgrabungen in Alt-Hamburg, 1957. Man wird trotz der Funde Sch.s lange darüber streiten können, welche tatsächlichen Auswirkungen der Wikingerangriff von 845 auf die ganze oder auf Teile der Siedlung gehabt hat. Nahe liegt die Vermutung, daß auch eine relativ geringfügige Zerstörung von Ansgar als Signal für eine Rückverlegung des Erzbischofssitzes nach Bremen betrachtet wurde. Es gibt in der gleichen Zeit aus dem westfränkischen Reich gut bezeugte Fluchten von Kloster- und Stiftskonventen vor Wikingerhorden. Jedenfalls kann man die archäologisch wie immer zu rechtfertigende Ansicht von belanglosen Schäden nicht zu einem der Ansatzpunkte machen, Ansgar bzw. sein Biograph Rimbert hätten ein Erzbistum Hamburg systematisch erfunden. – [105] MGH Epp. VI, 290 ff.; OEDIGER, Regesten Erzb. v. Köln I, Nr. 199: *Ut episcopus Bremonensis... cum nostra auctoritate in praedicto loco Bremon potestatem et honorem archiepiscopatus super Danos et Swevos habeat*... F. CURSCHMANN, Papsturkunden (wie Anm. 102), S. 19 ff., Nr. 4a. Diese Urkunde hält SEEGRÜN (wie Anm. 111), S. 102 für echt. – [106] Daß diese Fragen, die durch Fälschungen besonders verwirrt wurden, schon auf Grund der unzweifelhaft völlig verschwommenen geographischen Vorstellungen von den Zeitgenossen auch bei redlicher Absicht kaum zu durchschauen waren, sagte, worauf hier schon hingewiesen sei, Papst Stephan V. 891 in aller Offenheit: Das von B. Adalgarius vorgelegte, *quod terrarum longitudo obnubilat et praeteritorum patrum auctoritas non manifestat*, kann der Papst nicht genügend beurteilen (OEDIGER, wie Anm. 4, Nr. 283 = MGH Epp. VII, S. 365). Man sollte sich diese realen Schwierigkeiten vergegenwärtigen, die kaum einmal so klar wie hier ausgesprochen worden sind, damit würde vieler gelehrte Scharfsinn, der vom Schreibtisch und seinen Hilfsmitteln aus das Wort, wenn nicht die Silbe beim Worte nimmt, ad absurdum geführt. – [107] UB Mainz I, Nr. 167. – [108] OEDIGER, Erzbistum Köln I (wie Anm. 97), S. 97 f. – [109] MGH Epp. VII, S. 358, Nr. 2. – Zum folgenden ist wichtig K. REINECKE, Das Erzbistum Hamburg-Bremen und Köln 890–893, in: StaderJb 1973, S. 59–76; R. DRÖGEREIT, „Moderne" Forschung zur Bremer Frühgeschichte, in: StaderJb 1974, S. 145–148, ist REINECKE scharf, jedoch nicht überzeugend entgegengetreten. – [110] Schreiben Stephans V. an Reims in SS XIII, S. 558: Es soll in Worms der Streit zwischen „Hermann, Eb. von Köln, und Adalgar von Hamburg und Bischof von Bremen" geschlichtet werden. Man sieht auch aus dieser Quellenstelle, wie die Kurie zwischen dem Titel und der Unsicherheit, wo sein Metropolitansitz liege, schwankte. – [111] Daß 892 in Frankfurt eine Synode stattgefunden hat, geht aus

Schreiben hervor, die Formosus 893 an Bremen und Köln richtete und die dort überliefert sind; sie stimmen in ihren Angaben überein; MGH Epp. VII, Nr. 2 u. 3. DRÖGEREIT betrachtet die beiden Schreiben als die ersten beiden einwandfreien Zeugnisse für das Bestehen eines Erzbistums Hamburg. Er hält das Erzbistum Hamburg für „eine aus kirchenpolitische Erwägungen... entstandene Fiktion", mit dem Ziel, einen Kompromiß zwischen dem Bestreben der Bremer nach Anerkennung des Erzbischofs und dem Wunsch des Kölner Erzbischofs nach Wahrung Bremens als Teil seiner Kirchenprovinz zu finden; REINECKE (wie Anm. 109) S. 65. – 890 bestätigte König Arnulf der Bremer Kirche die Privilegien. DRÖGEREIT (Hamburg-Bremen S. 203, Gründungsfälschung S. 70) hält es für wichtig, daß in der Urkunde nur von einem Erzbischof der Bremer Kirche gesprochen und Hamburg nur als Markt- und Münzstätte, nicht aber als Erzbistum erscheine. Ebenso hat SCHWARZWÄLDER betont, daß Rimbert in Arnulfs Diplom zwar als Erzbischof bezeichnet wird, nie aber Bremen selbst als Erzbistum. Dazu ist zu sagen, daß man an eine im Aufbau begriffene Kirchenorganisation schwerlich die philologisch-kanonistische Elle eines mit Handbüchern versehenen Historikers des 20. Jh.s anlegen kann. Die Lage im ostfränkisch-deutschen Reich und an Niederelbe und Niederweser war in diesen Jahren in vieler Hinsicht ungeklärt und unsicher, die älteren schriftlichen Zeugnisse in ihren Aussagen naturgemäß noch unschärfer als die vom Ende des 9. Jh.s. – [112] Für das Festhalten von Bischofssitzen am Gründungsort hat mancherorts ein Märtyrergrab eine Rolle gespielt. Dies war hier nicht der Fall. Verlegung von Bischofssitzen mit langjährigen kirchenrechtlichen Streitigkeiten sind mehrfach vorgekommen. Die Umsiedlung des Bischofs und Kapitels von Oldenburg i. Holstein nach Lübeck verlief zwar glatt, aber in Zeitz blieb während des ganzen Mittelalters ein Domkapitel (mit kirchenrechtlichen Ansprüchen) zurück, obwohl Konrad II. den Bischofssitz nach Naumburg a. d. Saale zurückverlegt hatte. – Es ist abwegig, wenn DRÖGEREIT den Liber Pontificalis und den Liber censuum von ca. 1200 als wichtiges Zeugnis gegen die Existenz eines Erzbistums Hamburg in karolingischer Zeit betrachtet. Diese päpstlichen Verwaltungsbehelfe sagen nichts über Zustände, die über 300 Jahre zurückliegen; ihre Autoren dürften kaum die Geschichte aller Bistümer im Kopfe gehabt und die Absicht gehabt haben, sich mit ihr in ihrem für den Tagesgebrauch bestimmten Buch auseinanderzusetzen. – Nachdem das vorstehende Kapitel in Satz gegangen war, ist erschienen: W. SEEGRÜN, Das Erzbistum Hamburg in seinen älteren Papsturkunden (Studien u. Vorarbeiten zur Germania Pontificia 5), 1976. In diesem Buch hat W. Seegrün seine von uns oben wiedergegebenen Auffassungen über die Frühgeschichte des Erzbistums Hamburg zusammengefaßt und weiter begründet.

3. NIEDERKIRCHENWESEN

Die *Capitulatio de partibus Saxoniae* von ca. 785 zeigt, daß der König schon zu diesem Zeitpunkt eine feste Vorstellung von der notwendigen Gliederung der künftigen Diözesen hatte. Jede Kirche sollte mit einem Hof und zwei Hufen Landes – als Existenzgrundlage für den Pfarrer – ausgestattet werden; jeweils 120 Personen, gleich welchen Standes sie seien, sollten der Kirche einen Knecht und eine Magd zur Verfügung stellen (c. 15). Man hat geschlossen, daß diese Zahl die ungefähre Größe der Pfarreien nach Haushalten umschreibe[113]. Sollte dies zutreffen, so bleibt doch offen, ob sich dieser Plan auch nur annähernd hat verwirklichen lassen, wahrscheinlich zunächst nicht.

Rimbert räumt zu 848 ein, daß die Diözese H a m b u r g nur klein gewesen sei und nur vier Taufkirchen umfaßt habe, deren Namen er nicht nennt. Vielleicht sind sie identisch mit den von Adam von Bremen (E. 11 Jh.)[114] erwähnten Kirchen in Meldorf, Schenefeld, Hamburg und Heiligenstedten; sie liegen sämtlich außerhalb Niedersachsens. Wenn Rimbert einerseits vor übertriebenen Vorstellungen über die Pfarrorganisation warnt, so läßt er doch auch Bemerkungen fallen, die auf ein vollständig funktionierendes kirchliches Leben schließen, ja dieses als Selbstverständlichkeit erscheinen lassen, so wenn Ansgar „nach bischöflicher Gepflogenheit die Pfarreien visitiert" und sich dabei besonders um die Armen kümmert. Das Armenspital in Bremen, eine Einrichtung, die in dieser Zeit keineswegs selbstverständlich erscheint, wurde mit dem Zehnt aus einigen Dörfern ausgestattet[115].

Nach der Capitulatio (c. 17) sollte jedermann den zehnten Teil seines Besitzes *(substantia)* und seiner Arbeit Kirchen und Priestern zuführen, und von den dem Fiskus gehörenden Friedegeld und den königlichen Bannbeträgen sollte – sonst im Frankenreich nicht bezeugt – ebenfalls ein Zehntel den Kirchen gehören. Wie der Zehnt innerkirchlich verteilt wurde, läßt wiederum Rimbert erkennen, wenn er berichtet, Ansgar habe den Vieh- und Ertragszehnt von den ihm – als Bischof – vom Zehnt wiederum zustehenden zehnten Teil vom ganzen ebenfalls den Armen zuweisen lassen[116]. Andere Einkünfte seien ebenfalls als Almosen verwendet worden.

Da direkte Aussagen über die Gründung einzelner Pfarrkirchen vollkommen fehlen und datierte Angaben über ihre Existenz nur in wenigen Fällen vorhanden sind, hat man versucht, das Netz der U r p f a r r e i e n[117] auf indirektem Wege zu erschließen. Man hat das Augenmerk auf Archidiakonatskirchen, auf hohes Alter andeutende Patrozinien und die Lage der Kirchen in alten Offenlandschaften gerichtet und aus der Kombination gelegentlich auch anderer Faktoren ein Bild zu gewinnen versucht. Das Verfahren hat in einigen Fällen zu gesicherten Vermutungen geführt, an anderen Stellen sind egalisierte, nur schwach abgestützte Idealbilder entstanden. Vor allem für das Bistum O s n a b r ü c k hat man den einzelnen Gauen *(pagi)* sogen. Gaukirchen als Urpfarreien zugeordnet[118]. Da wir die in den Urkunden bezeugten Kleinlandschaften, die Gaue, in ihrem Umfang für das 9. Jahrhundert nur unzureichend rekonstruieren können und auch die „Gaukirchen" erst im hohen Mittelalter erwähnt werden, haftet diesem Bild viel Problematisches an[119]. Im Bistum Osnabrück sind im 9. Jahrhundert nur folgende Kirchen eindeutig bezeugt: Osnabrück (803; Petrus), Freren (819?; Andreas), Löningen (819; Vitus), Meppen (vor 809; Vitus; s. u.), Visbeck (819; Vitus; s. u.), Wildeshausen (855; Alexander), Herzebrock (860; Maria, Petronilla, Christina; 860), Saxlinga (819; Emsbüren?)[120]. Nach demselben Verfahren wie im Bistum Osnabrück hat man im Bistum M i n d e n das Netz der Urpfarreien zu rekonstruieren versucht. Hält man sich auch in dieser Diözese an die zeitgleichen

Abb. 32
Ausgrabungen im Dom von Bremen

Nennungen, so bleibt im 9. Jahrhundert allerdings nur der Ortsname Chirchdorf im Marstemgau[121]. Auch über das Pfarreinetz im Bistum H i l d e s h e i m sind verläßliche Angaben nicht möglich[122]. Die Fundacio ecclesie Hildensemensis (E. 11. Jh.) bleibt farblos, wenn sie sagt, die Kirche in Elze sei die Mutterkirche einiger Kirchen jenseits, also links der Leine, und aller diesseits des Flusses. Alle anderen Angaben der Fundacio können nur für das 11. Jahrhundert Geltung beanspruchen. Unter der Jacobskirche in Braunschweig sind Mauern ergraben worden, die in karolingische Zeit gesetzt werden. Nach Mitteilung des Braunschweiger Historikers Hermann Bote soll St. Jacob ursprünglich dem hl. Polikarp geweiht und als Pfarrkirche der Vorgänger von St. Martin gewesen sein[123]. Sieht man von den Kirchen in Osterwieck und in H a l b e r s t a d t selbst ab, so sind aus dem in unseren Gesichtskreis fallenden Teil des Bistums Pfarrkirchen bis zum Ende des 9. Jahrhunderts mit Sicherheit kaum zu nennen. Vielleicht reicht das unter der Doppelkapelle bei St. Liudgeri in Helmstedt festgestellte Mauerwerk in karolingische Zeit zurück. Es könnte sich um eine frühe Missionskapelle handeln[124]. Problematisch ist die frühe Kirchengeschichte von Schöningen[125]. Man vermutet, daß die unter der Stephanskirche in Schöningen-Westendorf freigelegten Mauerzüge dem 9. Jahrhundert angehören. Diese Kirche war später Archidiakonatskirche. Im übrigen begegnet man der früheren, sich auf eine Behauptung des Annalista Saxo gründenden Ansicht, alle dem hl. Stephan geweihten Halberstädter Archidiakonatskirchen stammten aus der karolingischen Zeit[126], neuerdings mit Zurückhaltung[127].

Im Bereich der Diözese V e r d e n wurden drei Kirchen archäologisch nachgewiesen, die Pfarrkirche in Verden[128] selbst und die beiden in Tostedt (b. Harburg) ergrabenen Kirchen[129].

Mit seinen kirchenorganisatorischen Bestrebungen hat das Erzstift M a i n z offenbar im 9. Jahrhundert den Raum des siedelungsgünstigen Göttinger Beckens erreicht. Ob die kirchliche Erschließung dieses Gebietes vom Eichsfeld, vornehmlich von Heiligenstadt, ausging, dessen Namensbildung, wie die von Heiligenstedten, auf die Ansammlung von Reliquien zurückzuführen ist oder durch das Werratal bzw. von Fritzlar-Büraberg vorgetragen wurde, ist kaum zu entscheiden[130]. Im Göttinger Becken und im weiteren Verlauf des Leinegrabens deuten die Peters<patrozinien in Grone und Weende sowie St. Alban in Göttingen auf hohes Alter dieser Kirchen[131], wobei die Frage, ob es sich um Mainzer Gründungen handelt, zumindest bei den Peterskirchen offen bleiben muß. Für die Zeitstellung dieser Kirchen gewähren allein datierbare archäologische Funde Gewißheit: solche sind glücklicherweise in der Petrikirche zu Grone zutage gekommen[132]. Man vermutet, daß die dort festgestellte erste von vier Kirchen, die eine halbkreisförmige Apsis besitzt, als Kirche des Königshofs Grone zu betrachten ist. Stimmt diese Vermutung, so hätte man es nicht mit einer Pfarrkirche im strengen Sinne zu tun, obwohl

es die Frage ist, ob man an der Wende des 8. zum 9. Jahrhundert genau zwischen Pfarr- und Königskirche für die Familia eines Königshofes unterscheiden darf. Die älteste Pfarrkirche im Göttinger Becken scheint die Martinskirche in Geismar (jetzt zu Göttingen) zu sein, die Sitz eines Erzpriesters war. Die Aussagekraft anderer Martinspatrozinien für die frühe Kirchenorganisation, wird man, auch wenn sie mit Erzpriestersitzen verbunden waren (Sieboldshausen, Seeburg, Dransfeld, Derka, Holmstedt, Stöckheim, Moringen, Nörten, Markoldendorf) nicht überschätzen dürfen, denn der hl. Martin, Patron des Erzstiftes, war weit verbreitet. Das Bonifatiuspatrozinium in Medenheim (Wü. s. Northeim) in Verbindung mit einem 982 genannten Königszins erlaubt den Schluß auf Gründung dieser Kirche in der Missionszeit auf fränkischem Reichsgut [133]. Wenn ein Edler Nithard – wohl eher ein Franke als ein Sachse – um 800 Besitz in Northeim, Medenheim und Sudheim an Fulda schenkte, möchte man der Auffassung von Bruns zustimmen, daß auch Fulda zunächst im Leinegraben nördlich Nörten missionarisch tätig war und Mainz das Kloster später hier abgelöst hat [134].

Die für den Leinegraben nur zu vermutende Überlagerung einer straffen Diözesanorganisation über alte Missionsbezirke anderer Kirchen, läßt sich bei den der Abtei C o r v e y übertragenen Pfarreien klar nachweisen [135]. Ludwig der Fromme schenkte 826 die Kirche auf der Eresburg an die Abtei [136]. Man hat aus dem Zehntgebiet der Kirche in Obermarsberg-Eresburg geschlossen, daß diese Pfarrei eine Fläche von etwa 75 000 ha umfaßt haben müsse [137]. Nach der Schenkung der Kirche auf der Eresburg setzen bezeichnenderweise die Traditionen und die Gründung einzelner Kirchen in diesem Raum ein; nämlich der Kirchen in Haaren (ca. 830), Thülen (s. Dionysius) und Twiste (ca. 845/850). Zur Missionskirche in Meppen [138] gehörten, als sie 834 von Ludwig dem Frommen an Corvey geschenkt wurde, einige abhängige, namentlich allerdings nicht genannte Kirchen. Visbek verfügte schon 819 über Pfarrkirchen [139]; 855 ging das Kloster mit diesen Kirchen in den Besitz von Corvey über. Später hat Corvey weitere Pfarreien an sich ziehen können.

---

[113] BORETIUS, MGH Capit. I, Nr. 26, S. 68; H. E. FEINE, Die genossenschaftliche Gemeindekirche im germanischen Recht, in: MIÖG 68, 1960, S. 180; WIEDEMANN, Sachsenbekehrung (wie Anm. 1), S. 95 ff. macht über den Ausbau des Pfarrsystems nur allgemeine Bemerkungen, die sich auf Heiligen- und Bischofsviten stützen. – [114] Vita Anskarii (wie Anm. 98), c. 22, S. 47; Adam Bremensis (wie Anm. 102), I, 18; II, 17. – [115] Vita Anskarii (wie Anm. 98), c. 35, S. 69. – [116] E. O. KUUJO, Das Zehntwesen in Hamburg-Bremen, Helsinki 1949. – [117] Das Bistum Münster lassen wir außer Betracht; vgl. dazu PRINZ, Parochia des hl. Liudger (wie Anm. 61) u. A. TIBUS, Gründungsgeschichte der Stifter, Pfarrkirchen, Klöster und Kapellen im Bereich des alten Bisthums Münster mit Ausschluß des ehem. friesischen Theils, 1867–1885. – [118] Dieses Verfahren wurde vor allem von J. PRINZ, Das Territorium des Bistums Osnabrück, 1934, Nachdr. 1973, S. 63 ff. angewandt. Es fand auch in anderen Diözesen Sachsens Anwendung. Dagegen hat sich gewandt A. K. HÖMBERG, Studien zur Entstehung der mittelalterlichen Kirchenorganisation in Westfalen, in: WestfForsch 6, 1943/52, S. 46–107. H. be-

3. Niederkirchenwesen

nutzt die „Zehntverhältnisse als Quelle für die Erfassung der älteren Zustände" der Pfarrorganisation (S. 46). „Wo es uns gelingt, den primären Zehntherrn festzustellen, haben wir also in diesem den Träger der Pfarrgerechtsame im 8.–9. Jh. zu sehen." Auch bei diesem Verfahren geht es nicht ohne Hypothesen ab. – [119] Wir legen die Jahreszahlen bei PRINZ, Territorium (wie Anm. 118), S. 74 ff. zu Grunde. Die Problematik des von P. angewandten Verfahrens wird aus der Tabelle ersichtlich, wo es z. B. für die „Gaukirche" des Sinithi-Gaues, Wiedenbrück, heißt: Gründungszeit E. 8. Jh., 1. urkundl. Erwähnung 1201. – [120] JÄSCHKE, Zehntstreit (wie Anm. 62), S. 219 möchte die Lambertkirchen in Merzen und Ostercappeln und „vielleicht" das Amanduspatrozinium in Aschendorf in die Zeit der Lütticher Mission setzen. Daß man mit solchen für eine Frühdatierung verlockenden Patrozinien vorsichtig umgehen muß, zeigt die erst 1057 geweihte Joh. Bapt. und Radegundiskirche in Wiefelstede; JÄSCHKE S. 228. – [121] B. ENGELKE, Die Grenzen, Gaue, Gerichte und Archidiakonate der älteren Diöcese Minden, in: HannGbll NF 4, 1936, S. 108. Diese Arbeit folgt dem von J. PRINZ (wie Anm. 118) angewandten Verfahren. – [122] M. ERBE, Studien zur Entwicklung des Niederkirchenwesens in Ostsachsen vom 8. bis zum 12. Jahrhundert, 1969, S. 99 ff. ERBE geht vorsichtiger vor als PRINZ und auch als HÖMBERG; ihm kommen an einigen Punkten die Fortschritte der Archäologie zugute. – [123] H.-A. SCHULTZ u. O. STELZER, St. Jacob, die Pfarrkirche einer Kaufmannssiedlung des 9./10. Jh.s in Braunschweig. Ergebnisse einer Grabung von 1954, in: BraunschwJb 36, 1955, S. 5–23. – [124] H.-A. SCHULTZ, Die Doppelkapelle bei St. Liudgeri zu Helmstedt – ein karolingischer Bau? Ergebnisse der Grabungen von 1955, in: BraunschwJb 37, 1956, S. 5–18; H. PFEIFER, Eine niedersächsische Missionskapelle aus der Zeit der Karolinger, in: ZGesNiedSächsKG 34/35, 1929, S. 153 ff. – [125] ERBE, Niederkirchenwesen (wie Anm. 122), S. 38 f.; W. FREIST, Zur ältesten Topographie der Stadt Schöningen, in: BraunschwJb 39, 1958, S. 150–153. Als fränkische Gründung wird die in der wü. Sliestedeborch bei Schliestedt bezeugte Burgkapelle der hll. Petrus und Andreas betrachtet, obwohl die schriftlichen Belege nicht vor das 13. Jh. zurückreichen. Über Schöningen und Schliestedter Burg vgl. KLEINAU, GOV Braunschweig, S. 545 u. 551. – [126] P. J. MEIER, Zur ältesten Geschichte der Pfarrkirchen im Bistum Halberstadt, in: ZHarzV 31, 1898, S. 239 ff. – [127] ERBE, Niederkirchenwesen (wie Anm. 122), S. 91 ff., 122 ff. – [128] R. DRÖGEREIT, War Ansgar Erzbischof (wie Anm. 96), S. 111, Anm. 23. – [129] H. DRESCHER, Die Grundrisse zweier hölzener Kirchen der Karolingerzeit aus Tostedt, Ldkr. Harburg, in: Nds. Denkmalpflege 6, 1970, S. 50. – [130] H. BÜTTNER, Das Erzstift Mainz und die Sachsenmission, in: JbBistMainz 5, 1950, S. 314–328. B. schließt auf frühe Präsenz von Mainz im Eichsfeld und im Leinetal bis Nörten aus der Tatsache, daß hier Corveyer, Fuldaer und Hersfelder Schenkungen fehlen (S. 322). Er weist ferner auf die Albanspatrozinien in Effelder und Diedorf und auf die Reliquien der Mainzer Heiligen Aureus und Justinus hin, die sich in St. Martin in Heiligenstadt befanden. Eb. Richolf (787–813) der an einem Sachsenfeldzug teilgenommen hatte, und Otgar (826–847) könnten einige Bedeutung bei der sächsischen Mission zukommen. Vgl. ferner E. HENNECKE, Kirchen in und um Göttingen, in: ZNdSächsKG 42, 1937, S. 166–205. Neuerdings ist zu vgl. A. BRUNS, Der Archidiakonat Nörten (VeröffMPlanckInst. 17), 1967, S. 12 ff. B. hält eine Mission des Bonifatius im Leinetal für unwahrscheinlich, weist aber auf die Bedeutung des hess. Kerngebietes um Fritzlar hin, durch das wiederholt Züge Karls d. Gr. führten. Auch BRUNS lehnt die von BÖTTGER formulierte Lehre von den Gaukirchen (s. o. Anm. 118) ab und kombiniert Ortsnamen und Patrozinien mit Spuren mainzischer und fuldischer Mission. Bemerkenswert für die Mainzer Präsenz in Nordhessen ist die Weihe B. (oder Eb.) Richulfs von Mainz in Fritzlar 787; Th. SCHIEFFER, Eb. Richulf (787–813), in: JbBistMainz 5, 1950, S. 333. – [131] Vgl. die Karte von M. LAST in: Führer zu vor- und frühgesch. Denkmälern Bd. 16. Göttingen und das Göttinger Becken, 1970, S. 72. – [132] A. GAUERT, in: Führer (wie Anm. 131), S. 128 (Grundriß) u. DERS. in: Hist.-landeskundl. Exkursionskarte von Niedersachsen, Bl. Göttingen 1972, S. 98, weist die Kirche nach dem derzeitigen Untersuchungsstand in die Zeit zw. 710 und 840. – [133] BRUNS, Nörten (wie Anm. 130), S. 20. – [134] BRUNS, Nörten, S. 21, nimmt einen Wechsel des Missionsauftrages von Fulda auf Mainz unter Eb. Lul 780 an. – [135] Gute Zusammenfassung: W. LEESCH, Das Corveyer Pfarrsystem, in: Kunst und Kultur im Weserraum 800–1600 I, 1966, S. 43 ff., mit Karte. – [136] HÖMBERG, Kirchenorganisation in Westfalen (wie Anm. 118), S. 46 ff. – [137] Die Kaiserurk. d. Prov. Westfalen I, hg. v. R. WILMANS, 1867, Nr. 16, S. 47 ff.; HÖMBERG, Kirchenorganisation in Westfalen (wie Anm. 118), 69 f. – [138] Kaiserurk. d. Prov. Westfalen I (wie Anm. 137), Nr. 5, S. 11 ff.; HÖMBERG, Kirchenorganisation, S. 70 ff. kann über die weiteren Kirchen im Visbecker Missionsbezirk auch nur Vermutungen anstellen. –

4. KLÖSTER UND STIFTER

Die christliche Verkündigung war nicht nur Aufgabe der Bistümer und ihrer Priester. Auch die Klöster wirkten in die Laienschaft, einmal durch die in ihrem Besitz befindlichen Pfarreien, zum anderen ging von diesen innerhalb der Klausuren Gott näheren Gemeinschaften von Männern und Frauen eine starke Wirkung aus. Man kann sich leicht vorstellen, daß das hinter den Klostermauern in großen steinernen Kirchen gleichsam schon in dieser Welt inkarnierte Corpus mysticum den Bauern beeindruckte.

Die älteste klösterliche Stiftung ist in der Umwandlung der fuldischen Missionszelle H a m e l n durch die Ausstattung des Grafen Bernhard (comes de Saxonia) zu erblicken[140]. Bernhards Güter lagen im Tal der Weser und in Hamel. Seine Schenkungen werden in die Zeit des Abtes Baugulf von Fulda (771–802), die seines Bruders Adalhard und die eines Eberkar in die des Abtes Ratgar (802–817) gesetzt. Das Kloster war zunächst dem hl. Romanus, später dem Bonifatius geweiht.

Das nach der Tradition in der Zeit Ludwigs des Frommen gegründete Stift O b e r n k i r c h e n wurde von den Ungarn zerstört und im 12. Jahrhundert neu begründet[141]. Einen sicheren zeitlichen Anhaltspunkt besitzen wir für das Kanonissenstift W u n s t o r f [142], das Bischof Dietrich von Minden auf seinem Erbgut gegründet hatte und für das er 871 von Ludwig dem Deutschen Schutz und Immunität erwirkte[143]. Die Wirkung dieses Stiftes in der Seelsorge ist daran zu erkennen, daß Dietrich ihm außer seinen Eigengütern die Zehnten von 200 Hufen und damit die Pfarrechte tradierte. Aus dieser Stiftung dürfte sich die merkwürdige Ausdehnung der Mindener Diözese in das Gebiet rechts der Weser wenigstens zu einem Teil erklären. Parallelen zu Wunstorf finden sich im Gründungsvorgang des von einer Frau Hiltpurg und dem Priester Folkart gestifteten Kanonissenstiftes M ö l l e n b e c k , für das Bischof Drogo von Minden 896 von Kaiser Arnulf eine Bestätigungsurkunde erhielt[144]. Während in Wunstorf den Verwandten des Bischofs die Einmischung in die Belange des Stiftes untersagt war, wurde in Möllenbeck der Gründerfamilie die Äbtissinnenwürde ausdrücklich vorbehalten. Den Kanonissen wurde der Zehnt von 120 Hufen durch den Bischof zugewiesen. In Wunstorf wie in Möllenbeck fand die Bindung an den Diözesan in der Zahlung eines Rekognitionszinses von fünf Schilling jährlich ihren Ausdruck. Auch der Konvent von Möllenbeck scheint in den Ungarnkämpfen, da ein Gedächtnis für die von den Ungarn Getöteten gehalten wird, Schaden genommen zu haben. In dem archäologisch erfaßten zweiten Bau aus der Mitte des 10. Jahrhunderts glaubt man das Grab der Stifterin gefunden zu haben.

Der Bereitschaft des sächsischen Adels, durch Entsendung seiner Söhne – oft auf Drängen Karls des Großen – in fränkische Klöster an der Christianisierung des Landes mitzuwirken, verdankt das Kloster C o r v e y wesentlich seine Entstehung [145]. Das Kloster Corbie a. d. Somme, dem als Abt Karls des Großen Verwandter Adalhard I. vorstand [146], hatte junge Sachsen zur Erziehung aufgenommen. Wahrscheinlich hatte Adalhard I. durch seine Mutter, mit Sicherheit aber durch seinen Bruder Wala Beziehungen nach Sachsen. Wir wissen, daß Adalhard I. den Plan einer Klostergründung in Sachsen mit jungen Sachsen in Corbie häufig erörtert und ein Sachse Theodrad Grund und Boden für ein Kloster angeboten hat. Da Adalhard I. von Kaiser Ludwig dem Frommen verbannt wurde, begann erst Adalhard II. den Plan einer Klostergründung in Sachsen zu verwirklichen. Wie es oft bei mittelalterlichen Klostergründungen geschah, schlug der erste, bei einem Orte Hethis [147] (unbek., vielleicht bei Neuhaus im Solling) unternommene Versuch fehl. Nach der Aussöhnung des Kaisers mit Adalhard I. verwirklichte dieser sein altes Vorhaben bei Höxter. Ein Graf Bernhard, identisch mit dem Stifter von Hameln, verkaufte den Platz des künftigen Klosters an Ludwig den Frommen, der das nunmehrige Königsgut an Corbie übertrug. Adalhard I. nahm 822 die Gründung vor und leitete neben Corbie (nunmehr vielfach *Vetus Corbeia* genannt) bis zu seinem Tode im Jahre 826 auch Corvey *(Nova Corbeia)*. Die rechtliche Grundlage des neuen Klosters bilden zwei Urkunden Ludwigs des Frommen vom 27. Juli 823 aus Ingelheim [148]. Der Kaiser verlieh der Neugründung die Immunität, „wie sie alle Kirchen im Frankenreich *(Frantia)* besitzen", d. h. dem öffentlichen Richter wurde das Betreten der Kirchen und ihrer Besitzungen untersagt. Damit hatte Corvey die gleiche Rechtsstellung zur weltlichen Gewalt erhalten wie die Bistümer Paderborn (822) [148a] und Halberstadt (814) [148b]. Corvey wurde vom Kaiser außer der Bestätigung seiner Güter die freie Wahl des Abtes gewährt. Die Gründungsurkunde bemerkt, daß sich der Name Corvey vom alten Corbie herleite. Als besondere Auszeichnung war es zu betrachten, daß Ludwig der Fromme dem Kloster Reliquien des hl. Stephan aus der Pfalzkapelle übersandte. Die Erinnerung an die alten Beziehungen zwischen Corbie und Corvey blieb noch lange wach. Im Mutterkloster feierte man bis ins 17. Jahrhundert jeweils am 10. Oktober das Gedächtnis an die Brüder in der Filia an der Weser.

Nach Adalhard I. wurde Warin (826–856), der als Sohn des Sachsen Ekbert gilt, zum Leiter des Klosters gewählt. Die 822 begonnene, im Grundriß ergrabene Klosterkirche wird seit den 70er Jahren des 9. Jahrhunderts von dem großartigen Westwerk – das einzige erhaltene überhaupt – überragt. Es war der speziell für Aufenthalte des Königs vorgesehene Andachtsraum. Ludwig der Fromme soll dem Kloster ein kostbares Evangelienbuch geschenkt haben. Wahrscheinlich hat Corvey den einzigen seiner Bibliothek gehörigen Codex vorkarolingischer Zeit[149], eine Hieronymushandschrift in Unciale (1. H. 8. Jh.), aus seinem Mutterkloster erhalten. Als Ludwigs des Frommen Kaplan Gerold um 847 in Corvey eintrat, stiftete er dem Kloster u. a. ein silbernes Kreuz und „eine große Menge Bücher"; Bestimmtes läßt sich freilich über diesen Bücherschatz nicht sagen[150]. Dem Abt Warin hat der Corbier Mönch Paschasius Radbertus zwei seiner Werke gewidmet. Aus der Corveyer Bibliothek stammen eine Handschrift der Briefe des Plinius und der Annalen des Tacitus (später getrennt, jetzt in Florenz). Ein Corveyer Mönch zeichnete die Translation der Gebeine des hl. Veit von St. Denis nach Corvey, die 836 erfolgte, auf. In Corvey ist der auch als Dichter bekannte Mönch Agius, der die Vita der Gandersheimer Äbtissin Hathumod verfaßte, hervorgetreten. In der Corveyer Klosterschule lehrte der spätere Erzbischof Ansgar von Bremen. Er hat an die Vita Willehads in Corvey die Miracula Willehadi angefügt. Rimbert schrieb in Corvey die Vita seines Vorgängers auf dem Bremer Stuhl, Ansgar, und Rimberts eigene Vita wurde später von einem Unbekannten hier verfaßt. Ostertafeln aus Werden oder Münster fanden (von 840–879) ihre Fortsetzung in Corvey als Annales Corbeienses[151]. Eine Litanei, in der Abt Bovo (879–891) genannt wird, und eine Fürbitte für Kaiser Arnulf, gewährten einen Eindruck vom Chordienst in Corvey, das der König 889 besuchte[152].

Gewisse personelle Beziehungen bestehen zwischen Corvey und dem Kloster H e r f o r d, das der Adelige Waltger um 800 auf seinem Eigengut gründete, sowie dem anschließend zu besprechenden Stift Gandersheim. Die Leitung von Herford hatte die Schwester des Stifters, Suala[153]. Waltger übertrug, ein ähnlicher Vorgang wie in Corvey, seine Stiftung in das Dominium Ludwigs des Frommen, der die Fürsorge ebenfalls Adalhard und Wala anvertraute. Diese reformierten die Verfassung nach dem Vorbild des Klosters Notre Dame in Soissons, das ihre Schwester Theodrada leitete. Zwei Äbtissinnen von Herford kamen aus Soissons. Die Äbtissin Haduwi hat später Karl den Kahlen um die Überlassung von Reliquien gebeten. Ihr Bruder Cobbo und ein Priester überführten die Gebeine der hl. Pusinna, wahrscheinlich aus Binson bei Châtillon-sur-Marne[154].

Gleich Herford ist die Erwähnung des Kanonissenstiftes N e u e n h e e r s e (oso. Paderborn) hier nur als Ereignis der Verchristlichung des gesamtsächsischen Gebietes gerechtfertigt. Die Erlaubnis zur Gründung des Stiftes erteilte Erzbischof Liutbert von Mainz in Gegenwart König Ludwigs des Deutschen dem Bischof Liuthard von Paderborn auf der wichtigen Wormser Synode vom Mai 868[155]. Die Leitung des Stiftes, das Liuthard ausstattete, übertrug er seiner Schwester Walburg. Der König nahm die Gründung 871 in seinen Schutz und gewährte ihr freie Wahl der Äbtissin[156].

In Wendhausen b. Thale wurde vor 840 von Gisla, der Tochter des 804 als Mönch in Fulda verstorbenen Grafen Hessi (vgl. o. S. 608), eine Damenkongregation gegründet[157]. Von Herford, dessen Äbtissin Hathvvif (gest. um 890) im Nekrolog von Wendhausen erscheint (vgl. o. S. 547), wurden Reliquien der hl. Pusinna in die Neugründung übertragen. Beim Kloster ließ sich die Klausnerin Liutbirg nieder[158], deren Vita (siehe o. S. 6) wichtige Angaben über die Familie Hessis enthält. Nach 936 wurde Wendhausen Eigenkloster des Kanonissenstiftes Quedlinburg.

Die Anfänge der Vorstufe des Reichsstiftes Gandersheim, Brunshausen, reichen in das Ende des 8. Jahrhunderts zurück. Auf dem Sporn, den noch heute die Kirche in Brunshausen einnimmt, hat vermutlich zunächst ein Hof der Liudolfinger, des späteren Herzogsgeschlechtes, gestanden[159]. In der Kirche sind drei Vorgängerbauten aus dem 8. und 9. Jahrhundert ergraben worden: 1. ein kapellenartiger Bau vom Ende des 8. Jhs., 2. eine 21 m lange karolingische Klosterkirche mit noch heute im Nordwestturm nachweisbarem Turm, 3. ein nach der Mitte des 9. Jhs. errichteter 26,5 m langer Neubau[160]. Die erste Kirche gehört wohl in die Zeitstufe der frühesten Beziehungen der Liudolfinger zu Fulda. Die Schenkung von Eigengut und 77 Unfreien an Fulda durch einen Grafen Liutolf von Sachsen *(Liutolf comes de Saxonia)* wird dem 785 verstorbenen Liutolf zugeschrieben; man vermutet, daß er als Mönch in Fulda gestorben ist. In einem Konventsverzeichnis des 9. Jahrhunderts ist die cella s. Bonifatii in Brunshausen zwischen den Klöstern Hameln und Großburschla aufgeführt. Das Mönchskloster Brunshausen gehört zu den frühen Missionszellen, die Fulda mit Unterstützung des einheimischen Adels nach Sachsen vorschob. Als in Hildesheim und Halberstadt Bistümer für die Harzrandgebiete gegründet wurden, war seine Aufgabe erfüllt.

Der Graf und spätere Herzog Liudolf suchte 843/44 mit seiner Gemahlin Oda Papst Sergius II. auf und ließ sich die Gründung eines Kanonissenstiftes, dem ihre Tochter Hathumod[161] vorstehen sollte, genehmigen. Das gräfliche Paar brachte die Reliquien der hll. Anastasius und Innocentius aus Rom mit. Das Kapitel des Damenstiftes fand 852 zunächst neben dem Benediktinerkloster Brunshausen sein Unterkommen, bis die Gebäude des 856 in Angriff genommenen Stiftes in Gandersheim zur Übersiedlung bereitstanden. Es sollte sich für die Zukunft verhängnisvoll auswirken, daß der mit den Stiftern verwandte Bischof Altfrid von Hildesheim zu der Neugründung Hildesheimer Güter beisteuerte. 877 übertrug Liudolf das Stift in den Schutz des Reiches und entzog es damit der Aufsicht des Bischofs von Hildesheim.

Nur eine kurze Zeit der Selbständigkeit war der um 800 von dem Sachsen Gerbert in V i s b e k (Kr. Vechta) gegründeten *(cellula Fischboek)* beschieden. Der Stifter übernahm als Abt Castus selbst die Leitung des Missionsstützpunktes. Ludwig der Fromme verlieh dem im Lerigau gelegenen Kloster 819 die Immunität[162]. Da das Kloster aber bald durch das benachbarte Alexanderstift in Wildeshausen überschattet wurde, schenkte König Ludwig der Deutsche Visbek an Corvey, das das Kloster zum Mittelpunkt einer Grundherrschaft machte. In der Translatio s. Alexandri, die der Fuldaer Mönch Rudolf verfaßte, ist beschrieben, wie der Enkel des Sachsenherzogs Widukind, Waldbert, Graf im Lerigau, die Gebeine dieses Heiligen 850 nach W i l d e s h a u s e n überführte[163].

Ansgar gründete drei klösterliche Gemeinschaften. Der Konvent des von ihm in Hamburg gegründeten Klosters mußte vor einem Normanneneinfall nach R a m e l s l o h (s. Hamburg) fliehen[164]. Ein von ihm in B r e m e n gegründetes reguliertes Kanonikerstift ging gegen Ende des 11. Jahrhunderts wieder ein[165]. Zur Gründung eines Kanonissenstiftes stellte eine Matrone Liutgart, deren Verwandtschaft wir nicht kennen, in B a s s u m ihren Besitz *(patrimonium)* dem Erzbischof zur Verfügung[166]. Über Bassum liegen die nächsten Nachrichten erst aus dem 10. Jahrhundert vor.

Eine Stiftung Rimberts um 885 war das Stift B ü c k e n. Angeblich hat Rimbert die Reliquien des hl. Maternian, Bischofs von Reims († 368), die nach Adam von Bremen Ansgar von Ebo von Reims empfangen und nach Heiligenstedten gebracht hatte[167], gestiftet.

Die Frühgeschichte des Benediktiner-Nonnenklosters L a m s p r i n g e kennen wir nur aus zwei gefälschten Urkunden (11./12. Jh.). In der Substanz scheinen die Angaben der Schutzurkunde König Ludwigs des Deutschen zu 873 (jetzt nur noch abschriftlich erhalten) echt zu sein[168]. Demnach gründeten der Graf Ricdag und seine Gemahlin Imhildis zu Ehren des Märtyrers Hadrian mit Zustimmung des Papstes Sergius II. das Kloster, begabten es mit ihrem Besitz und bestimmten, daß ihre einzige Tochter und Erbin Ricburga die erste Äbtissin werde. Die erste echte Urkunde ist nicht vor dem Jahre 1138 erhalten.

Nur wenig wissen wir über die Anfänge des Fuldaer Klosters, späteren Kollegiatsstiftes G r o ß b u r s c h l a[169]. Seine Entstehungszeit wird ungefähr gleichzeitig mit der Hamelns angesetzt.

---

[140] DRONKE, Trad. et Antiquitates Fuld., c. 41, Nr. 32 u. 61; J. PRINZ, Die fränkische Mission in Hameln und die Anfänge des Bonifatiusstiftes, in: Geschichte der Stadt Hameln, hg. v. H. SPANUTH, 1938, S. 67 f.; LÜBECK, Hameln (wie Anm. 35). – [141] ORTMANNS, Minden (wie Anm. 68), S. 20. – [142] R. DRÖGEREIT, Zur Frühgeschichte des Stiftes Wunsdorf, in: JbGesNdSächsKG 63, 1965, S. 24–34. – [143] L.d.Dt. Nr. 140. – [144] D. Arn. Nr. 147; N. HEUTGER, Zur Geschichte des Stiftes Möllenbeck im Bistum Minden, in: Mitt. d. Minden. Gesch.- u. Museumsver. 39, 1967, S. 37–44. – [145] Wichtigste Quelle: Translatio s. Viti, hg. von Ph. JAFFÉ, in: Monumenta Corbeiansia, 1864, S. 1–26;

H. WIESEMEYER, Die Gründung der Abtei Corvey im Lichte der Translatio s. Viti, in: WestfZ 112, 1962, S. 245 ff.; W. STÜWER, Die Geschichte der Abtei Corvey, in: Kunst und Kultur im Weserraum 800–1600, 1966, S. 5–18; J. SEMMLER, Corvey und Herford in der benediktinischen Reformbewegung des 9. Jh.s, in: Frühmittelalterliche Studien 4, 1970, S. 288 ff.; weitere Literatur bei STÜWER S. 18. – [146] Zum Verwandtschaftsverhältnis vgl. E. HLAWITSCHKA, Die Vorfahren Karls des Großen, in: Karl der Große I, 1965, S. 81. – [147] U. KAHRSTEDT, Kloster Hethis, in: NdSächsJbLdG 29, 1957, S. 196–209. – [148] R. WILMANS, Die Kaiserurkunden der Provinz Westfalen 777–1313. 1. Bd. Die Urkunden des karolingischen Zeitalters 777–900, 1867, Nr. 7 u. 8, S. 18 ff.; BM Nr. 779, 780. Ludwig d. Deutsche bestätigte diese beiden Diplome 840 Dez. 10 in Paderborn; WILMANS Nr. 21 f., BM Nr. 1366 f. – [148a] WILMANS I, Nr. 6, S. 16; BM Nr. 753. – [148b] SCHMIDT, UB des Hochstifts Halberstadt I, Nr. 2; BM Nr. 535 (verunechtet). – [149] P. LEHMANN, Corveyer Studien, zuletzt in: P. LEHMANN, Erforsch. d. Mittelalters V, 1962, S. 94 ff. – [150] LEHMANN (wie Anm. 149), S. 107 hat freilich eine Hieronymus-Hs. (Mon. lat. 3781) aus der M. des 9. Jh.s als früheren Besitz Gerolds nachweisen können. – [151] Druck bei JAFFÉ (wie Anm. 145), S. 28 ff.; G. BARTELS, Die Geschichtsschreibung des Klosters Corvey, in: Abhh. über Corveyer Geschichtsschreibung, hg. v. F. PHILIPPI, 1906, S. 114 ff. BARTELS vermutet, die Ostertafel könnte aus Lindisfarne stammen. – [152] Druck: LEHMANN (wie Anm. 149), S. 169 ff. – [153] J. SEMMLER, Corvey und Herford in der benediktinischen Reformbewegung des 9. Jh.s: Frühmittelalt. Studien 4, 1970, S. 292 ff. – [154] HONSELMANN, Reliquientranslationen (wie Anm. 63), S. 178 f. Translatio s. Pusinnae virginis in: R. WILMANS, Die Kaiserurkunden der Provinz Westfalen I, 1867, S. 541–546; über die hagiographischen Texte, die über Pusinnas Schwestern entstanden sind vgl. H. BEUMANN, Pusinna, Liutrud und Mauritius, in: Veröff. d. Provinzialinst. f. Westfäl. Landes- u. Volkskde. Reihe I, H. 15, S. 17–29. Die Translatio der Pusinna erfolgte 860, beschrieben wurde sie in Herford vor 870 wohl von einem Sachsen; HONSELMANN, Annahme des Christentums (wie Anm. 170), S. 211. Es scheint, daß den Herfordern bei der Beschaffung der hl. Pusinna, wenn man sich an die Translatio halten darf, schon die Spontaneität etwas verloren gegangen ist. Sie berufen sich nämlich auf Vorbilder (exempla): Einhard und Hilduin von S. Denis. – [155] BÖHMER-WILL, Reg. Mainzer Erzb. I, 1877, S. 75, Nr. 16; A. GEMMEKE, Geschichte des adeligen Damenstifts zu Neuenheerse, 1931. – [156] D. L. d. Dt. Nr. 137. – [157] SEMMLER, Corvey und Herford (wie Anm. 153), S. 308; W. GROSSE, Das Kloster Wendhausen, sein Stiftergeschlecht und seine Klausnerin, in: SuA 16, 1940, S. 46–76. – [158] Vita Liutbirgae virginis, hg. von O. MENZEL (MGH Deutsches Mittelalter 3), 1937. Die Vita ist nach 865 verfaßt worden. – [159] H. GOETTING, Die Anfänge des Reichsstiftes Gandersheim, in: BraunschwJb 31, 1950, S. 5–52; grundlegend: DERS., Germania Sacra. Das Bistum Hildesheim. 1. Das reichsunmittelbare Kanonissenstift Gandersheim, 1973, bes. S. 81 ff. – [160] H. GOETTING u. F. NIQUET, Die Ausgrabungen des Bonifatiusklosters Brunshausen bei Gandersheim, in: Neue Ausgrab. u. Forsch. in Niedersachsen 1, 1963, S. 194–213, mit Abb. – [161] AGIUS, Vita Hathumodae..., in: SS IV, S. 165–189; zur Identität Agius vgl. GOETTING, Germ. Sacra (wie Anm. 159), S. 82. – [162] R. WILMANS, Die Kaiserurkunden der Prov. Westfalen I, 1867, Nr. 5, S. 11 ff.; zum Visbecker Missionsbezirk vgl. HÖMBERG, Kirchenorganisation (wie Anm. 118), S. 70 f. – [163] Christa SCHWENS, Die Alexanderkirche in Wildeshausen und ihre Baugeschichte, 1969. – [164] Adam v. Bremen I, c. 30. Adam berichtet nur dieses Faktum. Nach unsicherer Überlieferung habe Ansgar vor dem Überfall der Normannen die Reliquien der hll. Sixtus und Sinnitius in den Wald Hramesloa gerettet. Dort habe ihm die Adlige Ikia den Platz für eine Klostergründung zur Verfügung gestellt. Diese Version findet sich nur in den gefälschten Bestätigungen der Gründung von Ramesloh. Man vermutet, daß damit die Ansprüche des Bischofs von Verden auf Ramesloh gegenüber Bremen abgewiesen werden sollten; H. SCHOM-

BURG, Kloster Ramelsloh, in: Zs. Nds. 18. Die Urkunden Ludwigs d. Dt. zu 842 und Nikolaus I. zu 864 über Ramesloh sind Fälschungen; vgl. CURSCHMANN, Papsturkunden (wie Anm. 102), S. 87 ff. – [165] Adam v. Bremen I, c. 30: ... *usque ad nostri fere temporis aetatem*. – [166] H. MEHLISS, Geschichte und Beschreibung der Stiftskirche in Bassum, 1870; F. BESTMANN, Das Stift Bassum im Rahmen der niedersächsischen Kirchengeschichte, für den Druck bearbeitet von N. HEUTGER, 1972, ist wissenschaftlich nahezu wertlos. – [167] O. KLOPP, HOTZEN, Geschichte und Beschreibung der Stiftskirche St. Materniani zu Bücken, 1860. – [168] JANICKE, UB Hochstift Hildesheim I, Nrr. 12 (zu 872), 13, vgl. auch POTHMANN, Altfrid (wie Anm. 85), S. 755. – [169] G. KOHLSTEDT, Die Geschichte der Benediktinerpropstei und des späteren Kollegiatstiftes Großburschla a. d. Werra (9. Jh. bis 165), Phil. Diss. Jena 1963.

5. FRÖMMIGKEIT

Während man über die Praxis der Verkündigung durch die Missionare und später der Bischöfe und Priester der organisierten Kirche wenigstens einige Aussagen machen kann, bleiben uns die Vorstellungen, die ein Sachse im 8. und 9. Jahrhundert vom christlichen Glauben hatte, weitgehend verborgen; denn wir besitzen keine direkten Zeugnisse über das Glaubensleben der Laien in dieser Zeit [170]. Grübelnde Erforschung und Offenbarung der eigenen Seele betrieben Laien erst im hohen Mittelalter. Die Wirkung von Sakramenten und Predigten auf die Laien können wir fast nur an Bekenntnissen und Übertritten zum Christentum ablesen, unsere Erkenntnis bleibt also an der Oberfläche. Eine gewisse Anschaulichkeit gewinnen solche Parteinahmen für die christliche Sache in einer Familiengeschichte wie der Liudgers (s. o. S. 655 f.) oder einer Szene aus dem Leben Lebuins, wie sie der Verfasser von dessen Vita vor dem Leser meint entfalten zu können (s. o. S. 660 f.). Auf die für den Bekehrungsprozeß entscheidende Rolle des Adels wurde wiederholt hingewiesen. Schon aus der Zeit des Bonifatius kennen wir vier christianisierte Fürsten: Eoba, Rutwic, Wulderic und Dedda [171]. Daß christianisierte Sachsen gelegentlich von ihren Stammesbrüdern verfolgt wurden, ist bekannt [172]. Zu den Mitteln karolingischer Zwangsbekehrung gehörte die Übergabe von Söhnen des sächsischen Adels in die Obhut und Erziehung von Hochstiften und Klöstern, von denen bereits die Rede war. Sie ist zu ergänzen durch die Liste der 37 sächsischen Geiseln, die aus Westfalen, Ostfalen und Engern in die Tutel alemannischer Grafen und anderer Personen wohl adeligen Standes, aber auch von Bischöfen, so der von Basel und Konstanz, und des Abtes der Reichenau, gegeben wurden [173]. Man kann sich vorstellen, wie in den verwahrenden Kirchen mit christlicher Erziehung, aber auch durch die Laien auf sie eingewirkt wurde. Bedeutende Männer sind aus freiem Entschluß in Klöster eingetreten. Neben zahlreichen anderen Adeligen starben der Graf Liudolf 785 und der Ostfalenherzog Hessi 804 als Mönche in Fulda. Andere, wie Graf Liudolf, bezeugten ihre Frömmigkeit durch eine Wallfahrt nach Rom; man wollte der Stiftung eines Klosters für die Tochter dadurch einen besonderen Rang verleihen, daß man persönlich um den Schutz des Papstes bat. Die herrschende Stellung des Adels in der heidnischen wurde durch eine ebenso hohe und unangreifbare in der christlichen Weltordnung erhalten, wenn nicht durch die besondere Nähe zu einer Kirche, deren Glauben ewiges Leben oder Verdammung nach dem Tode verhieß. Die Frömmigkeit anderer Adeliger und Freier fand ihren Ausdruck in der Schenkung von Hufen, Höfen, Unfreien an die großen Klöster, zunächst vor allem an Fulda[174], dann an Corvey[175], Herford und andere Kirchen, deren Großgrundherrschaften sie damit aufbauten (s. o. S. 634). Das eine Motiv solcher Schenkungen lag darin, daß die leibliche Existenz der Konventsmitglieder, vielfach eigener Söhne oder Töchter, gesichert werden sollte; die andere darin, daß die Stiftungen durch Totengebete und Totenmessen erwidert werden sollten. Man wird schwerlich bestreiten können, daß hinter den Stiftungen christliche Überzeugung, Glaubensnot, Hoffnung auf Gnade oder welche Stimmungen und Auffassungen christlichen Verständnisses auch immer standen[174a]. In den Nekrologen, den langen Registern der Fürbitte konzentrierten sich adeliges Bewußtsein und adelige Tradition auf bestimmte Punkte. Hier lebte künftig, aufgeschrieben, der Name des Stifters und wohl möglich seiner ganzen Sippe bis weit in die Zukunft fort. Der Adel verband sich durch seine frommen Stiftungen einer schriftlichen Kultur, er war weniger dem Vergessen ausgeliefert als in der nur mündlich, wenn überhaupt tradierenden heidnischen Welt[176].

Man darf nicht außer acht lassen, daß wir die Namen der dem Christentum verbundenen Männer der führenden Stände kennen, aber nicht beurteilen können, wieviele ihrer Standesgenossen, „Konservative", sich offen oder im Innersten noch Jahrzehnte dem neuen Glauben gesperrt haben, ohne daß dies die noch immer dünne Schriftlichkeit dieser beiden Jahrhunderte aufgenommen hat. Gefolgschaft und Hörige dürften dem Beispiel ihrer Herren nach der bestehenden Treuebindung, wie sie im „Heliand" als ethische Kraft ins Christentum hineingetragen wird, gefolgt und Christen geworden sein. Doch gab es offensichtlich auch Spannung zwischen christianisiertem, weiter in herrschender Stellung beharrendem Adel und heidnisch gebliebenen unteren Ständen. Einmal haben sich diese Kräfte in einer Eruption entladen, über den der Geschichtsschreiber Nithard nur wenige undeutliche Sätze verliert – und andere nicht mehr: „Der Kaiser Lothar versprach den Frilingen und Lazzen, er werde das Recht (lex), das sie zu der Zeit hatten, als ihre Vorfahren noch Götter verehrten, wieder einräumen." Es scheint, daß damit die Verbindung eines ständischen Aufbegehrens mit heidnischen Reminiszenzen angedeutet werden soll. Mehr kann man kaum sagen.

Neben den Aussagen der schriftlichen Quellen gewähren neuerdings archäologische Erkenntnisse Einblicke in den Wandel im Glaubensleben. Vor allem den Bestattungsplätzen sind wichtige Einsichten abgewonnen worden. Diese zeigen, daß die Anordnung der Capitulatio de partibus Saxonia, die Toten nicht mehr bei den heidnischen Grabhügeln zu bestatten, nicht sofort befolgt worden ist. Sowohl im friesischen als auch im sächsischen Siedlungsgebiet sind Gräberfelder freigelegt worden, auf denen „nach Aufhören der heidnischen Grabriten ... die Bestattung auch in der Frühzeit der Christianisierung fortgesetzt wurde" [177]. Kennzeichnend für heidnische Bestattungen ist die SN-Richtung des Grabes, das meist Waffen oder andere Beigaben enthält; auch Brandurnen wurden noch beigesetzt. Christliche Gräber sind an der WO-Lage zu erkennen. Während in Holland, Westfalen und im südlichen Niedersachsen schon die christliche Graborientierung in Gebrauch kam, sind um die gleiche Zeit die SN-Bestattungen noch in Friesland, im nördlichen Niedersachsen und in Schleswig-Holstein üblich. Während im östlichen Niedersachsen die Ausrichtung der Gräber nach christlichem Brauch befolgt wurde [178], drang zwischen Ems, Rhein und Ruhr die heidnische Bestattung auf bisher schon christliche Friedhöfe vor. Auch der heidnische Brauch der Beisetzung von Urnen mit Totenasche verbreitet sich um die Mitte des 7. Jahrhunderts aus dem Küstengebiet nach Süden. Im Raum zwischen Schelde und Elbe verschwinden die heidnischen Grabsitten erst am Ende des 8. und Beginn des 9. Jahrhunderts. Weidemann vermutet, die Anordnung Karl des Großen gegen die Bestattung von Christen bei den „Hügeln der Heiden" könnte sich auf große vorgeschichtliche Hügelgräber und nicht auf flache Grabhügel beziehen, wie sie bei heidnischen Erdbestattungen zu vermuten sind [179].

Die Weiterbenutzung heidnischer Gräberfelder durch Christen ist, um einige Beispiele zu nennen, im sächsischen Gebiet in Drantum (b. Cloppenburg) im friesischen Gebiet in Zetel und Dunum (b. Wittmund) festgestellt worden. In Middels wurden Urnengräber mit Pfostensetzungen aufgedeckt; auf diese folgten Körperbestattungen in SW–NO-, NW–SO- und WO-Lage. Jüngste Grabbeigaben sind in Middels kleine Schlüssel mit einer „kreuzförmigen Ornamentik", die als christliche Amulette betrachtet werden. Nachdem man auf einen Teil des Gräberfeldes von Middels Plaggen aufgetragen hatte, wurde darüber im 10./11. Jahrhundert eine Holzkirche erbaut [180]. Auch der mit mehreren hundert (778) Brand- und Erdbestattungen belegte Friedhof von Dunum bestätigt das Bild [181]. Dort sind Brandbestattungen von der Mitte des 7. bis in die erste Hälfte des 9. Jahrhunderts nachgewiesen. Dort finden sich Pfostensetzungen um die Brandurnen. Um manche Urnen sind Kreisgräben gezogen. Beigabenführende Körpergräber aller Grabrichtungen setzen offenbar in der Mitte des 8. Jahrhunderts verstärkt ein und sind während des ganzen 9. Jahrhunderts zu beobachten. Wenn in Dunum S–N-Bestattungen mindestens bis in die 2. Hälfte des 8. Jahrhunderts gebräuchlich waren, so widerspricht das nicht dem, was wir über die frühe Missionsgeschichte aus den schriftlichen Quellen wissen. Auch auf dem Gräberfeld von Sievern (n. Bre-

5. FRÖMMIGKEIT

merhaven) werden die S-N-Bestattungen erst in der zweiten Hälfte des 8. Jahrhunderts von W-O-Gräbern abgelöst. In Sievern kommen noch vereinzelt Brandgruben und Brandschüttungen vor[182]. Auf dem Gräberfeld von Drantum wurden unter 511 Körperbestattungen 46 S-N-Gräber und 442 W-O-Gräber ermittelt. Letztere Gruppe konnte in eine ältere mit Beigaben und eine jüngere ohne Beigaben getrennt werden[183]. In einigen Gräbern mit W-O-Lage wird der christliche Glaube der Toten bronzene Ansteckkreuze – wohl koptischer Provenienz – zweifelsfrei bezeugt. Solche Ansteckkreuze fanden sich auch in Gräbern bei Woltwiesche (Wolfenbüttel) und auf der Bockshornschanze bei Quedlinburg[184]. Eines der bekanntesten Zeugnisse frühen Christentums ist der Reiterstein von Hornhausen (Oschersleben). Daß es sich bei den sechs Steinen, von denen am besten der Stein II mit nach links reitendem Reiter erhalten ist, um eine große christliche Grabanlage handelt, zeigt die Fahne mit Kreuz auf Fragment IV. Man vermutet, daß die Anlage schon am Beginn des 8. Jahrhunderts zerstört wurde und der Reiter ein Franke ist[185].

Dem Eindruck, den das archäologische Material vermittelt, entspricht die Aussage der schriftlichen Quellen. Die unmittelbarsten Aussagen über den Glauben jeden Sachsen, die wir besitzen, sind das sogen. altsächsische[186] und das altwestfälische[187] Taufgelöbnis. Wie andere frühe Taufgelöbnisse sind auch diese nur ein kurzes Wechselspiel zwischen dem fragenden Priester und dem antwortenden Heiden, das die Trennung von den alten Göttern und auf die Zusage an den neuen Glauben im nachfolgenden Taufakt vorbereiten soll: Entsagst Du dem Teufel – Ich entsage dem Teufel – ... Ich entsage allen Teufelswerken und -worten, Donar, Wodan und Saxnot und allen den Unholden, die ihre Genossen sind. – Glaubst Du an Gott den allmächtigen Vater? – Ich glaube an Gott den allmächtigen Vater. – Glaubst Du an Christus, Gottes Sohn? – Ich glaube an Christus, Gottes Sohn. – Glaubst Du an den heiligen Geist? – Ich glaube an den heiligen Geist. – Es versteht sich, daß dieses Taufgelöbnis im Munde Tausender Heiden, die es gesprochen haben mögen, nichts anderes als eine suggerierte verbale Replik auf Fragen war, die der Sachse nicht verstanden haben konnte. Er besaß weder die nötigen Bibelkenntnisse, noch wußte er etwas von den theologischen Streitfragen, die die Christenheit seit Jahrhunderten um die Trinitätsfrage ausgetragen hatte und die sie gerade wieder bewegten. Aber dies war die Taufpraxis der Zeit, und noch durch Jahrhunderte sind Ungläubige so „bekehrt", d. h. kaum unterwiesen worden, und die Feinheiten der Theologie haben die Mehrzahl der Gläubigen nie erreicht. Eine der wesentlichen Voraussetzungen für die Vermittlung der gesamten Heilsgeschichte, die Predigt in der Volkssprache[188], hat es zweifellos gegeben, denn die Heiligenviten berichten immer wieder vom Predigen *(predicare)*[189]. Mit welchen rhetorischen und psychologischen Mitteln die Prediger den sie umstehenden sächsischen Bauern den rein historischen Ablauf der alt- und neutestamentlichen Geschichten nahegebracht haben, wissen wir nicht. Wir können aber ahnen, daß den Sachsen ein Gott, der sie durch seinen erlittenen Kreuzestod im Himmel erlösen sollte, unvorstellbar war; ein unterlegener Gott, den die Missionare — seltsamerweise — gleichzeitig „Herr" nannten. Daß ein Herr sich nicht im Kampf oder im Herrschen über einen Knecht in real-rechtlichen Sinn bewährte, das mußte ihnen unverständlich bleiben. Man kann vermuten, daß die Prediger ihren Gott — in Verfälschung seines Wesens — den alten Göttern schlechthin als den stärkeren, den überlegenen gegenüberstellten. Bei dieser Bekehrungsarbeit — und dies war Otto von Bamberg und bis in die neueste Zeit so — war alles zunächst auf die schlichte Verdrängung von Wissens- und Glaubenskomplexen angelegt, ein hartnäckiges Bemühen. Daß sie in den ersten Jahren und Jahrzehnten wenig fruchtete, lassen einmal die heidnischen Bestattungssitten, noch deutlicher der Indiculus superstitionum et paganiarum [190] vermuten, der bezeichnenderweise im selben Codex wie das altsächsische Taufgelöbnis auf uns gekommen ist [191]. Der Schluß liegt nahe, daß beide Aufzeichnungen in einem Zusammenhang stehen. Aus dieser Niederschrift der verbotenen heidnischen Kulthandlungen und Gegenstände ersieht man, welche im 9. Jahrhundert noch anzutreffen waren: Gedächtnisfeiern an Gräbern wie Totenopfer und Totenmahl, Totenlieder, heidnische Feste, heidnische Tempel, Schändung von Kirchen, heilige Haine, Verehrung Wodans und Donars, Zaubermittel, heilige Quellen, Vogel- und Pferdeorakel, Lose, Vorzeichendeutungen verschiedener Art u. a. Man kann daraus nicht schließen, die Sachsen seien hartnäckigere Heiden gewesen als andere neu bekehrte Stämme. Zur gleichen Zeit haben Kapitularien der fränkischen Hausmeier und Könige Paganismen in Landschaften, die seit Jahrhunderten als bekehrt betrachtet werden mußten, bekämpft. Zwar ist kein Kapitulare ausschließlich diesem Ziel gewidmet, aber eben das Wiederaufgreifen des Gegenstandes zeigt, daß Rudimente heidnischer Bräuche sich lange gehalten haben. Noch Erzbischof Unwan von Bremen (1013–1029) mußte heidnische Bräuche verbieten und ließ das Holz heiliger Haine zum Bau und zur Renovierung von Kirchen verwenden [192]. Es ist natürlich abwegig, deshalb von einem Mißerfolg der Mission zu sprechen. Wer dies tut, übersieht die schon in der Frühzeit deutlichen Zeichen einer geregelten Versorgung mit den liturgischen Feiern einer organisierten Kirche, die in den Viten der sächsischen Heiligen entgegentreten. In einer Kirche, in der auch der Stellvertreter des Religionsstifters, der Papst, beichtet, ist die „Mission" nie zu Ende.

Die erhaltene Beichte in altsächsischer Sprache gewährt einen Einblick in die Glaubenspraxis der Mönche in den Klöstern. Wir ahnen, wie vor allem die Söhne des sächsischen Adels in christliche Gewohnheiten und Wertordnungen hineingezogen wurden. Das meiste, das der Mönch bekannte, waren allgemein menschliche Verfehlungen, wie sie in den Beichtbüchern der Iro-Schotten längst in einer feinen Skala aufgezeichnet worden waren: Feind-

5. Frömmigkeit

schaft, Abgunst, Haß, Verleumdung, Schwören, Lügen, Hochmut, unkeusche Begierden, Völlerei, Trunkenheit. Der Mönch offenbarte Verstöße gegen die Regel des hl. Benedikt und gegen die gottesdienstlichen Handlungen, aber auch für ihn wurden Kenntnis der heidnischen Bräuche und die Versuchung nicht ausgeschlossen: „Ich hörte das Heidnische und unreine Leichentanzlieder. Ich glaubte, was ich nicht glauben durfte."

Die Überreste, die uns eine Vorstellung vom tatsächlichen geistlichen Leben in den Klöstern und Stiftern des Landes gewähren, sind außerordentlich gering. An der Peripherie des sächsischen Stammesgebietes, in Essen, ist eine Predigt zum Fest des hl. Marsus[193] entstanden, der 864 dorthin übertragen worden war. Der Verfasser deutet an, daß er an der Transferierung der Gebeine des Marsus, der im 3. Jahrhundert als Missionar in Gallien tätig war, beteiligt war. Eine vage Vermutung über den Autor richtet sich auf Bischof Altfrid von Hildesheim, den Gründer des Kanonissenstiftes Essen. An dieser Predigt überwiegt freilich die Vita des als Bekenner gestorbenen Marsus die Auslegung. Der Heilige in diesem Fall nicht als Wunderbringer, sondern als Vorbild für den Geistlichen.

Als Predigtmuster scheinen im übrigen die Homilien Gregors des Großen auch in Sachsen verwendet worden zu sein. Von Rimbert wissen wir, daß er einen Auszug aus den Homilien Gregors abgeschrieben hat[194].

Daß die Missionare den Neophyten erst eine katechumenische Unterweisung erteilten, wird nicht zuverlässig berichtet. Wir hören von Liudger, daß er täglich die Messe feierte und seine Stundengebete las[195], auch von Ansgar und Rimbert wird ähnliches als Selbstverständlichkeit mitgeteilt. Wenn Liudger in der Vita seines Lehrers Gregor (c. 11) dessen Bereitschaft zur Unterrichtung einzelner Personen hervorhebt, so bezieht sich dies offensichtlich auf Insassen des Martinsklosters in Utrecht, kaum auf die Belehrung der Laien. Fand Unterweisung der Laien statt, so zweifellos immer in der Volkssprache, die den angelsächsischen Missionaren geläufig war. Liudger lobt des Bonifatius sprachliche Versiertheit. Die Messe war, dadurch, daß sie in Latein gefeiert wurde, geeignet, durch die sprachliche Distanz das Mysterium der Wandlung noch weiter vom Erlebnisbereich des Neugetauften wegzurücken.

Die Missionare sollten, wie es Gregor II. formuliert hat, den Germanen die christliche Botschaft „in einer den ungelehrten Gemütern angepaßten Weise" verkündigen[196]. Von Liudger ist eine Auswahl von neun alttestamentlichen (meist Psalmen) und 32 neutestamentlichen Schriftworten bekannt, die in der Unterweisung benutzt worden sind. Unter den neutestamentlichen Zitaten überwiegen solche, die die Nächstenliebe preisen, vor Habsucht warnen und auf die ewigen Güter lenken (Schröer). Komplizierte theologische Gedankengänge, etwa Reflexionen über die Rechtfertigung, wurden vermieden. Man kann wohl sagen, daß die Unterweisung zunächst ganz auf die

Vermittlung der christlichen Morallehre angelegt war. Hier lag der Kern des ganzen Bekehrungswerkes und letztlich, wenn es derlei gibt, die Rechtfertigung und der historische Erfolg von Karls Sachsenkriegen.

Man versuchte, mit Übersetzungen biblischer Stoffe direkt auf die des Vulgata-Latein nicht kundige Bevölkerung einzuwirken oder auch dem Prediger leicht zugängliche und einprägsame Grundlagen für die Predigt an die Hand zu geben[197]. Als solche Hilfen wird man die **altsächsische Genesis** und den **Heliand** betrachten dürfen[198]. Die inhaltlich auf der Evangelienharmonie des Tatian beruhende, in Langzeilen gesetzte Dichtung des Heliand läßt Gestalten, die aus einem anderen Lande kommen, die Geschichte und die Verkündigung des Neuen Testamentes spielen. Christus, der „Herzog", und seine „Degen" und „Helden" handeln die ihnen aufgegebene Geschichte im Heiligen Lande unverändert, aber unerbittlich ab, sie geben dem Evangelium nichts nach. Wenn der Dichter die evangelischen Wahrheiten umsetzt, errichtet er das Gebäude der biblischen Geschichten und des Glaubens mit den rechtlichen und sozialen Kategorien seiner sächsischen oder friesischen Heimat.

> „Dann meint die Schwächlichkeit, / daß der Männer keiner
> einem Gefreundten solle folgen, / der ihn zum Frevel verlockt,
> der Gesippe zur Sünde, dann soll er ihm nicht
> verbunden bleiben / durch Blutsfreundschaft so eng,
> noch ihre Magschaft so mächtig sein, / daß er ihn zum Mord verführt,
> ihn zum Bösen bringt: / dann ist es besser für ihn,
> daß er den Gefreundten von sich / fortweise weit,
> seinen Magen meide / und keine Minne ihm gewähre,
> damit der Recke allein / erreichen könne
> das hohe Himmelreich / als daß sie zum Höllenzwang,
> in das böse Qualenreich, / beide kommen
> zu sehrender Pein."

So spricht Christus in der Bergpredigt (V. 1492 ff.; Übers. v. Genzmer). Das Missionsgebot verkündet der Mann aus „Nazarethburg" in den Bildern, die seine Erlebniswelt in ihm hinterlassen haben und seine Hörer wiedererkennen:

> „Nicht soll man das Licht, das man hat, / den Leuten verheimlichen,
> es hart verhelen; / sondern hoch soll man
> in den Saal es setzen, / daß es sehen können
> alle vereint, / die da innen sind,
> die Helden in der Halle. / So sollt ihr auch euer heilig Wort
> in dieser Landschaft / den Leuten nicht verbergen, dem
> dem Heldengeschlecht verhehlen; / sondern ihr sollt hoch Gottes
> Gebot verbreiten, / daß es die Geborenen alle
> längs dieses Landes, / die Leute, vernehmen

5. FRÖMMIGKEIT

und es also ausführen, / wie in alten Tagen
gar weise Leute / mit Worten es lehrten,
als sie das alte Gesetz, / die Erdenkinder, hielten." (V. 1405 ff.)

Um seinen – im weitesten Sinne – schwierigen Stoff seinen Hörern verständlich und glaubhaft zu machen, beließ er die Geschichte unter Beibehaltung der geographischen Namen in einer aus den Elementen ihrer Heimat zusammengesetzten Landschaft, ihrem Haus und Hof, ihrer Burg, ihrem Meer, ihren Familienordnungen; gebot er ihnen Liebe als Treue – bei Androhung der Strafe für Untreue. So ist dem Dichter, ganz naiv vermutlich, eine psychologische Überzeugungstat gelungen; im Gange der Literaturgeschichte eines der größten nachgestalteten Kunstwerke. Man hat sich gefragt, wo dieser Heliand und seine Gefolgsleute, die nicht in „nazarenischen" Konturen verschwimmen, sondern als eine harte Holzschnittfolge gestaltet sind, entstanden sein könnte. Auf Fulda oder Werden[199] hat sich der wissenschaftliche Streit zugespitzt. Für Werden sprechen paläographische Eigentümlichkeiten der beiden erhaltenen vollständigen Handschriften. Man hat in den rechts- und verfassungsgeschichtlichen Ausdrücken, auf deren Wert für das Verständnis alter Rechtszustände die Wissenschaft seit langem aufmerksam geworden ist, Besonderheiten bemerkt, die den Heliand von der althochdeutschen Tatianübersetzung und von Otfrid unterscheiden und die auf Kenntnis friesischer Zustände weisen. Sie geben zu der Vermutung Anlaß, der in Werden dichtende Verfasser könnte ein Friese gewesen sein.

Bei dem Versuch, das Geschäft der täglichen Bekehrungsarbeit auch durch Realien, durch christliches Gerät anschaulich zu machen, stehen uns nur wenige Überreste zur Hand. Die Missionare führten Reliquien mit sich, von Liudger ist das bezeugt. Iroschottische Wanderbischöfe trugen Bruchstücke der Märtyrer in Ledertaschen am Gürtel als schutz- und siegverleihende Unterpfänder. Wenn die Prediger durch das Land zogen und die Messe feierten, benötigten sie, wo es noch keine Kirchen gab, Tragaltäre, an denen sie die Messe feiern konnten. Es ist mit hoher Wahrscheinlichkeit nachgewiesen worden, daß es sich bei dem in Werden erhaltenen Reliquienkästchen des 8. Jahrhunderts[200] um ein solches Kastenportatile handelt, das in der Zeit Liudgers als Tragaltar verwendet worden ist (siehe Abb. 30, nach S. 656).

Nach der Predigt der Missionare, dem Aufbau der Kirchenorganisation und den dann einsetzenden regelmäßigen geistlichen Versorgungen hatte die Übertragung von Heiligengebeinen[201] in das Sachsenland offensichtlich tiefgreifende Wirkung für die Verchristlichung der Bevölkerung, wenn sie auch kritische Betrachter als oberflächlich betrachten mögen. Sachsen hatte nun Anteil an der Heilskraft der Märtyrer, war altchristlichen Ländern gewissermaßen gleichgestellt. In der Wahl der Orte, nach denen fromme Männer auszogen, um die kostbaren Schätze heimzuholen, spiegelt sich das politische

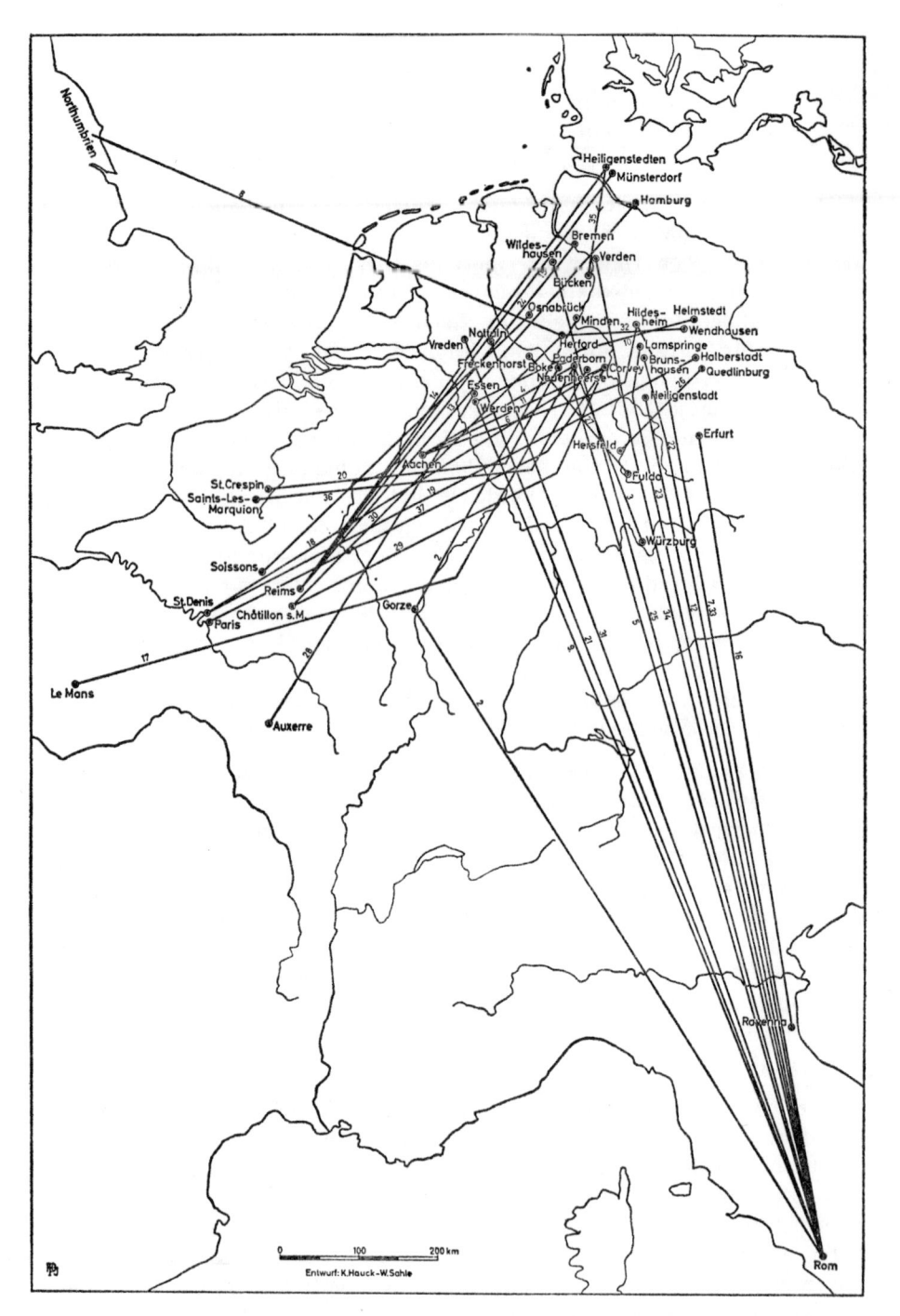

37. Reliquientranslationen nach Sachsen im frühen Mittelalter

Geschehen der Epoche. Man erwarb die Märtyrer in Rom und – mehr noch – in fränkischen Kirchen. Vielleicht haben damals manche im Ansatz dasselbe gedacht, was Widukind von Corvey später, auf die inzwischen eingetretene politische Entwicklung gestützt, sagen konnte: der hl. Veit brachte den Sachsen den ewigen Frieden.

Die Überführung heiliger Gebeine ins Sachsenland waren Demonstrationen ihrer Heilsmächtigkeit, ein der Aufzeichnung würdiges Geschehen. Wie man den Märtyrer überführt, wie er auf seinem langen Wege die Gläubigen in den Bann seiner Wirkung gezogen hatte, das begründete, aufgeschrieben, den Ruhm der sie besitzenden Kirche, zog die wundersuchenden Gläubigen an. Die Mönche Rudolf von Fulda und sein Schüler Meginhart haben die Übertragung der Gebeine des hl. Alexander nach Wildeshausen beschrieben [202]. In diesem Büchlein sind die christliche Grundhaltung der Autoren, ihre ihnen zur Verfügung stehende Bildung (Tacitus Germania und Einhards Leben Karls d. Gr.) und das in der Überlieferung fortlebende Wissen von der Geschichte des sächsischen Stammes in bezeichnender Weise verbunden. Ausgerechnet in der Übertragungsgeschichte des Heiligen ist die älteste Aufzeichnung der Stammesgeschichte bewahrt worden (s. o. S. 553 f.). Zur Abfassungszeit des Werkes 863/65 hat der mönchische Autor schon keine feste Vorstellung mehr, sondern muß in des Tacitus Germania Anleihen machen. Damit hat er den Ansatz zur Darstellung der Bekehrung der Sachsen gefunden, in die er die kurze Familiengeschichte des Stifters von Wildeshausen, des Grafen Waltbraht, hineinstellt. Die Einbeziehung Waltbrahts in den adlig-christlichen Lebenskreis der Franken mag sich hundertfach so vollzogen haben: Wibreht übergibt Walbraht dem Kaiser Lothar zur Erziehung, und in diesem erwacht das Verlangen, auf einer Wallfahrt nach Rom durch die Fürsprache der Apostel Vergebung der Sünden zu erlangen und Reliquien mit in die Heimat zu bringen. Zwei Schreiben des Kaisers sichern ihm Geleit durch Italien und eines an Papst Leo III. erwirkt ihm die Freigabe von Reliquien der heiligen Märtyrer; denn diese braucht man, weil das Volk der Sachsen und Friesen „wegen seiner Nachbarschaft mit den Heiden nur zum Teil in der wahren Religion feststeht und zum Teil beinahe schon abgefallen ist". Dieses unsichere Volk sollte von zwei Seiten gepackt werden; nämlich durch L e h r e erleuchtet und durch W u n d e r gekräftigt werden. Der Verlauf der Translatio von Rom, wo der Papst zahlreiche Reliquien, vor allem aber eben den ganzen Leichnam des Märtyrers Alexander feierlich übergibt, unterstreicht, daß die Reliquien und die von ihnen erwarteten Wunder ein wohl durchdachtes Element der Glaubenspropaganda sind: Wer die christliche Lehre nicht begreift, soll durch das Wunder gewonnen werden, und Graf Waltbraht erhält vom Papst Weisung, wie solche Reliquien in die Liturgie einzubauen sind. Bei der Feier der Messe und Abhaltung der Horen sollen sie verehrt, Kerzen und Ampellichter und kirchliche Feiern ihnen gewidmet werden. Noch am Stadtrand von Rom wirkt der hl. Alexander das erste Wunder, und überall, wo die Männer mit ihren heiligen Gebeinen ziehen oder sie absetzen, strömt das Volk herbei, will die Reliquien sehen und küssen: in Boppard, Drensteinfurt (so. Münster), Osnabrück, Wallenhorst (n. Osnabrück) und Holturp.

Ebenso aufsehenerregend verlief der Zug der Gebeine des hl. Veit, die in St. Denis (836) ebenfalls von einer großen Menge verabschiedet und von Abt Warin von Corvey über Meaux, La Celle, Saint Moral, Aachen, Soest und Brakel nach Corvey getragen wurden. Überall sammelt sich das Volk, um der Kraft des Heiligen teilhaftig zu werden [203]. Blinde werden sehend, Lahme lernen gehen, Taube hören. Wenn die Heiligen an ihrem Ziel angelangt sind, setzt der Zustrom der Wallfahrer ein, der Gesunden, der Schwachen und der Kranken. Sie kommen mit eigener Kraft oder werden herbeigetragen aus Deventer, Wilsum (b. Bentheim), Herbede a. d. Ruhr, Rietberg (b. Lippstadt) zum hl. Alexander nach Wildeshausen.

Auch der Verfasser der Translatio s. Liborii, der Priester Ido, der selbst 836 mit nach Le Mans gezogen war, erkannte, mit welchen Mitteln die Bekehrung durchgeführt worden war: durch einen dreiunddreißig Jahre währenden Krieg und durch teils gütliche Gewinnung der Oberschicht, der Fürsten, nun mußte das Volk in die Kirchen gezogen werden. Bischof Badurad von Paderborn sah ein, daß das gemeine Volk, das immer noch heidnische Bräuche ausübte, „am leichtesten von seinem Unglauben bekehrt werden könnte, wenn der Leib irgend eines berühmten Heiligen herbeigebracht würde, um, wie es zu geschehen pflegt, durch Wunder und Zeichen und durch Heilungen Aufsehen zu erregen, so daß das Volk anfinge, ihn zu verehren, und sich daran gewöhnte, seinen Schutz anzurufen; besonders weil jene, welche den Worten der Prediger über die Kraft Gottes nicht glaubten, doch dem, was sie vor Augen sähen und was sie zu ihrem Besten fühlten, den Glauben nicht versagen könnten". Man kann nur staunen, welche Einsichten in die menschliche Psyche Ido besaß. Daß die Männer aus Paderborn, gleich Walbraht, sich eine Genehmigung zur Überführung eines Märtyrers von Ludwig dem Frommen besorgten, könnte einmal darauf zurückzuführen sein, daß die Mainzer Synode von 813 die Transferierung von Heiligen von einem Ort an einen anderen verboten hatte. Man brauchte solch eine Erlaubnis auch noch aus einem anderen Grunde. Die Gesandten wählten unter der „großen Menge heiliger Leiber", die man in Le Mans besaß, den des ehemaligen Bischofs dieser Stadt, Liborius aus, weil er wegen seiner Wunder hoch geschätzt wurde. Der derzeitige Bischof Alderich, der sich mit seinem Kapitel beriet, wollte zwar der Weisung Ludwigs des Frommen entsprechen, aber andere waren zunächst nicht geneigt, diese wertvolle Reliquie abzugeben. Vor allem das Volk wollte den Leib des Heiligen, der es vor Übel bewahrt habe, nicht hergeben. Erst einer psychologisch äußerst geschickten Argumentation des Bischofs – er wies auf den Befehl des Kaisers hin und zitierte die in den letzten beiden Tagen durch Liborius Geheilten – gelang es, das Volk endgültig zur Freigabe der Gebeine nach Paderborn zu bewegen.

Bald erwiesen sich die eigenen Heiligen, die Missionare, als ebenso wunderkräftig wie die aus Rom oder dem Frankenreich herangebrachten. Liudger und Willehad heilten die Tauben, Blinden und Gelähmten. Das letzte Buch ihrer Vita ist die Geschichte der von ihnen bewirkten Heilungen. Mit besonderer Gewissenhaftigkeit verzeichnete Ansgar die Heilungswunder, die sich seit 860 in steigender Zahl am Grabe Willehads zutrugen. Er vermerkte Namen und Krankheit der Geheilten, die das Wunder erfahren hatten, und legte Wert darauf, daß die Wahrheit jedes Wunders bezeugt war. So reihen sich an die 40 Krankheits- und Heilungsgeschichten aneinander. Die Menschen kommen vor allem aus dem Wesertal bis hinauf nach Rinteln, vereinzelt aus Ostfriesland, zwei hatten vergeblich den hl. Alexander in Wildeshausen aufgesucht, aber Willehad half ihnen. In diesen Heilungsgeschichten scheinen die Namen der Bauern, Hörigen und anderen Namenlosen, auf, die sonst nur Zubehör von Schenkungen an Kirchen und Klöster sind [204]. Wir ahnen mehr als wir konkret erfahren, wie das Christentum sich über das Wunder als Religion der Schwachen erwies.

[170] K. Honselmann, Die Annahme des Christentums durch die Sachsen im Lichte sächsischer Quellen des 9. Jh.s, in: WestfZ 108, 1958, S. 201–219. – [171] In einem verlorenen Schreiben von 740/41 nannte Bonifatius dem Papst diese Fürsten; K. Honselmann, Der Brief Gregors III. an Bonifatius über die Sachsenmission, in HJb 76, 1957, S. 83 ff. – [172] Honselmann, Annahme des Christentum (wie Anm. 170), S. 207 f. – [173] Indiculus obsidum Saxonum Moguntiam deducendorum in: Boretius MGH Capit. I, Nr. 115, S. 233 f. – [174] E. E. Stengel, Die Reichsabtei Fulda in der deutschen Geschichte, 1948, S. 23; über die Schenkungen der Liudolfinger vgl. Goetting, Anfänge (wie Anm. 159), S. 17 f. – [174a] Gut bringt den hier umschriebenen Komplex die Translatio s. Pusinnae zum Ausdruck: *Denique pullulante devotione sancta, rebus suis ad monasteria constituenda collatis, divino suos filios cultui offerentes, ex integro coelesti servitio sese manciparunt*; Translatio s. Pusinnae bei R. Wilmans, Die Kaiserurkunden der Prov. Westf. I, 1867, S. 541. – [175] Über die Traditionen vgl. A. K. Hömberg, Westfälische Landesgeschichte, 1967, S. 51 f. Entgegen der Bestimmung der Synode von Aachen von 816, den Besitz der ins Kloster eintretenden den Angehörigen und Verwandten zu belassen, hat Corvey am alten Brauch festgehalten und „die Besitzschenkungen beim Klostereintritt entgegengenommen"; K. Schmid, Zum ‚Liber Vitae' des Klosters Corvey, in: Veröff. d. Provinzialinstituts f. Westfäl Landes- u. Volkskunde R. I, H. 15, S. 39. – [176] Die in Corvey etwas komplizierte Frage der Mönchslisten kann hier nicht behandelt werden. Sie ist von Schmid (wie Anm. 175) erörtert worden. Vgl. ferner F. Philippi, Der liber vitae des Klosters Corvey, in: Abh. über Corveyer Geschichtsschreibung 2, 1916, S. 43 ff. u. K. Honselmann in: Veröff. (wie Anm. 175), S. 62 ff. – [177] P. Schmid, Die Kirchwarf in Middels (Stadt Aurich/Ostfriesland), in: Probleme der Küstenforschung im südl. Nordseegebiet 10, 1973, S. 1. – [178] K. Weidemann, Die frühe Christianisierung zwischen Schelde und Elbe im Spiegel der Grabsitten des 7. bis 9. Jh.s, in: Neue Ausgrabungen und Forschungen in Niedersachsen 3, 1966, S. 197 ff., mit Karten. – [179] Weidemann, Christianisierung (wie Anm. 178), S. 200 f. – [180] Schmid, Middels (wie Anm. 177), S. 10. – [181] P. Schmid, Zur

Datierung und Gliederung der Grabanlagen von Dunum, Kr. Wittmund, in: Neue Ausgrab. u. Forsch. in Ndsachsen 7, 1972, S. 211–240, bes. S. 233, mit zahlreichen Karten. – [182] P. Schmid, Das Gräberfeld von Sievern. Bemerkungen zu Neufunden aus dem frühen Mittelalter, in: JbMännerMorgenstern 50, 1969, S. 33. – [183] D. Zoller, Die Missionierung des Lerigaues im Spiegel des Gräberfeldes Drantum/Oldenb., in: Vorchristlich-christliche Frühgeschichte in Niedersachsen, hg. von H.-W. Krumwiede, 1966, S. 41–57. – [184] F. Niquet, Archäologische Zeugnisse frühen Christentum aus dem südöstlichen Niedersachsen, in: Vorchristl.-christl. Frühg. (wie Anm. 183), S. 33–40. – [185] Niquet, Zeugnisse (wie Anm. 184), S. 38, mit weiterer Lit. – [186] Agathe Lasch, Das altsächsische Taufgelöbnis, in: Neuphilol. Mitt. 36, 1935, S. 92–133; H. Homann, Der Indiculus superstitionum et paganiarum und verwandte Denkmäler, Phil. Diss. 1965, S. 202 ff. mit Abdruck des Textes. Das altsächsische entspricht dem altfränkischen Taufgelöbnis und der Ordnung, die Hrabanus Maurus in „De clericorum institutione" (Migne PL 107, S. 311), lib. I, c. 27 dem Eb. Heistulf von Mainz mitgeteilt hatte. Vgl. auch K. D. Schmidt, Das Christentum und die althochdeutsche Sprache, in: German. Glaube u. Christentum, 1948, S. 85 ff.; Ders., ‚Nuntius Dei' in der Germanenmission, ebenda S. 31. – [187] W. Foerste, Das altwestfäl. Taufgelöbnis, in: Untersuchungen zur westfäl. Sprache, 1950, S. 90 ff., mit Abdruck des Textes. – [188] Der Widerstand wurde durch natürliche Klugheit und eine zu jedem Scharfsinn ganz vorzügliche und durchdringende Begabung, durch angemessene Überlegungen und Beispiele wankend gemacht, später auch durch kräftige Beweismittel und Darlegungen gleichsam wie durch Belagerungsmaschinen gebrochen und bezwungen; Translatio s. Pusinnae (wie Anm. 174a), S. 541; zur Tauf- und Predigtpraxis vgl. ferner Dörries, Ansgar (wie Anm. 101), S. 88 f., mit der vom Monachus Sangall. (SS II, S. 762) mitgeteilten Taufepisode. – [189] W. Konen, Die Heidenpredigt in der Germanenbekehrung, Phil. Diss. Bonn 1909. – [190] Druck: MGH Cap. I, S. 222. Faksimile bei Homann, Indiculus (wie Anm. 186); Homann erörtert ausführlich die Überlieferung und die Frage des Entstehungsortes (Fulda, Mainz); die Arbeit ist für die Interpretation des Indiculus, nicht zuletzt durch das zu den heidnischen Einrichtungen beigebrachte Vergleichsmaterial, von grundlegender Bedeutung. – [191] Homann, Indiculus (wie Anm. 186), S. 202. – [192] Adam von Bremen (wie Anm. 102) II, 48, S. 108. – [193] Kl. Honselmann, Eine Essener Predigt zum Feste des hl. Marsus aus dem 9. Jh., in: WestfZ 110, 1960, S. 199–221. – [194] Vita Rimberti im Anhang zur Vita Ankarii (wie Anm. 98), S. 92, c. 15. Für das Niveau der theologischen Diskussion zwischen geistlichen Personen in Sachsen ist der ebenda mitgeteilte Brief Rimberts an eine Kanonisse in Neuenheerse ein wichtiges Zeugnis. Über geistliche Versenkung und Predigt vgl. Dörries, Ansgar (wie Anm. 101), S. 94 ff. – [195] A. Schröer, Das geistliche Bild Liudgers (wie Anm. 15), S. 205 ff. – [196] Schröer ebenda, S. 210, auch zum folgenden. – [197] J. Rathofer, Der Heliand. Theolog. Sinn als tektonische Form... (Niederdeut. Studien 9), 1962. – [198] Heliand und Genesis, hg. von O. Behagel (Altdeut. Textbibliothek 4) 6. Aufl. 1948, mit älterer Lit. – [199] R. Drögereit, Werden und der Heliand, 1950; Ders., Die Heimat des Heliand, in: JbGesNdSächsKG 49, 1951, S. 1–18; Ders., Der Heliand, in: Das erste Jahrtausend, Textband II, 1964, S. 762–784; L. Wolf bespricht den Heliand in Bd. II, Kap. 6 als literarisches Werk. – [200] Elbern, Der fränkische Reliquienkasten (wie Anm. 44), S. 436 ff. – [201] Kl. Honselmann, Reliquientranslationen nach Sachsen, in: Das erste Jahrtausend, Textband I, Redak. V. H. Elbern, 2. Aufl. 1963, S. 159–193. H. behandelt auch Reliquien, über die keine Translationsberichte vorliegen. – [202] Vgl. dazu o. S. 8, Anm. 12. – [203] Vgl. o. Anm. 145. – [204] Auch am Grabe der hl. Pusinna in Herford trugen sich Wunder zu; K. Honselmann, Berichte des 9. Jh.s über Wunder am Grabe der hl. Pusinna in Herford, in: Dona Westfalica. G. Schreiber zum 80. Geb., 1963, S. 128–136.

VERZEICHNIS DER KARTEN UND PLÄNE

nach (auf) Seite

1. Relief von Niedersachsen. Vorlage: Deutscher Planungsatlas II. Niedersachsen und Bremen, 1961, Bl. 4 112
2. Wald- und Heideflächen um 1780. Vorlage: Ebenda Bl. 10 128
3. Verbreitung von Hoch- und Flachmooren vor der Kultivierung. Vorlage: Ebenda Bl. 7 144
4. Löß- und Flottsandgebiete. Vorlage: Ebenda Bl. 8 160
5. Altniederdeutsche Schreiborte. Entwurf U. Scheuermann 176
6. Gliederung der niedersächsischen Dialekte. Entwurf U. Scheuermann 192
7. Wortkarte „Enterich" und „Sensenangel". Entwurf U. Scheuermann .. 224
8. Nordgrenze westfälischer Spracherscheinungen. Entwurf U. Scheuermann 240
9. Ostgrenzen niederländischer Lehnwörter. Entwurf U. Scheuermann. Zeichnung der Karten 1–9 H. Ritschel 256
10. Dorf und Flur Rysum (n. Emden). Vorlage: Ostfriesland im Schutze des Deiches I, 1969, S. 277 297
11. Flußmarschen an der Niederelbe. Kartengrundlage: Karte des Deutschen Reiches 1:100 000, Blatt Nr. 111 Otterndorf (Ausgabe 1941), hg. vom Reichsamt für Landesaufnahme, Berlin. Vervielfältigt mit Erlaubnis des Niedersächsischen Landesverwaltungsamtes – Landesvermessung – B 107/77, vom 23. III. 1977 299
12. Poldersiedlungen im Reiderland. Vorlage: Ostfriesland im Schutze des Deiches I, 1969, S. 347 303
13. Hagenhufendorf Wiedensahl. Vorlage: R. Blohm, Die Hagenhufendörfer in Schaumburg-Lippe, 1943, S. 63 310
14. Rundling Klautze. Vorlage: W. Meibeyer, Die Rundlingsdörfer im östlichen Niedersachsen (Braunschweiger geographische Studien 1), 1964, Abb. 15a 313

nach (auf) Seite

15. Groß Mimmelage. Vorlage: R. Martiny, Hof und Dorf in Altwestfalen (ForschDtLdKdeVolkskde 24, 5), 1926, Anhang 319

16. Wallenhorst um 1770. Vorlage: Du Plat, Karte des Fürstbistums Osnabrück 1772, Bl. Wallenhorst-Lechtinger Mark 323

Wallenhorst ist ein Beispiel für mittelalterliche grundherrliche Siedlung mit Meierhof und einer auf dessen Grund errichteten Kirche als Kern (851 genannt) und locker gestreuten späteren Ausbauhöfen. Am erhöhten Rand über der feuchten Niederung und nahe einer Heerstraße gelegen, stellt es einen im Osnabrücker Land häufigen Siedlungstyp dar, mit einer von Breitstreifen und Blöcken beherrschten Flur, deren Kern vielleicht der kleine Esch ist, deren jungen Ausbau die in Heide und Anmoor vorgeschobenen blockförmigen Kämpe bilden. Genauere Erläuterungen bei G. Wrede, Erläuterungen zur Ausgabe 1:10000 der Karte des Fürstbistums Osnabrück 1772 von Du Plat, Bl. Wallenhorst-Lechtinger Mark.

Käthe Mittelhäusser

17. Wüstungen im südniedersächsischen Bergland. Entwurf Käthe Mittelhäusser. Zeichnung H. Ritschel 352

18. Landgewinne in Ostfriesland seit dem 15. Jahrhundert. Entwurf Käthe Mittelhäusser. Zeichnung H. Ritschel 368

19. Moorkolonien verschiedenen Alters bei Aurich. Kartengrundlage: Karte des Deutschen Reiches 1:100000, Blatt Nr. 173 (Ausg. 1941), hg. vom Reichsamt für Landesaufnahme, Berlin. Vervielfältigt mit Erlaubnis des Niedersächsischen Landesverwaltungsamtes – Landesvermessung – B 4 – 107/77, vom 23. III. 1977 378

20. Städtische Siedlungen um 1800. Entwurf Käthe Mittelhäusser. Zeichnung H. Ritschel 392

21. Duderstadt. Vorlage: Historisch-Landeskundliche Exkursionskarte von Niedersachsen. Blatt Duderstadt, hg. von H. Jäger, Erläuterungsheft, 1964 397

22. Bandkeramik in Niedersachsen. Entwurf G. Peters. Zeichnung H. Ritschel 442

23. Steingräber in Niedersachsen. Entwurf G. Peters. Zeichnung H. Ritschel 458

24. Die germanischen Stämme nach den antiken Schriftstellern. Vorlage: Das erste Jahrtausend. Textband I, 1962, S. 15 504

25. Ursprungsgebiet der Sachsen. Entwurf A. Genrich. Zeichnung H. Ritschel 516

nach (auf) Seite

26. Sachsen als Söldner im römischen Dienst. Ende 4. Jahrhundert. Entwurf A. Genrich. Zeichnung H. Ritschel 524

27. Verbreitung römischer Bronzegefäße aus Brandbestattungen der jüngeren Kaiserzeit Niedersachsens (nach C. Raddatz). Zeichnung H. Ritschel 526

28. Verbreitung der sächsischen Urnen im nordwesteuropäischen Raum. Entwurf A. Genrich. Zeichnung H. Ritschel 529

29. Die festländische Herkunft der Einwanderer in Britannien. Entwurf A. Genrich. Zeichnung H. Ritschel 533

30. Schmuckformen des 6. Jahrhunderts in Britannien und auf dem Festland. Entwurf A. Genrich. Zeichnung H. Ritschel 536

31. Dunum b. Wittmund. Ausschnitt aus dem Gräberfeld. Vorlage: P. Schmid, Zum heidnischen und frühchristlichen Bestattungsbrauch auf dem frühmittelalterlichen Gräberfeld von Dunum, Ostfriesland, in: Frühmittelalterl. Studien 3, 1969, S. 257–276, Fig. 1, nach S. 272; Ausschnitt 584

32. Besitz des Klosters Werden im Leriga. Entwurf M. Last; nach: Die Urbare der Abtei Werden an der Ruhr. A. Die Urbare vom 9.–13. Jahrhundert, hg. von R. Kötzschke Rheinische Urbare 2. Publ. der Ges. für rhein. GKde. 20, 1906, IA § 32, S. 66 f.; § 14, S. 38 f. – Zeichnung: J. Kujath 612

33. Gründungsausstattung des Stifts St. Alexandri in Wildeshausen (872). Entwurf M. Last; nach: Osnabrücker Urkundenbuch I, hg. von F. Philippi, 1892, 46 (872), und H. Osthoff, Beiträge zur Topographie älterer Heberegister und einiger Urkunden, in: OsnabMitt 71, 1963, S. 1–63, S. 39 ff. – Zeichnung: J. Kujath 634

33a. Fundorte karolingischer Münzen in Nordwestdeutschland. Entwurf M. Last; nach: P. Berghaus, Karolingische Münzen in Westfalen, in: Westfalen 51, 1973, S. 22–32, Abb. 6; Ergänzungen: D. Zoller. Archäologische Zeugnisse frühen Christentums, in: Werfet das Netz, Petri-Kirche zu Westerstede 1123–1973, 1973, S. 11–22, S. 20: „Reichsdenar Ludwigs des Frommen" Streufund; A. Falk, Der Friedhof Liebenau, Kr. Nienburg/Weser. Bearbeitungsstand und Forschungsergebnisse 1971, in: NachrrNdSachsUrgeschichte 41, 1972, S. 218–227, S. 225: „Christiana-religio"-Prägung (Grabfund); H. Rötting, Schortens, Kreis Friesland, in: Mitt. des Marschenrates 12, 1975, S. 20–23, S. 21: zwei Denare der ersten Prägephase (Grabfund) 645

nach (auf) Seite

34. Wirkbereich des hl. Liudger und des hl. Bonifatius. Vorlage: Kunst und Kultur im Weserraum 800–1600, I, 1966, Karte 1 nach S. 120 657

35. Mainzer, Fuldaer und Würzburger Einflüsse an der oberen Weser. Vorlage: Kunst und Kultur im Weserraum 800–1600 I, 1966, S. 125 664

36. Hildesheim im Mittelalter, Entwurf und Zeichnung J. Kujath 677

37. Reliquientranslationen nach Sachsen im frühen Mittelalter, Vorlage: Kunst und Kultur im Weserraum 800–1600 I, 1966, Karte 12, nach S. 120 708

38. Brochdorf (Kr. Soltau), 1842. Zeichnung Käthe Mittelhäusser. Faltkarte in Rückentasche ....

Brochdorf ist ein Beispiel für die hauptsächlich durch Hofteilungen zu Dörfern entwickelten kleinen Siedlungen der zentralen Lüneburger Heide. 1585 ist hier mit 6 Höfen zu rechnen, 1663 und später stets gleichbleibend erscheinen 13 Halbhöfe und 1 Kötner. Auf die Teilungen weist die Anordnung der langen, sehr schmalen Besitzstreifen in der Feldflur deutlich hin (für ein Paar von Teilungshöfen herausgezeichnet). Auf Hofteilungen und -absplitterungen deuten auch die Familiennamen (1840 unter 24 Interessenten 11mal der gleiche Name). Die inselhaft in der großen Allmende „schwimmenden" unregelmäßig begrenzten Ackerstücke sind typisch für die Kulturlandschaft der Heide bis ins 19. Jahrhundert.

Käthe Mittelhäusser

39. Gemarkung Barfelde (Kr. Alfeld), um 1842. Faltkarte in Rückentasche. Zeichnung Käthe Mittelhäusser ....

Barfelde zeigt den Typ der schon früh recht großen Dörfer mit geschlossener, sehr kleinstreifig aufgeteilter Gewannflur, wie er die lößbedeckten, breiten Talungen des niedersächsischen Berglandes beherrscht. Das Ackerland des Dorfes läßt sich schon für 1340 mit 27 Hufen (etwa 540 Mg) nachweisen (1630 etwa 880 Mg, um 1840 etwa 1400 Mg), der Hofbestand um 1340: 1 Sedelhof, 3 Vollhöfe, 27 Kotstellen, 1 Mühle. Die ältesten Flurteile liegen wahrscheinlich im Westen sowie südlich in Dorfnähe. Die Rodung von Feldland schritt nach Norden und dann nach Osten fort und stieg schließlich an den Hängen empor. – Genauere Fluranalyse bei Käthe Mittelhäusser, Der Landkreis Alfeld, 1956.

Käthe Mittelhäusser

VERZEICHNIS DER ABBILDUNGEN

nach (auf) Seite

1. Translatio s. Alexandri. Niedersächsische Landesbibliothek Hannover, Ms. I, 186, Bl. 1ᵛ (verkleinert). Foto Landesbibliothek Hannover 16

2. Heinrich Meibom d. Ä. Braunschweigisches Landesmuseum. Foto: Braunschweigisches Landesmuseum 48

3. Otto von Heinemann. Braunschweigisches Landesmuseum. Foto: Braunschweigisches Landesmuseum 80

4. Die „Steinkirche" bei Scharzfeld am Harz und Geräte von dem Rastplatz steinzeitlicher Rentierjäger am Höhleneingang. – Fundverbleib: Niedersächsisches Landesmuseum Hannover. Foto: M. Claus 168

5. Geräte von einem Rastplatz späteiszeitlicher Jäger bei Heber, Kr. Soltau. – Fundverbleib: Niedersächsisches Landesmuseum Hannover 184

6. Hausgrundriß der bandkeramischen Siedlung von Rosdorf, Kr. Göttingen und typische Gefäße dieser Kultur. – Vorlage: Führer zu vor- und frühgeschichtlichen Denkmälern Bd. 16 – Göttingen und das Göttinger Becken, 1970. – Fundverbleib: Städtisches Museum Göttingen 208

7. Steingrab in Hüven, Kr. Meppen, und typische Keramik aus Steingräbern. – Fundverbleib: Niedersächsisches Landesmuseum Hannover. Foto: H.-G. Peters 216

8. Hügelgrab der Einzelgrabkultur bei Goldbeck, Kr. Stade, und Beigaben einer Bestattung (Becher, Axt, Flintklinge und Bronzering). – Fundverbleib: Museum Stade. Foto: J. Deichmüller 248

9. Funde aus einem Hügelgrab der älteren Bronzezeit bei Stübeckshorn, Kr. Soltau. – Niedersächsisches Landesmuseum Hannover 264

10. Ausgrabungsbefund eines Grabhügels der jüngeren Bronzezeit mit zentraler Urnenbestattung und doppeltem Kreisgraben aus Getelo, Kr. Grafschaft Bentheim. – Fundverbleib: Niedersächsisches Landesmuseum Hannover. Foto: H.-G. Peters 288

nach (auf) Seite

11. Eisenschmelzofen aus Scharmbeck, Kr. Harburg. Längs- und Querschnitt 1:10, nach W. Wegewitz. Fundverbleib: Helms-Museum Hamburg-Harburg 304

12. Lanzenspitzen und Schildbuckel aus einem Urnenfriedhof in Putensen, Kr. Harburg, Grab 163, nach W. Wegewitz, Das langobardische Brandgräberfeld von Putensen, Kr. Harburg, Hildesheim 1972, Taf. 38. Fundverbleib: Helms-Museum Hamburg-Harburg 320

13. Darstellung des „Mars Thingsus" auf einer Zierscheibe von Thorsberg (nach J. Werner). Fundverbleib: Schleswig-Holsteinisches Landesmuseum, Vorgeschichtliche Altertümer, Schleswig 336

14. Gürtelgarnituren aus einem Kriegergrab von Liebenau, Kr. Nienburg. Fundverbleib: Niedersächsisches Landesmuseum Hannover, Urgeschichtliche Abteilung. Foto: L. Brattig 368

15. Gürtelgarnituren aus einem Kriegergrab von Liebenau, Kr. Nienburg, und Rekonstruktion der Trageweise. – Runenscheibe aus diesem Grab (r. u.): Die Inschrift „Ra(u) zwi (h)" ist als dem „Speer geweiht" zu übersetzen (nach K. Düwel). Fundverbleib: Niedersächsisches Landesmuseum Hannover. Urgeschichtliche Abteilung. Foto: L. Brattig 384

16. Vorsächsische und sächsische Tonware. a) Vorsächsische Tonware aus Niedersachsen (chaukisch). b) Vorsächsische Tonware aus Niedersachsen (langobardisch). c) Sächsische Tonware aus Niedersachsen. Foto: L. Brattig 400

17. Fibel von Lengerich; Ring von Helzendorf. Fundverbleib: Niedersächsisches Landesmuseum Hannover. Urgeschichtliche Abteilung. Foto: L. Brattig 432

18. Spätrömische Silberschale und Glasgefäß aus Altenwalde. Fundverbleib: Niedersächsisches Landesmuseum Hannover. Urgeschichtliche Abteilung. Foto: L. Brattig 464

19. Gleicharmige Fibel und Vogelfibeln mit Kerbschnittverzierung aus einem Körpergrab von Anderlingen, Kr. Bremervörde. Fundverbleib: Niedersächsisches Landesmuseum Hannover. Urgeschichtliche Abteilung. Foto: L. Brattig 480

20. Schema der typologischen Entwicklung der plastisch verzierten Urnen. Ausführung H. U. Buchwald. A. Spätrömische Drehscheibenware aus England. B. Aus freier Hand geformte Gefäße aus England. C. Aus freier Hand geformte Gefäße aus Niedersachsen 512

21. Silberbarren von Dierstorf, Kr. Nienburg. Fundverbleib: Niedersächsisches Landesmuseum. Urgeschichtliche Abteilung. Foto: L. Brattig 544

nach (auf) Seite

22. Nekrolog des Klosters Wendhausen bei Thale am Harz (11. Jahrhundert). Stadtarchiv Braunschweig, Mscr. Bruchstück 62, Bl. 2ᵛ. Foto: Stadtarchiv Braunschweig 547

23. Brakteaten aus dem Moosmoor bei Sievern (6. Jahrhundert). Vorlage: G. Jacob-Friesen, Einführung in Niedersachsens Urgeschichte, III, 1974, Farbtafel 3 547

24. Goldkette von Isenbüttel bei Gifhorn (7. Jahrhundert?). Vorlage: G. Jacob-Friesen, Einführung in Niedersachsens Urgeschichte III, 1974, Farbtafel 4 562

25. Sceattas aus dem Schatzfund von Barthe bei Emden (8. Jahrhundert). Museum Emden, ohne Inv.-Nr. Fotos: P. Berghaus, Münster; M. 2 : 1   578

26. Silberohrringe aus dem Museum für Naturkunde und Vorgeschichte in Oldenburg (8. Jahrhundert). Staatliches Museum für Naturkunde und Vorgeschichte, Inv.-Nr. M. O. 5954. Foto: Museum Oldenburg 594

27. Feddersen Wierde, Gem. Mulsum, Kr. Wesermünde. a) radiale Dorfanlage mit Wohn-Stall-Häusern (2./3. Jahrhundert n. Chr.). b) Dorfrekonstruktion der Wurt (2./3. Jahrhundert n. Chr.). Foto: Niedersächs. Landesinstitut für Marschen- und Wurtenforschung Wilhelmshaven .. 610

28. Hausgrundriß von Hessens (Stadt Wilhelmshaven). Foto: Niedersächs. Landesinstitut für Marschen- und Wurtenforschung Wilhelmshaven .. 626

29. Werdener Urbar B (um 900). Hauptstaatsarchiv Düsseldorf, Bst. Werden, Akten IX a 1 a Bl. 31ʳ 642

30. Werdener Reliquienkästchen (um 760). Essen-Werden, Propsteikirche St. Liudger. Foto Marburg 656

> Auf einen Holzkern sind Elfenbeinplättchen aufgelegt (21 cm hoch, 40 cm breit, 21 cm tief), deren ursprünglicher Zusammenhang gestört ist; die heutige Ordnung stammt aus dem 14. Jahrhundert. Die Vorderseite weist innerhalb eines Rahmensystems aus ca. 3 cm breiten Zierstreifen mit Zopf- und Punktmustern zwei nahezu quadratische Felder auf. Diese zeigen innerhalb von Streifen mit durchbrochenen Kreuzen und Punkten links einen Christus mit Kreuznimbus und erhobenen Armen zwischen wieselartigen Tieren und Greifen, rechts einen Engeloranten zwischen Tieren. In einem Hochrechteckfeld aus anderem Zusammenhang steht nochmals Christus als Gekreuzigter zwischen Wieseln und Greifen (Schächergestalt, eine Hand und ein Fisch auf einem kleinen Feld der einen Schmalseite). Die Rückseite weist nur noch eine Stoffbespannung des 14. Jh. auf. Auf der einen Schmalseite finden sich die ursprünglichen vier Rosetten, auf der anderen neben einer einzigen u. a. noch zwei Tierreliefs aus anderem Zusammenhang. Auf der Deckelplatte finden sich in den zwei kreuzförmig unterteilten Rahmenfeldern je vier Tiere, in einem mittleren Feld dazwischen ein großes Tier und eine Rosette.

nach (auf) Seite

Rekonstruktion nach Elbern: Vorderseite mit Christus (linkes Feld in der Mitte) und zwei Engelsoranten, von denen einer verloren ist, als Christus Victor, Rückseite mit zehn Tieren, Deckelplatte: großer Gekreuzigter – Longinus und Stephaton zu ergänzen – zwischen zwei großen Tieren, in Zusammenhang mit den begleitenden Tieren als Erneuerer der kreatürlichen Welt durch den Kreuzestod. – Der Reliquienkasten befand sich im Besitz des hl. Liudger. H. G. Gmelin

31. Engerer Burse. Berlin, Kunstgewerbemuseum. Foto: Marburg 674

Das fränkische Bursenreliquiar aus Enger (um 785) besteht aus einem Holzkern, der mit einer Goldverkleidung versehen ist (16 cm hoch, 14,5 cm breit, 5,3 cm dick). Die Hauptseite ist in einem sternförmigen System mit insgesamt 13 Edelsteinen in schlichten Kastenfassungen besetzt, als Endpunkte der Arme eines gleicharmigen Kreuzes und eines kürzeren Diagonalkreuzes sowie in den Lücken von acht nach außen geöffneten Doppelspiralen in der Außenzone des Gesamtfeldes. Die Kreuze und Doppelspiralen werden gebildet durch Bänder mit Goldzelleneinlagen. Die von den Doppelspiralen ausgesparten Bögen füllen zehn – ursprünglich zwölf – Emailfelder mit Tierdarstellungen. Der Sinn der Komposition ist die Erneuerung der kreatürlichen Welt – mit den Tieren als Vertretern der tria genera animalium zu Lande, zu Wasser und in der Luft – durch den Kreuzestod Christi.

Die Rückseite zeigt in getriebenem Gold, eingefaßt von mit Perlen besetzten Stegen und halbrunden Abschlüssen, zwei Reihen von Halbfiguren: oben Christus als Rex Victor zwischen zwei Engeln, unten die Mutter Gottes mit Kind zwischen Petrus und Paulus. Auf den Schmalseiten sind jeweils zwei weitere Halbfiguren den mittleren Figuren der beiden Zonen der Rückseite zugeordnet. Der Schiebeboden weist ein Flechtbandsystem mit getriebenen Perlen auf. Den First besetzen fünf löwenähnliche Tiere, drei quer, zwei längs: Symbole der Stärke und Wächter.

Die Burse wurde vermutlich Herzog Witukind anläßlich seiner Taufe in Attigny durch Karl den Großen geschenkt. H. G. Gmelin

32. Ausgrabungen im Dom von Bremen. Foto: K. H. Brandt. Landesarchäologe, Bremen 690

Die Aufnahme gibt in Richtung auf den Altar einen Überblick über die in den Jahren 1974–1976 im Mittelschiff des St.-Petri-Domes von Bremen vorgenommenen Ausgrabungen. Es wurden Überreste von insgesamt vier vorromanischen Kirchen festgestellt, die auf etwa 250 Jahre zu verteilen sind. Eine absolute Chronologie hat sich noch nicht festlegen lassen. Erzbischof Rimbert († 888) war nicht in der Sepultur des Altarhauses, sondern östlich der Chormauer bestattet. Über seinem Grab hat sein Nachfolger Adalgar (888–909) eine Michaelskapelle errichten lassen, die jetzt freigelegt wurde. Man glaubt im Bereich des Altarhauses, des Chores und der Michaelskapelle u. a. die Gräber der Bischöfe und Erzbischöfe Willerich, Ansgar und Rimbert gefunden zu haben. – K. H. Brandt, Ausgrabungen im Bremer St.-Petri-Dom 1974–76. Ein Vorbericht, 1977, hier bes. S. 1–44. H. Patze

REGISTER

von Hans Patze

A

Aachen 710
Abbio, Verwandter des Sachsenherzogs Widukind 592
Abel, K. 49
– Wilhelm, Prof. für Wirtschafts- und Sozialgeschichte in Göttingen (geb. 1904) 90
Abgaben 344, 345, 354, 355, 607, 633
Abholzen 345
Ablösung der Grundlasten 374
Abodriten, slawischer Stamm in Mecklenburg 593, 620, 621, 622
Abschwörformeln 585
Accumer Tief, Wasserlauf b. Dornum, Ostfriesland 348
Achenwall, Gottfried, Prof. in Göttingen (1719–1772) 49, 51
Acker 136, 630
Ackerbau 164, 165, 458, 468
Ackerbürgertum 407, 422, 423, 427
Adalbert, Erzbischof von Bremen (R. 1043–1072) 12
– Graf, Babenberger († 906) 614
Adalgar, Erzbischof von Hamburg (R. 888–909) 683, 684, 688
Adalhard I., Abt von Corbie 695, 696
– II., Abt von Corbie 695
– Bruder des Abtes Baugulf von Fulda 694
– Graf, Babenberger († 902) 614
Adam von Bremen, Domherr in Bremen, Geschichtsschreiber († ca. 1085) 6, 12, 519, 687, 690, 698
– Gesta Hammaburgensis ecclesie pontificum 12

Adel 547, 578, 590, 598, 599, 600, 602, 605, 606, 608, 615, 636, 637, 660, 667, 695, 700, 701
– Siedlung 273
Adenstedt sw. Ilsede 150
Adersheim sw. Wolfenbüttel 214, 215
Äbte 664
Aeda, Gemahlin Billungs 614
Ämter 371
Aerzen w. Hameln 338, 340
Äxte 451, 455
– siehe auch Streitäxte
Agatho, Papst (R. 678–681) 653
Agersbøl 517, 522
Agilfrid, Bischof von Lüttich (R. 769(?)–787) 665, 675
Agius, Mönch in Corvey 6, 696
Agrargeschichte 90
Agrarkrise 341, 343
Ahrbergen nnw. Hildesheim 643
Ahstedt ono. Hildesheim 214
Alban, Hl. 693
Alberich, Neffe Gregors von Utrecht 656
Albert, Abt von St. Marien in Stade (R. 1232–1240, † ca. 1264) 16, 17
Alboin, König der Langobarden (R. 568–573) 521, 558
Albrecht I., Herzog von Braunschweig-Lüneburg (R. 1252–1279) 23
Aldegisel, König der Friesen 574, 671
Aldessen, Wü. im Jadebusen 617
Alemannen 530
Alexander der Große, König (336–323 v. Chr.) 555
– Hl. 690, 710
Alexandria 513

46 Gesch. Niedersachsens

Alfeld s. Hildesheim, Stadt 152, 215, 288, 308, 404, 437, 448, 452
Alkuin, Abt von St. Martin in Tours († 804) 621, 656, 662, 672
Aller, Fluß 116, 125, 139, 140, 171, 210, 218, 405, 470, 478, 479, 488, 643, 676, 680
Aller – Urstromtal 101
Allmende 302, 305, 311, 322
Allmers, Hermann (1821–1902) 67
Alpenstrandläufer 444
Alsen, Insel (vor der Flensburger Förde) 515
Alster, rechter Nebenfluß der Elbe 515
Altelefant 442, 443
von Alten, Fr., Kammerherr (1822–1894) 68
Altenau i. Harz, Stadt 161, 218, 369
Altenteil 374
Altenwalde s. Cuxhaven 532, 644
Alte Piccardie nw. Lingen 363
„Altes Lager" 162
Altes Land (bei Hamburg) 296, 302, 402
Altfrid, Bischof von Hildesheim (R. 852–874) 678, 679, 686, 697, 705
– Bischof von Münster († ca. 848) 655, 669, 672, 674, 675
Altfunnixsiel n. Wittmund 366
Alt-Isenhagen, Kloster (verlegt) bei (bzw. in) Hankensbüttel nno. Gifhorn 312
Altmark 167, 206, 226, 227, 235, 312, 477
Altniederdeutsch 174–177
Altwapelersiel so. Varel 366
Alubert, Missionar, Bischof 656
Amalar, Erzbischof von Trier (nach 800) 681
Amalhar, Bischof 687
Amandus – Patrozinium 693
Ambergau, Kleinlandschaft um Bockenem 72
Ambronen, Stamm 561
Amelungsborn n. Bevern (n. Holzminden), Zisterzienserkloster 308, 334, 350
Ammeri 561
Ammerland, Landschaft (u. Kreis) w. Oldenburg i. O. 252
Ammersum o. Leer 249
Amorbach i. Odenwald, Benediktinerkloster 680, 687
Ampsivarier, germanische Stamm 503
Amtssitze 421, 422
Anastasius, Hl. 610, 697
Andelrasen 134

Anderlingen so. Bremervörde 467
Andreas, Hl. 690, 693
Anerbenrecht 375
Angarii siehe Engern
Angeln, Landschaft im Osten Holsteins 515
– Stamm 514, 535, 537, 554, 562
Angelsachsen 653, 659
Angerun, Landschaft um Soest 560
Ango (Wurflanze) 566
Angrivaren 176, 503, 505, 510, 522, 560, 577
Anhydrit 155
Ankum w. Bersenbrück 101, 138, 326
Anlandung 298
Annalen der Brüder des gemeinsamen Lebens im Lüchtenhofe zu Hildesheim 29
– Norder 36
Annales Corbeienses 696
– Fuldenses 616
– Hersfeldenses 15
– Hildesheimenses 15
– Hildesheimenses maiores 15
– Laureshamenses 545, 592, 621, 664, 669, 676
– Mettenses 560
– Mosellani 545
– Palidenses 16
– Quedlinburgenses 555, 557, 559, 561
– regni Francorum 662
– Rosenfeldenses (seu Harsefeldenses) 16
– Stadenses 17
– Steterburgenses 16
– Xantenses 616, 618
– Yburgenses 15
Annalium s. Aegidii Brunsvicensium excerpta 16
Annalista Saxo 670, 676, 691
Ansgar, Erzbischof von Hamburg-Bremen (R. 831–865) 6, 659, 682–684, 688, 696, 698, 705, 711
Antiklinallager 144, 149
Antimon 161, 163
Antoniflut von 1511 347
Antriebswasser 360
Anwenden (Streifen für das Umkehren der Pflüge) 322
Apenrade (Dänemark) n. Flensburg, Stadt 515
Apensen sw. Buxtehude 493, 538
Apenteiche b. Winzenburg 483
Apfel 458

Apokope 210, 214, 218
Appingen nw. Emden 251
Araber 575, 586
Arbeiter 354, 368, 428, 429, 430
Arbeiterwohnsiedlungen 359, 427, 430, 434
Arbeitsdienst 379
Archäologie, Frühmittelalter 548
Archidiakonat 579, 691, 693
Arends, Fridrich 71
Arminius, Cheruskerfürst, Sohn des Segimer († 19 oder 21 n. Chr.) 500, 501, 505, 508, 509, 510, 528, 531
Arn, Erzbischof von Salzburg (R. 785–821) 662, 672
Arnold von Lübeck, Abt in Lübeck, Geschichtsschreiber († 1212) 13
– von Creveld, Prior von Marienkamp 36
Arnulf, Kaiser (R. 887–899) 599, 603, 604, 622, 675, 683, 689, 694, 696
Arsen 162, 163
Artefakte 442
Artland 101, 334
Aschendorf (Ems), Stadt 293, 478, 693
Aschwege s. Zwischenahn 252
Asphaltlager 158
Asse, Höhenzug so. Wolfenbüttel 101, 152
Asylrecht 668
Atlanten, Wort- 232
Atlantikum 107, 127, 451
Atreban, Missionar 666
Attigny a. d. Aisne nw. Reims 592, 667, 682
Attila-Reich 563
Auerberg, Berg b. Ilfeld a. Harz 162, 163
Auerochs 445
Aufforstung 374, 380
Auflandung 134
Augsburg 194
August, Herzog von Braunschweig-Wolfenbüttel (R. 1634–1666) 41
Augustfehn w. Westerstede nw. Oldenburg 377
Augustgroden (am östl. Jadebusen) 380
Augustus, C. Octavius, römischer Kaiser (R. 27 v.–14 n. Chr.) 513, 522
Aunjetitzer Grab 464
Aureus, Hl. 693
Aurich i. Ostfriesland, Stadt 204, 220, 221, 222, 413, 414, 423, 431
Ausbausiedlung siehe Siedlung
Autbert, Priester 682
Autobahn 426

Avionen, germanischer Stamm 514, 515, 520, 521, 530
Awaren 586, 598
Axt 566

B

Babilonie (b. Lübbecke) 587
Backofen, Backhaus 286, 358, 485, 498
Backsteinbauten 418
Badehaus 286
Badius, Johannes, Pastor († 1630) 44
Badurad, Bischof von Paderborn (R. ca. 822–859/860) 710
Bagger 376
von Bahrfeld, Max, General (1856–1936) 70
Baljen (Buchten) 348
Ballungsprozeß (Siedlung) 340
Baltrum, ostfries. Insel 249
Bandkeramik 261, 447, 448–452, 458
– Linear- 448, 449, 450
Bannwald, königlicher 327
Banse, Ewald (1883–1953) 93
Bant, untergegangene Insel s. Juist 133, 667
Banzleib, Franke 601
Baracken für Arbeiter 430
Bardengau, Kleinlandschaft bei Bardowick 586, 590, 615, 680
Bardowick n. Lüneburg 52, 386, 396, 621, 644, 646
– Bistumssitz 621, 681, 686
– Kanonikerstift 29
Baring, D. E. († 1753) 48, 52, 53
Barlissen ssw. Göttingen 334
Bartels, Petrus, Generalsuperintendent in Aurich (1832–1907) 69
Barthe b. Emden 644
Barwedel o. Gifhorn 252
Basalt 104, 159
Basel 700
Bassum w. Hoya a. d. Weser, Kanonissenstift 698
Bassus, Jallius, römischer Statthalter 521
Bataveraufstand 505
Bauern 344, 345, 346, 367, 369, 374, 608, 633
– Anbauern 354, 358
– freie 327
– unterbäuerliche Schichten 355
„Bauernbefreiung" 375

Bauernhaus, niedersächsisches 216
Bauernstellen 327
Bauerschaften 317, 402
Baugenossenschaften 433, 434, 437
Baugulf, Abt von Fulda († 802)
    664, 665, 676, 694
Bauhandwerk 356
Baum (als Kultort) 582
Baumgrenze 164
Baumwollweberei 428
Bausteine 143
Baven s. Munster 466
Bayern 656
Becher 459
– Silber- 493, 566
Beckum no. Hamm i. W., Fürstengrab
    565, 567
Beckurts, F., Oberlehrer 77
Beda, gen. Venerabilis, Mönch († 735)
    580, 587, 605
Befestigungen 286, 482; siehe auch Burgen
Bege 51, 71
Beichtbücher 704
Beichte 704
Beile 460, 473, 490
von Bellinckhausen, Rudolf
    (ca. 1567–1645) 45
Belm o. Osnabrück 293
Bemerode so. (jetzt zu) Hannover 307
Benedikt, Hl. 705
Beninga, Eggerik, Geschichtsschreiber
    (1490–1562) 36, 37
Benjamin, Missionar 666
von Bennigsen, Rudolf (1824–1902),
    nationalliberaler Politiker 78
Benno II., Bischof von Osnabrück
    (R. 1068–1088) 11
Benterode o. Kassel 168
Bentheim, Stadt 51, 143
– Grafschaft, Kreis 48, 61, 80, 99, 101, 138,
    144, 205, 206, 213, 223, 227, 234, 363,
    372, 510
Bentumersiel 497
Bergbau 52, 151, 160, 164, 218, 345, 359,
    360, 417
– Siedlung 327
– siehe auch Eisenerzlager, Erze,
    Lagerstätten
Bergen nnw. Celle 423, 466
Bergfreiheiten 218, 360
Bergland, ndsächs. 100, 264, 278, 329,
    337, 344, 357, 358, 373, 396, 398, 403

Bergleute 359, 360, 361, 415
Bergstädte, Oberharzer 218, 369, 413, 415
Berg-Traubeneichen-Birkenwälder 157
Bergwerke 357, 360
Berka so. Northeim 692
Bernhard, Sohn Karl Martells 600, 665, 694
– Graf 618, 695
Berlin 63, 432
Bernburg, Stadt a. d. Saale 77
Bernlef, Sänger 561
Bernrad, Abt von Echternach 673
Bernradh, Abt 666, 674
Bernstein 456, 460
Bernward, Bischof von Hildesheim
    (R. 993–1022) 10
Bersenbrück nnw. Osnabrück, Stadt 205
Berthold von Holle 183
Bertram, Adolf, Bischof von Hildesheim,
    von Breslau, Kardinal (1859–1945) 79
– J. F., Konsistorialrat in Aurich 52
Berufssprache 234
Besenheide 122
Bestattungssitten 439, 455, 456, 460, 461,
    464, 466, 467, 469, 471, 472, 479, 488,
    492, 493, 528, 540, 583, 606, 638
Beuchte nno. Goslar 564
Bevensen n. Uelzen 437
Bevölkerungsdruck 357
Bevölkerungskonzentration 407, 430
Bevölkerungsrückgang 340, 341, 347, 349
Bevölkerungszahl 631
Bibel 194, 195
Bibliothek 696
Bielefeld, Stadt 187, 357
Bienen 293
Bierbrauerei 428
Bifänge (Rodungen) 274, 639
Bille, rechter Nebenfluß der Elbe
    b. Hamburg 515
Billung 614
Billunger 17, 23, 613
Binson b. Châtillon-sur-Marne 696
Bippen wnw. Bersenbrück 293
Birka im Mälarsee (Schweden) 682, 683
Birke 107, 141
Bisamspitzmaus 444
Bischöfe 664, 665, 674
Bischofssitze 386, 388, 389, 398, 409, 410,
    617, 618, 644, 645, 664, 674
Bise, Fluß 680
Biso, Bischof von Paderborn (R. 887–909)
    672

Bison 444
Bistümer 600, 665, 674, 681, 685
Blankschmieden 357
Blasebälge 476
Bleckmar sso. Soltau 263
Bleek (Flecken) 400, 408
Blei 161, 163
Bleiglanz 162
Blexen n. Nordenham 326, 399
Blickwedel n. Gifhorn 252
Blockkisten (Gräber) 461
Blumenau no. Wunstorf 203
Blumenbach, G. H. W., Geh. Regierungsrat 67
Boberg, Stufe von 445
Bobo, Sohn des Friesenkönigs Radbod 574
Bockenem nno. Bad Gandersheim 154
Bockshornschanze b. Quedlinburg 703
Bockswiese, Gangzug 162
Bode, Fluß im Ostharz 71, 218, 558
Bodemann, Eduard 65
Bodenfelde a. d. Weser, o. Karlshafen 413, 642
Bodenfunde 548, 561, 565, 567, 576
Bodenschätze 273
Bodenteich sso. Uelzen 423
Bodenverarmung 342
Bodenwerder a. d. Weser, n. Holzminden 206, 431
Bodfeld, Pfalz b. Elbingerode 327
Bodo, Heinrich, Mönch in Clus 31, 32
Böddeken, Kanonissenstift s. Wewelsburg (sw. Paderborn) 353
Böden 117, 118, 119, 120, 122, 147, 155, 342, 462, 485, 495, 631
Bögge o. Kamen 670
Böhrde, Höhenzug n. Uchte 138
Börden 357
Böse, K.G. 71
Bötersheim w. Buchholz i. d. Nordheide 243
Böttger, H. 72, 76
Bogen (Waffe) 490
Bohlsen w. Uelzen 484
Bohlwege 142, 485
Bohrung (im Stein, prähistor.) 451
Boicalus, Angrivarier 508
Bollandisten (nach P. Bolland benannte gelehrte Jesuiten) 49
Bomann, Wilhelm, Fabrikant in Celle (1848–1926) 69, 88

Bonifatius, Bischof, Erzbischof, Erzbischof von Mainz (R. 722–754) 557, 655–659, 665, 671, 672, 683, 700
– Patrozinium 656, 693, 694
Boomburg-Hatzum a. d. Ems 484
Bordesholm ssw. Kiel 537
Borgstedt o. Rendsburg 537
Boppard a. Rh. 710
Borken n. Gladbeck, Stadt 663
Borkum, ostfriesische Insel 134, 506
Bornum (ON) 268
Borsumer Kaspel 147
Botanik 439
Bote, Herrmann, Zollschreiber, Chronist († nach 1520) 22, 24, 32, 691
– Konrad 27
Botendienste 356
Bourtanger Moor 99, 112, 143, 363, 365, 375
Bovenden n. Göttingen 264
Bovo, Abt von Corvey (R. 879–891) 696
– „Marschenmeister" 300
Brache 276, 342
Brachweide siehe Weide
Brake a. d. Weser, nnw. Bremen, Stadt 137, 424
Brakel o. Paderborn, Stadt 352, 353, 710
Brakteaten 568, 569
Bramburg, Burg über der Weser, s. Bursfelde 104, 587, 588
Bramsche nnw. Osnabrück, Stadt 421, 428, 437, 509
Bramwald, am rechten Weserufer, n. Hann. Münden 152, 158, 266, 274, 636
Brandäcker 363, 376
Brandbestattungen 469, 494, 517, 526, 531, 532, 562, 563, 565, 566, 702, 703
Brandenburg, Markgrafen 312
Brandes, Henning, Bürgermeister in Hildesheim (1454–1529) 30
– Joachim, Bürgermeister in Hildesheim (1553–1615) 30
– Tile, Bürgermeister in Hildesheim (1511–1566) 30
Brandgräber siehe Brandbestattungen
Brandgrubengräber 491, 528
Brandi, Karl, Prof. der Geschichte in Göttingen (1868–1946) 85
Brandkatastrophen 358, 422
Brandkultur (Moorkolonisation) 363, 364, 365, 375
Bratspieß 564

Braunerde 119, 120, 121, 124, 141, 142, 143, 148, 156, 277
Braunkohle 149, 158
Braunlage i. Harz, Stadt 163
Braunschweig 26, 27, 91, 101, 112, 139, 147, 154, 185, 187, 204, 215, 216, 217, 314, 321, 336, 341, 405, 409, 416, 417, 418, 426, 430, 432, 435, 437, 448, 478
- Geschichtsschreibung (des Rates) 26, 27, 32, 63
- topographische Entwicklung 386, 388, 391, 392, 394, 395, 396, 398, 410
- Kirchen 691
- Ottonianum (Stadtrecht von 1227) 183
- St. Blasius, Kanonikerstift 16, 22
Braunschweig-Calenberg 372
- Grubenhagen 359, 369
- Lüneburg 312, 372
- Wolfenbüttel 357, 369
Brecklenkamp nw. Nordhorn 248
Bremen 11, 134, 136, 137, 167, 188, 195, 196, 200, 210, 225, 338, 349, 377, 403, 408, 412, 414, 416, 419, 420, 424, 432, 478, 573, 617, 618, 646, 666, 683, 687, 688, 698
- Bischöfe 681
- topographische Entwicklung 386, 387, 390, 392–396, 398, 410
- Dom 666
- Bistum, Hochstift 299, 300, 386, 387, 666, 681, 684
- Erzbistum 603, 681, 683, 689
- Geschichtsschreibung 15, 33, 34, 35, 50, 54, 61, 63, 67, 71
- Urkundenfälschungen 18
Bremerhaven, Stadt 134, 337, 425
Bremervörde nno. Bremen, Stadt 262, 338, 343, 356, 365, 396, 423, 431
Brenneysen, Enno Rudolf, Kanzler (1669–1734) 56, 60
Breslau 194
Briefe 185, 195, 687
Briefsammlung 18
Brinckman, John 193
Brinke 358
Brinksitzer 354, 356, 357, 358, 372, 373
Brinkum so. Delmenhorst 138
Britannien 533, 535, 536, 537, 554, 557, 564, 653, 660
Briten 537
Brocken, Berg (1019 m) 110, 111, 112, 160, 161, 164

Brockenpluton 102, 162, 163
Broistedt n. Salzgitter 150
Brokmerland, Land n. Emden 305, 331, 348
Bronzefiguren 492
Bronzegeschirr 527, 531
Bronzegießer 497, 641
Bronzenadeln 464
Bronzestatuetten 494
Bronzewagen von Stade 474
Bronzezeit 463–475
- ältere 463–468
- jüngere 469–475, 480
Brüning, Kurt (1897–1961) 87
Bruchhausen w. Hoya a. d. Weser 423
Brukterer 503, 505, 507, 508, 522, 560, 587
- Gau 580
Brun, Sachse 586, 589, 610
- Sachsenherzog (✝ 880) 614, 618, 676
Brunnen 629
Brunos Buch vom Sachsenkrieg 12
Brunsburg (ssw. Höxter) 587, 589
Brunshausen n. Bad Gandersheim 287, 643
- Nonnenkloster 591, 610, 697
Buche 108, 121, 123, 485
Buchenwälder 124, 125, 141, 156, 157, 164
Buchweizen 362, 363, 374
Bücher 656, 696
Bückeberge o. Bückeburg 104, 146, 148, 158, 309
Bückeburg so. Minden, Stadt 211, 216, 416, 417
Bücken s. Hoya a. d. Weser, Kollegiatstift 698
Bülten n. Ilsede 150
Bünde n. Herford i. W., Stadt 293
Bünting, Heinrich (1545–1606) 42, 57
Büraburg w. Fritzlar, Sitz eines Bistums 575, 576, 589, 658, 674, 691
Bürger, Landerwerb auf Dörfern 346, 367, 370
Büsching, A. F. 49, 51
Büttner, Ernst, Oberstudienrat (1881–1955) 91, 94
Bugenhagen, Johannes (1485–1558), Reformator 194
Bukki-Gau, Kleinlandschaft b. Bückeburg 662
Bunderneuland wsw. Leer 366
Buntenbock s. Clausthal-Zellerfeld 360
Buntsandstein 103, 151–154, 160

Burchard, Bischof von Würzburg († 791) 675
Burgdorf no. Hannover, Stadt 289, 431
Burgen 286, 287, 288, 320, 324, 325, 329, 339, 405, 411, 418, 421, 575, 576, 617, 707
- frühgeschichtliche 482, 483, 620
- Höhenzug 325, 406
- und Städte 386-390, 396, 398, 401-404, 406, 411, 414, 417, 420
- Rundburg 286, 387
- slawische 312, 620
- Wasserburgen 325, 403
Burgenforschung 68
Burgmannen 404, 407
Burgmannensiedlung 403
Burgscheidungen so. Nebra a. d. Unstrut 554, 555
Burgstadt, Gangzug 162
Burgund 666
Burgwälle 588
- slawische 620
Burse von Enger 667, 720
Bursfelde a. d. Weser, Benediktinerkloster 353
Busch, Friedrich, Bibliotheksdirektor in Hannover (1891-1974) 86
- Johannes, Propst in Hildesheim 29
- Wilhelm (1832-1908) 204
Buße 605, 669
Butjadingen, Halbinsel zw. Weser und Jadebusen 132, 251, 347, 348, 380
Buto, Sachse 580
Buxtehude sw. Hamburg, Stadt 399, 402, 408, 431, 436
Byzanz 545

C

Caecina, Heerführer des Germanicus 509
Caistor-by-Norwich 535
Calenberg, Burg a. d. Leine, s. Pattensen, Herrschaft 64, 71, 101, 205
Calluna-Heide 462
Calvelage-Ravensberg, Grafen von 403
Calvör, Henning, Pastor 52
- Kaspar, Generalsuperintendent (1650-1725) 52
Campen nw. Emden 298, 304
Capitulare Saxonicum 592, 605, 632
Capitulare de villis 636, 668

Capitulatio de partibus Saxoniae 579, 591, 667, 668, 689, 690, 702
captura (Rodung) 639
Caput, Johannes, Prämonstatenser Stiftsherr 17
Caracalla, römischer Kaiser (R. 211-218) 511, 531
Carausius 530
Carmen de bello Saxonico 12
Carolinensiel nnw. Jever 366
Cassius Dio, griech. Historiker (ca. 155-ca. 235 n. Chr.) 4, 501, 503, 506, 507
Celle, Stadt 48, 53, 116, 172, 206, 211, 235, 405, 416, 418, 423, 435, 437
celtic fields 277, 278, 280
Celtis, Conrad (1459-1508), Humanist 40
Chaibonen, germanischer Stamm 521, 530
Châlons-sur-Marne 679
Chalousos, Fluß 513
Chariomer 511, 513
Chatten 503, 506, 510, 511, 522
Chauken 176, 189, 198, 503, 505, 506, 507, 508, 511, 513, 514, 517, 518, 520, 522, 523, 525, 530, 538
Cherusker 176, 503, 505, 506, 507, 508, 510, 511, 522, 530, 538
Chirchdorf (unbek. im Marstemgau) 691
Christenberg b. Wetter i. Hessen 576, 588
Christina, Liudolfingerin 614
- Hl. 690
Chrodegang, Bischof und Erzbischof von Metz (R. 742-766) 663
Chronica archicomitum Oldenburgensium 36
- *cenobii Clusini* 31
- *ducum de Brunsvick* 22
- *episcoporum Hildenshemensium necnon abbatum monasterii s. Michaelis* 29
- *principum Brunsvicensium* 22
- *principum Saxoniae* 22
Chronicon Bremense 35
- *breve Bremense* 15
- *s. Aegidii in Brunswig* 26
- *(coenobii) s. Godehardi* 29
- *comitum Schauenburgensium* 38
- *episcoporum Hildesheimense* 15, 29
- *Luneburgicum* 28
- *s. Michaelis Luneburgensis* 17
- *Rastedense* 36
- *episcoporum Verdensium* 35

Chronik, Braunschweigische Reim- 23
- des Stifts S. Simon und Judas in Goslar 31
- eines Anonymus aus Lüneburg (?) 28
- Jeversche 37
- von Lehe 35
- Schomaker (Lüneburg) 28
- Niederdeutsche Bischofschronik 38
- siehe auch Cronica
Chyträus, David (1531–1600) 42
Cimbern, germanischer Stamm 501
Cimbrische Halbinsel 513
Cirksena, friesisches Häuptlingsgeschlecht 37, 414
Clausthal-Zellerfeld, Stadt 161, 218, 360, 369
Clemens Romanus 579
Clemensflut von 1334 347
Clenze o. Uelzen 312
Cleverns-Sandel sw. Jever 564
Cloppenburg, Stadt 89, 229, 325, 413
Clüversborstel w. Rotenburg a. d. Wümme 78
Clus, Benediktinerkloster nnw. Gandersheim 31, 32
Cobbo, Sohn Ekberts 601, 614
- d. J. 614, 696
Codex Theodosianus 668
coloni, liberi 648
Columban d. J., Missionar († 615) 653
comes 389
- siehe auch Grafen
Conring, Hermann, Prof. iur. in Helmstedt (1606–1681) 41, 51
Coppenbrügge o. Hameln, Stadt 404, 405
Corbie (Vetus Corbeia) a. d. Somme, Benediktinerkloster 600, 682, 695
Corvey (Nova Corbeia) a. d. Weser, Benediktinerkloster 6, 7, 287, 324, 337, 388, 396, 546, 580, 600, 613, 628, 633, 637, 646, 682, 692, 693, 695, 696, 701, 710
Crispin, Hl. 685
Crispinian, Hl. 685
Critzum so. Emden 649
Cronica ecclesie Hamelensis 31
- der Fresen 37
- sive catalogus episcoporum Osnaburgensium 37
Cuxhaven, Stadt 98, 337, 399, 425

D

Dämonen 585
Dänemark 6, 454, 470, 498, 522, 678, 682
Dänen 558, 590, 598, 616, 667, 682, 683, 688
Dänisch 174
Dageförde, K. 76
Dagobert I., König (623–639) 658, 671
Dahlheim o. Kassel 168
Dahlmann, Friedrich, Prof. der Geschichte in Göttingen (1785–1860) 66
Dalem (Wü.) n. Bremerhaven 635
Damme nnw. Osnabrück 142, 145
Dammer Berge, Höhenzug sw. Diepholz 101, 138, 278, 279, 280, 281, 283, 291
Dangast n. Varel (Oldenburg) 380
Dannenberg o. Uelzen, Stadt 192, 229, 312, 313, 371, 431
Darzau, Domäne, zu Quarstedt, s. Neu-Darchau a. d. Elbe 488, 490
Dassanek (unbek.) 680
Dassel w. Einbeck, Grafen von 308
Dassensen sw. Einbeck 243
Dauerackerland 274, 276–279, 284, 316, 323, 337, 631
Davo, Sachse 661
Decentius 530
Dedda 700
Degradierung von Böden 147
Dehio, Georg (statt Ludwig), (1850–1932), Kunsthistoriker 66
Deichachten 304, 305
Deicharbeiter 368
Deichbau 133, 298, 300, 302, 304, 330, 347, 348, 356
Deichbrüche 298
Deiche 52, 108, 129, 130, 132, 296, 347–349, 366, 367, 380, 414
- Schlafdeiche 367, 370
Deichlasten 349, 369, 370
Deichrechte 305
Deilmissen nw. Alfeld/Leine 264
Deimern nno. Soltau 443, 444
Deister, Höhenzug sw. Hannover 104, 146, 148
Delbrück w. Paderborn 310
Delligsen sw. Alfeld/Leine 421
Delmenhorst w. Bremen, Stadt 396, 421, 437
Denar 635, 644, 648
Dendrochronologie 548
Derneburg so. Hildesheim 339

Descriptio civitatum 620
Deutsche Bucht 130, 137
Deutz a. Rhein, Stadt 553
Deventer, Stadt i. Holland
  5, 579, 645, 656, 660, 710
Devon 102
Diakone 659
Dialekte 186, 201–227, 234, 236–238
Dialektforschung 50
Diedenhofen (Thionville), Lothringen 682
– Kapitulare 621, 644
Diedorf n. Kaltennordheim 693
Diemarden s. Göttingen 452
Diemel, linker Nebenfluß der Weser
  99, 153, 254, 308, 544
Dienste 344, 607
Diepholz, Stadt 53, 64, 205, 207, 356
– Grafschaft 61, 72, 281, 321, 333, 372, 408
Dieppurch, Peter († 1494) 29
Dierstorf n. Minden 538
Dietrich, Bischof von Minden (R. 853–880)
  676, 694
– fränkischer Heerführer 591
Dinkelhausen o. Uslar 241
Diözesangrenze 216, 679
Dionysius-Patrozinien 663, 692
Diphthonge, Kurz- 212
Diplomatik 53
Dissen a. Teutoburger Wald, Stadt 293
Dithmarschen, Landschaft im Westen
  Holsteins 302, 517, 666, 681
Ditzumer Hammrich no. Leer, a. d. Ems-
  mündung 380
Doebner, Richard, Stadtarchivar in
  Hildesheim 65
Döring, Matthias († 1464) 22
– Dirik, Sülfmeister in Lüneburg 28
Dörries, Hans († 1945) 86
Dörverden s. Verden 564
Dogger 103, 144
Doggerbank 105, 129
Dohnsen o. Bergen, Kr. Celle 467
Dokkum i. Friesland 592, 659
Dolche 465
Dolgow sw. Lüchow 193, 229
Dollart 131, 132, 348, 349, 366, 380
Dolmen 454, 455
Dolomite 159
Domänen 381
Domitian, Titus Flavius, Kaiser
  (R. 81–96 n. Chr.) 511

Domitius Corbulo, römischer Statthalter
  511
Donar, Gottheit 519, 703, 704
Donau 521, 532
Dorchester b. Oxford 535
Dorestad (jetzt: Wijk bij Duurestede) 655
Dorf 628, 631
Dorfgenossenschaften 329
Dorm, Höhenzug nw. Helmstedt 152
Dortmund 187
Dorum n. Bremerhaven 366
Dränung 376
Dransfeld wsw. Göttingen, Stadt
  104, 159, 692
Drantum oso. Cloppenburg 279, 702
Dravänopolabisch, slaw. Dialekt
  191, 192, 193, 227, 228, 229
Drechseln 496
Drehscheibengefäße 489, 529, 537
Drei Annen, Gangbezirk im Oberharz 162
Dreifelderwirtschaft 316, 322, 630
Dreihausen s. Marburg 576
Drenstein so. Münster 710
Drente, holländische Provinz
  278, 527, 544, 646, 660
Drevani, Kleinlandschaft 640
Driburg, Bad, o. Paderborn, Stadt 158
Drogo, Bischof von Metz († 855) 688
– Bischof von Minden (R. 887–902) 694
Drubbel 350
Druffelbeck-Bach 680
Drusus, Nero Claudius (38–9 v. Chr.)
  503, 506, 507
Dryaszeit 444
Duderstadt i. Eichsfeld, Stadt
  207, 396, 418, 432
Düenkamp o. Haselünne (o. Meppen) 248
Dülwald, Höhenzug in Schaumburg 309
Dümmer, Flachsee s. Diepholz
  101, 140, 142, 165, 207, 343, 457
Dünenpflanzen 122
„Düngerkrise" 342, 343
Düngung 274, 305, 342, 343, 364, 631
Düren o. Aachen, Stadt 586
Dürre, Hermann (1819–1893) 65
Duingen nw. Alfeld a. d. Leine 159, 357
Dunum w. Wittmund (Ostfriesland)
  279, 584, 702
Du Plat 55
Duvensee n. Lauenburg 445
dux, illuster, venerabilis 601

E

Ebel, Wilhelm, Prof. für Rechtsgeschichte in Göttingen (geb. 1908) 90
Eberesche 122, 164
Eberhard, Mönch in Fulda 673
– Priester in Gandersheim 183
Eberkar, Stifter 694
Ebo, Erzbischof von Reims, dann Bischof von Hildesheim († 851) 675, 678, 682, 686, 698
Ebstorf nw. Uelzen, Kloster 21, 618
Echte n. Northeim 636
Echternach, Benediktinerkloster 5, 655, 666, 672
Eckart, Rudolf, Schriftsteller 74
Ecker, linker Nebenfluß der Ilse 331
Eckhardt (Eccard), Johann Georg von, Nachfolger von Leibniz als welfischer Hofhistoriograph (1664–1730) 48, 49, 50, 55
Eddelak, Wurt 517
Eddigehausen n. Göttingen 241
Edemissen s. Einbeck 244
Eder, Nebenfluß der Fulda 560
Edesheim b. Misburg ö. Hannover 574
edhlingi (Edlinge) 605
Edzard I., Graf von Ostfriesland (R. 1494–1528) 190
Effelder w. Mühlhausen i. Th. 693
Egbert siehe Ekbert
Eggegebirge 99, 100, 109, 111, 157, 158
Egilmar, Bischof von Osnabrück (R. 889?–918?) 675
Eibe 442
Eiche 107, 108, 123
Eichelmast 273
Eichen-Birkenwälder 122, 123, 125, 141, 271
Eichen-Buchenwälder 123, 271
Eichen-Hainbuchenwälder 123, 124, 125, 141, 148, 156, 157, 271
Eichenmischwald 121, 443, 451
Eichsfeld 61, 98, 233, 357, 693
Eider, Fluß in Holstein 174, 517, 525, 683
Eigengut 601, 697
Eigenkirche 288
Eigenwirtschaft von Grundherren 353, 354
Eigil, Abt von Fulda († 822) 663, 664
Eike von Repgow († nach 1233) 18, 21, 25, 183
Eila, Gem. Cobbos d. J. 614
Eilhart von Oberg (E. 12. Jh.) 183

Eilsen, Bad, nw. Rinteln 157, 416
Eimer 493, 494
Einbeck nnw. Göttingen, Stadt 21, 254, 266, 391, 392, 396, 409, 410, 417, 418, 423, 428, 431, 507
Eindeichung 134, 136
Einfeldwirtschaft 631
Eingemeindungen 433
Einhard, Biograph Karls d. Großen († 840) 585, 592, 662, 699, 709
Einkorn 458, 462
Einlieger 358
Einstraßenanlagen 388, 391
Einzelgrabkultur 459, 460, 461
Einzelhöfe 259, 264, 273, 282, 283
Eisenach, Stadt 507
Eisenbahn 377, 426–429, 434
Eisenbearbeitung 629, 641
Eisenerz(lager) 103, 145, 149, 158, 328, 476
Eisenhütten 157, 377, 421
Eisenzeit 262
– ältere 476–487
Eisfuchs 444
Eiszeiten 105, 129, 130, 138, 139, 146, 153, 442, 443
Ekbert, Sachse 601, 614, 636, 696
– *dux* 604, 615
Ekbertiner, Adelsfamilie 613, 619
Elbe 98, 101, 114, 137, 171, 192, 202, 205, 217, 269, 285, 295, 300, 366, 461, 488, 494, 501, 503, 505, 507, 510, 511, 517, 522, 524, 532, 544, 586, 590, 592, 593, 615, 617, 635, 643, 669, 680, 681, 682, 687, 702
Elbgermanen 488, 489
Elbingerode a. Harz, Stadt 161, 162, 163, 328
Elbmarschen 223, 235
Elbmündung 348
Elbostfälisch 187
Eldagsen ssw. Hannover, Stadt 404, 423, 432
Elfas, Höhenzug nw. Einbeck 152
Elisabethfehn w. Barßel 377
Ellens s. Sande b. Wilhelmshaven 251
Ellenserdamm nw. Varel (Oldenburg) 366
Ellerbeck ö. Osnabrück 494, 531
Ellerbeck-Ertebölle-Kultur 445
Elliehausen nw. Göttingen 241
Elm, Höhenzug so. Braunschweig 101, 145, 148, 152
Elsfleth a. d. Weser, Stadt 134, 139, 422, 424

Elster, O. 70
Elvese n. Nörten-Hardenberg 264
Elze w. Hildesheim, Stadt 154, 214, 285, 287, 387, 506, 645, 676, 678, 691
Emden 67, 190, 196, 222, 225, 234, 349, 381, 408, 416, 419, 420, 432, 435, 646
– topographische Entwicklung 385, 386, 388, 389, 391, 396, 399, 646
Emmeln n. Meppen 456
Emmer, linker Nebenfluß der Weser (s. Hameln) 154
Emmer 458, 462, 676
Emmigo, Missionar 666
Emmigus (Hemming), Graf 616
Emmius, Ubbo (1547–1625) 41, 44, 45, 60
Emo, Abt von Wittewierum 36
Empelde w. Hannover 263, 642
Empnes, Christian, Prediger 35
Ems 101, 125, 136, 137, 138, 140, 171, 210, 263, 269, 295, 296, 334, 348, 363, 365, 376, 470, 478, 503, 505, 506, 510, 517, 524, 527, 559, 603, 617, 643, 702
Emsbühren s. Lingen 690
Emsgau, Kleinlandschaft 667
Emsland 112, 113, 139, 145, 205, 213, 221, 223, 263, 274, 285, 287, 321, 335, 358, 362, 373, 374, 376, 378, 454
Emsland G.m.b.H. 379
Enda, Liudolfingerin 614
Engelhus, Dietrich († 1434) 21, 22, 25
Engelin, Kleinlandschaft an der unteren Unstrut 557
Enger nw. Herford, Stadt 667
Engern, Landschaft beiderseits der mittleren Weser 560, 577, 586, 587, 589, 590, 700
– Teilstamm der Sachsen 589, 592
England 419, 527, 530, 554, 556, 557, 562, 565, 653, 662
Engrisch (Dialekt) 178
Engter n. Osnabrück 310
Enten 444, 485
Entrundung (phonetisch) 218
Entsiedlung 335, 336, 340
Entwässerung 114, 135, 367
– von Feldern 279, 304, 373
– von Mooren 361, 363, 376
Entwässerungskanäle 362, 376
Eoba 700
Eoban, Bischof von Utrecht 659
Epiphanius, Hl. 10
Erath, A. U. Archivar (1709–1773) 53

Erbfolge 374
Erbleihe 309, 331
Erbpacht 362, 363, 367
Erbsen nw. Göttingen 244
Erdenburg b. Köln 483
Erdgas 106, 129, 144
Erdöl 105, 106, 129, 144, 148, 149
Eresburg in Obermarsberg 587, 589, 590, 662, 663, 664, 666, 692
Erfurt, Stadt 507
– Bistum 575, 658
Erkanbert, 1. Bischof von Minden (um 787) 676, 685
– *episcopus de Saxonia* 676
Erle 121, 125
Erlenbruchwald 126
Ernährung 630
Ernst, Fürst von Schaumburg (R. 1601–1622) 43, 417
– August, König von Hannover (R. 1837–1851) 63
Ernte 322
Erntearbeit 356
Erntemesser 451, 458
Eroberer (sächsische) 606
Ertmann, Ertwin, Bürgermeister von Osnabrück (ca. 1430–1505) 37, 38, 47
Erzgänge 102
Erzgebirge 218, 360, 415, 463
Erz(lager) 104, 106, 144, 148, 150, 161, 162, 391, 415
Erzpriester 692
Erzverhüttung 327
Erzwäsche 360
Esbeck sw. Elze 563, 564
Esche 123, 135, 141
Esch siehe Fluren
Eschenburg b. Bremke sw. Göttingen 482
Eschen-Ulmenwald 125
Escherode o. Kassel 168
Eschershausen n. Stadtoldendorf 308, 331
Eschwege a. d. Werra, Stadt 576
Esens i. Ostfriesland, Stadt 366, 396, 413, 414, 431
Esklum s. Leer 249
Espol w. Northeim 250
Essen a. d. Ruhr, Stadt 686
– Kanonissenstift 174, 546, 633, 679, 705
Essen, Bad, am Wiehengebirge 437
Essex 519, 537
Este, linker Nebenfluß der Elbe (in Buxtehude) 101

Esterwegen o. Aschendorf 253
von Estorff, G. O. K., Kammerherr (1811–1877) 68
Eudonen, germanischer Stamm 514
Evangelienbuch 696
Evenkamp o. Haselünne 248
Eversen sw. Rotenburg a. d. Wümme 243
Everstein, Burg no. Holzminden
- Grafen von 402
Ewalde, zwei Missionare († ca. 680) 580
exercitus siehe Heerschaft
Exulantensiedlungen 413, 416
Ezinge, Wurt in Westfriesland 527

F

Fachsprache 234
Fachwerkbauten 418, 496
Fährplätze 394
Fallstein, Höhenzug so. Hornburg 101, 152
Faunistik 439
Faustkeile 51, 442, 443
Feddersen Wierde, Wurt n. Bremerhaven 296, 485, 495, 496, 497, 526, 539
Feder, G. H. 64
Fediritga, Kleinlandschaft b. Aurich 667
Fehmarnsund 515
Fehne 363
Fehngesellschaften 362
Fehnkolonien 362, 365, 375, 377
Fehnkultur 362
Fehntjer (Siedler in Fehnkolonien) 363
Feldahorn 123
Feldbestellung 322
Felder, Außenfelder 358
- Großblockfelder 327
- Wechselfelder, Vöden 323
Feldmarken 345, 346, 352
Felsbilder 467
Fernhandel, Fernhändler 385–390, 392, 393, 467
Festenburg, Gangzug 162
Festungen 417, 421
Feuersteingeräte 444, 451, 455, 461
Fibeln 465, 473, 477, 483, 486, 491, 492, 493, 494, 499, 524, 531, 532, 534, 535, 537, 641
Fichte 123, 124, 125, 157, 164, 443
Filsum o. Leer 249
Findorff, Jürgen Christian, Moorkommissar (1720–1792) 364

Fischer 368
Fischfang 273, 425, 445, 457, 484
Fiscus (Königsland) 648
Fivelgo, Kleinlandschaft o. Groningen 667
Flachgräberfelder **477**
Flachhacke 451
Flachsbau 356
Fladenbrot 458
Flats 140
Flechten 107
Flecken 385, 406, 408, 412, 413, 417, 422, 424, 427
Fleckenrecht 402–404
Fleete 343
Flensburger Föhrde 515
Flint 452, 455, 456, 458, 460, 464
Flintbeile 445
Flögeln no. Bremerhaven 262, 278, 475, 498, 527, 564, 640
Floreke, Nikolaus, Stadtschreiber in Lüneburg 28
Flottlehm 271
Florus, Lucius Annaeus, römischer Geschichtsschreiber (um 120 n. Chr.) 4
Flottsand 105, 123, 140, 141, 271, 457
Flüchtlinge 379
Flüsse siehe Wasserläufe
Flur 326, 329, 337, 341, 540, 628
- Acker- 321, **630**
- Block (nicht Blockflur) 279, 320, 322, 354, 365, **373**, **379**
- Block- 278, 282, 284, 291, 296, 305, 334, 373
- Breitstreifen- 282, **284**, 322
- Esch- 278, 282, 284, 291, 292, 318, 319, 329, 332
- Gelängefluren **332**
- Gewannflur 282, 292, 322, 323, 329, 334, 353
- Hagenhufen- 310, 311
- Hufen- 302, 322
- Kammer- 278, 279, 291
- Kamp- 310, 318, **334**
- Kurzstreifen 282, 283, 284, 323
- Langstreifen 281, 282, 292, 323
- „Langstreifenkerne" 281
- Riegenschlag- 314, **333**
- Streifen- 278–281, 291, 292, 296, 304, 305, 310, 314, 316, 327
- Upstreekflur 305, 331
- Zellen- 278
Flurbereinigung 380

Flurnamen 199, 235, 240, 312, 315, 639
Flurzwang 322, 323
Flußauen 125
Flußnamen 171, 559
Flußspat 161, 163
Fluten siehe Sturmfluten
Föhn 110
Foerste, W. 206, 207, 208
Fohlenplacken i. Solling 359
Folcbraht, vornehmer Sachse 578, 609, 660, 661
Folkard, Missionar 666
Folkart, Stifter von Möllenbeck 694
Fontenoy b. Auxerre, Schlacht (841) 602
forestis 273, 274, 275, 285, 331
Formosus, Papst (R. 891–896) 684, 689
Forst, Amtshaus 353
Forstbann 274
Forst(recht) 273, 274, 285, 286, 289, 290, 417, 423, 636
„Forschungsinstitut für den friesischen Küstenraum" 93
Fossa Drusiana 506
Frachtfuhren 357
Francia orientalis 602
Franken, Stamm 175, 176, 267, 521, 527, 530, 535, 549, 552, 553, 554, 555, 564, 571, 575, 585, 587, 613, 619, 621, 622, 656, 658, 663, 668, 669, 671
– Landschaft (Mainfranken) 12
Frankfurt a. M. 194, 586, 684, 688
Frankreich 419
Franzburg (in Gehrden), Silberschatz 531
Frauentrachten 465
Freckenhorster Heberolle 176
„Fredegar", unverbürgter Name eines fränkischen Geschichtswerkes 658
Fredelsloh w. Northeim, Prämonstratenserkloster 159, 327
Freden a. d. Leine, so. Alfeld 152
Freiburg a. d. Niederelbe 408
Freie 308, 499, 578, 605, 606, 608, 701
Freie, Das Kleine und das Große, Kleinlandschaft so. Hannover 290, 292, 320, 636
Freiheit, friesische 619
Freijahre 354, 364
Fremdenverkehr 436, 437
Frensdorff, Ferdinand, Prof. iur. in Göttingen (1833–1931) 66
Freren oso. Lingen 293, 324, 690
Freudenthal, Gebrüder, Schriftsteller 74

Freyr, Fruchtbarkeitsgott 519
Friedeburg sso. Wittmund (Ostfriesland) 366
Friedensgeld 668, 690
Friedhöfe 262, 263, 264, 478, 480, 489, 490, 491, 517, 518, 525, 527, 528, 532, 533, 535, 537, 538, 702
Friedrich II. der Große, König von Preußen (R. 1740–1786) 364
– Erzbischof von Bremen (R. 1104–1123) 300
– Graf (von Oldenburg) 18
– Ulrich, Herzog von Braunschweig-Wolfenbüttel (R. 1613–1634) 41
Friedrichsburg so. Rinteln 369
Friedrichsfehn w. Oldenburg i. O. 377
Friedrichsschleuse (a. d. Küste) n. Wittmund 366, 639
Friesdorf (Ortsteil von Bardowick) 646
Friesen, Stamm 34, 39, 188, 229, 296, 527, 530, 543–549, 552, 556, 558, 561, 575, 577, 581, 582, 586, 588, 592, 593, 599, 600, 604, 606, 608, 615, 617, 626, 628, 631, 632, 636, 637, 639, 643, 644, 646, 653, 659, 665, 666
Friesenfeld, Kleinlandschaft zw. Unstrut u. Saale 571
Frisii, Frisiavonen 503
Friesisch (Sprache) 167, 188, 189, 198, 199, 220, 221, 222
Friesland 5, 36, 44, 45, 46, 189, 403, 550, 561, 618, 630, 633, 659, 667, 670, 671, 672, 675, 702
– Geschichtsschreiber 36, 60
– Ost- 52, 56, 60, 71, 73, 80, 90, 93, 666
Friesoythe w. Cloppenburg 139, 325, 404, 421
frilingi (Freie) 605, 701
Fritzlar ssw. Kassel, Stadt 589, 691, 693
– Kloster 656, 658
Frömmigkeit 700, 701
Frost 111, 112
Fünen, Insel 515, 522, 535
Fürstenau o. Lingen, Stadt 138, 402
Fürstenberg a. d. Weser, sso. Höxter 359
Fürstengräber 492, 493, 538
Fuhlsbüttel (zu Hamburg), archäologische Fundstätte 515, 522
Fuhne, linker Nebenfluß der Elbe (b. Wolfen) 98
Fuhrleute 360, 420

Fuhse, Franz, Museumsdirektor in Braunschweig (1865–1937) 88, 92
Fulda, Benediktinerkloster 6, 546, 591, 610, 619, 633, 634, 637, 639, 673, 692, 697, 700
- Mission 287, 659, 663–665, 676, 693
- Traditionen 630, 637, 639, 701
Fulko, Erzbischof von Reims (R. 883–900) 684
Fulrad, Abt von St. Denis (R. 749–784) 662, 663
Fundatio ecclesiae Hildesheimensis 15, 676, 691
Funk, Christian, Pastor in Aurich († 1729) 60
Futter 355, 458

G

Gabbro (Tiefengestein) 163
Gade, H. 72
Gärten 355, 357, 429
Gärtnerei 356
Gallien, römische Provinz 521, 523, 530, 534, 537, 560, 705
Gallus, schottischer Missionar († 650) 653
Ganderkesee w. Delmenhorst 396
Gandersheim, Bad 206, 216, 567
- Gandersheimer Streit 11
- Geschichtsschreibung 52
- Kanonissenstift 10, 11, 16, 32, 157, 609, 610, 643, 645, 696, 697
- Primordia coenobii Gandeshemensis 10, 610
- Reimchronik 16
- Stadt 386, 388, 396
Ganggräber 454, 455
Gangzüge 162, 163
Gans 444, 485, 519
Garlebsen no. Einbeck 243
Garlstedt n. Bremen 474
Garnisonen 422
Gartow w. Schnackenburg a. d. Elbe 312
Gaststätten 417, 437
Gastung 633
„Gau" 578, 601, 618, 639, 640, 685, 690
Gaugrenzen 217
Gauß, Carl Friedrich, Mathematiker und Astronom (1777–1855) 55
Gauzbert, Neffe Ebos 682
Gebhardi, J. L. L. 48

Gebhardshagen siehe Salzgitter
Gebirgsvorland 100
Gedenkbücher 546
Geest 98–101, 105, 106, 112, 117, 118, 122, 123, 135, 138, 140–145, 165, 259, 261, 262, 263, 268, 269, 271, 272, 276, 277, 278, 281, 282, 284, 296, 319, 320, 322, 329, 334, 336, 337, 388, 341, 342, 344, 345, 352, 354, 355, 357, 366, 377, 454, 631
- Hohe 314, 343
- Niedere, des Hannoverschen Wendlandes 314
Geestemünde a. d. (Unter-)Weser, Stadt 425
Gefäßtypen 488, 535
- Knopfhenkelgefäße 522
- Schalengefäße 522
- Zweihenkelgefäße 515, 522
Gefwin, Bischof von Osnabrück (R. 829–866?) 675
Gehrden so. Hannover, Stadt 255, 531
Geiseln 579, 586, 589, 592, 700
- Geiselverzeichnis 587, 700
Geismar, jetzt zu Göttingen 332, 631, 692
- Hans (1522–nach 1587) 31
Geld(wirtschaft) 420, 628, 643, 646, 648
Gemeindekirche 288
Gemeindeverfassung 330
Gemeinheitsteilung 356, 371, 372, 373
Gemeinweiderecht 372
Gemme 531
Gemüsebauern 381
Genealogia Welforum 17
Genealogien 43, 53, 70, 547
Generallandesvermessung, Braunschweigische 1746–1784 55
- Hannoversche 1750–1772 373
Genesis, altsächsische 176, 706
genossenschaftliche Verbände 302, 304
gentes 523
Geographen 71, 86
Geographie, historische 72, 86
Georg V., König von Hannover (R. 1851–1866, † 1878) 76
Georgsdorf n. Nordhorn 363
Georgsfehn 362
Gerberei 421, 428
Gerberga, Äbtissin von Gandersheim 10, 614
Gerbert (Castus), Mönch, Gründer des Klosters Visbek 611, 667, 698

Gerhard, Propst des Klosters Steterburg (R. 1163–1209) 16
Germanen 500–512, 559
Germania Libera 488, 500, 506, 509, 510, 511, 521
Germanicus, C. Julius Caesar (15 v. Chr.–19 n. Chr.) 505, 509, 528
Germanien 501, 537
Gernrode s. Quedlinburg 287
Gero, Markgraf (R. 937–965) 287
Geröllkeulen 451
Gerold, Graf, Schwager Karls d. Gr. 669
– Kaplan Ludwig des Frommen, Mönch in Corvey 696, 699
Gerste 450, 452, 458, 462, 497
Gervinus, Georg, Literarhistoriker (1805–1871) 66
Gerwal, Missionar 666
Geschichtsbücher 76
Geschichtsvereine 66, 67, 73, 83, 84
Geschlechterverbände 302
Geseke so. Lippstadt i. W. 572
Gesellschaft für niedersächsische Kirchengeschichte 69
Gesenius, K. G. (1746–1829) 56
Gesinde 358
Getreide 121, 457, 458, 462, 481, 485, 641
– Absatz 341
– Anbau 321, 420, 486
– Export 368
Gewässer siehe Wasserläufe usw.
Gewanne 320, 322
Gewerbe 355, 400, 420, 421, 428, 628, 641
– Spezialgewerbe 421
Gezeiten 106, 116, 133, 134, 137
Gielde nno. Goslar 289, 498
Gifhorn n. Braunschweig, Stadt 144, 149, 192, 205, 206, 215, 243, 295, 314, 321, 336, 341, 365, 431, 635
Ginster 123
Gips 103, 155, 159
Gisla, Tochter des Grafen Hessi 697
Gittelde n. Osterode a. H. 392, 421
Gladebeck w. Nörten-Hardenberg 423
gladius 489, 494
Gläser 643
– römische 493, 494
Glasherstellung 157
Glashütten 357, 359, 360, 365
Glatthaferwiesen 124
Glaubensflüchtlinge 420
Gleyböden 120, 136, 147, 148, 156

Glockenbecherkultur 461
Godehard, Bischof von Hildesheim (R. 1022–1038) 10
Göbler, Justinus 46
Gödens sw. Wilhelmshaven 44, 251
Göhrde, Jagdrevier u. Schloß w. Hitzacker a. d. Elbe 114, 138, 139, 193
Görges, Wilhelm 72, 92
Götterstein von Anderlingen 467
Göttingen 186, 187, 207, 214, 215, 216, 217, 250, 266, 391, 396, 405, 409, 412, 418, 423, 428, 431, 433, 437, 447, 449, 453, 482, 566, 691
– Akademie 49
– Universität 48, 54, 63, 77, 200, 419
Göttinger Wald, Höhenzug o. Göttingen 152, 153
Goeze, Z. 51
Gogericht 600
Goldbrakteaten 568, 569, 644
Goldene Aue, Landschaft oso. Nordhausen 160
Goldfunde (prähistor.) 467, 582
Goldgefäße 473
Goldmedaillen 531
Goldmünzen 494, 566
Goldschmidt 81
Goldschmied 641
Goldschmuck 494
Goldtremissen 644
Goslar 31, 42, 152, 160, 187, 195, 345, 409, 418, 432
– topograph. Entwicklung 391–396, 410
– Kramerrecht von 1281 184, 185
Gottfried, Dänenführer 619
– Dänenkönig 617
Gottfried von Viterbo, Geschichtsschreiber († nach 1202) 22
Grabbeigaben 465, 469, 478, 479, 483, 489, 564, 583, 588, 641, 643, 644, 668, 702
Grabensysteme (im Bergbau) 360
Grabhügel 468, 583, 668, 702
Grabkammer 493
Grabsitten siehe Bestattungssitten
Gräber 490, 539, 606, 643
– Fürstengrab 565, 567
– Häuptlingsgräber 522
– Pferdegräber 566, 567, 583, 588
– Reihengräber 566, 641
– Urnengräber 488
– Waffengräber 521, 583
– siehe auch Körpergräber

Gräberfelder 471, 483, 498, 499, 548, 563, 564, 565, 567, 569, 582, 584, 631, 638, 702, 703
Grafen 579, 591, 600, 601, 609, 616, 617, 618, 700
- Gericht 600
Grafschaft 601
Grafschaftsverfassung 591, 599, 613
Grambkermoor w. Bremen 209
Grand, Johann, Erzbischof von Bremen (R. 1307–1327) 34
Grangien (Wirtschaftshöfe) 327, 329, 339
Granit 161
Grasmähen 356
Grauwacke 162, 163
Grebenstein w. Hann. Münden, Stadt 350, 402
Greene w. Kreiensen 154
Greetsiel nnw. Emden 44, 380
Grefenburg, Berg (349 m) s. Adelebsen 104
Gregor I. der Große, Papst (R. 590–604) 592, 705
- II., Papst (R. 715–731) 705
- III., Papst (R. 731–741) 658
- VII., Papst (R. 1073–1085) 684
- v. Tours, Geschichtsschreiber († 594) 552, 553, 556, 561
- von Utrecht 656, 658, 660, 705
Grelle, Burchard, Erzbischof von Bremen (R. 1327–1344) 34
von Grest, Hieronimus, Superintendent in Esens († 1559) 37
Grimersum n. Emden 37, 385
Grimoald I., austrasischer Hausmeier (643–661/2?) 574
- II., austrasischer Hausmeier († 714) 656
Gristede nno. Bad Zwischenahn w. Oldenburg 259, 260, 262, 265, 276, 498, 629, 631, 640
Groden (eingedeichtes Land) 367, 380
Grohnde a. d. Weser, s. Hameln 154
Gronau sw. Hildesheim, Stadt 42, 402, 442
Grone (Grona), zu Göttingen 264, 288, 551, 566, 691
Groningen (Niederlande) 44, 144, 188, 189, 361, 575
Groningen, Rainer 27
Groninghe 680
Groothusen nw. Emden 385, 388
Groß Berßen no. Meppen 456

Großburschla w. Treffurt a. d. Werra, Kollegiatstift 697, 698
Groß Denkte so. Wolfenbüttel 647
Großefehn sso. Aurich 362
Großes Bruch 101
Groß Hesebeck n. Uelzen 463
Groß-Ilsede s. Peine 104
Großsteingräber 51, 454
Grote, Hermann (1802–1895) 70
Groth, Klaus 193
Gruben, Siedlungs- 474, 498, 527
Grubenhagen, Burg s. Einbeck 208, 214, 216
Gruber, J. D. (1729–1748) 48, 50
Gründerjahre 429
Grünenplan wsw. Alfeld 359
Grünland 136, 157, 355, 362, 364
Grüppen 381
Grund, Bad, w. Clausthal-Zellerfeld, Stadt 369
Grundherren 273, 274, 275, 280, 316, 318, 320, 342, 345, 346, 352, 353, 637
Grundherrschaft 324, 325, 339, 344, 607, 632, 633, 634, 640, 641, 645, 701
Grundrißänderungen von Siedlungen 424
Grundwasser 116–119, 135, 343
Grupen, Christian Ulrich (1692–1767) 53
Günter, Abt von St. Peter in Erfurt 33
Güntersen n. Dransfeld 244
Günther, F., Schulinspektor in Clausthal 72
Gürtelschnallen 491, 493
Güsteneiz (Erbschulzenland) 314
Güter von Grundherren 354
Gudrunsage 618
Gunthar, Erzbischof von Köln (R. 850–863, † 870) 683, 684
- 1. Bischof von Hildesheim 678, 686
Gunzelin von Wolfenbüttel 402
Guß(techniken) (prähistor.) 463, 464, 641
Guthe, Hermann, Prof. der Geographie in Hannover (1825–1874) 71
Gutsherren 354, 355

H

Haaren s. Paderborn 692
Haarnagel, Werner, Archäologe 87, 91
Haaßel n. Bevensen (n. Uelzen) 463
Habicht, Victor Kurt (1883–1945) 89
Hachum o. Wolfenbüttel 268, 635

Hadamar, Abt von Fulda (R. 927–956) 619
Hadeln, Landschaft an der Niederelbe
 296, 300, 306, 330, 331, 348, 356, 554,
 555, 560, 564
Hadersleben 515
Hadrian, Märtyrer 698
– I., Papst (R. 772–795) 666
Hadugoto (Hathugaut) 519, 554, 557, 568,
 569, 581
Haduloha siehe Hadeln
Haduwy, Äbtissin von Herford 614, 696
Häfen 136, 137, 366, 414, 419, 420, 424, 425
Hägerrecht 309
Händler 385, 388, 389, 400
– siehe auch Fernhändler
Hänselmann, Ludwig, Stadtarchivar in
 Braunschweig 63
Häuptlingssitze 414
Häuslinge 358
Hafer 462, 485, 497, 632
Hagenrecht 294, 343
Hagensiedlung siehe Siedlung
Hahnenklee sw. Goslar 218
Hainbuche 123
Haine, heilige 704
Haithabu, Handelsplatz s. Schleswig 683
Halberstadt 645
– Bischöfe 184, 331
– Bistum, Hochstift 670, 679, 686, 691, 697
– Totenbuch 179
Halberben 283
Halbhöfe 283
Halbspänner 283
von Halem, Gerhard Anton (1752–1819)
 59, 81
– Otto, Verleger in Bremen 81
Halle a. d. Saale 187, 507
Hallenhaus 468, 484, 497, 498
Hallermund, Grafen von 404
Hallstattperioden 475
Hallum b. Franeker (Niederlande) 644
Halsbandlemming 444
Haltern, Stufe von 445
Hamaland, Landschaft zwischen Lippe
 und Ijssel 560
Hamburg 98, 105, 167, 188, 195, 207, 225,
 348, 349, 408, 414, 416, 419, 420, 432,
 617, 618, 646, 698
– Boberg 474
– Domburg 618, 619
– topographische Entwicklung 385, 386,
 388, 389, 390, 393, 395, 396, 399

– Erzbistum 681–684, 688–690
Hamelmann, Hermann (1526–1595) 44, 46
Hameln a. d. Weser 31, 105, 154, 264,
 287, 396, 405, 411, 416, 418, 419, 428,
 430, 431, 506, 665
– Kloster, später Stift 388, 391, 591, 665,
 673, 694, 697
Hammaburg, archäolog. nachgewiesene
 Burg in Hamburg 682
Hamme, rechter Nebenfluß der Wümme
 (b. Bremen) 306
von Hammerstein-Loxten 72
Hammerwerke 357
Handatlas, Historischer, Niedersachsens
 86
Handdienste 318
Handel 420, 538, 539, 540, 621, 641, 642, 643
Handelsplätze 619, 641, 644, 646
Handschriften 600, 696
Handwerk 363, 407, 415
– Dorfhandwerk 420
– Metallhandwerk (prähist.) 473
Handwerker 324, 357, 368, 385, 389, 390,
 391, 400, 404, 407, 409, 428, 484, 496, 534
Hankenbostel s. Munster/Lüneburger
 Heide 494
Hannover, Stadt 42, 53, 112, 116, 139, 154,
 187, 204, 214, 217, 391, 393, 396, 398,
 399, 409, 410, 412, 416, 423, 426, 427,
 430–435, 448, 478, 509, 567, 636
– Burg Lauenrode 410
– Döhren 442
– Geschichtsschreibung 31, 54
– Kleefeld 437
– Kurfürstentum 364, 371
– Wülfel 437
Hannoversche Bucht 147, 154
Hannoversch Münden, Stadt 154, 205
 215, 288, 391, 393, 409, 416, 418, 423,
 431, 437, 505
– Kreis 168
Hanse 184, 191, 193, 194, 236
Harald, Dänenkönig 617, 682
– Sohn Harals 618
Harburg a. d. Elbe, Stadt
 421, 431, 437, 466, 478
Harburger Berge 139
Hardegsen nw. Göttingen 43, 244
Hardenberg, Herren von 308
Harenberg, J. Chr., Theologe u. Histori-
 ker (1696–1774) 52
Harkenroht, J. H., Pastor (1676–1737) 52

47 Gesch. Niedersachsens

Harlebucht 131, 133, 349, 366, 380
Harlesiel nw. Jever i. Ostfriesland 366
Harli, Höhe b. Vienenburg no. Goslar 152
Harliburg (b. Vienenburg) 23
Harlingerland, Landschaft n. Jever 37, 199, 201, 222, 251, 348
Harpstedt o. Wildeshausen 423, 479
Harsefeld w. Buxtehude 300, 306, 485
Harsum n. Hildesheim 643
Hartwig I., Erzbischof von Bremen (R. 1148–1168) 300
Harud, Bischof von Verden († 829) 680, 686
Harz 52, 56, 72, 165, 216, 266, 274, 285, 307, 345, 436, 463, 505, 544, 655, 680
– Bergbau 157, 158, 162, 163, 164, 327, 359, 360, 391, 415, 463
– Geologie und Geographie 98–106, 109, 110, 111, 112, 114, 117, 124, 128, 152, 153, 159–164
Harzburg, Bad, Stadt 158, 206
Harzgerode s. Ballenstedt (Ostharz), Stadt 163, 345
Hase 444
– Fluß 374, 470, 524
– K. W. (1818–1902) 68
Hasel 108, 121
Haselnußschalen 445
Haselünne o. Meppen, Stadt 437, 532
Hassegau, Hochseegau, Hosgau, Kleinlandschaft zwischen Eisleben und Merseburg 571, 575
von Hassel, William (1833–1915) 71, 78
Hassel 51
Hasselbach, Bach b. Lüdingen 250
Hasserode, zu Wernigerode a. Harz 162
Hathumar, 1. Bischof von Paderborn (806/807) 675
Hathumod, Äbtissin von Gandersheim 610, 614, 696, 697
Hattuarier, Stamm 560
Hauck, Karl, Prof. der Geschichte in Münster 670
Häuptlinge 325
Haus 628, 646
– Dreiständerhaus 629
– Grubenhaus 629
– Hallenhaus 629
– Webhaus 629
Hausgrundrisse 449, 457, 458, 480, 485
Hausierhandel 356, 357
Haustier 446, 447, 457, 461, 485, 496, 497

Havelberg a. d. Havel, Stadt 687
Havemann, Wilhelm, Prof. der Geschichte in Göttingen (1800–1869) 66, 76, 77
Heberbörde, Kleinlandschaft b. Bad Gandersheim 637
Heber n. Soltau nach 184
Heberegister 546, 635, 648
Hedemünden a. d. Werra, ssw. Göttingen 423
Heden, Herzog von Thüringen († 717?) 671
Heelsen n. Visselhövede (w. Soltau) 243
Heerbann 648
Heeren 63
Heermalter 633
Heerschaften (sächsische Aufgebotsbezirke) 586, 587
Heerschilling 633
Heeslingen no. Zeven 396
Heide 122, 275, 283, 316, 343, 372, 468; siehe auch Lüneburger Heide
Heide, Stadt in Holstein 517
Heidenschanze b. Sievern n. Bremerhaven 483, 484
Heidenstadt, Hügelgräber o. Sievern (n. Bremerhaven) 484
Heidentum 581, 591, 702, 703
Heideostfälisch 214, 217
Heideplaggen 631
Heilige 606, 645
Heiligenstadt/Eichsfeld, Stadt 169, 691, 693
Heiligenstedten w. Itzehoe 690, 691, 698
Heiligenviten 546; siehe auch Vita
Heiligtum 667
Heilquellen 415, 416
Heilwich, Ekbertinerin 614
Heimatvertriebene 379, 434, 435
Heineccius, J. M. (1674–1722) 49
von Heinemann, Otto, Bibliotheksdirektor in Wolfenbüttel (1824–1904) 77
Heinrich I., König (R. 919–936) 9, 16, 286
– II., Kaiser (R. 1002–1025) 10
– IV., Kaiser (R. 1056–1106) 12
– der Löwe, Herzog von Sachsen (R. 1142–1180, † 1195) 9, 13, 16, 22, 23, 64, 312, 391, 393, 395, 399, 401, 405, 412
– der Jüngere, Herzog von Braunschweig-Wolfenbüttel (R. 1489–1568) 195, 353
– der Ältere, Herzog von Braunschweig-Wolfenbüttel (R. 1491–1514) 353
– Julius, Herzog von Braunschweig-Wolfenbüttel (R. 1589–1613) 41

Heinrich I., Graf (von Babenberg) († 886) 613, 614, 619
- II. (von Babenberg) († 902) 614
- von Herford († 1370), Chronist 24, 25
Heinsen a. d. Weser n. Holzminden 203
Heirat 633
Heiratsverbot 605
Heisterberge, Höhenzug i. Kr. Nienburg
Hekoga (unbek. im Raum Hameln) 670
Helco, Sohn Folcbrahts 609, 660
Heliand 176, 178, 179, 701, 706, 707
Heldensage 555
Helgoland 667
Hellental w. Dassel 359
Hellwege w. Rotenburg 253
Helmarshausen a. d. Diemel, Benediktinerkloster 308, 353
Helmgard, Bischof von Verden (?) 680
Helmold, Pfarrer in Bosau, Geschichtsschreiber († nach 1177) 12, 13
Helmstedt o. Braunschweig, Stadt 139, 149, 215, 287, 295, 311, 314, 396, 416, 448, 454
- Kloster 388, 391, 669, 691
- Universität 40, 41, 54
- Stadtgeschichte 31
Hellweg 285, 387, 528
Helvesiek n. Scheeßel 258
Helzendorf sw. Hoya a. d. Weser 531, 538
Hemeling, Johann, d. J., Bürgermeister von Bremen (ca. 1360–1428) 35
Hemelik rekenscop (Braunschweig) 26
Hemeln a. d. Weser n. Hannoversch Münden 636
Hemmoor a. d. Oste so. Otterndorf 143
- Eimer 494
Hemslingen o. Rotenburg a. d. Wümme 250
Heppenser Groden 380
Heraldik 53, 70
Herbede a. d. Ruhr, s. Bochum 710
Herbergen nw. Essen i. Oldenburg 532
herescaph siehe Heerschaft
Herford i. Westfalen, Stadt 528, 579
- Nonnenkloster 6, 600, 696, 697, 701
Heridac, Priester 681
Heristal, Herstal a. d. Maas, no. Lüttich 662
Hermann, Erzbischof von Köln (R. 889–924) 683, 684
- von Lerbeck, Dominikaner in Minden († nach 1404) 38

- Graf 615, 625
- von Vechelde, Bürgermeister in Braunschweig 26
Herrenhof siehe Höfe
Hersfeld, Benediktinerkloster 575, 665, 693
Heruler, germanischer Stamm 521, 534
Herzberg, Haus, Gangzug 162
Herzebrock sw. Bielefeld 690
Herzfeld a. d. Lippe, w. Lippstadt 613, 670
Herzog 553, 554
Hesepertwist sw. Meppen 364
Hessen 353, 479, 575, 589, 656, 658, 663
Hessens, Wurt (in Wilhelmshaven) 582, 629, 630, 641
Hessi, Führer der Ostfalen 6, 586, 589, 591, 608, 697, 700
- Sippe 287, 613
Hessisch Oldendorf a. d. Weser, nw. Hameln 402
Hethis, Wü. bei Neuhaus a. Solling (?) 695
Hetzwege nw. Scheeßel 253
Heu 630
Heuerleute 363
Heuerlinge 358, 369, 373
Heuerlingskotten 358
Hexen 585
Heyne, Christian Gottlob, Prof. der klassischen Philologie in Göttingen (1729–1812) 63
Hezilo, Bischof von Hildesheim (R. 1054–1079) 15
Hiddingen no. Visselhövede 250
Hildebold, Erzbischof von Köln (R. ca. 791–819) 667, 674, 675, 681
Hildegrim siehe Hildigrim
Hildesheim 18, 20, 29, 30, 112, 185, 187, 204, 215, 217, 244, 418, 431, 435, 437, 506, 645, 677, 678
- topographische Entwicklung 386, 387, 390, 392, 394, 395, 396, 410, 412
- Bischöfe 307, 308, 402, 618
- Bistum 649, 678, 697
- Geschichtsschreibung 15, 61, 79
- Geschichtsschreibung des Rates 30
- Hochstift 372, 636
- Kirchen 678
- Marienreliquiar 678
- Silberfund 494, 509, 529, 531, 538
- St. Godehard 29
- St. Mariä Magdalenä 33
- St. Michael 15, 29
- Stiftsfehde (1519–1523) 30, 65

Hildesheimer Börde 101, 110, 147, 266, 284
Hildesheimer Wald, Höhenzug s. Hildesheim 157
Hildiger, Bischof von Köln († 753) 593, 659
Hildigrim, Bischof von Châlons († 827) 656, 657, 667, 670, 679, 680
Hilduin, Abt von S. Denis, Erzkaplan 678, 699
Hils, Höhenzug o. Stadtoldendorf 123, 153, 159, 308, 337
Hiltpurg, Stifterin von Möllenbeck 694
Hilwardessen, Wü. 242
Hilwartshausen sw. Einbeck 242, 267
- nw. Moringen 242
Hinkmar, Erzbischof von Reims (R. 845–882) 678, 686
Hinnenkamp sw. Damme 248
Hirse 485
Hirtendienste 356
Historia archiepiscoporum Bremensium 34
- monasterii Ilfeldensis 17
- monasterii Rastedensis 18
- Welforum 17
Hitzacker a. d. Elbe, Stadt 312, 313, 620
hoba 633; siehe Hufe
Hockerbestattung 452
Hochäcker 276, 338, 343, 354
Hochmoor 126, 127, 128, 305, 375, 378
Hochmoorkultur, Deutsche 376
Hochmoorkultivierung 376, 377
Hochseeburg, Seeburg am Süßen See b. Eisleben 576, 588, 658
Hochwasser 115
von Hodenberg, Frh. Wilhelm (1786–1861) 64, 72
Hodorf, Wurt 517
Höckelheim w. Northeim 635
Höfe 285–288, 292, 293, 304, 320, 344–346, 353, 358, 365, 369, 422, 628, 633, 689, 697, 701
- Ausbau- 305, 316, 317
- Einzel- 309, 333, 334, 338, 341, 344, 367, 427, 631
- Groß- 322, 356
- Halbhöfe 345, 372
- Herren- 633
- Vollhöfe 305, 317, 318, 346, 372
- Haupthöfe 324, 325
- Herren- 286
- Hintersassen- 324

- Hofgröße 278, 322
- Hofgruppen 259
- Hofteilung 283, 284, 316, 317, 324
- Kot- 320
- Meierhöfe 321
Höhbeck, Burg gegenüber Lenzen a. d. Elbe 622
Höhlen (prähistor.) 444
Hölting (in der Dorfmark) 317, 346
Höltingsrichter 346
Hörige 301, 308, 315, 327, 634, 639
Höxter a. d. Weser, Stadt 152, 388, 396, 665, 695
Hofeiche 319
Hoffmann, Johann Heinrich, Archivar († 1680) 48
Hofgeismar nnw. Kassel, Stadt 350
- Kreis 168, 282, 307, 337, 344
Hohegeiß so. Braunlage/Harz 168
Hohe Lieth 261, 296
Hohensyburg s. Dortmund 587, 589, 662
Hohnstedt 692
Hohnstein, O., Oberlehrer 76
Hohnswik b. Otterndorf 399
Holder-Egger, Oswald, Historiker (1851–1911) 63
Holländer siehe Niederländer
Holland 278, 372, 517, 702
Holland, Ludeken, Bürger in Braunschweig († 1510) 27
Hollandgänger 224, 226, 234, 356, 357
Hollenstedt sw. Harburg 593, 621, 648
Hollerfehn 375
Hollerland ö. Bremen 223
Hollerrecht (Recht der holländischen Siedler im Land o. Bremen) 294, 300
Hollwege nw. Westerstede (Oldenburg) 252
Holozän 105, 106, 140
Holstein 225, 278, 477, 522, 537, 681
Holstengau 681
Holtensen w. Einbeck 243
Holtland ono. Leer 644
Holtrup 710
Holz 157
Holzbedarf von Hüttenwerken 328
Holzen n. Stadtoldendorf 159
Holzgerichte 355
Holzimport 368
Holzkohle 157
Holzminden a. d. Weser, Stadt 105, 154, 211, 307, 337, 344, 353, 402, 405, 428, 437

Holzrichter 355
Holzschlag 273, 275, 283
Homburg, Burgberg (404 m) über Stadtoldenburg 152
- Herren von 332, 402, 404
Honig 275, 632, 633
Honorius, Flavius, römischer Kaiser (R. 395–423) 537
Honstein, Grafen von 359, 369
Hôrant von Dänemark 618
Horn so. Detmold, Stadt 506
Horn (Material) 641
Horneburg so. Stade 408
Hornhausen b. Oschersleben, Reiterstein 703
Horst, Bernhard von 38
Hortfunde 464, 494
Hospitäler 409
Hostmann, Chr. (1828–1889) 68
Houtrow, Otto G. 71
Hoya a. d. Weser, Stadt 140, 205, 206, 403, 423
- Grafen von 404
Grafschaft 61, 64, 72, 282, 321, 338, 355, 356, 369, 371, 372, 408
Hoyerhagen nw. Hoya a. d. Weser 308
Hrabanus Maurus, Erzbischof von Mainz (R. 847–856) 679, 686
Hrotsvit von Gandersheim († nach 973) 10, 16, 40, 610
- Carmen de gestis Ottonis I. 10
- Primordia coenobii Gandeshemensis 10, 610
huba dominicalis 647
von der Hude, Eilhard (1541–1606) 45
Hude o. Oldenburg 300, 334
Hude, Viehtrieb 124, 316, 350
Hüde a. Dümmer 453
Hügelgräberkultur 465, 466
Hühner 485
Hülsede n. Hameln a. d. Weser 308
Hülshagen n. Stadthagen 308
Hümmling, Höhenzug sso. Aschendorf (Ems) 55, 101, 141
Hüne, A. 76
Hünstollen b. Holzerode no. Göttingen 482
Hütschental, Gangzug 162
Hütten (Häuser) 445
- Schmelzhütten 328, 360
Hufen 293, 607, 630, 635, 647, 689, 701
Hugenotten 353, 416

Hugmerki, Kleinlandschaft in Friesland 578, 667
Hukbald von St. Amand 5
Hulpe siehe Wilpe
Humanismus 194
Humme, Bach (b. Hameln) 154
Humus 147
Hund 446, 452, 462
Huno, Graf (von Oldenburg) 18
Hunsingo, Kleinlandschaft n. Groningen 667
Hunte, linker Nebenfluß der unteren Weser 101, 134, 138, 140, 362, 470, 479
Hunteburg 498
Huntangau, Kleinlandschaft 680
Huy, Höhenzug nw. Halberstadt 101, 152

I

Ibbenbüren w. Osnabrück, Stadt 293
Iberg, Berg b. Bad Grund i. Harz 163
Iburg s. Osnabrück, Benediktinerkloster 15, 38, 357, 576, 587, 593, 659
Ida 614
- Tochter Ekberts 613
Idafehn so. Leer 377
Ido, Priester in Paderborn 673, 710
Ihlienworth so. Cuxhaven 296, 331
Ihlow o. Emden 334
Ijssel, Fluß in Holland 527, 544, 560, 578, 660
ik/ich-Linie 168, 173
Ikia, Adelige 699
Ildehausen sw. Seesen 216, 268
Ilfeld n. Nordhausen 17, 103, 162
- Grafen von Honstein-Ilfeld 18
Ilm, linker Nebenfluß der Saale 507
Ilmenau, linker Nebenfluß der Elbe 316, 325, 405
Ilse, Fluß am Harz 331, 670
Ilsede s. Peine 150
Ilseder Hütte 429, 437
Ilsenburg nw. Wernigerode 289
Iltis 444
Imhildis, Stifterin von Lamspringe 698
Immensen so. Einbeck 243
Immunität 675, 694, 695, 698
Import, römischer 525, 534, 538, 540
Imsum nw. Bremerhaven 348
Industrie 425–429
Industriedörfer 429, 430
Industriestandorte 430

Ingelheim a. Rh., Stadt 695
ingenui (Freie) 673
Ingwäonisch 172, 173, 176
Innerste, Fluß 171, 678
innmark 273
Innocentius, Hl. 610, 697
Inseln 98, 100, 108, 110, 122, 129, 133, 366
Institut, Niedersächsisches, für Marschen- und Wurtenforschung in Wilhelmshaven 540
– für Historische Landesforschung in Göttingen 87
– Niedersächsisches, für Landeskunde in Göttingen 87
Interpretatio Christiana 519
Ipwege n. Oldenburg 253
Irland 467, 653
Irmfried, Herminafrid, Thüringerkönig 555
Irmin, Gottheit 519
Irminsul 519, 582, 589
Iroschotten 680
Ise, rechter Nebenfluß der Aller (b. Gifhorn) 316, 680
Isenbüttel nno. Braunschweig, Goldkette 538, 582
Isenhagen w. Wittingen 334
Ita, Ekbertinerin 614
Italicus, Neffe des Arminius 511, 529
Italien 558, 666
Ith, Höhenzug o. der Weser, b. Hameln 206, 308, 337
iurnales (Tagewerke) 630

J

Jacob-Friesen, Karl Hermann (1886–1960) 88
Jadebusen 131, 132, 137, 204, 208, 347, 366, 380, 617
Jadekorrektion 133, 137
Jaderaltendeich so. Varel 366
Jaderaltensiel so. Varel 366
Jägerlager 444
Jagd 273, 443, 445, 457, 630
Jahrbuch, Niedersächsisches, für Landesgeschichte 85
Jankuhn, Herbert, Prof. der Archäologie in Göttingen (geb. 1905) 88
Jarßum s. Emden 244
Jastorf n. Uelzen 477, 478

Jeddingen w. Visselhövede 250
Jeetzel, linker Nebenfluß der Elbe 98, 192, 312
Jericho 452
Jerxstedt 147
Jever w. Wilhelmshaven, Stadt 366, 396, 413, 618
Jeverland 37, 223, 251 296, 304, 366
Joch 630
Johann XIV., Graf von Oldenburg (R. 1483–1526) 36
Johannes d. T., Patrozinium 693
– von Harem, Komtur 36
Jordan, Karl, Prof. der Geschichte in Kiel (geb. 1907) 64
Jümme, Fluß (bei Leer) 101, 349, 351
Jümmiger Hammrich, Landschaft so. Leer 349
Jürgens, Otto, Stadtarchivar und -bibliothekar in Hannover 91
Jüten, Stamm 535, 537, 552, 562
Jütland 525, 538, 557
Julianenflut (1164) 131, 132, 305, 347
Julius, Herzog von Braunschweig-Wolfenbüttel (R. 1568–1589) 40, 416
Jung, J. H. 48, 50
Jura 103, 152, 158
Justin II., Kaiser (R. 565–578) 566
Justina, Cella in Burgund 666
Justinian, Kaiser (R. 527–565) 552
Justinus, Hl. 693

K

Kämme 564
Kämpe 309, 318, 319, 320, 323, 327, 329, 333, 355, 356
Kahleberg, Berg b. Echte 158
Kaiserzeit, römische 264, 525, 527, 548
Kalefeld o. Einbeck 636
Kali 103, 149, 157
Kalk 163
Kalvinisten 44
Kamschlacken sso. Clausthal-Zellerfeld 359
Kanalbau 364
Kanäle 136, 362, 376, 426
Kanonikerregel 674
Kanonissen 694, 695
Kanzlei 183, 193, 194, 195
Kapellen 409

Kapitularien (fränkische Gesetze)
601, 603, 605, 609, 621, 704; siehe auch *capitulare*
Karbon 102, 161
Karl der Große (R. 768–814) 7, 13, 34, 50, 263, 267, 268, 519, 555, 575, 576, 583, 585, 586, 589, 592, 593, 600, 604, 615, 616, 621, 653, 662, 664–667, 669, 673, 674, 675, 679, 681, 684, 686, 687, 695, 702
- II., der Kahle, Kaiser (R. 840–875–877) 602, 678, 679, 696
- III., der Dicke, König (R. 876–887, † 888) 604, 683
- Martell, Hausmeier (R. 714–741) 574–576, 655
- Herzog von Braunschweig-Wolfenbüttel (R. 1735–1780) 359
- Landgraf von Hessen (R. 1670–1730) 416
Karlmann, Hausmeier (R. 741–747, † 754) 658
- König, Bruder Karls d. Gr. († 771) 614
„Karlsburg" (an der Lippe?) 588, 597
Karlshafen a. d. Weser, Stadt 154, 157, 353, 416
Karlsteine b. Osnabrück 455
Karolinger 543, 544, 547, 574
Karsbach b. Gemünden 613
Karten 51
Kartoffeln 164
Kasernen 419
Kassel 168, 416, 576, 593
Kasserollen 492, 493
Katlenburg so. Northeim, Kloster 327
Kaufhäuser 392
Kaufleute 407, 643, 656
Kaufunger Wald, Höhenzug o. Kassel 158, 274
Kehdingen, Land an der Niederelbe, abwärts Stade 132, 296, 306
Kellenberg (77 m), o. Diepholz 101
Kelp, J. J., Amtmann in Ottersberg 44, 55
Kelten 487
Kemble, J. M. (1807–1857) 68
Keramik 446, 447, 455, 456, 457, 471, 472, 477, 478, 485, 489, 492, 494, 498, 522, 527, 537, 538, 562, 564, 572, 641, 642, 643
Kerbschnittgarnituren 532, 534
Keuper 103
Kiefern 107, 108, 123, 141, 157, 443
Kieler Bucht 515
Kies 159

Kieselgur 143
Kilianspatrozinien 665
Kirche 288, 293, 367, 631, 667, 668
- Archidiakonatskirchen 691
- Niederkirchen 619, 666, 690–692
- Taufkirche 289
- Wehrkirche 326
Kirchengut 636
Kirchenordnung 190
Kirchenorganisation 653, 666
Kirchenschändung 668
Kirchrode so. (jetzt zu) Hannover 307
Kirchspiel 317, 330, 347, 348
Kleinau, Hermann, Staatsarchivdirektor in Wolfenbüttel 86
Kleinbauernstellen 324
Klein Bünstorf n. Uelzen 498
Kleinlandschaften 640
Klima 107, 108, 112, 113, 121, 124, 127, 130, 140, 165 441, 451
Klimaverschlechterung 341
Klinckhamer, Johannes 47
Klingen 460
Klöster 320, 326, 335, 391, 576, 593, 608, 609, 645, 694
- als Wurzel von Städten 387, 396
- siehe auch Zisterzienserklöster
Klopp, Onno (1822–1903) 65, 81
Kluft (Teil der Sippe) 304
Knechte 635
Kneten, Großen- 293
Knochen 630, 641
Knochengerät 443
Knochennadel 444
Knock, Land w. Emden 380
Knöpfe 493
Knöterich, Wildgemüse 445, 458
Knoll 71
Kobalt 162, 163
von Kobbe, Peter (1793–1844) 71, 76, 79
Koblenz a. Rh., Frieden von 860 676, 679
Koch, H. A., Archivar in Wolfenbüttel 57
Köcher, Adolf (1848–1917) 65
Köhlerei 357, 360
Köln 187, 387, 574, 655
- Erzbistum, Erzdiözese 178, 659, 676, 681, 683, 684, 689
König, Königtum (als Problem der sächsischen Verfassung) 579–581
Königsau, Niederung, Schleswig-Holstein 514, 515

Königsboten 579, 601
Königsfeld o. Bamberg 665
Königsfreie 283, 287, 290, 334
Königsgut 267, 274, 285, 287, 293, 635
Königshafer 607
Königshagen, Wü. bei Scharzfeld 309, 326, 342
Königshöfe 403, 636, 676, 692
Königshufe 311
Königslutter o. Braunschweig, Stadt 396
Königspfalz 288, 386
Königsplate an der Osterems 133
Königszins 607, 692
Körbe 496
Körpergräber 517, 532, 563, 564, 565, 583, 702, 703
Kötner 283, 318, 325, 329, 344, 345, 346, 353, 354, 355, 369, 372
– Erbkotten 318, 319, 321, 333, 334
– Kleinkötner 356, 357
– Kötnerhöfe 318, 320, 321, 352
– Pferdekötter 318
Kohle 106, 148, 149, 158, 162
Kohli, Ludwig 71
Kollmann, Paul 72
Kolonate (Siedlerstellen) 362, 364
Kolonisation 328, 331
Kolonistenrecht 309
Kommission, Historische 85
Kommunalreformen 424
Konrad I., König (R. 911–918) 676
Konstantin I., der Große (R. 306–336) 537
Konstanz 700
Kontinentalsperre 419
Konversen 327
Kopialbuch 185, 198
Kornmagazine 361
Korvey a. d. Weser, siehe Corvey
Kosmograph von Ravenna 559
Kossäter siehe Kötner
Kost, Werner, Vermessungsingenieur 86
Kotstellen 327
Kotten siehe Kötnerhöfe
Kranich, grauer 444
Krantz, Albert (1448–1517) 20, 24, 42, 47
Krapendorf w. Cloppenburg 293
Krautweiden 443
Kreidezeit 104
Kreiensen w. Bad Gandersheim 154
Kreisbeschreibungen 87
Kreisgräben (um prähist. Grabhügel) 461, 472, 479

Kreta 467
Kreuze, Ansteck- 703
Krieg, 30jähr. 354, 418
Kriege (als Ursache von Wüstwerden) 342
Kriegsdienst, Befreiung für Siedler 354, 364
Kriegsschäden 435
Krummhörn, Landschaft w. Emden 262, 289, 296, 304, 336, 349
Krusch, Bernhard, Staatsarchivdirektor in Hannover 66
Kückshagen b. Hagen i. W. 641
Küren, friesische 619
Küste 98, 100, 104, 105, 110, 113, 114, 121, 129–133, 261, 269, 347, 365, 425, 436, 643, 644, 646
Küsten w. Lüchow 485
Küstenschutz 347
Kule, Ministerialengeschlecht 300
Kulm (Erdperiode) 161
Kult 582
Kulturland 275, 276
Kunibert, Bischof von Köln († n. 671) 672
Kunstdenkmäler 68, 69
Kunstdünger 364
Kunstinventarisation 68
Kupfer(kies) 162, 163, 328, 455, 463
Kurstädte 413, 415, 416
Kurzschwert 465

L

Laatzen s. Hannover, Stadt 531
Labek, Fluß in Holland 667
La Celle 710
Lachmund, F., Arzt in Hildesheim 55
Laeten 537
Lagerstätten 106, 143, 148, 157, 162
Lahnungen (Neulandgewinnung) 380
Lambert, Heiliger 665, 693
Lamm 632
Lampert von Hersfeld, Abt von Hasungen († nach 1080) 12
Lamspringe n. Bad Gandersheim 339, 698
Landarbeiter 354, 368
Landegge n. Haren a. d. Ems 568, 569, 582
Landesaufnahme, Kurhannoversche von 1764–1786 55
– archäologische 440

Landesbergen a. d. Weser, sw. Nienburg 203
Landesherren 294, 352, 357, 362, 413, 415
Landesherrschaft 37
„Landeskulturfonds" 377
Landeskunde 51, 71
Landesverein, Hannoverscher, für Vorgeschichte 87
Landesvermessung von Osnabrück 1784–1790 55
Landfrieden von 1281 187
Landgesellschaft, Niedersächsische 379
Landgewinnung 133, 347, 365, 366, 367, 368, 380
Landnahme (an der Küste) 132
Landschaftsnamen 559, 560, 576
Landsenkung 129, 130
Landwehren 326, 409, 412
Landwehrhagen n. Kassel 168
Lange, Dietrich 22, 23
– Hinrik, Bürgermeister in Lüneburg 28
Langelsheim nw. Goslar 161
Langen, ehem. Kloster im Dollart 198
Langendorf a. d. Elbe, o. Dannenberg 312
Langenhagen n. Hannover (zu Hannover) 426
Langenholzen o. Alfeld 332
Langensalza, Bad, Stadt, n. Gotha 78
Langlingen so. Celle 250
Langobarden 514, 515, 520, 521, 523, 530, 531, 558, 559, 672
Langwarden no. Wilhelmshaven 385
Langwedel a. d. Weser 140
Lanzen 442, 465, 466, 478, 490, 564, 565, 588
Lanzenspitzen 465, 492
Lappe, Ministerialengeschlecht 300
Lappenberg, Johann Martin, Archivar in Hamburg (1794–1864) 34
Larrelt-Wybelsumer Bucht sw. Emden 380
Lastrup wsw. Cloppenburg 373
Latein 183, 184, 185, 193, 194
Latènezeit 480–483
Lathen a. d. Ems, s. Aschendorf 293
Laubgewinnung 275
Laubhaine 273, 316
Laubhütte, Gangzug 162
Lauenburg a. d. Elbe, Stadt 174, 507
Lauenrode siehe Hannover
Lauenstein o. Hameln, Stadt 406
Lauffer, Otto, Prof. der Volkskunde (1874–1949) 88, 89

Lausitzer Kultur 470, 479
Lautenthal o. Goslar, Stadt 218
– Gangzug 162
Lauterberg, Bad, am Südharz, Stadt 163, 168, 328, 345, 437
– Grafen 307
Lautverschiebung, erste oder germanische 171
– zweite oder hochdeutsche 168, 170, 171, 172, 174, 175, 218, 237
Lauwers, Fluß in Westfriesland 544, 575, 577, 615
Lavenstedt s. Bremervörde 444
lazzi (Unfreie) 605, 701
Lebuin (Liafwin), Missionar 578, 580, 609, 660, 672, 674, 700
Leda, Fluß (b. Leer) 101, 138, 222, 349, 362
Leer, Stadt 44, 432
Leese ssw. Nienburg 203, 505
Legatius, Johannes 29
Leggen, Leggeanstalten 422, 423
Lehe, Stadtteil von Bremerhaven 337, 425
Lehe, Erich von, Oberarchivrat in Hamburg (geb. 1894) 91
Lehen 601, 609
Lehnswesen 599
Lehnwörter 224, 225, 228, 238
Lehrden sw. Visselhövede 250
Lehringen so. Verden 442, 443
Lehrte o. Hannover, Stadt 149, 426, 437
Lehzen, W. von 71
Leibniz, Gottfried Wilhelm (1646–1716) 2, 24, 29, 41, 47–50, 57, 58, 64, 192, 227
– Scriptores rerum Brunsvicensium 49
Leibzuchthäuser 358
Leichenverbrennung 461, 467, 491, 492, 493
Lein 458
Leine, Fluß 116, 125, 156, 171, 214, 215, 266, 274, 307, 309, 404, 442, 544, 559, 567, 576, 676, 691
Leinebergland 101, 124, 151, 154, 310
Leinengewerbe 372, 421, 428, 641
Leinetal(graben) 103, 104, 110, 111, 152, 153, 154, 160, 264, 266, 282, 291, 308, 321, 391, 447, 448, 692, 693
Leinwand 356
Leipzig 194
Leischaften (Hutegemeinschaften) 390
Le Mans 710
Lemgow so. Lüchow 311
Lemming 444

Lengderburg s. Göttingen 482
Lengede wsw. Braunschweig 150
Lengerich a. Teutoburger Wald, Stadt 293, 539
Lenglern n. Göttingen 158
Lenne, linker Nebenfluß der Ruhr 560
Lentz, C. G. H. 76
Leo III., Papst (R. 795–816) 669, 709
Lerbeck so. Minden 510
Leriga, Kleinlandschaft um Wildeshausen 611, 616, 631, 666, 698
Lesum a. d. Weser nw. Bremen 615, 625
Letzner, Johannes, Pastor (1531–1631) 43, 46, 57
Leuckfeld, J. G., Pastor in Gröningen (1668–1726) 53
Leuderich, Bischof von Bremen († 842) 682, 683
Leuse, Kloster in Brabant 667
Lex Frisionum 607, 641
Lex Saxonum 546, 592, 600, 605, 607, 669
Leybucht nw. Emden 131, 222, 305, 348, 366, 380, 381
Liafburg, Gemahlin des Friesen Thiatgrim 656
Liafwin siehe Lebuin
Lias 103, 144
Liber censuum, Zinsbuch der römischen Kirche 689
– pontificalis 689
– de reformatione monasteriorum diversorum ordinum 29
liberi 605
liberti (Freigelassene) 602, 605
Liborius, Hl. 710, 711;
siehe Translatio s. Liborii
Lichtenmoor no. Nienburg a. d. Weser 365
Liebenau sw. Nienburg a. d. Weser 525, 528, 539, 563, 564, 569, 629, 641
– w. Hofgeismar, Stadt 402
Liemar, Erzbischof von Bremen (R. 1072–1101) 12
Lilie, Dietrich, Mönch in Iburg († ca. 1558) 38
limes Saxonicus 622
Limitanei 531
Linde 107, 108, 123
Lindenbrog, E. L. 49
Lindisfarne, Kloster an der nordengl. Küste 699

Lingen, Stadt 101, 138, 207, 224, 334, 335, 372, 404, 421, 428, 431
– Grafschaft 80, 213
– Universität 40, 419
Linonen 620
Linswege no. Westerstede 253
Lipani, marca 312
Lippe 353, 357, 505, 506, 507, 559, 560, 588, 590, 662
Lippisches Bergland 101, 153, 308, 309, 311
Lippoldsberg a. d. Weser, Nonnenkloster 308
Lippspringe, Bad, no. Paderborn, Stadt 590, 591
Litanei 696
Liten, liti, lati (Unfreie) 286, 578, 579, 605, 632, 635, 673
Litus Saxonicum 530, 535
Liudgard, Liudolfingerin, Gem. König Ludwigs d. J. 614
Liudger, Missionar, 1. Bischof von Münster (ca. 742–805–809) 618, 619, 655, 656, 657, 659, 666, 667, 669, 670, 674, 675, 679, 680, 700, 707
Liudolf, Graf († 785) 6, 610, 697, 700
– († ca. 844) 614
– Herzog von Sachsen († 866) 22, 609, 614, 697, 700
Liudolfinger 307, 544, 557, 604, 609, 637, 686, 697
Liutbert, Erzbischof von Mainz (R. 863–889) 170, 697
Liutbirg, Klausnerin 697
Liutgart, Matrone 698
Liutger, Bischof 656
Liuthar, Abt von Lorsch, Bischof von Minden (R. 914?–927) 676
Liuthard, Bischof von Paderborn (R. 859/60–886/87) 697
Liutold, Ekbertiner 614
Livius, Titus (59 v.–17 n. Chr.) 501
Loccum no. Minden 203, 334, 505
Lockfleth 366
Löffel 564
Löhne 341
Löningen, Stadt 293, 690
Löß 98, 100, 101, 105, 119, 146, 147, 148, 151, 156, 263, 264, 271, 277, 336, 442, 448, 450, 454, 457, 474
Lößlehm 123, 277
Loewe, Victor, Archivar in Hannover 67
Logumer Vorwerk w. Emden 249

Lohe, bis 1934 Name von Marklohe nw. Nienburg, siehe Marklohe
Lohnarbeit 356
Lohn-Preis-Schere 341
Lohne sw. Vechta, Stadt 142
Loire, Fluß 530
Lokatoren (Dorfgründer) 300, 306, 314, 325
Lorsch a. d. Bergstraße, Kloster 612
- Annalen siehe Annales Laureshamenses
Los 580
Lothar I., Kaiser (R. 840–855) 602, 611, 678, 701
- II., König (R. 855–869) 679, 683
- von Süpplingenburg, Herzog von Sachsen 300
Lothringen (in karolingischer Zeit) 603
Ludwig der Fromme, Kaiser (R. 814–840) 599, 601–604, 613, 617, 648, 674, 676, 678, 681, 682, 686, 688, 692, 695, 696, 698, 710
- der Deutsche, König (R. 843–876) 599, 601–604, 622, 675, 676, 678, 679, 683, 684, 694, 697, 698
- III., der Jüngere, König (R. 876–882) 614, 676, 683
- IV., das Kind, König (R. 900–911) 599
Lübbecke w. Minden, Stadt 589
Lübbensteine b. Helmstedt 455
Lübbing, Hermann, Staatsarchivdirektor in Oldenburg (geb. 1901) 90
Lübeck, Stadt 182, 183, 194, 195
- Bistum 13
Lübeck, Franz 43
Lübsow-Gruppe, Fürstengräber der 492, 493
Lüchow o. Uelzen, Stadt 191, 192, 229, 312, 313, 423, 431, 461
- Grafen 312
Lüerdissen no. Holzminden 243
Lügde sw. Hameln, Stadt 665
Lügumkloster, Dänemark 515
Lühe a. d. Elbe n. Buxtehude 366
Lühesand 582
Lüneburg 28, 143, 144, 188, 192, 195, 204–207, 336, 409, 418, 419, 431, 437, 472, 615
- topographische Entwicklung 391, 392, 394, 395, 396, 410, 416
- Benediktinerkloster St. Michael 17, 28, 680
- Geschichtsschreibung 28, 63, 64, 67
- Ritterakademie 57

- Stadtbuch 184
- Totenbuch 179
Lüneburger Heide 69, 100, 101, 107, 108, 109, 110, 112, 113, 114, 118, 123, 138, 142, 143, 144, 150, 203, 205, 249, 262, 269, 274, 282, 316, 321, 323, 334, 341, 374, 408, 436, 454, 465, 467, 477
Lüneburgisch, Dialekt 178
Lüntzel, Hermann, Justizrat (1799–1850) 65, 72, 79
Lüthorst nw. Einbeck 339
Lütje Hörn, Insel 133
Lüttich, Bistum 665, 675, 693
Lufttemperatur 112
Lunula 467
Lupus, fränkischer dux 558
Lure 474
Luther, Martin (1483–1546) 222
Lutherbibel 194

M

Maas 511
Machinatio fratrum minorum (Braunschweig) 26
Mackensen w. Einbeck 243
Made, Fluß 298
Madebucht 304
Mader, J. J. 49
Mäntel 641
Märkte 388, 391, 403, 405, 407, 411, 414
- frühe Märkte 385–388, 396, 643, 646
- Dreiecksmarkt 392, 406
- Plätze 393, 394, 395
- Marktplätze 393–395
- Nahmärkte 392
- Privilegien 396, 400, 403
- Straßenmarkt 392, 393, 405, 411
Magdeburg 185, 187, 398, 621, 644, 687
Magdeburger Börde 98
Magma 161, 163
Magnentius, Flavius Magnus, römischer Kaiser (R. 350–353) 530
Mahlsteine 486, 497, 642
Mahndorf (zu Bremen) 386, 532, 564
Main, Fluß 586
Mainz, Stadt 506, 683
- Erzbistum 676, 691, 693
- Erzdiözese 11, 178, 664
Malz 641
Mammut 442, 443

mancipia (Unfreie) 632, 633
von Mandelsloh, Andreas (1519–1585) 45
Manecke, U. F. Chr., Zöllner
 (1745–1827) 48, 52, 71
Mansen 293, 619, 633, 647–649
Manufakturen 359
Marcardsmoor o. Aurich 378
Marcellusflut (1219) 347
– (1362) 132, 348
Marchelm, Begleiter Lebuins 578, 660
marchio 601
Maria, Gottesmutter 690
Maria von Friesland († 1575) 37
Marienburg, bischöfliche Burg s. Hildesheim 339
Mariengarten s. Göttingen, Nonnenkloster 339
– Kloster n. Leeuwarden 39
Marienhafe sso. Norden 366
Marienkamp, Kloster b. Esens 36
Marienstein, Benediktinerkloster in Nörten-Hardenberg 32
Mariental n. Helmstedt, Zisterzienserkloster 334
Marinos v. Tyros 502
Mark, Dorf- 283, 316–318, 329, 334, 342, 352, 355, 422
– Grenzmarken 576
Markengericht 317
Markenordnungen 317
Markenrechte 320, 356, 363
Markenrichter 372
Markenteilung 372
Markgenossen(schaften) 294, 316, 317, 333, 355
Markgraf 601, 619
Markkotten 318, 321, 329, 335
Marklohe (Marklô) nw. Nienburg a. d. Weser 5, 8, 578–581, 587, 616
Markoldendorf w. Einbeck 158, 692
Markomannenkriege 520, 521, 530
Marktrecht 390, 396, 646
Markwald 319
Marschen 101, 114, 117, 122, 129, 131, 136, 294, 295, 296, 298, 299, 304, 326, 341, 343, 347, 349, 392, 414, 517, 639
– Flußmarschen 299, 300, 304, 306, 311, 349, 561
– Seemarschen 300
Marschhufendörfer 294, 295, 301, 305, 328
Marser, germanischer Stamm 508
Marslo, Wü. zw. Leese u. Loccum 594

Marstem, Kleinlandschaft zw. Weser u. unterer Leine 555, 559, 691
Mars Thingsus 519
Marsus, Hl. 705
Martinspatrozinium 665, 692, 693
Marwedel s. Hitzacker 252, 464, 493, 531, 538
Maternian, Bischof von Reims († 368) 698
Mathilde 555
Mauern, Mauerbau 588
Max, Georg, Pastor in Osterode (1802–1879) 79
Mayen i. d. Eifel, Stadt 497, 642
Meaux o. Paris, Stadt 710
Mecklenburg 167, 333, 522
Medem, Fluß b. Otterndorf a. d. Niederelbe 298
Medenheim, Wü. s. Northeim 245, 280, 635, 692
Meerdorf no. Peine 139
Meeresablagerung 129
Meereseinbrüche 132, 347–349, 366
Meeresspiegel 130
Meeresströmung 133
Meerestransgressionen 261, 262
Meersen, Vertrag von (870) 679
Megalith-Bauten 454, 455, 459
Megenfrid 672
Megingoz, Bischof von Würzburg (geweiht v. 5. VI. 754) 665
Meginhard, Mönch in Fulda 7, 709
Mehl 496, 633, 641
Meibom, Heinrich (1555–1625) 41, 49
– Heinrich, d. J. 57
Meiendorf, zu Hamburg 444
Meier, Gerhard, Prediger in Bremen 55
von Meier, Ernst, Kurator der Universität Göttingen (1832–1911) 70, 74
Meiergüter 352, 353
Meierrecht 56, 309, 343
Meinberg, Bad, so. Detmold 158, 437
Meiners, E., Pastor in Emden 52
Meinwerk, Bischof von Paderborn (R. 1009–1036) 669
Meißnisch (Mundart) 236
Meldorf i. Dithmarschen 681, 690
Meliorationen 377, 378
Melle oso. Osnabrück, Stadt 404, 421, 431
Mellum, ostfriesische Insel 133

Mencke, J. B., Historiker (1674–1732) 49
Menko, Chronist 36
Meppen a. d. Ems, Stadt 36, 293, 372, 388, 396, 454, 690
- Missionszentrum 388, 591, 692
Mergel 153
Mergelkalk 158
Merowinger 543, 544, 547, 552, 553, 558, 559
Merzen so. Fürstenau 693
Meschede sso. Soest, Stadt 183
Messer 492, 564, 566
Messing 494
Metallhandwerk 644
Metz, Stadt 679
Meyer, Johannes 72
Michaelstein 334
Middels no. Aurich 583, 702
Midlum n. Bremerhaven 278, 635
Mietwohnung 358
Mikrolithen 445
Milchwirtschaft 356
Milze, linker Nebenfluß der Elbe 680
Mimigernaford (Münster) 674
Minden 24, 207, 274, 287, 394, 395, 396, 398, 416, 448, 478
- Bischöfe 618
- Bistum, Hochstift 356, 358, 386, 676, 690
Minderstädte 385, 400, 408
Mineralwässer 158
Ministerialität 325, 393
Minsener Oldeoog, Insel n. Wilhelmshaven 137
Mirabilis, Edler (12. Jh.) 309
Miracula s. Willehadi 646, 696
Misburg o. Hannover, Stadt 426, 437, 574
Mißernten 341, 364, 367
missi (Königsboten) 601
Mission 560, 578, 583, 585, 592, 621, 653, 658, 659, 662, 668, 673, 676, 681, 682, 683, 702, 704
Missionare 653, 661, 662, 665, 666, 679, 700, 705, 710
Missionszellen 675, 681, 682
Mithoff, H. W. H., Baurat (1811–1886) 69
Mitscherlich 63
mitteldeutsche Sprachinsel im Oberharz 168, 218
Mitteldeutschland 332
modius 632, 633
Modeln 641
Möhlmann, J. H. D. (1831–1861) 65

Möllenbeck w. Rinteln, Kanonissenstift 634, 694, 695
Mölme ono. Hildesheim 149
Möser, Justus (1720–1794) 2, 47, 58, 59, 73
Möwen, Mantel-, Eis- 444
Monophthonge 220
Monte Cassino 667
Moorbirke 122
Moore 99, 101, 105, 108, 112, 116, 119, 121, 129, 132, 140, 141, 143, 145, 146, 271, 272, 275, 304, 325, 347, 348, 372, 485
- Flachmoore 349
- Hochmoore 361
Moorfunde 521
Moorkolonate 377
Moorkommissar 372
Moorkommission 364
Moorkultivierung 352, 356, 361–365, 367, 375–378
Moorleichen 498
Mooropferfund 519, 582
Moorpflüge 376
Moorriem no. Oldenburg i. O. 306
Moorschneehuhn 444
Moorsiedlung (prähistor.) 453
- Oldenburger 377
Moorversuchsstation Bremen 376
Moose 107, 126, 127
Mooyer, Ernst Friedrich (1798–1861) 65
Moränen 138
Moringen nnw. Göttingen 412, 423, 431, 692
Mormerland, Ostfriesland 331
Mortensen, Hans, Prof. der Geographie in Göttingen († 1964) 86
Moser 56
Moslesfehn sw. Oldenburg 376
Moswidi, Kleinlandschaft b. Stade 640
Motte (Erdaufschüttung mit Turm) 309, 325, 331
Mühlen 286, 409
- Quetschmühlen 458
- Wassermühlen 632
Mühlenberg 359
Mühlhausen i. Th., Stadt 576, 665
Müller, Johannes Cadovius 191
- J. H., Studienrat (1828–1886) 68
Münder, Bad, am Deister, sw. Hannover, Stadt 403, 431
Münnich 52

Münster 187, 643, 696
- Bistum 5, 363, 618, 667, 674
- Niederstift 80
Münsterland 233, 310, 358
- Klei-Münsterland 309
- oldenburgisches 227
Münstersche Bucht 99, 105
Münzen 494, 643, 644
Münzfunde 528, 531, 645
Münzprägestätten 392
Münzrecht 390, 396, 403, 646
Münzsammlung 48
Mulsum nnw. Bremerhaven
  262, 274, 568, 569
Mundart, erzgebirgische 218, 219
Muschelkalk 103, 152
Museen 69
- Kestner-Museum in Hannover 68
- naturwissenschaftliche 68
- urgeschichtliche 67
- Welfenmuseum 68
Mushard, Martin, Pastor (1699–1770) 51
Mykene 467
Mythos, Stammes- 518

N

Nachbarschaftshilfe 379
Nadeln 477
Nadeln (prähistor.) 473, 491
Nadeln, Rad-, Scheiben- 465
Namen 175
Namenforschung, -kunde 239
Nammen so. Minden 510
Nartum s. Zeven 245
Nashorn, wollhaariges 442
Naßböden 120
nationes 523, 526
Nebel 111, 114
Nebenerwerbssiedlungen 434
Nebenstedt o. Dannenberg 568, 569, 582
Nekrologe 546, 547, 608, 680, 697, 701
Nenndorf, Bad, a. Deister, Stadt
  146, 157, 416
Nerthus, germanische Gottheit
  514, 520, 523
Nerthusvölker 515
Nesse b. Dornum 385, 388
Nessmersiel no. Norden (Ostfriesland)
  133
Neubauviertel 432

Neu-Bokel w. Gifhorn 370
Neubruch 317, 326, 327, 329
Neudorf-Straßberg a. Harz 163, 345
Neuenhaus 437
Neuenheerse oso. Paderborn,
  Kanonissenstift 696
Neuenwalde b. Stade 339
Neufunnixsiel n. Witmund 366
Neukirch, A. 86
Neurhede w. Aschendorf 364
Neustadt a. Rbge. w. Hannover, Stadt
  205, 214, 421, 423, 431, 437
- a. Main, Kloster 680
Neu-Wangerooge 191
Neuwapelersiel o. Varel 366
Neuwesteel sw. Norden 381
Nickel 162, 163
Nieberding, Karl Heinrich 81
Niedeck, Burgen b. Göttingen 339
Niederfränkisch 213
Niederkirchenwesen 600
Niederländer 295, 296, 298, 300, 330
Niederländisch, Dialekt 225, 234
Niederlande 44, 223, 224, 234, 235, 414,
  417, 419, 558
Niederrhein 308, 576
Niederschläge 109, 116, 118
Niederschlagswasser 135
Niederungsmoor 126
Nielloverzierung 534
Nienbüttel sso. Lüneburg 490
Nienburg a. d. Weser, Stadt 53, 101, 112,
  140, 205, 308, 404, 431, 472
Nienburger Formenkreis 479
Nienhagen o. Nienburg 168, 308
Nikolaus I., Papst (R. 858–867) 683, 684
Nithard, Geschichtsschreiber († 844)
  692, 701
nobiles 581, 605, 639, 673
Nörten-Hardenberg n. Göttingen,
  Flecken 215, 403, 406, 692, 693
Nonnengans 444
Noordholland, Provinz 226
Norbert, Abt von Iburg 11
Nordalbinger 177
Nordalbingien 178, 682
Nordalbingisch 178, 188
Norden 44, 207, 223, 348, 362, 366, 380,
  408, 413, 414, 432, 617
- Annalen 36
- Dominikanerkloster 36

Nordenham a. d. (Unter-)Weser, **Stadt** 137, 425
Norderland 44, 304, 305, 331, 366, 367, 368, 380
Norder Tief, Mündungstrichter s. Norden 381
Nordfriesische Inseln 517, 522
Nord-Georgsfehn o. Leer 375
Nordhausen a. Harz, Stadt 154, 507
– Nonnenkloster 10
Nordhorn, Stadt 405, 428
„Nordleute" 586, 590, 679
Nordniedersächsisch 188, 203, 207, 217, 233
Nordschwaben, Stammesgruppe 552
Nordsee 105, 107, 113, 129, 506, 507, 544, 598
Nordseegermanisch 173
Normannen 602, 604, 613, 615–619, 626, 639, 676, 681, 698, 699
Northeim n. Göttingen, Stadt 245, 254, 391, 396, 409, 418, 423, 431, 567, 635
– Grafen von 22
Northliuidi 177, 178; siehe „Nordleute"
Northum n. Bremerhaven 635
Nortmoor o. Leer 331
„Nortwald" 308
Norwegen 470, 537, 538
Nothgrim, Sohn Radbods 656
Nürnberg 194
Nuitonen, germanischer Stamm 514
Numismatik 53
Nursling, Kloster in England 655
Nutzgesteine 159
Nutzpflanzen 447, 547
Nydamstil 534

O

Oberharz 218, 219
Oberjersdaler (Formen)kreis 517, 518, 521, 522, 525
Oberledingerland 225
Obermärker 346
Obernkirchen o. Minden, Stadt 148, 396, 403
– Stift 694
Oberschelp, R., Bibliotheksdirektor in Hannover 86
Obioi siehe Avionen

Ochtersum, zu Hildesheim 244
Oda 610, 697
– Tochter Billungs 614
Oder, Fluß am Harz 154, 162
Odin siehe Wodan 519
Odoorn, Drente, Niederlande 629, 631
Odrada, Gemahlin Wikberts 611
Ödland 273, 302, 316, 344
Öllampen 643
Ölsheim 149
Östringen, zu Schortens so. Jever 36, 347
Oeynhausen, Bad, sw. Minden 158
Ohling, Jannes, Oberdeichrichter 90
Ohre, linker Nebenfluß der Elbe, n. Magdeburg 98, 218, 558, 590, 680
Ohrum s. Wolfenbüttel 621, 679
Ohrwege sw. Bad Zwischenahn 253
Ohsen, Kirch- (?) a. d. Weser, s. Hameln 676
Oker, linker Nebenfluß der Aller 155, 214, 218, 254, 386, 555, 558, 559, 575, 658, 680
– Dorf o. Goslar 161
Oldecop, Johann, Dechant des Kreuzstiftes in Hildesheim (1493–1574) 30, 41
Oldenburg i. O., Stadt 35, 36, 44, 59, 60, 67, 68, 71, 80, 81, 134, 204, 205, 220, 223, 355, 357, 362, 365, 372, 377, 381, 403, 418, 424, 437, 476, 478
– Grafen 18, 35, 44, 366, 403
Oldenburg-Stiftung 93
Onomastik 239
Opfer 444, 521, 523
Opferfunde 540, 582
v. Oppermann, A., General 68
Oppermann, Heinrich August (1812–1870) 65, 78
Oppida-Zivilisation, keltische 481
oppidum 403, 414
Orosius, Paulus (Anf. 5. Jh.) 501
Ortsbürtige 431, 432
Ortsnamen 171, 235, 239, 240, 265, 266, 267, 272, 306, 312, 547, 559, 637, 638
– auf -beck 637
– auf -berg 331
– auf -born 331
– auf -bostel u. -borstel 269, 283, 292
– auf -büttel 252, 257, 266, 269, 282, 283, 340, 341
– auf -dorf 266, 268–270, 637, 638

- auf -feld 637
- auf -hagen 306, 307, 216, 332, 342
- auf -hausen, -hûsun 241, 244, 266, 267, 268, 269, 273, 282, 294, 304, 306, 342, 638
- auf -heim, -hêm 244, 266, 268, 269, 274, 638
- auf -ingen 269, 270
- auf -inghausen 268, 273, 560
- auf -ingen, -ens 249, 266
- auf -ingerode 307
- auf -ithi 266
- auf -lar 266
- auf -leben 266, 638
- auf -lo 269
- auf -mar 266
- auf -rode 306, 307, 316, 328, 331, 342
- auf -sen 243
- auf -stedt 266, 268, 269, 270, 638
- auf -tal 331
- auf -um 249
- auf -walde 331
- auf -wede, -widu 251, 252
- auf -wehr 304
- auf -wurt, -warf, -wurp, -wehr 269
Ortstein 122
Ortsverzeichnisse 52, 86
Osnabrück 15, 18, 100, 153, 187, 204, 208, 209, 274, 377, 418, 428, 429, 431, 437, 454, 478, 685, 690, 710
- Düstrup 471
- topographische Entwicklung 386, 387, 393, 395, 396, 410
- Bischöfe 402, 418, 675; siehe Liudger
- Bistum, Hochstift 37, 80, 278, 285, 287, 288, 293, 356, 372, 386, 665, 675, 690
- Geschichtsschreibung 37, 38, 58, 67, 80, 81
- Leischaften 390
- „Lenetunscher Bürgeraufruhr" 38
Osnabrücker (Hügel)land 101, 318, 323, 326, 334, 357, 408
Orakel 704
Osning, Der, Gebirgszug bei Bielefeld 123, 157, 357
Oste, Nebenfluß der Elbe (bei Cuxhaven) 573
Osten, Gustav von der 82
Osterbur w. Esens (Ostfriesland) 348
Ostercappeln no. Osnabrück 693
Osterholz (-Scharmbeck) n. Bremen, Stadt, Amt 364
Osterhusen n. Emden 198

Ostermoor o. Brunsbüttelkoog 497
Osterode a. Harz, Stadt 161, 396, 428, 432
Ostertafeln 696, 699
Osterwald, Höhenzug o. Hameln 148, 158, 640
Osterwieck (= Seligenstadt?) wnw. Halberstadt 644, 670, 679, 680, 691
Ostfälisch 176, 186, 187, 203, 204, 207, 214
- Heideostfälisch 216, 217
- Leineostfälisch 216
Ostfalen 177, 178, 208, 590, 700
- Teilstamm der Sachsen 586, 589, 591, 592, 596
ostfränkisches Reich 602, 603
Ostfriesland 168, 175, 188, 189, 190, 198, 220, 221, 223, 227, 234, 244, 251, 304, 305, 361, 362, 372, 375, 413, 414, 527, 598, 599, 600, 615, 644
Ostholstein 332
Ostkolonisation 341
„Ostleute" (Ostfalen) 586
Ostrhauderfehn so. Leer 362
Otfrid von Weißenburg, Mönch 170, 707
Otgar, Erzbischof von Mainz (R. 826–847) 693
Ottenjann, Heinrich († 1961) 89
Ottenstein nnw. Holzminden 152, 154, 406
Otterndorf a. d. Niederelbe 392, 396, 399, 412, 431, 437
Ottersberg nnw. Verden a. d. Aller 364, 402
Ottingen so. Visselhövede 250
Otto I., Kaiser (R. 936–973) 9, 242, 643
- IV., Kaiser (R. 1198–1218) 23
- der Erlauchte, Herzog von Sachsen (R. 880–912) 614
- das Kind, Herzog von Braunschweig-Lüneburg (R. 1235–1252) 22, 50
- Bischof von Bamberg (R. 1102–1139) 659, 675, 704
Overledingerland, Landschaft s. Leer 331

P

Pacht 358
Pader, Fluß b. Paderborn 559, 663
Paderborn 171, 187, 643, 644, 662, 663, 665, 674, 695, 710, 711
- Bischöfe 675
- Kirchen 662, 665, 669
- Reichstag von 777 590, 662

pagi (Kleinlandschaften) 601, 639, 640
Paläographie 53
Pannonien 508, 521, 530, 552
Papenburg s. Leer, Stadt 205, 221, 362, 432
Papenteich, Gericht (n. Braunschweig) 22, 266, 282, 341, 344
Pappeln 134
Parabraunerde 147, 148, 156
Paris 678
Parks 418, 437
Parther 510
Parzellen, Besitz- und Betriebs- 279
Paschal I., Papst (R. 817–824) 682
Paschasius Radbertus, Mönch in Corbie 696
Patje 52
patria 664
Patrozinien 692, 693
Pattensen s. Hannover, Stadt 404, 423, 431
Paulus Diaconus († 799), Geschichtsschreiber 558
Pavia 10
Peene, Fluß in Pommern 621
Peine o. Hannover, Stadt 150, 171, 203, 215, 217, 402, 421, 428, 431
Pelosole 156
Pendeln 430, 433, 434, 436
Perizonius, W. 81
Perlen 497, 643
Perlgras-Buchenwald 124
Personennamen 546
Pertz, Georg Heinrich (1795–1876) 2, 29, 55, 63
Peßler, Otto, Museumsdirektor in Hannover (1880–1962) 89
Pestrup s. Wildeshausen 480
Petronilla, Hl. 690
Petrus 583, 690, 691, 693
Peuplierung 353, 354
„Pfaffenbuch" (Braunschweig) 26
Pfalzen 549
Pfannkuche, Christoph Gottlieb, Bürgermeister von Verden (1785–1860) 80
Pfarrei 689–694
Pfarrer 664
Pfeffinger, J. F. 57
Pfeifengras 122
Pfeilspitzen 445, 451, 455, 460
Pferd 444, 462, 497
Pflanzengesellschaften 125
Pflanzendecke 121

Pflanzenreste 450
Pfleghafte (freie Bauern) 308
Pflug, Beetpflug 291
– Hakenpflug 458, 462, 468, 486
– Scharpflug 281
– schollenwendender 485
– Sohlpflug 486
– Streichbrettpflug 485
– Wendepflug 280, 497
Pflugspuren 458, 468, 485, 497
Pfriem 566
Philipp II. von Schwaben, König (R. 1198–1208) 23
Picardie, Landschaft in Flandern 682
Picardt, Johann, Arzt, Vorgeschichtsforscher (1600–1670) 51
Piesberg (176 m), Berg n. Osnabrück 153, 158, 159
Pinnberg b. Ahrensburg nno. Hamburg 445
Pinzette 564, 566
Pipinsburg nw. Osterode 474, 480, 481, 482, 567, 587
Pippin der Mittlere, Hausmeier († 714) 655, 671
– der Jüngere, Hausmeier, König (R. 741–751–768) 593, 658, 659, 672
– König von Italien († 810) 666
Plaggendüngung 276, 277, 279, 305, 631
Plaggenhieb 275, 290, 316
Planmäßigkeit in Dorfgrundrisse 353
Plate no. Lüchow 229
Platendorf-Neudorf no. Gifhorn 370
Pleistozän 105, 106, 118, 138, 153
Plinius der Ältere, Gaius P. Secundus, Schriftsteller (23/24 n. Chr.–79) 4, 501, 696
Pluton 161, 162
Pochwerke 360
Podsol(ierung) 118, 119, 122, 141, 142, 143, 156
Pöhlde o. Göttingen, Benediktinerkloster 16, 288, 551
Poeta Saxo (E. 9. Jh.) 7, 587
Pohle nw. Bad Münder a. Deister 308
von Pohle, Johann, Pfarrer in Hameln 31
Pokale 517, 523
Polarbecken 130
Polarfuchs 444
Polarweiden 443, 444
Polder 380, 381
Polle a. d. Weser, nnw. Holzminden 216

Pollendiagramme 121, 548, 632
Pollhagen n. Stadthagen 308
Polybius, P. Cipius (Name auf Gießerstempel) 493
Pommern 332
Poppenburg, Domäne, zu Burgstemmen n. Elze 285
Poppo I., Babenberger 614
- II., Babenberger, Markenherzog (880–899) 614
Popponen (Babenberger), Adelsgeschlecht in (Main)franken 613
Porner, Hans, Ratmann in Braunschweig 27
Porphyr 103, 162
Porta Westfalica 116, 147, 154, 158, 510
Porzellanmanufaktur 359
Präfix, Abfall 211, 214
Prämonstratensererklöster 327
Pratje, Johann Heinrich (1710–1791) 61
Prauns, G. S. A. 53
Predigt 585, 663, 666, 672, 703, 705
Preußen 63, 375, 675
Prezekina 680
Priegnitz, Landschaft 522
Priele 114, 133, 295, 296, 304, 366, 388
Priester 655, 656, 666–669, 673, 690
Prokop, Geschichtsschreiber († nach 562) 557
Prun, Ekbertiner 614
Prunkscheibe 519
Psalmen, in Altniederfränkisch 175
- westfälisch 187
Ptolemaeus, Claudius 4, 189, 502, 513, 514, 517, 518, 523
Pütter, Johann Stephan, Staatsrechtlehrer (1725–1807) 49, 54
Pufendorf, Friedrich Esajas (1707–1785) 53
Pumme, Heinrich, Abt von Clus 32
Pumpen 360
Punzverzierung 534
Pusinna, Hl. 696, 697, 699
Putensen sw. Lüneburg 492, 494
Pyrmont, Bad, sw. Hameln, Stadt 104, 153, 158, 415, 494

Q

Quakenbrück wnw. Diepholz, Stadt 402, 407, 431

Quarstedt s. Neu-Darchau a. d. Elbe 488
Quarz 163
Quarzit 163
Quedlinburg a. Harz, Kanonissenstift 546, 697
Quellen 155, 158
- Thermalquellen 158
- als Kultplätze 582
Queller (Pflanze, Schlickfänger im Watt) 134
Querimonia Egilmari 675

R

Radau, Bach s. Bad Harzburg 161
Radbod, König der Friesen († 719) 574, 655, 656, 671
Radegundis-Patrozinium 693
Radiokarbon-Methode (Verfahren zur Altersbestimmung geologischer und organischer Objekte) 443, 444, 457
Ragyndrudis-Codex 659
Ramberg, Berg im Harz 161, 163
Ramelsloh s. Hamburg 698
Rammelsberg in Goslar 161, 162, 328, 359
Ramsloh o. Aschendorf a. d. Ems 229
Randleistenbeile 464, 465
Ranker 155
Ranzau no. Lüchow 229
Rasen, Halbtrocken- 156
Raseneisenerz 143, 476, 629
Rasiermesser 473
Rastede, Benediktinerkloster n. Oldenburg 35, 36
Ratgar, Abt von Fulda (R. 802–817) 694
Rathäuser 418
Rathlef, E. L., Superintendent 53, 54
Ratsburg b. Reyershausen nno. Göttingen 482
Ratzeburg, Bistum 13
Raum, politischer, sprachlicher 168
Ravensberger Land 308, 321, 334, 356, 357, 358
Realteilung 296
Rebaix b. Meaux (b. Paris), Kloster 603
Rebenstorf s. Lüchow 312
Rechnungsbücher 185
Rechtsquellen 546;
  siehe Capitulare Saxonicum, Capitulatio de partibus Saxoniae, Lex Frisionum, Lex Saxonum

von Reden, F. 71
Reeßum w. Rotenburg a. d. Wümme
  249, 255
Reformation 195
Reformen, bauernrechtliche 374
Reformierter 224
Regensburg a. d. Donau 620
Rehberg, August Wilhelm,
  Geh. Kabinettsrat (1757–1836) 73, 78
Rehburg w. Neustadt a. Rbge., Stadt 139
Rehburger Berge b. Rehburg w.
  Neustadt a. Rbge. 101
Rehe 444
Rehtmeyer, Philipp Julius, Pastor in
  Braunschweig (1678–1742) 52, 57
Reichenau i. Bodensee, Kloster 608, 700
Reichsgut 603, 635, 636, 692
Reichskammergericht 194
Reiheleute (im Dorf) 356
Reimchronik, Braunschweigische 23
– der Bischöfe von Osnabrück 37
Reimers, Heinrich 90
– R. (1850–1914) 68
Reims 678, 686, 688
Reineccius, R., Prof. der Geschichte in
  Helmstedt 41
Reinecke, Wilhelm (1866–1952),
  Stadtarchivar in Lüneburg 93
Reinhard, Abt von Reinhausen 17
Reinhardswald 99, 152, 274, 308, 344,
  351, 353
Reinhausen, Benediktinerkloster
  s. Göttingen 17, 327
Reitbracke 304, 305
Reiter 588
Reliefumkehr 153
religiöse Vorstellungen 471
Reliquien 603, 645, 660, 682, 691, 693,
  696, 697, 707–710
Remmer von Seediek, Rentmeister
  (ca. 1500–1557) 37
Rendzinaböden 155
Renner, Johann, Notar in Bremen
  (ca. 1525–1583/84) 35
– J. A., Prof. der Geschichte in Helmstedt
  54
Rennfeuer 328, 476
Rennfeuerofen 476
Rentiere 443, 444
Rentierjäger 444
Residenzstädte siehe Städte

Rethem a. d. Aller, so. Verden, Stadt
  404, 406
Rethen s. Hannover 442
Retlager Quellen wnw. Detmold 445
Reudinger, germanischer Stamm 514, 515
Reuter, Fritz, Schriftsteller (1810–1874)
  193
Reyershausen nno. Göttingen 157
Rheden o. Diepholz 144
Rheide a. d. unteren Ems 348
Rheiderland, Landschaft zw. Dollart
  und Ems
Rhein 501, 506, 507, 509, 510, 511, 512,
  528, 532, 586, 604, 613, 618, 619, 643,
  646, 663, 680, 702
Rheine a. d. Ems, Stadt 293, 663
Rheinischer Fächer 168
Rheinland 565
Rhinozeros, Merckschess 442
Rhume, rechter Nebenfluß der Leine 154
Ricburga, 1. Äbtissin von Lamspringe 698
von Richthofen, K. 70
Richulf, Erzbischof von Mainz
  (R. 787–813) 672, 693
Riddagshausen, zu Braunschweig,
  Zisterzienserkloster 33, 334, 335
Riedel 149
Riefensbeek o. Osterode 359
Riegenschlag 314
Riekenbostel so. Rotenburg 250
Riepen 517
Rieseberg o. Braunschweig 314
Rieste s. Lüneburg 490
Rietberg no. Lippstadt 710
Rikdag, Graf 686, 698
Rimbert, Erzbischof von Hamburg-Bremen
  (R. 865–888) 6, 676, 681, 682, 683, 689,
  696, 698, 705
Rinder 450, 458, 462, 496, 497, 632, 648
Rinesberch, Gert, Domvikar in Bremen
  (ca. 1315–1406) 34
Ringe, Arm-, Bein- 465
Ringwall 498
Rinteln a. d. Weser, Stadt 207, 264, 353,
  402, 416, 421, 711
– Universität 40, 419
Rintelner Becken 280, 282
Ripdorf n. Uelzen 463, 477
Ripen in Dänemark, Stadt 683
Ritter 325
– Prof. in Emden 93

48*

Robertiner, franz. Hochadelsgeschlecht (spätere Capetinger) 611, 612
Roden, Grafen von 307, 398, 402
Rodenberg b. Bad Nenndorf a. Deister 412
Rodung 273, 274, 280, 306, 312, 317, 318, 320, 322, 326, 342, 395, 402, 404, 407, 451, 458, 607, 609, 635, 636, 639
Rodungsfreiheit 624
Röhrichte 126
Römer 487, 497, 500, 501, 505, 506, 507, 508, 510, 522, 528, 530, 531, 532, 534, 539
Römische Kaiserzeit 487–500
Rössener Kultur 449, 457
Roggen 485, 632
Rohrsen a. d. Weser n. Nienburg 532
Rolevinck, Werner, Kartäuser, Geschichtsschreiber (1425–1502) 579
Rom 6, 17, 500, 506, 511, 530, 610, 611, 666, 678, 683, 684, 697, 701, 709, 710, 711
Romanus, Hl. 694
Ronnenberg sw. Hannover 149
Rorik, Sohn Haralds 618
Roringen o. Göttingen 250
Rosdorf s. Göttingen 264, 449, 452, 453, 483, 566, 641
Rosendahl, Ernst, Journalist (1866–1952) 91, 95
Rosenhof, Gangzug 162
Rosenthal w. Peine 402
Rosla, Heinrich, Mönch in Walkenried? 22, 23
Rost, Maurus, Abt von Iburg (1666–1706) 11, 53
Rostock 42
Rotbuche 123, 164
Roteisenstein 162, 163
Rotenburg a. d. Wümme, no. Verden, Stadt 402, 421
Rotenfelde, Bad, a. Teutoburger Wald sso. Osnabrück 437
Rotermund, H. W., Dompastor in Bremen 54
Rotfuchs 444
Rothert, Hermann, Superintendent (1842–1915) 67
Rotliegendes 102, 162
Rottorf o. Königslutter 150
Rotwild 445
Rudolf, Mönch in Fulda († 865) 6, 7, 519, 553, 554, 561, 582, 698, 709
Rüstersieler Groden (Wilhelmshaven) 380

Rüstringen (Wilhelmshaven) 36, 347, 617, 618, 666, 682
Rüthning, Gustav, Oberlehrer (1854–1944) 81
Ruhr, rechter Nebenfluß des Rheins 544, 560, 646, 702
Runddörfer 311, 312–314, 328, 333
Runde, Christian Ludwig 60, 81
– Justus Friedrich 81
Rundwall 286
Runen 175, 189, 545, 585
Runeninschrift 519, 616
Runibergun, Ronnenberg (?) 554, 559
Runstedt s. Helmstedt 474
Rutwic 700

S

Saale 544, 680
– Nebenfluß der Leine 52
Saalsdorfer Höhen 139
Sachsa, Bad, am Südharz, Stadt 168
Sachsen, Stamm 175–177, 513–520, dann laufend
Sachsenkriege 585, 586, 587, 615, 635, 662, 667, 706
Sachsenspiegel 21, 183
Sachsensymposion 549
Sackwald, Höhenzug so. Alfeld 331
Sägemühlen 360, 428
Säger (Vögel) 444
Sände (im Meer) 380
Sagen 74
Saisonarbeit 356
Salland (Herrenland) 293
Salz a. d. Fränkischen Saale 592
Salzdahlum sso. Braunschweig 635, 642
Salzderhelden so. Einbeck 157, 423
Salzdetfurth, Bad, so. Hildesheim 157, 403
Salze 103, 104, 106, 143, 144, 148, 149, 157, 642
Salzgitter, Stadt 104, 145, 149, 150, 152, 154, 157, 403, 426
– Gebhardshagen 215
– Lebenstedt 443
– Lesse 204, 209
– siehe auch Vöppstedt
Salzhemmendorf nw. Alfeld a. d. Leine 157, 403
Salzkärrner 357
Salzpfänner 357

Salzsiedereien 357, 403, 642
Salzuflen, Bad, no. Bielefeld 158, 357
Salzwedel, Stadt i. d. Altmark 252
Sammelwirtschaft 445, 457
Sandaufspülung 381
Sandbänke 129, 134
Sand (Bau-) 159
Sandböden 141, 271, 277, 374
Sandhoff, Johann Itel 56
Sandlingen so. Celle 250
Sandstein 99, 148, 156, 159
Sarstedt sso. Hannover, Stadt 149, 404, 437
Saterland so. Leer 167, 191, 229, 230, 231, 348
satrapae 578, 580
Sax, Kurzschwert 519, 565, 588
Saxlinga 690
Saxnot, Gottheit 519, 520, 703
Saxonische Gebirgsbildung 103, 104, 106
Schaalsee so. Ratzeburg 515
Schaber 442, 443
Schachtförderung 360
Schädeldeformationen 563
Schafberg b. Osnabrück 158
Schafe 450, 457, 458, 462, 485, 496, 497
Schalen 472, 492, 515, 517, 523
Schambach, Georg, Rektor in Einbeck (1811–1879) 69
Schapen no. Rheine 324, 633
Scharf, Amtmann in Dannenberg 51
Scharmbeck so. Harburg 476
Scharnebeck no. Lüneburg 334
Scharrel nw. Cloppenburg 229
Scharzfeld so. Herzberg a. Harz
– Grafen 307, 308
– „Steinkirche" (prähist. Fundplatz) 444
Schatzfunde 644
Schaumann, Adolf (1809–1882) 76, 82
Schaumburg, Burg o. Rinteln
– Grafen von 402
Schaumburg-Lippe, Fürstentum 61, 101, 233, 264, 278, 307, 308, 309, 311, 332, 357
Schaumburg, Grafen von 38, 307, 353
Scheidt, Chr. L. 48, 50
Scheidungen siehe Burgscheidungen
Scheiterhaufen 528, 532, 563, 583
Schelde, Fluß 530, 702
Schele, Kaspar 38
Schene, Herbort (ca. 1340–1413/14), Domherr in Bremen 34
Schenefeld n. Hamburg 517, 690

Scheßlitz no. Bamberg, Stadt 665
Scheunen 286, 422
Schezla (Wü., bei Katemin so. Bardowick) 621, 644
Schichtrippen 153
Schiefer 153, 161, 162
Schiffahrt 136, 356, 363, 364, 405, 420
– Torfschiffahrt 362, 363
Schiffbarkeit 116, 154
Schiffbau 362, 421
Schiffer 368
Schiffsdarstellungen (prähistor.) 473
Schildbuckel 492
Schilde 478, 490, 564, 566, 588
Schinna ssw. Nienburg 463, 473
Schiphower, Johannes, Augustiner Eremit 36
Schirmeyer, Ludwig, Oberstudienrat in Osnabrück 90
Schlacken 629, 641
Schladen no. Goslar 261, 263, 289
Schlatts 140
Schlegel 52
Schlei, Bucht 515
Schlesien 332
Schleswig, Stadt 535
Schleswig-Holstein 167, 460, 470, 485, 522, 702
Schlick 121, 130, 134, 135, 305
Schlickfänger 380
Schliestedt o. Schöppenstedt 693
Schlöpke 52
von Schlözer, A. L. 49, 51
Schlüsselanhänger 583, 702
Schmarsau w. Dannenberg 229
Schmeidler, Bernhard, Prof. der Geschichte 63
Schmelzhütten 328, 360
Schmelzöfen 498
Schmidt, Gustav (1829–1892) 65
– Heinrich, Prof. der Geschichte in Oldenburg 90
von Schmidt-Phiseldeck, Archivar in Wolfenbüttel (1835–1895) 70
Schmieden 357, 485, 497
Schmuck 488, 523, 535, 563, 569, 582
Schmuckformen 473, 525, 527, 537
Schnackenburg a. d. Elbe, Stadt 405
Schnallen 535, 566
– Tierkopfschnallen 532, 533
Schnath, Georg, Prof. der Geschichte (geb. 1898) 85, 86, 92

Schnee 110
Schneehase 444
Schneehuhn 444
Schneerener Berge w. Neustadt a. R. 138
Schöffen 330
Schöffer, Peter 24
Schöneberg, Forsthaus o. Hofgeismar, Herren von 308
Schönfelder Kultur 469
Schöningen s. Helmstedt, Stadt 145, 394, 396, 437, 563, 691, 693
Schöpfkelle 493, 494
Schöppenstedter Börde 101
Schöppingen sw. Burgsteinfurt 293
Schomaker, Jakob (1499–1563), Geistlicher in Lüneburg 28, 29
Schoppius, A. 26
Schorborn wnw. Holzminden 359
Schortens w. Wilhelmshaven 251, 564, 616
Schottland 653
Schreibgriffel 643
Schriever, Ludwig 82
Schriftsprache 182, 184, 189, 194, 195, 196, 200
Schroller, H., Archäologe in Hannover 93
Schrot 496
Schuchhardt, Karl, Prof. der Archäologie (1859–1943) 68
Schüttorf o. Bentheim, Stadt 421, 428
Schuhindustrie 421
Schuhleistenkeil (prähist. Werkzeug) 451
Schulbücher 195
Schule 367
Schulenberg, Gangzug 162
Schulenburg nw. Hannover
Schulze 300, 330
Schunter, Bach 680
Schutzbauten 130, 134
Schwaben (Stammesteil an der Unstrut) 558, 571
- Schwabengau, Landschaft 641
Schwan 444
Schwantes, Gustav, Archäologe (1881–1960) 88
Schwarmstedt a. d. Leine o. Nienburg 437
Schwarzerde 147, 148, 263
Schwarzes Brack 347, 366, 380
Schwarzwild 445
Schweden 6, 364, 470, 537, 538, 556, 675, 682, 683, 688
Schwefelkies 162, 163

Schweine 450, 457, 458, 462, 497
Schwerin, Bistum 13
- Grafen 405
Schwerspat 163
Schwerter 489, 490, 492, 565
- Langschwert 588
- Ringknaufschwerter 521
Schwertfeger, Bernhard (1868–1952) 70
Schwienmark 311
Schwitschen no. Visselhövede 243
Sclaomir, Abodritenkönig 622
Sceattas 644
Seeburg o. Göttingen 692
Seedorf n. Uelzen 477, 478
Seeschiffahrt 137
Seesen a. Harz, Stadt 158, 267, 275, 328, 396, 403, 423
Seeverkehr, Seeschiffahrt 424, 425
Segge 126
Seide 643
Seidel (Hohlmaß) 632
Selbstverwaltung 360
Seligenstadt siehe Osterwieck
Selm n. Dortmund 635
Separationen 373
Sergius II., Papst (R. 844–847) 678, 698
servi (Unfreie) 602, 632, 633, 634
Seuchen 340, 341, 351, 367, 417
von Sichart, Louis 70
Sichelnstein s. Hann. Münden 168
Sieb 493
Sieboldshausen s. Göttingen 692
Siedelrecht 308
Siedler, Herkunft 273, 308
- Nachsiedler 317, 318, 320, 346, 356, 357, 372
- Neusiedler 363
Siedlung 535, 547, 548, 624, 632, 635, 636, 637, 646
- Ausbausiedlung 169, 316–319, 344
- Bergbausiedlung 327, 345, 394
- Brinksitzersiedlungen 359
- Burgmannensiedlung 403, 404
- Deichstrichsiedlungen 368
- Flachsiedlung 497
- Gewerbesiedlungen 359
- Gruppensiedlungen 280, 281, 316, 344
- Hagensiedlungen 306–311, 328, 330, 332, 346, 365, 401, 402
- Hüttensiedlungen 360
- Kleinsiedlungen 341
- Konzentration 330, 339

– ländliche 259
– Marschen- 295–306, 330, 332, 346, 365, 401, 485
– Moorsiedlung 306, 331
– prähistorische 449, 450, 457, 458, 461, 462, 474, 483, 495
– Reihensiedlungen 367, 495
– Sackgassen 285, 295
– Salzsiedersiedlungen 394
– Straßendorf 314
– Tochtersiedlungen 272, 273, 275, 290, 295
– Umsiedlung von Sachsen 592, 635
– Zusiedlung 283
Siedlungsgesellschaften 435
– Emsländische 379
– Hannoversche 379
Siedlungsinseln 275
Siedlungskammern 260, 262, 263, 518, 640
Siedlungskontinuität 260
Siedlungslandschaft 601
Siedlungsnamen 240
Siele, Sieltore 116, 135, 298, 343, 347, 366, 367
Sielhäfen 367, 368, 437
Sielmönken nw. Emden 298, 304
Sieltiefsystem 114
Sietland 132, 135, 295, 304, 343, 367
Sievern n. Bremerhaven 568, 569, 582, 702, 703
Sievershausen oso. Einbeck 242
– w. Peine 242
– Gandersheim 242
– Wü. b. Einbeck 242
Sigibod 656
Silber 162, 163, 494, 582, 632
Silberbarren 538
Silberhütte 360
Silbernaal, Gangzug 162
Silberwurz 444
Silur 102, 161, 162
Sinithi-Gau 693
Sinnitius, Hl. 699
Sippen 281, 302, 304, 331
Situlen (Eimer) 478, 489
Sixtus, Hl. 699
Skandinavien 565, 566, 683
Skidrioburg 587
Sklaven 534, 643
Slawen 192, 193, 199, 295, 311–316, 333, 544, 549, 559, 590, 591, 598, 600, 604, 615, 619–622, 658, 681

Slawische Sprache siehe Dravänopolabisch
Sögel sso. Aschendorf 293, 464, 472
Sögeler Kreis (prähist. Bestattungen) 464, 465
Söhlingen oso. Rotenburg a. d. Wümme 250
Söldner 494, 524
Soest i. Westfalen, Stadt 565, 566, 710
Sohlingen w. Uslar 251
Sohnrey, Heinrich 74
Soissons 600, 696
Soldatensiedlungen 357
solidus 566, 605, 619, 641, 643
Solling 109, 110, 112, 151–153, 156–159, 251, 266, 274, 326, 337, 344, 353
Soltau sw. Lüneburg, Stadt 206, 207
Sommerfeldbau 497
Sondershausen i. Th., Stadt 448
Sonne, H. D. A., Rektor in Ilfeld (1780–1832) 71
Sonnenscheindauer 111
Sonnensteine 467
Sorthum n. Bremerhaven 245, 635
Sorsum n. Elze 246, 255
– w. Hildesheim 245, 248, 255
– o. Wennigsen 246, 255
Soßmar no. Hildesheim 246, 247, 255
Sossen b. Bückeburg 246, 248, 255
Sottmar so. Wolfenbüttel 246, 247, 248, 255
Sottrum w. Rotenburg 245, 248, 249, 255
– w. Salzgitter 245, 247, 255
Sozialeinrichtungen 361
Sozialgeschichte 90
Spangenberg, Cyriakus, Geschichtsschreiber (1528–1604) 43, 45
Spardose 494
Spatto, Abt von Amorbach u. Bischof von Verden 680, 686
– II., Bischof von Verden 680
Speckstein 642
Speele a. d. Fulda sw. Hann. Münden 168
Spehr, Ferdinand 72, 92
Speicher 286, 358, 484, 498
Sphragistik 53, 70
Spiegelglashütte 359
Spiegeltal, Gangzug 162
Spiekeroog, ostfriesische Insel 133
Spiekershausen a. d. Fulda no. Kassel 168

Spinnen 356
Spinnwirteln 450, 483, 486, 491, 630
Spiralen 473
Spital 690
Spittler, Ludwig Timotheus, Historiker (1752–1810) 58
Spitzahorn 123
Spitzhauen 451
Sporen 490, 492
Sprachatlas, deutscher 200
Sprache (als Kommunikationssystem) 169
Sprakensehler Berge w. Hankenbüttel 139
Sprechsprache 184, 188–191, 195, 196, 198, 200
Springe am Deister, Stadt 205, 206, 406
Springmühle 452
Sprockhoff, Ernst, Archäologe (1892–1967) 88
St. Andreasberg i. Harz, Stadt 218, 233, 359, 369
St. Denis 710
St. Gallen, Kloster 608
St. Moral 710
Staatenkunde 51
Stade 16, 17, 55, 67, 79, 112, 188, 204, 405, 416, 431, 454, 455, 466
– topographische Entwicklung 386, 391, 394, 395, 396
– Grafen 300
– Kloster St. Marien 300
von Stade, Dietrich, Konsistorialsekretär (1637–1718) 55
Stadland, Landschaft zw. Jadebusen und Weser 132, 347
Stadtbücher 31, 194, 195
Stadterhebungen 423
Stadtgründungen (aus wilder Wurzel) 402, 411, 414
Stadtgemarkung 407
Stadtoldendorf a. d. Weser 665
Stadtplanung 433
Stadtrecht 402, 403, 405, 412
Stadtverlegung 405
Stadtwirtschaft 407
Städte 329, 335, 339, 341, 346, 350, 383–437
– Befestigung 391, 394, 400, 405, 406, 409, 418, 428, 437
– Bevölkerung 407
– Erweiterungen, Neugründungen 393, 406, 410, 412, 414

– Garnisonstädte 418
– Leiter-, Gittergrundriß 393, 399, 411
– Planmäßigkeit 393, 401, 405, 426
– Privilegien 401, 403, 406, 413
– Räte 409
– Residenzstädte 413, 416, 417, 418, 421, 423
– Salzorte 423
– Stadtgründungen aus wilder Wurzel 402
Stadthagen, Stadt 43, 307, 402
Stadtoldendorf ono. Holzminden, Stadt 402
Städteatlas 86
Städtechroniken 63
Ställe 286, 355, 358, 422, 429, 496
Stämme 577
Stände 554, 581, 605, 608
Stände der Sachsen 578, 579
– siehe auch Adel, Freie, Liten
Stammesbund 518, 519, 520, 522, 561
Stammessage 553, 556–559, 562, 564–567, 581
Stammesversammlung der Sachsen 579, 580, 605, 660, 672
Stapelage w. Detmold 670
Stapelrecht 405
„Statthalter" (satrapae) 578
Stauteiche 360
Staßfurt s. Magdeburg, Stadt 149
Statistik 51
Statwech, Johann, Dominikaner 22
Stederdorf s. Uelzen 150, 442
Stedingen, Landschaft links der Weser b. Bremen 300
Stedingerkriege 331
Steffens, J. H., Rektor in Celle (1711–1784) 57, 76
Steigbügel 588, 632
Stein, Heinrich Friedrich Karl Freiherr vom u. zum (1757–1831) 63
Steina w. Bad Sachsa 168
Steinbrück o. Hildesheim, Burg 339
Steine 143, 148
Steingräber 454, 455, 456, 464
Steinheim so. Detmold, Stadt 665
Steinhuder Meer, See w. Hannover 140, 146, 165, 21?, ?4, 308, 505
Steinkisten 466, 4?
Steinklingen 443
Steinkohle 148, 158
Steinschliff 447

Steinwerkzeuge 442, 443, 445, 447, 451, 455, 457
Steinzeit
- Altsteinzeit 441
- Jungsteinzeit 447, 457, 464, 480
- Mittelsteinzeit 445, 446
Stellinga-Aufstand 556, 602, 606
Stellmoor nw. Rotenburg a. d. Wümme 444
Stemmer Berge 101
Stephan, Märtyrer 691, 695
Stephan II., Papst (R. 752–757) 658, 672
- V., Papst (R. 885–891) 684, 688
Steuern 353
Steuerwald, Burg, zu Hildesheim 339
Steyerberg n. Minden 423
Stieleiche 122, 123, 141
Stifte 546, 645, 694
- als Wurzel von Städten 387, 391
Stockum 635
Stöckheim s. Braunschweig 635, 692
Stöckse w. Nienburg 443
Stör, rechter Nebenfluß der Unterelbe 517, 617
Stolzenau a. d. Weser n. Minden 206, 528
Stormarn, Landschaft n. Hamburg 561, 681
Strabo, Geograph (ca. 63 v. Chr.–nach 26 n. Chr.) 501
Strafgefangene 379
Strandnelken 134
Straßberg sw. Quedlinburg 163
Straßenbahnen 433
Streitäxte, Streitaxtkultur 459–462
Streu 122, 275, 277
Strube, David Georg (1694–1776) 53
Strücklingen sw. Leer 229, 230
Stürme 116
Stüve, Johann Carl Bertram (1798–1872) 65, 80, 81
- J. E. 59, 64
Stuhr sw. Bremen 138
Sturmflut 108, 130, 131, 132, 298, 305, 347, 348, 367, 368
Sturmi, Abt von Fulda 590, 658, 663, 664, 672, 673, 675, 676
- pagus a. d. unteren Aller 640
Sturmwari 561
Suala, Kanonisse in Herford 696
Suardonen, germanischer Stamm 514

Subatlantikum 108
Subboreal 108, 121
Sudburg b. Werla 289
Sudendorf, Hans, Archivar (1812–1879) 50, 64
Sudheim s. Northeim 245, 635, 692
Süderbrarup nw. Schleswig, Stadt 515
Süd-Georgsfehn o. Leer 375
Sülbeck sso. Einbeck 642
Süntel, Höhenzug w. Bad Münder 206, 278, 282, 288, 321, 333
Sudergo, Landschaftsname 578, 579
Suevon siehe Schwabengau
Sugambrer 506
Sulingen o. Diepholz, Stadt 206, 274, 285, 421
Sultheim, Wü. b. Northeim 635
Sussex 537
Sussum no. Fürstenau 247, 248
Sustrum a. d. Ems 247, 248
Sutrum sw. Rheine 248, 256
Symbole, christliche 583
Syrien 507

T

Tacitus, P. Cornelius, Geschichtsschreiber (ca. 55–116 n. Chr.) 4, 189, 501, 502, 503, 505, 509, 515, 518, 523, 696
- Germania 7, 501, 502, 503, 514, 522, 531, 538, 554, 598, 709
Tafelgeschirr, römisches 495
Tagelöhner 362, 368
Tagelohn 355
Tagewerke 630
Talsperren 117
Tanko 686
Tantinger Viertel 304
Tassen 517
Tatian, althochdeut. Übersetzung der Evangelienharmonie des Tatian (2. Jh.) 707
Taufe 585, 590, 663, 667, 679, 682
Taufgelöbnisse 519, 585, 703, 704
Taufkirchen siehe Pfarrkirchen
Tausch 326, 642
Tecklenburg, Grafschaft 356
- Grafen 402, 404
Tecklenburg, A., Seminarlehrer 76
Tempel 582

Temperatur 111
Terra sigillata 497
Terrasse 284
Tertiär 104
Tertry, Schlacht (687) 574
Testament 185
Tettenborn (nicht Trettenborn!)
s. Bad Sachsa 168
Tettens n. Jever 251
Teufelsmoor, Moor n. Bremen 306
Teutoburger Wald 99, 100, 109, 111, 147, 151, 153, 268
– Schlacht, im Jahre 9 n. Chr. 508, 509, 528
Textilgewerbe 357, 421, 422, 643
Textilherstellung (prähistor.) 450, 498
Thame, Nebenfluß der Themse 535
Thancmar, Liudolfinger 614
Thangmar, Priester in Hildesheim 10
Thanko, Bischof von Verden 680
Theater 418
Theellande 331
Themse 537
Theoderich 576
Theodor, Mönch in Pöhlde 16
Theodrad, Sachse 695
Theodrada, Nonne in Soissons 696
Theudebert I., Frankenkönig (R. 534–548) 552, 558
Theuderich I., Frankenkönig (R. 511–534) 554, 555
Thiabrat, Sohn des Friesen Thiatgrim 656
Thiatgrim, Sohn Radbods 656
– Bischof von Halberstadt (R. 829–840) 680
Thietmar, Bischof von Merseburg (R. 1009–1018) 10, 179, 669
Thimme, Friedrich (1868–1938), Bibliothekar 66, 78, 95
Thor siehe Donar
Thorsberger Moor 515, 519, 523
„Thorshämmer" 583
Thrasco, Abodritenführer 593, 621
Thülen nw. Brilon 692
Thüringen, Land 175, 266, 463, 538, 565, 567, 575, 638, 655, 656, 658, 686
– Landgrafen 391
Thüringer, Stamm 515, 552–555, 560
– Recht 557
Thüringerreich 556, 564
Thüringisch, Dialekt 176
Thuring, *nobilis* 639

Thuringesrod a. d. Oker 639
Tiberius, J. Caesar Augustus (R. 14–37) 507, 510, 522
Tidenhub 130, 134
Tie 288, 326, 358
Tiefs 343, 366
Tiefstichkeramik 454
Tiefstichornamente 456
Tiegel 641
Tierknochen 450, 462, 474, 481
Tierornamentik 534
Tilithi, Kleinlandschaft bei Ohsen s. Hameln 676
Tiu-Tîwaz, Gottheit 519
Tjaden, E. J., Kriminalrat in Aurich 54
Tode, Ministerialengeschlecht 300
Todesfall 633
Töpfe 489, 515
Töpfer 357, 421, 496
Töpferwerkstätten 485
Tone 143, 153, 159
Tonschiefer 156
Tonwaren 357, 528
Topographien 70, 71
Toponyme siehe Ortsnamen
Tore, Zangen- 481
Torf 126, 127, 128, 130, 275, 316
Torfbildung 131
Torfhaus i. Harz 360
Torflagerstätte 128
Torfstich 356, 360, 361, 363
Torhout, Cella in Flandern 682
Tostedt sw. Buchholz i. d. Nordheide 691
Totenbretter 460
Totengedenken 546, 701
Totenhäuser 466
Totenkult 439, 704
Totenverbrennung 469, 703
Tracht 493, 523, 563, 566, 583, 641
Traditionen (Schenkungen) 546, 550, 630, 639
Tragaltäre 707
Transgression (Vordringen des Meeres) 129, 130, 295
Translatio s. Alexandri 6, 553, 598, 605, 611, 646, 698
– s. Liborii 663, 665, 673–676, 710
Translationsberichte 546, 665
Traubeneichen-Birkenwald 122, 123
Trave, Fluß in Holstein 515
Trendelburg s. Karlshafen a. d. Weser, Stadt 402

Treue, Wilhelm, Prof. für Wirtschafts- und Sozialgeschichte an der Technischen Universität Hannover (geb. 1909) 90
Treueide 586, 589, 590
Triangel o. Gifhorn 365
Trias 103
Tribur, jetzt Trebur w. Groß Gerau 603
Tribut 553, 575, 617
Trichterbecherkultur 452–455
Trier 531
Trinkhorn 492, 493
Trinkwasser 135
Trockenmauer 481
Tschackert, G. 69
Tuch(macherei) 428, 497, 630, 633, 641, 648
Tümpelsumpfhuhn 444
Tundra 107, 444
Turhoult, Cella, in Flandern 603
Twente 544, 646
Twiste 692
Twixlum w. Emden 249

U

Ubbius, Henricus 191, 198
Uchter Moor b. Uchte n. Minden 101
Überfahrtrechte 322
Uelzen sso. Lüneburg, Stadt 140, 192, 207, 336, 368, 405, 423, 431, 437, 472
Uffing, Mönch 613
Uhlhorn, G., Oberkonsistorialrat 69
Ulme 107, 108
Unfreie 591, 606, 607, 632, 634, 697, 701
Ungarn, Volk 694, 695
Universitäten 419
Unstrut, linker Nebenfluß der Saale 544, 554, 555, 560
Unternehmer (Moorkolonisation) 362
Unterweser 365, 424, 447
Unterweserkorrektion 134, 137
Unwan, Erzbischof von Bremen (R. 1013–1029) 704
Uppsala, Stadt in Schweden, Alt- 519
Upstreekflur 331
Ur in Chaldäa 456
Urbare 550; siehe Werden
Urkunden 546, 687
– Sprache 184, 185, 186, 195
Urkundenbücher 73

Urkundenfälschungen 18, 52, 681
Urpfarrei siehe Pfarrei
Urnen 51, 470, 478, 479, 483, 485, 517, 525, 528, 563, 702
– verschiedene Typen 472, 489, 491, 492, 529, 538
– Schalenurnen 515, 523
Urnenfelderkultur 470, 473, 479
Urnenfriedhöfe 477, 489–492
Uschlag o. Kassel 168
Uslar nw. Göttingen, Stadt 205, 421, 423
Utende n. Strücklingen i. Oldenburg 198
utmark 273
Utrecht 5, 578, 655, 656, 660, 671, 705
– Bistum 300, 658, 674
– St. Martin 656, 658
– Provinz 226

V

Vardeilsen w. Einbeck 243
Varel n. Oldenburg, Stadt 366, 380, 414, 428
Varistische Gebirgsbildung 102
Varus, Publius Quinctilius, Statthalter in Germanien († 9 n. Chr.) 495, 507, 508, 509
Vechta, Stadt 205, 403, 421
Vechtel n. Fürstenau 670
Veerse no. Rotenburg 250
„Veesten" 325
Vegesack a. d. Weser, Stadt 420
Vehnemoor, Moor sw. Oldenburg 498
von Velen, Dietrich, Drost 362
Velleius Paterculus, Marcus, Geschichtsschreiber (geb. ca. 20 v. Chr.) 4, 501, 507
Veltheim so. Braunschweig 635
Venturini, Karl (1768–1849) 58, 71, 76
Verbrennung von Toten 668
Verden a. d. Aller 15, 18, 35, 45, 61, 80, 282, 284, 338, 343, 386, 387, 394, 395, 396, 410, 431, 437, 617
– Bistum 616, 621, 680–683, 686, 687, 691
– „Blutbad" 591, 603
Verein, Historischer, für Niedersachsen (gegr. 1835) 64, 65, 66
Verfassung 577, 581, 604, 606, 620
„Vergetreidung" 295, 316, 324, 340
„Vergewannung" 340
Vergoldung 534

Verkaufsrecht 296
Verkehr 142, 146, 147, 150, 153, 160
Verkehrssprache 182
Verkoppelung 371, 373
Verlandung 366
Vermessung, Landesvermessung 51
Verpachtungsrecht 296
Versibert, Bischof von Verden (?) 680
Verzelgung 316
Viehexport 425
Viehverbiß 275
Viehweide 275
Viehzucht, -haltung 305, 341, 342, 349, 355, 357, 364, 367, 372, 422, 449, 458, 462, 468, 484, 632
Vielfraß 444
Vierständerhaus 216
Viertel (Teil der „Länder" an der Küste) 304
Villikation 285, 324, 404, 412, 633
– Auflösung 324
Vilsen, Bruchhausen-, w. Hoya a. d. Weser 423
Visbek n. Vechta 293, 690, 698
– Kloster 591, 611, 692
Visquard nno. Emden 304
Visselhövede so. Rotenburg a. d. Wümme 423
Visurgis (Weser?) 506
Vita Anskarii 6, 618, 687, 688, 690
– Bennonis 11
– Bernwardi 10
– Godehardi 11
– Hathumodae 6, 625
– Idae 604
– Lebuini 5, 594
– Lebuini antiqua 561, 570, 577–581, 605, 609, 660
– Liudgeri 5, 561, 587, 665, 672
– älteste Vita Liudgeri 618, 655, 665, 669
– Liutbirgae 6, 608, 613, 637
– Mathildis reginae 10
– Rimberti 6, 687
– Willehadi 5, 578, 665, 666, 672, 696
Vitus, Hl. 690, 696, 709, 710
Vlotho a. d. Weser s. Minden, Stadt 154
Vöden (Wechselfelder) 276, 323
Vöppstedt, jetzt Salzgitter 403
Vogelbeck so. Einbeck 157
Vogelkirsche 123
Vogelsberg 291
Vogelsburg b. Salzderhelden 482

Vogler, Höhenzug o. der Weser, b. Bodenwerder 152, 337, 344, 353
Vogtei 609
Vogteikarte, Oldenburgische 1782–1799 55
Vogtland 463
Vokale, Kurz- 212
Vokalphoneme 208, 209
Volger, Wilhelm (1794–1879) 65, 76
Volkmarshausen n. Hann. Münden 444
Volkskunde 69, 88
Volksrecht 189
Volpriehausen o. Uslar 157, 241
Vopiscus, Tiberius Claudius 493
Vorfluter 298, 343, 362
Vorgeschichte (als Forschungsvorhaben) 51, 67, 87
Vorspann 357
Vorwerke 353
VW-Werk siehe Wolfsburg

W

Waakhausen w. Worpswede 306
Wachszins 608
Wacholder 123
Wächter, J. K. A., Forstrat (1773–1846) 68
Wälder 148, 163
Wärmezeit 107, 108
Waffen 478, 488, 494, 554, 643, 668
– aus Bronze 467
Waffenbeigaben 489, 523, 539, 563, 564, 565, 583
Waffensen w. Rotenburg a. d. Wümme 243
Wagner, Hermann, Prof. der Geographie in Göttingen († 1929) 86
Waitz, Georg, Prof. der Geschichte in Göttingen (1813–1886) 63
Walbeck, Grafen von 10
Wala, Abt von Corbie (R. 826–837) 600, 601, 615, 695
Walburg 697
Walcheren, Insel 618
Waldarbeiter 360
Wald(bedeckung) 156, 316, 345
– „Verwaldung" 344
Waldeck, Fürsten von 415
Waldgar, Bischof von Verden († 849) 680
Waldweide 261, 273
Walkemühle b. Göttingen 474

Register

Walkenried o. Bad Sachsa, Zisterzienserkloster 168, 308, 328, 332, 334
Walle w. Aurich 300, 468
Wallenhorst n. Osnabrück 710
Wallensen i. Ith, nw. Alfeld, Stadt 158, 159, 404, 406
Wallfahrt 709
Waltbert, Enkel Herzog Widukinds 6, 602, 611, 698, 709, 710
Waltbraht siehe Waltbert
Waltger, Adeliger, Stifter von Herford 696
Waltsati, Kleinlandschaft 640
Wanderarbeiter 356
Wandergewerbe 357
Wangeroog, ostfriesische Insel 133, 191
Wappen 43
War (Nutzungsrecht an der Dorfmark) 317
Wardenburg s. Oldenburg 619
Warendorf o. Münster, Stadt 629, 631
Warfen, Warften 367, 389, 399
– Langwarften 388
„Warfleute" 325
Warin, Abt von Corvey (R. 826–856) 613, 614, 696, 710
Warnen, germanischer Stamm 514
Wasser 154
Wasseranlagen für Bergbau 160, 164
Wasserläufe 115, 125
Wasserversorgung 114, 341, 343
Wathlingen so. Celle 250
Watt 129, 133
Weben 356
Weber, flandrische 410
Webgewichte 450, 483, 486, 630, 641
Webhütten 286
Wechselland 276
Wechselwirtschaft 277
Wedekind, Anton Christian (1763–1845) 65
Weende, zu Göttingen, Nonnenkloster 339, 691
Wehlen ssw. Hamburg 444
Wehrdienst 607
Wehsände 344, 374
Weichbilde 391, 400, 404, 408, 428
Weichbildrecht 402, 403, 404, 412
Weichsel 470
Weide 107, 302, 304, 305, 319, 332, 342, 355, 371, 630
Weidegang 276, 283

Weidegelder 355, 357
Weiden 125, 134, 284
Weiderechte 355, 368
Weidewirtschaft 468
Weihrauch 643
Weiland, Ludwig 63
Weiler 495
Wein 643
Weißbirke 122
Weizen 450, 452, 485, 632, 633
– Zwergweizen 458
Welano, Zelle b. Münsterdorf s. Itzehoe 682
Welf VI. († 1191) 17
Weltkarte, Ebstorfer 21
Weltkriege 434
Wendeburg nw. Braunschweig 139
Wendelring 473
Wendepflug siehe Pflug
Wendhausen, Nonnenkloster b. Thale a. Harz 6, 287, 546, 547, 608, 613, 697
Wendisch, Sprache 188
Wendland, Hannoversches 191, 192, 193, 199, 205, 206, 226, 227, 228, 235, 311–316, 336, 356, 544, 620
Wenker, G. (1852–1911) 200
Werden a. d. Ruhr, Benediktinerkloster 5, 174, 324, 546, 611, 623, 633, 637, 639, 669, 670, 680, 696
– Urbare 176, 179, 546, 550, 619, 631, 633, 635, 639, 641
Wergeld (Sühnegeld für Totschlag) 600, 605
Werkswohnungen 430
Werl w. Soest, Stadt 642
Werla(burgdorf) s. Wolfenbüttel, Pfalz 263, 285, 288, 289, 464, 551
Wernigerode, Stadt 169, 345
Werratal 691
von Wersebe, August, Oberappellationsgerichtsrat (1751–1831) 65
Werstens, FlN 257
Werwölfe 585
Weser 100, 101, 112–116, 125, 136, 137, 140, 154, 156, 171, 186, 203, 206, 211, 216, 249, 254, 268, 269, 274, 285, 295, 296, 299, 309, 333, 345, 347, 353, 366, 387, 470, 479, 488, 494, 503, 505, 506, 507, 509, 510, 517, 524, 525, 527, 532, 538, 544, 561, 589, 592, 604, 615, 617, 635, 643, 664, 665, 666, 676, 683, 685, 694

– Versandung 420, 425
Weserbergland 99, 100, 101, 109, 111, 113, 151, 153, 156, 284, 340, 341, 436
Wesermünde, zu Bremerhaven 498
Wessenstedt nw. Uelzen 477
Westbalje 133
Westerbur w. Esens 348
Westerwanna sw. Otterndorf a. d. Niederelbe 517, 525, 537, 562
Westfalen 177, 395, 470, 559, 565, 589, 590, 592, 635, 665, 675, 700, 702
– *ducatus Westfalorum* 604
– Stammesteil der Sachsen 586, 587, 592, 596, 618
Westfälisch, Sprache 186, 187, 203, 207, 211–214, 232
Westfriesland 644
Westonstedi siehe Wardenburg
von Westphalen, E. J. 49
Westrhauderfehn sso. Leer 362
Westrum, Wü. 635
Westwerk 696
Wetterau 506, 511
Wettringen sw. Rheine 293
Wetzlar 194
Wiarda, Tilemann Dothias, Landsyndikus (1746–1826) 60
Wibrecht 709
Wichmann, Billunger 613
von Wicht, Ernst Friedrich (ca. 1548–1604) 44
Wickensen o. Stadtoldenburg 325, 353
Widukind, Sachsenherzog 5, 7, 23, 555, 586, 587, 590, 591, 592, 616, 656, 666
– I., Bischof von Minden (R. 1253–1261) 673
– von Corvey, Mönch, Geschichtsschreiber († nach 973) 9, 519, 554, 555, 559, 561, 562, 568, 577, 606, 709
Widukinde, Geschlecht 557, 610, 612
Wieda n. Bad Sachsa 168
Wiedemann, Wilhelm, Pastor (1817–1900) 80
Wiedenbrück sw. Bielefeld, Stadt 334, 693
Wiedergänger 471
Wiefelstede nw. Oldenburg 693
Wiehengebirge 101, 103, 146, 147, 151, 153, 268, 334, 528
Wienhausen so. Celle 396
Wierener Berge so. Uelzen 139
Wiesen 125, 275, 342
Wietze w. Celle 144

Wigbert, Urenkel Widukinds 611
Wigmodien, Kleinlandschaft rechts der Unterweser 178, 665, 666, 673
Wigwalt 611
Wiho, 1. Bischof von Osnabrück 675
Wijster, Siedlung 527
Wigbert, Sohn Widukinds 611
Wikbert siehe Wigbert
Wike (Handelsplätze) 385–389, 391, 399
Wikinger siehe Normannen
Wiksiedlung 296
Wilchar, Erzbischof von Sens 663
Wildemann w. Clausthal-Zellerfeld, Stadt 218
Wildeshausen o. Cloppenburg 6, 388, 391, 411, 454, 455, 472, 602, 607, 610, 634, 646, 690, 698, 709
Wildfrüchte 457
Wildpferd 444
Wilfrith, Bischof von York (R. 664–ca. 709) 653
Wilhelm, Herzog von Braunschweig-Lüneburg (R. 1352–1369) 29
Wilhelmshaven, Stadt 130, 380, 381, 425, 435, 437
Willehad, Bischof von Bremen (geweiht 787) 5, 34, 592, 659, 660, 655, 666, 711
Willerich, Bischof von Bremen († 838) 681, 682
Willibert, Erzbischof von Köln (R. 870–889) 683
Willibrord, Missionserzbischof von Utrecht († 739) 655, 657, 659, 671, 683
Wilpe (Prov. Oberijssel) 660
Wilseder Berg (169 m) no. Soltau 139
Wilstedtermoor no. Lilienthal 364
Wilsum nw. Neuenhaus b. Nordhorn 710
Wilzen, slawischer Stamm 620, 621
Wind 108, 109
Windesheim (Holland), Kloster 29
Winfrid siehe Bonifatius
Winkelmann, Johann Just, Prof. der Geschichte in Gießen (1620–1699) 51, 59
Winsen a. d. Luhe, so. Harburg 431
Wintar, Arzt 663
Winterberg (835 m) b. Schierke a. Harz 163
Winterfutter 274
Winzenburg, Burg so. Alfeld 339
– Grafen 17
Wirtschaft 628

Wirtschaftshöfe 609, 631
Wirtschaftskrise 341
Wisente 443, 445
Wissenbacher Schiefer 161, 162
Wiswedel no. Gifhorn 252
Witke, Ministerialengeschlecht 300
Wittenberg a. d. Elbe, Stadt 42, 194, 222
Wittenburg, prähistor. Burg b. Reyershausen n. Göttingen 482
Wittenburg, Springe, Stift 21
Wittewierum, Emo von 36
Wittich, Werner 66, 70
Wittmund, Stadt in Ostfriesland 221, 223, 366, 414
Witzenhausen, Kreis 168
Wodan, Gottheit 519, 520, 703, 704
Woebcken, Carl 90
Wölbäcker 279
Wölpe, Burg in Erichshagen no. Nienburg, Amt 365
- Grafen 404
Wörterbücher 74
- Niedersächsisches 200, 203
- Westfälisches 203
Wohnberechtigte 430
Wohnhäuser 359, 360, 427, 429, 432
Wohnstallgebäude 629
Wolfenbüttel 53, 63, 145, 416, 423, 426, 437, 448
- siehe Gunzelin
Wolfher, Bischof von Minden (gef. 886) 676
Wolfhere, (Mönch?) in Hildesheim 11
Wolfram, chem. Element 163
Wolfsburg, Stadt 426
Wolkenhauer, August († 1915) 86
Wolle 641
Wollverarbeitung 421
Wolters, Heinrich, Offizial in Bremen 35, 36
Woltwiesche w. Braunschweig 703
Worbis 169
Worms a. Rh., Stadt 586, 666, 684, 697
Wortatlas, Deutscher 200
Wortgeographie 186, 205
Worth 279
Wühlratte, nordische 444
Wümme, rechter Nebenfluß der Weser, bei Bremen 101, 138, 139, 253, 299
Würzburg 194, 676
- Bistum 658, 664, 665

Wüstungen 261, 327, 335–346, 349, 350, 368, 369, 406, 407, 409, 410, 412, 422, 423, 639
- Fluren 345
- partielle 343, 351, 352, 367
- Wiederbesiedlung 342, 351
Wüstungsquotient 337, 338
Wulderic 700
Wullibrat, Sohn des Friesen Thiatgrim 656
Wunder 660, 686, 709, 710
Wunstorf w. Hannover, Stadt 388, 391, 396, 411, 431, 635
- Kanonissenstift 694
Wursing gen. Ado, Vater Liudgers 655, 656
Wursten, Land zwischen Bremerhaven und Cuxhaven 91, 261, 296, 302, 304, 305, 348, 366, 367, 635
Wurten 131, 132, 261, 262, 284, 285, 296, 300, 304, 306, 336, 349, 484, 492, 495, 496, 517, 527, 629
Wustrow s. Lüchow 191, 193, 229, 423

X

Xanten a. Rh., Stadt 506

Y

York, Bischofssitz in England 656

Z

Zacharias, Papst (R. 741–752) 575
Zechstein 103, 144, 152, 155, 157, 160, 480
Zechsteinsalz 104, 106, 130, 143, 149, 153
Zehnte 300, 333, 635, 659, 668, 672, 690, 692, 693
Zeitleihe 331
Zeitpacht 367
Zeitschriften, historische 66
Zella, Kloster im Harz 345
Zellerfeld, Clausthal-, Stadt 328
Zement 148
Zetel sw. Wilhelmshaven 702
Zeven sso. Bremervörde 172
Ziegeleien 148
Ziegen 450, 452, 457, 458, 462, 496

Ziesel 444
Zileitz, Flurname 315
Zink 161, 163
Zinkblende 162
Zisterzienserklöster 308, 326, 339
Zitterpappel 122
Zölle 643

Zollrecht 390, 396, 405
Zollstätte 403, 422
Zorge no. Bad Sachsa 168
Zuidholland, Provinz 226
Zweihenkelgefäße siehe Gefäße
Zwergbirken 443, 444
Zwergstrauchheide 141